GUIDE PÉDAGOGIQUE
pour l'enseignant

ENSEIGNEMENT SCIENTIFIQUE

Term

W0351372

NOUVEAU PROGRAMME 2020

Sous la direction de
Nicolas Coppens, Professeur, Lycée international, Strasbourg
David Guillerme, IA-IPR, Académie de Rennes
Marc Jubault-Bregler, Professeur, Lycée Montaigne, Bordeaux
Valéry Prévost, Professeur, Lycée Janson de Sailly, Paris

Par une équipe de professeurs de Mathématiques, de Physique-Chimie et de SVT
Pauline Alméras, Lycée du Léon, Landivisiau (29)
Nicolas Bihel, Lycée Les Pierres Vives, Carrières-sur-Seine (78)
Pascal Combemorel, École Normale Supérieure, Paris (75)
Nicolas Coppens, Lycée international, Strasbourg (67)
Pierre Cottier, Cité scolaire Paul Valéry, Paris (75)
Olivier Doerler, Lycée Freppel, Obernai (67)
Christelle Dosquet-Langrand, Académie de Lille (59)
Nicolas Ducasse, Lycée Jacques Prévert, Boulogne-Billancourt (92)
Anne Florimond, Lycée Richelieu, Rueil-Malmaison (92)
Johanna Garcia, Lycée Municipal d'Adultes, Paris (75)
David Guillerme, Académie de Rennes (35)
Benoit Guilloux, Lycée Joseph Loth, Pontivy (56)
Marc Gyr, Lycée Félix Faure, Beauvais (60)
Marc Jubault-Bregler, Lycée Montaigne, Bordeaux (33)
Marc Lalaude-Labayle, Lycée Barthou, Pau (64)
Murielle Massotte, Lycée Colbert, Paris (75)
Valéry Prévost, Lycée Janson de Sailly, Paris (75)
Mathieu Rajchenbach, Cité scolaire Paul Valéry, Paris (75)
Françoise Saintpierre, Lycée Hoche, Versailles (78)
Hélène Simon, Lycée Hoche, Versailles (78)
Thomas Zabulon, Lycée Clemenceau, Nantes (44)

Nathan

SOMMAIRE

  – 92, avenue de France – 75013 Paris — ISBN : 978-2-09-172928-2

THÈME 3 Une histoire du vivant .. 156

Légende des pictos

Mission · Classe inversée · Python

Compléments
SCIENTIFIQUES ET DIDACTIQUES

Les modèles climatiques et leurs incertitudes

Le troisième chapitre du manuel d'Enseignement scientifique de Terminale met en avant la complexité du système climatique, illustrée **page 76**[1] par un schéma qui en décrit les différents compartiments à prendre en compte lorsque l'on s'intéresse au cycle du carbone : atmosphère, biosphère, sols, océans de surface et océan de profondeur. Pour être complet du point de vue climatique, il faut ajouter la cryosphère, là où l'eau est présente sous forme solide : surfaces enneigées, permafrost (sols gelés en permanence), glace de mer (ou banquise), glaciers et calottes glaciaires. Les modèles climatiques, qui s'appuient sur la mise en équations des mécanismes essentiels qui agissent au sein et entre ces compartiments, permettent d'appréhender cette complexité. Leurs résultats peuvent être évalués par comparaison aux observations *in situ*, dont certaines comme la température sont documentées depuis la deuxième partie du XIXe siècle et aux données spatiales disponibles depuis quelques décennies. Il est aussi possible de les tester par rapport aux climats du passé.

« Si on veut regarder vers le futur, la seule façon de le faire c'est d'utiliser des modèles climatiques. »

Cependant « si on veut regarder vers le futur, la seule façon de le faire c'est d'utiliser des modèles climatiques » (**page 74**). L'approche consiste à développer une structure numérique 3D à partir des lois fondamentales de la physique, du mouvement des fluides et de la chimie (**page 76**). Elle permet effectivement de simuler l'évolution de notre climat, en particulier celle envisageable d'ici la fin du siècle en réponse à l'augmentation de l'effet de serre liée à nos activités mais il est important de prendre en compte les incertitudes associées à ces projections climatiques. L'objectif de ce document est d'en préciser certaines des caractéristiques.

1. Les numéros de page se réfèrent au chapitre 3 : Le climat du futur.

Dès les années 1970, le problème de l'action potentielle des activités humaines sur le climat commence à préoccuper les scientifiques. Depuis une vingtaine d'années, la modélisation du climat bénéficie de l'apparition des premiers calculateurs et les climatologues s'intéressent très vite à la capacité de modèles, initialement développés pour prédire le temps, à simuler des climats différents de celui dans lequel nous vivons actuellement, par exemple en doublant la concentration atmosphérique du dioxyde de carbone, CO_2, dont les émissions liées aux activités humaines sont le premier contributeur à l'augmentation de l'effet de serre. Les résultats en sont présentés dans un rapport rédigé en 1979 sous la direction de Jules Charney de l'Académie des sciences américaine. Ce doublement se traduit, une fois l'équilibre climatique atteint, par un réchauffement de 3 ± 1,5 °C. On estime donc que sa valeur, qui définit la sensibilité du climat, est comprise entre 1,5 et 4,5 °C et est incertaine d'un facteur 3 suivant le modèle considéré.

Ces incertitudes sont liées à l'existence de rétroactions dans le système climatique dont nous citons les plus importantes. Ainsi le premier contributeur à l'effet de serre est la vapeur d'eau dont, à la différence du CO_2 et d'autres gaz à effet de serre, méthane, protoxyde d'azote, etc., nous ne modifions pas directement les quantités présentes dans l'atmosphère par nos activités. Cependant le réchauffement de la surface de l'océan accompagne celui de l'atmosphère et conduit à une augmentation de l'évaporation et de la quantité de vapeur d'eau atmosphérique ce qui amplifie l'effet de serre. De même, il y a moins de glace de mer, moins de surfaces enneigées, lorsque le climat se réchauffe ; ces surfaces réfléchissantes sont remplacées par des surfaces absorbantes aussi bien sur l'océan que sur les continents avec là aussi une rétroaction positive à l'origine d'une amplification du réchauffement.

Depuis une vingtaine d'années, la modélisation du climat bénéficie de l'apparition des premiers calculateurs.

L'incertitude liée à l'augmentation de la vapeur d'eau et à la modification de sa répartition est connue de façon relativement précise avec une amplification voisine d'un facteur 2. Ceci n'est pas le cas des rétroactions liées aux nuages dont l'altitude, la nébulosité, les propriétés microphysiques évoluent avec le réchauffement et dont les caractéristiques peuvent aussi être modifiées par la présence, plus ou moins importante, d'aérosols largement liés à la pollution résultant de nos activités. Le GIEC (Groupe Intergouvernemental d'experts sur l'Évolution du Climat)2 est créé en 1988 et cette question de la sensibilité de notre climat est analysée dans ses 5 rapports successifs publiés en 1988, 1995, 2001, 2007 et 2013. Dans ce dernier rapport, les rétroactions sont mieux identifiées mais l'incertitude sur la sensibilité du climat n'a pas évolué ; elle se situe toujours dans cette même fourchette de 1,5 à 4,5 °C, les incertitudes les plus grandes restant celles associées aux nuages. Soulignons qu'en l'absence de rétroactions le réchauffement attendu d'un doublement du CO_2, auquel correspond un forçage radiatif proche de 4 $W \cdot m^{-2}$serait voisin de 1,2 °C ; prises dans leur ensemble elles ont donc un rôle d'amplificateur y compris pour la valeur la plus faible, 1,5 °C, de la sensibilité du climat. À une échelle de plusieurs siècles, des rétroactions supplémentaires (végétation, calottes de glace, etc.), peuvent devenir importantes, mais elles ne sont généralement pas modélisées dans les modèles de circulation générale couplés atmosphère-océan.

2. Ce texte s'appuie largement sur les résultats publiés dans le 5e rapport du GIEC dont le résumé pour décideur et le résumé technique sont disponibles sur le site ipcc.ch.

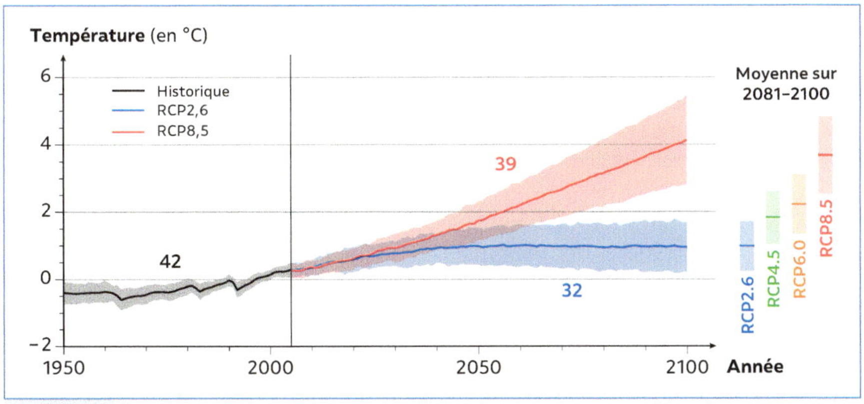

Figure 2 **Évolution de la température pour les scénarios RCP2,6 (bleu) et RCP8,5 (rouge) avec, entre 1950 et 2005, son évolution modélisée à partir de l'évolution observée des forçages. Le nombre des modèles utilisés est indiqué dans chaque cas et les parties coloriées indiquent la dispersion des simulations ; à droite, les rectangles correspondent à la plage des réchauffements moyens simulés entre 2081 et 2100, en excluant les valeurs extrêmes (les 5 % les plus basses et les 5 % les plus hautes).**

Cette notion de sensibilité du climat est importante mais dans la réalité la composition de l'atmosphère en CO_2 et autres gaz à effet de serre se modifie de façon progressive en fonction de différentes hypothèses. Celles-ci permettent de définir des scénarios d'évolution de l'effet de serre dont l'augmentation est prise en compte à travers la notion de forçage radiatif et nommés à partir de la valeur atteinte par ce forçage en 2100, du moins émetteur RCP2.6 au plus émetteur RCP8.5 (**page 81**).

La comparaison des réchauffements simulés par différents modèles pour un même scénario, avec plus de 30 modèles dans chaque cas, permet de mieux évaluer les incertitudes. L'augmentation de la température moyenne entre la fin du siècle, 2081-2100, et la période de référence, 1985-2006, est comprise entre 0,3 et 1,7 °C pour le scénario peu émetteur, et entre 2,6 et 4,8 °C dans le cas du scénario émetteur. À noter que la nature chaotique du système climatique et l'existence d'une variabilité naturelle liée aux éruptions volcaniques et aux variations de l'énergie émise par le soleil impose nécessairement des limites à l'exactitude que peuvent présenter les prévisions des températures annuelles.

Les scénarios utilisés dans ces exercices de simulation sont destinés à illustrer ce vers quoi nous pourrions aller en fonction d'une évolution plus ou moins rapide du forçage radiatif lié aux activités humaines par rapport à l'année 1750 prise comme année de référence. Ce forçage qui dépend de la composition de l'atmosphère en gaz à effet de serre et en aérosols a augmenté de 2,29 $W \cdot m^{-2}$ depuis 1750 une incertitude un peu supérieure à 1 $W \cdot m^{-2}$ étant associée à cette estimation (**figure 2**). Son évolution d'ici la fin du siècle dépend des émissions futures des gaz à effet de serre et des aérosols. Mais même si celles-ci étaient parfaitement connues, il y aurait une incertitude sur l'évolution du forçage radiatif lié en particulier au cycle du carbone.

L'évolution de la température moyenne (**figure 1**) s'accompagne de variations géographiques importantes entre océans et continents avec des réchauffements plus élevés dans les hautes latitudes de l'hémisphère nord (**page 81**). On accorde une assez grande confiance à ces caractéristiques géographiques dont on comprend assez bien l'origine et qui sont simulées par l'ensemble des modèles. Les incertitudes sont beaucoup plus importantes pour les précipitations et la représentation graphique adoptée **page 81** en rend compte : les pointillés correspondent à des régions où il y un très bon accord entre les modèles, ce qui donne confiance dans les projections tandis que cet accord est faible dans les régions hachurées.

Le réchauffement qui affecte l'océan à sa surface et progressivement en profondeur se traduit par une augmentation de son volume liée à la dilatation ce qui entraîne l'élévation du niveau de la mer à laquelle contribue également la diminution du volume des glaciers continentaux et des calottes glaciaires du Groenland et de l'Antarctique. L'élévation de ce niveau est également simulée pour les différents scénarios en utilisant un modèle océanique et des modèles d'évolution des glaciers et des calottes glaciaires. Les incertitudes associées sont présentées **page 83** de la même façon que sur la **figure 1**. Dans le cas du scénario émetteur, cette élévation serait en 2100 comprise 52 et 98 cm. Certaines projections fournissent des estimations plus élevées mais elles ne sont pas prises en compte car les méthodes appliquées n'apparaissent pas suffisamment fiables. Enfin, à cause de l'inertie de l'océan et des calottes glaciaires, le niveau de la mer mettra des siècles à se stabiliser même dans le cas du scénario peu émetteur dû à l'inertie importante de l'océan et des calottes glaciaires. Ainsi, à la fin du siècle prochain, elle pourrait atteindre 2 mètres dans le cas d'un scénario émetteur et serait probablement

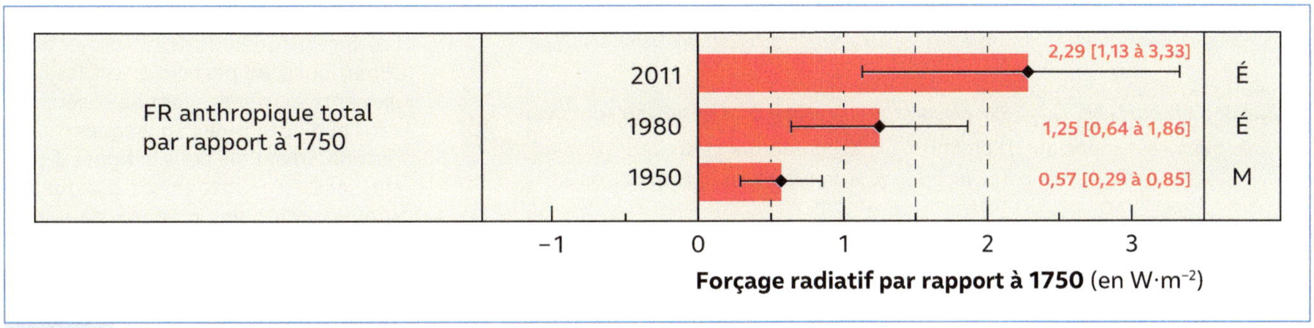

Figure 3 **Évolution du forçage radiatif et incertitude associée**

comprise entre 35 et 72 cm dans le cas d'un scénario peu émetteur.

Ces exemples portant sur l'évolution de la température moyenne, des précipitations et du niveau de la mer illustrent l'importance que les rapports du GIEC accordent à l'évaluation des incertitudes. Deux critères sont utilisés pour définir la fiabilité des principaux résultats, la confiance dans leur validité exprimée en termes qualitatifs (faible, élevée, très élevée) et des mesures quantifiées de l'incertitude liée à un résultat, exprimées en termes de probabilité dans le cadre d'une terminologie précise indiquée dans ce tableau, avec la convention que les termes correspondant aux différents niveaux sont indiqués en italique.

Terme	Probabilité
Quasiment certain	99 – 100 %
Extrêmement probable	95 – 100 %
Très probable	90 – 100 %
Probable	66 – 100 %
À peu près aussi probable qu'improbable	33 – 66 %
Improbable	0 – 33 %
Très improbable	0 – 10 %
Extrêmement improbable	0 – 5 %
Exceptionnellement improbable	0 – 1 %

Probabilités d'autres changements	
Début du XXIe siècle	**Fin du XXIe siècle**
Probable {11.3}	*Quasiment certain* {12.4}
	Quasiment certain *Quasiment certain*
Probable {11.3}	*Quasiment certain* {12.4}
	Quasiment certain *Quasiment certain*
Pas d'évaluation formelle {11.3}	*Très probable* {12.4}
	Très probable *Très probable*
Probable sur de nombreuses terres émergées {11.3}	*Très probable* sur la plupart des terres émergées des latitudes moyennes et sur les régions tropicales humides {12.4}
	Probable sur de nombreuses régions *Très probable* sur la plupart des terres émergées
Degré de confiance faible {11.3}	*Probable (degré de confiance moyen)* à une échelle régionale et mondiale {12.4}
	Degré de confiance moyen dans certains bassins *Probable*
Degré de confiance faible {11.3}	*Plus probable qu'improbable* dans le Pacifique Nord-Ouest et l'Atlantique Nord {14.6}
	Plus probable qu'improbable dans certains bassins *Probable*
Probable {13.7}	*Très probable* {13.7}
	Très probable *Probable*

Le traitement des incertitudes relatives aux extrêmes climatiques en fournit un exemple concret et très bien documenté. En se basant sur les simulations évoquées plus haut, ce tableau indique la probabilité de modification de toute une série d'événements extrêmes dans les prochaines décennies (début du XXIe siècle) et à plus long terme (fin du XXIe siècle) en précisant le niveau de probabilité tel qu'il a été évalué dans trois rapports successifs du GIEC, 4e rapport (2007) en rouge, rapport spécial sur les événements extrêmes (2012), et 5e rapport (2013). Des modifications sont quasiment certaines pour les records de température diurne et nocturne après 2050 mais le diagnostic est beaucoup moins affirmatif (plus probable qu'improbable) pour ce qui concerne une augmentation de l'activité des cyclones tropicaux intenses.

Il est évidemment important d'avoir des évaluations correctes des incertitudes associées à l'évolution du climat à l'échelle d'une région. L'amélioration des modèles climatiques et l'augmentation de leur résolution avec des mailles de plus en plus fines, a permis de diminuer ces incertitudes mais celles-ci restent importantes. L'évolution du climat régional est davantage affectée par la variabilité naturelle qu'à l'échelle d'un continent ou de la planète et elle dépend notamment de l'amplitude et de la configuration spatiale de modes de variabilité, phénomènes El Niño dans les régions tropicales et équatoriales, oscillation nord-atlantique dans nos régions, dont il reste difficile de prévoir les modifications éventuelles dans un contexte de réchauffement climatique.

Les incertitudes dans les projections climatiques, en particulier sur les événements extrêmes, vont se répercuter sur l'évaluation des conséquences du réchauffement qui dans la **figure 3** sont classées en 5 catégories auxquelles sont associés des niveaux de risque (indétectable, moyen, élevé, très élevé) plutôt que des incertitudes. En effet celles-ci sont, dans certains cas, difficiles à évaluer. C'est le cas par exemple des

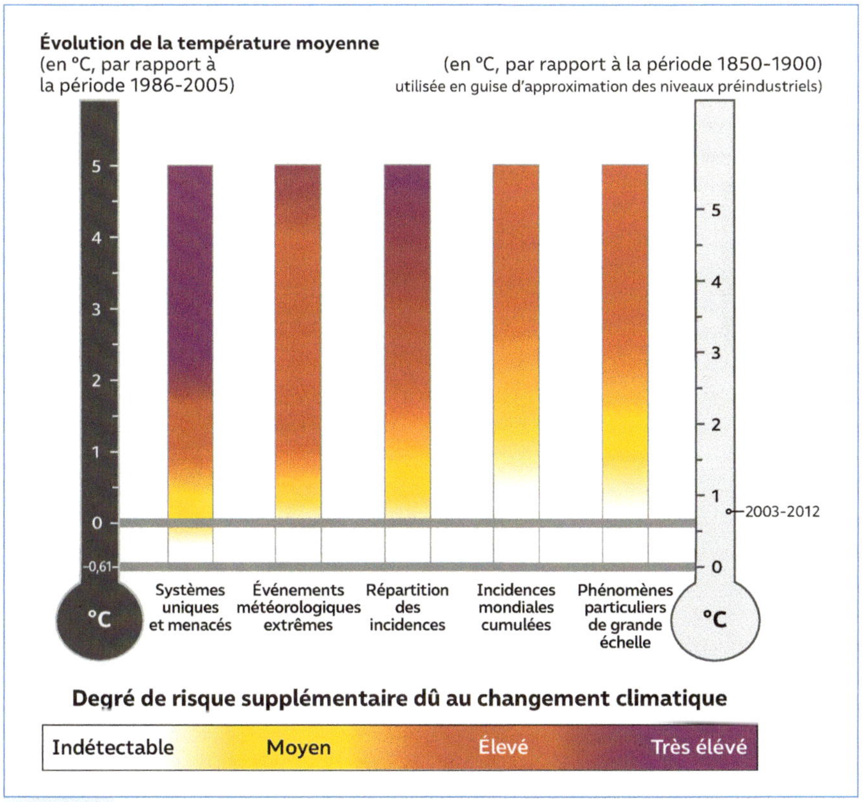

Figure 4 **Impacts du réchauffement climatiques et niveau de risque associé**

« réfugiés climatiques », personnes qui à cause soit d'événements climatiques extrêmes – inondations, sécheresses, cyclones – soit de l'élévation du niveau de la mer ou de l'assèchement de lacs, etc. sont amenées à quitter, de façon temporaire ou permanente, l'endroit où ils vivent. Leur nombre risque d'augmenter avec l'accroissement anticipé de la fréquence des événements extrêmes et/ou de leur intensité, auquel s'ajoute la montée inéluctable du niveau des mers. S'appuyant sur un rapport des Nations unies, le chiffre de 250 millions de « réfugiés climatiques » d'ici 2050, est souvent cité. Mais il s'avère qu'une estimation chiffrée est extrêmement difficile, comme le souligne le dernier rapport du GIEC d'après lequel la nature complexe et les causes multiples de ces migrations liées au changement climatique rend difficile des projections fiables de leur évolution et qui se refusait donc à en proposer une estimation chiffrée.

Le cumul des émissions de CO_2 détermine dans une large mesure la moyenne mondiale du réchauffement en surface vers la fin du XXIe siècle et au-delà.

Sans surprise les risques associés au réchauffement climatique croissent à mesure que celui-ci augmente (**figure 3**) et il est donc essentiel de limiter ce réchauffement de façon à ne pas dépasser les capacités d'adaptation des populations. C'est dans cet esprit que l'Accord de Paris s'est fixé de le limiter nettement en dessous de 2 °C par rapport au niveau préindustriel, en poursuivant l'action pour le limiter à 1,5 °C, soit un 0,5 °C par rapport à aujourd'hui objectif qui, du point de vue des impacts climatiques, est justifié comme l'illustre l'infographie de la page 83. Les simulations des modèles climatiques réalisées pour un ensemble très large des scénarios d'émission montrent que le cumul des émissions de CO_2 détermine dans une large mesure la moyenne mondiale du réchauffement en surface vers la fin du XXIe siècle et au-delà. Ceci implique qu'à un niveau donné de stabilisation du réchauffement à long terme, il est possible d'associer la quantité maximale de CO_2 qu'il nous reste à émettre. Ainsi, en prenant comme référence ce qui a été émis en 2019, il ne reste au maximum qu'une quinzaine d'années d'émissions pour avoir plus d'une chance sur deux de respecter cet objectif 1,5 °C.

En résumé, la complexité du système climatique, des interactions entre ses composantes et au sein de chacune d'entre elles, se traduit, lorsque l'on veut en modéliser l'évolution, par toute une série d'incertitudes portant en particulier sur le lien entre les émissions de gaz à effet de serre et l'évolution du forçage radiatif, sur l'ampleur du réchauffement, ses caractéristiques régionales, sur l'évolution des précipitations et des extrêmes climatiques, et encore plus sur les conséquences de ce réchauffement. La communauté des scientifiques s'intéressant à l'évolution de notre climat en est très consciente comme en attestent les rapports du GIEC qui portent une très grande attention à leur évaluation, de façon quantitative dès que cela est possible. Comme l'illustre la **figure 1**, la source majeure d'incertitude se situe au niveau de la trajectoire d'émission que nous emprunterons collectivement et donc d'un scénario plus ou moins émetteur.

Cependant, malgré toutes ces incertitudes, il apparaît bien établi que la stabilisation de notre climat implique une limitation de la quantité totale de CO_2 qu'il sera possible d'émettre dans le futur. Certes il y a des incertitudes et elles sont prises en compte mais les certitudes sont suffisantes pour l'action. Les rapports du GIEC nous en disent l'urgence en établissant que la neutralité carbone doit être atteinte autour de 2050 pour respecter l'objectif 1,5 °C, 2 ou 3 décennies plus tard pour une limitation à 2 °C.

Jean Jouzel
Directeur de recherches émérite au CEA et directeur de l'Institut Pierre-Simon-Laplace jusqu'en 2008, il est membre de l'Académie des sciences et de l'Académie d'agriculture de France.

Ses travaux ont été récompensés par des prix et distinctions dont la Médaille d'or du CNRS en 2002 et, en 2012, le Prix Vetlesen, considéré comme le « Nobel des Sciences de la Terre et de l'Univers ». Il a été, de 2002 à 2015, vice-président du groupe de travail scientifique du GIEC (co-lauréat du Prix Nobel de la Paix en 2007). Il a présidé le Haut Conseil de la Science et de la Technologie (HCST) de 2009 à 2013 et s'est impliqué dans la préparation de la conférence Paris Climat 2015).

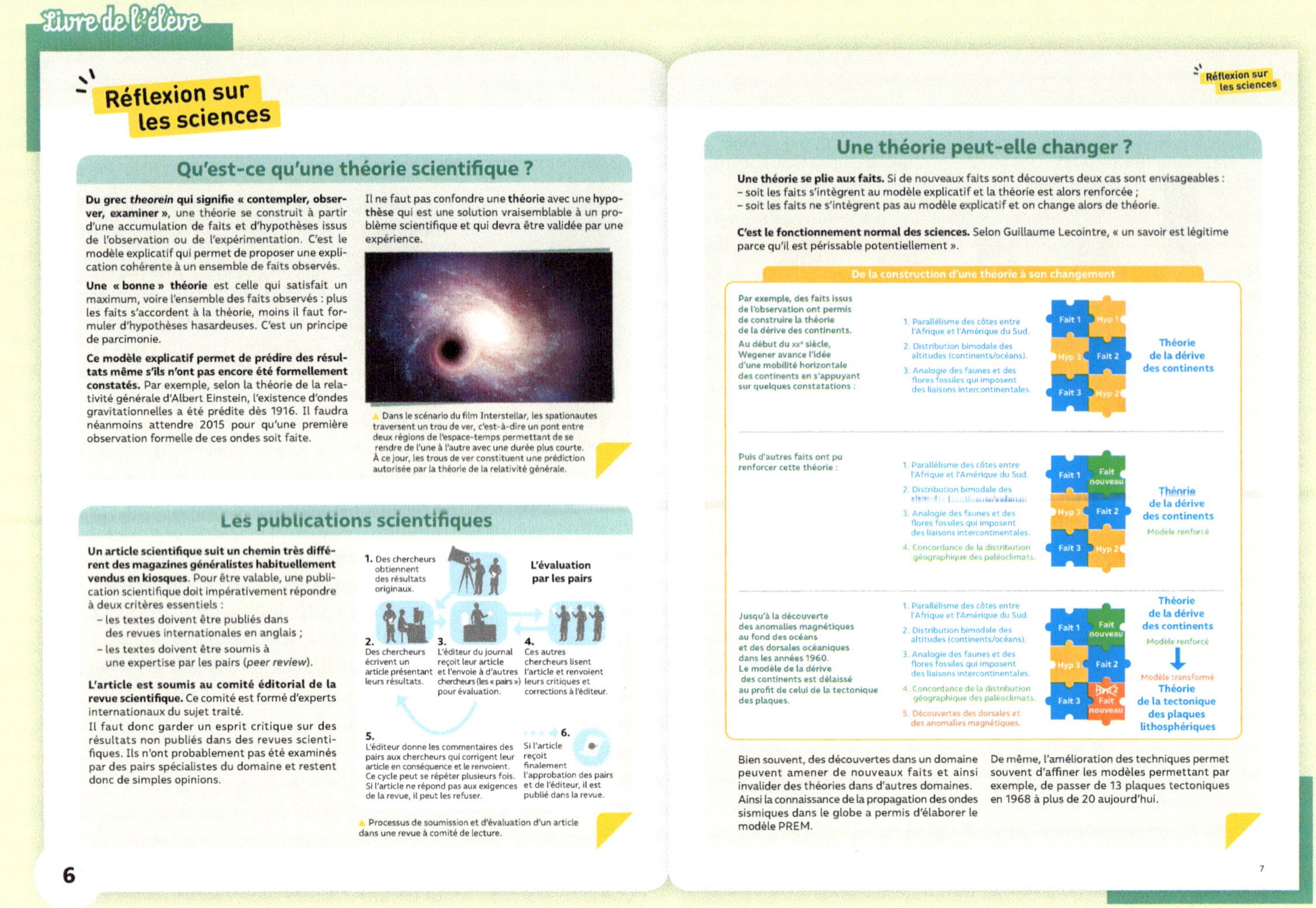
Livre de l'élève

Réflexion sur les sciences

Qu'est-ce qu'une théorie scientifique ?

Du grec *theorein* qui signifie « contempler, observer, examiner », une théorie se construit à partir d'une accumulation de faits et d'hypothèses issus de l'observation ou de l'expérimentation. C'est le modèle explicatif qui permet de proposer une explication cohérente à un ensemble de faits observés.

Une « bonne » théorie est celle qui satisfait un maximum, voire l'ensemble des faits observés : plus les faits s'accordent à la théorie, moins il faut formuler d'hypothèses hasardeuses. C'est un principe de parcimonie.

Ce modèle explicatif permet de prédire des résultats même s'ils n'ont pas encore été formellement constatés. Par exemple, selon la théorie de la relativité générale d'Albert Einstein, l'existence d'ondes gravitationnelles a été prédite dès 1916. Il faudra néanmoins attendre 2015 pour qu'une première observation formelle de ces ondes soit faite.

Il ne faut pas confondre une **théorie** avec une **hypothèse** qui est une solution vraisemblable à un problème scientifique et qui devra être validée par une expérience.

▲ Dans le scénario du film Interstellar, les spationautes traversent un trou de ver, c'est-à-dire un pont entre deux régions de l'espace-temps permettant de se rendre de l'une à l'autre avec une durée plus courte. À ce jour, les trous de ver constituent une prédiction autorisée par la théorie de la relativité générale.

Les publications scientifiques

Un article scientifique suit un chemin très différent des magazines généralistes habituellement vendus en kiosques. Pour être valable, une publication scientifique doit impérativement répondre à deux critères essentiels :
- les textes doivent être publiés dans des revues internationales en anglais ;
- les textes doivent être soumis à une expertise par les pairs (*peer review*).

L'article est soumis au comité éditorial de la revue scientifique. Ce comité est formé d'experts internationaux du sujet traité.
Il faut donc garder un esprit critique sur des résultats non publiés dans des revues scientifiques. Ils n'ont probablement pas été examinés par des pairs spécialistes du domaine et restent donc de simples opinions.

▲ Processus de soumission et d'évaluation d'un article dans une revue à comité de lecture.

6

Réflexion sur les sciences

Une théorie peut-elle changer ?

Une théorie se plie aux faits. Si de nouveaux faits sont découverts deux cas sont envisageables :
- soit les faits s'intègrent au modèle explicatif et la théorie est alors renforcée ;
- soit les faits ne s'intègrent pas au modèle explicatif et on change alors de théorie.

C'est le fonctionnement normal des sciences. Selon Guillaume Lecointre, « un savoir est légitime parce qu'il est périssable potentiellement ».

De la construction d'une théorie à son changement

Par exemple, des faits issus de l'observation ont permis de construire la théorie de la dérive des continents.
Au début du XXe siècle, Wegener avance l'idée d'une mobilité horizontale des continents en s'appuyant sur quelques constatations :

1. Parallélisme des côtes entre l'Afrique et l'Amérique du Sud.
2. Distribution bimodale des altitudes (continents/océans).
3. Analogie des faunes et des flores fossiles qui imposent des liaisons intercontinentales.

Puis d'autres faits ont pu renforcer cette théorie :

1. Parallélisme des côtes entre l'Afrique et l'Amérique du Sud.
2. Distribution bimodale des altitudes (continents/océans).
3. Analogie des faunes et des flores fossiles qui imposent des liaisons intercontinentales.
4. Concordance de la distribution géographique des paléoclimats.

Jusqu'à la découverte des anomalies magnétiques au fond des océans et des dorsales océaniques dans les années 1960. Le modèle de la dérive des continents est délaissé au profit de celui de la tectonique des plaques.

1. Parallélisme des côtes entre l'Afrique et l'Amérique du Sud.
2. Distribution bimodale des altitudes (continents/océans).
3. Analogie des faunes et des flores fossiles qui imposent des liaisons intercontinentales.
4. Concordance de la distribution géographique des paléoclimats.
5. Découvertes des dorsales et des anomalies magnétiques.

Bien souvent, des découvertes dans un domaine peuvent amener de nouveaux faits et ainsi invalider des théories dans d'autres domaines. Ainsi la connaissance de la propagation des ondes sismiques dans le globe a permis d'élaborer le modèle PREM.

De même, l'amélioration des techniques permet souvent d'affiner les modèles permettant par exemple, de passer de 13 plaques tectoniques en 1968 à plus de 20 aujourd'hui.

7

Nous vous proposons ici des ressources, et deux textes philosophiques, abordables par des élèves de terminale, et permettant un travail interdisciplinaire sur la notion de science.

Quelques citations sur les sciences et le lien à la philosophie

On ne connaît pas complètement une science tant qu'on n'en sait pas l'histoire.

Auguste Comte

On fait la science avec des faits, comme on fait une maison avec des pierres : mais une accumulation de faits n'est pas plus une science qu'un tas de pierres n'est une maison.

Henri Poincaré

Sans la curiosité de l'esprit, que serions-nous ? Telle est bien la beauté et la noblesse de la science : désir sans fin de repousser les frontières du savoir, de traquer les secrets de la matière et de la vie sans idée préconçue des conséquences éventuelles.

Marie Curie

La pensée scientifique moderne réclame qu'on résiste à la première réflexion.

Gaston Bachelard

Quelques ressources web

- Conférence d'Étienne Klein – Cours introductif de Philosophie des Sciences
https://www.franceculture.fr/conferences/philosophie-des-sciences-par-etienne-klein
- Texte de conférence de Michel Serres – Science, biodiversité, écologie et mondialisation
https://www.agriculture-environnement.fr/2006/04/01/reflexions-de-michel-serres-science-biodiversite-ecologie-et-mondialisation
https://www.philomag.com/les-idees/entretiens/michel-serres-philosopher-cest-anticiper-5055
- « Philosophie et sciences, ou philosophie des sciences ? », *Les Savanturiers* (magasine du CEA), n° 12.
http://www.cea.fr/multimedia/Documents/publications/les-savanturiers/JournaldesSavanturiers12-web.pdf

Texte d'Auguste Comte qui décrit les trois états de la connaissance des phénomènes qui nous entourent

En étudiant le développement total de l'intelligence humaine dans ses diverses sphères d'activité, depuis son premier essor le plus simple jusqu'à nos jours, je crois avoir découvert une grande loi fondamentale [...]. Cette loi consiste en ce que chacune de nos conceptions principales, chaque branche de nos connaissances, passe successivement par trois états théoriques différents : l'état théologique, ou fictif ; l'état métaphysique, ou abstrait ; l'état scientifique, ou positif. En d'autres termes, l'esprit humain, par sa nature, emploie successivement dans chacune de ses recherches trois méthodes de philosopher, dont le caractère est essentiellement différent et même radicalement opposé : d'abord la méthode théologique, ensuite la méthode métaphysique, et enfin la méthode positive. De là, trois sortes de philosophies, ou de systèmes généraux de conceptions sur l'ensemble des phénomènes, qui s'excluent mutuellement : la première est le point de départ nécessaire de l'intelligence humaine ; la troisième, son état fixe et définitif ; la seconde est uniquement destinée à servir de transition.

Dans l'état théologique, l'esprit humain dirigeant essentiellement ses recherches vers la nature intime des êtres, les causes premières et finales de tous les effets qui le frappent, en un mot, vers les connaissances absolues, se représente les phénomènes comme produits par l'action directe et continue d'agents surnaturels[1] plus ou moins nombreux, dont l'intervention arbitraire explique toutes les anomalies apparentes de l'univers.

1. **Agents surnaturels :** les divinités de la mythologie grecque, par exemple.

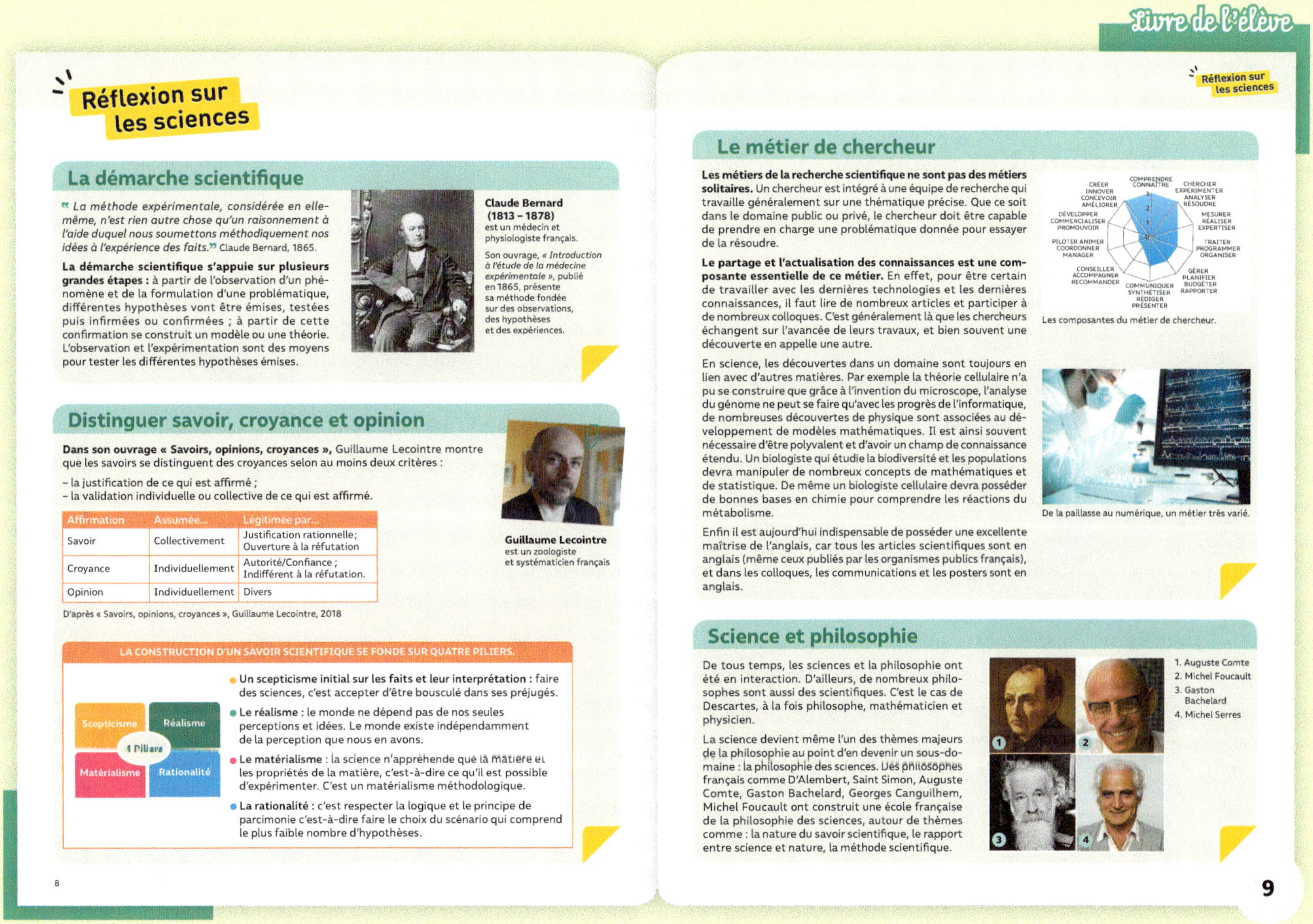
Livre de l'élève

Réflexion sur les sciences

La démarche scientifique

« *La méthode expérimentale, considérée en elle-même, n'est rien autre chose qu'un raisonnement à l'aide duquel nous soumettons méthodiquement nos idées à l'expérience des faits.* » Claude Bernard, 1865.

La démarche scientifique s'appuie sur plusieurs grandes étapes : à partir de l'observation d'un phénomène et de la formulation d'une problématique, différentes hypothèses vont être émises, testées puis infirmées ou confirmées ; à partir de cette confirmation se construit un modèle ou une théorie. L'observation et l'expérimentation sont des moyens pour tester les différentes hypothèses émises.

Claude Bernard (1813 – 1878) est un médecin et physiologiste français.

Son ouvrage, « *Introduction à l'étude de la médecine expérimentale* », publié en 1865, présente sa méthode fondée sur des observations, des hypothèses et des expériences.

Distinguer savoir, croyance et opinion

Dans son ouvrage « Savoirs, opinions, croyances », Guillaume Lecointre montre que les savoirs se distinguent des croyances selon au moins deux critères :

– la justification de ce qui est affirmé ;
– la validation individuelle ou collective de ce qui est affirmé.

Affirmation	Assumée…	Légitimée par…
Savoir	Collectivement	Justification rationnelle; Ouverture à la réfutation
Croyance	Individuellement	Autorité/Confiance ; Indifférent à la réfutation.
Opinion	Individuellement	Divers

D'après « Savoirs, opinions, croyances », Guillaume Lecointre, 2018

Guillaume Lecointre est un zoologiste et systématicien français

LA CONSTRUCTION D'UN SAVOIR SCIENTIFIQUE SE FONDE SUR QUATRE PILIERS.

- **Un scepticisme initial sur les faits et leur interprétation :** faire des sciences, c'est accepter d'être bousculé dans ses préjugés.
- **Le réalisme :** le monde ne dépend pas de nos seules perceptions et idées. Le monde existe indépendamment de la perception que nous en avons.
- **Le matérialisme :** la science n'appréhende que la matière et les propriétés de la matière, c'est-à-dire ce qu'il est possible d'expérimenter. C'est un matérialisme méthodologique.
- **La rationalité :** c'est respecter la logique et le principe de parcimonie c'est-à-dire faire le choix du scénario qui comprend le plus faible nombre d'hypothèses.

8

Réflexion sur les sciences

Le métier de chercheur

Les métiers de la recherche scientifique ne sont pas des métiers solitaires. Un chercheur est intégré à une équipe de recherche qui travaille généralement sur une thématique précise. Que ce soit dans le domaine public ou privé, le chercheur doit être capable de prendre en charge une problématique donnée pour essayer de la résoudre.

Le partage et l'actualisation des connaissances est une composante essentielle de ce métier. En effet, pour être certain de travailler avec les dernières technologies et les dernières connaissances, il faut lire de nombreux articles et participer à de nombreux colloques. C'est généralement là que les chercheurs échangent sur l'avancée de leurs travaux, et bien souvent une découverte en appelle une autre.

En science, les découvertes dans un domaine sont toujours en lien avec d'autres matières. Par exemple la théorie cellulaire n'a pu se construire que grâce à l'invention du microscope, l'analyse du génome ne peut se faire qu'avec les progrès de l'informatique, de nombreuses découvertes de physique sont associées au développement de modèles mathématiques. Il est ainsi souvent nécessaire d'être polyvalent et d'avoir un champ de connaissance étendu. Un biologiste qui étudie la biodiversité et les populations devra manipuler de nombreux concepts de mathématiques et de statistique. De même un biologiste cellulaire devra posséder de bonnes bases en chimie pour comprendre les réactions du métabolisme.

Enfin il est aujourd'hui indispensable de posséder une excellente maîtrise de l'anglais, car tous les articles scientifiques sont en anglais (même ceux publiés par les organismes publics français), et dans les colloques, les communications et les posters sont en anglais.

Les composantes du métier de chercheur.

De la paillasse au numérique, un métier très varié.

Science et philosophie

De tous temps, les sciences et la philosophie ont été en interaction. D'ailleurs, de nombreux philosophes sont aussi des scientifiques. C'est le cas de Descartes, à la fois philosophe, mathématicien et physicien.

La science devient même l'un des thèmes majeurs de la philosophie au point d'en devenir un sous-domaine : la philosophie des sciences. Des philosophes français comme D'Alembert, Saint Simon, Auguste Comte, Gaston Bachelard, Georges Canguilhem, Michel Foucault ont construit une école française de la philosophie des sciences, autour de thèmes comme : la nature du savoir scientifique, le rapport entre science et nature, la méthode scientifique.

1. Auguste Comte
2. Michel Foucault
3. Gaston Bachelard
4. Michel Serres

9

Dans l'état métaphysique, qui n'est au fond qu'une simple modification générale du premier, les agents surnaturels sont remplacés par des forces abstraites[2], véritables entités (abstractions personnifiées) inhérentes aux divers êtres du monde, et conçues comme capables d'engendrer par elles-mêmes tous les phénomènes observés, dont l'explication consiste alors à assigner pour chacun l'entité correspondante.

Enfin, dans l'état positif, l'esprit humain, reconnaissant l'impossibilité d'obtenir des notions absolues, renonce à chercher l'origine et la destination de l'univers, et à connaître les causes intimes des phénomènes, pour s'attacher uniquement à découvrir, par l'usage bien combiné du raisonnement et de l'observation, leurs lois effectives[3], c'est-à-dire leurs relations invariables de succession et de similitude.

Auguste Comte, *Cours de philosophie positive*, 1830.

▶ Texte de Karl Popper posant la distinction entre théorie scientifique et non scientifique

C'est en 1919 que j'ai été, pour la première fois, confronté au problème d'avoir à tracer une ligne de démarcation entre les énoncés et systèmes d'énoncés que l'on peut, à bon droit, référer à la science empirique et ceux que l'on pourrait qualifier de « pseudo-scientifiques[4] » ou (dans certains contextes) de « métaphysiques[5] », ou encore qui relèvent éventuellement de la logique et des mathématiques pures […]. L'idée la plus répandue est que la science se caractérise par son assise observationnelle ou sa méthode inductive[6], alors que les pseudosciences et la métaphysique se définissent par leur méthode spéculative […]. Je n'ai jamais pu souscrire à une telle représentation. Les théories physiques modernes, notamment celle d'Einstein (que l'on discutait abondamment en 1919), sont extrêmement spéculatives et abstraites, et elles entretiennent un rapport très lointain avec l'« assise observationnelle » qu'on pourrait leur assigner […].

Il apparaissait donc nécessaire de pouvoir disposer d'un autre critère de démarcation. Et j'ai proposé […] de prendre pour critère en la matière la possibilité, pour un système théorique, d'être réfuté ou invalidé. Selon cette conception, que je continue toujours de défendre, un système doit être tenu pour scientifique seulement s'il formule des assertions pouvant entrer en conflit avec certaines observations. Les tentatives pour provoquer des conflits de ce type, c'est-à-dire pour réfuter ce système, permettent en fait de le tester. Pouvoir être testé, c'est pouvoir être réfuté, et cette propriété peut donc servir, de la même manière, de critère de démarcation.

Cette conception voit dans la démarche critique la caractéristique essentielle de la science. Le savant doit donc étudier les théories sous l'angle de leur aptitude à être examinées de manière critique : il se demande si celles-ci se prêtent à des critiques de toute nature et, lorsque tel est le cas, si elles sont en mesure d'y résister. La théorie de Newton, par exemple, prédisait certains écarts par rapport aux lois de Kepler (en raison des interactions entre planètes), alors que ceux-ci n'avaient pas été observés. Elle s'exposait en conséquence à des tentatives de réfutation dont l'échec allait signifier le succès de cette théorie. La théorie einsteinienne a été testée de manière analogue. Et de fait, tous les tests effectifs constituent des tentatives de réfutation. Ce n'est que lorsqu'une théorie est parvenue à supporter les contraintes de ce genre d'efforts qu'on pourra affirmer qu'elle se trouve confirmée ou corroborée par l'expérience.

Karl Popper, *Conjectures et réfutations*, 1963, trad. Michelle Irene, Marc de Launay et Melitta Mew, éd. Payot & Rivages, 2006.

2. **Forces abstraites :** la « vertu dormitive » de l'opium, par exemple.
3. **Leurs lois effectives :** les lois scientifiques.
4. **Systèmes d'énoncés pseudo-scientifiques :** les fausses sciences comme l'astrologie.
5. **Énoncés métaphysiques :** thèses philosophiques sur Dieu ou l'âme, par exemple.
6. **Méthode inductive :** méthode qui dégage des lois générales à partir de faits particuliers.

Livre de l'élève

THÈME

1 Science, climat et société

Vue de la surface du glacier groenlandais *Jakobshavn Isbræ*. Ce glacier est l'une des principales causes de l'élévation du niveau marin puisqu'il s'amincit de 15 mètres par an depuis 1997. La formation de cours d'eau à sa surface en est un témoignage.

18

19

THÈME 1

Ce premier thème remobilise les acquis concernant le climat et l'atmosphère. Il permet d'aborder une problématique complexe, mais aussi d'appréhender les liens entre sciences, société et environnement. Les choix à opérer doivent s'appuyer sur les apports des sciences et de la technologie pour atténuer le changement climatique et s'y adapter. Mais ils doivent aussi prendre en compte l'histoire de la Terre. En cela l'approche des modèles climatiques permet de comprendre la méthode scientifique et ses limites et le fait qu'elle ne se substitue pas aux choix sociétaux.

CHAPITRE 1

L'atmosphère terrestre est dans un état d'équilibre dynamique qui connaît des variations. Elle résulte de nombreuses interactions, en particulier avec la biosphère. Pour le carbone, cet équilibre dépend de réservoirs et de flux. Les combustibles fossiles en sont une composante, qui bien que secondaires d'un point de vue quantitatif, ont un impact réel du fait de la perturbation majeure du flux liée à l'activité humaine. Si seule l'atmosphère est ici envisagée, ce chapitre est essentiel pour instaurer le cadre de la réflexion sur le climat, et comprendre le lien entre le concept de cycle du carbone et celui de système climatique.

CHAPITRE 2

Après une réactivation de la notion de climat et la mise en évidence de ses variabilités passées et actuelles, le concept de système climatique est construit en s'appuyant sur les variations associées aux facteurs anthropiques et en y intégrant les facteurs amplificateurs et stabilisateurs du réchauffement climatique. On passe ainsi de l'atmosphère au climat, en fondant les bases du fonctionnement d'un modèle, que l'on fait ici fonctionner qualitativement.

CHAPITRE 3

La mise en place du système climatique dans le **chapitre 1** et le **chapitre 2** et sa compréhension globale, permettent maintenant d'envisager les projections issues des modèles numériques. S'il n'est pas question d'entrer dans le détail des processus, la compréhension de ce qu'est un modèle et les hypothèses formulées pour le faire « tourner » sont les éléments nécessaires à l'élève pour comprendre la portée des divers scénarios envisagés par le GIEC.

CHAPITRE 4

Parmi les leviers envisagés dans les scénarios du GIEC pour modifier la tendance du réchauffement climatique, celui de l'utilisation des ressources énergétiques est majeur. La connaissance des impacts des différentes sources d'énergie sur la production de gaz à effet de serre, ou sur la santé, permet d'en mesurer les conséquences et de définir les aléas. Ce chapitre est donc à la fois une mise en perspective des trois premiers chapitres de ce thème, et un point de départ au thème 2 qui interroge sur le futur des énergies.

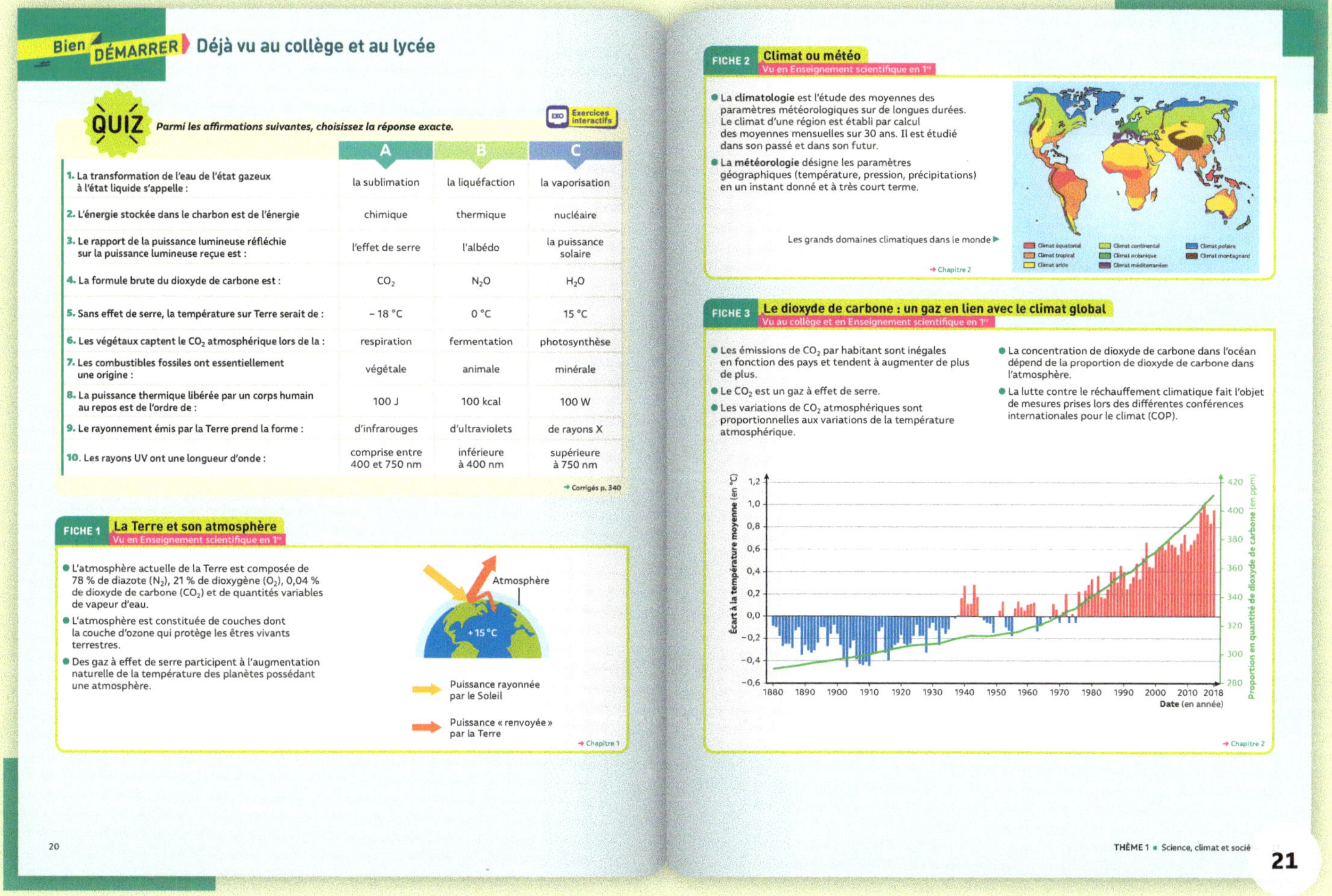

Bien DÉMARRER Déjà vu au collège et au lycée

QUIZ *Parmi les affirmations suivantes, choisissez la réponse exacte.*

Exercices interactifs

	A	B	C
1. La transformation de l'eau de l'état gazeux à l'état liquide s'appelle :	la sublimation	la liquéfaction	la vaporisation
2. L'énergie stockée dans le charbon est de l'énergie	chimique	thermique	nucléaire
3. Le rapport de la puissance lumineuse réfléchie sur la puissance lumineuse reçue est :	l'effet de serre	l'albédo	la puissance solaire
4. La formule brute du dioxyde de carbone est :	CO_2	N_2O	H_2O
5. Sans effet de serre, la température sur Terre serait de :	– 18 °C	0 °C	15 °C
6. Les végétaux captent le CO_2 atmosphérique lors de la :	respiration	fermentation	photosynthèse
7. Les combustibles fossiles ont essentiellement une origine :	végétale	animale	minérale
8. La puissance thermique libérée par un corps humain au repos est de l'ordre de :	100 J	100 kcal	100 W
9. Le rayonnement émis par la Terre prend la forme :	d'infrarouges	d'ultraviolets	de rayons X
10. Les rayons UV ont une longueur d'onde :	comprise entre 400 et 750 nm	inférieure à 400 nm	supérieure à 750 nm

→ Corrigés p. 340

FICHE 1 La Terre et son atmosphère
Vu en Enseignement scientifique en 1re

- L'atmosphère actuelle de la Terre est composée de 78 % de diazote (N_2), 21 % de dioxygène (O_2), 0,04 % de dioxyde de carbone (CO_2) et de quantités variables de vapeur d'eau.
- L'atmosphère est constituée de couches dont la couche d'ozone qui protège les êtres vivants terrestres.
- Des gaz à effet de serre participent à l'augmentation naturelle de la température des planètes possédant une atmosphère.

Atmosphère
+15 °C
Puissance rayonnée par le Soleil
Puissance « renvoyée » par la Terre

→ Chapitre 1

20

FICHE 2 Climat ou météo
Vu en Enseignement scientifique en 1re

- La **climatologie** est l'étude des moyennes des paramètres météorologiques sur de longues durées. Le climat d'une région est établi par calcul des moyennes mensuelles sur 30 ans. Il est étudié dans son passé et dans son futur.
- La **météorologie** désigne les paramètres géographiques (température, pression, précipitations) en un instant donné et à très court terme.

Les grands domaines climatiques dans le monde ▶

Climat équatorial, Climat tropical, Climat aride, Climat continental, Climat océanique, Climat méditerranéen, Climat polaire, Climat montagnard

→ Chapitre 2

FICHE 3 Le dioxyde de carbone : un gaz en lien avec le climat global
Vu au collège et en Enseignement scientifique en 1re

- Les émissions de CO_2 par habitant sont inégales en fonction des pays et tendent à augmenter de plus de plus.
- Le CO_2 est un gaz à effet de serre.
- Les variations de CO_2 atmosphériques sont proportionnelles aux variations de la température atmosphérique.
- La concentration de dioxyde de carbone dans l'océan dépend de la proportion de dioxyde de carbone dans l'atmosphère.
- La lutte contre le réchauffement climatique fait l'objet de mesures prises lors des différentes conférences internationales pour le climat (COP).

Écart à la température moyenne (en °C)
Proportion en quantité de dioxyde de carbone (en ppm)
Date (en année)

→ Chapitre 2

THÈME 1 • Science, climat et société 21

RÉPONSES AU QUIZ

	A	B	C
1. La transformation de l'eau de l'état gazeux à l'état liquide s'appelle:	☐	☒	☐
2. L'énergie stockée dans le charbon est de l'énergie:	☒	☐	☐
3. Le rapport de la puissance lumineuse réfléchie sur la puissance lumineuse reçue est:	☐	☒	☐
4. La formule brute du dioxyde de carbone est:	☒	☐	☐
5. Sans effet de serre, la température sur Terre serait de:	☒	☐	☐
6. Les végétaux captent le CO_2 atmosphérique lors de la:	☐	☐	☒
7. Les combustibles fossiles ont essentiellement une origine:	☒	☐	☐
8. La puissance thermique libérée par un corps humain au repos est de l'ordre de:	☐	☐	☒
9. Le rayonnement émis par la Terre prend la forme:	☒	☐	☐
10. Les rayons UV ont une longueur d'onde:	☐	☒	☐

avant la terminale

▶ La **Terre et son atmosphère** (fiche 1) remobilise les connaissances sur l'enveloppe gazeuse de la planète. La composition chimique actuelle de l'atmosphère, tout comme ses fonctions (protection par la couche d'ozone, régulation thermique par l'effet de serre) sont rappelées et servent de base à la compréhension des mécanismes ayant profondément modifié l'atmosphère au cours de l'histoire de la Terre.

▶ Termes très souvent confondus dans les médias et par la population, **le climat et la météo** (fiche 2) sont redéfinis dans le but de les distinguer et de servir de base à la compréhension des modèles climatiques mis en place par les scientifiques, comme ceux du GIEC.

▶ Alors qu'il ne représente que 0,04 % de l'atmosphère, le **dioxyde de carbone: un gaz en lien avec le climat global** (fiche 3) permet au détour d'un graphique de mettre en relation la variation de sa concentration sur un siècle avec l'écart à la température mesuré. Le rôle de l'océan est rappelé en ce qui concerne la variation de la concentration atmosphérique en dioxyde de carbone afin de comprendre les interactions plus complexes entre les différents réservoirs terrestres de carbone qu'ils soient inorganiques ou organiques comme la biosphère. C'est pourquoi dans **les métabolismes cellulaires** (fiche 4), les rappels de seconde et d'enseignement scientifique de première sur les échanges gazeux au cours de la photosynthèse et la respiration cellulaire sont remobilisés dans le but de construire le futur cycle du carbone.

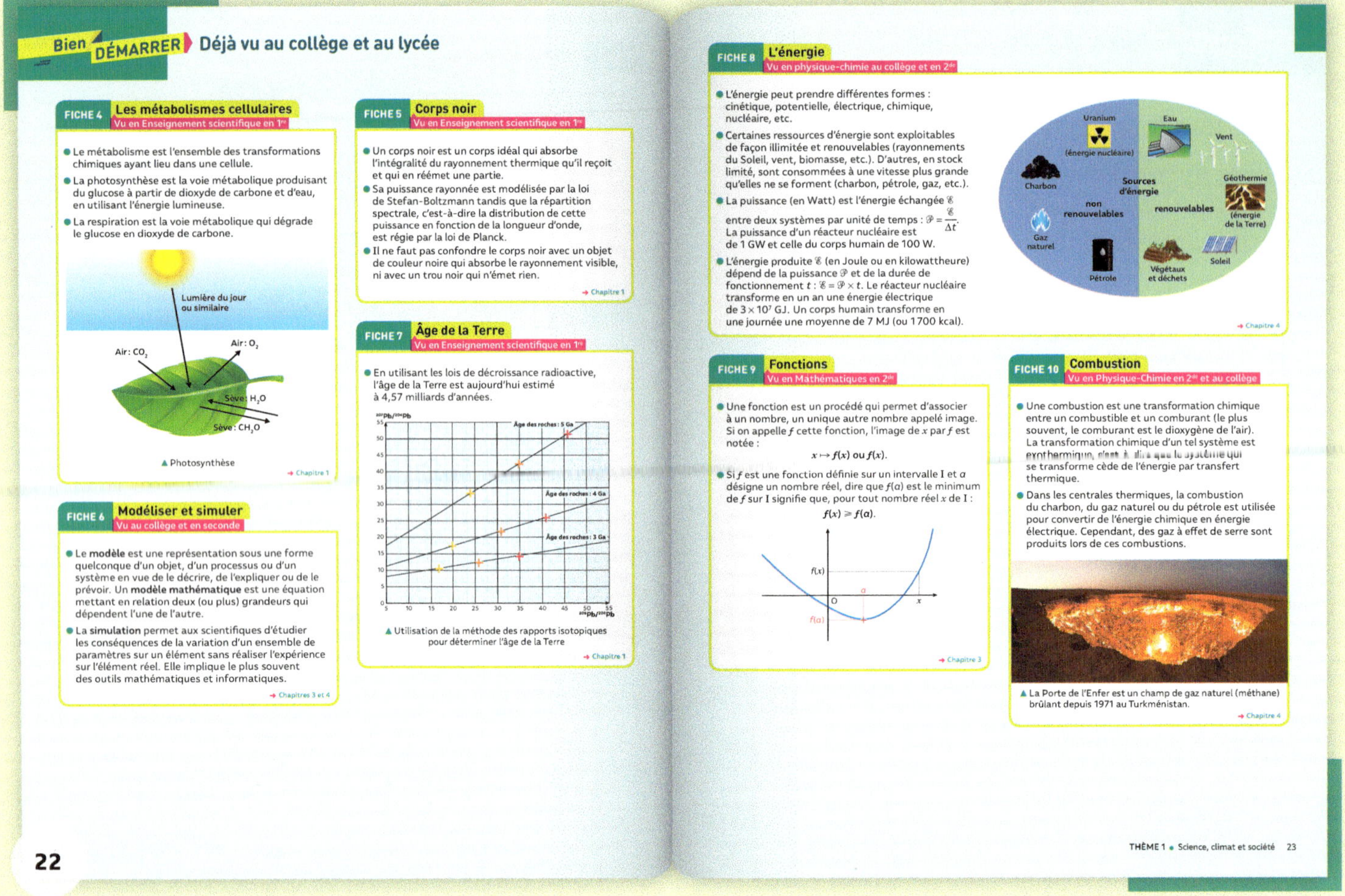

Bien DÉMARRER Déjà vu au collège et au lycée

FICHE 4 Les métabolismes cellulaires
Vu en Enseignement scientifique en 1re

- Le métabolisme est l'ensemble des transformations chimiques ayant lieu dans une cellule.
- La photosynthèse est la voie métabolique produisant du glucose à partir de dioxyde de carbone et d'eau, en utilisant l'énergie lumineuse.
- La respiration est la voie métabolique qui dégrade le glucose en dioxyde de carbone.

▲ Photosynthèse

→ Chapitre 1

FICHE 5 Corps noir
Vu en Enseignement scientifique en 1re

- Un corps noir est un corps idéal qui absorbe l'intégralité du rayonnement thermique qu'il reçoit et qui en réémet une partie.
- Sa puissance rayonnée est modélisée par la loi de Stefan-Boltzmann tandis que la répartition spectrale, c'est-à-dire la distribution de cette puissance en fonction de la longueur d'onde, est régie par la loi de Planck.
- Il ne faut pas confondre le corps noir avec un objet de couleur noire qui absorbe le rayonnement visible, ni avec un trou noir qui n'émet rien.

→ Chapitre 1

FICHE 6 Modéliser et simuler
Vu au collège et en seconde

- Le **modèle** est une représentation sous une forme quelconque d'un objet, d'un processus ou d'un système en vue de le décrire, de l'expliquer ou de le prévoir. Un **modèle mathématique** est une équation mettant en relation deux (ou plus) grandeurs qui dépendent l'une de l'autre.
- La **simulation** permet aux scientifiques d'étudier les conséquences de la variation d'un ensemble de paramètres sur un élément sans réaliser l'expérience sur l'élément réel. Elle implique le plus souvent des outils mathématiques et informatiques.

→ Chapitres 3 et 4

FICHE 7 Âge de la Terre
Vu en Enseignement scientifique en 1re

- En utilisant les lois de décroissance radioactive, l'âge de la Terre est aujourd'hui estimé à 4,57 milliards d'années.

▲ Utilisation de la méthode des rapports isotopiques pour déterminer l'âge de la Terre

→ Chapitre 1

FICHE 8 L'énergie
Vu en physique-chimie au collège et en 2de

- L'énergie peut prendre différentes formes : cinétique, potentielle, électrique, chimique, nucléaire, etc.
- Certaines ressources d'énergie sont exploitables de façon illimitée et renouvelables (rayonnements du Soleil, vent, biomasse, etc.). D'autres, en stock limité, sont consommées à une vitesse plus grande qu'elles ne se forment (charbon, pétrole, gaz, etc.).
- La puissance (en Watt) est l'énergie échangée $\mathscr{E}$ entre deux systèmes par unité de temps : $\mathscr{P} = \frac{\mathscr{E}}{\Delta t}$. La puissance d'un réacteur nucléaire est de 1 GW et celle du corps humain de 100 W.
- L'énergie produite $\mathscr{E}$ (en Joule ou en kilowattheure) dépend de la puissance $\mathscr{P}$ et de la durée de fonctionnement t : $\mathscr{E} = \mathscr{P} \times t$. Le réacteur nucléaire transforme en un an une énergie électrique de 3×10^7 GJ. Un corps humain transforme en une journée une moyenne de 7 MJ (ou 1 700 kcal).

→ Chapitre 4

FICHE 9 Fonctions
Vu en Mathématiques en 2de

- Une fonction est un procédé qui permet d'associer à un nombre, un unique autre nombre appelé image. Si on appelle f cette fonction, l'image de x par f est notée :

$$x \mapsto f(x) \text{ ou } f(x).$$

- Si f est une fonction définie sur un intervalle I et a désigne un nombre réel, dire que $f(a)$ est le minimum de f sur I signifie que, pour tout nombre réel x de I :

$$f(x) \geqslant f(a).$$

→ Chapitre 3

FICHE 10 Combustion
Vu en Physique-Chimie en 2de et au collège

- Une combustion est une transformation chimique entre un combustible et un comburant (le plus souvent, le comburant est le dioxygène de l'air). La transformation chimique d'un tel système est exothermique, c'est-à-dire que le système qui se transforme cède de l'énergie par transfert thermique.
- Dans les centrales thermiques, la combustion du charbon, du gaz naturel ou du pétrole est utilisée pour convertir de l'énergie chimique en énergie électrique. Cependant, des gaz à effet de serre sont produits lors de ces combustions.

▲ La Porte de l'Enfer est un champ de gaz naturel (méthane) brûlant depuis 1971 au Turkménistan.

→ Chapitre 4

22

THÈME 1 • Science, climat et société 23

▶ Vu en enseignement scientifique en première, le **corps noir** (fiche 5) est un objet théorique qui absorbe intégralement le rayonnement électromagnétique qu'il reçoit. Sous l'effet de l'agitation thermique induite, ce corps émet alors un rayonnement électromagnétique qui ne dépend que de sa température. Ce **modèle** permet aux scientifiques de **simuler** (fiche 6) le climat du futur *via* l'intégration de variables physiques et mathématiques qui seront traitées par l'outil informatique. Pour cela, la notion de **fonction mathématique** (fiche 9) étudiée au collège et au lycée permet de mettre en évidence le vocabulaire qui lui est associé : ensemble de définition, image, antécédent. La courbe représentative de la fonction, outil essentiel dans toute science expérimentale, est donnée à titre d'exemple.

▶ La méthode de datation de l'**âge de la Terre** (fiche 7), basée sur des principes physiques de décroissance radioactive des isotopes, est présentée. Cela permet aux élèves d'avoir des repères temporels leur permettant de situer les phénomènes ayant provoqué de grandes variations de composition de l'atmosphère terrestre.

▶ Objet d'étude du cycle 4, de seconde et de première, **l'énergie** (fiche 8) est présentée sous ses différentes formes, avec des ressources renouvelables ou non à l'échelle de la vie humaine, ce qui permet de comprendre les conséquences de leur utilisation par l'humain. Par la comparaison de la puissance et de l'énergie produite de différents objets ou systèmes, les ordres de grandeur cohérents des différentes ressources d'énergie consommées par l'activité humaine sont rappelés, dans le but d'en comprendre les effets climatiques.

▶ Enfin, la **combustion** (fiche 10) est présentée comme étant une réaction libérant de l'énergie par transfert thermique. Elle sera l'un des principaux éléments à considérer lors de l'étude des mécanismes anthropiques provoquant une variation climatique sur le long terme.

Livre de l'élève

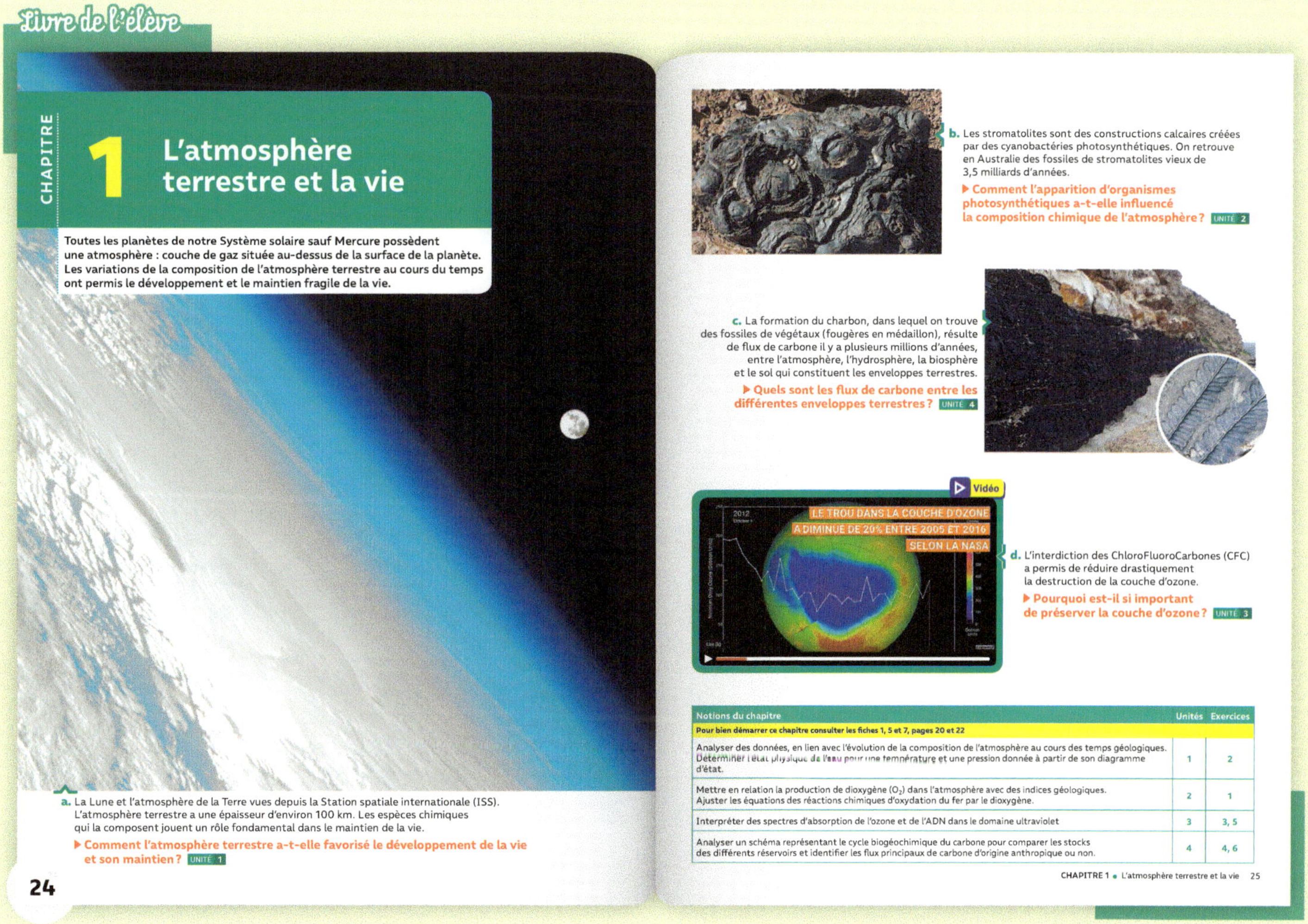
CHAPITRE 1 L'atmosphère terrestre et la vie

Toutes les planètes de notre Système solaire sauf Mercure possèdent une atmosphère : couche de gaz située au-dessus de la surface de la planète. Les variations de la composition de l'atmosphère terrestre au cours du temps ont permis le développement et le maintien fragile de la vie.

a. La Lune et l'atmosphère de la Terre vues depuis la Station spatiale internationale (ISS). L'atmosphère terrestre a une épaisseur d'environ 100 km. Les espèces chimiques qui la composent jouent un rôle fondamental dans le maintien de la vie.

▶ Comment l'atmosphère terrestre a-t-elle favorisé le développement de la vie et son maintien ? UNITÉ 1

b. Les stromatolites sont des constructions calcaires créées par des cyanobactéries photosynthétiques. On retrouve en Australie des fossiles de stromatolites vieux de 3,5 milliards d'années.

▶ Comment l'apparition d'organismes photosynthétiques a-t-elle influencé la composition chimique de l'atmosphère ? UNITÉ 2

c. La formation du charbon, dans lequel on trouve des fossiles de végétaux (fougères en médaillon), résulte de flux de carbone il y a plusieurs millions d'années, entre l'atmosphère, l'hydrosphère, la biosphère et le sol qui constituent les enveloppes terrestres.

▶ Quels sont les flux de carbone entre les différentes enveloppes terrestres ? UNITÉ 4

Vidéo

d. L'interdiction des ChloroFluoroCarbones (CFC) a permis de réduire drastiquement la destruction de la couche d'ozone.

▶ Pourquoi est-il si important de préserver la couche d'ozone ? UNITÉ 3

Notions du chapitre	Unités	Exercices
Pour bien démarrer ce chapitre consulter les fiches 1, 5 et 7, pages 20 et 22		
Analyser des données, en lien avec l'évolution de la composition de l'atmosphère au cours des temps géologiques. Déterminer l'état physique de l'eau pour une température et une pression donnée à partir de son diagramme d'état.	1	2
Mettre en relation la production de dioxygène (O_2) dans l'atmosphère avec des indices géologiques. Ajuster les équations des réactions chimiques d'oxydation du fer par le dioxygène.	2	1
Interpréter des spectres d'absorption de l'ozone et de l'ADN dans le domaine ultraviolet	3	3, 5
Analyser un schéma représentant le cycle biogéochimique du carbone pour comparer les stocks des différents réservoirs et identifier les flux principaux de carbone d'origine anthropique ou non.	4	4, 6

24

CHAPITRE 1 • L'atmosphère terrestre et la vie 25

▶ Les grandes idées à construire

- Depuis sa formation il y a environ 4,6 milliards d'années, la Terre a connu une évolution spécifique de sa surface et de la composition de son atmosphère. Le refroidissement de la surface de la Terre primitive a permis la liquéfaction de la vapeur d'eau, présente dans l'atmosphère initiale, formant ainsi l'hydrosphère.
- C'est dans cette hydrosphère que la vie s'est développée (depuis – 3,8 milliards d'années). Des organismes photosynthétiques ont produit le dioxygène qui s'est accumulé dans l'océan, puis a diffusé dans l'atmosphère. On retrouve des indices géologiques de cette production de dioxygène.
- La formation d'ozone stratosphérique sous l'effet des rayonnements UV a rendu possible une vie terrestre en protégeant, par absorption des rayonnements UV, les êtres vivants des effets mutagènes de ces UV.
- Le carbone est stocké dans plusieurs réservoirs : atmosphère, hydrosphère, sols, roches et biosphère. Les échanges de carbone entre ces réservoirs sont quantifiés par des flux. L'ensemble de ces échanges constitue le cycle du carbone sur Terre.
- Il existe des flux de carbone d'origine anthropique qui conduisent à son dérèglement. Les combustibles fossiles se forment en plusieurs centaines de millions d'années ; ils ne se renouvellent donc pas suffisamment vite pour que les stocks (consommés par les êtres humains) se reconstituent. Ces ressources en énergie sont dites non renouvelables.

▶ Ce que disent les documents

a Les 100 km de l'atmosphère semblent bien minces quand ils sont vus depuis l'espace. Lors de ses 200 jours de mission à bord de la Station spatiale internationale (ISS), Thomas Pesquet a publié de nombreuses informations et photos, notamment sur la finesse de l'atmosphère : « Vue de côté avec la courbe de la Terre : contraste impressionnant entre le vide de l'espace et la fine couche de l'atmosphère qui nous en protège », « On n'a pas conscience à quel point l'atmosphère c'est mince [...], à quel point on est capable d'abîmer la planète, à quel point il faut la protéger. »

b Les stromatolites sont des constructions fossiles, formées de carbonates organisés en une superposition de lamines millimétriques précipitées par des processus chimiques ou biochimiques résultant de l'activité biochimique de micro-organismes, principalement des cyanobactéries. Les fossiles les plus anciens ont 3,5 milliards d'années. La baie Shark en Australie est un des très rares endroits du monde à encore abriter des stromatolites en développement actif.

c Le charbon est une roche sédimentaire combustible riche en carbone, formée à partir de la dégradation partielle de la matière organique des végétaux. La formation des plus importants gisements de charbon remonte au Carbonifère (environ – 360 à – 295 Ma). La combustion de ce charbon engendre 44,2 % des émissions globales de CO_2 en 2017.

d Dans les années 1980, pour limiter la menace atmosphérique qu'est le trou dans la couche d'ozone, le protocole de Montréal fut le premier accord environnemental incluant la plupart des pays de la planète (signé en 1987 puis ratifié en 2009 par 196 pays). Il impose l'interdiction des chlorofluorocarbones (CFC), composés polluants et destructeurs de la couche d'ozone.

Livre de l'élève

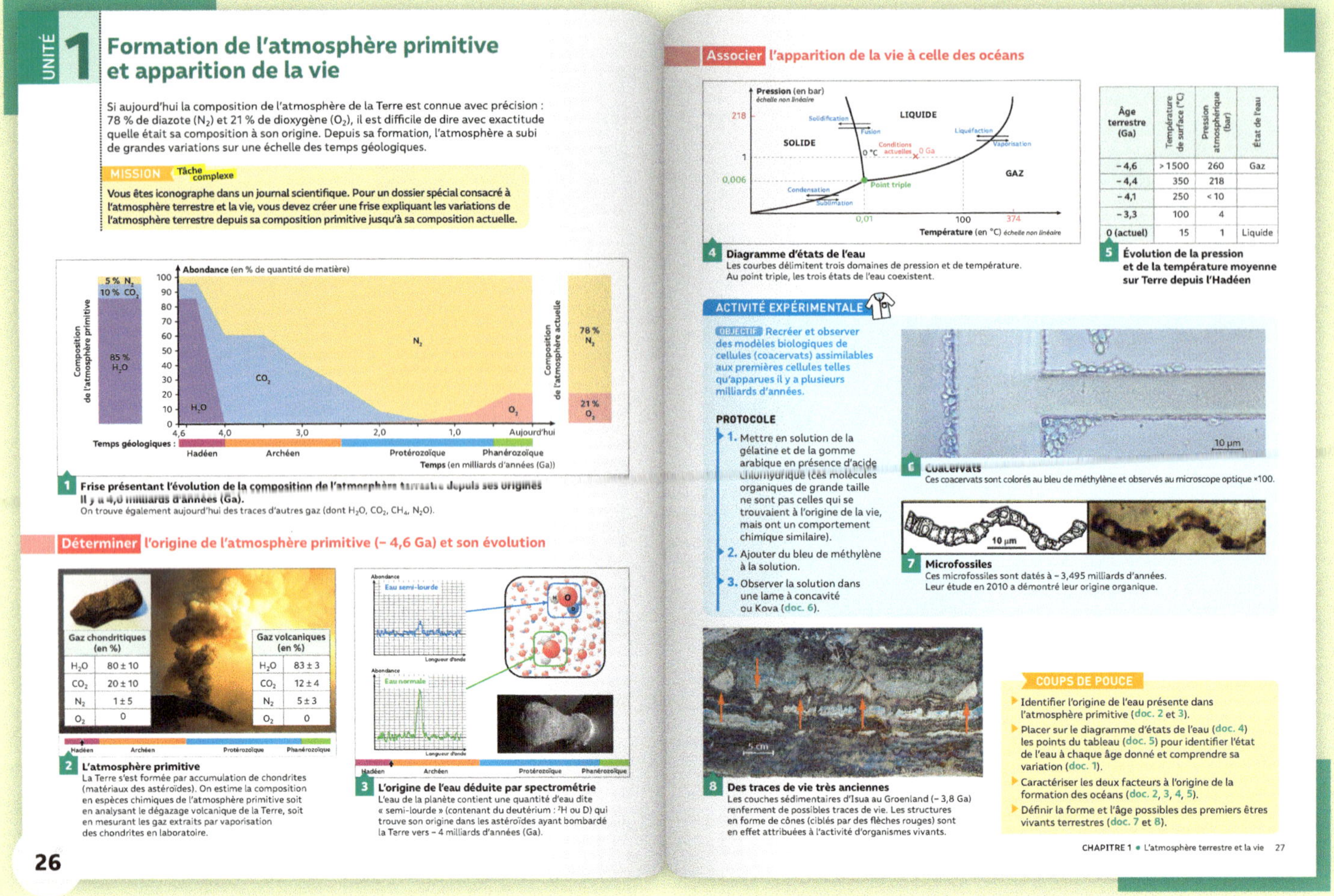

problèmes scientifiques

- Comment varie la composition de l'atmosphère depuis 4,6 milliards d'années ?
- Quels facteurs sont à l'origine de la formation des océans dans lesquels la vie est apparue ?

Mobilisation des acquis

- Vu en cycle 4 (physique-chimie) :

– Un changement d'état est le passage d'un état physique à un autre. Pour l'eau, à la pression atmosphérique 1 013 hPa, le changement d'état solide-liquide a lieu à la température de 0 °C, le changement d'état liquide-gaz a lieu à 100 °C (vu en 5ᵉ).

– L'air est un mélange de gaz. L'unité de mesure de la pression d'un gaz est le pascal, noté Pa ; on utilise aussi le bar sachant que 1 bar = 100 000 Pa. La pression atmosphérique au niveau de la mer vaut : P_{atm} = 1 013 hPa = 1,013 bar (vu en 4ᵉ).

Les grandes idées à construire

- Depuis 4,6 milliards d'années, l'atmosphère a vu sa composition évoluer : l'atmosphère primitive était riche en N_2, CO_2 et H_2O, sa composition actuelle est d'environ 78 % de N_2, 21 % d'O_2, avec des traces d'autres gaz.
- Le refroidissement de la surface de la Terre primitive a conduit à la liquéfaction de la vapeur d'eau présente dans l'atmosphère initiale. L'hydrosphère s'est ainsi formée et c'est dans ce milieu aquatique que s'est développée la vie. Les premières traces de vie sont datées d'il y a un peu moins de 3,5 milliards d'années.

Les compétences travaillées

- **Rechercher et organiser** l'information.
- **Exploiter** un graphique.
- **Représenter** des informations sous une forme adaptée.

Les représentations de l'élève

- L'élève connaît la composition actuelle de l'atmosphère (avec près de 20 % de dioxygène). Il faut donc veiller à ce qu'il n'ait pas une représentation figée de cette composition : depuis 4,6 milliards d'années l'abondance de quantité de matière a fortement évolué. Notamment, il n'y avait pas de dioxygène dans l'atmosphère primitive.
- Les élèves savent que la vie est apparue dans l'hydrosphère. Veiller à faire le lien entre la présence de l'hydrosphère et les changements d'états de l'eau permis par la baisse de pression et température de l'atmosphère (lien PC-SVT).

Ce que disent les documents

1 Notons qu'il existe des contraintes sur les mesures puisque les seules sources accessibles sont géologiques : il y a donc près d'un milliard d'années de l'Histoire de la Terre et donc de la composition de l'atmosphère qui restent inaccessibles.
Dès 4,5 Ga, les océans se sont formés par condensation de la vapeur d'eau atmosphérique. L'eau sous forme de vapeur est le principal gaz à effet de serre, les températures à l'Hadéen étaient donc extrêmement élevées (pression > 225 bar, température > 375 °C). Aujourd'hui le taux de H_2O dans l'atmosphère est extrêmement faible (entre 0,1 % et 4 % : point de rosée).

Les valeurs sont en abondance de quantité de matière, on peut donc avoir l'impression que la quantité de diazote augmente alors qu'elle est restée stable (c'est l'abondance des autres gaz tels que l'eau ou le dioxyde de carbone qui a diminué). La pression atmosphérique au sol n'a cessé de diminuer pour atteindre 1 bar aujourd'hui (niveau de la mer).
La baisse de l'abondance en CO_2 est en lien avec son piégeage dans les océans (rappel : le CO_2 est assez soluble dans l'eau). La température sur Terre diminuant, la solubilité du CO_2 augmente, accélérant son piégeage puis sa précipitation en roche carbonatée. L'abondance de O_2 atmosphérique passe de 0 à 21 % (on verra dans l'**unité 2** que la formation du dioxygène fut d'abord aquatique et que le dégazage vers l'atmosphère n'est permis qu'une fois les océans saturés en dioxygène (solubilité faible)).

Des idées de questions :
- Comment expliquer une chute de l'abondance en H_2O atmosphérique ?
- Comment expliquer la diminution conjointe des abondances de CO_2 et H_2O ?
- Y avait-il de l'O_2 dans l'atmosphère primitive ?

2 La Terre est le produit de l'accrétion, sous l'effet de la gravitation, de petits corps célestes de composition très proche de celle d'une chondrite (à enstatite). Pour estimer la composition en espèces chimiques de l'atmosphère primitive, les abondances en gaz lors de la vaporisation (en laboratoire) de chondrites mais aussi l'abondance en gaz volcaniques lors d'une éruption sont mesurées. Des taux similaires sont relevés. Ainsi, le diazote, le dioxyde de carbone et l'eau sous forme de vapeur sont libérés.

Idée de question :
- Quels principaux gaz sont libérés lors d'une éruption volcanique ? lors d'une vaporisation de chondrite ?

3 L'origine de l'eau qui compose les océans est très controversée : bien que le dégazage des chondrites permette la formation d'une atmosphère riche en vapeur d'eau, les rapports des isotopes de l'oxygène excluent une participation importante de ces chondrites. Le rapport deutérium/H montre que les comètes ont peu contribué à la formation de l'eau terrestre. En revanche, il est compatible avec un apport d'eau lié au bombardement d'astéroïdes (estimation : jusqu'à 40 % d'apport).

Des idées de questions :
- Quelles seraient les origines de l'eau sur Terre ?
- Quelles hypothèses sont invalidées par les analyses chimiques de l'eau liquide ?

4 et **5** Ces documents permettent de comprendre la formation de l'hydrosphère. La pression atmosphérique à l'Hadéen était au-dessus du point critique de l'eau ; ainsi toute l'eau se trouvait sous forme de fluide proche d'un gaz. En se refroidissant, le passage sous 374 °C permet à la vapeur d'eau de se liquéfier (même à une pression très élevée). Le processus s'accélère car plus l'eau passe à l'état liquide, moins il y a d'effet de serre, plus la température diminue et la pression chute. Les scientifiques parlent d'un « déluge universel » vers 4 Ga : la pression baisse de 40 bar et 400 mètres d'eau liquide se forment.

Idée de question :
- Comment varie la pression d'un gaz lorsque la température diminue ?

6 **7** et **8** Les coacervats (**doc. 6**) ne correspondent pas aux premières cellules vivantes mais peuvent constituer cependant des modèles de fonctionnement chimique d'unités séparées de leur milieu par une membrane. Par comparaison avec les plus anciens fossiles datés (**doc. 7**), on peut poser l'hypothèse d'une apparition de la vie sous forme cellulaire à partir d'au moins – 3,495 Ga. D'autres structures fossiles présentes dans les strates (**doc. 8**) datées de – 3,8 Ga confirment l'apparition de la vie au cours de l'Archéen.

Idée de question :
- À quelle période peut-on penser que la vie soit apparue ? Quels arguments permettent de répondre ?

Les + pour préparer votre séance

- Proposer en début de séance un QCM de remobilisation des acquis de seconde et première. En voici un exemple :

1. La photosynthèse est un processus métabolique qui :
a. consomme du CO_2.
b. consomme de l'O_2.
c. produit du CO_2.
d. consomme du glucose.

2. La liquéfaction est un changement d'état de l'eau caractérisé par le passage de l'eau :
a. de son état solide à son état liquide.
b. de son état gazeux à son état liquide.
c. de son état liquide à son état solide.
d. de son état liquide à son état gazeux.

3. Le carbone des combustibles fossiles comme le charbon provient essentiellement :
a. de la matière organique animale.
b. de la matière minérale végétale.
c. de la matière minérale du sous-sol.
d. de la matière organique végétale.

4. La molécule d'eau est constituée :
a. d'un atome d'hydrogène et d'un atome de carbone.
b. des atomes C H O N P.
c. d'un atome d'oxygène et de deux atomes d'hydrogène.
d. de deux atomes d'hydrogène.

LE SAVIEZ-VOUS ?

Connaître des compositions atmosphériques anciennes
– Les plus vieux minéraux connus sont les zircons de Jack Hills (de – 4,4 à – 4,0 Ga) en Australie. Les zircons (silicate de zirconium) sont très résistants à l'érosion et au métamorphisme. En raison de leur âge, ils ont été analysés de toutes les façons possibles. Les rapports isotopiques de l'oxygène qui supposent qu'ils se sont formés dans des magmas granitiques (magmas hydratés, formés en présence d'eau sous forme liquide), suggèrent l'existence d'océans dès cette date.
– La Terre a eu une première atmosphère dite « cosmique » ou primordiale composée d'hydrogène et d'hélium. Elle fut rapidement projetée dans l'espace dès le début de l'activité solaire en raison de l'absence de magnétosphère terrestre (pression très faible).

CORRECTION DE L'UNITÉ

1. Les mesures des compositions des gaz issus des volcans terrestres ainsi que du dégazage des météorites de type chondrite indiquent une richesse en vapeur d'eau à 80 %. La comparaison des teneurs en eau semi-lourde et normale (identique à l'eau terrestre) des météorites confirme que l'eau est issue des astéroïdes ayant formé la Terre. Cette eau a ensuite été libérée dans l'atmosphère par l'activité volcanique.
2. Le placement des conditions de pression et de température de l'eau en fonction du temps nous indique qu'entre – 4,6 et – 4,4 Ga l'eau est passée de l'état gazeux à l'état liquide.
3. D'après le **doc. 5**, les variations de pression et de température ont provoqué la liquéfaction de l'eau gazeuse en eau liquide. Cela explique la diminution de la teneur atmosphérique en vapeur d'eau constatée dans le **doc. 1**. Toute l'eau atmosphérique est ainsi passée sous forme liquide, formant ainsi les océans.
4. D'après les observations fossiles, les premières formes de vie avaient un aspect cellulaire. Leur apparition se situe entre – 3,8 et – 3,5 Ga.

INDICATEURS DE RÉUSSITE	NIVEAU A	B	C	D
Les méthodes permettant d'identifier la composition de l'atmosphère primitive sont déterminées.				
Les variations de pression et de température de la Terre sont reliées à des variations d'états de l'eau.				
L'apparition de l'eau liquide sur Terre est datée.				
L'origine de l'eau liquide sur Terre est expliquée.				

Livre de l'élève

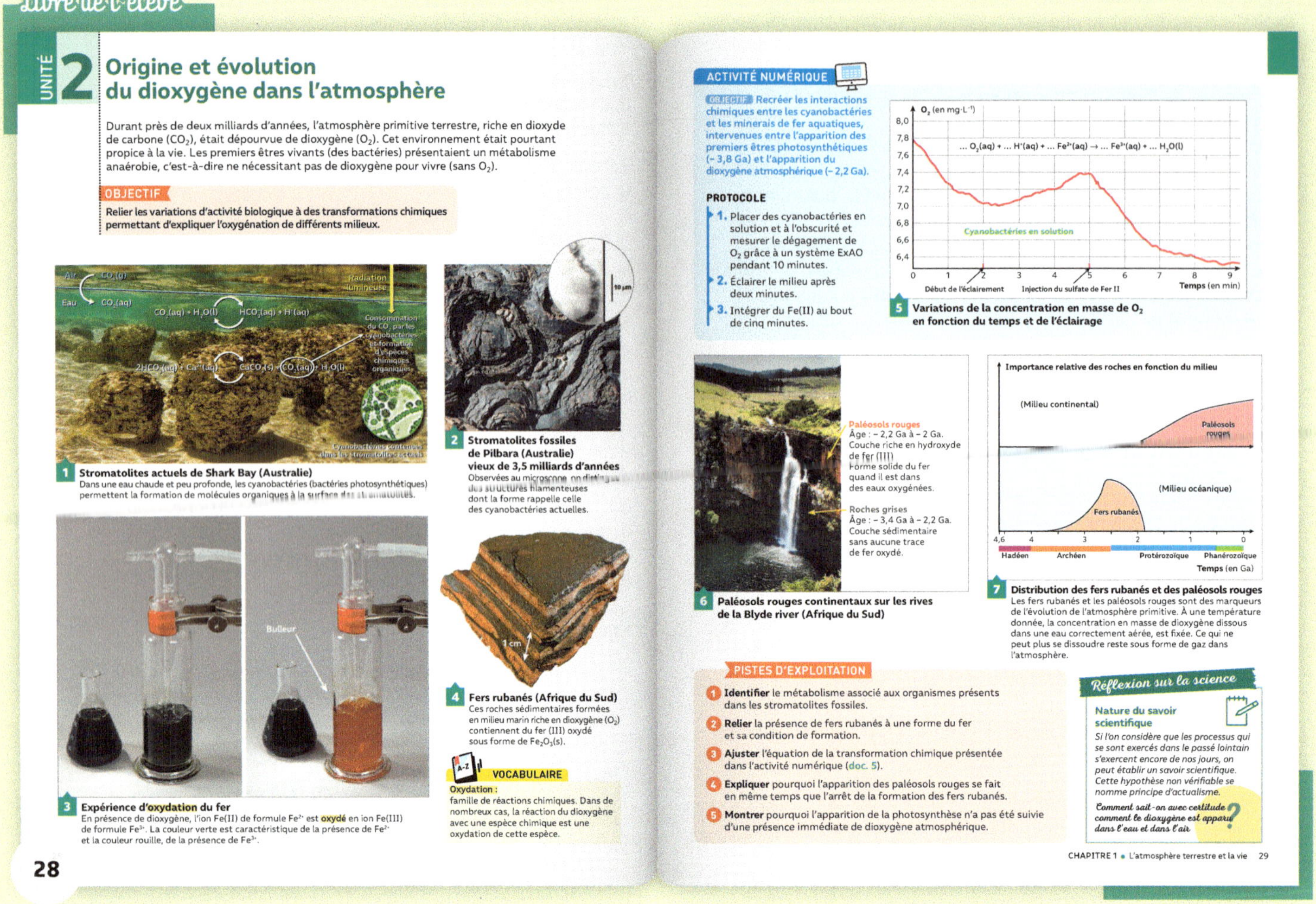

UNITÉ 2 Origine et évolution du dioxygène dans l'atmosphère

Durant près de deux milliards d'années, l'atmosphère primitive terrestre, riche en dioxyde de carbone (CO_2), était dépourvue de dioxygène (O_2). Cet environnement était pourtant propice à la vie. Les premiers êtres vivants (des bactéries) présentaient un métabolisme anaérobie, c'est-à-dire ne nécessitant pas de dioxygène pour vivre (sans O_2).

OBJECTIF

Relier les variations d'activité biologique à des transformations chimiques permettant d'expliquer l'oxygénation de différents milieux.

$CO_2(g)$ / $CO_2(aq)$; $CO_2(aq) + H_2O(l) \rightleftharpoons HCO_3^-(aq) + H^+(aq)$; $2HCO_3^-(aq) + Ca^{2+}(aq) \rightleftharpoons CaCO_3(s) + CO_2(aq) + H_2O(l)$

1 Stromatolites actuels de Shark Bay (Australie)
Dans une eau chaude et peu profonde, les cyanobactéries (bactéries photosynthétiques) permettent la formation de molécules organiques à la [illegible].

2 Stromatolites fossiles de Pilbara (Australie) vieux de 3,5 milliards d'années
Observées au [illegible] structures filamenteuses dont la forme rappelle celle des cyanobactéries actuelles.

3 Expérience d'oxydation du fer
En présence de dioxygène, l'ion Fe(II) de formule Fe^{2+} est oxydé en ion Fe(III) de formule Fe^{3+}. La couleur verte est caractéristique de la présence de Fe^{2+} et la couleur rouille, de la présence de Fe^{3+}.

4 Fers rubanés (Afrique du Sud)
Ces roches sédimentaires formées en milieu marin riche en dioxygène (O_2) contiennent du fer (III) oxydé sous forme de $Fe_2O_3(s)$.

VOCABULAIRE
Oxydation : famille de réactions chimiques. Dans de nombreux cas, la réaction du dioxygène avec une espèce chimique est une oxydation de cette espèce.

28

ACTIVITÉ NUMÉRIQUE

OBJECTIF Recréer les interactions chimiques entre les cyanobactéries et les minerais de fer aquatiques, intervenues entre l'apparition des premiers êtres photosynthétiques (– 3,8 Ga) et l'apparition du dioxygène atmosphérique (– 2,2 Ga).

PROTOCOLE
1. Placer des cyanobactéries en solution et à l'obscurité et mesurer le dégagement de O_2 grâce à un système ExAO pendant 10 minutes.
2. Éclairer le milieu après deux minutes.
3. Intégrer du Fe(II) au bout de cinq minutes.

5 Variations de la concentration en masse de O_2 en fonction du temps et de l'éclairage

6 Paléosols rouges continentaux sur les rives de la Blyde river (Afrique du Sud)

7 Distribution des fers rubanés et des paléosols rouges
Les fers rubanés et les paléosols rouges sont des marqueurs de l'évolution de l'atmosphère primitive. À une température donnée, la concentration en masse de dioxygène dissous dans une eau correctement aérée, est fixée. Ce qui ne peut plus se dissoudre reste sous forme de gaz dans l'atmosphère.

PISTES D'EXPLOITATION
1 **Identifier** le métabolisme associé aux organismes présents dans les stromatolites fossiles.
2 **Relier** la présence de fers rubanés à une forme du fer et sa condition de formation.
3 **Ajuster** l'équation de la transformation chimique présentée dans l'activité numérique (doc. 5).
4 **Expliquer** pourquoi l'apparition des paléosols rouges se fait en même temps que l'arrêt de la formation des fers rubanés.
5 **Montrer** pourquoi l'apparition de la photosynthèse n'a pas été suivie d'une présence immédiate de dioxygène atmosphérique.

Réflexion sur la science
Nature du savoir scientifique
Si l'on considère que les processus qui se sont exercés dans le passé lointain s'exercent encore de nos jours, on peut établir un savoir scientifique. Cette hypothèse non vérifiable se nomme principe d'actualisme.
Comment sait-on avec certitude comment le dioxygène est apparu dans l'eau et dans l'air ?

CHAPITRE 1 • L'atmosphère terrestre et la vie 29

problèmes scientifiques

- Quelle est l'origine du dioxygène atmosphérique ?
- En quoi la présence d'espèces chimiques oxydées témoigne de l'évolution de l'atmosphère primitive ?

Mobilisation des acquis

- Vu en cycle 4 (physique-chimie) :

– La solubilité d'un gaz représente la masse maximale de gaz qui peut être dissoute dans un litre de solution. Le CO_2 est assez soluble dans l'eau (1 690 mg/L) contrairement au dioxygène (43 mg/L à 20 °C à une altitude de 0 m) (vu en 5e).
– Lors d'une transformation chimique, les atomes des réactifs se redistribuent pour former les produits. L'équation de réaction utilise les formules chimiques des réactifs et des produits et précise le sens dans lequel la transformation chimique a lieu (vu en 3e). Une précipitation est observable quand une transformation chimique a lieu entre deux ions, un solide se forme, il se nomme précipité.

- Vu en première :

– Une part du rayonnement solaire est utilisée par la photosynthèse pour produire de l'énergie chimique (stockée dans les molécules organiques) à partir de matière minérale (CO_2 et H_2O), le tout accompagné d'une production d'O_2 (vu en enseignement scientifique).
– Une réaction d'oxydoréduction met en jeu deux couples oxydant-réducteur. Lors d'une réaction d'oxydoréduction, il y a transfert d'électron(s) entre le réducteur d'un couple qui le(s) cède et l'oxydant d'un autre couple qui le(s) capte (vu en physique-chimie spécialité).

Les grandes idées à construire

- Par leur métabolisme photosynthétique, les cyanobactéries ont produit le dioxygène qui a oxydé, dans l'océan, des espèces chimiques réduites.
- À partir de 2,4 milliards d'années, le dioxygène s'est accumulé dans l'atmosphère. Sa concentration actuelle a été atteinte il y a 500 millions d'années.
- Les sources et puits de dioxygène atmosphérique sont aujourd'hui essentiellement liés aux êtres vivants (photosynthèse et respiration) et aux combustions.

Les compétences travaillées

- **Exploiter** des documents.
- **Ajuster** des équations de réaction.
- **Structurer** un raisonnement.

Les représentations de l'élève

- Les élèves connaissent la photosynthèse végétale comme source de dioxygène (aussi bien en milieu aquatique qu'aérien). Certains pensent néanmoins que les gaz contenus dans l'eau devraient « se voir » (sous forme de bulles), il faut donc revoir les bases quant à la solubilité des gaz.
- Une erreur de représentation classique : les êtres vivants n'ont pas forcément besoin de dioxygène pour vivre. D'ailleurs, les premiers êtres vivants tels que les cyanobactéries vivaient dans un milieu dépourvu de dioxygène et l'apparition de cette espèce chimique a été à l'origine de la disparition de nombreuses espèces pour qui le dioxygène était toxique. Le dioxygène rejeté par les cyanobactéries ne sert pas à développer la vie des organismes aérobies (formulation finaliste), il est juste un produit c'est-à-dire un déchet métabolique rejeté.

Ce que disent les documents

1 et **2** Les fossiles de stromatolites les plus anciens (**doc. 2**) ont 3,5 milliards d'années ; on y observe des figures filamenteuses qui ressemblent fortement aux cyanobactéries actuelles.

La première étape de la formation du carbonaté précipité est le passage du CO_2 atmosphérique en CO_2 aqueux dans l'océan : c'est la solubilité (**doc. 1**). Il faut comprendre que les cyanobactéries éclairées, en faisant la photosynthèse, vont prélever du CO_2 aqueux et donc permettre un déplacement de l'équilibre. Ainsi, la photosynthèse favorise la précipitation des carbonates. C'est par ce phénomène de précipitation que des lamelles très fines de $CaCO_3$ s'accumulent et forment la structure des stromatolites que l'on peut observer sur cette photo.

Des idées de questions :
- Dans quel milieu de vie a lieu la photosynthèse ?
- Quelles sont les conséquences de l'activité photosynthétique des cyanobactéries ?

3, **4** et **5** D'après le **doc. 3**, l'ion Fe(II) de formule Fe^{2+} est oxydé en ion Fe(III) de formule Fe^{3+}. Cette réaction d'oxydation nécessite du dioxygène. Lorsque des cyanobactéries sont placées en présence de lumière, elles pratiquent la photosynthèse productrice de dioxygène. L'ajout d'ions Fe(II) dans le milieu provoque une diminution immédiate de la concentration d'O_2 dans le milieu. Cet O_2 est consommé par la réaction d'oxydation de l'ion Fe(II) par la réaction : $O_2 + 4H^+ + 4Fe^{2+} \rightarrow 4Fe^{3+} + 2H_2O$ (**doc. 5**).

Grâce aux deux photos d'expériences, nous constatons que sous sa forme Fe(III), le fer est de couleur orange, identique à celle des Fer rubanés du **doc. 4**, dont le Fe(II) a été entièrement oxydé grâce à l'O_2 produit par la photosynthèse.

Idée de question :
- Quelle conséquence l'activité des cyanobactéries a-t-elle eu sur les minerais de fer ?

6 et **7** Les fers rubanés (→ **doc. 4**) sont des structures anciennement aquatiques. Ils témoignent d'une oxydation du fer en milieu aquatique tout le temps que l'océan se chargeait en dioxygène produit par photosynthèse. Vers – 2,2 Ga, un changement est observé (**doc. 7**) : l'océan étant devenu totalement oxydé, tout le fer aquatique est oxydé. Le dioxygène diffuse alors depuis l'océan vers l'atmosphère : dès lors, le fer terrestre s'en retrouve oxydé par le même mécanisme et des paléosols rouges se forment (**doc. 6**). Dès – 2,2 Ga, l'atmosphère réductrice s'enrichit en dioxygène et devient donc oxydante.

Des idées de questions :
- Que traduit la présence de couches rouges dans les roches ?
- Pourquoi les fers rubanés ne sont-ils plus produits à partir de – 2,2 Ga ?
- Pourquoi n'y a-t-il pas de paléosols rouges avant – 2,2 Ga ?

Les + pour préparer votre séance

- Proposer un QCM de vérification de la bonne compréhension des notions abordées dans cette unité. [→ **Annexe 1, page 28**]

- **Expérience supplémentaire**

Objectif : montrer que l'activité photosynthétique favorise la précipitation des carbonates.

Protocole

– Préparer 4 solutions :
1. Eau distillée + Ca^{2+} + HCO_3^- + LUMIÈRE
2. Eau distillée + élodée + LUMIÈRE
3. Eau distillée + élodée + Ca^{2+} + HCO_3^- + LUMIÈRE
4. Eau distillée + élodée + Ca^{2+} + HCO_3^- + OBSCURITÉ

– Prélever un fragment de l'élodée et l'observer au microscope.
On observe une précipitation de $CaCO_3$ à la surface des fragments exposés à la lumière en présence de Ca^{2+} et HCO_3^-
$Ca^{2+} + 2HCO_3^- \rightarrow CaCO_3 + CO_2 + H_2O$ équilibre déplacé car consommation du CO_2 par la photosynthèse.

Article en ligne

- L'apparition du dioxygène atmosphérique
http://www.evolution-biologique.org/histoire-de-la-vie/monde-bacterien/et-l-oxygene-fut.html

LE SAVIEZ-VOUS ?

L'apparition des cyanobactéries
Les cyanobactéries vivaient dans un milieu sans dioxygène : les conditions n'étaient pas encore favorables aux formes de vie que l'on connaît aujourd'hui.
Les cyanobactéries ont été classées dans les algues parce qu'on les trouve toujours dans l'eau mais ce ne sont pas des algues au sens botanique : on parle de cyanobiontes donc de végétaux bleus (du pigment phycocyanine qui leur donne cette teinte bleue).
Ces bactéries ont vécu alors que l'atmosphère était dépourvue d'oxygène, donc de couche d'ozone, mais riche en gaz divers : H_2S, CH_4, NH_3, H_2O, CO_2, etc. Elles utilisaient les molécules d'eau comme donneur d'électrons lors de la photosynthèse.
La formation des stromatolites par précipitation du $CaCO_3$ est une conséquence de l'apparition du dioxygène.

Remarque : les élèves seraient tentés de penser que les cyanobactéries n'ont pas « évolué » depuis 3,5 Ga. Cette unité peut être l'occasion de déconstruire la notion de fossile vivant et de privilégier la notion d'espèce panchronique.

CORRECTION DE L'UNITÉ

1. Les stromatolites fossiles contiennent des structures assimilables aux cyanobactéries présentes dans les stromatolites actuels. Ces cellules pratiquent la photosynthèse.
2. Les fers rubanés sont riches en fer(III) oxydé. Leur formation implique donc la présence de dioxygène. Ce dernier est produit grâce au métabolisme photosynthétique des cyanobactéries apparues il y a 3,5 Ga, soit en même temps que le début de la formation des gisements de fers rubanés.
3. $O_2 + 4H^+ + 4\ Fe^{2+} \rightarrow 4Fe^{3+} + 2H_2O$.
4. Les paléosols rouges contiennent de l'hydroxyde de Fe(III), soit une forme oxydée du fer. Cela implique la présence de O_2 dans l'atmosphère. Une fois tous les gisements de Fe(II) oxydés sous forme de Fe_2O_3 il y a 1,8 Ga, le O_2 présent dans l'hydrosphère n'est plus piégé et est libéré dans l'atmosphère où il peut réagir avec les roches sédimentaires grises riches en Fe(II). C'est pourquoi les premiers paléosols rouges sont aussi datés de – 1,8 Ga.
5. Le dioxygène produit par les cyanobactéries à partir de – 3,5 Ga a été piégé dans les roches des fonds océaniques riches en Fe(II). Tant que l'intégralité du Fe(II) de ces roches n'était pas oxydé sous forme de Fe_2O_3, l'O_2 ne pouvait pas rejoindre l'atmosphère.

Réflexion sur la science. La constatation de la présence conjointe de fers rubanés totalement oxydés à partir de – 1,8 Ga dans les fonds océaniques et de l'apparition des paléosols rouges à la même date suggère que l'on est passé d'une atmosphère pauvre en O_2 à une atmosphère riche en O_2 et que l'O_2 provient de l'hydrosphère. Des expériences de datation des roches et la capacité à modéliser le comportement des roches vis-à-vis de l'O_2 en laboratoire permet de confirmer l'hypothèse émise.

INDICATEURS DE RÉUSSITE	NIVEAU			
	A	B	C	D
L'activité des cyanobactéries est reliée à des flux de carbone entre atmosphère, hydrosphère et biosphère.				
La présence de fers rubanés est associée au piégeage de l'O_2 et donc à son incapacité à rejoindre l'atmosphère.				
L'apparition des paléosols rouges est associée à la présence d'O_2 atmosphérique.				

CHAPITRE 1

Livre de l'élève

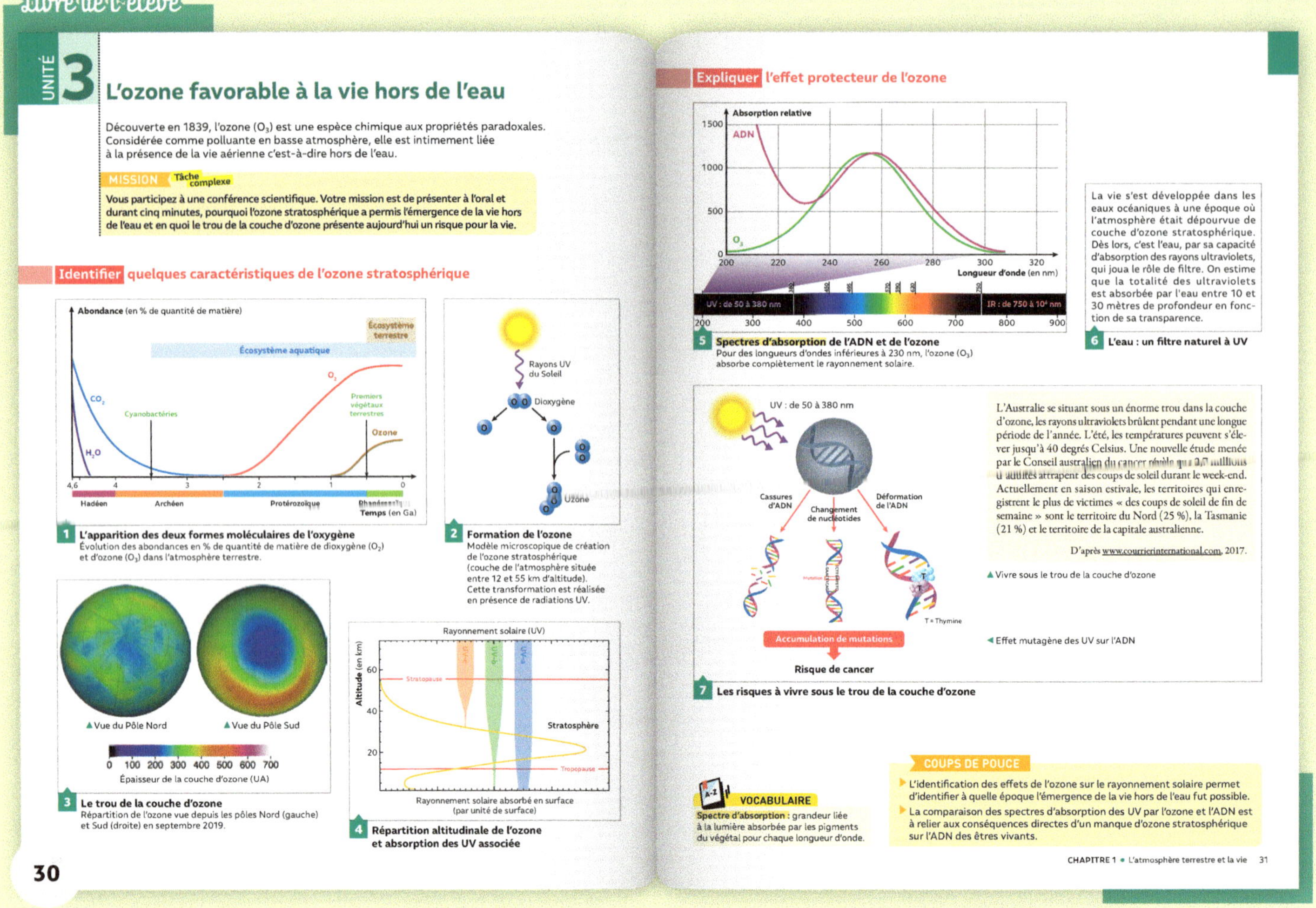

UNITÉ 3

L'ozone favorable à la vie hors de l'eau

Découverte en 1839, l'ozone (O_3) est une espèce chimique aux propriétés paradoxales. Considérée comme polluante en basse atmosphère, elle est intimement liée à la présence de la vie aérienne c'est-à-dire hors de l'eau.

MISSION Tâche complexe

Vous participez à une conférence scientifique. Votre mission est de présenter à l'oral et durant cinq minutes, pourquoi l'ozone stratosphérique a permis l'émergence de la vie hors de l'eau et en quoi le trou de la couche d'ozone présente aujourd'hui un risque pour la vie.

Identifier quelques caractéristiques de l'ozone stratosphérique

1 L'apparition des deux formes moléculaires de l'oxygène Évolution des abondances en % de quantité de matière de dioxygène (O_2) et d'ozone (O_3) dans l'atmosphère terrestre.

2 Formation de l'ozone Modèle microscopique de création de l'ozone stratosphérique (couche de l'atmosphère située entre 12 et 55 km d'altitude). Cette transformation est réalisée en présence de radiations UV.

3 Le trou de la couche d'ozone Répartition de l'ozone vue depuis les pôles Nord (gauche) et Sud (droite) en septembre 2019.

4 Répartition altitudinale de l'ozone et absorption des UV associée

30

Expliquer l'effet protecteur de l'ozone

5 Spectres d'absorption de l'ADN et de l'ozone Pour des longueurs d'ondes inférieures à 230 nm, l'ozone (O_3) absorbe complètement le rayonnement solaire.

La vie s'est développée dans les eaux océaniques à une époque où l'atmosphère était dépourvue de couche d'ozone stratosphérique. Dès lors, c'est l'eau, par sa capacité d'absorption des rayons ultraviolets, qui joua le rôle de filtre. On estime que la totalité des ultraviolets est absorbée par l'eau entre 10 et 30 mètres de profondeur en fonction de sa transparence.

6 L'eau : un filtre naturel à UV

L'Australie se situant sous un énorme trou dans la couche d'ozone, les rayons ultraviolets brûlent pendant une longue période de l'année. L'été, les températures peuvent s'élever jusqu'à 40 degrés Celsius. Une nouvelle étude menée par le Conseil australien du cancer révèle que 2,7 millions d'adultes attrapent des coups de soleil durant le week-end. Actuellement en saison estivale, les territoires qui enregistrent le plus de victimes « des coups de soleil de fin de semaine » sont le territoire du Nord (25 %), la Tasmanie (21 %) et le territoire de la capitale australienne.

D'après www.courrierinternational.com, 2017.

▲ Vivre sous le trou de la couche d'ozone

◄ Effet mutagène des UV sur l'ADN

7 Les risques à vivre sous le trou de la couche d'ozone

VOCABULAIRE

Spectre d'absorption : grandeur liée à la lumière absorbée par les pigments du végétal pour chaque longueur d'onde.

COUPS DE POUCE

- L'identification des effets de l'ozone sur le rayonnement solaire permet d'identifier à quelle époque l'émergence de la vie hors de l'eau fut possible.
- La comparaison des spectres d'absorption des UV par l'ozone et l'ADN est à relier aux conséquences directes d'un manque d'ozone stratosphérique sur l'ADN des êtres vivants.

CHAPITRE 1 • L'atmosphère terrestre et la vie 31

problèmes scientifiques

- Pourquoi le trou dans la couche d'ozone présente-t-il un risque pour la vie ?
- Comment l'apparition de l'ozone a-t-elle permis le développement d'une vie terrestre ?

▶ Mobilisation des acquis

- Vu en 3e (SVT) : des mutations peuvent être induites par des agents de l'environnement comme les UV. Le cancer de la peau est ainsi provoqué par une surexposition aux UV.
- Vu en 1re enseignement scientifique : le Soleil émet un rayonnement électromagnétique comprenant les rayons ultraviolets. Les gaz contenus dans l'atmosphère comme la vapeur d'eau, le dioxygène et l'ozone absorbent environ 20 % du rayonnement solaire. L'atmosphère est dite « opaque » lorsque le rayonnement est totalement absorbé (comme pour les UV). Les mutations induites par des agents physiques ou chimiques de l'environnement altèrent les bases de l'ADN.

▶ Les grandes idées à construire

- Sous l'effet du rayonnement ultraviolet solaire, le dioxygène stratosphérique peut se dissocier, initiant une transformation chimique qui aboutit à la formation d'ozone.
- Cet ozone constitue une couche permanente de concentration maximale située à une altitude d'environ 30 km. La couche d'ozone absorbe une partie du rayonnement ultraviolet solaire et protège ainsi les êtres vivants des effets mutagènes des UV.

▶ Les compétences travaillées

- **Exploiter** des documents.
- **Faire** une présentation à l'oral.
- **Réaliser** une synthèse.

▶ Les représentations de l'élève

- Pour certains élèves, la couche d'ozone est une enveloppe de l'atmosphère qui possède un trou à travers lequel les rayons du Soleil passent. Ils ne connaissent donc pas *a priori* son action protectrice ni la nécessité de préserver sa présence.
- Les élèves connaissent et sont sensibilisés à l'action mutagène des rayons UV, notamment sur la peau.

▶ Ce que disent les documents

1 et **2** L'ozone (O_3) est le résultat de l'association d'un atome d'oxygène (O) et d'une molécule de dioxygène (O_2) (**doc. 2**) ; cette transformation chimique s'opère sous l'effet du rayonnement solaire, qui casse une partie des molécules de dioxygène présentes dans la stratosphère, créant alors deux atomes d'oxygène cherchant des partenaires ($O + O_2$ + rayonnement solaire = O_3). Le **doc. 1** permet de bien comprendre que sans dioxygène atmosphérique cette transformation chimique est impossible. Il a fallu plusieurs millions d'années avant que la concentration en dioxygène atmosphérique soit suffisante pour que la formation d'ozone puisse se faire.

Des idées de questions :

– À partir de quelles molécules l'ozone est-il formé ?
– Comment expliquer l'absence d'ozone stratosphérique avant – 2 Ga ?

3 Ce document montre la différence d'épaisseur de la couche d'ozone entre les deux pôles à la même date. Dès la fin des années 1970, les scientifiques ont remarqué une diminution de la quantité d'ozone dans l'Antarctique notamment entre le printemps et l'été austral. En 1985, ce phénomène a pris des proportions gigantesques suscitant l'inquiétude des scientifiques et écologistes : près de 50 % de l'ozone avait disparu ; le « trou d'ozone » couvrait ainsi l'ensemble de l'Antarctique. Dès lors, l'évolution du « trou » a été surveillée de près (→ doc. b, page 34 du manuel).

Idée de question :
- Quelle région du globe semble être affectée par le trou de la couche d'ozone ?

4 et **5** La couche d'ozone est un filtre sélectif envers les UV du Soleil (doc. 4) : les **UV-c** n'atteignent jamais la surface terrestre. Les **UV-b** sont, en très grande proportion, absorbés par l'ozone à la différence des **UV-a** qui le sont très peu.
L'ozone possède une bande d'absorption dans le domaine des longueurs d'onde comprises entre 200 et 300 nm avec un maximum d'efficacité à 255 nm (doc. 5). Elle absorbe aussi entre 300 et 360 nm mais plus faiblement. En conséquence, le rayonnement inférieur à 310 nm n'atteint pas la surface terrestre. Ainsi les UV-c sont-ils totalement filtrés, les UV-b en très grande proportion et les UV-a partiellement.
Le spectre d'absorption de l'échantillon d'ADN met en évidence une bande d'absorption dans les ultraviolets, avec un maximum pour $\lambda = 260$ nm, tout comme l'ozone.

6 Ce document nous informe que l'eau est un filtre naturel aux UV, ce qui explique pourquoi, même en l'absence d'une couche d'ozone stratosphérique, la vie a pu se développer dans l'eau.

Des idées de questions :
- Pourquoi l'ozone est-elle décrite comme une couche protectrice ?
- Quelle est la longueur d'onde du rayonnement le plus absorbé par l'ADN ? par l'ozone ?
- Quelle molécule des êtres vivants l'ozone protège-t-elle ?

7 Les ultraviolets ont une action sur l'ADN contenu dans le noyau de nos cellules, notamment les cellules de notre peau. Les UV peuvent casser l'ADN, provoquer des mutations (modification de la séquence nucléotidique), ou déformer l'ADN (formation de dimères de thymine). On parle de mutation lorsque des modifications portant sur la séquence ou la structure de l'ADN ne sont pas réparées. Plus l'exposition aux UV est importante, plus le risque de mutation est élevé. C'est l'accumulation de mutations qui est un facteur déclenchant de cancer, notamment pour le cancer de la peau qui affecte particulièrement les populations australiennes.
L'Australie se trouve sous le trou de la couche d'ozone ; ainsi elle bénéficie moins de l'effet protecteur de celle-ci. Les êtres vivants reçoivent donc davantage de rayons UV en Australie que dans une autre région du monde (surtout durant le printemps austral).

Des idées de questions :
- Quels sont les effets des UV sur l'ADN ?
- Quel est le risque d'une accumulation de mutations ?
- Pourquoi les Australiens ont-ils davantage de cancers de la peau ?

Les + pour préparer votre séance

- Proposer un QCM de vérification de la bonne compréhension des notions abordées dans cette unité. En voici un exemple :

1. L'ozone est une espèce chimique :
a. de formule chimique Oz et présente dans la troposphère.
b. de formule chimique Oz et présente dans la stratosphère.
c. de formule chimique O_3 et présente dans la stratosphère.
d. de formule chimique O_3 et présente dans la stratopause.

2. L'ozone permet l'absorption des rayons dont les longueurs d'onde sont comprises :
a. entre 200 et 300 nm.
b. entre 800 et 1 000 nm.
c. entre 50 et 400 nm.
d. entre 500 et 2 000 nm.

3. Vis-à-vis de l'ADN, l'ozone possède :
a. un effet mutagène.
b. un effet protecteur car il absorbe autant les ultraviolets que l'ADN.
c. un effet protecteur car il aborde autant les IR (infrarouges) que l'ADN.
d. un effet cancérigène.

4. La présence du trou de la couche d'ozone provoque :
a. un meilleur bronzage.
b. une réparation des déformations de l'ADN.
c. une meilleure absorption des rayons UV par l'atmosphère.
d. davantage de cancers en raison de modifications sur la séquence d'ADN.

Article en ligne

- EncycloEcolo, l'encyclopédie du développement durable – article sur la couche d'ozone
https://www.encyclo-ecolo.com/Couche_d%27ozone
- Comment l'humanité a sauvé la couche d'ozone (et pourquoi on devrait s'en inspirer pour le climat), Francetvinfo.fr
https://www.francetvinfo.fr/choix/comment-l-humanite-a-sauve-la-couche-d-ozone-et-pourquoi-on-devrait-s-en-inspirer-pour-le-climat_2469494.html
- Nasa ozone Watch : le site de la Nasa donne les relevés en direct de la couche d'ozone et de ses variations.
→ **Le lien « education »** propose notamment une activité sur la construction d'un modèle par les élèves pour simuler l'évolution de la concentration en ozone de la couche à partir des données brutes du site.
https://ozonewatch.gsfc.nasa.gov/

LE SAVIEZ-VOUS ?

L'ozone peut se former dans les basses couches de l'atmosphère : c'est l'**ozone troposphérique**, formé à partir des oxydes d'azote (NO et NO_2). Cet ozone troposphérique est un polluant. Il se forme par combustion à haute température en présence d'un excès d'oxygène lors de phénomènes naturels (orages – très forte température qui règne au voisinage des éclairs – incendies de forêts, etc.) ou peut résulter d'activités humaines (combustions, en particulier durant le fonctionnement de moteurs ou de dispositifs de chauffage, agriculture, etc.).

CORRECTION DE L'UNITÉ

D'après le doc. 5, les spectres d'absorption de l'ozone et de l'ADN dans le domaine des UV sont superposables. Lorsque l'ADN est soumis aux rayons UV, cela provoque des modifications de structure et de séquence de l'ADN augmentant les risques de cancers (doc. 7). Ainsi en présence d'ozone, située dans la stratosphère entre 12 et 60 km d'altitude (doc. 4), une grande partie des UV sont absorbés et n'atteignent pas la surface terrestre où sont situés les êtres vivants.

Ainsi en absence d'une couche d'ozone comme c'est le cas au niveau du pôle Sud (doc. 3), les UV ne sont pas filtrés et provoquent une forte augmentation du nombre de cancers de la peau dans les populations, notamment australiennes. On peut donc penser qu'à une époque où l'atmosphère était totalement dépourvue d'ozone, la vie n'était pas compatible en dehors de l'eau (l'eau filtrant efficacement les UV dans les premiers mètres – doc. 6).

INDICATEURS DE RÉUSSITE	NIVEAU			
	A	B	C	D
Le mécanisme de création de l'ozone est replacé dans l'histoire de l'évolution de la Terre.				
Les capacités d'absorption des UV par l'ozone sont identifiées et chiffrées.				
Les effets protecteurs de l'ozone vis-à-vis de l'ADN sont expliqués.				

Livre de l'élève

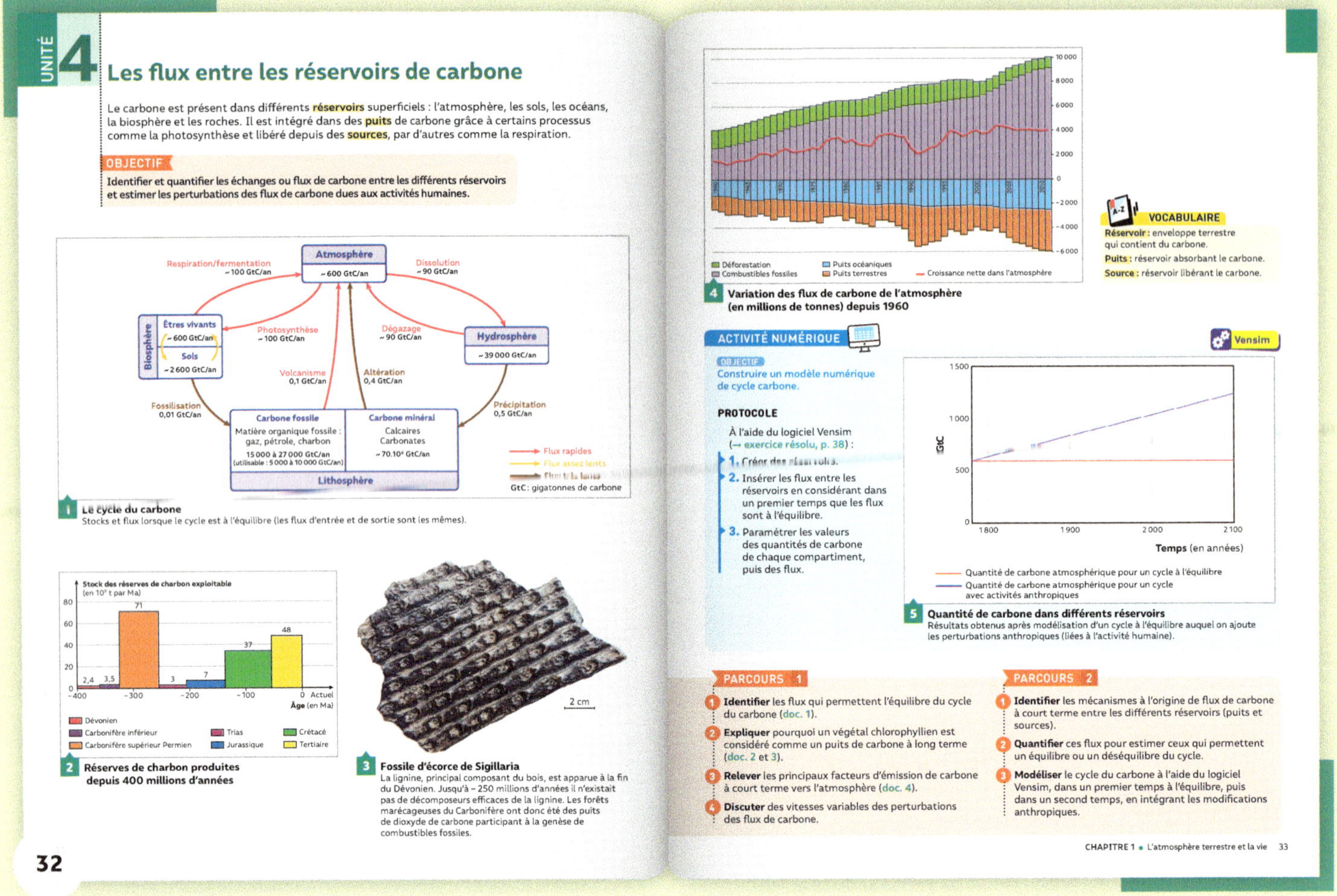

UNITÉ 4 Les flux entre les réservoirs de carbone

Le carbone est présent dans différents **réservoirs** superficiels : l'atmosphère, les sols, les océans, la biosphère et les roches. Il est intégré dans des **puits** de carbone grâce à certains processus comme la photosynthèse et libéré depuis des **sources**, par d'autres comme la respiration.

OBJECTIF

Identifier et quantifier les échanges ou flux de carbone entre les différents réservoirs et estimer les perturbations des flux de carbone dues aux activités humaines.

1 Le cycle du carbone
Stocks et flux lorsque le cycle est à l'équilibre (les flux d'entrée et de sortie sont les mêmes).

2 Réserves de charbon produites depuis 400 millions d'années

3 Fossile d'écorce de Sigillaria
La lignine, principal composant du bois, est apparue à la fin du Dévonien. Jusqu'à – 250 millions d'années il n'existait pas de décomposeurs efficaces de la lignine. Les forêts marécageuses du Carbonifère ont donc été des puits de dioxyde de carbone participant à la genèse de combustibles fossiles.

4 Variation des flux de carbone de l'atmosphère (en millions de tonnes) depuis 1960

VOCABULAIRE
Réservoir : enveloppe terrestre qui contient du carbone.
Puits : réservoir absorbant le carbone.
Source : réservoir libérant le carbone.

ACTIVITÉ NUMÉRIQUE

OBJECTIF
Construire un modèle numérique de cycle carbone.

PROTOCOLE
À l'aide du logiciel Vensim (→ exercice résolu, p. 38) :
1. Créer des réservoirs.
2. Insérer les flux entre les réservoirs en considérant dans un premier temps que les flux sont à l'équilibre.
3. Paramétrer les valeurs des quantités de carbone de chaque compartiment, puis des flux.

Vensim

5 Quantité de carbone dans différents réservoirs
Résultats obtenus après modélisation d'un cycle à l'équilibre auquel on ajoute les perturbations anthropiques (liées à l'activité humaine).

PARCOURS 1
1 **Identifier** les flux qui permettent l'équilibre du cycle du carbone (doc. 1).
2 **Expliquer** pourquoi un végétal chlorophyllien est considéré comme un puits de carbone à long terme (doc. 2 et 3).
3 **Relever** les principaux facteurs d'émission de carbone à court terme vers l'atmosphère (doc. 4).
4 **Discuter** des vitesses variables des perturbations des flux de carbone.

PARCOURS 2
1 **Identifier** les mécanismes à l'origine de flux de carbone à court terme entre les différents réservoirs (puits et sources).
2 **Quantifier** ces flux pour estimer ceux qui permettent un équilibre ou un déséquilibre du cycle.
3 **Modéliser** le cycle du carbone à l'aide du logiciel Vensim, dans un premier temps à l'équilibre, puis dans un second temps, en intégrant les modifications anthropiques.

32 — CHAPITRE 1 • L'atmosphère terrestre et la vie 33

problèmes scientifiques

- En quoi les activités humaines perturbent-elles le cycle du carbone ?
- Comment modéliser le cycle du carbone et ses perturbations ?

Mobilisation des acquis

- Vu en 3e (SVT) : pour satisfaire leurs besoins nutritifs (lorsqu'elles sont à la lumière), les cellules végétales prélèvent du dioxyde de carbone dans l'air (puits de carbone).
- Vu en première :

– enseignement scientifique. Les charbons sont des combustibles fossiles ayant une origine biologique : principalement formés d'atomes de carbone, mais aussi d'hydrogène, d'oxygène et d'azote. Ils se sont formés sur des dizaines de millions d'années par accumulation de matière organique végétale (elle-même produite par la photosynthèse).
– physique-chimie (spécialité). Lors d'une combustion, le combustible réagit avec le dioxygène gazeux pour former du dioxyde de carbone gazeux et de l'eau sous forme gazeuse.

Les grandes idées à construire

- Le carbone est stocké dans plusieurs réservoirs superficiels : l'atmosphère, les sols, les océans, la biosphère et les roches. Les échanges de carbone entre ces réservoirs sont qualifiés par des flux (tonne/an). Les quantités de carbone dans les différents réservoirs sont constantes lorsque les flux sont équilibrés. L'ensemble de ces échanges constitue le cycle du carbone sur Terre.
- Les activités humaines induisent des perturbations dans le cycle du carbone sur Terre.
- Les combustibles fossiles se sont formés à partir du carbone des êtres vivants, il y a plusieurs dizaines à plusieurs centaines de millions d'années. Ils ne se renouvellent pas suffisamment vite pour que les stocks se reconstituent : ces ressources en énergie sont dites non renouvelables.

Les compétences travaillées

- **Modéliser** à l'aide d'un logiciel.
- **Associer, critiquer, décrire.**
- **Exploiter** des graphiques.

Les représentations de l'élève

- L'élève a une vision disproportionnée des réservoirs : il peut penser que le CO_2 atmosphérique, dont on parle beaucoup pour ses effets néfastes pour l'environnement, est très important, et minimise à tort le stock de carbone dans les roches (carbonates, calcaires).
- L'élève maîtrise les flux de carbone lors de la photosynthèse, la respiration, la fermentation ; il a donc la vision des flux rapides. En enseignement scientifique en première, il a appréhendé la fossilisation qui est un flux lent.

Ce que disent les documents

1 Ce document met en évidence la caractéristique essentielle du cycle du carbone : un réservoir domine nettement les autres, les roches carbonatées et les matières organiques fossiles.

Ces dernières comprennent bien sûr charbons et pétroles, mais également la matière organique disséminée qui est contenue dans toutes les roches sédimentaires. Même si la biomasse et l'océan sont les réservoirs qui jouent un grand rôle dans le cycle du carbone à court terme (à l'échelle humaine), à l'échelle géologique, leur poids reste faible.

Remarque : la majorité du carbone sur Terre n'est pas en surface ou dans l'atmosphère, mais dans les profondeurs. Les activités humaines sont à l'origine de flux rapides de carbone sous forme de CO_2 vers l'atmosphère.

Autre exemple de représentation de ce cycle, voir le lien suivant : https://www.encyclopedie-environnement.org/vivant/cycle-du-carbone/

Des idées de questions :

- Quel réservoir renferme le plus gros stock de carbone ? Quel est celui qui en renferme le moins ?
- Vers quel réservoir vont les flux les plus lents ?
- Vers quel réservoir vont les flux les plus rapides ?

2 et **3** Le Carbonifère doit son nom aux formations de charbon qui depuis la Révolution industrielle fournissent une grande part de l'énergie utilisée (**doc. 2**). C'est au Carbonifère qu'apparaissent les arbres à écorces, notamment les écorces ligneuses (**doc. 3**). Une grande quantité de bois s'est accumulée sans être décomposée car il n'existait pas encore d'espèces capables de décomposer la lignine. L'enfouissement massif du carbone à cette époque est à l'origine des charbons (flux lent).

Des idées de questions :

- À quelle période des temps géologiques les plus gros stocks de charbons furent-ils formés ?
- Pourquoi parle-t-on de réservoir de carbone ?
- Comment expliquer que cet enfouissement n'est plus réalisable de nos jours ?

4 et **5** Il existe deux principaux puits de carbone (terrestre et océanique) qui, par le métabolisme photosynthétique puisent le CO_2 de l'atmosphère. Le flux le plus important est lié à la photosynthèse de la végétation terrestre, c'est la production primaire. Lorsque le cycle du carbone est à l'équilibre, ce flux de carbone vers des puits est compensé presque exactement par les émissions de CO_2 dues à la respiration, y compris celle des plantes elles-mêmes et des bactéries qui décomposent les matières organiques.

On observe une augmentation de la teneur atmosphérique en CO_2 depuis le début de l'ère industrielle (**doc. 4**). Ces émissions proviennent principalement de la combustion des ressources fossiles (charbon, pétrole et gaz) mais aussi des déforestations. Les données s'arrêtant en 2010, la suite de la modélisation est réalisée par les élèves à l'aide du logiciel Vensim (**doc. 5**).

Des idées de questions :

- Pourquoi parle-t-on de puits de carbone ?
- Quel est l'effet de la déforestation sur le puits terrestre ?
- Quel est le principal facteur d'émission de carbone dans l'atmosphère ?

Les + pour préparer votre séance

- Proposer un QCM de vérification de la bonne compréhension des notions abordées dans cette unité. [→ **Annexe 2, page 28**]

Vensim

Vensim est un logiciel de construction de modèles à compartiments. Cet outil est libre de droit pour l'enseignement. Il est possible de réaliser plusieurs simulations numériques pour un même modèle et de comparer les résultats sous forme graphique. Avec les élèves, plusieurs scénarios peuvent être enregistrés et comparés (possibilité d'exporter sous Word/Excel). Vensim est associé à un « visualiseur » (Vensim Model Reader) qui est un logiciel de simulation du modèle construit avec Vensim. Il existe des banques de données au format xls.

Article en ligne

- « Un cycle du carbone perturbé par les activités humaines », 2019 https://www.encyclopedie-environnement.org/vivant/cycle-du-carbone/

Animation

- « Comment ça marche ? – Le cycle du carbone », CEA recherche, 2019 : https://www.youtube.com/watch?v=s2qdyb30rx4

CORRECTION DE L'UNITÉ

Parcours 1

1. Le couple de flux photosynthèse et la respiration/fermentation sont deux flux à l'équilibre, tout comme le couple dissolution/dégazage.

2. Un végétal chlorophyllien pratique la photosynthèse consommatrice de CO_2. Son entrée en fossilisation aboutit au stockage de son carbone dans le sous-sol pour plusieurs millions d'années. Il est donc un puits de carbone à long terme.

3. Les principaux facteurs d'émission de carbone à court terme vers l'atmosphère sont le volcanisme et les activités anthropiques (déforestation, utilisation des combustibles fossiles).

4. Les activités humaines sont à l'origine de rapides flux de carbone vers l'atmosphère qui ne sont pas compensés en raison de la lenteur des flux qui font diminuer le stock de carbone atmosphérique (précipitation et fossilisation). On assiste ainsi à une augmentation continuelle du stock de carbone atmosphérique.

Parcours 2

1.

Flux de carbone à court terme	Source	Puits
Respiration/Fermentation	Biosphère	Atmosphère
Photosynthèse	Atmosphère	Biosphère
Dégazage	Hydrosphère	Atmosphère
Dissolution	Atmosphère	Hydrosphère
Volcanisme	Lithosphère	Atmosphère

2. Le couple de flux photosynthèse et la respiration/fermentation sont deux flux à l'équilibre entre la biosphère et l'atmosphère qui s'échangent réciproquement 100 GtC/an, tout comme le couple dissolution et dégazage entre l'hydrosphère et l'atmosphère qui s'échangent réciproquement 90 GtC/an.

3. Voir le **doc. 5 page 33** du manuel.

INDICATEURS DE RÉUSSITE	NIVEAU A	B	C	D
Les flux de carbone à court et à long terme sont identifiés.				
Les flux de carbone permettant un équilibre ou un déséquilibre des quantités de carbone dans chaque réservoir sont caractérisés.				
La modélisation du cycle du carbone à l'équilibre est réalisée à l'aide du logiciel Vensim.				
La modélisation du cycle du carbone tenant compte des perturbations anthropiques est réalisée à l'aide du logiciel Vensim.				

Livre de l'élève

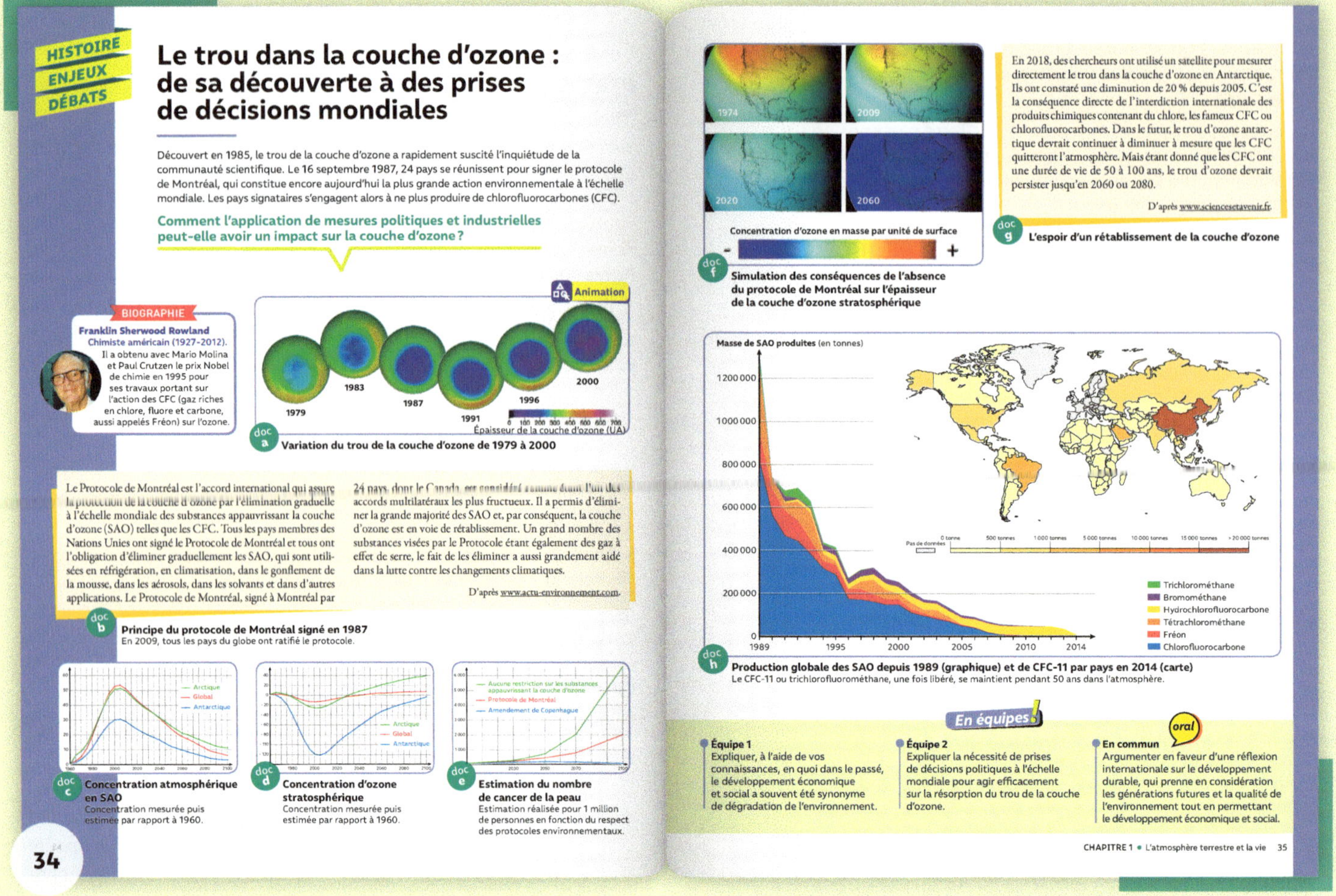

HISTOIRE ENJEUX DÉBATS

Le trou dans la couche d'ozone : de sa découverte à des prises de décisions mondiales

Découvert en 1985, le trou de la couche d'ozone a rapidement suscité l'inquiétude de la communauté scientifique. Le 16 septembre 1987, 24 pays se réunissent pour signer le protocole de Montréal, qui constitue encore aujourd'hui la plus grande action environnementale à l'échelle mondiale. Les pays signataires s'engagent alors à ne plus produire de chlorofluorocarbones (CFC).

Comment l'application de mesures politiques et industrielles peut-elle avoir un impact sur la couche d'ozone ?

BIOGRAPHIE

Franklin Sherwood Rowland
Chimiste américain (1927-2012).
Il a obtenu avec Mario Molina et Paul Crutzen le prix Nobel de chimie en 1995 pour ses travaux portant sur l'action des CFC (gaz riches en chlore, fluore et carbone, aussi appelés Fréon) sur l'ozone.

doc a **Variation du trou de la couche d'ozone de 1979 à 2000**

Le Protocole de Montréal est l'accord international qui assure la protection de la couche d'ozone par l'élimination graduelle à l'échelle mondiale des substances appauvrissant la couche d'ozone (SAO) telles que les CFC. Tous les pays membres des Nations Unies ont signé le Protocole de Montréal et tous ont l'obligation d'éliminer graduellement les SAO, qui sont utilisées en réfrigération, en climatisation, dans le gonflement de la mousse, dans les aérosols, dans les solvants et dans d'autres applications. Le Protocole de Montréal, signé à Montréal par 24 pays, dont le Canada, est considéré comme étant l'un des accords multilatéraux les plus fructueux. Il a permis d'éliminer la grande majorité des SAO et, par conséquent, la couche d'ozone est en voie de rétablissement. Un grand nombre des substances visées par le Protocole étant également des gaz à effet de serre, le fait de les éliminer a aussi grandement aidé dans la lutte contre les changements climatiques.

D'après www.actu-environnement.com.

doc b **Principe du protocole de Montréal signé en 1987**
En 2009, tous les pays du globe ont ratifié le protocole.

doc c **Concentration atmosphérique en SAO**
Concentration mesurée puis estimée par rapport à 1960.

doc d **Concentration d'ozone stratosphérique**
Concentration mesurée puis estimée par rapport à 1960.

doc e **Estimation du nombre de cancer de la peau**
Estimation réalisée pour 1 million de personnes en fonction du respect des protocoles environnementaux.

34

doc f **Simulation des conséquences de l'absence du protocole de Montréal sur l'épaisseur de la couche d'ozone stratosphérique**

En 2018, des chercheurs ont utilisé un satellite pour mesurer directement le trou dans la couche d'ozone en Antarctique. Ils ont constaté une diminution de 20 % depuis 2005. C'est la conséquence directe de l'interdiction internationale des produits chimiques contenant du chlore, les fameux CFC ou chlorofluorocarbones. Dans le futur, le trou d'ozone antarctique devrait continuer à diminuer à mesure que les CFC quitteront l'atmosphère. Mais étant donné que les CFC ont une durée de vie de 50 à 100 ans, le trou d'ozone devrait persister jusqu'en 2060 ou 2080.

D'après www.sciencesetavenir.fr.

doc g **L'espoir d'un rétablissement de la couche d'ozone**

doc h **Production globale des SAO depuis 1989 (graphique) et de CFC-11 par pays en 2014 (carte)**
Le CFC-11 ou trichlorofluorométhane, une fois libéré, se maintient pendant 50 ans dans l'atmosphère.

En équipes !

Équipe 1
Expliquer, à l'aide de vos connaissances, en quoi dans le passé, le développement économique et social a souvent été synonyme de dégradation de l'environnement.

Équipe 2
Expliquer la nécessité de prises de décisions politiques à l'échelle mondiale pour agir efficacement sur la résorption du trou de la couche d'ozone.

En commun oral
Argumenter en faveur d'une réflexion internationale sur le développement durable, qui prenne en considération les générations futures et la qualité de l'environnement tout en permettant le développement économique et social.

CHAPITRE 1 • L'atmosphère terrestre et la vie 35

problèmes scientifiques

- Quelles décisions politiques ont permis de sauver la couche d'ozone ?
- Comment des décisions globales peuvent-elles avoir des répercussions environnementales et sanitaires ?

Mobilisation des acquis

- Vu en cycle 4 : fragile équilibre entre formation et destruction de l'ozone stratosphérique.
- Les collèges qui bénéficient du label E3D auront abordé les protocoles internationaux de protection du climat et de l'ozone en SVT et histoire-géographie.

Les grandes idées à construire

- À la fin du XXe siècle, une prise de conscience globale a permis la mise en place de protocoles internationaux ayant pour but de stopper la formation d'un gigantesque trou de la couche d'ozone stratosphérique au-dessus du pôle Sud. Ces protocoles impliquent des choix politiques, économiques et ont des répercussions environnementales et sanitaires.

Les compétences travaillées

- **Extraire et organiser** des informations.
- **Communiquer** à l'oral.
- **Distinguer** une croyance ou une opinion d'un savoir scientifique.

Les représentations de l'élève

- De nombreuses errances étant apportées par les médias, il a déjà été annoncé que le trou de la couche d'ozone était refermé. Certains élèves peuvent penser qu'il n'est plus nécessaire de s'en soucier.

Ce que disent les documents

a Les mesures de l'épaisseur de la couche d'ozone (ici remises en unités arbitraires pour ne pas ajouter l'unité Dobson comme obstacle aux élèves), permettent de constater qu'au niveau du pôle Sud, la couche d'ozone s'est fortement amincie au cours des vingt dernières années du XXe siècle.

Idée de question :
– Comment évolue l'épaisseur de l'ozone au niveau du pôle Sud ?

b Ce texte présente les grands principes du protocole de Montréal. Signé en 1987 par 24 pays, son principal objectif fut d'interdire l'utilisation des chlorofluorocarbures (CFC) dans les produits tels que les sprays et aérosols. Les espèces chimiques visées sont en effet les principales espèces qui détruisent l'ozone stratosphérique mais on constate que certaines espèces favorisent également le réchauffement climatique.

Des idées de questions :
– Quel est le principal objectif du protocole de Montréal ?
– Quel effet secondaire l'application du protocole de Montréal a-t-il entraîné ?

c **d** et **e** Les mesures de différents paramètres (concentration en SAO, concentration d'ozone stratosphérique, évolution du nombre de cancers de la peau) permettent de simuler leur devenir jusqu'en 2100 et d'établir des corrélations entre ces données. Ainsi, on constate que lorsque la concentration de SAO diminue, la concentration en ozone atmosphérique augmente et le nombre potentiel de cancers de la peau diminue, confirmant ainsi l'effet protecteur de l'ozone stratosphérique sur l'ADN. Le **doc. e** montre par ailleurs qu'il est possible d'aller encore plus loin, en appliquant de nouvelles réglementations, comme celles du protocole de Copenhague.

Des idées de questions:
- Quel est l'effet du protocole de Montréal sur les paramètres atmosphériques mesurés?
- Pourquoi l'application du protocole de Montréal fut nécessaire pour la santé humaine?

f et **g** Ces deux documents permettent de confronter deux modélisations de l'état de la couche d'ozone stratosphérique d'ici à 2060 en fonction de l'application ou non du protocole de Montréal. On constate ainsi qu'en l'absence de l'application du protocole, la couche d'ozone aurait pu disparaître d'ici à 2060, date à laquelle on estime qu'elle sera désormais potentiellement rétablie.

Idée de question:
- Quels sont les deux devenirs de la couche d'ozone d'ici à l'horizon 2060 en fonction des modèles étudiés?

h Le graphique nous indique que la masse de substances appauvrissant l'ozone a drastiquement diminué entre 1989 et 2014 pour devenir quasi nulle aujourd'hui. Cependant on constate une résurgence récente d'une utilisation, en Chine, d'une SAO très puissante: le CFC-11 qui se maintient pendant de nombreuses années dans la stratosphère, retardant ainsi la reconstruction de la couche d'ozone.

Idée de question:
- Quels arguments laissent à penser que la reconstruction de la couche d'ozone n'est pas totalement acquise malgré des modèles encourageants?

Les + pour préparer votre séance

- Proposer un QCM de vérification de la bonne compréhension des notions abordées dans cette unité. En voici un exemple:

1. Au cours de la seconde moitié du XXe siècle, la couche d'ozone stratosphérique:
a. s'est épaissie.
b. s'est creusée au niveau d'une zone centrée sur l'Antarctique et l'Australie.
c. s'est creusée au niveau d'une zone centrée sur le pôle Nord.
d. a changé de composition chimique.

2. L'application du protocole de Montréal:
a. a permis d'augmenter la concentration atmosphérique en SAO.
b. n'a pas eu d'effet sur le réchauffement climatique.
c. vise principalement à diminuer l'utilisation des chlorofluorocarbures.
d. n'a été ratifiée que par trop peu de pays pour être réellement efficace.

3. En l'absence d'application du protocole de Montréal:
a. la couche d'ozone aurait disparu avant la fin du XXIe siècle.
b. l'épaisseur de la couche d'ozone aurait peu varié.
c. la couche d'ozone se serait reconstruite.
d. il n'y aurait pas eu de dérèglement climatique.

4. La production de chlorofluorocarbures:
a. est désormais totalement nulle dans le monde.
b. n'a été abandonnée que par les pays de l'ONU.
c. a lieu, à la marge, dans des pays qui ne respectent pas les protocoles internationaux.
d. a diminué de moitié depuis 30 ans.

LE SAVIEZ-VOUS?

- En **1902**, Léon Teisserenc de Bort met en évidence le rôle de la couche d'ozone qui absorbe le rayonnement solaire (en fait les ultraviolets). En **1974**, Mario Molina et Franklin Sherwood Rowland formulent pour la première fois la théorie de l'appauvrissement de la couche d'ozone sous l'impact des chlorofluorocarbones (CFC), espèces chimiques apparues en 1938. En **1985**, Joseph Farman du British Antarctic Survey (BAS) annonce qu'un «trou» temporaire mais important (jusqu'à 50 % de pertes) apparaît chaque printemps dans la couche d'ozone au-dessus de l'Antarctique depuis 1979 et se résorbe au début de l'automne. En **1987**, le protocole de Montréal est ratifié, suivi de nombreux amendements dont celui adopté en 1991 à Londres puis celui de Copenhague en 1992. **L'objectif est une production nulle d'ici à 2030.** Un rapport complet est présent ici: https://www.senat.fr/rap/l95-050/l95-0501.html
- L'épaisseur de la couche d'ozone est mesurée en unité Dobson, du nom du physicien britannique Gordon Dobson qui, dans les années 1920, a construit le premier instrument permettant de mesurer l'ozone. Une unité Dobson correspond à une couche d'ozone qui aurait une épaisseur de 10 µm dans les conditions normales de température et de pression. Une unité Dobson est équivalente à $2{,}69 \times 10^{20}$ molécules d'ozone par mètre carré (soit $2{,}69 \times 10^{16}$ par centimètre carré), ou à 0,4462 millimole d'ozone par mètre carré.

CORRECTION DE L'UNITÉ

Équipe 1. Depuis la Révolution industrielle, la croissance – liée à la production de machines, d'infrastructures, d'équipements, d'entreprises etc., permettant de produire des biens et des services utiles pour satisfaire les besoins des individus – s'est accompagnée d'une dégradation des ressources naturelles, d'un épuisement de certaines d'entre elles et de nombreux rejets polluants (des gaz polluants comme les CFC). Si le développement économique et social a permis des gains importants du niveau de vie et un bien-être de la population, à l'époque, beaucoup ignoraient le mal qu'ils faisaient à la planète. La crise environnementale actuelle serait le fruit d'une longue inconscience.

Équipe 2. La mise en évidence expérimentale de la destruction de l'ozone corrélée au problème de la disparition de la couche d'ozone s'est posée de façon brutale et dramatique en 1985. Le 16 septembre 1987, 24 pays ont signé le protocole de Montréal, accord international qui a pour but la protection de la couche d'ozone par l'élimination des substances polluantes telles que les CFC. On remarque que malgré les mesures prises, le problème de l'ozone n'a pour autant pas disparu et persistera jusqu'au milieu du siècle. Cependant en 2006, est constaté pour la première fois depuis 30 ans, que l'ozone a cessé de diminuer. Parallèlement, le nombre de cancers de la peau devrait donc diminuer. S'il est prématuré d'affirmer que son retour à l'état précédent est amorcé, on a toute raison de croire que la période de récupération a commencé. La poursuite de ce retour à l'état initial implique pour tous les pays le respect du protocole de Montréal et de ses amendements. Malheureusement, il existe encore des stocks de ces produits ou des substituts tout aussi polluants qui sont encore utilisés illégalement dans certaines parties du monde (Chine).

En commun. *«La croissance économique d'un pays ne peut être durable que dans la mesure où elle n'hypothèque pas celle de son futur.»* extrait de la thèse de Jie He (professeur d'économie de l'université de Sherbrooke).
Pour réaliser une croissance économique durable, les sociétés doivent créer les conditions qui garantissent des emplois de qualité, qui favorisent le développement économique et social sans avoir des effets nocifs sur l'environnement. La politique des pays se doit donc d'imposer des lois pour préserver l'environnement. Ce sont des contraintes à prendre en compte par les entreprises pour limiter les émissions de gaz polluants ou à effet de serre (comme le CO_2), les pollutions, les dégradations environnementales etc. Les pays en développement ont la possibilité de tirer des enseignements de l'expérience des autres pays pour s'engager directement sur des voies de développement plus économes en énergie et en ressources et plus respectueuses de l'environnement.

Livre de l'élève

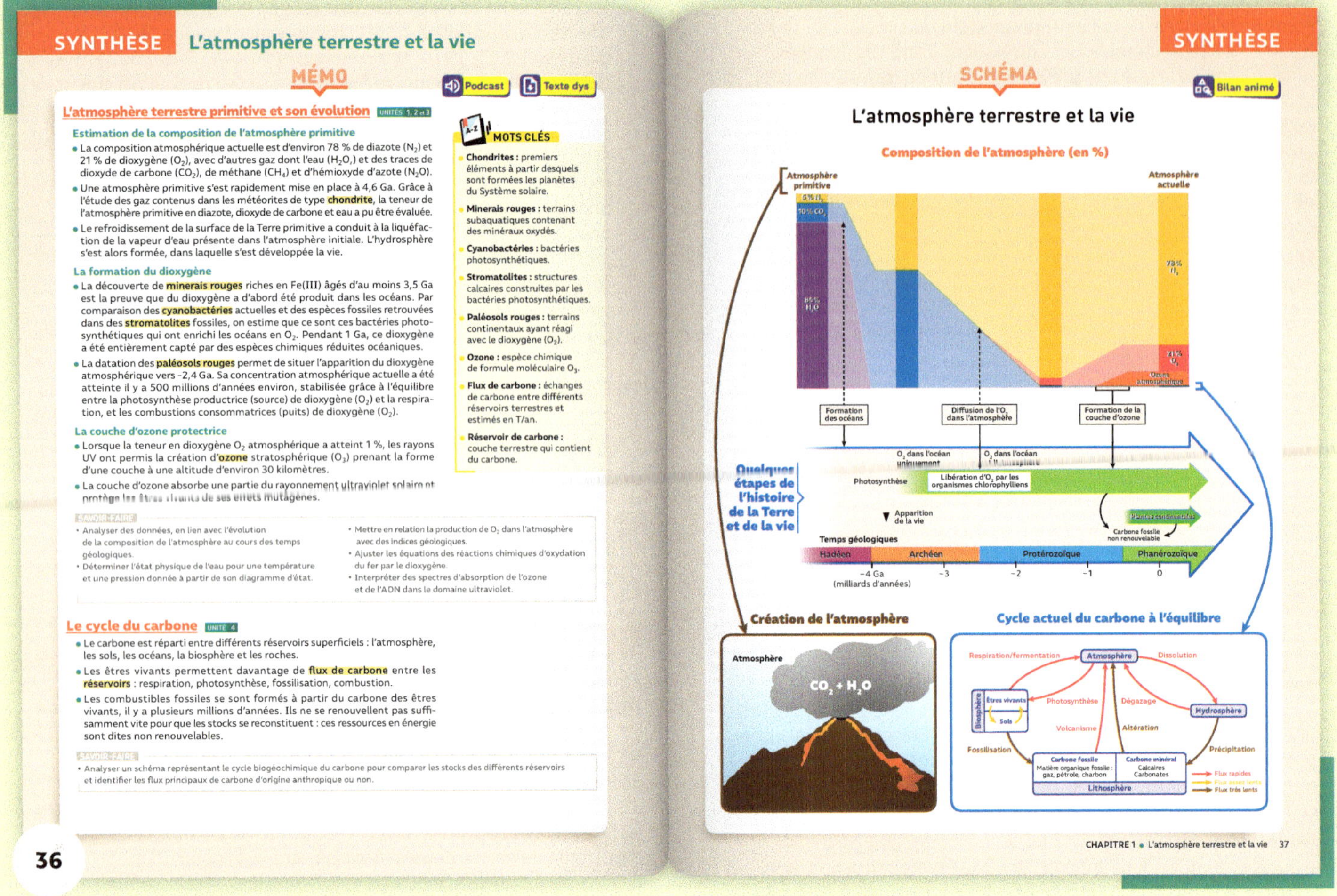
SYNTHÈSE L'atmosphère terrestre et la vie

MÉMO

Podcast | Texte dys

L'atmosphère terrestre primitive et son évolution UNITÉS 1, 2 et 3

Estimation de la composition de l'atmosphère primitive

- La composition atmosphérique actuelle est d'environ 78 % de diazote (N_2) et 21 % de dioxygène (O_2), avec d'autres gaz dont l'eau (H_2O) et des traces de dioxyde de carbone (CO_2), de méthane (CH_4) et d'hémioxyde d'azote (N_2O).
- Une atmosphère primitive s'est rapidement mise en place à 4,6 Ga. Grâce à l'étude des gaz contenus dans les météorites de type **chondrite**, la teneur de l'atmosphère primitive en diazote, dioxyde de carbone et eau a pu être évaluée.
- Le refroidissement de la surface de la Terre primitive a conduit à la liquéfaction de la vapeur d'eau présente dans l'atmosphère initiale. L'hydrosphère s'est alors formée, dans laquelle s'est développée la vie.

La formation du dioxygène

- La découverte de **minerais rouges** riches en Fe(III) âgés d'au moins 3,5 Ga est la preuve que du dioxygène a d'abord été produit dans les océans. Par comparaison des **cyanobactéries** actuelles et des espèces fossiles retrouvées dans des **stromatolites** fossiles, on estime que ce sont ces bactéries photosynthétiques qui ont enrichi les océans en O_2. Pendant 1 Ga, ce dioxygène a été entièrement capté par des espèces chimiques réduites océaniques.
- La datation des **paléosols rouges** permet de situer l'apparition du dioxygène atmosphérique vers -2,4 Ga. Sa concentration atmosphérique actuelle a été atteinte il y a 500 millions d'années environ, stabilisée grâce à l'équilibre entre la photosynthèse productrice (source) de dioxygène (O_2) et la respiration, et les combustions consommatrices (puits) de dioxygène (O_2).

La couche d'ozone protectrice

- Lorsque la teneur en dioxygène O_2 atmosphérique a atteint 1 %, les rayons UV ont permis la création d'**ozone** stratosphérique (O_3) prenant la forme d'une couche à une altitude d'environ 30 kilomètres.
- La couche d'ozone absorbe une partie du rayonnement ultraviolet solaire et protège les êtres vivants de ses effets mutagènes.

MOTS CLÉS

- **Chondrites :** premiers éléments à partir desquels sont formées les planètes du Système solaire.
- **Minerais rouges :** terrains subaquatiques contenant des minéraux oxydés.
- **Cyanobactéries :** bactéries photosynthétiques.
- **Stromatolites :** structures calcaires construites par les bactéries photosynthétiques.
- **Paléosols rouges :** terrains continentaux ayant réagi avec le dioxygène (O_2).
- **Ozone :** espèce chimique de formule moléculaire O_3.
- **Flux de carbone :** échanges de carbone entre différents réservoirs terrestres et estimés en T/an.
- **Réservoir de carbone :** couche terrestre qui contient du carbone.

SAVOIR-FAIRE

- Analyser des données, en lien avec l'évolution de la composition de l'atmosphère au cours des temps géologiques.
- Déterminer l'état physique de l'eau pour une température et une pression donnée à partir de son diagramme d'état.
- Mettre en relation la production de O_2 dans l'atmosphère avec des indices géologiques.
- Ajuster les équations des réactions chimiques d'oxydation du fer par le dioxygène.
- Interpréter des spectres d'absorption de l'ozone et de l'ADN dans le domaine ultraviolet.

Le cycle du carbone UNITÉ 4

- Le carbone est réparti entre différents réservoirs superficiels : l'atmosphère, les sols, les océans, la biosphère et les roches.
- Les êtres vivants permettent davantage de **flux de carbone** entre les **réservoirs** : respiration, photosynthèse, fossilisation, combustion.
- Les combustibles fossiles se sont formés à partir du carbone des êtres vivants, il y a plusieurs millions d'années. Ils ne se renouvellent pas suffisamment vite pour que les stocks se reconstituent : ces ressources en énergie sont dites non renouvelables.

SAVOIR-FAIRE

- Analyser un schéma représentant le cycle biogéochimique du carbone pour comparer les stocks des différents réservoirs et identifier les flux principaux de carbone d'origine anthropique ou non.

36

SYNTHÈSE

SCHÉMA

Bilan animé

L'atmosphère terrestre et la vie

CHAPITRE 1 • L'atmosphère terrestre et la vie 37

SYNTHÈSE

- Le schéma bilan a pour objectif de mettre en valeur les interactions entre les différentes enveloppes terrestres et montrer comment ces interactions ont contribué à la modification profonde de la composition chimique de l'atmosphère terrestre. Partir des compositions actuelle et primitive de l'atmosphère permet donc de soulever plusieurs interrogations :
  – Comment a-t-on eu connaissance des compositions successives de l'atmosphère ?
  – Quels mécanismes ont favorisé ces changements ?
- Dans un premier temps, la composition de l'atmosphère primitive peut être associée aux mesures faites dans les émanations de gaz volcaniques comme le stipule le schéma en bas à gauche « Création de l'atmosphère ». Ensuite, de manière chronologique un va-et-vient entre le graphique présent en haut et le contenu de la flèche centrale peut être fait pour comprendre que les modifications de la composition de l'atmosphère terrestre trouvent leur origine dans des phénomènes impliquant d'autres enveloppes terrestres : hydrosphère, biosphère et géosphère. L'apparition de la vie, et plus précisément de la photosynthèse est un élément particulièrement important puisque cela permet dans un premier temps, un enrichissement de l'hydrosphère en O_2 à partir de – 3,5 Ga puis dans un second temps, un enrichissement de l'atmosphère en O_2 vers – 2 Ga.
- Même s'il ne correspond qu'à 0,04 % de la composition de l'atmosphère actuelle, le dioxyde de carbone revêt une importance capitale puisqu'il est un enjeu climatique. Le schéma du cycle du carbone sera un outil pour faire le lien entre la fin du chapitre 1 et les chapitres suivants afin de comprendre comment des flux de carbone entre les différents réservoirs peuvent avoir une incidence forte et durable sur le climat et nos conditions de vie.

CORRIGÉS DES EXERCICES

2 APPLICATION

Résultat de la simulation :

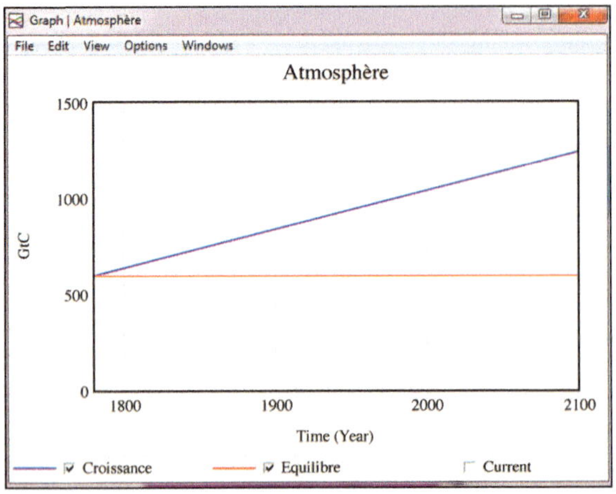

RÉPONSES DU QUIZ

3 b 4 b 5 c 6 a

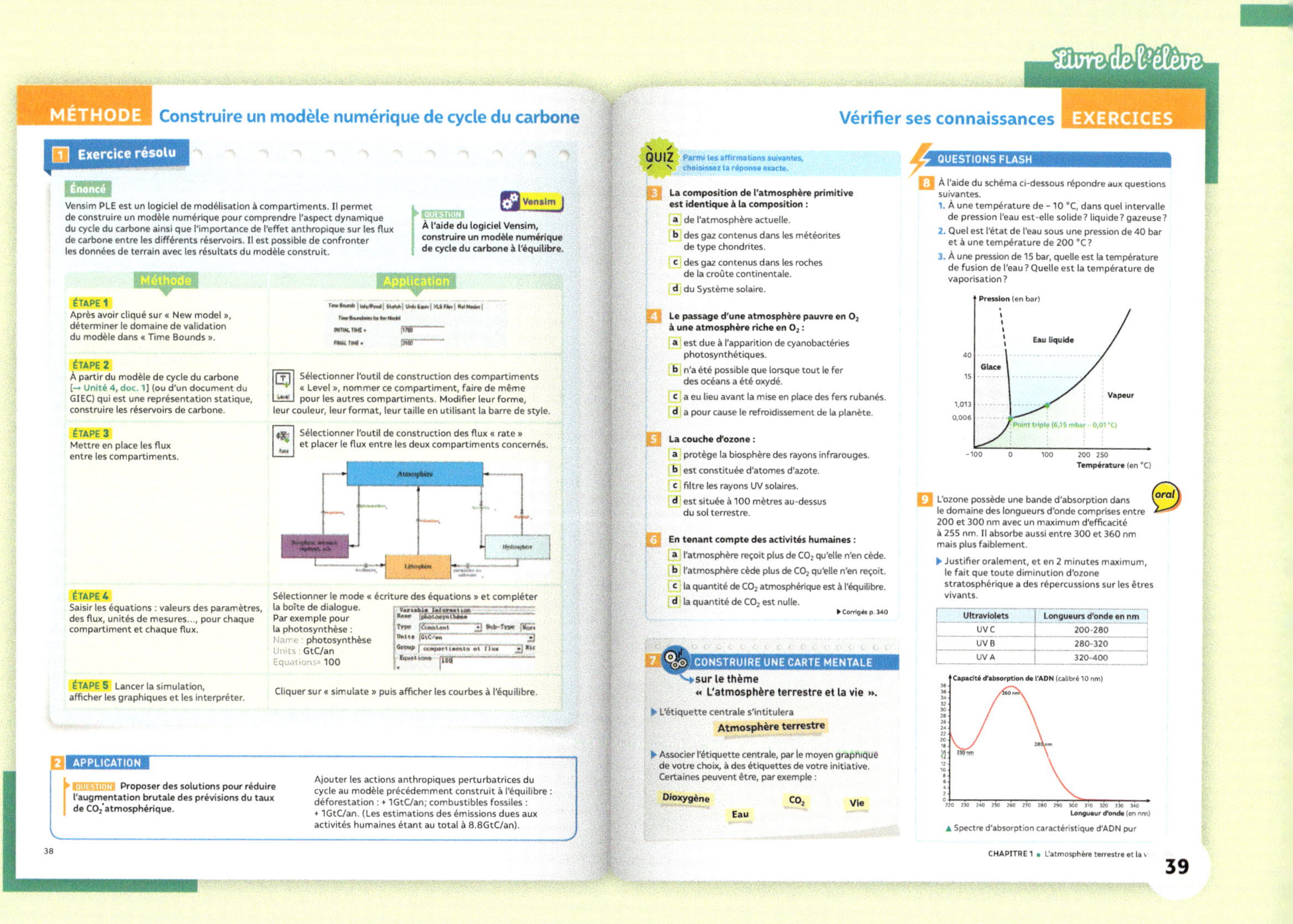

7 CONSTRUIRE UNE CARTE MENTALE

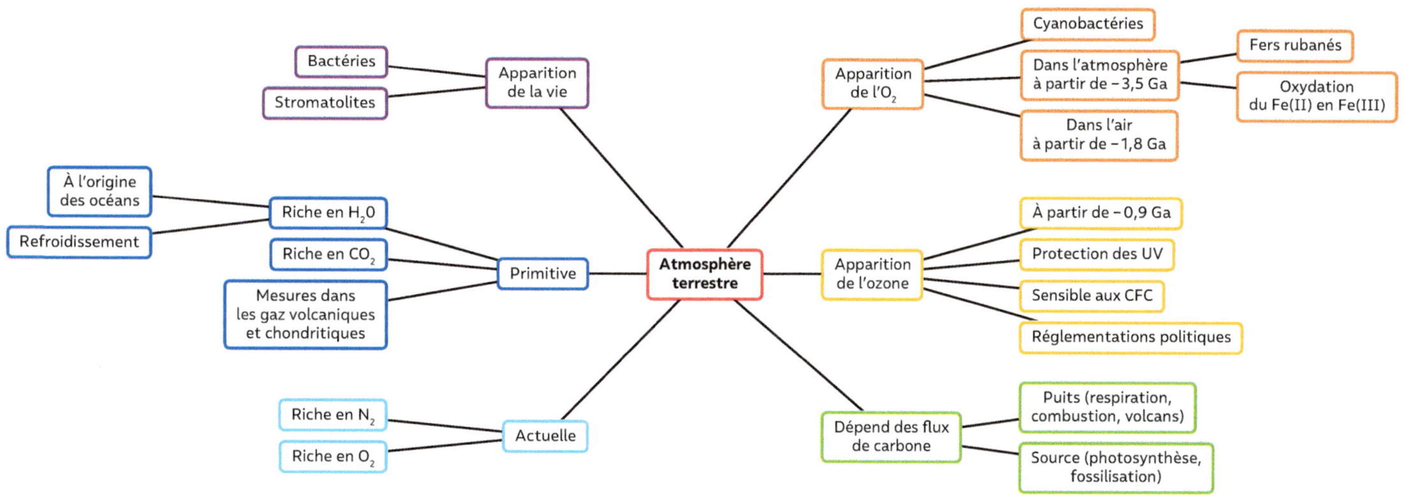

8 **1.** À −10 °C, l'eau est à l'état gazeux environ sous $3{\cdot}10^{-3}$ bar puis solide jusqu'à environ 10 bar et liquide au-delà de 10 bar.

2. Sous une pression de 40 bar et à une température de 200 °C, l'eau est à l'état liquide.

3. La fusion de l'eau (passage d'état solide à l'état liquide) à une pression de 15 bar se fait à environ −15 °C. La vaporisation de l'eau (passage d'état liquide à gazeux) à une pression de 15 bar se fait à environ +200 °C.

9 Le graphique présente le spectre d'absorption de l'ADN. On constate que l'ADN absorbe particulièrement bien les longueurs d'onde comprises entre 230 et 280 nm avec un pic à 260 nm soit sensiblement les mêmes que l'ozone. Ces longueurs d'onde, d'après le tableau, correspondent aux UV dont on sait qu'ils ont un effet délétère sur l'ADN. En conséquence, l'absence d'ozone en altitude qui permet de filtrer les UV, a des répercussions sur les êtres vivants en dénaturant leur ADN.

CHAPITRE 1

Livre de l'élève

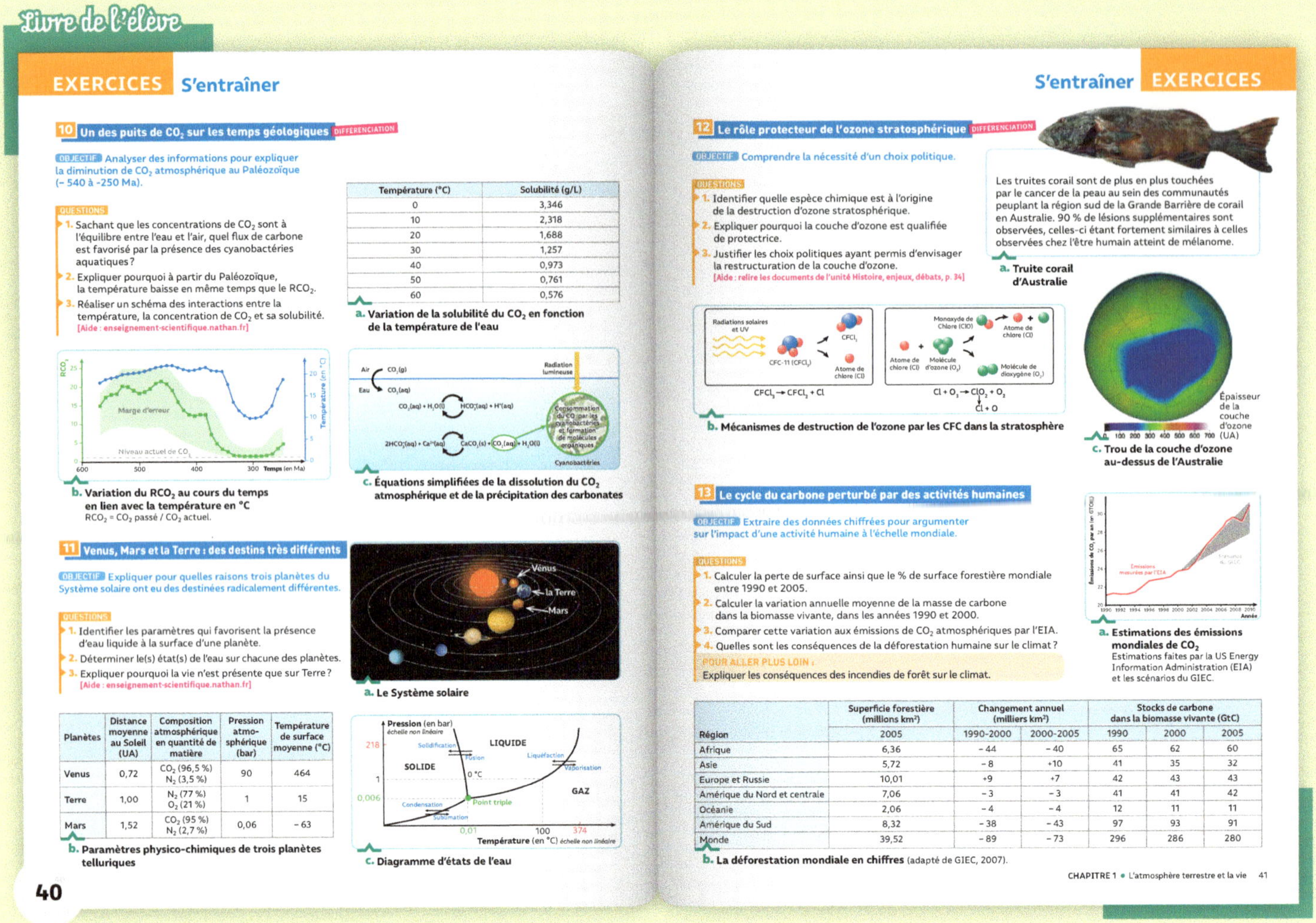

EXERCICES S'entraîner

10 Un des puits de CO_2 sur les temps géologiques DIFFÉRENCIATION

OBJECTIF Analyser des informations pour expliquer la diminution de CO_2 atmosphérique au Paléozoïque (– 540 à -250 Ma).

QUESTIONS

1. Sachant que les concentrations de CO_2 sont à l'équilibre entre l'eau et l'air, quel flux de carbone est favorisé par la présence des cyanobactéries aquatiques ?
2. Expliquer pourquoi à partir du Paléozoïque, la température baisse en même temps que le RCO_2.
3. Réaliser un schéma des interactions entre la température, la concentration de CO_2 et sa solubilité. [Aide : enseignement-scientifique.nathan.fr]

Température (°C)	Solubilité (g/L)
0	3,346
10	2,318
20	1,688
30	1,257
40	0,973
50	0,761
60	0,576

a. Variation de la solubilité du CO_2 en fonction de la température de l'eau

b. Variation du RCO_2 au cours du temps en lien avec la température en °C
RCO_2 = CO_2 passé / CO_2 actuel.

c. Équations simplifiées de la dissolution du CO_2 atmosphérique et de la précipitation des carbonates

11 Venus, Mars et la Terre : des destins très différents

OBJECTIF Expliquer pour quelles raisons trois planètes du Système solaire ont eu des destinées radicalement différentes.

QUESTIONS

1. Identifier les paramètres qui favorisent la présence d'eau liquide à la surface d'une planète.
2. Déterminer le(s) état(s) de l'eau sur chacune des planètes.
3. Expliquer pourquoi la vie n'est présente que sur Terre ? [Aide : enseignement-scientifique.nathan.fr]

a. Le Système solaire

Planètes	Distance moyenne au Soleil (UA)	Composition atmosphérique en quantité de matière	Pression atmosphérique (bar)	Température de surface moyenne (°C)
Venus	0,72	CO_2 (96,5 %) N_2 (3,5 %)	90	464
Terre	1,00	N_2 (77 %) O_2 (21 %)	1	15
Mars	1,52	CO_2 (95 %) N_2 (2,7 %)	0,06	– 63

b. Paramètres physico-chimiques de trois planètes telluriques

c. Diagramme d'états de l'eau

40

12 Le rôle protecteur de l'ozone stratosphérique DIFFÉRENCIATION

OBJECTIF Comprendre la nécessité d'un choix politique.

QUESTIONS

1. Identifier quelle espèce chimique est à l'origine de la destruction d'ozone stratosphérique.
2. Expliquer pourquoi la couche d'ozone est qualifiée de protectrice.
3. Justifier les choix politiques ayant permis d'envisager la restructuration de la couche d'ozone. [Aide : relire les documents de l'unité Histoire, enjeux, débats, p. 34]

Les truites corail sont de plus en plus touchées par le cancer de la peau au sein des communautés peuplant la région sud de la Grande Barrière de corail en Australie. 90 % de lésions supplémentaires sont observées, celles-ci étant fortement similaires à celles observées chez l'être humain atteint de mélanome.

a. Truite corail d'Australie

$CFCl_3 \rightarrow CFCl_2 + Cl$

$Cl + O_3 \rightarrow ClO_2 + O_2$, $ClO_2 \rightarrow Cl + O$

b. Mécanismes de destruction de l'ozone par les CFC dans la stratosphère

c. Trou de la couche d'ozone au-dessus de l'Australie

13 Le cycle du carbone perturbé par des activités humaines

OBJECTIF Extraire des données chiffrées pour argumenter sur l'impact d'une activité humaine à l'échelle mondiale.

QUESTIONS

1. Calculer la perte de surface ainsi que le % de surface forestière mondiale entre 1990 et 2005.
2. Calculer la variation annuelle moyenne de la masse de carbone dans la biomasse vivante, dans les années 1990 et 2000.
3. Comparer cette variation aux émissions de CO_2 atmosphériques par l'EIA.
4. Quelles sont les conséquences de la déforestation humaine sur le climat ?

POUR ALLER PLUS LOIN :
Expliquer les conséquences des incendies de forêt sur le climat.

a. Estimations des émissions mondiales de CO_2
Estimations faites par la US Energy Information Administration (EIA) et les scénarios du GIEC.

Région	Superficie forestière (millions km²)	Changement annuel (milliers km²)		Stocks de carbone dans la biomasse vivante (GtC)		
	2005	1990-2000	2000-2005	1990	2000	2005
Afrique	6,36	– 44	– 40	65	62	60
Asie	5,72	– 8	+10	41	35	32
Europe et Russie	10,01	+9	+7	42	43	43
Amérique du Nord et centrale	7,06	– 3	– 3	41	41	42
Océanie	2,06	– 4	– 4	12	11	11
Amérique du Sud	8,32	– 38	– 43	97	93	91
Monde	39,52	– 89	– 73	296	286	280

b. La déforestation mondiale en chiffres (adapté de GIEC, 2007).

CHAPITRE 1 • L'atmosphère terrestre et la vie 41

CORRIGÉS DES EXERCICES

10 Un des puits de CO_2 sur les temps géologiques

1. En présence de cyanobactéries photosynthétiques aquatiques, un flux de carbone entre l'hydrosphère et la biosphère a lieu.
$6CO_2 + 6H_2O \rightarrow C_6H_{12}O_6 + 6O_2$

2. Au Paléozoïque (– 540 à – 250 Ma) une diminution du RCO_2 de 20 à 1 entre – 450 et – 350 Ma est observée. Parallèlement, à partir de – 350 Ma, une forte diminution de la température est constatée. Dans le tableau, on constate également que les basses températures favorisent l'augmentation de la solubilité du CO_2, soit son passage de la forme gazeuse atmosphérique à la forme dissoute hydrosphérique. Il est donc normal que les deux paramètres varient dans le même sens dans le graphique.

3. Le **doc. c** indique qu'une fois dissous, le CO_2 participe au processus de dissolution des carbonates qui libèrent du CO_2(aq) alors consommé par les cyanobactéries. La raréfaction du carbone dissous tend alors à solubiliser davantage de CO_2 atmosphérique.
Ainsi la présence des cyanobactéries, tend à forcer le passage du carbone de l'atmosphère vers l'hydrosphère. La concentration de CO_2 diminuant, l'effet de serre est amoindri et les températures diminuent, favorisant davantage la solubilité du CO_2 : il s'agit d'une boucle amplificatrice.

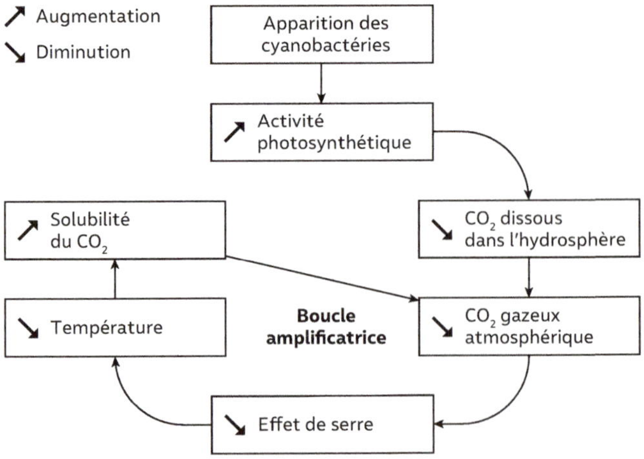

11 Vénus, Mars et la Terre : des destins très différents

1. D'après les informations du tableau (**doc. b**), la Terre possède une température moyenne de 15 °C et une pression moyenne de 1 bar. En positionnant ces valeurs sur un point dans le graphique des états de l'eau (**doc. c**), on constate que ces conditions sont favorables à la présence d'eau à l'état liquide. Sur toute planète, ce sont donc des conditions adéquates de pression atmosphérique et de température qui favorisent la présence d'eau à l'état liquide.

2. Selon la même méthodologie, l'eau sur Venus est sous forme gazeuse et elle est sous forme solide sur Mars.

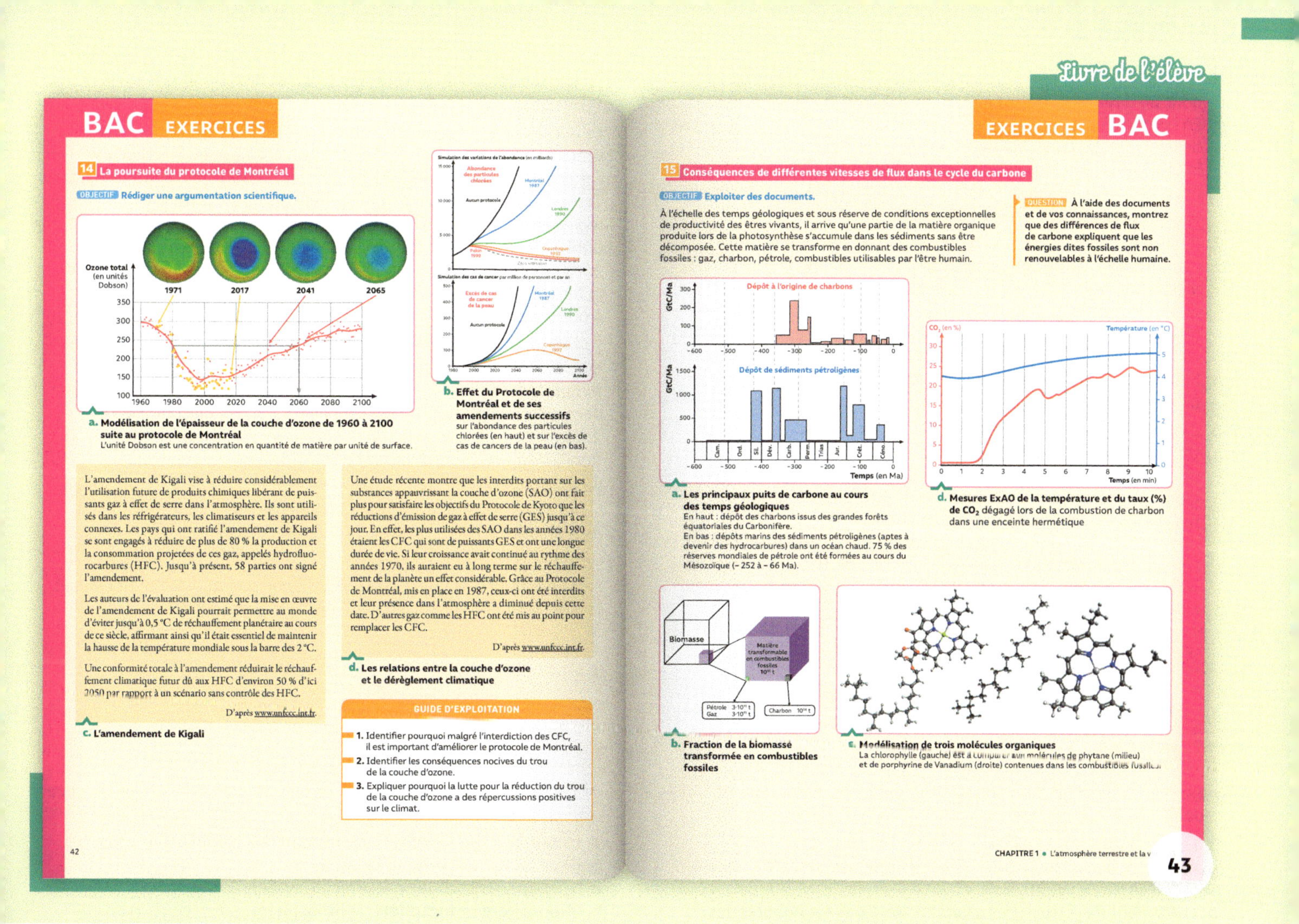

3. La vie étant liée à la présence d'eau liquide, seule la Terre dispose des conditions nécessaires pour l'abriter. La température est trop élevée sur Venus, et la pression atmosphérique est trop basse sur Mars.

12 Le rôle protecteur de l'ozone stratosphérique

1. D'après le **doc. b**, la mise en commun de l'élément chlore avec l'ozone provoque la destruction de l'ozone. Le chlore provient lui-même de l'espèce chimique $CFCl_3$ connue sous le nom de chlorofluorocarbure.
2. Le globe (**doc. c**) montre une très faible présence d'ozone au niveau du pôle Sud et de l'Australie. Dans cette région, les truites corail (**doc. a**) sont touchées par le cancer de la peau qui se manifeste par de profondes lésions. L'ozone ayant pour capacité d'absorber les UV, son absence lève ce filtre protecteur naturel.
3. Dès la fin du xxe siècle, la prise de conscience globale de futurs désastres sanitaires, climatiques, économiques et politiques, si la couche d'ozone venait à disparaître, provoque pour la première fois dans l'histoire moderne une cohésion internationale. Par la signature de traités, un ensemble d'états s'engage en faveur d'une restructuration progressive de la couche d'ozone.

13 Le cycle du carbone perturbé par des activités humaines

1. Surface forestière perdue $= 89 \times 10^3 \times 10 + 73 \times 10^3 \times 5 = 1\,255 \times 10^3$ km²

% de surface perdue $= \dfrac{1\,255 \times 10^3}{39{,}52 \times 10^6} \times 100 = 3{,}17$ %

2. Variation annuelle moyenne de la masse de carbone dans la biomasse vivante, dans les années 1990 :
$\dfrac{286 - 296}{10} = -1$ Gt de carbone par an.

Variation annuelle moyenne de la masse de carbone dans la biomasse vivante, dans les années 2000 : $\dfrac{280 - 286}{5} = -1{,}2$ Gt de carbone par an.

On constate une accélération de la perte du stock de carbone dans la biomasse vivante.

3. D'après le **doc. a**, les émissions de CO_2 passent de 21 à 24 Gt de 1990 à 2000 (soit une augmentation de 0,3 Gt par an) puis de 24 à 30 Gt entre 2000 et 2010 (soit une augmentation de 0,6 Gt par an). On constate donc une augmentation de la vitesse des émissions de CO_2 à partir des années 2000.
4. La déforestation a un double effet. Elle favorise d'une part, la diminution du couvert végétal, ce qui diminue la biosphère : puits de carbone du carbone atmosphérique de par son activité photosynthétique. D'autre part, la combustion des végétaux libère une grande quantité de CO_2 dans l'atmosphère, favorisant ainsi l'effet de serre et donc l'augmentation des températures moyennes terrestres.

Pour aller plus loin. Les feux de forêts provoquent une forte combustion du carbone organique. Cela génère un flux rapide de carbone vers l'atmosphère où il s'accumule. Cela amplifie également l'effet de serre contribuant de ce fait au réchauffement climatique global.

14 La poursuite du protocole de Montréal

1. D'après le **doc. b**, l'application du protocole de Montréal permettrait de réduire l'abondance des SAO de 15 000 ppb à 7 000 ppb pour l'année 2040 selon la simulation. Ce protocole favorise donc la diminution des quantités de particules chlorées. Le **doc. a** montre quant à lui que l'application du protocole de Montréal permettrait selon le modèle employé de restaurer l'épaisseur de la couche d'ozone. On constate que l'abondance maximale de 15 000 ppb serait

toutefois atteinte en 2080. L'application du protocole ne servirait donc qu'à retarder l'accumulation des SAO dans l'atmosphère.
En revanche, on constate que l'application des protocoles de Londres, de Copenhague ou de Pékin permettrait une diminution durable de la production des SAO, pour qu'elle soit nulle en 2100. De même l'application de l'amendement de Kigali dont il est question dans le **doc. c** a pour but de les réduire de plus de 80 %.

2. D'après le **doc. b**, il est possible d'établir une corrélation entre la concentration atmosphérique en SAO et le nombre de cancer par million d'habitants et par an. Plus le premier paramètre augmente, et plus le second augmente également. Or on sait que l'ozone absorbe les rayons UV au niveau de la stratosphère. La destruction de l'ozone par les SAO diminue de ce fait l'absorption des UV par l'atmosphère, provoquant des lésions sur l'ADN des êtres vivants, à l'origine des cancers.

3. D'après le **doc. d**, de nombreuses SAO telles que les chlorofluorocarbures (CFC) sont également de puissants gaz à effet de serre. Elles participent donc au dérèglement climatique global. L'interdiction des CFC lors du protocole de Montréal a poussé les industriels à mettre au point d'autres substances nommées hydrofluorocarbures aux propriétés souvent similaires. L'amendement de Kigali qui vise à interdire les HFC permettra ainsi selon les experts du climat de diminuer de 0,5 °C le réchauffement climatique à l'échelle du XXIe siècle.

15 Conséquences de différentes vitesses de flux dans le cycle du carbone

Le **doc. a** est un ensemble de deux graphiques qui permettent de dater la formation du charbon et du pétrole : les deux principaux combustibles fossiles se sont formés depuis 400 Ma : principalement au Carbonifère pour le charbon. D'après le **doc. c** qui présente les modèles moléculaires de la chlorophylle, et de deux molécules contenues dans les combustibles fossiles, nous déduisons que les combustibles fossiles ont une origine biologique, végétale. D'après le **doc. b**, lors de la fossilisation de la matière végétale, seule une infime partie de la biomasse est transformée en combustible exploitable.

La formation de combustibles fossiles nécessite donc d'importantes quantités de ressources biologiques d'origine végétale ainsi qu'un temps de formation à l'échelle du million d'années. Le flux de carbone, depuis l'atmosphère ou l'hydrosphère, jusqu'à la biosphère au cours de la photosynthèse, puis son passage dans la lithosphère lors de la fossilisation, requiert donc un temps très long.

En revanche l'étude du **doc. d** montre que la combustion du charbon libère jusqu'à 4,5 % de CO_2 dans l'air en à peine 10 minutes. Le flux de carbone contraire, de la lithosphère vers l'atmosphère, lors de la combustion est donc très rapide.

Cette différence de vitesse de flux explique pourquoi les combustibles fossiles sont non renouvelables à l'échelle humaine.

ANNEXE 1 Unité 2 [→ page 17]

- QCM de vérification de la bonne compréhension des notions abordées dans l'unité 2.

1. Les stromatolites fossiles :
a. n'existent plus aujourd'hui car les fers rubanés sont entièrement sous forme d'ions Fe(III).
b. enferment des structures assimilables à des cyanobactéries photosynthétiques.
c. pratiquement la fermentation uniquement.
d. sont apparus il y a 4,56 Ga.

2. La formation de fers rubanés entre – 3,5 et – 1,8 Ga indique :
a. une forte présence d'O_2 dans l'atmosphère terrestre.
b. une absence d'O_2 dans l'hydrosphère terrestre.
c. la présence d'O_2 dans l'hydrosphère terrestre.
d. l'arrêt de la consommation du CO_2 par les cyanobactéries photosynthétiques.

3. La présence de paléosols rouges témoigne du passage :
a. d'une atmosphère riche en O_2 à une atmosphère pauvre en O_2.
b. d'une atmosphère pauvre en O_2 à une atmosphère riche en O_2.
c. d'une hydropshère pauvre en O_2 à une atmosphère pauvre en O_2.
d. d'une lithosphère riche en O_2 à une atmosphère riche en O_2.

4. Un ajout d'ions Fe(II) dans un milieu contenant des plantes aquatiques éclairées provoque une :
a. diminution de la concentration en O_2 dans le milieu en raison d'un arrêt de la photosynthèse.
b. diminution de la concentration en O_2 dans le milieu en raison de la respiration cellulaire.
c. augmentation de la concentration en O_2 dans le milieu en raison d'une oxydation du Fe(III).
d. diminution de la concentration en O_2 dans le milieu en raison d'une oxydation du Fe(II).

ANNEXE 2 Unité 4 [→ page 21]

- QCM de vérification de la bonne compréhension des notions abordées dans l'unité 4.

1. La présence de fossiles fougères dans les combustibles fossiles indique le flux de carbone suivant :
a. hydrosphère → atmosphère → lithosphère.
b. atmosphère → biosphère → lithosphère.
c. lithosphère → biosphère → atmosphère.
d. biosphère → atmosphère → lithosphère.

2. L'essentiel du carbone est stocké :
a. dans l'atmosphère sous forme gazeuse.
b. dans la biosphère dans les molécules organiques.
c. dans l'hydrosphère sous forme dissoute.
d. dans la lithosphère sous forme solide.

3. Un puits de carbone est un réservoir :
a. qui reçoit du carbone.
b. qui cède du carbone.
c. qui cède autant de carbone qu'il n'en reçoit.
d. qui n'échange pas de carbone.

4. Le stock de carbone atmosphérique :
a. a diminué depuis 1960.
b. a doublé depuis 1960.
c. est stable depuis 1960.
d. a triplé depuis 1960.

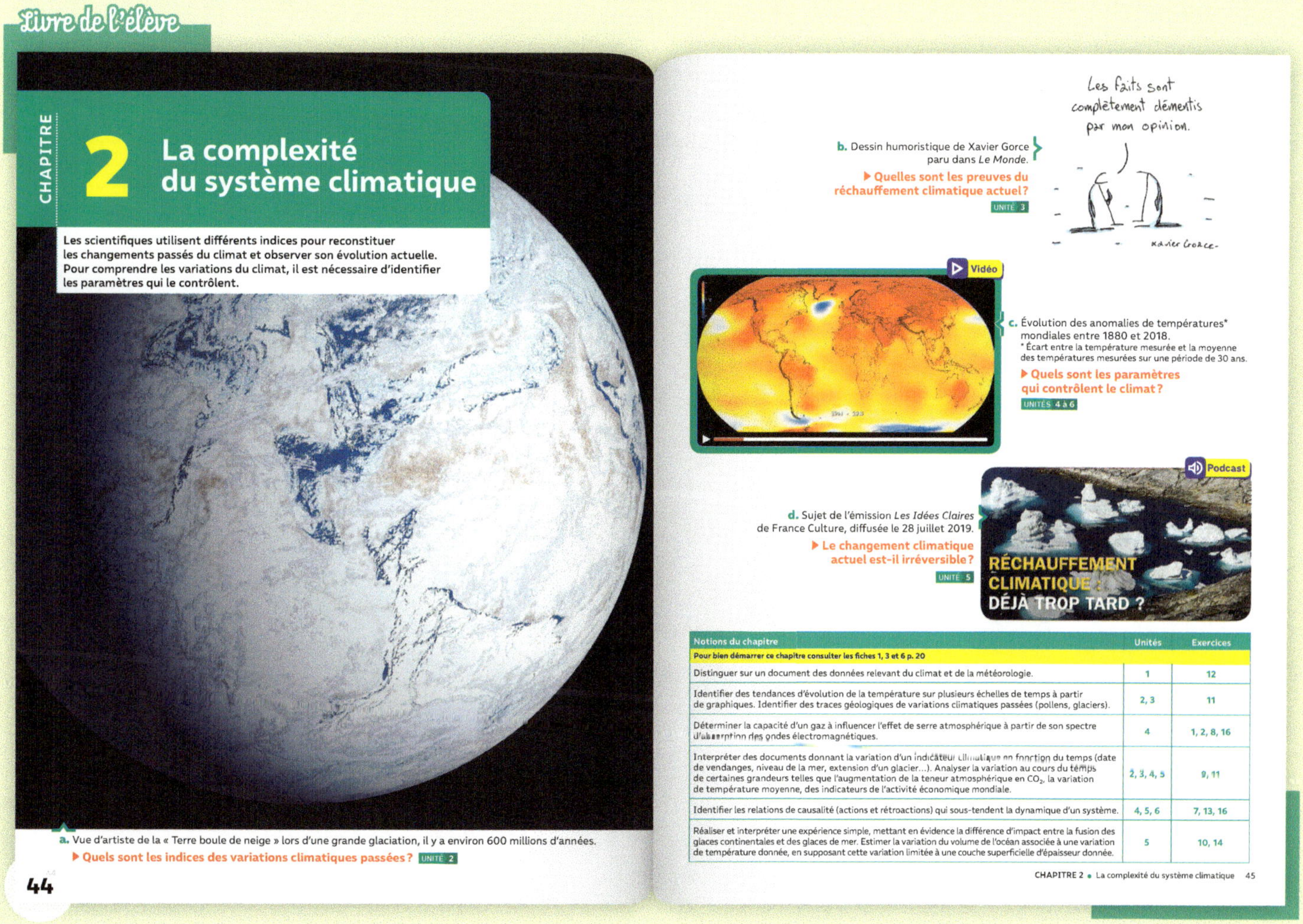
Livre de l'élève

CHAPITRE

2 La complexité du système climatique

Les scientifiques utilisent différents indices pour reconstituer les changements passés du climat et observer son évolution actuelle. Pour comprendre les variations du climat, il est nécessaire d'identifier les paramètres qui le contrôlent.

a. Vue d'artiste de la « Terre boule de neige » lors d'une grande glaciation, il y a environ 600 millions d'années.

▶ Quels sont les indices des variations climatiques passées ? UNITÉ 2

44

b. Dessin humoristique de Xavier Gorce paru dans *Le Monde*.

▶ Quelles sont les preuves du réchauffement climatique actuel? UNITÉ 3

Vidéo

c. Évolution des anomalies de températures* mondiales entre 1880 et 2018.

* Écart entre la température mesurée et la moyenne des températures mesurées sur une période de 30 ans.

▶ Quels sont les paramètres qui contrôlent le climat? UNITÉS 4 à 6

Podcast

d. Sujet de l'émission *Les Idées Claires* de France Culture, diffusée le 28 juillet 2019.

▶ Le changement climatique actuel est-il irréversible? UNITÉ 5

Notions du chapitre	Unités	Exercices
Pour bien démarrer ce chapitre consulter les fiches 1, 3 et 6 p. 20		
Distinguer sur un document des données relevant du climat et de la météorologie.	1	12
Identifier des tendances d'évolution de la température sur plusieurs échelles de temps à partir de graphiques. Identifier des traces géologiques de variations climatiques passées (pollens, glaciers).	2, 3	11
Déterminer la capacité d'un gaz à influencer l'effet de serre atmosphérique à partir de son spectre d'absorption des ondes électromagnétiques.	4	1, 2, 8, 16
Interpréter des documents donnant la variation d'un indicateur climatique en fonction du temps (date de vendanges, niveau de la mer, extension d'un glacier…). Analyser la variation au cours du temps de certaines grandeurs telles que l'augmentation de la teneur atmosphérique en CO_2, la variation de température moyenne, des indicateurs de l'activité économique mondiale.	2, 3, 4, 5	9, 11
Identifier les relations de causalité (actions et rétroactions) qui sous-tendent la dynamique d'un système.	4, 5, 6	7, 13, 16
Réaliser et interpréter une expérience simple, mettant en évidence la différence d'impact entre la fusion des glaces continentales et des glaces de mer. Estimer la variation du volume de l'océan associée à une variation de température donnée, en supposant cette variation limitée à une couche superficielle d'épaisseur donnée.	5	10, 14

CHAPITRE 2 • La complexité du système climatique 45

▶ Les grandes idées à construire

- La météorologie concerne l'étude des grandeurs atmosphériques à court terme tandis que la climatologie les étudie sur le long terme.
- Les indices géologiques montrent que le climat présente une variabilité naturelle sur plusieurs échelles de temps.
- Le changement climatique actuel est exceptionnellement rapide.
- Les émissions de GES depuis l'ère industrielle sont responsables d'une augmentation de la puissance radiative reçue.
- La puissance additionnelle est en grande partie absorbée par les océans, ce qui provoque la dilatation de l'eau, la fonte des glaces continentales et donc l'élévation du niveau des mers.
- L'accumulation d'énergie dans les océans rend le changement climatique irréversible sur des échelles de temps de plusieurs siècles.
- La fonte des glaces, l'augmentation de la quantité de vapeur d'eau atmosphérique et le dégel du permafrost amplifient le réchauffement par des rétroactions positives. La végétalisation exerce un effet stabilisateur sur le climat (rétroaction négative).

▶ Ce que disent les documents

a Cette image de la « Terre boule de neige » montre aux élèves qu'à certaines époques la Terre a pu être entièrement recouverte de glace. Les élèves pourront se questionner sur les indices qui permettent aux scientifiques de reconstituer les climats du passé, ils pourront également se demander quelles sont les causes de telles variations du climat.

b Le changement climatique et ses causes font consensus dans la communauté scientifique qui s'appuie sur des faits. Les climatosceptiques, en désaccord avec le consensus, expriment donc une opinion. Cette caricature illustre bien la différence entre savoir et opinion et insiste sur la place des faits dans la construction du savoir. Face à cette image, les élèves pourront se demander pourquoi il y a aujourd'hui consensus sur le réchauffement climatique et ses causes. Pour cela, il faudra chercher les preuves du changement climatique actuel.

c Cette vidéo de la NASA présente l'évolution des anomalies de températures mondiales depuis le début de la révolution industrielle (1880) jusqu'à aujourd'hui (2018). Les élèves seront sans doute frappés par l'accélération du réchauffement au cours du XXe siècle. Cette vidéo pourra amener la question des causes du changement climatique et donc des paramètres qui contrôlent l'évolution du climat actuel.

Cette autre vidéo montrant les anomalies de température pour chaque pays du monde entre 1900 et 2016 est également très marquante et peut être utilisée : https://youtu.be/K4Ra2HR27pQ

d Les élèves pourront s'interroger sur le caractère réversible ou irréversible du changement climatique actuel.

Livre de l'élève

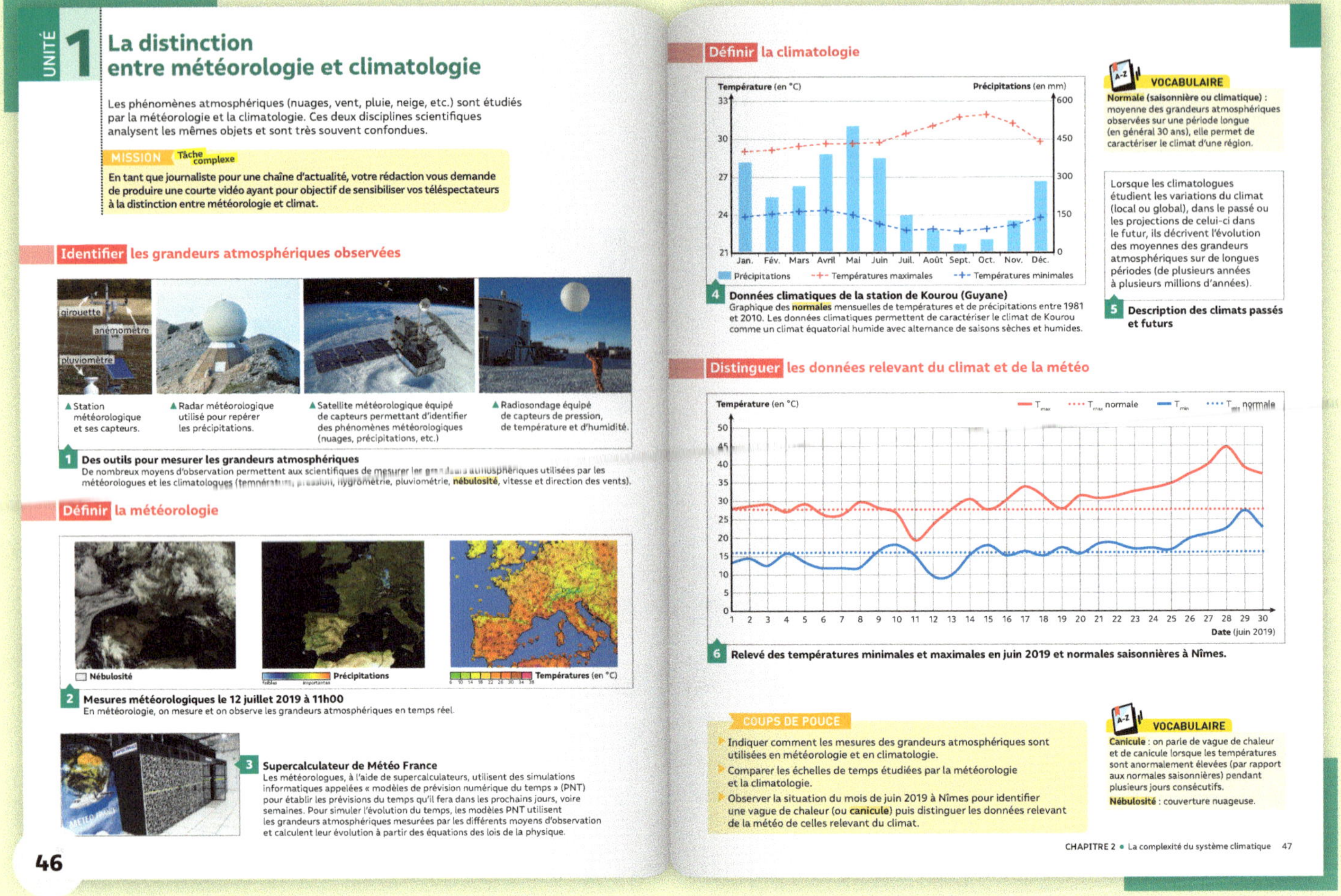

UNITÉ 1

La distinction entre météorologie et climatologie

Les phénomènes atmosphériques (nuages, vent, pluie, neige, etc.) sont étudiés par la météorologie et la climatologie. Ces deux disciplines scientifiques analysent les mêmes objets et sont très souvent confondues.

MISSION Tâche complexe

En tant que journaliste pour une chaîne d'actualité, votre rédaction vous demande de produire une courte vidéo ayant pour objectif de sensibiliser vos téléspectateurs à la distinction entre météorologie et climat.

Identifier les grandeurs atmosphériques observées

▲ Station météorologique et ses capteurs.

▲ Radar météorologique utilisé pour repérer les précipitations.

▲ Satellite météorologique équipé de capteurs permettant d'identifier des phénomènes météorologiques (nuages, précipitations, etc.)

▲ Radiosondage équipé de capteurs de pression, de température et d'humidité.

1 Des outils pour mesurer les grandeurs atmosphériques
De nombreux moyens d'observation permettent aux scientifiques de mesurer les grandeurs atmosphériques utilisées par les météorologues et les climatologues (température, pression, hygrométrie, pluviométrie, **nébulosité**, vitesse et direction des vents).

Définir la météorologie

2 Mesures météorologiques le 12 juillet 2019 à 11h00
En météorologie, on mesure et on observe les grandeurs atmosphériques en temps réel.

3 Supercalculateur de Météo France
Les météorologues, à l'aide de supercalculateurs, utilisent des simulations informatiques appelées « modèles de prévision numérique du temps » (PNT) pour établir les prévisions du temps qu'il fera dans les prochains jours, voire semaines. Pour simuler l'évolution du temps, les modèles PNT utilisent les grandeurs atmosphériques mesurées par les différents moyens d'observation et calculent leur évolution à partir des équations des lois de la physique.

46

Définir la climatologie

4 Données climatiques de la station de Kourou (Guyane)
Graphique des **normales** mensuelles de températures et de précipitations entre 1981 et 2010. Les données climatiques permettent de caractériser le climat de Kourou comme un climat équatorial humide avec alternance de saisons sèches et humides.

VOCABULAIRE
Normale (saisonnière ou climatique) : moyenne des grandeurs atmosphériques observées sur une période longue (en général 30 ans), elle permet de caractériser le climat d'une région.

Lorsque les climatologues étudient les variations du climat (local ou global), dans le passé ou les projections de celui-ci dans le futur, ils décrivent l'évolution des moyennes des grandeurs atmosphériques sur de longues périodes (de plusieurs années à plusieurs millions d'années).

5 Description des climats passés et futurs

Distinguer les données relevant du climat et de la météo

6 Relevé des températures minimales et maximales en juin 2019 et normales saisonnières à Nîmes.

COUPS DE POUCE
- Indiquer comment les mesures des grandeurs atmosphériques sont utilisées en météorologie et en climatologie.
- Comparer les échelles de temps étudiées par la météorologie et la climatologie.
- Observer la situation du mois de juin 2019 à Nîmes pour identifier une vague de chaleur (ou **canicule**) puis distinguer les données relevant de la météo de celles relevant du climat.

VOCABULAIRE
Canicule : on parle de vague de chaleur et de canicule lorsque les températures sont anormalement élevées (par rapport aux normales saisonnières) pendant plusieurs jours consécutifs.
Nébulosité : couverture nuageuse.

CHAPITRE 2 • La complexité du système climatique 47

problèmes scientifiques

- Comment distinguer les phénomènes météorologiques des phénomènes climatiques ?
- Comment définir la météorologie et la climatologie ?

Mobilisation des acquis

- Vu en cycle 4 (SVT) : la distinction entre météorologie et climatologie.

Les grandes idées à construire

- La météorologie mesure les grandeurs atmosphériques à un instant donné et prévoit leur évolution pour les prochaines heures, jours, semaines (court terme).
- La climatologie définit les climats (moyennes des grandeurs atmosphériques sur 30 ans) et étudie les variations passées et futures de ces derniers (long terme).

Les compétences travaillées

- **Extraire et organiser** des informations.
- **Communiquer**.

Les représentations de l'élève

- Dans les médias, les discussions courantes, la confusion entre météorologie et climatologie est fréquente : par exemple une vague de froid pourra être utilisée par certains pour nier le réchauffement du climat tandis qu'une canicule sera trop souvent associée au dérèglement de celui-ci. Pour identifier les arguments valables permettant de démontrer l'existence du réchauffement climatique actuel, il est d'abord indispensable de saisir la distinction entre météo et climat.

Ce que disent les documents

1 Les stations météorologiques, les satellites, etc. sont équipés de capteurs permettant les mesures des grandeurs atmosphériques (température, pression, hygrométrie, pluviométrie...) utilisées en météorologie et en climatologie.

Idée de question :
- Quelles sont les grandeurs étudiées par la météorologie et la climatologie et comment sont-elles mesurées ?

2 et **3** La météorologie décrit le temps qu'il fait à un instant donné (en mesurant les grandeurs atmosphériques) et prévoit le temps qu'il fera dans les prochains jours (en utilisant des supercalculateurs simulant l'évolution du temps à l'aide de modèles PNT).

Des idées de questions :
- En quoi consiste la météorologie ?
- Quelle est la différence entre la mesure et la prévision du temps ?

4 et **5** La climatologie caractérise les climats locaux (en calculant les moyennes sur 30 ans des différentes grandeurs atmosphériques mesurées, ce sont les normales saisonnières) et étudie l'évolution passée et future des climats locaux et du climat global.

Des idées de questions :
- En quoi consiste la climatologie ?
- Comment la météorologie intervient-elle dans la caractérisation d'un climat ?

6 Entre le 13 et le 30 juin 2019, les températures minimales et maximales ont été supérieures aux normales saisonnières, on parle de vague de chaleur ou de canicule. Pour identifier une vague de chaleur, on compare des données météorologiques (la mesure des grandeurs atmosphériques) à des données climatiques (les normales saisonnières).

Des idées de questions:

- Les habitants de Nîmes ont-ils vécu une vague de chaleur en juin 2019?
- Parmi les données utilisées, lesquelles concernent la météo et lesquelles concernent le climat?

Les + pour préparer votre séance

- Proposer un QCM de remobilisation des acquis en début de séance. En voici un exemple:

1. La mesure de la température extérieure en un lieu et à un instant concerne directement:
a. la caractérisation du climat local (donnée climatique).
b. la description de l'évolution du climat local passé (donnée climatique).
c. la description du temps qu'il fait (donnée météorologique).
d. la prévision du temps qu'il fera (donnée météorologique).

2. En météo, pour décrire le temps qu'il fait, le scientifique peut utiliser:
a. des mesures dans les bulles d'air piégées dans les glaces.
b. des fossiles d'êtres vivants typiques de régions froides.
c. des ordinateurs permettant la prévision numérique du temps.
d. des stations météorologiques équipées de différents capteurs.

3. Pour caractériser le climat d'un lieu, le scientifique utilise:
a. les moyennes sur de longues périodes des grandeurs atmosphériques mesurées en ce lieu.
b. les mesures réalisées au cours d'une année par les satellites orbitant autour de la Terre.
c. les mesures réalisées au cours d'une journée par les stations météorologiques.
d. les calculs opérés par les modèles de prévision numérique du temps.

4. Un été exceptionnellement chaud en France:
a. peut être un effet du réchauffement climatique et constitue une preuve de celui-ci.
b. peut être un effet du réchauffement climatique mais ne constitue pas une preuve de celui-ci.
c. ne peut en aucun cas être lié au réchauffement climatique car le changement actuel est global.
d. ne peut en aucun cas être lié au réchauffement climatique car la France n'est pas concernée par celui-ci.

- La distinction entre météorologie et climat est un outil indispensable pour savoir distinguer les arguments valables des sophismes au sein des différentes ressources que pourront trouver les élèves au sujet du changement climatique.
  Il est cependant nécessaire de montrer aux élèves que ces deux disciplines ne sont pas cloisonnées mais au contraire étroitement liées. En effet, la météorologie et le climat étudient les mêmes grandeurs (mais sur des échelles de temps différentes), les données de la météorologie moyennées sur plusieurs années permettent de caractériser les climats et leur évolution, les supercalculateurs et les modèles numériques utilisés pour prévoir le temps qu'il fera dans les prochains jours (météo) sont également utilisés pour établir des projections climatiques...

Vidéo

- Vidéo: Tout savoir: ne pas confondre climat et météo!
https://www.youtube.com/watch?v=I_fz0m8ADkA

Article en ligne

- Article présentant les outils statistiques de la climatologie:
http://www.meteofrance.fr/climat-passe-et-futur/comprendre-le-climat-mondial/les-mots-de-la-climatologie
- Article: Connaissez-vous la différence entre «météo» et «climat»
https://www.francetvinfo.fr/meteo/climat/connaissez-vous-la-difference-entre-meteo-et-climat_3166497.html
- Données météorologiques et climatiques:
https://www.infoclimat.fr/
- Données climatiques:
http://www.meteofrance.com/climat/france

LE SAVIEZ-VOUS?

Les modèles de prévision numérique du temps utilisés en météo mais aussi pour établir des projections climatiques impliquent des infrastructures informatiques ultra puissantes (le supercalculateur actuellement utilisé par Météo-France est environ 125 000 fois plus puissant qu'un ordinateur classique). Par conséquent, la prévision numérique du temps ne peut être mise en œuvre que par un nombre très réduit d'organisations gouvernementales (l'Allemagne, le Canada, les États-Unis, la France, le Japon) ou inter-gouvernementales (Centre européen de prévision météo).

Les parcours possibles

PARCOURS 1 Initiation

1. Indiquer quelles sont les grandeurs étudiées en météorologie et en climatologie et préciser comment celles-ci sont mesurées (**doc. 1**).
2. Expliquer la différence entre mesure et prévision météorologique (**doc. 1** à **3**).
3. Expliquer comment la météorologie intervient pour caractériser le climat d'un lieu donné (**doc. 1** et **5**).
4. Expliquer la différence entre météorologie et climatologie (**doc. 1** à **5**).
5. Étudier le **doc. 6** pour préciser si Nîmes a subi une vague de chaleur en juin 2019. Distinguer parmi les données utilisées celles qui concernent la météorologie et celles qui concernent la climatologie.

PARCOURS 2 Confirmé

1. Dans un court texte, expliquer la différence entre météorologie et climatologie.
2. Étudier le **doc. 6** pour préciser si Nîmes a subi une vague de chaleur en juin 2019. Distinguer parmi les données utilisées celles qui concernent la météorologie et celles qui concernent la climatologie.

PARCOURS 3 Expert

1. À partir des données fournies [→ **Annexe 4, page 52**], construire un graphique permettant d'identifier si Nîmes a subi une vague de chaleur en 2019.
2. Puis, dans un court texte, expliquer si Nîmes a subi une vague de chaleur et distinguer parmi les données utilisées celles qui concernent la météorologie et celles qui concernent la climatologie.

INDICATEURS DE RÉUSSITE	NIVEAU A	B	C	D
Les grandeurs étudiées en météorologie et en climatologie sont identifiées.				
Les différences entre météorologie et climatologie sont précisées.				
Les données relatives à la météorologie et celles relatives à la climatologie sont correctement distinguées dans le **doc. 6**.				

Livre de l'élève

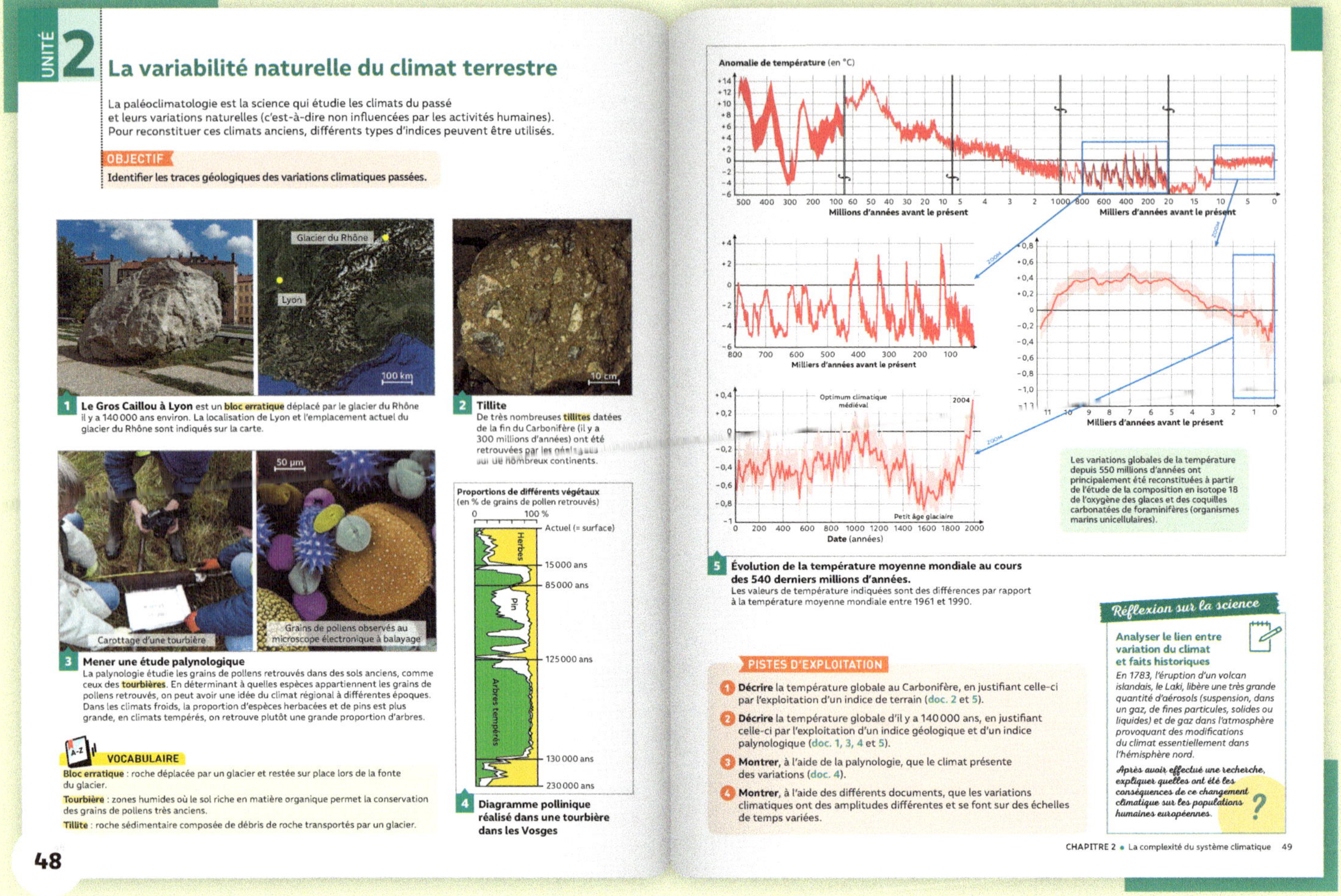
UNITÉ 2

La variabilité naturelle du climat terrestre

La paléoclimatologie est la science qui étudie les climats du passé et leurs variations naturelles (c'est-à-dire non influencées par les activités humaines). Pour reconstituer ces climats anciens, différents types d'indices peuvent être utilisés.

OBJECTIF

Identifier les traces géologiques des variations climatiques passées.

1 **Le Gros Caillou à Lyon** est un bloc erratique déplacé par le glacier du Rhône il y a 140 000 ans environ. La localisation de Lyon et l'emplacement actuel du glacier du Rhône sont indiqués sur la carte.

2 **Tillite**
De très nombreuses tillites datées de la fin du Carbonifère (il y a 300 millions d'années) ont été retrouvées par les géologues sur de nombreux continents.

3 **Mener une étude palynologique**
La palynologie étudie les grains de pollens retrouvés dans des sols anciens, comme ceux des tourbières. En déterminant à quelles espèces appartiennent les grains de pollens retrouvés, on peut avoir une idée du climat régional à différentes époques. Dans les climats froids, la proportion d'espèces herbacées et de pins est plus grande, en climats tempérés, on retrouve plutôt une grande proportion d'arbres.

4 **Diagramme pollinique réalisé dans une tourbière dans les Vosges**

VOCABULAIRE

Bloc erratique : roche déplacée par un glacier et restée sur place lors de la fonte du glacier.

Tourbière : zones humides où le sol riche en matière organique permet la conservation des grains de pollens très anciens.

Tillite : roche sédimentaire composée de débris de roche transportés par un glacier.

48

Les variations globales de la température depuis 550 millions d'années ont principalement été reconstituées à partir de l'étude de la composition en isotope 18 de l'oxygène des glaces et des coquilles carbonatées de foraminifères (organismes marins unicellulaires).

5 **Évolution de la température moyenne mondiale au cours des 540 derniers millions d'années.**
Les valeurs de température indiquées sont des différences par rapport à la température moyenne mondiale entre 1961 et 1990.

PISTES D'EXPLOITATION

1. **Décrire** la température globale au Carbonifère, en justifiant celle-ci par l'exploitation d'un indice de terrain (doc. 2 et 5).
2. **Décrire** la température globale d'il y a 140 000 ans, en justifiant celle-ci par l'exploitation d'un indice géologique et d'un indice palynologique (doc. 1, 3, 4 et 5).
3. **Montrer**, à l'aide de la palynologie, que le climat présente des variations (doc. 4).
4. **Montrer**, à l'aide des différents documents, que les variations climatiques ont des amplitudes différentes et se font sur des échelles de temps variées.

Réflexion sur la science

Analyser le lien entre variation du climat et faits historiques

En 1783, l'éruption d'un volcan islandais, le Laki, libère une très grande quantité d'aérosols (suspension, dans un gaz, de fines particules, solides ou liquides) et de gaz dans l'atmosphère provoquant des modifications du climat essentiellement dans l'hémisphère nord.

Après avoir effectué une recherche, expliquer quelles ont été les conséquences de ce changement climatique sur les populations humaines européennes.

CHAPITRE 2 • La complexité du système climatique 49

problèmes scientifiques

- Comment identifier les variations du climat passé ?
- Comment le climat a-t-il varié au cours des temps géologiques ?

Mobilisation des acquis

- Vu en cycle 4 (SVT) : les changements climatiques du passé, échelle des temps géologiques.
- Première ES : âge de la Terre.
- Unité 1 : La météorologie concerne l'étude des grandeurs atmosphériques à court terme tandis que la climatologie les étudie sur le long terme.

Les grandes idées à construire

- Les indices géologiques (traces de glaciers, pollens fossiles…) permettent de reconstituer les climats du passé.
- Le climat de la Terre présente une variabilité naturelle sur différentes échelles de temps.

Les compétences travaillées

- **Extraire et organiser** des informations.
- **Interpréter** des résultats.

Les représentations de l'élève

- Il semble probable que les élèves n'aient pas conscience de ce que représentent les périodes de temps présentées dans cette activité. Il pourra être intéressant de rappeler l'âge de la Terre (4,57 Ga), étudié en classe de première et de représenter sur une frise les périodes étudiées (on pourra également ajouter des repères : extinctions des dinosaures non aviens, apparition de l'humain…).

Ce que disent les documents

1 Le bloc erratique de 140 000 ans à Lyon indique la présence d'un glacier, or aujourd'hui, les glaciers les plus proches sont à plusieurs dizaines de kilomètres. L'étendue des glaciers était donc plus importante il y a 140 000 ans en France, ce qui est un indice d'un climat froid (confirmé par la lecture du doc. 5).

Idée de question :
– Comment interpréter la présence d'un bloc erratique daté de –140 000 ans à Lyon ?

2 Les tillites du Carbonifère sont des indices de la présence de glaciers ce qui suggère un climat plutôt froid (confirmé par la lecture du doc. 5).

Idée de question :
– Comment interpréter la présence de tillites sur de nombreux continents au Carbonifère ?

3 et **4** L'importante proportion d'espèces herbacées et de pins entre –230 000 et –130 000 ans, entre –125 000 et –85 000 ans et entre –15 000 ans et aujourd'hui, indique des climats plutôt froids (périodes glaciaires). En revanche, l'importante proportion d'arbres entre –130 000 et –125 000 ans suggère un climat plutôt chaud (période interglaciaire).

? Idée de question :
– Comment l'étude des grains de pollens fossiles nous renseigne-t-elle sur les climats passés ?

5 Le climat a beaucoup varié depuis 500 millions d'années. L'amplitude des variations est très variable (de quelques dixièmes à environ 10 °C) et celles-ci se produisent sur des échelles de temps différentes (de la dizaine de siècles à la centaine de millions d'années).

? Idée de question :
– De quelles amplitudes et sur quelles échelles de temps se sont produites les variations climatiques passées ?

Les + pour préparer votre séance

- Proposer un QCM de vérification de la bonne compréhension des notions abordées dans cette unité. En voici un exemple :

1. La Terre existe depuis :
a. 4 700 ans.
b. 4,7 millions d'années.
c. 4,7 milliards d'années.
d. 47 milliards d'années.

2. Avant l'apparition de l'espèce humaine, le climat de la Terre :
a. est toujours resté stable.
b. a subi de nombreuses variations.
c. s'est continuellement refroidi.
d. s'est continuellement réchauffé.

3. Avant l'apparition de l'espèce humaine, les changements climatiques passés :
a. n'ont jamais eu de conséquence sur le niveau des océans.
b. n'ont jamais eu de conséquence sur la répartition des êtres vivants.
c. ont eu des conséquences sur le niveau des océans uniquement.
d. ont eu des conséquences sur la répartition des êtres vivants et le niveau des océans.

4. Le climat local est caractérisé en :
a. mesurant les grandeurs atmosphériques à un instant donné avec une station météo.
b. calculant la moyenne sur une année des grandeurs atmosphériques mesurées.
c. calculant la moyenne sur plusieurs décennies des grandeurs atmosphériques mesurées.
d. simulant l'évolution des grandeurs atmosphériques sur une journée à l'aide d'un supercalculateur.

Dans cette unité, il est nécessaire d'insister sur le fait qu'un indice seul ne suffit pas pour interpréter une variation de climat. Une étendue plus importante d'un glacier (démontrée par la présence de tillites ou de blocs erratiques) ou la présence de pollens d'herbacées en un lieu sont des indices locaux qui ne peuvent pas suffire à prouver l'existence d'un climat global froid lors d'une période donnée. L'accumulation d'indices convergents est essentielle à la démonstration de l'existence d'un climat plus froid ou plus chaud.

Article en ligne

- Planet Terre : Les variations climatiques « pour les nuls »
https://planet-terre.ens-lyon.fr/article/variations-climatiques-bases.xml
- IFE : Détermination des indices des variations du climat passé
http://acces.ens-lyon.fr/acces/thematiques/paleo/variations/paleoclimats/demarches/indices
- Logiciel Paléobiomes
http://acces.ens-lyon.fr/acces/logiciels/applications/paleobiomes

Vidéo

- IPSL : Les cycles glaciaires/interglaciaires (interview de Gilles Ramstein)
https://www.youtube.com/watch?v=V7YW7vgqLtc

LE SAVIEZ-VOUS ?

▶ Deux siècles avant les débuts de la paléoclimatologie au XIXe siècle avec la découverte des glaciations passées, Robert Hooke (scientifique à qui on attribue la première description d'une cellule, voir programme de 1re), au XVIIe siècle, émet l'hypothèse que la présence de fossiles de tortues géantes au sud de l'Angleterre ne peut s'expliquer que par l'existence d'un climat plus chaud dans le passé (jusqu'à présent, la présence de ces fossiles était considérée comme la conséquence du déluge biblique).

CORRECTION DE L'UNITÉ

1. Les tillites datées de la fin du Carbonifère sont des indices de la présence de glaciers et donc d'un climat froid. Cette hypothèse est confirmée par la lecture du doc. 5.
2. La présence d'un bloc erratique daté de 140 000 ans à Lyon indique la présence d'un glacier à cette époque et suggère donc une étendue des glaciers plus importante qu'aujourd'hui. De plus, l'importante proportion d'espèces herbacées et de pins dans les Vosges entre –230 000 et –130 000 ans indique également un climat froid.
3. Le climat a beaucoup varié depuis 500 millions d'années, la Terre a connu des périodes beaucoup plus chaudes et beaucoup plus froides qu'aujourd'hui. L'amplitude des variations est très variable (de quelques dixièmes à environ 10 °C) et celles-ci se produisent sur des échelles de temps différentes (de la dizaine de siècles à la centaine de millions d'années).

Les parcours possibles

PARCOURS 1 Initiation

1 Décrire la température globale du Carbonifère en justifiant celle-ci par l'exploitation d'un indice de terrain (doc. 2 et 5).
2 Décrire la température globale d'il y a 140 000 ans en justifiant celle-ci par l'exploitation d'un indice géologique et d'un indice palynologique (doc. 1, 3, 4 et 5).
3 Montrer, à l'aide de la palynologie, que le climat présente des variations (doc. 3 et 4)
4 Montrer, à l'aide du doc. 5, que les variations climatiques ont des amplitudes différentes et se font sur des échelles variées.

PARCOURS 2 Confirmé

1 Dans un court texte, interpréter les indices géologiques et palynologiques pour reconstituer les climats passés au Carbonifère et entre –230 000 ans et aujourd'hui.
2 Préciser si vos conclusions correspondent aux variations climatiques présentées dans le doc. 5.

INDICATEURS DE RÉUSSITE	NIVEAU			
	A	B	C	D
Les indices géologiques (roches) et palynologiques (pollens) sont utilisés pour interpréter des climats passés.				
Les indices géologiques et palynologiques sont reliés aux variations de la température globale présentées dans le doc. 5.				
Les différentes amplitudes et durées des variations de température sont repérées sur le graphique du doc. 5.				

Livre de l'élève

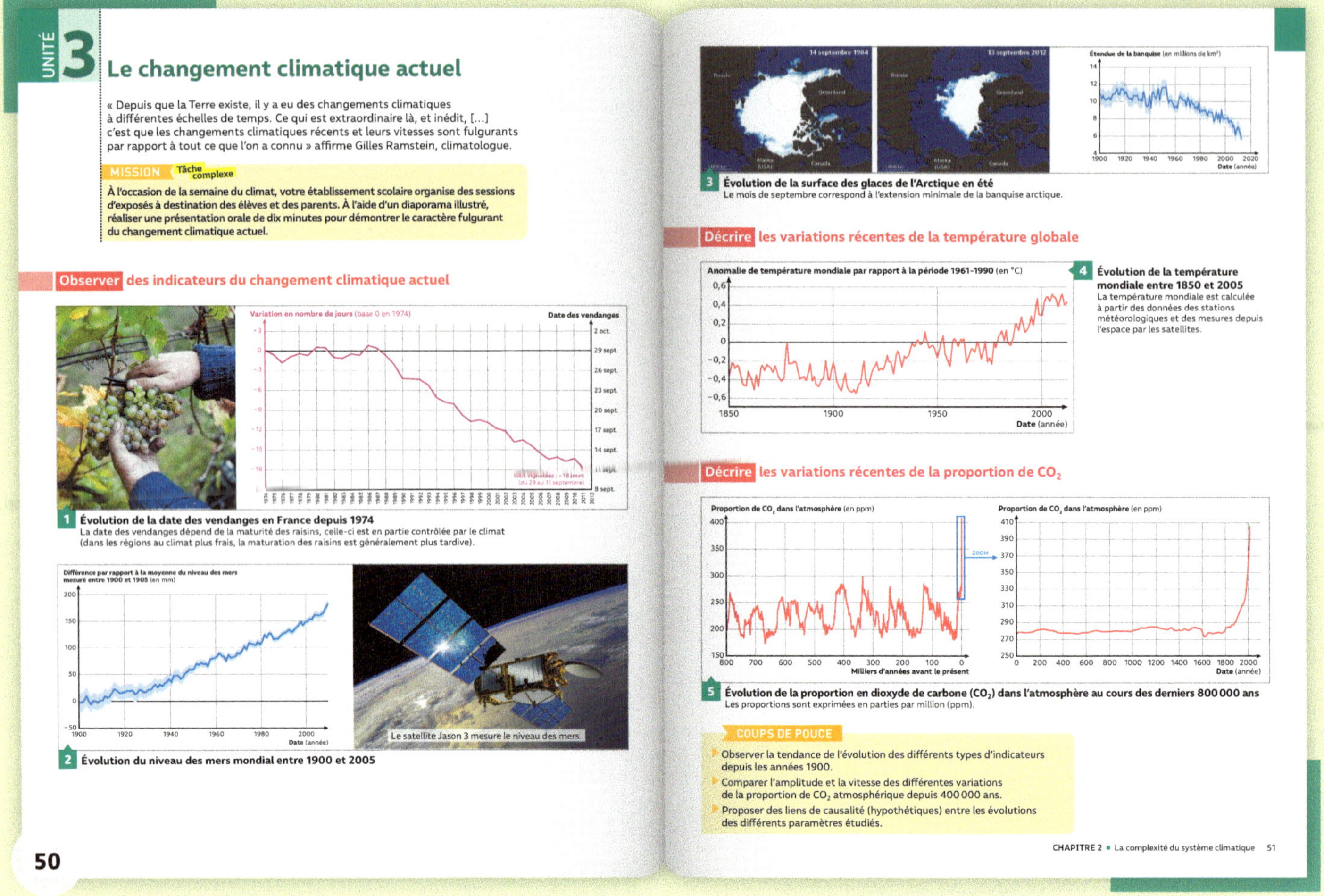

UNITÉ 3 Le changement climatique actuel

« Depuis que la Terre existe, il y a eu des changements climatiques à différentes échelles de temps. Ce qui est extraordinaire là, et inédit, [...] c'est que les changements climatiques récents et leurs vitesses sont fulgurants par rapport à tout ce que l'on a connu » affirme Gilles Ramstein, climatologue.

MISSION Tâche complexe

À l'occasion de la semaine du climat, votre établissement scolaire organise des sessions d'exposés à destination des élèves et des parents. À l'aide d'un diaporama illustré, réaliser une présentation orale de dix minutes pour démontrer le caractère fulgurant du changement climatique actuel.

Observer des indicateurs du changement climatique actuel

1 Évolution de la date des vendanges en France depuis 1974
La date des vendanges dépend de la maturité des raisins, celle-ci est en partie contrôlée par le climat (dans les régions au climat plus frais, la maturation des raisins est généralement plus tardive).

Le satellite Jason 3 mesure le niveau des mers.

2 Évolution du niveau des mers mondial entre 1900 et 2005

3 Évolution de la surface des glaces de l'Arctique en été
Le mois de septembre correspond à l'extension minimale de la banquise arctique.

Décrire les variations récentes de la température globale

4 Évolution de la température mondiale entre 1850 et 2005
La température mondiale est calculée à partir des données des stations météorologiques et des mesures depuis l'espace par les satellites.

Décrire les variations récentes de la proportion de CO_2

5 Évolution de la proportion en dioxyde de carbone (CO_2) dans l'atmosphère au cours des derniers 800 000 ans
Les proportions sont exprimées en parties par million (ppm).

COUPS DE POUCE
- Observer la tendance de l'évolution des différents types d'indicateurs depuis les années 1900.
- Comparer l'amplitude et la vitesse des différentes variations de la proportion de CO_2 atmosphérique depuis 400 000 ans.
- Proposer des liens de causalité (hypothétiques) entre les évolutions des différents paramètres étudiés.

50

CHAPITRE 2 • La complexité du système climatique 51

problèmes scientifiques

- Quels sont les indicateurs du changement climatique actuel ?
- Comment justifier le caractère inédit du changement climatique actuel ?

Mobilisation des acquis

- Unité 1 : La météorologie concerne l'étude des grandeurs atmosphériques à court terme tandis que la climatologie les étudie sur le long terme.
- Unité 2 : le climat présente une variabilité naturelle sur plusieurs échelles de temps.

Les grandes idées à construire

- De nombreux indices montrent que jamais dans l'histoire du climat, la proportion de CO_2 et la température n'ont augmenté aussi rapidement.

Les compétences travaillées

- **Extraire et organiser** des informations.
- **Formuler** une hypothèse.
- **Communiquer.**

Les représentations de l'élève

- Il est possible que pour certains élèves, une élévation de quelques dixièmes de degrés de la température ne semble pas très impressionnante. Il sera alors important de préciser qu'il s'agit d'une moyenne mondiale, qu'il y a donc des endroits où la température varie davantage et il sera essentiel de comparer cette amplitude aux changements passés de la température (**unité précédente**).

Ce que disent les documents

1 **2** et **3** Des indices variés montrent un changement évident du climat depuis un siècle environ : l'avancement de la date des vendanges en France de 18 jours en moyenne depuis 1974, la diminution de la surface des glaces de l'Arctique d'environ 4 millions de kilomètres carrés en 105 ans et l'élévation du niveau des mers d'environ 175 mm entre 1900 et 2005.

Des idées de questions :
- En quoi les observations des différents paramètres peuvent-elles constituer des indicateurs du changement climatique actuel ?
- Quelle hypothèse permettrait d'expliquer le changement de la date des vendanges, de la surface de glace et du niveau des mers ?

4 Depuis 1900, la moyenne annuelle de la température mondiale a augmenté de près de 1 °C. Cette vitesse d'augmentation est fulgurante par rapport aux variations climatiques étudiées dans l'unité 2.

Des idées de questions :
- Comment la température mondiale a-t-elle évolué depuis 1900 ?
- Quelle(s) différence(s) observer avec les variations climatiques passées étudiées dans l'**unité 2** ?

5 et **6** Depuis 800 000 ans, la proportion de dioxyde de carbone dans l'atmosphère a varié entre environ 180 et 300 ppm. La valeur actuelle de cette proportion (405 ppm en 2017) est donc inédite. En 200 ans, la proportion de CO_2 est passée de 275 ppm environ à 405 ppm en 2017, cette variation est excessivement rapide par rapport aux variations passées.

Idée de question:
- Comment caractériser la variation récente de la proportion de dioxyde de carbone dans l'atmosphère?

Les + pour préparer votre séance

- Proposer un QCM de préparation de la séance. En voici un exemple:

1. Les climats du passé peuvent être reconstitués à l'aide:
a. d'indices géologiques (ex. traces de glaciers) uniquement.
b. d'indices paléoécologiques (ex. pollens fossiles) uniquement.
c. d'indices de natures variés (ex. traces de glaciers, pollens).
d. de mesures par des stations météorologiques et des satellites.

2. Au cours des temps géologiques, le climat de la Terre a varié avec des amplitudes de:
a. quelques millièmes de degrés.
b. quelques dixièmes de degrés.
c. quelques dizaines de degrés.
d. de quelques dixièmes de degrés à plusieurs degrés.

3. Au cours des temps géologiques, le climat de la Terre a varié:
a. sur des échelles de temps variables (du siècle à la dizaine de millions d'années).
b. avec une périodicité constante de 1 million d'année.
c. avec une périodicité constante de 10 millions d'années.
d. avec une périodicité constante de 100 millions d'années.

4. Pour indiquer la température d'un climat passé, les scientifiques utilisent:
a. la moyenne des températures des différents lieux à l'époque étudiée.
b. le maximum des températures enregistrées pour plusieurs régions du globe et sur la période étudiée.
c. la différence de température entre l'époque étudiée et une température de référence.
d. le niveau des océans de l'époque.

À ce stade du chapitre, il n'est pas important d'expliquer les différents changements observés (date de vendanges avancées du fait de l'adoucissement du climat, fonte des glaces et élévation du niveau marin liées au réchauffement climatique...). En effet, ici, l'élève constate l'accumulation d'indices démontrant le caractère fulgurant du dérèglement climatique. Les unités suivantes auront pour objet d'expliquer les différents changements.

Article en ligne

- ONB: Dates de vendanges en France métropolitaine
http://indicateurs-biodiversite.naturefrance.fr/fr/indicateurs/dates-de-vendanges-en-france-metropolitaine
- Rapports du GIEC
https://www.ipcc.ch/reports/
- IFE: Fonte des glaces
http://eduterre.ens-lyon.fr/thematiques/climat/fonte-des-glaces/
- Météo France: Changement climatique et hausse du niveau de la mer
http://www.meteofrance.fr/climat-passe-et-futur/impacts-du-changement-climatique-sur-les-phenomenes-hydrometeorologiques/changement-climatique-et-hausse-du-niveau-de-la-mer
- PNAS: *Forty-six years of Greenland Ice Sheet mass balance from 1972 to 2018*
https://www.pnas.org/content/116/19/9239/tab-figures-data

Vidéo

- NASA: *Arctic Sea Ice Reaches 2019 Minimum Extent*
https://svs.gsfc.nasa.gov/13309
- NASA: *Global Temperature Anomalies from 1880 to 2019*
https://svs.gsfc.nasa.gov/4787
- NASA: *How temperature has changed in each country since 1900*
https://www.youtube.com/watch?v=-ylHxOui9nQ

LE SAVIEZ-VOUS?

Contrairement à la banquise Arctique, on mesure, depuis les années 1970, une très légère croissance de la banquise Antarctique (+ 0,9 % par décennie contre – 2 à – 13 % pour la banquise Arctique). Cette légère augmentation de la surface de la banquise Antarctique est causée par plusieurs facteurs: le trou dans la couche d'ozone qui refroidit localement la surface, l'augmentation des précipitations (neigeuses au pôle Sud) induite par le changement climatique ainsi qu'à l'albédo important de l'Antarctique.

Les parcours possibles

PARCOURS 1 Initiation

1 Observer l'évolution de la date des vendanges en France et indiquer comment cette observation peut constituer un indicateur du changement climatique (**doc. 1**).
2 Observer l'évolution de la surface des glaces de l'Arctique et indiquer comment cette observation peut constituer un indicateur du changement climatique (**doc. 2**).
3 Observer l'évolution du niveau des mers et indiquer comment cette observation peut constituer un indicateur du changement climatique (**doc. 3**).
4 Corréler toutes les observations précédentes à l'évolution de la température mondiale depuis 1850 (**doc. 1** à **4**).
5 Observer l'évolution de la proportion en CO_2 dans l'atmosphère au cours du temps et indiquer en quoi l'évolution au cours du dernier siècle est particulière (**doc. 5** et **6**).

PARCOURS 2 Confirmé

1 Observer l'évolution récente des différents indicateurs présentés (date des vendanges, surface des glaces de l'Arctique, niveau des mers, température globale et proportion de CO_2 atmosphérique).
2 Rédiger un court paragraphe démontrant le caractère fulgurant du changement climatique actuel.

PARCOURS 3 Expert

1 Construire un schéma fonctionnel proposant des liens de causalités hypothétiques entre les évolutions des différents indicateurs présentés (date des vendanges, surface des glaces de l'Arctique, niveau des mers, température globale et proportion de CO_2 atmosphérique).
2 Présenter votre schéma à l'oral et démontrer le caractère fulgurant du changement climatique actuel en vous appuyant sur les documents de l'unité.

INDICATEURS DE RÉUSSITE	NIVEAU A	B	C	D
Les variations des indicateurs du changement climatique sont repérées.				
Les amplitudes et vitesses des variations sont comparées aux variations climatiques passées (**unité 2**).				
Un ou plusieurs liens logiques sont proposés pour relier les différentes variations observées.				

Livre de l'élève

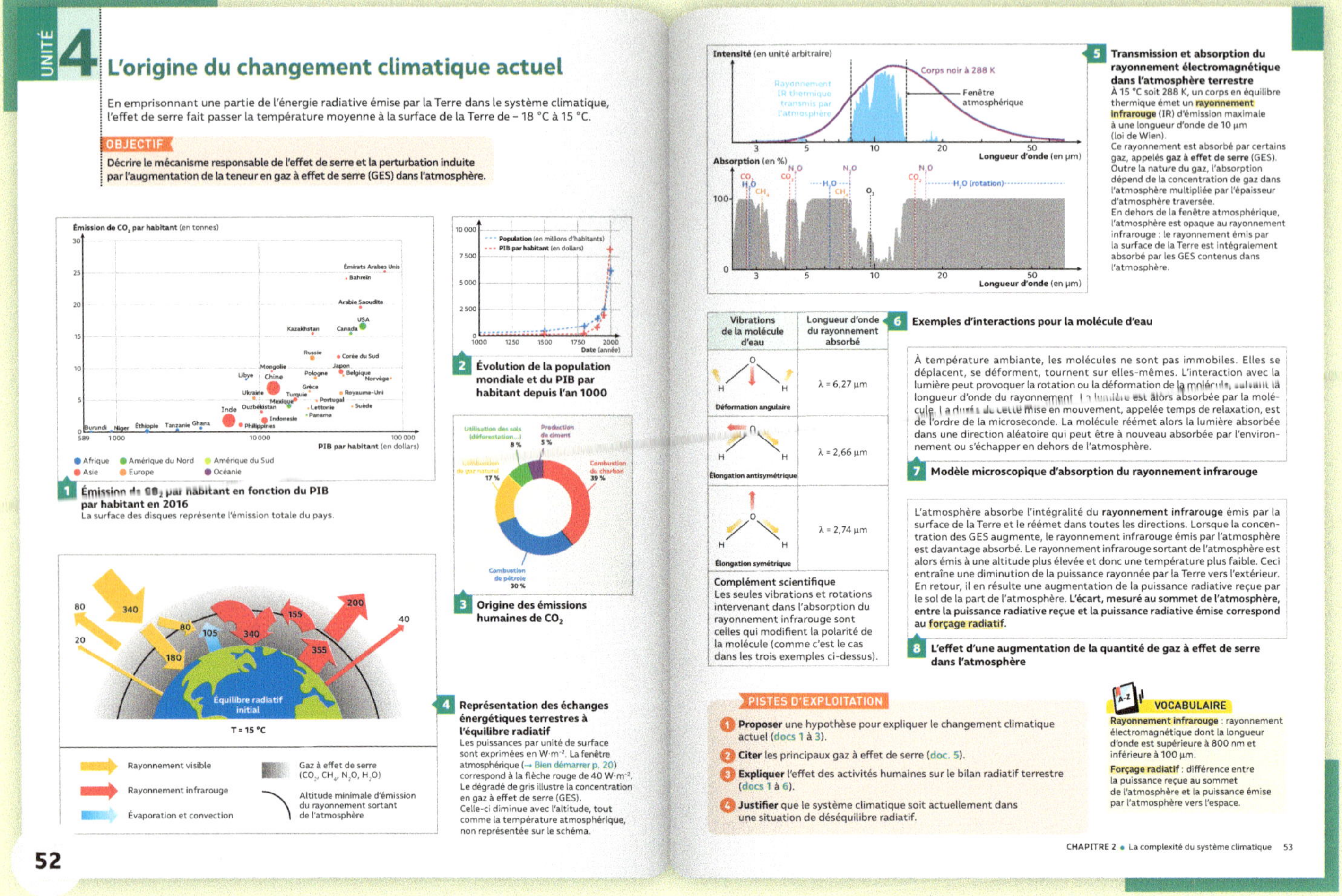
UNITÉ 4

L'origine du changement climatique actuel

En emprisonnant une partie de l'énergie radiative émise par la Terre dans le système climatique, l'effet de serre fait passer la température moyenne à la surface de la Terre de – 18 °C à 15 °C.

OBJECTIF

Décrire le mécanisme responsable de l'effet de serre et la perturbation induite par l'augmentation de la teneur en gaz à effet de serre (GES) dans l'atmosphère.

1 Émission de CO_2 par habitant en fonction du PIB par habitant en 2016
La surface des disques représente l'émission totale du pays.

2 Évolution de la population mondiale et du PIB par habitant depuis l'an 1000

3 Origine des émissions humaines de CO_2

4 Représentation des échanges énergétiques terrestres à l'équilibre radiatif
Les puissances par unité de surface sont exprimées en $W \cdot m^{-2}$. La fenêtre atmosphérique (→ Bien démarrer p. 20) correspond à la flèche rouge de 40 $W \cdot m^{-2}$. Le dégradé de gris illustre la concentration en gaz à effet de serre (GES). Celle-ci diminue avec l'altitude, tout comme la température atmosphérique, non représentée sur le schéma.

5 Transmission et absorption du rayonnement électromagnétique dans l'atmosphère terrestre
À 15 °C soit 288 K, un corps en équilibre thermique émet un **rayonnement infrarouge** (IR) d'émission maximale à une longueur d'onde de 10 µm (loi de Wien).
Ce rayonnement est absorbé par certains gaz, appelés **gaz à effet de serre** (GES). Outre la nature du gaz, l'absorption dépend de la concentration de gaz dans l'atmosphère multipliée par l'épaisseur d'atmosphère traversée.
En dehors de la fenêtre atmosphérique, l'atmosphère est opaque au rayonnement infrarouge : le rayonnement émis par la surface de la Terre est intégralement absorbé par les GES contenus dans l'atmosphère.

Vibrations de la molécule d'eau	Longueur d'onde du rayonnement absorbé
Déformation angulaire	λ = 6,27 µm
Élongation antisymétrique	λ = 2,66 µm
Élongation symétrique	λ = 2,74 µm

Complément scientifique
Les seules vibrations et rotations intervenant dans l'absorption du rayonnement infrarouge sont celles qui modifient la polarité de la molécule (comme c'est le cas dans les trois exemples ci-dessus).

6 Exemples d'interactions pour la molécule d'eau

À température ambiante, les molécules ne sont pas immobiles. Elles se déplacent, se déforment, tournent sur elles-mêmes. L'interaction avec la lumière peut provoquer la rotation ou la déformation de la molécule, suivant la longueur d'onde du rayonnement. La lumière est alors absorbée par la molécule. La durée de cette mise en mouvement, appelée temps de relaxation, est de l'ordre de la microseconde. La molécule réémet alors la lumière absorbée dans une direction aléatoire qui peut être à nouveau absorbée par l'environnement ou s'échapper en dehors de l'atmosphère.

7 Modèle microscopique d'absorption du rayonnement infrarouge

L'atmosphère absorbe l'intégralité du **rayonnement infrarouge** émis par la surface de la Terre et le réémet dans toutes les directions. Lorsque la concentration des GES augmente, le rayonnement infrarouge émis par l'atmosphère est davantage absorbé. Le rayonnement infrarouge sortant de l'atmosphère est alors émis à une altitude plus élevée et donc une température plus faible. Ceci entraîne une diminution de la puissance rayonnée par la Terre vers l'extérieur. En retour, il en résulte une augmentation de la puissance radiative reçue par le sol de la part de l'atmosphère. **L'écart, mesuré au sommet de l'atmosphère, entre la puissance radiative reçue et la puissance radiative émise correspond au forçage radiatif.**

8 L'effet d'une augmentation de la quantité de gaz à effet de serre dans l'atmosphère

PISTES D'EXPLOITATION

1. **Proposer** une hypothèse pour expliquer le changement climatique actuel (docs 1 à 3).
2. **Citer** les principaux gaz à effet de serre (doc. 5).
3. **Expliquer** l'effet des activités humaines sur le bilan radiatif terrestre (docs 1 à 6).
4. **Justifier** que le système climatique soit actuellement dans une situation de déséquilibre radiatif.

VOCABULAIRE

Rayonnement infrarouge : rayonnement électromagnétique dont la longueur d'onde est supérieure à 800 nm et inférieure à 100 µm.

Forçage radiatif : différence entre la puissance reçue au sommet de l'atmosphère et la puissance émise par l'atmosphère vers l'espace.

CHAPITRE 2 • La complexité du système climatique 53

problèmes scientifiques

- Quel est le phénomène physique à l'origine de l'effet de serre ?
- Quelle est l'origine du déséquilibre radiatif actuel du bilan thermique terrestre ?

Mobilisation des acquis

- Le bilan radiatif terrestre, acquis de 1re enseignement scientifique
- Composition volumique de l'air, acquis de cycle 4 et seconde (Physique-Chimie)
- Schémas de Lewis des molécules, acquis de seconde (Physique-Chimie)
- Spectre de corps noir, acquis de 1re enseignement scientifique

Les grandes idées à construire

- Les gaz à effet de serre peuvent être identifiés par leur spectre d'absorption dans le domaine des infrarouges.
- L'augmentation du taux de dioxyde de carbone atmosphérique provoque l'élévation de l'altitude d'émission du rayonnement infrarouge vers l'espace.
- Le déséquilibre radiatif actuel est dû à une diminution de la température de la couche atmosphérique émettant le rayonnement infrarouge sortant de l'atmosphère.

Les compétences travaillées

- **Formuler** une hypothèse.
- **Extraire et organiser** des informations.
- **Communiquer** à l'écrit.

Les représentations de l'élève

- Il est probable que les élèves aient la conception suivante du mécanisme global de l'effet de serre : plus de CO_2 $\Rightarrow$ plus d'absorption IR. C'est une conception à déconstruire. Il est donc nécessaire d'insister sur la signification de l'opacité de l'atmosphère aux IR et d'en tirer toutes les conséquences en termes de bilan.
- Il est possible que certains élèves perçoivent l'élévation de la couche d'émission de l'IR vers l'extérieur comme un déplacement physique des molécules. Il semble donc important d'insister sur le fait que toutes les couches atmosphériques émettent un rayonnement infrarouge mais à des températures différentes.
- Le concept de température est souvent mal assimilé par les élèves. Il semble important de faire comprendre aux élèves qu'il n'a aucun sens tant que l'on ne considère pas un grand nombre de molécules.

Ce que disent les documents

1 et **2** Depuis l'an 1750, le PIB/habitant a explosé. Or le doc. 2 montre une corrélation très forte entre cet indicateur et l'émission de CO_2/habitant. Donc l'émission de CO_2 par habitant a explosé depuis le début de l'ère industrielle. Par ailleurs, la population mondiale ayant décuplé depuis cette date, les émissions totales en CO_2 ont également augmenté pour cette raison. Le poids de cette dernière augmentation est plus faible que le poids économique dans l'explosion de l'émission de CO_2.

Des idées de questions :
- Quel est le lien entre l'émission de CO_2 et le PIB/habitant ?
- Quel est le facteur ayant la plus forte influence sur l'émission globale de CO_2 ?

3 L'immense majorité (86 %) des émissions de CO_2 proviennent de la combustion de ressources fossiles.

? Idée de question :
- Quelle est l'activité humaine responsable de la majorité des émissions de CO_2 ?

4 et **5** Le climat global est dû à un équilibre radiatif entre le rayonnement reçu de la part du Soleil et les émissions terrestres d'équilibre thermique. Ces rayonnements se situent dans des domaines différents du spectre électromagnétique. L'atmosphère se comporte différemment pour le rayonnement incident et l'infrarouge terrestre. Il est transparent au premier et opaque au second (à part dans la fenêtre atmosphérique).

? Des idées de questions :
- Quel est le phénomène à l'origine de la température de surface terrestre ?
- Quel pourcentage du rayonnement incident est transmis ? Quel pourcentage du rayonnement émis par la surface de Terre est transmis ?

6 et **7** L'absorption par les gaz à effet de serre du rayonnement infrarouge se produit pour des longueurs d'onde bien précises, caractéristiques des molécules. Celles-ci doivent comporter 3 atomes au minimum (pour que le moment dipolaire puisse varier, hors programme). Les molécules absorbant le rayonnement infrarouge le font par l'intermédiaire de vibrations. Celles-ci sont responsable d'une émission infrarouge secondaire dans toutes les directions.

? Des idées de questions :
- Quel est le phénomène à l'origine de l'absorption du rayonnement infrarouge par l'atmosphère ?
- Quel est l'effet de la lumière sur les molécules ?

8 En raison de l'augmentation de la concentration en gaz à effet de serre, l'émission infrarouge secondaire est davantage absorbée. L'altitude à partir de laquelle elle sort du système Terre augmente. Or la température de l'atmosphère diminue avec l'altitude donc la puissance rayonnée sortante diminue (Loi de Stefan, hors programme).

? Idée de question :
- Quel est l'effet de gaz à effet de serre additionnels sur l'absorption de l'infrarouge par l'atmosphère ?

Les + pour préparer votre séance

- Proposer un QCM de préparation de la séance. [→ **Annexe 1, page 51**]

Article en ligne

- Quelques chiffres sur les gaz à effet de serre.
https://planet-terre.ens-lyon.fr/article/data-g-e-s.xml
- Interactions du rayonnement solaire avec l'atmosphère – Effet de serre.
https://planet-terre.ens-lyon.fr/article/bilan-radiatif-terre2.xml
- Composition atmosphérique et bilan radiatif.
https://www.refletsdelaphysique.fr/articles/refdp/pdf/2013/02/refdp201333p28.pdf
- Vidéos [→ **Annexe 2, page 51**]

LE SAVIEZ-VOUS ?

Les rejets atmosphériques de dioxyde de carbone, de méthane ou de protoxyde d'azote n'augmentent pas l'absorption des infrarouges par l'atmosphère qui est déjà totale. Cette absorption est en revanche réalisée par une épaisseur plus faible d'atmosphère, ce qui explique la diminution de puissance rayonnée vers l'espace. Pour d'autres gaz à effet de serre, dont la concentration dans l'atmosphère est plus faible, tels que certains gaz hydrofluorocarbures (HFC), l'effet est direct car leur bande d'absorption se situe au niveau de la fenêtre atmosphérique. C'est pourquoi leur effet réchauffant est au moins 100 fois plus fort que celui du CO_2 et que leur mise sur le marché est interdite à partir de 2020.

CORRECTION DE L'UNITÉ

1. Étant donnée la corrélation forte entre les rejets de dioxyde de carbone et le PIB par habitant, on peut supposer que le changement climatique actuel est dû au développement économique et à l'accroissement de la population humaine.
2. Les principaux gaz à effet de serre sont la vapeur d'eau, le dioxyde de carbone, le méthane et le protoxyde d'azote.
3. En rejetant des gaz à effet de serre, l'activité humaine est responsable d'un forçage radiatif dû à un décalage vers les hautes altitudes et donc les basses températures de la couche atmosphérique rayonnant vers l'espace.
4. Les relevés de température montrent qu'elle a augmenté d'environ 0,6 °C en moyenne depuis l'ère préindustrielle. Cette hausse des températures ne peut s'expliquer que par un forçage radiatif positif. En réponse à ce forçage, la température atmosphérique augmente jusqu'à ce que l'émission infrarouge vers l'extérieur retrouve la valeur d'équilibre de 200 $W{\cdot}m^{-2}$.

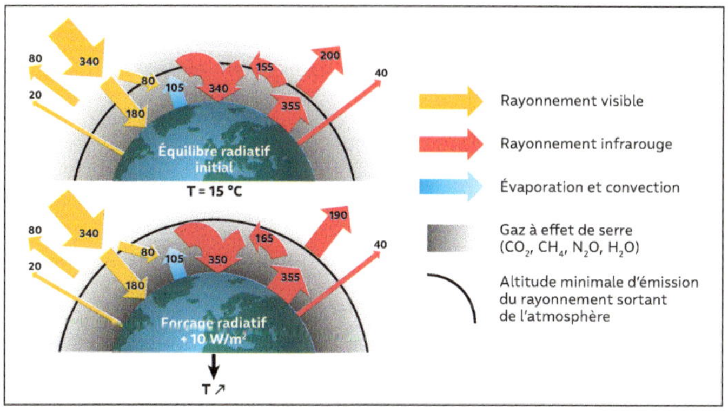

▲ **Proposition de correction pour le schéma illustrant le forçage radiatif de 10 $W{\cdot}m^{-2}$**

Les parcours possibles

PARCOURS 1 Classe puzzle

Groupe 1 À l'aide des **doc. 1** à **4**, expliquer en détail la contribution humaine à l'effet de serre.	
Groupe 2 À l'aide des **doc. 4** à **6**, expliquer en détail le mécanisme de l'effet de serre et la justifier la situation de déséquilibre radiatif actuel.	
Phase 2 Réaliser une affiche expliquant l'origine anthropique et le mécanisme aboutissant à un forçage radiatif, de 10 $W{\cdot}m^{-2}$ par exemple.	

PARCOURS 2 Initiation

1. Individuellement, répondre aux questions de la piste d'exploitation.
2. Temps de mise en commun pour faire émerger les grandes idées.
3. Synthèse par l'enseignant.

PARCOURS 3 Confirmé

1. Individuellement ou à deux, rédiger deux paragraphes, expliquant d'une part le mécanisme de l'effet de serre et d'autre part l'origine anthropique du déséquilibre radiatif actuel.
2. Correction au tableau après mise en commun ou sur feuille.

INDICATEURS DE RÉUSSITE	NIVEAU A	B	C	D
Le lien entre grandeurs par habitant et population humaine est exploité.				
Les spectres d'absorption sont correctement interprétés.				
Le mécanisme de forçage radiatif est décrit de façon adéquate.				

Livre de l'élève

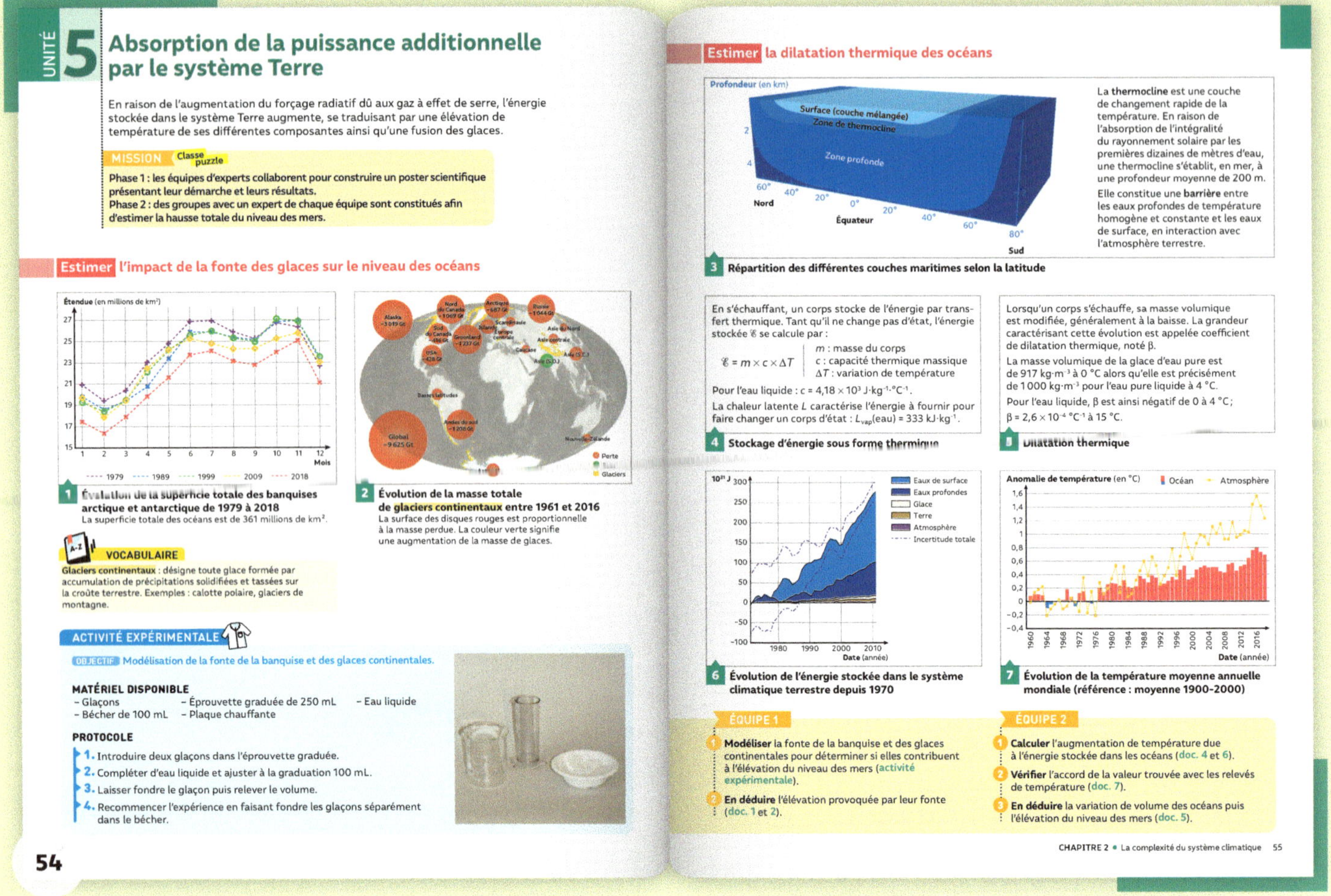

UNITÉ 5

Absorption de la puissance additionnelle par le système Terre

En raison de l'augmentation du forçage radiatif dû aux gaz à effet de serre, l'énergie stockée dans le système Terre augmente, se traduisant par une élévation de température de ses différentes composantes ainsi qu'une fusion des glaces.

MISSION Classe puzzle

Phase 1 : les équipes d'experts collaborent pour construire un poster scientifique présentant leur démarche et leurs résultats.
Phase 2 : des groupes avec un expert de chaque équipe sont constitués afin d'estimer la hausse totale du niveau des mers.

Estimer l'impact de la fonte des glaces sur le niveau des océans

1 Évolution de la superficie totale des banquises arctique et antarctique de 1979 à 2018
La superficie totale des océans est de 361 millions de km².

2 Évolution de la masse totale de glaciers continentaux entre 1961 et 2016
La surface des disques rouges est proportionnelle à la masse perdue. La couleur verte signifie une augmentation de la masse de glaces.

VOCABULAIRE

Glaciers continentaux : désigne toute glace formée par accumulation de précipitations solidifiées et tassées sur la croûte terrestre. Exemples : calotte polaire, glaciers de montagne.

ACTIVITÉ EXPÉRIMENTALE

OBJECTIF Modélisation de la fonte de la banquise et des glaces continentales.

MATÉRIEL DISPONIBLE
- Glaçons
- Bécher de 100 mL
- Éprouvette graduée de 250 mL
- Plaque chauffante
- Eau liquide

PROTOCOLE
1. Introduire deux glaçons dans l'éprouvette graduée.
2. Compléter d'eau liquide et ajuster à la graduation 100 mL.
3. Laisser fondre le glaçon puis relever le volume.
4. Recommencer l'expérience en faisant fondre les glaçons séparément dans le bécher.

54

Estimer la dilatation thermique des océans

La **thermocline** est une couche de changement rapide de la température. En raison de l'absorption de l'intégralité du rayonnement solaire par les premières dizaines de mètres d'eau, une thermocline s'établit, en mer, à une profondeur moyenne de 200 m.
Elle constitue une **barrière** entre les eaux profondes de température homogène et constante et les eaux de surface, en interaction avec l'atmosphère terrestre.

3 Répartition des différentes couches maritimes selon la latitude

En s'échauffant, un corps stocke de l'énergie par transfert thermique. Tant qu'il ne change pas d'état, l'énergie stockée $\mathscr{E}$ se calcule par :

$\mathscr{E} = m \times c \times \Delta T$ | m : masse du corps ; c : capacité thermique massique ; ΔT : variation de température

Pour l'eau liquide : $c = 4{,}18 \times 10^3\ J \cdot kg^{-1} \cdot °C^{-1}$.
La chaleur latente L caractérise l'énergie à fournir pour faire changer un corps d'état : $L_{vap}(eau) = 333\ kJ \cdot kg^{-1}$.

4 Stockage d'énergie sous forme thermique

Lorsqu'un corps s'échauffe, sa masse volumique est modifiée, généralement à la baisse. La grandeur caractérisant cette évolution est appelée coefficient de dilatation thermique, noté β.
La masse volumique de la glace d'eau pure est de $917\ kg \cdot m^{-3}$ à 0 °C alors qu'elle est précisément de $1\,000\ kg \cdot m^{-3}$ pour l'eau pure liquide à 4 °C.
Pour l'eau liquide, β est ainsi négatif de 0 à 4 °C ; $\beta = 2{,}6 \times 10^{-4}\ °C^{-1}$ à 15 °C.

5 Dilatation thermique

6 Évolution de l'énergie stockée dans le système climatique terrestre depuis 1970

7 Évolution de la température moyenne annuelle mondiale (référence : moyenne 1900-2000)

ÉQUIPE 1

1. **Modéliser** la fonte de la banquise et des glaces continentales pour déterminer si elles contribuent à l'élévation du niveau des mers (activité expérimentale).
2. **En déduire** l'élévation provoquée par leur fonte (doc. 1 et 2).

ÉQUIPE 2

1. **Calculer** l'augmentation de température due à l'énergie stockée dans les océans (doc. 4 et 6).
2. **Vérifier** l'accord de la valeur trouvée avec les relevés de température (doc. 7).
3. **En déduire** la variation de volume des océans puis l'élévation du niveau des mers (doc. 5).

CHAPITRE 2 • La complexité du système climatique 55

problèmes scientifiques

- Comment la puissance additionnelle est-elle stockée par le système climatique ?
- Quelles sont les conséquences du forçage radiatif ?

Mobilisation des acquis

- Masse volumique de l'eau pure à 4 °C (acquis de cycle 4 revu en 2de).
- Conservation de la masse/non-conservation du volume lors d'un changement d'état (acquis de cycle 4).
- Transformation physique et énergie de changement d'état (acquis de 2de).

Les grandes idées à construire

- La puissance additionnelle est principalement stockée par les océans.
- La hausse du niveau des mers est due pour moitié à la fonte des glaciers et pour moitié à la dilatation thermique.
- La fonte de la banquise ne participe pas à l'élévation du niveau des mers.

Les compétences travaillées

- **Extraire et organiser** des informations.
- **Mettre en œuvre** un protocole expérimental.
- **Réaliser** un raisonnement quantitatif.
- **Valider** ses résultats.

Les représentations de l'élève

- Si les prérequis de cycle 4 ne sont pas acquis, les élèves peuvent avoir une mauvaise conception sur la fonte des banquises. Cette conception devrait être relativement peu fréquente.
- L'effet de dilatation thermique est totalement nouveau pour les élèves et peu médiatisé. Des difficultés sont à prévoir dans la mise en œuvre des calculs pour les élèves non-scientifiques.

Ce que disent les documents

1 L'étendue totale des banquises varie fortement (~ 30 %) suivant les périodes de l'année. Les mois de plus grande étendue étant novembre et juillet, on en déduit que la banquise antarctique a l'amplitude de variation la plus grande. La fonte des banquises s'est amplifiée depuis 2009 avec un décrochage marqué pour tous les mois de l'année en 2018.

Des idées de questions :
- Quel est le mois où l'étendue des banquises est maximale ? En quoi est-ce surprenant ?
- Quelle est la particularité de l'année 2018 par rapport aux autres années répertoriées ?

2 Les glaciers continentaux ont globalement perdu 9 600 Gt, la perte se concentrant au niveau de l'Arctique : Groenland, Alaska, Canada, Russie. Le seul endroit de la planète où les glaciers sont en progression est l'Himalaya.

❓ **Des idées de questions :**
- Quelle est l'évolution régionale des glaciers depuis 1960 ?
- Où les pertes sont-elles les plus importantes ?

3 Seules les eaux de surface sont en interaction avec l'atmosphère sur une épaisseur moyenne de 200 m. Au-delà, le milieu marin est isolé, sans échange thermique avec l'extérieur.

❓ **Idée de question :**
- Quelle(s) couche(s) est/sont concernée(s) par le changement climatique ?

4 Sous l'effet d'un flux thermique, la température des corps augmente de façon proportionnelle à leur masse. Le coefficient de proportionnalité dépend de la nature du corps. Les énergies mises en jeu sont faibles devant les énergies de changement d'état.
Lors d'un changement de température, la masse volumique des corps diminue généralement c'est-à-dire qu'ils occupent un volume plus grand lorsqu'ils s'échauffent. L'eau est une exception. Sa masse volumique est maximale à 4 °C.

❓ **Des idées de questions :**
- Quel est l'effet d'une augmentation de température de l'océan sur son volume ?
- Quelle épaisseur d'eau faut-il prendre en compte ?

Les + pour préparer votre séance

- Proposer un QCM de vérification de la bonne compréhension des notions abordées dans cette unité. [→ Annexe 2, page 51]
- **Articles en ligne et vidéos** [→ Annexe 2, page 51]

LE SAVIEZ-VOUS ?

▶ La puissance additionnelle est principalement absorbée par les océans même si leur température augmente moins vite que celle de l'atmosphère en raison de la conjugaison de deux propriétés : le rapport masse océans/masse atmosphère valant près de 300 et le rapport des capacités thermiques massiques de l'eau liquide et de l'air valant environ 4. Ceci, conjugué à la durée de séjour de 100 ans du CO_2 dans l'atmosphère, explique le caractère irréversible à l'échelle humaine du réchauffement climatique.

CORRECTION DE L'UNITÉ

Équipe 1

1. La fonte de la banquise est modélisée par l'expérience 1 au cours de laquelle les glaçons fondent dans l'eau liquide. La fonte des glaces continentales est modélisée par l'expérience 2 au cours de laquelle les glaçons fondent séparément.

2. La fonte de la banquise ne fait pas élever le niveau des mers. La fonte des glaciers continentaux si. Or la masse totale perdue par les glaciers est de 9 625 Gt, qui se retrouve dans la mer. En considérant une masse volumique de l'eau liquide de 1,0 $t{\cdot}m^{-3}$, on en déduit le volume supplémentaire d'eau dans les océans : $V = 9{,}6{\cdot}10^{12}\ m^3$.
On en déduit la valeur de l'élévation du niveau des mers (dans la limite des faibles épaisseurs) : $e = \frac{V}{S} = \frac{9{,}6{\cdot}10^{12}\ m^3}{361{\cdot}10^{12}\ m^2} = 2{,}7{\cdot}10^{-2}$ m soit 2,7 cm.

Équipe 2

1. Par rapport à 1970, la température des océans avait augmenté de 0,5 °C en 2012. Ainsi, l'énergie stockée dans les océans était :
$E = mc\Delta T = \rho VC\Delta T$
$= 1{,}0\ t{\cdot}m^{-3} \times 200\ m \times 361{\cdot}10^{12}\ m^2 \times 4{,}18{\cdot}10^6\ J{\cdot}t^{-1}{\cdot}°C^{-1} \times 0{,}52\ °C$
$= 1{,}6{\cdot}10^{23}\ J$

2. La valeur indiquée dans le graphique 5 est d'environ $1{,}7{\cdot}10^{23}$ J stockée dans la zone supérieure des océans avec une incertitude de $5{\cdot}10^{22}$ J. Ainsi, le résultat obtenu entre dans l'incertitude, validant ainsi le principe du calcul effectué.

3. En considérant une élévation de température de 0,52 °C par rapport à 1970, on obtient une élévation :
$e = \beta\Delta T\frac{V}{S} = 2{,}6{\cdot}10^{-4}\ °C^{-1} \times 0{,}52\ °C \times 200\ m = 2{,}7{\cdot}10^{-2}$ m.

Les parcours possibles

PARCOURS 1 Initiation Équipe 1

1 Mettre en œuvre le protocole en associant chaque expérience à la fonte d'un type de glace.
2 Conclure sur le rôle de la fonte des glaces sur l'élévation du niveau marin.
3 Grâce aux données du **doc. 5**, calculer le volume que représente la masse de glace continentale fondue depuis 1961.
4 En considérant que ce volume est égal au produit de la surface totale des océans par l'élévation du niveau des mers, calculer cette élévation.

PARCOURS 2 Confirmé Équipe 2

1 Estimer la hausse de la température des océans depuis 1970.
2 Estimer l'épaisseur d'eau concernée par la hausse des températures et en déduire le volume d'eau correspondant.
3 En déduire, par le calcul, l'énergie total stockée par cette couche depuis 1970.
4 Comparer le résultat obtenu avec le graphique **doc. 5**.
5 En reprenant les valeurs précédemment utilisées, en déduire par un calcul l'augmentation du volume d'eau correspondant, en supposant $V = e \times S$.
6 Calculer l'épaisseur correspondante.

Conseil : le travail à effectuer par l'équipe 2 étant plus calculatoire, il est conseillé de réserver cette partie du travail à des élèves « confirmés » ou « experts ».

INDICATEURS DE RÉUSSITE Équipe 1	NIVEAU			
	A	B	C	D
L'expérience est correctement interprétée.				
Les informations à utiliser sont correctement sélectionnées.				
Les calculs sont rédigés et les résultats présentés avec le nombre adéquat de chiffres significatifs.				
Le poster est agréable à lire et présente fidèlement la démarche.				

INDICATEURS DE RÉUSSITE Équipe 2	NIVEAU			
	A	B	C	D
Les informations à utiliser sont correctement sélectionnées.				
La validation des résultats intègre la notion d'incertitude.				
Les calculs sont rédigés et les résultats présentés avec le nombre adéquat de chiffres significatifs.				
Le poster est agréable à lire et présente fidèlement la démarche.				

INDICATEURS DE RÉUSSITE Phase 2	NIVEAU			
	A	B	C	D
La démarche de chaque équipe est présenté et comprise de tou·te·s.				
Chaque contribution est additionnée pour obtenir le résultat total.				

Livre de l'élève

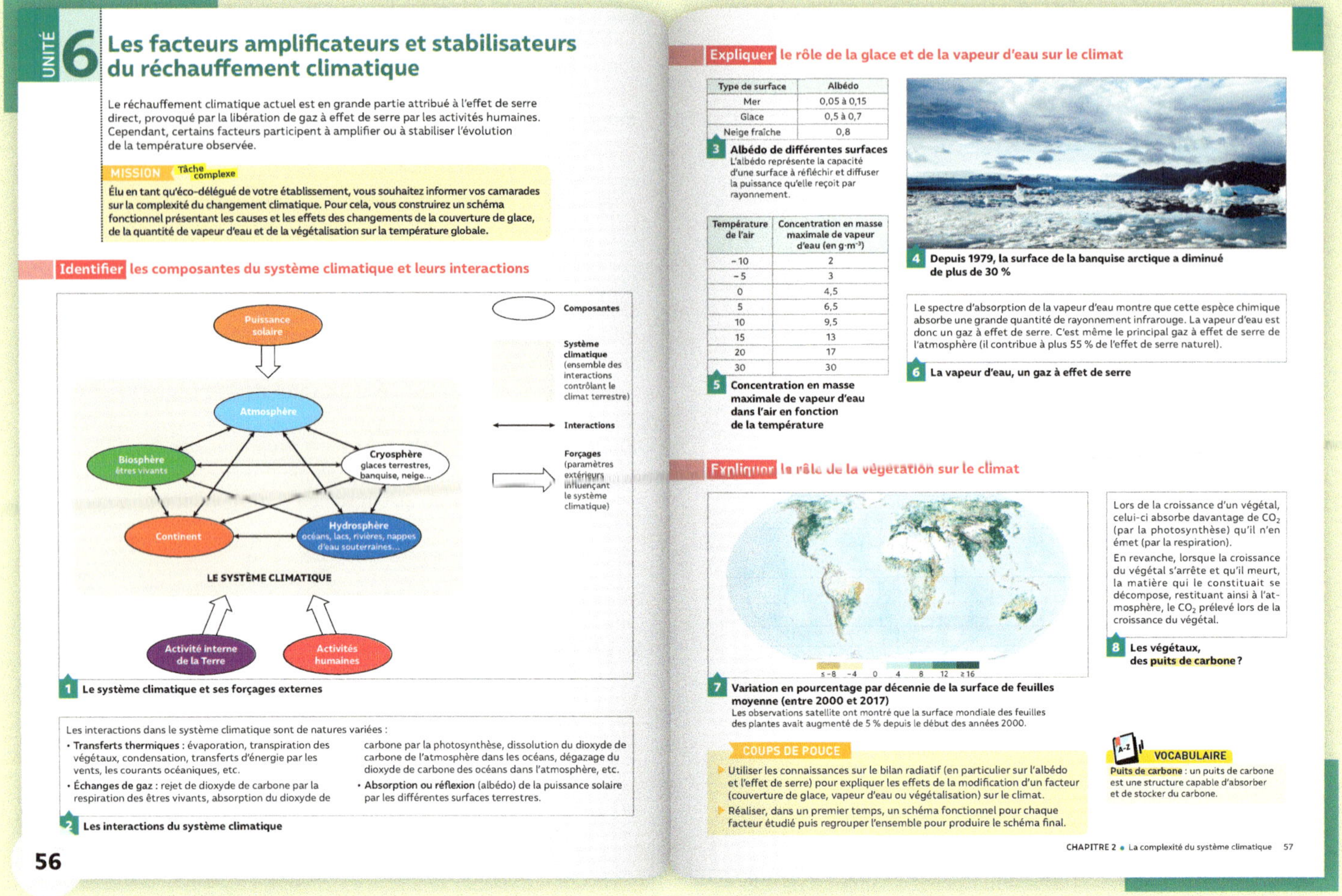
UNITÉ 6

Les facteurs amplificateurs et stabilisateurs du réchauffement climatique

Le réchauffement climatique actuel est en grande partie attribué à l'effet de serre direct, provoqué par la libération de gaz à effet de serre par les activités humaines. Cependant, certains facteurs participent à amplifier ou à stabiliser l'évolution de la température observée.

MISSION Tâche complexe

Élu en tant qu'éco-délégué de votre établissement, vous souhaitez informer vos camarades sur la complexité du changement climatique. Pour cela, vous construirez un schéma fonctionnel présentant les causes et les effets des changements de la couverture de glace, de la quantité de vapeur d'eau et de la végétalisation sur la température globale.

Identifier les composantes du système climatique et leurs interactions

1 Le système climatique et ses forçages externes

Les interactions dans le système climatique sont de natures variées :
- **Transferts thermiques** : évaporation, transpiration des végétaux, condensation, transferts d'énergie par les vents, les courants océaniques, etc.
- **Échanges de gaz** : rejet de dioxyde de carbone par la respiration des êtres vivants, absorption du dioxyde de carbone par la photosynthèse, dissolution du dioxyde de carbone de l'atmosphère dans les océans, dégazage du dioxyde de carbone des océans dans l'atmosphère, etc.
- **Absorption ou réflexion** (albédo) de la puissance solaire par les différentes surfaces terrestres.

2 Les interactions du système climatique

56

Expliquer le rôle de la glace et de la vapeur d'eau sur le climat

Type de surface	Albédo
Mer	0,05 à 0,15
Glace	0,5 à 0,7
Neige fraîche	0,8

3 Albédo de différentes surfaces
L'albédo représente la capacité d'une surface à réfléchir et diffuser la puissance qu'elle reçoit par rayonnement.

4 Depuis 1979, la surface de la banquise arctique a diminué de plus de 30 %

Température de l'air	Concentration en masse maximale de vapeur d'eau (en $g \cdot m^{-3}$)
−10	2
−5	3
0	4,5
5	6,5
10	9,5
15	13
20	17
30	30

5 Concentration en masse maximale de vapeur d'eau dans l'air en fonction de la température

Le spectre d'absorption de la vapeur d'eau montre que cette espèce chimique absorbe une grande quantité de rayonnement infrarouge. La vapeur d'eau est donc un gaz à effet de serre. C'est même le principal gaz à effet de serre de l'atmosphère (il contribue à plus 55 % de l'effet de serre naturel).

6 La vapeur d'eau, un gaz à effet de serre

Expliquer le rôle de la végétation sur le climat

7 Variation en pourcentage par décennie de la surface de feuilles moyenne (entre 2000 et 2017)
Les observations satellite ont montré que la surface mondiale des feuilles des plantes avait augmenté de 5 % depuis le début des années 2000.

Lors de la croissance d'un végétal, celui-ci absorbe davantage de CO_2 (par la photosynthèse) qu'il n'en émet (par la respiration).
En revanche, lorsque la croissance du végétal s'arrête et qu'il meurt, la matière qui le constituait se décompose, restituant ainsi à l'atmosphère, le CO_2 prélevé lors de la croissance du végétal.

8 Les végétaux, des puits de carbone ?

COUPS DE POUCE
- Utiliser les connaissances sur le bilan radiatif (en particulier sur l'albédo et l'effet de serre) pour expliquer les effets de la modification d'un facteur (couverture de glace, vapeur d'eau ou végétalisation) sur le climat.
- Réaliser, dans un premier temps, un schéma fonctionnel pour chaque facteur étudié puis regrouper l'ensemble pour produire le schéma final.

VOCABULAIRE
Puits de carbone : un puits de carbone est une structure capable d'absorber et de stocker du carbone.

CHAPITRE 2 • La complexité du système climatique 57

problèmes scientifiques

- Comment le système climatique est-il contrôlé ?
- Quels sont les facteurs amplificateurs et stabilisateurs du changement climatique actuel ?

Mobilisation des acquis

- Première ES : le bilan radiatif, l'albédo et l'effet de serre sont remobilisés dans cette unité.
- Unité 3 : La proportion de CO_2 et la température n'ont jamais augmenté aussi rapidement qu'aujourd'hui.

Les grandes idées à construire

- L'augmentation de température actuelle fait fondre les glaces et diminue l'albédo, ce qui amplifie le réchauffement (rétroaction positive).
- L'augmentation de température actuelle provoque le dégazage du CO_2 des océans, l'effet de serre s'intensifie ce qui amplifie le réchauffement (rétroaction positive).
- La végétalisation augmente la quantité de CO_2 absorbé par les végétaux et donc diminue l'effet de serre. La végétalisation a donc une action stabilisatrice sur le climat.

Les compétences travaillées

- **Extraire et organiser** des informations.
- **Communiquer**.

Les représentations de l'élève

- Lorsque l'on évoque le climat, on fait référence, le plus souvent à la température de l'atmosphère. Il sera important de montrer aux élèves, en s'appuyant sur cette unité notamment, que le système climatique inclut bien plus de composantes que l'atmosphère seule.

Ce que disent les documents

1 et **2** Les différentes composantes du système climatique (atmosphère, hydrosphère, cryosphère, biosphère, continents) interagissent entre elles (transferts thermiques, échanges de gaz...). Ce système complexe est soumis à des forçages externes (puissance solaire, activité interne de la Terre, activités humaines).

Idée de question :
- Comment les différentes composantes du système climatique sont-elles liées entre elles ?

3 et **4** La fonte des glaces aboutit à une diminution de l'albédo, la puissance solaire absorbée par la surface de la Terre augmente. La fonte des glaces amplifie le changement climatique (rétroaction positive).

Idée de question :
- Quel est l'effet de la fonte des glaces sur l'albédo terrestre et la température globale ?

5 et **6** Plus la température de l'air est élevée, plus il peut contenir de vapeur d'eau. Donc le réchauffement augmente la quantité de vapeur d'eau de l'atmosphère. Comme la vapeur d'eau est un GES, le changement climatique s'amplifie (rétroaction positive).

? Idée de question :

– Quel est l'effet du changement de température actuel sur la quantité de vapeur d'eau dans l'atmosphère ?

7 et **8** Depuis les années 2000, la surface des feuilles a augmenté de 5 %, or, lors de leur croissance, les végétaux absorbent davantage de CO_2 qu'ils n'en émettent. Cela participe à réduire l'effet de serre et donc à stabiliser le changement climatique.

? Idée de question :

– Comment l'évolution de la surface de feuilles mondiale peut-elle influencer le changement climatique actuel ?

Les + pour préparer votre séance

- Proposer un QCM de préparation de la séance. [→ **Annexe 3, page 51**]
- **Articles en ligne et vidéos** [→ **Annexe 3, page 51**]

SimClimat

Les différentes rétroactions peuvent également être mises en évidence avec le logiciel Simclimat. En réalisant une simulation témoin (aucun paramètre climatique débranché) et différentes simulations tests (en débranchant pour chaque simulation un facteur), l'élève pourra mettre en évidence les facteurs amplificateurs et stabilisateurs du changement climatique actuel.
Dans cette unité, il est possible d'ajouter l'étude de l'évolution du permafrost dans le contexte actuel du changement climatique. Pour cela, il sera possible d'ajouter les documents de l'exercice 17.

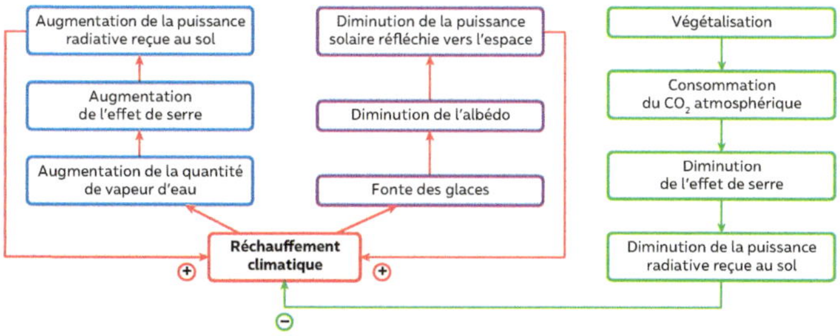

▲ **Exemple de production attendue**

Point de vigilance : L'idée que la végétalisation des sols permette de stabiliser le climat en agissant comme un puits de carbone est un peu trop réductrice. Il est vrai que lors de leur croissance, les végétaux séquestrent le carbone atmosphérique dans leur matière organique, cependant, sur de plus grandes échelles de temps, le bilan est quasiment nul, car la décomposition des végétaux (ou leur combustion) restitue à l'atmosphère le carbone stocké dans la matière organique.

LE SAVIEZ-VOUS ?

▶ D'autres rétroactions positives participent à « l'emballement » du réchauffement. Dans le contexte de changement climatique, les sécheresses sont de plus en plus fréquentes et peuvent déclencher des feux de forêts (à l'image de ceux qui ont frappé l'Australie en 2019-2020). Ces derniers provoquent la libération de carbone dans l'atmosphère et donc amplifient l'effet de serre.

Les parcours possibles

PARCOURS 1 Initiation

1. Indiquer comment évolue la surface de la banquise arctique dans le contexte de changement climatique actuel et expliquer l'effet de cette évolution sur l'albédo terrestre et donc sur la température globale (**doc. 1** à **4**).
2. Indiquer comment évolue la concentration de vapeur d'eau atmosphérique dans le contexte de changement climatique actuel et expliquer l'effet de cette évolution sur l'effet de serre et donc sur la température globale (**doc. 1**, **2**, **5** et **6**).
3. Indiquer comment évolue la surface de la végétation terrestre et expliquer l'effet de cette évolution sur l'effet de serre et donc sur la température globale (**doc. 1**, **2**, **7** et **8**).
4. À partir des différents documents, construire un schéma fonctionnel présentant les causes et les effets des changements :
– de la couverture de glace ;
– de la quantité de vapeur d'eau ;
– de la végétalisation ;
sur la température globale.

PARCOURS 2 Classe puzzle

Phase 1 : les équipes d'experts collaborent pour étudier les ressources à leur disposition.

Équipe 1 : Construire un schéma fonctionnel expliquant comment évolue la surface de la banquise arctique dans le contexte de changement climatique actuel et comment cette évolution influence l'albédo terrestre et la température globale (**doc. 1** à **4**).

Équipe 2 : Construire un schéma fonctionnel expliquant comment évolue la concentration de vapeur d'eau atmosphérique dans le contexte de changement climatique actuel et comment cette évolution influence l'effet de serre et la température globale (**doc. 1**, **2**, **5** et **6**).

Équipe 3 : Construire un schéma fonctionnel expliquant comment évolue la surface de la végétation terrestre et comment cette évolution influence l'effet de serre et la température globale (**doc. 1**, **2**, **7** et **8**).

Phase 2 : des groupes avec un expert de chaque équipe sont constitués afin de permettre la coopération des élèves pour atteindre les objectifs de la mission.
Construire un schéma fonctionnel regroupant l'ensemble de vos conclusions précédentes.

PARCOURS 3 Expert

À partir des différents documents, construire un schéma fonctionnel présentant les causes et les effets des changements :
– de couverture de glace ;
– de la quantité de vapeur d'eau ;
– de la végétalisation ;
sur la température globale.

INDICATEURS DE RÉUSSITE	NIVEAU A	B	C	D
L'effet du réchauffement climatique sur la surface de la banquise et sur l'albédo terrestre est identifié.				
L'effet du réchauffement climatique sur la quantité de vapeur d'eau atmosphérique et sur l'effet de serre est identifié.				
Les conséquences sur la température globale des modifications de la surface de banquise et de la quantité de vapeur d'eau atmosphérique sont expliquées.				
L'effet de la végétalisation sur le climat est identifié.				

Livre de l'élève

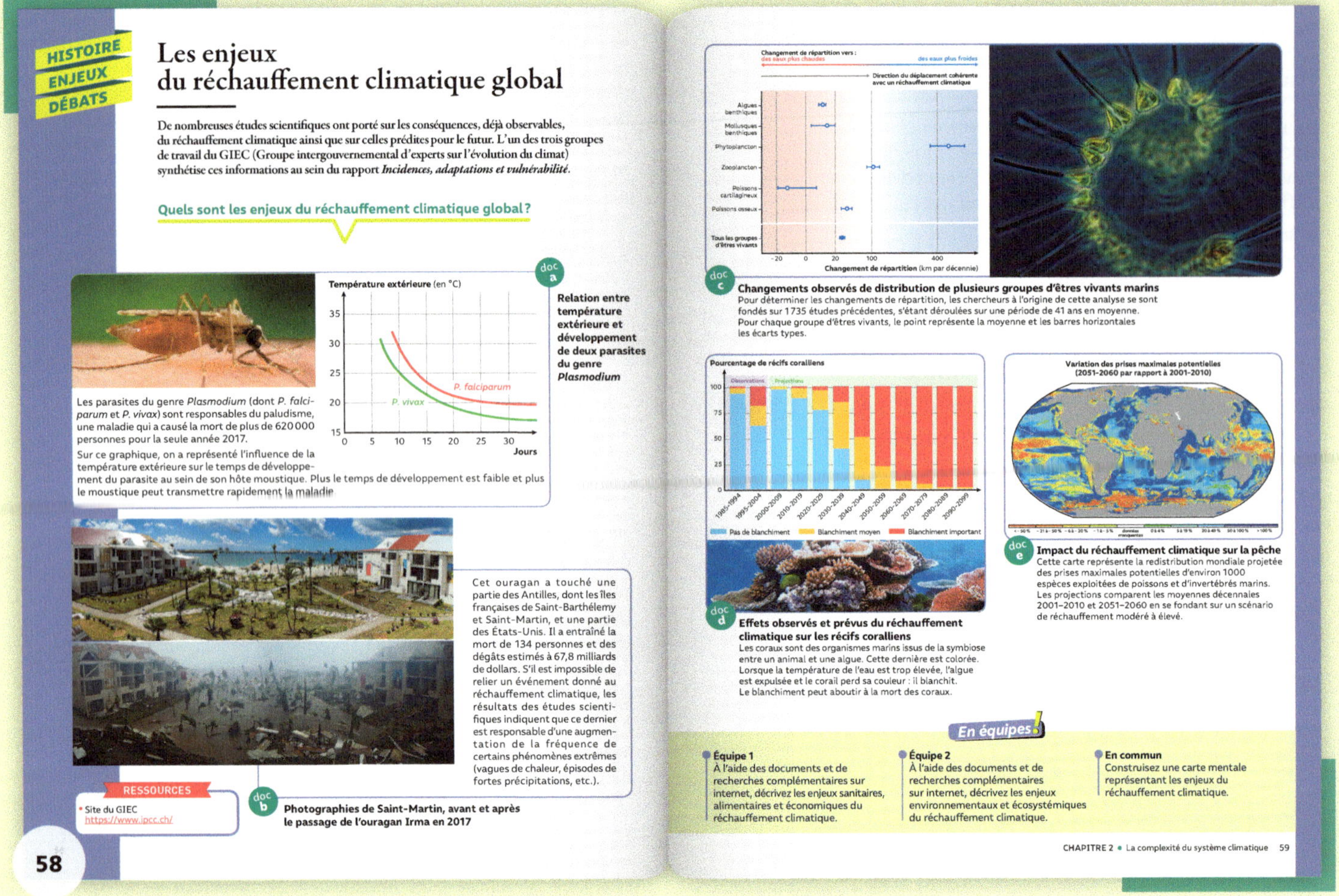
HISTOIRE ENJEUX DÉBATS

Les enjeux du réchauffement climatique global

De nombreuses études scientifiques ont porté sur les conséquences, déjà observables, du réchauffement climatique ainsi que sur celles prédites pour le futur. L'un des trois groupes de travail du GIEC (Groupe intergouvernemental d'experts sur l'évolution du climat) synthétise ces informations au sein du rapport *Incidences, adaptations et vulnérabilité*.

Quels sont les enjeux du réchauffement climatique global ?

doc a — Relation entre température extérieure et développement de deux parasites du genre *Plasmodium*

Les parasites du genre *Plasmodium* (dont *P. falciparum* et *P. vivax*) sont responsables du paludisme, une maladie qui a causé la mort de plus de 620 000 personnes pour la seule année 2017.

Sur ce graphique, on a représenté l'influence de la température extérieure sur le temps de développement du parasite au sein de son hôte moustique. Plus le temps de développement est faible et plus le moustique peut transmettre rapidement la maladie.

Cet ouragan a touché une partie des Antilles, dont les îles françaises de Saint-Barthélemy et Saint-Martin, et une partie des États-Unis. Il a entraîné la mort de 134 personnes et des dégâts estimés à 67,8 milliards de dollars. S'il est impossible de relier un événement donné au réchauffement climatique, les résultats des études scientifiques indiquent que ce dernier est responsable d'une augmentation de la fréquence de certains phénomènes extrêmes (vagues de chaleur, épisodes de fortes précipitations, etc.).

RESSOURCES
• Site du GIEC https://www.ipcc.ch/

doc b — Photographies de Saint-Martin, avant et après le passage de l'ouragan Irma en 2017

58

doc c — Changements observés de distribution de plusieurs groupes d'êtres vivants marins
Pour déterminer les changements de répartition, les chercheurs à l'origine de cette analyse se sont fondés sur 1 735 études précédentes, s'étant déroulées sur une période de 41 ans en moyenne. Pour chaque groupe d'êtres vivants, le point représente la moyenne et les barres horizontales les écarts types.

doc d — Effets observés et prévus du réchauffement climatique sur les récifs coralliens
Les coraux sont des organismes marins issus de la symbiose entre un animal et une algue. Cette dernière est colorée. Lorsque la température de l'eau est trop élevée, l'algue est expulsée et le corail perd sa couleur : il blanchit. Le blanchiment peut aboutir à la mort des coraux.

doc e — Impact du réchauffement climatique sur la pêche
Cette carte représente la redistribution mondiale projetée des prises maximales potentielles d'environ 1000 espèces exploitées de poissons et d'invertébrés marins. Les projections comparent les moyennes décennales 2001-2010 et 2051-2060 en se fondant sur un scénario de réchauffement modéré à élevé.

En équipes !

Équipe 1 — À l'aide des documents et de recherches complémentaires sur internet, décrivez les enjeux sanitaires, alimentaires et économiques du réchauffement climatique.

Équipe 2 — À l'aide des documents et de recherches complémentaires sur internet, décrivez les enjeux environnementaux et écosystémiques du réchauffement climatique.

En commun — Construisez une carte mentale représentant les enjeux du réchauffement climatique.

CHAPITRE 2 • La complexité du système climatique 59

problèmes scientifiques

- Quelles sont les conséquences observables et prévisibles du réchauffement climatique ?
- Quels sont les enjeux sanitaires, économiques et environnementaux du changement climatique ?

Mobilisation des acquis

- Seconde (SVT) : Le changement climatique peut étendre la transmission de certains pathogènes en dehors de leurs zones historiques.
- Terminale (SVT) : En dehors des effets abiotiques, le réchauffement climatique a des impacts importants sur la biodiversité et la santé humaine.

Les grandes idées à construire

- Le réchauffement climatique modifie la répartition des êtres vivants. Ces changements de distribution ont des effets sur les populations humaines que ce soit d'un point de vue alimentaire, sanitaire ou économique.
- Le réchauffement climatique est responsable d'une augmentation de la fréquence de certains événements extrêmes.

Les compétences travaillées

- **Décrire** un graphique.
- **Extraire et organiser** des informations.
- **Communiquer**.
- **Construire** une carte mentale.

Ce que disent les documents

a Le paludisme peut être causé par différentes espèces de parasites unicellulaires du genre *Plasmodium*. Ces parasites peuvent être transmis à l'être humain lors de la piqûre par un moustique (du genre *Anopheles*) infecté. Le graphique présente l'influence de la température extérieure sur le temps de développement de deux espèces de *Plasmodium* : *P. falciparum* (responsable de la plupart des cas mortels) et *P. vivax*. On observe que plus la température extérieure est élevée, et plus le temps de développement est court. A priori, le réchauffement climatique devrait donc favoriser la transmission des parasites du genre *Plasmodium* dans les populations humaines.

Des idées de questions :
- Ce document est-il suffisant pour conclure que le réchauffement climatique a un effet sur la transmission des parasites du genre *Plasmodium* dans les populations humaines ?
- En plus d'un effet sur la rapidité de transmission, quel autre effet pourrait avoir le réchauffement climatique sur cette maladie ?

b La comparaison des deux images montre que l'ouragan Irma a provoqué de nombreux dégâts matériels (toitures arrachées, débris jonchant le sol...) au niveau du site photographié. Le texte indique qu'à ces dégâts matériels considérables s'ajoutent également des pertes humaines.

Idée de question :
- Quelles peuvent être les conséquences à court terme et à long terme de l'ouragan Irma pour l'île de Saint-Martin ?

c Tous les groupes d'êtres vivants étudiés, à l'exception des poissons cartilagineux (requins, raies...), se sont déplacés vers des eaux plus froides en réponse au réchauffement climatique. Ces déplacements sont d'amplitude variable selon les groupes d'êtres vivants : de l'ordre de 10 km vers les eaux plus froides pour les algues et mollusques benthiques (c'est-à-dire qui vivent sur le fond marin ou océanique) à plus de 400 km pour le phytoplancton. Cette différence de réponse est probablement à mettre en lien avec les capacités de déplacement (rapide ou lent) des groupes observés ainsi qu'à leur tolérance des variations de température de leur milieu de vie.

Idée de question :
- Quelles hypothèses peut-on formuler pour expliquer que tous les groupes d'êtres vivants ne semblent pas réagir de la même manière au réchauffement climatique ?

d Les coraux sont des associations symbiotiques entre un animal et une algue. Ces organismes sont très sensibles aux variations de température. Quand la température est trop élevée, les algues, colorées, sont expulsées : le corail blanchit. Si le phénomène persiste trop longtemps, c'est l'ensemble du récif corallien et de la biodiversité qu'il abrite qui meurent. Le graphique montre qu'entre la période 1985-1994 et la période 1995-2004, près de 20 % des récifs existant ont subi un blanchiment moyen et près de 20 % ont subi un blanchiment important. Le réchauffement climatique pourrait contribuer à la disparition quasi totale des récifs coralliens.

Idée de question :
- Pourquoi s'intéresser au blanchiment des coraux ?

e En cas de réchauffement climatique modéré à élevé, les conséquences sur la pêche seraient variables en fonction des zones géographiques. Les prises maximales potentielles diminueraient près des côtes ainsi qu'au niveau de l'équateur et du pôle Sud. Par contre, les prises augmenteraient dans le reste des océans.

Idée de question :
- Quelles hypothèses peut-on formuler pour expliquer les effets variables du réchauffement climatique sur les prises de pêche ?

Les + pour préparer votre séance

- Le site du GIEC permet de télécharger des rapports traitant des conséquences du réchauffement climatique, en particulier celui du groupe 2, intitulé *Incidences, adaptation et vulnérabilité*.
Ce document est très long (près de 2 000 pages) et en anglais.
Les élèves pourront être orientés vers des rapports plus synthétiques, en français : *Rapport de synthèse* (environ 150 pages), et *Résumé à l'attention des décideurs* (environ 30 pages).
https://www.ipcc.ch

CORRECTION DE L'UNITÉ

Équipe 1 : Le réchauffement climatique accélère le développement des parasites du genre *Plasmodium* (**doc. a**). Par ailleurs il étend les aires de répartition de certains vecteurs de maladies. Par exemple le moustique-tigre, vecteur du virus Zika et du chikungunya est arrivé en France métropolitaine depuis quelques années (internet).

En plus de ces conséquences sanitaires, le réchauffement climatique a également des conséquences sur la production alimentaire, en entraînant un changement de répartition des stocks de pêche (**doc. e**) et une diminution du rendement de plusieurs plantes cultivées (internet).

L'économie est et sera impactée par ces conséquences sanitaires et alimentaires, de même que par certaines catastrophes naturelles, amenées à devenir plus fréquentes du fait du réchauffement (**doc. b**).

Équipe 2 : Le réchauffement climatique modifie le biotope (milieu de vie) des espèces qui peuvent alors (i) disparaître, (ii) s'adapter ou (iii) se déplacer vers de nouvelles zones (internet et **doc. c**, **d** et **e**). Les écosystèmes pourraient également être fragilisés par les plus grandes fréquences d'événements extrêmes : vagues de chaleur, fortes précipitations... (**doc. b**).

En commun : voir le diagramme

INDICATEURS DE RÉUSSITE	NIVEAU			
	A	B	C	D
Les différentes conséquences du réchauffement climatique étudiées dans les documents sont identifiées.				
Au moins deux autres conséquences du réchauffement climatiques ont été trouvées grâce aux recherches menées sur internet.				
La carte mentale est lisible, complète et exacte.				

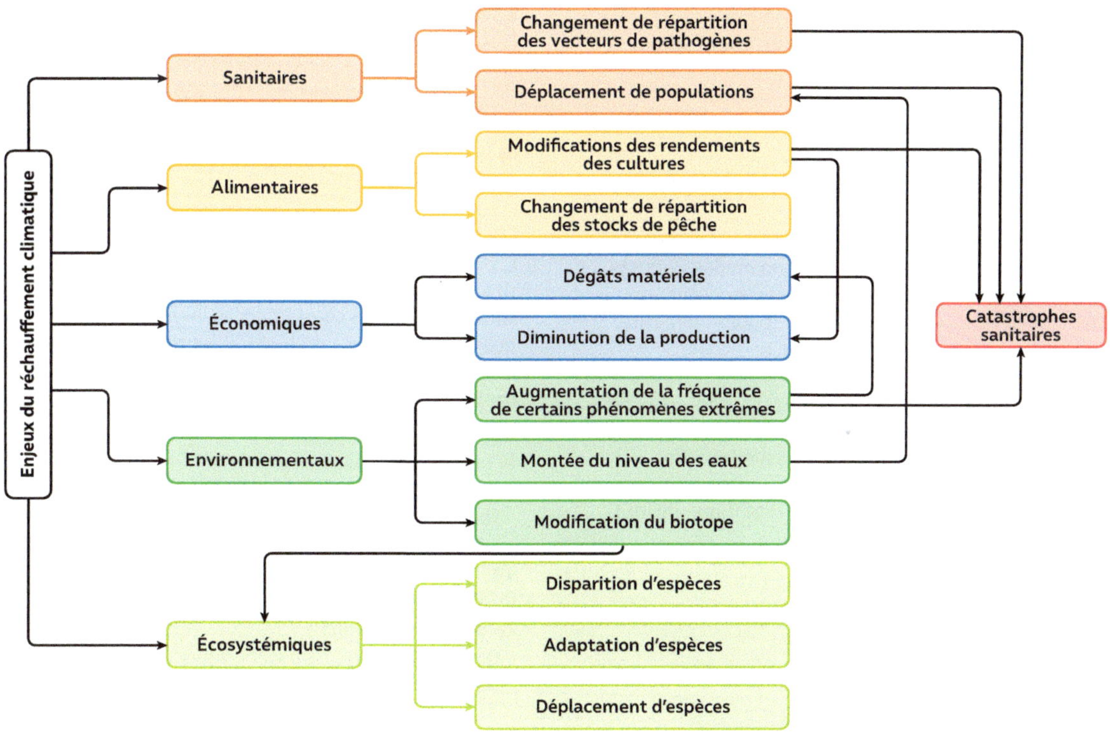

Livre de l'élève

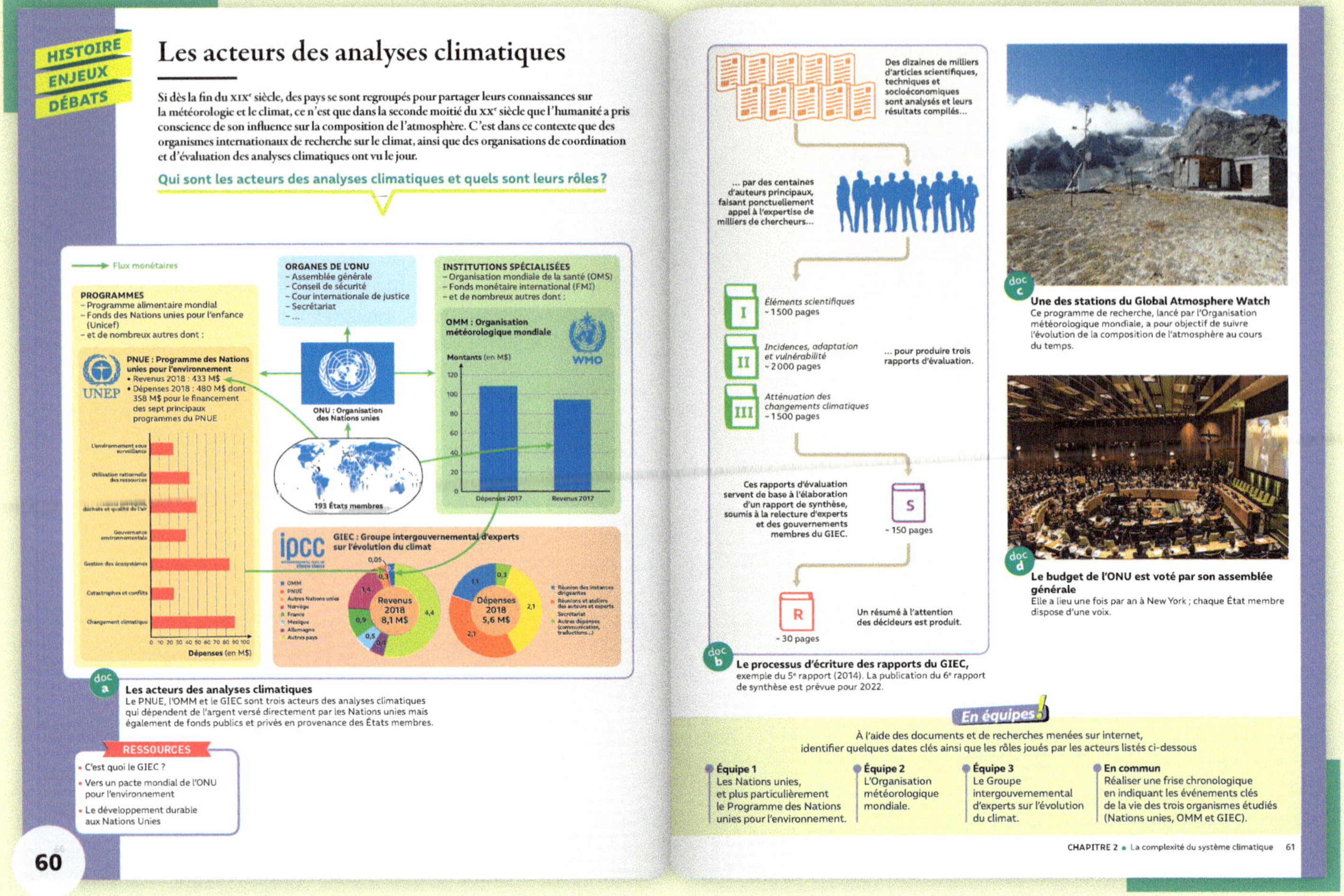

HISTOIRE ENJEUX DÉBATS

Les acteurs des analyses climatiques

Si dès la fin du XIXe siècle, des pays se sont regroupés pour partager leurs connaissances sur la météorologie et le climat, ce n'est que dans la seconde moitié du XXe siècle que l'humanité a pris conscience de son influence sur la composition de l'atmosphère. C'est dans ce contexte que des organismes internationaux de recherche sur le climat, ainsi que des organisations de coordination et d'évaluation des analyses climatiques ont vu le jour.

Qui sont les acteurs des analyses climatiques et quels sont leurs rôles ?

doc a **Les acteurs des analyses climatiques**
Le PNUE, l'OMM et le GIEC sont trois acteurs des analyses climatiques qui dépendent de l'argent versé directement par les Nations unies mais également de fonds publics et privés en provenance des États membres.

RESSOURCES
- C'est quoi le GIEC ?
- Vers un pacte mondial de l'ONU pour l'environnement
- Le développement durable aux Nations Unies

60

doc b **Le processus d'écriture des rapports du GIEC,** exemple du 5e rapport (2014). La publication du 6e rapport de synthèse est prévue pour 2022.

doc c **Une des stations du Global Atmosphere Watch**
Ce programme de recherche, lancé par l'Organisation météorologique mondiale, a pour objectif de suivre l'évolution de la composition de l'atmosphère au cours du temps.

doc d **Le budget de l'ONU est voté par son assemblée générale**
Elle a lieu une fois par an à New York ; chaque État membre dispose d'une voix.

En équipes !

À l'aide des documents et de recherches menées sur internet, identifier quelques dates clés ainsi que les rôles joués par les acteurs listés ci-dessous

- **Équipe 1** Les Nations unies, et plus particulièrement le Programme des Nations unies pour l'environnement.
- **Équipe 2** L'Organisation météorologique mondiale.
- **Équipe 3** Le Groupe intergouvernemental d'experts sur l'évolution du climat.
- **En commun** Réaliser une frise chronologique en indiquant les événements clés de la vie des trois organismes étudiés (Nations unies, OMM et GIEC).

CHAPITRE 2 • La complexité du système climatique 61

problèmes scientifiques

- Qui produit les analyses climatiques ?
- Quels sont les liens entre les différents acteurs qui étudient et rendent compte du climat ?

Mobilisation des acquis

- Cycle 4 (SVT) : débat sur le changement climatique (de la controverse au consensus).
- Terminale (SVT) : Un effort de recherche scientifique majeur est mené depuis quelques dizaines d'années pour élaborer un modèle robuste sur le changement climatique, ses causes et ses conséquences, et pour définir les actions qui peuvent être conduites pour y faire face.

Les grandes idées à construire

- En plus des scientifiques qui étudient les causes et les conséquences du changement climatique, plusieurs groupes des Nations unies travaillent à l'analyse du climat (OMM), à la synthèse des connaissances scientifiques (GIEC) et à l'établissement de politiques d'adaptation et d'atténuation du réchauffement climatique (PNUE).

Les compétences travaillées

- **Extraire et organiser** des informations.
- **Effectuer** une recherche sur internet.
- **Communiquer**.
- **Réaliser** une frise chronologique.

Ce que disent les documents

a Le PNUE, l'OMM et le GIEC sont trois organisations liées aux Nations unies. Les deux premières reçoivent de l'argent directement des États membres ainsi qu'indirectement, via l'ONU. Le GIEC reçoit de l'argent de l'OMM et du PNUE, mais l'essentiel de ses revenus provient de contributions directes des États membres.

Idée de question :
- Quels problèmes peut poser le fait que le GIEC soit essentiellement financé par des contributions volontaires des États membres ?

b Le GIEC produit des rapports d'évaluation faisant la synthèse des connaissances disponibles sur (i) le fonctionnement du système climatique, (ii) les conséquences du réchauffement climatique et les possibilités d'adaptation et (iii) les moyens existant pour atténuer les changements climatiques. Une version synthétique de ces rapports est ensuite publiée, elle-même condensée en un résumé à l'attention des décideurs (politiques).

Idée de question :
- Quels sont les avantages et les inconvénients du mode de fonctionnement adopté par le GIEC pour l'écriture de ses rapports ?

c L'Organisation météorologique mondiale dirige différents programmes de surveillance de la météo et du climat.

Idée de question :
- Quels paramètres atmosphériques peut-il être intéressant de mesurer lorsque l'on s'intéresse au climat ?

d Le vote du budget de l'ONU détermine notamment la part qui sera attribuée au PNUE, à l'OMM et au GIEC.

Idée de question :

– En quoi le vote du budget de l'ONU est-il un moment important pour les acteurs des analyses climatiques ?

Les + pour préparer votre séance

Article en ligne

- Programme des Nations unies pour l'environnement : https://www.unenvironment.org/fr
- Groupe intergouvernemental d'experts sur l'évolution du climat : https://ipcc.ch
- Organisation météorologique mondiale : https://public.wmo.int/fr

LE SAVIEZ-VOUS ?

▶ En plus de ses rapports d'évaluation et de synthèse, le GIEC produit des rapports spéciaux (sur des thématiques particulières), des documents techniques et des rapports méthodologiques. Le GIEC ne mène pas ses propres recherches, mais synthétise les informations disponibles dans la littérature scientifique, technique et socio-économique. Cet organisme ne réalise pas non plus ses propres projections : il évalue celles publiées par la communauté scientifique. Enfin, le GIEC donne des informations aux décideurs politiques sans recommander ou favoriser telle ou telle solution.

- **La France au GIEC**

Michel Petit, physicien. De 1992 à 2001, a été vice-président du groupe II du Groupe intergouvernemental d'experts sur l'évolution du climat (GIEC), chargé de produire une synthèse des travaux relatifs au changement climatique provoqué par les émissions humaines de gaz à effet de serre.

Jean Jouzel, climatologue et glaciologue. Il a été, de 2002 à 2015, vice-président du groupe de travail scientifique du GIEC (co-lauréat du Prix Nobel de la Paix en 2007).

Valérie Masson-Delmotte est une scientifique internationalement reconnue, spécialiste des climats passés et de la variabilité climatique, appartenant au Laboratoire des Sciences du Climat et de l'Environnement. Co-présidente du groupe n° 1 du GIEC depuis 2015.

Hervé Le Treut, physicien et climatologue, directeur de l'Institut Pierre Simon Laplace, membre de l'Académie des Sciences, professeur à Sorbonne Université et à l'École Polytechnique. Membre du Comité scientifique mixte du Programme mondial de recherche sur le climat, il participe régulièrement aux travaux du GIEC.

CORRECTION DE L'UNITÉ

Équipe 1 : Le Programme des Nations unies pour l'environnement (PNUE) a été créé en 1972 pour coordonner les activités des Nations unies dans le domaine de l'environnement et assister les pays dans la mise en œuvre de politiques de développement durable. Ce programme travaille sur sept domaines liés à l'environnement dont la question du réchauffement climatique. Ce programme est financé par les contributions, directes ou indirectes, des 193 États membres des Nations unies.

Équipe 2 : L'Organisation météorologique mondiale travaille sur l'eau, la météorologie et le climat. Elle dispose de nombreuses stations d'observation permettant de collecter des données qui sont ensuite employées pour différents programmes de recherches. En particulier, les mesures météorologiques sont utilisées pour la veille et la prévision météorologique. Ces données servent dans le secteur de l'agriculture, de l'aviation et des transports maritimes. La conservation des données météorologiques sur de longues périodes permet également de réaliser des études climatiques.

Équipe 3 : Le rôle du GIEC est de fournir aux responsables politiques des évaluations scientifiques concernant les changements climatiques, leurs conséquences et de leur présenter des stratégies d'adaptation et d'atténuation. Le GIEC publie périodiquement des rapports d'évaluation et de synthèse ainsi que d'autres types de documents (en particulier des rapports spéciaux sur des thématiques précises).

En commun

1945	Création de l'Organisation des Nations unies (ONU)
1950	Création de l'Organisation météorologique mondiale (OMM)
1972	Création du Programme des Nations unies pour l'environnement (PNUE)
1985	Convention de Vienne sur la protection de la couche d'ozone
1988	Création du GIEC par l'OMM et le PNUE
1990	1er rapport du GIEC
1992	La convention-cadre des Nations unies sur les changements climatiques (CCNUCC) est ouverte à la signature lors de la Conférence des Nations unies sur l'environnement et le développement qui se tient à Rio de Janeiro.
1995	Première conférence des parties (COP) à Berlin.
1995	2e rapport du GIEC
1997	La COP3 se déroule à Kyoto et aboutit à la signature du protocole de Kyoto (entré en vigueur en 2005 seulement). Objectif du protocole : réduire les émissions de six gaz à effet de serre, entre 2008 et 2012, d'au moins 5 % par rapport au niveau de 1990.
2001	3e rapport du GIEC
2005	Entrée en vigueur du protocole de Kyoto
2007	4e rapport du GIEC
2007	Prix Nobel de la paix décerné au GIEC « en reconnaissance de l'action menée pour accroître et diffuser les connaissances sur les changements climatiques anthropiques et jeter ainsi les bases des politiques à mettre en œuvre pour en contrer les effets »
2009	Accord de Copenhague
2012	Fin du protocole de Kyoto
2014	5e rapport du GIEC
2015	La COP21 se tient à Paris et se conclut par l'accord de Paris : ▶ L'accord prévoit de contenir d'ici à 2100 le réchauffement climatique « bien en dessous de 2 °C par rapport aux niveaux préindustriels » et si possible de viser à « poursuivre les efforts pour limiter la hausse des températures à 1,5 °C » ▶ Désinvestissement des énergies fossiles ▶ Objectif d'atteindre la neutralité carbone ▶ Transparence sur les émissions de gaz à effet de serre de chaque pays
2022	6e rapport du GIEC

INDICATEURS DE RÉUSSITE	NIVEAU A	B	C	D
Les rôles de chaque organisation ont bien été identifiés.				
Quelques dates clés sont positionnées sur une frise chronologique.				

Livre de l'élève

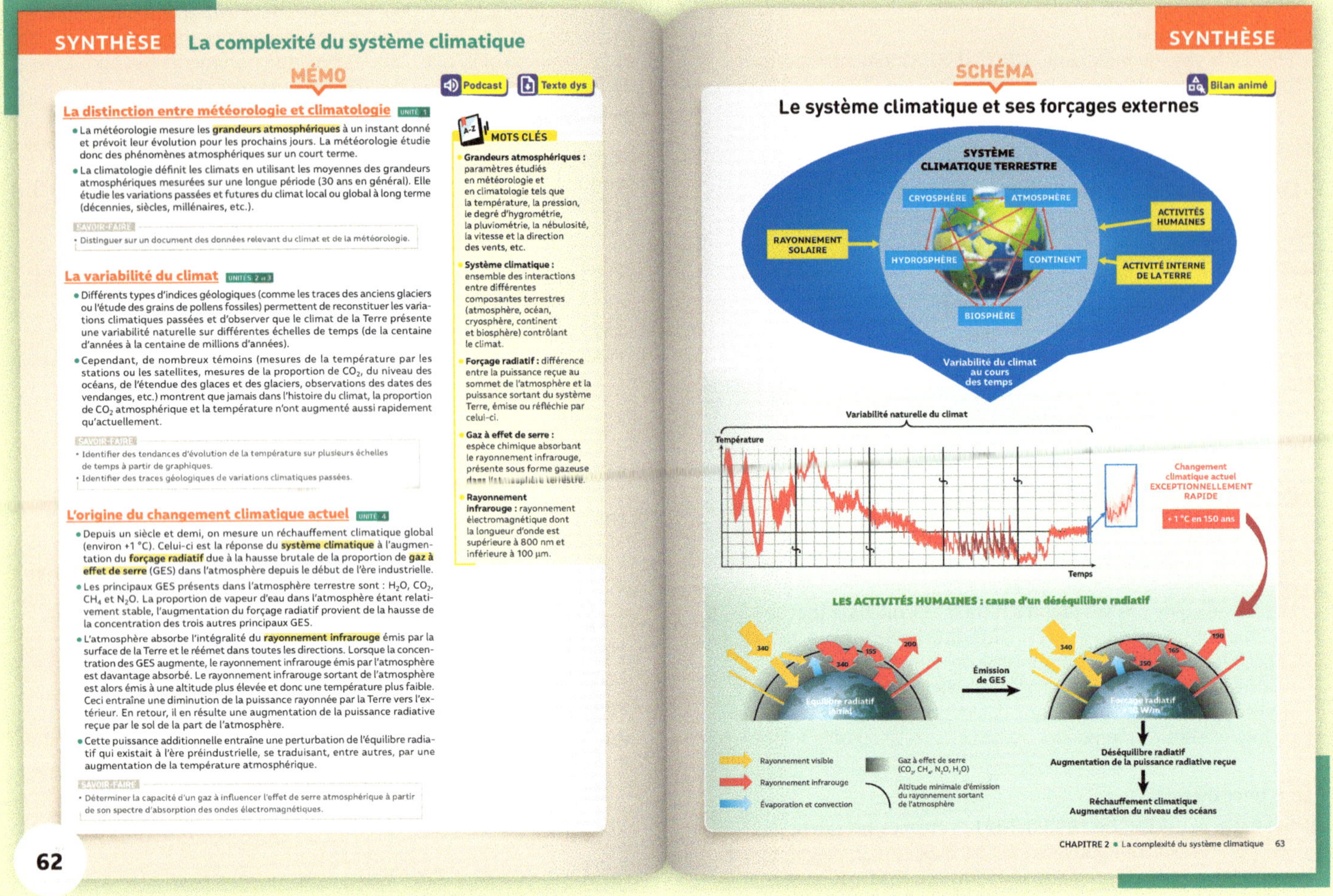

SYNTHÈSE La complexité du système climatique

MÉMO

Podcast | Texte dys

La distinction entre météorologie et climatologie (UNITÉ 1)

- La météorologie mesure les **grandeurs atmosphériques** à un instant donné et prévoit leur évolution pour les prochains jours. La météorologie étudie donc des phénomènes atmosphériques sur un court terme.
- La climatologie définit les climats en utilisant les moyennes des grandeurs atmosphériques mesurées sur une longue période (30 ans en général). Elle étudie les variations passées et futures du climat local ou global à long terme (décennies, siècles, millénaires, etc.).

SAVOIR-FAIRE
- Distinguer sur un document des données relevant du climat et de la météorologie.

La variabilité du climat (UNITÉS 2 et 3)

- Différents types d'indices géologiques (comme les traces des anciens glaciers ou l'étude des grains de pollens fossiles) permettent de reconstituer les variations climatiques passées et d'observer que le climat de la Terre présente une variabilité naturelle sur différentes échelles de temps (de la centaine d'années à la centaine de millions d'années).
- Cependant, de nombreux témoins (mesures de la température par les stations ou les satellites, mesures de la proportion de CO_2, du niveau des océans, de l'étendue des glaces et des glaciers, observations des dates des vendanges, etc.) montrent que jamais dans l'histoire du climat, la proportion de CO_2 atmosphérique et la température n'ont augmenté aussi rapidement qu'actuellement.

SAVOIR-FAIRE
- Identifier des tendances d'évolution de la température sur plusieurs échelles de temps à partir de graphiques.
- Identifier des traces géologiques de variations climatiques passées.

L'origine du changement climatique actuel (UNITÉ 4)

- Depuis un siècle et demi, on mesure un réchauffement climatique global (environ +1 °C). Celui-ci est la réponse du **système climatique** à l'augmentation du **forçage radiatif** due à la hausse brutale de la proportion de **gaz à effet de serre** (GES) dans l'atmosphère depuis le début de l'ère industrielle.
- Les principaux GES présents dans l'atmosphère terrestre sont : H_2O, CO_2, CH_4 et N_2O. La proportion de vapeur d'eau dans l'atmosphère étant relativement stable, l'augmentation du forçage radiatif provient de la hausse de la concentration des trois autres principaux GES.
- L'atmosphère absorbe l'intégralité du **rayonnement infrarouge** émis par la surface de la Terre et le réémet dans toutes les directions. Lorsque la concentration des GES augmente, le rayonnement infrarouge émis par l'atmosphère est davantage absorbé. Le rayonnement infrarouge sortant de l'atmosphère est alors émis à une altitude plus élevée et donc une température plus faible. Ceci entraîne une diminution de la puissance rayonnée par la Terre vers l'extérieur. En retour, il en résulte une augmentation de la puissance radiative reçue par le sol de la part de l'atmosphère.
- Cette puissance additionnelle entraîne une perturbation de l'équilibre radiatif qui existait à l'ère préindustrielle, se traduisant, entre autres, par une augmentation de la température atmosphérique.

SAVOIR-FAIRE
- Déterminer la capacité d'un gaz à influencer l'effet de serre atmosphérique à partir de son spectre d'absorption des ondes électromagnétiques.

MOTS CLÉS

- **Grandeurs atmosphériques :** paramètres étudiés en météorologie et en climatologie tels que la température, la pression, le degré d'hygrométrie, la pluviométrie, la nébulosité, la vitesse et la direction des vents, etc.
- **Système climatique :** ensemble des interactions entre différentes composantes terrestres (atmosphère, océan, cryosphère, continent et biosphère) contrôlant le climat.
- **Forçage radiatif :** différence entre la puissance reçue au sommet de l'atmosphère et la puissance sortant du système Terre, émise ou réfléchie par celui-ci.
- **Gaz à effet de serre :** espèce chimique absorbant le rayonnement infrarouge, présente sous forme gazeuse dans l'atmosphère terrestre.
- **Rayonnement infrarouge :** rayonnement électromagnétique dont la longueur d'onde est supérieure à 800 nm et inférieure à 100 µm.

62

SYNTHÈSE

SCHÉMA

Bilan animé

Le système climatique et ses forçages externes

CHAPITRE 2 • La complexité du système climatique 63

SYNTHÈSE

Schéma complémentaire permettant d'illustrer la distinction entre météorologie et climatologie :

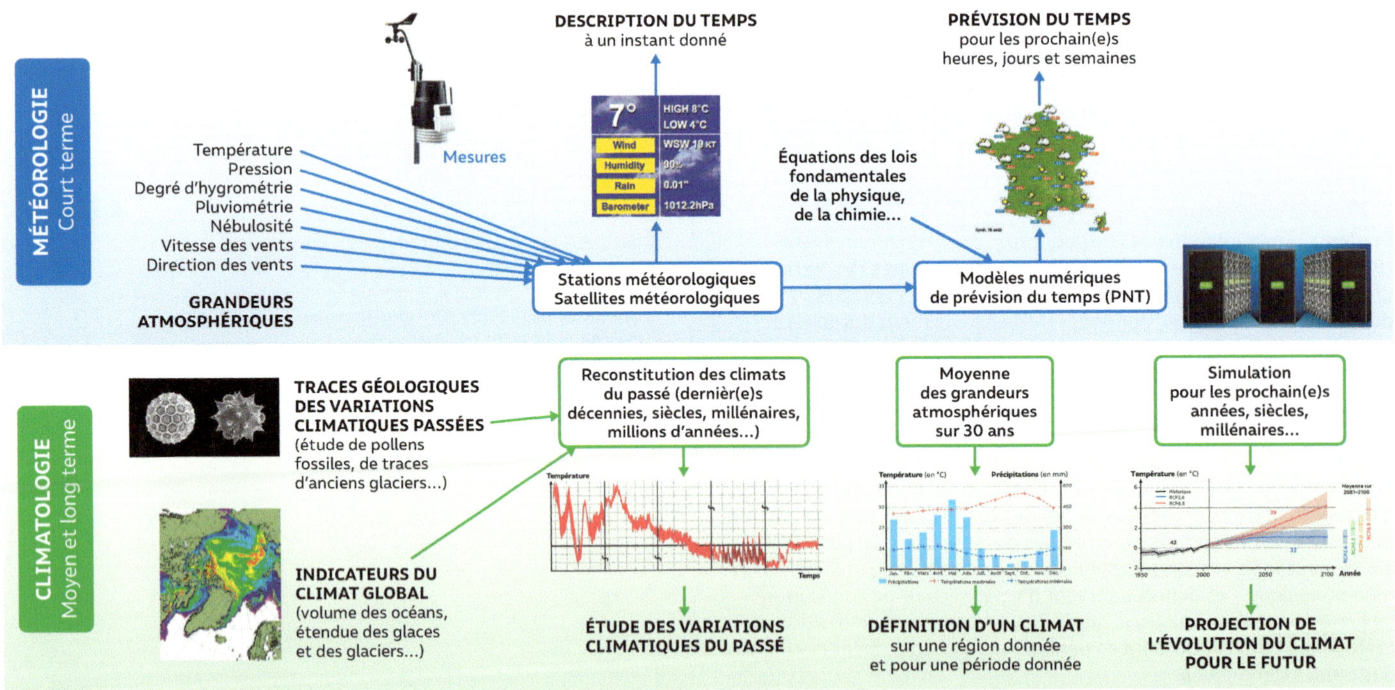

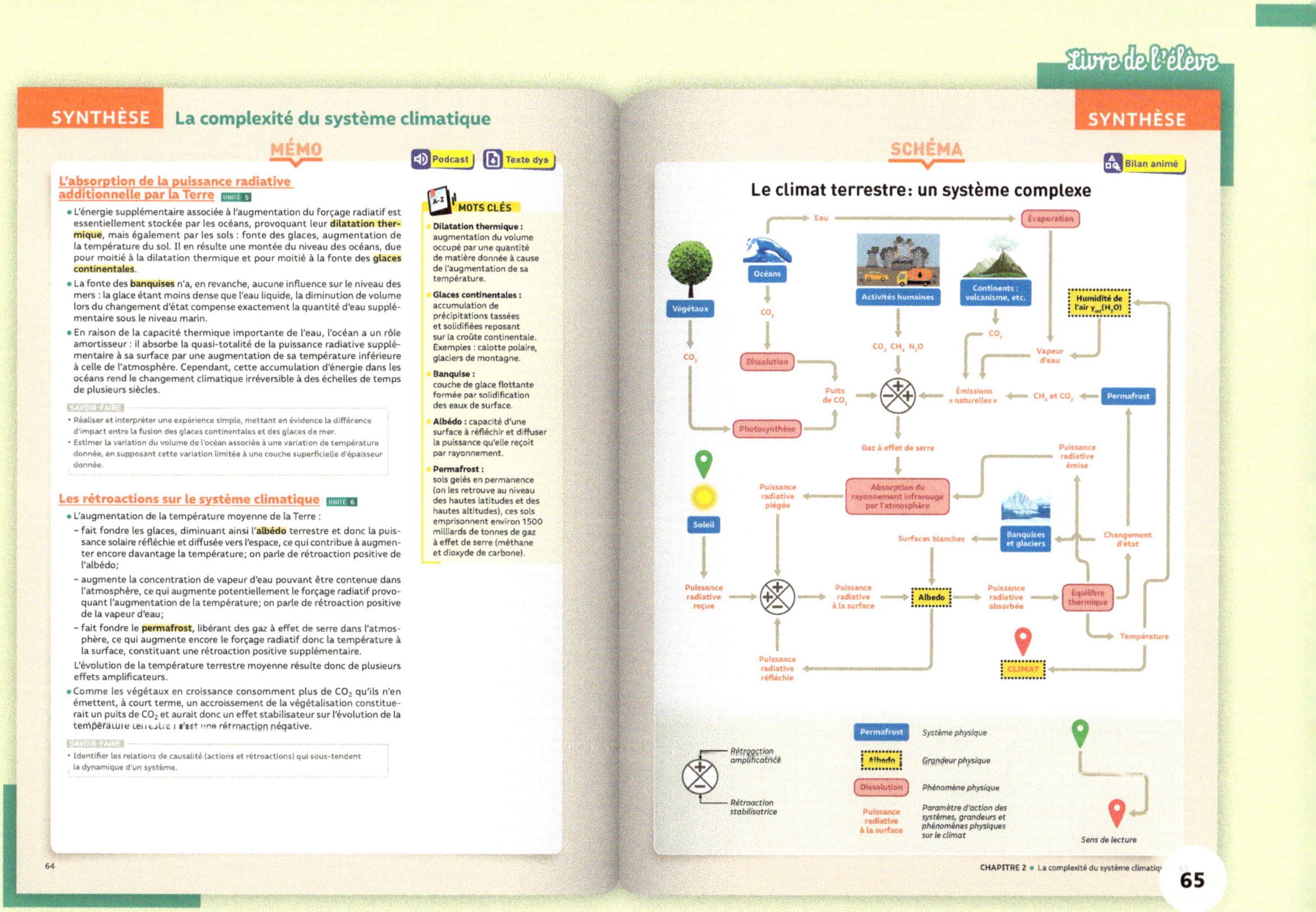

Livre de l'élève

SYNTHÈSE La complexité du système climatique

MÉMO

Podcast | Texte dys

L'absorption de la puissance radiative additionnelle par la Terre UNITÉ 5

- L'énergie supplémentaire associée à l'augmentation du forçage radiatif est essentiellement stockée par les océans, provoquant leur **dilatation thermique**, mais également par les sols : fonte des glaces, augmentation de la température du sol. Il en résulte une montée du niveau des océans, due pour moitié à la dilatation thermique et pour moitié à la fonte des **glaces continentales**.
- La fonte des **banquises** n'a, en revanche, aucune influence sur le niveau des mers : la glace étant moins dense que l'eau liquide, la diminution de volume lors du changement d'état compense exactement la quantité d'eau supplémentaire sous le niveau marin.
- En raison de la capacité thermique importante de l'eau, l'océan a un rôle amortisseur : il absorbe la quasi-totalité de la puissance radiative supplémentaire à sa surface par une augmentation de sa température inférieure à celle de l'atmosphère. Cependant, cette accumulation d'énergie dans les océans rend le changement climatique irréversible à des échelles de temps de plusieurs siècles.

SAVOIR-FAIRE
- Réaliser et interpréter une expérience simple, mettant en évidence la différence d'impact entre la fusion des glaces continentales et des glaces de mer.
- Estimer la variation du volume de l'océan associée à une variation de température donnée, en supposant cette variation limitée à une couche superficielle d'épaisseur donnée.

Les rétroactions sur le système climatique UNITÉ 6

- L'augmentation de la température moyenne de la Terre :
  - fait fondre les glaces, diminuant ainsi l'**albédo** terrestre et donc la puissance solaire réfléchie et diffusée vers l'espace, ce qui contribue à augmenter encore davantage la température; on parle de rétroaction positive de l'albédo;
  - augmente la concentration de vapeur d'eau pouvant être contenue dans l'atmosphère, ce qui augmente potentiellement le forçage radiatif provoquant l'augmentation de la température; on parle de rétroaction positive de la vapeur d'eau;
  - fait fondre le **permafrost**, libérant des gaz à effet de serre dans l'atmosphère, ce qui augmente encore le forçage radiatif donc la température à la surface, constituant une rétroaction positive supplémentaire.

  L'évolution de la température terrestre moyenne résulte donc de plusieurs effets amplificateurs.
- Comme les végétaux en croissance consomment plus de CO_2 qu'ils n'en émettent, à court terme, un accroissement de la végétalisation constituerait un puits de CO_2 et aurait donc un effet stabilisateur sur l'évolution de la température terrestre : c'est une rétroaction négative.

SAVOIR-FAIRE
- Identifier les relations de causalité (actions et rétroactions) qui sous-tendent la dynamique d'un système.

64

MOTS CLÉS
- **Dilatation thermique :** augmentation du volume occupé par une quantité de matière donnée à cause de l'augmentation de sa température.
- **Glaces continentales :** accumulation de précipitations tassées et solidifiées reposant sur la croûte continentale. Exemples : calotte polaire, glaciers de montagne.
- **Banquise :** couche de glace flottante formée par solidification des eaux de surface.
- **Albédo :** capacité d'une surface à réfléchir et diffuser la puissance qu'elle reçoit par rayonnement.
- **Permafrost :** sols gelés en permanence (on les retrouve au niveau des hautes latitudes et des hautes altitudes), ces sols emprisonnent environ 1500 milliards de tonnes de gaz à effet de serre (méthane et dioxyde de carbone).

SYNTHÈSE

SCHÉMA

Bilan animé

Le climat terrestre : un système complexe

CHAPITRE 2 • La complexité du système climatique

65

▶ Schéma complémentaire permettant l'explication du mécanisme de l'effet de serre :

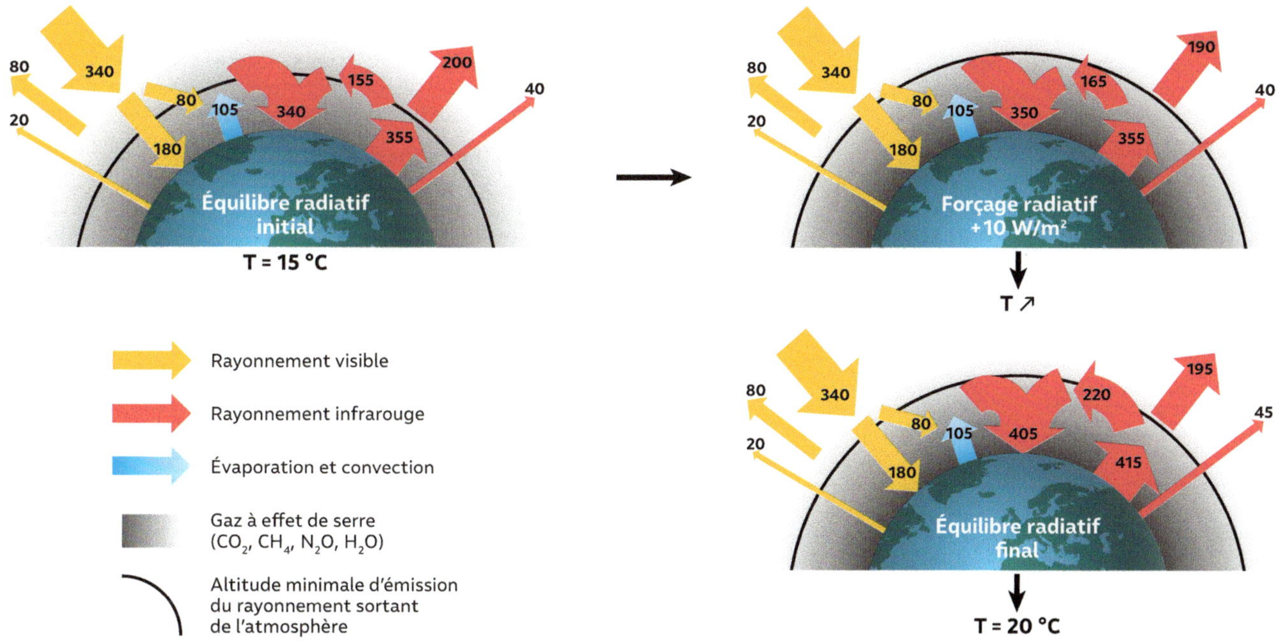

▶ Explication du mécanisme de l'effet de serre par Jean-Louis Dufresne (directeur de recherche CNRS) :

https://www.ac-paris.fr/portail/upload/docs/video/mp4/2019-12/principes_de_effet_serre.mp4

Livre de l'élève

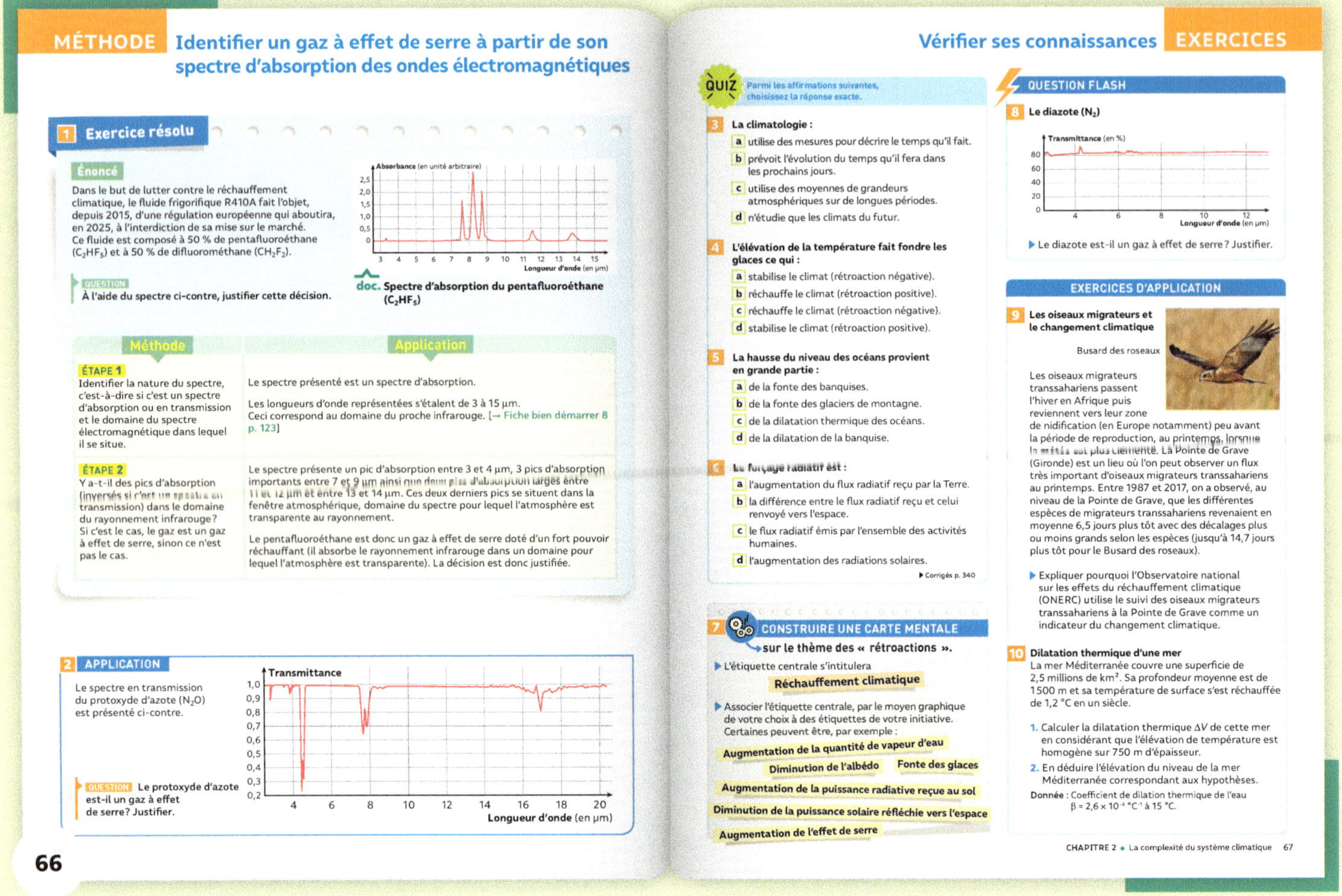
MÉTHODE Identifier un gaz à effet de serre à partir de son spectre d'absorption des ondes électromagnétiques

1 Exercice résolu

Énoncé

Dans le but de lutter contre le réchauffement climatique, le fluide frigorifique R410A fait l'objet, depuis 2015, d'une régulation européenne qui aboutira, en 2025, à l'interdiction de sa mise sur le marché. Ce fluide est composé à 50 % de pentafluoroéthane (C_2HF_5) et à 50 % de difluorométhane (CH_2F_2).

QUESTION À l'aide du spectre ci-contre, justifier cette décision.

doc. Spectre d'absorption du pentafluoroéthane (C_2HF_5)

Méthode	Application
ÉTAPE 1 Identifier la nature du spectre, c'est-à-dire si c'est un spectre d'absorption ou en transmission et le domaine du spectre électromagnétique dans lequel il se situe.	Le spectre présenté est un spectre d'absorption. Les longueurs d'onde représentées s'étalent de 3 à 15 µm. Ceci correspond au domaine du proche infrarouge. [→ Fiche bien démarrer 8 p. 123]
ÉTAPE 2 Y a-t-il des pics d'absorption (inversés si c'est un spectre en transmission) dans le domaine du rayonnement infrarouge ? Si c'est le cas, le gaz est un gaz à effet de serre, sinon ce n'est pas le cas.	Le spectre présente un pic d'absorption entre 3 et 4 µm, 3 pics d'absorption importants entre 7 et 9 µm ainsi que deux pics d'absorption larges entre 11 et 12 µm et entre 13 et 14 µm. Ces deux derniers pics se situent dans la fenêtre atmosphérique, domaine du spectre pour lequel l'atmosphère est transparente au rayonnement. Le pentafluoroéthane est donc un gaz à effet de serre doté d'un fort pouvoir réchauffant (il absorbe le rayonnement infrarouge dans un domaine pour lequel l'atmosphère est transparente). La décision est donc justifiée.

2 APPLICATION

Le spectre en transmission du protoxyde d'azote (N_2O) est présenté ci-contre.

QUESTION Le protoxyde d'azote est-il un gaz à effet de serre ? Justifier.

66

Vérifier ses connaissances EXERCICES

QUIZ Parmi les affirmations suivantes, choisissez la réponse exacte.

3 La climatologie :
a utilise des mesures pour décrire le temps qu'il fait.
b prévoit l'évolution du temps qu'il fera dans les prochains jours.
c utilise des moyennes de grandeurs atmosphériques sur de longues périodes.
d n'étudie que les climats du futur.

4 L'élévation de la température fait fondre les glaces ce qui :
a stabilise le climat (rétroaction négative).
b réchauffe le climat (rétroaction positive).
c réchauffe le climat (rétroaction négative).
d stabilise le climat (rétroaction positive).

5 La hausse du niveau des océans provient en grande partie :
a de la fonte des banquises.
b de la fonte des glaciers de montagne.
c de la dilatation thermique des océans.
d de la dilatation de la banquise.

6 Le forçage radiatif est :
a l'augmentation du flux radiatif reçu par la Terre.
b la différence entre le flux radiatif reçu et celui renvoyé vers l'espace.
c le flux radiatif émis par l'ensemble des activités humaines.
d l'augmentation des radiations solaires.

▶ Corrigés p. 340

7 CONSTRUIRE UNE CARTE MENTALE sur le thème des « rétroactions ».

▶ L'étiquette centrale s'intitulera Réchauffement climatique

▶ Associer l'étiquette centrale, par le moyen graphique de votre choix à des étiquettes de votre initiative. Certaines peuvent être, par exemple :
Augmentation de la quantité de vapeur d'eau
Diminution de l'albédo
Fonte des glaces
Augmentation de la puissance radiative reçue au sol
Diminution de la puissance solaire réfléchie vers l'espace
Augmentation de l'effet de serre

QUESTION FLASH

8 Le diazote (N_2)

▶ Le diazote est-il un gaz à effet de serre ? Justifier.

EXERCICES D'APPLICATION

9 Les oiseaux migrateurs et le changement climatique

Busard des roseaux

Les oiseaux migrateurs transsahariens passent l'hiver en Afrique puis reviennent vers leur zone de nidification (en Europe notamment) peu avant la période de reproduction, au printemps, lorsque la météo est plus clémente. La Pointe de Grave (Gironde) est un lieu où l'on peut observer un flux très important d'oiseaux migrateurs transsahariens au printemps. Entre 1987 et 2017, on a observé, au niveau de la Pointe de Grave, que les différentes espèces de migrateurs transsahariens revenaient en moyenne 6,5 jours plus tôt avec des décalages plus ou moins grands selon les espèces (jusqu'à 14,7 jours plus tôt pour le Busard des roseaux).

▶ Expliquer pourquoi l'Observatoire national sur les effets du réchauffement climatique (ONERC) utilise le suivi des oiseaux migrateurs transsahariens à la Pointe de Grave comme un indicateur du changement climatique.

10 Dilatation thermique d'une mer

La mer Méditerranée couvre une superficie de 2,5 millions de km². Sa profondeur moyenne est de 1500 m et sa température de surface s'est réchauffée de 1,2 °C en un siècle.

1. Calculer la dilatation thermique ΔV de cette mer en considérant que l'élévation de température est homogène sur 750 m d'épaisseur.
2. En déduire l'élévation du niveau de la mer Méditerranée correspondant aux hypothèses.

Donnée : Coefficient de dilation thermique de l'eau $\beta = 2{,}6 \times 10^{-4}$ °C⁻¹ à 15 °C.

CHAPITRE 2 • La complexité du système climatique 67

CORRIGÉS DES EXERCICES

2 APPLICATION

Le protoxyde d'azote présente deux pics d'absorption importants dans le domaine infrarouge pour des rayonnements de 4,5 µm et 7,5 µm de longueur d'onde. Le protoxyde d'azote est donc un gaz à effet de serre.

RÉPONSES DU QUIZ

3 c 4 b 5 c 6 b

7 CONSTRUIRE UNE CARTE MENTALE

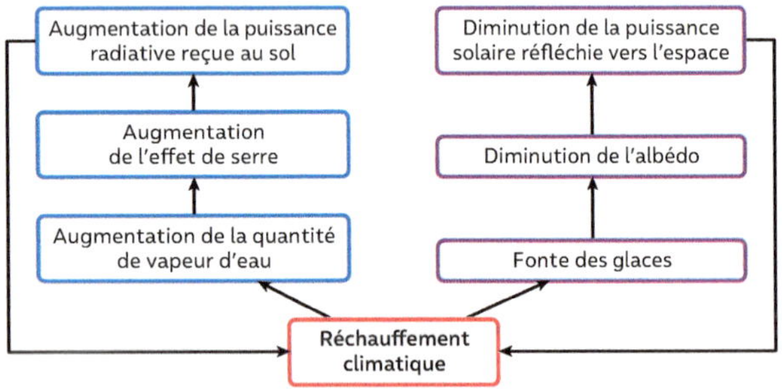

▲ Les rétroactions positives de la vapeur d'eau et de l'albédo sur le réchauffement climatique

8 Le diazote (N_2)

Le diazote présente une transmittance proche de 100 % sur l'intégralité du spectre du rayonnement infrarouge. Le diazote n'est donc pas un gaz à effet de serre.

9 Les oiseaux migrateurs et le changement climatique

Les oiseaux migrateurs reviennent chaque année à la Pointe de Grave lorsque la météo est plus clémente (plus chaude). On observe qu'entre 1987 et 2017, les oiseaux ont tendance à revenir plus tôt (6,5 jours en moyenne). Cela signifie que la température est plus clémente plus tôt. Le retour avancé des oiseaux migrateurs est donc un indicateur d'un réchauffement donc du changement climatique actuel.

10 Dilatation thermique d'une mer

1. La dilatation thermique est égale à :

$$\Delta V = \beta \Delta T V$$
$$= 2{,}6 \cdot 10^{-4}\ °C^{-1} \times 1{,}2\ °C \times 750\ m \times 2{,}5 \cdot 10^{12}\ m^2 = 5{,}9 \cdot 10^{11}\ m^3$$

2. L'élévation du niveau de la mer Méditerranée est $e = \dfrac{\Delta V}{S} = 23$ cm.

11 Les peuplements humains dans les Alpes et les variations climatiques

Le Dryas récent est caractérisé par un déclin des populations humaines dans les Alpes tandis que le Boréal est caractérisé par une importante expansion des populations humaines dans les Alpes.
Dans le diagramme pollinique du doc. b, on observe au Dryas récent des proportions d'herbacés, de bouleaux et d'armoise plus élevées qu'au Boréal et des proportions d'arbres, de noisetiers et de chênes plus faibles qu'au Boréal.
Dans le doc. a, on nous indique que dans les régions au climat froid, on trouve des paysages de landes contenant essentiellement des herbacées (comme l'armoise) et des bouleaux et que dans les régions au climat tempéré, on trouve essentiellement des arbres (comme le chêne et le noisetier).

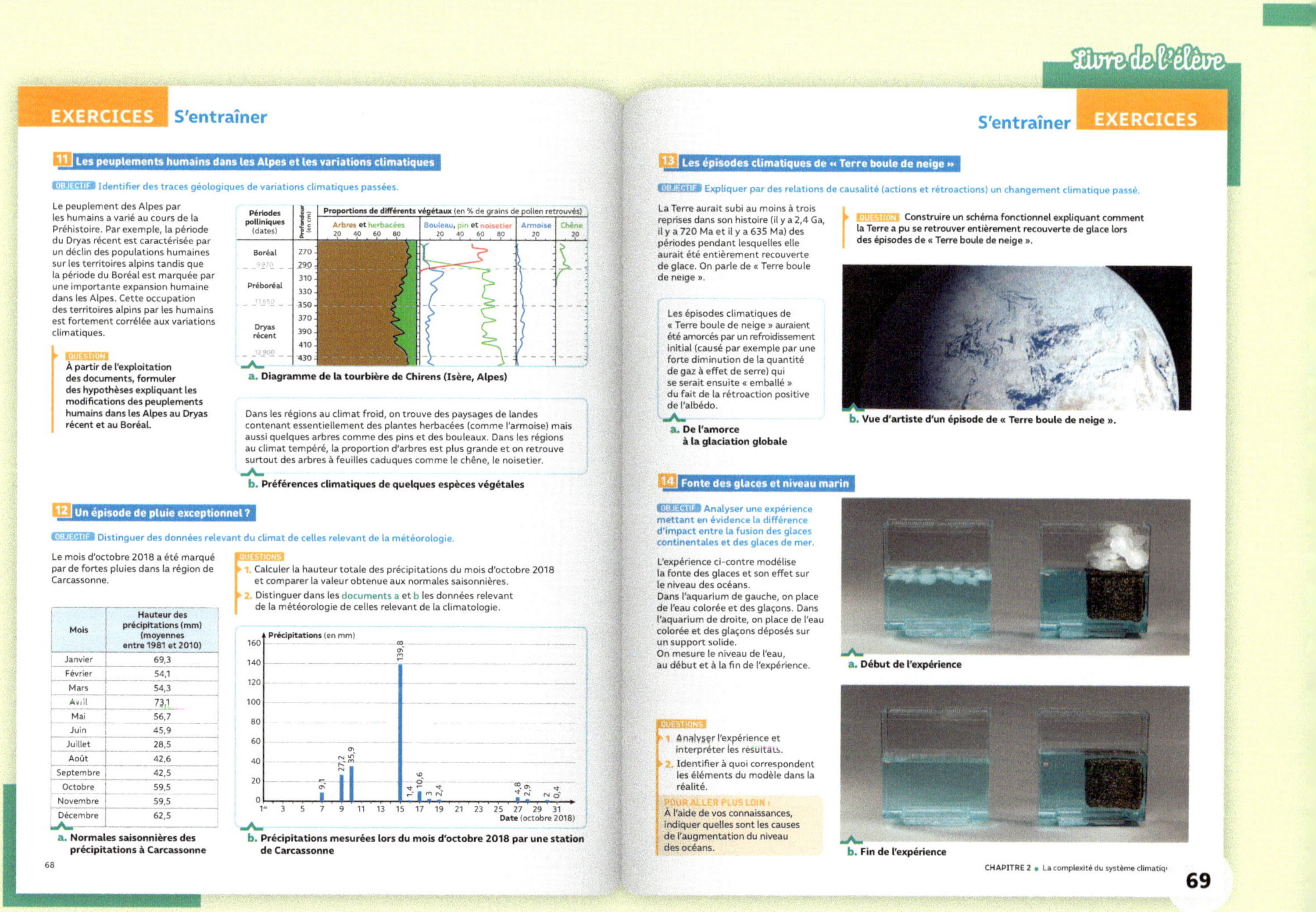

Livre de l'élève

EXERCICES S'entraîner

11 Les peuplements humains dans les Alpes et les variations climatiques

OBJECTIF Identifier des traces géologiques de variations climatiques passées.

Le peuplement des Alpes par les humains a varié au cours de la Préhistoire. Par exemple, la période du Dryas récent est caractérisée par un déclin des populations humaines sur les territoires alpins tandis que la période du Boréal est marquée par une importante expansion humaine dans les Alpes. Cette occupation des territoires alpins par les humains est fortement corrélée aux variations climatiques.

QUESTION À partir de l'exploitation des documents, formuler des hypothèses expliquant les modifications des peuplements humains dans les Alpes au Dryas récent et au Boréal.

a. Diagramme de la tourbière de Chirens (Isère, Alpes)

Dans les régions au climat froid, on trouve des paysages de landes contenant essentiellement des plantes herbacées (comme l'armoise) mais aussi quelques arbres comme des pins et des bouleaux. Dans les régions au climat tempéré, la proportion d'arbres est plus grande et on retrouve surtout des arbres à feuilles caduques comme le chêne, le noisetier.

b. Préférences climatiques de quelques espèces végétales

12 Un épisode de pluie exceptionnel ?

OBJECTIF Distinguer des données relevant du climat de celles relevant de la météorologie.

Le mois d'octobre 2018 a été marqué par de fortes pluies dans la région de Carcassonne.

QUESTIONS
1. Calculer la hauteur totale des précipitations du mois d'octobre 2018 et comparer la valeur obtenue aux normales saisonnières.
2. Distinguer dans les documents a et b les données relevant de la météorologie de celles relevant de la climatologie.

Mois	Hauteur des précipitations (mm) (moyennes entre 1981 et 2010)
Janvier	69,3
Février	54,1
Mars	54,3
Avril	73,1
Mai	56,7
Juin	45,9
Juillet	28,5
Août	42,6
Septembre	42,5
Octobre	59,5
Novembre	59,5
Décembre	62,5

a. Normales saisonnières des précipitations à Carcassonne

b. Précipitations mesurées lors du mois d'octobre 2018 par une station de Carcassonne

68

S'entraîner EXERCICES

13 Les épisodes climatiques de « Terre boule de neige »

OBJECTIF Expliquer par des relations de causalité (actions et rétroactions) un changement climatique passé.

La Terre aurait subi au moins à trois reprises dans son histoire (il y a 2,4 Ga, il y a 720 Ma et il y a 635 Ma) des périodes pendant lesquelles elle aurait été entièrement recouverte de glace. On parle de « Terre boule de neige ».

QUESTION Construire un schéma fonctionnel expliquant comment la Terre a pu se retrouver entièrement recouverte de glace lors des épisodes de « Terre boule de neige ».

Les épisodes climatiques de « Terre boule de neige » auraient été amorcés par un refroidissement initial (causé par exemple par une forte diminution de la quantité de gaz à effet de serre) qui se serait ensuite « emballé » du fait de la rétroaction positive de l'albédo.

a. De l'amorce à la glaciation globale

b. Vue d'artiste d'un épisode de « Terre boule de neige ».

14 Fonte des glaces et niveau marin

OBJECTIF Analyser une expérience mettant en évidence la différence d'impact entre la fusion des glaces continentales et des glaces de mer.

L'expérience ci-contre modélise la fonte des glaces et son effet sur le niveau des océans.
Dans l'aquarium de gauche, on place de l'eau colorée et des glaçons. Dans l'aquarium de droite, on place de l'eau colorée et des glaçons déposés sur un support solide.
On mesure le niveau de l'eau, au début et à la fin de l'expérience.

a. Début de l'expérience

QUESTIONS
1. Analyser l'expérience et interpréter les résultats.
2. Identifier à quoi correspondent les éléments du modèle dans la réalité.

POUR ALLER PLUS LOIN : À l'aide de vos connaissances, indiquer quelles sont les causes de l'augmentation du niveau des océans.

b. Fin de l'expérience

CHAPITRE 2 • La complexité du système climatiq

69

On en déduit qu'au Dryas récent le climat était plus froid qu'au Boréal. On peut donc émettre l'hypothèse que le climat froid du Dryas récent a conduit à un déclin des populations humaines dans les Alpes tandis que le réchauffement au Boréal a permis l'expansion des populations humaines dans les Alpes.

12 Un épisode de pluie exceptionnel ?

1. En octobre 2018, il a plu 239,5 mm dans la région de Carcassonne. Cette valeur est nettement supérieure aux normales saisonnières (4 fois plus élevée).
2. Les données mesurées par la station au cours du mois d'octobre 2018 sont des données météorologiques, car elles concernent une période courte, en revanche, les normales saisonnières de Carcassonne sont des données climatologiques car il s'agit de la moyenne des précipitations mesurées sur une période de 30 ans (donc une période longue).

13 Les épisodes climatiques de « Terre boule de neige »

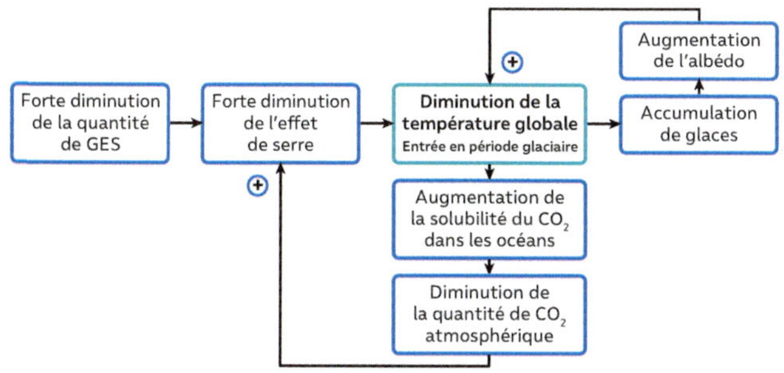

▲ Actions et rétroactions à l'origine des épisodes de « Terre boule de neige »

14 Fonte des glaces et niveau marin

1. Dans l'expérience, on fait l'hypothèse que la fonte des glaces conduit à une élévation du niveau de l'eau dans un récipient uniquement si les glaces sont situées sur un support solide. Dans le protocole, les glaces sont disposées dans l'eau pour le témoin et disposées sur un support solide pour le test. Si l'hypothèse était vraie, on devrait observer une augmentation du niveau de l'eau dans le test et pas dans le témoin. Les résultats observés correspondent aux résultats attendus, le niveau de l'eau a augmenté dans le test et est resté constant dans le témoin. L'hypothèse est donc validée, la fonte des glaces situées sur un support solide provoque une élévation du niveau de l'eau.
2. Dans le modèle, l'aquarium ne correspond à rien dans la réalité, l'eau colorée correspond à l'eau de mer, les glaçons situés dans l'eau correspondent à la banquise, le support solide correspond aux continents et les glaçons situés sur le support solide correspondent aux glaces continentales.
3. L'augmentation du niveau marin est causée par la dilatation thermique et la fonte des glaces continentales du fait du réchauffement climatique.

Livre de l'élève

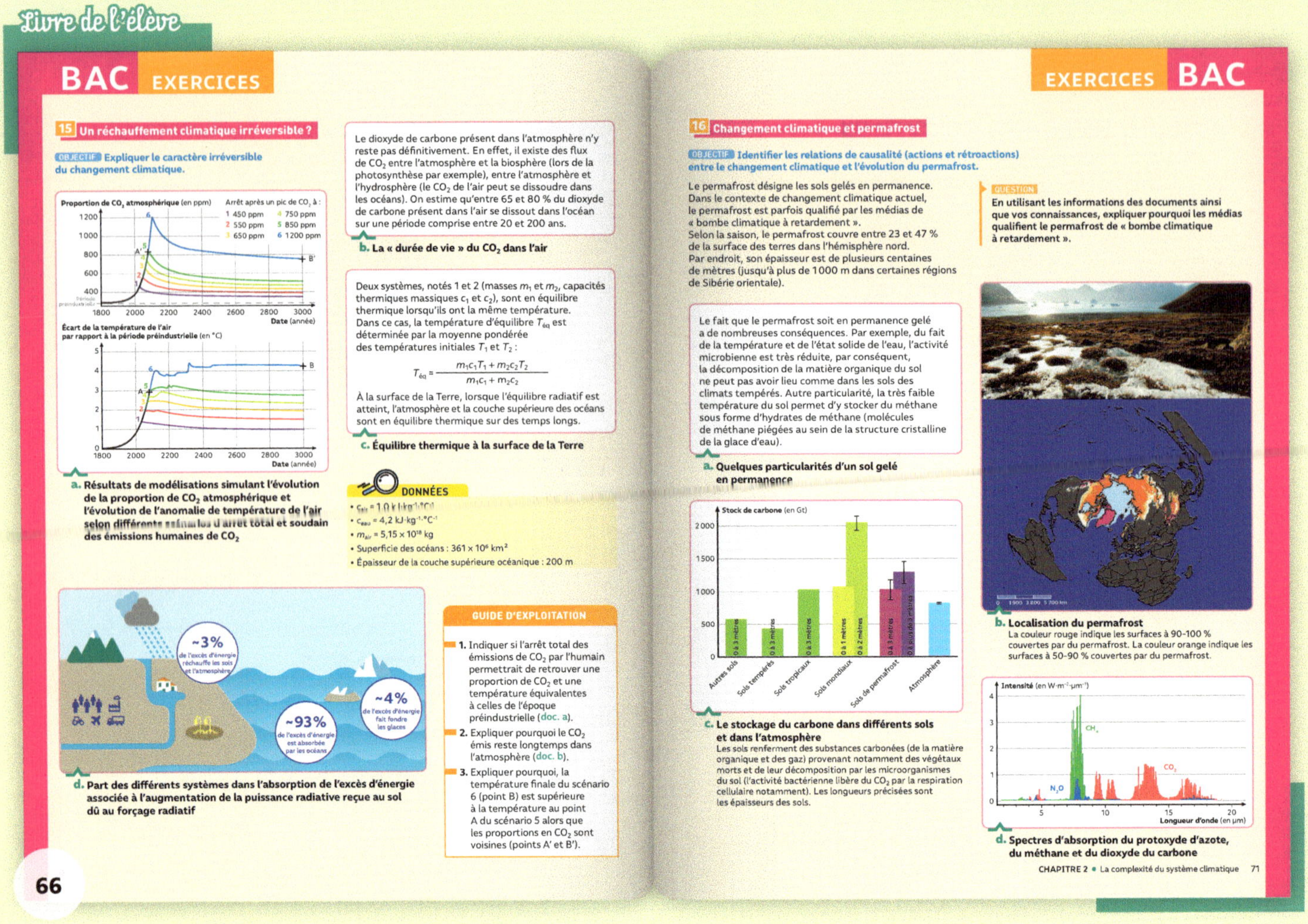
BAC EXERCICES

15 Un réchauffement climatique irréversible ?

OBJECTIF Expliquer le caractère irréversible du changement climatique.

a. Résultats de modélisations simulant l'évolution de la proportion de CO_2 atmosphérique et l'évolution de l'anomalie de température de l'air selon différents scénarios d'arrêt total et soudain des émissions humaines de CO_2

Le dioxyde de carbone présent dans l'atmosphère n'y reste pas définitivement. En effet, il existe des flux de CO_2 entre l'atmosphère et la biosphère (lors de la photosynthèse par exemple), entre l'atmosphère et l'hydrosphère (le CO_2 de l'air peut se dissoudre dans les océans). On estime qu'entre 65 et 80 % du dioxyde de carbone présent dans l'air se dissout dans l'océan sur une période comprise entre 20 et 200 ans.

b. La « durée de vie » du CO_2 dans l'air

Deux systèmes, notés 1 et 2 (masses m_1 et m_2, capacités thermiques massiques c_1 et c_2), sont en équilibre thermique lorsqu'ils ont la même température. Dans ce cas, la température d'équilibre $T_{éq}$ est déterminée par la moyenne pondérée des températures initiales T_1 et T_2 :

$$T_{éq} = \frac{m_1 c_1 T_1 + m_2 c_2 T_2}{m_1 c_1 + m_2 c_2}$$

À la surface de la Terre, lorsque l'équilibre radiatif est atteint, l'atmosphère et la couche supérieure des océans sont en équilibre thermique sur des temps longs.

c. Équilibre thermique à la surface de la Terre

DONNÉES
- c_{air} = 1,0 kJ·kg^{-1}·°C^{-1}
- c_{eau} = 4,2 kJ·kg^{-1}·°C^{-1}
- m_{air} = 5,15 × 10^{18} kg
- Superficie des océans : 361 × 10^6 km^2
- Épaisseur de la couche supérieure océanique : 200 m

d. Part des différents systèmes dans l'absorption de l'excès d'énergie associée à l'augmentation de la puissance radiative reçue au sol dû au forçage radiatif

GUIDE D'EXPLOITATION
1. Indiquer si l'arrêt total des émissions de CO_2 par l'humain permettrait de retrouver une proportion de CO_2 et une température équivalentes à celles de l'époque préindustrielle (doc. a).
2. Expliquer pourquoi le CO_2 émis reste longtemps dans l'atmosphère (doc. b).
3. Expliquer pourquoi, la température finale du scénario 6 (point B) est supérieure à la température au point A du scénario 5 alors que les proportions en CO_2 sont voisines (points A' et B').

66

EXERCICES BAC

16 Changement climatique et permafrost

OBJECTIF Identifier les relations de causalité (actions et rétroactions) entre le changement climatique et l'évolution du permafrost.

Le permafrost désigne les sols gelés en permanence. Dans le contexte de changement climatique actuel, le permafrost est parfois qualifié par les médias de « bombe climatique à retardement ». Selon la saison, le permafrost couvre entre 23 et 47 % de la surface des terres dans l'hémisphère nord. Par endroit, son épaisseur est de plusieurs centaines de mètres (jusqu'à plus de 1000 m dans certaines régions de Sibérie orientale).

QUESTION
En utilisant les informations des documents ainsi que vos connaissances, expliquer pourquoi les médias qualifient le permafrost de « bombe climatique à retardement ».

Le fait que le permafrost soit en permanence gelé a de nombreuses conséquences. Par exemple, du fait de la température et de l'état solide de l'eau, l'activité microbienne est très réduite, par conséquent, la décomposition de la matière organique du sol ne peut pas avoir lieu comme dans les sols des climats tempérés. Autre particularité, la très faible température du sol permet d'y stocker du méthane sous forme d'hydrates de méthane (molécules de méthane piégées au sein de la structure cristalline de la glace d'eau).

a. Quelques particularités d'un sol gelé en permanence

b. Localisation du permafrost
La couleur rouge indique les surfaces à 90-100 % couvertes par du permafrost. La couleur orange indique les surfaces à 50-90 % couvertes par du permafrost.

c. Le stockage du carbone dans différents sols et dans l'atmosphère
Les sols renferment des substances carbonées (de la matière organique et des gaz) provenant notamment des végétaux morts et de leur décomposition par les microorganismes du sol (l'activité bactérienne libère du CO_2 par la respiration cellulaire notamment). Les longueurs précisées sont les épaisseurs des sols.

d. Spectres d'absorption du protoxyde d'azote, du méthane et du dioxyde du carbone

CHAPITRE 2 • La complexité du système climatique 71

CORRIGÉS DES EXERCICES

15 Un réchauffement climatique irréversible ?

1. Un arrêt total des émissions de CO_2, même s'il intervient après un pic à 450 ppm, ne permet jamais de revenir à la proportion de CO_2 et à la température de l'ère préindustrielle avant l'an 3000. En effet, après un pic à 450 ppm, en l'an 3000, la proportion de CO_2 reste proche de 400 ppm et la température reste supérieure de + 1 °C par rapport à l'ère préindustrielle.
2. Il faut entre 20 et 200 ans pour que seulement 65 à 80 % du CO_2 présent dans l'atmosphère se dissolve dans l'océan. Après 200 ans, il reste donc encore du CO_2 additionnel dans l'atmosphère. Par conséquent, le CO_2 émis par l'humain reste longtemps dans l'atmosphère même après un arrêt total des émissions.
3. Dans le scénario 6, la très grande proportion de CO_2 dans l'atmosphère a provoqué un effet de serre additionnel important et donc un forçage radiatif important. L'énergie additionnelle est à 93 % absorbée par les océans. Or, l'équilibre thermique entre l'océan et l'atmosphère se fait sur des temps longs. Par conséquent, comme dans le scénario 6, l'océan a absorbé plus d'énergie que dans le scénario 5, l'océan a restitué beaucoup plus d'énergie à l'atmosphère et donc la température finale est plus élevée.
Le changement climatique est donc irréversible sur des échelles de temps de plusieurs siècles car le CO_2 émis par l'humain reste longtemps dans l'atmosphère et l'excès d'énergie associé à l'effet de serre additionnel est absorbé en grande partie par les océans qui restituent lentement cette énergie à l'atmosphère après l'arrêt des émissions de CO_2 anthropique.

16 Changement climatique et permafrost

Le permafrost contient du méthane et une grande quantité de carbone sous forme de matière organique qui n'est pas décomposée par les microorganismes du sol du fait des températures très basses.
Dans le contexte du changement climatique actuel, on observe une élévation de la température globale. Ce réchauffement va faire dégeler le permafrost.
Le dégel du permafrost risque de libérer le méthane contenu dans le sol et les nouvelles conditions de température vont permettre aux activités microbiennes de se développer. La matière organique contenue dans le permafrost va donc se décomposer provoquant notamment la libération de dioxyde de carbone dans l'atmosphère.
Le changement climatique conduit donc à une libération de méthane et de dioxyde de carbone dans l'atmosphère.
Or, le méthane et le dioxyde de carbone absorbent dans les longueurs d'onde des infrarouges donc sont des gaz à effet de serre.
Par conséquent, le réchauffement du permafrost risque d'augmenter considérablement la quantité de GES dans l'atmosphère, c'est pour cette raison que les médias qualifient le permafrost de « bombe climatique à retardement ».

ANNEXE 1 Unité 4 [→ page 37]

- QCM de préparation de la séance.

1. Qu'est-ce qui caractérise le spectre d'émission de corps noir ?
a. La température.
b. Le numéro atomique de l'élément.
c. Le spectre de la lumière absorbée.
d. La puissance lumineuse.

2. La puissance lumineuse émise par un corps noir :
a. est une constante.
b. diminue lorsque la température du corps noir augmente.
c. augmente avec la température du corps noir.
d. dépend de façon complexe de la température, en passant par un maximum.

3. Qu'est-ce que l'albédo ?
a. La fraction de la puissance absorbé par la puissance lumineuse incidente.
b. La fraction de la puissance réfléchie par la puissance lumineuse incidente.
c. La fraction de la puissance incidente par la puissance absorbée.
d. La fraction de la puissance incidente par la puissance réfléchie.

4. L'effet de serre est :
a. dû à l'absorption des rayons cosmiques.
b. dû à l'absorption du rayonnement émis par la Terre.
c. dû à l'absorption du rayonnement reçu par la Terre.
d. dû à l'absorption du rayonnement réfléchi par la Terre.

Vidéo

- Mission climat : Calipso, dans le secret des aérosols et des nuages.
http://www.labex-cappa.fr/projet/contexte
- Faut-il croire au réchauffement climatique ? – Science étonnante #20.
https://www.youtube.com/watch?v=R6eywXdssMw

ANNEXE 2 Unité 5 [→ page 39]

- QCM de vérification de la bonne compréhension des notions abordées dans l'unité 5.

1. Lors du changement d'état, ou transformation physique, d'un corps :
a. le volume du corps est conservé.
b. l'énergie stockée par le corps est conservée.
c. la masse du corps est conservée.
d. la température du corps est conservée.

2. Sous pression atmosphérique, la température de fusion de l'eau pure est :
a. 0 °C.
b. 4 °C.
c. –4 °C.
d. varie suivant la concentration en sel.

3. La masse volumique d'un corps est :
a. la quantité de matière contenue par unité de volume.
b. le volume occupé par un kilogramme de ce corps.
c. la masse du corps divisée par son volume.
d. le produit de la masse du corps par son volume.

4. La masse volumique de l'eau :
a. est précisément de 1 000 $kg \cdot m^{-3}$ à 4 °C.
b. est de 1,0 $g \cdot L^{-1}$ entre 0°C et 30 °C.
c. est précisément de 1,0 $kg \cdot m^{-3}$ à 0 °C.
d. est de 1,0 $kg \cdot L^{-1}$ à –4 °C.

Article en ligne

- Ce sont les rivières atmosphériques qui font fondre l'Antarctique.
https://www.futura-sciences.com/planete/actualites/climatologie-ce-sont-rivieres-atmospheriques-font-fondre-antarctique-42607/
- *Global glacier mass changes and their contributions to sea-level rise from 1961 to 2016.*
https://www.researchgate.net/publication/332281761_Global_glacier_mass_changes_and_their_contributions_to_sea-level_rise_from_1961_to_2016
- Les différentes contributions à l'élévation du niveau des océans.
https://planeteviable.org/contributions-elevation-niveau-oceans/

Vidéo

- Science en direct : rencontre « Élévation du niveau de la mer et submersions marines ».
https://www.brgm.fr/video/science-direct-rencontre-elevation-niveau-mer-submersions-marines
- La fonte des glaces fait monter les océans.
https://www.arte.tv/fr/videos/081077-020-A/data-science-vs-fake/

ANNEXE 3 Unité 6 [→ page 41]

- QCM de préparation de la séance.

1. Le changement climatique actuel est :
a. comparable aux variations climatiques déjà enregistrées dans le passé.
b. exceptionnel car jamais la température n'a été aussi élevée.
c. exceptionnel car jamais une variation climatique n'avait été aussi rapide.
d. exceptionnel car jamais la surface de glace n'avait été aussi importante.

2. L'albédo terrestre correspond :
a. à la proportion de gaz à effet de serre présents dans l'atmosphère.
b. à la capacité de la Terre à réfléchir et diffuser le rayonnement solaire.
c. à la capacité de la Terre à absorber le rayonnement solaire.
d. à la capacité de la Terre à absorber le rayonnement infrarouge

3. Actuellement, on mesure :
a. une élévation de la proportion de CO_2 et une diminution de la température des océans.
b. une élévation de la température de l'atmosphère et une diminution du niveau des mers.
c. une élévation de la température de l'atmosphère et une diminution de la proportion de CO_2.
d. une élévation de la proportion de CO_2, de la température de l'atmosphère et des océans.

4. Un gaz à effet de serre :
a. absorbe le rayonnement infrarouge provenant de la surface terrestre.
b. diffuse le rayonnement infrarouge provenant de la surface terrestre.
c. absorbe le rayonnement ultraviolet provenant du Soleil.
d. compose la couche d'ozone et protège les êtres vivants du rayons ionisants.

Article en ligne

- Météo-France : Le système climatique.
http://www.meteofrance.fr/climat-passe-et-futur/comprendre-le-climat-mondial/le-systeme-climatique
- Planet Terre : Fonctionnement des puits de carbone biosphérique et océanique.
https://planet-terre.ens-lyon.fr/article/td-carbone2.xml
- Planet Terre : L'Amazonie, le « poumon de la Terre »...
https://planet-terre.ens-lyon.fr/article/oxygene-Amazonie-poumon-Terre.xml

Vidéo

- Le Monde : La planète verdit, pourquoi c'est surtout une mauvaise nouvelle.
https://www.youtube.com/watch?v=FK7-8_HnvwQ&feature=youtu.be

SimClimat

- Logiciel SimClimat :
http://www.lmd.jussieu.fr/~crlmd/simclimat/

ANNEXE 4 Unité 1 [→ page 31]

Données à télécharger

Date	T_{min} (°C)	T_{max} (°C)	T_{min} normale (°C)	T_{max} normale (°C)
1er juin 2019	13,1	27,6	15,8	27,5
2 juin 2019	14,2	28,4	15,8	27,5
3 juin 2019	12,3	28,9	15,8	27,5
4 juin 2019	15,6	26,9	15,8	27,5
5 juin 2019	13,2	29	15,8	27,5
6 juin 2019	11,6	26,1	15,8	27,5
7 juin 2019	11,6	25,9	15,8	27,5
8 juin 2019	11,8	29,5	15,8	27,5
9 juin 2019	16,2	27,9	15,8	27,5
10 juin 2019	17,9	26,5	15,8	27,5
11 juin 2019	15	19,2	15,8	27,5
12 juin 2019	9,3	23,4	15,8	27,5
13 juin 2019	9,6	27,5	15,8	27,5
14 juin 2019	15,2	30,2	15,8	27,5
15 juin 2019	17,8	27,4	15,8	27,5
16 juin 2019	15	30,1	15,8	27,5
17 juin 2019	16,2	33,7	15,8	27,5
18 juin 2019	15	31,2	15,8	27,5
19 juin 2019	17,2	27,7	15,8	27,5
20 juin 2019	15,5	31,2	15,8	27,5
21 juin 2019	18,2	30,6	15,8	27,5
22 juin 2019	18,2	31,2	15,8	27,5
23 juin 2019	16,8	32,5	15,8	27,5
24 juin 2019	17	33,3	15,8	27,5
25 juin 2019	16,6	34,6	15,8	27,5
26 juin 2019	19,6	37,2	15,8	27,5
27 juin 2019	20,8	39,7	15,8	27,5
28 juin 2019	22,3	44,4	15,8	27,5
29 juin 2019	27,1	38,9	15,8	27,5
30 juin 2019	22,4	37,1	15,8	27,5

La colonne « T_{min} » correspond à la température minimale mesurée chaque journée à Nîmes.

La colonne « T_{max} » correspond à la température maximale mesurée chaque journée à Nîmes.

La colonne « T_{min} normale » correspond à la normale saisonnière de la température minimale à Nîmes pour le jour considéré (moyenne entre 1981 et 2010).

La colonne « T_{max} normale » correspond à la normale saisonnière de la température maximale à Nîmes pour le jour considéré (moyenne entre 1981 et 2010).

Livre de l'élève

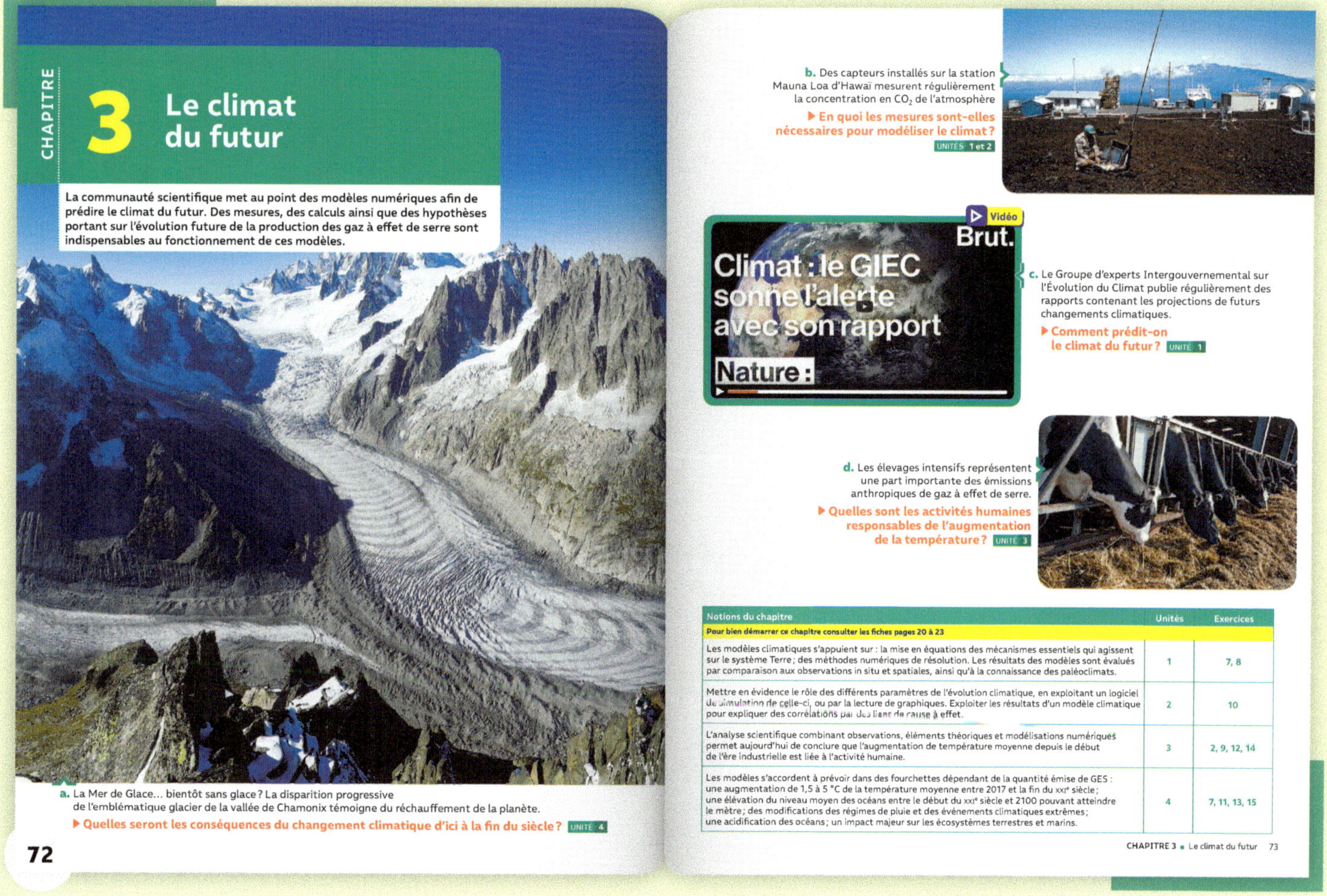

CHAPITRE 3 Le climat du futur

La communauté scientifique met au point des modèles numériques afin de prédire le climat du futur. Des mesures, des calculs ainsi que des hypothèses portant sur l'évolution future de la production des gaz à effet de serre sont indispensables au fonctionnement de ces modèles.

a. La Mer de Glace… bientôt sans glace ? La disparition progressive de l'emblématique glacier de la vallée de Chamonix témoigne du réchauffement de la planète.

▶ Quelles seront les conséquences du changement climatique d'ici à la fin du siècle ? UNITÉ 4

b. Des capteurs installés sur la station Mauna Loa d'Hawaï mesurent régulièrement la concentration en CO_2 de l'atmosphère

▶ En quoi les mesures sont-elles nécessaires pour modéliser le climat ? UNITÉS 1 et 2

Vidéo

c. Le Groupe d'experts Intergouvernemental sur l'Évolution du Climat publie régulièrement des rapports contenant les projections de futurs changements climatiques.

▶ Comment prédit-on le climat du futur ? UNITÉ 1

d. Les élevages intensifs représentent une part importante des émissions anthropiques de gaz à effet de serre.

▶ Quelles sont les activités humaines responsables de l'augmentation de la température ? UNITÉ 3

Notions du chapitre	Unités	Exercices
Pour bien démarrer ce chapitre consulter les fiches pages 20 à 23		
Les modèles climatiques s'appuient sur : la mise en équations des mécanismes essentiels qui agissent sur le système Terre ; des méthodes numériques de résolution. Les résultats des modèles sont évalués par comparaison aux observations in situ et spatiales, ainsi qu'à la connaissance des paléoclimats.	1	7, 8
Mettre en évidence le rôle des différents paramètres de l'évolution climatique, en exploitant un logiciel de simulation de celle-ci, ou par la lecture de graphiques. Exploiter les résultats d'un modèle climatique pour expliquer des corrélations par des liens de cause à effet.	2	10
L'analyse scientifique combinant observations, éléments théoriques et modélisations numériques permet aujourd'hui de conclure que l'augmentation de température moyenne depuis le début de l'ère industrielle est liée à l'activité humaine.	3	2, 9, 12, 14
Les modèles s'accordent à prévoir dans des fourchettes dépendant de la quantité émise de GES : une augmentation de 1,5 à 5 °C de la température moyenne entre 2017 et la fin du XXIe siècle ; une élévation du niveau moyen des océans entre le début du XXIe siècle et 2100 pouvant atteindre le mètre ; des modifications des régimes de pluie et des événements climatiques extrêmes ; une acidification des océans ; un impact majeur sur les écosystèmes terrestres et marins.	4	7, 11, 13, 15

72 — CHAPITRE 3 • Le climat du futur 73

▶ Les grandes idées à construire

- La mise au point de modèles climatiques s'appuie sur la connaissance du système Terre et des équations qui relient ses compartiments. Les modèles sont testés par comparaison au réel, c'est-à-dire à des mesures actuelles et passées de paramètres climatiques.
- L'augmentation de température moyenne depuis le début de l'ère industrielle a des causes anthropiques du fait du rejet de GES : émission de CO_2 par la combustion d'hydrocarbures, les déforestations et la production de ciment ; émission de CH_4 par les fuites de gaz naturel, la fermentation dans les décharges et certaines activités agricoles.
- Les modèles climatiques prévoient, de manière hautement probable et dans des fourchettes dépendant de la quantité émise de GES, différentes évolutions d'ici à la fin du XXIe siècle : une augmentation de la température moyenne qui pourrait être comprise entre 1,5 et 5 °C et une élévation du niveau moyen des océans pouvant atteindre le mètre.
- Les modèles prédisent aussi une modification des régimes de pluie et des événements climatiques extrêmes, une acidification des océans et la modification des écosystèmes terrestres et marins.

▶ Ce que disent les documents

a La Mer de Glace, plus grand glacier de France métropolitaine, représente un pôle d'attraction touristique majeur dans la vallée de Chamonix en Haute-Savoie. Comme elle fond de manière visible d'année en année, cela alimente la discussion sur son éventuelle disparition.

b Mesurer la concentration de CO_2 de l'atmosphère, un gaz à effet de serre, est l'un des enjeux de la surveillance du climat. D'ailleurs, les données sur les teneurs en CO_2 du passé sont utilisées pour tester des modèles climatiques.

c Les références au GIEC sont incontournables dès lors qu'on parle d'évolution climatique. Cette instance a été créée en 1988 afin d'évaluer de l'état des connaissances scientifiques, techniques et socio-économiques sur le changement climatique et de les communiquer dans des rapports mis à la disposition du public.

d La photographie d'un élevage intensif de ruminants permet de rappeler que le méthane (CH_4) est aussi un gaz à effet de serre. Il contribue, au même titre que le CO_2, à l'augmentation anthropique de la température.

Livre de l'élève

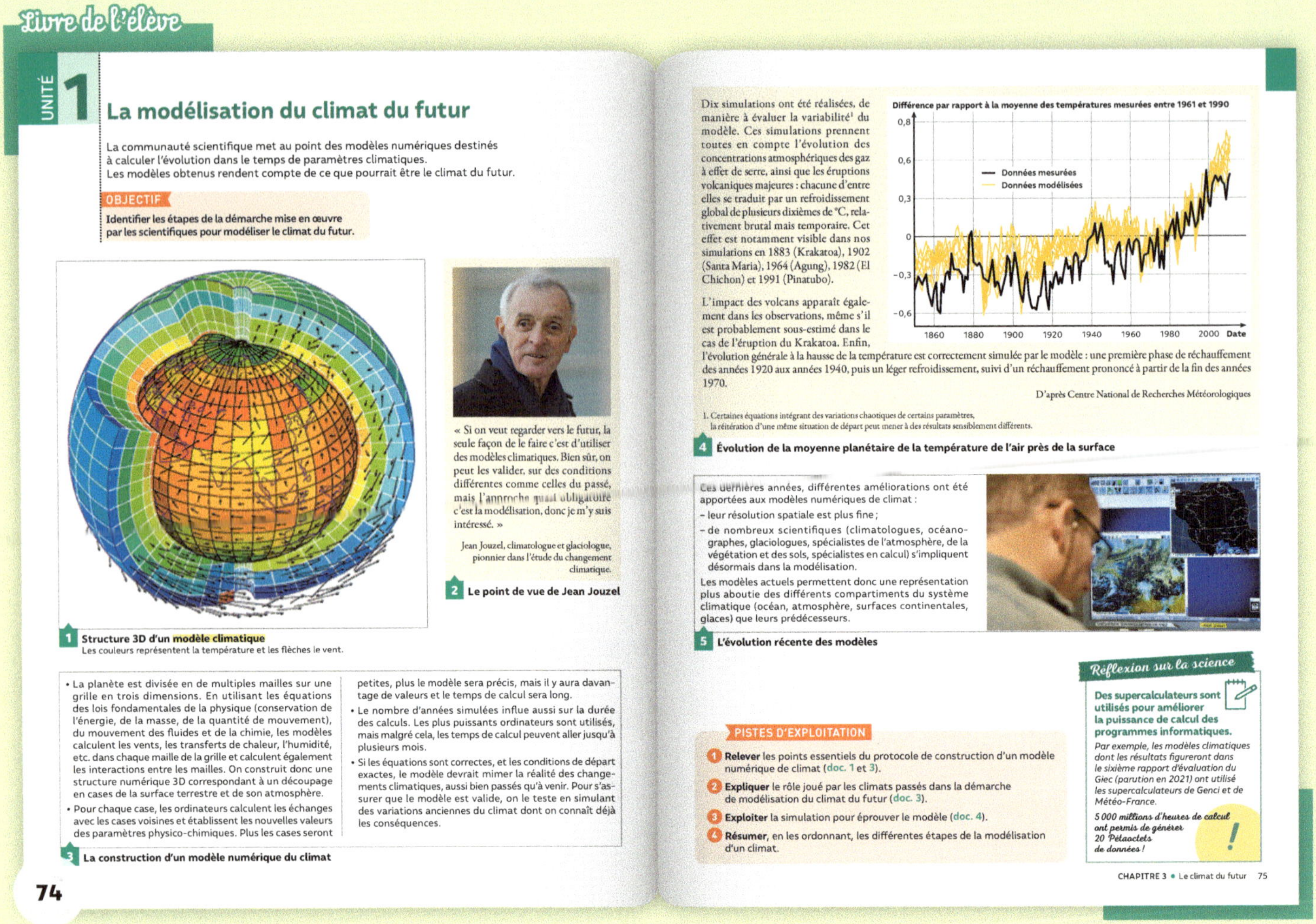

UNITÉ 1

La modélisation du climat du futur

La communauté scientifique met au point des modèles numériques destinés à calculer l'évolution dans le temps de paramètres climatiques.
Les modèles obtenus rendent compte de ce que pourrait être le climat du futur.

OBJECTIF

Identifier les étapes de la démarche mise en œuvre par les scientifiques pour modéliser le climat du futur.

1 Structure 3D d'un modèle climatique
Les couleurs représentent la température et les flèches le vent.

« Si on veut regarder vers le futur, la seule façon de le faire c'est d'utiliser des modèles climatiques. Bien sûr, on peut les valider, sur des conditions différentes comme celles du passé, mais l'approche quasi obligatoire c'est la modélisation, donc je m'y suis intéressé. »

Jean Jouzel, climatologue et glaciologue, pionnier dans l'étude du changement climatique.

2 Le point de vue de Jean Jouzel

- La planète est divisée en de multiples mailles sur une grille en trois dimensions. En utilisant les équations des lois fondamentales de la physique (conservation de l'énergie, de la masse, de la quantité de mouvement), du mouvement des fluides et de la chimie, les modèles calculent les vents, les transferts de chaleur, l'humidité, etc. dans chaque maille de la grille et calculent également les interactions entre les mailles. On construit donc une structure numérique 3D correspondant à un découpage en cases de la surface terrestre et de son atmosphère.
- Pour chaque case, les ordinateurs calculent les échanges avec les cases voisines et établissent les nouvelles valeurs des paramètres physico-chimiques. Plus les cases seront petites, plus le modèle sera précis, mais il y aura davantage de valeurs et le temps de calcul sera long.
- Le nombre d'années simulées influe aussi sur la durée des calculs. Les plus puissants ordinateurs sont utilisés, mais malgré cela, les temps de calcul peuvent aller jusqu'à plusieurs mois.
- Si les équations sont correctes, et les conditions de départ exactes, le modèle devrait mimer la réalité des changements climatiques, aussi bien passés qu'à venir. Pour s'assurer que le modèle est valide, on le teste en simulant des variations anciennes du climat dont on connaît déjà les conséquences.

3 La construction d'un modèle numérique du climat

74

Dix simulations ont été réalisées, de manière à évaluer la variabilité[1] du modèle. Ces simulations prennent toutes en compte l'évolution des concentrations atmosphériques des gaz à effet de serre, ainsi que les éruptions volcaniques majeures : chacune d'entre elles se traduit par un refroidissement global de plusieurs dixièmes de °C, relativement brutal mais temporaire. Cet effet est notamment visible dans nos simulations en 1883 (Krakatoa), 1902 (Santa Maria), 1964 (Agung), 1982 (El Chichon) et 1991 (Pinatubo).

L'impact des volcans apparaît également dans les observations, même s'il est probablement sous-estimé dans le cas de l'éruption du Krakatoa. Enfin, l'évolution générale à la hausse de la température est correctement simulée par le modèle : une première phase de réchauffement des années 1920 aux années 1940, puis un léger refroidissement, suivi d'un réchauffement prononcé à partir de la fin des années 1970.

D'après Centre National de Recherches Météorologiques

1. Certaines équations intégrant des variations chaotiques de certains paramètres, la réitération d'une même situation de départ peut mener à des résultats sensiblement différents.

4 Évolution de la moyenne planétaire de la température de l'air près de la surface

Ces dernières années, différentes améliorations ont été apportées aux modèles numériques de climat :
- leur résolution spatiale est plus fine ;
- de nombreux scientifiques (climatologues, océanographes, glaciologues, spécialistes de l'atmosphère, de la végétation et des sols, spécialistes en calcul) s'impliquent désormais dans la modélisation.

Les modèles actuels permettent donc une représentation plus aboutie des différents compartiments du système climatique (océan, atmosphère, surfaces continentales, glaces) que leurs prédécesseurs.

5 L'évolution récente des modèles

PISTES D'EXPLOITATION

1. **Relever** les points essentiels du protocole de construction d'un modèle numérique de climat (doc. 1 et 3).
2. **Expliquer** le rôle joué par les climats passés dans la démarche de modélisation du climat du futur (doc. 3).
3. **Exploiter** la simulation pour éprouver le modèle (doc. 4).
4. **Résumer**, en les ordonnant, les différentes étapes de la modélisation d'un climat.

Réflexion sur la science

Des supercalculateurs sont utilisés pour améliorer la puissance de calcul des programmes informatiques.

Par exemple, les modèles climatiques dont les résultats figureront dans le sixième rapport d'évaluation du Giec (parution en 2021) ont utilisé les supercalculateurs de Genci et de Météo-France.

5 000 millions d'heures de calcul ont permis de générer 20 Pétaoctets de données !

CHAPITRE 3 • Le climat du futur 75

problèmes scientifiques

- Quelles sont les étapes de la démarche de modélisation du climat ?
- Comment évalue-t-on la pertinence d'un modèle climatique ?

Mobilisation des acquis

- Vu en classe de 1re (Enseignement scientifique) : une partie de la puissance solaire est absorbée par l'atmosphère, qui elle-même émet un rayonnement infrarouge vers le sol et vers l'espace (effet de serre).
- Vu dans le chapitre 2 : le système Terre est assimilable à un ensemble de compartiments représentés par les différentes enveloppes externes du globe (atmosphère, biosphère, hydrosphère, lithosphère) qui interagissent entre elles et sur lesquelles l'homme exerce différents forçages.

Les grandes idées à construire

- Pour élaborer des modèles climatiques, les scientifiques s'appuient sur les connaissances du fonctionnement du système Terre.
Il s'agit de mettre en équation différents mécanismes, dont ceux qui commandent les interactions entre les mailles du modèle.
Des méthodes numériques de résolution sont utilisées.
- Pour évaluer la pertinence des modèles, leurs résultats doivent être comparés aux observations *in situ* c'est-à-dire aux évolutions, lors des dernières décennies, de données effectivement mesurées.

Les compétences travaillées

- **Extraire et organiser** des informations.
- **Communiquer.**
- **Interpréter des résultats.**

Les représentations de l'élève

- Un élève pourrait penser qu'il est possible en classe de construire un modèle climatique pour prédire le climat du futur. Ce n'est bien sûr pas réaliste : il s'agit du travail de spécialistes qui repose sur des équations complexes et dont la partie calculatoire nécessite des millions d'heures de calculs et de puissants ordinateurs.

Ce que disent les documents

1 Un modèle climatique est assimilable à une structure 3D dans laquelle chaque maille doit être définie et peut interagir avec les mailles voisines.

Idée de question :
– Pourquoi peut-on parler de structure 3D pour un modèle climatique ?

2 Selon le scientifique Jean Jouzel, une référence en matière de climat, le recours à la modélisation est incontournable pour évoquer le climat du futur.

Idée de question :
– À quoi sert un modèle climatique ?

3 Des équations sont introduites dans le modèle climatique pour représenter les interactions entre les mailles du modèle, ce qui permet aux ordinateurs de calculer l'évolution des paramètres physico-chimiques au cours du temps. Les variations anciennes et connues du climat sont utilisées pour tester les modèles.

Idée de question :
- Quelles précautions prend-on lors de la construction d'un modèle climatique ?

4 Le document présente un exemple de modélisation, testé plusieurs fois avec des données passées. Il s'agit de prévoir l'évolution de la température et de la confronter aux variations passées survenues entre 1850 et 2010. Le modèle utilisé prend en compte les variations des gaz à effet de serre et la période étudiée inclut de nombreuses éruptions volcaniques. On note une assez bonne correspondance entre les variations thermiques mesurées et celles modélisées.

Idée de question :
- Que montrent les simulations réalisées, par comparaison aux mesures ?

5 Les modèles ne cessent de s'améliorer avec une résolution spatiale de plus en plus fine et la contribution de plusieurs spécialistes à leur élaboration.

Idée de question :
- Quelle évolutions ont connu les modèles climatiques ces dernières années ?

Les + pour préparer votre séance

- Les modèles climatiques et leurs incertitudes, Jean Jouzel [→ page 4]

Article en ligne

- Conférence de presse du CNRS : http://www.cnrs.fr/sites/default/files/press_info/2019-09/DP_confpresse_CMIP6_OK_0.pdf
- Un lien qui montre l'intérêt de la glaciologie pour l'étude des climats : https://lejournal.cnrs.fr/articles/comment-la-carotte-a-revolutionne-la-climatologie
- Vidéo de la Nasa sur les modèles climatiques : https://svs.gsfc.nasa.gov/vis/a010000/a010500/a010563/index.html
- Article Pour la Science : « Le futur du climat : les pionniers avaient raison » : https://www.pourlascience.fr/sd/climatologie/les-modeles-des-annees-1960-le-prevoyaient-deja-le-rechauffement-climatique-8707.php

Vidéo

- La modélisation du climat (vidéo CEA Sciences) : https://www.youtube.com/watch?v=S5f5dJyvezY

LE SAVIEZ-VOUS ?

- Le portail Drias (http://www.drias-climat.fr) accompagne les personnes dans la compréhension de la modélisation du climat. Des informations issues de projections climatiques y sont présentes et peuvent être utiles pour les enseignants. La plate-forme Acces de l'Institut français de l'éducation propose des pistes d'utilisation pédagogique du portail Drias : http://acces.ens-lyon.fr/acces/logiciels/videotheque/modeles-climatiques-et-impacts-du-rechauffement-climatique-en-france
- Le NOAA (*National Oceanic and Atmospheric Administration*), est l'agence américaine responsable de l'étude de l'océan et de l'atmosphère site américain, elle publie de très nombreuses ressources sur le changement climatique. https://www.climate.gov/climate-and-energy-topics/measuring-and-modeling-climate
- L'acronyme COP signifie « Conférence des Parties ». Il s'agit d'une instance dont les réunions sont annuelles et qui a pour objectif de fixer pour chaque pays des objectifs chiffrés en matière d'émissions de gaz à effet de serre et de réductions correspondantes à atteindre. Certaines COP sont plus médiatiques que d'autres : la COP3 (1997) a débouché sur le protocole de Kyoto. La célèbre COP21 (2015) s'est soldée par l'accord de Paris sur le climat. Il arrive, hélas qu'une COP ait peu d'effets : par exemple, la COP15 qui a eu lieu en 2009 à Copenhague a été suivie d'un accord non juridiquement contraignant et sans date butoir.

CORRECTION DE L'UNITÉ

1. Le protocole de la construction d'un modèle climatique repose sur le découpage en mailles de la planète vue comme une structure 3D, correspondant à un découpage en cases de la surface terrestre et de son atmosphère. Ensuite, les scientifiques introduisent les équations régissant les échanges entre les mailles. L'ordinateur a pour rôle, à partir de ces équations, de calculer les échanges avec les cases voisines et donc les nouvelles valeurs des paramètres physico-chimiques du climat. Il ne reste alors plus qu'à tester les modèles.

2. Lorsqu'un modèle est mis au point, il faut le tester. La mise à l'épreuve du modèle se fait en comparant les variations climatiques qu'il prévoit avec celles effectivement mesurées. Il est donc intéressant de tester les modèles à l'aide des variations anciennes et connues du climat.

3. Le graphique du **doc. 4** met en parallèle l'évolution de la température, simulée par le modèle numérique (il s'agit des 10 tracés jaunes : « données modélisées ») et les variations effectives de la températures, mesurées entre 1850 et 2010 (il s'agit du tracé noir : « données mesurées »). La période de temps testée comporte différentes éruptions volcaniques qui se sont traduites par un refroidissement global brutal et temporaire de plusieurs dixièmes de °C. On voit bien que les variations thermiques modélisées reproduisent assez fidèlement la variation thermique mesurée sur la période étudiée, y compris au moment des éruptions volcaniques, ce qui atteste de la validité du modèle.

4. La modélisation d'un climat comporte donc les étapes suivantes :
– la définition des mailles qui composent la structure 3D du modèle numérique ;
– la mise au point des équations physico-chimique qui régissent les interactions entre les mailles ;
– le test du modèle en le faisant fonctionner sur une période passée pour laquelle on dispose d'un jeu de données mesurées.

Les parcours possibles

PARCOURS 1 Initiation

❶ Présenter, à l'aide d'informations extraites des **doc. 1 à 3**, les grandes étapes de la modélisation d'un climat.
❷ Exploiter les simulations présentées dans le **doc. 4** pour expertiser le modèle climatique testé.
❸ Indiquer à l'aide du **doc. 5** en quoi la science de la modélisation climatique est évolutive.

PARCOURS 2 Confirmé

À l'aide d'informations extraites des **doc. 1 à 5**, réaliser une affiche qui réponde à l'interrogation : « comment construit-on et comment teste-t-on un modèle climatique ? »

INDICATEURS DE RÉUSSITE	NIVEAU			
	A	B	C	D
La structure 3D du modèle est présentée, en relation avec le fonctionnement du modèle.				
L'intervention et le rôle des équations physico-chimiques sont précisés.				
Le test du modèle est expliqué en faisant référence aux climats passés.				

Livre de l'élève

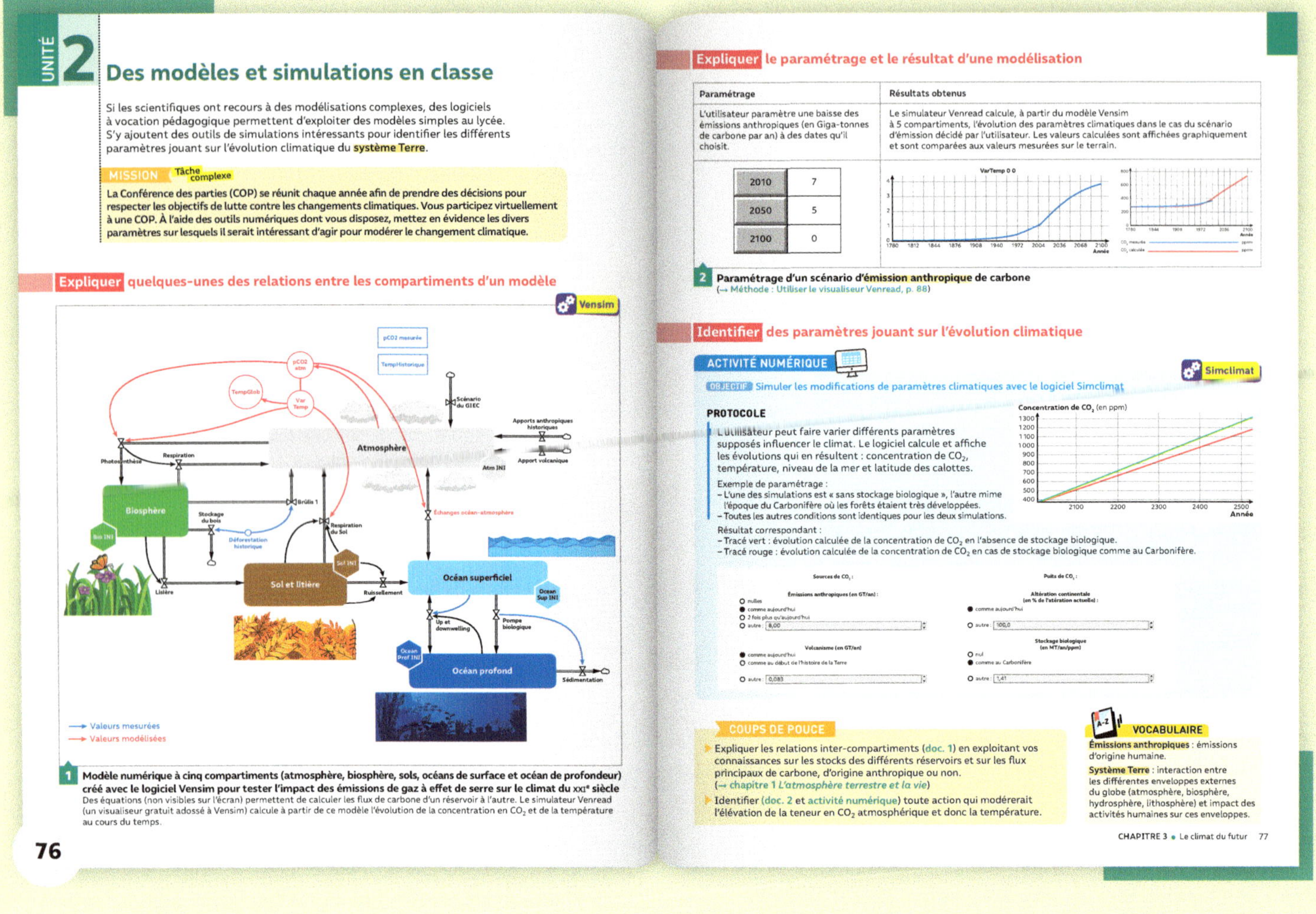

problèmes scientifiques

- Quels sont les facteurs susceptibles d'influencer le climat futur ?
- Quels sont les leviers possibles pour modérer le changement climatique ?

Mobilisation des acquis

- Vu dans le chapitre 1 : Le carbone est stocké dans plusieurs réservoirs superficiels : l'atmosphère, les sols, les océans, la biosphère et les roches. Les échanges de carbone entre ces réservoirs sont quantifiés par des flux (en tonnes/an). Les quantités de carbone dans les différents réservoirs sont constantes lorsque les flux sont équilibrés.
- Vu dans le chapitre 2 : Depuis un siècle et demi, on mesure un réchauffement climatique global (environ +1 °C). Celui-ci est la réponse du système climatique à l'augmentation du forçage radiatif (différence entre l'énergie radiative reçue et l'énergie radiative émise) due aux émissions de gaz à effet de serre (GES) dans l'atmosphère : CO_2, CH_4, N_2O et vapeur d'eau principalement.
- Vu dans le chapitre 2 : À court terme, un accroissement de la végétalisation constitue un puits de CO_2 et a donc un effet de rétroaction négative (stabilisatrice).

Les grandes idées à construire

- Les modèles climatiques réalisent des projections climatiques. Ils permettent d'estimer les variations climatiques globales et locales à venir sur des décennies ou des siècles.
- Parmi les différents paramètres de l'évolution climatique figurent les émissions anthropiques de carbone et le stockage dit biologique (importance des forêts).

Les compétences travaillées

- **Utiliser** des outils numériques.
- **Exploiter** des simulations.
- **Rédiger** une argumentation scientifique.

Les représentations de l'élève

- Un élève pourrait penser que l'application d'une politique de réduction des émissions anthropiques de carbone va aussitôt entrainer une baisse de la concentration du CO_2 atmosphérique. C'est sans compter le temps de résidence de la molécule de CO_2 dans l'atmosphère, qui est d'une centaine d'années. Autrement dit, même les protocoles les plus sévères ne parviendront pas à faire baisser, à l'échelle séculaire, la concentration de CO_2 atmosphérique.
- Les élèves associent fréquemment la concentration de CO_2 atmosphérique et les activités humaines. Or il existe des causes naturelles d'émissions de CO_2 (par exemple de volcanisme) ou de consommation de CO_2 (par exemple l'altération continentale).

Ce que disent les documents

1 Le **doc. 1** présente un modèle numérique à 5 compartiments qui simule le fonctionnement du système Terre. Les équations introduites par les concepteurs du modèle permettent de calculer les flux de l'élément carbone d'un compartiment à un autre. On obtient alors une variation calculée de la concentration atmosphérique (pCO_2 atm) et donc une variation calculée de la température (VarTemp). Différents scénarios du GIEC sont paramétrés ce qui permettra de comparer leurs prédictions. À noter que le modèle inclut des données issues de la mesure de la concentration de CO_2 (pCO_2 mesurée) et de la température (TempHistorique) qui peuvent servir à tester la validité du modèle pour la période passée et donc légitimer son utilisation en tant que modèle prédictif.

Des idées de questions :
- Quels mécanismes expliquent la circulation du carbone d'un compartiment à un autre ?
- Que calcule ce modèle numérique ?
- À quoi peuvent servir les données mesurées ?

2 Le **doc. 2** présente la possibilité de paramétrage d'un scénario d'émission anthropique de carbone. Dans l'exemple choisi, on simule une émission de 7 Gt de carbone par an en 2010 pour l'abaisser à 5 Gt de carbone par an en 2050 et l'annuler en 2100. Le modèle calcule une poursuite de l'augmentation de la concentration du CO_2 atmosphérique jusqu'à 700 ppm en 2100 et une élévation de température de pratiquement 4 °C par rapport à l'ère préindustrielle. Autrement dit, ce scénario de baisse d'émission anthropique de carbone n'aura pas eu pour effet, d'ici à la fin du siècle, de faire diminuer la concentration en CO_2 atmosphérique ni la température. Mais ce **doc. 2** a plutôt vocation à être relié au **doc. 1** pour expliciter le fonctionnement du modèle numérique : une action sur l'étiquette « Scénario du GIEC » permet de modifier les émissions anthropiques de carbone, ce qui impacte la circulation du carbone entre certains compartiments et donc la concentration du CO_2 atmosphérique calculée par le modèle numérique.

Des idées de questions :
- Sur quelle variable a agi l'utilisateur du modèle ?
- Que calcule le modèle numérique ?
- Quels sont les résultats de la simulation présentée ?

Activité expérimentale Les documents présentent des modalités et résultats de simulations réalisées avec le logiciel Simclimat. Pour tester l'influence d'un facteur précis, l'utilisateur fait varier ce facteur tout en fixant tous les autres. Dans l'exemple présenté, on teste l'influence du développement plus ou moins important des forêts. On réalise donc deux simulations : l'une avec stockage biologique (comme au Carbonifère) et l'autre sans stockage biologique. Pour chacune des deux simulations, les autres conditions sont les mêmes : des émissions anthropiques de carbone comme aujourd'hui, une altération continentale comme aujourd'hui, un volcanisme comme aujourd'hui. La comparaison des résultats des deux simulations montre une moindre élévation de la concentration de CO_2 dans le cas où on a paramétré un stockage biologique puisque cette concentration atteint 1 150 ppm l'année 2 500 contre 1 300 ppm la même année en l'absence de stockage biologique. On pourrait utiliser cette simulation pour illustrer l'idée que les forêts sont des puits de carbone : en prélevant le CO_2 atmosphérique pour effectuer la photosynthèse, elles pourraient être un levier pour faire baisser la concentration de CO_2 atmosphérique.

Des idées de questions :
- Sur quelle variable a agi l'utilisateur du modèle ?
- Que calcule le modèle numérique ?
- Quels sont les résultats de la simulation présentée ?
- Proposer un autre exemple de simulation à réaliser, en précisant le facteur testé.

Les + pour préparer votre séance

[→ Annexe 1, page 70]

LE SAVIEZ-VOUS ?

- Le logiciel Simclimat offre la possibilité de brancher ou débrancher les rétroactions : l'albédo de la planète, le CO_2 en lien avec sa solubilité dans l'océan, le CO_2 en lien avec la végétation, la vapeur d'eau.
- Comme autre outil pour simuler le changement climatique, on peut citer C-ROADS. Ce simulateur informatique gratuit et primé a été conçu pour le public à comprendre les impacts climatiques à long terme et les actions qui réduisent les émissions de gaz à effet de serre. Il est possible de l'utiliser pour tester rapidement les stratégies de lutte contre le changement climatique. Voici l'adresse téléchargement de C-ROADS (ce téléchargement sera possible après avoir rempli un accord de licence) : https://www.climateinteractive.org/tools/c-roads/request-c-roads-download/

CORRECTION DE LA MISSION

Les élèves doivent simuler leur appartenance à une COP et, à ce titre, mettre en évidence les divers paramètres sur lesquels il serait intéressant d'agir pour modérer le changement climatique. Voici la trame du contenu de la réponse :

Ressource utilisée	Apport de la ressource pour identifier les divers paramètres sur lesquels il serait intéressant d'agir pour modérer le changement climatique
Doc. 1 couplé au **doc. 2**	Une action sur les émissions anthropiques de carbone impacte la circulation du carbone entre certains compartiments et donc la concentration du CO_2 atmosphérique calculée par le modèle numérique. Par exemple, si on simule une émission de 7 Gt de carbone par an en 2010 pour l'abaisser à 5 Gt de carbone par an en 2050 et l'annuler en 2100, le modèle prédit une poursuite de l'augmentation de la concentration du CO_2 atmosphérique jusqu'à 700 ppm en 2100 et une élévation de température de pratiquement 4 °C par rapport à l'ère préindustrielle.
Activité numérique	Pour préciser l'influence des émissions anthropiques de carbone, on réalise deux simulations : l'une avec des émissions anthropiques « comme aujourd'hui » (8 Gt/an) et l'autre avec des émissions anthropiques « le double d'aujourd'hui » (8 Gt/an). On obtient dans le premier cas une concentration de CO_2 qui atteint 533 ppm en 2100 alors qu'elle atteint 704 ppm dans le second cas. Le températures correspondantes atteintes en 2100 seraient de 16,2 °C dans le premier cas et 16,9 °C dans le second cas. Ce couple de simulations montre donc un premier levier possible pour modérer le changement climatique : la baisse des émissions anthropiques de carbone. Des actions de végétalisation de surfaces terrestres pourraient d'autre part être efficaces. Effet, lorsqu'on réalise deux simulations, l'une avec stockage biologique (qui mime l'époque du Carbonifère avec ses forêts denses) et l'autre sans stockage biologique, la comparaison des résultats des deux simulations montre une moindre élévation de la concentration de CO_2 dans le cas où on a paramétré un stockage biologique puisque cette concentration atteint 1 150 ppm l'année 2500 contre « seulement » 1 300 ppm en l'absence de stockage biologique.

Les parcours possibles

PARCOURS 1 Initiation

1. Rappeler à l'aide du **doc. 1** et en utilisant vos connaissances sur le cycle du carbone, les grands principes de la circulation du carbone dans les différents compartiments terrestres.
2. Expliquer le fonctionnement du modèle numérique du **doc. 1** en prenant l'exemple de la simulation présentée dans le **doc. 2**.
3. Identifier un autre levier d'action sur le climat en exploitant l'illustration de l'activité numérique.

PARCOURS 2 Confirmé

Après avoir présenté le principe de la modélisation numérique, exploiter les différentes possibilités de simulation offertes par Simclimat pour identifier les leviers d'action.

INDICATEURS DE RÉUSSITE	NIVEAU A	B	C	D
Le fonctionnement du modèle numérique est explicité.				
Au moins une simulation numérique est décrite.				
Deux paramètres d'action sont identifiés.				

Livre de l'élève

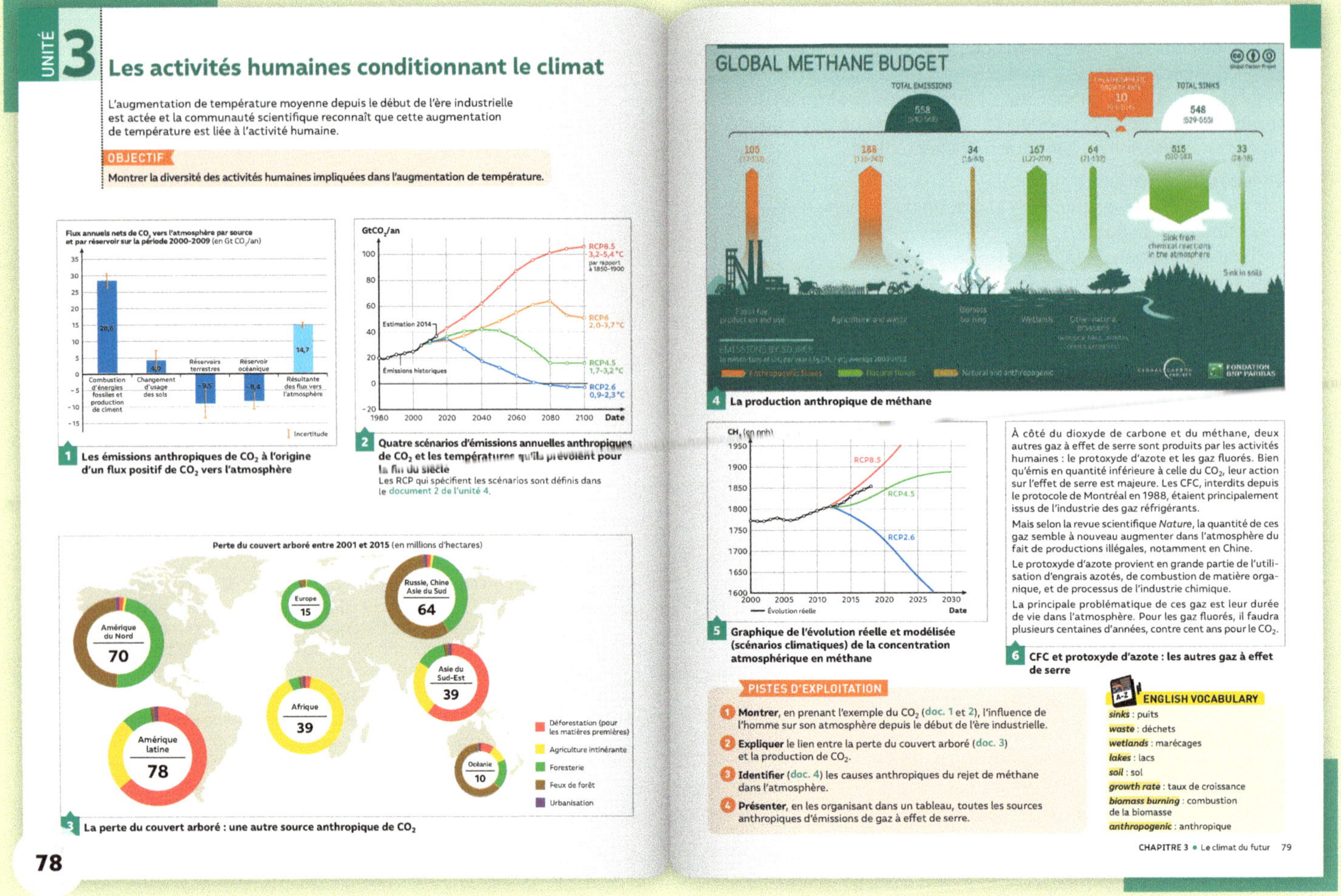

problèmes scientifiques

- Comment établit-on le lien entre les activités humaines et le changement climatique ?
- Quelles sont les différentes activités humaines impliquées dans l'augmentation de la concentration en gaz effet de serre et donc de la température ?

Mobilisation des acquis

- Vu en cycle 4 (dans le thème « La planète Terre, l'environnement et l'action humaine ») : les conséquences de certains comportements et modes de vie (combustion de ressources et réchauffement climatique).
- Vu en enseignement scientifique de première : l'explication qualitative de l'influence de l'effet de serre sur la température terrestre moyenne.
- Vu dans le chapitre 2 : la réponse du système climatique à l'augmentation du forçage radiatif (différence entre l'énergie radiative reçue et l'énergie radiative émise) due aux émissions de gaz à effet de serre (GES) dans l'atmosphère : CO_2, CH_4, N_2O et vapeur d'eau principalement.

Les grandes idées à construire

- En combinant les observations, les éléments théoriques et modélisations numériques, la communauté scientifique conclut sans ambiguïté que l'augmentation de température moyenne depuis le début de l'ère industrielle est imputable à l'activité humaine productrice de gaz à effet de serre (GES).
- L'émission anthropique de GES a différentes origines :
  – la combustion d'hydrocarbures, la déforestation et la production de ciment dans le cas du CO_2 ;
  – les fuites de gaz naturel, la fermentation dans les décharges et certaines activités agricoles (élevages intensifs de ruminants) dans le cas du CH_4.

Les compétences travaillées

- **Extraire et organiser** des informations.
- **Exploiter** des documents.
- **Communiquer**.

Les représentations de l'élève

- Les élèves pourraient prendre la courbe des émissions anthropiques de CO_2 pour une courbe de l'évolution de la concentration atmosphérique du CO_2. On peut insister sur l'idée que même si les émissions diminuaient fortement dans le futur (exemple du scénario RCP2.6), on n'assisterait pas à une stabilisation de la concentration atmosphérique du CO_2 (ceci à cause du temps de séjour du CO_2 dans l'atmosphère, comme nous avons pu le voir dans l'**unité 2**).
- Les élèves pourraient confondre les valeurs modélisées des émissions anthropiques de CO_2 et celles effectivement mesurées. Le **doc. 2** permet de bien expliciter cette différence.

Ce que disent les documents

1 Le **doc. 1** indique le sens et la valeur chiffrée du flux de CO_2 vers ou depuis l'atmosphère pour la période 2000-2009. On distingue des flux qui apportent du CO_2 à l'atmosphère (l'utilisation d'énergies fossiles et la production de ciment et, dans une moindre mesure, le changement d'usage des sols) et des flux qui au contraire soustraient du CO_2 à l'atmosphère (absorption du CO_2 par les réservoirs terrestres et océaniques : il peut s'agir d'une part de la photosynthèse, qu'elle soit océanique ou continentale, et d'autre part de la dissolution dans l'eau du CO_2 atmosphérique). Le bilan de ces deux flux donne une résultante positive qui a apporté 15 gigatonnes de CO_2 dans l'atmosphère entre 2000 et 2009.

Des idées de questions :
- Quelles sont les causes certaines de l'enrichissement de l'atmosphère entre 2000 et 2009 ?
- Quels sont les mécanismes responsables d'un flux de CO_2 depuis l'atmosphère vers un réservoir océanique ou continental ?

2 Le **doc. 2** montre des scénarios d'émissions anthropiques de carbone associés aux variations de température calculée selon ces scénarios. On voit que les scénarios les plus sévères (RCP élevée correspondant à un forçage radiatif important) conduisent à la prédiction d'une plus forte augmentation de température. La courbe des émissions historiques indique nettement l'influence de l'homme sur son atmosphère : entre 1980 et 2014 l'émission annuelle anthropique de CO_2 est passée de 20 $GtCO_2$/an à plus de 35 $GtCO_2$/an.

Des idées de questions :
- Quel est le scénario d'émission de CO_2 conduisant à la prévision de la plus grande augmentation de température ?
- Quel est celui prévoyant la plus petite élévation de température ?
- Quelle information tire-t-on de la courbe des émissions historiques ?

3 Le **doc. 3** présente l'importance de la perte du couvert arboré et ses causes en différents endroits entre 2001 et 2015. Cette perte de couvert représente une source anthropique de CO_2 car une moindre surface occupée par les arbres signifie une moindre photosynthèse, or cette dernière consomme du CO_2. On observe que si tous les continents enregistrent une perte de couvert arboré, c'est l'Amérique latine qui montre la plus forte baisse avec 70 millions d'hectares perdus, en grande partie du fait des déforestations.

Des idées de questions :
- Où a eu lieu la plus grande perte du couvert arboré ? Pour quelle raison ?
- Quelles sont les causes de la perte du couvert arboré en Amérique du Nord ?
- Pourquoi la perte du couvert arboré entraîne-t-elle un flux de CO_2 vers l'atmosphère ?

4 Le **doc. 4** indique les différentes sources de production anthropique de méthane, responsables à elles toutes d'une émission annuelle de 558 Giga-tonnes de CH_4. L'iconographie de l'affiche illustre bien les causes de l'émission de méthane :
– des causes anthropiques : l'utilisation et la production d'énergies fossiles, l'agriculture (il s'agit des élevages de ruminants), les décharges (*waste* = déchets), la combustion de la biomasse ;
– des causes naturelles : les marécages ainsi que diverses émissions dont celles des termitières et du permafrost.

Des idées de questions :
- Quelle est la plus importante source anthropique de méthane ?
- Quelle est la plus importante source naturelle de méthane ?

5 Le graphique donne différents scénarios d'évolution de la concentration atmosphérique de méthane entre 2000 et 2030. Le scénario le plus pessimiste (RCP8.5) prévoit une poursuite importante de l'élévation de la concentration atmosphérique de méthane qui irait bien au-delà de 1 950 ppb. Le scénario le plus optimiste (RCP2.6) prévoit une baisse importante de la concentration atmosphérique de méthane qui passerait sous les 16 000 ppb.

Le texte à côté du graphique rappelle que si l'on évoque souvent le CO_2 et le CH_4, le protoxyde d'azote et les gaz fluorés sont aussi des gaz à effet de serre. Leurs temps de résidence et leur production parfois illégale sont un motif d'inquiétude.

Des idées de questions :
- Identifier le scénario le plus optimiste et celui le plus pessimiste.
- Pourquoi doit-on s'inquiéter des autres gaz à effet de serre ?

Les + pour préparer votre séance

[→ **Annexe 2, page 70**]

CORRECTION DE L'UNITÉ

1. Pour la période 2000-2009, les émissions anthropiques de CO_2 participent à un flux annuel net de 14,7 Gt de CO_2 vers l'atmosphère. Les émissions annuelles brutes de CO_2 sont passées de 20 Gt de CO_2 par an en 1980 à plus de 35 Gt de CO_2 par an en 2014. L'homme a donc bien une influence sur la composition de son atmosphère.
2. Si le couvert arboré diminue, quelle qu'en soit la cause, il y a une moindre photosynthèse. Or cette dernière consomme du CO_2 atmosphérique. On assiste donc inéluctablement à une augmentation de la concentration du CO_2 dans l'atmosphère.
3. Selon l'affiche du **doc. 4**, le rejet de méthane est essentiellement d'origine anthropique. Ce gaz est émis par l'utilisation et la production d'énergies fossiles, par l'agriculture (il s'agit des élevages de ruminants), par les décharges et lors de la combustion de la biomasse. Dans une moindre mesure, son origine est naturelle (les marécages ainsi que diverses émissions dont celles des termitières et du permafrost).
4. Un tableau résumant toutes les sources anthropiques d'émissions de gaz à effet de serre pourrait prendre la forme suivante :

Gaz à effet de serre	Source anthropique d'émission anthropique (*par ordre d'importance pour chaque gaz*)
Dioxyde de carbone	▸ combustion d'énergies fossiles et production du ciment ▸ modification de l'usage des sols
Méthane	▸ agriculture et décharges ▸ utilisation et production d'énergies fossiles ▸ combustion de la biomasse

Les parcours possibles

PARCOURS 1 Initiation

1. Identifier (**doc. 1 et 3**) les causes anthropiques de l'émission du CO_2.
2. Identifier (**doc. 4**) les causes anthropiques de l'émission du CH_4.
3. Exploiter les graphiques des scénarios prédictifs concernant ces deux gaz.

PARCOURS 2 Confirmé

Rédigez un article pour le site internet du lycée, destiné à sensibiliser vos camarades au sujet de l'influence de l'homme sur la composition de son atmosphère.

INDICATEURS DE RÉUSSITE	NIVEAU A	B	C	D
Les origines anthropiques du CO_2 sont identifiées.				
Les sources anthropiques de méthane sont distinguées de celles qui sont naturelles.				
L'importance quantitative des émissions anthropiques est mentionnée.				

Livre de l'élève

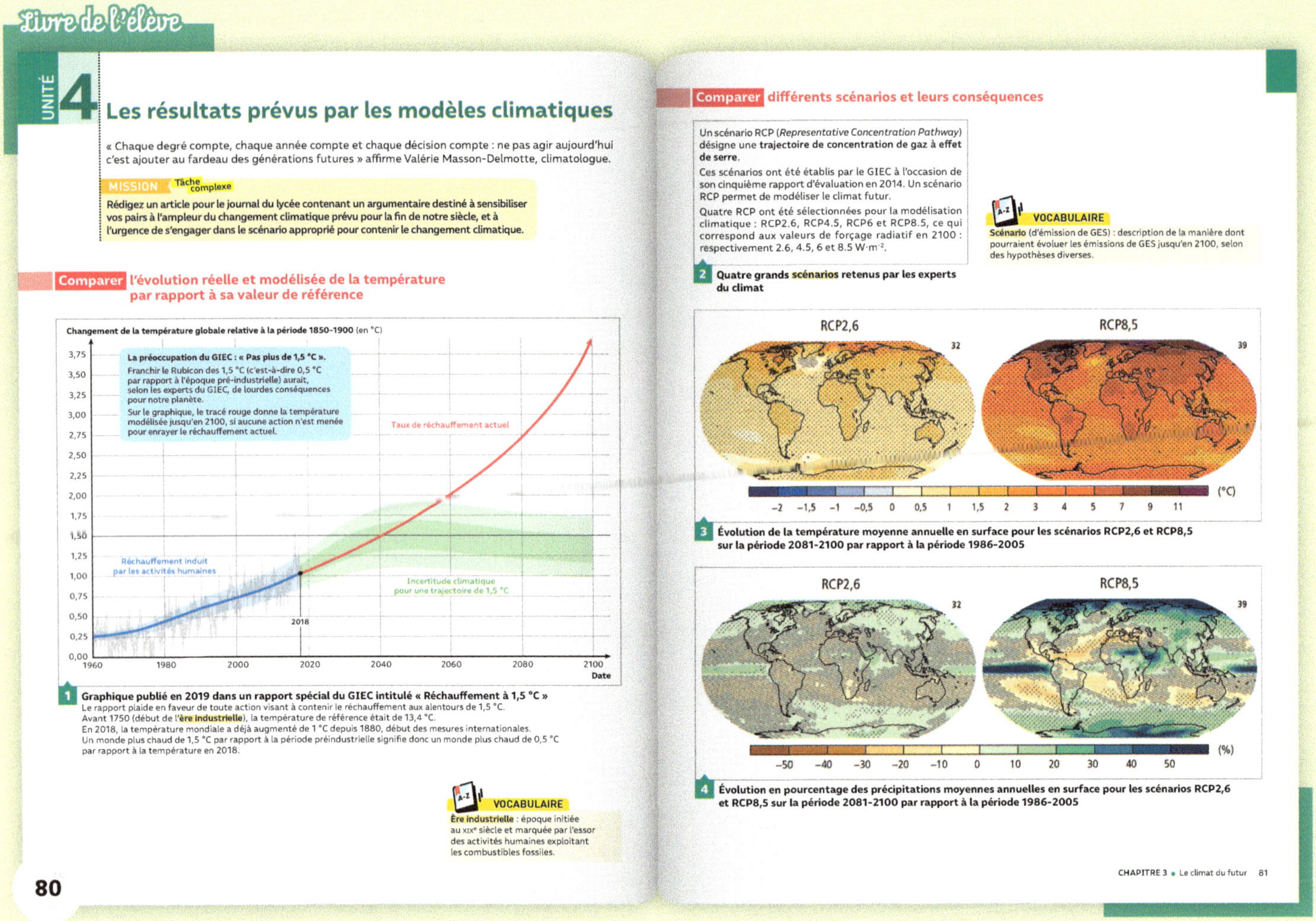

UNITÉ 4

Les résultats prévus par les modèles climatiques

« Chaque degré compte, chaque année compte et chaque décision compte : ne pas agir aujourd'hui c'est ajouter au fardeau des générations futures » affirme Valérie Masson-Delmotte, climatologue.

MISSION Tâche complexe

Rédigez un article pour le journal du lycée contenant un argumentaire destiné à sensibiliser vos pairs à l'ampleur du changement climatique prévu pour la fin de notre siècle, et à l'urgence de s'engager dans le scénario approprié pour contenir le changement climatique.

Comparer l'évolution réelle et modélisée de la température par rapport à sa valeur de référence

1 Graphique publié en 2019 dans un rapport spécial du GIEC intitulé « Réchauffement à 1,5 °C »
Le rapport plaide en faveur de toute action visant à contenir le réchauffement aux alentours de 1,5 °C.
Avant 1750 (début de l'ère industrielle), la température de référence était de 13,4 °C.
En 2018, la température mondiale a déjà augmenté de 1 °C depuis 1880, début des mesures internationales.
Un monde plus chaud de 1,5 °C par rapport à la période préindustrielle signifie donc un monde plus chaud de 0,5 °C par rapport à la température en 2018.

VOCABULAIRE
Ère industrielle : époque initiée au XIXe siècle et marquée par l'essor des activités humaines exploitant les combustibles fossiles.

80

Comparer différents scénarios et leurs conséquences

Un scénario RCP (*Representative Concentration Pathway*) désigne une **trajectoire de concentration de gaz à effet de serre.**
Ces scénarios ont été établis par le GIEC à l'occasion de son cinquième rapport d'évaluation en 2014. Un scénario RCP permet de modéliser le climat futur.
Quatre RCP ont été sélectionnées pour la modélisation climatique : RCP2.6, RCP4.5, RCP6 et RCP8.5, ce qui correspond aux valeurs de forçage radiatif en 2100 : respectivement 2.6, 4.5, 6 et 8.5 W·m⁻².

2 Quatre grands scénarios retenus par les experts du climat

VOCABULAIRE
Scénario (d'émission de GES) : description de la manière dont pourraient évoluer les émissions de GES jusqu'en 2100, selon des hypothèses diverses.

3 Évolution de la température moyenne annuelle en surface pour les scénarios RCP2,6 et RCP8,5 sur la période 2081-2100 par rapport à la période 1986-2005

4 Évolution en pourcentage des précipitations moyennes annuelles en surface pour les scénarios RCP2,6 et RCP8,5 sur la période 2081-2100 par rapport à la période 1986-2005

CHAPITRE 3 • Le climat du futur 81

problèmes scientifiques

- Quelles sont les prédictions livrées par les modèles climatiques, d'ici à 2100 ?
- À quoi pourrait ressembler le changement climatique, selon les différents scénarios ?

Mobilisation des acquis

- Vu en enseignement scientifique de première : le bilan radiatif de la Terre dresse un bilan entre la quantité d'énergie reçue par le système climatique Terre-atmosphère et la quantité d'énergie réémise vers l'espace. Un équilibre, qualifié de dynamique, est atteint lorsque le sol reçoit au total une puissance moyenne égale à celle qu'il émet. La température moyenne du sol est alors constante.
- Vu dans le chapitre 1 : des flux de carbone d'origine anthropique interfèrent avec le cycle biogéochimique du carbone.
- Vu dans le chapitre 2 : la réponse du système climatique à l'augmentation du forçage radiatif (différence entre l'énergie radiative reçue et l'énergie radiative émise) due aux émissions de gaz à effet de serre (GES) dans l'atmosphère : CO_2, CH_4, N_2O et vapeur d'eau principalement.

Les grandes idées à construire

- Les différents scénarios possibles d'émission de GES pour le futur conduisent à différentes fourchettes de prédiction des variations de température.
- Les modèles climatiques prévoient d'une part une augmentation de la température moyenne entre 2017 et la fin du XXIe siècle qui pourrait être comprise entre 1,5 et 5 °C et d'autre part une élévation du niveau moyen des océans entre le début du XXIe siècle et 2100 pouvant atteindre le mètre.
- Les modèles prédisent aussi la survenue d'événements corrélés au changement climatique : modifications des régimes de pluie et des événements climatiques extrêmes, acidification des océans et modification des écosystèmes.

Les compétences travaillées

- **Extraire et organiser** des informations.
- **Exploiter** des documents.
- **Exploiter** les résultats d'un modèle.

Les représentations de l'élève

- L'idée de Rubicon des 1,5 °C pourrait prêter à confusion. Il faut bien entendu retrancher à cette valeur l'augmentation de température déjà actée depuis l'époque préindustrielle. Les élèves doivent bien garder en tête que dans la science du changement climatique, la référence n'est pas la température actuelle. En 2015, la température mondiale avait déjà augmenté de +0,85 °C depuis 1880, début des mesures internationales.

Ce que disent les documents

1 Ce graphique publié par le GIEC est très intéressant pour comprendre que nous avons déjà « consommé », depuis le début de l'ère industrielle, 0,5 °C d'augmentation de température par rapport au 1,5 °C auquel nous « avons droit ». Si le réchauffement devait se poursuivre au rythme actuel nous assisterions à une augmentation de température de près de 4 °C. Le même graphique montre une évolution possible le long d'une trajectoire qualifiée de « 1,5 °C » qui correspond bien sûr à la mise en œuvre d'actions visant à limiter le réchauffement.

Des idées de questions :
- Quelle serait la température en 2100 si rien n'était fait pour enrayer le changement climatique ?
- Dans quel but les scientifiques préconisent-ils une trajectoire de 1,5 °C ?

2 Les scénarios RCP retenus par les experts du climat diffèrent les uns des autres par le forçage radiatif qui y est paramétré. Par exemple, le RCP8.5 correspond à un forçage radiatif de 8,5 $W \cdot m^{-2}$ en 2100 ce qui signifie que la puissance reçue par la Terre excède de 8,5 $W \cdot m^{-2}$ celle émise par la Terre. C'est le plus pessimiste des scénarios RCP. Il correspond à de fortes émissions de gaz à effet de serre.

Des idées de questions :
- Que signifie concrètement « 4.5 » dans un RCP4.5 ?
- Qu'est-ce qui distingue les uns des autres les quatre scénarios retenus ?

3 En 2100, aux pôles, la température moyenne de surface pourrait, par rapport aux années 2000, avoir augmenté de plus de 10 °C selon le scénario RCP8.5 et de presque 4 °C selon le scénario RCP2.6.

Idée de question :
- Quelle est l'évolution des températures prévue selon le scénario RCP8.5 par rapport au scénario RCP2.6 ?

4 En 2100, dans la zone équatoriale, les précipitations moyennes annuelles pourraient, par rapport aux années 2000, avoir augmenté de 50 % selon le scénario RCP8.5 et de presque 20 % selon le scénario RCP2.6.

Idée de question :
- Quelle est l'évolution des précipitations prévue selon le scénario RCP8.5 par rapport au scénario RCP2.6 ?

5 Dans le cas du scénario RCP8.5, on assisterait en Europe à un déplacement des zones viticoles vers le nord et à la disparition des zones viticoles situées au Portugal dans le sud de la France et en Italie. De nouvelles régions productrices apparaîtraient en Europe du Nord, par exemple en Norvège.

Idée de question :
- Quel déplacement des zones viticoles observe-t-on selon le scénario RCP8.5 ?

6 Ce graphique indique à quelle vitesse se déplaceraient des taxons, en dizaine de kilomètres par décennie, selon tel ou tel scénario RCP. Si on fait une lecture des médianes, on voit que le scénario RCP2.6 engendrerait peu de déplacements. Par contre, plus le forçage radiatif qui définit le RCP est important, plus les espèces migreront à une vitesse importante. Par exemple, le RCP8.5 conduit à un déplacement des cervidés atteignant 90 kilomètres par décennie. Plus généralement, ce graphique prédit que la vitesse maximale de migration des espèces sera liée à la vitesse d'évolution des conditions climatiques.

Idée de question :
- Quelles différences dans les migrations d'espèces observerait-on d'un scénario à l'autre ?

7 Le graphique reprend les 4 scénarios et donne les résultats de la modélisation entre les années 2000 et 2100, d'une part de l'évolution de la surface de la banquise, d'autre part celle du pH de l'océan et enfin celle des variations du niveau marin. On voit bien qu'à moins de suivre le scénario 2,6 (qui prédit une surface de la banquise certes en diminution mais maintenue autour de 30 106 km^2, un pH océanique qui reste supérieur à 8 et un niveau marin dont l'élévation est contenue légèrement au-dessus de 0,4 m), on assisterait à des modifications drastiques des trois paramètres mesurés. Par exemple, avec le scénario RCP8.5, la banquise aurait disparu en 2080, le pH s'abaisserait en dessous de 7,8 et le niveau marin s'élèverait de 0,7 m.

Idée de question :
- Quelles différences observe-t-on entre les scénarios RCP2.6 et RCP8.5 ?

8 L'affiche montre les conséquences qu'aurait un réchauffement compris entre 1,5 °C et 2 °C. C'est un bon moyen de visualiser l'ampleur du changement climatique. Selon que la température augmente de 1,5 ou 2 degrés, on assisterait en domaine continental, à des vagues de chaleur plus ou moins intenses, à une érosion plus ou moins importante de la biodiversité, à une atteinte plus ou moins grande des cultures céréalières. En domaine marin, la pêche serait plus ou moins réduite, la perte des récifs coralliens serait plus ou moins importante tout comme la hausse du niveau marin. La fonte totale de la banquise l'été serait plus ou moins fréquente.

Idée de question :
- Quelles différences observe-t-on entre les conséquences d'un réchauffement à 1,5 °C et celles d'un réchauffement à 2 °C ?

Les + pour préparer votre séance

Il pourrait être intéressant de demander aux élèves, avant la séance, de visionner cette vidéo (en anglais) : *Climate change scenarios* https://www.youtube.com/watch?v=VUKIlpdHoJM. On pourra ensuite nuancer le propos et ouvrir la discussion sur les différents scénarios RCP qui sont illustrés dans cette activité.

Article en ligne

- Le rapport spécial du GIEC : réchauffement climatique à 1,5 °C : https://www.ipcc.ch/sr15/

Vidéo

- Météo France : Climat : comprendre une hausse de 1,5 °C ou 2 °C : https://www.youtube.com/watch?time_continue=49&v=IDj-EmV-QSA&feature=emb_title

LE SAVIEZ-VOUS ?

- Les nouveaux RCP sont les scénarios de référence, qualifiés de profils représentatifs d'évolution des concentrations (RCP, pour *Representative Concentration Pathways*) de gaz à effet de serre (GES), d'ozone et de précurseurs des aérosols pour le XXIe siècle et au-delà. Ces scénarios correspondent à des efforts plus ou moins grands de réduction des émissions de GES au niveau mondial. Pour chacun de ces quatre « profils représentatifs », les climatologues déduisent les conditions climatiques et les impacts du changement climatique associés.
- Ces nouveaux RCP sont désormais au nombre de quatre (tableau 1), pour éviter un scénario médian « fourre-tout ». Les profils d'évolution d'émissions de gaz à effet de serre ont été sélectionnés par les scientifiques sur la base de plusieurs centaines de scénarios publiés. Ils ont été décrits par Moss et *al.* (*Nature*, 2010) et définissent l'évolution du forçage radiatif sur la période 2006-2300.

Nom	Forçage radiatif	Concentration de GES (ppm)	Trajectoire
RCP8.5	> 8,5 $W \cdot m^{-2}$ en 2100	> 1 370 eq-CO_2 en 2100	Croissante
RCP6.0	~6 $W \cdot m^{-2}$ au niveau de stabilisation après 2100	~850 eq-CO_2 au niveau de stabilisation après 2100	Stabilisation sans dépassement
RCP4.5	~4,5 $W \cdot m^{-2}$ au niveau de stabilisation après 2100	~660 eq-CO_2 au niveau de stabilisation après 2100	Stabilisation sans dépassement
RCP2.6	Pic à ~3 $W \cdot m^{-2}$ avant 2100 puis déclin	Pic ~490 eq-CO_2 avant 2100 puis déclin	Pic puis déclin

Source : https://www.parc-golfe-morbihan.bzh/medias/2016/11/Les-sce%CC%81narios-du-GIEC.pdf

CHAPITRE 3

Livre de l'élève

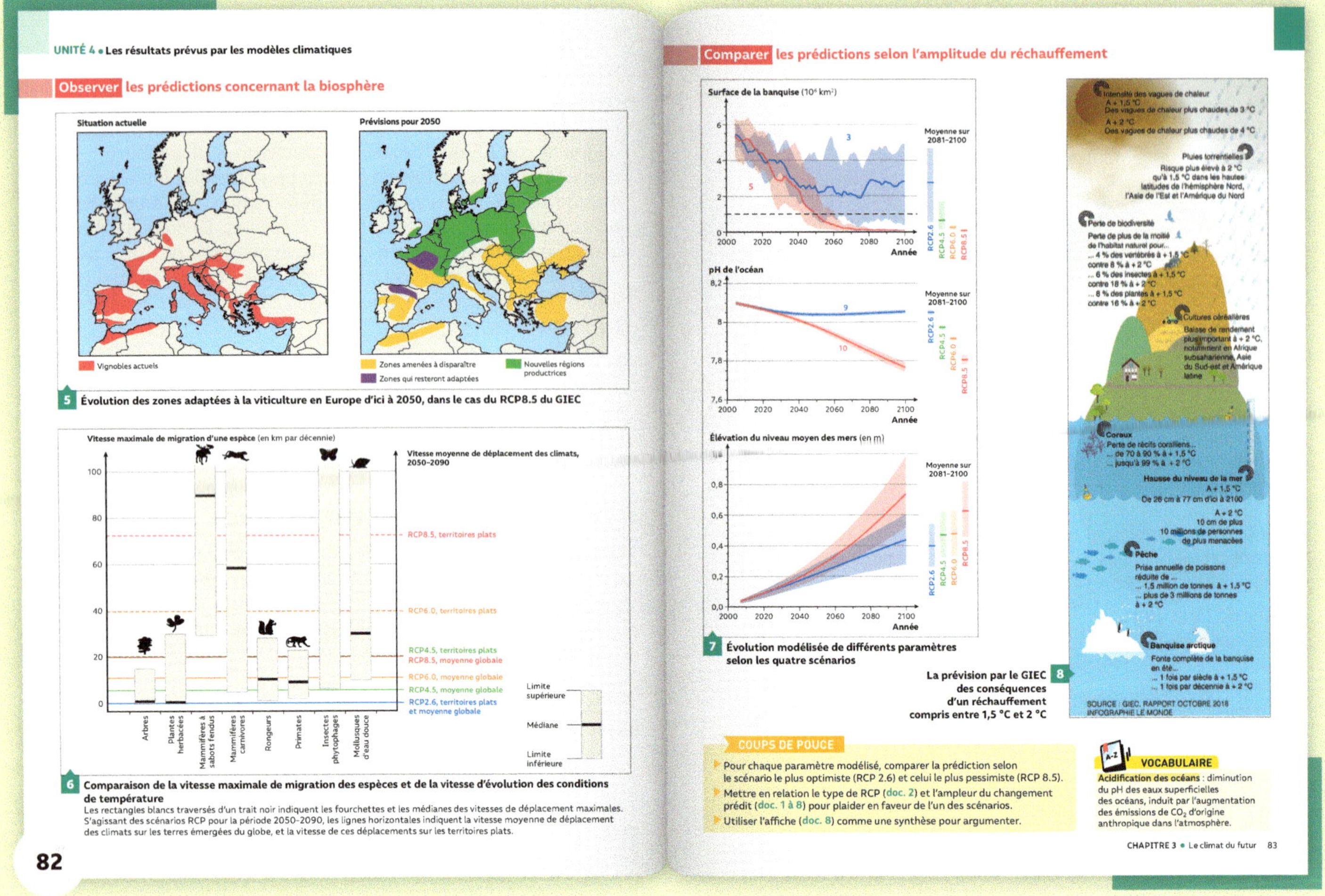

Le forçage radiatif, exprimé en $W{\cdot}m^{-2}$, est le changement du bilan radiatif (rayonnement descendant moins rayonnement montant) au sommet de la troposphère (10 à 16 km d'altitude), dû à un changement d'un des facteurs d'évolution du climat comme la concentration des gaz à effet de serre. La valeur pour 2011 est de 2,84 $W{\cdot}m^{-2}$.

En parallèle aux RCP des climatologues, les sociologues et les économistes travaillent sur des scénarios présentant diverses caractéristiques de développements socio-économiques et diverses stratégies d'adaptation et d'atténuation. Cinq familles de scénarios, nommés SSP (pour *Shared Socioeconomic Pathways*), ont ainsi été définies.

CORRECTION DE LA MISSION

Les élèves doivent simuler la rédaction d'un article pour le journal du lycée, qui doit renfermer un argumentaire. Voici la trame du contenu de la réponse :

Point à aborder	Argumentaire
▶ Sensibiliser ses pairs à l'ampleur du changement climatique prévu pour la fin de notre siècle.	Diversité des paramètres concernés par le changement climatique : température, régime des précipitations, volume des glaces de mer (banquise), niveau marin, pH de l'océan. Atteintes de la biosphère : migration des espèces, déplacement des possibilités de culture, érosion de la biodiversité.
▶ L'urgence de s'engager dans le scénario approprié pour contenir le changement climatique.	Le scénario RCP2.6 prévoit des changements moins drastiques que ceux prévus par les trois autres RCP. Le scénario RCP8.5 mènerait à un changement climatique extrême qu'il faut impérativement éviter.

▶ Les parcours possibles

PARCOURS 1 Initiation

1 Expliquer le principe d'un scénario RCP.
2 Énumérer les modifications climatiques prédites par les modèles quel que soit le scénario RCP.
3 Démontrer la nécessité de s'astreindre au scénario RCP2.6 plutôt que tout autre scénario.

PARCOURS 2 Confirmé

1 Comparer les différents prédictions climatiques selon des quatre différents RCP.
2 Justifier que la communauté scientifique préconise de ne pas s'éloigner de la trajectoire des 1,5 °C.

INDICATEURS DE RÉUSSITE	NIVEAU A	B	C	D
La différence entre les quatre scénarios RCP est explicitée.				
Les conséquences communes aux trajectoires 1,5 °C et 2 °C sont identifiées.				
Le scénario RCP qu'il faudrait suivre pour modérer le changement climatique est identifié.				

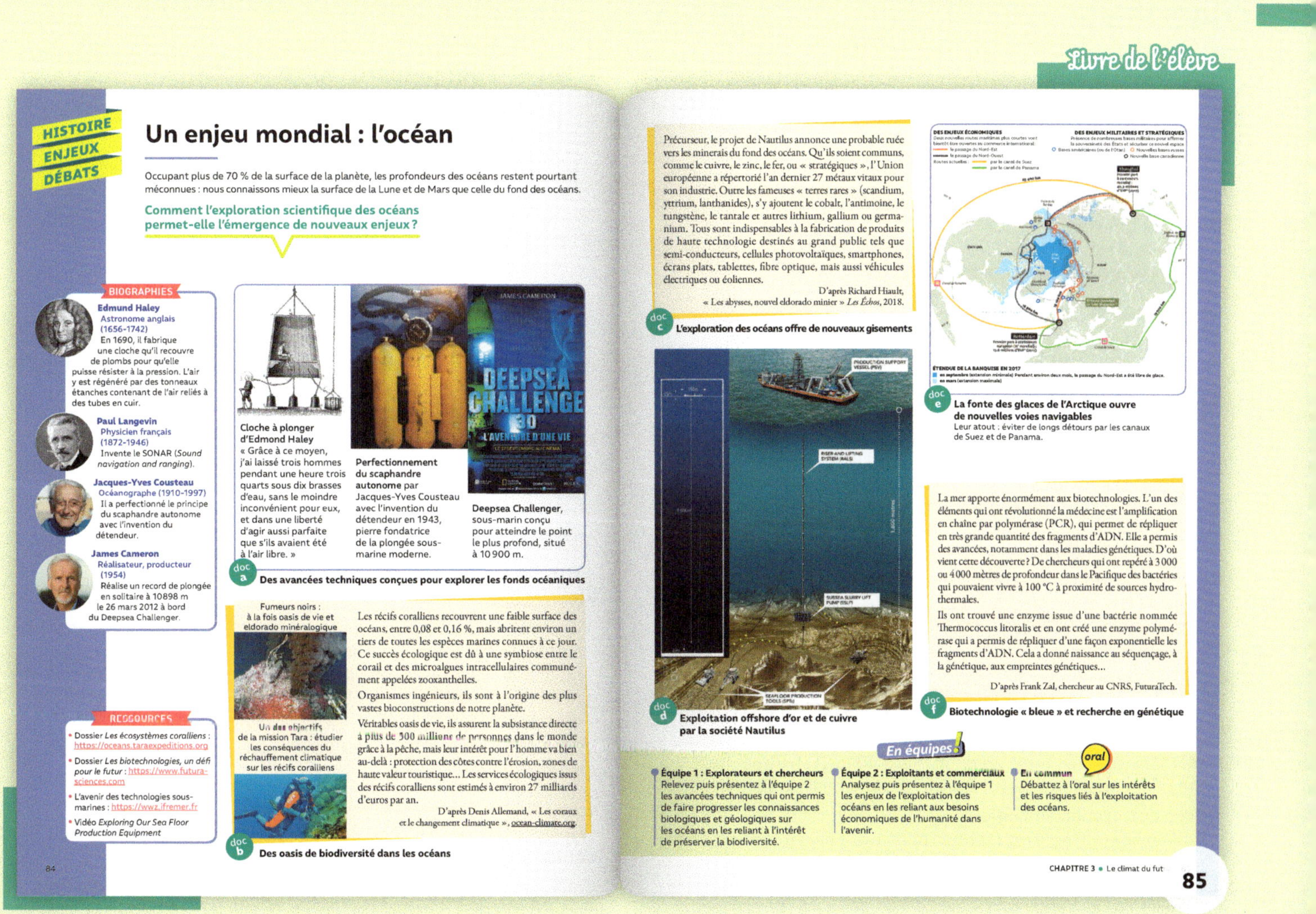
Livre de l'élève

HISTOIRE ENJEUX DÉBATS

Un enjeu mondial : l'océan

Occupant plus de 70 % de la surface de la planète, les profondeurs des océans restent pourtant méconnues : nous connaissons mieux la surface de la Lune et de Mars que celle du fond des océans.

Comment l'exploration scientifique des océans permet-elle l'émergence de nouveaux enjeux ?

BIOGRAPHIES

Edmund Haley Astronome anglais (1656-1742) En 1690, il fabrique une cloche qu'il recouvre de plombs pour qu'elle puisse résister à la pression. L'air y est régénéré par des tonneaux étanches contenant de l'air reliés à des tubes en cuir.

Paul Langevin Physicien français (1872-1946) Invente le SONAR (*Sound navigation and ranging*).

Jacques-Yves Cousteau Océanographe (1910-1997) Il a perfectionné le principe du scaphandre autonome avec l'invention du détendeur.

James Cameron Réalisateur, producteur (1954) Réalise un record de plongée en solitaire à 10898 m le 26 mars 2012 à bord du Deepsea Challenger.

RESSOURCES

- Dossier *Les écosystèmes coralliens* : https://oceans.taraexpeditions.org
- Dossier *Les biotechnologies, un défi pour le futur* : https://www.futura-sciences.com
- L'avenir des technologies sous-marines : https://wwz.ifremer.fr
- Vidéo *Exploring Our Sea Floor Production Equipment*

Cloche à plonger d'Edmond Haley « Grâce à ce moyen, j'ai laissé trois hommes pendant une heure trois quarts sous dix brasses d'eau, sans le moindre inconvénient pour eux, et dans une liberté d'agir aussi parfaite que s'ils avaient été à l'air libre. »

Perfectionnement du scaphandre autonome par Jacques-Yves Cousteau avec l'invention du détendeur en 1943, pierre fondatrice de la plongée sous-marine moderne.

Deepsea Challenger, sous-marin conçu pour atteindre le point le plus profond, situé à 10 900 m.

doc a **Des avancées techniques conçues pour explorer les fonds océaniques**

Fumeurs noirs : à la fois oasis de vie et eldorado minéralogique

Un des objectifs de la mission Tara : étudier les conséquences du réchauffement climatique sur les récifs coralliens

Les récifs coralliens recouvrent une faible surface des océans, entre 0,08 et 0,16 %, mais abritent environ un tiers de toutes les espèces marines connues à ce jour. Ce succès écologique est dû à une symbiose entre le corail et des microalgues intracellulaires communément appelées zooxanthelles.

Organismes ingénieurs, ils sont à l'origine des plus vastes bioconstructions de notre planète.

Véritables oasis de vie, ils assurent la subsistance directe à plus de 500 millions de personnes dans le monde grâce à la pêche, mais leur intérêt pour l'homme va bien au-delà : protection des côtes contre l'érosion, zones de haute valeur touristique... Les services écologiques issus des récifs coralliens sont estimés à environ 27 milliards d'euros par an.

D'après Denis Allemand, « Les coraux et le changement climatique », ocean-climate.org.

doc b **Des oasis de biodiversité dans les océans**

Précurseur, le projet de Nautilus annonce une probable ruée vers les minerais du fond des océans. Qu'ils soient communs, comme le cuivre, le zinc, le fer, ou « stratégiques », l'Union européenne a répertorié l'an dernier 27 métaux vitaux pour son industrie. Outre les fameuses « terres rares » (scandium, yttrium, lanthanides), s'y ajoutent le cobalt, l'antimoine, le tungstène, le tantale et autres lithium, gallium ou germanium. Tous sont indispensables à la fabrication de produits de haute technologie destinés au grand public tels que semi-conducteurs, cellules photovoltaïques, smartphones, écrans plats, tablettes, fibre optique, mais aussi véhicules électriques ou éoliennes.

D'après Richard Hiault, « Les abysses, nouvel eldorado minier » *Les Échos*, 2018.

doc c **L'exploration des océans offre de nouveaux gisements**

doc d **Exploitation offshore d'or et de cuivre par la société Nautilus**

doc e **La fonte des glaces de l'Arctique ouvre de nouvelles voies navigables**
Leur atout : éviter de longs détours par les canaux de Suez et de Panama.

La mer apporte énormément aux biotechnologies. L'un des éléments qui ont révolutionné la médecine est l'amplification en chaîne par polymérase (PCR), qui permet de répliquer en très grande quantité des fragments d'ADN. Elle a permis des avancées, notamment dans les maladies génétiques. D'où vient cette découverte ? De chercheurs qui ont repéré à 3 000 ou 4 000 mètres de profondeur dans le Pacifique des bactéries qui pouvaient vivre à 100 °C à proximité de sources hydrothermales.

Ils ont trouvé une enzyme issue d'une bactérie nommée Thermococcus litoralis et en ont créé une enzyme polymérase qui a permis de répliquer d'une façon exponentielle les fragments d'ADN. Cela a donné naissance au séquençage, à la génétique, aux empreintes génétiques...

D'après Frank Zal, chercheur au CNRS, FuturaTech.

doc f **Biotechnologie « bleue » et recherche en génétique**

En équipes !

Équipe 1 : Explorateurs et chercheurs Relevez puis présentez à l'équipe 2 les avancées techniques qui ont permis de faire progresser les connaissances biologiques et géologiques sur les océans en les reliant à l'intérêt de préserver la biodiversité.

Équipe 2 : Exploitants et commerciaux Analysez puis présentez à l'équipe 1 les enjeux de l'exploitation des océans en les reliant aux besoins économiques de l'humanité dans l'avenir.

En commun (oral) Débattez à l'oral sur les intérêts et les risques liés à l'exploitation des océans.

CHAPITRE 3 • Le climat du fut 85

problèmes scientifiques

- Quelles avancées techniques ont permis de faire progresser les connaissances biologiques et géologiques sur les océans ?
- Quels intérêts l'être humain a-t-il à préserver la biodiversité marine ?
- Quels sont les enjeux économiques de l'exploitation industrielle des océans ?

Mobilisation des acquis

- Vu en cycle 4 : Les enjeux de l'exploitation et la gestion d'une ressource naturelle par l'être humain pour ses besoins en nourriture et ses activités quotidiennes. Modification du fonctionnement des écosystèmes par les activités humaines.
- Vu en seconde : Les effets des pratiques humaines sur la biodiversité. La gestion des agrosystèmes terrestres ou aquatiques afin de produire la biomasse nécessaire à l'humanité pour ses différents besoins (alimentaires, agrocarburants, pharmaceutiques, etc.).
- Vu en enseignement scientifique de 1re : La conversion biologique de l'énergie solaire réalisée au cours de la photosynthèse. La formation des combustibles fossiles.
- Unité 4 du chapitre 3 – **doc. 7 et 8** : Les prédictions des effets sur les océans selon l'amplitude du réchauffement.

Les grandes idées à construire

- Actuellement, plus de 75 % des zones très profondes restent inexplorées. Développer un système performant qui résiste aux fortes pressions nécessite des prouesses technologiques et a un coût très élevé.
- À travers le monde, des milliards de personnes dépendent de la biodiversité marine et côtière pour leurs besoins en ressources alimentaires, énergétiques et pharmaceutiques.
- La croûte océanique, très riche en minerais contient des terres rares, indispensables au développement de produits de haute technologie. La fonte des glaces polaires au niveau de l'arctique suscite l'intérêt des compagnies pétrolières et offre de nouvelles voies navigables, des routes maritimes plus courtes donc de nouveaux enjeux économiques et militaires.
- Les océans jouent un rôle majeur de régulateur climatique en absorbant plus d'un tiers des émissions de CO_2 émises par les activités humaines, d'où l'intérêt d'une exploitation durable et responsable.

Les compétences travaillées

- **Exploiter et mettre en relation** des informations.
- **Coopérer et collaborer**.
- **Communiquer** à l'oral.

Ce que disent les documents

a L'exploration sous-marine est intimement liée à l'évolution des progrès techniques. Pour aller toujours plus loin sous la mer, l'humanité fait preuve d'ingéniosité. La cloche à plonger d'Edmond Haley est l'un des plus anciens équipements permettant d'effectuer des travaux sous l'eau. Le dispositif emprisonne un volume d'air suffisant à l'activité d'une ou plusieurs personnes ; celle-ci pouvant se prolonger si l'air peut être renouvelé.
Afin de permettre une liberté de mouvement sous l'eau quasi-totale et s'affranchir des tuyaux alimentant en air les scaphandres,

le commandant Cousteau perfectionne en 1943 le détendeur, mécanisme qui permet au plongeur de respirer l'air contenu dans sa bouteille de plongée à la pression à laquelle il évolue.
James Cameron observe, le 26 mars 2012, le point le plus profond de la croûte terrestre dans la fosse des Mariannes à bord d'un mini-sous-marin : le *Deepsea Challenger*.

Idée de question :
- Quelles sont les difficultés rencontrées par l'être humain lors de l'exploration du milieu aquatique marin ?

b La biodiversité des océans est particulièrement élevée aux niveaux des fumeurs noirs et des récifs coralliens. Les fumeurs noirs sont des évents hydrothermaux situés le long des dorsales médio-océaniques (océans Atlantique, Pacifique et Indien), entre 700 mètres et plus de 4000 mètres de profondeur, dans des zones à fortes activités volcaniques. Ces fumeurs, en plus d'abriter de nombreuses espèces extrêmophiles et endémiques, suscitent la convoitise de certains pays. En effet, au contact de l'eau froide (< 4 °C), des métaux dissous éjectés (cuivre, zinc, or et uranium) précipitent avec les sulfures.

Des idées de questions :
- Comment se forment les métaux et terres rares au niveau des fumeurs noirs ?
- Quels sont les intérêts pour l'humain de l'exploration des fonds océaniques ?

c et **d** Le projet de la société canadienne Nautilus Minerals prévoit d'utiliser des robots sous-marins filoguidés (Rov) pour prélever le minerai sur le plancher marin et l'aspirer jusqu'au navire en surface. Après séparation de l'eau, les différents minerais constitués de métaux et terres rares seront transférés sur un navire de transport.

Idée de question en anglais :
- *Explain how offshore exploitation of precious minerals takes place.*

e Avec le réchauffement climatique, les passages du Nord-Est (pointillés rouges) et du Nord-Ouest (pointillés noirs) se dégagent peu à peu permettant la navigation. Ces nouvelles routes revêtent une importance stratégique, notamment pour la Russie car les trois quarts du passage du Nord-Est se trouvent dans les eaux territoriales russes. Le nombre de nouvelles bases militaires russes construites le long de cette route maritime, dont le président Poutine veut faire « une voie de commerce vraiment mondiale et compétitive », révèle l'ampleur des retombées économiques attendues par Moscou. Ces deux nouvelles voies navigables raccourcissent énormément les distances de trajet et permettent d'éviter les passages difficiles des canaux de Suez et de Panama.

Des idées de questions :
- Quelles sont les distances gagnées par l'ouverture de ces nouvelles voies navigables ?
- Quels sont les impacts géostratégiques de l'ouverture de ces nouvelles voies navigables ?

f Les biotechnologies bleues désignent l'application des méthodes de la biologie liée à d'autres disciplines (informatique, génétique, physique, chimie…), se servant des ressources marines (algues et microalgues essentiellement) comme matériau de base, ce afin de produire des services et des biens. Aujourd'hui la croissance des entreprises œuvrant dans les biotechnologies bleues est en plein essor. Ce marché croit de 10 % par an.

Des idées de questions :
- Qu'est-ce qu'une biotechnologie bleue ? Donnez des exemples.
- Est-ce que les biotechnologies bleues représentent un marché potentiel dans l'avenir ?

Les + pour préparer votre séance

Article en ligne

- Article Le Monde : « Océans : dix chiffres pour résumer les enjeux et les risques »
https://www.lemonde.fr/planete/article/2018/06/08/oceans-dix-chiffres-pour-resumer-les-enjeux-et-les-risques_5311528_3244.html
- Article Le Monde : « Fonds marins : 75 % des zones très profondes restent inexplorées »
https://www.lemonde.fr/sciences/article/2012/03/26/fonds-marins-75-des-zones-tres-profondes-restent-inexplorees_1676015_1650684.html
- Article L'Express : « Pétrole, gaz, navigation… l'Arctique polarise les convoitises »
https://www.lexpress.fr/actualite/monde/petrole-gaz-navigation-l-arctique-polarise-les-convoitises_1979749.html
- Article Ifremer : « Les champs de nodules polymétalliques, hauts lieux de la biodiversité »
https://www.ifremer.fr/Actualites-et-Agenda/Toutes-les-actualites/Archives/2016/Les-champs-de-nodules-polymetalliques

Vidéo

- Il serait intéressant de comparer les objectifs des différentes missions de Tara Océan (et plus particulièrement celle de Tara Pacific sur la biodiversité des récifs coralliens) organisme français, qui regroupe de nombreux scientifiques dont des biologistes marins (voir fiche métier dans le coin des sciences).
https://www.youtube.com/watch?time_continue=113&v=TCMca8nCKm8&feature=emb_title

CORRECTION DE L'UNITÉ

Équipe 1 : Explorateurs et chercheurs

Grâce aux progrès techniques de la plongée sous-marine (détendeur, cloche à plonger…) et de l'exploration des plaines abyssales et fosses océaniques (Sonar, bathyscaphe…), l'être humain prend conscience de la richesse de la biodiversité sous-marine, de sa fragilité, de son intérêt pour notre survie mais aussi de son rôle écologique au sein de la planète. Des applications biotechnologiques issues de la recherche et basées sur les ressources marines aboutissent à des découvertes importantes dans le domaine médical et la génétique (Recherche contre le cancer, colles chirurgicales, médicaments, PCR, séquençage, empreinte génétique) mais aussi dans l'industrie alimentaire et cosmétique (découvertes de macromolécules aux propriétés gélifiantes).

Équipe 2 : Exploitants et commerciaux

L'exploration des fonds océaniques présente un intérêt économique et industriel majeur dans un contexte international de hausse de la demande en métaux et terre rares liée au développement des nouvelles technologies (nucléaire, stockage électrique…) mais aussi de prospection d'énergie fossile (pétrole charbon et gaz). De grandes compagnies mettent au point des technologies permettant d'exploiter les concrétions métalliques formées au niveau des dorsales (fumeurs noirs) ainsi que les champs de nodules polymétalliques des plaines abyssales.
La fonte des glaces polaires permet l'ouverture de nouvelles voies navigables, plus courtes, plus rapides ainsi que de nouvelles zones d'exploitation pétrolière. Ces nouveaux enjeux économiques fortement disputés présentent un intérêt stratégique pour les grandes puissances mondiales.

3 En commun

Le monde abyssal joue un rôle central dans l'équilibre écologique de la planète en participant à la régulation du climat, aux échanges de chaleur, de gaz et d'eau avec l'atmosphère, au maintien de la biodiversité. Il pourrait être source de ressources pour notre quotidien (alimentation, santé, médicaments, produits industriels).
Les découvertes réalisées dans les fonds abyssaux ont permis de faire avancer la science, d'en apprendre davantage sur l'évolution géologique de notre planète, de la formation des océans en passant par le déplacement des continents.

Les États vont négocier aux Nations unies un accord sur la conservation et l'utilisation durable de la biodiversité au-delà des zones maritimes sous juridiction nationale.

▶ Les parcours possibles

PARCOURS 1 Initiation

❶ Les équipes prennent connaissance des documents pendant 10 minutes.
❷ Les équipes répondent à des questions/coups de pouce personnalisées durant 20 minutes.
❸ Les équipes débattent sur les enjeux de l'exploration et l'exploitation océanique puis se mettent d'accord sur une exploitation responsable, durable et équitable des fonds océaniques.

PARCOURS 2 Confirmé

❶ L'ensemble des élèves prend connaissance des documents individuellement pendant 10 minutes.
❷ Les équipes s'organisent, mettent en commun les informations extraites et organisent leurs argumentaires.
❸ Les équipes débattent sur les enjeux de l'exploration et l'exploitation océanique puis se mettent d'accord sur une exploitation responsable, durable et équitable des fonds océaniques.

INDICATEURS DE RÉUSSITE	NIVEAU			
	A	B	C	D
Équipe 1 : Identifier les difficultés rencontrées lors de la plongée en eaux profondes. Identifier les prouesses technologiques liées à l'exploration océanique. Localiser les oasis de biodiversité océanique et citer quelques intérêts liés à la préservation de cette biodiversité. Trouver des exemples d'application des biotechnologies bleues dans la vie courante.				
Équipe 2 : Expliquer la formation des métaux et terres rares au niveau des fumeurs noirs. Préciser l'intérêt de l'exploitation minière des fonds marins et expliquer le principe et les contraintes de cette exploitation minière. Identifier les enjeux économiques et géostratégiques liés à la fonte des glaces de l'Arctique.				
En commun : Organiser le débat en attribuant les rôles de chacun dans chaque équipe. Un président de débat attribue la parole et veille aux temps de parole des débateurs. Un secrétaire de séance note au tableau les arguments de chaque équipe. Les élèves se mettent d'accord autour de l'idée d'une exploitation responsable, équitable et durable des plaines abyssales.				

▶ QCM complémentaire sur le chapitre

1. On parle de forçage radiatif pour désigner :
a. la différence entre l'énergie radiative reçue et l'énergie radiative émise.
b. l'équilibre entre l'énergie radiative reçue et l'énergie radiative émise.
c. la bilan radiatif terrestre à l'époque préindustrielle.
d. l'ensemble des méthodes employées par l'homme pour lutter contre le réchauffement climatique.

2 Les gaz à effet de serre sont :
a. CO_2 et O_2.
b. O_2 et O_3.
c. CO_2, CH_4, N_2O et O_2.
d. CO_2, CH_4, N_2O et H_2O.

3 Le système climatique comporte :
a. toutes les interactions entre les océans, l'atmosphère, la biosphère, la lithosphère et la cryosphère.
b. uniquement les phénomènes atmosphériques à court terme (jours, semaines).
c. uniquement les océans et les continents.
d. uniquement l'atmosphère.

4 De nos jours, l'augmentation du forçage radiatif provient :
a. des émissions de gaz à effet de serre (GES) dans l'atmosphère.
b. d'une intense photosynthèse.
c. d'une moindre insolation par rapport à l'époque préindustrielle.
d. d'une augmentation naturelle de la puissance solaire reçue par la Terre.

5. Le GIEC :
a. est une entreprise du CAC 40
b. est un groupe d'experts de la météorologie
c. rédige des rapports sur l›évolution du climat
d. n'étudie que l'évolution du climat en France

6. Un puit de carbone :
a. est une structure capable d'absorber et de stocker du carbone.
b. est une structure qui contient du pétrole.
c. est une structure qui ne contient pas d'eau.
d. est une structure qui ne contient que des atomes de carbone.

7. À propos des variations climatiques passées :
a. on ne connait rien.
b. elles de dépassaient pas quelques dizaines d'années.
c. il y en a eu de très nombreuses.
d. Certaines ont eu des écarts de plus de 100 °C.

8. Le réchauffement climatique n'aura aucun effet sur :
a. la santé humaine.
b. les végétaux.
c. le niveau des océans.
d. le rayonnement solaire.

9. Avec le réchauffement climatique, les océans :
a. se dilatent.
b. se rétractent.
c. absorbent davantage de CO_2.
d. se refroidissent.

10. Au cours du siècle dernier, on observe :
a. une augmentation moyenne des températures de 6 °C.
b. une augmentation moyenne des températures de 0,6 °C.
c. une stabilité des températures.
d. une baisse des températures moyennes de 0,15 °C.

11. En Antarctique, le réchauffement climatique se traduit par :
a. une augmentation de la surface de la banquise.
b. un refroidissement des eaux de surface.
c. une diminution de l'albédo.
d. une diminution du trafic maritime.

Livre de l'élève

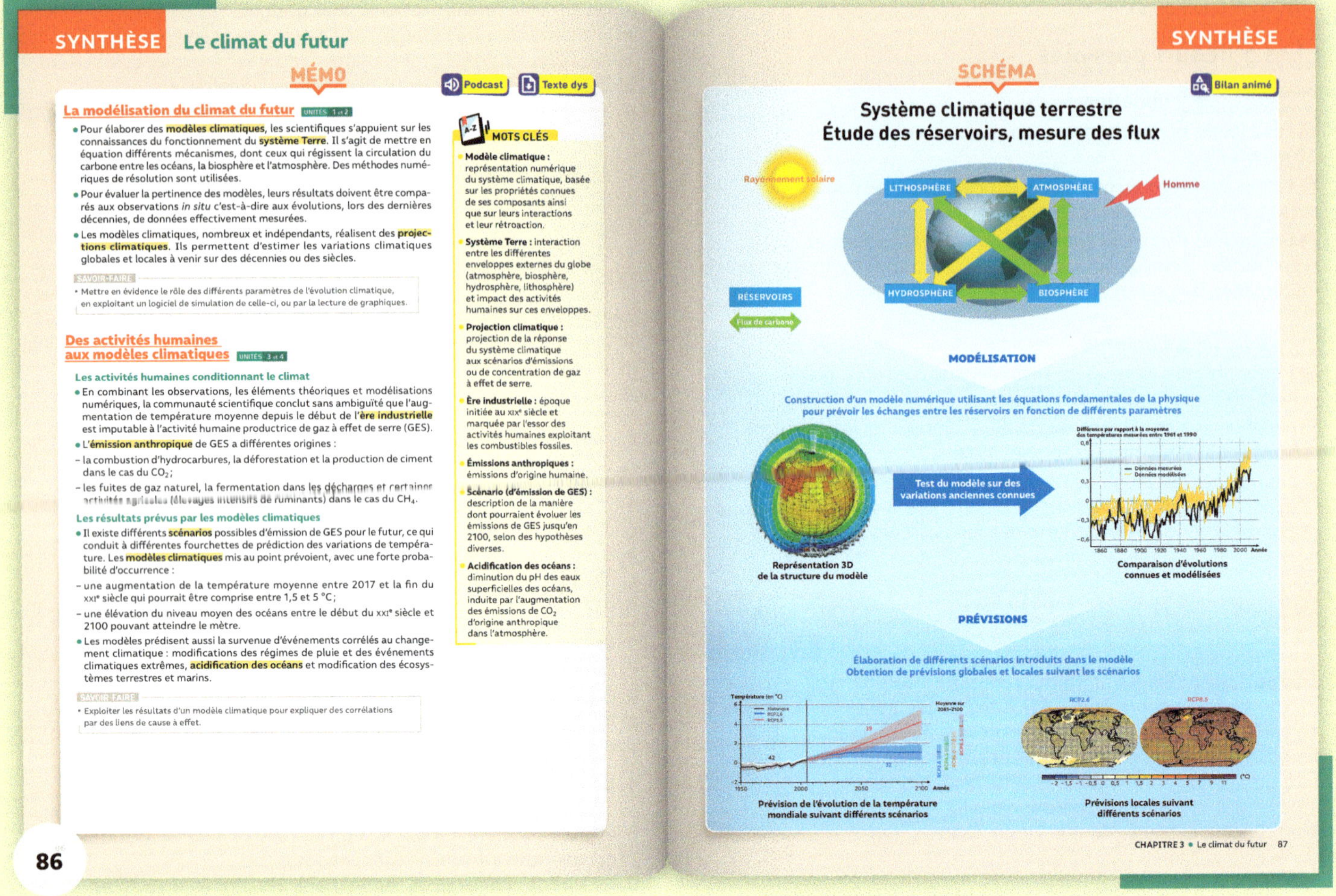

SYNTHÈSE Le climat du futur

MÉMO

Podcast Texte dys

La modélisation du climat du futur UNITÉS 1 et 2

- Pour élaborer des **modèles climatiques**, les scientifiques s'appuient sur les connaissances du fonctionnement du **système Terre**. Il s'agit de mettre en équation différents mécanismes, dont ceux qui régissent la circulation du carbone entre les océans, la biosphère et l'atmosphère. Des méthodes numériques de résolution sont utilisées.
- Pour évaluer la pertinence des modèles, leurs résultats doivent être comparés aux observations *in situ* c'est-à-dire aux évolutions, lors des dernières décennies, de données effectivement mesurées.
- Les modèles climatiques, nombreux et indépendants, réalisent des **projections climatiques**. Ils permettent d'estimer les variations climatiques globales et locales à venir sur des décennies ou des siècles.

SAVOIR-FAIRE
- Mettre en évidence le rôle des différents paramètres de l'évolution climatique, en exploitant un logiciel de simulation de celle-ci, ou par la lecture de graphiques.

Des activités humaines aux modèles climatiques UNITÉS 3 et 4

Les activités humaines conditionnant le climat
- En combinant les observations, les éléments théoriques et modélisations numériques, la communauté scientifique conclut sans ambiguïté que l'augmentation de température moyenne depuis le début de l'**ère industrielle** est imputable à l'activité humaine productrice de gaz à effet de serre (GES).
- L'**émission anthropique** de GES a différentes origines :
– la combustion d'hydrocarbures, la déforestation et la production de ciment dans le cas du CO_2 ;
– les fuites de gaz naturel, la fermentation dans les décharges et certaines activités agricoles (élevages intensifs de ruminants) dans le cas du CH_4.

Les résultats prévus par les modèles climatiques
- Il existe différents **scénarios** possibles d'émission de GES pour le futur, ce qui conduit à différentes fourchettes de prédiction des variations de température. Les **modèles climatiques** mis au point prévoient, avec une forte probabilité d'occurrence :
– une augmentation de la température moyenne entre 2017 et la fin du XXIe siècle qui pourrait être comprise entre 1,5 et 5 °C ;
– une élévation du niveau moyen des océans entre le début du XXIe siècle et 2100 pouvant atteindre le mètre.
- Les modèles prédisent aussi la survenue d'événements corrélés au changement climatique : modifications des régimes de pluie et des événements climatiques extrêmes, **acidification des océans** et modification des écosystèmes terrestres et marins.

SAVOIR-FAIRE
- Exploiter les résultats d'un modèle climatique pour expliquer des corrélations par des liens de cause à effet.

MOTS CLÉS
- **Modèle climatique :** représentation numérique du système climatique, basée sur les propriétés connues de ses composants ainsi que sur leurs interactions et leur rétroaction.
- **Système Terre :** interaction entre les différentes enveloppes externes du globe (atmosphère, biosphère, hydrosphère, lithosphère) et impact des activités humaines sur ces enveloppes.
- **Projection climatique :** projection de la réponse du système climatique aux scénarios d'émissions ou de concentration de gaz à effet de serre.
- **Ère industrielle :** époque initiée au XIXe siècle et marquée par l'essor des activités humaines exploitant les combustibles fossiles.
- **Émissions anthropiques :** émissions d'origine humaine.
- **Scénario (d'émission de GES) :** description de la manière dont pourraient évoluer les émissions de GES jusqu'en 2100, selon des hypothèses diverses.
- **Acidification des océans :** diminution du pH des eaux superficielles des océans, induite par l'augmentation des émissions de CO_2 d'origine anthropique dans l'atmosphère.

86

SYNTHÈSE

SCHÉMA

Bilan animé

CHAPITRE 3 • Le climat du futur 87

SYNTHÈSE

Explication du schéma bilan

Ce schéma bilan a pour point d'ancrage le principe même de la modélisation. Alors que des flux de carbone ont naturellement lieu entre les différents réservoirs, les activités anthropiques interfèrent avec ces flux. La mise en équation des flux permet la construction d'un modèle numérique qui calcule alors l'évolution de paramètres climatiques, dont la température. Le test du modèle est permis par la comparaison des données calculées et celles mesurées dans le passé. Si le modèle est validé, il devient un modèle prédictif qui permet de calculer, selon différentes hypothèses d'émission de GES, l'évolution des paramètres climatiques.

Les limites du schéma

Le schéma n'indique pas les équations qui régissent les flux, car il s'agit d'équations complexes. L'illustration des prévisions livrées par les modèles est focalisée sur la température, or les modèles climatiques calculent aussi d'autres paramètres climatiques : le niveau marin, le volume des glaces de mer, le pH de l'océan…

L'essentiel

Les modèles climatiques réalisent des projections climatiques. Ils sont basés sur la connaissance du fonctionnement et des interactions entre les enveloppes terrestres. Ils permettent d'estimer les variations climatiques globales et locales à venir sur des décennies ou des siècles.

Quelle lecture du schéma proposer à l'élève ?

Il pourrait être intéressant de partir de l'illustration des prévisions qui figurent en bas du schéma-bilan afin de reconstituer la démarche de modélisation (élaboration du modèle, test du modèle, mise en œuvre du modèle) à partir des autres pièces de ce schéma bilan.

CORRIGÉS DES EXERCICES

2 APPLICATION

Les activités humaines responsables de l'enrichissement de l'atmosphère en gaz à effet de serre sont :
– la combustion d'hydrocarbures, la déforestation et la production de ciment dans le cas du CO_2 ;
– les fuites de gaz naturel, la fermentation dans les décharges et certaines activités agricoles (élevages intensifs de ruminants) dans le cas du CH_4.

RÉPONSES DU QUIZ

3 a 4 b 5 c 6 c

7 CONSTRUIRE UNE CARTE MENTALE

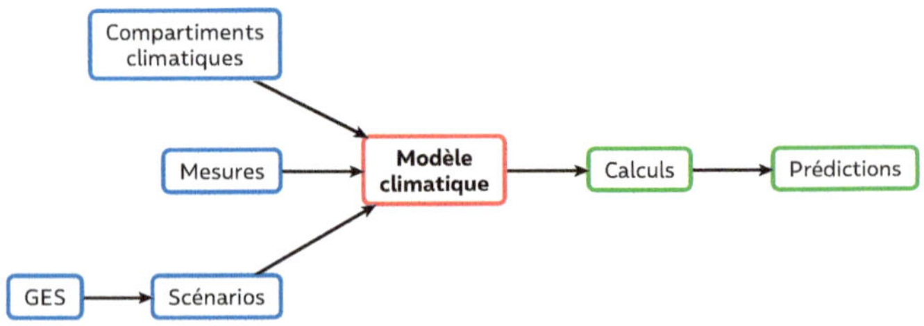

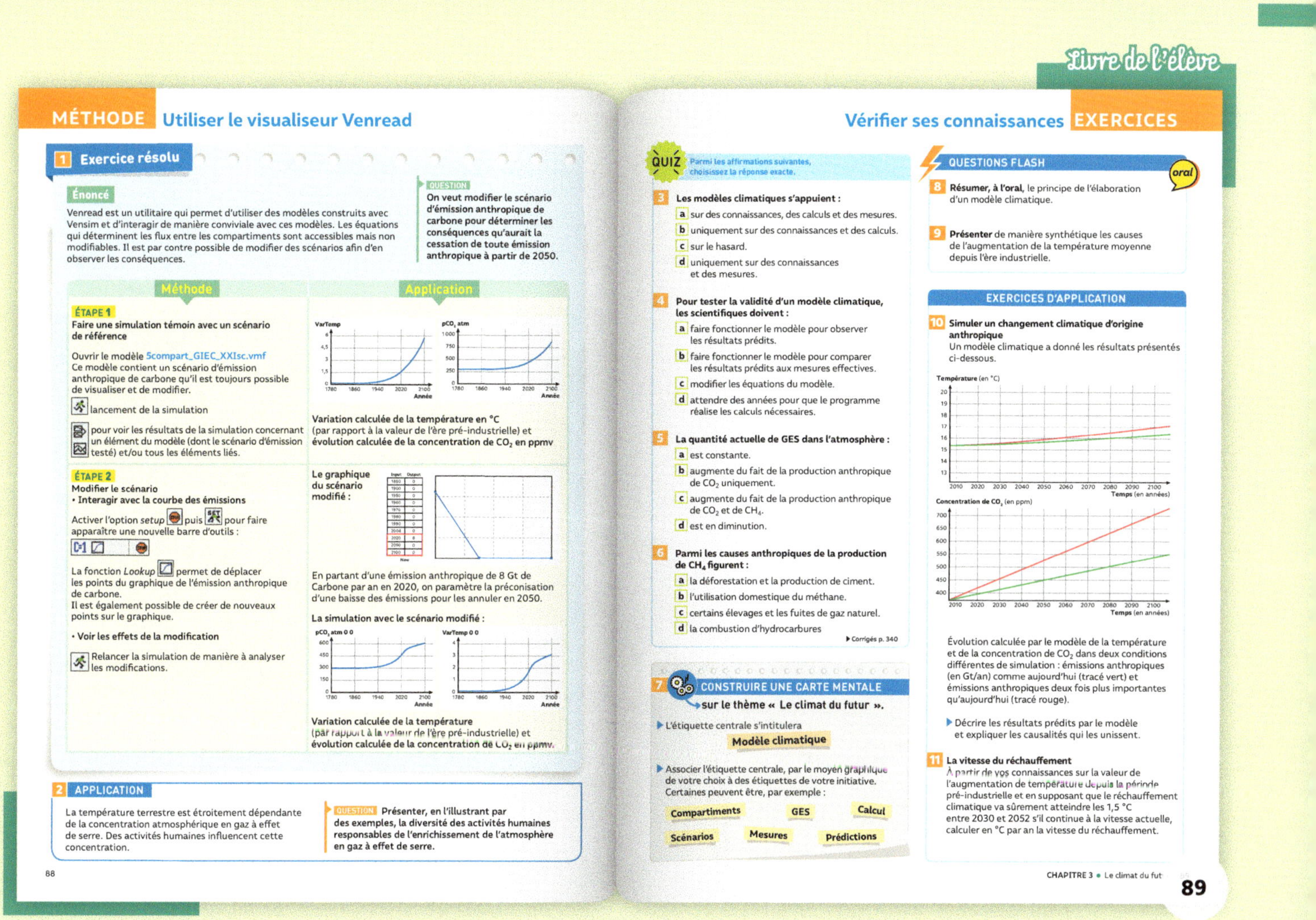

Livre de l'élève

MÉTHODE Utiliser le visualiseur Venread

1 Exercice résolu

Énoncé

Venread est un utilitaire qui permet d'utiliser des modèles construits avec Vensim et d'interagir de manière conviviale avec ces modèles. Les équations qui déterminent les flux entre les compartiments sont accessibles mais non modifiables. Il est par contre possible de modifier des scénarios afin d'en observer les conséquences.

QUESTION On veut modifier le scénario d'émission anthropique de carbone pour déterminer les conséquences qu'aurait la cessation de toute émission anthropique à partir de 2050.

Méthode

ÉTAPE 1 Faire une simulation témoin avec un scénario de référence

Ouvrir le modèle 5compart_GIEC_XXIsc.vmf
Ce modèle contient un scénario d'émission anthropique de carbone qu'il est toujours possible de visualiser et de modifier.

lancement de la simulation

pour voir les résultats de la simulation concernant un élément du modèle (dont le scénario d'émission testé) et/ou tous les éléments liés.

ÉTAPE 2 Modifier le scénario

• Interagir avec la courbe des émissions

Activer l'option *setup* puis pour faire apparaître une nouvelle barre d'outils :

La fonction *Lookup* permet de déplacer les points du graphique de l'émission anthropique de carbone.
Il est également possible de créer de nouveaux points sur le graphique.

• Voir les effets de la modification

Relancer la simulation de manière à analyser les modifications.

Application

Variation calculée de la température en °C (par rapport à la valeur de l'ère pré-industrielle) et évolution calculée de la concentration de CO_2 en ppmv

Le graphique du scénario modifié :

En partant d'une émission anthropique de 8 Gt de Carbone par an en 2020, on paramètre la préconisation d'une baisse des émissions pour les annuler en 2050.

La simulation avec le scénario modifié :

Variation calculée de la température (par rapport à la valeur de l'ère pré-industrielle) et évolution calculée de la concentration de CO_2 en ppmv.

2 APPLICATION

La température terrestre est étroitement dépendante de la concentration atmosphérique en gaz à effet de serre. Des activités humaines influencent cette concentration.

QUESTION Présenter, en l'illustrant par des exemples, la diversité des activités humaines responsables de l'enrichissement de l'atmosphère en gaz à effet de serre.

88

Vérifier ses connaissances EXERCICES

QUIZ Parmi les affirmations suivantes, choisissez la réponse exacte.

3 Les modèles climatiques s'appuient :
a sur des connaissances, des calculs et des mesures.
b uniquement sur des connaissances et des calculs.
c sur le hasard.
d uniquement sur des connaissances et des mesures.

4 Pour tester la validité d'un modèle climatique, les scientifiques doivent :
a faire fonctionner le modèle pour observer les résultats prédits.
b faire fonctionner le modèle pour comparer les résultats prédits aux mesures effectives.
c modifier les équations du modèle.
d attendre des années pour que le programme réalise les calculs nécessaires.

5 La quantité actuelle de GES dans l'atmosphère :
a est constante.
b augmente du fait de la production anthropique de CO_2 uniquement.
c augmente du fait de la production anthropique de CO_2 et de CH_4.
d est en diminution.

6 Parmi les causes anthropiques de la production de CH_4 figurent :
a la déforestation et la production de ciment.
b l'utilisation domestique du méthane.
c certains élevages et les fuites de gaz naturel.
d la combustion d'hydrocarbures

▶ Corrigés p. 340

7 CONSTRUIRE UNE CARTE MENTALE sur le thème « Le climat du futur ».

▶ L'étiquette centrale s'intitulera **Modèle climatique**

▶ Associer l'étiquette centrale, par le moyen graphique de votre choix à des étiquettes de votre initiative. Certaines peuvent être, par exemple :

Compartiments – GES – Calcul – Scénarios – Mesures – Prédictions

QUESTIONS FLASH oral

8 **Résumer, à l'oral,** le principe de l'élaboration d'un modèle climatique.

9 **Présenter** de manière synthétique les causes de l'augmentation de la température moyenne depuis l'ère industrielle.

EXERCICES D'APPLICATION

10 **Simuler un changement climatique d'origine anthropique**
Un modèle climatique a donné les résultats présentés ci-dessous.

Évolution calculée par le modèle de la température et de la concentration de CO_2 dans deux conditions différentes de simulation : émissions anthropiques (en Gt/an) comme aujourd'hui (tracé vert) et émissions anthropiques deux fois plus importantes qu'aujourd'hui (tracé rouge).

▶ Décrire les résultats prédits par le modèle et expliquer les causalités qui les unissent.

11 **La vitesse du réchauffement**
À partir de vos connaissances sur la valeur de l'augmentation de température depuis la période pré-industrielle et en supposant que le réchauffement climatique va sûrement atteindre les 1,5 °C entre 2030 et 2052 s'il continue à la vitesse actuelle, calculer en °C par an la vitesse du réchauffement.

CHAPITRE 3 • Le climat du futur 89

8 L'oral devra mettre l'accent sur les deux points essentiels de l'élaboration d'un modèle climatique: sa construction à proprement parler puis sa mise à épreuve.
1° Pour construire le modèle, il faut mettre en équation mécanismes qui régissent la circulation du carbone entre les océans, la biosphère et l'atmosphère et utiliser des méthodes numériques de résolution.
2° Pour évaluer la pertinence des modèles, leurs résultats doivent être comparés aux observations aux évolutions, lors des dernières décennies, de données effectivement mesurées.

9 Les causes de l'augmentation de la température moyenne depuis l'ère industrielle sont les activités humaines productrice de gaz à effet de serre (GES), principalement le dioxyde de carbone (CO_2) et le méthane (CH_4). Il s'agit de la combustion d'hydrocarbures, de la déforestation et de la production de ciment dans le cas du CO_2. Dans le cas du méthane, les activités «incriminées» sont les fuites de gaz naturel, la fermentation dans les décharges et de certaines activités agricoles comme les élevages intensifs de ruminants.

10 Le modèle climatique proposé a calculé la concentration de CO_2 (en ppm) et la température (en °C) entre 2010 et 2100 dans deux conditions différentes: avec des émissions anthropiques comme aujourd'hui et avec des émissions anthropiques deux fois plus importantes qu'aujourd'hui. On note dans les deux cas une élévation continue de la température et de la concentration en CO_2. Mais ces élévations sont plus importantes dans le cas où les émissions anthropiques sont deux fois plus importantes. Selon des simulations, on atteindrait en 2100:
– dans le cas d'émissions anthropiques doublées, une température de 17 °C et une concentration en CO_2 atmosphérique de plus de 700 ppm;
– dans le cas d'émissions anthropiques comme aujourd'hui, une température de 16,3 °C et une concentration en CO_2 atmosphérique de 500 ppm.
Ces élévations sont unies par des liens de causalité. Comme le CO_2 est un gaz à effet de serre, l'augmentation de sa concentration provoque une augmentation de la température. Or la solubilité d'un gaz dans l'eau diminue avec la température. On assiste donc à une rétroaction positive: l'élévation de la température accentue l'élévation de la concentration du CO_2 qui accentue à nouveau l'élévation de la température.

11 On sait que depuis l'époque préindustrielle la température a déjà augmenté de 1 °C (période 1880-2018). Si on atteint les 1,5 °C d'augmentation entre 2030 et 2052, la température aura augmenté de (1,5 – 1) soit 0,5 °C en (2052 – 2018) ans soit en 34 ans. Cela fait une augmentation, en continuant à ce rythme, de (0,5/34) °C par an soit 0,015 °C par an.

CHAPITRE 3

Livre de l'élève

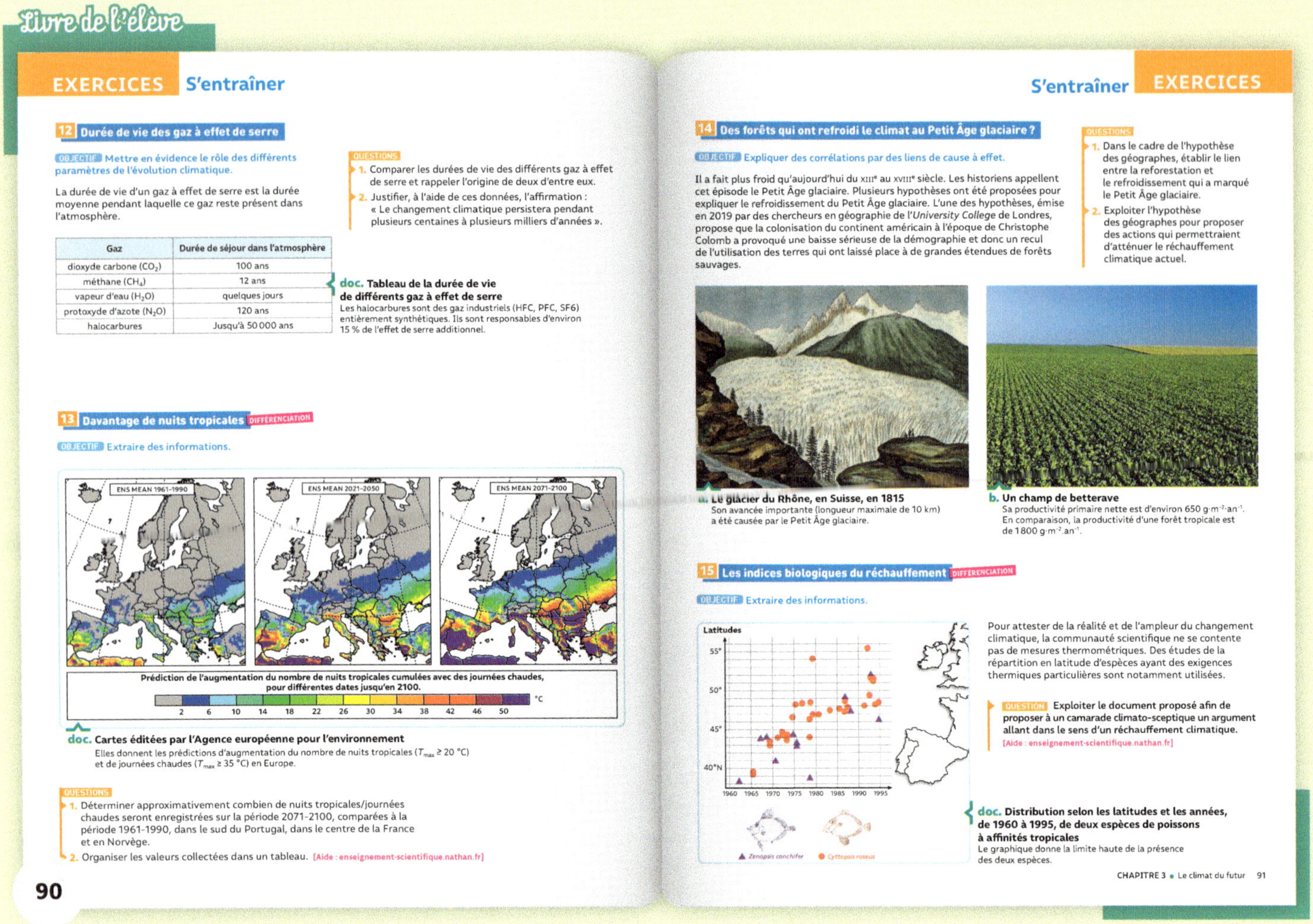

CORRIGÉS DES EXERCICES

12 Durée de vie des gaz à effet de serre

1. On peut rappeler l'origine :
– du CO_2 : ce gaz est produit par la combustion d'hydrocarbures, les déforestations et la fabrication de ciment ;
– du CH_4 : ce gaz est émis lors des fuites de gaz naturel, par la fermentation dans les décharges et par certaines activités agricoles comme les élevages intensifs de ruminants.
On voit que parmi les gaz à effet de serre, certains ont une durée de vie courte dont l'ordre de grandeur est le jour (c'est le cas de vapeur d'eau), d'autres ont une durée de vie assez longue dont l'ordre de grandeur est la dizaine d'années (c'est le cas du CO_2, du CH_4 et du N_2O) et d'autres enfin ont une durée de vie très longue dont l'ordre de grandeur est de plusieurs milliers d'années (c'est le cas des halocarbures).

2. On comprend donc que le temps de résidence des gaz à effet de serre dans l'atmosphère peut être long. Par conséquent, même si des mesures sont prises pour limiter les émissions anthropiques, les gaz à effet de serre émis avant l'application des politiques de réduction vont persister dans l'atmosphère pendant un temps approximativement égal à leur durée de vie. D'où l'affirmation « Le changement climatique persistera pendant plusieurs centaines à plusieurs milliers d'années ».

13 Davantage de nuits tropicales

1. On relève sur les cartes de l'Agence européenne pour l'environnement les informations suivantes :
– pour la période 2071-2100 : plus de 50 nuits tropicales/journées chaudes dans le Sud du Portugal, 18 à 22 dans le centre de la France et moins de 2 en Norvège ;
– pour la période 1961-1990 : 18 à 22 nuits tropicales/journées chaudes dans le Sud du Portugal, 2 à 6 dans le centre de la France et moins de 2 en Norvège.

2. Le tableau des valeurs collectées pourrait revêtir la forme suivante :

Lieu / Période étudiée	Sud du Portugal	Centre de la France	Norvège
1961-1990	18 à 22	2 à 6	Moins de 2
2071-2100	Plus de 50	18 à 22	Moins de 2

▲ **Nombre de nuits tropicales/période chaudes mesurées ou modélisées en différents lieux**

14 Des forêts qui ont refroidi le climat au petit âge glaciaire ?

1. L'hypothèse des géographes évoque un recul de l'utilisation des terres qui ont laissé place à de grandes étendues de forêts sauvages. Or, on sait d'après le **doc. b** que la productivité des forêts est environ trois fois supérieure à celle des surfaces cultivées. Ainsi, si les forêts ont remplacé les champs, la photosynthèse a été plus importante. Il y aurait donc eu, pendant cette période, un plus fort prélèvement de CO_2 atmosphérique ayant entraîné la diminution de sa concentration et donc un effet de serre moins important à l'origine de la baisse de température.

2. Si l'installation des forêts a effectivement entraîné le petit âge glaciaire, on peut imaginer que des efforts de reforestation et de végétalisation permettraient d'abaisser la concentration en CO_2 atmosphérique et donc d'atténuer le réchauffement actuel.

15 Les indices biologiques du réchauffement

Voici un exemple d'argumentaire :
« Cher camarade, je vais te convaincre à l'aide d'un exemple précis,

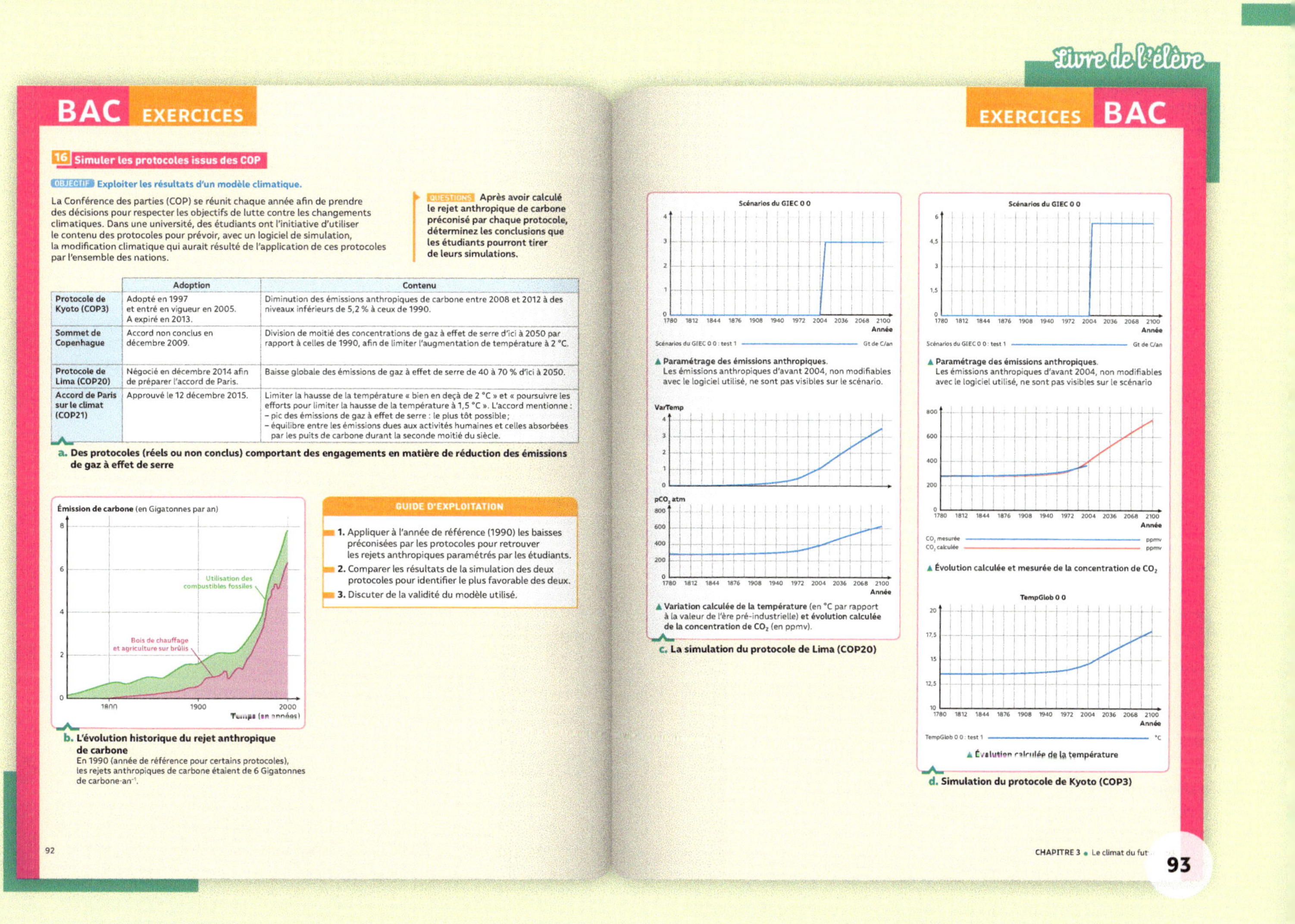

	Adoption	Contenu
Protocole de Kyoto (COP3)	Adopté en 1997 et entré en vigueur en 2005. A expiré en 2013.	Diminution des émissions anthropiques de carbone entre 2008 et 2012 à des niveaux inférieurs de 5,2 % à ceux de 1990.
Sommet de Copenhague	Accord non conclus en décembre 2009.	Division de moitié des concentrations de gaz à effet de serre d'ici à 2050 par rapport à celles de 1990, afin de limiter l'augmentation de température à 2 °C.
Protocole de Lima (COP20)	Négocié en décembre 2014 afin de préparer l'accord de Paris.	Baisse globale des émissions de gaz à effet de serre de 40 à 70 % d'ici à 2050.
Accord de Paris sur le climat (COP21)	Approuvé le 12 décembre 2015.	Limiter la hausse de la température « bien en deçà de 2 °C » et « poursuivre les efforts pour limiter la hausse de la température à 1,5 °C ». L'accord mentionne : – pic des émissions de gaz à effet de serre : le plus tôt possible ; – équilibre entre les émissions dues aux activités humaines et celles absorbées par les puits de carbone durant la seconde moitié du siècle.

et en m'appuyant sur des données chiffrées, que tu ne peux plus être climato-sceptique. Cette carte te montre les variations en latitude de la répartition de deux poissons à affinité tropicale, *Zenopsis conchifer* et *Cyttopsis roseus*, entre 1960 et 1995. Dans les années 1960, on rencontrait ces deux espèces dans l'Atlantique Nord à 40 ° de latitude c'est-à-dire au Sud de l'Espagne. Dans les années 1970, on les trouvait aux alentours de 45 ° de latitude c'est-à-dire le Nord de l'Espagne jusqu'à Bordeaux. Dans les années 1990-1995, on les trouvait au niveau de la Bretagne du Sud de l'Angleterre (50 °N), et même au-delà de 55 ° de latitude, c'est-à-dire au Nord de l'Irlande. Puisque ces deux espèces sont à affinité tropicale, leur migration vers le Nord prouve un réchauffement des eaux de l'Atlantique Nord. On a bien là un argument allant dans le sens d'un réchauffement climatique. N'es-tu pas convaincu ? »

16 Simuler les protocoles issus des COP

Le **doc. b** permet d'obtenir la valeur des rejets anthropiques de référence en 1990 : 6 Giga-tonnes de carbone·an^{-1}.
En appliquant à cette valeur de référence le taux de diminution préconisé par chaque protocole décrit dans le **doc. a**, on calcule les émissions anthropiques préconisées :
Protocole de Kyoto : il préconisait une baisse de 5,2 % des émissions anthropiques, ce qui amène à des émissions abaissées à (94,8/100) × 6 soit 5,7 Gt/an ;
Accord (non conclus) de Copenhague : il proposait que d'ici à 2050 les émissions anthropiques s'abaissent à (50/100) × 6 soit 3 Gt/an ;
Protocole de Lima : il préconisait une baisse des émissions de gaz à effet de serre comprises entre 40 % et 70 %, ce qui amènerait à des émissions anthropiques de carbone comprises entre (60/100) × 6 Gt/an et (30/100) × 6 Gt/an, donc comprises entre 1,8 Gt/an et 3,6 Gt/an.

Accord de Paris : pas de calcul possible ici dans la mesure où les décisions ont, lors de cette COP21, focalisé sur une trajectoire de température.
On se penche ensuite sur les simulations réalisées par les étudiants.
Le **doc. c** montre le travail des étudiants autour du protocole de Lima. L'émission anthropique modélisée, visible sur le graphique du paramétrage des émissions anthropiques, est de 3Gt/an, elle est donc bien comprise dans la fourchette de 1,8 à 3,6 Gt/an calculée précédemment.
Le **doc. d** montre le travail des étudiants autour du protocole de Kyoto. L'émission anthropique modélisée, visible sur le graphique du paramétrage des émissions anthropiques, est comme prévu de 5,7 Gt/an.
Pour chaque protocole, les deux autres graphiques donnent les résultats des simulations : variation de la température et variation de concentration du CO_2 atmosphérique, calculées jusqu'en 2100.
Le tableau ci-après rend compte de ces évolutions calculées par le modèle :

Protocole \ Résultat de la simulation	Évolution calculée de la teneur en CO_2	Évolution calculée de la température
Kyoto	Élévation jusqu'à plus de 750 ppm	Élévation jusqu'à plus de 17,5 °C
Lima	Élévation jusqu'à un peu plus de 600 ppm	Augmentation de 3,5 °C par rapport à l'ère préindustrielle. Sachant que la température de référence est de 13,4 °C à l'époque préindustrielle, cette augmentation correspond à une élévation de la température jusqu'à 16,5 °C.

▲ **Simulation de deux protocoles comportant des engagements en matière de réduction des émissions de gaz à effet de serre**

Les étudiants pourront déduire de leurs simulations que plus le protocole est « sévère » en matière de limitation des émissions anthropiques, moins les élévations de la concentration du CO_2 atmosphérique et de la température sont importantes.

Mais ces mêmes étudiants ne manqueront pas de remarquer que si ces protocoles avaient été appliqués par l'ensemble des nations, cela n'aurait de toutes façons pas été suffisant pour enrayer, à l'échelle de notre siècle, l'augmentation de la concentration de CO_2 atmosphérique ni celle de la température.

ANNEXE 1 Unité 2 [→ page 57]

- Le logiciel Simclimat est gratuit. On peut conseiller aux élèves, si leur équipement le permet, de le télécharger et d'avoir découvert ses fonctionnalités avant la séance.
  Le jour de la séance, pour guider les élèves lors des simulations menées avec ce logiciel, il pourrait être intéressant de prévoir, d'autre part, un document de travail du type :

Variable testée	Conditions fixées	Résultat : concentration du CO_2 atmosphérique dans deux situations
…	…	… …

Article en ligne

- Article de présentation du logiciel SimClimat par son auteur, Camille Risi (Laboratoire de météorologie dynamique, Institut Pierre-Simon Laplace, Université Pierre-et-Marie-Curie / CNRS, Paris) :
  http://documents.irevues.inist.fr/bitstream/handle/2042/56357/meteo_2015_88_15.pdf?sequence=1&isAllowed=y
- Des propositions d'utilisation pédagogique du logiciel SimClimat éditées sur le site de Météo France :
  http://education.meteofrance.fr/lycee/animations/utiliser-les-animations-en-classe/fiche-pedagogique-simclimat-un-modele-simple-de-bilan-radiatif-de-la-terre
- Sur le site de l'Institut Français de l'Éducation, un jeu de modèles climatiques créés avec Vensim et des conseils techniques pour les utiliser avec le visualiseur Venread :
  http://acces.ens-lyon.fr/acces/thematiques/CCCIC/ressources/telechargement

ANNEXE 2 Unité 3 [→ page 59]

À la différence des sources de CO_2, celles du méthane (ruminants exceptés) sont probablement peu connues des élèves. On peut leur conseiller d'aller visionner ou consulter toute ou une partie des ressources suivantes avant la séance :

Article en ligne

- Le méthane qu'est-ce que c'est ?
  https://www.geo.fr/environnement/methane-gaz-effet-de-serre-45778
- Le méthane en augmentation dans l'atmosphère
  https://lejournal.cnrs.fr/articles/le-methane-en-augmentation-dans-latmosphere

Vidéo

- Le méthane d'où vient-il et quel est son impact sur le climat ?
  https://www.youtube.com/watch?v=OHg4y7KZ-5E

LE SAVIEZ-VOUS ?

- Le cas le plus fréquent d'agriculture itinérante est l'agriculture sur brûlis : les champs sont défrichés par le feu pour permettre un transfert de fertilité puis sont cultivés pendant peu de temps pour être ensuite mis en friche.
- La foresterie est pratiquement l'équivalent de la sylviculture. C'est, pour simplifier, la gestion de la ressource bois. Mais au sens plus large du terme, c'est la science de la protection, de la conservation et de la gestion des forêts, de la plantation des arbres et des ressources naturelles, puisque les écosystèmes forestiers sont d'une grande importance pour la planète.

Livre de l'élève

CHAPITRE

4 Énergie, choix de développement et futur climatique

La consommation mondiale des ressources énergétiques influence le climat mais aussi les écosystèmes et la santé humaine. Les scientifiques anticipent les changements climatiques afin d'orienter les comportements des individus et des sociétés.

a. Photographie d'un paysage urbain.
▶ Pour quels usages les ressources énergétiques sont-elles utilisées ? UNITÉ 1

b. L'empreinte carbone mondiale en 2016. La surface déformée de chaque pays est proportionnelle à la valeur totale de l'empreinte carbone du pays. L'empreinte carbone par habitant est représentée par la nuance de bleu.
▶ Qu'est-ce que l'empreinte carbone ? UNITÉ 3

c. Brouillard causé par la pollution à Shanghai.
▶ Quels sont les impacts sur la santé de la pollution liée à la consommation des ressources énergétiques ? UNITÉ 2

Vidéo

d. Vidéo du GIEC présentant plusieurs scénarios d'évolution du climat.
▶ Quels sont les risques associés aux différents scénarios d'évolution du climat ? UNITÉ 4

Notions du chapitre	Unités	Exercices
Pour bien démarrer ce chapitre consulter les fiches 6, 8 et 9, pages 22 et 23		
Utiliser les différentes unités d'énergie employées (Tonne Équivalent Pétrole (TEP), kWh…) et les convertir en joules.	1, 2	1, 2, 10, 13, 16
Exploiter des données de production et d'utilisation d'énergie à différentes échelles (mondiale, nationale, individuelle…).	1, 3, HED	12
Comparer quelques ordres de grandeur d'énergie et de puissance : corps humain, objets du quotidien, centrale électrique, flux radiatif solaire…	3	10, 12
Calculer la masse de dioxyde de carbone produite par unité d'énergie dégagée pour différents combustibles (l'équation de réaction et l'énergie massique dégagée étant fournies).	3	9, 13
À partir de documents épidémiologiques, identifier et expliquer les conséquences sur la santé de certains polluants atmosphériques, telles les particules fines résultant de combustions.	2	8, 11
Comparer sur l'ensemble de leur cycle de vie les impacts d'objets industriels. Analyser l'empreinte carbone de différentes activités humaines et proposer des solutions pour la minimiser.	3	12, 16
Analyser l'impact de l'augmentation du CO_2 sur le développement de la végétation.		14
Analyser des extraits de documents du GIEC ou d'accords internationaux proposant différents scénarios.	4	15

94

CHAPITRE 4 • Énergie, choix de développement et futur climatique 95

▶ Les grandes idées à construire

- La consommation des ressources énergétiques, par l'industrie, le transport et l'habitat principalement, est inégalement répartie dans le monde et dépend notamment du modèle économique des sociétés. Cependant, à l'échelle mondiale, l'utilisation des combustibles fossiles est largement majoritaire.
- En plus de libérer du dioxyde de carbone dans l'atmosphère, l'utilisation des carburants fossiles et de biomasse libère d'autres substances polluantes pouvant avoir des impacts graves sur la santé humaine.
- À partir d'hypothèses socio-économiques sur l'évolution future des émissions de GES, les scientifiques utilisent des modèles numériques et obtiennent des projections climatiques pour différents scénarios de transition écologique.
- Ces projections permettent d'évaluer les risques futurs pour les écosystèmes et les humains et participent à orienter les prises de décisions des individus et des sociétés : par exemple la mise en place de stratégies d'adaptation pour diminuer la vulnérabilité des populations face aux risques climatiques.

▶ Ce que disent les documents

a Ce montage photographique peut être utilisé pour questionner les élèves sur les types de ressources et leurs usages par les sociétés. En effet, l'éolienne en premier plan et l'avion en arrière-plan permettent d'opposer les ressources renouvelables d'énergie (disponibles sous forme de flux) aux ressources fossiles (disponibles sous forme de stocks). De plus, l'observation des bâtiments, des routes, de l'avion permet de bien représenter les principaux secteurs d'utilisation de l'énergie (industrie, transport, habitat).

b Cette anamorphose permet d'observer que l'empreinte carbone (et donc la consommation des ressources) est très inégalement répartie dans le monde. Les élèves s'interrogeront sur la définition de l'empreinte carbone et sur l'origine des différences constatées.

c Cette photographie du smog, mot formé à partir des mots anglais *smoke* (fumée) et *fog* (brouillard), permet aux élèves de s'interroger sur l'origine et les conséquences de cette pollution urbaine.

d Cette vidéo permet de montrer aux élèves le travail des scientifiques des groupes de travail du GIEC. Au début de la séquence et jusqu'à 5′20″, les chercheurs présentent des indicateurs et des conséquences du changement climatique actuel, puis à partir de 5′20″, la vidéo présente l'importance des modèles dans l'élaboration des projections climatiques futures. À l'issue de cette vidéo, les élèves pourront se demander quels sont les risques associés aux différents scénarios d'évolution du climat et comment l'humanité peut s'en protéger.

Livre de l'élève

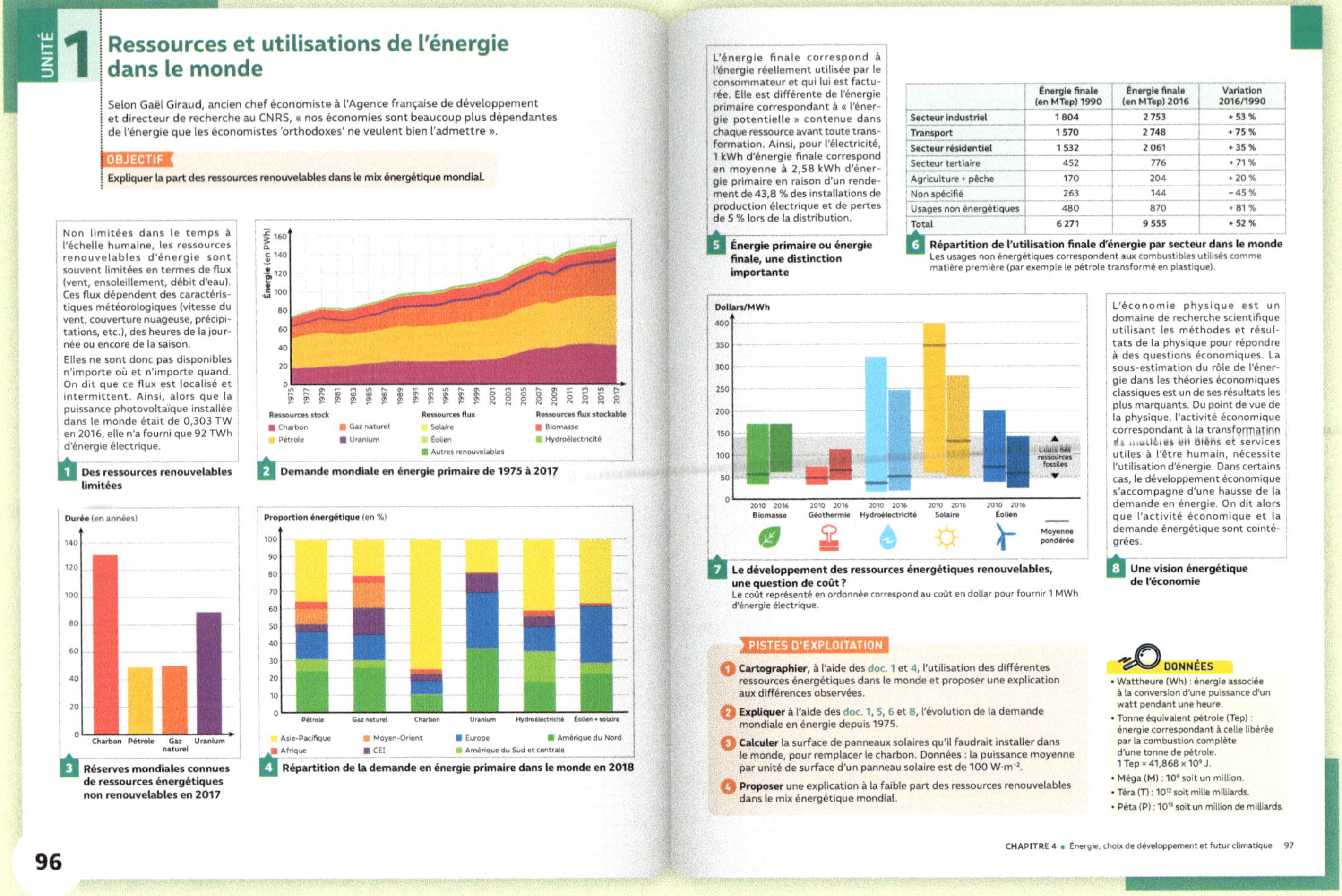

UNITÉ 1

Ressources et utilisations de l'énergie dans le monde

Selon Gaël Giraud, ancien chef économiste à l'Agence française de développement et directeur de recherche au CNRS, « nos économies sont beaucoup plus dépendantes de l'énergie que les économistes 'orthodoxes' ne veulent bien l'admettre ».

OBJECTIF

Expliquer la part des ressources renouvelables dans le mix énergétique mondial.

Non limitées dans le temps à l'échelle humaine, les ressources renouvelables d'énergie sont souvent limitées en termes de flux (vent, ensoleillement, débit d'eau). Ces flux dépendent des caractéristiques météorologiques (vitesse du vent, couverture nuageuse, précipitations, etc.), des heures de la journée ou encore de la saison.

Elles ne sont donc pas disponibles n'importe où et n'importe quand. On dit que ce flux est localisé et intermittent. Ainsi, alors que la puissance photovoltaïque installée dans le monde était de 0,303 TW en 2016, elle n'a fourni que 92 TWh d'énergie électrique.

1 Des ressources renouvelables limitées

2 Demande mondiale en énergie primaire de 1975 à 2017

3 Réserves mondiales connues de ressources énergétiques non renouvelables en 2017

4 Répartition de la demande en énergie primaire dans le monde en 2018

L'énergie finale correspond à l'énergie réellement utilisée par le consommateur et qui lui est facturée. Elle est différente de l'énergie primaire correspondant à « l'énergie potentielle » contenue dans chaque ressource avant toute transformation. Ainsi, pour l'électricité, 1 kWh d'énergie finale correspond en moyenne à 2,58 kWh d'énergie primaire en raison d'un rendement de 43,8 % des installations de production électrique et de pertes de 5 % lors de la distribution.

5 Énergie primaire ou énergie finale, une distinction importante

	Énergie finale (en MTep) 1990	Énergie finale (en MTep) 2016	Variation 2016/1990
Secteur industriel	1 804	2 753	+ 53 %
Transport	1 570	2 748	+ 75 %
Secteur résidentiel	1 532	2 061	+ 35 %
Secteur tertiaire	452	776	+ 71 %
Agriculture + pêche	170	204	+ 20 %
Non spécifié	263	144	– 45 %
Usages non énergétiques	480	870	+ 81 %
Total	6 271	9 555	+ 52 %

6 Répartition de l'utilisation finale d'énergie par secteur dans le monde

Les usages non énergétiques correspondent aux combustibles utilisés comme matière première (par exemple le pétrole transformé en plastique).

7 Le développement des ressources énergétiques renouvelables, une question de coût ?

Le coût représenté en ordonnée correspond au coût en dollar pour fournir 1 MWh d'énergie électrique.

L'économie physique est un domaine de recherche scientifique utilisant les méthodes et résultats de la physique pour répondre à des questions économiques. La sous-estimation du rôle de l'énergie dans les théories économiques classiques est un de ses résultats les plus marquants. Du point de vue de la physique, l'activité économique correspondant à la transformation de matières en biens et services utiles à l'être humain, nécessite l'utilisation d'énergie. Dans certains cas, le développement économique s'accompagne d'une hausse de la demande en énergie. On dit alors que l'activité économique et la demande énergétique sont cointégrées.

8 Une vision énergétique de l'économie

PISTES D'EXPLOITATION

1. **Cartographier**, à l'aide des doc. 1 et 4, l'utilisation des différentes ressources énergétiques dans le monde et proposer une explication aux différences observées.
2. **Expliquer** à l'aide des doc. 1, 5, 6 et 8, l'évolution de la demande mondiale en énergie depuis 1975.
3. **Calculer** la surface de panneaux solaires qu'il faudrait installer dans le monde, pour remplacer le charbon. Données : la puissance moyenne par unité de surface d'un panneau solaire est de 100 $W \cdot m^{-2}$.
4. **Proposer** une explication à la faible part des ressources renouvelables dans le mix énergétique mondial.

DONNÉES

- Wattheure (Wh) : énergie associée à la conversion d'une puissance d'un watt pendant une heure.
- Tonne équivalent pétrole (Tep) : énergie correspondant à celle libérée par la combustion complète d'une tonne de pétrole. 1 Tep = $41{,}868 \times 10^9$ J.
- Méga (M) : 10^6 soit un million.
- Téra (T) : 10^{12} soit mille milliards.
- Péta (P) : 10^{15} soit un million de milliards.

problèmes scientifiques

- Comment se répartit l'utilisation de l'énergie suivant le développement économique des pays, les secteurs d'activité et les ressources ?
- Quelles sont les limitations dans l'utilisation des ressources renouvelables d'énergie ?

Mobilisation des acquis

- Vu en cycle 4 (physique-chimie) :

– identifier les sources, les transferts, les conversions et les formes d'énergie ;
– utiliser la relation liant puissance et énergie (relation revue en physique-chimie en seconde et en 1re enseignement scientifique).

Les grandes idées à construire

- En termes de pourcentages, l'utilisation de ressources renouvelables dans le monde est en baisse.
- En dehors des biocarburants et des ressources hydroélectriques, l'utilisation de ressources renouvelables reste négligeable à l'échelle mondiale.
- Les trois secteurs d'activité responsables – à parts quasi égales – de 80 % de la consommation mondiale de ressources sont l'industrie, les transports et le domaine résidentiel.

Les compétences travaillées

- **Extraire et organiser** des informations.
- **Communiquer.**
- **Réaliser des calculs** et **représenter** les résultats sous forme graphique.

Les représentations de l'élève

- Il est probable que les élèves aient une conception de l'énergie sous forme de stock matériel dans lequel on peut puiser voire créer. Il est donc particulièrement important de corriger les abus de langage que les élèves peuvent entendre dans les médias.
- Il est possible que certains élèves confondent sources d'énergie et formes d'énergie.
- Il est enfin très probable que les élèves aient une vision déformée du mix énergétique mondial.

Ce que disent les documents

1 Les ressources renouvelables sont disponibles sous forme de flux localisés temporellement et spatialement, difficilement transportables, imposant des limites à leur exploitation.

Idée de question :

– Les ressources renouvelables peuvent-elles être exploitées n'importe où ? N'importe quand ?

2 La demande mondiale en énergie a doublé en 40 ans. Les ressources fossiles représentent 90 % du mix énergétique mondial. Leur utilisation augmente plus vite que l'exploitation des ressources renouvelables. Contrairement à la situation française, l'utilisation des ressources d'énergie nucléaire correspond à 2 % du mix mondial.

❓ **Idée de question :**
– La proportion de ressources renouvelables est-elle en progression dans le mix énergétique mondial ?

3 Les stocks sont exprimés au rythme de la demande de 2017. Ce sont les réserves connues, auxquelles peuvent s'ajouter de nouvelles découvertes ou des réserves dont l'exploitation deviendrait rentable en cas de hausse de la valeur des ressources.

❓ **Idée de question :**
– Est-on certain qu'il n'y aura plus de pétrole dans 50 ans ?

4 La demande pour chaque ressource est répartie par zone géographique et exprimée en pourcentage de la demande mondiale pour cette ressource. Il est donc faux de dire que la ressource la plus utilisée par les États-Unis est l'uranium. On remarque cependant que le mix est plus équilibré en Europe et aux États-Unis qu'en Asie ou au Moyen-Orient. L'Afrique a une demande très faible en énergie par rapport aux autres grandes zones géographiques.

❓ **Idée de question :**
– Quelle est la ressource la plus utilisée en Europe ?

5 L'énergie primaire ne correspond pas à l'énergie réellement utilisée, mais à l'énergie libérable avec des installations idéales, c'est-à-dire fonctionnant sans « perte ». L'énergie réellement utilisée est l'énergie finale. Compte tenu des rendements limités des machines thermodynamiques (turbines de production électrique, moteurs à combustion), la différence entre les deux peut être conséquente.

❓ **Idée de question :**
– À quoi correspond la différence entre l'énergie primaire et l'énergie finale ? Sous quelle forme se trouve-t-elle ?

6 Trois secteurs concentrent, dans des proportions stables, autour de 80 % de l'énergie finale mondiale : les transports, l'industrie, le logement. La proportion mondiale de l'énergie finale consacrée à l'agriculture est en baisse, passant de 2,7 % à 2,1 %.

❓ **Idée de question :**
– Quels sont les trois secteurs les plus gourmands en énergie ?

7 À part pour le solaire photovoltaïque, le coût de l'exploitation des ressources renouvelables n'explique pas leur faible part dans le mix énergétique mondial. L'explication repose sur d'autres facteurs, ceux expliqués dans le **doc. 1**.

❓ **Idée de question :**
– Le coût est-il le facteur limitant du développement de l'exploitation des ressources renouvelables ?

8 L'augmentation de la demande mondiale en énergie est liée au modèle de développement des sociétés. Le lien de causalité entre énergie finale et développement économique n'est pas direct en raison du décalage possible entre coût et prix dans les échanges économiques. Néanmoins, dans la définition naïve de l'économie présentée dans le document, l'utilisation de ressources énergétiques est un moteur de l'économie.

❓ **Idée de question :**
– Le lien entre la croissance économique et la demande mondiale en énergie est-il une corrélation ou un lien de cause à effet ?

Les + pour préparer votre séance

- Proposer un QCM de préparation de la séance. [→ **Annexe 1, page 86**]

Article en ligne

- *BP statistical review of world energy*, 2019
https://www.bp.com/content/dam/bp/business-sites/en/global/corporate/pdfs/energy-economics/statistical-review/bp-stats-review-2019-full-report.pdf
- *World energy outlook 2019*
https://www.iea.org/reports/world-energy-outlook-2019
- Source des **doc. 2** et **4** :
https://ourworldindata.org/grapher/primary-energy-consumption-by-source
- Marion Cohen, Alain Grandjean, « Les liens entre PIB et énergie dans une trajectoire +2 °C », *Chroniques de l'anthropocène*, 2017.
https://alaingrandjean.fr/2017/04/17/liens-energie-pib/

Vidéo

- Yann Lagarde – Passer à 100 % d'énergie renouvelable, c'est possible ?
https://www.franceculture.fr/environnement/passer-a-100-denergie-renouvelable-cest-possible
- Étienne Klein – De quoi l'énergie est-elle le nom ?
https://etienneklein.fr/de-quoi-lenergie-est-elle-le-nom/

LE SAVIEZ-VOUS ?

▶ Un champ d'application « récent » de l'interaction entre physique et économie est le développement de l'éconophysique, domaine de recherche scientifique développé depuis les années 1990. Dans cette vision de l'économie, une approche probabiliste est de rigueur, utilisant les méthodes de physique statistique. Un des pionniers de ce domaine, Jean-Philippe Bouchaud, est titulaire de la chaire Innovation technologique du Collège de France pour l'année 2019-2020.

CORRECTION DE L'UNITÉ

[→ **Annexe 2, page 86**]

Les parcours possibles

PARCOURS 1 Activité papier en classe puzzle

Séance 1
▶ Constitution des groupes d'experts pour réaliser la cartographie d'une zone géographique (**question 1** du manuel élève).
▶ Mise en commun des groupes et réalisation de la carte globale.

Séance 2
▶ Rédaction d'un paragraphe argumenté en binôme répondant à l'objectif.

PARCOURS 2 Classe puzzle numérique

Séance 1
▶ Constitution des groupes d'experts pour réaliser la cartographie d'une zone géographique (**question 1**), les données sont fournies par l'enseignant sous forme de tableur (source : https://ourworldindata.org/grapher/primary-energy-consumption-by-source).
▶ Mise en commun des groupes et réalisation de la carte globale.

Séance 2
▶ Rédaction d'un paragraphe argumenté en binôme répondant à l'objectif.

INDICATEURS DE RÉUSSITE	NIVEAU A	B	C	D
Les limitations en termes de flux et de stock sont identifiées et exploitées.				
Les limitations en termes de coûts (monétaire et spatial) sont identifiées et exploitées.				
La distinction entre énergie primaire et énergie finale est comprise et correctement utilisée.				
Le lien entre la croissance de la demande énergétique et la croissance économique est correctement réalisé et mis en regard des limitations des ressources.				
Les calculs sont rédigés avec soin, introduits par les relations littérales correspondantes et expliqués. (confirmé et expert)				

Livre de l'élève

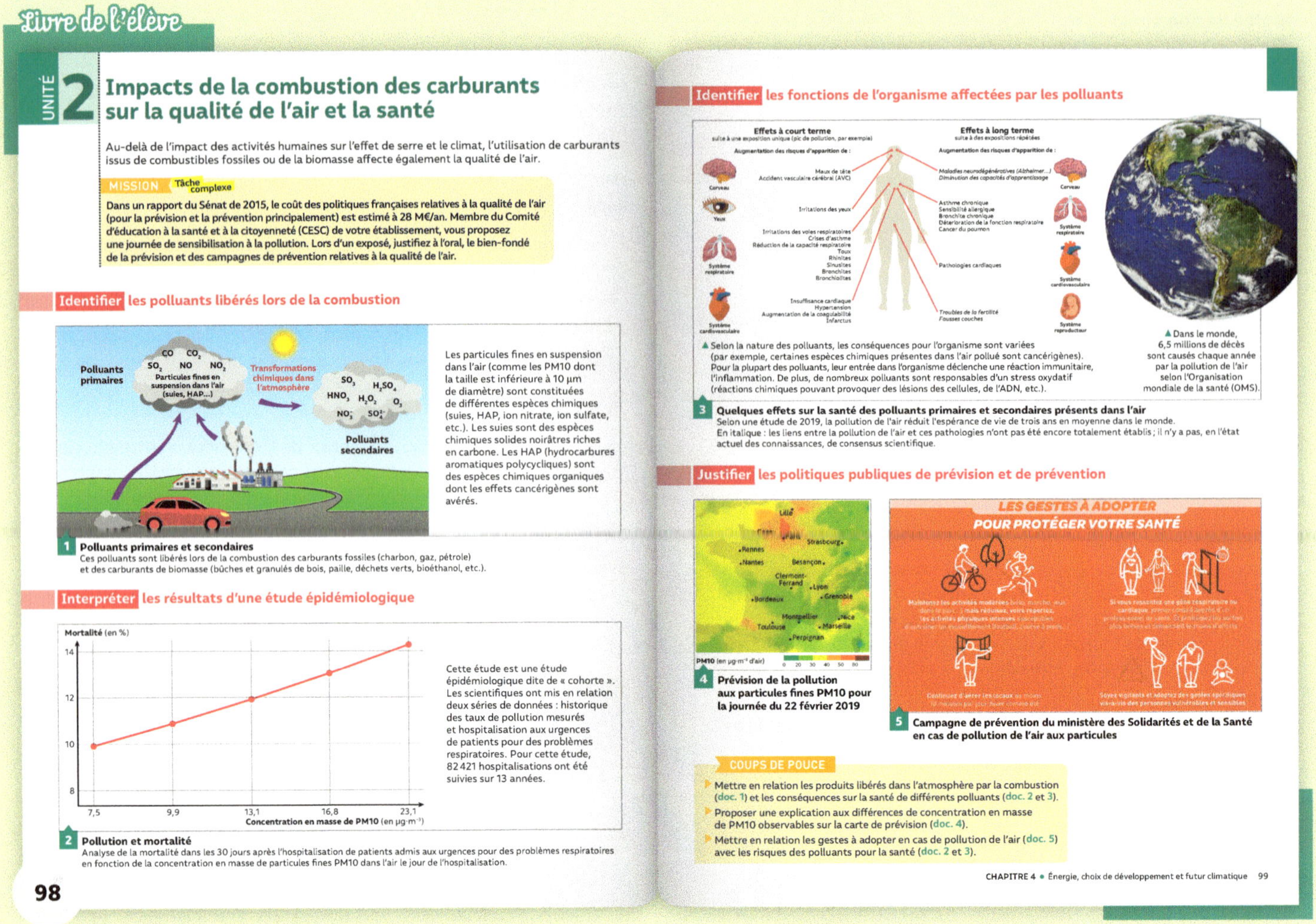
UNITÉ 2

Impacts de la combustion des carburants sur la qualité de l'air et la santé

Au-delà de l'impact des activités humaines sur l'effet de serre et le climat, l'utilisation de carburants issus de combustibles fossiles ou de la biomasse affecte également la qualité de l'air.

MISSION Tâche complexe

Dans un rapport du Sénat de 2015, le coût des politiques françaises relatives à la qualité de l'air (pour la prévision et la prévention principalement) est estimé à 28 M€/an. Membre du Comité d'éducation à la santé et à la citoyenneté (CESC) de votre établissement, vous proposez une journée de sensibilisation à la pollution. Lors d'un exposé, justifiez à l'oral, le bien-fondé de la prévision et des campagnes de prévention relatives à la qualité de l'air.

Identifier les polluants libérés lors de la combustion

Les particules fines en suspension dans l'air (comme les PM10 dont la taille est inférieure à 10 µm de diamètre) sont constituées de différentes espèces chimiques (suies, HAP, ion nitrate, ion sulfate, etc.). Les suies sont des espèces chimiques solides noirâtres riches en carbone. Les HAP (hydrocarbures aromatiques polycycliques) sont des espèces chimiques organiques dont les effets cancérigènes sont avérés.

1 Polluants primaires et secondaires
Ces polluants sont libérés lors de la combustion des carburants fossiles (charbon, gaz, pétrole) et des carburants de biomasse (bûches et granulés de bois, paille, déchets verts, bioéthanol, etc.).

Interpréter les résultats d'une étude épidémiologique

Cette étude est une étude épidémiologique dite de « cohorte ». Les scientifiques ont mis en relation deux séries de données : historique des taux de pollution mesurés et hospitalisation aux urgences de patients pour des problèmes respiratoires. Pour cette étude, 82 421 hospitalisations ont été suivies sur 13 années.

2 Pollution et mortalité
Analyse de la mortalité dans les 30 jours après l'hospitalisation de patients admis aux urgences pour des problèmes respiratoires en fonction de la concentration en masse de particules fines PM10 dans l'air le jour de l'hospitalisation.

98

Identifier les fonctions de l'organisme affectées par les polluants

▲ Selon la nature des polluants, les conséquences pour l'organisme sont variées (par exemple, certaines espèces chimiques présentes dans l'air pollué sont cancérigènes). Pour la plupart des polluants, leur entrée dans l'organisme déclenche une réaction immunitaire, l'inflammation. De plus, de nombreux polluants sont responsables d'un stress oxydatif (réactions chimiques pouvant provoquer des lésions des cellules, de l'ADN, etc.).

▲ Dans le monde, 6,5 millions de décès sont causés chaque année par la pollution de l'air selon l'Organisation mondiale de la santé (OMS).

3 Quelques effets sur la santé des polluants primaires et secondaires présents dans l'air
Selon une étude de 2019, la pollution de l'air réduit l'espérance de vie de trois ans en moyenne dans le monde. En italique : les liens entre la pollution de l'air et ces pathologies n'ont pas été encore totalement établis ; il n'y a pas, en l'état actuel des connaissances, de consensus scientifique.

Justifier les politiques publiques de prévision et de prévention

4 Prévision de la pollution aux particules fines PM10 pour la journée du 22 février 2019

LES GESTES À ADOPTER POUR PROTÉGER VOTRE SANTÉ

5 Campagne de prévention du ministère des Solidarités et de la Santé en cas de pollution de l'air aux particules

COUPS DE POUCE
- Mettre en relation les produits libérés dans l'atmosphère par la combustion (doc. 1) et les conséquences sur la santé de différents polluants (doc. 2 et 3).
- Proposer une explication aux différences de concentration en masse de PM10 observables sur la carte de prévision (doc. 4).
- Mettre en relation les gestes à adopter en cas de pollution de l'air (doc. 5) avec les risques des polluants pour la santé (doc. 2 et 3).

CHAPITRE 4 • Énergie, choix de développement et futur climatique 99

problèmes scientifiques

- Comment l'utilisation des carburants fossiles et de biomasse affecte-t-elle la qualité de l'air et la santé humaine ?
- Comment justifier la prévision et les campagnes de prévention relatives à la qualité de l'air ?

Mobilisation des acquis

- Vu en cycle 4 (SVT) : notions de risque (aléa, enjeu, vulnérabilité), de prévision et de prévention.
- Vu en enseignement scientifique 1re : la matière organique accumulée dans les sédiments peut être à l'origine des combustibles fossiles.
- Unité 1 : l'énergie utilisée dans le monde provient majoritairement des combustibles fossiles.

Les grandes idées à construire

- La combustion des carburants fossiles et de biomasse libère du CO_2 et d'autres substances (N_2O, O_3, produits soufrés) ainsi que des aérosols (suies), qui affectent la qualité de l'air et la santé.

Les compétences travaillées

- **Extraire et organiser** des informations.
- **Interpréter** des résultats.
- **Communiquer**.

Les représentations de l'élève

- Il est fort possible que pour de nombreux élèves, la pollution de l'air se résume à l'émission par les activités humaines de dioxyde de carbone. Il pourra donc être intéressant, en amont de l'unité, de demander à la classe de citer les polluants de l'atmosphère qu'ils connaissent.

Ce que disent les documents

1 La combustion des carburants fossiles et des carburants de biomasse libère des polluants primaires : gaz (CO_2, NO_2, SO_2) et particules fines (suies, HAP). Les polluants peuvent être transformés en polluants secondaires (ozone, NO_3^-).

Idée de question :
– Quelle est l'origine des polluants dits primaires et secondaires ?

2 L'étude épidémiologique montre que plus la concentration des particules fines PM10 dans l'air est importante, plus la mortalité liée à des problèmes respiratoires est grande.

Idée de question :
– Comment interpréter les résultats de cette étude épidémiologique ?

3 Les différents polluants sont responsables de 6,5 millions de décès chaque année. Ces polluants ont des effets à court terme (maux de tête, irritations, etc.) et des effets à long terme, suite à des expositions répétées, (asthme chronique, cancers, troubles de la fertilité, etc.).

Idée de question :
– Quelles sont les conséquences sur la santé humaine des polluants ?

4 et **5** La carte de prévision (**doc. 4**) montre des concentrations importantes de particules fines à proximité des grandes villes. Ces concentrations sont largement supérieures à celles présentées dans l'étude épidémiologique, le risque pour la santé est bien réel. La campagne de prévention (**doc. 5**) montre quant à elle des comportements à adopter en cas de pic de pollution. Ces campagnes sont essentielles étant donné les risques sanitaires liés aux pics de pollution.

Des idées de questions :
- Comment interpréter les différences de concentrations de PM10 présentées sur la carte de prévision ?
- Comment expliquer l'importance de la prévision et des campagnes de prévention ?

Les + pour préparer votre séance

- Proposer un QCM de vérification de la bonne compréhension des notions abordées dans cette unité. [→ **Annexe 3, page 86**]
- Il semble important de montrer aux élèves les caractéristiques de la démarche scientifique lorsqu'il s'agit de santé humaine. Comme il n'est évidemment pas envisageable de mener des expériences sur la dangerosité des polluants sur des cobayes humains, les scientifiques réalisent des études épidémiologiques, notamment des études de cohorte (comme c'est le cas dans le **doc. 2**). Ce type de démarche repose sur un protocole rigoureux impliquant le suivi de nombreux individus, la collecte d'informations sur de grandes périodes de temps et l'étude statistique des résultats.

Article en ligne

- Organisation mondiale de la santé – Pollution de l'air
https://www.who.int/ipcs/assessment/public_health/air_pollution/fr/
- Site du Gouvernement – Pollution de l'air, prévention des risques majeurs
https://www.gouvernement.fr/risques/pollution-de-l-air
- Ministère de la Transition écologique et solidaire – Pollution de l'air : origines, situation et impacts
https://www.ecologique-solidaire.gouv.fr/pollution-lair-origines-situation-et-impacts
- AirParif – Association de surveillance de la qualité de l'air
https://www.airparif.asso.fr/
- Données open data des AASQA (Associations agréées de surveillance de la qualité de l'air)
https://atmo-france.org/les-donnees/

Vidéo

- Institut national de l'environnement industriel et des risques (INERIS) : La qualité de l'air racontée par la modélisation, 2017
https://www.youtube.com/watch?v=mqe5MtR-TDE&t=60s
- AFP – Les principaux polluants de l'air, 2014
https://www.youtube.com/watch?v=1F5Rhf79sHU
- « La pollution de l'air tue plus que le sida ou le paludisme », *Le figaro.fr*, 2016
https://sante.lefigaro.fr/actualite/2016/09/08/25371-pollution-lair-quatrieme-cause-mort-prematuree-dans-monde

LE SAVIEZ-VOUS ?

▸ Le secteur des transports n'est pas le principal secteur à l'origine de l'émission de particules fines dans l'atmosphère. Certes, dans les grandes agglomérations, comme l'Île de France, les transports sont responsables de plus de 30 % des émissions, mais à l'échelle du pays entier, la part des transports est inférieure à 20 %. L'industrie et le secteur résidentiel sont responsables chacun d'environ 30 % des émissions. Pour le secteur résidentiel, ces émissions sont principalement dues au chauffage au bois (selon le type d'appareil, les émissions ne sont pas du tout comparables).

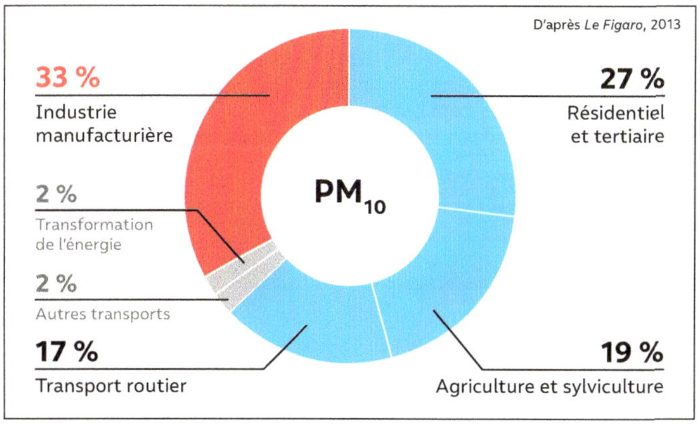

▲ **Secteurs contribuant à l'émission des PM10 en France en 2013**

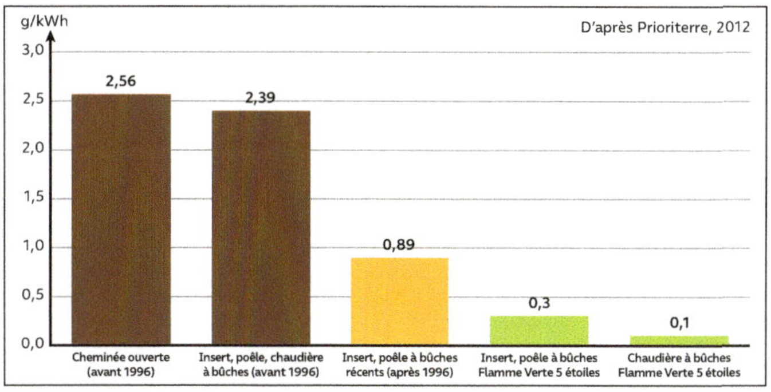

▲ **Émission de particules fines par catégories d'appareils de chauffage au bois en g/kWh**

Les parcours possibles

PARCOURS 1 Initiation

1. Expliquer l'origine des particules fines de type PM10 (**doc. 1**).
2. Analyser les résultats de l'étude épidémiologique pour en déduire l'effet d'une concentration importante de particules PM10 dans l'atmosphère sur la mortalité (**doc. 2**) puis expliquer le lien entre particules PM10 et mortalité (**doc. 3**).
3. Expliquer la différence entre prévision et prévention (**doc. 4** et **5**) puis proposer une explication aux différences de concentration en PM10 observables sur la carte de prévision.
4. À partir de vos conclusions précédentes, rédiger un court texte justifiant le bien-fondé des politiques publiques de prévision et de prévention.

PARCOURS 2 Confirmé

À partir de l'exploitation des différents documents, rédiger un texte justifiant le bien-fondé des politiques publiques de prévision et de prévention.

PARCOURS 3 Expert

Lors d'un exposé de 5 minutes, justifier le bien-fondé des politiques publiques de prévision et de prévention, en utilisant les informations des différents documents.

INDICATEURS DE RÉUSSITE	NIVEAU			
	A	B	C	D
L'origine des polluants atmosphériques est identifiée.				
La notion de particule fine est expliquée.				
Les conséquences sur la santé des pics de pollution aux particules fines sont démontrées.				
Les différences de concentrations de particules fines sur la carte de prévision sont expliquées.				
L'intérêt des campagnes de prévention est démontré.				

Livre de l'élève

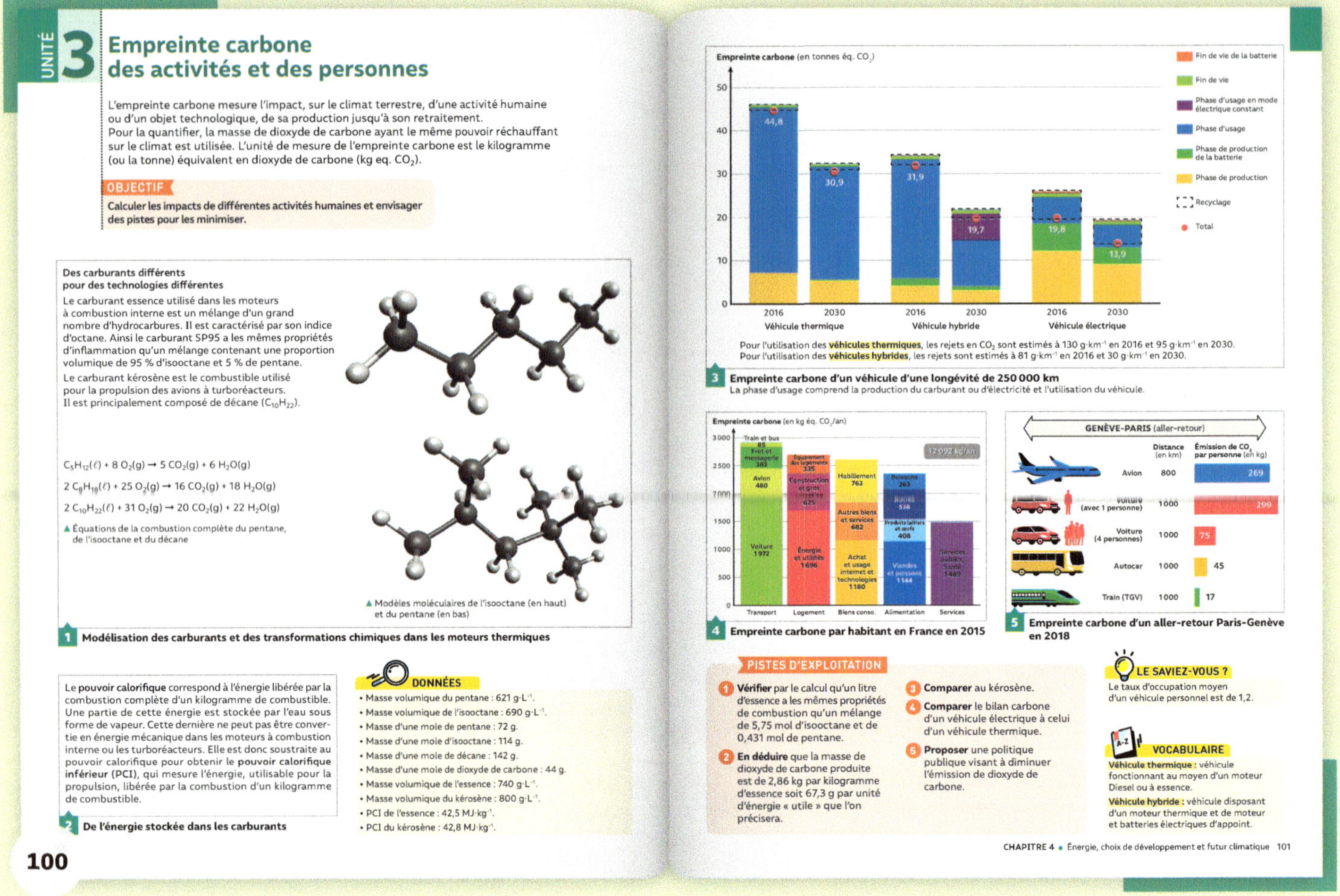
UNITÉ 3 Empreinte carbone des activités et des personnes

L'empreinte carbone mesure l'impact, sur le climat terrestre, d'une activité humaine ou d'un objet technologique, de sa production jusqu'à son retraitement.
Pour la quantifier, la masse de dioxyde de carbone ayant le même pouvoir réchauffant sur le climat est utilisée. L'unité de mesure de l'empreinte carbone est le kilogramme (ou la tonne) équivalent en dioxyde de carbone (kg eq. CO_2).

OBJECTIF
Calculer les impacts de différentes activités humaines et envisager des pistes pour les minimiser.

Des carburants différents pour des technologies différentes
Le carburant essence utilisé dans les moteurs à combustion interne est un mélange d'un grand nombre d'hydrocarbures. Il est caractérisé par son indice d'octane. Ainsi le carburant SP95 a les mêmes propriétés d'inflammation qu'un mélange contenant une proportion volumique de 95 % d'isooctane et 5 % de pentane.
Le carburant kérosène est le combustible utilisé pour la propulsion des avions à turboréacteurs. Il est principalement composé de décane ($C_{10}H_{22}$).

$C_5H_{12}(\ell) + 8\,O_2(g) \rightarrow 5\,CO_2(g) + 6\,H_2O(g)$
$2\,C_8H_{18}(\ell) + 25\,O_2(g) \rightarrow 16\,CO_2(g) + 18\,H_2O(g)$
$2\,C_{10}H_{22}(\ell) + 31\,O_2(g) \rightarrow 20\,CO_2(g) + 22\,H_2O(g)$

▲ Équations de la combustion complète du pentane, de l'isooctane et du décane

▲ Modèles moléculaires de l'isooctane (en haut) et du pentane (en bas)

1 Modélisation des carburants et des transformations chimiques dans les moteurs thermiques

Le pouvoir calorifique correspond à l'énergie libérée par la combustion complète d'un kilogramme de combustible. Une partie de cette énergie est stockée par l'eau sous forme de vapeur. Cette dernière ne peut pas être convertie en énergie mécanique dans les moteurs à combustion interne ou les turboréacteurs. Elle est donc soustraite au pouvoir calorifique pour obtenir le pouvoir calorifique inférieur (PCI), qui mesure l'énergie, utilisable pour la propulsion, libérée par la combustion d'un kilogramme de combustible.

2 De l'énergie stockée dans les carburants

DONNÉES
• Masse volumique du pentane : 621 g·L⁻¹.
• Masse volumique de l'isooctane : 690 g·L⁻¹.
• Masse d'une mole de pentane : 72 g.
• Masse d'une mole d'isooctane : 114 g.
• Masse d'une mole de décane : 142 g.
• Masse d'une mole de dioxyde de carbone : 44 g.
• Masse volumique de l'essence : 740 g·L⁻¹.
• Masse volumique du kérosène : 800 g·L⁻¹.
• PCI de l'essence : 42,5 MJ·kg⁻¹.
• PCI du kérosène : 42,8 MJ·kg⁻¹.

Pour l'utilisation des véhicules thermiques, les rejets en CO_2 sont estimés à 130 g·km⁻¹ en 2016 et 95 g·km⁻¹ en 2030.
Pour l'utilisation des véhicules hybrides, les rejets sont estimés à 81 g·km⁻¹ en 2016 et 30 g·km⁻¹ en 2030.

3 Empreinte carbone d'un véhicule d'une longévité de 250 000 km
La phase d'usage comprend la production du carburant ou d'électricité et l'utilisation du véhicule.

4 Empreinte carbone par habitant en France en 2015

5 Empreinte carbone d'un aller-retour Paris-Genève en 2018

PISTES D'EXPLOITATION
1 Vérifier par le calcul qu'un litre d'essence a les mêmes propriétés de combustion qu'un mélange de 5,75 mol d'isooctane et de 0,431 mol de pentane.
2 En déduire que la masse de dioxyde de carbone produite est de 2,86 kg par kilogramme d'essence soit 67,3 g par unité d'énergie « utile » que l'on précisera.
3 Comparer au kérosène.
4 Comparer le bilan carbone d'un véhicule électrique à celui d'un véhicule thermique.
5 Proposer une politique publique visant à diminuer l'émission de dioxyde de carbone.

LE SAVIEZ-VOUS ?
Le taux d'occupation moyen d'un véhicule personnel est de 1,2.

VOCABULAIRE
Véhicule thermique : véhicule fonctionnant au moyen d'un moteur Diesel ou à essence.
Véhicule hybride : véhicule disposant d'un moteur thermique et de moteur et batteries électriques d'appoint.

100

CHAPITRE 4 • Énergie, choix de développement et futur climatique 101

problèmes scientifiques

- Quels sont les éléments pris en compte dans le calcul de l'empreinte carbone ?
- Quels sont les secteurs pour lesquels l'empreinte carbone peut-être réduite ?

Mobilisation des acquis

- Vu en cycle 4 et en seconde (physique-chimie) :
– transformation chimique, combustion ;
– masse volumique.
- Vu en seconde (physique-chimie) :
– quantité de matière et son unité du Système international, la mole.

Les grandes idées à construire

- L'empreinte carbone prend en compte l'ensemble des conséquences de la fabrication, du transport, de l'utilisation, du retraitement d'un objet pouvant modifier le climat (rejets de GES, déforestation, etc.).
- Les activités ayant la plus forte empreinte carbone en France sont le transport par voiture, le chauffage des logements, l'utilisation d'internet et la consommation de viandes et poissons.
- La combustion des différents carburants produit des quantités similaires de CO_2.

Les compétences travaillées

- **Extraire et organiser** des informations.
- **Utiliser** des grandeurs quotient et mettre en forme des calculs.
- **Communiquer**.

Les représentations de l'élève

- Il est probable que les élèves n'aient pas conscience de l'empreinte carbone issue de l'usage d'internet. Il semble donc important de clarifier cette situation auprès d'un public grand consommateur de ressources internet (empreinte carbone des Data Centers).

Ce que disent les documents

1 L'indice d'octane permet d'effectuer, en première approximation, les calculs de combustion sur le pentane et l'isooctane pour caractériser l'essence.

Idée de question :
– Quels sont les combustibles utilisés dans les moteurs essence ? les réacteurs d'avion ?

2 Toute l'énergie stockée dans les combustibles ne peut pas être utilisée pour la propulsion. L'énergie par unité de masse pouvant être convertie est appelée « pouvoir calorifique inférieur ».

Idée de question :
– Qu'est-ce que le pouvoir calorifique inférieur ?

3 Pour les véhicules thermiques et hybrides, la phase d'usage concentre la majorité de l'empreinte carbone. Pour les véhicules électriques c'est la phase de production. Pour ces derniers, les gains associés au recyclage sont importants, on en déduit que le recyclage des batteries est primordial.

Remarque. Les chiffres présentés sont valables en France, pays dont l'énergie électrique est très largement décarbonée.

Idée de question :
– Quelle est la phase du cycle de vie d'un véhicule ayant la plus forte empreinte carbone ?

4 Au niveau individuel, les secteurs ayant la plus forte empreinte carbone sont les transports (en particulier la voiture), le logement (en particulier le chauffage), la consommation des ménages (en particulier les achats sur internet), l'alimentation (en particulier les viandes et poissons).

Idée de question :
- Quels sont les plus grandes sources d'empreinte carbone ? Y en a-t-il une qui vous surprend ?

5 Sans surprise, l'avion et la voiture individuelle sont les deux moyens de se déplacer ayant le plus d'impact. À noter que la très faible empreinte carbone du train est liée au mode de production électrique français, très largement décarboné.

Idée de question :
- Quel est le moyen de déplacement ayant le moins d'impact ? Quelle particularité française permet de l'expliquer ?

Les + pour préparer votre séance

- Proposer un QCM de remobilisation des acquis de seconde et première en début de séance. [→ **Annexe 4, page 87**]

Article en ligne

- Fondation pour la Nature et l'Homme – Quelle contribution du véhicule électrique à la transition énergétique ? http://www.fondation-nature-homme.org/magazine/quelle-contribution-du-vehicule-electrique-la-transition-energetique/
- « Électricité et CO_2 : le tableau européen », *lemonde.fr*, 2019 https://www.lemonde.fr/blog/huet/2019/05/06/electricite-et-co2-le-tableau-europeen/
- « Comment faire enfin baisser les émissions de CO_2 des voitures », *La note d'analyse*, n° 78, 2019 https://www.strategie.gouv.fr/sites/strategie.gouv.fr/files/atoms/files/fs-na78-2019-emissions-voitures-meilhan-20juin-bat.pdf

Animation

- Empreinte écologique, 2013 https://www.youtube.com/watch?v=w_QyQt25oQM

LE SAVIEZ-VOUS ?

Le numérique est actuellement responsable de 4 % de l'empreinte carbone mondiale, ce qui est supérieur à l'impact de l'avion (2,5 %). 55 % de cette empreinte est due à l'utilisation des terminaux, des centres de données et des infrastructures, le poids des contenus vidéos dans cette utilisation étant de 80 %.

CORRECTION DE L'UNITÉ

1. Le **doc. 1** indique qu'un litre d'essence a les mêmes propriétés d'inflammation que 0,05 L de pentane et 0,95 L d'isooctane. Calculons la quantité de matière associée à ces volumes (en supposant le mélange idéal, c'est-à-dire qu'il n'y a pas de modification du volume lors du mélange).

L'utilisation de la proportionnalité permet d'écrire : $n_{alcane} = \frac{m}{n} = \frac{\rho V}{M}$

où M est la masse d'une mole d'élément.

donc $n_{pentane} = \frac{0{,}05 \text{ L} \times 621 \text{ g·L}^{-1}}{72 \text{ g·mol}^{-1}} = 0{,}431$ mol

et $n_{octane} = \frac{0{,}95 \text{ L} \times 690 \text{ g·L}^{-1}}{114 \text{ g·mol}^{-1}} = 5{,}75$ mol.

2. D'après les équations de combustion fournies dans le **doc. 1**, chaque mole de pentane produit 5 moles de CO_2 et chaque mole d'isooctane en produit 8. Ainsi chaque litre d'essence produit la masse suivante de CO_2 :

$m(CO_2) = M(CO_2) \times n(CO_2) = 44 \text{ g·mol}^{-1} \times (5 \times 0{,}431 \text{ mol} + 8 \times 5{,}75 \text{ mol}) = 2{,}12 \cdot 10^3$ g.

La masse d'un litre d'essence étant de 740 g, on divise le résultat précédent par 740 pour obtenir le résultat indiqué par l'énoncé. Enfin, pour obtenir la masse de CO_2 produite par unité d'énergie « utile », on divise le résultat obtenu par le PCI de l'essence :

$\gamma_{CO_2}(\text{essence}) = \frac{2{,}86}{42{,}5 \text{ kJ·g}^{-1}} = 67{,}3 \text{ g·J}^{-1}$.

3. En effectuant un raisonnement similaire pour le kérosène, on obtient :

$n_{pentane} = \frac{1\,000 \text{ g}}{142 \text{ g·mol}^{-1}} = 7{,}04$ mol dans un kilogramme de kérosène.

Ainsi $m(CO_2) = 44 \text{ g·mol}^{-1} \times 10 \times 7{,}04 \text{ mol} = 3{,}10$ kg.

En divisant ce résultat par le PCI du kérosène, on obtient :

$\gamma_{CO_2}(\text{kérosène}) = \frac{3{,}10}{42{,}8 \text{ kJ·g}^{-1}} = 72{,}4 \text{ g·J}^{-1}$.

La combustion du kérosène émet 7,6 % de CO_2 de plus par unité d'énergie « utile ».

4. Un véhicule électrique a une empreinte carbone environ deux fois plus faible que celle d'un véhicule thermique. Cette différence s'explique par une empreinte beaucoup plus basse lors de la phase d'usage ainsi que des gains plus importants lors du recyclage qui compensent l'empreinte carbone plus importante de la phase de production. Il est important de noter que les gains lors de la phase d'usage sont en grande partie dus au fait que la production électrique française émet peu de GES.

5. À partir des documents fournis, une politique efficace serait d'encourager la transition du parc automobile vers l'électrique (développement des zones de recharge, aides à l'achat d'un véhicule électrique, abaissement du seuil d'émission pour les taxis/VTC), l'incitation à l'utilisation des transports en commun et au covoiturage (piétonisation des villes, développement des réseaux périurbains, places de parking réservées), de privilégier le train par rapport à l'avion (taxation du kérosène).
Pour ce qui est du logement, inciter les particuliers à effectuer des travaux de rénovation thermiques (isolation, changement des chaudières). En ce qui concerne les usages internet, inciter la limitation des données échangées/stockées en ligne (taxer la bande passante, le stockage cloud, limiter la taille des boîtes mail). Pour l'alimentation, promouvoir la consommation de protéines d'origine végétale.

Les parcours possibles

PARCOURS 1 Classe puzzle

1 Création de trois groupes d'experts, un pour le calcul de la masse de CO_2 émise par l'essence, un pour le calcul concernant le kérosène, un pour l'empreinte carbone d'un véhicule.
2 En groupes d'experts, exploitation des documents, calculs.
3 En groupe d'affinité et déterminé par le professeur, mise en commun des résultats puis rédaction d'un paragraphe expliquant le **doc. 5** et proposant des mesures d'atténuation.

PARCOURS 2 En binôme

1 Création des binômes incluant si possible un élève scientifique (spécialité maths, physique ou SVT).
2 Répartition des tâches individuelles (par page de documents par exemple).
3 Mise en commun et rédaction de l'argumentaire sur la réduction de l'empreinte carbone.

INDICATEURS DE RÉUSSITE	NIVEAU A	NIVEAU B	NIVEAU C	NIVEAU D
Les informations sont correctement mises en relation pour répondre au problème.				
Les calculs sont rédigés avec soin, introduits par les relations littérales correspondantes et expliqués. (confirmé et expert)				
Les unités et chiffres significatifs sont respectés.				
Les comparaisons sont chiffrées de façon pertinente.				

CHAPITRE 4

Livre de l'élève

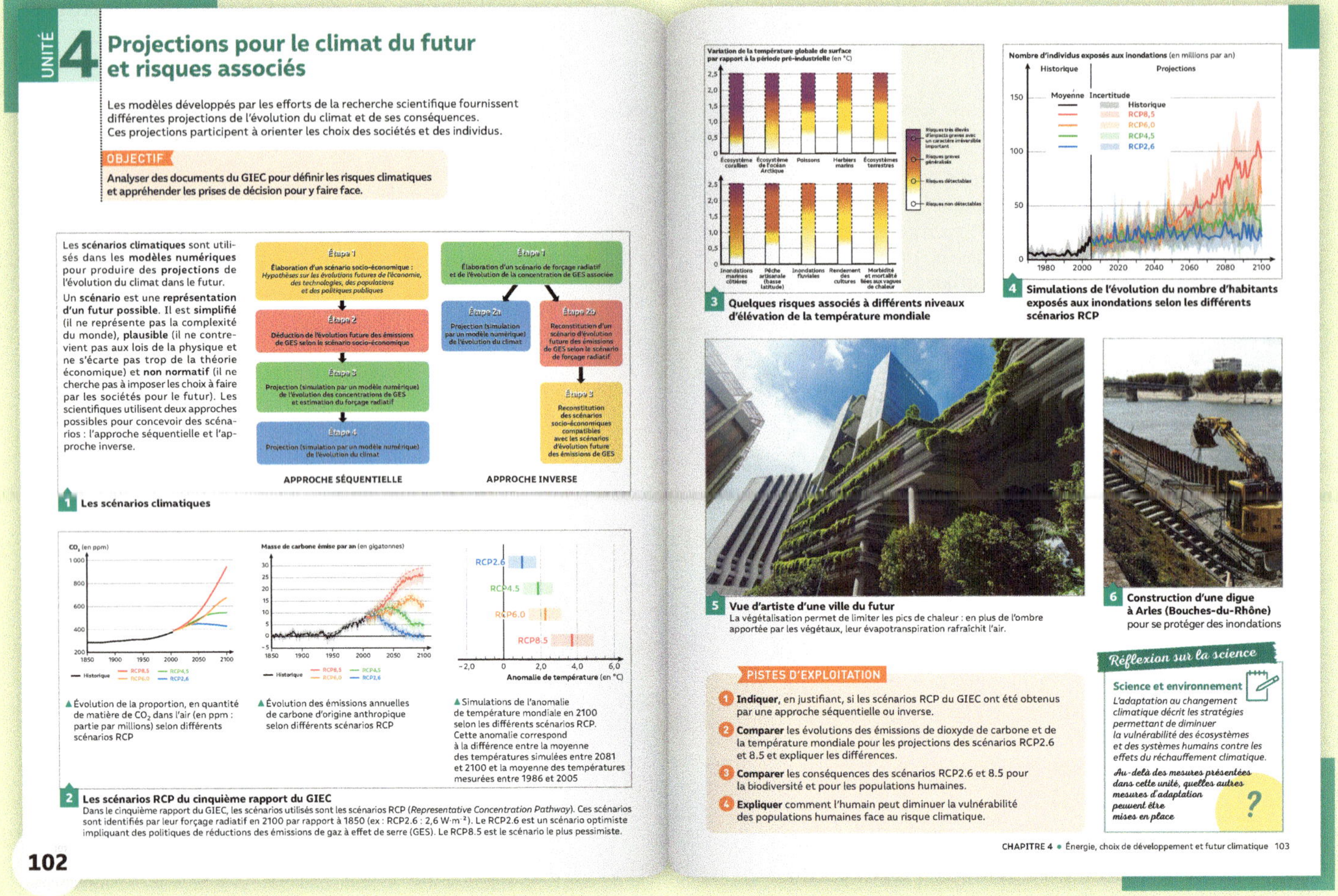

UNITÉ 4 Projections pour le climat du futur et risques associés

Les modèles développés par les efforts de la recherche scientifique fournissent différentes projections de l'évolution du climat et de ses conséquences.
Ces projections participent à orienter les choix des sociétés et des individus.

OBJECTIF

Analyser des documents du GIEC pour définir les risques climatiques et appréhender les prises de décision pour y faire face.

Les **scénarios climatiques** sont utilisés dans les **modèles numériques** pour produire des **projections** de l'évolution du climat dans le futur.

Un **scénario** est une **représentation d'un futur possible**. Il est **simplifié** (il ne représente pas la complexité du monde), **plausible** (il ne contrevient pas aux lois de la physique et ne s'écarte pas trop de la théorie économique) et **non normatif** (il ne cherche pas à imposer les choix à faire par les sociétés pour le futur). Les scientifiques utilisent deux approches possibles pour concevoir des scénarios : l'approche séquentielle et l'approche inverse.

1 Les scénarios climatiques

▲ Évolution de la proportion, en quantité de matière de CO_2 dans l'air (en ppm : partie par millions) selon différents scénarios RCP

▲ Évolution des émissions annuelles de carbone d'origine anthropique selon différents scénarios RCP

▲ Simulations de l'anomalie de température mondiale en 2100 selon les différents scénarios RCP. Cette anomalie correspond à la différence entre la moyenne des températures simulées entre 2081 et 2100 et la moyenne des températures mesurées entre 1986 et 2005

2 Les scénarios RCP du cinquième rapport du GIEC
Dans le cinquième rapport du GIEC, les scénarios utilisés sont les scénarios RCP (*Representative Concentration Pathway*). Ces scénarios sont identifiés par leur forçage radiatif en 2100 par rapport à 1850 (ex : RCP2.6 : 2,6 W·m⁻²). Le RCP2.6 est un scénario optimiste impliquant des politiques de réductions des émissions de gaz à effet de serre (GES). Le RCP8.5 est le scénario le plus pessimiste.

102

3 Quelques risques associés à différents niveaux d'élévation de la température mondiale

4 Simulations de l'évolution du nombre d'habitants exposés aux inondations selon les différents scénarios RCP

5 Vue d'artiste d'une ville du futur
La végétalisation permet de limiter les pics de chaleur : en plus de l'ombre apportée par les végétaux, leur évapotranspiration rafraîchit l'air.

6 Construction d'une digue à Arles (Bouches-du-Rhône) pour se protéger des inondations

PISTES D'EXPLOITATION

1. **Indiquer**, en justifiant, si les scénarios RCP du GIEC ont été obtenus par une approche séquentielle ou inverse.
2. **Comparer** les évolutions des émissions de dioxyde de carbone et de la température mondiale pour les projections des scénarios RCP2.6 et 8.5 et expliquer les différences.
3. **Comparer** les conséquences des scénarios RCP2.6 et 8.5 pour la biodiversité et pour les populations humaines.
4. **Expliquer** comment l'humain peut diminuer la vulnérabilité des populations humaines face au risque climatique.

Réflexion sur la science

Science et environnement
L'adaptation au changement climatique décrit les stratégies permettant de diminuer la vulnérabilité des écosystèmes et des systèmes humains contre les effets du réchauffement climatique.

Au-delà des mesures présentées dans cette unité, quelles autres mesures d'adaptation peuvent être mises en place ?

CHAPITRE 4 • Énergie, choix de développement et futur climatique 103

problèmes scientifiques

- Comment sont établies les projections du climat pour le futur ?
- Quelles sont les conséquences du changement climatique prévisibles pour le futur ?
- Comment les populations humaines peuvent-elles se protéger face aux risques associés au changement climatique ?

Mobilisation des acquis

- Vu en cycle 4 : notions de risque, aléa, enjeu, vulnérabilité, prévision et prévention.
- Chapitre 3 : les modèles numériques réalisent des projections climatiques et prévoient une augmentation de la quantité de GES, de la température, du niveau des mers et des modifications des régimes de pluie, des évènements climatiques extrêmes, une acidification des océans, des impacts importants sur les écosystèmes.

Les grandes idées à construire

- Les modèles numériques utilisant différents scénarios de transition écologique simulent l'évolution future du climat et permettent d'évaluer les risques pour les écosystèmes et les populations humaines.
- L'analyse des risques oriente les décisions des sociétés (ex. mesures d'adaptation).

Les compétences travaillées

- **Extraire et organiser** des informations.
- **Interpréter** des résultats.

Les représentations de l'élève

- De nombreuses personnes pensent que les scientifiques doivent orienter les choix des sociétés, or la science n'a pas un rôle prescriptif mais un rôle descriptif. Les chercheurs apportent les connaissances permettant de décrire le monde (tel qu'il a été, tel qu'il est et tel qu'il sera) et pour développer des techniques qui pourraient être utiles aux sociétés. En aucun cas, les scientifiques ne définissent les caractéristiques du monde tel qu'il devrait être, ce sont les sociétés qui doivent faire des choix en fonction de leurs objectifs, la science ne peut qu'éclairer ces choix par des faits.

Ce que disent les documents

1 Pour simuler l'évolution du climat dans le futur, les scientifiques utilisent des modèles numériques basés sur des scénarios climatiques conçus selon une approche séquentielle ou inverse. Pour l'**approche séquentielle**, un scénario socio-économique permet de déduire l'évolution des émissions de GES, le forçage radiatif et les conséquences sur le système climatique. Pour l'**approche inverse**, un scénario de forçage radiatif permet de déduire les conséquences sur le climat mais aussi l'évolution des émissions de GES aboutissant à ce forçage ainsi que les scénarios socio-économiques expliquant ces émissions de GES.

? **Des idées de questions :**
- Comment sont obtenues les projections de l'évolution future du climat ?
- Comment différencier l'approche séquentielle et l'approche inverse ?

2 Le scénario le plus optimiste du cinquième rapport du GIEC prévoit un forçage de 2,6 W·m^{-2} en 2100 par rapport à 1850 et le scénario le plus pessimiste prévoit un forçage de 8,5 W·m^{-2} en 2100 par rapport à 1850. À partir de ces scénarios, les modèles simulent les évolutions de la proportion de CO_2 atmosphérique et des émissions de carbone anthropique aboutissant à ces forçages, et de la température globale résultant de ces forçages. Le forçage du scénario 2.6 étant inférieur à celui du scénario 8.5, cela induit un écart des concentrations en GES *in fine*. On voit ainsi que pour atteindre un forçage de 2,6 W·m^{-2}, il faudra réduire, voire cesser toute émission de CO_2.

Des idées de questions :
- Quelle approche a permis de construire les modèles RCP utilisés dans le cinquième rapport du GIEC ?
- Comment expliquer les différences observées entre les conséquences des scénarios RCP2.6 et RCP8.5 ?

3 et **4** À partir des réchauffements prévus par les différents scénarios RCP (1 °C en 2100 pour RCP2.6 contre 4 °C pour RCP8.5), il est possible d'utiliser les documents pour caractériser les niveaux de risques pour les écosystèmes et les sociétés humaines.

Idée de question :
- Quelles seraient les conséquences des scénarios RCP2.6 et RCP8.5 pour les écosystèmes et les populations humaines ?

5 et **6** Les mesures d'adaptation (la végétalisation pour protéger les habitants des vagues de chaleur, la construction de digues pour protéger les populations des inondations) permettent de diminuer la vulnérabilité des humains et donc les risques associés au changement climatique.

Idée de question :
- Comment protéger les populations des risques liés au changement climatique ?

Les + pour préparer votre séance

- Proposer un QCM de vérification de la bonne compréhension des notions abordées dans cette unité. [→ **Annexe 5, page 87**]

→ Afin d'exploiter au mieux les données concernant les risques pour les écosystèmes et les sociétés humaines (**doc. 3** et **4**), les élèves devront bien observer les projections des températures associées aux différents scénarios (principalement les scénarios RCP2.6 et RCP8.5).

Vidéo

- UVED – Les scénarios climatiques, 2016
https://www.youtube.com/watch?v=3ATgMqjPoO0&feature=youtu.be
- [Conférence] Quelques degrés de plus, ça change quoi ?, 2019
https://www.youtube.com/watch?v=JiZPG8tMNO0&t=550s

LE SAVIEZ-VOUS ?

▶ Les modèles numériques utilisés pour établir des projections du climat futur sont les mêmes que ceux utilisés en météorologie pour prévoir le temps. Les supercalculateurs répartis dans le monde, font « tourner » leurs modèles à partir des mêmes scénarios. La comparaison des simulations obtenues par les différents modèles permet d'obtenir des enveloppes d'incertitudes pour chaque projection climatique. La diversité des modèles est donc essentielle car la comparaison des résultats des simulations produites permet de déterminer la fiabilité des différentes projections.

CORRECTION DE L'UNITÉ

1. Les scénarios RCP utilisés dans le cinquième rapport du GIEC ont été élaborés à partir d'une approche inverse, car ce sont différentes hypothèses de forçages radiatifs qui sont établies pour modéliser les conséquences sur les paramètres climatiques de ces différents forçages.

2. Dans le scénario RCP2.6, en 2100, la proportion de CO_2 atmosphérique atteint environ 400 ppm et la température moyenne mondiale augmente de plus d'1 °C. Tandis que pour le scénario RCP8.5, en 2100, la proportion de CO_2 atmosphérique atteint près de 1 000 ppm et la température moyenne mondiale augmente d'environ 4 °C. Les différences de températures pour les deux scénarios s'expliquent par les différences de proportion de CO_2 atmosphérique (GES).

3. Concernant la biodiversité, le risque d'impacts très graves pour les coraux est très élevé pour les deux scénarios. Pour les écosystèmes terrestres, le scénarios RCP2.6 présente des impacts beaucoup plus modérés que le scénario RCP8.5. **Pour les populations humaines**, le risque d'inondations côtières est très grand dans les différents scénarios (en 2100, le scénario RCP2.6 prévoit environ 25 millions de personnes exposées à ce risque contre 100 millions pour le scénario RCP8.5). Le risque de mortalité liée aux vagues de chaleur est d'un niveau « détectable » pour le scénario RCP2.6 et d'un niveau « grave généralisé » pour le scénario RCP8.5.

4. Pour diminuer la vulnérabilité des populations humaines face au risque climatique, des mesures d'adaptation (telles que la végétalisation pour protéger les habitants des vagues de chaleur ou la construction de digues pour protéger les populations des inondations) peuvent être mises en place.

Réflexion sur la science. En dehors de la végétalisation des villes et de la construction de digues, on peut citer d'autres mesures d'adaptation, telles celles permettant de diminuer la vulnérabilité des cultures : modification des calendriers des cultures, développement des techniques d'irrigation de précision, installation de réservoirs d'eau et de pompes, plantation de haies, diversification des cultures, etc.

Les parcours possibles

PARCOURS 1 Initiation

1. Indiquer, en justifiant, si les scénarios RCP du GIEC ont été obtenus par une approche séquentielle ou inverse (**doc. 1** et **2**).
2. Comparer les évolutions des émissions de CO_2 et de la température mondiale pour les scénarios RCP2.6 et 8.5 et expliquer les différences (**doc. 2**).
3. Comparer les conséquences des scénarios RCP2.6 et 8.5 pour la biodiversité et pour les populations humaines (**doc. 3** et **4**).
4. Expliquer comment l'humain peut diminuer la vulnérabilité des populations humaines face au risque climatique.

PARCOURS 2 Confirmé

1. Comparer les conséquences des deux scénarios RCP2.6 et 8.5 en expliquant l'origine des différences constatées (**doc. 1** à **4**).
2. Définir le risque climatique et expliquer comment l'humain peut le réduire.

PARCOURS 3 Expert

Réaliser un schéma fonctionnel expliquant comment les projections climatiques sont obtenues, quelles informations elles apportent et comment elles peuvent être utiles pour orienter les choix des sociétés pour le futur.

INDICATEURS DE RÉUSSITE	NIVEAU A	B	C	D
L'approche ayant permis d'élaborer les scénarios RCP du GIEC est identifiée.				
Les conséquences des scénarios RCP2.6 et RCP8.5 sur la température et la proportion de CO_2 atmosphérique sont comparées et l'origine des différences est expliquée.				
Les conséquences des scénarios RCP2.6 et RCP8.5 sur les écosystèmes marins et terrestres sont comparées.				
Les conséquences des scénarios RCP2.6 et RCP8.5 sur les populations humaines sont comparées.				
Deux exemples de mesures permettant de diminuer la vulnérabilité des populations humaines sont expliqués.				

Livre de l'élève

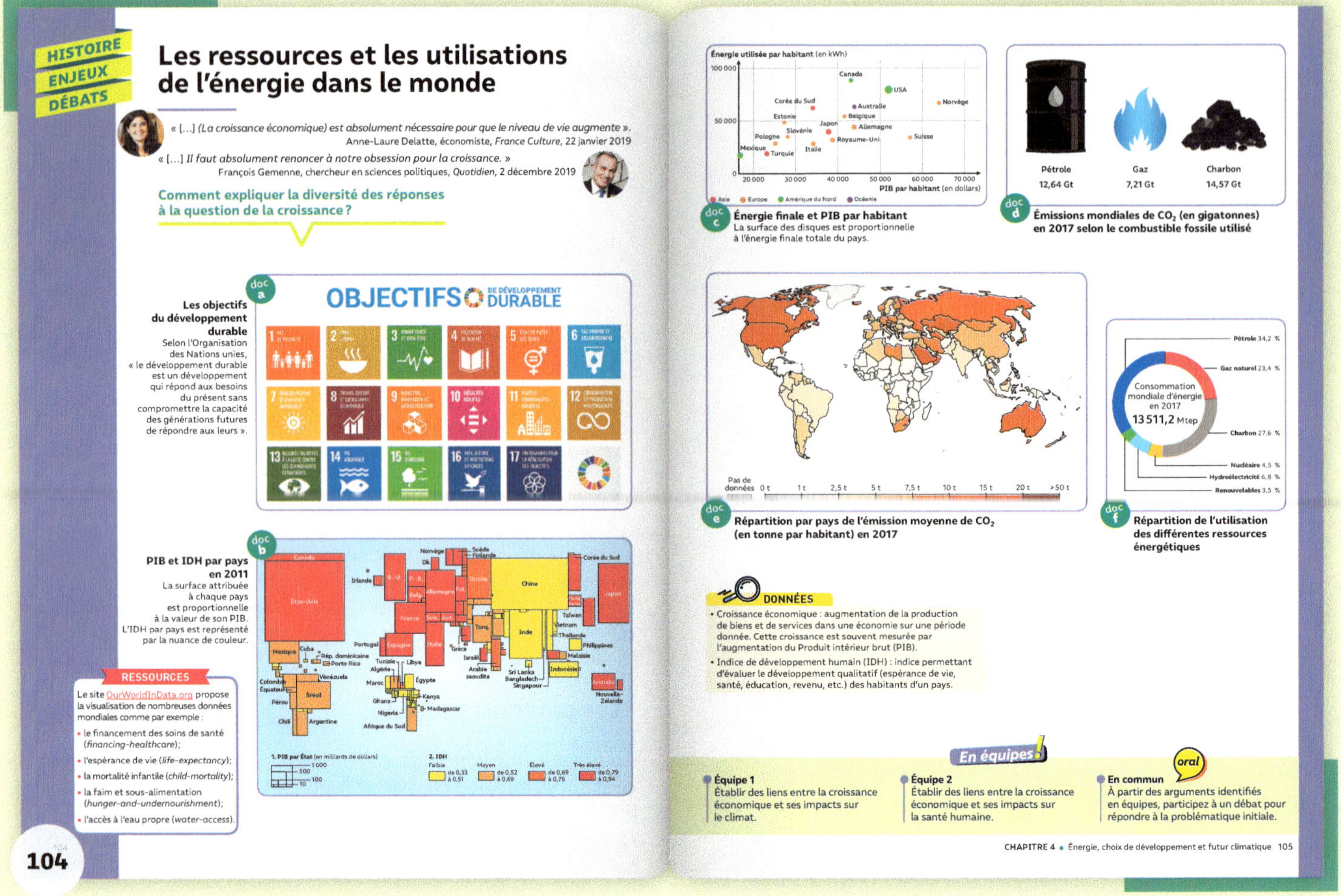
HISTOIRE ENJEUX DÉBATS

Les ressources et les utilisations de l'énergie dans le monde

« […] *(La croissance économique) est absolument nécessaire pour que le niveau de vie augmente* ».
Anne-Laure Delatte, économiste, *France Culture*, 22 janvier 2019

« […] *Il faut absolument renoncer à notre obsession pour la croissance.* »
François Gemenne, chercheur en sciences politiques, *Quotidien*, 2 décembre 2019

Comment expliquer la diversité des réponses à la question de la croissance ?

doc a **Les objectifs du développement durable**
Selon l'Organisation des Nations unies, « le développement durable est un développement qui répond aux besoins du présent sans compromettre la capacité des générations futures de répondre aux leurs ».

doc b **PIB et IDH par pays en 2011**
La surface attribuée à chaque pays est proportionnelle à la valeur de son PIB. L'IDH par pays est représenté par la nuance de couleur.

RESSOURCES
Le site OurWorldInData.org propose la visualisation de nombreuses données mondiales comme par exemple :
- le financement des soins de santé (*financing-healthcare*);
- l'espérance de vie (*life-expectancy*);
- la mortalité infantile (*child-mortality*);
- la faim et sous-alimentation (*hunger-and-undernourishment*);
- l'accès à l'eau propre (*water-access*).

104

doc c **Énergie finale et PIB par habitant**
La surface des disques est proportionnelle à l'énergie finale totale du pays.

doc d **Émissions mondiales de CO_2 (en gigatonnes) en 2017 selon le combustible fossile utilisé**

doc e **Répartition par pays de l'émission moyenne de CO_2 (en tonne par habitant) en 2017**

doc f **Répartition de l'utilisation des différentes ressources énergétiques**

DONNÉES
- Croissance économique : augmentation de la production de biens et de services dans une économie sur une période donnée. Cette croissance est souvent mesurée par l'augmentation du Produit intérieur brut (PIB).
- Indice de développement humain (IDH) : indice permettant d'évaluer le développement qualitatif (espérance de vie, santé, éducation, revenu, etc.) des habitants d'un pays.

En équipes !

Équipe 1
Établir des liens entre la croissance économique et ses impacts sur le climat.

Équipe 2
Établir des liens entre la croissance économique et ses impacts sur la santé humaine.

En commun (oral)
À partir des arguments identifiés en équipes, participez à un débat pour répondre à la problématique initiale.

CHAPITRE 4 • Énergie, choix de développement et futur climatique 105

problème scientifique

Comment expliquer la complexité du choix entre croissance économique et décroissance ?

Mobilisation des acquis

- Vu dans le chapitre 2 : les émissions de GES depuis l'ère industrielle sont responsables d'une augmentation de la puissance radiative reçue et donc du réchauffement climatique actuel.
- Vu dans l'unité 1 : la consommation des ressources énergétiques, pour l'industrie, le transport et l'habitat principalement, est inégalement répartie dans le monde et dépend notamment du modèle économique des sociétés. Cependant, l'utilisation des combustibles fossiles est largement majoritaire.
- Vu dans l'unité 2 : l'utilisation des carburants fossiles et de biomasse libère du CO_2 et d'autres substances polluantes.

Les grandes idées à construire

- La consommation des ressources est inégalement répartie dans le monde et dépend du développement des pays et de la richesse des individus. La croissance de la demande énergétique est directement liée au modèle de production, de consommation et de développement des sociétés.

Les compétences travaillées

- **Extraire et organiser** des informations.
- **Communiquer**.

Les représentations de l'élève

- Les élèves ont très certainement déjà entendu parler de « développement durable », cependant, il est probable que pour un grand nombre d'entre eux, la définition de cette expression reste floue. Il pourra être intéressant, en amont de la séance, de les interroger sur ce que représente pour eux cette notion.

Ce que disent les documents

a Les objectifs du développement durable visent à répondre aux besoins du présent sans compromettre les besoins des générations futures. Parmi les objectifs, on peut citer l'absence de pauvreté, la bonne nutrition, la bonne santé, l'accès à l'eau propre, la lutte contre les changements climatiques, etc.

Idée de question :
- Qu'est-ce que le développement durable ?

b et Ressources La croissance économique permet l'augmentation du PIB, or, un PIB élevé est associé à un IDH élevé des habitants, une mortalité infantile plus faible et un bon accès à l'eau potable par habitant. Par conséquent, la croissance économique semble nécessaire pour atteindre certains objectifs du développement durable tels que la lutte contre la pauvreté, la bonne santé et l'accès à l'eau.

Des idées de questions :
- Quels sont les impacts de la croissance sur l'IDH, la mortalité infantile et l'accès à l'eau potable ?
- En quoi la croissance économique est-elle en adéquation avec les objectifs du développement durable ?

c d e et **f** Plus le PIB des habitants est important plus leur consommation d'énergie est grande (**doc. c**). Or, plus de 85 % des ressources énergétiques utilisées sont des carburants fossiles (**doc. d** et **f**) et leur combustion a libéré plus de 34 Gt de CO_2 en 2017 (**doc. e**). Par conséquent, comme la croissance économique permet l'augmentation du PIB et que celle-ci semble corrélée à des émissions plus importantes de GES, la croissance économique semble contradictoire avec l'objectif de développement durable de lutte contre le changement climatique.

? Des idées de questions :
- Quels sont les impacts de la croissance sur les émissions des GES ?
- En quoi la croissance économique semble contradictoire avec les objectifs du développement durable ?

Les + pour préparer votre séance

- Proposer un QCM de vérification de la bonne compréhension des notions abordées dans cette unité « Histoire, Enjeux, débats ». [→ **Annexe 6, page 87**]
- Pour cette unité, il est possible d'envisager un travail de recherche. Le site internet « Our World In Data » (→ **Ressources, page 104** du manuel) permet de visualiser un très grand nombre de données mondiales et d'établir de multiples corrélations (entre le développement économique et les objectifs du développement durable par exemple).

Données

- *Global Carbon Atlas* – Visualisation de données récentes sur les flux de carbone résultant des activités humaines et des processus naturels
http://www.globalcarbonatlas.org/en/content/welcome-carbon-atlas
- *Our World In Data* – Visualisation d'un grand nombre de données regroupées par thématiques
  – GES : https://ourworldindata.org/co2-and-other-greenhouse-gas-emissions
  – Énergies : https://ourworldindata.org/energy
  – Économie : https://ourworldindata.org/economic-growth

LE SAVIEZ-VOUS ?

Étonnamment, sur les cartes de l'**annexe 7**, on observe que pour de nombreux pays pauvres, plus de 50 % de l'énergie utilisée provient de ressources renouvelables. En effet, dans des pays comme le Congo ou le Nigeria, une grande partie de l'énergie provient de la biomasse (bois, fumiers, résidus de récolte, etc.). Même si au premier abord, on pourrait se satisfaire de cette part importante de ressources renouvelables utilisées (objectif 7 du développement durable), il est nécessaire d'ajouter que la demande totale en énergie de ces pays est très faible comparée aux pays riches et que, dans ces pays, une part importante de la population n'a pas accès à l'électricité.

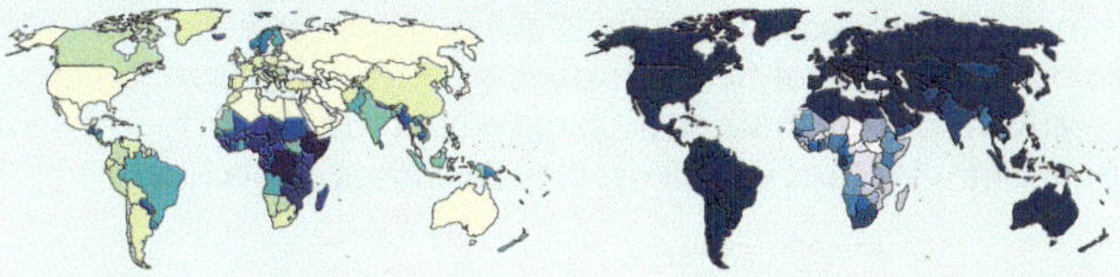

[→ **Annexe 7, page 87**]

CORRECTION DE L'UNITÉ

Équipe 1. Voir la correction dans « Ce que disent les documents » (**doc. c** à **f**). Ci-dessous un exemple de réponse sous forme de schéma :

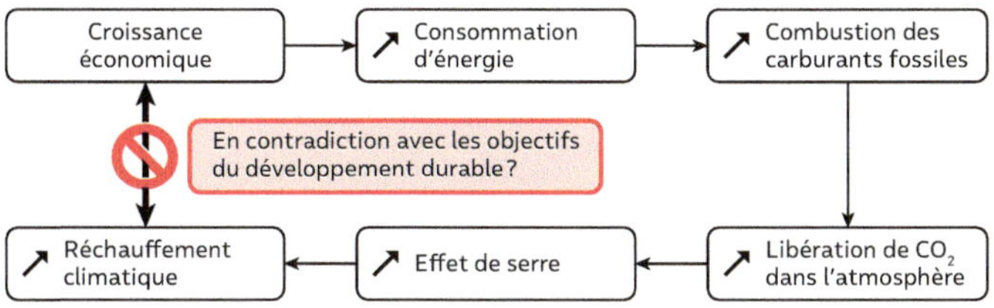

Équipe 2. Voir la correction dans « Ce que disent les documents » **doc. b** et **Ressources**. Ci-dessous un exemple de réponse sous forme de schéma :

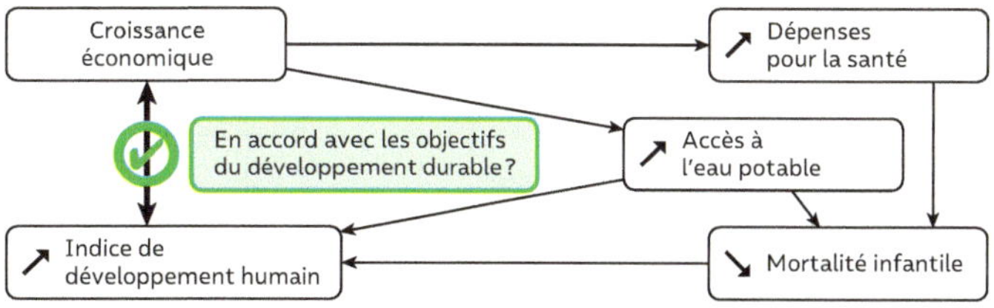

En commun. La croissance économique est actuellement corrélée à des émissions plus importantes de GES et donc semble en contradiction avec l'objectif de développement durable de lutte contre le changement climatique. En revanche, la croissance économique semble nécessaire pour atteindre certains objectifs du développement durable tels que la lutte contre la pauvreté, la bonne santé et l'accès à l'eau. La nécessité d'une croissance économique est donc une question complexe.

Les parcours possibles

PARCOURS 1 Initiation

1. Établir des relations de corrélation entre la croissance économique, l'IDH, la mortalité infantile et l'accès à l'eau potable.
2. Relier ces observations aux objectifs du développement durable.
3. Établir des relations de corrélation entre la croissance économique et les émissions de GES.
4. Relier ces observations aux objectifs de développement durable.
5. Rédiger un court texte argumenté expliquant la diversité des réponses à la question de la croissance.

PARCOURS 2 Classe puzzle

Phase collaborative
Équipe 1 Exploiter les documents pour établir des liens entre la croissance économique et ses impacts sur le climat.
Équipe 2 Établir des liens entre la croissance économique et ses impacts sur la santé humaine.

En commun
À partir des arguments identifiés en équipes, construire une affiche expliquant la diversité des réponses à la question de la croissance.

PARCOURS 3 Débat

Préparation du débat
Équipe 1 Exploiter les documents pour établir des liens entre la croissance économique et ses impacts sur le climat.
Équipe 2 Établir des liens entre la croissance économique et ses impacts sur la santé humaine.

Débat
À partir des arguments identifiés en équipe, participer à un débat pour répondre à la problématique : comment expliquer la diversité des réponses à la question de la croissance ?

INDICATEURS DE RÉUSSITE	NIVEAU A	B	C	D
Des corrélations sont établies entre la croissance économique des pays et différents indicateurs de l'état de santé des populations.				
Des corrélations sont établies entre la croissance économique des pays et leur consommation d'énergie.				
Des liens entre croissance économique et objectifs de développement durable sont proposés.				
Le lien possible entre croissance économique et réchauffement climatique est expliqué.				
Les arguments proposés permettent de montrer que la question de la croissance économique est complexe.				

Livre de l'élève

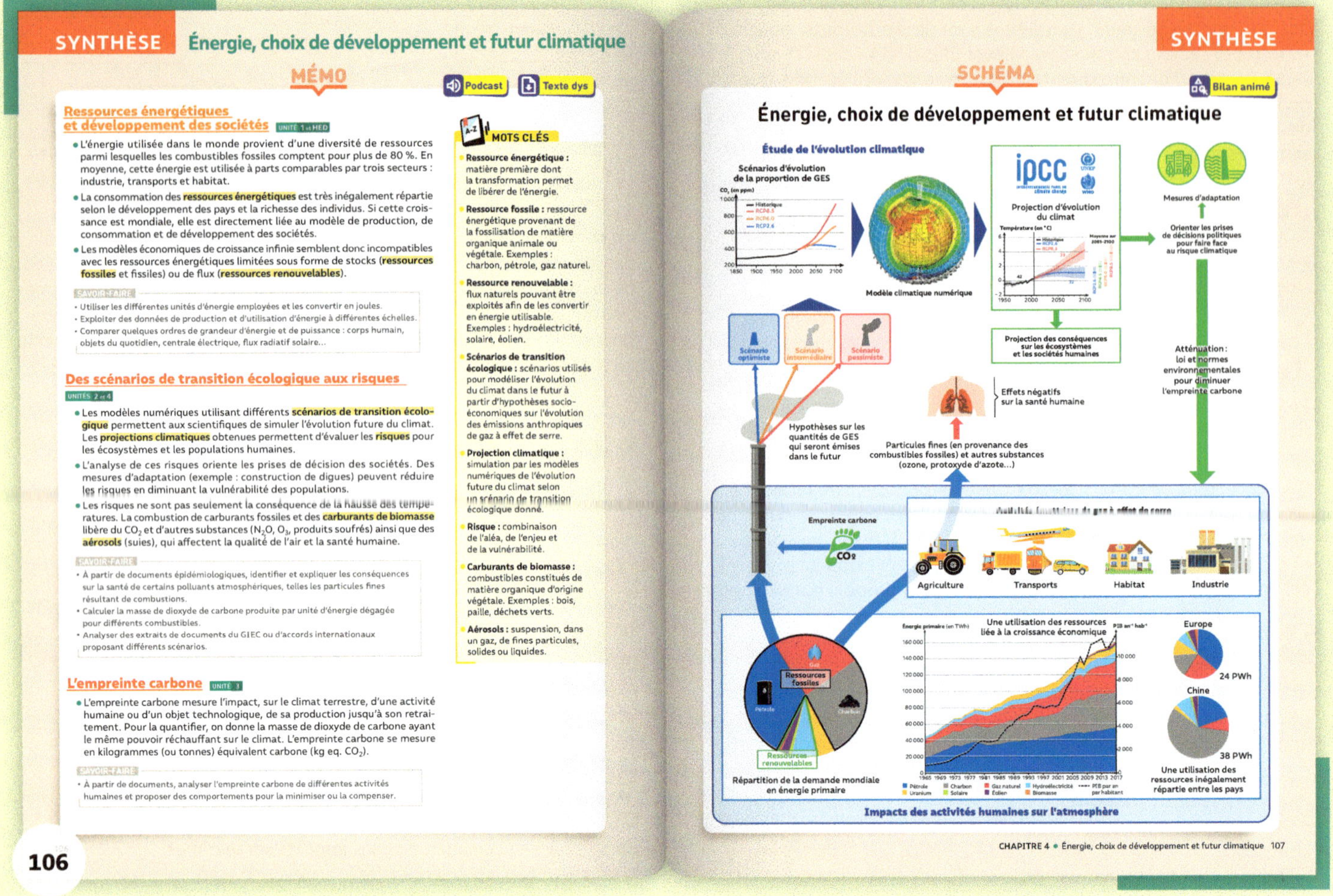

SYNTHÈSE Énergie, choix de développement et futur climatique

MÉMO

Podcast | Texte dys

Ressources énergétiques et développement des sociétés UNITÉ 1 et HED

- L'énergie utilisée dans le monde provient d'une diversité de ressources parmi lesquelles les combustibles fossiles comptent pour plus de 80 %. En moyenne, cette énergie est utilisée à parts comparables par trois secteurs : industrie, transports et habitat.
- La consommation des **ressources énergétiques** est très inégalement répartie selon le développement des pays et la richesse des individus. Si cette croissance est mondiale, elle est directement liée au modèle de production, de consommation et de développement des sociétés.
- Les modèles économiques de croissance infinie semblent donc incompatibles avec les ressources énergétiques limitées sous forme de stocks (**ressources fossiles** et fissiles) ou de flux (**ressources renouvelables**).

SAVOIR-FAIRE
- Utiliser les différentes unités d'énergie employées et les convertir en joules.
- Exploiter des données de production et d'utilisation d'énergie à différentes échelles.
- Comparer quelques ordres de grandeur d'énergie et de puissance : corps humain, objets du quotidien, centrale électrique, flux radiatif solaire...

Des scénarios de transition écologique aux risques UNITÉS 2 et 4

- Les modèles numériques utilisant différents **scénarios de transition écologique** permettent aux scientifiques de simuler l'évolution future du climat. Les **projections climatiques** obtenues permettent d'évaluer les **risques** pour les écosystèmes et les populations humaines.
- L'analyse de ces risques oriente les prises de décision des sociétés. Des mesures d'adaptation (exemple : construction de digues) peuvent réduire les risques en diminuant la vulnérabilité des populations.
- Les risques ne sont pas seulement la conséquence de la hausse des températures. La combustion de carburants fossiles et des **carburants de biomasse** libère du CO_2 et d'autres substances (N_2O, O_3, produits soufrés) ainsi que des **aérosols** (suies), qui affectent la qualité de l'air et la santé humaine.

SAVOIR-FAIRE
- À partir de documents épidémiologiques, identifier et expliquer les conséquences sur la santé de certains polluants atmosphériques, telles les particules fines résultant de combustions.
- Calculer la masse de dioxyde de carbone produite par unité d'énergie dégagée pour différents combustibles.
- Analyser des extraits de documents du GIEC ou d'accords internationaux proposant différents scénarios.

L'empreinte carbone UNITÉ 3

- L'empreinte carbone mesure l'impact, sur le climat terrestre, d'une activité humaine ou d'un objet technologique, de sa production jusqu'à son retraitement. Pour la quantifier, on donne la masse de dioxyde de carbone ayant le même pouvoir réchauffant sur le climat. L'empreinte carbone se mesure en kilogrammes (ou tonnes) équivalent carbone (kg eq. CO_2).

SAVOIR-FAIRE
- À partir de documents, analyser l'empreinte carbone de différentes activités humaines et proposer des comportements pour la minimiser ou la compenser.

MOTS CLÉS
- **Ressource énergétique :** matière première dont la transformation permet de libérer de l'énergie.
- **Ressource fossile :** ressource énergétique provenant de la fossilisation de matière organique animale ou végétale. Exemples : charbon, pétrole, gaz naturel.
- **Ressource renouvelable :** flux naturels pouvant être exploités afin de les convertir en énergie utilisable. Exemples : hydroélectricité, solaire, éolien.
- **Scénarios de transition écologique :** scénarios utilisés pour modéliser l'évolution du climat dans le futur à partir d'hypothèses socio-économiques sur l'évolution des émissions anthropiques de gaz à effet de serre.
- **Projection climatique :** simulation par les modèles numériques de l'évolution future du climat selon un scénario de transition écologique donné.
- **Risque :** combinaison de l'aléa, de l'enjeu et de la vulnérabilité.
- **Carburants de biomasse :** combustibles constitués de matière organique d'origine végétale. Exemples : bois, paille, déchets verts.
- **Aérosols :** suspension, dans un gaz, de fines particules, solides ou liquides.

106

SYNTHÈSE

SCHÉMA

Bilan animé

Énergie, choix de développement et futur climatique

CHAPITRE 4 • Énergie, choix de développement et futur climatique 107

SYNTHÈSE

- La lecture du schéma bilan doit se faire de bas en haut.
- La partie basse du schéma décrit l'utilisation des ressources par les activités humaines et montre que cette utilisation :
  – concerne les différents secteurs : industrie, transports, habitat, agriculture ;
  – a augmenté en lien avec la croissance économique ;
  – est inégalement répartie entre les individus et les pays ;
  – concerne différentes sources (stocks et flux) mais essentiellement des carburants fossiles.
- La partie du milieu fait le lien entre la consommation des ressources énergétiques par les activités humaines et la modification de la composition de l'atmosphère par celle-ci. Il est essentiel d'insister sur le fait que les carburants fossiles sont majoritairement utilisés dans le monde et que leur combustion libère du CO_2 et d'autres polluants atmosphériques ayant des effets négatifs sur la santé humaine.
- La partie en haut à gauche du schéma montre qu'en faisant des hypothèses sur l'évolution de la consommation des ressources énergétiques et la libération de GES par les activités humaines, des scénarios de transition écologique peuvent être construits, permettant, grâce aux modèles, d'obtenir des projections du climat futur. À partir de ces projections, les scientifiques évaluent les risques pour les écosystèmes et les populations humaines.
- La partie en haut à droite du schéma montre que l'analyse des risques pour les écosystèmes et les populations humaines permet d'orienter les prises de décisions des sociétés concernant les mesures à mettre en place (ex. stratégies d'adaptation au changement climatique).

En résumé

- L'ensemble de ce schéma montre que les connaissances acquises dans différents domaines scientifiques (histoire, géographie, économie, physique, chimie, géologie, biologie, etc.) permettent de mieux comprendre le monde, d'élaborer des projections pour le climat futur et d'analyser les risques associés. Les scientifiques ne prescrivent pas les choix de développement futur mais fournissent aux sociétés les faits indispensables aux prises de décision.

CORRIGÉS DES EXERCICES

2 APPLICATION

$$N = \frac{0{,}5 \times \mathscr{E}_{\text{élec}}}{\mathscr{P}_e \Delta t} = \frac{70 \times 3{,}6 \times 10^{15}\ \text{J}}{6 \times 10^6\ \text{W} \times 2\,000 \times 3\,600\ \text{s}} = 5{,}8 \times 10^3$$

Près de 6 000 éoliennes doivent être installées.

RÉPONSES DU QUIZ

3 a 4 c 5 c 6 c

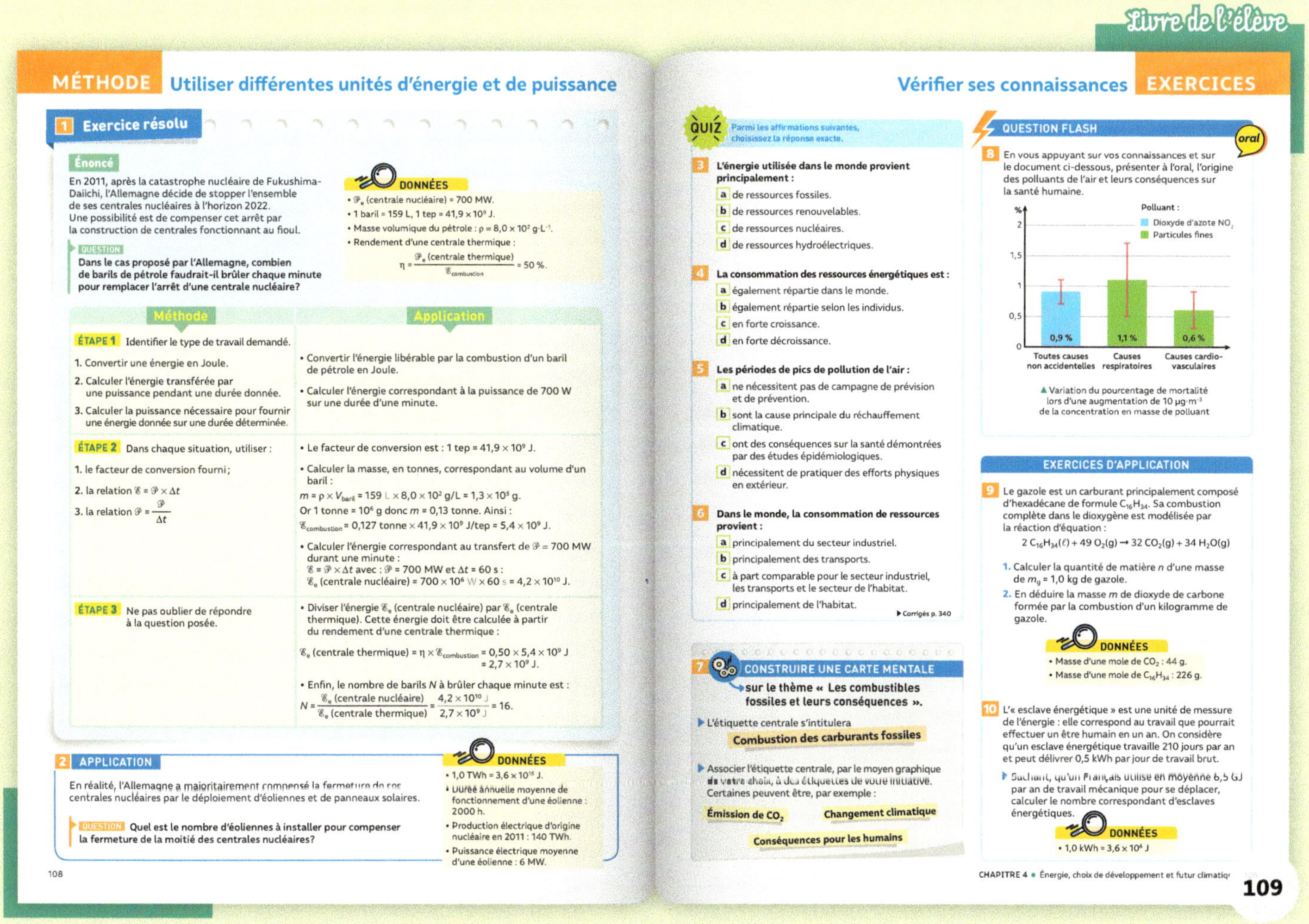

Livre de l'élève

MÉTHODE Utiliser différentes unités d'énergie et de puissance

1 Exercice résolu

Énoncé

En 2011, après la catastrophe nucléaire de Fukushima-Daiichi, l'Allemagne décide de stopper l'ensemble de ses centrales nucléaires à l'horizon 2022. Une possibilité est de compenser cet arrêt par la construction de centrales fonctionnant au fioul.

QUESTION Dans le cas proposé par l'Allemagne, combien de barils de pétrole faudrait-il brûler chaque minute pour remplacer l'arrêt d'une centrale nucléaire?

DONNÉES
- $\mathcal{P}_e$ (centrale nucléaire) = 700 MW.
- 1 baril = 159 L, 1 tep = $41{,}9 \times 10^9$ J.
- Masse volumique du pétrole : $\rho = 8{,}0 \times 10^2$ g·L^{-1}.
- Rendement d'une centrale thermique : $\eta = \frac{\mathcal{P}_e \text{ (centrale thermique)}}{\mathcal{E}_{combustion}} = 50\ \%$.

Méthode	Application
ÉTAPE 1 Identifier le type de travail demandé. 1. Convertir une énergie en Joule. 2. Calculer l'énergie transférée par une puissance pendant une durée donnée. 3. Calculer la puissance nécessaire pour fournir une énergie donnée sur une durée déterminée.	• Convertir l'énergie libérable par la combustion d'un baril de pétrole en Joule. • Calculer l'énergie correspondant à la puissance de 700 W sur une durée d'une minute.
ÉTAPE 2 Dans chaque situation, utiliser : 1. le facteur de conversion fourni ; 2. la relation $\mathcal{E} = \mathcal{P} \times \Delta t$ 3. la relation $\mathcal{P} = \frac{\mathcal{P}}{\Delta t}$	• Le facteur de conversion est : 1 tep = $41{,}9 \times 10^9$ J. • Calculer la masse, en tonnes, correspondant au volume d'un baril : $m = \rho \times V_{baril} = 159\ \text{L} \times 8{,}0 \times 10^2\ \text{g/L} = 1{,}3 \times 10^5\ \text{g}$. Or 1 tonne = 10^6 g donc m = 0,13 tonne. Ainsi : $\mathcal{E}_{combustion} = 0{,}127\ \text{tonne} \times 41{,}9 \times 10^9\ \text{J/tep} = 5{,}4 \times 10^9\ \text{J}$. • Calculer l'énergie correspondant au transfert de $\mathcal{P}$ = 700 MW durant une minute : $\mathcal{E} = \mathcal{P} \times \Delta t$ avec : $\mathcal{P}$ = 700 MW et Δt = 60 s : $\mathcal{E}_e$ (centrale nucléaire) = $700 \times 10^6\ \text{W} \times 60\ \text{s} = 4{,}2 \times 10^{10}$ J.
ÉTAPE 3 Ne pas oublier de répondre à la question posée.	• Diviser l'énergie $\mathcal{E}_e$ (centrale nucléaire) par $\mathcal{E}_e$ (centrale thermique). Cette énergie doit être calculée à partir du rendement d'une centrale thermique : $\mathcal{E}_e$ (centrale thermique) = $\eta \times \mathcal{E}_{combustion} = 0{,}50 \times 5{,}4 \times 10^9\ \text{J} = 2{,}7 \times 10^9$ J. • Enfin, le nombre de barils N à brûler chaque minute est : $N = \frac{\mathcal{E}_e \text{ (centrale nucléaire)}}{\mathcal{E}_e \text{ (centrale thermique)}} = \frac{4{,}2 \times 10^{10}\ \text{J}}{2{,}7 \times 10^9\ \text{J}} = 16$.

2 APPLICATION

En réalité, l'Allemagne a majoritairement compensé la fermeture de ses centrales nucléaires par le déploiement d'éoliennes et de panneaux solaires.

QUESTION Quel est le nombre d'éoliennes à installer pour compenser la fermeture de la moitié des centrales nucléaires?

DONNÉES
- 1,0 TWh = $3{,}6 \times 10^{15}$ J.
- Durée annuelle moyenne de fonctionnement d'une éolienne : 2000 h.
- Production électrique d'origine nucléaire en 2011 : 140 TWh.
- Puissance électrique moyenne d'une éolienne : 6 MW.

108

Vérifier ses connaissances EXERCICES

QUIZ Parmi les affirmations suivantes, choisissez la réponse exacte.

3 L'énergie utilisée dans le monde provient principalement :
a de ressources fossiles.
b de ressources renouvelables.
c de ressources nucléaires.
d de ressources hydroélectriques.

4 La consommation des ressources énergétiques est :
a également répartie dans le monde.
b également répartie selon les individus.
c en forte croissance.
d en forte décroissance.

5 Les périodes de pics de pollution de l'air :
a ne nécessitent pas de campagne de prévision et de prévention.
b sont la cause principale du réchauffement climatique.
c ont des conséquences sur la santé démontrées par des études épidémiologiques.
d nécessitent de pratiquer des efforts physiques en extérieur.

6 Dans le monde, la consommation de ressources provient :
a principalement du secteur industriel.
b principalement des transports.
c à part comparable pour le secteur industriel, les transports et le secteur de l'habitat.
d principalement de l'habitat.

▶ Corrigés p. 340

7 CONSTRUIRE UNE CARTE MENTALE sur le thème « Les combustibles fossiles et leurs conséquences ».

▶ L'étiquette centrale s'intitulera Combustion des carburants fossiles

▶ Associer l'étiquette centrale, par le moyen graphique de votre choix, à des étiquettes de votre initiative. Certaines peuvent être, par exemple :

Émission de CO_2 Changement climatique Conséquences pour les humains

QUESTION FLASH oral

8 En vous appuyant sur vos connaissances et sur le document ci-dessous, présenter à l'oral, l'origine des polluants de l'air et leurs conséquences sur la santé humaine.

Polluant :
Dioxyde d'azote NO_2
Particules fines
%
0,9 %
1,1 %
0,6 %
Toutes causes non accidentelles
Causes respiratoires
Causes cardio-vasculaires

▲ Variation du pourcentage de mortalité lors d'une augmentation de 10 µg·m^{-3} de la concentration en masse de polluant

EXERCICES D'APPLICATION

9 Le gazole est un carburant principalement composé d'hexadécane de formule $C_{16}H_{34}$. Sa combustion complète dans le dioxygène est modélisée par la réaction d'équation :

$$2\ C_{16}H_{34}(\ell) + 49\ O_2(g) \rightarrow 32\ CO_2(g) + 34\ H_2O(g)$$

1. Calculer la quantité de matière n d'une masse de m_g = 1,0 kg de gazole.
2. En déduire la masse m de dioxyde de carbone formée par la combustion d'un kilogramme de gazole.

DONNÉES
- Masse d'une mole de CO_2 : 44 g.
- Masse d'une mole de $C_{16}H_{34}$: 226 g.

10 L'« esclave énergétique » est une unité de messure de l'énergie : elle correspond au travail que pourrait effectuer un être humain en un an. On considère qu'un esclave énergétique travaille 210 jours par an et peut délivrer 0,5 kWh par jour de travail brut.

▶ Sachant, qu'un Français utilise en moyenne 6,5 GJ par an de travail mécanique pour se déplacer, calculer le nombre correspondant d'esclaves énergétiques.

DONNÉES
- 1,0 kWh = $3{,}6 \times 10^6$ J

CHAPITRE 4 • Énergie, choix de développement et futur climatique 109

7 CONSTRUIRE UNE CARTE MENTALE

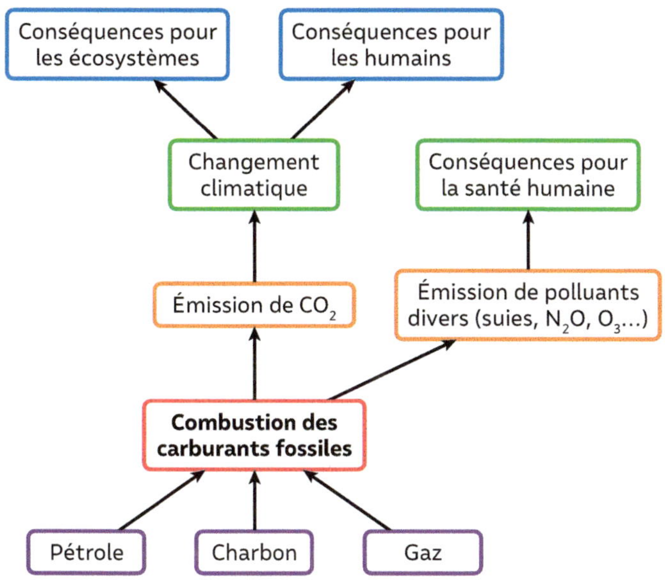

8 Les polluants comme le NO_2 et les particules fines proviennent de la combustion des carburants fossiles et de biomasse. Comme on peut le voir sur le graphique présentant les résultats d'une étude épidémiologique, une augmentation de 10 µg·m^{-3} de la concentration en masse de NO_2 dans l'air augmente de 0,9 % la mortalité, et une augmentation de 10 µg·m^{-3} de la concentration en masse des particules fines dans l'air augmente de 1,1 % la mortalité due à des maladies respiratoires et de 0,6 % la mortalité due à des maladies cardiovasculaires.

9 **1.** $n = \frac{m_g}{M(C_{16}H_{34})} = \frac{1\,000\ \text{g}}{226\ \text{g}} = 4{,}42$ mol.

2. $m_{(CO_2)} = 16n \times M(CO_2) = 3{,}11$ kg.

10 $N = \frac{\mathcal{E}}{\mathcal{P}\Delta t} = \frac{6{,}5 \times 10^9\ \text{J}}{0{,}5 \times 3{,}6 \times 10^6\ \text{J} \times \text{jour}^{-1} \times 210\ \text{jours}} = 17.$

Pour se déplacer, un Français utilise en moyenne 17 « esclaves énergétiques ».

La notion d'« esclave énergétique » a été formulée en 1940 par l'américain Richard Buckminster Fuller. Cette notion se développe ensuite dès les années 1970. Si le terme « esclave » peut être sujet à discussion, la notion sous-jacente permettant de déterminer l'équivalent du nombre d'individus nécessaires pour réaliser une action, permet d'appréhender les différences existantes entre régions du monde sur les dépenses énergétiques. Elle permet aussi d'appréhender une autre grandeur, celle du coût de l'énergie. Car si on multiplie par le coût salarial du travail nécessaire pour le réaliser, on détermine alors un prix du kWh. Au final on se rend compte que le coût de l'énergie est finalement très, voire trop, bas. Ainsi la notion d'« esclave » est ici à mettre en lien avec la réalisation d'un travail que l'on ne rémunère pas.

Livre de l'élève

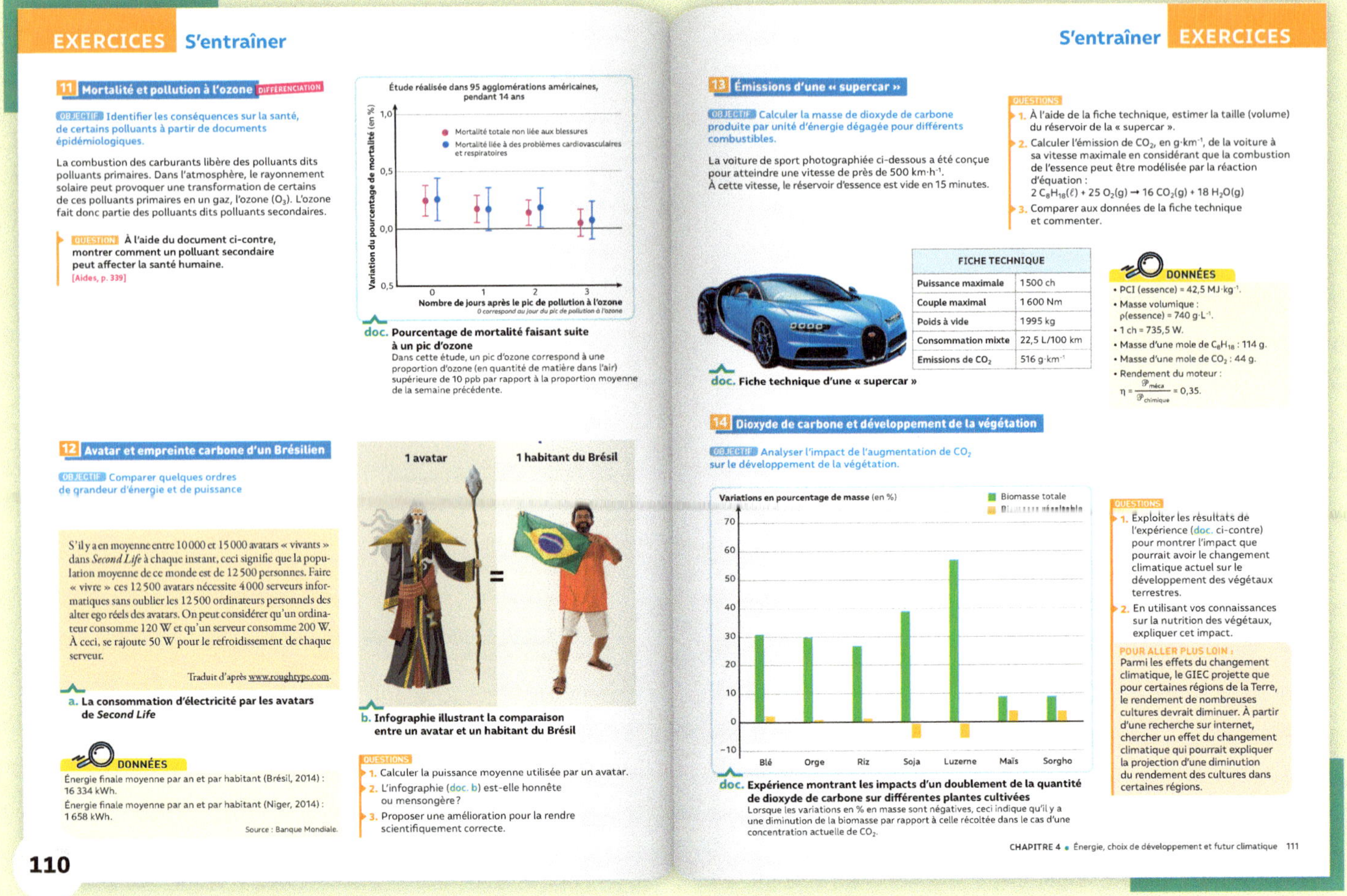

EXERCICES S'entraîner

11 Mortalité et pollution à l'ozone DIFFÉRENCIATION

OBJECTIF Identifier les conséquences sur la santé, de certains polluants à partir de documents épidémiologiques.

La combustion des carburants libère des polluants dits polluants primaires. Dans l'atmosphère, le rayonnement solaire peut provoquer une transformation de certains de ces polluants primaires en un gaz, l'ozone (O_3). L'ozone fait donc partie des polluants dits polluants secondaires.

QUESTION À l'aide du document ci-contre, montrer comment un polluant secondaire peut affecter la santé humaine. [Aides, p. 339]

doc. **Pourcentage de mortalité faisant suite à un pic d'ozone**
Dans cette étude, un pic d'ozone correspond à une proportion d'ozone (en quantité de matière dans l'air) supérieure de 10 ppb par rapport à la proportion moyenne de la semaine précédente.

12 Avatar et empreinte carbone d'un Brésilien

OBJECTIF Comparer quelques ordres de grandeur d'énergie et de puissance

S'il y a en moyenne entre 10 000 et 15 000 avatars « vivants » dans *Second Life* à chaque instant, ceci signifie que la population moyenne de ce monde est de 12 500 personnes. Faire « vivre » ces 12 500 avatars nécessite 4 000 serveurs informatiques sans oublier les 12 500 ordinateurs personnels des alter ego réels des avatars. On peut considérer qu'un ordinateur consomme 120 W et qu'un serveur consomme 200 W. À ceci, se rajoute 50 W pour le refroidissement de chaque serveur.

Traduit d'après www.roughtype.com.

a. **La consommation d'électricité par les avatars de *Second Life***

b. **Infographie illustrant la comparaison entre un avatar et un habitant du Brésil**

DONNÉES
Énergie finale moyenne par an et par habitant (Brésil, 2014) : 16 334 kWh.
Énergie finale moyenne par an et par habitant (Niger, 2014) : 1 658 kWh.
Source : Banque Mondiale.

QUESTIONS
1. Calculer la puissance moyenne utilisée par un avatar.
2. L'infographie (doc. b) est-elle honnête ou mensongère ?
3. Proposer une amélioration pour la rendre scientifiquement correcte.

110

S'entraîner EXERCICES

13 Émissions d'une « supercar »

OBJECTIF Calculer la masse de dioxyde de carbone produite par unité d'énergie dégagée pour différents combustibles.

La voiture de sport photographiée ci-dessous a été conçue pour atteindre une vitesse de près de 500 km·h⁻¹.
À cette vitesse, le réservoir d'essence est vide en 15 minutes.

QUESTIONS
1. À l'aide de la fiche technique, estimer la taille (volume) du réservoir de la « supercar ».
2. Calculer l'émission de CO_2, en g·km⁻¹, de la voiture à sa vitesse maximale en considérant que la combustion de l'essence peut être modélisée par la réaction d'équation :
$2\,C_8H_{18}(\ell) + 25\,O_2(g) \rightarrow 16\,CO_2(g) + 18\,H_2O(g)$
3. Comparer aux données de la fiche technique et commenter.

FICHE TECHNIQUE	
Puissance maximale	1500 ch
Couple maximal	1 600 Nm
Poids à vide	1995 kg
Consommation mixte	22,5 L/100 km
Emissions de CO_2	516 g·km⁻¹

doc. **Fiche technique d'une « supercar »**

DONNÉES
- PCI (essence) = 42,5 MJ·kg⁻¹.
- Masse volumique : ρ(essence) = 740 g·L⁻¹.
- 1 ch = 735,5 W.
- Masse d'une mole de C_8H_{18} : 114 g.
- Masse d'une mole de CO_2 : 44 g.
- Rendement du moteur : $\eta = \frac{\mathcal{P}_{\text{méca}}}{\mathcal{P}_{\text{chimique}}} = 0{,}35$.

14 Dioxyde de carbone et développement de la végétation

OBJECTIF Analyser l'impact de l'augmentation de CO_2 sur le développement de la végétation.

doc. **Expérience montrant les impacts d'un doublement de la quantité de dioxyde de carbone sur différentes plantes cultivées**
Lorsque les variations en % en masse sont négatives, ceci indique qu'il y a une diminution de la biomasse par rapport à celle récoltée dans le cas d'une concentration actuelle de CO_2.

QUESTIONS
1. Exploiter les résultats de l'expérience (doc. ci-contre) pour montrer l'impact que pourrait avoir le changement climatique actuel sur le développement des végétaux terrestres.
2. En utilisant vos connaissances sur la nutrition des végétaux, expliquer cet impact.

POUR ALLER PLUS LOIN :
Parmi les effets du changement climatique, le GIEC projette que pour certaines régions de la Terre, le rendement de nombreuses cultures devrait diminuer. À partir d'une recherche sur internet, chercher un effet du changement climatique qui pourrait expliquer la projection d'une diminution du rendement des cultures dans certaines régions.

CHAPITRE 4 • Énergie, choix de développement et futur climatique 111

CORRIGÉS DES EXERCICES

11 Mortalité et pollution à l'ozone

On observe une augmentation de 0,25 % de la mortalité non liée aux blessures et aux maladies respiratoires et cardiovasculaires lors des pics de pollution à l'ozone. Cette augmentation de la mortalité s'observe encore les jours suivant le pic de pollution même si elle diminue légèrement.

Or, l'ozone est un gaz qui se forme dans l'atmosphère lors d'une transformation par le rayonnement solaire des polluants primaires. L'ozone est donc un polluant secondaire.

Comme l'ozone est un polluant secondaire et des pics d'ozone augmentent la mortalité, on peut conclure qu'un polluant secondaire peut affecter la santé humaine.

12 Avatar et empreinte carbone d'un Brésilien

1. $\mathcal{P} = \frac{4\,000}{12\,500} \times 250\ \text{W} + 120\ \text{W} = 200\ \text{W}$.

2. $\mathcal{E} = \mathcal{P}\Delta t = 200\ \text{W} \times 24 \times 365\ \text{h} = 1{,}75 \times 10^6\ \text{Wh}$.
Un avatar utilise 10 fois moins d'énergie qu'un Brésilien.

3. L'énergie nécessaire pour maintenir un avatar en ligne est équivalente à l'énergie finale moyenne d'un habitant du Niger.

13 Émissions d'une « supercar »

1. À la vitesse maximale, la puissance utilisée est la puissance maximale : 1 500 ch soit 1,1 MW. Or cette puissance est une puissance mécanique.
On calcule la puissance chimique correspondante à l'aide de l'expression du rendement.

$$\mathcal{P}_{\text{chimique}} = \frac{\mathcal{P}_{\text{méca}}}{\eta} = \frac{1{,}1\ \text{MW}}{0{,}36} = 3{,}1\ \text{MW}.$$

On utilise donc le PCI de l'essence pour en déduire la masse d'essence nécessaire :

$$m = \frac{\mathcal{P}_{\text{chimique}}\Delta t}{\text{PCI}} = \frac{3{,}1\ \text{MW} \times 15 \times 60\ \text{s}}{42{,}5\ \text{MJ·kg}^{-1}} = 65\ \text{kg}.$$

On en déduit le volume à l'aide de la masse volumique de l'essence :

$$V = \frac{m}{\rho} = 87\ \text{L (en réalité 100 L)}.$$

2. À la vitesse maximale, la masse d'essence permet de parcourir 125 km. Calculons la masse de CO_2 produite par la combustion de 65 kg d'octane.

$$m = \frac{8 \times 44\ \text{g}}{114\ \text{g}} \times 65\ \text{kg} = 201\ \text{kg}.$$

L'émission de CO_2 en g·km⁻¹ est donc de 1 600 g·km⁻¹ environ.

3. Ces résultats (en termes de consommation aux 100 km ou d'émission de CO_2) sont largement supérieurs aux données de la fiche technique. Ceci est tout à fait normal étant donné que parcourir 125 km à 500 km·h⁻¹ n'est pas réaliste. Étant donné que la puissance des frottements augmente rapidement avec la vitesse, à des vitesses légales la puissance utilisée en moyenne sera faible devant la puissance maximale.

14 Dioxyde de carbone et développement de la végétation

1. Dans le contexte du changement climatique actuel, la proportion de CO_2 dans l'atmosphère augmente. Or, dans l'expérience, on constate que lorsque la proportion de CO_2 double, la biomasse des différentes plantes étudiées augmente. Pour le blé, l'orge, le riz, le maïs et le sorgho, la biomasse récoltable augmente également. Le changement

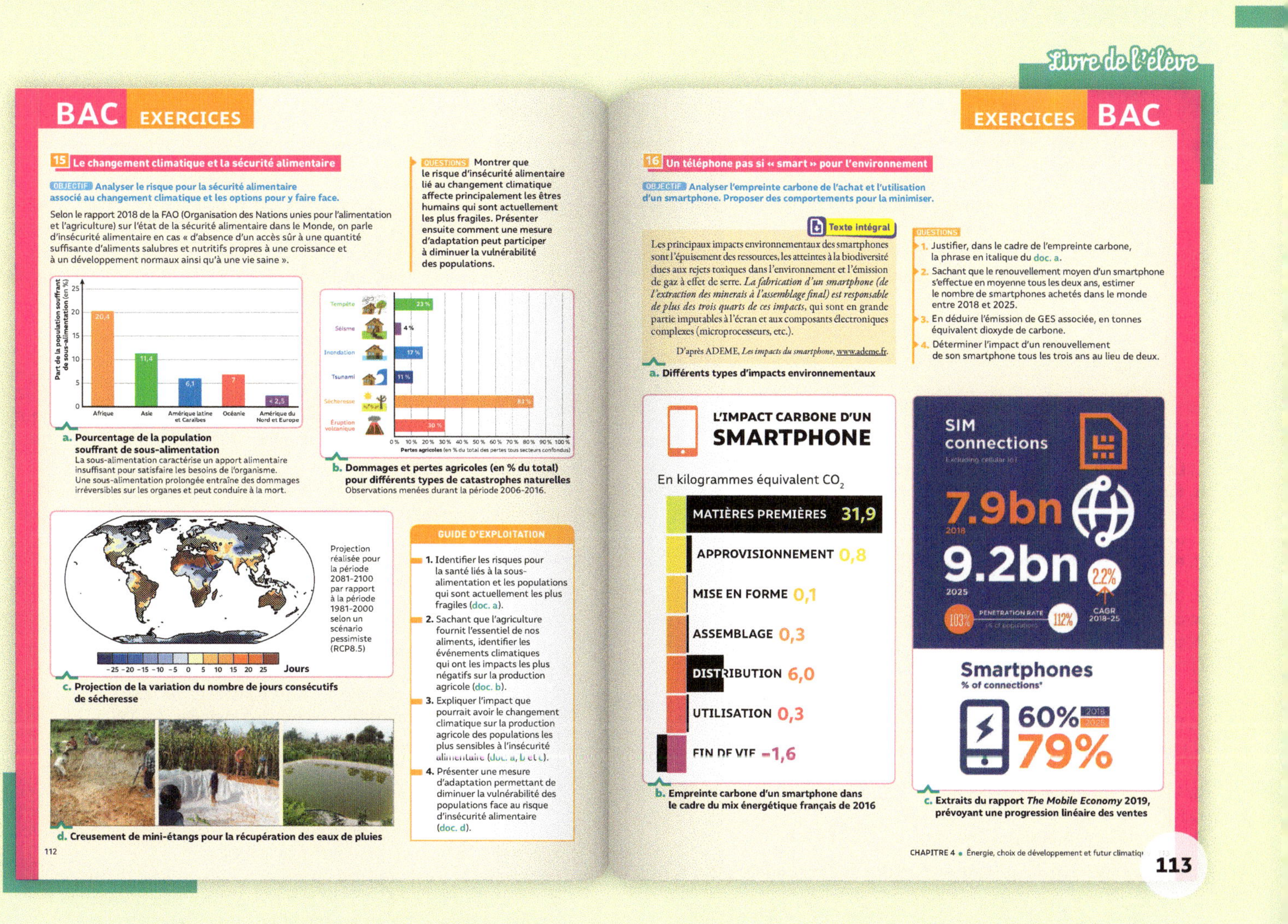
Livre de l'élève

BAC EXERCICES

15 Le changement climatique et la sécurité alimentaire

OBJECTIF Analyser le risque pour la sécurité alimentaire associé au changement climatique et les options pour y faire face.

Selon le rapport 2018 de la FAO (Organisation des Nations unies pour l'alimentation et l'agriculture) sur l'état de la sécurité alimentaire dans le Monde, on parle d'insécurité alimentaire en cas « d'absence d'un accès sûr à une quantité suffisante d'aliments salubres et nutritifs propres à une croissance et à un développement normaux ainsi qu'à une vie saine ».

QUESTIONS Montrer que le risque d'insécurité alimentaire lié au changement climatique affecte principalement les êtres humains qui sont actuellement les plus fragiles. Présenter ensuite comment une mesure d'adaptation peut participer à diminuer la vulnérabilité des populations.

Part de la population souffrant de sous-alimentation (en %) : Afrique 20,4 ; Asie 11,4 ; Amérique latine et Caraïbes 6,1 ; Océanie 7 ; Amérique du Nord et Europe < 2,5

a. Pourcentage de la population souffrant de sous-alimentation
La sous-alimentation caractérise un apport alimentaire insuffisant pour satisfaire les besoins de l'organisme. Une sous-alimentation prolongée entraîne des dommages irréversibles sur les organes et peut conduire à la mort.

Tempête 23 % ; Séisme 4 % ; Inondation 17 % ; Tsunami 11 % ; Sécheresse 83 % ; Éruption volcanique 30 %
Pertes agricoles (en % du total des pertes tous secteurs confondus)

b. Dommages et pertes agricoles (en % du total) pour différents types de catastrophes naturelles
Observations menées durant la période 2006-2016.

Projection réalisée pour la période 2081-2100 par rapport à la période 1981-2000 selon un scénario pessimiste (RCP8.5)
−25 −20 −15 −10 −5 0 5 10 15 20 25 Jours

c. Projection de la variation du nombre de jours consécutifs de sécheresse

d. Creusement de mini-étangs pour la récupération des eaux de pluies

GUIDE D'EXPLOITATION
1. Identifier les risques pour la santé liés à la sous-alimentation et les populations qui sont actuellement les plus fragiles (doc. a).
2. Sachant que l'agriculture fournit l'essentiel de nos aliments, identifier les événements climatiques qui ont les impacts les plus négatifs sur la production agricole (doc. b).
3. Expliquer l'impact que pourrait avoir le changement climatique sur la production agricole des populations les plus sensibles à l'insécurité alimentaire (doc. a, b et c).
4. Présenter une mesure d'adaptation permettant de diminuer la vulnérabilité des populations face au risque d'insécurité alimentaire (doc. d).

112

EXERCICES BAC

16 Un téléphone pas si « smart » pour l'environnement

OBJECTIF Analyser l'empreinte carbone de l'achat et l'utilisation d'un smartphone. Proposer des comportements pour la minimiser.

Texte intégral

Les principaux impacts environnementaux des smartphones sont l'épuisement des ressources, les atteintes à la biodiversité dues aux rejets toxiques dans l'environnement et l'émission de gaz à effet de serre. *La fabrication d'un smartphone (de l'extraction des minerais à l'assemblage final) est responsable de plus des trois quarts de ces impacts*, qui sont en grande partie imputables à l'écran et aux composants électroniques complexes (microprocesseurs, etc.).

D'après ADEME, *Les impacts du smartphone*, www.ademe.fr.

a. Différents types d'impacts environnementaux

QUESTIONS
1. Justifier, dans le cadre de l'empreinte carbone, la phrase en italique du doc. a.
2. Sachant que le renouvellement moyen d'un smartphone s'effectue en moyenne tous les deux ans, estimer le nombre de smartphones achetés dans le monde entre 2018 et 2025.
3. En déduire l'émission de GES associée, en tonnes équivalent dioxyde de carbone.
4. Déterminer l'impact d'un renouvellement de son smartphone tous les trois ans au lieu de deux.

L'IMPACT CARBONE D'UN SMARTPHONE
En kilogrammes équivalent CO_2
MATIÈRES PREMIÈRES 31,9
APPROVISIONNEMENT 0,8
MISE EN FORME 0,1
ASSEMBLAGE 0,3
DISTRIBUTION 6,0
UTILISATION 0,3
FIN DE VIE −1,6

b. Empreinte carbone d'un smartphone dans le cadre du mix énergétique français de 2016

SIM connections
7.9bn 2018
9.2bn 2025
103% PENETRATION RATE 112%
2.2% CAGR 2018-25
Smartphones
% of connections*
60% 2018
79% 2025

c. Extraits du rapport *The Mobile Economy* 2019, prévoyant une progression linéaire des ventes

CHAPITRE 4 • Énergie, choix de développement et futur climatique 113

climatique a donc pour effet de stimuler le développement des végétaux et pour certaines espèces d'augmenter la biomasse récoltable donc le rendement des cultures.

2. L'augmentation de la proportion de CO_2 dans l'atmosphère stimule la croissance des végétaux car ces derniers produisent de la matière organique en réalisant la photosynthèse qui implique une consommation de CO_2.

Pour aller plus loin. Au-delà de l'effet positif de l'augmentation de la proportion de CO_2 dans l'atmosphère sur certaines cultures, le changement climatique pourra également avoir de nombreux effets négatifs sur le rendement des cultures de certaines régions en raison notamment des modifications des périodes de croissances des végétaux, des modifications des régimes de précipitations (augmentation dans certaines régions des épisodes de sécheresse), de l'augmentation de la température (provoquant une évapotranspiration et donc des pertes en eau pour les plantes).

15 Le changement climatique et la sécurité alimentaire

1. La sous-alimentation est à l'origine de dommages irréversibles sur les organes et peut conduire à la mort. Plus de 20 % des habitants d'Afrique et plus de 10 % des habitants d'Asie souffrent actuellement de sous-alimentation, ces populations sont donc les plus fragiles face à ce risque.

2. Entre 2006 et 2016, les sécheresses ont provoqué 83 % de pertes agricoles, les sécheresses constituent donc le type d'événement climatique qui engendre le plus d'impacts négatifs sur l'agriculture et donc sur la production d'aliments.

3. Les projections de l'évolution future du climat montrent que dans certaines régions d'Afrique et d'Asie, le nombre de jours consécutifs de sécheresse va augmenter de 10 à plus de 25 jours. Comme les sécheresses constituent l'événement climatique ayant les impacts les plus négatifs sur la production alimentaire et que les populations d'Afrique et d'Asie sont les populations les plus fragiles face à l'insécurité alimentaire, le changement climatique pourra avoir de graves conséquences sur les populations les plus sensibles à l'insécurité alimentaire.

4. Face au risque d'insécurité alimentaire, des mesures d'adaptation comme le creusement de mini-étangs pour récupérer les eaux de pluie, pourront permettre de diminuer la vulnérabilité des populations face au manque d'eau généré par les épisodes de sécheresse.

16 Un téléphone pas si « smart » pour l'environnement

1. Calculons l'empreinte carbone totale d'un smartphone en additionnant les différentes contributions. Elle est de 37,8 kg eq. CO_2. Or les composantes relatives à sa fabrication correspondent aux quatre premières catégories du doc. b, soit 33 kg eq. CO_2. Ainsi, la part de la fabrication dans l'empreinte carbone totale est de 87 %. Si on prend en compte le recyclage dans la fabrication, on aboutit respectivement à 31,5 kg eq. CO_2 et 83 % ce qui reste supérieur aux trois quarts de l'empreinte carbone.

2. Entre 2018 et 2025, il y aura 2,5 milliards de nouvelles connexions au réseau par smartphone ($0{,}79 \times 9{,}2 - 0{,}60 \times 7{,}9$).
Or le renouvellement d'un smartphone s'effectue en moyenne tous les deux ans. Donc à ce nombre de nouvelles connexions, il faut ajouter le nombre de smartphones renouvelés lié aux connexions existantes soit 16,6 milliards $\left(\dfrac{2025 - 2018}{2} \times 0{,}60 \times 7{,}9\right)$.

Il faut enfin ajouter le renouvellement lié aux nouvelles connexions. En supposant une progression linéaire du nombre de connexion, il y aura eu 700 millions de nouvelles connexions par smartphone tous les deux ans. Ainsi les 700 premiers millions de smartphones supplémentaires auront été renouvelés 2,5 fois. La seconde tranche aura été renouvelée 1,5 fois et la troisième tranche aura été renouvelée pour moitié. Ainsi, le nombre de smartphones achetés en raison du renouvellement lié aux nouvelles connexions est de $2,5 \times 0,7$ Md + $1,5 \times 0,7$ Md + $0,5 \times 0,7$ Md = 3,2 Md.
Tout compte fait, le nombre de smartphones achetés entre 2018 et 2025 aura été de 22,3 Md !

3. Il faut multiplier le nombre de smartphones achetés par l'empreinte carbone d'un smartphone, soit un résultat d'environ 843 millions de tonnes eq. CO_2.

4. Si le taux de renouvellement était de 3 ans, le nombre de smartphones renouvelés, liés aux connexions existantes serait de 11,1 milliards. Le nombre de smartphones renouvelés dus aux nouvelles connexions serait de $1,5 \times 0,7$ Md + $1 \times 0,7$ Md = 1,8 Md. Ainsi il y aurait 15,4 milliards de smartphones achetés (6,9 milliards de moins), soit une économie d'empreinte carbone de 260 millions de tonnes eq. CO_2. (On rappelle que l'empreinte carbone d'un français est en moyenne de 11 tonnes eq. CO_2 par an).

ANNEXE 1 Unité 1 [→ page 73]

● QCM de préparation de la séance.

1. Le charbon, le pétrole, l'uranium sont des :
a. formes d'énergie.
b. transferts d'énergie.
c. conversions d'énergie.
d. ressources d'énergie.

2. Un radiateur électrique :
a. crée de l'énergie.
b. transfère de l'énergie.
c. consomme de l'énergie.
d. convertit de l'énergie.

3. Dans le monde, l'exploitation des ressources non renouvelables d'énergie constitue :
a. 20 % de la demande en énergie.
b. 40 % de la demande en énergie.
c. 60 % de la demande en énergie.
d. 80 % de la demande en énergie.

4. La relation entre la puissance $\mathcal{P}$, la durée Δt et l'énergie $\mathcal{E}$ s'écrit :
a. $\mathcal{E} = \frac{\mathcal{P}}{\Delta t}$.
b. $\mathcal{P} = \mathcal{E} \times \Delta t$.
c. $\mathcal{E} = \mathcal{P} \times \Delta t$.
d. Il n'y a aucun lien entre puissance et énergie.

ANNEXE 2 Correction de l'unité 1 [→ page 73]

1. Les pays exploitent massivement les ressources à leur disposition localement (gaz en Russie, charbon en Chine et en Australie, pétrole et gaz au Moyen-Orient et en Amérique du Nord). L'Europe, sans ressource fossile notable a le mix énergétique le plus équilibré.

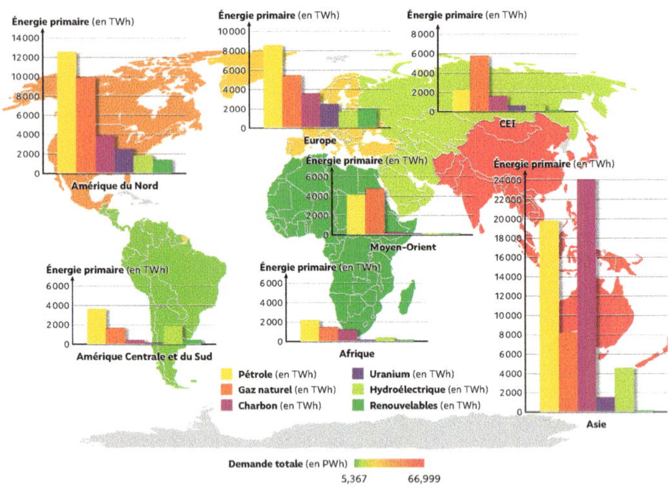

▲ **Demande mondiale en énergie primaire par région et par ressource**

2. L'augmentation de la demande en énergie primaire est liée à l'augmentation généralisée de la demande en énergie notamment dans les secteurs industriels et des transports. Le développement du secteur tertiaire et de l'industrie pétrochimique sont, dans une moindre mesure, des contributions à cette augmentation. Ainsi, d'après le **doc. 8**, on peut dire que le modèle de développement économique des sociétés est la cause de la hausse de la demande en énergie.

3. En 2018, la demande mondiale totale d'énergie primaire sous forme de charbon était de 43,9 PWh. Pour en déduire la surface de panneaux solaires correspondante, il est nécessaire de tenir compte du rendement inférieur à une centrale thermique transformant l'énergie chimique contenue dans le charbon en énergie électrique. D'après le **doc. 5**, ce rendement est de 43,8 %. L'énergie à fournir en une année est donc de 19,2 PWh.
D'après le **doc. 1**, une puissance installée de 0,303 TW permet de fournir 92 TWh d'énergie électrique. Ainsi, en exploitant la relation de proportionnalité, la puissance électrique nécessaire est de 63,3 TW. En supposant une puissance installée de 0,303 TW on obtient donc la valeur de la puissance à installer : 63 TW.
Enfin calculons la surface de panneaux solaires correspondant à cette puissance : 1 m² fournissant 100 W de puissance électrique d'après l'énoncé. $S = \frac{63 \times 10^{12}\ \text{W}}{100\ \text{W}\cdot\text{m}^{-2}} = 63 \times 10^{10}\ \text{m}^2 \simeq 63\,000\ \text{km}^2$.
Ceci correspond à 0,5 % de la surface totale des terres émergées de la planète, ce qui est loin d'être négligeable.
Remarque 1 : il est impératif, pour un calcul correct d'utiliser les données du **doc. 1**. La relation $\mathcal{E} = \mathcal{P} \times \Delta t$ peut être utilisée pour calculer la durée fictive correspondante (le facteur de charge correspond à cette durée divisée par la durée d'une année). Cette durée est de 303,6 h soit un facteur de charge de 12,7 %. Ce facteur de charge peut fluctuer d'année en année. Cependant, en raison du caractère global du calcul, ces variations sont minimisées.
Remarque 2 : étant donné le développement rapide du photovoltaïque, la puissance déjà installée est bien supérieure à celle de 2016 mais elle reste, pour un certain temps du moins, largement inférieure à celle nécessaire.

4. L'envolée du PIB mondial/habitant (→ **chapitre 2, unité 4, doc. 1**) a été possible grâce à l'augmentation de l'utilisation d'énergie d'après le **doc. 8**. On remarque que les ressources dont l'utilisation progresse le plus sont non renouvelables. Ceci n'est pas dû à des coûts prohibitifs de l'exploitation des ressources renouvelables mais à leur caractère limité en termes de flux. Ainsi, le rythme de leur exploitation est soumis à des contraintes beaucoup plus fortes que celles des ressources non renouvelables, disponibles sous forme de stock, expliquant la prévalence de celles-ci dans le mix énergétique mondial.

ANNEXE 3 Unité 2 [→ page 75]

● QCM de vérification de la bonne compréhension des notions abordées dans l'unité 2.

1. Les mesures de prévention visent à :
a. réduire le risque pour les populations en augmentant l'enjeu.
b. réduire le risque pour les populations en diminuant la vulnérabilité.
c. réduire le risque pour les populations en augmentant l'aléa.
d. augmenter le risque pour les populations en diminuant l'aléa ou l'enjeu.

2. Les risques pour les populations humaines peuvent être la conséquence de phénomènes :
a. naturels d'origine géologique uniquement.
b. naturels d'origine météorologique uniquement.
c. naturels liés aux activités internes et externes de la Terre uniquement.
d. naturels ou d'activités humaines.

3. L'énergie contenue dans les combustibles fossiles provient de la :
a. conversion de l'énergie solaire en énergie chimique par la photosynthèse.
b. désintégration radioactive d'éléments instables contenus dans la matière minérale.
c. conversion de l'énergie mécanique en énergie chimique par l'industrie.
d. désintégration radioactive d'éléments instables contenus dans la matière organique.

4. L'énergie la plus utilisée par les populations humaines provient :
a. du nucléaire.
b. des combustibles fossiles.
c. des panneaux solaires.
d. des barrages hydroélectriques.

ANNEXE 4 Unité 3 [→ page 77]

● QCM de vérification de la bonne compréhension des notions abordées dans l'unité 3.

1. Qu'est-ce qu'un combustible ?
a. une espèce chimique capable de libérer de l'énergie.
b. une espèce chimique libérant de l'énergie par transformation chimique.
c. une espèce chimique libérant de l'énergie par réaction chimique avec le dioxygène.
d. le dioxygène, dans l'immense majorité des cas.

2. Qu'est-ce que la masse volumique ?
a. la masse d'un corps divisé par son volume.
b. la masse d'une espèce chimique par unité de volume du corps (mélange ou corps pur).
c. la quantité de matière d'un corps divisé par son volume.
d. la quantité de matière d'une espèce chimique par unité de volume du corps (mélange ou corps pur).

3. Qu'est-ce que la mole ?
a. une unité de volume utilisée par les chimistes.
b. une unité correspondant à un nombre précis d'entités chimiques.
c. une unité de masse particulièrement utile en chimie.
d. la constante d'Avogadro : $6{,}02 \times 10^{23}\ mol^{-1}$.

4. Le dérèglement climatique est :
a. d'origine naturelle.
b. dû à une conjonction de facteurs aléatoires ou non maîtrisables.
c. l'objet d'une controverse scientifique.
d. dû à l'activité humaine.

ANNEXE 5 Unité 4 [→ page 79]

● QCM de vérification de la bonne compréhension des notions abordées dans l'unité 4.

1. Une projection climatique est :
a. une simulation de l'évolution du climat futur calculée par un modèle climatique.
b. une prédiction de l'évolution du climat futur réalisée par un climatologue.
c. une représentation illustrée du fonctionnement du système climatique.
d. une prévision du temps qu'il fera lors des prochains jours.

2. Les modèles prévoient en 2100 une augmentation de la température moyenne :
a. quasiment nulle.
b. entre 0,15 et 0,5 °C.
c. entre 1,5 et 5 °C.
d. entre 5 et 15 °C.

3. Les modèles climatiques prévoient pour le futur :
a. une élévation du niveau marin, une acidification des océans et des impacts faibles sur les écosystèmes.
b. une augmentation de la fréquence des évènements climatiques extrêmes et des impacts importants sur les écosystèmes terrestres uniquement.
c. une élévation du niveau marin, des modifications des régimes de pluie et une diminution de la fréquence des événements climatiques extrêmes.
d. une acidification des océans, des modifications des régimes de pluie et des impacts importants sur les écosystèmes.

4. La vulnérabilité décrit :
a. la probabilité qu'une catastrophe survienne en un lieu donné.
b. la fragilité des populations et des biens matériels face à un aléa.
c. les enjeux humains et matériels en un lieu donné.
d. la combinaison de l'aléa, de l'enjeu et du risque.

ANNEXE 6 Unité « Histoire, Enjeux, Débats » [→ page 81]

● QCM de vérification de la bonne compréhension des notions abordées dans l'unité « Histoire, Enjeux, Débats ».

1. L'énergie la plus utilisée dans le monde provient de :
a. la combustion des carburants fossiles dans les centrales thermiques.
b. la désintégration des éléments radioactifs dans les centrales thermiques nucléaires.
c. la conversion de l'énergie solaire par les panneaux solaires.
d. la conversion de l'énergie mécanique des vents par les éoliennes.

2. Dans le monde, la consommation d'énergie est :
a. également répartie et en augmentation depuis plusieurs décennies.
b. également répartie et en diminution depuis plusieurs décennies.
c. inégalement répartie et en augmentation depuis plusieurs décennies.
d. inégalement répartie et en diminution depuis plusieurs décennies.

3. La combustion des carburants fossiles et de biomasse :
a. libère du CO_2 uniquement.
b. libère du CO_2 et d'autres polluants.
c. produit de l'énergie chimique.
d. absorbe le CO_2 atmosphérique.

4. L'augmentation de la proportion de GES dans l'atmosphère est à l'origine d'une augmentation de :
a. la puissance émise vers l'espace.
b. l'albédo terrestre.
c. la puissance reçue par la Terre.
d. la puissance solaire reçue par la Terre.

ANNEXE 7 Unité « Histoire, Enjeux, Débats » [→ page 81]

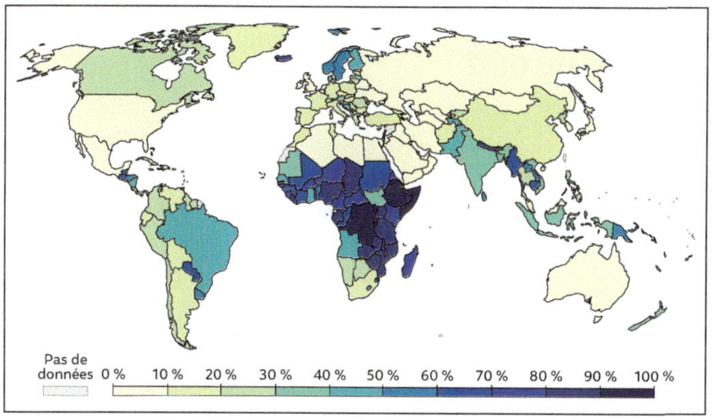

▲ **Part de la consommation finale d'énergie provenant de ressources renouvelables en 2015**

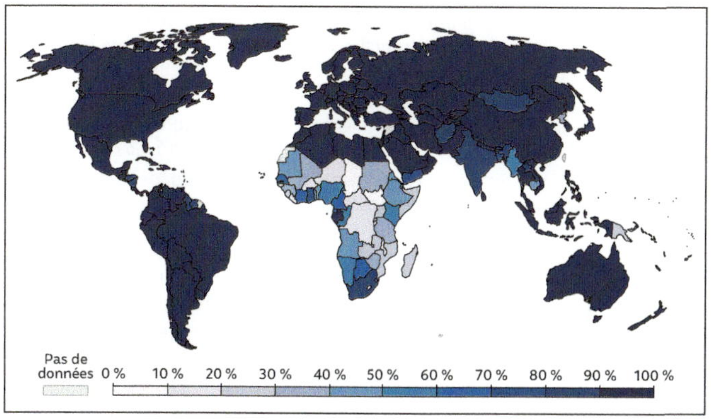

▲ **Part de la population ayant accès à l'électricité en 2016**

Livre de l'élève

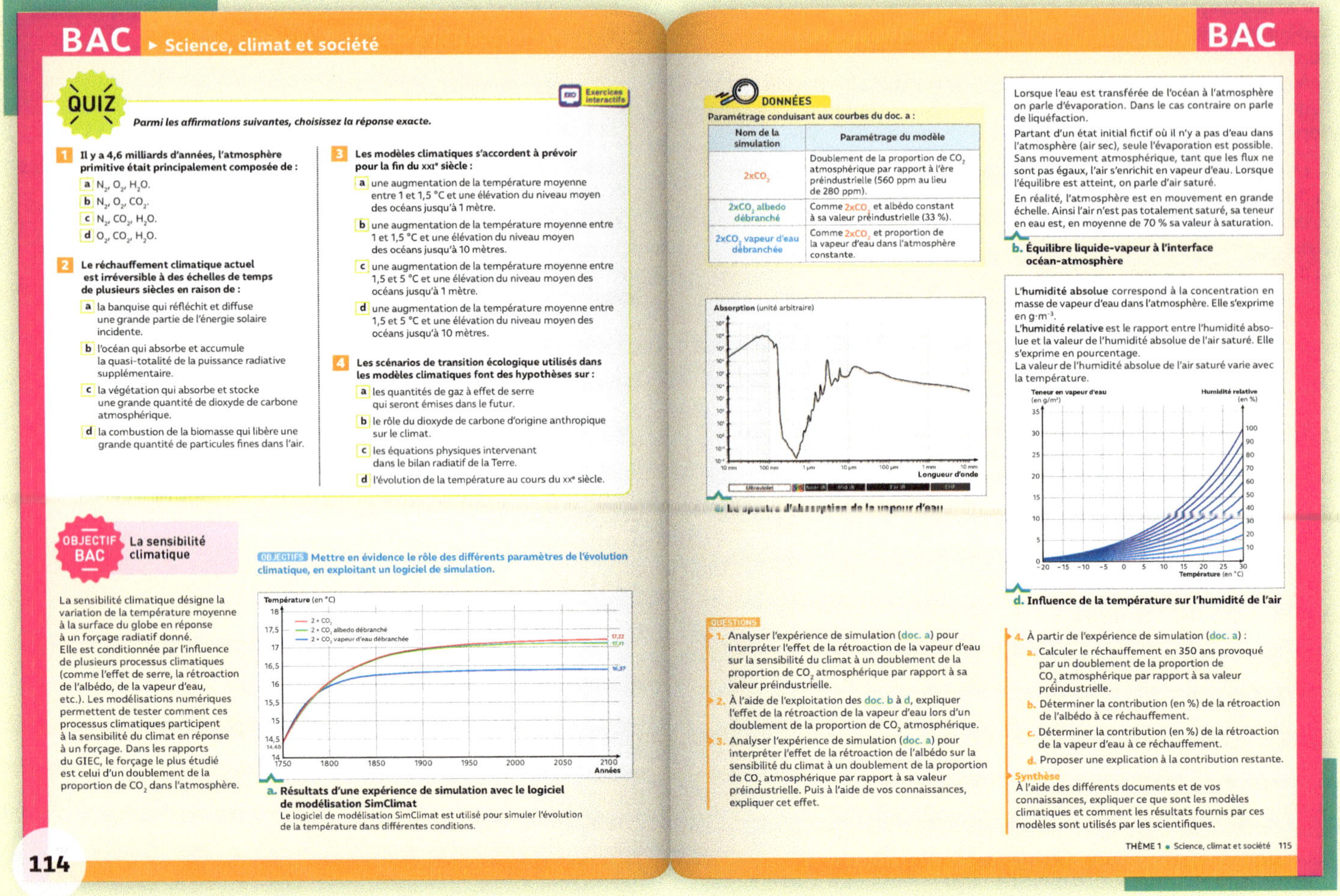
BAC ▸ Science, climat et société

QUIZ

Exercices interactifs

Parmi les affirmations suivantes, choisissez la réponse exacte.

1 Il y a 4,6 milliards d'années, l'atmosphère primitive était principalement composée de :
- a N_2, O_2, H_2O.
- b N_2, O_2, CO_2.
- c N_2, CO_2, H_2O.
- d O_2, CO_2, H_2O.

2 Le réchauffement climatique actuel est irréversible à des échelles de temps de plusieurs siècles en raison de :
- a la banquise qui réfléchit et diffuse une grande partie de l'énergie solaire incidente.
- b l'océan qui absorbe et accumule la quasi-totalité de la puissance radiative supplémentaire.
- c la végétation qui absorbe et stocke une grande quantité de dioxyde de carbone atmosphérique.
- d la combustion de la biomasse qui libère une grande quantité de particules fines dans l'air.

3 Les modèles climatiques s'accordent à prévoir pour la fin du XXIe siècle :
- a une augmentation de la température moyenne entre 1 et 1,5 °C et une élévation du niveau moyen des océans jusqu'à 1 mètre.
- b une augmentation de la température moyenne entre 1 et 1,5 °C et une élévation du niveau moyen des océans jusqu'à 10 mètres.
- c une augmentation de la température moyenne entre 1,5 et 5 °C et une élévation du niveau moyen des océans jusqu'à 1 mètre.
- d une augmentation de la température moyenne entre 1,5 et 5 °C et une élévation du niveau moyen des océans jusqu'à 10 mètres.

4 Les scénarios de transition écologique utilisés dans les modèles climatiques font des hypothèses sur :
- a les quantités de gaz à effet de serre qui seront émises dans le futur.
- b le rôle du dioxyde de carbone d'origine anthropique sur le climat.
- c les équations physiques intervenant dans le bilan radiatif de la Terre.
- d l'évolution de la température au cours du XXe siècle.

OBJECTIF BAC La sensibilité climatique

OBJECTIFS Mettre en évidence le rôle des différents paramètres de l'évolution climatique, en exploitant un logiciel de simulation.

La sensibilité climatique désigne la variation de la température moyenne à la surface du globe en réponse à un forçage radiatif donné. Elle est conditionnée par l'influence de plusieurs processus climatiques (comme l'effet de serre, la rétroaction de l'albédo, de la vapeur d'eau, etc.). Les modélisations numériques permettent de tester comment ces processus climatiques participent à la sensibilité du climat en réponse à un forçage. Dans les rapports du GIEC, le forçage le plus étudié est celui d'un doublement de la proportion de CO_2 dans l'atmosphère.

a. Résultats d'une expérience de simulation avec le logiciel de modélisation SimClimat
Le logiciel de modélisation SimClimat est utilisé pour simuler l'évolution de la température dans différentes conditions.

114

BAC

DONNÉES

Paramétrage conduisant aux courbes du doc. a :

Nom de la simulation	Paramétrage du modèle
$2xCO_2$	Doublement de la proportion de CO_2 atmosphérique par rapport à l'ère préindustrielle (560 ppm au lieu de 280 ppm).
$2xCO_2$ albedo débranché	Comme $2xCO_2$ et albédo constant à sa valeur préindustrielle (33 %).
$2xCO_2$ vapeur d'eau débranchée	Comme $2xCO_2$ et proportion de la vapeur d'eau dans l'atmosphère constante.

c. Le spectre d'absorption de la vapeur d'eau

Lorsque l'eau est transférée de l'océan à l'atmosphère on parle d'évaporation. Dans le cas contraire on parle de liquéfaction.

Partant d'un état initial fictif où il n'y a pas d'eau dans l'atmosphère (air sec), seule l'évaporation est possible. Sans mouvement atmosphérique, tant que les flux ne sont pas égaux, l'air s'enrichit en vapeur d'eau. Lorsque l'équilibre est atteint, on parle d'air saturé.

En réalité, l'atmosphère est en mouvement en grande échelle. Ainsi l'air n'est pas totalement saturé, sa teneur en eau est, en moyenne de 70 % sa valeur à saturation.

b. Équilibre liquide-vapeur à l'interface océan-atmosphère

L'**humidité absolue** correspond à la concentration en masse de vapeur d'eau dans l'atmosphère. Elle s'exprime en $g \cdot m^{-3}$.
L'**humidité relative** est le rapport entre l'humidité absolue et la valeur de l'humidité absolue de l'air saturé. Elle s'exprime en pourcentage.
La valeur de l'humidité absolue de l'air saturé varie avec la température.

d. Influence de la température sur l'humidité de l'air

QUESTIONS

1. Analyser l'expérience de simulation (doc. a) pour interpréter l'effet de la rétroaction de la vapeur d'eau sur la sensibilité du climat à un doublement de la proportion de CO_2 atmosphérique par rapport à sa valeur préindustrielle.
2. À l'aide de l'exploitation des doc. b à d, expliquer l'effet de la rétroaction de la vapeur d'eau lors d'un doublement de la proportion de CO_2 atmosphérique.
3. Analyser l'expérience de simulation (doc. a) pour interpréter l'effet de la rétroaction de l'albédo sur la sensibilité du climat à un doublement de la proportion de CO_2 atmosphérique par rapport à sa valeur préindustrielle. Puis à l'aide de vos connaissances, expliquer cet effet.
4. À partir de l'expérience de simulation (doc. a) :
   a. Calculer le réchauffement en 350 ans provoqué par un doublement de la proportion de CO_2 atmosphérique par rapport à sa valeur préindustrielle.
   b. Déterminer la contribution (en %) de la rétroaction de l'albédo à ce réchauffement.
   c. Déterminer la contribution (en %) de la rétroaction de la vapeur d'eau à ce réchauffement.
   d. Proposer une explication à la contribution restante.

Synthèse
À l'aide des différents documents et de vos connaissances, expliquer ce que sont les modèles climatiques et comment les résultats fournis par ces modèles sont utilisés par les scientifiques.

THÈME 1 • Science, climat et société 115

RÉPONSES DU QUIZ

1 c 2 b 3 c 4 a

CORRIGÉ DE L'EXERCICE

1. Analyse de l'expérience sur la rétroaction de la vapeur d'eau :

	Témoin (simulation contrôle)	Test
Protocole	Doublement de la proportion de CO_2 atmosphérique par rapport à l'ère préindustrielle (560 ppm au lieu de 280 ppm).	Doublement de la proportion de CO_2 atmosphérique par rapport à l'ère préindustrielle (560 ppm au lieu de 280 ppm) et proportion de la vapeur d'eau dans l'atmosphère constante à sa valeur préindustrielle (100 %).
	Le seul paramètre qui est modifié entre le témoin et le test concerne la rétroaction de la vapeur d'eau. Dans le test, la rétroaction de la vapeur d'eau est débranchée.	
Résultats	Entre 1750 et 2100, la température augmente de 14,40 °C à 17,22 °C.	Entre 1750 et 2100, la température augmente de 14,40 °C à 16,37 °C.
Interprétation	La température augmente beaucoup plus dans le témoin que dans le test. Par conséquent, la rétroaction de la vapeur d'eau a un effet amplificateur sur le réchauffement climatique.	

2. L'augmentation de la température a pour effet d'augmenter la capacité de l'air à contenir de la vapeur d'eau. L'état d'équilibre entre les flux de molécules d'eau de l'océan à l'atmosphère (évaporation) et de l'atmosphère à l'océan (condensation) est déplacé : il y a davantage d'évaporation, l'air se charge en vapeur d'eau. Or, l'analyse du spectre d'absorption de la vapeur d'eau montre que celle-ci absorbe les infrarouges (longueurs d'onde comprises entre 800 nm et 100 µm) : par conséquent, la vapeur d'eau est un gaz à effet de serre.
En conclusion, lors d'un doublement de la proportion de CO_2 atmosphérique, l'effet de serre lié au CO_2 s'intensifie, la température augmente, une partie de l'eau des océans est vaporisée dans l'atmosphère, la proportion de vapeur d'eau atmosphérique augmente : comme la vapeur d'eau est également un GES, l'effet de serre s'intensifie d'autant plus, la température augmente encore davantage. La rétroaction positive de la vapeur d'eau amplifie le réchauffement climatique.

3. Analyse de l'expérience sur la rétroaction de l'albédo :

	Témoin (simulation contrôle)	Test
Protocole	Doublement de la proportion de CO_2 atmosphérique par rapport à l'ère préindustrielle (560 ppm au lieu de 280 ppm).	Doublement de la proportion de CO_2 atmosphérique par rapport à l'ère préindustrielle (560 ppm au lieu de 280 ppm) et albédo constant à sa valeur préindustrielle (33 %).
	Le seul paramètre qui est modifié entre le témoin et le test concerne la rétroaction de l'albédo. Dans le test, la rétroaction de l'albédo est débranchée.	
Résultats	Entre 1750 et 2100, la température augmente de 14,40 °C à 17,22 °C.	Entre 1750 et 2100, la température augmente de 14,40 °C à 17,11 °C.
Interprétation	La température augmente plus dans le témoin que dans le test. Par conséquent, la rétroaction de l'albédo a un effet amplificateur sur le réchauffement climatique.	

Lors d'un doublement de la proportion de CO_2 atmosphérique par rapport à l'ère préindustrielle, l'effet de serre lié au CO_2 s'intensifie, la température augmente, une partie des glaces fond, l'albédo terrestre diminue, la puissance réfléchie et diffusée vers l'espace diminue, la surface terrestre absorbe davantage la puissance solaire incidente, la température augmente encore davantage. La rétroaction positive de l'albédo amplifie le réchauffement climatique.

4. a. Dans la simulation, le réchauffement en 350 ans provoqué par un doublement de la proportion de CO_2 atmosphérique par rapport à l'ère préindustrielle est de 2,82 °C (17,22 °C – 14,40 °C).
b. En absence de rétroaction de l'albédo, le réchauffement est de 2,71 °C (17,11 °C – 14,40 °C). La rétroaction de l'albédo contribue donc à un réchauffement de 0,11 °C (2,82 °C – 2,71 °C) soit 4 % du réchauffement (0,11 °C / 2,82 °C).
c. En absence de rétroaction de la vapeur d'eau, le réchauffement est de 1,97 °C (16,37 °C – 14,40 °C). La rétroaction de la vapeur d'eau contribue donc à un réchauffement de 0,85 °C (2,82 °C – 1,97 °C) soit 30 % du réchauffement (0,85 °C / 2,82 °C).
d. Les 76 % restants du réchauffement peuvent être principalement attribués à l'effet de serre direct causé par l'augmentation de la proportion de CO_2 dans l'atmosphère.

Remarque: les résultats du modèle Simclimat sont assez proches des résultats des modèles numériques plus complexes utilisés par les climatologues (Dufresne et Bony, 2008). Dans ces modèles, la contribution de la rétroaction de la vapeur d'eau au réchauffement climatique suite à un doublement du CO_2 est estimée à 44 % (+/– 9 %). Simclimat sous-estime l'influence de la rétroaction de la vapeur d'eau, cependant, son ordre de grandeur est correct. Il en est de même pour la rétroaction de l'albédo.

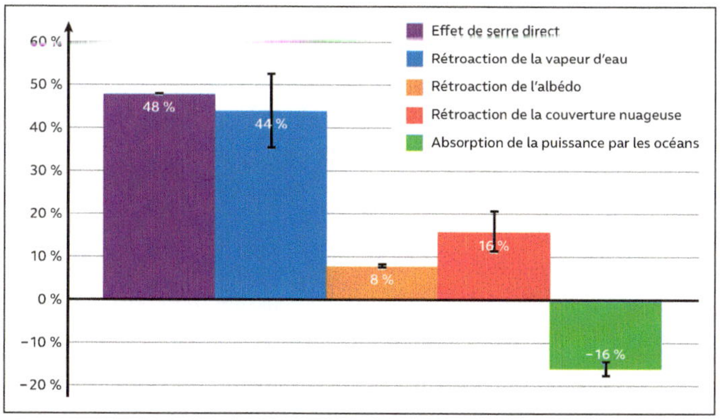

▲ **Contribution des facteurs climatiques à la sensibilité du climat à un doublement de CO_2**

Synthèse. Les modèles climatiques sont des représentations numériques du système climatique s'appuyant sur les équations des différents mécanismes régissant le climat. Après évaluation de la validité des modèles par la comparaison de leurs résultats aux observations des dernières décennies, les modèles permettent aux scientifiques de:
– réaliser des expériences numériques pour tester l'influence de certains facteurs sur la sensibilité du climat;
– réaliser des projections climatiques pour les prochaines décennies ou les prochains siècles afin d'orienter les prises de décisions de la société.

ARTICLE EN +

À cause du réchauffement climatique, les épidémies du futur pourraient être encore plus terrifiantes que celle du coronavirus Covid-19 qui a fait trembler la population mondiale durant le début de l'année 2020. « On observe un déplacement de certaines maladies qui existaient au sud vers le nord. C'est le cas avec la fièvre de la dengue et du chikungunya, qui sont dues au fait que des insectes des régions tropicales ou chaudes migrent vers le nord » note Jean-Michel Claverie. Ces animaux amènent avec eux les maladies dont ils sont les vecteurs. Le paludisme qui est au départ purement africain pourrait revenir en France métropolitaine.
Plus inquiétant encore, le permafrost (pergélisol, en français), une couche géologique gelée en permanence, composée de glace et de matières organiques et représentant près du quart des terres de l'hémisphère nord, commence à dégeler. Le réchauffement du permafrost pourrait faire réapparaître des virus ou des bactéries dangereux pour l'homme. Un exemple: en 2016, en Sibérie, un garçon de 12 ans a été tué par l'anthrax et une vingtaine de personnes ont été contaminées, à la suite du dégel d'un cadavre de renne mort il y a 70 ans.
« Plus le permafrost se réchauffe sur une distance importante et plus il ramène à la surface des choses qui ont existé et qui étaient infectieuses il y a très longtemps », souligne Jean-Michel Claverie, chercheur en microbiologie, qui a découvert en 2014 avec son équipe deux nouveaux virus, des virus géants, datés de 30 000 ans, dans le pergélisol sibérien. « Avec nos travaux, on a été les premiers à montrer que cette capacité de stase [lenteur ou arrêt d'une matière organique] se prolonge beaucoup plus loin. On est allé jusqu'à 30 mètres de profondeur, qui correspond à l'âge de Neandertal. Il y a des virus qui sont encore parfaitement vivants, qu'on peut réactiver après 40 000 ans de congélation dans le permafrost ».
[...] On peut alors imaginer aisément un scénario ou le virus de la variole (seule maladie officiellement éradiquée dans le monde), des maladies de l'époque de l'homme de Neandertal ou des mammouths, pourraient réapparaître, et se répandre en quelques mois grâce à la mondialisation de notre mode de vie et de notre économie.

D'après Laure Beaudonnet, « *Avec le réchauffement climatique, des virus pourraient réapparaître* », 20minutes.fr, 2020.

Pour aller + loin

- Larousse « L'exploration sous-marine ». https://www.larousse.fr/encyclopedie/divers/l_exploration_sous-marine/187163
- Vincent Nouyrigat « Cuivre, or, cobalt, nickel... la ruée vers les abysses », Dossier *La ruée vers les abysses*, *Sciences & Vie* n° 1205, février 2018. https://www.science-et-vie.com/nature-et-enviro/cuivre-or-cobalt-nickel-la-ruee-vers-les-abysses-17283
- « Changer le climat: les scientifiques s'y préparent vraiment », Dossier *Changer le climat*, *Sciences & Vie* n° 1213, octobre 2018. https://www.science-et-vie.com/nature-et-enviro/changer-le-climat-les-scientifiques-s-y-preparent-vraiment-44768
- Vincent Nouyrigat « Deux projets fous contre la montée des eaux », *Sciences et Vie* n° 1215, décembre 2018. https://www.science-et-vie.com/nature-et-enviro/deux-projets-fous-contre-la-montee-des-eaux-46443
- « Océans : le dernier continent à explorer », *Pour la Science* Hors-série, n° 104, juillet 2019. https://www.pourlascience.fr/sd/oceanographie/hors-serie-pour-la-science-n0104-17310.php

Livre de l'élève

THÈME 2

Ce thème sur l'énergie électrique est assez difficile pour certains élèves car le concept d'énergie est compliqué à appréhender. Il est cependant essentiel afin de faire comprendre à tous les élèves l'importance de la problématique énergétique dans le cadre du développement durable. En effet, produire de l'énergie électrique en contribuant le moins possible au réchauffement climatique, en concevoir le stockage sous d'autres formes, optimiser son transport sont des objectifs majeurs d'une transition climatique et environnementale.

CHAPITRE 5

Ce chapitre permet de présenter les progrès de la recherche scientifique fondamentale et de l'invention technique depuis le XIXe siècle. Ces progrès ont en effet conduit à développer des générateurs électriques pratiques, performants, à l'impact climatique et environnemental de moins en moins marqué. L'histoire du développement des générateurs d'électricité permet également de fournir aux élèves de féconds exemples d'échanges entre la science fondamentale, la technologie et l'industrie. Dans ce chapitre, les spectres de raies d'émission atomiques ainsi que les notions de caractéristique $I = f(U)$ et de point de fonctionnement d'un dipôle électrique, déjà connus des élèves, sont utilisés. La loi de Faraday est en revanche hors programme.

CHAPITRE 6

Ce chapitre permet de montrer les atouts de l'énergie électrique : une distribution aisée, sûre et souvent à faible impact écologique lorsqu'elle est produite sans combustion, ou la disponibilité de convertisseurs de bon rendement permettant de transformer l'énergie électrique en d'autres formes d'énergie par exemple. Il permet également d'expliquer aux élèves l'importance du stockage de l'énergie pour faire face à l'intermittence liée à certains modes de production ou à la consommation. Dans ce chapitre, les lois de l'électricité, les notions d'énergie et de puissance électriques ainsi que celles d'énergies cinétique et potentielle, déjà rencontrées les années précédentes par les élèves, sont mobilisées. Aucune expression d'énergie stockée par un système donné n'est cependant exigible.

CHAPITRE 7

La minimisation des pertes par effet Joule dans la distribution d'électricité le long d'un réseau entre dans le cadre général des problèmes mathématiques de transport et d'optimisation sous contraintes. Ces problèmes, très difficiles à résoudre car non linéaires, nécessitent des traitements numériques lorsqu'ils mettent en jeu un nombre important d'inconnues ou de données. Ce chapitre permet de présenter aux élèves comment ils peuvent être résolus dans le cadre d'exemples simples.

CHAPITRE 8

Ce chapitre permet de montrer que pour les sociétés, l'enjeu climatique et environnemental est celui d'une transition entre la situation actuelle et un développement fondé sur un régime durable de conversion et d'utilisation de l'énergie. La complexité de cette transition impose alors de connaître, comprendre et hiérarchiser les paramètres sur lesquels il est possible d'agir, individuellement et collectivement. Ce chapitre est donc l'occasion de mettre en perspective l'ensemble des thématiques abordées dans les thèmes 1 et 2. La notion de risques naturels étudiée au collège et en classe de seconde en SVT est ainsi mobilisée et, à travers la diversité des exemples présentés, les élèves peuvent mieux comprendre l'unité du concept d'énergie.

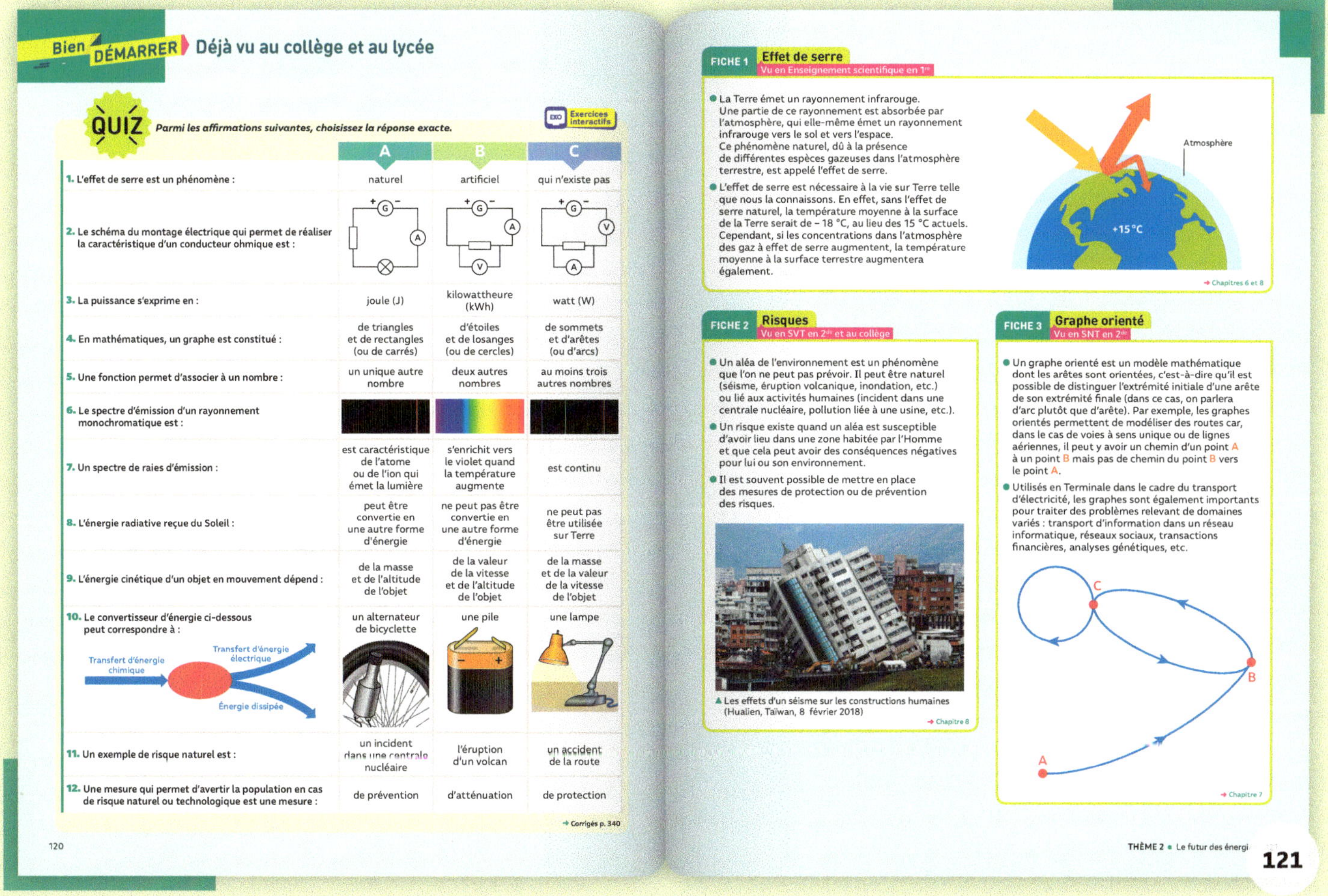
Bien DÉMARRER Déjà vu au collège et au lycée

QUIZ *Parmi les affirmations suivantes, choisissez la réponse exacte.* Exercices interactifs

	A	B	C
1. L'effet de serre est un phénomène :	naturel	artificiel	qui n'existe pas
2. Le schéma du montage électrique qui permet de réaliser la caractéristique d'un conducteur ohmique est :			
3. La puissance s'exprime en :	joule (J)	kilowattheure (kWh)	watt (W)
4. En mathématiques, un graphe est constitué :	de triangles et de rectangles (ou de carrés)	d'étoiles et de losanges (ou de cercles)	de sommets et d'arêtes (ou d'arcs)
5. Une fonction permet d'associer à un nombre :	un unique autre nombre	deux autres nombres	au moins trois autres nombres
6. Le spectre d'émission d'un rayonnement monochromatique est :			
7. Un spectre de raies d'émission :	est caractéristique de l'atome ou de l'ion qui émet la lumière	s'enrichit vers le violet quand la température augmente	est continu
8. L'énergie radiative reçue du Soleil :	peut être convertie en une autre forme d'énergie	ne peut pas être convertie en une autre forme d'énergie	ne peut pas être utilisée sur Terre
9. L'énergie cinétique d'un objet en mouvement dépend :	de la masse et de l'altitude de l'objet	de la valeur de la vitesse et de l'altitude de l'objet	de la masse et de la valeur de la vitesse de l'objet
10. Le convertisseur d'énergie ci-dessous peut correspondre à : (Transfert d'énergie chimique ; Transfert d'énergie électrique ; Énergie dissipée)	un alternateur de bicyclette	une pile	une lampe
11. Un exemple de risque naturel est :	un incident dans une centrale nucléaire	l'éruption d'un volcan	un accident de la route
12. Une mesure qui permet d'avertir la population en cas de risque naturel ou technologique est une mesure :	de prévention	d'atténuation	de protection

→ Corrigés p. 340

120

FICHE 1 Effet de serre
Vu en Enseignement scientifique en 1re

- La Terre émet un rayonnement infrarouge. Une partie de ce rayonnement est absorbée par l'atmosphère, qui elle-même émet un rayonnement infrarouge vers le sol et vers l'espace. Ce phénomène naturel, dû à la présence de différentes espèces gazeuses dans l'atmosphère terrestre, est appelé l'effet de serre.
- L'effet de serre est nécessaire à la vie sur Terre telle que nous la connaissons. En effet, sans l'effet de serre naturel, la température moyenne à la surface de la Terre serait de – 18 °C, au lieu des 15 °C actuels. Cependant, si les concentrations dans l'atmosphère des gaz à effet de serre augmentent, la température moyenne à la surface terrestre augmentera également.

Atmosphère
+15 °C

→ Chapitres 6 et 8

FICHE 2 Risques
Vu en SVT en 2de et au collège

- Un aléa de l'environnement est un phénomène que l'on ne peut pas prévoir. Il peut être naturel (séisme, éruption volcanique, inondation, etc.) ou lié aux activités humaines (incident dans une centrale nucléaire, pollution liée à une usine, etc.).
- Un risque existe quand un aléa est susceptible d'avoir lieu dans une zone habitée par l'Homme et que cela peut avoir des conséquences négatives pour lui ou son environnement.
- Il est souvent possible de mettre en place des mesures de protection ou de prévention des risques.

▲ Les effets d'un séisme sur les constructions humaines (Hualien, Taïwan, 8 février 2018)

→ Chapitre 8

FICHE 3 Graphe orienté
Vu en SNT en 2de

- Un graphe orienté est un modèle mathématique dont les arêtes sont orientées, c'est-à-dire qu'il est possible de distinguer l'extrémité initiale d'une arête de son extrémité finale (dans ce cas, on parlera d'arc plutôt que d'arête). Par exemple, les graphes orientés permettent de modéliser des routes car, dans le cas de voies à sens unique ou de lignes aériennes, il peut y avoir un chemin d'un point A à un point B mais pas de chemin du point B vers le point A.
- Utilisés en Terminale dans le cadre du transport d'électricité, les graphes sont également importants pour traiter des problèmes relevant de domaines variés : transport d'information dans un réseau informatique, réseaux sociaux, transactions financières, analyses génétiques, etc.

C
B
A

→ Chapitre 7

THÈME 2 • Le futur des énergies 121

RÉPONSES AU QUIZ

	A	B	C
1. L'effet de serre est un phénomène :	☒	☐	☐
2. Le schéma du montage électrique qui permet de réaliser la caractéristique d'un conducteur ohmique est :	☐	☒	☐
3. La puissance s'exprime en :	☐	☐	☒
4. En mathématiques, un graphe est constitué :	☐	☐	☒
5. Une fonction permet d'associer à un nombre :	☒	☐	☐
6. Le spectre d'émission d'un rayonnement monochromatique est :	☒	☐	☐
7. Un spectre de raies d'émission :	☒	☐	☐
8. L'énergie radiative reçue du Soleil :	☒	☐	☐
9. L'énergie cinétique d'un objet en mouvement dépend :	☐	☐	☒
10. Le convertisseur d'énergie ci-dessous peut correspondre à :	☐	☒	☐
11. Un exemple de risque naturel est :	☐	☒	☐
12. Une mesure qui permet d'avertir la population en cas de risque naturel ou technologique est une mesure :	☒	☐	☐

avant la terminale

▶ Les notions sur **l'effet de serre**, déjà étudiées en première en enseignement scientifique mais également les années précédentes en SVT et en physique-chimie, sont notées dans la **fiche 1**. Cette fiche permet de rappeler que l'effet de serre est un phénomène naturel, indispensable à la vie sur Terre. Cependant, l'augmentation des concentrations dans l'atmosphère des gaz à effet de serre provoque une augmentation de la température moyenne à la surface de la Terre, actuellement environ égale à 15 °C.

▶ Les différents types de **risques** sont évoqués dans la **fiche 2**. Les définitions d'un aléa, d'un risque naturel, d'un risque lié aux activités humaines, déjà vues en SVT au collège et en seconde, sont rappelées.

▶ Les notions de **graphe** et de **graphe orienté**, présentées dans la **fiche 3**, ont été vues très rapidement par les élèves en seconde en sciences numériques et technologie (SNT) dans le cadre du module « Localisation, cartographie et mobilité ». Il semble indispensable de reprendre ces notions avec les élèves car il est probable qu'ils aient oublié ces concepts. Dans certains cas, les élèves ont également vu en seconde l'algorithme de Dijkstra, qui est explicité dans « Le Coin des Sciences » du thème 2 (→ page 203 du manuel). Cet algorithme permet d'aller plus loin dans la résolution d'un problème mathématique sous contraintes présenté sous forme de graphe orienté, mais il n'est pas exigible dans le cadre de l'enseignement scientifique de terminale.

Livre de l'élève

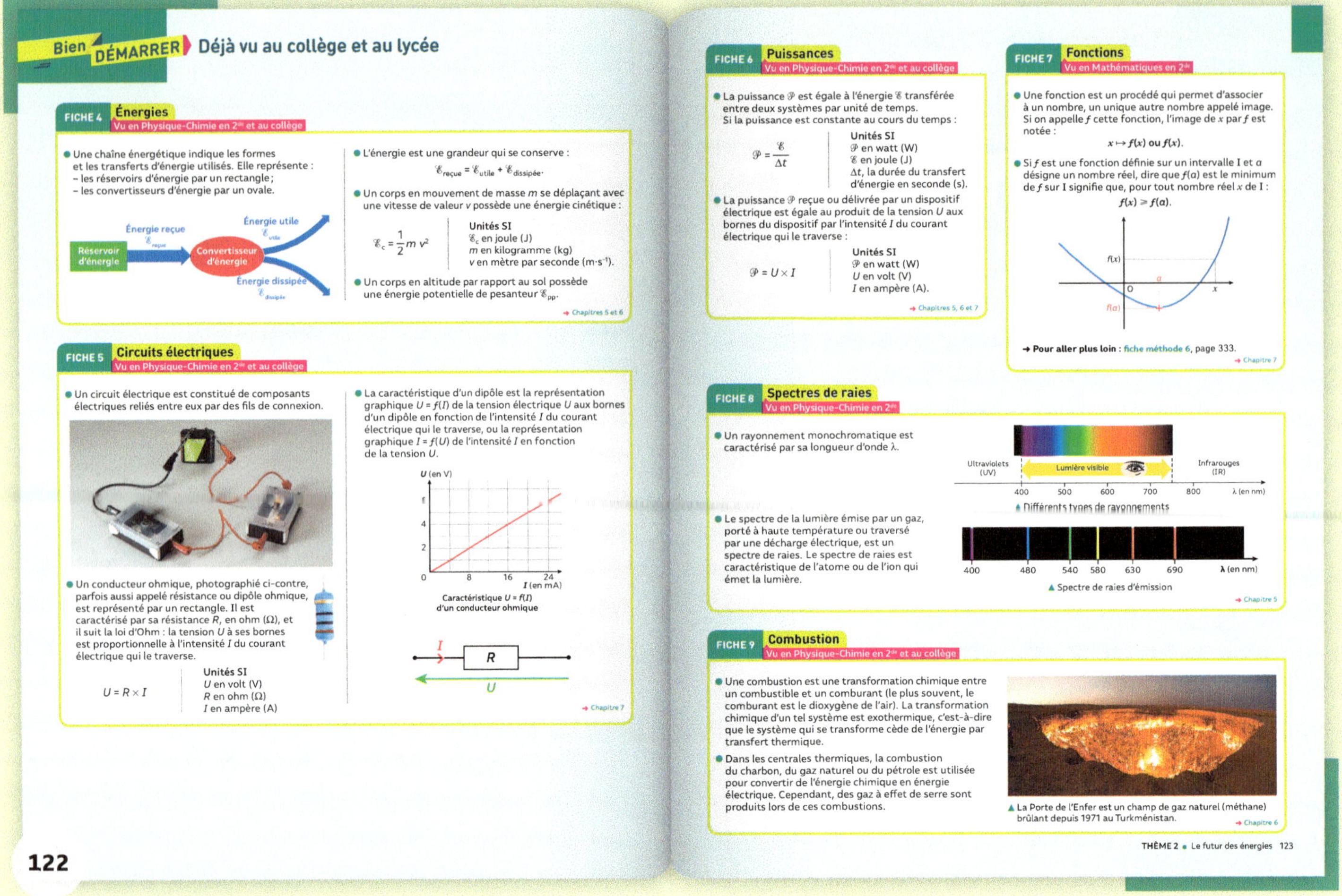
Bien DÉMARRER Déjà vu au collège et au lycée

FICHE 4 Énergies — Vu en Physique-Chimie en 2de et au collège

- Une chaîne énergétique indique les formes et les transferts d'énergie utilisés. Elle représente :
  – les réservoirs d'énergie par un rectangle ;
  – les convertisseurs d'énergie par un ovale.

- L'énergie est une grandeur qui se conserve : $\mathscr{E}_{reçue} = \mathscr{E}_{utile} + \mathscr{E}_{dissipée}$.
- Un corps en mouvement de masse m se déplaçant avec une vitesse de valeur v possède une énergie cinétique :

$\mathscr{E}_c = \frac{1}{2} m v^2$ — Unités SI : $\mathscr{E}_c$ en joule (J) ; m en kilogramme (kg) ; v en mètre par seconde ($m \cdot s^{-1}$).

- Un corps en altitude par rapport au sol possède une énergie potentielle de pesanteur $\mathscr{E}_{pp}$.

→ Chapitres 5 et 6

FICHE 5 Circuits électriques — Vu en Physique-Chimie en 2de et au collège

- Un circuit électrique est constitué de composants électriques reliés entre eux par des fils de connexion.
- Un conducteur ohmique, photographié ci-contre, parfois aussi appelé résistance ou dipôle ohmique, est représenté par un rectangle. Il est caractérisé par sa résistance R, en ohm (Ω), et il suit la loi d'Ohm : la tension U à ses bornes est proportionnelle à l'intensité I du courant électrique qui le traverse.

$U = R \times I$ — Unités SI : U en volt (V) ; R en ohm (Ω) ; I en ampère (A)

- La caractéristique d'un dipôle est la représentation graphique $U = f(I)$ de la tension électrique U aux bornes d'un dipôle en fonction de l'intensité I du courant électrique qui le traverse, ou la représentation graphique $I = f(U)$ de l'intensité I en fonction de la tension U.

Caractéristique $U = f(I)$ d'un conducteur ohmique

→ Chapitre 7

FICHE 6 Puissances — Vu en Physique-Chimie en 2de et au collège

- La puissance $\mathscr{P}$ est égale à l'énergie $\mathscr{E}$ transférée entre deux systèmes par unité de temps. Si la puissance est constante au cours du temps :

$\mathscr{P} = \frac{\mathscr{E}}{\Delta t}$ — Unités SI : $\mathscr{P}$ en watt (W) ; $\mathscr{E}$ en joule (J) ; Δt, la durée du transfert d'énergie en seconde (s).

- La puissance $\mathscr{P}$ reçue ou délivrée par un dispositif électrique est égale au produit de la tension U aux bornes du dispositif par l'intensité I du courant électrique qui le traverse :

$\mathscr{P} = U \times I$ — Unités SI : $\mathscr{P}$ en watt (W) ; U en volt (V) ; I en ampère (A).

→ Chapitres 5, 6 et 7

FICHE 7 Fonctions — Vu en Mathématiques en 2de

- Une fonction est un procédé qui permet d'associer à un nombre, un unique autre nombre appelé image. Si on appelle f cette fonction, l'image de x par f est notée : $x \mapsto f(x)$ ou $f(x)$.
- Si f est une fonction définie sur un intervalle I et a désigne un nombre réel, dire que $f(a)$ est le minimum de f sur I signifie que, pour tout nombre réel x de I : $f(x) \geqslant f(a)$.

→ Pour aller plus loin : fiche méthode 6, page 333.

→ Chapitre 7

FICHE 8 Spectres de raies — Vu en Physique-Chimie en 2de

- Un rayonnement monochromatique est caractérisé par sa longueur d'onde λ.

▲ Différents types de rayonnements

- Le spectre de la lumière émise par un gaz, porté à haute température ou traversé par une décharge électrique, est un spectre de raies. Le spectre de raies est caractéristique de l'atome ou de l'ion qui émet la lumière.

▲ Spectre de raies d'émission

→ Chapitre 5

FICHE 9 Combustion — Vu en Physique-Chimie en 2de et au collège

- Une combustion est une transformation chimique entre un combustible et un comburant (le plus souvent, le comburant est le dioxygène de l'air). La transformation chimique d'un tel système est exothermique, c'est-à-dire que le système qui se transforme cède de l'énergie par transfert thermique.
- Dans les centrales thermiques, la combustion du charbon, du gaz naturel ou du pétrole est utilisée pour convertir de l'énergie chimique en énergie électrique. Cependant, des gaz à effet de serre sont produits lors de ces combustions.

▲ La Porte de l'Enfer est un champ de gaz naturel (méthane) brûlant depuis 1971 au Turkménistan.

→ Chapitre 6

122 — THÈME 2 • Le futur des énergies 123

▶ La **fiche 4** permet de revoir les notions d'**énergie**, d'**énergie cinétique**, d'**énergie potentielle de pesanteur** et de **chaînes énergétiques**, déjà étudiées au collège et en seconde en physique-chimie notamment. Il est également possible de demander aux élèves de nommer les différentes formes d'énergie existantes : énergie chimique, énergie nucléaire, énergie radiative, énergie cinétique, énergie potentielle de pesanteur, énergie électrique, etc. Certains élèves ayant suivi un enseignement de physique-chimie en première évoqueront peut-être également l'énergie mécanique, qui est la somme des énergies cinétique et potentielle. De plus, concernant les chaînes énergétiques, il est important de ne pas confondre :
– un transfert d'énergie, représenté par une flèche dans une chaîne énergétique, dans lequel l'énergie est transférée d'un système à un autre en restant sous la même forme ;
– une conversion d'énergie réalisée par un convertisseur d'énergie, représenté dans un ovale dans une chaîne énergétique, dans lequel l'énergie change de forme. Par exemple, une pile est un convertisseur d'énergie qui convertit l'énergie chimique, transférée par les espèces chimiques constituant la pile, en énergie électrique.

Enfin, lors de chaque conversion d'énergie, une partie de l'énergie est dissipée mais l'énergie est une grandeur qui se conserve : l'énergie reçue par le convertisseur est égale à la somme de l'énergie utile (dans le cas de la pile, l'énergie électrique) et de l'énergie dissipée dans l'environnement.

▶ Les **circuits électriques**, déjà étudiés en physique-chimie au collège et en seconde, sont revus dans la **fiche 5** (pour les élèves suivant un enseignement de physique-chimie, les circuits électriques ont également été travaillés en première et en terminale dans le cadre de cet enseignement de spécialité). La photo correspond à un circuit électrique constitué d'une pile, d'une lampe et d'un moteur faisant tourner une hélice. Enfin, la notion de caractéristique est souvent assez mal comprise par les élèves : il est important de revoir cette notion lors de l'étude de cette fiche.

▶ La relation **puissance-énergie** et la formule de la **puissance électrique**, abordées dès le collège, sont revues une nouvelle fois dans la **fiche 6**. Il est important de rendre attentifs les élèves aux unités utilisées et de leur expliquer que d'autres unités usuelles peuvent être utilisées, comme par exemple le kilowatt pour la puissance, l'heure pour la durée du transfert d'énergie électrique et le kilowattheure pour l'énergie.

▶ Les **fonctions**, étudiées en mathématiques en seconde, sont réactivées dans la **fiche 7**. La minimisation d'une fonction doit être revue pour les élèves, que ce soit en exploitant sur une calculatrice la conjecture de la fonction (pour les élèves ayant arrêté l'enseignement de mathématiques en première), ou que ce soit en analysant la fonction dérivée (pour les élèves ayant continué l'enseignement de mathématiques en première).

▶ Les prérequis issus de la classe de seconde en physique-chimie sur les **spectres de raies** sont synthétisés dans la **fiche 8**. L'objectif est de remobiliser les notions de longueur d'onde d'un rayonnement et de spectres émis par un gaz excité.

▶ La **combustion**, présentée dans la **fiche 9**, est une notion travaillée en physique-chimie depuis le collège dans le cadre de l'étude des transformations chimiques. L'important pour l'enseignement scientifique de terminale est de rappeler aux élèves que des gaz à effet de serre peuvent être produits lors de ces combustions, ce qui contribue à l'augmentation de la température à la surface de la Terre (→ fiche 1 page 121 du manuel).

Livre de l'élève

CHAPITRE 5

Deux siècles d'énergie électrique

Depuis le XIXe siècle, la découverte de phénomènes physiques et leur compréhension ont permis la création et le développement de générateurs électriques performants exploitant différentes ressources.

a. *La Fée Électricité*, peinte en 1937 par Raoul Dufy (1877-1953) pour l'Exposition internationale des arts et techniques à Paris, retrace l'histoire de l'électricité de l'Antiquité au XXe siècle. Une partie de ce tableau est consacrée à la représentation d'un alternateur électrique.

Œuvre intégrale

▶ **Quel phénomène physique est exploité dans un alternateur électrique ?** UNITÉ 1

124

Vidéo

b. Vélo permettant de recharger les accumulateurs des smartphones dans les gares.

▶ **Quelle conversion énergétique est réalisée lorsqu'un accumulateur de smartphone est rechargé en pédalant ?** UNITÉ 1

c. Cristal de silicium destiné à l'industrie.

▶ **Pourquoi le silicium est-il qualifié de matériau semi-conducteur ?** UNITÉ 2

d. Panneaux solaires photovoltaïques.

▶ **Comment peut-on maximiser la puissance électrique délivrée par un panneau solaire, constitué de cellules photovoltaïques ?** UNITÉ 3

Notions du chapitre	Unités	Exercices
Pour bien démarrer ce chapitre consulter les fiches 5, 6 et 8, pages 122 et 123		
Reconnaître, analyser et définir les éléments principaux, les propriétés et le rendement d'un alternateur électrique.	1	3, 4, 5, 9, 10, 13
Interpréter, exploiter et comparer des spectres.	2	1, 2, 8, 12, 14
Étudier une cellule photovoltaïque et les matériaux semi-conducteurs qui la composent.	2	6, 7, 12, 15, 16
Tracer ou exploiter la caractéristique d'une cellule photovoltaïque.	3	11, 15, 17

CHAPITRE 5 • Deux siècles d'énergie électrique 125

▶ Les grandes idées à construire

- Les alternateurs électriques convertissent l'énergie mécanique en énergie électrique. Ces dispositifs sont présents dans les centrales hydroélectriques, les centrales thermiques à flamme, les centrales nucléaires, les éoliennes, les hydroliennes, les dynamos de vélo, etc.
- Les alternateurs électriques exploitent le phénomène d'induction électromagnétique découvert par Michael Faraday au XIXe siècle. Un alternateur électrique est constitué d'une source de champ magnétique et d'une bobine, ces deux éléments devant être en mouvement l'un par rapport à l'autre pour produire un courant électrique. Le rendement d'un alternateur électrique est très élevé et proche de 1 et la faible quantité d'énergie dissipée résulte de l'effet Joule.
- L'essor de la mécanique quantique au début de XXe siècle permet de comprendre les interactions entre la lumière et la matière et d'interpréter de nombreux phénomènes : spectres d'émission atomiques, comportement électrique des matériaux, etc.
- Les semi-conducteurs (silicium, germanium, etc.) ont une conductivité électrique intermédiaire entre celle d'un matériau isolant et celle d'un matériau conducteur. La conductivité électrique d'un matériau semi-conducteur peut être contrôlée par dopage. Les matériaux semi-conducteurs sont utilisés en électronique (diode, transistor) et dans la fabrication de cellules photovoltaïques.
- Une cellule photovoltaïque convertit de l'énergie radiative en énergie électrique. Les photons provenant du Soleil apportent l'énergie nécessaire pour faire circuler des électrons du matériau semi-conducteur vers un circuit extérieur. Une cellule photovoltaïque est reliée à un dispositif dont la valeur de la résistance permet de maximiser la puissance électrique qu'elle génère.

▶ Ce que disent les documents

a Cette partie du tableau « La Fée Électricité » (retraçant l'histoire de l'électricité de l'Antiquité à 1937) représente les imposants alternateurs industriels de la centrale électrique de Vitry-sur-Seine (94). L'observation de ce tableau permet d'engager un dialogue avec les élèves sur l'électricité, et de s'interroger sur l'importance de l'alternateur dans l'industrie de l'énergie électrique, ainsi que sur son fonctionnement.

b Cette vidéo présente le WeBike, cette installation que l'on trouve un peu partout désormais, en particulier dans les gares. En s'installant sur le vélo et en pédalant, il est possible de recharger l'accumulateur d'un smartphone. Cet extrait est parfait pour introduire l'alternateur, en questionnant les élèves sur la conversion énergétique réalisée par le WeBike. Il est aussi possible de lancer un débat sur le vocabulaire utilisé dans la vidéo et de porter un regard critique : énergie en volt, recharger une batterie, etc.

c La photo d'un cristal de silicium, qualifié de semi-conducteur, doit interpeler l'élève sur l'importance de cet élément dans le domaine de l'énergie, ainsi que sur ses propriétés électriques.

d Un champ de panneaux solaires photovoltaïques permet de produire de l'électricité. L'orientation du panneau a son importance puisque cela influe sur sa production et son efficacité. Mais d'autres paramètres sont à prendre en compte si l'on souhaite maximiser la puissance électrique délivrée par un panneau solaire.

Livre de l'élève

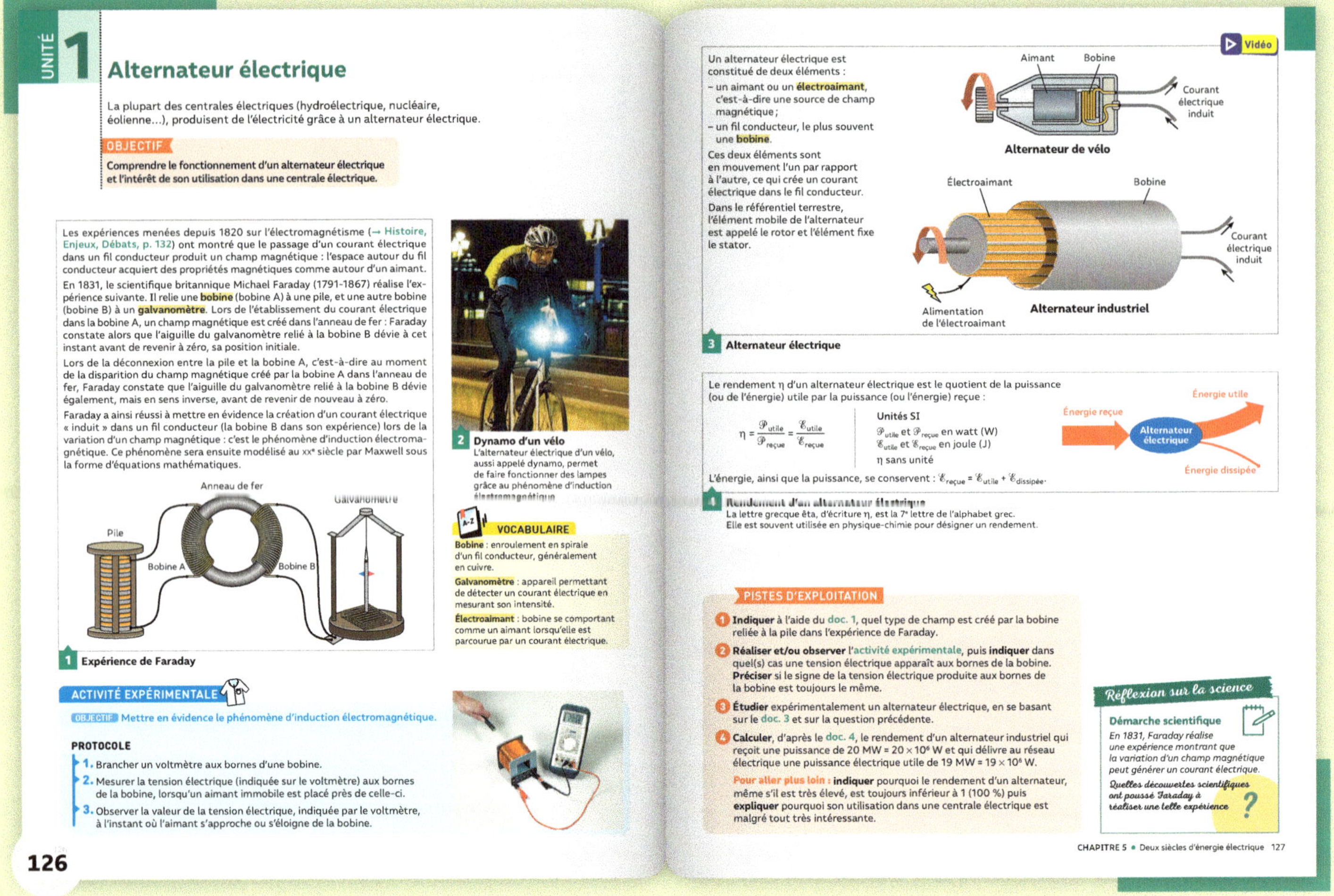

UNITÉ 1

Alternateur électrique

La plupart des centrales électriques (hydroélectrique, nucléaire, éolienne...), produisent de l'électricité grâce à un alternateur électrique.

OBJECTIF

Comprendre le fonctionnement d'un alternateur électrique et l'intérêt de son utilisation dans une centrale électrique.

Les expériences menées depuis 1820 sur l'électromagnétisme (→ Histoire, Enjeux, Débats, p. 132) ont montré que le passage d'un courant électrique dans un fil conducteur produit un champ magnétique : l'espace autour du fil conducteur acquiert des propriétés magnétiques comme autour d'un aimant.

En 1831, le scientifique britannique Michael Faraday (1791-1867) réalise l'expérience suivante. Il relie une **bobine** (bobine A) à une pile, et une autre bobine (bobine B) à un **galvanomètre**. Lors de l'établissement du courant électrique dans la bobine A, un champ magnétique est créé dans l'anneau de fer : Faraday constate alors que l'aiguille du galvanomètre relié à la bobine B dévie à cet instant avant de revenir à zéro, sa position initiale.

Lors de la déconnexion entre la pile et la bobine A, c'est-à-dire au moment de la disparition du champ magnétique créé par la bobine A dans l'anneau de fer, Faraday constate que l'aiguille du galvanomètre relié à la bobine B dévie également, mais en sens inverse, avant de revenir de nouveau à zéro.

Faraday a ainsi réussi à mettre en évidence la création d'un courant électrique « induit » dans un fil conducteur (la bobine B dans son expérience) lors de la variation d'un champ magnétique : c'est le phénomène d'induction électromagnétique. Ce phénomène sera ensuite modélisé au XXe siècle par Maxwell sous la forme d'équations mathématiques.

1 Expérience de Faraday

2 **Dynamo d'un vélo**
L'alternateur électrique d'un vélo, aussi appelé dynamo, permet de faire fonctionner des lampes grâce au phénomène d'induction électromagnétique.

VOCABULAIRE

Bobine : enroulement en spirale d'un fil conducteur, généralement en cuivre.

Galvanomètre : appareil permettant de détecter un courant électrique en mesurant son intensité.

Électroaimant : bobine se comportant comme un aimant lorsqu'elle est parcourue par un courant électrique.

ACTIVITÉ EXPÉRIMENTALE

OBJECTIF Mettre en évidence le phénomène d'induction électromagnétique.

PROTOCOLE

1. Brancher un voltmètre aux bornes d'une bobine.
2. Mesurer la tension électrique (indiquée sur le voltmètre) aux bornes de la bobine, lorsqu'un aimant immobile est placé près de celle-ci.
3. Observer la valeur de la tension électrique, indiquée par le voltmètre, à l'instant où l'aimant s'approche ou s'éloigne de la bobine.

126

Vidéo

Un alternateur électrique est constitué de deux éléments :
- un aimant ou un **électroaimant**, c'est-à-dire une source de champ magnétique ;
- un fil conducteur, le plus souvent une **bobine**.

Ces deux éléments sont en mouvement l'un par rapport à l'autre, ce qui crée un courant électrique dans le fil conducteur.

Dans le référentiel terrestre, l'élément mobile de l'alternateur est appelé le rotor et l'élément fixe le stator.

3 Alternateur électrique

Le rendement η d'un alternateur électrique est le quotient de la puissance (ou de l'énergie) utile par la puissance (ou l'énergie) reçue :

$$\eta = \frac{\mathcal{P}_{utile}}{\mathcal{P}_{reçue}} = \frac{\mathcal{E}_{utile}}{\mathcal{E}_{reçue}}$$

Unités SI
$\mathcal{P}_{utile}$ et $\mathcal{P}_{reçue}$ en watt (W)
$\mathcal{E}_{utile}$ et $\mathcal{E}_{reçue}$ en joule (J)
η sans unité

L'énergie, ainsi que la puissance, se conservent : $\mathcal{E}_{reçue} = \mathcal{E}_{utile} + \mathcal{E}_{dissipée}$.

4 Rendement d'un alternateur électrique
La lettre grecque êta, d'écriture η, est la 7e lettre de l'alphabet grec.
Elle est souvent utilisée en physique-chimie pour désigner un rendement.

PISTES D'EXPLOITATION

1. **Indiquer** à l'aide du doc. 1, quel type de champ est créé par la bobine reliée à la pile dans l'expérience de Faraday.
2. **Réaliser et/ou observer** l'activité expérimentale, puis **indiquer** dans quel(s) cas une tension électrique apparaît aux bornes de la bobine. **Préciser** si le signe de la tension électrique produite aux bornes de la bobine est toujours le même.
3. **Étudier** expérimentalement un alternateur électrique, en se basant sur le doc. 3 et sur la question précédente.
4. **Calculer**, d'après le doc. 4, le rendement d'un alternateur industriel qui reçoit une puissance de 20 MW = 20×10^6 W et qui délivre au réseau électrique une puissance électrique utile de 19 MW = 19×10^6 W.

Pour aller plus loin : **indiquer** pourquoi le rendement d'un alternateur, même s'il est très élevé, est toujours inférieur à 1 (100 %) puis **expliquer** pourquoi son utilisation dans une centrale électrique est malgré tout très intéressante.

Réflexion sur la science

Démarche scientifique

En 1831, Faraday réalise une expérience montrant que la variation d'un champ magnétique peut générer un courant électrique.

Quelles découvertes scientifiques ont poussé Faraday à réaliser une telle expérience ?

CHAPITRE 5 • Deux siècles d'énergie électrique 127

problèmes scientifiques

- Qu'est-ce que le phénomène d'induction électromagnétique ?
- Quels sont les principaux éléments d'un alternateur électrique ?
- Comment définir le rendement d'un alternateur électrique ?

Mobilisation des acquis

- Vu en cycle 4 (physique-chimie) :

– les différentes formes d'énergie (énergie associée au mouvement, énergie électrique) ;
– les conversions d'énergie ;
– les notions de tension, intensité et puissance électriques.

Les grandes idées à construire

- Le phénomène d'induction électromagnétique est découvert au XIXe siècle par le britannique Michael Faraday.
- L'alternateur électrique exploite le phénomène d'induction électromagnétique.
- Les principaux constituants d'un alternateur sont une source de champ magnétique et une bobine.
- Le rendement d'un alternateur est très élevé et proche de 1.

Les compétences travaillées

- **S'approprier :** extraire et organiser l'information contenue dans divers documents (texte, schémas).
- **Réaliser :** mettre en œuvre un protocole expérimental ; calculer un rendement.

Les représentations de l'élève

- Les élèves connaissent tous la « dynamo », qui permet d'allumer la lampe d'un vélo lorsque l'on pédale. Mais il est peu probable qu'ils fassent le lien entre l'alternateur de vélo et l'alternateur industriel présent dans les centrales électriques.
- Même si les élèves ont déjà utilisé un alternateur de vélo au collège (lors de l'étude d'un transfert énergétique), ils n'ont pas analysé les différents constituants d'un alternateur et en ignorent donc le fonctionnement.

Ce que disent les documents

1 Ce document expose l'expérience réalisée par Michael Faraday en 1831, expérience ayant permis de mettre en évidence le phénomène d'induction électromagnétique. Un schéma détaillé accompagne le texte, afin de mieux comprendre les diverses étapes de l'expérience. La bobine A, lorsqu'elle est reliée à la pile, produit un champ magnétique dans l'anneau de fer. L'apparition de ce champ crée un courant électrique dans la bobine B. En déconnectant la bobine A de la pile, le champ magnétique disparaît dans l'anneau de fer et un courant électrique (de sens opposé au précédent) apparaît dans la bobine B.

? **Idée de question :**

– Existe-t-il d'autres moyens que la pile associée à la bobine A pour créer un champ magnétique dans l'anneau de fer ?

2 Cette photo présente un cycliste roulant de nuit avec les lampes allumées grâce à l'alternateur électrique communément appelé dynamo. L'objectif de cette photo est de faire comprendre aux élèves que l'alternateur de vélo exploite le phénomène d'induction électromagnétique découvert par Faraday.

Idée de question :
- Que se passe-t-il si le cycliste arrête de pédaler ?

Activité expérimentale Cette expérience nécessitant très peu de matériel, permet de mettre en évidence le phénomène d'induction électromagnétique découvert par Faraday. Le courant apparaît dans la bobine dès lors que l'aimant et la bobine sont en mouvement l'un par rapport à l'autre. Si ces deux éléments sont immobiles, il n'y a pas de courant : il est alors possible de faire le parallèle avec les lampes du vélo qui s'éteignent dès que le cycliste cesse de pédaler.

3 Ce document présente les principaux constituants d'un alternateur, qu'il s'agisse d'un simple alternateur de vélo ou d'un alternateur industriel. Dans le cas de l'alternateur industriel, le champ magnétique est créé par un électroaimant, soit une bobine parcourue par un courant électrique. Il est important, dans ce cas, de bien faire la différence entre le courant électrique utilisé pour produire un champ magnétique, et le courant électrique produit par le phénomène d'induction.

Des idées de questions :
- Dans le cas d'un alternateur industriel, quel est l'intérêt d'utiliser du courant électrique pour produire un courant électrique ?
- Dans une centrale hydroélectrique, quel élément entraîne la rotation du rotor ? Qu'en est-il dans une éolienne ?

4 Ce document donne l'expression du rendement d'un alternateur électrique en fonction de l'énergie électrique, ou en fonction de la puissance électrique, deux grandeurs déjà rencontrées au collège. La présence d'une chaîne énergétique (**schéma**) permet à l'élève de bien comprendre ce qui se passe au niveau de l'alternateur électrique. À noter qu'au collège, on parle d'énergie « perdue » et non d'énergie « dissipée ».

Les + pour préparer votre séance

- Proposer un QCM de remobilisation des acquis de cycle 4 en début de séance. En voici un exemple :

1. Au cours d'une conversion, l'énergie :
a. augmente.
b. se conserve.
c. diminue.
d. augmente ou diminue suivant le type de conversion.

2. Au cours d'une conversion, de l'énergie :
a. est stockée dans le convertisseur.
b. disparaît.
c. est perdue dans l'environnement.
d. apparaît.

3. L'unité SI de l'énergie est :
a. le watt.
b. le newton.
c. le joule.
d. l'ampère.

4. La puissance électrique peut s'exprimer en :
a. watt.
b. volt.
c. ampère.
d. newton.

Vidéo

- Vidéo présentant le fonctionnement d'un turbo-alternateur et les différents moyens mis en œuvre pour mettre en rotation le rotor.
https://www.youtube.com/watch?v=fNKRqK29mfA

Article en ligne

- Le site *The Royal Institution of Great Britain* consacre de nombreuses pages à Michael Faraday, et montre des photos du matériel d'époque utilisé lors des expériences sur l'électromagnétisme.
https://www.rigb.org/our-history/michael-faraday
https://www.rigb.org/our-history/iconic-objects/iconic-objects-list/faraday-ring
https://www.thinglink.com/scene/456791498529177602?buttonSource=viewLimits

LE SAVIEZ-VOUS ?

▶ Le rendement d'un alternateur peut atteindre 95 à 98 %.

CORRECTION DE L'UNITÉ

1. La bobine reliée à la pile crée un champ électromagnétique.
2. Une tension électrique apparaît aux bornes de la bobine dès que l'aimant est en mouvement. La tension disparaît quand l'aimant s'immobilise.
3. Lorsque le rotor tourne à vitesse constante, l'alternateur génère un courant alternatif périodique.
4. Le rendement de l'alternateur est : $\eta = \frac{\mathcal{P}_{\text{utile}}}{\mathcal{P}_{\text{reçue}}} = \frac{19 \times 10^6 \text{ W}}{20 \times 10^6 \text{ W}} = 0{,}95$.

Pour aller plus loin : le rendement d'un alternateur est toujours inférieur à 1 en raison de l'énergie dissipée par effet Joule (énergie dissipée par transfert thermique et par rayonnement). Toutefois, l'énergie dissipée dans un alternateur reste très faible devant l'énergie reçue, le rendement pouvant atteindre 98 %. L'alternateur constitue ainsi un convertisseur d'énergie très intéressant dans le domaine de la production d'énergie électrique.

Réflexion sur la science

Depuis 1820, les expériences sur l'électromagnétisme ont montré que le passage d'un courant électrique dans un fil conducteur produit un champ magnétique. Faraday s'est donc posé la question suivante : l'inverse est-il possible ? Un champ magnétique est-il capable de produire un courant électrique ? En 1831, il répond à sa propre question en mettant en évidence le phénomène d'induction électromagnétique : une variation de champ magnétique peut générer un courant électrique.

INDICATEURS DE RÉUSSITE	NIVEAU A	NIVEAU B	NIVEAU C	NIVEAU D
Le phénomène d'induction électromagnétique est compris.				
Les principaux constituants d'un alternateur sont identifiés sur un schéma.				
Les propriétés d'un alternateur modèle sont clairement énoncées.				
La formule donnant le rendement est connue et maîtrisée.				

Livre de l'élève

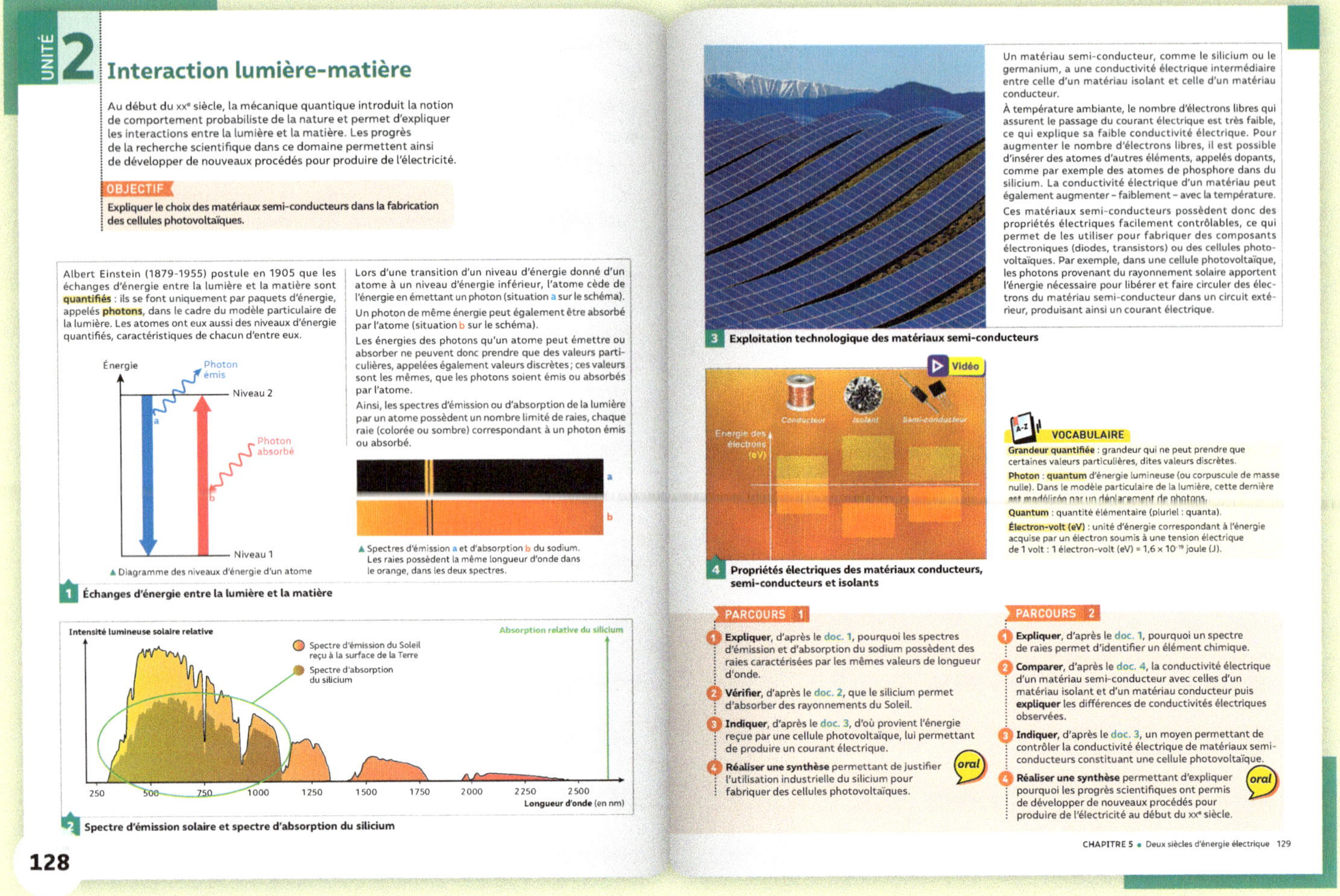
UNITÉ 2

Interaction lumière-matière

Au début du xxᵉ siècle, la mécanique quantique introduit la notion de comportement probabiliste de la nature et permet d'expliquer les interactions entre la lumière et la matière. Les progrès de la recherche scientifique dans ce domaine permettent ainsi de développer de nouveaux procédés pour produire de l'électricité.

OBJECTIF

Expliquer le choix des matériaux semi-conducteurs dans la fabrication des cellules photovoltaïques.

Albert Einstein (1879-1955) postule en 1905 que les échanges d'énergie entre la lumière et la matière sont quantifiés : ils se font uniquement par paquets d'énergie, appelés photons, dans le cadre du modèle particulaire de la lumière. Les atomes ont eux aussi des niveaux d'énergie quantifiés, caractéristiques de chacun d'entre eux.

Lors d'une transition d'un niveau d'énergie donné d'un atome à un niveau d'énergie inférieur, l'atome cède de l'énergie en émettant un photon (situation a sur le schéma).

Un photon de même énergie peut également être absorbé par l'atome (situation b sur le schéma).

Les énergies des photons qu'un atome peut émettre ou absorber ne peuvent donc prendre que des valeurs particulières, appelées également valeurs discrètes ; ces valeurs sont les mêmes, que les photons soient émis ou absorbés par l'atome.

Ainsi, les spectres d'émission ou d'absorption de la lumière par un atome possèdent un nombre limité de raies, chaque raie (colorée ou sombre) correspondant à un photon émis ou absorbé.

▲ Diagramme des niveaux d'énergie d'un atome

▲ Spectres d'émission a et d'absorption b du sodium. Les raies possèdent la même longueur d'onde dans le orange, dans les deux spectres.

1 Échanges d'énergie entre la lumière et la matière

2 Spectre d'émission solaire et spectre d'absorption du silicium

128

Un matériau semi-conducteur, comme le silicium ou le germanium, a une conductivité électrique intermédiaire entre celle d'un matériau isolant et celle d'un matériau conducteur.

À température ambiante, le nombre d'électrons libres qui assurent le passage du courant électrique est très faible, ce qui explique sa faible conductivité électrique. Pour augmenter le nombre d'électrons libres, il est possible d'insérer des atomes d'autres éléments, appelés dopants, comme par exemple des atomes de phosphore dans du silicium. La conductivité électrique d'un matériau peut également augmenter – faiblement – avec la température.

Ces matériaux semi-conducteurs possèdent donc des propriétés électriques facilement contrôlables, ce qui permet de les utiliser pour fabriquer des composants électroniques (diodes, transistors) ou des cellules photovoltaïques. Par exemple, dans une cellule photovoltaïque, les photons provenant du rayonnement solaire apportent l'énergie nécessaire pour libérer et faire circuler des électrons du matériau semi-conducteur dans un circuit extérieur, produisant ainsi un courant électrique.

3 Exploitation technologique des matériaux semi-conducteurs

4 Propriétés électriques des matériaux conducteurs, semi-conducteurs et isolants

VOCABULAIRE

Grandeur quantifiée : grandeur qui ne peut prendre que certaines valeurs particulières, dites valeurs discrètes.

Photon : quantum d'énergie lumineuse (ou corpuscule de masse nulle). Dans le modèle particulaire de la lumière, cette dernière est modélisée par un déplacement de photons.

Quantum : quantité élémentaire (pluriel : quanta).

Électron-volt (eV) : unité d'énergie correspondant à l'énergie acquise par un électron soumis à une tension électrique de 1 volt : 1 électron-volt (eV) = $1{,}6 \times 10^{-19}$ joule (J).

PARCOURS 1

1 Expliquer, d'après le doc. 1, pourquoi les spectres d'émission et d'absorption du sodium possèdent des raies caractérisées par les mêmes valeurs de longueur d'onde.

2 Vérifier, d'après le doc. 2, que le silicium permet d'absorber des rayonnements du Soleil.

3 Indiquer, d'après le doc. 3, d'où provient l'énergie reçue par une cellule photovoltaïque, lui permettant de produire un courant électrique.

4 Réaliser une synthèse permettant de justifier l'utilisation industrielle du silicium pour fabriquer des cellules photovoltaïques. oral

PARCOURS 2

1 Expliquer, d'après le doc. 1, pourquoi un spectre de raies permet d'identifier un élément chimique.

2 Comparer, d'après le doc. 4, la conductivité électrique d'un matériau semi-conducteur avec celles d'un matériau isolant et d'un matériau conducteur puis expliquer les différences de conductivités électriques observées.

3 Indiquer, d'après le doc. 3, un moyen permettant de contrôler la conductivité électrique de matériaux semi-conducteurs constituant une cellule photovoltaïque.

4 Réaliser une synthèse permettant d'expliquer pourquoi les progrès scientifiques ont permis de développer de nouveaux procédés pour produire de l'électricité au début du xxᵉ siècle. oral

CHAPITRE 5 • Deux siècles d'énergie électrique 129

problèmes scientifiques

- Comment interpréter un spectre d'émission atomique ?
- Qu'est-ce qu'un matériau semi-conducteur ?
- Pourquoi utiliser un matériau semi-conducteur pour fabriquer un capteur photovoltaïque ?

Mobilisation des acquis

- Vu en cycle 4 (physique-chimie) :
– les différentes formes d'énergie (énergie lumineuse, énergie électrique) ;
– les conversions d'énergie.
- Vu en seconde (physique-chimie) : les spectres de raies d'émission.

Les grandes idées à construire

- La mécanique quantique permet de comprendre les interactions entre la matière et la lumière.
- La lumière peut être vue comme un ensemble de particules d'énergie : les photons.
- Les échanges d'énergie entre la matière et la lumière sont quantifiés.
- Un spectre d'émission atomique présente un nombre limité de raies, caractéristiques de l'élément.
- Un matériau semi-conducteur est utilisé pour fabriquer des cellules photovoltaïques.
- Une cellule photovoltaïque convertit l'énergie radiative en énergie électrique.

Les compétences travaillées

- **S'approprier :** extraire et organiser l'information contenue dans divers documents (texte, vidéo, schémas).
- **Analyser, raisonner :** expliquer pourquoi, pour un même élément, les raies ont les mêmes valeurs de longueur d'onde sur les spectres d'absorption et d'émission (Parcours 1) ; expliquer pourquoi un spectre de raies permet d'identifier un élément chimique (Parcours 2).
- **Communiquer :** proposer une synthèse orale.

Les représentations de l'élève

- Les élèves savent tous que les panneaux photovoltaïques produisent du courant électrique. En revanche, il est peu probable qu'ils connaissent le matériau utilisé (le silicium) et pourquoi.
- De même, les élèves ont sans doute entendu parler de matériaux semi-conducteurs, mais sans en comprendre la signification. Il convient donc de leur expliquer, sans trop entrer dans les détails, ce qu'est un matériau semi-conducteur.

Ce que disent les documents

1 Ce document explique succinctement comment la lumière interagit avec la matière. Il introduit aussi la notion de photon en le présentant comme un paquet d'énergie. Le schéma présente un diagramme très simple des niveaux d'énergie d'un atome, et montre clairement qu'un photon est émis lorsqu'un atome se désexcite, et qu'un photon est absorbé lorsqu'un atome est excité.

La présence des spectres d'émission et d'absorption du sodium est importante : les raies orange d'émission et les raies noires d'absorption situées les unes au-dessus des autres permettent d'insister sur le fait que ces raies sont caractérisées par les mêmes valeurs de longueur d'onde, et donc de bien comprendre qu'un atome ne peut absorber que les photons qu'il est capable d'émettre.

Idée de question :
- La valeur de la longueur d'onde caractérisant une raie d'émission dépend-elle de l'énergie du photon émis ?

2 Ce document présente une superposition du spectre d'absorption du silicium sur le spectre d'émission du Soleil. On constate que les rayonnements émis par le Soleil correspondent aux rayonnements absorbés par le silicium. Cela permet d'insister sur le fait qu'on ne peut pas prendre n'importe quel matériau pour absorber le rayonnement solaire.

Idée de question :
- Les deux spectres ont-ils des intervalles de longueurs d'onde en commun ?

3 Ce texte explique de manière très simple ce qu'est un matériau semi-conducteur, et ce, du point de vue de la conduction électrique, sans rentrer dans la théorie des bandes. Le texte fait aussi référence au dopage, procédé indispensable pour augmenter la conductivité électrique des matériaux semi-conducteurs utilisés dans la fabrication de diodes, de transistors et de cellules photovoltaïques.

4 Cette vidéo présente la théorie de bandes, qui permet d'expliquer les différences de propriétés électriques entre les matériaux conducteurs, semi-conducteurs et isolants.

Idée de question :
- Pourquoi un matériau isolant ne peut-il pas être utilisé pour fabriquer une cellule photovoltaïque ?

Les + pour préparer votre séance

- Proposer un QCM de vérification de la bonne compréhension des notions abordées dans cette unité. [→ Annexe 1, page 108]

Vidéo

- Les vidéos suivantes permettent de bien comprendre le fonctionnement d'une cellule photovoltaïque.

– « L'effet photovoltaïque ». Cette vidéo présente tout d'abord ce qu'est une jonction PN puis explique comment fonctionne une cellule photovoltaïque.
https://www.youtube.com/watch?v=23i-_v_tWTA

– « *How do Solar cells works?* » Cette vidéo (en anglais), présente également le fonctionnement d'une cellule photovoltaïque.
https://www.youtube.com/watch?v=L_q6LRgKpTw

Animations

- Le site Ostralo.net présente de nombreuses animations, dont l'une permet d'afficher les spectres d'absorption et d'émission d'un élément chimique.
http://ostralo.net/3_animations/swf/spectres_abs_em.swf

LE SAVIEZ-VOUS ?

- En septembre 2019, le parc photovoltaïque français générait une puissance électrique de 9 649 MW, et la production mondiale atteignait 594 GW.
- En France, l'énergie électrique produite par les panneaux photovoltaïques représente 1,7 % de l'énergie électrique totale, et 1,5 % de l'énergie mondiale.

CORRECTION DES PARCOURS

PARCOURS 1 Initiation

1 Les raies présentes sur les spectres d'émission et d'absorption du sodium correspondent aux photons émis et absorbés par cet atome. Or les énergies des photons émis et absorbés par l'atome de sodium sont les mêmes : les raies correspondantes sont donc caractérisées par les mêmes valeurs de longueur d'onde.

2 Les longueurs d'onde du spectre d'absorption du silicium (entre 290 nm et 1 105 nm) correspondent à celles du spectre d'émission du Soleil reçu à la surface de la Terre (longueurs d'onde comprises entre 290 nm et 2 500 nm). Ainsi, le silicium est capable d'absorber les rayonnements (les photons) émis par le Soleil.

3 L'énergie reçue par une cellule photovoltaïque provient des photons émis par le Soleil et qu'elle est capable d'absorber.

4 La présentation orale doit exposer les points suivants, en utilisant un vocabulaire scientifique adapté :
– le silicium est un matériau semi-conducteur ;
– le silicium absorbe les photons provenant d'un rayonnement solaire ;
– l'énergie absorbée par le silicium permet de faire circuler ses électrons dans un circuit électrique extérieur.

PARCOURS 2 Confirmé

1 Chaque atome est caractérisé par des niveaux d'énergie quantifiés, niveaux qui lui sont propres. Lors d'une transition d'un niveau d'énergie à un niveau d'énergie inférieur, un photon est émis. Sur un spectre, le photon émis se traduit par une raie colorée dont la longueur d'onde dépend de l'énergie du photon. Ainsi, chaque raie d'émission correspond à une transition d'un niveau d'énergie de l'atome à un autre (d'énergie inférieure). Le spectre de raies est donc caractéristique de l'élément étudié, ce qui permet de l'identifier.

2 Un matériau semi-conducteur possède une conductivité électrique supérieure à celle d'un matériau isolant, mais inférieure à celle d'un matériau conducteur. Cela s'explique par la théorie des bandes. Dans un matériau conducteur, les bandes de valence et de conduction se chevauchent : les électrons peuvent se déplacer librement dans le matériau. Dans les matériaux isolants et semi-conducteurs, les bandes de valence et de conduction sont séparées par une bande interdite, empêchant les électrons de se déplacer librement dans le matériau. Toutefois, dans un matériau semi-conducteur, l'énergie à fournir pour faire passer les électrons de la bande de valence à la bande de conduction est assez faible. Un apport d'énergie suffisant permet au matériau semi-conducteur de se comporter comme un conducteur.

3 Pour contrôler la conductivité électrique d'un matériau semi-conducteur, on procède au dopage qui consiste à insérer des atomes de phosphore ou de bore dans le matériau semi-conducteur. Les atomes injectés sont qualifiés d'« impuretés ».

4 La présentation orale doit exposer les points suivants, en utilisant un vocabulaire scientifique adapté :
– découverte du photon, quantum d'énergie lumineuse ;
– interprétation, *via* la mécanique quantique, des interactions entre la lumière et la matière ;
– compréhension du comportement des semi-conducteurs.

INDICATEURS DE RÉUSSITE	NIVEAU A	B	C	D
Les spectres d'émission atomiques sont interprétés.				
Le comportement électrique des matériaux semi-conducteurs est assimilé.				
L'oral est fluide et le propos clair.				

POUR ALLER PLUS LOIN

« Solar energy: silicon solar cells », *Science in schools*, 2012.
https://www.scienceinschool.org/2012/issue23/solar

Cet article est en anglais afin de permettre aux élèves de se familiariser avec la lecture d'articles scientifiques en anglais.

Livre de l'élève

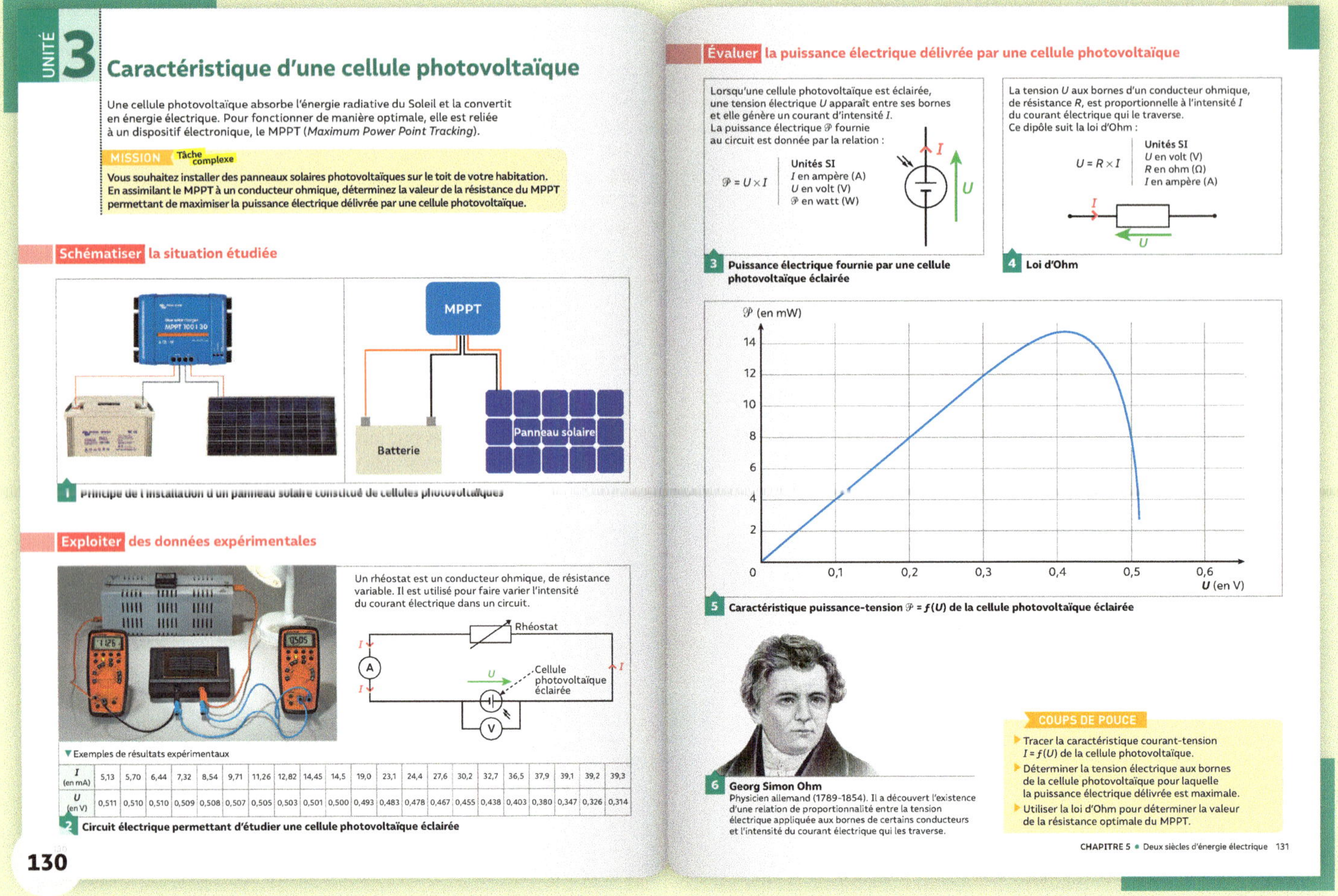

UNITÉ 3

Caractéristique d'une cellule photovoltaïque

Une cellule photovoltaïque absorbe l'énergie radiative du Soleil et la convertit en énergie électrique. Pour fonctionner de manière optimale, elle est reliée à un dispositif électronique, le MPPT (*Maximum Power Point Tracking*).

MISSION Tâche complexe

Vous souhaitez installer des panneaux solaires photovoltaïques sur le toit de votre habitation. En assimilant le MPPT à un conducteur ohmique, déterminez la valeur de la résistance du MPPT permettant de maximiser la puissance électrique délivrée par une cellule photovoltaïque.

Schématiser la situation étudiée

1 Principe de l'installation d'un panneau solaire constitué de cellules photovoltaïques

Exploiter des données expérimentales

Un rhéostat est un conducteur ohmique, de résistance variable. Il est utilisé pour faire varier l'intensité du courant électrique dans un circuit.

▼ Exemples de résultats expérimentaux

I (en mA)	5,13	5,70	6,44	7,32	8,54	9,71	11,26	12,82	14,45	14,5	19,0	23,1	24,4	27,6	30,2	32,7	36,5	37,9	39,1	39,2	39,3
U (en V)	0,511	0,510	0,510	0,509	0,508	0,507	0,505	0,503	0,501	0,500	0,493	0,483	0,478	0,467	0,455	0,438	0,403	0,380	0,347	0,326	0,314

2 Circuit électrique permettant d'étudier une cellule photovoltaïque éclairée

130

Évaluer la puissance électrique délivrée par une cellule photovoltaïque

Lorsqu'une cellule photovoltaïque est éclairée, une tension électrique U apparaît entre ses bornes et elle génère un courant d'intensité I. La puissance électrique $\mathcal{P}$ fournie au circuit est donnée par la relation :

$\mathcal{P} = U \times I$

Unités SI
I en ampère (A)
U en volt (V)
$\mathcal{P}$ en watt (W)

3 Puissance électrique fournie par une cellule photovoltaïque éclairée

La tension U aux bornes d'un conducteur ohmique, de résistance R, est proportionnelle à l'intensité I du courant électrique qui le traverse. Ce dipôle suit la loi d'Ohm :

$U = R \times I$

Unités SI
U en volt (V)
R en ohm (Ω)
I en ampère (A)

4 Loi d'Ohm

5 Caractéristique puissance-tension $\mathcal{P} = f(U)$ de la cellule photovoltaïque éclairée

6 **Georg Simon Ohm**
Physicien allemand (1789-1854). Il a découvert l'existence d'une relation de proportionnalité entre la tension électrique appliquée aux bornes de certains conducteurs et l'intensité du courant électrique qui les traverse.

COUPS DE POUCE
- Tracer la caractéristique courant-tension $I = f(U)$ de la cellule photovoltaïque.
- Déterminer la tension électrique aux bornes de la cellule photovoltaïque pour laquelle la puissance électrique délivrée est maximale.
- Utiliser la loi d'Ohm pour déterminer la valeur de la résistance optimale du MPPT.

CHAPITRE 5 • Deux siècles d'énergie électrique 131

problèmes scientifiques

- **Comment tracer la caractéristique $I = f(U)$ d'une cellule photovoltaïque ?**
- **Comment maximiser la puissance électrique délivrée par une cellule photovoltaïque ?**

Mobilisation des acquis

- Vu en cycle 4 (physique-chimie) :
  – les notions de tension, intensité et puissance électriques ;
  – la relation tension-courant : loi d'Ohm.

Les grandes idées à construire

- Savoir tracer la caractéristique $I = f(U)$ d'une cellule photovoltaïque.
- Exploiter la caractéristique $I = f(U)$ d'une cellule photovoltaïque pour maximiser la puissance électrique générée.

Les compétences travaillées

- **S'approprier :** extraire et organiser l'information contenue dans divers documents (texte, photos, graphique, schémas).
- **Réaliser :** tracer une caractéristique ; exploiter la loi d'Ohm pour calculer une valeur de résistance.
- **Analyser, raisonner :** exploiter les caractéristiques $I = f(U)$ et $\mathcal{P} = f(U)$.

Les représentations de l'élève

- Les élèves savent qu'une cellule photovoltaïque convertit l'énergie radiative en énergie électrique, mais ignorent qu'elle doit être correctement installée afin de délivrer une puissance électrique maximale.
- Les élèves ont déjà vu la loi d'Ohm au collège mais il est préférable de leur rappeler.

Ce que disent les documents

1 Ce document montre une installation simplifiée d'un panneau solaire. Il est important de remarquer que le panneau n'est pas directement relié à la batterie, et qu'un dispositif MPPT est présent dans le circuit.

2 Ce document présente une photo et le schéma légendé d'un circuit électrique. Ce dispositif expérimental permet de mesurer la tension électrique U aux bornes d'une cellule photovoltaïque ainsi que l'intensité I du courant électrique qu'elle délivre. Le rhéostat permet de faire varier cette intensité.

→ Les mesures effectuées dans ce circuit sont fournies afin que les élèves puissent tracer la caractéristique $I = f(U)$ s'ils n'ont pas la possibilité de réaliser ce protocole expérimental.

Idée de question :
– Pourquoi sur la photo une lampe de bureau allumée est-elle située à proximité de la cellule photovoltaïque ?

3 et **4** Ces deux documents sont des rappels des formules électriques vues au cours du cycle 4 : celle permettant de calculer la puissance électrique (**doc. 3**) et celle reliant la tension à l'intensité électrique pour un conducteur ohmique (**doc. 4**).

La formule donnant la puissance électrique en fonction de la tension et de l'intensité électriques (**doc. 3**) permet de comprendre comment la représentation graphique du **doc. 5** a été obtenue à partir des mesures présentées dans le **doc. 2**.

5 Ce graphique représente la puissance électrique $\mathcal{P}$ délivrée par la cellule photovoltaïque en fonction de la tension électrique U entre ses bornes. Cette représentation graphique est obtenue à partir des résultats expérimentaux donnés dans le **doc. 2**. Elle est donnée dans le cas où les élèves n'auraient pas le temps de tracer cette caractéristique.

Les + pour préparer votre séance

- Proposer un QCM de remobilisation des acquis de cycle 4 en début de séance. En voici un exemple :

1. Pour mesurer une tension électrique, on utilise un :
a. voltmètre.
b. ampèremètre.
c. luxmètre.
d. ohmmètre.

2. Pour mesurer une intensité électrique, on utilise un :
a. ohmmètre.
b. voltmètre.
c. ampèremètre.
d. wattmètre.

3. Dans un circuit électrique, l'appareil mesurant une tension électrique aux bornes d'un dipôle doit être branché :
a. en série avec ce dipôle.
b. en dérivation aux bornes de ce dipôle.
c. en dérivation aux bornes de n'importe quel dipôle.
d. en dérivation aux bornes d'un fil de connexion.

4. Dans un circuit électrique, l'appareil mesurant une intensité électrique doit être branché :
a. en série.
b. en dérivation aux bornes de n'importe quel dipôle.
c. en dérivation aux bornes du générateur.
d. en dérivation aux bornes de l'interrupteur.

LE SAVIEZ-VOUS ?

- Un régulateur de charge PWM (*Pulse Width Modulation*) est un dispositif destiné à adapter la tension électrique d'un panneau photovoltaïque à la batterie à laquelle il est relié.
- Un régulateur de charge MPPT (*Maximum Power Point Tracking*) est un dispositif électronique qui calcule en temps réel le point de puissance maximal et qui modifie la tension aux bornes d'un panneau photovoltaïque selon l'état de la charge de la batterie. Le MPPT permet d'augmenter de 30 % la production journalière d'énergie électrique par rapport à un PWM.

CORRECTION DE L'UNITÉ

- À l'aide des données du **doc. 2**, on trace la caractéristique $I = f(U)$ que l'on peut superposer sur celle du **doc. 5**. Le point d'intersection de ces deux caractéristiques permet de déterminer la valeur de la tension aux bornes de la cellule pour laquelle la puissance électrique délivrée est maximale. La représentation graphique est donnée ci-dessous :

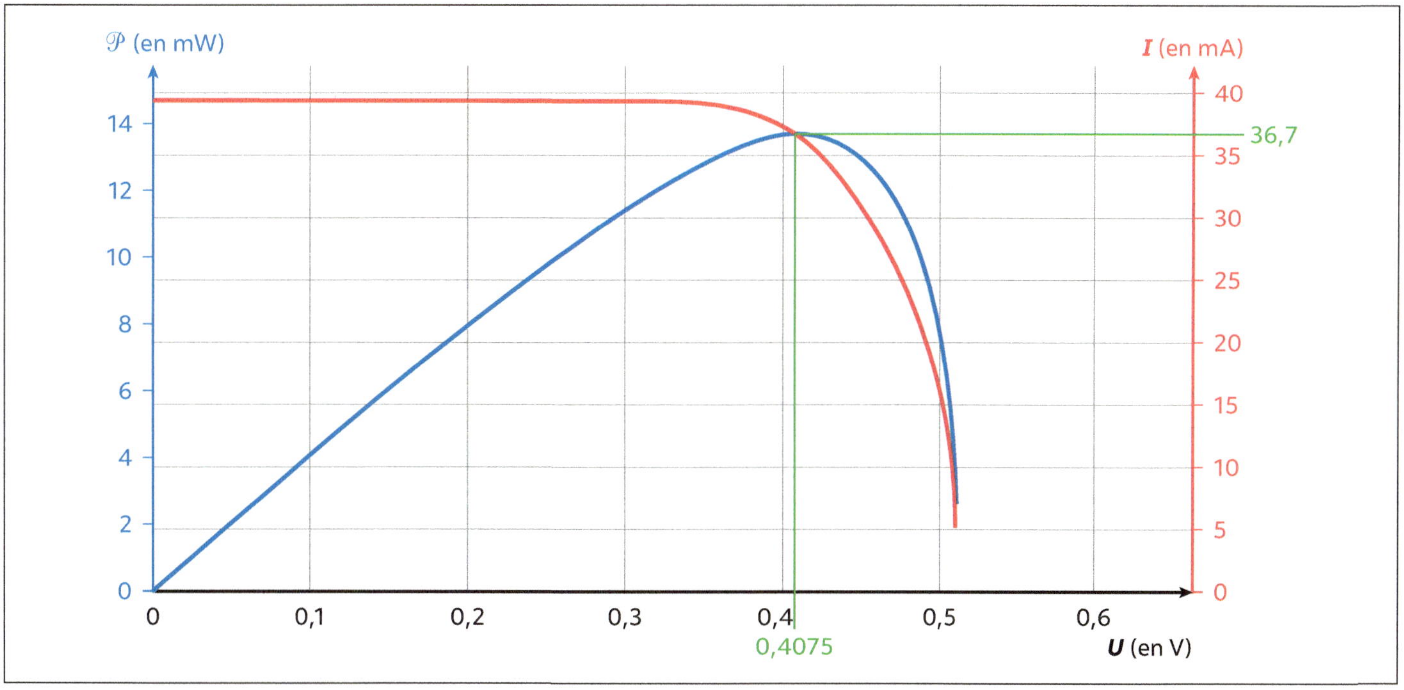

- La puissance électrique délivrée par la cellule photovoltaïque est maximale pour $U_{MPPT} = 407{,}5$ mV.

Pour $U_{MPPT} = 407{,}5$ mV, l'intensité du courant électrique délivrée par la cellule photovoltaïque est $I_{MPPT} = 36{,}7$ mA.

- En utilisant la loi d'Ohm, on détermine la valeur de la résistance optimale du MPPT :

$$R_{MPPT} = \frac{U_{MPPT}}{I_{MPPT}} = \frac{0{,}4075 \text{ V}}{0{,}0367 \text{ A}} = 11{,}1\ \Omega.$$

INDICATEURS DE RÉUSSITE	NIVEAU A	B	C	D
Les différentes informations utiles sont extraites des documents.				
La caractéristique $I = f(U)$ est tracée et correctement exploitée.				
La loi d'Ohm est exploitée et le calcul est bien mené ; le résultat est donné avec la bonne unité.				

Livre de l'élève

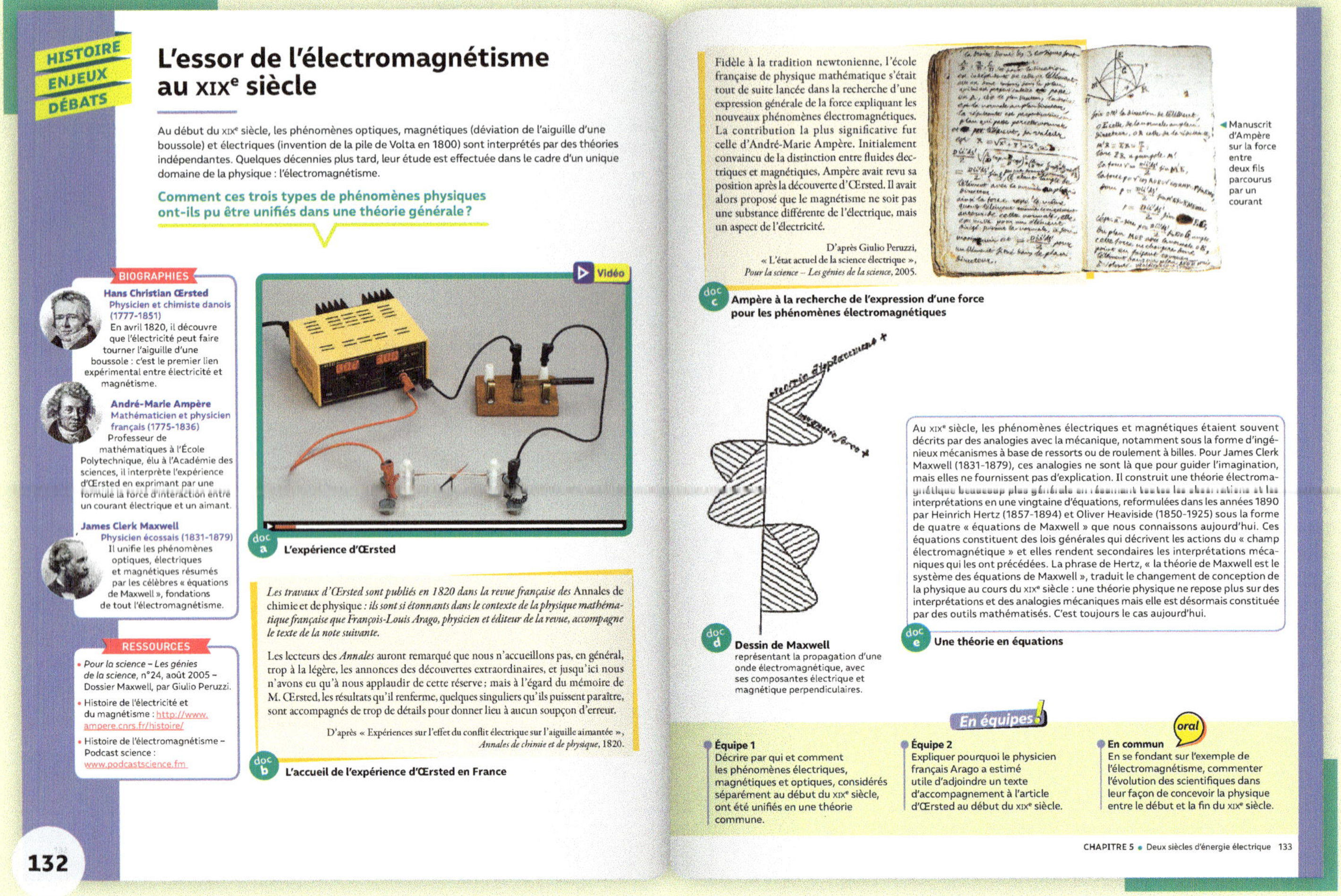

HISTOIRE ENJEUX DÉBATS

L'essor de l'électromagnétisme au XIXe siècle

Au début du XIXe siècle, les phénomènes optiques, magnétiques (déviation de l'aiguille d'une boussole) et électriques (invention de la pile de Volta en 1800) sont interprétés par des théories indépendantes. Quelques décennies plus tard, leur étude est effectuée dans le cadre d'un unique domaine de la physique : l'électromagnétisme.

Comment ces trois types de phénomènes physiques ont-ils pu être unifiés dans une théorie générale ?

BIOGRAPHIES

Hans Christian Œrsted
Physicien et chimiste danois (1777-1851)
En avril 1820, il découvre que l'électricité peut faire tourner l'aiguille d'une boussole : c'est le premier lien expérimental entre électricité et magnétisme.

André-Marie Ampère
Mathématicien et physicien français (1775-1836)
Professeur de mathématiques à l'École Polytechnique, élu à l'Académie des sciences, il interprète l'expérience d'Œrsted en exprimant par une formule la force d'interaction entre un courant électrique et un aimant.

James Clerk Maxwell
Physicien écossais (1831-1879)
Il unifie les phénomènes optiques, électriques et magnétiques résumés par les célèbres « équations de Maxwell », fondations de tout l'électromagnétisme.

RESSOURCES

- *Pour la science – Les génies de la science*, n°24, août 2005 – Dossier Maxwell, par Giulio Peruzzi.
- Histoire de l'électricité et du magnétisme : http://www.ampere.cnrs.fr/histoire/
- Histoire de l'électromagnétisme – Podcast science : www.podcastscience.fm

Vidéo

doc a **L'expérience d'Œrsted**

Les travaux d'Œrsted sont publiés en 1820 dans la revue française des Annales de chimie et de physique *: ils sont si étonnants dans le contexte de la physique mathématique française que François-Louis Arago, physicien et éditeur de la revue, accompagne le texte de la note suivante.*

Les lecteurs des *Annales* auront remarqué que nous n'accueillons pas, en général, trop à la légère, les annonces des découvertes extraordinaires, et jusqu'ici nous n'avons eu qu'à nous applaudir de cette réserve ; mais à l'égard du mémoire de M. Œrsted, les résultats qu'il renferme, quelques singuliers qu'ils puissent paraître, sont accompagnés de trop de détails pour donner lieu à aucun soupçon d'erreur.

D'après « Expériences sur l'effet du conflit électrique sur l'aiguille aimantée », *Annales de chimie et de physique*, 1820.

doc b **L'accueil de l'expérience d'Œrsted en France**

132

Fidèle à la tradition newtonienne, l'école française de physique mathématique s'était tout de suite lancée dans la recherche d'une expression générale de la force expliquant les nouveaux phénomènes électromagnétiques. La contribution la plus significative fut celle d'André-Marie Ampère. Initialement convaincu de la distinction entre fluides électriques et magnétiques, Ampère avait revu sa position après la découverte d'Œrsted. Il avait alors proposé que le magnétisme ne soit pas une substance différente de l'électrique, mais un aspect de l'électricité.

D'après Giulio Peruzzi, « L'état actuel de la science électrique », *Pour la science – Les génies de la science*, 2005.

Manuscrit d'Ampère sur la force entre deux fils parcourus par un courant

doc c **Ampère à la recherche de l'expression d'une force pour les phénomènes électromagnétiques**

doc d **Dessin de Maxwell** représentant la propagation d'une onde électromagnétique, avec ses composantes électrique et magnétique perpendiculaires.

Au XIXe siècle, les phénomènes électriques et magnétiques étaient souvent décrits par des analogies avec la mécanique, notamment sous la forme d'ingénieux mécanismes à base de ressorts ou de roulement à billes. Pour James Clerk Maxwell (1831-1879), ces analogies ne sont là que pour guider l'imagination, mais elles ne fournissent pas d'explication. Il construit une théorie électromagnétique beaucoup plus générale en résumant toutes les observations et les interprétations en une vingtaine d'équations, reformulées dans les années 1890 par Heinrich Hertz (1857-1894) et Oliver Heaviside (1850-1925) sous la forme de quatre « équations de Maxwell » que nous connaissons aujourd'hui. Ces équations constituent des lois générales qui décrivent les actions du « champ électromagnétique » et elles rendent secondaires les interprétations mécaniques qui les ont précédées. La phrase de Hertz, « la théorie de Maxwell est le système des équations de Maxwell », traduit le changement de conception de la physique au cours du XIXe siècle : une théorie physique ne repose plus sur des interprétations et des analogies mécaniques mais elle est désormais constituée par des outils mathématisés. C'est toujours le cas aujourd'hui.

doc e **Une théorie en équations**

En équipes !

Équipe 1
Décrire par qui et comment les phénomènes électriques, magnétiques et optiques, considérés séparément au début du XIXe siècle, ont été unifiés en une théorie commune.

Équipe 2
Expliquer pourquoi le physicien français Arago a estimé utile d'adjoindre un texte d'accompagnement à l'article d'Œrsted au début du XIXe siècle.

En commun oral
En se fondant sur l'exemple de l'électromagnétisme, commenter l'évolution des scientifiques dans leur façon de concevoir la physique entre le début et la fin du XIXe siècle.

CHAPITRE 5 • Deux siècles d'énergie électrique 133

problèmes scientifiques

- **Comment des phénomènes de natures différentes ont-ils été unifiés en une seule théorie ?**
- **Quelle est la spécificité de la science française au début du XIXe siècle ?**
- **Comment la modélisation scientifique a-t-elle évolué au cours du XIXe siècle ?**

Mobilisation des acquis

- Vu en cycle 4 puis en seconde :
– les signaux sonores et lumineux ;
– les notions élémentaires d'électricité.
- Vu en première (en enseignement scientifique) :
– les rayonnements électromagnétiques solaire et terrestre ;
– le son comme phénomène vibratoire, onde sonore.

Les grandes idées à construire

- Au début du XIXe siècle, les phénomènes magnétiques, électriques et optiques sont considérés totalement séparément et de façon très empirique, sans équation. La science du XIXe siècle va transformer ces domaines en un corps disciplinaire cohérent et très fortement mathématisé.
- Les scientifiques du début du XIXe siècle sont surpris par le résultat de l'expérience d'Œrsted, qui établit un lien entre magnétisme et électricité. Il faut vaincre l'incrédulité pour que cette expérience soit reconnue.
- L'établissement des équations de Maxwell est une œuvre collective et européenne, impliquant des cultures scientifiques différentes.

Les compétences travaillées

- **Comprendre** la nature du savoir scientifique et ses méthodes d'élaboration.
- **Identifier** et mettre en œuvre des pratiques scientifiques.

Les représentations de l'élève

- Comme un scientifique du XIXe siècle, l'élève connaît l'optique, l'électricité et le magnétisme par des pratiques totalement différentes : optique géométrique et longueurs d'onde de rayonnements pour l'optique ; électricité statique, circuits élémentaires interprétés en termes de tension et d'intensité pour l'électricité ; utilisation d'aimants pour le magnétisme.
- L'élève peut ainsi prendre conscience de l'ampleur de la tâche d'unification dans une théorie surplombant l'ensemble.

Ce que disent les documents

a L'expérience montre sans ambiguïté que le courant électrique influence la boussole, c'est-à-dire qu'il a une influence sur le magnétisme. De plus, cette influence n'est pas uniquement « scalaire » : le sens du courant a de l'importance. Autre fait troublant : non seulement la distance entre le fil et la boussole semble avoir de l'importance (comme dans la gravitation universelle interprétée par Newton environ un siècle plus tôt), mais l'angle de l'un par rapport à l'autre aussi.

Idée de question :
– En quoi l'expérience d'Œrsted est-elle troublante pour les scientifiques de l'époque ?

b François-Louis Arago est le garant du sérieux des *Annales de chimie et de physique*. Il tient à ce que le sérieux scientifique de cette publication ne soit pas remis en cause. La découverte d'Œrsted est tellement surprenante et déroutante qu'il doit avertir ses lecteurs que lui-même a dû vaincre ses réticences et son incrédulité : les résultats du savant danois sont bien fiables et reproductibles.

Des idées de questions :
- Pourquoi la revue des *Annales de chimie et de physique* n'est-elle pas ouverte à n'importe qui voudrait y publier ses découvertes ?
- Quels arguments décident finalement Arago à publier le texte d'Œrsted ?

c La science française est déjà très fortement mathématisée au début du XIXe siècle, dominée par l'École polytechnique tout récemment fondée. La physique est déjà interprétée par des équations – relativement simples – permettant de comprendre par exemple la gravitation universelle (d'où l'allusion à la « tradition newtonienne »). Ampère conçoit les phénomènes électriques et magnétiques comme complètement indépendants. Mais la découverte d'Œrsted, qui entre en contradiction avec ses conceptions, le force à revoir sa position et il utilise ses compétences mathématiques pour interpréter les résultats de cette expérience et rapprocher électricité et magnétisme dans un même formalisme.

Des idées de questions :
- Que signifie « tradition newtonienne » ?
- D'après la photo de son cahier, les calculs d'Ampère semblent-ils simples ou compliqués ?

d On distingue sur ce dessin de Maxwell deux ondes dans des plans perpendiculaires, l'une décrit un « déplacement électrique », l'autre une « force magnétique ». Les deux phénomènes sont donc couplés.

Des idées de questions :
- L'électricité et le magnétisme sont-ils encore considérés séparément sur ce dessin ?
- La notion d'onde est-elle visible sur ce dessin ?

e On passe au cours du XIXe siècle d'analogies mécaniques pour prévoir un phénomène à des interprétations mathématiques où ces analogies ne servent plus qu'à guider l'imagination mais pas à donner une solution. La compréhension des phénomènes passera dorénavant par la résolution d'équations, dans le cadre de théories qui ne s'appuient plus sur des modèles mécaniques, mais sur des modèles mathématiques.

Des idées de questions :
- En quoi l'influence de l'école française de physique est-elle sensible dans les travaux de Maxwell ?
- Les modèles mécaniques ont-ils encore un rôle pour construire une théorie ?

Les + pour préparer votre séance

- Préparer un QCM de vérification de la bonne compréhension des notions abordées dans cette unité « Histoire, Enjeux, Débats ». [→ **Annexe 2, page 108**]
- *Pour la Science – Les génies de la science*, n° 24, août 2005 – Dossier Maxwell, par Giulio Peruzzi. Ce dossier donne une vue plus détaillée sur l'ensemble des mutations qui se sont produites en physique au XIXe siècle : cela peut être considéré comme une deuxième révolution après celle de Newton un siècle auparavant.

Texte intégral

- Thomas Kuhn « Tradition mathématique et tradition expérimentale dans le développement de la physique », *Annales – Économies, sociétés, civilisations*, n° 5, 1975, p. 975-998.

https://www.persee.fr/doc/ahess_0395-2649_1975_num_30_5_293659

Thomas Kuhn est un auteur important, fondateur du modèle des « révolutions scientifiques ».

LE SAVIEZ-VOUS ?

- Historiquement, le développement de la théorie électromagnétique est amorcé par la mise au point de la pile de Volta, en 1800, qui se diffuse très vite dans toute l'Europe. Au-delà de ses applications encore quotidiennes aujourd'hui, cette invention eut des conséquences majeures sur le plan de la science fondamentale.
- Trois écoles de physique vont contribuer au développement de l'électromagnétisme :
  – la physique française, déjà très mathématisée, encore influencée par le mécanisme cartésien, avec Laplace et Ampère, notamment ;
  – à l'opposé de ce mécanisme cartésien, la science germanique (*Naturphilosophie*, à l'époque de Gœthe), centrée sur la Nature, avec le danois Œrsted ;
  – la « philosophie expérimentale » très empirique, en Angleterre, avec Faraday puis Maxwell qui fera la synthèse de l'électromagnétisme.
- L'avertissement de François-Louis Arago dans les *Annales de chimie et de physique* est symptomatique de la surprise face à un résultat expérimental très inattendu dans le contexte du « déterminisme cartésien ». [Texte complet → **Annexe 3, page 108**] :
  On remarquera qu'Arago se protège des critiques derrière des « témoins de bonne moralité scientifique » pour rassurer ses lecteurs que le texte d'Œrsted n'est pas une élucubration.

CORRECTION DE L'UNITÉ

ÉQUIPE 1

Avec son expérience, Œrsted montre un couplage entre magnétisme et électricité. La modélisation mathématique de ce couplage, sous forme d'équations permettant des calculs de force, est réalisée par Ampère. Ensuite, Maxwell interprète la lumière comme une onde électromagnétique, c'est-à-dire qu'il inclut l'optique dans le même domaine que l'électricité et le magnétisme. Hertz et Heaviside finaliseront ces travaux sous la forme des quatre équations, toujours à la base de l'électromagnétisme aujourd'hui.

ÉQUIPE 2

Arago est pris entre la volonté de publier des résultats scientifiques nouveaux et spectaculaires et la crainte que ces résultats révolutionnaires ne soient mal accueillis ou que cela nuise à la réputation des *Annales de chimie et de physique*. Il avertit donc ses lecteurs pour les garantir du sérieux du texte d'Œrsted et leur montrer qu'il a conscience de sa nouveauté.

EN COMMUN

La physique d'avant le XIXe siècle s'appuie sur la mécanique, avec la révolution newtonienne qui a permis de relier des phénomènes quotidiens (poids) aux mouvements des planètes, dans une théorie très générale et solide. La mécanique est la science prédictive par excellence et il est pratique de s'y ramener pour décrire d'autres domaines de la physique. Mais les concepts développés en mécanique ne suffisent plus pour interpréter les phénomènes électromagnétiques. Les scientifiques sont conduits à développer des outils mathématiques beaucoup plus puissants, les seuls qui leur permettent de donner un cadre prédictif à ces phénomènes. Et bientôt ce sont ces équations et leur capacité prédictive qui vont devenir le cœur des théories physiques.

INDICATEURS DE RÉUSSITE	NIVEAU A	B	C	D
Le couplage électrique-magnétique est mis en évidence.				
Les raisons de la réticence d'Arago sont expliquées.				
La nécessité de calculs pour interpréter un phénomène complexe est mis en évidence.				
L'unification de trois domaines de la physique en un seul est comprise.				

Livre de l'élève

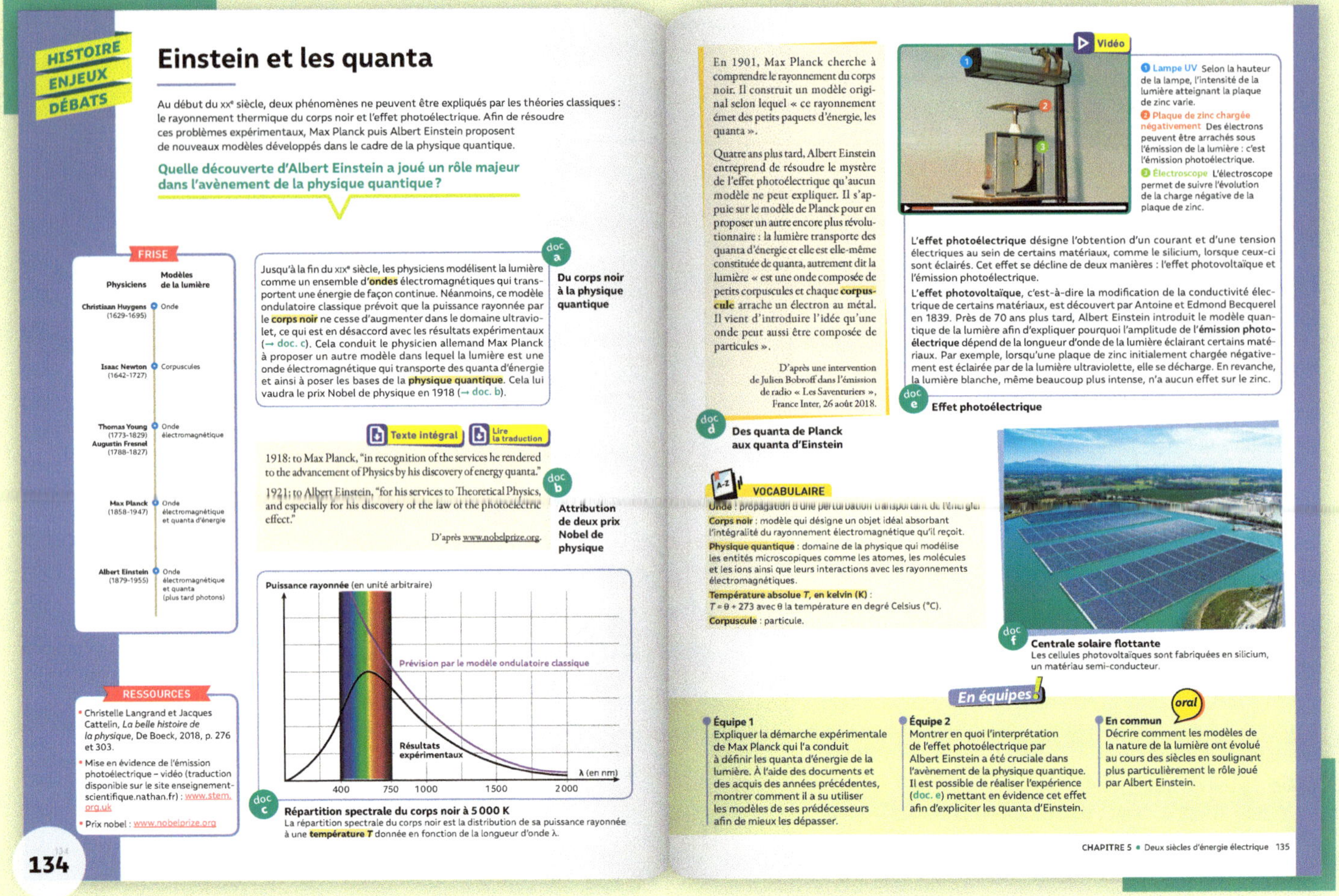
HISTOIRE ENJEUX DÉBATS

Einstein et les quanta

Au début du XXe siècle, deux phénomènes ne peuvent être expliqués par les théories classiques : le rayonnement thermique du corps noir et l'effet photoélectrique. Afin de résoudre ces problèmes expérimentaux, Max Planck puis Albert Einstein proposent de nouveaux modèles développés dans le cadre de la physique quantique.

Quelle découverte d'Albert Einstein a joué un rôle majeur dans l'avènement de la physique quantique ?

FRISE

Physiciens	Modèles de la lumière
Christiaan Huygens (1629-1695)	Onde
Isaac Newton (1642-1727)	Corpuscules
Thomas Young (1773-1829) Augustin Fresnel (1788-1827)	Onde électromagnétique
Max Planck (1858-1947)	Onde électromagnétique et quanta d'énergie
Albert Einstein (1879-1955)	Onde électromagnétique et quanta (plus tard photons)

doc a **Du corps noir à la physique quantique**

Jusqu'à la fin du XIXe siècle, les physiciens modélisent la lumière comme un ensemble d'ondes électromagnétiques qui transportent une énergie de façon continue. Néanmoins, ce modèle ondulatoire classique prévoit que la puissance rayonnée par le corps noir ne cesse d'augmenter dans le domaine ultraviolet, ce qui est en désaccord avec les résultats expérimentaux (→ doc. c). Cela conduit le physicien allemand Max Planck à proposer un autre modèle dans lequel la lumière est une onde électromagnétique qui transporte des quanta d'énergie et ainsi à poser les bases de la physique quantique. Cela lui vaudra le prix Nobel de physique en 1918 (→ doc. b).

Texte intégral | Lire la traduction

doc b **Attribution de deux prix Nobel de physique**

1918: to Max Planck, "in recognition of the services he rendered to the advancement of Physics by his discovery of energy quanta."
1921: to Albert Einstein, "for his services to Theoretical Physics, and especially for his discovery of the law of the photoelectric effect."

D'après www.nobelprize.org.

doc c **Répartition spectrale du corps noir à 5 000 K**
La répartition spectrale du corps noir est la distribution de sa puissance rayonnée à une température T donnée en fonction de la longueur d'onde λ.

RESSOURCES
- Christelle Langrand et Jacques Cattelin, *La belle histoire de la physique*, De Boeck, 2018, p. 276 et 303.
- Mise en évidence de l'émission photoélectrique – vidéo (traduction disponible sur le site enseignement-scientifique.nathan.fr) : www.stem.org.uk
- Prix nobel : www.nobelprize.org

134

doc d **Des quanta de Planck aux quanta d'Einstein**

En 1901, Max Planck cherche à comprendre le rayonnement du corps noir. Il construit un modèle original selon lequel « ce rayonnement émet des petits paquets d'énergie, les quanta ».

Quatre ans plus tard, Albert Einstein entreprend de résoudre le mystère de l'effet photoélectrique qu'aucun modèle ne peut expliquer. Il s'appuie sur le modèle de Planck pour en proposer un autre encore plus révolutionnaire : la lumière transporte des quanta d'énergie et elle est elle-même constituée de quanta, autrement dit la lumière « est une onde composée de petits corpuscules et chaque corpuscule arrache un électron au métal. Il vient d'introduire l'idée qu'une onde peut aussi être composée de particules ».

D'après une intervention de Julien Bobroff dans l'émission de radio « Les Savanturiers », France Inter, 26 août 2018.

Vidéo

1 Lampe UV Selon la hauteur de la lampe, l'intensité de la lumière atteignant la plaque de zinc varie.
2 Plaque de zinc chargée négativement Des électrons peuvent être arrachés sous l'émission de la lumière : c'est l'émission photoélectrique.
3 Électroscope L'électroscope permet de suivre l'évolution de la charge négative de la plaque de zinc.

L'effet photoélectrique désigne l'obtention d'un courant et d'une tension électriques au sein de certains matériaux, comme le silicium, lorsque ceux-ci sont éclairés. Cet effet se décline de deux manières : l'effet photovoltaïque et l'émission photoélectrique.
L'effet photovoltaïque, c'est-à-dire la modification de la conductivité électrique de certains matériaux, est découvert par Antoine et Edmond Becquerel en 1839. Près de 70 ans plus tard, Albert Einstein introduit le modèle quantique de la lumière afin d'expliquer pourquoi l'amplitude de l'émission photoélectrique dépend de la longueur d'onde de la lumière éclairant certains matériaux. Par exemple, lorsqu'une plaque de zinc initialement chargée négativement est éclairée par de la lumière ultraviolette, elle se décharge. En revanche, la lumière blanche, même beaucoup plus intense, n'a aucun effet sur le zinc.

doc e **Effet photoélectrique**

VOCABULAIRE
Onde : propagation d'une perturbation transportant de l'énergie.
Corps noir : modèle qui désigne un objet idéal absorbant l'intégralité du rayonnement électromagnétique qu'il reçoit.
Physique quantique : domaine de la physique qui modélise les entités microscopiques comme les atomes, les molécules et les ions ainsi que leurs interactions avec les rayonnements électromagnétiques.
Température absolue T, en kelvin (K) : $T = \theta + 273$ avec θ la température en degré Celsius (°C).
Corpuscule : particule.

doc f **Centrale solaire flottante**
Les cellules photovoltaïques sont fabriquées en silicium, un matériau semi-conducteur.

En équipes !
Équipe 1 : Expliquer la démarche expérimentale de Max Planck qui l'a conduit à définir les quanta d'énergie de la lumière. À l'aide des documents et des acquis des années précédentes, montrer comment il a su utiliser les modèles de ses prédécesseurs afin de mieux les dépasser.
Équipe 2 : Montrer en quoi l'interprétation de l'effet photoélectrique par Albert Einstein a été cruciale dans l'avènement de la physique quantique. Il est possible de réaliser l'expérience (doc. e) mettant en évidence cet effet afin d'expliciter les quanta d'Einstein.
En commun (oral) : Décrire comment les modèles de la nature de la lumière ont évolué au cours des siècles en soulignant plus particulièrement le rôle joué par Albert Einstein.

CHAPITRE 5 • Deux siècles d'énergie électrique 135

problème scientifique

▸ Quelle a été la contribution d'Albert Einstein à la physique quantique ?

Mobilisation des acquis

- Vu en seconde (physique-chimie) : réflexion, réfraction et dispersion de la lumière.
- Vu en enseignement scientifique en première : modèle du corps noir, repères historiques sur l'étude du rayonnement thermique.

Les grandes idées à construire

- Selon Albert Einstein, la nature de la lumière est double : corpuscules et ondes.
- La nature de la lumière a été modélisée de différentes manières. Le modèle le plus accompli à l'heure actuelle a été élaboré par Albert Einstein qui s'était inspiré des travaux de ses prédécesseurs et de Max Planck son contemporain.

Les compétences travaillées

- **Exploiter** les informations fournies par les différents supports (textes, frise, vidéo) et **mobiliser ses acquis** afin d'expliquer la démarche de Max Planck ou la contribution d'Albert Einstein.
- **Comparer** les contributions de plusieurs physiciens aux modèles de la nature de la lumière.
- **Mettre en œuvre** un protocole pour mettre en évidence l'effet photoélectrique.

Les représentations de l'élève

- Albert Einstein est connu du grand public pour sa théorie de la relativité et sa formule $E = mc^2$. L'élève peut ne pas faire le rapprochement entre physique quantique et Albert Einstein.
- L'élève peut se représenter la modélisation de la lumière figée depuis plusieurs siècles.
- Cette unité « Histoire, Enjeux, Débats » permet donc de souligner que définir la lumière a été source de multiples travaux, de controverses, de discussions, et a contribué à la construction de la physique quantique.

Ce que disent les documents

Frise Définir la lumière préoccupe les scientifiques depuis plusieurs siècles. Trois modèles prévalent : les modèles ondulatoire, corpusculaire et plus récemment quantique.

Idée de question :
– Quelles sont les principales caractéristiques des trois modèles développés depuis le XVIIe siècle ? On s'aidera du **Vocabulaire**.

a Le tout début du XXe siècle est marqué par la naissance de la physique quantique grâce aux travaux de Max Planck. En effet, celui-ci proposa un modèle pour éviter la « catastrophe ultraviolette » (doc. c) du corps noir prévue par le modèle ondulatoire classique : la lumière serait bien constituée d'ondes électromagnétiques qui transporteraient des quanta d'énergie et non pas un continuum d'énergie.

❓ **Des idées de questions :**
- Quel résultat expérimental contredit le modèle ondulatoire classique de la lumière ? Pourquoi cette différence entre expérience et modèle dérangea-t-elle Max Planck ?
- Quel domaine de la physique a été conçu à partir des recherches de Max Planck au sujet de la lumière ?

b Max Planck puis, trois ans après, Albert Einstein se sont vus décerner leur prix Nobel en récompense de leurs travaux conduisant à la modélisation de la lumière.

❓ **Idée de question :**
- Pourquoi Max Planck est-il considéré comme le « père » de la physique quantique ?

c Ce graphique permet de confronter très explicitement les limites du modèle ondulatoire classique de la lumière aux résultats expérimentaux : en deçà d'environ 600 nm, les prédictions du modèle sont contredites, au-delà elles sont assez bien confirmées. La prévision selon laquelle la puissance rayonnée diverge dans le domaine de l'ultraviolet est connue sous le nom de « catastrophe ultraviolette » (comme mentionné ci-avant).

❓ **Des idées de questions :**
- Que représentent les deux courbes ?
- En quoi ce graphique montre-t-il que le modèle ondulatoire classique n'est pas satisfaisant pour décrire la nature de la lumière ?

d Deux modèles successifs de la lumière ont été construits à partir de résultats expérimentaux : celui de Planck (**doc. a**) et celui d'Einstein (**doc. d**). Ce dernier s'accorde avec Planck sur le fait que la lumière serait constituée d'ondes électromagnétiques transportant des quanta d'énergie. Néanmoins, Einstein ajoute que la lumière serait constituée de quanta, ce qui revient à dire que la nature de la lumière serait double : corpusculaire (comme le pensait Newton) et ondulatoire.

❓ **Idée de question :**
- Selon Albert Einstein, qui des disciples de Newton ou des promoteurs du modèle initialement développé par Huygens avait proposé une modélisation assez fine de la lumière ? On pourra s'aider de la **frise**.

e Albert Einstein s'est intéressé à l'effet photoélectrique qui se décline sous deux formes : l'effet photovoltaïque (**doc. f**) et l'émission photoélectrique (**doc. e**). L'expérience met en évidence ce second phénomène lorsqu'une plaque de zinc initialement chargée se décharge si elle est éclairée par de la lumière ultraviolette.

❓ **Idée de question :**
- Quel résultat expérimental met en évidence l'émission photoélectrique ?

f Pour ralentir l'appauvrissement des sources d'énergie fossiles et afin de réduire le volume des émissions des gaz à effet de serre, les sources d'énergie dites renouvelables sont de plus en plus exploitées. C'est le cas du Soleil dont l'énergie lumineuse est convertie en énergie électrique à l'aide de cellules photovoltaïques regroupées en panneaux solaires. Étant donné le rendement encore bien limité de telles installations, il est nécessaire de disposer d'une grande surface de panneaux sur des toits ou sur des étendues d'eau.

❓ **Des idées de questions :**
- De quoi est constituée une centrale solaire flottante ?
- Pourquoi le silicium a-t-il été sélectionné pour fabriquer les cellules photovoltaïques ? On s'aidera du **doc. e**.
- Quel est l'un des avantages et l'un des inconvénients d'installer une centrale solaire *flottante* ?

▶ Les ✚ pour préparer votre séance

- Préparer un QCM de vérification de la bonne compréhension des notions abordées dans cette unité « Histoire, Enjeux, Débats ». [→ **Annexe 4, page 108**]

Podcast **Vidéo**

- Podcast « Les Saventuriers », France Inter, émission du 26 août 2018 : https://www.youtube.com/watch?v=GVKk6qJyOmI
- « La plus grande centrale solaire flottante d'Europe inaugurée à Piolenc », reportage diffusé lors du journal télévisé de France 3 Provence-Alpes Côte d'Azur, le 18 octobre 2019 : https://france3-regions.francetvinfo.fr/provence-alpes-cote-d-azur/vaucluse/plus-grande-centrale-solaire-flottante-europe-inauguree-vaucluse-1738531.html

CORRECTION DE L'UNITÉ

ÉQUIPE 1

▶ Max Planck s'appuie sur les travaux de Thomas Young et d'Augustin Fresnel notamment, pour qui la lumière était constituée d'ondes électromagnétiques ; il abandonne donc l'hypothèse corpusculaire d'Isaac Newton et privilégie celle de Christiaan Huygens. Max Planck s'intéresse au comportement du corps noir, cet objet idéal qui absorbe toute la lumière qu'il reçoit et qui en réémet une partie. Le **doc. c** montre que le modèle ondulatoire classique prôné par Young et Fresnel est validé à partir du domaine de l'infrarouge ; en revanche, il ne permet pas d'interpréter ce comportement pour des longueurs d'onde inférieures à environ 600 nm. Planck conclut que l'une des hypothèses fondatrices du modèle ondulatoire classique serait fausse : en fait, la lumière transporterait des paquets d'énergie que Max Planck appelle quanta d'énergie. Ceci marque la naissance de la physique quantique.

ÉQUIPE 2

▶ En 1905, Albert Einstein, contemporain de Max Planck, s'intéresse à l'effet photoélectrique c'est-à-dire l'apparition d'un courant électrique au sein de certains matériaux lorsqu'ils sont éclairés. Ce phénomène avait été mis en évidence en 1839 mais ni le modèle ondulatoire classique ni le modèle quantique de Max Planck ne pouvaient l'expliquer. Einstein a alors l'idée d'enrichir le modèle de Planck en proposant que la lumière soit en plus elle-même constituée de corpuscules qu'il appelle les quanta. En cela, Albert Einstein élargit la physique quantique aux entités microscopiques.

EN COMMUN

▶ Décrire la nature de la lumière a suscité bien des discussions. Tout d'abord entre Christiaan Huygens et Isaac Newton, le premier introduisant le concept d'onde tandis que le second ne voyait que des corpuscules dans la lumière. Un siècle plus tard, au moment où l'électromagnétisme était très étudié, des physiciens tels Thomas Young et Augustin Fresnel eurent l'idée de modéliser la lumière comme un ensemble d'ondes électromagnétiques, donnant ainsi raison à Christiaan Huygens. Pourtant, deux phénomènes résistaient à ce modèle ondulatoire classique : la répartition spectrale du corps noir et l'effet photoélectrique. Max Planck s'intéressa au comportement du corps noir dans le domaine des ultraviolets et conclut que la lumière transporterait des quanta d'énergie. Ce fut le début de la physique quantique.

▶ Albert Einstein s'attaque à l'effet photoélectrique et a l'idée de réconcilier les modèles imaginés par ses prédécesseurs. La lumière aurait une double nature : elle serait constituée de quanta – des corpuscules – et, en même temps, d'ondes électromagnétiques transportant des quanta d'énergie.

INDICATEURS DE RÉUSSITE	NIVEAU A	B	C	D
Les contributions de Max Planck et d'Albert Einstein (nature de la lumière, apport à la physique quantique) sont clairement comparées.				
Le graphique du **doc. c** est compris.				
L'effet photoélectrique est correctement décrit.				

Livre de l'élève

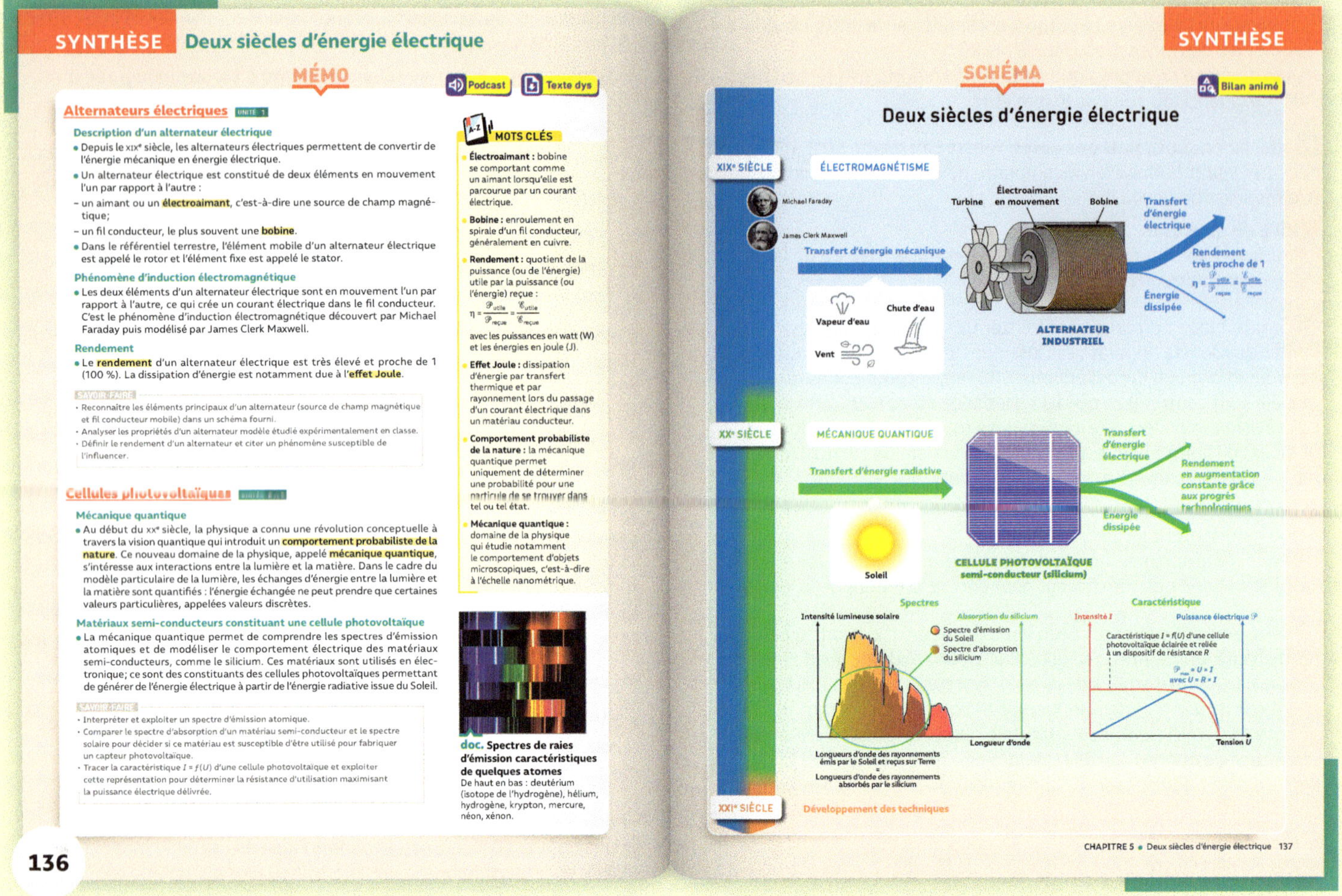
SYNTHÈSE Deux siècles d'énergie électrique

MÉMO

Podcast | Texte dys

Alternateurs électriques UNITÉ 1

Description d'un alternateur électrique

- Depuis le XIXe siècle, les alternateurs électriques permettent de convertir de l'énergie mécanique en énergie électrique.
- Un alternateur électrique est constitué de deux éléments en mouvement l'un par rapport à l'autre :
  - un aimant ou un **électroaimant**, c'est-à-dire une source de champ magnétique;
  - un fil conducteur, le plus souvent une **bobine**.
- Dans le référentiel terrestre, l'élément mobile d'un alternateur électrique est appelé le rotor et l'élément fixe est appelé le stator.

Phénomène d'induction électromagnétique

- Les deux éléments d'un alternateur électrique sont en mouvement l'un par rapport à l'autre, ce qui crée un courant électrique dans le fil conducteur. C'est le phénomène d'induction électromagnétique découvert par Michael Faraday puis modélisé par James Clerk Maxwell.

Rendement

- Le **rendement** d'un alternateur électrique est très élevé et proche de 1 (100 %). La dissipation d'énergie est notamment due à l'**effet Joule**.

SAVOIR-FAIRE

- Reconnaître les éléments principaux d'un alternateur (source de champ magnétique et fil conducteur mobile) dans un schéma fourni.
- Analyser les propriétés d'un alternateur modèle étudié expérimentalement en classe.
- Définir le rendement d'un alternateur et citer un phénomène susceptible de l'influencer.

Cellules photovoltaïques UNITÉ 2

Mécanique quantique

- Au début du XXe siècle, la physique a connu une révolution conceptuelle à travers la vision quantique qui introduit un **comportement probabiliste de la nature**. Ce nouveau domaine de la physique, appelé **mécanique quantique**, s'intéresse aux interactions entre la lumière et la matière. Dans le cadre du modèle particulaire de la lumière, les échanges d'énergie entre la lumière et la matière sont quantifiés : l'énergie échangée ne peut prendre que certaines valeurs particulières, appelées valeurs discrètes.

Matériaux semi-conducteurs constituant une cellule photovoltaïque

- La mécanique quantique permet de comprendre les spectres d'émission atomiques et de modéliser le comportement électrique des matériaux semi-conducteurs, comme le silicium. Ces matériaux sont utilisés en électronique; ce sont des constituants des cellules photovoltaïques permettant de générer de l'énergie électrique à partir de l'énergie radiative issue du Soleil.

SAVOIR-FAIRE

- Interpréter et exploiter un spectre d'émission atomique.
- Comparer le spectre d'absorption d'un matériau semi-conducteur et le spectre solaire pour décider si ce matériau est susceptible d'être utilisé pour fabriquer un capteur photovoltaïque.
- Tracer la caractéristique $I = f(U)$ d'une cellule photovoltaïque et exploiter cette représentation pour déterminer la résistance d'utilisation maximisant la puissance électrique délivrée.

MOTS CLÉS

- **Électroaimant :** bobine se comportant comme un aimant lorsqu'elle est parcourue par un courant électrique.
- **Bobine :** enroulement en spirale d'un fil conducteur, généralement en cuivre.
- **Rendement :** quotient de la puissance (ou de l'énergie) utile par la puissance (ou l'énergie) reçue : $\eta = \frac{\mathcal{P}_{utile}}{\mathcal{P}_{reçue}} = \frac{\mathcal{E}_{utile}}{\mathcal{E}_{reçue}}$ avec les puissances en watt (W) et les énergies en joule (J).
- **Effet Joule :** dissipation d'énergie par transfert thermique et par rayonnement lors du passage d'un courant électrique dans un matériau conducteur.
- **Comportement probabiliste de la nature :** la mécanique quantique permet uniquement de déterminer une probabilité pour une particule de se trouver dans tel ou tel état.
- **Mécanique quantique :** domaine de la physique qui étudie notamment le comportement d'objets microscopiques, c'est-à-dire à l'échelle nanométrique.

doc. Spectres de raies d'émission caractéristiques de quelques atomes
De haut en bas : deutérium (isotope de l'hydrogène), hélium, hydrogène, krypton, mercure, néon, xénon.

136

SYNTHÈSE

SCHÉMA

Bilan animé

CHAPITRE 5 • Deux siècles d'énergie électrique 137

SYNTHÈSE

- Le schéma se découpe en deux blocs : un bloc faisant référence à l'électromagnétisme, l'autre bloc à la mécanique quantique. Chaque bloc s'articule autour d'un dispositif (ou convertisseur énergétique) permettant de produire de l'énergie électrique : l'alternateur industriel et la cellule photovoltaïque. Ces dispositifs sont placés l'un au-dessus de l'autre afin de mettre aisément en évidence les similitudes et les différences observées entre ces deux objets.
- À gauche de ces dispositifs sont représentés les « éléments » qui fournissent les énergies exploitées et converties par l'alternateur et la cellule photovoltaïque :
  – la vapeur d'eau, la chute d'eau et le vent entraînent la turbine qui met en rotation le rotor de l'alternateur : il y a un transfert d'énergie mécanique de ces ressources vers l'alternateur;
  – le Soleil produit de l'énergie radiative qui est absorbée par la cellule photovoltaïque : il y a un transfert d'énergie radiative vers la cellule.
- À droite de ces dispositifs sont représentées les flèches de transfert d'énergie électrique et d'énergie dissipée. Pour l'alternateur, le transfert d'énergie électrique est supérieur à l'énergie dissipée, information renforcée par le fait que le rendement est très proche de 1. Dans le cas de la cellule photovoltaïque, c'est l'inverse.
- Le bas du schéma montre une superposition du spectre d'émission solaire et du spectre d'absorption du silicium. Ce graphique permet d'insister sur le fait que les matériaux qui nous entourent ne sont pas tous capables d'absorber l'énergie radiative du Soleil. À droite de ces spectres sont présentées les caractéristiques $I = f(U)$ et $\mathcal{P} = f(U)$ d'une cellule photovoltaïque, qui montrent qu'une cellule est limitée dans sa capacité à produire une puissance électrique.
- Enfin le schéma fait apparaître, sur tout le côté gauche une frise chronologique verticale, allant du XIXe siècle au XXIe siècle.
  – En face de la partie de la frise dédiée au XIXe siècle se trouve le bloc « Électromagnétisme », car c'est au XIXe siècle que l'étude des phénomènes électromagnétiques a permis de découvrir l'induction électromagnétique, qui est exploitée dans l'alternateur. Les portraits de Michael Faraday et de James Clerk Maxwell indiquent l'importance de leurs travaux dans le domaine de l'électromagnétisme.
  – En face de la partie de la frise dédiée au XXe siècle se trouve le bloc « mécanique quantique », car c'est à cette époque que les scientifiques ont compris les interactions entre la lumière et la matière. Grâce aux progrès réalisés dans cette branche de la physique, les scientifiques ont pu exploiter les propriétés des matériaux semi-conducteurs, et les utiliser dans la production d'électricité.

CORRIGÉS DES EXERCICES

2 APPLICATION

- Sur la représentation du spectre, les graduations 400 nm et 500 nm sont séparées d'une distance $d = 4{,}2$ cm.
  Comme la différence de longueur d'onde est :
  $\Delta\lambda = 500 \text{ nm} - 400 \text{ nm} = 100$ nm, l'échelle du document est :
  $k = \frac{100 \text{ nm}}{4{,}2 \text{ cm}} = 23{,}8 \text{ nm·cm}^{-1}$.
- Sur le spectre, les deux raies violettes sont respectivement à une distance $d_1 = 0{,}4$ cm et à une distance $d_2 = 1{,}4$ cm de la graduation « $\lambda_{réf} = 400$ nm ». Les longueurs d'onde valent donc :
  $\lambda_1 = \lambda_{réf} + k \times d_1 = 400 \text{ nm} + 23{,}8 \text{ nm·cm}^{-1} \times 0{,}4 \text{ cm} = 410$ nm;
  $\lambda_2 = \lambda_{réf} + k \times d_2 = 400 \text{ nm} + 23{,}8 \text{ nm·cm}^{-1} \times 1{,}4 \text{ cm} = 433$ nm.

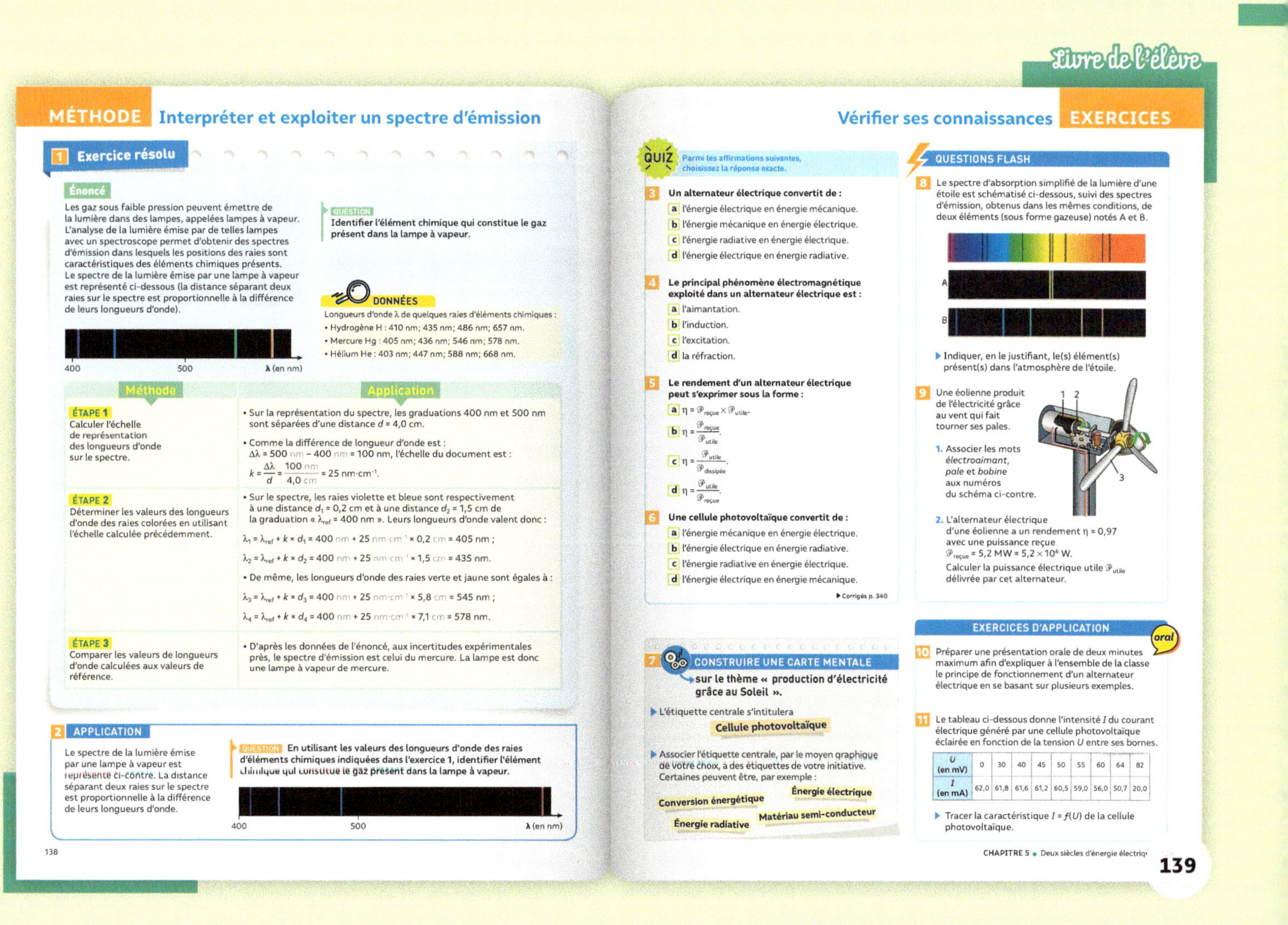

Livre de l'élève

MÉTHODE Interpréter et exploiter un spectre d'émission

1 Exercice résolu

Énoncé

Les gaz sous faible pression peuvent émettre de la lumière dans des lampes, appelées lampes à vapeur. L'analyse de la lumière émise par de telles lampes avec un spectroscope permet d'obtenir des spectres d'émission dans lesquels les positions des raies sont caractéristiques des éléments chimiques présents.
Le spectre de la lumière émise par une lampe à vapeur est représenté ci-dessous (la distance séparant deux raies sur le spectre est proportionnelle à la différence de leurs longueurs d'onde).

QUESTION Identifier l'élément chimique qui constitue le gaz présent dans la lampe à vapeur.

DONNÉES
Longueurs d'onde λ de quelques raies d'éléments chimiques :
• Hydrogène H : 410 nm ; 435 nm ; 486 nm ; 657 nm.
• Mercure Hg : 405 nm ; 436 nm ; 546 nm ; 578 nm.
• Hélium He : 403 nm ; 447 nm ; 588 nm ; 668 nm.

Méthode	Application
ÉTAPE 1 Calculer l'échelle de représentation des longueurs d'onde sur le spectre.	• Sur la représentation du spectre, les graduations 400 nm et 500 nm sont séparées d'une distance d = 4,0 cm. • Comme la différence de longueur d'onde est : $\Delta\lambda$ = 500 nm − 400 nm = 100 nm, l'échelle du document est : $k = \frac{\Delta\lambda}{d} = \frac{100 \text{ nm}}{4,0 \text{ cm}}$ = 25 nm·cm⁻¹.
ÉTAPE 2 Déterminer les valeurs des longueurs d'onde des raies colorées en utilisant l'échelle calculée précédemment.	• Sur le spectre, les raies violette et bleue sont respectivement à une distance d_1 = 0,2 cm et à une distance d_2 = 1,5 cm de la graduation « $\lambda_{réf}$ = 400 nm ». Leurs longueurs d'onde valent donc : $\lambda_1 = \lambda_{réf} + k \times d_1$ = 400 nm + 25 nm·cm⁻¹ × 0,2 cm = 405 nm ; $\lambda_2 = \lambda_{réf} + k \times d_2$ = 400 nm + 25 nm·cm⁻¹ × 1,5 cm = 435 nm. • De même, les longueurs d'onde des raies verte et jaune sont égales à : $\lambda_3 = \lambda_{réf} + k \times d_3$ = 400 nm + 25 nm·cm⁻¹ × 5,8 cm = 545 nm ; $\lambda_4 = \lambda_{réf} + k \times d_4$ = 400 nm + 25 nm·cm⁻¹ × 7,1 cm = 578 nm.
ÉTAPE 3 Comparer les valeurs de longueurs d'onde calculées aux valeurs de référence.	• D'après les données de l'énoncé, aux incertitudes expérimentales près, le spectre d'émission est celui du mercure. La lampe est donc une lampe à vapeur de mercure.

2 APPLICATION

Le spectre de la lumière émise par une lampe à vapeur est représenté ci-contre. La distance séparant deux raies sur le spectre est proportionnelle à la différence de leurs longueurs d'onde.

QUESTION En utilisant les valeurs des longueurs d'onde des raies d'éléments chimiques indiquées dans l'exercice 1, identifier l'élément chimique qui constitue le gaz présent dans la lampe à vapeur.

138

Vérifier ses connaissances EXERCICES

QUIZ Parmi les affirmations suivantes, choisissez la réponse exacte.

3 Un alternateur électrique convertit de :
a l'énergie électrique en énergie mécanique.
b l'énergie mécanique en énergie électrique.
c l'énergie radiative en énergie électrique.
d l'énergie électrique en énergie radiative.

4 Le principal phénomène électromagnétique exploité dans un alternateur électrique est :
a l'aimantation.
b l'induction.
c l'excitation.
d la réfraction.

5 Le rendement d'un alternateur électrique peut s'exprimer sous la forme :
a $\eta = \mathcal{P}_{reçue} \times \mathcal{P}_{utile}$.
b $\eta = \frac{\mathcal{P}_{reçue}}{\mathcal{P}_{utile}}$.
c $\eta = \frac{\mathcal{P}_{utile}}{\mathcal{P}_{dissipée}}$.
d $\eta = \frac{\mathcal{P}_{utile}}{\mathcal{P}_{reçue}}$.

6 Une cellule photovoltaïque convertit de :
a l'énergie mécanique en énergie électrique.
b l'énergie électrique en énergie radiative.
c l'énergie radiative en énergie électrique.
d l'énergie électrique en énergie mécanique.

Corrigés p. 340

7 CONSTRUIRE UNE CARTE MENTALE sur le thème « production d'électricité grâce au Soleil ».
L'étiquette centrale s'intitulera Cellule photovoltaïque
Associer l'étiquette centrale, par le moyen graphique de votre choix, à des étiquettes de votre initiative. Certaines peuvent être, par exemple :
Conversion énergétique — Énergie électrique — Énergie radiative — Matériau semi-conducteur

QUESTIONS FLASH

8 Le spectre d'absorption simplifié de la lumière d'une étoile est schématisé ci-dessous, suivi des spectres d'émission, obtenus dans les mêmes conditions, de deux éléments (sous forme gazeuse) notés A et B.
Indiquer, en le justifiant, le(s) élément(s) présent(s) dans l'atmosphère de l'étoile.

9 Une éolienne produit de l'électricité grâce au vent qui fait tourner ses pales.
1. Associer les mots *électroaimant*, *pale* et *bobine* aux numéros du schéma ci-contre.
2. L'alternateur électrique d'une éolienne a un rendement η = 0,97 avec une puissance reçue $\mathcal{P}_{reçue}$ = 5,2 MW = 5,2 × 10⁶ W.
Calculer la puissance électrique utile $\mathcal{P}_{utile}$ délivrée par cet alternateur.

EXERCICES D'APPLICATION

10 oral Préparer une présentation orale de deux minutes maximum afin d'expliquer à l'ensemble de la classe le principe de fonctionnement d'un alternateur électrique en se basant sur plusieurs exemples.

11 Le tableau ci-dessous donne l'intensité I du courant électrique généré par une cellule photovoltaïque éclairée en fonction de la tension U entre ses bornes.

U (en mV)	0	30	40	45	50	55	60	64	82
I (en mA)	62,0	61,8	61,6	61,2	60,5	59,0	56,0	50,7	20,0

Tracer la caractéristique $I = f(U)$ de la cellule photovoltaïque.

CHAPITRE 5 • Deux siècles d'énergie électrique 139

- De même, les longueurs d'onde des raies bleue et rouge sont égales à :
$\lambda_3 = \lambda_{réf} + k \times d_3$ = 400 nm + 23,8 nm·cm⁻¹ × 3,6 cm = 486 nm ;
$\lambda_4 = \lambda_{réf} + k \times d_4$ = 400 nm + 23,8 nm·cm⁻¹ × 10,7 cm = 655 nm.
- D'après les données de l'énoncé, aux incertitudes expérimentales près, le spectre d'émission est celui de l'hydrogène. La Lampe est donc une lampe à vapeur d'hydrogène.

RÉPONSES DU QUIZ

3 b **4** b **5** d **6** c

7 CONSTRUIRE UNE CARTE MENTALE

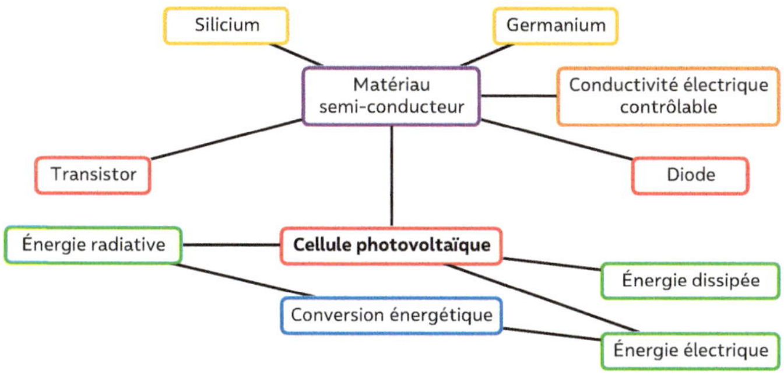

8 Les énergies des photons qu'un atome peut émettre sont égales aux énergies des photons qu'il peut absorber. Pour un même élément, les spectres d'émission et d'absorption présentent des raies de même longueur d'onde. L'atmosphère de l'étoile contient l'élément A mais pas l'élément B.

9 **1.** 1 → bobine 2 → électroaimant 3 → pales

2. Le rendement d'un alternateur est : $\eta = \frac{\mathcal{P}_{utile}}{\mathcal{P}_{reçue}}$.

Ainsi : $\mathcal{P}_{utile} = \eta \times \mathcal{P}_{reçue} = 0,97 \times 5,2 \times 10^6$ W $= 5,0 \times 10^6$ W.

10 La présentation orale doit utiliser les notions de « fil conducteur » (ou bobine) et de « source de champ magnétique » et bien faire mention du fait que ces deux éléments sont en mouvement l'un par rapport à l'autre. Les termes « rotor » et « stator » peuvent être mentionnés à condition qu'ils soient correctement définis. La conversion d'énergie mécanique en énergie électrique (par l'alternateur) doit également être mentionnée. Les exemples attendus sont la « dynamo » de vélo, l'alternateur présent dans une éolienne ou dans un barrage hydroélectrique.

11 **Tracé de caractéristique $I = f(U)$**

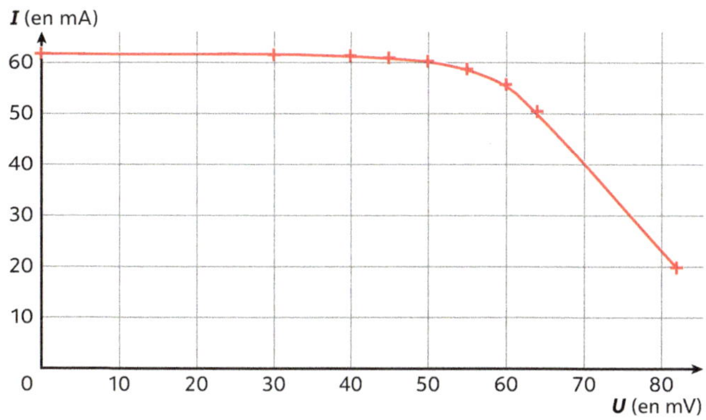

Livre de l'élève

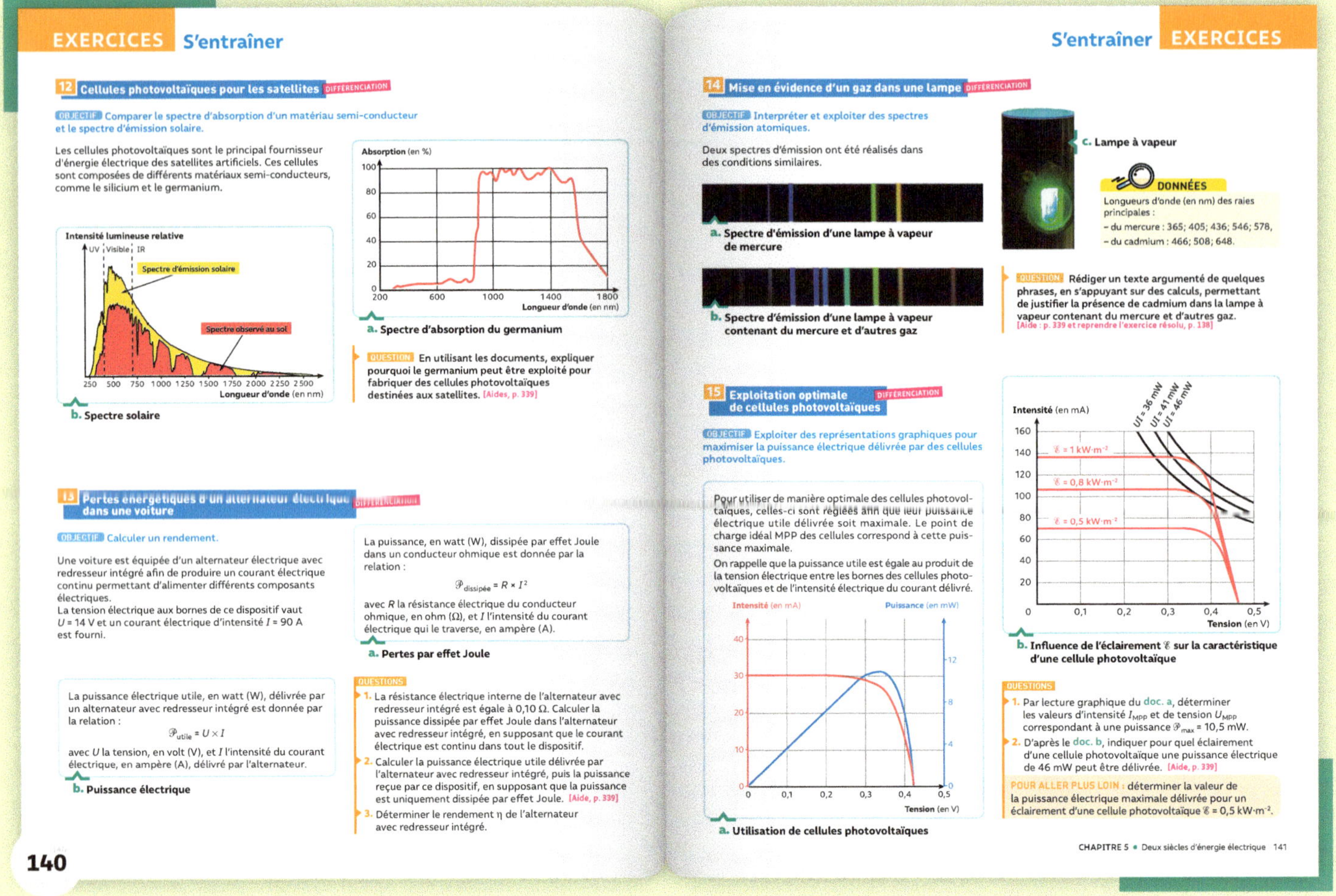

EXERCICES S'entraîner

12 Cellules photovoltaïques pour les satellites DIFFÉRENCIATION

OBJECTIF Comparer le spectre d'absorption d'un matériau semi-conducteur et le spectre d'émission solaire.

Les cellules photovoltaïques sont le principal fournisseur d'énergie électrique des satellites artificiels. Ces cellules sont composées de différents matériaux semi-conducteurs, comme le silicium et le germanium.

a. Spectre d'absorption du germanium

b. Spectre solaire

QUESTION En utilisant les documents, expliquer pourquoi le germanium peut être exploité pour fabriquer des cellules photovoltaïques destinées aux satellites. [Aides, p. 339]

13 Pertes énergétiques d'un alternateur électrique dans une voiture DIFFÉRENCIATION

OBJECTIF Calculer un rendement.

Une voiture est équipée d'un alternateur électrique avec redresseur intégré afin de produire un courant électrique continu permettant d'alimenter différents composants électriques.
La tension électrique aux bornes de ce dispositif vaut $U = 14$ V et un courant électrique d'intensité $I = 90$ A est fourni.

La puissance, en watt (W), dissipée par effet Joule dans un conducteur ohmique est donnée par la relation :

$$\mathcal{P}_{dissipée} = R \times I^2$$

avec R la résistance électrique du conducteur ohmique, en ohm (Ω), et I l'intensité du courant électrique qui le traverse, en ampère (A).

a. Pertes par effet Joule

La puissance électrique utile, en watt (W), délivrée par un alternateur avec redresseur intégré est donnée par la relation :

$$\mathcal{P}_{utile} = U \times I$$

avec U la tension, en volt (V), et I l'intensité du courant électrique, en ampère (A), délivré par l'alternateur.

b. Puissance électrique

QUESTIONS

1. La résistance électrique interne de l'alternateur avec redresseur intégré est égale à 0,10 Ω. Calculer la puissance dissipée par effet Joule dans l'alternateur avec redresseur intégré, en supposant que le courant électrique est continu dans tout le dispositif.
2. Calculer la puissance électrique utile délivrée par l'alternateur avec redresseur intégré, puis la puissance reçue par ce dispositif, en supposant que la puissance est uniquement dissipée par effet Joule. [Aide, p. 339]
3. Déterminer le rendement η de l'alternateur avec redresseur intégré.

140

S'entraîner EXERCICES

14 Mise en évidence d'un gaz dans une lampe DIFFÉRENCIATION

OBJECTIF Interpréter et exploiter des spectres d'émission atomiques.

Deux spectres d'émission ont été réalisés dans des conditions similaires.

a. Spectre d'émission d'une lampe à vapeur de mercure

b. Spectre d'émission d'une lampe à vapeur contenant du mercure et d'autres gaz

c. Lampe à vapeur

DONNÉES
Longueurs d'onde (en nm) des raies principales :
– du mercure : 365; 405; 436; 546; 578,
– du cadmium : 466; 508; 648.

QUESTION Rédiger un texte argumenté de quelques phrases, en s'appuyant sur des calculs, permettant de justifier la présence de cadmium dans la lampe à vapeur contenant du mercure et d'autres gaz. [Aide : p. 339 et reprendre l'exercice résolu, p. 138]

15 Exploitation optimale de cellules photovoltaïques DIFFÉRENCIATION

OBJECTIF Exploiter des représentations graphiques pour maximiser la puissance électrique délivrée par des cellules photovoltaïques.

Pour utiliser de manière optimale des cellules photovoltaïques, celles-ci sont réglées afin que leur puissance électrique utile délivrée soit maximale. Le point de charge idéal MPP des cellules correspond à cette puissance maximale.
On rappelle que la puissance utile est égale au produit de la tension électrique entre les bornes des cellules photovoltaïques et de l'intensité électrique du courant délivré.

a. Utilisation de cellules photovoltaïques

b. Influence de l'éclairement ℰ sur la caractéristique d'une cellule photovoltaïque

QUESTIONS

1. Par lecture graphique du doc. a, déterminer les valeurs d'intensité I_{MPP} et de tension U_{MPP} correspondant à une puissance $\mathcal{P}_{max} = 10{,}5$ mW.
2. D'après le doc. b, indiquer pour quel éclairement d'une cellule photovoltaïque une puissance électrique de 46 mW peut être délivrée. [Aide, p. 339]

POUR ALLER PLUS LOIN : déterminer la valeur de la puissance électrique maximale délivrée pour un éclairement d'une cellule photovoltaïque ℰ = 0,5 kW·m⁻².

CHAPITRE 5 • Deux siècles d'énergie électrique 141

CORRIGÉS DES EXERCICES

12 Cellules photovoltaïques pour les satellites

D'après le **doc. b**, le Soleil émet un rayonnement polychromatique entre 250 nm (ultraviolet) et 2 500 nm (infrarouge lointain). Dans l'espace, le spectre d'émission solaire est **continu** alors que sur Terre, il présente des bandes d'absorption dans le domaine de l'infrarouge.

Le germanium est capable d'absorber des rayonnements dont les longueurs d'onde sont comprises entre 850 nm et 1 800 nm, c'est-à-dire dans **le domaine de l'infrarouge**. Cet élément peut ainsi être exploité pour fabriquer des cellules photovoltaïques situées dans l'espace (sur des satellites) et non sur Terre où le rayonnement infrarouge est partiellement absent (absorbé par l'atmosphère).

13 Pertes énergétiques d'un alternateur électrique dans une voiture

1. La puissance dissipée par effet Joule dans l'alternateur avec redresseur intégré est :

$\mathcal{P}_{dissipée} = R \times I^2 = 0{,}10\ \Omega \times (90\ \text{A})^2 = 810$ W.

2. La puissance électrique utile délivrée par l'alternateur avec redresseur intégré est :

$\mathcal{P}_{utile} = U \times I = 14\ \text{V} \times 90\ \text{A} = 1\,260$ W.

L'énergie, comme la puissance, se conservent. Ainsi la puissance électrique reçue par l'alternateur avec redresseur intégré est la somme de la puissance dissipée et de la puissance utile :

$\mathcal{P}_{reçue} = \mathcal{P}_{dissipée} + \mathcal{P}_{utile} = 810\ \text{W} + 1\,260\ \text{W} = 2\,070$ W.

3. Le rendement η de l'alternateur avec redresseur intégré est : $\eta = \dfrac{\mathcal{P}_{utile}}{\mathcal{P}_{reçue}}$.

$\eta = \dfrac{1\,260\ \text{W}}{2\,070\ \text{W}} = 0{,}61$ soit 61 %.

14 Mise en évidence d'un gaz dans une lampe

Le spectre de la lampe à vapeur de mercure permet de déterminer l'échelle de représentation des longueurs d'onde sur le spectre de la lampe à analyser.

– Sur la représentation du spectre du **doc. a**, les raies extrêmes sont séparées d'une distance $d = 5{,}2$ cm.
Comme la différence de longueur d'onde est :
$\Delta\lambda = 578\ \text{nm} - 365\ \text{nm} = 213$ nm, l'échelle du document est :
$k = \dfrac{213\ \text{nm}}{5{,}2\ \text{cm}} = 41\ \text{nm·cm}^{-1}$.

– Sur le spectre du **doc. b**, les deux raies bleues (autres que celles du mercure) sont respectivement à une distance $d_1 = 2{,}4$ cm et à une distance $d_2 = 2{,}7$ cm de la raie à l'extrême gauche servant de référence « $\lambda_{réf} = 365$ nm ». Les longueurs d'onde valent donc :
$\lambda_1 = \lambda_{réf} + k \times d_1 = 365\ \text{nm} + 41\ \text{nm·cm}^{-1} \times 2{,}4\ \text{cm} = 463$ nm.
$\lambda_2 = \lambda_{réf} + k \times d_2 = 365\ \text{nm} + 41\ \text{nm·cm}^{-1} \times 2{,}7\ \text{cm} = 476$ nm.

Sur le spectre du **doc. b**, les deux raies verte et orange (autres que celles du mercure) sont respectivement à une distance $d_3 = 3{,}45$ cm et à une distance $d_4 = 6{,}9$ cm de la raie de référence. Les longueurs d'onde valent donc :
$\lambda_3 = \lambda_{réf} + k \times d_3 = 365\ \text{nm} + 41\ \text{nm·cm}^{-1} \times 3{,}45\ \text{cm} = 506$ nm.
$\lambda_4 = \lambda_{réf} + k \times d_4 = 365\ \text{nm} + 41\ \text{nm·cm}^{-1} \times 6{,}9\ \text{cm} = 648$ nm.

D'après les données de l'énoncé, aux incertitudes expérimentales près, les raies de longueurs d'onde 463 nm, 506 nm et 648 nm sont celles du cadmium. La lampe à vapeur contient donc du mercure, du cadmium et un autre gaz (raie de longueur d'onde 476 nm).

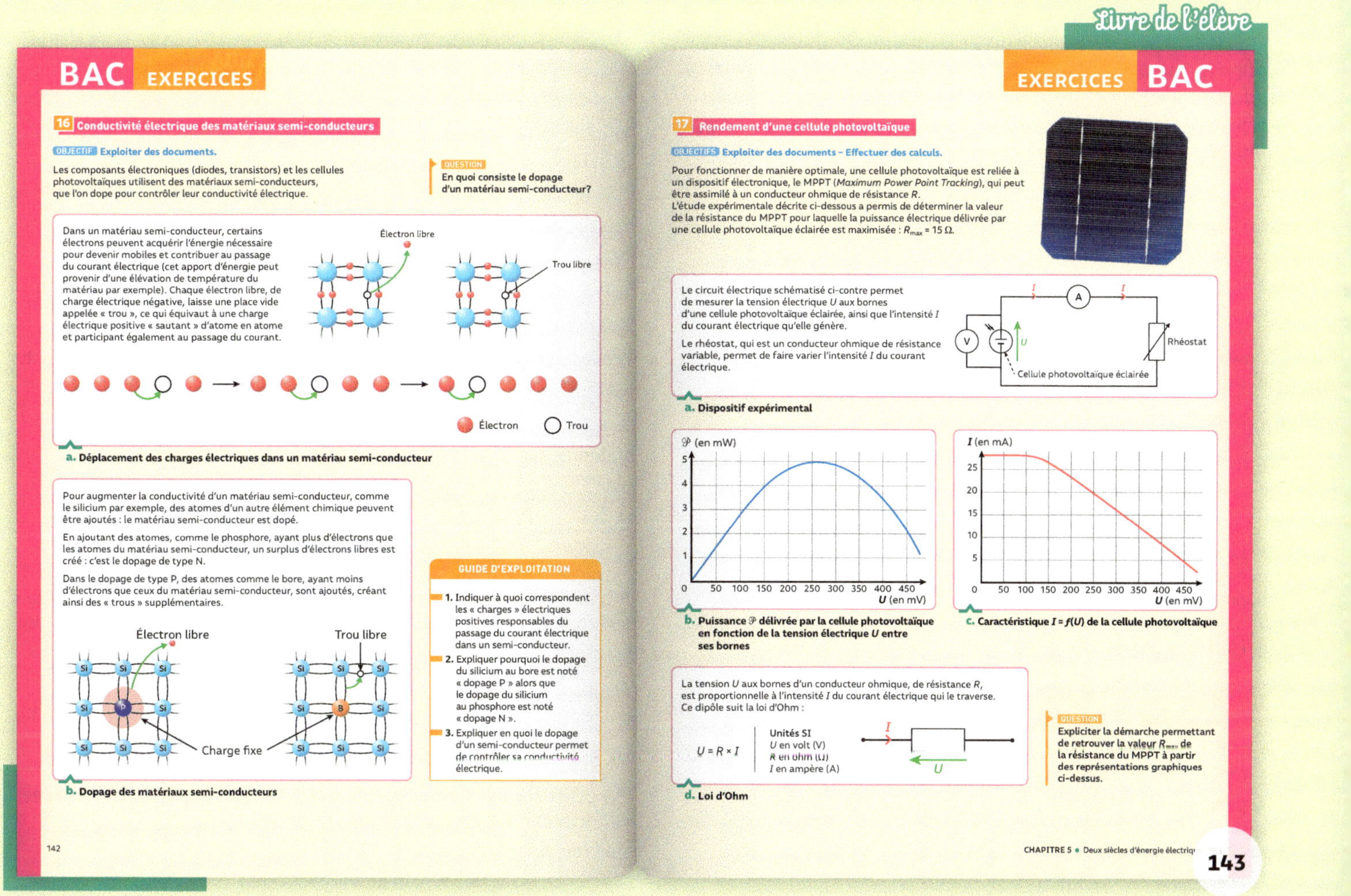

BAC EXERCICES

16 Conductivité électrique des matériaux semi-conducteurs

OBJECTIF Exploiter des documents.

Les composants électroniques (diodes, transistors) et les cellules photovoltaïques utilisent des matériaux semi-conducteurs, que l'on dope pour contrôler leur conductivité électrique.

QUESTION En quoi consiste le dopage d'un matériau semi-conducteur?

Dans un matériau semi-conducteur, certains électrons peuvent acquérir l'énergie nécessaire pour devenir mobiles et contribuer au passage du courant électrique (cet apport d'énergie peut provenir d'une élévation de température du matériau par exemple). Chaque électron libre, de charge électrique négative, laisse une place vide appelée « trou », ce qui équivaut à une charge électrique positive « sautant » d'atome en atome et participant également au passage du courant.

a. Déplacement des charges électriques dans un matériau semi-conducteur

Pour augmenter la conductivité d'un matériau semi-conducteur, comme le silicium par exemple, des atomes d'un autre élément chimique peuvent être ajoutés : le matériau semi-conducteur est dopé.

En ajoutant des atomes, comme le phosphore, ayant plus d'électrons que les atomes du matériau semi-conducteur, un surplus d'électrons libres est créé : c'est le dopage de type N.

Dans le dopage de type P, des atomes comme le bore, ayant moins d'électrons que ceux du matériau semi-conducteur, sont ajoutés, créant ainsi des « trous » supplémentaires.

b. Dopage des matériaux semi-conducteurs

GUIDE D'EXPLOITATION

1. Indiquer à quoi correspondent les « charges » électriques positives responsables du passage du courant électrique dans un semi-conducteur.
2. Expliquer pourquoi le dopage du silicium au bore est noté « dopage P » alors que le dopage du silicium au phosphore est noté « dopage N ».
3. Expliquer en quoi le dopage d'un semi-conducteur permet de contrôler sa conductivité électrique.

142

EXERCICES BAC

17 Rendement d'une cellule photovoltaïque

OBJECTIFS Exploiter des documents – Effectuer des calculs.

Pour fonctionner de manière optimale, une cellule photovoltaïque est reliée à un dispositif électronique, le MPPT (*Maximum Power Point Tracking*), qui peut être assimilé à un conducteur ohmique de résistance R.
L'étude expérimentale décrite ci-dessous a permis de déterminer la valeur de la résistance du MPPT pour laquelle la puissance électrique délivrée par une cellule photovoltaïque éclairée est maximisée : $R_{max} = 15\ \Omega$.

Le circuit électrique schématisé ci-contre permet de mesurer la tension électrique U aux bornes d'une cellule photovoltaïque éclairée, ainsi que l'intensité I du courant électrique qu'elle génère.

Le rhéostat, qui est un conducteur ohmique de résistance variable, permet de faire varier l'intensité I du courant électrique.

a. Dispositif expérimental

b. Puissance 𝒫 délivrée par la cellule photovoltaïque en fonction de la tension électrique U entre ses bornes

c. Caractéristique $I = f(U)$ de la cellule photovoltaïque

La tension U aux bornes d'un conducteur ohmique, de résistance R, est proportionnelle à l'intensité I du courant électrique qui le traverse. Ce dipôle suit la loi d'Ohm :

$U = R \times I$ | Unités SI : U en volt (V), R en ohm (Ω), I en ampère (A)

d. Loi d'Ohm

QUESTION Expliciter la démarche permettant de retrouver la valeur R_{max} de la résistance du MPPT à partir des représentations graphiques ci-dessus.

CHAPITRE 5 • Deux siècles d'énergie électrique 143

15 Exploitation optimale de cellules photovoltaïques

1. Par lecture graphique, on obtient : $I_{MPP} = 30{,}9$ mA et $U_{MPP} = 0{,}34$ V.
Remarque. On a bien $I_{MPP} \times U_{MPP} = 0{,}0309\ A \times 0{,}34\ V = 0{,}0105$ W $= 10{,}5$ mW.

2. Une puissance électrique de 46 mW peut être obtenue avec un éclairement de 1 kW·m⁻² : la courbe de puissance électrique de 46 mW est tangente à la caractéristique $I = f(U)$ obtenue avec un éclairement de 1 kW·m⁻².

Pour aller plus loin Pour un éclairement donné, la courbe de la puissance électrique délivrée est tangente à la caractéristique $I = f(U)$. Ainsi, pour un éclairement $\mathcal{E} = 0{,}5$ kW·m^{-2}, la courbe de puissance (à tracer éventuellement) et la caractéristique $I = f(U)$ sont tangentes en un point de coordonnées : $U = 0{,}39$ V et $I = 67$ mA. La puissance délivrée est donc : $\mathcal{P} = U \times I = 0{,}39\ V \times 0{,}067\ A = 26$ mW.

16 Conductivité électrique des matériaux semi-conducteurs

1. Les « charges » électriques positives responsables du passage du courant électrique dans un semi-conducteur sont les « trous », c'est-à-dire les places laissées par les électrons en devenant mobiles.

2. Le dopage du silicium au bore consiste à ajouter des atomes de bore, ayant trois électrons de valence contre quatre pour l'atome de silicium. L'atome de bore ayant un électron de valence de moins que le silicium, des « trous » supplémentaires apparaissent dans le matériau. Un « trou » correspondant à une « charge » électrique **P**ositive, ce dopage est donc noté « dopage **P** ».
Le dopage du silicium au phosphore consiste à ajouter des atomes de phosphore, ayant cinq électrons de valence. L'atome de phosphore ayant un électron de valence de plus que le silicium, des électrons libres supplémentaires apparaissent dans le matériau. Un électron étant chargé **N**égativement, ce dopage est noté « dopage **N** ».

3. En dopant un semi-conducteur, on augmente le nombre de charges positives ou négatives qui participent au passage du courant électrique. Suivant le nombre d'atomes de bore ou de phosphore ajoutés, la conductivité électrique du matériau semi-conducteur est contrôlée.

17 Rendement d'une cellule photovoltaïque

Le **doc. b** permet de repérer le point de charge idéal de la cellule photovoltaïque, c'est-à-dire le point correspondant à une puissance électrique maximale. La puissance électrique délivrée par la cellule photovoltaïque est maximale lorsque la tension à ses bornes vaut : $U_1 = 270$ mV.
Le **doc. c** représente la caractéristique $I = f(U)$ de la cellule photovoltaïque. Ainsi, pour une tension $U_1 = 270$ mV à ses bornes, la valeur de l'intensité du courant électrique qu'elle génère est : $I_1 = 18$ mA.
Le **doc. d** donne la loi d'Ohm, c'est-à-dire la relation entre la tension électrique aux bornes d'un conducteur ohmique et l'intensité du courant électrique qui le traverse.
Le MPPT peut être assimilé à un conducteur ohmique ; le MPPT étant directement relié à la cellule photovoltaïque, la tension entre ses bornes est $U_{MPP} = U_1 = 270$ mV. Par ailleurs, il est traversé par le courant généré par la cellule photovoltaïque, courant d'intensité $I_{MPPT} = I_1 = 18$ mA.
En appliquant la loi d'Ohm, on détermine la résistance du MPPT :

$$R = \frac{U_{MPPT}}{I_{MPPT}} = \frac{0{,}270\ V}{0{,}018\ A} = 15\ \Omega.$$

Pour une valeur de résistance du MPPT de 15 Ω, la puissance électrique délivrée par la cellule photovoltaïque est maximisée.

ANNEXE 1 Unité 2 [→ page 97]

- QCM de vérification de la bonne compréhension des notions abordées dans l'unité 2.

1. Pour passer d'un niveau d'énergie donné à un niveau d'énergie supérieur, un atome doit absorber un :
a. proton.
b. photon.
c. électron.
d. neutron.

2. Le germanium est un matériau :
a. conducteur.
b. isolant.
c. semi-conducteur.
d. transparent.

3. Le GAP caractérise :
a. une bande de conduction.
b. la bande interdite.
c. la bande de valence.
d. la bande permise.

4. Le passage du courant électrique est assuré par les :
a. électrons de cœur.
b. protons.
c. neutrons.
d. électrons libres.

ANNEXE 2 Unité « Histoire, Enjeux, Débats » [→ page 101]

- QCM de vérification de la bonne compréhension des notions abordées dans l'unité « Histoire, Enjeux, Débats ».

1. L'expérience d'Œrsted montre le couplage des phénomènes :
a. magnétiques et mécaniques.
b. électriques et optiques.
c. magnétiques et électriques.
d. optiques et mécaniques.

2. Parmi les premiers savants à essayer d'interpréter l'expérience d'Œrsted, au début du XIXe siècle, on trouve :
a. James Clerk Maxwell.
b. François-Louis Arago.
c. Heinrich Hertz.
d. André-Marie Ampère.

3. La théorie électromagnétique que construit Maxwell s'appuie sur :
a. des équations mathématiques complexes.
b. des analogies mécaniques.
c. une réflexion philosophique sur les sciences.
d. des calculs de probabilités.

4. Les travaux ayant abouti à la théorie électromagnétique tout au long du XIXe siècle ont été conduits :
a. exclusivement par des français.
b. exclusivement par des britanniques.
c. par des savants de plusieurs pays européens.
d. exclusivement par des allemands.

ANNEXE 3 Avertissement d'Arago dans les *Annales de chimie et de physique* [→ page 101]

« Cet article, qui doit paraître dans le prochain Cahier de la *Bibliothèque universelle*, m'avait été communiqué, à Genève, par M. Pictet ; depuis, plusieurs savants de Paris l'ont aussi reçu directement par l'auteur. Les lecteurs des *Annales* auront remarqué que nous n'accueillons pas, en général, trop à la légère, les annonces des découvertes extraordinaires, et jusqu'ici nous n'avons eu qu'à nous applaudir de cette réserve ; mais à l'égard du Mémoire de M. Œrsted, les résultats qu'il renferme, quelques singuliers qu'ils puissent paraître, sont accompagnés de trop de détails pour donner lieu à aucun soupçon d'erreur. J'ajouterai d'ailleurs que M. le professeur de La Rive, de Genève, qui a découvert lui-même des phénomènes extrêmement curieux avec les puissantes piles voltaïques qu'il possède, ayant bien voulu me permettre d'assister à la vérification qu'il a faite des expériences de M. Œrsted devant MM. Prévost, Pictet, de Saussure, Marcet, de Candolle, etc., j'ai pu me convaincre moi-même de l'exactitude des résultats principaux donnés par le savant Danois, à savoir : 1° qu'un fil métallique en communication avec les deux pôles de la pile agit sur l'aiguille aimantée ; 2° que la nature de cette action dépend, sinon de la position de la pile, du moins de la direction dans laquelle les fluides positif et négatif se meuvent dans le fil conducteur, relativement aux pôles de l'aiguille ; 3° *que si le fil conducteur est placé au-dessous de l'aiguille, il produira une déviation en sens inverse de celle qu'il occasionnait quand il était au-dessus.* M. de La Rive a fait les expériences, tantôt en tenant l'aiguille seule sous le récipient d'une machine pneumatique, tantôt en y plaçant à la fois l'aiguille et le fil conducteur : les résultats ont toujours été les mêmes. »

ANNEXE 4 Unité « Histoire, Enjeux, Débats » [→ page 103]

- QCM de vérification de la bonne compréhension des notions abordées dans l'unité « Histoire, Enjeux, Débats ».

Plusieurs réponses possibles

1. Selon Isaac Newton, la lumière est faite :
a. d'ondes électromagnétiques.
b. de corpuscules.
c. de quanta.
d. de photons.

2. Max Planck a découvert :
a. les photons.
b. le corps noir.
c. les ondes électromagnétiques.
d. les quanta d'énergie.

3. La répartition spectrale du corps noir prévue par le modèle ondulatoire classique et celle expérimentale diffèrent grandement dans le domaine :
a. de l'ultraviolet.
b. de l'infrarouge.
c. des ondes radio.
d. des rayons γ.

4. D'après Albert Einstein, la lumière :
a. est un ensemble d'ondes électromagnétiques.
b. est constituée de quanta.
c. transporte des quanta d'énergie.
d. a une double nature.

Livre de l'élève

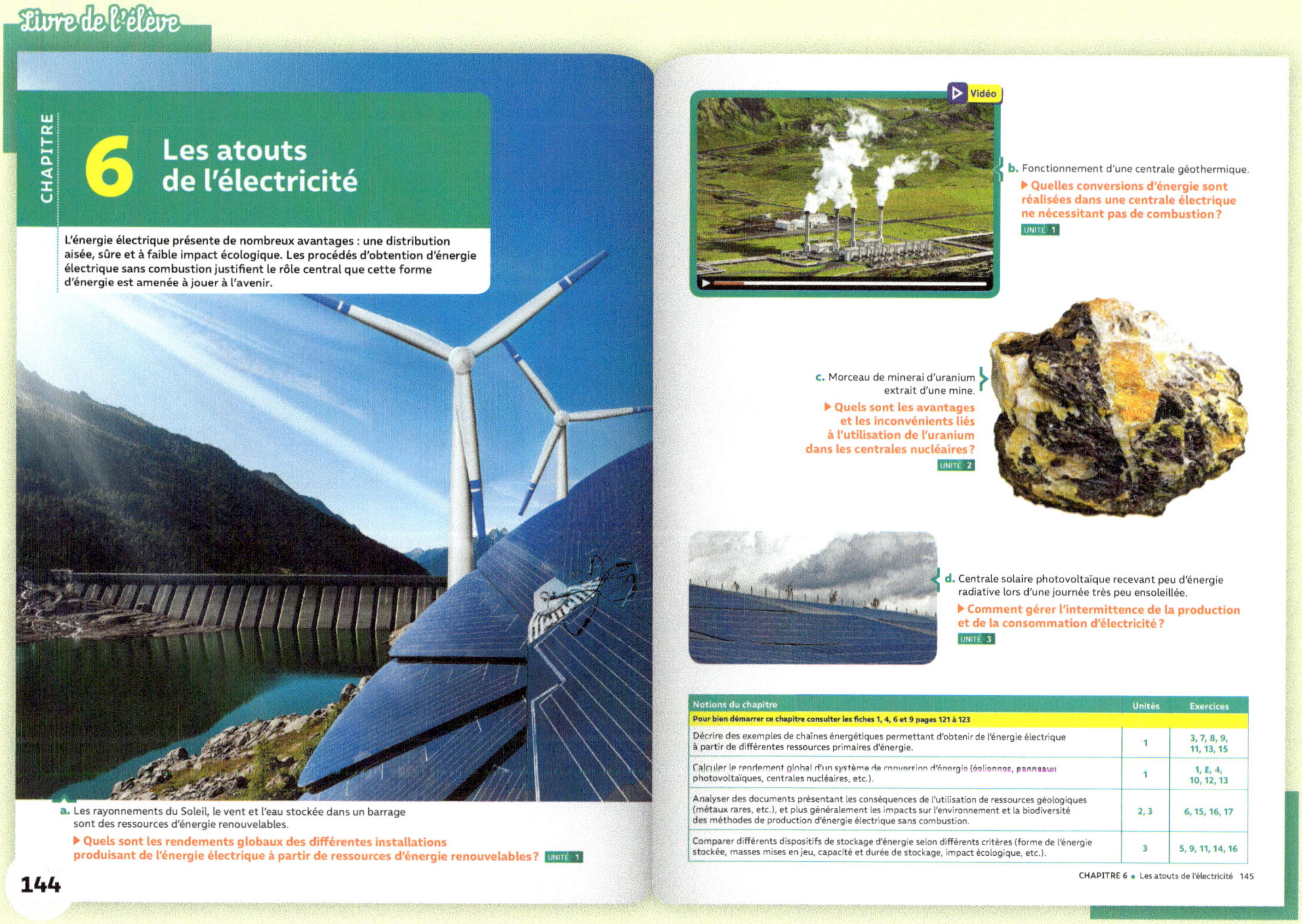

CHAPITRE

6 Les atouts de l'électricité

L'énergie électrique présente de nombreux avantages : une distribution aisée, sûre et à faible impact écologique. Les procédés d'obtention d'énergie électrique sans combustion justifient le rôle central que cette forme d'énergie est amenée à jouer à l'avenir.

a. Les rayonnements du Soleil, le vent et l'eau stockée dans un barrage sont des ressources d'énergie renouvelables.

▶ **Quels sont les rendements globaux des différentes installations produisant de l'énergie électrique à partir de ressources d'énergie renouvelables?** UNITÉ 1

144

Vidéo

b. Fonctionnement d'une centrale géothermique.

▶ **Quelles conversions d'énergie sont réalisées dans une centrale électrique ne nécessitant pas de combustion?** UNITÉ 1

c. Morceau de minerai d'uranium extrait d'une mine.

▶ **Quels sont les avantages et les inconvénients liés à l'utilisation de l'uranium dans les centrales nucléaires?** UNITÉ 2

d. Centrale solaire photovoltaïque recevant peu d'énergie radiative lors d'une journée très peu ensoleillée.

▶ **Comment gérer l'intermittence de la production et de la consommation d'électricité?** UNITÉ 3

Notions du chapitre	Unités	Exercices
Pour bien démarrer ce chapitre consulter les fiches 1, 4, 6 et 9 pages 121 à 123		
Décrire des exemples de chaînes énergétiques permettant d'obtenir de l'énergie électrique à partir de différentes ressources primaires d'énergie.	1	3, 7, 8, 9, 11, 13, 15
Calculer le rendement global d'un système de conversion d'énergie (éoliennes, panneaux photovoltaïques, centrales nucléaires, etc.).	1	1, 2, 4, 10, 12, 13
Analyser des documents présentant les conséquences de l'utilisation de ressources géologiques (métaux rares, etc.), et plus généralement les impacts sur l'environnement et la biodiversité des méthodes de production d'énergie électrique sans combustion.	2, 3	6, 15, 16, 17
Comparer différents dispositifs de stockage d'énergie selon différents critères (forme de l'énergie stockée, masses mises en jeu, capacité et durée de stockage, impact écologique, etc.).	3	5, 9, 11, 14, 16

CHAPITRE 6 • Les atouts de l'électricité 145

▶ Les grandes idées à construire

- L'énergie électrique est produite dans des centrales électriques par conversion d'énergies primaires. Cette production peut être classée en deux catégories:
  – celle nécessitant une combustion dont les combustibles peuvent être fossiles (gaz, charbon, pétrole) ou organiques (biomasse, déchets);
  – celle ne nécessitant pas de combustion. Dans ce cas, la conversion peut s'effectuer à partir d'énergie mécanique soit directement (dynamos, éoliennes, hydroliennes, barrages hydroélectriques), soit indirectement (centrales nucléaires, centrales solaires thermiques, géothermie). La conversion peut aussi être réalisée à partir de l'énergie radiative reçue du Soleil (panneaux photovoltaïques) ou encore à partir d'énergie chimique (piles).
- Il convient de remarquer que les ressources primaires d'énergie permettant cette production d'électricité sans combustion ne sont pas toutes des ressources renouvelables (l'uranium notamment).
- Même si la production d'énergie électrique sans combustion se fait sans émission directe de gaz à effet de serre, elle peut présenter des risques environnementaux (pollution chimique, déchets radioactifs, accidents industriels).
- La production et l'utilisation de l'énergie électrique sont intermittentes: il est donc nécessaire d'avoir recours au stockage de l'énergie (dans des accumulateurs, des barrages, des supercondensateurs, etc.).

▶ Ce que disent les documents

a Ce photomontage évoque trois ressources primaires d'énergie permettant la production d'énergie électrique. L'eau stockée, le vent et le rayonnement solaire sont trois ressources d'énergie renouvelables (ressources d'énergie pour lesquelles la durée de reconstitution est inférieure à la durée d'exploitation).

b Cette vidéo d'EDF présente le principe de fonctionnement d'une centrale géothermique: pompage de l'eau chaude dans le sol, transformation de cette eau chaude en un mélange eau liquide-vapeur après perte de pression lors de la remontée à la surface, utilisation de la vapeur pour faire tourner une turbine reliée à un alternateur électrique.

c Cette roche renferme de l'uranium qui sert de ressource primaire d'énergie dans une centrale nucléaire. Pour que le combustible soit utilisé dans un réacteur nucléaire, quatre grandes étapes sont nécessaires: l'extraction du minerai d'uranium et la concentration sous forme de *yellow cake* (issu de l'anglais qui veut dire «gâteau jaune»); la conversion; l'enrichissement et la fabrication des pastilles de combustible nucléaire.

d L'objectif ici est de faire comprendre aisément aux élèves l'intermittence de la production d'énergie électrique dans une centrale photovoltaïque, due à la variation d'ensoleillement, et donc l'importance du stockage de l'énergie pour répondre à la demande à toute heure du jour et de la nuit.

Livre de l'élève

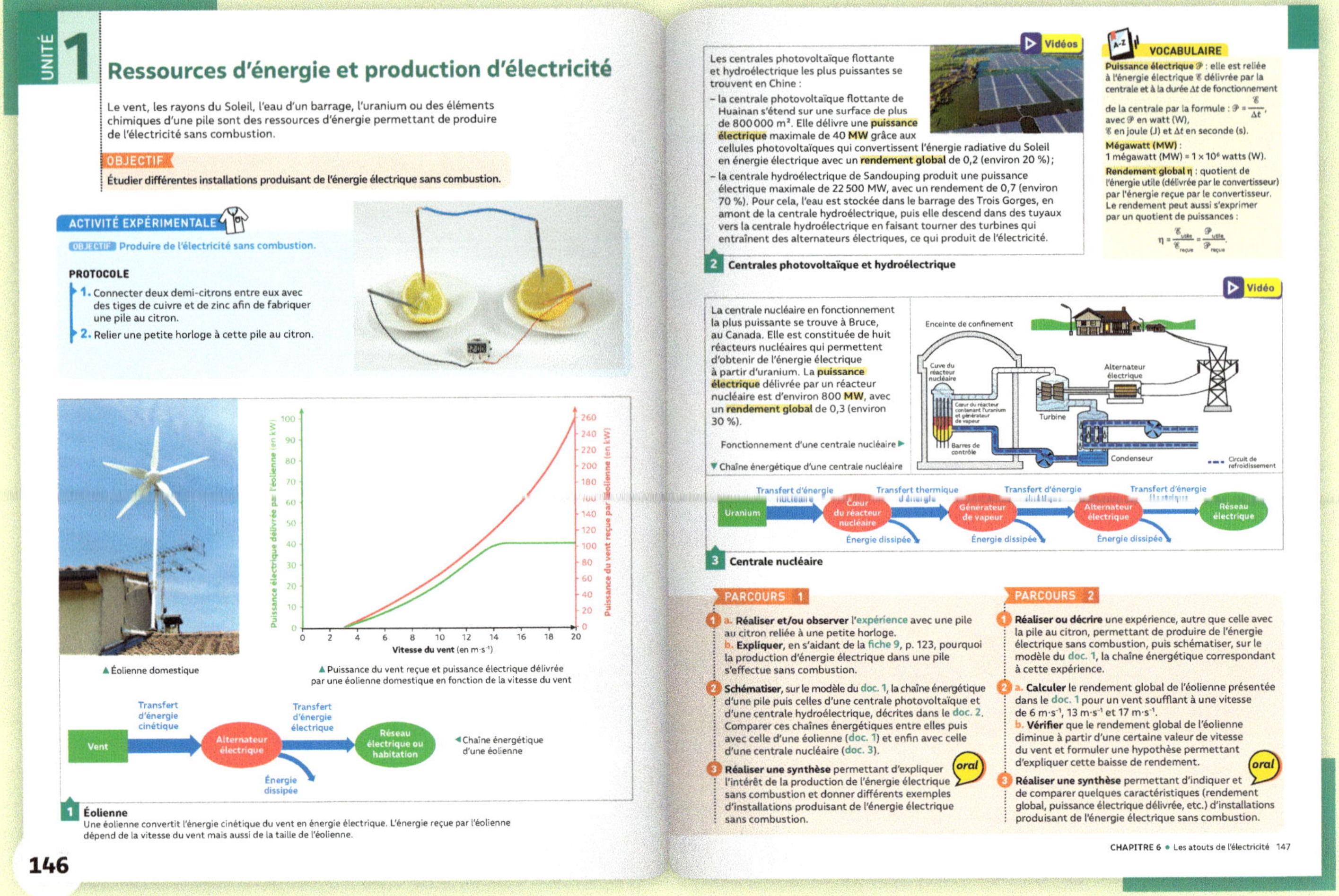

UNITÉ 1

Ressources d'énergie et production d'électricité

Le vent, les rayons du Soleil, l'eau d'un barrage, l'uranium ou des éléments chimiques d'une pile sont des ressources d'énergie permettant de produire de l'électricité sans combustion.

OBJECTIF

Étudier différentes installations produisant de l'énergie électrique sans combustion.

ACTIVITÉ EXPÉRIMENTALE

OBJECTIF Produire de l'électricité sans combustion.

PROTOCOLE

1. Connecter deux demi-citrons entre eux avec des tiges de cuivre et de zinc afin de fabriquer une pile au citron.
2. Relier une petite horloge à cette pile au citron.

Puissance électrique délivrée par l'éolienne (en kW) — Puissance du vent reçue par l'éolienne (en kW) — Vitesse du vent (en $m \cdot s^{-1}$)

▲ Éolienne domestique

▲ Puissance du vent reçue et puissance électrique délivrée par une éolienne domestique en fonction de la vitesse du vent

Vent → Transfert d'énergie cinétique → Alternateur électrique → Transfert d'énergie électrique → Réseau électrique ou habitation ; Énergie dissipée

◄ Chaîne énergétique d'une éolienne

1 Éolienne
Une éolienne convertit l'énergie cinétique du vent en énergie électrique. L'énergie reçue par l'éolienne dépend de la vitesse du vent mais aussi de la taille de l'éolienne.

146

Vidéos

Les centrales photovoltaïque flottante et hydroélectrique les plus puissantes se trouvent en Chine :
– la centrale photovoltaïque flottante de Huainan s'étend sur une surface de plus de 800 000 m². Elle délivre une **puissance électrique** maximale de 40 **MW** grâce aux cellules photovoltaïques qui convertissent l'énergie radiative du Soleil en énergie électrique avec un **rendement global** de 0,2 (environ 20 %) ;
– la centrale hydroélectrique de Sandouping produit une puissance électrique maximale de 22 500 MW, avec un rendement de 0,7 (environ 70 %). Pour cela, l'eau est stockée dans le barrage des Trois Gorges, en amont de la centrale hydroélectrique, puis elle descend dans des tuyaux vers la centrale hydroélectrique en faisant tourner des turbines qui entraînent des alternateurs électriques, ce qui produit de l'électricité.

2 Centrales photovoltaïque et hydroélectrique

VOCABULAIRE

Puissance électrique $\mathcal{P}$: elle est reliée à l'énergie électrique $\mathcal{E}$ délivrée par la centrale et à la durée Δt de fonctionnement de la centrale par la formule : $\mathcal{P} = \frac{\mathcal{E}}{\Delta t}$, avec $\mathcal{P}$ en watt (W), $\mathcal{E}$ en joule (J) et Δt en seconde (s).

Mégawatt (MW) : 1 mégawatt (MW) = 1×10^6 watts (W).

Rendement global η : quotient de l'énergie utile (délivrée par le convertisseur) par l'énergie reçue par le convertisseur. Le rendement peut aussi s'exprimer par un quotient de puissances :

$$\eta = \frac{\mathcal{E}_{utile}}{\mathcal{E}_{reçue}} = \frac{\mathcal{P}_{utile}}{\mathcal{P}_{reçue}}.$$

Vidéo

La centrale nucléaire en fonctionnement la plus puissante se trouve à Bruce, au Canada. Elle est constituée de huit réacteurs nucléaires qui permettent d'obtenir de l'énergie électrique à partir d'uranium. La **puissance électrique** délivrée par un réacteur nucléaire est d'environ 800 **MW**, avec un **rendement global** de 0,3 (environ 30 %).

Fonctionnement d'une centrale nucléaire ►

Enceinte de confinement — Cuve du réacteur nucléaire — Cœur du réacteur contenant l'uranium et générateur de vapeur — Barres de contrôle — Turbine — Alternateur électrique — Condenseur — Circuit de refroidissement

▼ Chaîne énergétique d'une centrale nucléaire

Uranium → Transfert d'énergie nucléaire → Cœur du réacteur nucléaire → Transfert thermique d'énergie → Générateur de vapeur → Transfert d'énergie → Alternateur électrique → Transfert d'énergie → Réseau électrique ; Énergie dissipée (à chaque étape)

3 Centrale nucléaire

PARCOURS 1

1. a. **Réaliser et/ou observer** l'expérience avec une pile au citron reliée à une petite horloge.
b. **Expliquer**, en s'aidant de la fiche 9, p. 123, pourquoi la production d'énergie électrique dans une pile s'effectue sans combustion.
2. **Schématiser**, sur le modèle du doc. 1, la chaîne énergétique d'une pile puis celles d'une centrale photovoltaïque et d'une centrale hydroélectrique, décrites dans le doc. 2. Comparer ces chaînes énergétiques entre elles puis avec celle d'une éolienne (doc. 1) et enfin avec celle d'une centrale nucléaire (doc. 3).
3. **Réaliser une synthèse** permettant d'expliquer l'intérêt de la production de l'énergie électrique sans combustion et donner différents exemples d'installations produisant de l'énergie électrique sans combustion. *oral*

PARCOURS 2

1. **Réaliser ou décrire** une expérience, autre que celle avec la pile au citron, permettant de produire de l'énergie électrique sans combustion, puis schématiser, sur le modèle du doc. 1, la chaîne énergétique correspondant à cette expérience.
2. a. **Calculer** le rendement global de l'éolienne présentée dans le doc. 1 pour un vent soufflant à une vitesse de 6 $m \cdot s^{-1}$, 13 $m \cdot s^{-1}$ et 17 $m \cdot s^{-1}$.
b. **Vérifier** que le rendement global de l'éolienne diminue à partir d'une certaine valeur de vitesse du vent et formuler une hypothèse permettant d'expliquer cette baisse de rendement.
3. **Réaliser une synthèse** permettant d'indiquer et de comparer quelques caractéristiques (rendement global, puissance électrique délivrée, etc.) d'installations produisant de l'énergie électrique sans combustion. *oral*

CHAPITRE 6 • Les atouts de l'électricité 147

problèmes scientifiques

- Quels renseignements contient le schéma d'une chaîne énergétique de production d'énergie électrique ?
- Le rendement global est-il une donnée à prendre en compte lors de la mise en œuvre d'un convertisseur permettant de produire de l'énergie électrique ?

Mobilisation des acquis

- Vu au collège et en seconde (physique-chimie) :
  – les formes d'énergie : cinétique, potentielle, électrique, nucléaire, etc.
  – les sources, transferts, conversions et bilans d'énergie ;
  – la notion de puissance et la relation liant puissance, énergie et durée.
- Vu dans le chapitre 5 : rendement d'un alternateur électrique.

Les grandes idées à construire

- L'énergie électrique provient de la conversion d'une forme primaire d'énergie.
- Plus le rendement global d'une centrale est grand, meilleure est la conversion d'énergie.

Les compétences travaillées

- **S'approprier :** extraire et organiser l'information contenue dans divers documents (textes, courbes, schémas énergétiques).
- **Réaliser :** dessiner une chaîne énergétique (Parcours 1) ; calculer un rendement global (Parcours 2).
- **Communiquer :** proposer une synthèse orale.

Les représentations de l'élève

- Même s'ils connaissent depuis le collège la notion de conversion d'énergie d'une forme en une autre, beaucoup d'élèves ont l'intuition que cette conversion peut se faire sans perte. Il conviendra d'insister sur la valeur toujours inférieure à 1 d'un rendement global mesuré.

Ce que disent les documents

1 La courbe donnant la puissance électrique délivrée par une éolienne en fonction de la vitesse du vent comporte trois paramètres à distinguer :
– la vitesse minimale de démarrage : il s'agit de la vitesse du vent à partir de laquelle l'éolienne commence à débiter une puissance utile ;
– la vitesse d'arrêt (non représentée sur ce document) : il s'agit de la vitesse maximale acceptable par l'éolienne. Au-delà de celle-ci, la tenue mécanique des divers composants de l'éolienne n'est plus assurée. Si le vent présente une vitesse supérieure, l'éolienne est mise à l'arrêt pour préserver son intégrité ;
– la puissance nominale : cette valeur est souvent égale à la puissance électrique maximale qui peut être délivrée par l'éolienne. Elle n'a jamais lieu à la vitesse maximale acceptable du vent.
En effet, avant d'atteindre la vitesse de mise à l'arrêt, des dispositifs sont mis en place pour freiner le rotor de l'alternateur électrique (→ chapitre 5 pour la description du rotor).

? Idée de question :
– Une éolienne peut-elle fonctionner et produire de l'énergie électrique quelle que soit la vitesse du vent ?

2 Ce deuxième document propose deux exemples de centrales dont les ressources primaires d'énergie sont renouvelables (→ **thème 1** pour plus d'informations sur les ressources d'énergie renouvelables). Les deux rendements donnés montrent la disparité qui existe entre les différents convertisseurs d'énergie. Les deux vidéos qui accompagnent ce document présentent de façon simple le principe d'une centrale hydroélectrique (aussi appelée centrale hydraulique) et celui d'une centrale photovoltaïque. Ce document peut être l'occasion d'insister sur les rendements différents pour les panneaux photovoltaïques en fonction de la technologie employée et d'expliquer les perspectives d'avenir que constituent des cellules photovoltaïques à haut rendement de conversion.

- Des compléments d'informations sur le rendement d'une installation de panneaux solaires peuvent être trouvés sur le site : https://www.energies-nouvelles.net/rendement-installation-panneaux-photovoltaiques/

Idée de question :
- Le rendement d'un convertisseur d'énergie peut-il être égal à 1 ?

3 Ce dernier document présente un schéma simplifié d'une centrale nucléaire à fission ainsi que le schéma correspondant à sa chaîne énergétique. Le professeur pourra demander aux élèves d'établir un lien entre les deux schémas. Ce document peut aussi être l'occasion de remobiliser les connaissances de seconde de physique-chimie relatives à la fission nucléaire. La vidéo sur les centrales nucléaires à fission pourra être projetée : https://www.youtube.com/watch?v=I09DhTubNqE

Idée de question :
- Une centrale nucléaire utilise-t-elle une ressource primaire d'énergie renouvelable ?

Les + pour préparer votre séance

- Proposer un QCM de remobilisation des acquis en début de séance. [→ **Annexe 1, page 122**]

Article en ligne

- **Chiffres clés de l'énergie en 2019**
https://www.statistiques.developpement-durable.gouv.fr/sites/default/files/2019-09/datalab-59-chiffres-cles-energie-edition-2019-septembre2019.pdf

- **Rendement des éoliennes, Énergie+ 2010**
https://energieplus-lesite.be/theories/eolien8/rendement-des-eoliennes/

LE SAVIEZ-VOUS ?

- Alors que le rendement moyen d'un panneau photovoltaïque est de 0,14 (14 %), une équipe de chercheurs allemands et français a déjà réussi à obtenir un rendement de 0,46 (46 %).

CORRECTION DES PARCOURS

À la fin des deux parcours, des élèves ayant suivi un parcours pourront présenter oralement aux élèves ayant suivi l'autre parcours leurs résultats et les démarches qu'ils ont mises en place. Cela permettra ensuite à l'enseignant d'institutionnaliser l'ensemble des nouveaux savoirs et savoir-faire découverts dans l'unité.

PARCOURS 1 Initiation

1 **a.** Une liste du matériel nécessaire à la réalisation de l'expérience (la pile au citron) est disponible à l'adresse : http://profpc.fr/spip.php?article8
Une vidéo permet aussi de présenter l'expérience et de montrer en plus que « l'association de citrons » permet d'augmenter la force électromotrice de la pile fabriquée : http://phymain.unisciel.fr/la-pile-au-citron/

b. La fiche 9 (→ **Bien démarrer, p. 123**) indique qu'une combustion est une transformation chimique exothermique. Ici, il ne s'agit pas d'une réaction de combustion mais d'une réaction permettant la circulation d'électrons dans les conducteurs métalliques. Cette conduction est rendue possible notamment grâce aux ions présents dans le jus de citron.

2 ▶ Chaîne énergétique d'une pile :

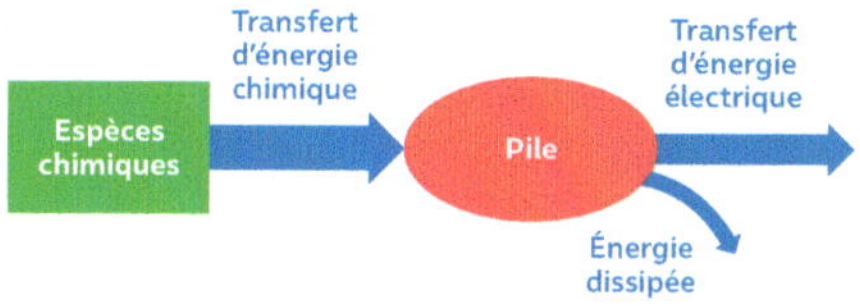

▶ Chaîne énergétique d'une centrale photovoltaïque :

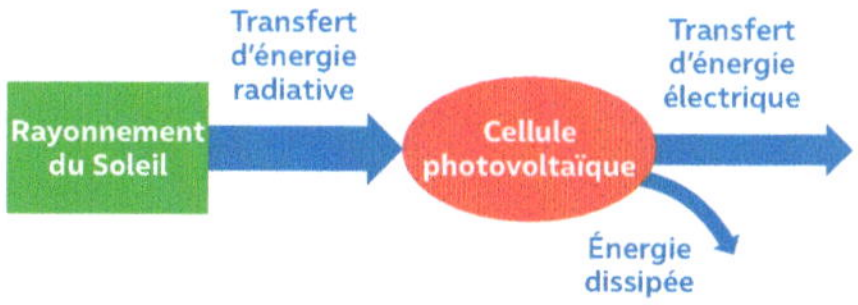

▶ Chaîne énergétique d'une centrale hydroélectrique :

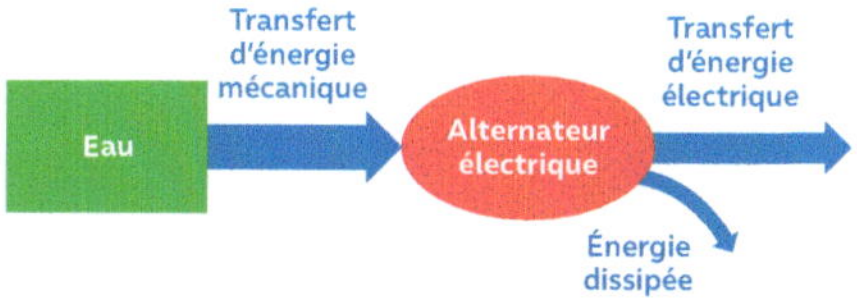

Ces trois chaînes énergétiques convertissent directement de l'énergie (chimique, radiative ou mécanique) pour produire de l'énergie électrique, comme la chaîne énergétique d'une éolienne, alors que la chaîne énergétique d'une centrale nucléaire montre que l'énergie électrique n'est pas directement produite à partir de l'énergie nucléaire.

Par ailleurs, la chaîne énergétique de l'éolienne est très semblable à celle de la centrale hydroélectrique. La seule différence porte sur l'énergie mécanique utilisée par l'alternateur électrique d'une centrale hydroélectrique. Celui-ci tourne grâce à une turbine mise en mouvement grâce à l'énergie mécanique et pas uniquement cinétique.

3 La présentation orale doit expliquer les points suivants, en utilisant un vocabulaire scientifique adapté :
– description d'une réaction de combustion et exemples éventuels de centrales thermiques à combustion (centrales thermiques au gaz ou au charbon par exemple) ;
– exemples de centrales sans combustion (celles des documents ou d'autres, comme par exemple des centrales géothermiques) ;
– possibilité d'utiliser des ressources d'énergie renouvelables (vent, eau, rayonnements solaires...) ou l'uranium par exemple.

→ **À l'oral du baccalauréat**, le fond mais aussi la forme seront évaluées, il est donc important de travailler la posture à l'oral lors de cette présentation.

PARCOURS 2 Confirmé

1 Il est possible de fabriquer une pile artisanale à base de pièces de monnaie et de vinaigre (→ description et matériel nécessaire : https://www.lastucerie.fr/pile-artisanale/) ou d'utiliser une éolienne de laboratoire. La chaîne énergétique attendue est celle que l'on trouve indiquée ci-dessus ou celle du **doc. 1** de l'unité.

2 **a.** Le rendement global est défini par : $\eta = \mathcal{P}_{utile}/\mathcal{P}_{reçue}$.
– Pour $v = 6\ m{\cdot}s^{-1}$, $\eta = 2/10 = 0{,}2$.
– Pour $v = 13\ m{\cdot}s^{-1}$, $\eta = 35/100 = 0{,}35$.
– Pour $v = 17\ m{\cdot}s^{-1}$, $\eta = 40/170 = 0{,}24$.

b. Pour une vitesse du vent légèrement supérieure à $14\ m{\cdot}s^{-1}$ ($50\ km{\cdot}h^{-1}$), la puissance électrique fournie par l'éolienne stagne à 40 kW alors que la puissance du vent reçue par l'éolienne continue d'augmenter. Le rendement diminue donc à partir de cette vitesse.

On peut faire l'hypothèse qu'à partir d'une certaine valeur de vitesse du vent, les pales de l'éolienne ne tournent pas plus vite. Leur rotation est sans doute bridée pour des questions de sécurité du matériel.

3 La présentation orale pourra s'appuyer sur un tableau regroupant pour les exemples des documents, une colonne avec le rendement, une autre avec la puissance utile et éventuellement une colonne sur le type de ressource primaire ou sur les déchets engendrés.

INDICATEURS DE RÉUSSITE	NIVEAU A	B	C	D
Qualité de la prise de parole en continu.				
Qualité et construction de l'argumentation.				

Livre de l'élève

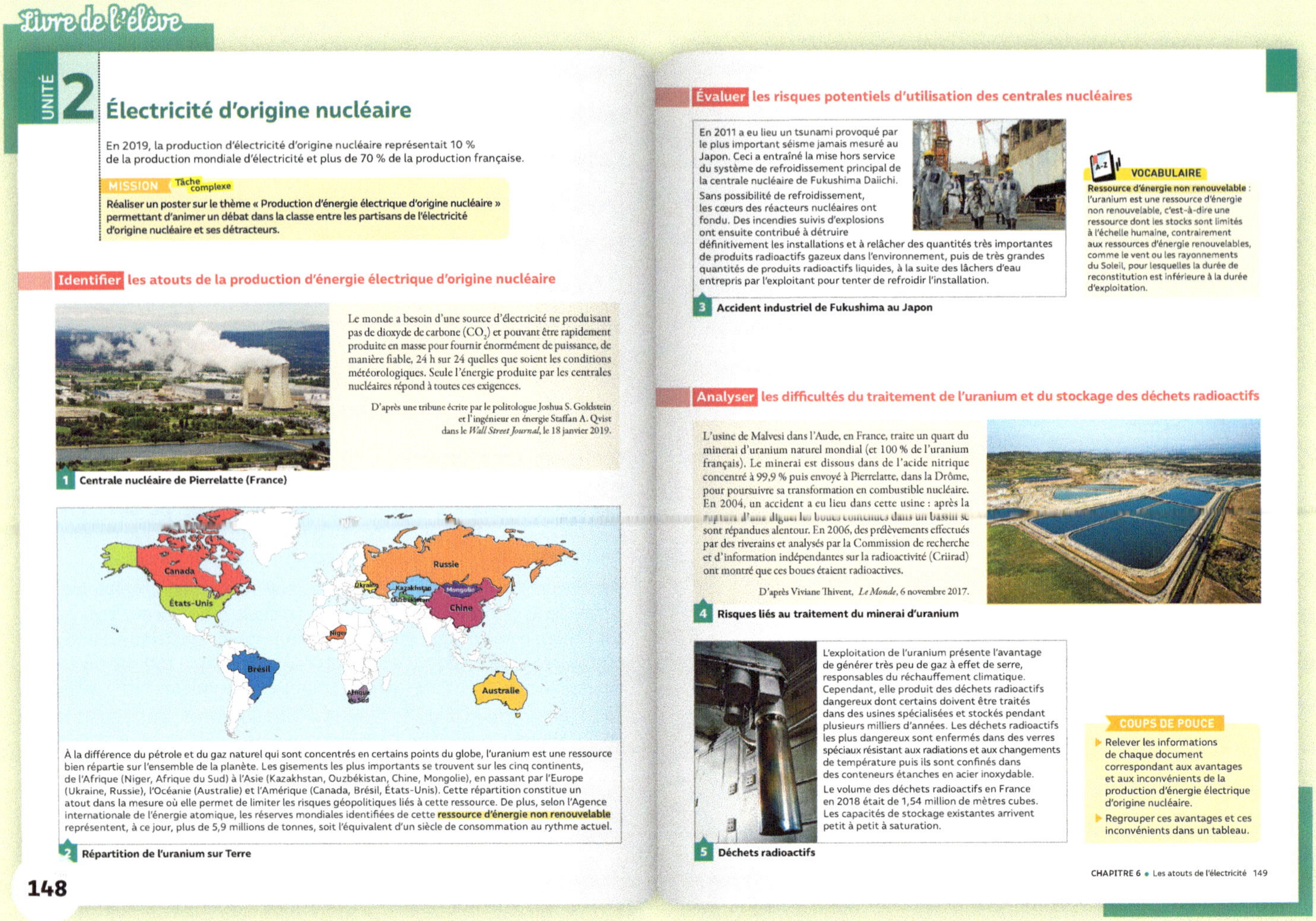

UNITÉ 2

Électricité d'origine nucléaire

En 2019, la production d'électricité d'origine nucléaire représentait 10 % de la production mondiale d'électricité et plus de 70 % de la production française.

MISSION Tâche complexe

Réaliser un poster sur le thème « Production d'énergie électrique d'origine nucléaire » permettant d'animer un débat dans la classe entre les partisans de l'électricité d'origine nucléaire et ses détracteurs.

Identifier les atouts de la production d'énergie électrique d'origine nucléaire

Le monde a besoin d'une source d'électricité ne produisant pas de dioxyde de carbone (CO_2) et pouvant être rapidement produite en masse pour fournir énormément de puissance, de manière fiable, 24 h sur 24 quelles que soient les conditions météorologiques. Seule l'énergie produite par les centrales nucléaires répond à toutes ces exigences.

D'après une tribune écrite par le politologue Joshua S. Goldstein et l'ingénieur en énergie Staffan A. Qvist dans le *Wall Street Journal*, le 18 janvier 2019.

1 Centrale nucléaire de Pierrelatte (France)

À la différence du pétrole et du gaz naturel qui sont concentrés en certains points du globe, l'uranium est une ressource bien répartie sur l'ensemble de la planète. Les gisements les plus importants se trouvent sur les cinq continents, de l'Afrique (Niger, Afrique du Sud) à l'Asie (Kazakhstan, Ouzbékistan, Chine, Mongolie), en passant par l'Europe (Ukraine, Russie), l'Océanie (Australie) et l'Amérique (Canada, Brésil, États-Unis). Cette répartition constitue un atout dans la mesure où elle permet de limiter les risques géopolitiques liés à cette ressource. De plus, selon l'Agence internationale de l'énergie atomique, les réserves mondiales identifiées de cette ressource d'énergie non renouvelable représentent, à ce jour, plus de 5,9 millions de tonnes, soit l'équivalent d'un siècle de consommation au rythme actuel.

2 Répartition de l'uranium sur Terre

148

Évaluer les risques potentiels d'utilisation des centrales nucléaires

En 2011 a eu lieu un tsunami provoqué par le plus important séisme jamais mesuré au Japon. Ceci a entraîné la mise hors service du système de refroidissement principal de la centrale nucléaire de Fukushima Daiichi.

Sans possibilité de refroidissement, les cœurs des réacteurs nucléaires ont fondu. Des incendies suivis d'explosions ont ensuite contribué à détruire définitivement les installations et à relâcher des quantités très importantes de produits radioactifs gazeux dans l'environnement, puis de très grandes quantités de produits radioactifs liquides, à la suite des lâchers d'eau entrepris par l'exploitant pour tenter de refroidir l'installation.

3 Accident industriel de Fukushima au Japon

VOCABULAIRE

Ressource d'énergie non renouvelable : l'uranium est une ressource d'énergie non renouvelable, c'est-à-dire une ressource dont les stocks sont limités à l'échelle humaine, contrairement aux ressources d'énergie renouvelables, comme le vent ou les rayonnements du Soleil, pour lesquelles la durée de reconstitution est inférieure à la durée d'exploitation.

Analyser les difficultés du traitement de l'uranium et du stockage des déchets radioactifs

L'usine de Malvesi dans l'Aude, en France, traite un quart du minerai d'uranium naturel mondial (et 100 % de l'uranium français). Le minerai est dissous dans de l'acide nitrique concentré à 99,9 % puis envoyé à Pierrelatte, dans la Drôme, pour poursuivre sa transformation en combustible nucléaire. En 2004, un accident a eu lieu dans cette usine : après la rupture d'une digue, les boues contenues dans un bassin se sont répandues alentour. En 2006, des prélèvements effectués par des riverains et analysés par la Commission de recherche et d'information indépendantes sur la radioactivité (Criirad) ont montré que ces boues étaient radioactives.

D'après Viviane Thivent, *Le Monde*, 6 novembre 2017.

4 Risques liés au traitement du minerai d'uranium

L'exploitation de l'uranium présente l'avantage de générer très peu de gaz à effet de serre, responsables du réchauffement climatique. Cependant, elle produit des déchets radioactifs dangereux dont certains doivent être traités dans des usines spécialisées et stockés pendant plusieurs milliers d'années. Les déchets radioactifs les plus dangereux sont enfermés dans des verres spéciaux résistant aux radiations et aux changements de température puis ils sont confinés dans des conteneurs étanches en acier inoxydable.

Le volume des déchets radioactifs en France en 2018 était de 1,54 million de mètres cubes. Les capacités de stockage existantes arrivent petit à petit à saturation.

5 Déchets radioactifs

COUPS DE POUCE

- Relever les informations de chaque document correspondant aux avantages et aux inconvénients de la production d'énergie électrique d'origine nucléaire.
- Regrouper ces avantages et ces inconvénients dans un tableau.

CHAPITRE 6 • Les atouts de l'électricité 149

problèmes scientifiques

- **Pourquoi l'uranium est-il une ressource très utilisée dans la production d'énergie électrique française ?**
- **La production d'électricité d'origine nucléaire a-t-elle un impact sur l'environnement ?**

Mobilisation des acquis

- Vu au collège et en seconde (physique-chimie) :
  – sources, transferts, conversions et bilans d'énergie ;
  – transformations nucléaires dans le Soleil et les centrales nucléaires.
- Vu en première (enseignement scientifique) :
  – radioactivité (décroissance radioactive, demi-vie, etc.).

Les grandes idées à construire

- La production d'énergie électrique à partir de l'énergie nucléaire présente à la fois des avantages et des inconvénients selon l'angle sous lequel on considère cette production.

Les compétences travaillées

- **S'approprier :** extraire et organiser l'information contenue dans divers documents.
- **Réaliser :** procéder à un changement de registre en organisant les informations extraites des textes sous forme d'un tableau puis sous forme d'un poster.
- **Communiquer :** débattre en utilisant des arguments scientifiques.

Les représentations de l'élève

- En fonction de leurs sensibilités, les élèves peuvent n'avoir qu'un type d'argument pour étayer leur prise de position :
  – la production d'électricité à partir de l'énergie nucléaire peut être considérée comme la seule solution viable vis-à-vis des ressources en hydrocarbures qui s'amenuisent ;
  – la production d'électricité à partir de l'énergie nucléaire doit être abandonnée à tout prix au regard des difficultés de traitement des déchets et des accidents industriels éventuels.
- Il conviendra donc d'amener les élèves à débattre avec des arguments scientifiques en leur montrant que la réponse à une question n'est pas forcément univoque pour peu que l'on prenne la peine d'analyser cette question sous différents angles, et que le scientifique doit le plus possible « dépassionner » le débat afin que tous les arguments puissent être passés au crible.

Ce que disent les documents

1 Cet extrait d'article insiste sur des aspects positifs de la production d'énergie électrique à partir d'énergie nucléaire :
– absence d'émission directe de gaz à effet de serre ;
– grande puissance produite déconnectée des conditions météorologiques contrairement à la production d'électricité grâce aux panneaux photovoltaïques ou aux éoliennes.

Idée de question :

– La production d'électricité d'origine nucléaire peut-elle être qualifiée de production sans aucune émission de gaz à effet de serre ?

2 Ce document présente sur une carte du monde les pays possédant des gisements d'uranium. Cette carte vient en appui du texte de présentation indiquant que cette répartition sur le globe permet d'éviter certains problèmes géopolitiques. Ce deuxième document donne donc un argument en faveur de la production d'électricité d'origine nucléaire.

→ Des compléments d'information peuvent être trouvés dans l'article de la Société française d'énergie nucléaire : http://www.sfen.org/energie-nucleaire/panorama-nucleaire/uranium-monde

? Idée de question :
- Quels problèmes pose la répartition des gisements d'hydrocarbure dans le monde ?

3 Ce document présente, sous forme d'un court texte, l'accident industriel de Fukushima. Un lien peut être fait avec le schéma du **doc. 3 de l'unité 1** pour comprendre le texte.

→ En complément, une vidéo de l'Institut de radioprotection et de sûreté nucléaire pourra être projetée (11′42″) : https://www.youtube.com/watch?v=gF19Ukb4S-I

? Idée de question :
- Toutes les centrales nucléaires peuvent-elles être le lieu d'un accident industriel ?

4 et **5** Ces deux documents présentent les difficultés de traitement du minerai d'uranium avant son utilisation dans une centrale à fission ainsi que l'existence de déchets radioactifs à l'issue de la fission. Un rappel sur la demi-vie des radionucléides vue lors de l'enseignement scientifique de première pourra être fait ici.

Les + pour préparer votre séance

- Proposer un QCM complémentaire de remobilisation des acquis en début de séance. En voici un exemple :

1. L'énergie nucléaire est l'énergie :
a. des noyaux.
b. des atomes.
c. des molécules.
d. des ions.

2. Les centrales nucléaires actuellement en fonctionnement sont le lieu de réactions :
a. de frisson nucléaire.
b. de fission nucléaire.
c. de fusion nucléaire.
d. de combustion.

3. Dans une centrale nucléaire, de l'énergie nucléaire est :
a. produite dans la centrale.
b. transférée à l'extérieur de la centrale.
c. convertie directement en énergie électrique.
d. convertie indirectement en énergie électrique.

4. Les déchets produits par la réaction de fission nucléaire sont :
a. stockés dans des containers.
b. rejetés dans la mer.
c. réutilisés pour la fission nucléaire.
d. brûlés pour être détruits.

Vidéo

- **Que faire des déchets radioactifs ? Andra, 2013**

Cette vidéo présente les solutions de retraitement des déchets radioactifs en fonction de leur activité.
https://www.andra.fr/les-dechets-radioactifs/les-solutions-de-gestion

LE SAVIEZ-VOUS ?

▶ La filière nucléaire possède les ressources nécessaires pour son fonctionnement durant le siècle à venir, même si le nombre des réacteurs nucléaires en service est doublé.

▶ En France, environ 85 % du volume des déchets radioactifs produits annuellement ont pour origine la production d'électricité. Les 15 % restants proviennent des industries non nucléaires, des hôpitaux, des universités ou de la recherche, ainsi que de la production et de l'entretien de l'armement nucléaire.

CORRECTION DE L'UNITÉ

Les informations des documents peuvent être regroupées dans un tableau indiquant s'il s'agit d'un avantage ou d'un inconvénient.

	Avantages	Inconvénients
Production de gaz à effet de serre	Très peu de gaz à effet de serre (dioxyde de carbone CO_2 en particulier) produit de façon directe.	→ Article présentant les émissions de gaz à effet de serre de la filière : http://www.sfen.org/rgn/confusion-chiffres-emissions-co2-nucleaire
Production d'électricité prévisible et non soumise à la météo	Contrairement à certaines productions intermittentes comme le solaire ou l'éolien.	
Puissance électrique fournie très importante	Très élevée par rapport aux autres types de centrales (→ **données de l'unité 1**).	
Répartition sur tous les continents de l'uranium	Permet d'éviter certains conflits dus à la pénurie de matière première comme dans le cas du pétrole.	
Quantité d'uranium restante sur Terre	Permet une production d'énergie sur un plus long terme qu'avec les réserves d'hydrocarbures.	Ressource d'énergie non renouvelable.
Traitement du minerai pour son utilisation dans une centrale		Le minerai extrait n'est pas exploitable en l'état, il doit être traité.
Accidents industriels		Plusieurs accidents nucléaires majeurs ont déjà eu lieu : Tchernobyl et Fukushima sont les plus importants.
Production de déchets radioactifs		En grand nombre et principalement issus de l'industrie de production d'électricité dans les centrales.
Nécessité de stockage des déchets		Quantités très importantes de déchets à stocker et de plus en plus de difficultés à trouver des lieux de stockage sur du très long terme.

INDICATEURS DE RÉUSSITE	NIVEAU A	B	C	D
Les différentes informations utiles sont extraites des documents.				
Les avantages et les inconvénients sont présentés de manière impartiale.				
L'ensemble est présenté de façon synthétique et claire (sous forme d'un tableau par exemple).				

Pour aller plus loin, il peut être intéressant de sensibiliser les élèves aux avantages considérables que représenterait la maîtrise de la fusion nucléaire sur Terre :

Article en ligne https://www.scienceinschool.org/2012/issue22/fusion

Cet article est en anglais afin de permettre aux élèves de se familiariser avec la lecture d'articles scientifiques en anglais mais il est également disponible en français si nécessaire :

Article en ligne https://www.scienceinschool.org/fr/2012/issue22/fusion

Livre de l'élève

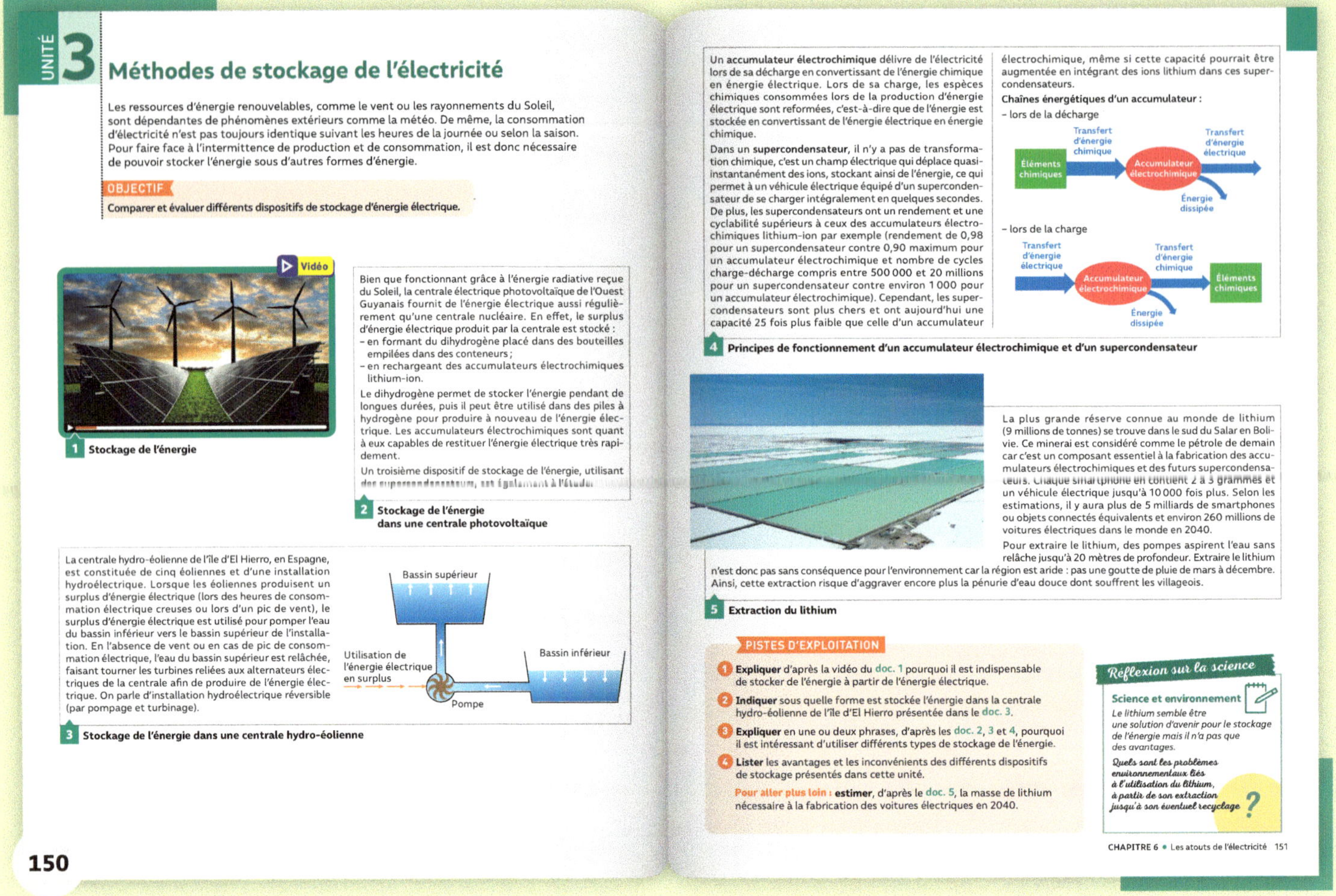
UNITÉ 3

Méthodes de stockage de l'électricité

Les ressources d'énergie renouvelables, comme le vent ou les rayonnements du Soleil, sont dépendantes de phénomènes extérieurs comme la météo. De même, la consommation d'électricité n'est pas toujours identique suivant les heures de la journée ou selon la saison. Pour faire face à l'intermittence de production et de consommation, il est donc nécessaire de pouvoir stocker l'énergie sous d'autres formes d'énergie.

OBJECTIF

Comparer et évaluer différents dispositifs de stockage d'énergie électrique.

Vidéo

1 Stockage de l'énergie

Bien que fonctionnant grâce à l'énergie radiative reçue du Soleil, la centrale électrique photovoltaïque de l'Ouest Guyanais fournit de l'énergie électrique aussi régulièrement qu'une centrale nucléaire. En effet, le surplus d'énergie électrique produit par la centrale est stocké :
- en formant du dihydrogène placé dans des bouteilles empilées dans des conteneurs ;
- en rechargeant des accumulateurs électrochimiques lithium-ion.

Le dihydrogène permet de stocker l'énergie pendant de longues durées, puis il peut être utilisé dans des piles à hydrogène pour produire à nouveau de l'énergie électrique. Les accumulateurs électrochimiques sont quant à eux capables de restituer l'énergie électrique très rapidement.

Un troisième dispositif de stockage de l'énergie, utilisant des supercondensateurs, est également à l'étude.

2 Stockage de l'énergie dans une centrale photovoltaïque

La centrale hydro-éolienne de l'île d'El Hierro, en Espagne, est constituée de cinq éoliennes et d'une installation hydroélectrique. Lorsque les éoliennes produisent un surplus d'énergie électrique (lors des heures de consommation électrique creuses ou lors d'un pic de vent), le surplus d'énergie électrique est utilisé pour pomper l'eau du bassin inférieur vers le bassin supérieur de l'installation. En l'absence de vent ou en cas de pic de consommation électrique, l'eau du bassin supérieur est relâchée, faisant tourner les turbines reliées aux alternateurs électriques de la centrale afin de produire de l'énergie électrique. On parle d'installation hydroélectrique réversible (par pompage et turbinage).

3 Stockage de l'énergie dans une centrale hydro-éolienne

150

Un **accumulateur électrochimique** délivre de l'électricité lors de sa décharge en convertissant de l'énergie chimique en énergie électrique. Lors de sa charge, les espèces chimiques consommées lors de la production d'énergie électrique sont reformées, c'est-à-dire que de l'énergie est stockée en convertissant de l'énergie électrique en énergie chimique.

Dans un **supercondensateur**, il n'y a pas de transformation chimique, c'est un champ électrique qui déplace quasi-instantanément des ions, stockant ainsi de l'énergie, ce qui permet à un véhicule électrique équipé d'un supercondensateur de se charger intégralement en quelques secondes. De plus, les supercondensateurs ont un rendement et une cyclabilité supérieurs à ceux des accumulateurs électrochimiques lithium-ion par exemple (rendement de 0,98 pour un supercondensateur contre 0,90 maximum pour un accumulateur électrochimique et nombre de cycles charge-décharge compris entre 500 000 et 20 millions pour un supercondensateur contre environ 1 000 pour un accumulateur électrochimique). Cependant, les supercondensateurs sont plus chers et ont aujourd'hui une capacité 25 fois plus faible que celle d'un accumulateur électrochimique, même si cette capacité pourrait être augmentée en intégrant des ions lithium dans ces supercondensateurs.

Chaînes énergétiques d'un accumulateur :
- lors de la décharge
- lors de la charge

4 Principes de fonctionnement d'un accumulateur électrochimique et d'un supercondensateur

La plus grande réserve connue au monde de lithium (9 millions de tonnes) se trouve dans le sud du Salar en Bolivie. Ce minerai est considéré comme le pétrole de demain car c'est un composant essentiel à la fabrication des accumulateurs électrochimiques et des futurs supercondensateurs. Chaque smartphone en contient 2 à 3 grammes et un véhicule électrique jusqu'à 10 000 fois plus. Selon les estimations, il y aura plus de 5 milliards de smartphones ou objets connectés équivalents et environ 260 millions de voitures électriques dans le monde en 2040.

Pour extraire le lithium, des pompes aspirent l'eau sans relâche jusqu'à 20 mètres de profondeur. Extraire le lithium n'est donc pas sans conséquence pour l'environnement car la région est aride : pas une goutte de pluie de mars à décembre. Ainsi, cette extraction risque d'aggraver encore plus la pénurie d'eau douce dont souffrent les villageois.

5 Extraction du lithium

PISTES D'EXPLOITATION

1. **Expliquer** d'après la vidéo du doc. 1 pourquoi il est indispensable de stocker de l'énergie à partir de l'énergie électrique.
2. **Indiquer** sous quelle forme est stockée l'énergie dans la centrale hydro-éolienne de l'île d'El Hierro présentée dans le doc. 3.
3. **Expliquer** en une ou deux phrases, d'après les doc. 2, 3 et 4, pourquoi il est intéressant d'utiliser différents types de stockage de l'énergie.
4. **Lister** les avantages et les inconvénients des différents dispositifs de stockage présentés dans cette unité.

Pour aller plus loin : **estimer**, d'après le doc. 5, la masse de lithium nécessaire à la fabrication des voitures électriques en 2040.

Réflexion sur la science

Science et environnement

Le lithium semble être une solution d'avenir pour le stockage de l'énergie mais il n'a pas que des avantages.

Quels sont les problèmes environnementaux liés à l'utilisation du lithium, à partir de son extraction jusqu'à son éventuel recyclage ?

CHAPITRE 6 • Les atouts de l'électricité 151

problèmes scientifiques

- Pour quelles raisons est-il nécessaire de convertir l'énergie électrique en d'autres formes d'énergie ?
- Pourquoi n'emploie-t-on pas un seul moyen de stockage de l'énergie à partir d'énergie électrique ?

Mobilisation des acquis

- Vu au collège (en physique-chimie) :
  – sources, transferts, conversions et bilans d'énergie.
- Vu au collège, en seconde et en première (enseignement scientifique, SVT et physique-chimie) ainsi que dans le thème 1 de ce manuel :
  – ressources d'énergie renouvelables et non renouvelables, effet de serre.

Les grandes idées à construire

- En fonction du convertisseur utilisé pour produire de l'énergie électrique, cette production peut être intermittente ou avoir lieu à des moments où la consommation est faible.
- L'énergie électrique n'est pas une énergie stockable en tant que telle. Il faut la convertir en une autre forme d'énergie stockable.

Les compétences travaillées

- **S'approprier :** extraire et organiser l'information contenue dans divers documents (textes, schémas, vidéo).
- **Réaliser :** réaliser un calcul sans oublier l'unité.

Les représentations de l'élève

- L'électricité étant une énergie à disposition quasi constante dans notre pays, les élèves n'ont pas l'idée que certaines productions d'énergie électriques sont intermittentes.
- Il est nécessaire d'insister sur le fait que ce n'est pas l'énergie électrique qui est stockée (abus de langage souvent rencontré) mais que c'est une forme d'énergie issue de la conversion de l'énergie électrique.

Ce que disent les documents

1 Cette vidéo présente de façon simple le problème de l'intermittence de production de l'électricité notamment pour l'éolien et le solaire. Sont ensuite donnés deux exemples de dispositifs de stockage de l'électricité :
– les batteries, avec une comparaison entre les batteries lithium-ion et les batteries zinc-air en termes de temps de recharge, de matériaux utilisés et de recyclabilité ;
– les barrages de centrales hydroélectriques.

? Idée de question :
– L'énergie stockée est-elle de l'énergie électrique ?

3 Le document reprend une partie de la vidéo du doc. 1 pour expliquer les différentes phases de production d'énergie électrique et de stockage d'énergie dans une centrale alliant une installation hydroélectrique et des éoliennes.

? Idée de question :
– La production d'électricité dans une centrale hydroélectrique est-elle intermittente ?

2 et **4** Les documents présentent trois moyens de stockage d'énergie : accumulateur lithium-ion, fabrication de dihydrogène (**doc. 2**), supercondensateur (**doc. 4**).

Idée de question :

– Quelle est la conversion d'énergie réalisée lors de la production de dihydrogène ?

5 Les problèmes environnementaux dus à l'extraction du lithium sont expliqués dans ce document ainsi que dans la vidéo « "Nous n'avons pas d'eau" : les effets catastrophiques du lithium sur l'environnement », BRUT, France Télévision, 2019 : https://www.francetvinfo.fr/economie/emploi/video-nous-navons-pas-deau-les-effets-catastrophiques-du-lithium-sur-l-environnement_3136717.html

Les + pour préparer votre séance

- Proposer un QCM complémentaire de remobilisation des acquis en début de séance. [→ **Annexe 2, page 122**]

Vidéo

- Il peut être intéressant de montrer aux élèves la production de dihydrogène au laboratoire à l'aide d'un capteur solaire : https://www.canal-u.tv/video/upmc/l_energie_solaire.10507
- Compléments d'information sur le fonctionnement simplifié d'un accumulateur lithium-ion : https://www.youtube.com/watch?v=EDRDrT8zSHA
- Compléments d'information sur l'utilisation du dihydrogène :
https://www.youtube.com/watch?v=Mo1lWqjJgkw&feature=youtu.be
https://www.youtube.com/watch?v=AFZZoMc8PjU&feature=youtu.be
https://www.youtube.com/watch?v=7ZzVwI5zwY0&feature=youtu.be
https://www.youtube.com/watch?v=7Bn9Gp5kuyI
- Compléments d'information sur le fonctionnement d'un supercondensateur : http://www.supercondensateur.com/supercondensateur-explique-par-une-chercheuse-du-cnrs

LE SAVIEZ-VOUS ?

- Le temps de charge d'un accumulateur dans une voiture prend plusieurs heures alors que la charge d'un supercondensateur ne prend que quelques secondes.
- Le Land de Basse-Saxe, en Allemagne, a annoncé en novembre 2017 la commande à Alstom de quatorze trains à pile à combustible, dont la mise en service est attendue pour fin 2020.

CORRECTION DE L'UNITÉ

Les parcours possibles

L'ensemble des élèves de la classe peuvent traiter les questions 1 à 4 ainsi que la rubrique « Réflexion sur la science ». Les élèves plus rapides peuvent quant à eux chercher à répondre en plus à la dernière question **« Pour aller plus loin »**.

1. La vidéo présente l'intermittence de la production de l'électricité notamment pour l'éolien et le solaire : une éolienne ne fonctionne que s'il y a suffisamment de vent et un panneau solaire ne produit de l'énergie électrique que s'il y a suffisamment de rayonnements solaires. Par ailleurs, la consommation d'énergie électrique n'est pas constante : elle est plus importante le soir par exemple ou encore en hiver.
Il est donc nécessaire de stocker une partie de l'énergie produite pour l'utiliser au moment où la demande est la plus forte.

2. Lors du pompage de l'eau, l'eau gagne en altitude : elle acquiert donc de l'énergie potentielle de pesanteur.

3. Il est intéressant d'utiliser divers modes de stockage de l'énergie car chacun a des caractéristiques différentes : durée possible du stockage, restitution plus ou moins rapide de l'énergie stockée, rendement du stockage-déstockage, capacité de stockage, coût du stockage, nombre de cycles de stockage-déstockage possibles.

4. Avantages : le dihydrogène permet de stocker l'énergie sur de grandes durées ; les accumulateurs électrochimiques sont capables de restituer l'énergie très rapidement et ont une grande capacité ; un supercondensateur se charge en quelques secondes, a un bon rendement et une grande cyclabilité.
Inconvénients : les accumulateurs électrochimiques ont un assez faible rendement, une assez faible capacité et une assez faible cyclabilité ; les supercondensateurs sont chers et ont une assez faible capacité.

Pour aller plus loin : d'après le **doc. 5**, il y aura 260 millions de véhicules électriques en 2040. Chaque véhicule contient 10 000 fois plus de lithium qu'un smartphone donc 3 × 10 000 = 30 000 g = 30 kg de lithium. Il y aura donc un besoin en lithium de 260 × 30 = 7 800 millions de kg soit 7,8 milliards de kg ou 7,8 millions de tonnes.

Réflexion sur la science – « Science et environnement »

Voici quelques extraits permettant aux élèves de comprendre les problèmes environnementaux liés à l'utilisation du lithium.

- Alan Loquet, *Corruption, pollution, consommation : les ravages du lithium en Argentine*, Reporterre, 2014.
https://reporterre.net/Corruption-pollution-consommation-les-ravages-du-lithium-en-Argentine
« Vigognes, flamants roses, lamas, souris mais aussi bactéries extrêmophiles – capables de vivre dans des conditions extrêmes – sont directement menacés. *"L'inquiétude centrale, c'est l'eau"*, s'alarme Nelly Vargas. La spécialiste s'attend à un désastre écologique. *"L'usage industriel et le rejet des effluents me préoccupent. Il y a un risque pur et simple de sécheresse dans une région où la situation s'avère déjà tendue."* Selon l'enquête d'impact, l'usine aurait un besoin de dix litres d'eau par seconde pour tenir les cadences de production fixées par les investisseurs. »
- La presse canadienne, 2019
https://ici.radio-canada.ca/nouvelle/1159629/amnistie-denonce-pollution-carbone-batteries-voitures-electriques
« La production de batteries lithium-ion pour les véhicules électriques consomme beaucoup d'énergie et les usines sont concentrées en Chine, en Corée du Sud et au Japon, où la production d'électricité dépend en grande partie du charbon ou d'autres combustibles fossiles. »
- youmatter Planète , 2017
https://youmatter.world/fr/transition-energetique-plan-climat-lithium-reserves/
« Il faut également noter qu'il sera certainement possible de recycler au moins partiellement les batteries. En fait, actuellement il est déjà possible de recycler le lithium des batteries lithium-ion avec des taux de conservations élevés.
Cependant les processus de recyclage sont extrêmement lourds et demandent énormément de ressources et d'énergie et ils ne sont pas rentables économiquement. »

Il est possible que certains élèves ayant traité la partie « Science et environnement » présentent à l'oral en quelques minutes le fruit de leur recherche. On peut alors demander aux autres élèves d'évaluer leurs camarades selon les critères suivants.

INDICATEURS DE RÉUSSITE	NIVEAU			
	A	B	C	D
Les sources utilisées pour la présentation sont bien explicitées.				
Différents aspects des problèmes rencontrés dans l'utilisation du lithium, depuis son extraction jusqu'à son éventuel recyclage, sont présentés.				
L'oral est fluide et le propos clair.				

Livre de l'élève

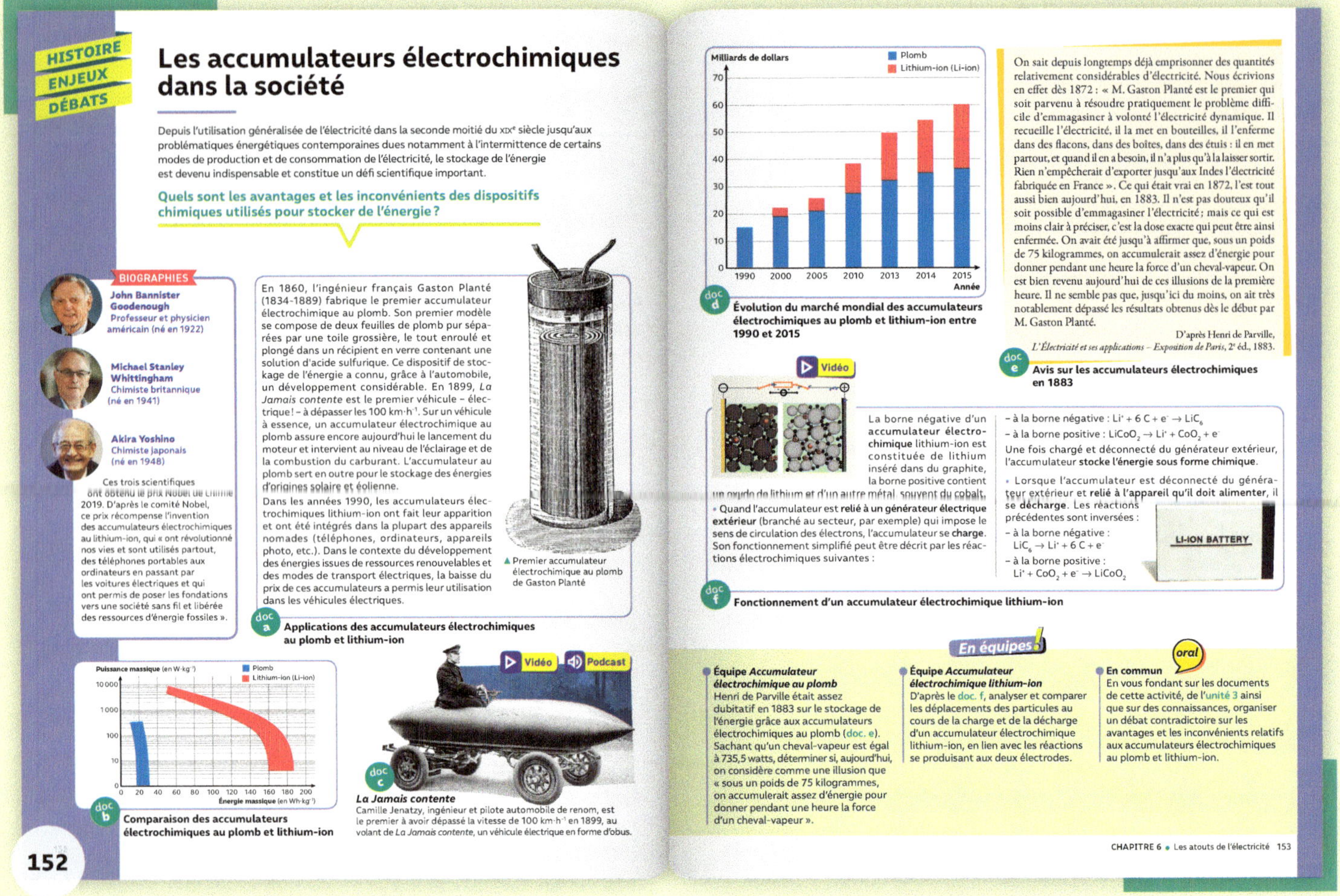

HISTOIRE ENJEUX DÉBATS

Les accumulateurs électrochimiques dans la société

Depuis l'utilisation généralisée de l'électricité dans la seconde moitié du XIXe siècle jusqu'aux problématiques énergétiques contemporaines dues notamment à l'intermittence de certains modes de production et de consommation de l'électricité, le stockage de l'énergie est devenu indispensable et constitue un défi scientifique important.

Quels sont les avantages et les inconvénients des dispositifs chimiques utilisés pour stocker de l'énergie ?

BIOGRAPHIES

John Bannister Goodenough Professeur et physicien américain (né en 1922)

Michael Stanley Whittingham Chimiste britannique (né en 1941)

Akira Yoshino Chimiste japonais (né en 1948)

Ces trois scientifiques ont obtenu le prix Nobel de chimie 2019. D'après le comité Nobel, ce prix récompense l'invention des accumulateurs électrochimiques au lithium-ion, qui « ont révolutionné nos vies et sont utilisés partout, des téléphones portables aux ordinateurs en passant par les voitures électriques et qui ont permis de poser les fondations vers une société sans fil et libérée des ressources d'énergie fossiles ».

En 1860, l'ingénieur français Gaston Planté (1834-1889) fabrique le premier accumulateur électrochimique au plomb. Son premier modèle se compose de deux feuilles de plomb pur séparées par une toile grossière, le tout enroulé et plongé dans un récipient en verre contenant une solution d'acide sulfurique. Ce dispositif de stockage de l'énergie a connu, grâce à l'automobile, un développement considérable. En 1899, *La Jamais contente* est le premier véhicule – électrique ! – à dépasser les 100 $km \cdot h^{-1}$. Sur un véhicule à essence, un accumulateur électrochimique au plomb assure encore aujourd'hui le lancement du moteur et intervient au niveau de l'éclairage et de la combustion du carburant. L'accumulateur au plomb sert en outre pour le stockage des énergies d'origines solaire et éolienne.

Dans les années 1990, les accumulateurs électrochimiques lithium-ion ont fait leur apparition et ont été intégrés dans la plupart des appareils nomades (téléphones, ordinateurs, appareils photo, etc.). Dans le contexte du développement des énergies issues de ressources renouvelables et des modes de transport électriques, la baisse du prix de ces accumulateurs a permis leur utilisation dans les véhicules électriques.

▲ Premier accumulateur électrochimique au plomb de Gaston Planté

doc a Applications des accumulateurs électrochimiques au plomb et lithium-ion

doc b Comparaison des accumulateurs électrochimiques au plomb et lithium-ion

Vidéo Podcast

doc c ***La Jamais contente***
Camille Jenatzy, ingénieur et pilote automobile de renom, est le premier à avoir dépassé la vitesse de 100 $km \cdot h^{-1}$ en 1899, au volant de *La Jamais contente*, un véhicule électrique en forme d'obus.

152

doc d Évolution du marché mondial des accumulateurs électrochimiques au plomb et lithium-ion entre 1990 et 2015

On sait depuis longtemps déjà emprisonner des quantités relativement considérables d'électricité. Nous écrivions en effet dès 1872 : « M. Gaston Planté est le premier qui soit parvenu à résoudre pratiquement le problème difficile d'emmagasiner à volonté l'électricité dynamique. Il recueille l'électricité, il la met en bouteilles, il l'enferme dans des flacons, dans des boîtes, dans des étuis : il en met partout, et quand il en a besoin, il n'a plus qu'à la laisser sortir. Rien n'empêcherait d'exporter jusqu'aux Indes l'électricité fabriquée en France ». Ce qui était vrai en 1872, l'est tout aussi bien aujourd'hui, en 1883. Il n'est pas douteux qu'il soit possible d'emmagasiner l'électricité ; mais ce qui est moins clair à préciser, c'est la dose exacte qui peut être ainsi enfermée. On avait été jusqu'à affirmer que, sous un poids de 75 kilogrammes, on accumulerait assez d'énergie pour donner pendant une heure la force d'un cheval-vapeur. On est bien revenu aujourd'hui de ces illusions de la première heure. Il ne semble pas que, jusqu'ici du moins, on ait très notablement dépassé les résultats obtenus dès le début par M. Gaston Planté.

D'après Henri de Parville, *L'Électricité et ses applications – Exposition de Paris*, 2e éd., 1883.

doc e Avis sur les accumulateurs électrochimiques en 1883

Vidéo

La borne négative d'un **accumulateur électrochimique** lithium-ion est constituée de lithium inséré dans du graphite, la borne positive contient un oxyde de lithium et d'un autre métal, souvent du cobalt.

• Quand l'accumulateur est **relié à un générateur électrique extérieur** (branché au secteur, par exemple) qui impose le sens de circulation des électrons, l'accumulateur se **charge**. Son fonctionnement simplifié peut être décrit par les réactions électrochimiques suivantes :

– à la borne négative : $Li^+ + 6\,C + e^- \rightarrow LiC_6$

– à la borne positive : $LiCoO_2 \rightarrow Li^+ + CoO_2 + e^-$

Une fois chargé et déconnecté du générateur extérieur, l'accumulateur **stocke l'énergie sous forme chimique**.

• Lorsque l'accumulateur est déconnecté du générateur extérieur et **relié à l'appareil qu'il doit alimenter**, il se **décharge**. Les réactions précédentes sont inversées :

– à la borne négative : $LiC_6 \rightarrow Li^+ + 6\,C + e^-$

– à la borne positive : $Li^+ + CoO_2 + e^- \rightarrow LiCoO_2$

doc f Fonctionnement d'un accumulateur électrochimique lithium-ion

En équipes ! oral

• **Équipe *Accumulateur électrochimique au plomb***
Henri de Parville était assez dubitatif en 1883 sur le stockage de l'énergie grâce aux accumulateurs électrochimiques au plomb (doc. e). Sachant qu'un cheval-vapeur est égal à 735,5 watts, déterminer si, aujourd'hui, on considère comme une illusion que « sous un poids de 75 kilogrammes, on accumulerait assez d'énergie pour donner pendant une heure la force d'un cheval-vapeur ».

• **Équipe *Accumulateur électrochimique lithium-ion***
D'après le doc. f, analyser et comparer les déplacements des particules au cours de la charge et de la décharge d'un accumulateur électrochimique lithium-ion, en lien avec les réactions se produisant aux deux électrodes.

• **En commun**
En vous fondant sur les documents de cette activité, de l'unité 3 ainsi que sur des connaissances, organiser un débat contradictoire sur les avantages et les inconvénients relatifs aux accumulateurs électrochimiques au plomb et lithium-ion.

CHAPITRE 6 • Les atouts de l'électricité 153

problèmes scientifiques

▸ À quoi servent les accumulateurs électrochimiques ?

▸ Comment comparer différents types d'accumulateurs ?

▶ Mobilisation des acquis

- Vu en seconde (physique-chimie) : modélisation des transformations de la matière et transferts d'énergie.
- Vu en première physique-chimie (spécialité) : réactions d'oxydoréduction, aspects énergétiques des transferts électriques.

▶ Les grandes idées à construire

- Les accumulateurs électrochimiques constituent une méthode fiable de stockage de l'énergie. Ils peuvent rendre l'énergie électrique quand des sources comme l'éolien ou le solaire ne fonctionnent pas.
- Les accumulateurs au plomb et au lithium sont de loin les plus utilisés aujourd'hui que ce soit dans les automobiles ou les appareils électroniques nomades. Le stockage se produit grâce à des réactions électrochimiques pouvant avoir lieu dans deux sens différents : un sens « forcé » lors de la charge par un appareil extérieur, un sens « spontané » lors de la décharge de l'accumulateur qui joue alors le rôle de générateur.

▶ Les compétences travaillées

- **Décrire** des exemples de chaînes de transformations énergétiques permettant d'obtenir de l'énergie électrique à partir de différentes ressources primaires d'énergie.
- **Comparer** différents dispositifs de stockage d'énergie selon différents critères (masses mises en jeu, capacité et durée de stockage, etc.).

▶ Les représentations de l'élève

- L'élève peut se représenter les accumulateurs comme une partie cachée mais indispensable de tout objet électronique nomade (téléphone, ordinateur), qu'il convient de « recharger » régulièrement.
- Cette unité « Histoire, Enjeux, Débats » permet de rendre ces objets plus concrets et de faire comprendre en quoi consiste leur charge sous l'action du courant électrique du secteur et leur décharge quand ils alimentent un appareil électronique.

▶ Ce que disent les documents

a La conception de l'accumulateur au plomb par l'ingénieur français Gaston Planté, date du milieu du XIXe siècle. Il est constitué essentiellement de plomb et d'acide sulfurique et ses applications sont encore très nombreuses aujourd'hui. Le développement des accumulateurs au lithium débute à la fin du XXe siècle, ils servent dans la plupart des objets électroniques modernes.

? **Des idées de questions :**
– À quoi les accumulateurs au plomb et au lithium servent-ils ?
– À quelle période ont-ils été développés ? Dans quels objets sont-ils utiles ?

b Les accumulateurs stockent une énergie de quelques dizaines de watt·heures par unité de masse ; la puissance avec laquelle ils les libèrent est beaucoup plus variable : de quelques watts à 10 kilowatts par unité de masse. À masse égale, les accumulateurs à base de lithium sont à la fois plus puissants et stockent plus d'énergie que les accumulateurs au plomb.

Des idées de questions :
- À masse égale, quel type d'accumulateur stocke le plus d'énergie ?
- Quel est le plus puissant ?

c Une compétition s'établit entre ingénieurs à la fin du XIXe siècle pour atteindre la vitesse la plus élevée possible en voiture, domaine où s'affrontent aussi deux technologies : le moteur à pétrole (essence) et le moteur électrique. Avec *La Jamais contente*, le moteur électrique est le premier à franchir la barre des 100 $km \cdot h^{-1}$, mais c'est finalement le moteur à essence qui emportera la partie, pour au moins un siècle, en raison du faible coût du pétrole et du temps élevé de recharge des batteries.

Des idées de questions :
- Quel était l'accumulateur probablement utilisé dans *La Jamais contente* ?
- En combien de temps a-t-elle parcouru le kilomètre lorsqu'elle a établi son record en 1899 ?

d Le diagramme montre l'augmentation du marché des accumulateurs : les deux accumulateurs – au plomb et au lithium – sont en hausse ; l'augmentation relative des accumulateurs au lithium est plus forte car ils n'existaient pas avant les années 1990, les accumulateurs au plomb restent toutefois majoritaires.

Idée de question :
- Peut-on prévoir l'évolution des marchés des deux types d'accumulateurs en cas d'augmentation de la production électrique d'origine renouvelable (éolien, solaire) ?

e Malgré les réserves de la dernière phrase, le ton de ce texte est résolument optimiste : l'électricité peut être stockée « en bouteilles » comme le produit le plus ordinaire qui soit. L'auteur envisage aussi une exportation de l'électricité et semble flatter le génie français de l'inventeur, même dans la phrase finale où il suggère que Gaston Planté avait trouvé la meilleure méthode dès son invention.

Des idées de questions :
- Le stockage de l'énergie électrique semble-t-il facile ou difficile ?
- Quelle semble être la limite de la technique ?

f Ce document décrit l'alternance des phases de fonctionnement d'un accumulateur. Lors de la charge, l'accumulateur est relié à un générateur qui lui fournit de l'énergie et l'accumulateur la stocke sous forme chimique en forçant une réaction dans le sens non spontané, ici : $LiCoO_2 + 6\ C \rightarrow LiC_6 + CoO_2$. En phase de décharge, l'accumulateur relié à un dipôle passif, libère son énergie chimique sous forme électrique grâce à une réaction dans le sens spontané, inverse du précédent : $LiC_6 + CoO_2 \rightarrow LiCoO_2 + 6\ C$.

Idée de question :
- Que se passe-t-il quand l'accumulateur est totalement chargé et qu'on le laisse branché aux bornes du générateur ?

Les + pour préparer votre séance

- Préparer un QCM de vérification de la bonne compréhension des notions abordées dans cette unité. En voici un exemple :

1. Le moteur de *La Jamais contente* était alimenté par :
a. de l'énergie nucléaire.
b. de l'énergie électrique.
c. de l'essence.
d. de la vapeur.

2. Depuis 1990, le marché mondial des accumulateurs est :
a. en baisse constante.
b. en hausse constante.
c. stable.
d. nul.

3. En 1860, Gaston Planté a conçu le premier accumulateur :
a. au lithium.
b. au charbon.
c. à l'hydrogène.
d. au plomb.

4. Les accumulateurs au lithium contiennent souvent un autre métal :
a. le plomb.
b. le carbone.
c. le cobalt.
d. le calcium.

LE SAVIEZ-VOUS ?

Sur l'accumulateur au plomb

Dans un mémoire lu à l'Académie des sciences le lundi 26 mars 1860, Gaston Planté présente sa nouvelle « pile secondaire » au plomb et indique que la « force électromotrice inverse » fournie par des électrodes de plomb est beaucoup plus élevée que celle issue d'électrodes de platine. Il attribue ce phénomène à la « grande affinité du peroxyde de plomb pour l'hydrogène ». Dans son ouvrage *Recherches sur l'électricité*, publié en 1883, il présente aussi ses essais préliminaires systématiques : il a testé des électrodes de cuivre, argent, étain, plomb, aluminium, or et platine.

Cette histoire montre l'importance de tests systématiques pour effectuer une découverte (seul le plomb a donné de bons résultats), elle montre aussi qu'un dispositif technique peut fonctionner même si son inventeur n'en maîtrise pas les concepts théoriques : l'interprétation de Planté en termes de plomb qui « s'empare » de l'hydrogène grâce à la « grande affinité du peroxyde de plomb » pour ce gaz a été réfutée, mais cela n'empêche pas son dispositif d'être extrêmement efficace 160 ans après sa conception. La technique n'a pas toujours besoin de la science pour se développer !

CORRECTION DE L'UNITÉ

Équipe *Accumulateur électrochimique au plomb*

Dans le **doc. c**, Henri de Parville parle de la « force » (en fait la puissance) d'un cheval-vapeur pendant une heure, soit une énergie de 735,5 Wh. Or dans le **doc. b**, on constate qu'un accumulateur au plomb peut stocker aujourd'hui environ 20 $Wh \cdot kg^{-1}$. Donc, un accumulateur de 75 kg peut stocker 75 × 20 = 1 500 Wh. Ce que n'osait plus espérer Henri de Parville est donc réalisé aujourd'hui : un accumulateur au plomb de 75 kg stocke environ le double de l'énergie correspondant à un cheval-vapeur pendant une heure.

Équipe *Accumulateur électrochimique lithium-ion*

- Pendant la charge, lorsque l'accumulateur est relié au générateur, les électrons se déplacent de droite à gauche dans le circuit extérieur, c'est-à-dire vers la borne « – » de l'accumulateur, « poussés » par le générateur. Dans l'accumulateur (c'est-à-dire dans l'électrolyte), les ions Li^+ vont aussi de la droite vers la gauche, vers la borne « – » de l'accumulateur, où ils se transforment en lithium métal.
- Pendant la décharge, les déplacements des électrons et des ions Li^+ sont inversés : les électrons vont vers la borne « + » par le circuit extérieur, les cations vont aussi vers la borne « + » par l'électrolyte, le lithium métallique est oxydé en Li^+ à la borne « – ».

En commun

Avantages communs des accumulateurs : ils permettent de stocker de l'énergie d'origine électrique sous forme chimique, et la restituent sous forme électrique.
- L'accumulateur au plomb nécessite une technologie bien plus simple et des produits plus courants que celui au lithium, il est moins cher que l'accumulateur au lithium, d'où son marché encore très important.
- L'accumulateur au lithium dispose à la fois d'une énergie massique et d'une puissance massique plus élevées, il conduit à moins de rejets toxiques (plomb) ou corrosifs (acide sulfurique), il est plus miniaturisable que l'accumulateur au plomb, ce qui permet d'en faire des batteries pour des objets petits et nomades.

INDICATEURS DE RÉUSSITE	NIVEAU A	B	C	D
L'intérêt des accumulateurs est compris.				
La lecture du diagramme du **doc. b** est comprise.				
Proposition de causes aux différences entre les deux marchés (coût, simplicité, antériorité de la technologie, etc.).				

Livre de l'élève

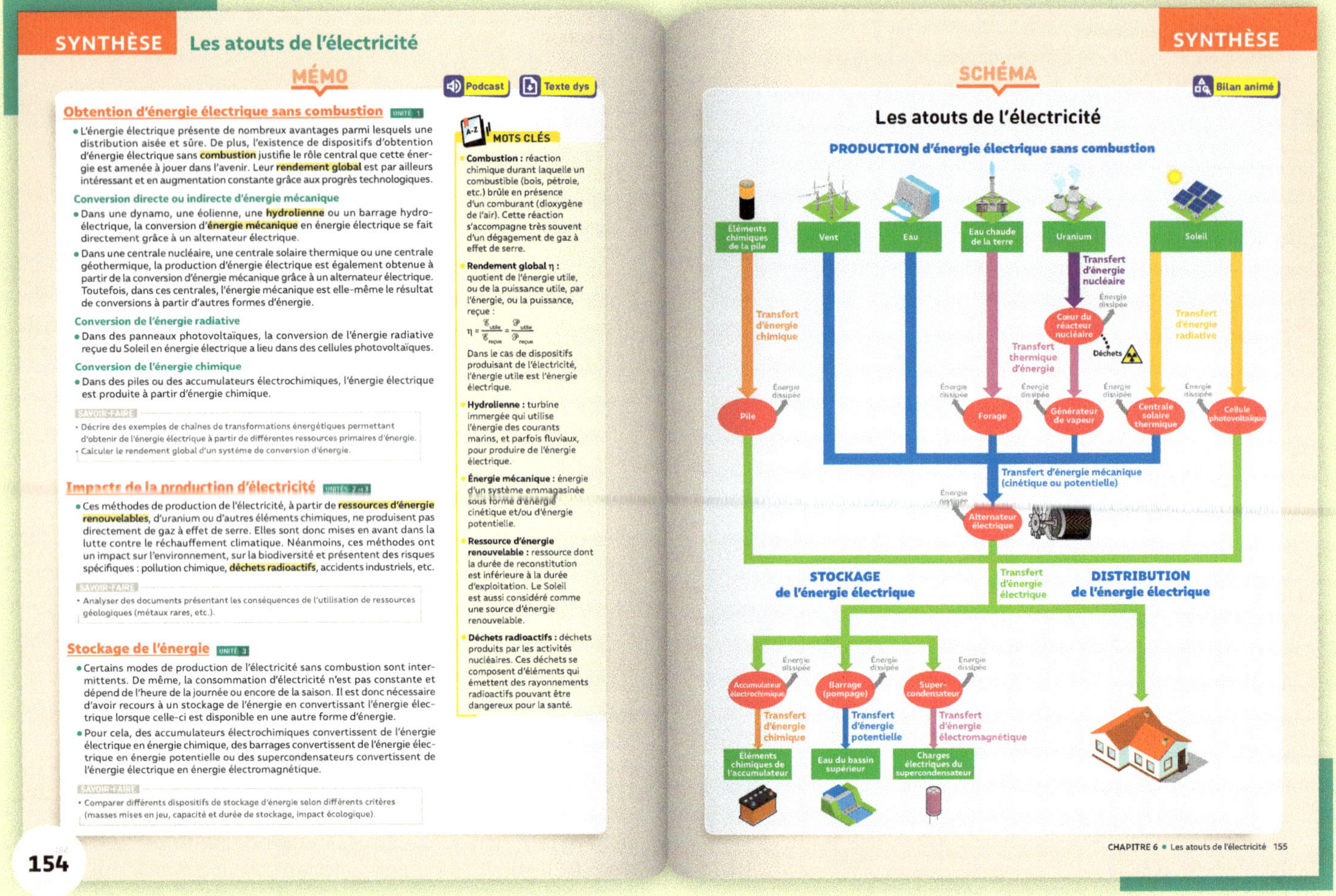

SYNTHÈSE Les atouts de l'électricité

MÉMO

Podcast Texte dys

Obtention d'énergie électrique sans combustion UNITÉ 1

- L'énergie électrique présente de nombreux avantages parmi lesquels une distribution aisée et sûre. De plus, l'existence de dispositifs d'obtention d'énergie électrique sans **combustion** justifie le rôle central que cette énergie est amenée à jouer dans l'avenir. Leur **rendement global** est par ailleurs intéressant et en augmentation constante grâce aux progrès technologiques.

Conversion directe ou indirecte d'énergie mécanique

- Dans une dynamo, une éolienne, une **hydrolienne** ou un barrage hydroélectrique, la conversion d'**énergie mécanique** en énergie électrique se fait directement grâce à un alternateur électrique.
- Dans une centrale nucléaire, une centrale solaire thermique ou une centrale géothermique, la production d'énergie électrique est également obtenue à partir de la conversion d'énergie mécanique grâce à un alternateur électrique. Toutefois, dans ces centrales, l'énergie mécanique est elle-même le résultat de conversions à partir d'autres formes d'énergie.

Conversion de l'énergie radiative

- Dans des panneaux photovoltaïques, la conversion de l'énergie radiative reçue du Soleil en énergie électrique a lieu dans des cellules photovoltaïques.

Conversion de l'énergie chimique

- Dans des piles ou des accumulateurs électrochimiques, l'énergie électrique est produite à partir d'énergie chimique.

SAVOIR-FAIRE
- Décrire des exemples de chaînes de transformations énergétiques permettant d'obtenir de l'énergie électrique à partir de différentes ressources primaires d'énergie.
- Calculer le rendement global d'un système de conversion d'énergie.

Impacts de la production d'électricité UNITÉS 2 et 3

- Ces méthodes de production de l'électricité, à partir de **ressources d'énergie renouvelables**, d'uranium ou d'autres éléments chimiques, ne produisent pas directement de gaz à effet de serre. Elles sont donc mises en avant dans la lutte contre le réchauffement climatique. Néanmoins, ces méthodes ont un impact sur l'environnement, sur la biodiversité et présentent des risques spécifiques : pollution chimique, **déchets radioactifs**, accidents industriels, etc.

SAVOIR-FAIRE
- Analyser des documents présentant les conséquences de l'utilisation de ressources géologiques (métaux rares, etc.).

Stockage de l'énergie UNITÉ 3

- Certains modes de production de l'électricité sans combustion sont intermittents. De même, la consommation d'électricité n'est pas constante et dépend de l'heure de la journée ou encore de la saison. Il est donc nécessaire d'avoir recours à un stockage de l'énergie en convertissant l'énergie électrique lorsque celle-ci est disponible en une autre forme d'énergie.
- Pour cela, des accumulateurs électrochimiques convertissent de l'énergie électrique en énergie chimique, des barrages convertissent de l'énergie électrique en énergie potentielle ou des supercondensateurs convertissent de l'énergie électrique en énergie électromagnétique.

SAVOIR-FAIRE
- Comparer différents dispositifs de stockage d'énergie selon différents critères (masses mises en jeu, capacité et durée de stockage, impact écologique).

MOTS CLÉS

- **Combustion :** réaction chimique durant laquelle un combustible (bois, pétrole, etc.) brûle en présence d'un comburant (dioxygène de l'air). Cette réaction s'accompagne très souvent d'un dégagement de gaz à effet de serre.
- **Rendement global** η **:** quotient de l'énergie utile, ou de la puissance utile, par l'énergie, ou la puissance, reçue : $\eta = \frac{\mathcal{E}_{utile}}{\mathcal{E}_{reçue}} = \frac{\mathcal{P}_{utile}}{\mathcal{P}_{reçue}}$ Dans le cas de dispositifs produisant de l'électricité, l'énergie utile est l'énergie électrique.
- **Hydrolienne :** turbine immergée qui utilise l'énergie des courants marins, et parfois fluviaux, pour produire de l'énergie électrique.
- **Énergie mécanique :** énergie d'un système emmagasinée sous forme d'énergie cinétique et/ou d'énergie potentielle.
- **Ressource d'énergie renouvelable :** ressource dont la durée de reconstitution est inférieure à la durée d'exploitation. Le Soleil est aussi considéré comme une source d'énergie renouvelable.
- **Déchets radioactifs :** déchets produits par les activités nucléaires. Ces déchets se composent d'éléments qui émettent des rayonnements radioactifs pouvant être dangereux pour la santé.

154

SYNTHÈSE

SCHÉMA

Bilan animé

CHAPITRE 6 • Les atouts de l'électricité 155

SYNTHÈSE

L'essentiel

- Le schéma s'articule autour d'une notion centrale: le «transfert d'énergie électrique».
- Le haut du schéma reprend (dans les rectangles) l'ensemble des ressources primaires d'énergie abordées dans les différentes unités: ressources primaires renouvelables (vent, eau, rayonnements solaires...), et ressources primaires non renouvelables (uranium, etc.).
- Sont présentées ensuite, au centre du schéma, les chaînes énergétiques aboutissant à un transfert d'énergie mécanique permettant le fonctionnement d'un alternateur électrique. Seuls le vent et l'eau (eau stockée dans le barrage d'une centrale hydroélectrique, eau de mer utilisée par une hydrolienne) permettent un transfert direct d'énergie mécanique. Les autres chaînes énergétiques montrent un transfert thermique intermédiaire d'énergie permettant de générer de la vapeur pour faire tourner la turbine reliée à l'alternateur.
- Aux extrémités droite et gauche, se trouvent deux chaînes énergétiques pour lesquelles la production finale d'énergie électrique se fait sans l'utilisation d'un alternateur. C'est le cas à partir d'une pile et d'une cellule photovoltaïque.
- Le bas du schéma montre l'utilisation de l'énergie électrique: bien sûr l'énergie électrique est distribuée là où elle est nécessaire mais elle peut aussi être convertie en d'autres formes d'énergie qui peuvent être stockées. Le schéma reprend trois dispositifs de stockage vus dans les unités: l'accumulateur électrochimique, le barrage et le supercondensateur.

Les limites du schéma

- Le schéma bilan ne présente pas les rendements de conversion des différentes chaînes énergétiques même s'il montre à chaque conversion d'énergie que de l'énergie est perdue. Il ne montre pas non plus les impacts environnementaux des divers choix effectués pour produire l'énergie électrique.

Quelle lecture du schéma proposer à l'élève

- Il convient d'abord de comprendre la structure du schéma en deux parties, à partir du milieu où se trouve indiqué le «transfert d'énergie électrique». On peut demander aux élèves de retrouver l'unité dans laquelle chaque chaîne énergétique a été rencontrée. Cela permet d'insister sur les notions de production ou de stockage de l'énergie.

CORRIGÉS DES EXERCICES

2 APPLICATION

- Le rendement global est donné par la relation: $\eta = \mathcal{P}_{utile}/\mathcal{P}_{reçue}$ où la puissance utile est ici la puissance électrique.
  – Le rendement minimal est donc: η_{min} = 60/1 000 = 0,060 (ou 6,0 %).
  – De même, le rendement maximal est: η_{max} = 150/1 000 = 0,15 (ou 15 %).

RÉPONSES DU QUIZ

3 b **4** a **5** d **6** b

Livre de l'élève

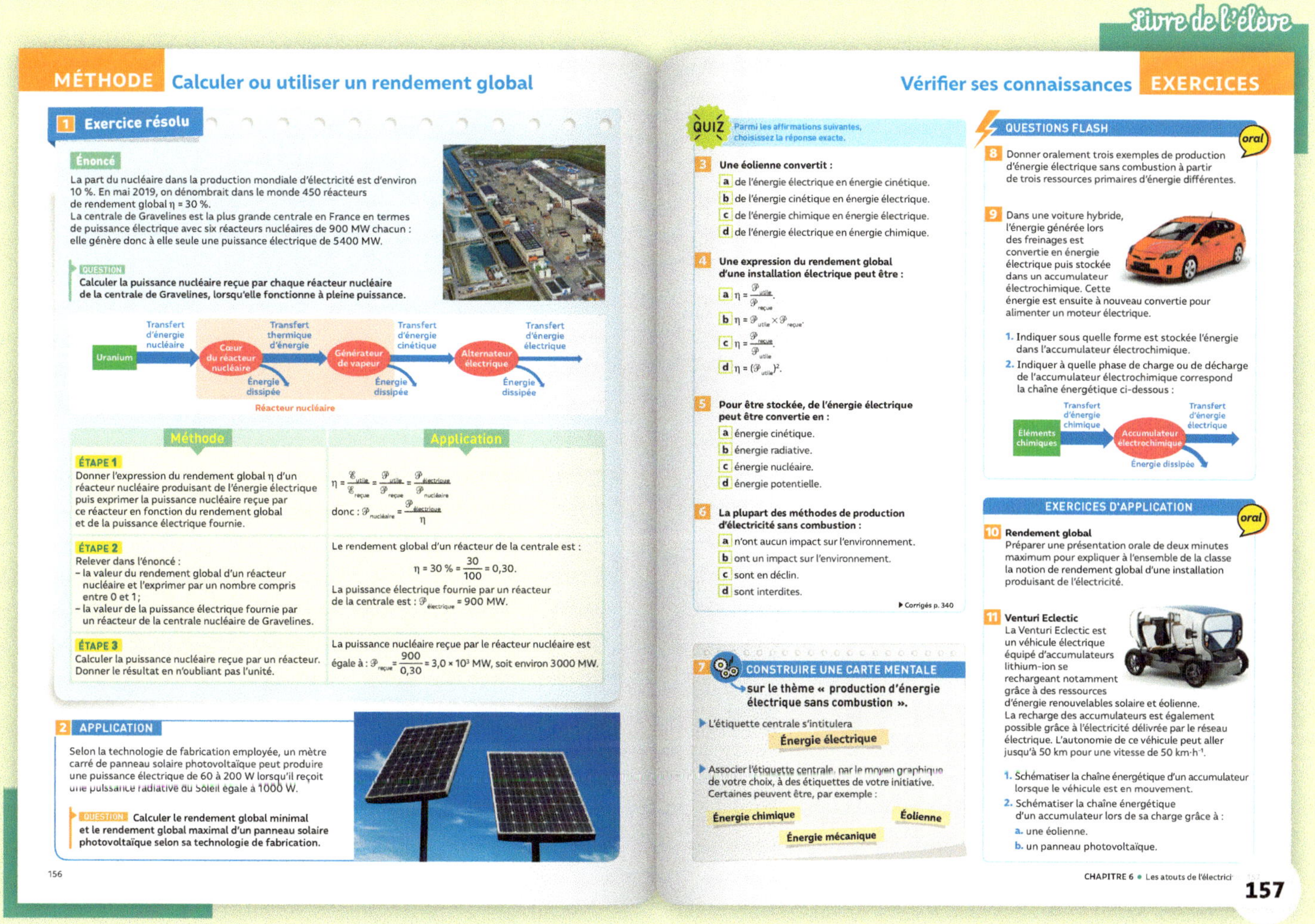

MÉTHODE Calculer ou utiliser un rendement global

1 Exercice résolu

Énoncé

La part du nucléaire dans la production mondiale d'électricité est d'environ 10 %. En mai 2019, on dénombrait dans le monde 450 réacteurs de rendement global η = 30 %.
La centrale de Gravelines est la plus grande centrale en France en termes de puissance électrique avec six réacteurs nucléaires de 900 MW chacun : elle génère donc à elle seule une puissance électrique de 5400 MW.

QUESTION
Calculer la puissance nucléaire reçue par chaque réacteur nucléaire de la centrale de Gravelines, lorsqu'elle fonctionne à pleine puissance.

Méthode	Application
ÉTAPE 1 Donner l'expression du rendement global η d'un réacteur nucléaire produisant de l'énergie électrique puis exprimer la puissance nucléaire reçue par ce réacteur en fonction du rendement global et de la puissance électrique fournie.	$\eta = \frac{\mathscr{E}_{utile}}{\mathscr{E}_{reçue}} = \frac{\mathscr{P}_{utile}}{\mathscr{P}_{reçue}} = \frac{\mathscr{P}_{électrique}}{\mathscr{P}_{nucléaire}}$ donc : $\mathscr{P}_{nucléaire} = \frac{\mathscr{P}_{électrique}}{\eta}$
ÉTAPE 2 Relever dans l'énoncé : – la valeur du rendement global d'un réacteur nucléaire et l'exprimer par un nombre compris entre 0 et 1 ; – la valeur de la puissance électrique fournie par un réacteur de la centrale nucléaire de Gravelines.	Le rendement global d'un réacteur de la centrale est : $\eta = 30\ \% = \frac{30}{100} = 0{,}30$. La puissance électrique fournie par un réacteur de la centrale est : $\mathscr{P}_{électrique} = 900$ MW.
ÉTAPE 3 Calculer la puissance nucléaire reçue par un réacteur. Donner le résultat en n'oubliant pas l'unité.	La puissance nucléaire reçue par le réacteur nucléaire est égale à : $\mathscr{P}_{reçue} = \frac{900}{0{,}30} = 3{,}0 \times 10^3$ MW, soit environ 3000 MW.

2 APPLICATION

Selon la technologie de fabrication employée, un mètre carré de panneau solaire photovoltaïque peut produire une puissance électrique de 60 à 200 W lorsqu'il reçoit une puissance radiative du Soleil égale à 1000 W.

QUESTION **Calculer le rendement global minimal et le rendement global maximal d'un panneau solaire photovoltaïque selon sa technologie de fabrication.**

156

Vérifier ses connaissances EXERCICES

QUIZ Parmi les affirmations suivantes, choisissez la réponse exacte.

3 **Une éolienne convertit :**
a de l'énergie électrique en énergie cinétique.
b de l'énergie cinétique en énergie électrique.
c de l'énergie chimique en énergie électrique.
d de l'énergie électrique en énergie chimique.

4 **Une expression du rendement global d'une installation électrique peut être :**
a $\eta = \frac{\mathscr{P}_{utile}}{\mathscr{P}_{reçue}}$.
b $\eta = \mathscr{P}_{utile} \times \mathscr{P}_{reçue}$.
c $\eta = \frac{\mathscr{P}_{reçue}}{\mathscr{P}_{utile}}$.
d $\eta = (\mathscr{P}_{utile})^2$.

5 **Pour être stockée, de l'énergie électrique peut être convertie en :**
a énergie cinétique.
b énergie radiative.
c énergie nucléaire.
d énergie potentielle.

6 **La plupart des méthodes de production d'électricité sans combustion :**
a n'ont aucun impact sur l'environnement.
b ont un impact sur l'environnement.
c sont en déclin.
d sont interdites.

▶ Corrigés p. 340

7 CONSTRUIRE UNE CARTE MENTALE **sur le thème « production d'énergie électrique sans combustion ».**
▶ L'étiquette centrale s'intitulera **Énergie électrique**
▶ Associer l'étiquette centrale, par le moyen graphique de votre choix, à des étiquettes de votre initiative. Certaines peuvent être, par exemple :
Énergie chimique **Éolienne** **Énergie mécanique**

QUESTIONS FLASH

8 oral Donner oralement trois exemples de production d'énergie électrique sans combustion à partir de trois ressources primaires d'énergie différentes.

9 Dans une voiture hybride, l'énergie générée lors des freinages est convertie en énergie électrique puis stockée dans un accumulateur électrochimique. Cette énergie est ensuite à nouveau convertie pour alimenter un moteur électrique.
1. Indiquer sous quelle forme est stockée l'énergie dans l'accumulateur électrochimique.
2. Indiquer à quelle phase de charge ou de décharge de l'accumulateur électrochimique correspond la chaîne énergétique ci-dessous :

EXERCICES D'APPLICATION

10 oral **Rendement global**
Préparer une présentation orale de deux minutes maximum pour expliquer à l'ensemble de la classe la notion de rendement global d'une installation produisant de l'électricité.

11 **Venturi Eclectic**
La Venturi Eclectic est un véhicule électrique équipé d'accumulateurs lithium-ion se rechargeant notamment grâce à des ressources d'énergie renouvelables solaire et éolienne. La recharge des accumulateurs est également possible grâce à l'électricité délivrée par le réseau électrique. L'autonomie de ce véhicule peut aller jusqu'à 50 km pour une vitesse de 50 km·h⁻¹.
1. Schématiser la chaîne énergétique d'un accumulateur lorsque le véhicule est en mouvement.
2. Schématiser la chaîne énergétique d'un accumulateur lors de sa charge grâce à :
a. une éolienne.
b. un panneau photovoltaïque.

CHAPITRE 6 • Les atouts de l'électricité 157

7 CONSTRUIRE UNE CARTE MENTALE

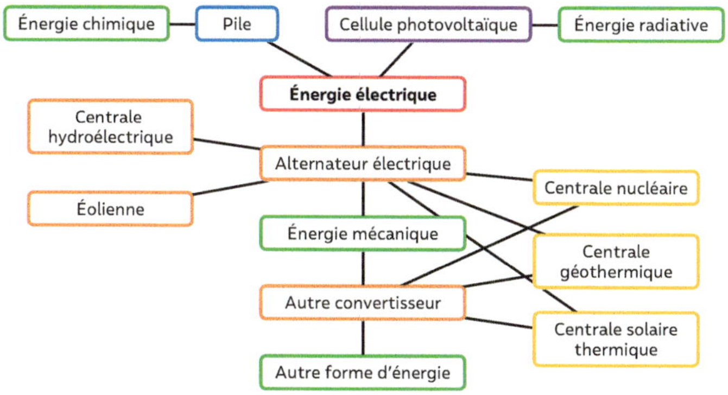

8 Les **éléments chimiques d'une pile** constituent la ressource primaire d'énergie permettant une production d'énergie électrique par une pile ; le **vent** constitue la ressource primaire d'énergie permettant une production d'énergie électrique par une éolienne ; les **rayonnements solaires** constituent la ressource primaire d'énergie permettant une production d'énergie électrique par une cellule photovoltaïque.

9 **1.** Dans un accumulateur électrochimique, l'énergie est stockée sous forme d'énergie chimique dans les espèces chimiques de l'accumulateur.
2. Dans la chaîne énergétique présentée, l'accumulateur reçoit de l'énergie chimique et libère de l'énergie électrique. Il fonctionne donc ici en **décharge** afin de fournir de l'énergie électrique à un smartphone par exemple.

10 **Rendement global**
La présentation orale devra utiliser les notions de « puissance reçue », « puissance utile » (ou « puissance électrique ») ou alors « énergie reçue », « énergie utile » (ou « énergie électrique »). L'expression du rendement doit être donnée : $\eta = \mathscr{P}_{utile}/\mathscr{P}_{reçue} = \mathscr{E}_{utile}/\mathscr{E}_{reçue}$.
Le rendement sera commenté : nombre positif, toujours plus petit que 1. Des exemples de chaînes énergétiques peuvent être donnés avec leurs rendements associés (→ **unité 1**).

11 **Venturi Eclectic**
1. Chaîne énergétique d'un accumulateur électrochimique lorsque le véhicule est en mouvement :

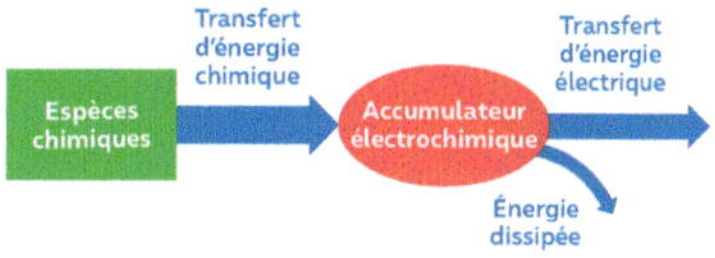

2. a. Chaîne énergétique d'un accumulateur électrochimique lors de sa charge grâce à une éolienne :

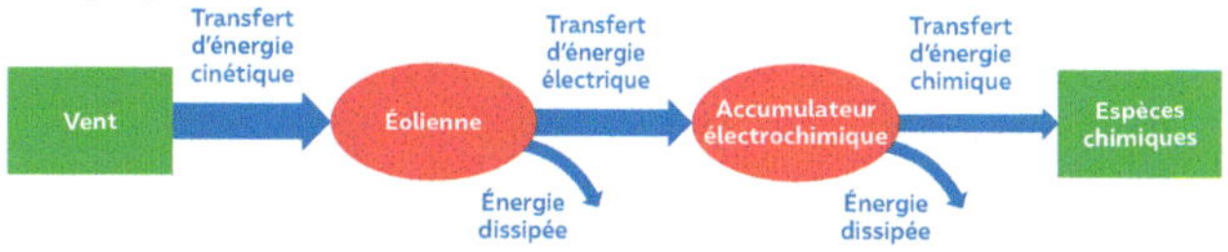

b. Chaîne énergétique d'un accumulateur électrochimique lors de sa charge grâce à un panneau photovoltaïque :

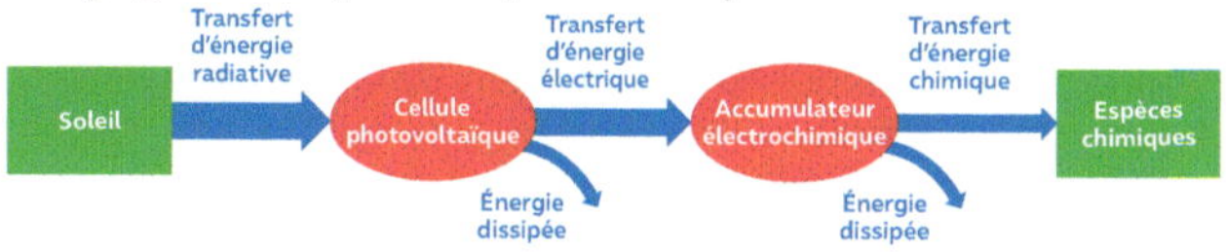

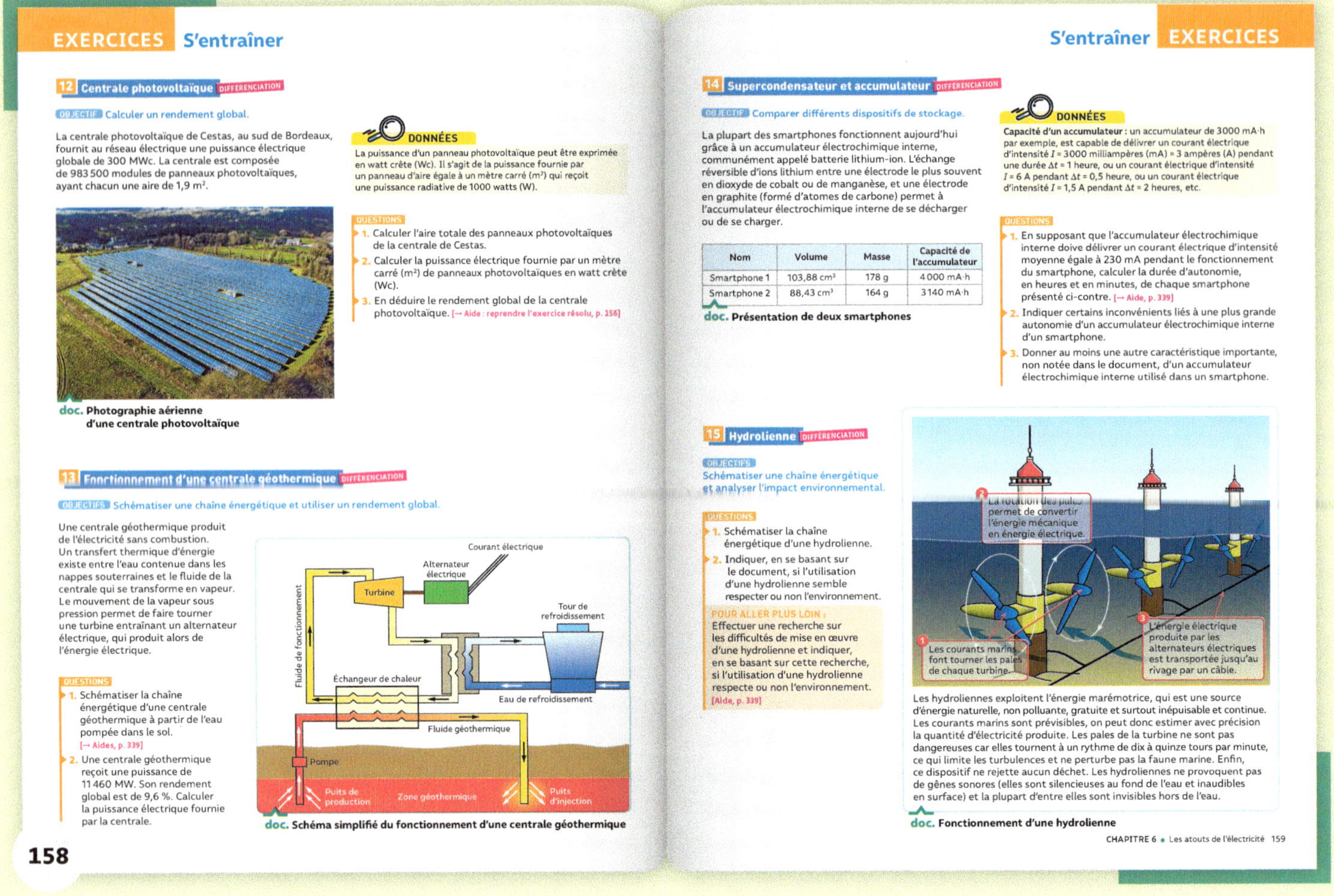

EXERCICES S'entraîner

12 Centrale photovoltaïque DIFFÉRENCIATION

OBJECTIF Calculer un rendement global.

La centrale photovoltaïque de Cestas, au sud de Bordeaux, fournit au réseau électrique une puissance électrique globale de 300 MWc. La centrale est composée de 983 500 modules de panneaux photovoltaïques, ayant chacun une aire de 1,9 m².

DONNÉES

La puissance d'un panneau photovoltaïque peut être exprimée en watt crête (Wc). Il s'agit de la puissance fournie par un panneau d'aire égale à un mètre carré (m²) qui reçoit une puissance radiative de 1000 watts (W).

doc. Photographie aérienne d'une centrale photovoltaïque

QUESTIONS

1. Calculer l'aire totale des panneaux photovoltaïques de la centrale de Cestas.
2. Calculer la puissance électrique fournie par un mètre carré (m²) de panneaux photovoltaïques en watt crête (Wc).
3. En déduire le rendement global de la centrale photovoltaïque. [→ Aide : reprendre l'exercice résolu, p. 156]

13 Fonctionnement d'une centrale géothermique DIFFÉRENCIATION

OBJECTIFS Schématiser une chaîne énergétique et utiliser un rendement global.

Une centrale géothermique produit de l'électricité sans combustion. Un transfert thermique d'énergie existe entre l'eau contenue dans les nappes souterraines et le fluide de la centrale qui se transforme en vapeur. Le mouvement de la vapeur sous pression permet de faire tourner une turbine entraînant un alternateur électrique, qui produit alors de l'énergie électrique.

QUESTIONS

1. Schématiser la chaîne énergétique d'une centrale géothermique à partir de l'eau pompée dans le sol. [→ Aides, p. 339]
2. Une centrale géothermique reçoit une puissance de 11 460 MW. Son rendement global est de 9,6 %. Calculer la puissance électrique fournie par la centrale.

doc. Schéma simplifié du fonctionnement d'une centrale géothermique

158

S'entraîner EXERCICES

14 Supercondensateur et accumulateur DIFFÉRENCIATION

OBJECTIF Comparer différents dispositifs de stockage.

La plupart des smartphones fonctionnent aujourd'hui grâce à un accumulateur électrochimique interne, communément appelé batterie lithium-ion. L'échange réversible d'ions lithium entre une électrode le plus souvent en dioxyde de cobalt ou de manganèse, et une électrode en graphite (formé d'atomes de carbone) permet à l'accumulateur électrochimique interne de se décharger ou de se charger.

Nom	Volume	Masse	Capacité de l'accumulateur
Smartphone 1	103,88 cm³	178 g	4 000 mA·h
Smartphone 2	88,43 cm³	164 g	3 140 mA·h

doc. Présentation de deux smartphones

DONNÉES

Capacité d'un accumulateur : un accumulateur de 3000 mA·h par exemple, est capable de délivrer un courant électrique d'intensité I = 3000 milliampères (mA) = 3 ampères (A) pendant une durée Δt = 1 heure, ou un courant électrique d'intensité I = 6 A pendant Δt = 0,5 heure, ou un courant électrique d'intensité I = 1,5 A pendant Δt = 2 heures, etc.

QUESTIONS

1. En supposant que l'accumulateur électrochimique interne doive délivrer un courant électrique d'intensité moyenne égale à 230 mA pendant le fonctionnement du smartphone, calculer la durée d'autonomie, en heures et en minutes, de chaque smartphone présenté ci-contre. [→ Aide, p. 339]
2. Indiquer certains inconvénients liés à une plus grande autonomie d'un accumulateur électrochimique interne d'un smartphone.
3. Donner au moins une autre caractéristique importante, non notée dans le document, d'un accumulateur électrochimique interne utilisé dans un smartphone.

15 Hydrolienne DIFFÉRENCIATION

OBJECTIFS Schématiser une chaîne énergétique et analyser l'impact environnemental.

QUESTIONS

1. Schématiser la chaîne énergétique d'une hydrolienne.
2. Indiquer, en se basant sur le document, si l'utilisation d'une hydrolienne semble respecter ou non l'environnement.

POUR ALLER PLUS LOIN : Effectuer une recherche sur les difficultés de mise en œuvre d'une hydrolienne et indiquer, en se basant sur cette recherche, si l'utilisation d'une hydrolienne respecte ou non l'environnement. [Aide, p. 339]

Les hydroliennes exploitent l'énergie marémotrice, qui est une source d'énergie naturelle, non polluante, gratuite et surtout inépuisable et continue. Les courants marins sont prévisibles, on peut donc estimer avec précision la quantité d'électricité produite. Les pales de la turbine ne sont pas dangereuses car elles tournent à un rythme de dix à quinze tours par minute, ce qui limite les turbulences et ne perturbe pas la faune marine. Enfin, ce dispositif ne rejette aucun déchet. Les hydroliennes ne provoquent pas de gênes sonores (elles sont silencieuses au fond de l'eau et inaudibles en surface) et la plupart d'entre elles sont invisibles hors de l'eau.

doc. Fonctionnement d'une hydrolienne

CHAPITRE 6 • Les atouts de l'électricité 159

CORRIGÉS DES EXERCICES

12 Centrale photovoltaïque

1. La centrale possède 983 500 panneaux photovoltaïques, chacun mesurant 1,9 m² soit une aire totale :
$S = 983\,500 \times 1{,}9 = 1{,}9 \times 10^6$ m², soit 1,9 million de mètres carrés.

2. La centrale fournit une puissance électrique totale de 300 MWc. La puissance électrique fournie par une surface de 1 m² de panneau solaire est donc : $\mathcal{P} = 161$ Wc·m^{-2}.

3. Chaque mètre carré de panneau solaire délivre une puissance électrique de 161 W lorsqu'il reçoit une puissance radiative de 1 000 W. Le rendement global de la centrale photovoltaïque est donc :
$\eta = 161/1\,000 = 0{,}16$ soit 16 %.

13 Fonctionnement d'une centrale géothermique

1. Chaîne énergétique d'une centrale géothermique :

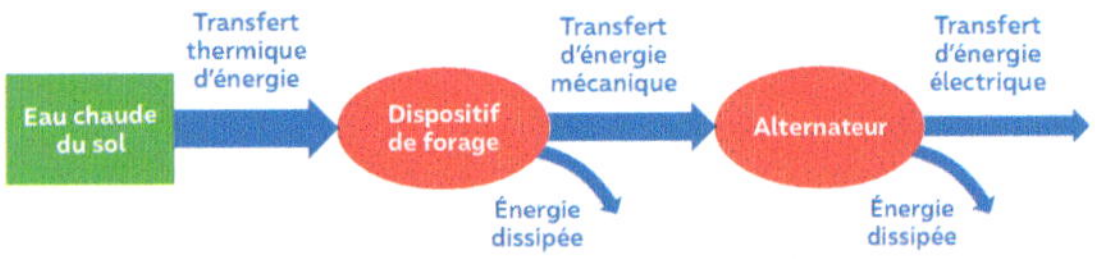

2. Le rendement global est donné par la relation : $\eta = \mathcal{P}_{\text{utile}}/\mathcal{P}_{\text{reçue}}$, d'où :
$\mathcal{P}_{\text{utile}} = \eta \times \mathcal{P}_{\text{reçue}}$.
La puissance utile est ici la puissance électrique fournie par la centrale géothermique.
L'application numérique donne une valeur de la puissance électrique fournie par la centrale :
$\mathcal{P}_{\text{électrique}} = \mathcal{P}_{\text{utile}} = 11\,460 \times 0{,}096 = 1{,}1 \times 10^3$ W soit environ 1 100 W.

14 Supercondensateur et accumulateur

1. Le **smartphone 1** a une capacité de 4 000 mA·h. Cela veut dire qu'il peut délivrer un courant électrique d'intensité I = 230 mA pendant la durée $\Delta t = 4\,000/230 = 17{,}4$ heures.
Le **smartphone 2** a une capacité de 3 140 mA·h. Cela veut dire qu'il peut délivrer un courant électrique d'intensité I = 230 mA pendant la durée $\Delta t = 3\,140/230 = 13{,}6$ heures.

2. Une plus grande capacité nécessite un plus gros accumulateur (donc plus lourd) avec un volume du smartphone plus grand.

3. Une autre caractéristique importante pour le consommateur est le temps de recharge de l'accumulateur.

15 Hydrolienne

1. Chaîne énergétique d'une centrale hydrolienne :

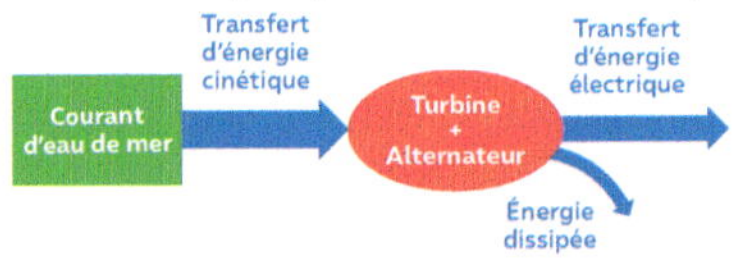

2. L'utilisation d'une hydrolienne semble respecter l'environnement pour plusieurs raisons :
– la ressource d'énergie utilisée est renouvelable et gratuite ;
– le fonctionnement de l'hydrolienne n'est pas dangereux ; il est non polluant et respecte la faune marine ;
– l'implantation des hydroliennes ne défigure pas le paysage puisque les hydroliennes sont pour la plupart invisibles et inaudibles.

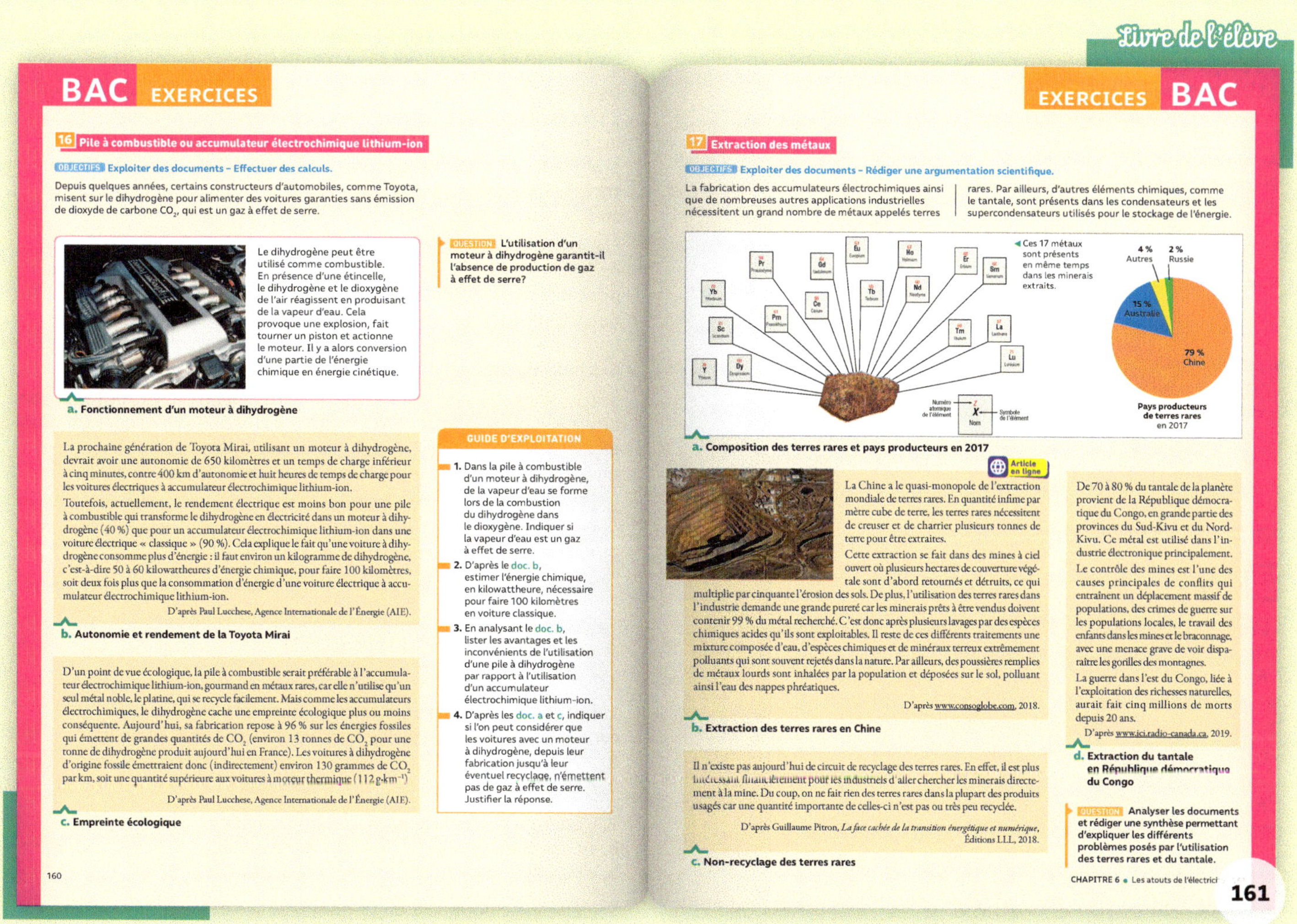
Livre de l'élève

BAC EXERCICES

16 Pile à combustible ou accumulateur électrochimique lithium-ion

OBJECTIFS Exploiter des documents – Effectuer des calculs.

Depuis quelques années, certains constructeurs d'automobiles, comme Toyota, misent sur le dihydrogène pour alimenter des voitures garanties sans émission de dioxyde de carbone CO_2, qui est un gaz à effet de serre.

Le dihydrogène peut être utilisé comme combustible. En présence d'une étincelle, le dihydrogène et le dioxygène de l'air réagissent en produisant de la vapeur d'eau. Cela provoque une explosion, fait tourner un piston et actionne le moteur. Il y a alors conversion d'une partie de l'énergie chimique en énergie cinétique.

a. Fonctionnement d'un moteur à dihydrogène

La prochaine génération de Toyota Mirai, utilisant un moteur à dihydrogène, devrait avoir une autonomie de 650 kilomètres et un temps de charge inférieur à cinq minutes, contre 400 km d'autonomie et huit heures de temps de charge pour les voitures électriques à accumulateur électrochimique lithium-ion.

Toutefois, actuellement, le rendement électrique est moins bon pour une pile à combustible qui transforme le dihydrogène en électricité dans un moteur à dihydrogène (40 %) que pour un accumulateur électrochimique lithium-ion dans une voiture électrique « classique » (90 %). Cela explique le fait qu'une voiture à dihydrogène consomme plus d'énergie : il faut environ un kilogramme de dihydrogène, c'est-à-dire 50 à 60 kilowattheures d'énergie chimique, pour faire 100 kilomètres, soit deux fois plus que la consommation d'énergie d'une voiture électrique à accumulateur électrochimique lithium-ion.

D'après Paul Lucchese, Agence Internationale de l'Énergie (AIE).

b. Autonomie et rendement de la Toyota Mirai

D'un point de vue écologique, la pile à combustible serait préférable à l'accumulateur électrochimique lithium-ion, gourmand en métaux rares, car elle n'utilise qu'un seul métal noble, le platine, qui se recycle facilement. Mais comme les accumulateurs électrochimiques, le dihydrogène cache une empreinte écologique plus ou moins conséquente. Aujourd'hui, sa fabrication repose à 96 % sur les énergies fossiles qui émettent de grandes quantités de CO_2 (environ 13 tonnes de CO_2 pour une tonne de dihydrogène produit aujourd'hui en France). Les voitures à dihydrogène d'origine fossile émettraient donc (indirectement) environ 130 grammes de CO_2 par km, soit une quantité supérieure aux voitures à moteur thermique ($112\ g\cdot km^{-1}$)

D'après Paul Lucchese, Agence Internationale de l'Énergie (AIE).

c. Empreinte écologique

QUESTION L'utilisation d'un moteur à dihydrogène garantit-il l'absence de production de gaz à effet de serre?

GUIDE D'EXPLOITATION

1. Dans la pile à combustible d'un moteur à dihydrogène, de la vapeur d'eau se forme lors de la combustion du dihydrogène dans le dioxygène. Indiquer si la vapeur d'eau est un gaz à effet de serre.
2. D'après le doc. b, estimer l'énergie chimique, en kilowattheure, nécessaire pour faire 100 kilomètres en voiture classique.
3. En analysant le doc. b, lister les avantages et les inconvénients de l'utilisation d'une pile à dihydrogène par rapport à l'utilisation d'un accumulateur électrochimique lithium-ion.
4. D'après les doc. a et c, indiquer si l'on peut considérer que les voitures avec un moteur à dihydrogène, depuis leur fabrication jusqu'à leur éventuel recyclage, n'émettent pas de gaz à effet de serre. Justifier la réponse.

160

EXERCICES BAC

17 Extraction des métaux

OBJECTIFS Exploiter des documents – Rédiger une argumentation scientifique.

La fabrication des accumulateurs électrochimiques ainsi que de nombreuses autres applications industrielles nécessitent un grand nombre de métaux appelés terres rares. Par ailleurs, d'autres éléments chimiques, comme le tantale, sont présents dans les condensateurs et les supercondensateurs utilisés pour le stockage de l'énergie.

a. Composition des terres rares et pays producteurs en 2017

Article en ligne

La Chine a le quasi-monopole de l'extraction mondiale de terres rares. En quantité infime par mètre cube de terre, les terres rares nécessitent de creuser et de charrier plusieurs tonnes de terre pour être extraites.

Cette extraction se fait dans des mines à ciel ouvert où plusieurs hectares de couverture végétale sont d'abord retournés et détruits, ce qui multiplie par cinquante l'érosion des sols. De plus, l'utilisation des terres rares dans l'industrie demande une grande pureté car les minerais prêts à être vendus doivent contenir 99 % du métal recherché. C'est donc après plusieurs lavages par des espèces chimiques acides qu'ils sont exploitables. Il reste de ces différents traitements une mixture composée d'eau, d'espèces chimiques et de minéraux terreux extrêmement polluants qui sont souvent rejetés dans la nature. Par ailleurs, des poussières remplies de métaux lourds sont inhalées par la population et déposées sur le sol, polluant ainsi l'eau des nappes phréatiques.

D'après www.consoglobe.com, 2018.

b. Extraction des terres rares en Chine

Il n'existe pas aujourd'hui de circuit de recyclage des terres rares. En effet, il est plus intéressant financièrement pour les industriels d'aller chercher les minerais directement à la mine. Du coup, on ne fait rien des terres rares dans la plupart des produits usagés car une quantité importante de celles-ci n'est pas ou très peu recyclée.

D'après Guillaume Pitron, *La face cachée de la transition énergétique et numérique*, Éditions LLL, 2018.

c. Non-recyclage des terres rares

De 70 à 80 % du tantale de la planète provient de la République démocratique du Congo, en grande partie des provinces du Sud-Kivu et du Nord-Kivu. Ce métal est utilisé dans l'industrie électronique principalement.

Le contrôle des mines est l'une des causes principales de conflits qui entraînent un déplacement massif de populations, des crimes de guerre sur les populations locales, le travail des enfants dans les mines et le braconnage, avec une menace grave de voir disparaître les gorilles des montagnes.

La guerre dans l'est du Congo, liée à l'exploitation des richesses naturelles, aurait fait cinq millions de morts depuis 20 ans.

D'après www.ici.radio-canada.ca, 2019.

d. Extraction du tantale en République démocratique du Congo

QUESTION Analyser les documents et rédiger une synthèse permettant d'expliquer les différents problèmes posés par l'utilisation des terres rares et du tantale.

CHAPITRE 6 • Les atouts de l'électricité

161

Pour aller plus loin

Article en ligne http://tpe-hydro.e-monsite.com/pages/ii-avantages-et-inconvenients.html

Cet article indique une série d'inconvénients liés à la mise en œuvre et à l'entretien d'une hydrolienne:

« Nous pouvons tout d'abord noter un prix élevé d'installation et d'entretien, ainsi qu'un environnement peu propice à ce genre d'installation. Le coût d'une hydrolienne serait d'environ 3,8 millions d'euros pour chaque mégawatt installé, soit près d'un million de plus que pour une éolienne.

D'autre part, la salinité du milieu, le sable et les algues participent à l'érosion des pales, des hélices et des pièces qui composent ces hydroliennes. Pour lutter contre ce genre d'érosion, il est d'usage d'utiliser un antifouling. Un antifouling (ou une peinture antifouling) est en fait une peinture "antisalissure" destinée à empêcher les organismes marins de se fixer sur les pièces de l'hydrolienne.

Enfin, l'entretien et la mise en place des hydroliennes sont délicats. L'hydrolienne étant immergée, un entretien direct (réparation, changement de pièces, etc.) n'est pas possible. De ce fait, certaines hydroliennes sont "amovibles", c'est-à-dire qu'elles peuvent remonter à la surface pour permettre leur entretien. »

→ Les hydroliennes sont donc chères, difficiles à installer et à entretenir mais elles semblent respecter l'environnement lors de leur utilisation (les étapes de fabrication, de transport et de recyclage sont, elles, toujours coûteuses pour l'environnement).

Article en ligne https://www.connaissancedesenergies.org/fiche-pedagogique/hydroliennes

Cet article donne des explications supplémentaires sur le fonctionnement et les modalités de mise en œuvre des hydroliennes.

LE SAVIEZ-VOUS ?

▶ Des sociétés comme HydroQuest développent également des hydroliennes fluviales installées sur des fleuves. Un de ces systèmes est notamment immergé dans la Loire à Orléans.

16 Pile à combustible ou accumulateur électrochimique lithium-ion

1. Le doc. a rappelle que la vapeur d'eau est le principal gaz à effet de serre dans l'atmosphère.
2. D'après le doc. b, le rendement de la pile à hydrogène est de 40 %, il faut donc pour parcourir 100 km entre 0,4 × 50 = 20 kWh et 0,4 × 60 = 24 kWh d'énergie électrique.
   Puisque la voiture munie d'une pile à hydrogène consomme deux fois plus d'énergie électrique qu'une voiture « classique », il faut à cette voiture « classique » entre 10 kWh et 12 kWh pour parcourir 100 km.
   Le rendement d'un accumulateur lithium-ion étant de 90 %, cela correspond à une énergie chimique comprise entre $\frac{1}{0,9} \times 10 = 11$ kWh et $\frac{1}{0,9} \times 12 = 13$ kWh.

Remarque: il peut être pédagogiquement opportun pour aider les élèves à résoudre cette question de passer par la schématisation des chaînes énergétiques des deux moteurs afin de bien repérer les valeurs connues d'énergie ainsi que les valeurs des rendements. En fonction du niveau des élèves, la correction peut être donnée en manipulant la relation littérale donnant le rendement ou en posant directement les calculs.

3. Les avantages et les inconvénients de l'utilisation d'une pile à dihydrogène par rapport à l'utilisation d'un accumulateur électrochimique lithium-ion sont les suivants :

	Avantages	Inconvénients
Accumulateur électrochimique lithium-ion	▶ Rendement électrique : 90 %	▶ Autonomie de la voiture : 400 km ▶ Temps de recharge : 8 h
Pile à dihydrogène	▶ Autonomie de la voiture : 600 km ▶ Temps de recharge : 5 min	▶ Rendement électrique : 40 % ▶ Grande consommation d'énergie de la voiture

4. Le **doc. c** indique que 96 % de la fabrication du dihydrogène utilise des énergies fossiles dont on sait que la combustion libère du dioxyde de carbone (CO_2), un gaz à effet de serre. De plus, le document ne précise pas comment se fait le recyclage du platine. On ne peut donc pas dire qu'une voiture roulant grâce au dihydrogène soit une voiture sans émission de gaz à effet de serre.

POUR ALLER PLUS LOIN

Article en ligne

- L'article suivant donne des informations sur le fonctionnement très récent de batteries lithium-soufre permettant notamment de faire fonctionner un smartphone cinq jours sans le recharger : https://www.futura-sciences.com/sciences/actualites/chimie-cette-batterie-peut-alimenter-votre-smartphone-pendant-5-jours-56762/
- Le lien peut être fait avec les chapitres traitant de l'effet de serre grâce à l'article suivant disponible en anglais (avec traduction en français possible sur le même site si nécessaire) : https://www.scienceinschool.org/2011/issue20/wedges

17 Extraction des métaux

Cette rédaction d'une synthèse à partir de divers documents peut être faite en appliquant diverses méthodes dont voici un exemple :

Étape 1 : lister tous les problèmes liés à l'extraction des métaux

Doc. a : la Chine est le principal producteur de terres rares, rendant les autres pays dépendant de cette production.

Doc. b :
– une très grande quantité de terre doit être charriée pour extraire les terres rares en pourcentage très faible dans la terre ;
– l'érosion des sols est accentuée par la destruction d'une grande quantité de végétaux ;
– la purification du minerai nécessite de grandes quantités de produits chimiques polluants souvent rejetés dans la nature ;
– les populations sur place respirent des poussières de métaux lourds qui se déposent également au sol et polluent les nappes phréatiques.

Doc. c : seule une très petite partie des terres rares est recyclée.

Doc. d : au Congo, le contrôle des mines de tantale entraîne des conflits, des déplacements de population, des guerres, le travail des enfants mais encore un risque de disparition de l'espèce du gorille des montagnes.

Étape 2 : mettre en évidence les différents domaines dans lesquels l'extraction des métaux pose problème et regrouper les informations trouvées dans les divers documents

- Problèmes politiques :
  – pays dépendant de la Chine pour la production de terres rares ;
  – déplacements de populations, guerres, travail des enfants au Congo pour l'extraction du tantale.
- Risques pour la faune et la flore :
  – destruction de nombreux végétaux, grande quantité de terre charriée, érosion des sols accentuée dans l'extraction des terres rares ;
  – menace pour l'espèce des gorilles des montagnes au Congo.
- Problèmes environnementaux :
  – produits chimiques utilisés en grande quantité et souvent rejetés dans la nature ;
  – poussières métalliques qui polluent l'air, le sol et l'eau des nappes phréatiques.

Étape 3 : rédiger une synthèse mettant en avant les catégories de problèmes et donnant des exemples

L'extraction des terres rares ou du tantale pose des problèmes politiques : tous les pays du monde, ou presque, sont tributaires de la Chine, qui produit à elle seule 70 % des terres rares. Au Congo, la production du tantale engendre des déplacements de population, le travail des enfants et des conflits qui durent depuis vingt années et sont responsables de plusieurs millions de morts.

Ces extractions présentent également des problèmes pour la nature : en Chine, l'extraction des terres rares s'accompagne de la destruction de nombreux végétaux, de grandes quantités de terre charriée, ce qui accentue fortement l'érosion des sols. Au Congo, le braconnage engendré par les conflits menace des espèces animales comme le gorille des montagnes.

Les problèmes environnementaux ne s'arrêtent pas là : lors de l'extraction des terres rares, le rejet dans la nature des espèces chimiques utilisées massivement pour purifier les minerais pollue les sols. Les poussières métalliques polluent l'air, les sols et les nappes phréatiques.

Les terres rares n'étant que très peu recyclées, elles continuent à être extraites en quantité et ne laissent donc pas présager la fin des problèmes posés par leur extraction.

ANNEXE 1 Unité 1 [→ page 111]

- QCM de remobilisation des acquis.

1. La relation entre la puissance consommée $\mathcal{P}$, l'énergie consommée $\mathcal{E}$ et la durée de consommation Δt est égale à :
a. $\mathcal{P} = \mathcal{E} \times \Delta t$.
b. $\mathcal{E} = \mathcal{P} \times \Delta t$.
c. $\Delta t = \mathcal{P} \times \mathcal{E}$.
d. $\Delta t = \mathcal{P} / \mathcal{E}$.

2. L'énergie potentielle d'un système est liée à :
a. sa position.
b. sa vitesse.
c. sa couleur.
d. sa toxicité.

3. L'énergie cinétique d'un système est liée à :
a. sa position.
b. sa vitesse.
c. sa couleur.
d. sa toxicité.

4. L'énergie cinétique du vent peut être convertie dans une éolienne en énergie électrique. La valeur de cette énergie électrique est :
a. parfois plus grande que celle de l'énergie cinétique du vent.
b. toujours plus grande que celle de l'énergie cinétique du vent.
c. toujours égale à celle de l'énergie cinétique du vent.
d. toujours plus petite que celle de l'énergie cinétique du vent.

ANNEXE 2 Unité 3 [→ page 115]

- QCM de remobilisation des acquis.

1. Une pile :
a. convertit de l'énergie nucléaire en énergie électrique.
b. convertit de l'énergie électrique en énergie chimique.
c. convertit de l'énergie chimique en énergie électrique.
d. n'est pas un convertisseur d'énergie.

2. Un panneau photovoltaïque :
a. convertit de l'énergie électrique en énergie radiative.
b. convertit de l'énergie radiative en énergie électrique.
c. convertit de l'énergie cinétique en énergie électrique.
d. n'est pas un convertisseur d'énergie.

3. Une éolienne convertit :
a. de l'énergie cinétique en énergie électrique.
b. de l'énergie chimique en énergie électrique.
c. de l'énergie électrique en énergie cinétique.
d. de l'énergie potentielle en énergie électrique.

4. Lors d'une chute d'eau dans une centrale hydroélectrique :
a. de l'énergie chimique est convertie en énergie nucléaire.
b. de l'énergie électrique est convertie en énergie chimique.
c. de l'énergie cinétique est convertie en énergie potentielle.
d. de l'énergie potentielle est convertie en énergie cinétique.

Livre de l'élève

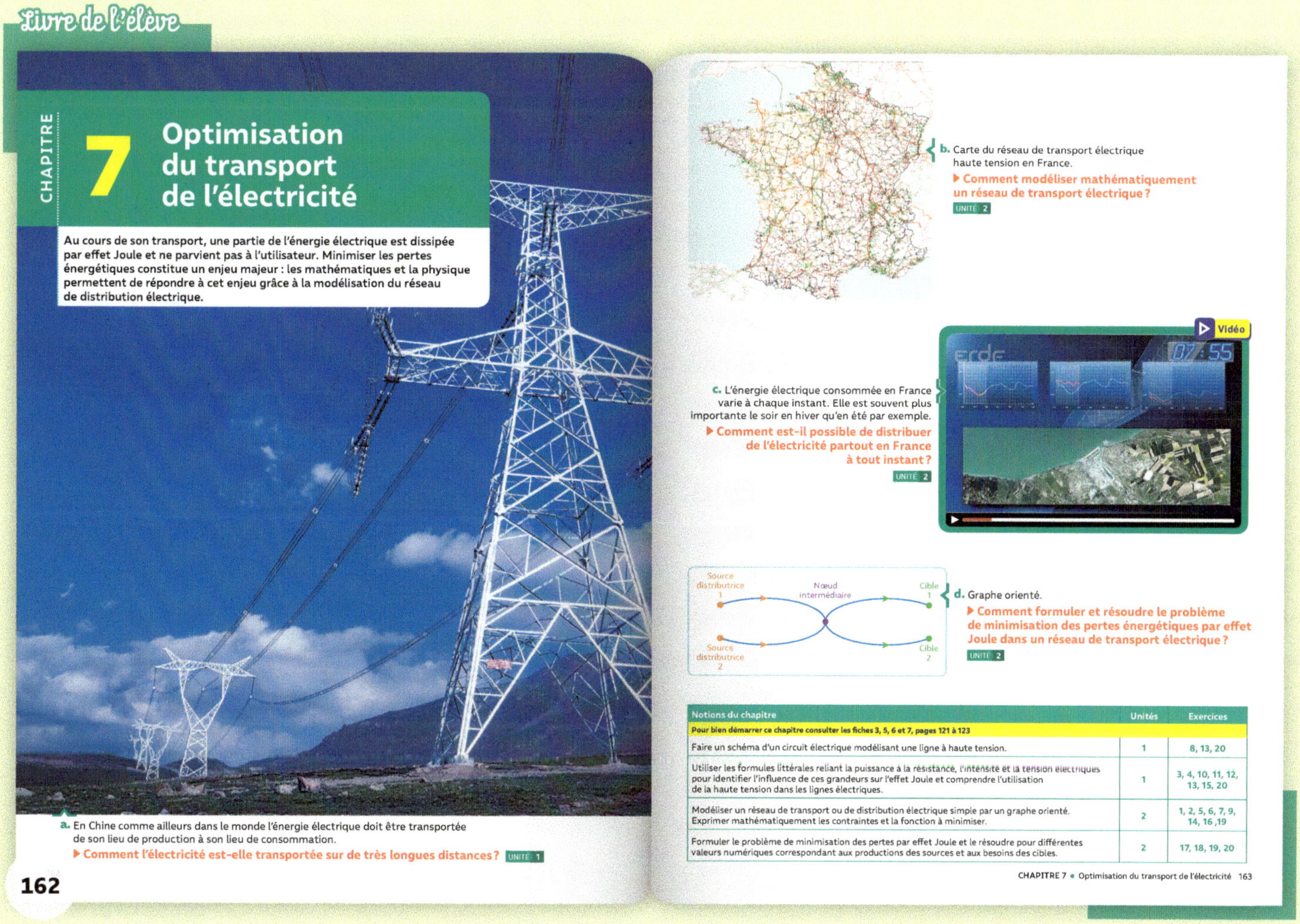

CHAPITRE 7 Optimisation du transport de l'électricité

Au cours de son transport, une partie de l'énergie électrique est dissipée par effet Joule et ne parvient pas à l'utilisateur. Minimiser les pertes énergétiques constitue un enjeu majeur : les mathématiques et la physique permettent de répondre à cet enjeu grâce à la modélisation du réseau de distribution électrique.

a. En Chine comme ailleurs dans le monde l'énergie électrique doit être transportée de son lieu de production à son lieu de consommation.
▶ Comment l'électricité est-elle transportée sur de très longues distances ? UNITÉ 1

162

b. Carte du réseau de transport électrique haute tension en France.
▶ Comment modéliser mathématiquement un réseau de transport électrique ? UNITÉ 2

Vidéo

c. L'énergie électrique consommée en France varie à chaque instant. Elle est souvent plus importante le soir en hiver qu'en été par exemple.
▶ Comment est-il possible de distribuer de l'électricité partout en France à tout instant ? UNITÉ 2

d. Graphe orienté.
▶ Comment formuler et résoudre le problème de minimisation des pertes énergétiques par effet Joule dans un réseau de transport électrique ? UNITÉ 2

Notions du chapitre	Unités	Exercices
Pour bien démarrer ce chapitre consulter les fiches 3, 5, 6 et 7, pages 121 à 123		
Faire un schéma d'un circuit électrique modélisant une ligne à haute tension.	1	8, 13, 20
Utiliser les formules littérales reliant la puissance à la résistance, l'intensité et la tension électriques pour identifier l'influence de ces grandeurs sur l'effet Joule et comprendre l'utilisation de la haute tension dans les lignes électriques.	1	3, 4, 10, 11, 12, 13, 15, 20
Modéliser un réseau de transport ou de distribution électrique simple par un graphe orienté. Exprimer mathématiquement les contraintes et la fonction à minimiser.	2	1, 2, 5, 6, 7, 9, 14, 16 ,19
Formuler le problème de minimisation des pertes par effet Joule et le résoudre pour différentes valeurs numériques correspondant aux productions des sources et aux besoins des cibles.	2	17, 18, 19, 20

CHAPITRE 7 • Optimisation du transport de l'électricité 163

▶ Les grandes idées à construire

- Une fois produite, l'énergie électrique doit être transportée jusqu'à ses lieux de consommation. Ce transport de l'électricité est un enjeu majeur pour chaque pays car il est essentiel que les citoyens puissent utiliser à chaque instant l'énergie dont ils ont besoin. Cet équilibre entre l'offre et la demande d'électricité est toutefois très difficile à trouver car les distances entre les lieux de production et de consommation peuvent être très grandes, ce qui peut engendrer des pertes énergétiques importantes.
- Pour réduire l'impact du transport de l'électricité sur l'environnement, pour limiter les coûts et pour être en mesure d'alimenter chaque foyer en électricité à chaque instant, il est donc essentiel de résoudre les problèmes de minimisation des pertes énergétiques dans le réseau électrique grâce aux mathématiques et à la physique qui permettent de modéliser le réseau.
- Ces problèmes de minimisation des pertes énergétiques sont complexes car, en plus de la distance qui peut être importante entre les lieux de production et de consommation, la demande en électricité varie suivant l'heure, la saison ou la météo.
- Enfin, avec la transition énergétique et le développement de l'utilisation des ressources d'énergie renouvelables, la production de l'énergie électrique est elle aussi plus aléatoire lorsqu'elle est le résultat de la conversion de l'énergie apportée par le vent ou par les rayonnements du Soleil par exemple.

▶ Ce que disent les documents

a La photo d'ouverture du chapitre présente des lignes électriques en Chine. Dans ce très grand pays, la distance entre les frontières nord et sud est d'environ 5 500 km et les lignes électriques peuvent alors être longues de plusieurs milliers de kilomètres. Dans de telles lignes électriques, les pertes énergétiques doivent donc absolument être minimisées afin de limiter les coûts et de dissiper le minimum d'énergie dans l'environnement.

b La carte du réseau de transport électrique en France montre une multitude de lignes électriques afin de faire comprendre aux élèves la complexité d'un réseau électrique et donc la très grande complexité du problème de minimisation des pertes énergétiques dans un tel réseau. La carte présente par ailleurs un réseau simplifié par rapport à la réalité car il faudrait ajouter les lignes électriques reliant le territoire français aux autres pays européens.

c Cette vidéo du principal gestionnaire du réseau de distribution en France illustre l'intermittence de l'offre et de la demande en électricité et donc la difficulté de pouvoir proposer à chaque instant de l'énergie électrique partout en France.

d Ce schéma présente un graphe orienté, qui est un outil mathématique essentiel pour modéliser le réseau électrique et pour résoudre le problème de la minimisation des pertes énergétiques dans le réseau. Sur ce graphe orienté, les cibles correspondent aux lieux de consommation de l'énergie électrique.

Livre de l'élève

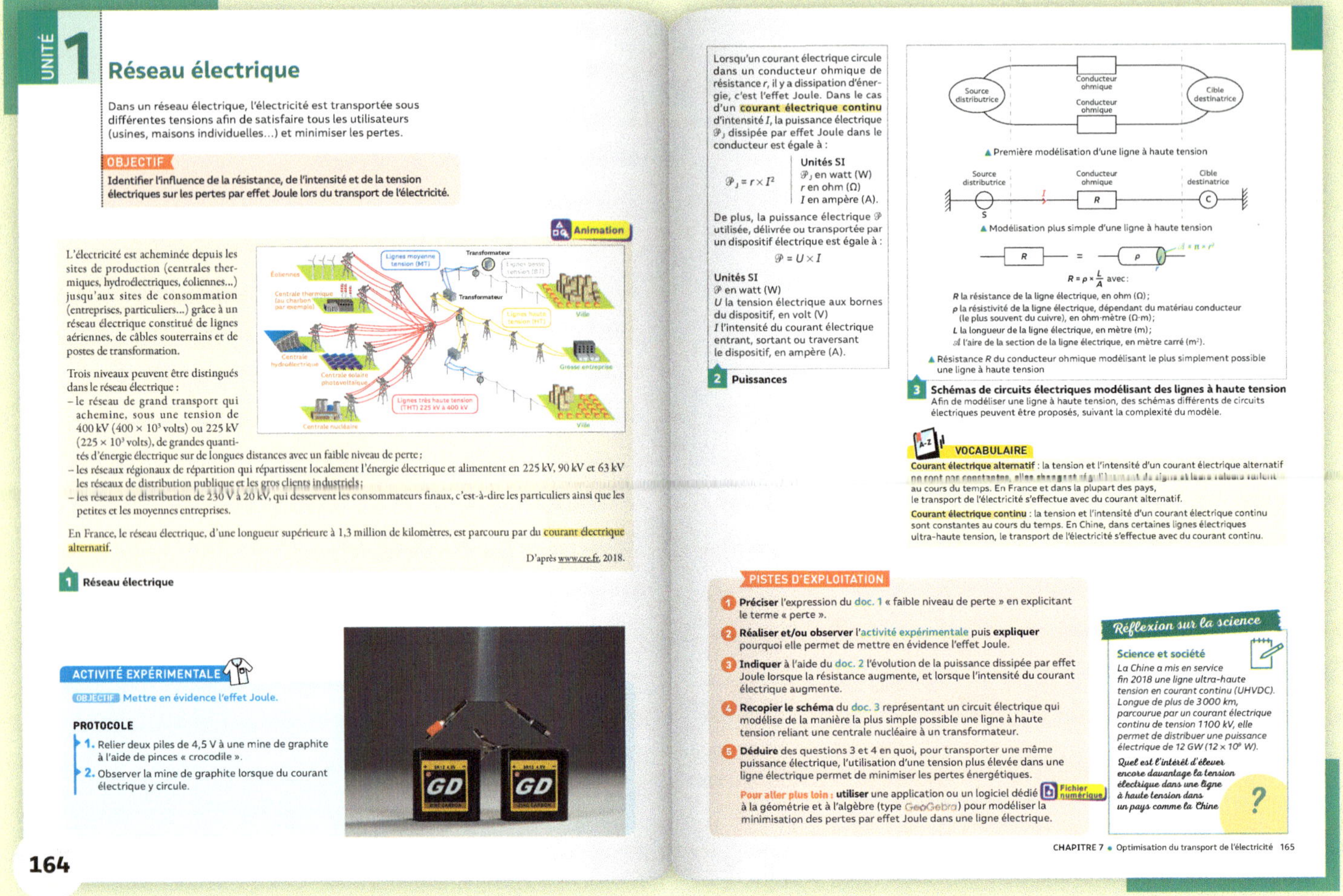

UNITÉ 1

Réseau électrique

Dans un réseau électrique, l'électricité est transportée sous différentes tensions afin de satisfaire tous les utilisateurs (usines, maisons individuelles…) et minimiser les pertes.

OBJECTIF

Identifier l'influence de la résistance, de l'intensité et de la tension électriques sur les pertes par effet Joule lors du transport de l'électricité.

Animation

L'électricité est acheminée depuis les sites de production (centrales thermiques, hydroélectriques, éoliennes…) jusqu'aux sites de consommation (entreprises, particuliers…) grâce à un réseau électrique constitué de lignes aériennes, de câbles souterrains et de postes de transformation.

Trois niveaux peuvent être distingués dans le réseau électrique :
- le réseau de grand transport qui achemine, sous une tension de 400 kV (400×10^3 volts) ou 225 kV (225×10^3 volts), de grandes quantités d'énergie électrique sur de longues distances avec un faible niveau de perte ;
- les réseaux régionaux de répartition qui répartissent localement l'énergie électrique et alimentent en 225 kV, 90 kV et 63 kV les réseaux de distribution publique et les gros clients industriels ;
- les réseaux de distribution de 230 V à 20 kV, qui desservent les consommateurs finaux, c'est-à-dire les particuliers ainsi que les petites et les moyennes entreprises.

En France, le réseau électrique, d'une longueur supérieure à 1,3 million de kilomètres, est parcouru par du courant électrique alternatif.

D'après www.cre.fr, 2018.

1 Réseau électrique

ACTIVITÉ EXPÉRIMENTALE

OBJECTIF Mettre en évidence l'effet Joule.

PROTOCOLE
1. Relier deux piles de 4,5 V à une mine de graphite à l'aide de pinces « crocodile ».
2. Observer la mine de graphite lorsque du courant électrique y circule.

164

Lorsqu'un courant électrique circule dans un conducteur ohmique de résistance r, il y a dissipation d'énergie, c'est l'effet Joule. Dans le cas d'un courant électrique continu d'intensité I, la puissance électrique $\mathcal{P}_J$ dissipée par effet Joule dans le conducteur est égale à :

$$\mathcal{P}_J = r \times I^2$$

Unités SI
$\mathcal{P}_J$ en watt (W)
r en ohm (Ω)
I en ampère (A).

De plus, la puissance électrique $\mathcal{P}$ utilisée, délivrée ou transportée par un dispositif électrique est égale à :

$$\mathcal{P} = U \times I$$

Unités SI
$\mathcal{P}$ en watt (W)
U la tension électrique aux bornes du dispositif, en volt (V)
I l'intensité du courant électrique entrant, sortant ou traversant le dispositif, en ampère (A).

2 Puissances

▲ Première modélisation d'une ligne à haute tension

▲ Modélisation plus simple d'une ligne à haute tension

$R = \rho \times \frac{L}{A}$ avec :

R la résistance de la ligne électrique, en ohm (Ω) ;
ρ la résistivité de la ligne électrique, dépendant du matériau conducteur (le plus souvent du cuivre), en ohm·mètre (Ω·m) ;
L la longueur de la ligne électrique, en mètre (m) ;
$\mathcal{A}$ l'aire de la section de la ligne électrique, en mètre carré (m²).

▲ Résistance R du conducteur ohmique modélisant le plus simplement possible une ligne à haute tension

3 Schémas de circuits électriques modélisant des lignes à haute tension
Afin de modéliser une ligne à haute tension, des schémas différents de circuits électriques peuvent être proposés, suivant la complexité du modèle.

VOCABULAIRE

Courant électrique alternatif : la tension et l'intensité d'un courant électrique alternatif ne sont pas constantes, elles changent régulièrement de signe et leurs valeurs varient au cours du temps. En France et dans la plupart des pays, le transport de l'électricité s'effectue avec du courant alternatif.

Courant électrique continu : la tension et l'intensité d'un courant électrique continu sont constantes au cours du temps. En Chine, dans certaines lignes électriques ultra-haute tension, le transport de l'électricité s'effectue avec du courant continu.

PISTES D'EXPLOITATION

1. **Préciser** l'expression du doc. 1 « faible niveau de perte » en explicitant le terme « perte ».
2. **Réaliser et/ou observer** l'activité expérimentale puis **expliquer** pourquoi elle permet de mettre en évidence l'effet Joule.
3. **Indiquer** à l'aide du doc. 2 l'évolution de la puissance dissipée par effet Joule lorsque la résistance augmente, et lorsque l'intensité du courant électrique augmente.
4. **Recopier le schéma** du doc. 3 représentant un circuit électrique qui modélise de la manière la plus simple possible une ligne à haute tension reliant une centrale nucléaire à un transformateur.
5. **Déduire** des questions 3 et 4 en quoi, pour transporter une même puissance électrique, l'utilisation d'une tension plus élevée dans une ligne électrique permet de minimiser les pertes énergétiques.

Pour aller plus loin : **utiliser** une application ou un logiciel dédié à la géométrie et à l'algèbre (type GeoGebra) pour modéliser la minimisation des pertes par effet Joule dans une ligne électrique. Fichier numérique

Réflexion sur la science

Science et société

La Chine a mis en service fin 2018 une ligne ultra-haute tension en courant continu (UHVDC). Longue de plus de 3000 km, parcourue par un courant électrique continu de tension 1100 kV, elle permet de distribuer une puissance électrique de 12 GW (12×10^9 W).

Quel est l'intérêt d'élever encore davantage la tension électrique dans une ligne à haute tension dans un pays comme la Chine ?

CHAPITRE 7 • Optimisation du transport de l'électricité 165

problèmes scientifiques

- Que nomme-t-on effet Joule ?
- Comment modéliser simplement une ligne à haute tension ?
- Pourquoi augmenter la tension électrique dans le réseau électrique permet-il de minimiser les pertes pour une ligne donnée ?

Mobilisation des acquis

- Vu en cycle 4 (physique-chimie) : puissance électrique $\mathcal{P} = U \times I$; loi d'Ohm : $U = R \times I$.

Les grandes idées à construire

- Une ligne électrique à haute tension peut être modélisée de différentes manières, plus ou moins complexes, suivant l'étude réalisée. Dans l'ensemble de ces modèles, la ligne électrique comporte une part résistive, responsable de la dissipation énergétique.
- Un modèle est une représentation de la réalité qui permet de réaliser des prévisions plus ou moins précises suivant le modèle utilisé.
- Dans le réseau électrique, l'élévation de la tension permet de minimiser les pertes par effet Joule pour une puissance électrique donnée, en diminuant la puissance dissipée par effet Joule dans les lignes électriques.

Les compétences travaillées

- **Extraire et exploiter** des informations.
- **Réaliser** une expérience.
- **Exploiter** une relation mathématique pour prévoir l'évolution d'une grandeur lorsque différents paramètres et variables sont modifiés.
- **Rédiger** une argumentation scientifique.

Les représentations de l'élève

- De nombreux élèves n'ont sans doute pas une vision très structurée d'un réseau électrique et de l'existence de différents paliers de tension entre les sources de production et les cibles. La présentation d'un réseau électrique simplifié (**doc. 1**) doit permettre de faire le lien entre les sites de production et les sites de consommation.
- Les élèves connaissent probablement l'existence de lignes à haute tension mais ne relient probablement pas l'usage de cette haute tension à une minimisation de la dissipation de la puissance électrique par effet Joule.
- La notion de modélisation est une notion essentielle dans l'enseignement des sciences ; l'existence de plusieurs modèles pour les lignes à haute tension permet d'insister auprès des élèves sur cette notion de modèle, plus singulièrement sur l'adaptation d'un modèle à un niveau d'analyse, du modèle très simplifié à un modèle plus élaboré.

Ce que disent les documents

1 Ce document propose une version imagée et simplifiée du réseau électrique français, disponible également sous forme d'animation sur le site de la Commission de régulation de l'énergie (CRE). Le texte du document présente ainsi quelques exemples de la diversité des sites de production et des sites de consommation. La gradation :

lignes à haute ou très haute tension, moyenne tension, basse tension, permet à l'élève de se constituer une première image du réseau électrique, entre transport et distribution. Le document a été volontairement simplifié et si les transformateurs sont représentés, ils ne sont pas évoqués spécifiquement dans la suite. Suivant l'intérêt des élèves et le temps disponible, il sera possible d'évoquer cette nécessité de « transformation » du courant électrique pour passer d'une ligne d'un type donné à une ligne d'un autre type.

? Idée de question :

– Relier le type de ligne électrique aux échelles correspondantes :

Ligne de 230 V à 20 kV ❑	❑ Transport sur de longues distances
Ligne de 400 kV ❑	❑ Transport à l'échelle régionale
Ligne de 90 kV ❑	❑ Transport sur de faibles distances

Activité expérimentale Cette activité a pour objectif de mettre en évidence de manière simple l'effet Joule. L'utilisation de piles plates de 4,5 V associées en série et reliées à une mine de graphite, permet de visualiser directement l'échauffement de la mine. Les effets seront plus ou moins visibles suivant le diamètre de la mine utilisée. Il est également possible, sous réserve de disposer du matériel nécessaire, de filmer l'expérience avec une caméra thermique. Attention toutefois aux risques de brûlures dans la manipulation de la mine en graphite ; si l'expérience est menée pendant un temps conséquent, les piles seront probablement usées à l'issue de la manipulation.

? Idée de question :

– Les deux piles étant associées en série et connaissant la tension aux bornes d'une pile à vide, quelle sera la tension aux bornes de l'association à vide ?

2 Ce document donne l'expression de la puissance dissipée par effet Joule pour un conducteur ohmique de résistance *r* parcouru par un courant électrique continu d'intensité *I*. L'expression d'une puissance électrique en fonction de l'intensité du courant électrique et de la tension électrique, expression déjà étudiée par les élèves en cycle 4, est rappelée. Dans ce chapitre, conformément au programme, il n'est pas question d'aborder des expressions de différentes formes de puissances en régime alternatif.

→ **Afin de rester le plus conforme possible au programme officiel et aux différents documents d'accompagnement,** ce document mentionne l'énergie dissipée par effet Joule pour définir cet effet, mais ne donne pas ses expressions, $\mathscr{E} = \mathscr{P} \times \Delta t = r \times I^2 \times \Delta t$; il sera éventuellement possible de faire oralement le lien avec cette énergie, en réponse à des questions ou pour aller plus loin avec certains élèves.

? Idée de question :

– Les conducteurs ohmiques sont-ils les seuls composants dans lesquels une puissance électrique est dissipée par effet Joule ?

3 Ce document propose trois modélisations d'une ligne à haute tension, de la plus « complexe » à la plus simple, cette dernière proposant uniquement de modéliser la ligne par un conducteur ohmique, en donnant la relation entre la résistance de ce conducteur, donc de la ligne modélisée, en fonction de sa longueur, de sa section et de la résistivité du matériau utilisé.

→ **Le choix pédagogique, conforme au programme officiel et aux documents d'accompagnement,** est d'introduire une forme de progressivité dans la notion de modèle, tout en excluant les représentations plus réalistes mais aussi plus complexes. Les notions d'inductance, de conductance ne sont ainsi pas proposées, les problèmes de minimisations des pertes pouvant être traités en première approche avec une ligne purement résistive. Il sera intéressant, à travers l'analyse de ce document, de revenir sur la notion de modèle, en tant que représentation simplifiée d'une réalité, adaptée aux exigences d'une étude donnée.

? Idée de question :

– D'après l'expression littérale de la résistance d'une ligne électrique, pour un matériau donné et une longueur de ligne donnée, comment varie la résistance de la ligne si l'aire de la section est doublée ?

▶ Les + pour préparer votre séance

- Proposer un QCM de vérification de la bonne compréhension des notions abordées dans cette unité. [→ **Annexe 1, page 136**]

Article en ligne

- RTE, la carte du réseau de transport d'électricité https://rte-france.com/fr/la-carte-du-reseau
- Agouridas C *et al.* « Le transport ou le stockage de l'énergie électrique », *EDP Sciences*, 2017 http://www.mediachimie.org/ressource/le-transport-ou-le-stockage-de-l%E2%80%99%C3%A9nergie-%C3%A9lectrique

LE SAVIEZ-VOUS ?

▶ Il est possible de suivre en temps réel l'évolution de la consommation électrique en France et d'accéder à de nombreuses données sur le site de Rte : https://rte-france.com/fr/eco2mix/eco2mix-consommation

CORRECTION DE L'UNITÉ

1. D'après le **doc. 2**, lorsqu'un courant électrique circule dans un conducteur ohmique de résistance *r*, il y a dissipation d'énergie par effet Joule. Les lignes électriques sont constituées de matériaux qui possèdent des résistances : ainsi lors du transport d'électricité dans une ligne électrique, il y a dissipation d'énergie vers l'extérieur. Le terme « perte » (**doc. 1**) fait donc référence à une dissipation d'énergie vers l'extérieur (transferts thermiques).

2. Lorsque la mine de graphite est parcourue par un courant électrique, sa température augmente. Cette augmentation de température s'explique par un transfert d'énergie (transfert thermique) accompagnant l'effet Joule. L'expérience permet donc de mettre en évidence l'effet Joule.

3. D'après le **doc. 2**, la puissance électrique dissipée par effet Joule a pour expression : $\mathscr{P}_J = r \times I^2$.
Pour une intensité *I* de courant électrique continu donnée, la puissance Joule augmente donc lorsque la résistance *r* augmente ; la puissance dissipée est même proportionnelle à la résistance *r* si *I* est fixée.
Pour une résistance *r* donnée, la puissance Joule augmente lorsque l'intensité *I* du courant électrique continu augmente ; l'intensité du courant électrique étant au carré dans cette expression, la puissance dissipée sera multipliée par 4 lorsque l'intensité sera doublée.

4. Dans le **doc. 3**, la modélisation la plus simple d'une ligne à haute tension consiste à modéliser cette ligne par un conducteur ohmique :

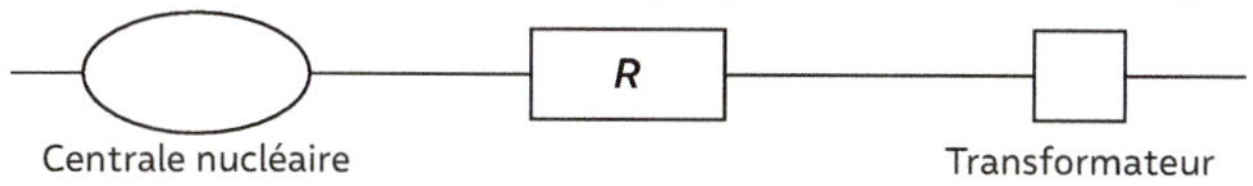

5. Il faut que l'intensité du courant électrique *I* soit la plus faible possible pour que la puissance dissipée par effet Joule, $\mathscr{P}_J = r \times I^2$, soit la plus petite possible. Si la puissance électrique transportée par la ligne, $\mathscr{P} = U \times I$, reste identique, il faut augmenter la tension pour que le produit $U \times I$ reste identique avec une intensité du courant électrique plus faible.
L'utilisation d'une tension plus élevée permet de diminuer l'intensité du courant électrique circulant dans la ligne électrique tout en conservant une puissance électrique identique.

INDICATEURS DE RÉUSSITE	NIVEAU			
	A	B	C	D
Le lien entre présence d'une résistance et dissipation de puissance ou d'énergie est effectué.				
L'expression littérale de la puissance Joule est correctement exploitée.				
L'intérêt, pour une ligne donnée à puissance électrique fixée, d'augmenter la tension pour minimiser l'effet Joule est correctement explicité et expliqué.				

CHAPITRE 7

Livre de l'élève

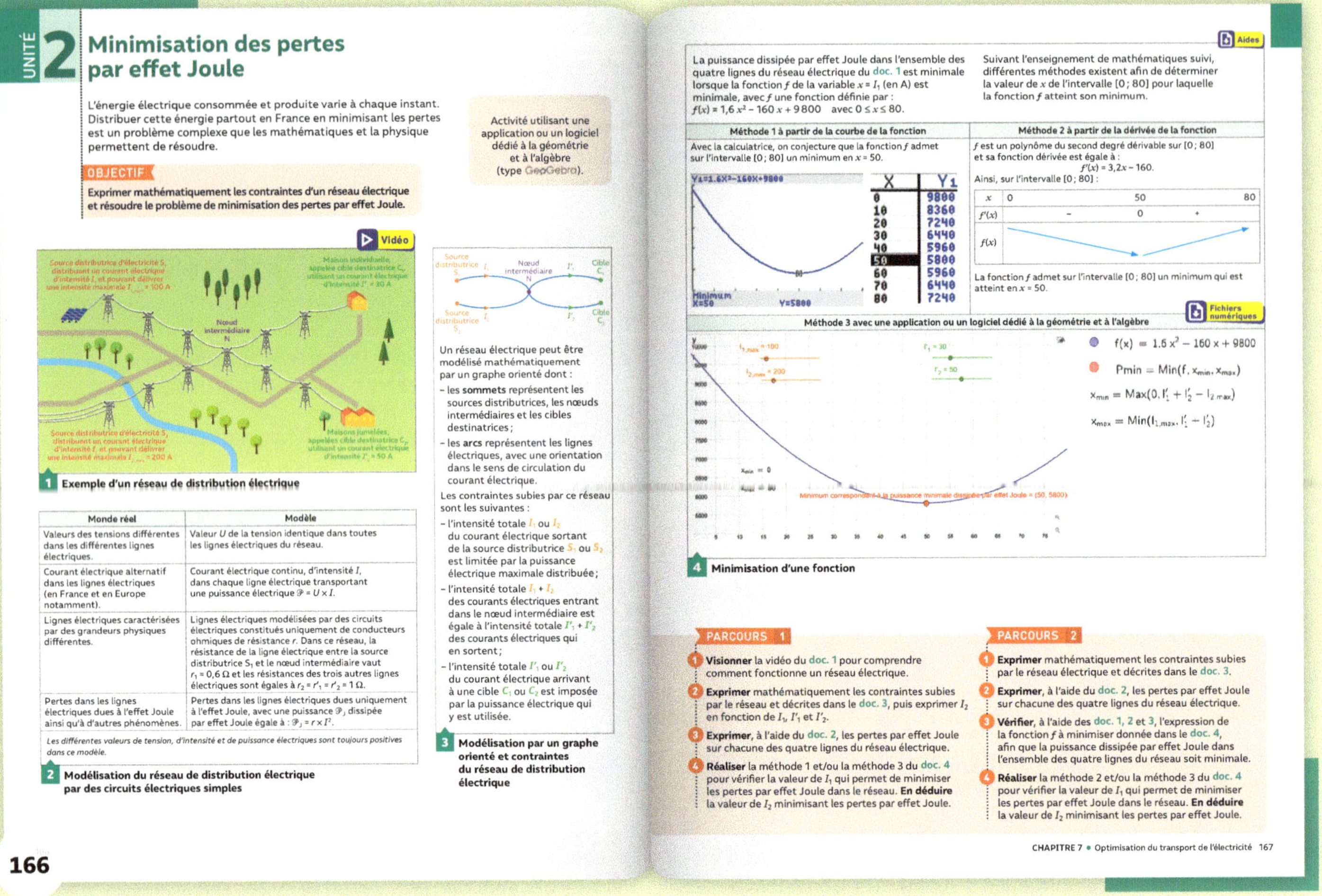

UNITÉ 2 **Minimisation des pertes par effet Joule**

L'énergie électrique consommée et produite varie à chaque instant. Distribuer cette énergie partout en France en minimisant les pertes est un problème complexe que les mathématiques et la physique permettent de résoudre.

OBJECTIF

Exprimer mathématiquement les contraintes d'un réseau électrique et résoudre le problème de minimisation des pertes par effet Joule.

Activité utilisant une application ou un logiciel dédié à la géométrie et à l'algèbre (type GeoGebra).

Vidéo

1 Exemple d'un réseau de distribution électrique

Monde réel	Modèle
Valeurs des tensions différentes dans les différentes lignes électriques.	Valeur U de la tension identique dans toutes les lignes électriques du réseau.
Courant électrique alternatif dans les lignes électriques (en France et en Europe notamment).	Courant électrique continu, d'intensité I, dans chaque ligne électrique transportant une puissance électrique $\mathcal{P} = U \times I$.
Lignes électriques caractérisées par des grandeurs physiques différentes.	Lignes électriques modélisées par des circuits électriques constitués uniquement de conducteurs ohmiques de résistance r. Dans ce réseau, la résistance de la ligne électrique entre la source distributrice S_1 et le nœud intermédiaire vaut $r_1 = 0{,}6\ \Omega$ et les résistances des trois autres lignes électriques sont égales à $r_2 = r'_1 = r'_2 = 1\ \Omega$.
Pertes dans les lignes électriques dues à l'effet Joule ainsi qu'à d'autres phénomènes.	Pertes dans les lignes électriques dues uniquement à l'effet Joule, avec une puissance $\mathcal{P}_J$ dissipée par effet Joule égale à : $\mathcal{P}_J = r \times I^2$.

Les différentes valeurs de tension, d'intensité et de puissance électriques sont toujours positives dans ce modèle.

2 Modélisation du réseau de distribution électrique par des circuits électriques simples

Un réseau électrique peut être modélisé mathématiquement par un graphe orienté dont :
- les **sommets** représentent les sources distributrices, les nœuds intermédiaires et les cibles destinatrices ;
- les **arcs** représentent les lignes électriques, avec une orientation dans le sens de circulation du courant électrique.

Les contraintes subies par ce réseau sont les suivantes :
- l'intensité totale I_1 ou I_2 du courant électrique sortant de la source distributrice S_1 ou S_2 est limitée par la puissance électrique maximale distribuée ;
- l'intensité totale $I_1 + I_2$ des courants électriques entrant dans le nœud intermédiaire est égale à l'intensité totale $I'_1 + I'_2$ des courants électriques qui en sortent ;
- l'intensité totale I'_1 ou I'_2 du courant électrique arrivant à une cible C_1 ou C_2 est imposée par la puissance électrique qui y est utilisée.

3 Modélisation par un graphe orienté et contraintes du réseau de distribution électrique

166

Aides

La puissance dissipée par effet Joule dans l'ensemble des quatre lignes du réseau électrique du doc. 1 est minimale lorsque la fonction f de la variable $x = I_1$ (en A) est minimale, avec f une fonction définie par :
$f(x) = 1{,}6\,x^2 - 160\,x + 9\,800$ avec $0 \leq x \leq 80$.

Suivant l'enseignement de mathématiques suivi, différentes méthodes existent afin de déterminer la valeur de x de l'intervalle [0 ; 80] pour laquelle la fonction f atteint son minimum.

Méthode 1 à partir de la courbe de la fonction

Avec la calculatrice, on conjecture que la fonction f admet sur l'intervalle [0 ; 80] un minimum en $x = 50$.

X	Y1
0	9800
10	8360
20	7240
30	6440
40	5960
50	5800
60	5960
70	6440
80	7240

Méthode 2 à partir de la dérivée de la fonction

f est un polynôme du second degré dérivable sur [0 ; 80] et sa fonction dérivée est égale à :
$f'(x) = 3{,}2x - 160$.
Ainsi, sur l'intervalle [0 ; 80] :

x	0		50		80
$f'(x)$		–	0	+	
$f(x)$		↘		↗	

La fonction f admet sur l'intervalle [0 ; 80] un minimum qui est atteint en $x = 50$.

Fichiers numériques

Méthode 3 avec une application ou un logiciel dédié à la géométrie et à l'algèbre

4 Minimisation d'une fonction

PARCOURS 1

1. **Visionner** la vidéo du doc. 1 pour comprendre comment fonctionne un réseau électrique.
2. **Exprimer** mathématiquement les contraintes subies par le réseau et décrites dans le doc. 3, puis exprimer I_2 en fonction de I_1, I'_1 et I'_2.
3. **Exprimer**, à l'aide du doc. 2, les pertes par effet Joule sur chacune des quatre lignes du réseau électrique.
4. **Réaliser** la méthode 1 et/ou la méthode 3 du doc. 4 pour vérifier la valeur de I_1 qui permet de minimiser les pertes par effet Joule dans le réseau. **En déduire** la valeur de I_2 minimisant les pertes par effet Joule.

PARCOURS 2

1. **Exprimer** mathématiquement les contraintes subies par le réseau électrique et décrites dans le doc. 3.
2. **Exprimer**, à l'aide du doc. 2, les pertes par effet Joule sur chacune des quatre lignes du réseau électrique.
3. **Vérifier**, à l'aide des doc. 1, 2 et 3, l'expression de la fonction f à minimiser donnée dans le doc. 4, afin que la puissance dissipée par effet Joule dans l'ensemble des quatre lignes du réseau soit minimale.
4. **Réaliser** la méthode 2 et/ou la méthode 3 du doc. 4 pour vérifier la valeur de I_1 qui permet de minimiser les pertes par effet Joule dans le réseau. **En déduire** la valeur de I_2 minimisant les pertes par effet Joule.

CHAPITRE 7 • Optimisation du transport de l'électricité 167

problèmes scientifiques

- Quelles sont les contraintes d'un réseau électrique simple ?
- Comment mettre en équation ces contraintes ?
- Pour un paramètre donné, comment minimiser les pertes par effet Joule dans le réseau électrique ?

Mobilisation des acquis

- Vu en cycle 4 (physique-chimie) : puissance électrique $\mathcal{P} = U \times I$.
- Vu en cycle 4 et en seconde (physique-chimie) : la loi des nœuds.

Les grandes idées à construire

- Un réseau électrique peut être modélisé par un graphe orienté.
- Il ne faut pas confondre le graphe orienté modélisant le réseau électrique et le schéma électrique modélisant une ligne à haute tension (**unité 1**).
- En considérant la puissance électrique maximale distribuée et les puissances électriques utilisées par les cibles, il est possible à l'aide de la loi des nœuds d'exprimer mathématiquement les contraintes subies par le réseau électrique.
- Il est possible de résoudre le problème de minimisation des pertes par effet Joule, dans un cas simple, en utilisant différentes méthodologies : à partir d'une courbe représentative d'une fonction, à partir de la dérivée de la fonction, en utilisant une forme canonique, à partir d'un logiciel dédié à la géométrie et à l'algèbre.

Les compétences travaillées

- **Extraire et exploiter** des informations.
- **Utiliser** des expressions littérales.
- **Faire des calculs** numériques.
- **Utiliser** une calculatrice graphique ou un logiciel spécifique.
- **Exploiter** une relation mathématique pour prévoir l'évolution d'une grandeur lorsque différents paramètres et variables sont modifiés.
- **Rédiger** une argumentation scientifique.

Les représentations de l'élève

- Il est très probable que de nombreux élèves possèdent une vision très linéaire d'un réseau de distribution électrique : une source distributrice/une ou plusieurs cibles. Il est intéressant d'insister sur les interconnexions pratiques permettant à plusieurs sources distributrices d'approvisionner différentes sources cibles. L'exemple des panneaux photovoltaïques est un bon exemple car l'électricité générée par ces panneaux est le plus souvent directement réinjectée dans le réseau basse tension.

Ce que disent les documents

1 Le **doc. 1** étudié *via* la vidéo ou la seule version schématisée, permet de visualiser un exemple simple de réseau de distribution électrique à deux sources distributrices (ici des panneaux photovoltaïques pour la source S_1, une ligne électrique pour la source S_2). Le réseau proposé comporte un nœud intermédiaire N et deux cibles distinctes, une maison individuelle C_1 et des maisons jumelées C_2. *L'intérêt de cet exemple est de se placer dans le cadre exact mentionné par le programme officiel, celui d'un réseau à deux sources distributrices, un nœud intermédiaire et deux cibles.*

Idée de question :

– Donner quelques exemples de sites de production possibles pour l'électricité distribuée par la source S_2.

2 Ce tableau compare certaines caractéristiques (tension électrique, type de courant électrique, ligne électrique, pertes dans les lignes électriques) réelles et modélisées du réseau de distribution électrique. L'intérêt de ce document est de présenter les éléments du modèle nécessaires pour la résolution du problème de minimisation tout en les mettant en perspective avec le « monde réel ».

Idée de question :

– Si on suppose que les matériaux qui constituent les lignes sont identiques, que les sections des lignes sont identiques, quelle hypothèse pourrait permettre de justifier que r_1 soit différente de r_2 ?

3 Le **doc. 3** est un document central de cette unité. Il modélise, conformément au programme officiel, le réseau proposé dans le **doc. 1** sous la forme d'un graphe orienté en précisant les notations des deux sources distributrices S_1 et S_2, du nœud intermédiaire N et des deux cibles C_1 et C_2. Le schéma du graphe orienté présente également les orientations et notations des intensités des courants électriques dans les différentes branches I_1 et I_2 (en orange, couleur réservée ici aux sources), I'_1 et I'_2 (en vert, couleur réservée aux cibles). Les notations et couleurs sont identiques à celles du **doc. 1** permettant à l'élève de faire le lien entre le réseau de distribution physique et sa modélisation par un graphe orienté.

Le texte du document précise le vocabulaire des graphes orientés (*a minima*) ainsi que les trois contraintes électriques qui vont permettre la résolution du problème de minimisation : la limitation des intensités totales I_1 et/ou I_2 par les puissances électriques maximales distribuées, la relation (loi des nœuds) liant la somme $I_1 + I_2$ à $I'_1 + I'_2$, la contrainte sur les intensités I'_1 et/ou I'_2 liées aux puissances électriques utilisées en C_1 et/ou C_2.

Idée de question :

– Quelle est la loi à l'origine de la seconde contrainte énoncée dans le document ? On précisera le nom et l'énoncé.

4 Ce document est constitué de quatre parties distinctes. L'en-tête donne l'expression de la fonction à minimiser pour que les pertes par effet Joule soient les plus faibles possibles dans ce réseau de distribution. La suite du document, comme le stipule l'en-tête, pourra être exploitée différemment suivant que les élèves auront suivi ou non l'enseignement de spécialité de mathématiques de première. La **méthode 2** propose ainsi de résoudre le problème en considérant la dérivée de la fonction ; elle sera exploitable par des élèves concernés par l'enseignement de spécialité mathématiques. Les **méthodes 1 et 3** proposent une résolution à partir d'une méthode graphique (à partir de la calculatrice graphique ou à l'aide d'un logiciel spécifique, par exemple GeoGebra). Les copies d'écran proposées dans le manuel permettent de répondre directement aux questions posées.

Idée de question :

– Les valeurs de $I_{1,max}$, $I_{2,max}$, I'_1 et I'_2 figurant sur la copie d'écran de la méthode 3 sont-elles cohérentes avec le réseau électrique modélisé ? Pourquoi ne peut-on manifestement pas ajuster la valeur de I_1 dans la méthode 3 (pas de curseur de réglage pour I_1) ?

Les + pour préparer votre séance

- Proposer un QCM de remobilisation des acquis en début de séance. [→ **Annexe 2, page 136**]

CORRECTION DE L'UNITÉ

Parcours 1

1. En cas de difficulté d'accès à la vidéo, il est possible également de demander à observer le **doc. 1**, en utilisant éventuellement la question proposée dans la rubrique « Ce que disent les documents ».

2. Pour la première contrainte énoncée dans le **doc. 3** :
$\mathscr{P}_{1,max} = U \times I_{1,max}$ soit $I_1 < \frac{\mathscr{P}_{1,max}}{U}$. De même pour I_2 : $I_2 < \frac{\mathscr{P}_{2,max}}{U}$.
Pour la seconde contrainte, par application de la loi des nœuds en N : $I_1 + I_2 = I'_1 + I'_2$.
Pour la dernière contrainte : $\mathscr{P}_{C1} = U \times I'_1$ et $\mathscr{P}_{C2} = U \times I'_2$.
D'après l'égalité correspondant à la seconde contrainte, $I_2 = I'_1 + I'_2 - I_1$.

3. Pour la ligne S_1N, l'expression des pertes par effet Joule est : $\mathscr{P}_{J1} = r_1 \times I_1^2$.
Pour la ligne S_2N : $\mathscr{P}_{J2} = r_2 \times I_2^2$.
Pour la ligne NC_1 : $\mathscr{P}'_{J1} = r'_1 \times I'^2_1 = r_2 \times I'^2_1$ car $r_2 = r'_1$.
Pour la ligne NC_2 : $\mathscr{P}'_{J2} = r'_2 \times I'^2_2 = r_2 \times I'^2_2$ car $r_2 = r'_2$.

4. Par application de la méthode 1 (calculatrice graphique) ou de la méthode 3 (logiciel GeoGebra), la fonction étudiée est minimale pour $x = 50$; la puissance dissipée par effet Joule dans le réseau sera minimale pour $I_1 = x = 50$ A.
D'après la relation établie dans la question 2 : $I_2 = I'_1 + I'_2 - I_1$.
A.N. : $I_2 = 30 + 50 - 50 = 30$ A.

Parcours 2

1. Pour la première contrainte énoncée dans le **doc. 3** :
$\mathscr{P}_{1,max} = U \times I_{1,max}$ soit $I_1 < \frac{\mathscr{P}_{1,max}}{U}$. De même pour I_2 : $I_2 < \frac{\mathscr{P}_{2,max}}{U}$.
Pour la seconde contrainte, par application de la loi des nœuds en N : $I_1 + I_2 = I'_1 + I'_2$.
Pour la dernière contrainte : $\mathscr{P}_{C1} = U \times I'_1$ et $\mathscr{P}_{C2} = U \times I'_2$.

2. Pour la ligne S_1N, l'expression des pertes par effet Joule est : $\mathscr{P}_{J1} = r_1 \times I_1^2$.
Pour la ligne S_2N : $\mathscr{P}_{J2} = r_2 \times I_2^2$.
Pour la ligne NC_1 : $\mathscr{P}'_{J1} = r'_1 \times I'^2_1 = r_2 \times I'^2_1$ car $r_2 = r'_1$.
Pour la ligne NC_2 : $\mathscr{P}'_{J2} = r'_2 \times I'^2_2 = r_2 \times I'^2_2$ car $r_2 = r'_2$.

3. La puissance totale dissipée par effet Joule sur les quatre lignes du réseau a pour expression :
$\mathscr{P}_J = \mathscr{P}_{J1} + \mathscr{P}_{J2} + \mathscr{P}'_{J1} + \mathscr{P}'_{J2} = r_1 \times I_1^2 + r_2 \times I_2^2 + r_2 \times I'^2_1 + r_2 \times I'^2_2$.
D'après les **doc. 1** et **2** : $r_2 = 1\ \Omega$; $I'_1 = 30$ A ; $I'_2 = 50$ A.
L'expression de la puissance totale dissipée par effet Joule est alors :
$\mathscr{P}_J = r_1 \times I_1^2 + r_2 \times I_2^2 + 1 \times 30^2 + 1 \times 50^2 = r_1 \times I_1^2 + r_2 \times I_2^2 + 900 + 2\,500$.
$\mathscr{P}_J = r_1 \times I_1^2 + r_2 \times I_2^2 + 3\,400$.
D'après la question 1 et le **doc. 1** : $I_2 = I'_1 + I'_2 - I_1 = 30 + 50 - I_1 = 80 - I_1$.
L'expression précédente de la puissante totale dissipée par effet Joule devient :
$\mathscr{P}_J = r_1 \times I_1^2 + r_2 \times (80 - I_1)^2 + 3\,400 = 0{,}6 \times I_1^2 + (80 - I_1)^2 + 3\,400$
car $r_1 = 0{,}6\ \Omega$ et $r_2 = 1\ \Omega$.
$\mathscr{P}_J = 0{,}6 \times I_1^2 + 80^2 - 2 \times 80 \times I_1 + I_1^2 + 3\,400 = 1{,}6 \times I_1^2 - 160 \times I_1 + 9\,800$.
En posant $I_1 = x$, on retrouve l'expression donnée dans le **doc. 4** :
$f(x) = 1{,}6x^2 - 160x + 9\,800$.

4. f est un polynôme du second degré. Cette fonction est définie et dérivable sur l'intervalle d'étude [0 ; 80].
$f'(x) = 1{,}6 \times 2x - 160 = 3{,}2x - 160$.
$f(0) = 9\,800$; $f'(x) = 0$ pour $3{,}2x - 160 = 0$ soit pour $x = \frac{160}{3{,}2} = 50$.
Si $0 < x < 50$ alors $3{,}2x - 160 < 0$ donc $f'(x) < 0$;
si $50 < x < 80$ alors $3{,}2x - 160 > 0$ donc $f'(x) > 0$.
On retrouve ainsi le tableau de variation donné dans le **doc. 4** pour la méthode 2. D'après ce tableau de variation, la fonction est bien minimale en $x = 50$.
L'application de la méthode 3 conduit à la même valeur de x.
La puissance dissipée par effet Joule dans le réseau sera minimale pour $I_1 = x = 50$ A.
D'après la relation établie dans la question 2, $I_2 = I'_1 + I'_2 - I_1$.
A.N. : $I_2 = 30 + 50 - 50 = 30$ A.

INDICATEURS DE RÉUSSITE	NIVEAU			
	A	B	C	D
Les différentes contraintes sont correctement exploitées.				
La correspondance entre le graphe orienté et les hypothèses est effectuée.				
La méthode utilisée pour vérifier la valeur de I_1 cherchée est correctement appliquée.				

Livre de l'élève

HISTOIRE ENJEUX DÉBATS

Aspects historiques de la distribution d'énergie électrique

En France, l'électricité est essentiellement produite dans des centrales nucléaires et hydroélectriques. Cette production est donc localisée sur quelques sites fixes, alors qu'elle est utilisée par les particuliers et les industriels sur tout le territoire, nécessitant une diffusion contrôlée et sur de grandes distances.

Comment la distribution de l'énergie électrique a-t-elle évolué au cours des siècles pour pouvoir être assurée à grande distance des lieux de production et quels problèmes ont dû être résolus pour y arriver ?

En 1881 a lieu à Paris la première Exposition internationale d'électricité, au Palais de l'Industrie (actuellement Petit Palais et Grand Palais) sur l'avenue des Champs-Élysées. C'est la première fois qu'une telle exposition est entièrement dédiée à l'électricité et à ses applications. Si le télégraphe occupe une place importante, l'attraction vedette pour les quelques 700 000 visiteurs est bien celle du téléphone de l'américain Graham Bell (1847-1922). Pour le chroniqueur scientifique Louis Figuier : « Cette application si nouvelle et si extraordinaire du téléphone, consistant à faire entendre à distance des sons musicaux et autres, a été la surprise, la merveille, le grand évènement de l'Exposition de 1881 pour le public, et l'on peut ajouter, pour les savants eux-mêmes ».

▼ Vue d'ensemble de l'exposition internationale

doc a La Première exposition internationale d'électricité à Paris

RESSOURCES
- Alain Beltran, Patrice Carré, *La Vie électrique - Histoire et imaginaire (XVIIIe-XXIe siècle)*, Belin, 2016.
- L'avènement de la fée électricité, 1870-1900, www.ampere.cnrs.fr, 2011.
- Histoire de la distribution : de l'arrivée de la lumière aux réseaux intelligents, www.youtube.com, 2013.

▲ Lors de l'Exposition internationale d'électricité en 1881, un tramway alimenté électriquement permettait de transporter les voyageurs depuis la place de la Concorde vers le Palais de l'Industrie : une distance de 500 mètres parcourue en une minute.

L'électricité n'est au fond qu'un simple intermédiaire, un moyen de transporter une force à grande distance. Le problème résolu revient à celui-ci, qui paraîtrait merveilleux si nous n'étions aujourd'hui en plein siècle des merveilles : envoyer par le télégraphe non plus de simples dépêches, mais assez de force motrice pour alimenter toutes les usines et les fabriques d'une grande ville. Rien ne nous empêche, en effet, de faire courir sur des fils télégraphiques des milliers de chevaux-vapeur ! C'est vraiment de la magie que de pouvoir faire passer par un conducteur de quelques millimètres d'épaisseur la force de régiments de travailleurs et de la distribuer à volonté dans tous les coins d'une usine en fractions aussi petites qu'on le désire. Ainsi, ce que nous avons dit dans cette esquisse rapide suffira, nous l'espérons du moins, pour qu'on sache maintenant comment il est possible d'obliger l'électricité à travailler, à mettre des machines en mouvement, non seulement sur place, mais à des distances considérables. Elle est réellement assouplie, domptée et dominée. Après le siècle de la vapeur, nous aurons certainement le siècle de l'électricité.

D'après Henri de Parville, *L'Électricité et ses applications – Exposition de Paris*, 2e édition, 1883.

doc b Les applications de l'électricité attendues en 1883

168

Article en ligne

La constitution des réseaux de transport de l'énergie électrique va nécessiter au fil des années un grand nombre d'innovations techniques et d'infrastructures radicalement nouvelles. En effet, lors des premières tentatives de transport d'énergie par l'électricité, une diminution rapide du rendement est observée, due à la distance et aux pertes par échauffement dans les câbles qui conduisent le courant.

Certes les réseaux télégraphiques témoignaient déjà de la possibilité de transmission à grande distance d'énergie par l'électricité. Mais les énergies et les courants mis en jeu dans le télégraphe étaient faibles alors que l'objectif visé depuis les années 1880 est de transporter des puissances plus élevées à distance, la puissance des machines électriques allant de la dizaine aux centaines de kilowatts.

Le problème est partiellement résolu par Marcel Deprez (1843-1918), un ingénieur français ayant essentiellement travaillé sur l'électricité. Il démontre que la transmission peut se faire avec un rendement convenable sur quelques dizaines de kilomètres, même avec du fil télégraphique, à condition d'élever suffisamment la tension à la source. C'est ce qu'il prouve en 1882 lors de l'Exposition d'électricité de Munich, en faisant fonctionner un moteur de pompe à l'aide de dynamos Gramme situées à une distance de 57 kilomètres.

Au cours des décennies 1880 et 1890, des séries d'améliorations technologiques permettent au courant alternatif de prendre le pas sur le courant continu pour la « transmission de force » à longue distance, avec moins de pertes.

doc c Réseaux de transmission de force à grande distance

Vidéo

doc e La distribution actuelle d'électricité en France

Le développement du réseau électrique en France avant la Première Guerre mondiale (1914-1918) concerne essentiellement les villes. Il apparaît massivement dans les campagnes françaises au cours de l'entre-deux-guerres mais il subsiste des zones non électrifiées à la fin des années 1940.

Les départements de l'Ouest, et plus particulièrement ceux de la Bretagne, furent les plus difficiles à électrifier. Les raisons en sont nombreuses : une population très dispersée et répartie sur toute la commune, de petites exploitations qui pratiquent la polyculture et l'élevage, des bâtiments agricoles et des fermes de taille modeste, un grand nombre d'exploitations dispersées et morcelées, un obstacle physique sérieux à l'établissement des lignes de distribution dû aux nombreux talus plantés d'arbres et de haies et surtout une absence presque totale de grandes centrales hydroélectriques ou thermiques. En revanche le Sud-Est, le Sud-Ouest, le Nord et l'Est furent les régions pilotes, car elles bénéficiaient à bas prix de la houille blanche [électricité d'origine hydraulique] produite par les centrales hydroélectriques, ou bien de charbon alimentant les centrales thermiques.

D'après Arnaud Berthonnet, « L'électrification rurale ou le développement de la « fée électricité » au cœur des campagnes françaises dans le premier XXe siècle », *Histoire & Sociétés rurales*, 29(1), 2003.

doc d Construction du réseau électrique en France

doc f Taux de population rurale française ayant accès à l'électricité, par département, en 1946

En équipes !

Équipe 1
Analyser le ton (optimiste ou pessimiste) du texte de 1883 (doc. b) sur l'utilisation de l'électricité. Commenter la prédiction finale de l'auteur à propos du « siècle de l'électricité ».

Équipe 2
Citer des problèmes rencontrés au cours de la constitution de réseaux électriques d'ampleur nationale.

En commun (oral)
Expliquer en quoi la mise en place d'un réseau électrique de grande dimension, à l'échelle d'un continent par exemple, permet de résoudre, ou au moins d'atténuer, les problèmes d'intermittence de production d'énergie.

CHAPITRE 7 • Optimisation du transport de l'électricité 169

problèmes scientifiques

- Quels sont les nouveaux besoins électriques à la fin du XIXe siècle ?
- Quels problèmes se posent pour répondre à ces besoins ?
- Comment et quand ces problèmes ont-ils – au moins partiellement – été réglés ?

Mobilisation des acquis

- Vu au collège et au lycée : loi d'Ohm, énergie et puissance électriques.
- Vu en seconde : notion de force, notions élémentaires sur les circuits électriques, tension, intensité.

Les grandes idées à construire

- Le développement des grands réseaux électriques à l'échelle des pays date des années 1880 environ. Les nouveaux besoins se créent en même temps que les applications se développent : télégraphe dès la première moitié du XIXe siècle, puis éclairage urbain et privé, téléphone, machines, transports (comme le tramway), etc.
- Le développement du réseau télégraphique au début du XIXe siècle a permis de montrer la possibilité de transmettre de l'information à longue distance par l'électricité (câble transatlantique dans les années 1860). Mais les nouveaux besoins nécessitent des puissances beaucoup plus élevées : utilisation de machines plus puissantes et multiplication considérable des utilisateurs, privés et publics.
- Pour cela, non seulement il a fallu augmenter la production d'énergie, mais aussi sa distribution sur le territoire, avec un maillage très serré et des utilisateurs éventuellement éloignés des lieux de production. Cela a nécessité d'importantes adaptations techniques pour construire ces réseaux de puissance à partir des années 1880.

Les compétences travaillées

- **Identifier et comprendre** les effets de la science sur les sociétés et sur l'environnement.

Les représentations de l'élève

- Il est difficile pour un élève né au XXIe siècle de concevoir un monde où l'électricité n'est pas accessible partout et facilement : il lui faut donc faire prendre conscience des évolutions de société qu'a provoquée cette distribution massive d'énergie, publique et privée, et éventuellement des résistances que cela a pu occasionner.
- Cette unité est également l'occasion de faire prendre conscience aux élèves des différentes techniques entre les réseaux électriques « de puissance » et les réseaux transportant des puissances beaucoup plus réduites, pour les télécommunications notamment (télégraphe).

Ce que disent les documents

a L'existence même d'une exposition internationale consacrée à l'électricité montre l'importance de cette nouvelle énergie. Le téléphone a constitué une découverte fascinante. La gravure montre même au centre de l'exposition internationale d'électricité un phare – électrique – semblant illuminer le monde : l'électricité est dépeinte comme une source de progrès extraordinaires.

Idée de question :
– Quel peut être le rôle symbolique d'une exposition internationale ?

b Les applications envisagées de l'électricité dépassent les simples transmissions de messages : il s'agit maintenant de transmettre « de la force » (c'est-à-dire de l'énergie mécanique en termes plus modernes) à distance, pour faire fonctionner des machines ou déplacer des trains. L'avant-dernière phrase décrit l'homme maître de la nature grâce à son ingéniosité. La gravure présente l'application au transport simultané de nombreux voyageurs : il s'agit de montrer, concrètement, que l'électricité peut « transmettre de la force ».

? Idée de question :
- Que penser de la vitesse du tramway électrique de l'exposition internationale, par rapport aux tramways actuels ?

c Les énergies mises en jeu pour la « transmission de force » sont beaucoup plus élevées que celles nécessaires à la transmission de messages. Il a donc fallu résoudre des problèmes liés à ce changement d'échelle : une solution a été d'élever la tension de la source, une autre a été le choix du courant alternatif sur le courant continu.

? Des idées de questions :
- Paraît-il plus difficile de transmettre des messages ou de faire fonctionner un moteur à distance par l'électricité ?
- En vous appuyant sur le texte, quel est l'avantage du courant alternatif sur le courant continu ?

d et **f** La construction du réseau électrique couvrant tout le territoire national a pris beaucoup de temps et il n'était pas encore tout à fait terminé après la Seconde Guerre mondiale. Le texte et la carte indiquent la même chose : c'est dans l'Ouest de la France et en particulier en Bretagne que le « taux de pénétration » de l'électricité était le plus faible en zone rurale. Les raisons en sont multiples : éloignement des sources d'énergie (origine hydraulique dans les Alpes et les Pyrénées, charbon dans le Nord et l'Est de la France), dispersion de la population et des exploitations, rendant l'installation de l'électricité « moins rentable par unité de surface ». Par ailleurs, il est probable que des résistances à l'arrivée de ce nouvel objet de consommation soient apparues, partout en France.

? Idée de question :
- La carte (**doc. f**) montre-t-elle des différences importantes d'accès à l'électricité en zone rurale en France en 1946 ?

e Au sortir des sources centralisées d'électricité (centrales nucléaires), la tension est très élevée (400 kV) afin de minimiser les pertes liées au transport sur de très longues distances. Des réseaux à tension un peu plus basse (de l'ordre de 100 kV) jouent le rôle d'intermédiaire vers les grands centres industriels et les réseaux locaux. Le transport s'effectue essentiellement par voie aérienne, mais il existe aussi un réseau souterrain permettant de protéger le paysage.

? Des idées de questions :
- L'électricité en sortie de centre de production est-elle à la même tension qu'à son arrivée dans les logements ?
- Quel est l'intérêt de faire varier la tension électrique ?

Les + pour préparer votre séance

- Préparer un QCM de vérification de la bonne compréhension des notions abordées dans cette unité. [→ **Annexe 3, page 136**]

Article en ligne Informations historiques sur la première exposition internationale d'électricité (11 août-20 novembre 1881 à Paris), montrant les miracles de la « fée électricité » (téléphone de Bell, ampoules d'Edison, etc.) :
http://histoires-de-sciences.over-blog.fr/2013/11/l'exposition-internationale-d'électricité-de-1881-à-paris.html

Le plan de la nef montre la diversité des applications, ainsi que la répartition des pays : la part belle va à diverses administrations françaises.

- Alain Beltran et Patrice Carré, *La Vie électrique – Histoire et imaginaire (XVIIIe-XXIe siècle)*, Belin, 2016.

Cet ouvrage est une mine d'informations et d'idées sur le développement de l'électricité et ses conséquences. Le classement chronologique permet un accès facile et rapide aux différentes périodes historiques.

LE SAVIEZ-VOUS ?

- Aux États-Unis, à la fin du XIXe siècle, l'installation de réseaux électriques allait déboucher sur le célèbre épisode de la guerre des courants, entre courant continu (Thomas Edison) et courant alternatif (Nikola Tesla et George Westinghouse). Il semblerait que les dernières traces de courant continu aux États-Unis aient disparu au XXIe siècle !
- Au-delà de son aspect anecdotique, cette affaire de la guerre des courants dans le contexte d'une « deuxième révolution industrielle » est importante car elle montre l'inventeur dépassé par le système technique qu'il est en train de concevoir et les enjeux économiques qui l'accompagnent. Peut-être pour la première fois de façon aussi nette, le laboratoire obéit aux injonctions des dirigeants financiers, qui deviennent les véritables patrons de l'entreprise : l'innovation n'est plus un but en soi, mais devient un moyen pour conquérir des marchés. Les grandes entreprises capitalistes apparaissent et prennent le pas sur les entreprises familiales qui existaient du temps de la machine à vapeur, qui permettait une production locale d'énergie. La nécessaire uniformisation de l'usage électrique force l'établissement de normes au moins nationales, d'où l'importance économique des choix techniques (continu contre alternatif). Cela débouchera aussi sur les débuts de l'organisation scientifique du travail : le taylorisme commence dans les années 1880.
- L'apport généralisé de l'électricité change les mentalités et les habitudes : à partir de la fin du XIXe siècle, la nuit n'existe plus en ville et il est possible de travailler ou de s'occuper comme en plein jour, à toute heure.

CORRECTION DE L'UNITÉ

ÉQUIPE 1

Comme à son habitude, Henri de Parville est très optimiste sur le futur et a une grande confiance dans le progrès technique. Il anticipe les merveilles que vont permettre l'électricité, en communications et force motrice disponible pour faire tourner des machines. Sa prédiction sur le siècle de l'électricité (XXe siècle) après le siècle de la vapeur (XIXe siècle) s'est largement réalisée !

ÉQUIPE 2

Deux types de problèmes se posent : des pertes de puissance lors du transport d'électricité loin des sources de production. Ces problèmes sont résolus, au moins partiellement, par l'augmentation de la tension et l'utilisation de courant alternatif ; des problèmes de construction du réseau : des kilomètres de fil, d'importants travaux d'infrastructure sont nécessaires, qui vont prendre des décennies à être mis en place et finalisés. L'achèvement de l'électrification des communes françaises aura lieu dans les années 1950.

EN COMMUN

Un problème de l'électricité est qu'elle peut être difficilement stockée sous une autre forme d'énergie. Or les sources intermittentes solaires ou éoliennes fonctionnent de façon peu prévisible. Un réseau à très grande échelle permet de lisser ces inconvénients : le surplus d'électricité produit à un endroit permet de combler un manque à un autre endroit.

INDICATEURS DE RÉUSSITE	NIVEAU A	B	C	D
L'intérêt suscité par l'électricité en 1881 est compris.				
La distinction entre transport d'informations et transport de « force » est faite.				
Les difficultés de ce transport de force et les moyens pour les résoudre sont identifiés.				
Les difficultés de construction d'un réseau électrique de grande dimension sont repérées.				

CHAPITRE 7

Livre de l'élève

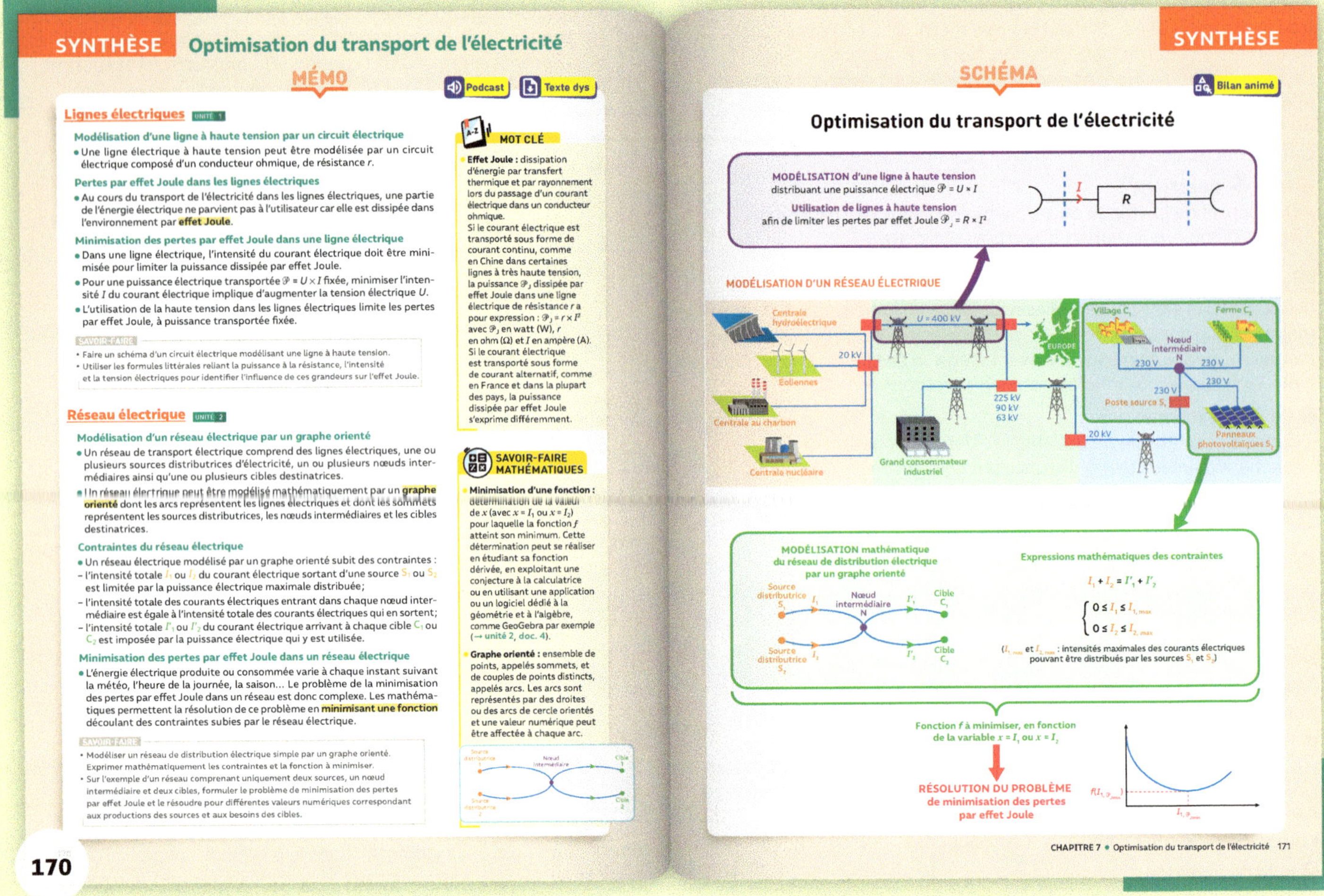
SYNTHÈSE Optimisation du transport de l'électricité

MÉMO

Podcast Texte dys

Lignes électriques UNITÉ 1

Modélisation d'une ligne à haute tension par un circuit électrique

- Une ligne électrique à haute tension peut être modélisée par un circuit électrique composé d'un conducteur ohmique, de résistance r.

Pertes par effet Joule dans les lignes électriques

- Au cours du transport de l'électricité dans les lignes électriques, une partie de l'énergie électrique ne parvient pas à l'utilisateur car elle est dissipée dans l'environnement par **effet Joule**.

Minimisation des pertes par effet Joule dans une ligne électrique

- Dans une ligne électrique, l'intensité du courant électrique doit être minimisée pour limiter la puissance dissipée par effet Joule.
- Pour une puissance électrique transportée $\mathcal{P} = U \times I$ fixée, minimiser l'intensité I du courant électrique implique d'augmenter la tension électrique U.
- L'utilisation de la haute tension dans les lignes électriques limite les pertes par effet Joule, à puissance transportée fixée.

SAVOIR-FAIRE
- Faire un schéma d'un circuit électrique modélisant une ligne à haute tension.
- Utiliser les formules littérales reliant la puissance à la résistance, l'intensité et la tension électriques pour identifier l'influence de ces grandeurs sur l'effet Joule.

Réseau électrique UNITÉ 2

Modélisation d'un réseau électrique par un graphe orienté

- Un réseau de transport électrique comprend des lignes électriques, une ou plusieurs sources distributrices d'électricité, un ou plusieurs nœuds intermédiaires ainsi qu'une ou plusieurs cibles destinatrices.
- Un réseau électrique peut être modélisé mathématiquement par un **graphe orienté** dont les arcs représentent les lignes électriques et dont les sommets représentent les sources distributrices, les nœuds intermédiaires et les cibles destinatrices.

Contraintes du réseau électrique

- Un réseau électrique modélisé par un graphe orienté subit des contraintes :
- l'intensité totale I_1 ou I_2 du courant électrique sortant d'une source S_1 ou S_2 est limitée par la puissance électrique maximale distribuée;
- l'intensité totale des courants électriques entrant dans chaque nœud intermédiaire est égale à l'intensité totale des courants électriques qui en sortent;
- l'intensité totale I'_1 ou I'_2 du courant électrique arrivant à chaque cible C_1 ou C_2 est imposée par la puissance électrique qui y est utilisée.

Minimisation des pertes par effet Joule dans un réseau électrique

- L'énergie électrique produite ou consommée varie à chaque instant suivant la météo, l'heure de la journée, la saison… Le problème de la minimisation des pertes par effet Joule dans un réseau est donc complexe. Les mathématiques permettent la résolution de ce problème en **minimisant une fonction** découlant des contraintes subies par le réseau électrique.

SAVOIR-FAIRE
- Modéliser un réseau de distribution électrique simple par un graphe orienté. Exprimer mathématiquement les contraintes et la fonction à minimiser.
- Sur l'exemple d'un réseau comprenant uniquement deux sources, un nœud intermédiaire et deux cibles, formuler le problème de minimisation des pertes par effet Joule et le résoudre pour différentes valeurs numériques correspondant aux productions des sources et aux besoins des cibles.

MOT CLÉ

- **Effet Joule :** dissipation d'énergie par transfert thermique et par rayonnement lors du passage d'un courant électrique dans un conducteur ohmique.
Si le courant électrique est transporté sous forme de courant continu, comme en Chine dans certaines lignes à très haute tension, la puissance $\mathcal{P}_J$ dissipée par effet Joule dans une ligne électrique de résistance r a pour expression : $\mathcal{P}_J = r \times I^2$ avec $\mathcal{P}_J$ en watt (W), r en ohm (Ω) et I en ampère (A).
Si le courant électrique est transporté sous forme de courant alternatif, comme en France et dans la plupart des pays, la puissance dissipée par effet Joule s'exprime différemment.

SAVOIR-FAIRE MATHÉMATIQUES

- **Minimisation d'une fonction :** détermination de la valeur de x (avec $x = I_1$ ou $x = I_2$) pour laquelle la fonction f atteint son minimum. Cette détermination peut se réaliser en étudiant sa fonction dérivée, en exploitant une conjecture à la calculatrice ou en utilisant une application ou un logiciel dédié à la géométrie et à l'algèbre, comme GeoGebra par exemple (→ unité 2, doc. 4).
- **Graphe orienté :** ensemble de points, appelés sommets, et de couples de points distincts, appelés arcs. Les arcs sont représentés par des droites ou des arcs de cercle orientés et une valeur numérique peut être affectée à chaque arc.

170

SYNTHÈSE

L'essentiel

- Le schéma s'articule autour du réseau électrique (partie centrale du schéma), constitué d'un réseau de production (à gauche), d'un réseau de transport (au centre) et d'un réseau de distribution (à droite).
On peut noter les valeurs très différentes des tensions dans les différentes lignes électriques présentes en France : de 230 V à 400 kV, soit 400 000 V.
- Afin d'optimiser le transport de l'électricité, il est nécessaire de modéliser les lignes électriques, comme expliqué dans la partie haute du schéma dans l'encadré violet. Attention à ne pas confondre la puissance électrique transportée par une ligne électrique avec la puissance dissipée par effet Joule.
- En plus de la modélisation physique, le problème de la minimisation des pertes énergétiques nécessite une modélisation mathématique se basant sur l'utilisation d'un graphe orienté et sur la prise en compte des contraintes subies par le réseau électrique. Cette modélisation mathématique est notée dans la partie basse du schéma dans l'encadré vert.

Les limites du schéma

- Dans le schéma bilan ainsi que dans l'ensemble de ce chapitre, les modélisations utilisées sont des modélisations très simples telles que cela sera demandé lors de l'épreuve du baccalauréat. Par exemple, dans la partie haute du schéma, il serait possible de modéliser une ligne à haute tension avec plusieurs conducteurs ohmiques ou avec d'autres composants comme des condensateurs et/ou des bobines. De plus, la formule donnée pour les pertes par effet Joule est correcte uniquement dans le cadre d'un courant continu.
- Enfin, la modélisation mathématique ne prend en compte que les pertes par effet Joule alors qu'il existe d'autres pertes énergétiques dans un réseau.

Quelle lecture du schéma proposer à l'élève ?

- En lisant le schéma, l'élève doit réussir à distinguer le réseau électrique schématisé (au centre de la page), sa modélisation physique (en haut de la page) et sa modélisation mathématique (en bas de la page).
Il doit aussi relever les formules des puissances ainsi que celles des intensités du courant électrique car elles sont à connaître.

CORRIGÉS DES EXERCICES

2 APPLICATION

D'après l'exercice 1, afin que la puissance $\mathcal{P}_{J,1}$ dissipée par effet Joule dans la ligne électrique reliée au poste source S_1 soit minimale, la fonction f_1 à minimiser est, avec $x = I_1$ (en A) :

$f_1(x) = 2x^2$ avec $100 \leq x \leq 600$.

De plus, la puissance $\mathcal{P}_{J,2}$ dissipée par effet Joule dans la ligne électrique reliée au poste source S_2 est égale à :

$\mathcal{P}_{J,2} = r_2 \times I_2^2 = r_2 \times (I' - I_1)^2 = r_2 \times (I'^2 - 2 \times I' \times I_1 + I_1^2)$.

Ainsi, comme $r_2 = 1\ \Omega$ et $I' = 600$ A, la fonction f_2 à minimiser est, avec $x = I_1$ (en A) : $f_2(x) = x^2 - 1\,200x + 360\,000$ avec $100 \leq x \leq 600$.

La puissance $\mathcal{P}_J'$ dissipée par effet Joule dans la ligne électrique reliée à la cible C est quant à elle égale à : $\mathcal{P}_J' = r' \times I'^2$.

Ainsi, comme $r_2 = 1\ \Omega$ et $I' = 600$ A : $f'(x) = 360\,000$.

La fonction f de la variable $x = I_1$ (en A) à minimiser afin que la puissance $\mathcal{P}_J$ dissipée par effet Joule dans l'ensemble des trois lignes électriques du réseau soit minimale, est donc égale à : $f(x) = f_1(x) + f_2(x) + f'(x)$

$f(x) = 3x^2 - 1\,200x + 720\,000$ avec $100 \leq x \leq 600$.

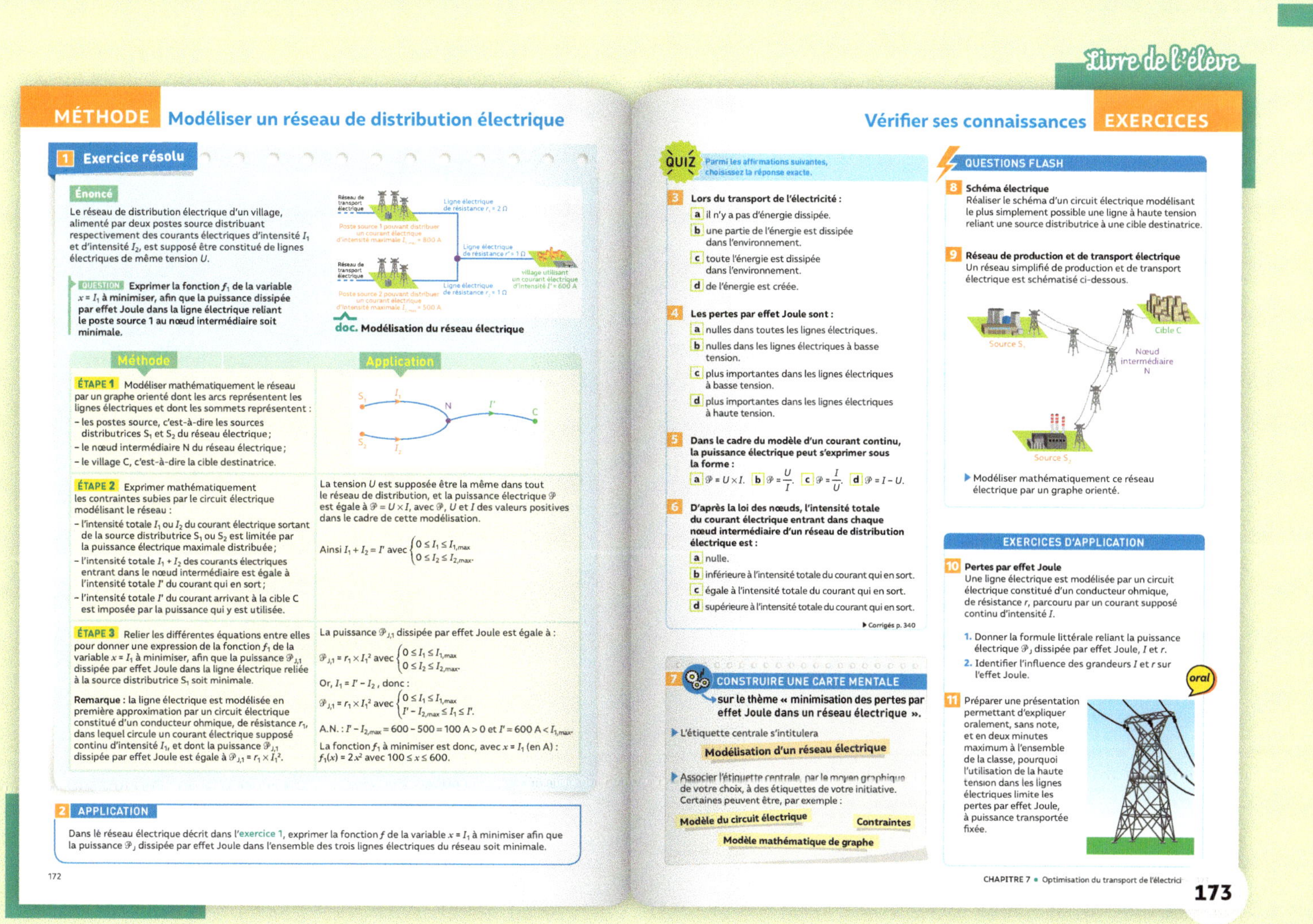

Livre de l'élève

MÉTHODE Modéliser un réseau de distribution électrique

1 Exercice résolu

Énoncé

Le réseau de distribution électrique d'un village, alimenté par deux postes source distribuant respectivement des courants électriques d'intensité I_1 et d'intensité I_2, est supposé être constitué de lignes électriques de même tension U.

QUESTION Exprimer la fonction f_1 de la variable $x = I_1$ à minimiser, afin que la puissance dissipée par effet Joule dans la ligne électrique reliant le poste source 1 au nœud intermédiaire soit minimale.

doc. Modélisation du réseau électrique

Méthode

ÉTAPE 1 Modéliser mathématiquement le réseau par un graphe orienté dont les arcs représentent les lignes électriques et dont les sommets représentent :
- les postes source, c'est-à-dire les sources distributrices S_1 et S_2 du réseau électrique ;
- le nœud intermédiaire N du réseau électrique ;
- le village C, c'est-à-dire la cible destinatrice.

ÉTAPE 2 Exprimer mathématiquement les contraintes subies par le circuit électrique modélisant le réseau :
- l'intensité totale I_1 ou I_2 du courant électrique sortant de la source distributrice S_1 ou S_2 est limitée par la puissance électrique maximale distribuée ;
- l'intensité totale $I_1 + I_2$ des courants électriques entrant dans le nœud intermédiaire est égale à l'intensité totale I' du courant qui en sort ;
- l'intensité totale I' du courant arrivant à la cible C est imposée par la puissance qui y est utilisée.

ÉTAPE 3 Relier les différentes équations entre elles pour donner une expression de la fonction f_1 de la variable $x = I_1$ à minimiser, afin que la puissance $\mathcal{P}_{J,1}$ dissipée par effet Joule dans la ligne électrique reliée à la source distributrice S_1 soit minimale.

Remarque : la ligne électrique est modélisée en première approximation par un circuit électrique constitué d'un conducteur ohmique, de résistance r_1, dans lequel circule un courant électrique supposé continu d'intensité I_1, et dont la puissance $\mathcal{P}_{J,1}$ dissipée par effet Joule est égale à $\mathcal{P}_{J,1} = r_1 \times I_1^2$.

Application

La tension U est supposée être la même dans tout le réseau de distribution, et la puissance électrique $\mathcal{P}$ est égale à $\mathcal{P} = U \times I$, avec $\mathcal{P}$, U et I des valeurs positives dans le cadre de cette modélisation.

Ainsi $I_1 + I_2 = I'$ avec $\begin{cases} 0 \leq I_1 \leq I_{1,max} \\ 0 \leq I_2 \leq I_{2,max} \end{cases}$

La puissance $\mathcal{P}_{J,1}$ dissipée par effet Joule est égale à :

$\mathcal{P}_{J,1} = r_1 \times I_1^2$ avec $\begin{cases} 0 \leq I_1 \leq I_{1,max} \\ 0 \leq I_2 \leq I_{2,max} \end{cases}$

Or, $I_1 = I' - I_2$, donc :

$\mathcal{P}_{J,1} = r_1 \times I_1^2$ avec $\begin{cases} 0 \leq I_1 \leq I_{1,max} \\ I' - I_{2,max} \leq I_1 \leq I' \end{cases}$

A.N. : $I' - I_{2,max} = 600 - 500 = 100$ A > 0 et $I' = 600$ A < $I_{1,max}$.

La fonction f_1 à minimiser est donc, avec $x = I_1$ (en A) : $f_1(x) = 2x^2$ avec $100 \leq x \leq 600$.

2 APPLICATION

Dans le réseau électrique décrit dans l'exercice 1, exprimer la fonction f de la variable $x = I_1$ à minimiser afin que la puissance $\mathcal{P}_J$ dissipée par effet Joule dans l'ensemble des trois lignes électriques du réseau soit minimale.

172

Vérifier ses connaissances EXERCICES

QUIZ Parmi les affirmations suivantes, choisissez la réponse exacte.

3 Lors du transport de l'électricité :
a il n'y a pas d'énergie dissipée.
b une partie de l'énergie est dissipée dans l'environnement.
c toute l'énergie est dissipée dans l'environnement.
d de l'énergie est créée.

4 Les pertes par effet Joule sont :
a nulles dans toutes les lignes électriques.
b nulles dans les lignes électriques à basse tension.
c plus importantes dans les lignes électriques à basse tension.
d plus importantes dans les lignes électriques à haute tension.

5 Dans le cadre du modèle d'un courant continu, la puissance électrique peut s'exprimer sous la forme :
a $\mathcal{P} = U \times I$. b $\mathcal{P} = \frac{U}{I}$. c $\mathcal{P} = \frac{I}{U}$. d $\mathcal{P} = I - U$.

6 D'après la loi des nœuds, l'intensité totale du courant électrique entrant dans chaque nœud intermédiaire d'un réseau de distribution électrique est :
a nulle.
b inférieure à l'intensité totale du courant qui en sort.
c égale à l'intensité totale du courant qui en sort.
d supérieure à l'intensité totale du courant qui en sort.

Corrigés p. 340

7 CONSTRUIRE UNE CARTE MENTALE sur le thème « minimisation des pertes par effet Joule dans un réseau électrique ».

L'étiquette centrale s'intitulera Modélisation d'un réseau électrique

Associer l'étiquette centrale, par le moyen graphique de votre choix, à des étiquettes de votre initiative. Certaines peuvent être, par exemple : Modèle du circuit électrique, Contraintes, Modèle mathématique de graphe

QUESTIONS FLASH

8 Schéma électrique
Réaliser le schéma d'un circuit électrique modélisant le plus simplement possible une ligne à haute tension reliant une source distributrice à une cible destinatrice.

9 Réseau de production et de transport électrique
Un réseau simplifié de production et de transport électrique est schématisé ci-dessous.

Modéliser mathématiquement ce réseau électrique par un graphe orienté.

EXERCICES D'APPLICATION

10 Pertes par effet Joule
Une ligne électrique est modélisée par un circuit électrique constitué d'un conducteur ohmique, de résistance r, parcouru par un courant supposé continu d'intensité I.
1. Donner la formule littérale reliant la puissance électrique $\mathcal{P}_J$ dissipée par effet Joule, I et r.
2. Identifier l'influence des grandeurs I et r sur l'effet Joule.

11 oral Préparer une présentation permettant d'expliquer oralement, sans note, et en deux minutes maximum à l'ensemble de la classe, pourquoi l'utilisation de la haute tension dans les lignes électriques limite les pertes par effet Joule, à puissance transportée fixée.

CHAPITRE 7 • Optimisation du transport de l'électricité 173

RÉPONSES DU QUIZ

3 b 4 c 5 a 6 c

7 CONSTRUIRE UNE CARTE MENTALE

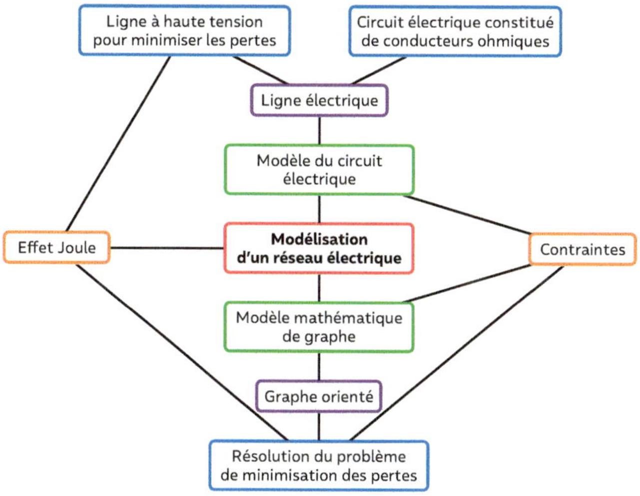

8 Schéma électrique

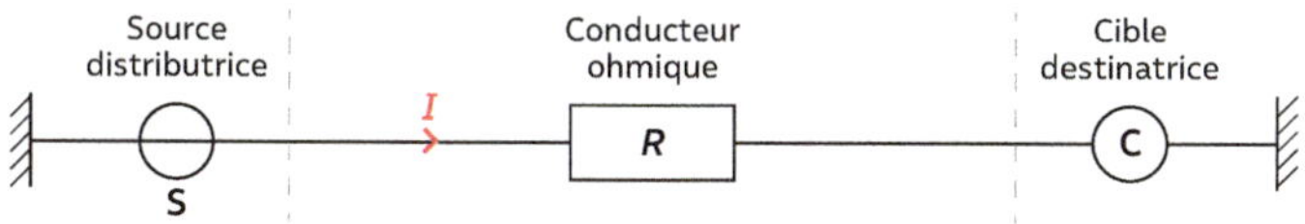

9 Réseau de production et de transport électrique

Le réseau électrique peut être modélisé mathématiquement par le graphe orienté suivant :

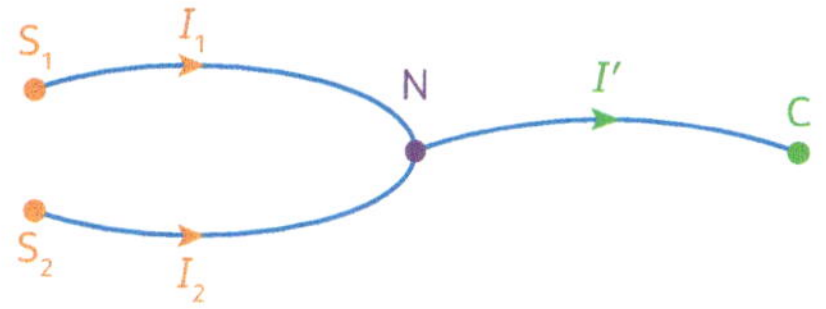

10 Pertes par effet Joule

1. La puissance $\mathcal{P}_J$ dissipée par effet Joule dans une ligne électrique de résistance r a pour expression : $\mathcal{P}_J = r \times I^2$.
2. Pour minimiser la puissance $\mathcal{P}_J$ dissipée par effet Joule, il faut diminuer au maximum la résistance r de la ligne électrique ainsi que l'intensité I du courant qui la traverse.

11 Présentation orale

Si le courant électrique est transporté sous forme de courant continu dans une ligne électrique, la puissance dissipée par effet Joule dans cette ligne de résistance r a pour expression : $\mathcal{P}_J = r \times I^2$.
Ainsi, dans une ligne électrique, l'intensité du courant électrique et/ou la résistance de la ligne doivent être minimisées pour limiter la puissance dissipée par effet Joule.
Or, pour une puissance électrique transportée $\mathcal{P} = U \times I$ fixée, minimiser l'intensité I du courant électrique implique d'augmenter la tension électrique U. L'utilisation de la haute tension dans les lignes électriques limite donc les pertes par effet Joule, à puissance électrique transportée fixée.

Livre de l'élève

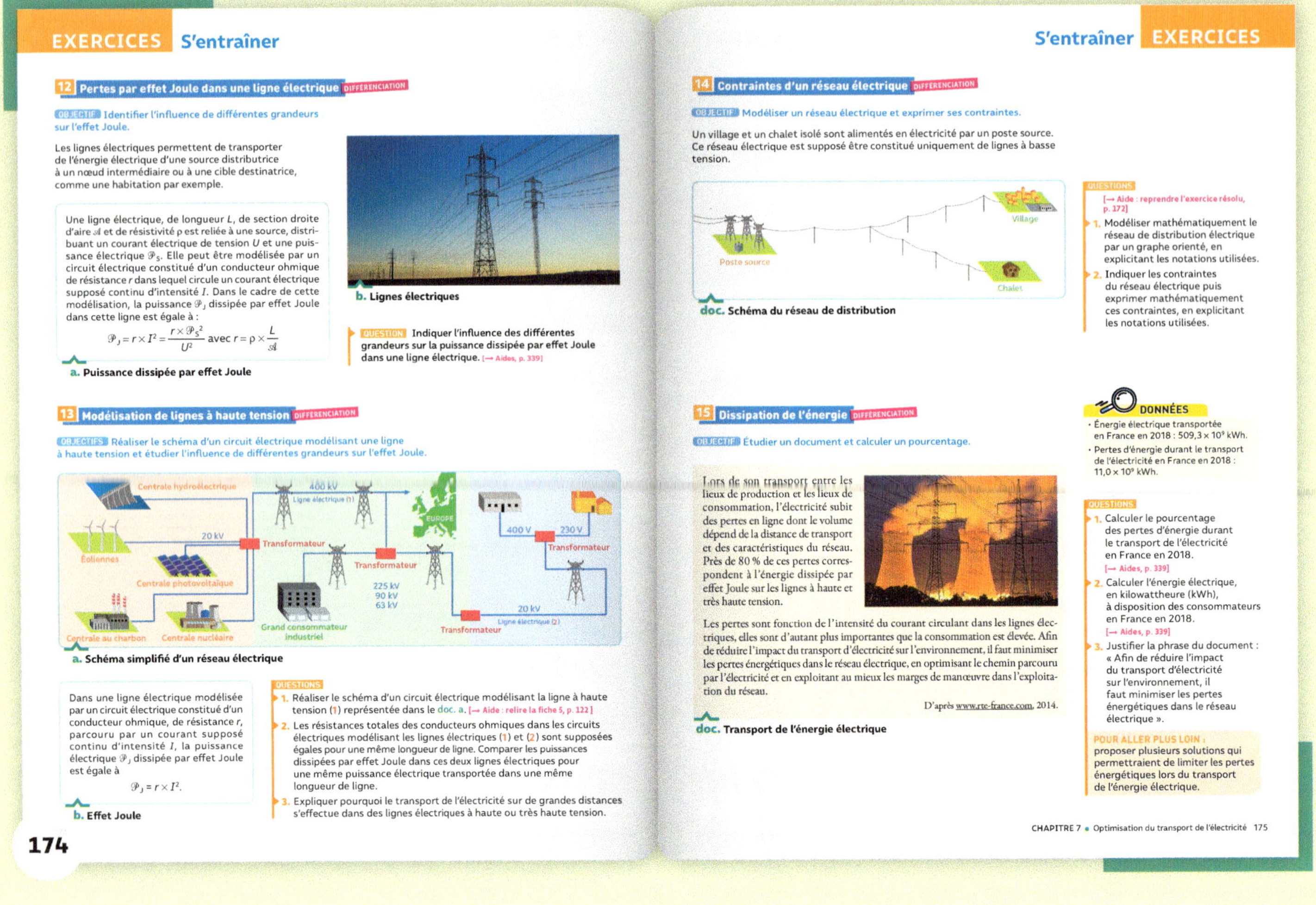

EXERCICES S'entraîner

12 Pertes par effet Joule dans une ligne électrique DIFFÉRENCIATION

OBJECTIF Identifier l'influence de différentes grandeurs sur l'effet Joule.

Les lignes électriques permettent de transporter de l'énergie électrique d'une source distributrice à un nœud intermédiaire ou à une cible destinatrice, comme une habitation par exemple.

Une ligne électrique, de longueur L, de section droite d'aire $\mathcal{A}$ et de résistivité ρ est reliée à une source, distribuant un courant électrique de tension U et une puissance électrique $\mathcal{P}_S$. Elle peut être modélisée par un circuit électrique constitué d'un conducteur ohmique de résistance r dans lequel circule un courant électrique supposé continu d'intensité I. Dans le cadre de cette modélisation, la puissance $\mathcal{P}_J$ dissipée par effet Joule dans cette ligne est égale à :

$$\mathcal{P}_J = r \times I^2 = \frac{r \times \mathcal{P}_S^2}{U^2} \text{ avec } r = \rho \times \frac{L}{\mathcal{A}}$$

a. Puissance dissipée par effet Joule

b. Lignes électriques

QUESTION Indiquer l'influence des différentes grandeurs sur la puissance dissipée par effet Joule dans une ligne électrique. [→ Aides, p. 339]

13 Modélisation de lignes à haute tension DIFFÉRENCIATION

OBJECTIFS Réaliser le schéma d'un circuit électrique modélisant une ligne à haute tension et étudier l'influence de différentes grandeurs sur l'effet Joule.

a. Schéma simplifié d'un réseau électrique

Dans une ligne électrique modélisée par un circuit électrique constitué d'un conducteur ohmique, de résistance r, parcouru par un courant supposé continu d'intensité I, la puissance électrique $\mathcal{P}_J$ dissipée par effet Joule est égale à

$$\mathcal{P}_J = r \times I^2.$$

b. Effet Joule

QUESTIONS

1. Réaliser le schéma d'un circuit électrique modélisant la ligne à haute tension (1) représentée dans le doc. a. [→ Aide : relire la fiche 5, p. 122]
2. Les résistances totales des conducteurs ohmiques dans les circuits électriques modélisant les lignes électriques (1) et (2) sont supposées égales pour une même longueur de ligne. Comparer les puissances dissipées par effet Joule dans ces deux lignes électriques pour une même puissance électrique transportée dans une même longueur de ligne.
3. Expliquer pourquoi le transport de l'électricité sur de grandes distances s'effectue dans des lignes électriques à haute ou très haute tension.

174

S'entraîner EXERCICES

14 Contraintes d'un réseau électrique DIFFÉRENCIATION

OBJECTIF Modéliser un réseau électrique et exprimer ses contraintes.

Un village et un chalet isolé sont alimentés en électricité par un poste source. Ce réseau électrique est supposé être constitué uniquement de lignes à basse tension.

doc. Schéma du réseau de distribution

QUESTIONS

[→ Aide : reprendre l'exercice résolu, p. 172]

1. Modéliser mathématiquement le réseau de distribution électrique par un graphe orienté, en explicitant les notations utilisées.
2. Indiquer les contraintes du réseau électrique puis exprimer mathématiquement ces contraintes, en explicitant les notations utilisées.

15 Dissipation de l'énergie DIFFÉRENCIATION

OBJECTIF Étudier un document et calculer un pourcentage.

Lors de son transport entre les lieux de production et les lieux de consommation, l'électricité subit des pertes en ligne dont le volume dépend de la distance de transport et des caractéristiques du réseau. Près de 80 % de ces pertes correspondent à l'énergie dissipée par effet Joule sur les lignes à haute et très haute tension.

Les pertes sont fonction de l'intensité du courant circulant dans les lignes électriques, elles sont d'autant plus importantes que la consommation est élevée. Afin de réduire l'impact du transport d'électricité sur l'environnement, il faut minimiser les pertes énergétiques dans le réseau électrique, en optimisant le chemin parcouru par l'électricité et en exploitant au mieux les marges de manœuvre dans l'exploitation du réseau.

D'après www.rte-france.com, 2014.

doc. Transport de l'énergie électrique

DONNÉES

- Énergie électrique transportée en France en 2018 : $509{,}3 \times 10^9$ kWh.
- Pertes d'énergie durant le transport de l'électricité en France en 2018 : $11{,}0 \times 10^9$ kWh.

QUESTIONS

1. Calculer le pourcentage des pertes d'énergie durant le transport de l'électricité en France en 2018. [→ Aides, p. 339]
2. Calculer l'énergie électrique, en kilowattheure (kWh), à disposition des consommateurs en France en 2018. [→ Aides, p. 339]
3. Justifier la phrase du document : « Afin de réduire l'impact du transport d'électricité sur l'environnement, il faut minimiser les pertes énergétiques dans le réseau électrique ».

POUR ALLER PLUS LOIN : proposer plusieurs solutions qui permettraient de limiter les pertes énergétiques lors du transport de l'énergie électrique.

CHAPITRE 7 • Optimisation du transport de l'électricité 175

CORRIGÉS DES EXERCICES

12 Pertes par effet Joule dans une ligne électrique

D'après le doc. a, l'intensité du courant électrique, la puissance électrique transportée et/ou la résistance de la ligne doivent être minimisées tandis que la tension électrique doit être maximisée pour limiter la puissance dissipée par effet Joule. De plus, pour minimiser la résistance d'une ligne électrique, il faut diminuer sa résistivité et/ou sa longueur et/ou augmenter l'aire de sa section droite.

13 Modélisation de lignes à haute tension

1. Une ligne à haute tension peut être modélisée par le schéma suivant.

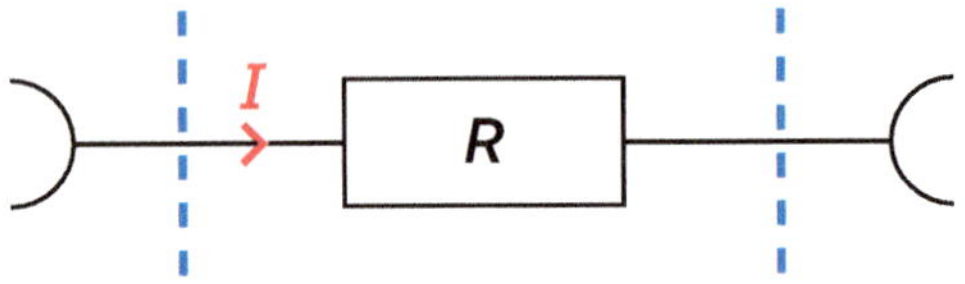

2. D'après le doc. b, la puissance dissipée par effet Joule dans une ligne électrique a pour expression : $\mathcal{P}_J = r \times I^2 = \frac{r \times \mathcal{P}_t^2}{U^2}$.
   Ainsi, pour une même puissance électrique transportée $\mathcal{P}_t$ et pour une même résistance r, la puissance $\mathcal{P}_{J,1}$ dissipée par effet Joule dans la ligne électrique (1) à très haute tension (U_1 = 400 kV) est plus faible que la puissance $\mathcal{P}_{J,2}$ dissipée par effet Joule dans la ligne électrique (2) à haute tension (U_2 = 20 kV < U_1).
3. Le transport de l'électricité sur de grandes distances s'effectue dans des lignes électriques à haute ou très haute tension pour limiter au maximum les pertes énergétiques par effet Joule.

14 Contraintes d'un réseau électrique

1. Le réseau de distribution électrique peut être modélisé mathématiquement par le graphe orienté suivant avec :
   – la source distributrice S qui modélise le poste source distribuant un courant électrique d'intensité I ;
   – les cibles C_1 et C_2 qui modélisent le village et le chalet et qui utilisent des courants électriques d'intensités I'_1 et I'_2.

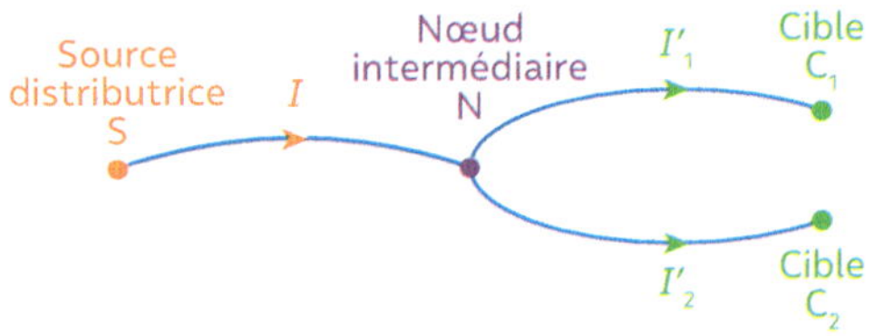

2. Dans ce réseau :
   – l'intensité I est limitée par l'intensité maximale I_{max} du courant électrique qui peut être délivré par la source distributrice S ;
   – l'intensité I est égale à l'intensité totale $I'_1 + I'_2$;
   – les intensités I'_1 et I'_2 sont imposées par les cibles C_1 et C_2.
   Ces contraintes s'expriment mathématiquement de la façon suivante : $I = I'_1 + I'_2$ avec $0 \leq I \leq I_{max}$.

15 Dissipation de l'énergie

1. Le pourcentage des pertes d'énergie durant le transport de l'électricité en France en 2018 est égal à : $\frac{11{,}0 \times 10^9}{509{,}3 \times 10^9} = 0{,}0216 = 2{,}16\ \%$.
2. L'énergie électrique à disposition des consommateurs en France en 2018 est égale à : $509{,}3 \times 10^9 - 11{,}0 \times 10^9 = 498{,}3$ kWh.

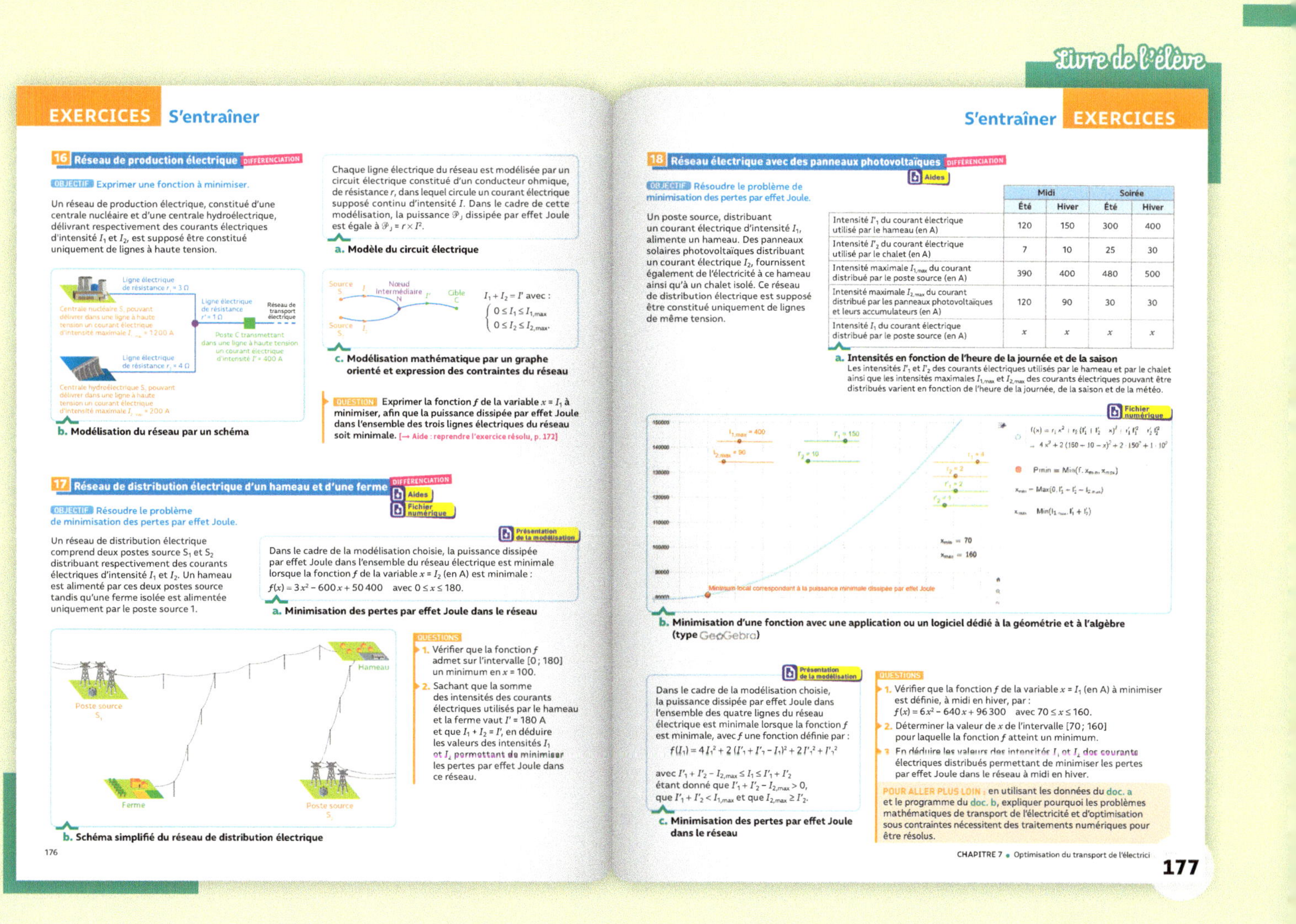
EXERCICES S'entraîner

16 Réseau de production électrique DIFFÉRENCIATION

OBJECTIF Exprimer une fonction à minimiser.

Un réseau de production électrique, constitué d'une centrale nucléaire et d'une centrale hydroélectrique, délivrant respectivement des courants électriques d'intensité I_1 et I_2, est supposé être constitué uniquement de lignes à haute tension.

b. Modélisation du réseau par un schéma

Chaque ligne électrique du réseau est modélisée par un circuit électrique constitué d'un conducteur ohmique, de résistance r, dans lequel circule un courant électrique supposé continu d'intensité I. Dans le cadre de cette modélisation, la puissance $\mathcal{P}_J$ dissipée par effet Joule est égale à $\mathcal{P}_J = r \times I^2$.

a. Modèle du circuit électrique

$I_1 + I_2 = I'$ avec : $0 \leq I_1 \leq I_{1,max}$; $0 \leq I_2 \leq I_{2,max}$.

c. Modélisation mathématique par un graphe orienté et expression des contraintes du réseau

QUESTION Exprimer la fonction f de la variable $x = I_1$ à minimiser, afin que la puissance dissipée par effet Joule dans l'ensemble des trois lignes électriques du réseau soit minimale. [→ Aide : reprendre l'exercice résolu, p. 172]

17 Réseau de distribution électrique d'un hameau et d'une ferme DIFFÉRENCIATION

Aides · Fichier numérique

OBJECTIF Résoudre le problème de minimisation des pertes par effet Joule.

Un réseau de distribution électrique comprend deux postes source S_1 et S_2 distribuant respectivement des courants électriques d'intensité I_1 et I_2. Un hameau est alimenté par ces deux postes source tandis qu'une ferme isolée est alimentée uniquement par le poste source 1.

Présentation de la modélisation

Dans le cadre de la modélisation choisie, la puissance dissipée par effet Joule dans l'ensemble du réseau électrique est minimale lorsque la fonction f de la variable $x = I_2$ (en A) est minimale :
$f(x) = 3x^2 - 600x + 50\,400$ avec $0 \leq x \leq 180$.

a. Minimisation des pertes par effet Joule dans le réseau

b. Schéma simplifié du réseau de distribution électrique

QUESTIONS
1. Vérifier que la fonction f admet sur l'intervalle [0 ; 180] un minimum en $x = 100$.
2. Sachant que la somme des intensités des courants électriques utilisés par le hameau et la ferme vaut I' = 180 A et que $I_1 + I_2 = I'$, en déduire les valeurs des intensités I_1 et I_2 permettant de minimiser les pertes par effet Joule dans ce réseau.

176

Livre de l'élève

S'entraîner EXERCICES

18 Réseau électrique avec des panneaux photovoltaïques DIFFÉRENCIATION

Aides

OBJECTIF Résoudre le problème de minimisation des pertes par effet Joule.

Un poste source, distribuant un courant électrique d'intensité I_1, alimente un hameau. Des panneaux solaires photovoltaïques distribuant un courant électrique I_2, fournissent également de l'électricité à ce hameau ainsi qu'à un chalet isolé. Ce réseau de distribution électrique est supposé être constitué uniquement de lignes de même tension.

	Midi		Soirée	
	Été	Hiver	Été	Hiver
Intensité I'_1 du courant électrique utilisé par le hameau (en A)	120	150	300	400
Intensité I'_2 du courant électrique utilisé par le chalet (en A)	7	10	25	30
Intensité maximale $I_{1,max}$ du courant distribué par le poste source (en A)	390	400	480	500
Intensité maximale $I_{2,max}$ du courant distribué par les panneaux photovoltaïques et leurs accumulateurs (en A)	120	90	30	30
Intensité I_1 du courant électrique distribué par le poste source (en A)	x	x	x	x

a. Intensités en fonction de l'heure de la journée et de la saison
Les intensités I'_1 et I'_2 des courants électriques utilisés par le hameau et par le chalet ainsi que les intensités maximales $I_{1,max}$ et $I_{2,max}$ des courants électriques pouvant être distribués varient en fonction de l'heure de la journée, de la saison et de la météo.

Fichier numérique

b. Minimisation d'une fonction avec une application ou un logiciel dédié à la géométrie et à l'algèbre (type GeoGebra)

Présentation de la modélisation

Dans le cadre de la modélisation choisie, la puissance dissipée par effet Joule dans l'ensemble des quatre lignes du réseau électrique est minimale lorsque la fonction f est minimale, avec f une fonction définie par :
$f(I_1) = 4I_1^2 + 2(I'_1 + I'_2 - I_1)^2 + 2I'^2_1 + I'^2_2$
avec $I'_1 + I'_2 - I_{2,max} \leq I_1 \leq I'_1 + I'_2$ étant donné que $I'_1 + I'_2 - I_{2,max} > 0$, que $I'_1 + I'_2 < I_{1,max}$ et que $I_{2,max} \geq I'_2$.

c. Minimisation des pertes par effet Joule dans le réseau

QUESTIONS
1. Vérifier que la fonction f de la variable $x = I_1$ (en A) à minimiser est définie, à midi en hiver, par : $f(x) = 6x^2 - 640x + 96\,300$ avec $70 \leq x \leq 160$.
2. Déterminer la valeur de x de l'intervalle [70 ; 160] pour laquelle la fonction f atteint un minimum.
3. En déduire les valeurs des intensités I_1 et I_2 des courants électriques distribués permettant de minimiser les pertes par effet Joule dans le réseau à midi en hiver.

POUR ALLER PLUS LOIN : en utilisant les données du doc. a et le programme du doc. b, expliquer pourquoi les problèmes mathématiques de transport de l'électricité et d'optimisation sous contraintes nécessitent des traitements numériques pour être résolus.

CHAPITRE 7 • Optimisation du transport de l'électrici

177

3. D'après le document, il faut minimiser les pertes énergétiques dans le réseau électrique afin de réduire l'impact du transport d'électricité sur l'environnement. En effet, plus les pertes énergétiques sont importantes, plus la production d'énergie électrique doit être importante pour une même consommation énergétique.
Or, la production d'énergie électrique a toujours un impact sur l'environnement. Par exemple :
– les centrales thermiques au charbon, au gaz naturel et au pétrole rejettent des gaz à effet de serre, responsables du réchauffement climatique ;
– les centrales nucléaires produisent des déchets radioactifs dangereux et il peut y avoir des risques d'accidents avec ces centrales ;
– la fabrication et l'installation des centrales solaires, éoliennes, géothermiques ou hydroélectriques produisent des gaz à effet de serre et certaines utilisent des dispositifs de stockage de l'énergie qui contiennent des métaux rares, dont l'exploitation est problématique pour l'environnement.

Remarque : les chapitres 6 et 8 peuvent être consultés pour avoir plus d'informations sur ces sujets.

Pour aller plus loin : pour limiter les pertes énergétiques lors du transport de l'énergie électrique, il est possible d'utiliser des réseaux électriques intelligents comme cela est expliqué dans la vidéo du **doc. 1 de l'unité 2** de ce chapitre. Il est également possible d'essayer de produire de l'énergie électrique le plus proche possible des lieux de consommation grâce à la géothermie, aux panneaux photovoltaïques et aux éoliennes par exemple. Enfin, la solution la plus simple pour limiter les pertes énergétiques est de limiter au maximum sa consommation énergétique car plus l'énergie électrique transportée est importante, plus les pertes énergétiques sont importantes.

16 Réseau de production électrique

Dans le cadre de la modélisation proposée dans cet exercice, la puissance $\mathcal{P}_J$ dissipée par effet Joule dans le réseau est égale à :
$\mathcal{P}_J = r_1 I_1^2 + r_2 I_2^2 + r' I'^2$.
De plus, $I_1 + I_2 = I'$, d'où $I_2 = I' - I_1$.
D'où : $\mathcal{P}_J = r_1 I_1^2 + r_2 (I' - I_1)^2 + r' I'^2$ avec $I' - I_{2,max} \leq I_1 \leq I'$
(car $I' - I_{2,max} > 0$ et $I' < I_{1,max}$).
$\mathcal{P}_J = r_1 I_1^2 + r_2 I'^2 - 2 r_2 I' I_1 + r_2 I_1^2 + r' I'^2$ avec $I' - I_{2,max} \leq I_1 \leq I'$.
$\mathcal{P}_J = (r_1 + r_2) I_1^2 - 2 r_2 I' I_1 + (r_2 + r') I'^2$ avec $I' - I_{2,max} \leq I_1 \leq I'$.
A.N. : $\mathcal{P}_J = (3 + 4) I_1^2 - 2 \times 4 \times 400 I_1 + (4 + 1) \times 400^2$
avec $200 \text{ A} \leq I_1 \leq 400 \text{ A}$.
$\mathcal{P}_J = 7 I_1^2 - 3\,200 I_1 + 800\,000$ avec $200 \text{ A} \leq I_1 \leq 400 \text{ A}$.
Ainsi, la fonction f de la variable $x = I_1$ (en A) à minimiser afin que la puissance $\mathcal{P}_J$ dissipée par effet Joule dans l'ensemble des trois lignes électriques du réseau soit minimale, est égale à :
$f(x) = 7x^2 - 3\,200x + 800\,000$ avec $200 \leq x \leq 400$.

17 Réseau de distribution électrique d'un hameau et d'une ferme

1. La fonction f à minimiser s'écrit, avec $x = I_2$ (en A) :
$f(x) = 3x^2 - 600x + 50\,400$ avec $0 \leq x \leq 180$.
En étudiant sa fonction dérivée $f'(x) = 6x - 600$ sur l'intervalle [0 ; 180] on trouve que la fonction f admet sur l'intervalle [0 ; 180] un minimum qui est atteint en $x = 100$.

x	0		100		180
$f'(x)$		–	0	+	
f		↘		↗	

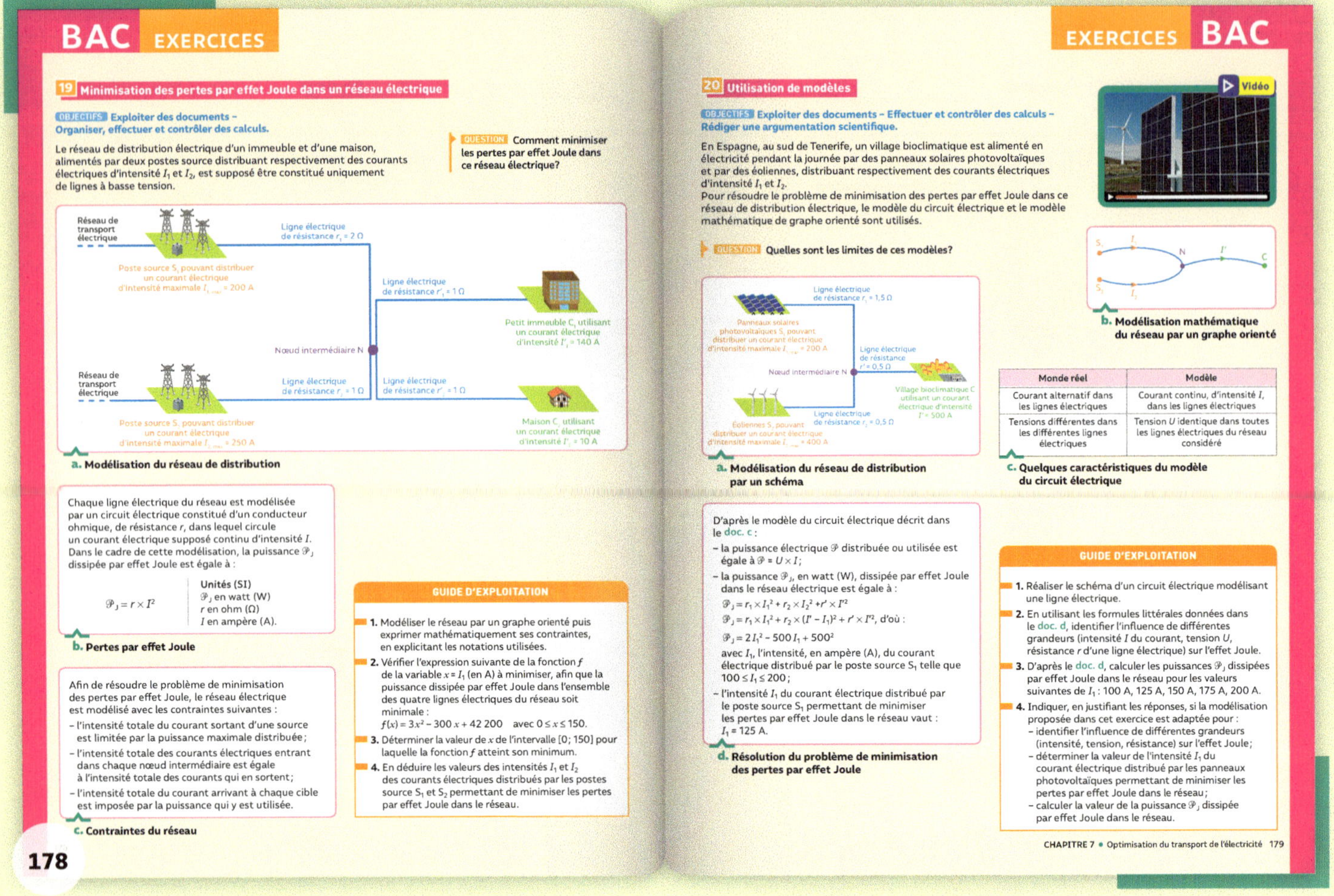

BAC EXERCICES

19 Minimisation des pertes par effet Joule dans un réseau électrique

OBJECTIFS Exploiter des documents – Organiser, effectuer et contrôler des calculs.

Le réseau de distribution électrique d'un immeuble et d'une maison, alimentés par deux postes source distribuant respectivement des courants électriques d'intensité I_1 et I_2, est supposé être constitué uniquement de lignes à basse tension.

QUESTION Comment minimiser les pertes par effet Joule dans ce réseau électrique?

a. Modélisation du réseau de distribution

Chaque ligne électrique du réseau est modélisée par un circuit électrique constitué d'un conducteur ohmique, de résistance r, dans lequel circule un courant électrique supposé continu d'intensité I. Dans le cadre de cette modélisation, la puissance $\mathcal{P}_J$ dissipée par effet Joule est égale à :

$\mathcal{P}_J = r \times I^2$

Unités (SI)
$\mathcal{P}_J$ en watt (W)
r en ohm (Ω)
I en ampère (A).

b. Pertes par effet Joule

Afin de résoudre le problème de minimisation des pertes par effet Joule, le réseau électrique est modélisé avec les contraintes suivantes :
- l'intensité totale du courant sortant d'une source est limitée par la puissance maximale distribuée ;
- l'intensité totale des courants électriques entrant dans chaque nœud intermédiaire est égale à l'intensité totale des courants qui en sortent;
- l'intensité totale du courant arrivant à chaque cible est imposée par la puissance qui y est utilisée.

c. Contraintes du réseau

GUIDE D'EXPLOITATION

1. Modéliser le réseau par un graphe orienté puis exprimer mathématiquement ses contraintes, en explicitant les notations utilisées.
2. Vérifier l'expression suivante de la fonction f de la variable $x = I_1$ (en A) à minimiser, afin que la puissance dissipée par effet Joule dans l'ensemble des quatre lignes électriques du réseau soit minimale :
$f(x) = 3x^2 - 300x + 42\,200$ avec $0 \leq x \leq 150$.
3. Déterminer la valeur de x de l'intervalle [0; 150] pour laquelle la fonction f atteint son minimum.
4. En déduire les valeurs des intensités I_1 et I_2 des courants électriques distribués par les postes source S_1 et S_2 permettant de minimiser les pertes par effet Joule dans le réseau.

178

EXERCICES BAC

20 Utilisation de modèles

OBJECTIFS Exploiter des documents – Effectuer et contrôler des calculs – Rédiger une argumentation scientifique.

En Espagne, au sud de Tenerife, un village bioclimatique est alimenté en électricité pendant la journée par des panneaux solaires photovoltaïques et par des éoliennes, distribuant respectivement des courants électriques d'intensité I_1 et I_2.
Pour résoudre le problème de minimisation des pertes par effet Joule dans ce réseau de distribution électrique, le modèle du circuit électrique et le modèle mathématique de graphe orienté sont utilisés.

Vidéo

QUESTION Quelles sont les limites de ces modèles?

a. Modélisation du réseau de distribution par un schéma

b. Modélisation mathématique du réseau par un graphe orienté

Monde réel	Modèle
Courant alternatif dans les lignes électriques	Courant continu, d'intensité I, dans les lignes électriques
Tensions différentes dans les différentes lignes électriques	Tension U identique dans toutes les lignes électriques du réseau considéré

c. Quelques caractéristiques du modèle du circuit électrique

D'après le modèle du circuit électrique décrit dans le doc. c :
- la puissance électrique $\mathcal{P}$ distribuée ou utilisée est égale à $\mathcal{P} = U \times I$;
- la puissance $\mathcal{P}_J$, en watt (W), dissipée par effet Joule dans le réseau électrique est égale à :
$\mathcal{P}_J = r_1 \times I_1^2 + r_2 \times I_2^2 + r' \times I'^2$
$\mathcal{P}_J = r_1 \times I_1^2 + r_2 \times (I' - I_1)^2 + r' \times I'^2$, d'où :
$\mathcal{P}_J = 2I_1^2 - 500I_1 + 500^2$
avec I_1, l'intensité, en ampère (A), du courant électrique distribué par le poste source S_1 telle que $100 \leq I_1 \leq 200$;
- l'intensité I_1 du courant électrique distribué par le poste source S_1 permettant de minimiser les pertes par effet Joule dans le réseau vaut : I_1 = 125 A.

d. Résolution du problème de minimisation des pertes par effet Joule

GUIDE D'EXPLOITATION

1. Réaliser le schéma d'un circuit électrique modélisant une ligne électrique.
2. En utilisant les formules littérales données dans le doc. d, identifier l'influence de différentes grandeurs (intensité I du courant, tension U, résistance r d'une ligne électrique) sur l'effet Joule.
3. D'après le doc. d, calculer les puissances $\mathcal{P}_J$ dissipées par effet Joule dans le réseau pour les valeurs suivantes de I_1 : 100 A, 125 A, 150 A, 175 A, 200 A.
4. Indiquer, en justifiant les réponses, si la modélisation proposée dans cet exercice est adaptée pour :
- identifier l'influence de différentes grandeurs (intensité, tension, résistance) sur l'effet Joule;
- déterminer la valeur de l'intensité I_1 du courant électrique distribué par les panneaux photovoltaïques permettant de minimiser les pertes par effet Joule dans le réseau;
- calculer la valeur de la puissance $\mathcal{P}_J$ dissipée par effet Joule dans le réseau.

CHAPITRE 7 • Optimisation du transport de l'électricité 179

Remarque : pour les élèves ne suivant pas d'enseignement de mathématiques, il est possible de retrouver cette valeur en exploitant une conjecture à la calculatrice, avec la même méthode que celle de l'exercice 19 [→ voir également les aides mathématiques différenciées suivant le profil des élèves Aides].

2. Sachant que $x = I_2$, en ampère (A), pour minimiser les pertes par effet Joule dans ce réseau :
I_2 = 100 A.
$I_1 = I' - I_2 = 180 - 100 = 80$ A.

Remarque : la modélisation utilisée pour déterminer la fonction f à minimiser ainsi qu'un fichier numérique GeoGebra et des aides mathématiques différenciées suivant le profil des élèves sont téléchargeables en ligne Aides.

18 Réseau électrique avec des panneaux photovoltaïques

1. D'après le doc. c :
$f(I_1) = 4I_1^2 + 2(I'_1 + I'_2 - I_1)^2 + 2I'^2_1 + I'^2_2$ avec $I'_1 + I'_2 - I_{2,max} \leq I_1 \leq I'_1 + I'_2$.
Or, d'après le doc. a, à midi en hiver :
$I'_1 = 150$ A, $I'_2 = 10$ A, $I_{1,max} = 400$ A, $I_{2,max} = 90$ A et I_1 (en A) $= x$.
Ainsi : $f(x) = 4x^2 + 2(150 + 10 - x)^2 + 2 \times 150^2 + 10^2$
avec $150 + 10 - 90 \leq x \leq 150 + 10$.
$f(x) = 4x^2 + 2(160^2 - 2 \times 160x + x^2) + 45\,100$ avec $70 \leq x \leq 160$
$f(x) = 6x^2 - 640x + 96\,300$ avec $70 \leq x \leq 160$.

2. La fonction dérivée de la fonction à minimiser précédente $f'(x) = 12x - 640$ est telle que $f'(x) = 0$ pour $x = \frac{640}{12} \approx 53$.
Or, cette valeur ne se trouve pas dans l'intervalle [70; 160] et, dans cet intervalle : $f'(x) > 0$.
Ainsi, la fonction f admet sur l'intervalle [70; 160] un minimum local qui est atteint en $x = 70$.

Remarque : pour les élèves ne suivant pas d'enseignement de mathématiques, il est possible de retrouver cette valeur en exploitant une conjecture à la calculatrice, avec la même méthode que celle de l'exercice 19 [→ voir également les aides mathématiques différenciées suivant le profil des élèves Aides].

3. Sachant que $x = I_1$, en ampère (A), pour minimiser les pertes par effet Joule dans ce réseau : I_1 = 70 A.
De plus, $I_1 + I_2 = I'_1 + I'_2$, donc $I_2 = I'_1 + I'_2 - I_1$.
A.N. : $I_2 = 150 + 10 - 70 = 90$ A.

Pour aller plus loin : les intensités des courants électriques utilisés et distribués varient en fonction de l'heure de la journée, de la saison et de la météo. Ainsi, les problèmes mathématiques de transport de l'électricité et d'optimisation sous contraintes utilisent des données qui varient à chaque instant. De plus, un réseau électrique contient en réalité beaucoup plus que deux sources distributrices, un nœud, et deux cibles destinatrices. Ces problèmes mathématiques nécessitent donc obligatoirement des traitements numériques pour être résolus, ce qu'on peut comprendre en faisant varier les différents curseurs du fichier GeoGebra du doc. b.

Remarque : la modélisation utilisée pour déterminer la fonction f à minimiser ainsi que le fichier numérique GeoGebra du doc. b et des aides mathématiques différenciées suivant le profil des élèves sont téléchargeables en ligne Aides.

→ Toutes les aides mathématiques sont également téléchargeables sur le site compagnon enseignement-scientifique.nathan.fr.

CORRIGÉS DES EXERCICES

19 Minimisation des pertes par effet Joule dans un réseau électrique

1. Le réseau électrique peut être modélisé par le graphe orienté suivant :

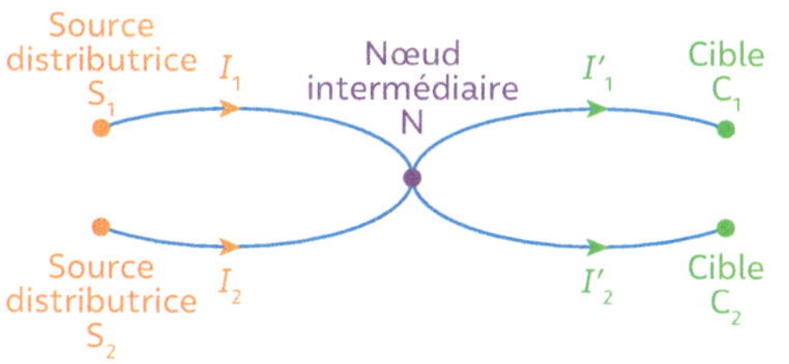

Dans le circuit électrique modélisant le réseau :
– l'intensité I_1 du courant électrique sortant de la source distributrice S_1 est limitée par la puissance maximale distribuée et donc par l'intensité maximale $I_{1,max}$ du courant électrique qui peut être délivré par cette source ;
– l'intensité totale $I_1 + I_2$ des courants électriques entrant dans le nœud intermédiaire est égale à l'intensité totale $I'_1 + I'_2$ des courants électriques qui en sortent ;
– l'intensité I'_1 du courant électrique arrivant à la cible C_1 est imposée par la puissance qui y est utilisée ;
– l'intensité I'_2 du courant électrique arrivant à la cible C_2 est imposée par la puissance qui y est utilisée.
Ces contraintes s'expriment mathématiquement de la façon suivante :
$I_1 + I_2 = I'_1 + I'_2$ avec $0 \leq I_1 \leq I_{1,max}$ et $0 \leq I_2 \leq I_{2,max}$.

2. D'après le **doc. b**, la puissance $\mathcal{P}_J$ dissipée par effet Joule dans le réseau électrique est égale à :
$\mathcal{P}_J = r_1 I_1^2 + r_2 I_2^2 + r'_1 I'^2_1 + r'_2 I'^2_2$ avec $0 \leq I_1 \leq I_{1,max}$ et $0 \leq I_2 \leq I_{2,max}$.
Or $I_1 + I_2 = I'_1 + I'_2$, donc : $I_2 = I'_1 + I'_2 - I_1$,
d'où : $\mathcal{P}_J = r_1 I_1^2 + r_2 (I'_1 + I'_2 - I_1)^2 + r'_1 I'^2_1 + r'_2 I'^2_2$

avec $0 \leq I_1 \leq I_{1,max}$ et avec $0 \leq I'_1 + I'_2 - I_1 \leq I_{2,max}$
$0 \leq I_1 \leq I_{1,max}$ et avec $-I'_1 - I'_2 \leq -I_1 \leq I_{2,max} - I'_1 - I'_2$
$0 \leq I_1 \leq I_{1,max}$ et avec $I'_1 + I'_2 \geq I_1 \geq I'_1 + I'_2 - I_{2,max}$
$0 \leq I_1 \leq I_{1,max}$ et avec $I'_1 + I'_2 - I_{2,max} \leq I_1 \leq I'_1 + I'_2$.

D'après le **doc. a**, $r_1 = 2\ \Omega$, $r_2 = r'_1 = r'_2 = 1\ \Omega$, $I'_1 = 140$ A, $I'_2 = 10$ A, $I_{1,max} = 200$ A et $I_{2,max} = 250$ A. Ainsi, $I'_1 + I'_2 - I_{2,max} < 0$ et $I'_1 + I'_2 < I_{1,max}$, ce qui permet d'exprimer la fonction f de la variable $x = I_1$ (en A) à minimiser, afin que la puissance dissipée par effet Joule dans l'ensemble du réseau électrique soit minimale :

$f(x) = 2x^2 + (140 + 10 - x)^2 + 140^2 + 10^2$ avec $0 \leq x \leq 140 + 10$
$f(x) = 2x^2 + (150 - x)^2 + 140^2 + 10^2$ avec $0 \leq x \leq 150$
$f(x) = 2x^2 + 150^2 - 2 \times 150x + x^2 + 140^2 + 10^2$ avec $0 \leq x \leq 150$
$f(x) = 2x^2 + x^2 - 300x + 150^2 + 140^2 + 10^2$ avec $0 \leq x \leq 150$
$f(x) = 3x^2 - 300x + 42\,000$ avec $0 \leq x \leq 150$

3. En étudiant la fonction dérivée $f'(x) = 6x - 300$ sur l'intervalle $[0 ; 150]$, on trouve :

x	0		50		150
$f'(x)$		–	0	+	
f		↘		↗	

La fonction f admet donc sur l'intervalle $[0 ; 150]$ un minimum qui est atteint en $x = 50$.

Remarque : pour les élèves ne suivant pas d'enseignement de mathématiques, il est possible de retrouver cette valeur en exploitant une conjecture à la calculatrice.

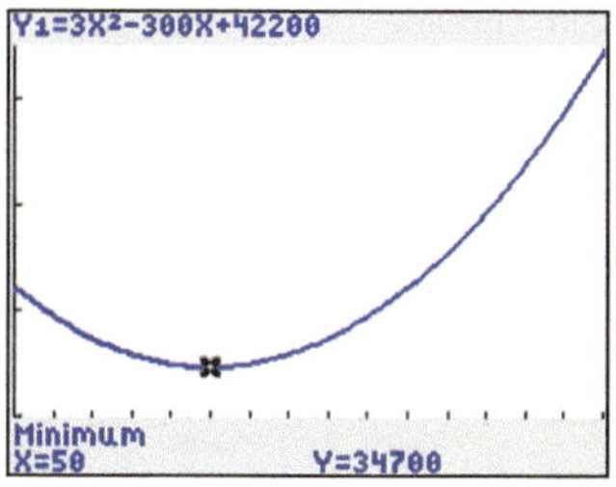

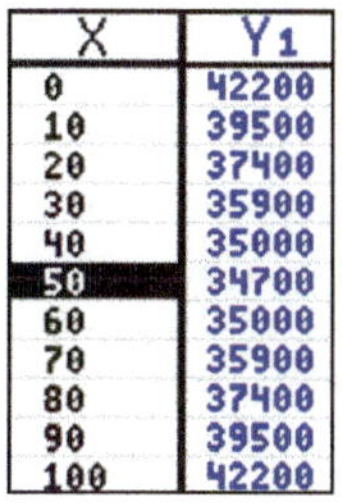

X	Y1
0	42200
10	39500
20	37400
30	35900
40	35000
50	34700
60	35000
70	35900
80	37400
90	39500
100	42200

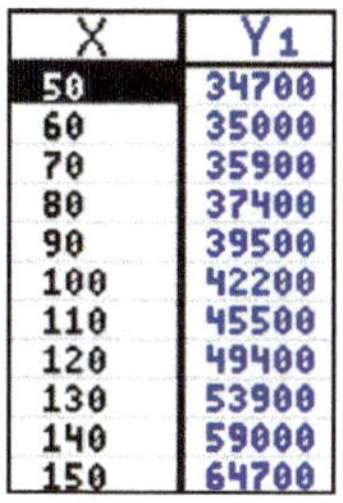

X	Y1
50	34700
60	35000
70	35900
80	37400
90	39500
100	42200
110	45500
120	49400
130	53900
140	59000
150	64700

4. Sachant que $x = I_1$, en ampère (A) ; pour minimiser les pertes par effet Joule dans ce réseau : $I_1 = 50$ A.
De plus, $I_1 + I_2 = I'_1 + I'_2$, donc $I_2 = I'_1 + I'_2 - I_1$.
A.N. : $I_2 = 140 + 10 - 50 = 100$ A.

Remarque : la conjecture de la question 3 a été réalisée à la calculatrice de la façon suivante :

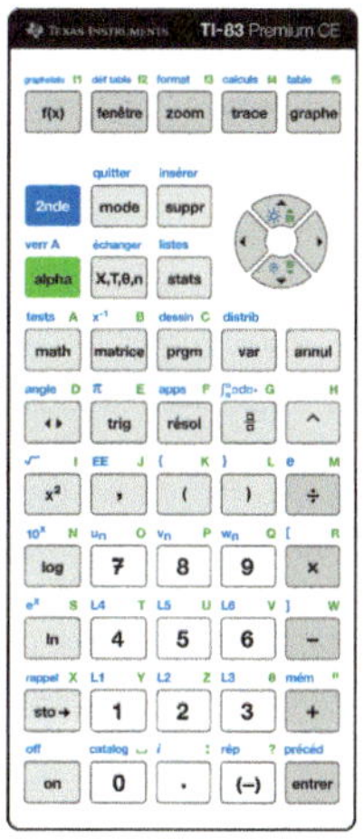

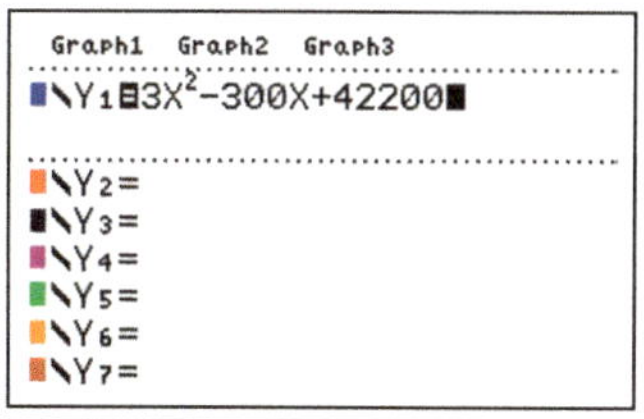

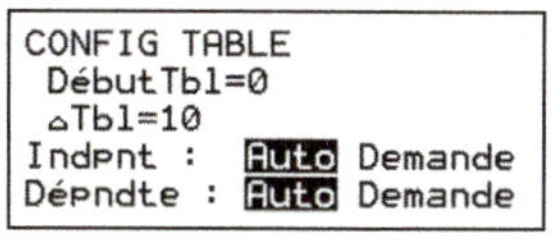

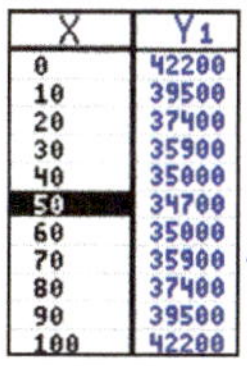

X	Y1
0	42200
10	39500
20	37400
30	35900
40	35000
50	34700
60	35000
70	35900
80	37400
90	39500
100	42200

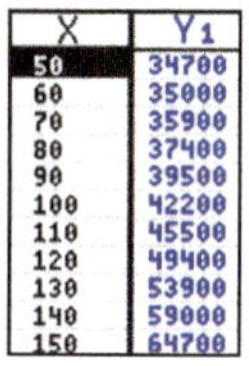

X	Y1
50	34700
60	35000
70	35900
80	37400
90	39500
100	42200
110	45500
120	49400
130	53900
140	59000
150	64700

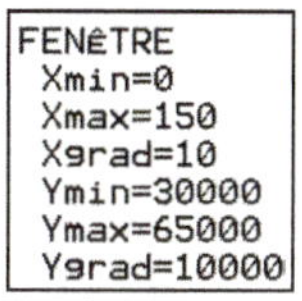

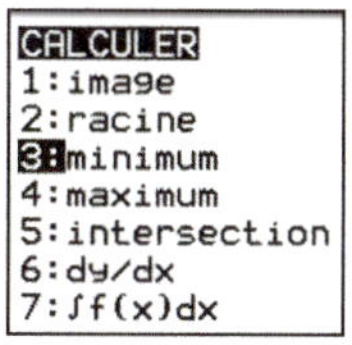

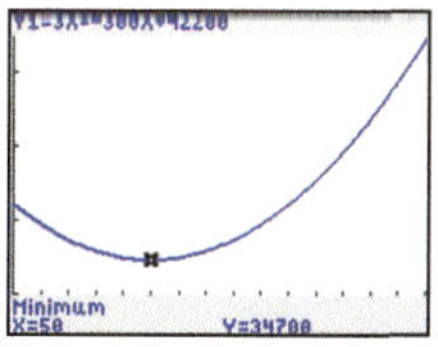

20 Utilisation de modèles

1. Le circuit électrique modélisant une ligne électrique peut être schématisé de la façon suivante :

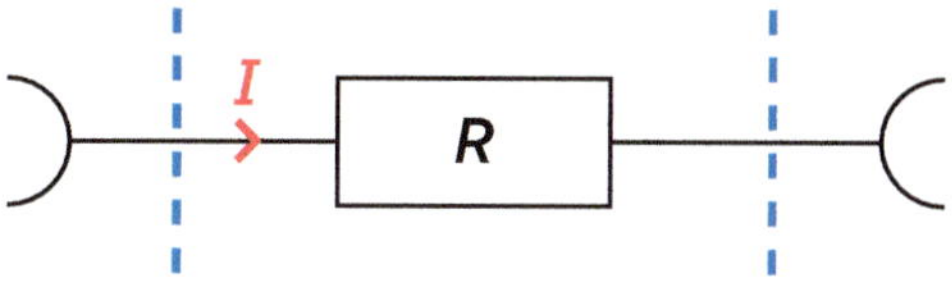

Remarque : une ligne électrique est caractérisée en réalité par plusieurs grandeurs (résistance, capacité, inductance, etc.), alors que dans ce modèle simple du circuit électrique, elle est modélisée uniquement par sa résistance.

2. D'après le **doc. d**, la formule littérale reliant la puissance $\mathcal{P}_J$ dissipée par effet Joule dans le réseau électrique aux grandeurs (intensité I du courant, tension U, résistances r des lignes électriques) est la suivante :

$$\mathcal{P}_J = r_1 \times I_1^2 + r_2 \times I_2^2 + r' \times I'^2 = \frac{r_1 \times \mathcal{P}_{S1}^2}{U^2} + \frac{r_2 \times \mathcal{P}_{S2}^2}{U^2} + \frac{r' \times \mathcal{P}_C^2}{U^2}.$$

Ainsi, la puissance $\mathcal{P}_J$ dissipée par effet Joule est d'autant plus faible que :
– les résistances r des lignes électriques sont faibles ;
– les intensités I des courants qui traversent les lignes électriques sont faibles ;
– les tensions U des lignes électriques sont élevées.

Remarque : $r = \rho \times \dfrac{L}{\mathcal{A}}$, ce qui signifie que pour minimiser la résistance r de la ligne électrique, il faut diminuer sa résistivité ρ et/ou sa longueur L et/ou augmenter l'aire $\mathcal{A}$ de sa section droite.

LE SAVIEZ-VOUS ?

▶ Une ligne aérienne haute tension en alliage aluminium-acier a une résistivité de l'ordre de 10^{-8} Ω·m et une aire de section droite de l'ordre de 10^2 mm².

3. D'après le modèle mathématique de graphe et le modèle du circuit électrique :

Intensité I_1 du courant électrique distribué par les panneaux solaires photovoltaïques S_1	Puissance $\mathcal{P}_J$ dissipée par effet Joule dans le réseau d'après la modélisation utilisée dans cet exercice
100 A	220 000 W
125 A	218 750 W
150 A	220 000 W
175 A	223 750 W
200 A	230 000 W

Remarque : l'utilisation d'un tableur peut être utile pour réaliser plus rapidement ces différents calculs.

4. L'utilisation du modèle mathématique de graphe et du modèle du circuit électrique est pertinente pour :
– identifier l'influence de différentes grandeurs sur l'effet Joule. En effet, des lignes électriques à très haute tension sont utilisées pour transporter l'électricité sur de grandes distances afin de limiter les pertes par effet Joule, ce qui est cohérent avec la réponse donnée à la question 2 (la puissance $\mathcal{P}_J$ dissipée par effet Joule est d'autant plus faible que la tension U d'une ligne électrique est élevée) ;
– déterminer la valeur de l'intensité I_1 du courant électrique distribué par les panneaux solaires photovoltaïques S_1 permettant de minimiser les pertes par effet Joule dans ce réseau. En effet, d'après les réponses à la question 3, la puissance $\mathcal{P}_J$ dissipée par effet Joule dans le réseau est bien minimum pour $I_1 = 125$ A, ce qui est cohérent avec le résultat donné dans le **doc. d**.

En revanche, l'utilisation du modèle mathématique de graphe et du modèle du circuit électrique n'est pas du tout pertinente pour calculer la valeur de la puissance $\mathcal{P}_J$ dissipée par effet Joule dans le réseau électrique. En effet, d'après ces modèles, la puissance minimale dissipée par effet Joule dans le réseau est égale à : $\mathcal{P}_{J,min} = 218\,750$ W ≈ 219 kW. Or ce résultat n'est pas du tout cohérent par rapport à la puissance électrique $\mathcal{P} = U \times I = 230 \times 500 = 115$ kW utilisée par le village (si on considère dans cette modélisation que le courant électrique est distribué avec une tension de 230 V). Ceci est dû au fait, qu'en réalité, la tension dans les lignes électriques d'un tel réseau n'est pas toujours de 230 V. De plus, la modélisation du courant dans les lignes électriques en un courant continu ne permet pas d'utiliser une formule mathématique correcte pour déterminer une valeur pertinente de la puissance dissipée par effet Joule. Des modèles plus élaborés sont donc nécessaires pour calculer une valeur pertinente de la puissance dissipée par effet Joule.

Remarque. La vidéo sur le village bioclimatique au sud de Tenerife, en Espagne, peut être visionnée avant le début de la résolution de cet exercice afin de mieux comprendre le concept de ce village bioclimatique.

Remarque 2. Dans le manuel spécimen, l'énoncé et la question 4 de l'exercice 20 comportent malheureusement une erreur : l'intensité I_1 est l'intensité du courant électrique distribué par les panneaux solaires photovoltaïques et non l'intensité du courant électrique distribué par les éoliennes. Ces erreurs ont été corrigées dans le manuel papier élève et dans le manuel numérique.

ANNEXE 1 Unité 1 [→ page 125]

- QCM de vérification de la bonne compréhension des notions abordées dans cette unité.

1. Une intensité de courant électrique peut s'exprimer en :
a. volt (V).
b. ohm (Ω).
c. ampère (A).
d. mètre par seconde ($m \cdot s^{-1}$).

2. La tension U aux bornes d'un conducteur ohmique de résistance r traversé par un courant électrique d'intensité I est :
a. inversement proportionnelle à l'intensité I.
b. constante.
c. indépendante de l'intensité du courant électrique.
d. proportionnelle à l'intensité I.

3. La tension U aux bornes d'un dipôle ohmique de résistance R et l'intensité I du courant électrique qui le traverse vérifient la relation :
a. $I = U \times R$. **b.** $R = U \times I$. **c. $U = R \times I$.** **d.** $U = \frac{R}{I}$.

4. La puissance électrique $\mathcal{P}$ utilisée, délivrée ou transportée par un dispositif électrique est égale à :
a. $\frac{I}{U}$. **b.** $\frac{U}{I}$. **c. $U \times I$.** **d.** U.

ANNEXE 2 Unité 2 [→ page 127]

- QCM de remobilisation des acquis.

1. Dans le schéma suivant, I_3 a pour valeur :

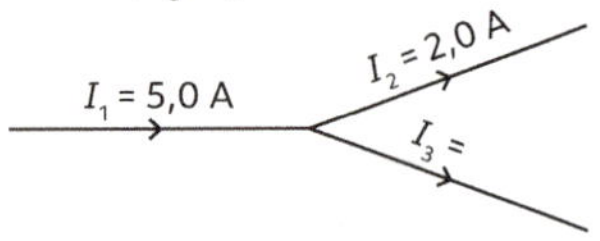

a. 7,0 A. **b.** –2,0 A. **c.** 2,5 A. **d. 3,0 A.**

2. Un circuit électrique comporte un nœud. L'intensité des courants électriques « sortant » de ce nœud sont identiques dans les trois fils correspondants, $I' = 1{,}0$ A. L'intensité du courant électrique dans le fil unique convergeant vers ce nœud est :
a. 1,0 A. **b.** 0,33 A. **c. 3,0 A.** **d.** 4,0 A.

3. La puissance électrique utilisée dans une maison individuelle est de 6 900 W. L'intensité du courant électrique correspondante est de 30 A. La tension électrique est :
a. 207 000 V. **b. 230 V.** **c.** 0,0043 V. **d.** 30 V.

4. La tension électrique aux bornes d'un composant est de 50,0 V. Le composant est traversé par un courant électrique d'intensité $I = 5{,}00$ A. La puissance électrique reçue par le composant est :
a. 250 W. **b.** 10,0 W. **c.** 0,10 W. **d.** 10,0 J.

ANNEXE 3 Unité « Histoire, Enjeux, Débats » [→ page 129]

- QCM de vérification de la bonne compréhension des notions abordées dans l'unité « Histoire, Enjeux, Débats ».

1. L'attraction qui eut le plus de succès lors de l'Exposition internationale d'électricité en 1881 fut :
a. le télégraphe.
b. l'ampoule pour l'éclairage.
c. le téléphone.
d. la dynamo Gramme.

2. Henri de Parville envisage l'utilisation de l'électricité pour :
a. téléphoner.
b. télégraphier.
c. faire courir des chevaux à la vapeur.
d. faire fonctionner des machines.

3. Des solutions pour résoudre les pertes lors du transport de l'électricité sont *(plusieurs réponses possibles)* **:**
a. d'augmenter la tension.
b. de se servir de dynamos Gramme comme relais.
c. de faire chauffer les fils électriques.
d. d'utiliser du courant alternatif.

4. Les communes rurales souvent moins bien desservies par l'électricité à la fin de la Seconde Guerre mondiale se situent dans :
a. l'Est de la France.
b. l'Ouest de la France.
c. le Sud de la France.
d. le département de la Seine (Paris).

Livre de l'élève

CHAPITRE 8
Choix énergétiques et impacts sur les sociétés

Le changement climatique actuel impose aux différentes sociétés humaines des changements majeurs de comportements, en particulier dans le domaine de l'utilisation de l'énergie. Pour engager cette transition, il est nécessaire de connaître les paramètres sur lesquels il est possible d'agir.

a. La période de Noël est propice à des démonstrations lumineuses festives.
Sur quels facteurs pouvons-nous agir collectivement ou individuellement pour effectuer une transition énergétique dans nos sociétés ? UNITÉ 3

b. La mine d'uranium de Rössing est une mine à ciel ouvert située dans le désert du Namib en Namibie, près de la ville d'Arandis.
Quelles sont les conséquences de nos choix d'exploitation des ressources énergétiques sur l'environnement ? UNITÉ 1

Vidéo

c. Le projet Iter prépare la production d'énergie électrique du futur.
Quel type de réaction nucléaire est mise en jeu dans cette technologie du futur ? HISTOIRE EN ENJEUX DÉBATS 2

d. Habitation exploitant de multiples sources d'énergie.
Qu'appelle-t-on le mix énergétique ? UNITÉ 2

Notions du chapitre	Unités	Exercices
Pour bien démarrer ce chapitre consulter les fiches 2, 4, 6 et 9, pages 121 à 123		
Pour que soit mise en œuvre une adaptation efficace aux changements inéluctables et qu'en soit atténué l'impact négatif, les choix énergétiques supposent une compréhension globale du système Terre. Analyser d'un point de vue global les impacts de choix énergétiques majeurs : exemple du nucléaire.	1	5, 6, 7, 11, 14, 15
Ces choix doivent tenir compte de nombreux critères et paramètres : disponibilité des ressources et adéquation aux besoins, impacts (climatique, écologique, sanitaire, agricole), vulnérabilités et gestion des risques, faisabilité, conséquences économiques et sociales. L'analyse de ces éléments de décision conduit le plus souvent à une recherche de diversification ou d'évolution des ressources (mix énergétique). Dans une étude de cas, analyser des choix énergétiques locaux selon les critères et les paramètres mentionnés.	2	1, 2, 3, 4, 9, 12, 13, 16, 17
Les durées longues, liées à l'inertie de certains systèmes (infrastructures énergétiques, transports, production industrielle), sont à confronter à l'urgence de l'action. La transition écologique des sociétés repose sur la créativité scientifique et technologique, comme sur l'invention de nouveaux comportements individuels et collectifs (consommations, déplacements, relations Nord-Sud).	3	9, 10

180

CHAPITRE 8 • Choix énergétiques et impacts sur les sociétés 181

Les grandes idées à construire

- L'objet de ce chapitre, plus orienté sur une vision sociétale, permet de montrer que l'analyse scientifique des impacts et des risques s'appuie sur des faits et peut déboucher sur la nécessité de faire des choix. Les choix politiques ne relèvent pas des scientifiques, mais des sociétés et leurs dirigeants. Des liens interdisciplinaires avec la philosophie, l'économie et la géopolitique peuvent être envisagés.
- Ce chapitre est l'occasion de mettre en perspective l'ensemble des thématiques abordées dans les **thèmes 1 et 2**. La notion de risques naturels étudiée au collège et en classe de seconde (SVT) est mobilisée. À travers la diversité des exemples, les élèves continuent à s'approprier l'unité du concept d'énergie.

Ce que disent les documents

a Individuellement, notre utilisation de l'énergie répond à des besoins essentiels (chauffage, éclairage, accès aux médias, etc.) mais aussi de loisirs (tourisme, divertissement, etc.) Ce deuxième cas est-il moins indispensable que le premier ? Il ne nous appartient pas de le juger. Nous pouvons toutefois agir pour tenter de rationaliser l'utilisation de l'énergie. Ainsi, utiliser des ampoules basse-consommation pourrait être une méthode séduisante d'y arriver. Il ne faut cependant pas conclure trop vite : la production d'une ampoule basse-consommation nécessite-t-elle plus d'énergie qu'une ampoule « classique » ?

À l'échelle collective, des lois peuvent inciter à être plus responsable dans l'utilisation des ressources énergétiques, comme par exemple des lois favorisant l'isolation thermique des habitations.

b La France exploite beaucoup l'énergie d'origine nucléaire, dont le « combustible » est l'uranium. Le minerai correspondant se répartit à plusieurs endroits à travers le monde, dont en Afrique. Ainsi, l'établissement de relations internationales saines est indispensable.

Pays	Production	en %
États-Unis	804,9 TWh	20,05 %
France	379,1 TWh	71,61 %
Chine	247,5 TWh	3,94 %
Russie	187,5 TWh	17,79 %
Corée du Sud	141,1 TWh	27,12 %
Canada	96,1 TWh	14,64 %
Ukraine	85,6 TWh	55,10 %
Allemagne	72,2 TWh	11,63 %
Royaume-Uni	63,9 TWh	19,27 %
Suède	93,1 TWh	39,64 %

▲ **Principaux pays producteurs d'électricité d'origine nucléaire en 2017**

c Le projet Iter est un projet international de très grande ampleur visant à maîtriser la fusion nucléaire, permettant ainsi d'exploiter une énergie très « propre ». Ce projet vise un très long terme (moitié du XXIe siècle) avant de devenir rentable. Il est la preuve qu'une vaste coopération internationale est possible pour des enjeux planétaires.

d Les sources d'énergie qui nous entourent sont nombreuses. En premier lieu, le Soleil, source initiale de presque toutes nos sources d'énergie (à l'exception de l'uranium, issu de nucléosynthèse non solaire). Il est souvent plus pertinent de diversifier les sources d'énergie exploitées, aussi bien à l'échelle d'une maison individuelle qu'à l'échelle d'une région, car ces sources peuvent être intermittentes.

Livre de l'élève

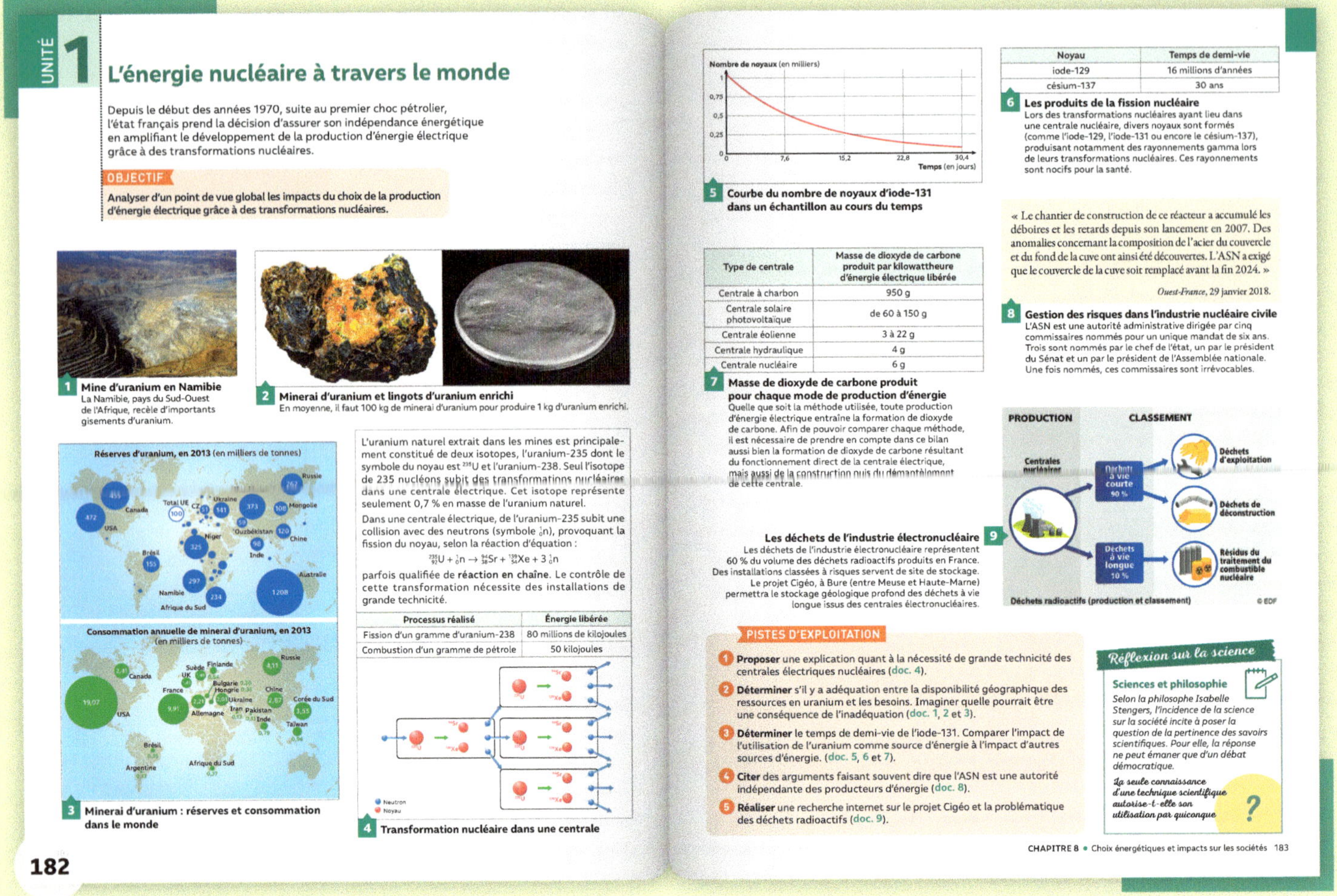

UNITÉ 1

L'énergie nucléaire à travers le monde

Depuis le début des années 1970, suite au premier choc pétrolier, l'état français prend la décision d'assurer son indépendance énergétique en amplifiant le développement de la production d'énergie électrique grâce à des transformations nucléaires.

OBJECTIF

Analyser d'un point de vue global les impacts du choix de la production d'énergie électrique grâce à des transformations nucléaires.

1 **Mine d'uranium en Namibie** La Namibie, pays du Sud-Ouest de l'Afrique, recèle d'importants gisements d'uranium.

2 **Minerai d'uranium et lingots d'uranium enrichi** En moyenne, il faut 100 kg de minerai d'uranium pour produire 1 kg d'uranium enrichi.

Réserves d'uranium, en 2013 (en milliers de tonnes)

Consommation annuelle de minerai d'uranium, en 2013 (en milliers de tonnes)

3 **Minerai d'uranium : réserves et consommation dans le monde**

L'uranium naturel extrait dans les mines est principalement constitué de deux isotopes, l'uranium-235 dont le symbole du noyau est ^{235}U et l'uranium-238. Seul l'isotope de 235 nucléons subit des transformations nucléaires dans une centrale électrique. Cet isotope représente seulement 0,7 % en masse de l'uranium naturel.

Dans une centrale électrique, de l'uranium-235 subit une collision avec des neutrons (symbole ^1_0n), provoquant la fission du noyau, selon la réaction d'équation :

$$^{235}_{92}U + ^1_0n \rightarrow ^{94}_{38}Sr + ^{139}_{54}Xe + 3\,^1_0n$$

parfois qualifiée de **réaction en chaîne**. Le contrôle de cette transformation nécessite des installations de grande technicité.

Processus réalisé	Énergie libérée
Fission d'un gramme d'uranium-238	80 millions de kilojoules
Combustion d'un gramme de pétrole	50 kilojoules

4 **Transformation nucléaire dans une centrale**

5 **Courbe du nombre de noyaux d'iode-131 dans un échantillon au cours du temps**

Noyau	Temps de demi-vie
iode-129	16 millions d'années
césium-137	30 ans

6 **Les produits de la fission nucléaire** Lors des transformations nucléaires ayant lieu dans une centrale nucléaire, divers noyaux sont formés (comme l'iode-129, l'iode-131 ou encore le césium-137), produisant notamment des rayonnements gamma lors de leurs transformations nucléaires. Ces rayonnements sont nocifs pour la santé.

Type de centrale	Masse de dioxyde de carbone produit par kilowattheure d'énergie électrique libérée
Centrale à charbon	950 g
Centrale solaire photovoltaïque	de 60 à 150 g
Centrale éolienne	3 à 22 g
Centrale hydraulique	4 g
Centrale nucléaire	6 g

7 **Masse de dioxyde de carbone produit pour chaque mode de production d'énergie** Quelle que soit la méthode utilisée, toute production d'énergie électrique entraîne la formation de dioxyde de carbone. Afin de pouvoir comparer chaque méthode, il est nécessaire de prendre en compte dans ce bilan aussi bien la formation de dioxyde de carbone résultant du fonctionnement direct de la centrale électrique, mais aussi de la construction puis du démantèlement de cette centrale.

« Le chantier de construction de ce réacteur a accumulé les déboires et les retards depuis son lancement en 2007. Des anomalies concernant la composition de l'acier du couvercle et du fond de la cuve ont ainsi été découvertes. L'ASN a exigé que le couvercle de la cuve soit remplacé avant la fin 2024. »

Ouest-France, 29 janvier 2018.

8 **Gestion des risques dans l'industrie nucléaire civile** L'ASN est une autorité administrative dirigée par cinq commissaires nommés pour un unique mandat de six ans. Trois sont nommés par le chef de l'état, un par le président du Sénat et un par le président de l'Assemblée nationale. Une fois nommés, ces commissaires sont irrévocables.

9 **Les déchets de l'industrie électronucléaire** Les déchets de l'industrie électronucléaire représentent 60 % du volume des déchets radioactifs produits en France. Des installations classées à risques servent de site de stockage. Le projet Cigéo, à Bure (entre Meuse et Haute-Marne) permettra le stockage géologique profond des déchets à vie longue issus des centrales électronucléaires.

Déchets radioactifs (production et classement) © EDF

PISTES D'EXPLOITATION

1. **Proposer** une explication quant à la nécessité de grande technicité des centrales électriques nucléaires (doc. 4).
2. **Déterminer** s'il y a adéquation entre la disponibilité géographique des ressources en uranium et les besoins. Imaginer quelle pourrait être une conséquence de l'inadéquation (doc. 1, 2 et 3).
3. **Déterminer** le temps de demi-vie de l'iode-131. Comparer l'impact de l'utilisation de l'uranium comme source d'énergie à l'impact d'autres sources d'énergie. (doc. 5, 6 et 7).
4. **Citer** des arguments faisant souvent dire que l'ASN est une autorité indépendante des producteurs d'énergie (doc. 8).
5. **Réaliser** une recherche internet sur le projet Cigéo et la problématique des déchets radioactifs (doc. 9).

Réflexion sur la science

Sciences et philosophie

Selon la philosophe Isabelle Stengers, l'incidence de la science sur la société incite à poser la question de la pertinence des savoirs scientifiques. Pour elle, la réponse ne peut émaner que d'un débat démocratique.

La seule connaissance d'une technique scientifique autorise-t-elle son utilisation par quiconque ?

problèmes scientifiques

- Quelles sont les conséquences du choix de l'uranium comme source d'énergie ?
- En quoi l'exploitation de l'uranium comme source d'énergie fait-elle débat dans notre société ?

Mobilisation des acquis

- Vu au collège : diverses sources d'énergie.
- Vu au lycée :

– différence entre réservoir d'énergie et transfert d'énergie ;
– réactions nucléaires : lien entre énergie convertie dans une centrale nucléaire et réactions nucléaires ;
– transformation nucléaire ;
– isotope, noyau radioactif, loi de décroissance radioactive.

Les grandes idées à construire

- De la même manière que le pétrole brut doit être raffiné avant de l'utiliser, le minerai d'uranium doit subir de nombreuses transformations avant de pouvoir être exploité dans les centrales nucléaires.
- La transformation nucléaire dans une centrale est une transformation en chaîne : elle produit plus de neutrons de grande vitesse qu'elle n'en consomme. Il est donc nécessaire de disposer de techniques élaborées afin que la transformation ne s'emballe pas.
- Faire un bilan global nécessite de prendre en compte les déchets produits, mais aussi le dioxyde de carbone formé par une centrale énergétique.

Les compétences travaillées

- **Extraire** des informations.
- **Mettre en relation** les informations extraites des documents avec les connaissances.

Les représentations de l'élève

- En terme de production de dioxyde de carbone, les élèves pensent en premier lieu à celui formé par une transformation chimique, par exemple la combustion de l'essence. L'élève pense plus rarement à tout ce qui a permis à la centrale de fonctionner : sa construction (les grandes quantités de ciment utilisées dans la construction des centrales), son entretien, son démantèlement.
- Bien que l'expression usuelle soit « le combustible nucléaire », une transformation nucléaire ne répond pas à la définition d'une réaction de combustion vue en classe de première-spécialité. L'élève doit apprendre à faire la distinction entre le langage courant, utilisé par exemple par les journalistes, et le langage scientifique, qui répond à un impératif de classification.

Ce que disent les documents

1 Les gisements de minerai d'uranium peuvent être souterrains, mais aussi conduire à la formation de mines à ciel ouvert, très destructives de l'environnement. Cela impacte peu les pays européens, mais beaucoup plus les pays émergents.

Idée de question :

– Le minerai d'uranium est-il dangereux pour la santé ?

2 Le minerai d'uranium est appelé uraninite, ou pechblende. Il peut essentiellement se modéliser par l'oxyde d'uranium de formule UO_2. Dans les centrales nucléaires, c'est l'uranium de formule U qui est exploité. Ainsi, des transformations chimiques (en particulier des réductions) sont nécessaires avant son exploitation.

Des idées de questions :
- Quel autre élément chimique que l'uranium contient le minerai, sachant que celui-ci peut aussi s'appeler de l'oxyde d'uranium ?
- Que peut signifier ici le terme « enrichi » pour l'uranium ?
- Qu'est-ce qui pourrait expliquer que le traitement du minerai pour fabriquer l'uranium entraîne une perte de masse de 99 % ?

2 Les deux cartes montrent une assez forte distorsion entre les ressources et la consommation d'uranium dans le monde. Les ressources sont assez bien réparties dans le monde, sauf peut-être en Amérique du sud. La consommation est quant-à elle presque exclusivement répartie dans l'hémisphère Nord.

Idée de question :
- Les cercles verts et les cercles bleus sont-ils représentés avec la même échelle ?

4 L'équation de la transformation nucléaire montre que la collision d'un noyau d'uranium avec un neutron entraîne la formation de deux autres neutrons. La représentation de ce processus à l'échelle atomique doit permettre à l'élève de s'approprier la notion de réaction en chaîne.

Remarque : le nombre de nucléons pour le strontium et le xénon est mal positionné dans le manuel spécimen à destination des enseignants. Cette erreur a été corrigée pour le manuel dont disposent les élèves.

Des idées de questions :
- Combien de neutrons sont formés par la fission d'un noyau d'uranium ? de deux noyaux d'uranium ? de trois noyaux d'uranium ?
- Comment pourrait-on qualifier l'évolution du nombre de neutrons formés, par un mot mathématique mais aussi issu du langage courant ?

5 La courbe de décroissance radioactive a été étudiée par les élèves en Première en enseignement de spécialité, puis de nouveau travaillée par les élèves ayant choisi la spécialité physique-chimie en classe de terminale.

Idée de question :
- Un échantillon contient initialement 1000 noyaux d'iode-131. Au bout de quelle durée n'en contient-il plus que 500 ?

6 Le temps de demi-vie d'un échantillon de noyaux radioactifs dépend fortement de leur nature.

7 La masse de dioxyde de carbone produit par kilowattheure d'énergie électrique libérée n'est pas uniquement due à la conversion d'énergie réalisée. Elle dépend aussi de la phase de construction de la centrale, de son entretien, de son démantèlement, ainsi que de la méthode de préparation de la source d'énergie.

Des idées de questions :
- Une centrale éolienne forme-t-elle du dioxyde de carbone lors d'une journée de son exploitation ?
- Interpréter alors le fait qu'elle « produise » du dioxyde de carbone.

8 L'autorité de sureté nucléaire a été fondée en 2006.

Des idées de questions :
- L'ASN a-t-elle un pouvoir exécutif ou seulement consultatif ?
- L'état français dirige-t-il l'ASN ?

9 Les sous-produits de l'industrie nucléaire ont des durées de vie et des nocivités très variables. Il ne faut pas perdre de vue que toute industrie conduit à la formation de sous-produits.

Des idées de questions :
- Pourquoi n'est-il pas pertinent d'incinérer les déchets issus de l'industrie nucléaire ?
- Les espèces chimiques radioactives le sont-elles encore après une combustion ?

Les + pour préparer votre séance

- Proposer un QCM de remobilisation des acquis en début de séance. [→ Annexe 1, page 153]

Articles en ligne

- Présentation de la notion de réaction en chaîne : https://www.laradioactivite.com/site/pages/lareactionenchaine.htm
- Le combustible nucléaire : https://www.edf.fr/groupe-edf/espaces-dedies/l-energie-de-a-a-z/tout-sur-l-energie/produire-de-l-electricite/l-uranium-le-combustible-nucleaire

Vidéo

- L'EPR de Flamanville : https://www.qwant.com/?q=flamanville&t=videos&o=0:dfd02366a59f87d5ce58df6359ba5089

LE SAVIEZ-VOUS ?

- Une des étapes de formation de l'uranium enrichi permet de former un *yellow cake*, un oxyde d'uranium de couleur jaune vif.
- L'enrichissement de l'uranium se fait par centrifugation dans laquelle il est nécessaire que l'élément uranium se trouve dans une espèce chimique gazeuse (UF_4).

CORRECTION DE L'UNITÉ

1. La transformation nucléaire produit plus de neutrons qu'elle n'en consomme : la transformation de l'uranium peut s'emballer si elle n'est pas maîtrisée. Cela nécessite des techniques particulières qui ne sont maîtrisées que par quelques états à travers le monde.

2. Une grande partie des besoins en uranium se situe dans l'hémisphère Nord alors que les ressources se situent majoritairement dans l'hémisphère Sud. Il n'y a donc pas adéquation entre besoins et disponibilités.
Une conséquence pourrait être une pénurie dans l'hémisphère Nord si les relations entre pays du Sud et pays du Nord devaient se détériorer.

3. Le temps de demi-vie de l'iode-131 est de 7,6 jours.
Les impacts possibles de l'utilisation de l'uranium :
– négatif : formation de sous-produits radioactifs à très longue durée de vie comme l'iode-129, ou longue durée de vie comme le césium-137 ;
– positif : faible production de dioxyde de carbone par kilowattheure d'énergie libérée.

4. Différents arguments :
– L'ASN peut exiger des modifications dans les centrales nucléaires.
– Deux pouvoirs différents nomment les dirigeants : le pouvoir exécutif (Président de la République) et le pouvoir législatif (Présidents du Sénat et de l'Assemblée nationale). Aucun des trois n'est issu du même mode d'élection.
– Une fois nommés, les commissaires ne peuvent pas être révoqués : ils n'ont pas à rendre de compte aux pouvoirs exécutifs et législatifs. Ils sont alors seuls responsables, et n'ont donc à rendre de compte qu'au pouvoir judiciaire.

5. **Cigéo (Centre industriel de stockage géologique)** est un projet français de centre de stockage des déchets radioactifs en couche géologique profonde. Il est conçu pour enfouir les déchets radioactifs, jusqu'à leur démantèlement, et par le traitement des combustibles usés utilisés dans les centrales nucléaires.

INDICATEURS DE RÉUSSITE	NIVEAU A	B	C	D
La réponse aux questions 2 et 3 s'appuie sur un argumentaire étayé à partir de l'exploitation des documents.				
Les connaissances ont bien été exploitées pour répondre à la question posée (questions 1 et 4).				
Une sélection de sites pertinents a été exploitée (question 5).				

Livre de l'élève

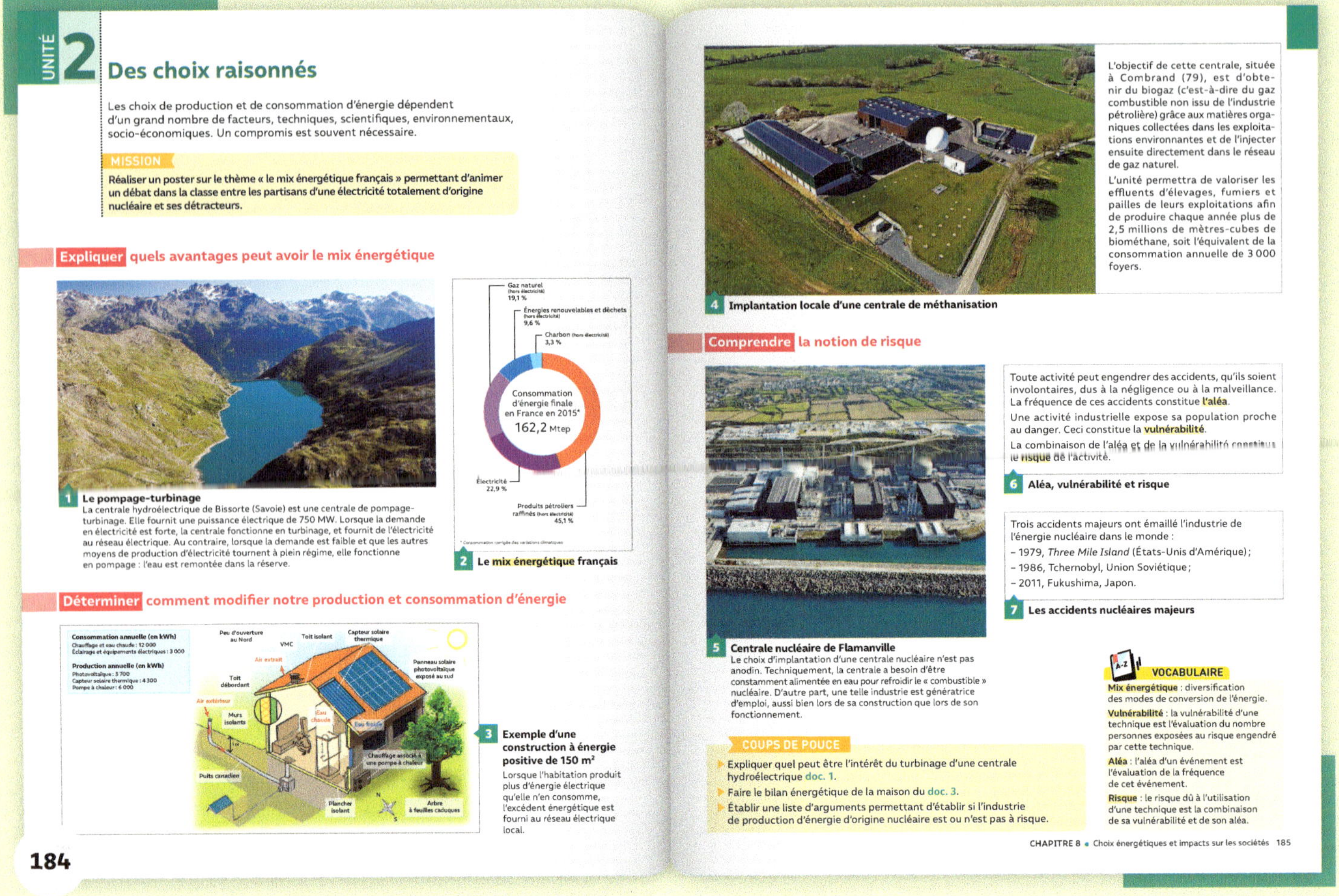
UNITÉ 2

Des choix raisonnés

Les choix de production et de consommation d'énergie dépendent d'un grand nombre de facteurs, techniques, scientifiques, environnementaux, socio-économiques. Un compromis est souvent nécessaire.

MISSION

Réaliser un poster sur le thème « le mix énergétique français » permettant d'animer un débat dans la classe entre les partisans d'une électricité totalement d'origine nucléaire et ses détracteurs.

Expliquer quels avantages peut avoir le mix énergétique

1 Le pompage-turbinage
La centrale hydroélectrique de Bissorte (Savoie) est une centrale de pompage-turbinage. Elle fournit une puissance électrique de 750 MW. Lorsque la demande en électricité est forte, la centrale fonctionne en turbinage, et fournit de l'électricité au réseau électrique. Au contraire, lorsque la demande est faible et que les autres moyens de production d'électricité tournent à plein régime, elle fonctionne en pompage : l'eau est remontée dans la réserve.

2 Le mix énergétique français

Déterminer comment modifier notre production et consommation d'énergie

3 Exemple d'une construction à énergie positive de 150 m²
Lorsque l'habitation produit plus d'énergie électrique qu'elle n'en consomme, l'excédent énergétique est fourni au réseau électrique local.

184

L'objectif de cette centrale, située à Combrand (79), est d'obtenir du biogaz (c'est-à-dire du gaz combustible non issu de l'industrie pétrolière) grâce aux matières organiques collectées dans les exploitations environnantes et de l'injecter ensuite directement dans le réseau de gaz naturel.

L'unité permettra de valoriser les effluents d'élevages, fumiers et pailles de leurs exploitations afin de produire chaque année plus de 2,5 millions de mètres-cubes de biométhane, soit l'équivalent de la consommation annuelle de 3 000 foyers.

4 Implantation locale d'une centrale de méthanisation

Comprendre la notion de risque

5 Centrale nucléaire de Flamanville
Le choix d'implantation d'une centrale nucléaire n'est pas anodin. Techniquement, la centrale a besoin d'être constamment alimentée en eau pour refroidir le « combustible » nucléaire. D'autre part, une telle industrie est génératrice d'emploi, aussi bien lors de sa construction que lors de son fonctionnement.

Toute activité peut engendrer des accidents, qu'ils soient involontaires, dus à la négligence ou à la malveillance. La fréquence de ces accidents constitue **l'aléa**.

Une activité industrielle expose sa population proche au danger. Ceci constitue la **vulnérabilité**.

La combinaison de l'aléa et de la vulnérabilité constitue le **risque** de l'activité.

6 Aléa, vulnérabilité et risque

Trois accidents majeurs ont émaillé l'industrie de l'énergie nucléaire dans le monde :
- 1979, *Three Mile Island* (États-Unis d'Amérique) ;
- 1986, Tchernobyl, Union Soviétique ;
- 2011, Fukushima, Japon.

7 Les accidents nucléaires majeurs

COUPS DE POUCE

- Expliquer quel peut être l'intérêt du turbinage d'une centrale hydroélectrique doc. 1.
- Faire le bilan énergétique de la maison du doc. 3.
- Établir une liste d'arguments permettant d'établir si l'industrie de production d'énergie d'origine nucléaire est ou n'est pas à risque.

VOCABULAIRE

Mix énergétique : diversification des modes de conversion de l'énergie.

Vulnérabilité : la vulnérabilité d'une technique est l'évaluation du nombre personnes exposées au risque engendré par cette technique.

Aléa : l'aléa d'un événement est l'évaluation de la fréquence de cet événement.

Risque : le risque dû à l'utilisation d'une technique est la combinaison de sa vulnérabilité et de son aléa.

CHAPITRE 8 • Choix énergétiques et impacts sur les sociétés 185

problèmes scientifiques

- Est-il préférable de développer un certain type de production d'énergie ou au contraire de les diversifier ?
- Quels sont les paramètres à prendre en compte pour adapter les ressources aux besoins ?

Mobilisation des acquis

- Vu au collège : diverses sources d'énergie.
- Vu au lycée :
  - bilan d'énergie ;
  - énergie et puissance énergétique ;
  - vulnérabilité, aléa, risque.

Les grandes idées à construire

- Toute action entraîne un transfert d'énergie.
- Lors d'un transfert d'énergie, une partie en est dissipée.
- Le risque est une combinaison de la vulnérabilité et des aléas.

Les compétences travaillées

- **Extraire** des informations.
- **Mettre en relation** les informations extraites des documents avec les connaissances.

Les représentations de l'élève

- Les campagnes publicitaires ainsi que leur expérience quotidienne amènent les élèves à penser que la principale consommation d'énergie en France est d'origine électrique, ce qui n'est pas le cas.
- De la même manière, les élèves oublient souvent que le domaine industriel consomme beaucoup plus d'énergie que les particuliers.

Ce que disent les documents

1 Le pompage turbinage se développe régulièrement à travers le monde. En effet, l'électricité est un mode de transport d'énergie et non un réservoir. Ainsi, si ce transport amène de l'énergie mais qu'elle n'est pas immédiatement versée dans un réservoir d'énergie, celle-ci est perdue. Or il n'existe pas de réservoir d'énergie électrique. Le pompage-turbinage permet de stocker l'énergie sous forme d'énergie potentielle de pesanteur de réservoir d'eau. Amener de l'eau à une altitude plus élevée lorsque la consommation domestique d'énergie devient plus faible (par exemple la nuit) permet de stocker l'énergie.

Idée de question :
- L'électricité est-elle un réservoir ou un mode de transfert d'énergie ?

2 Le mix énergétique est la diversification des modes de conversion de l'énergie. Contrairement aux idées reçues, l'électricité n'est pas le principal mode de conversion de l'énergie. Les sources d'énergie fossile restent majoritaires (produits pétroliers, gaz naturel environ 64 %), sans compter les sources d'énergie fossile converties en électricité (minoritaires en France).

Des idées de questions :
- Que signifie tep ?
- Citer différentes sources d'énergie converties en électricité.

3 Le mix énergétique existe à l'échelle régionale, mais aussi à l'échelle domestique. Ainsi, une maison individuelle peut avoir divers modes d'approvisionnement en énergie, aussi bien de la part de centrales énergétiques que par exploitation de ressources locales : solaire thermique, solaire photovoltaïque, géothermique, etc. D'autre part, des constructions raisonnées exploitent la topologie des lieux afin de limiter la consommation d'énergie.

Des idées de questions :
- En quoi une végétation à feuille caduque peut-être utile ?
- Où est-elle plantée par rapport à la maison ?

4 L'agriculture est un gros producteur de déchets organiques, c'est-à-dire contenant des espèces chimiques principalement constituées de carbone et d'hydrogène. Les valoriser est en enjeu important. Ces matières organiques présentent le plus souvent du carbone dans un état oxydé. L'utilisation de matière vivante (bactéries) permet d'effectuer des réductions (notion vue en classe de Première-spécialité) afin de produire du méthane CH_4, espèce organique servant de combustible dans les centrales à gaz.

Idée de question :
- Y a-t-il une différence chimique entre le méthane du biogaz et le méthane issu de l'industrie pétrolière ?

5 Malgré de nombreux déboires et retards pour sa livraison, la centrale nucléaire de Flamanville constitue l'avenir des centrales nucléaires. La plupart des partisans de la sortie du nucléaire concèdent qu'il n'est pas réaliste de l'envisager à court terme. Il appartient aux politiques, éclairés par l'avis des scientifiques et des désirs des populations de décider de l'avenir de l'industrie nucléaire.

Idée de question :
- Pourquoi les centrales nucléaires sont-elles parfois qualifiées de « centrales thermiques nucléaires » ?

6 Les notions d'aléa, de vulnérabilité et de risque ont été abordées en classe de seconde (SVT).

7 Les aléas nucléaires sont relativement nombreux, mais seuls trois d'entre eux sont classés comme accidents majeurs.

Idée de question :
- Quelle est la fréquence, exprimée en an^{-1} (« par an ») des accidents nucléaires majeurs depuis 1970 ?

Les + pour préparer votre séance

- Proposer un QCM de remobilisation des acquis en début de séance. [→ Annexe 2, page 153]

Vidéo

- La méthanisation :
https://www.qwant.com/?q=cnrs%20methanisation&t=videos&o=0:e54b646be9d9aafa1f5d304290d53bc9
- Maison à énergie positive :
https://www.youtube.com/watch?v=fo0KJ90uEoA
- Pompage–turbinage :
https://www.youtube.com/watch?v=cOKSst-un8c

LE SAVIEZ-VOUS ?

- L'échelle internationale des événements nucléaires (INES, de l'anglais *International Nuclear Event Scale*) sert à mesurer la gravité d'un accident nucléaire. Elle est graduée de 0 (un écart) à 7 (accident majeur). C'est un outil de communication destiné à faciliter la perception par les médias et le public de l'importance des accidents nucléaires.

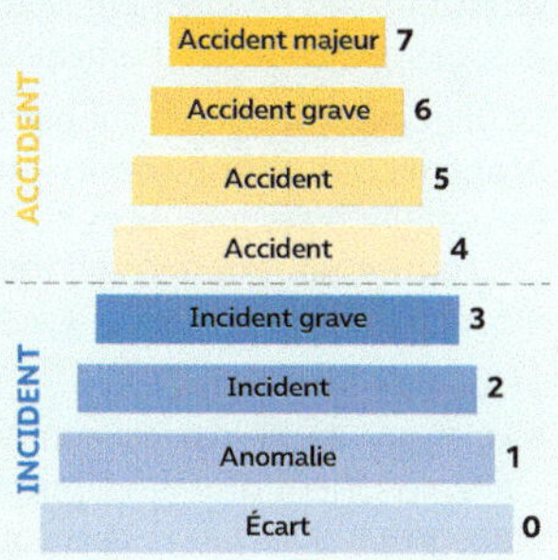

- Le niveau 1 (anomalie) est atteint plus d'une centaine de fois par an en France. L'accident nucléaire de Tchernobyl en URSS en 1986 a atteint le niveau 7 : une suite malheureuse d'événements a conduit à une explosion d'origine chimique qui a détruit la dalle de béton recouvrant le réacteur. La matière radioactive s'est alors répandue dans l'atmosphère.
- En mars 2011, un tsunami consécutif à un violent tremblement de Terre au Japon a endommagé le système de refroidissement de la centrale de Fukushima, entraînant un grave accident nucléaire.
- La méthanisation peut aussi être réalisée sur les déchets ménagers issus de la collecte des ordures. Ainsi, la collecte des biodéchets a permis à la communauté urbaine de Lille de créer des unités de méthanisation des déchets urbains, et de réinjecter le gaz produit dans les réseaux domestiques.

CORRECTION DE L'UNITÉ (coups de pouce)

1. L'intérêt du turbinage est de récupérer une énergie produite et non stockable par une centrale, sous forme d'énergie potentielle de pesanteur.
2. Le bilan énergétique est (5 700 + 4 300 + 600) – (12 000 + 3 000) = 1 000 kWh. La maison est à « énergie positive ». Elle produit plus qu'elle ne consomme d'énergie.
3. La production d'énergie sous forme nucléaire est :
– à très faible aléa (peu d'accidents) ;
– à forte vulnérabilité (car un accident peut être majeur et expose une grande population).
La combinaison de ces deux facteurs constitue le risque. Il est la combinaison d'un petit nombre et d'un grand nombre. Le risque s'apprécie donc différemment suivant la personne qui l'évalue.

Les parcours possibles

PARCOURS 1 Classe puzzle

1. Un tiers de la classe représente un groupe d'élus locaux, recherche les arguments en faveur du développement local et de l'emploi et les expose au reste de la classe.
2. Un tiers de la classe représente une association de riverains, recherche les arguments en faveur du bien-être des habitants et les expose au reste de la classe.
3. Le dernier tiers représente l'industrie du nucléaire et présente les avantages et inconvénients de ce mode de production d'énergie.
4. L'ensemble de la classe compare les arguments de chacun et fait un bilan permettant d'atteindre un consensus.

PARCOURS 2 Construction d'un tableau

1. Construire un tableau de quatre colonnes. Chaque ligne est numérotée.
Première colonne : argument proposé.
Deuxième colonne : une croix pour désigner si l'argument est en faveur du tout nucléaire.
Troisième colonne : une croix pour désigner si l'argument est en faveur d'un grand mix énergétique.
2. La quatrième colonne précise les arguments qui sont en lien avec l'argument de la ligne considérée.

Dans tous les cas, le parcours peut se terminer par la construction d'un poster et la présentation à l'oral par les élèves.

INDICATEURS DE RÉUSSITE	NIVEAU A	B	C	D
Les documents sont bien exploités pour établir une liste d'arguments.				
Les arguments présentés reposent sur des faits et non sur une opinion.				
Les arguments sont résumés sur un poster équilibré et qui donne envie d'être consulté.				

CHAPITRE 8

Livre de l'élève

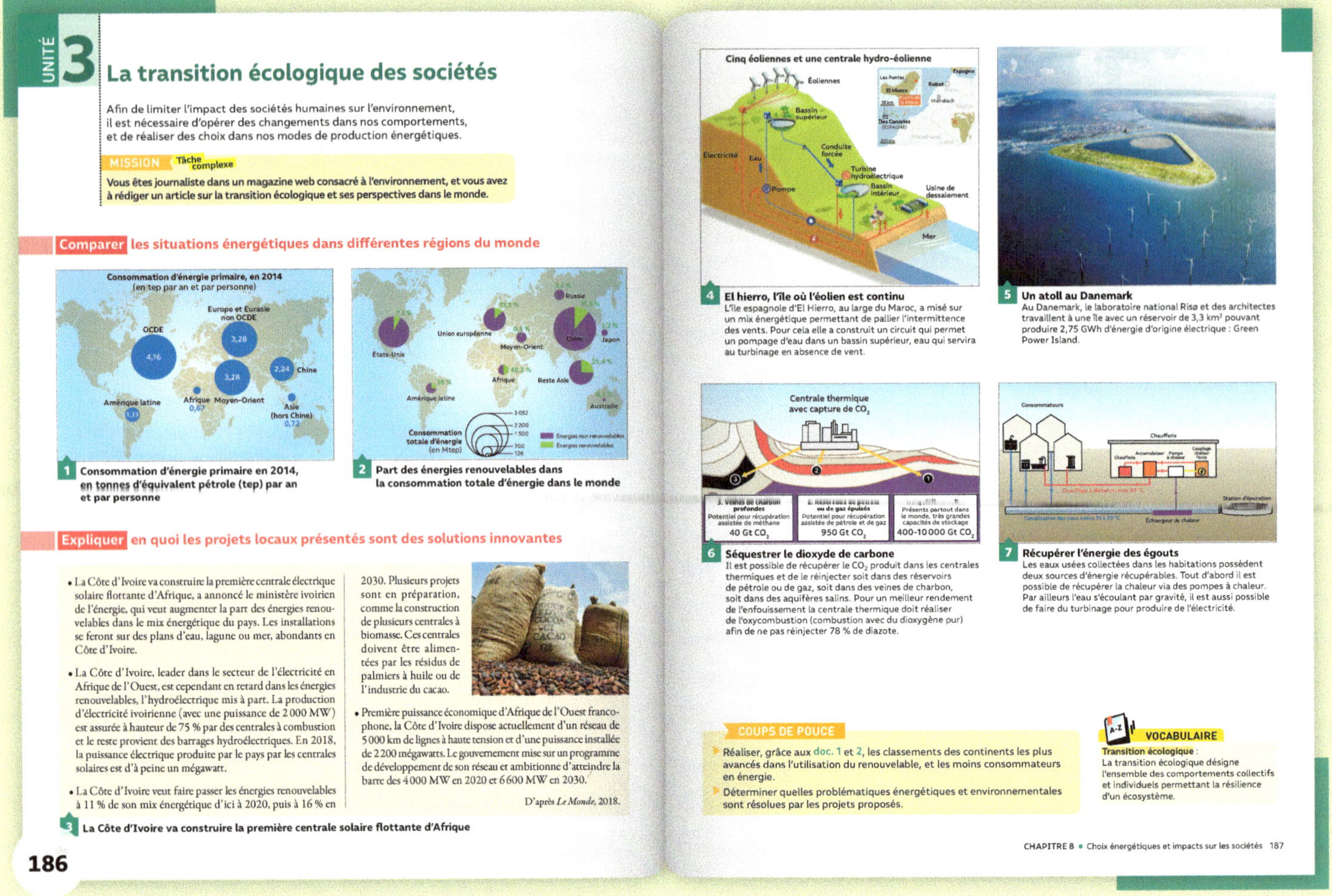
UNITÉ 3

La transition écologique des sociétés

Afin de limiter l'impact des sociétés humaines sur l'environnement, il est nécessaire d'opérer des changements dans nos comportements, et de réaliser des choix dans nos modes de production énergétiques.

MISSION Tâche complexe

Vous êtes journaliste dans un magazine web consacré à l'environnement, et vous avez à rédiger un article sur la transition écologique et ses perspectives dans le monde.

Comparer les situations énergétiques dans différentes régions du monde

1 Consommation d'énergie primaire en 2014, en tonnes d'équivalent pétrole (tep) par an et par personne

2 Part des énergies renouvelables dans la consommation totale d'énergie dans le monde

Expliquer en quoi les projets locaux présentés sont des solutions innovantes

- La Côte d'Ivoire va construire la première centrale électrique solaire flottante d'Afrique, a annoncé le ministère ivoirien de l'énergie, qui veut augmenter la part des énergies renouvelables dans le mix énergétique du pays. Les installations se feront sur des plans d'eau, lagune ou mer, abondants en Côte d'Ivoire.
- La Côte d'Ivoire, leader dans le secteur de l'électricité en Afrique de l'Ouest, est cependant en retard dans les énergies renouvelables, l'hydroélectrique mis à part. La production d'électricité ivoirienne (avec une puissance de 2 000 MW) est assurée à hauteur de 75 % par des centrales à combustion et le reste provient des barrages hydroélectriques. En 2018, la puissance électrique produite par le pays par les centrales solaires est d'à peine un mégawatt.
- La Côte d'Ivoire veut faire passer les énergies renouvelables à 11 % de son mix énergétique d'ici à 2020, puis à 16 % en 2030. Plusieurs projets sont en préparation, comme la construction de plusieurs centrales à biomasse. Ces centrales doivent être alimentées par les résidus de palmiers à huile ou de l'industrie du cacao.
- Première puissance économique d'Afrique de l'Ouest francophone, la Côte d'Ivoire dispose actuellement d'un réseau de 5 000 km de lignes à haute tension et d'une puissance installée de 2 200 mégawatts. Le gouvernement mise sur un programme de développement de son réseau et ambitionne d'atteindre la barre des 4 000 MW en 2020 et 6 600 MW en 2030.

D'après *Le Monde*, 2018.

3 La Côte d'Ivoire va construire la première centrale solaire flottante d'Afrique

186

4 **El hierro, l'île où l'éolien est continu**
L'île espagnole d'El Hierro, au large du Maroc, a misé sur un mix énergétique permettant de pallier l'intermittence des vents. Pour cela elle a construit un circuit qui permet un pompage d'eau dans un bassin supérieur, eau qui servira au turbinage en absence de vent.

5 **Un atoll au Danemark**
Au Danemark, le laboratoire national Risø et des architectes travaillent à une île avec un réservoir de 3,3 km² pouvant produire 2,75 GWh d'énergie d'origine électrique : Green Power Island.

6 **Séquestrer le dioxyde de carbone**
Il est possible de récupérer le CO_2 produit dans les centrales thermiques et de le réinjecter soit dans des réservoirs de pétrole ou de gaz, soit dans des veines de charbon, soit dans des aquifères salins. Pour un meilleur rendement de l'enfouissement la centrale thermique doit réaliser de l'oxycombustion (combustion avec du dioxygène pur) afin de ne pas réinjecter 78 % de diazote.

7 **Récupérer l'énergie des égouts**
Les eaux usées collectées dans les habitations possèdent deux sources d'énergie récupérables. Tout d'abord il est possible de récupérer la chaleur via des pompes à chaleur. Par ailleurs l'eau s'écoulant par gravité, il est aussi possible de faire du turbinage pour produire de l'électricité.

COUPS DE POUCE

- Réaliser, grâce aux doc. 1 et 2, les classements des continents les plus avancés dans l'utilisation du renouvelable, et les moins consommateurs en énergie.
- Déterminer quelles problématiques énergétiques et environnementales sont résolues par les projets proposés.

VOCABULAIRE

Transition écologique : La transition écologique désigne l'ensemble des comportements collectifs et individuels permettant la résilience d'un écosystème.

CHAPITRE 8 • Choix énergétiques et impacts sur les sociétés 187

problèmes scientifiques

- Quelles sont les techniques à notre disposition pour favoriser la transition écologique ?
- Toutes les solutions envisagées localement sont-elles généralisables globalement ?

Mobilisation des acquis

- Vu au collège : diverses sources d'énergie.
- Vu au lycée :
  - bilan d'énergie ;
  - énergie et puissance énergétique ;
  - énergie renouvelable.

Les grandes idées à construire

- La production d'énergie peut reposer sur des infrastructures lourdes comme sur des infrastructures plus légères mais réparties sur tous les territoires.
- La transition écologique peut résulter de décisions politiques à l'échelle nationale comme de l'inventivité des particuliers.
- Le dioxyde de carbone est au centre des problématiques sur la transition écologique.
- La créativité scientifique et technologique peut permettre de créer localement des solutions innovantes.

Les compétences travaillées

- **Extraire** des informations.
- **Mettre en relation** les informations extraites des documents avec les connaissances.

Les représentations de l'élève

- Pour de nombreux élèves, la Chine est un gros consommateur d'énergie, et les pays émergents ont de faibles capacités de production d'énergie renouvelables.
- La production d'énergie électrique se fait dans de grosses installations, et la notion de conversion est peu efficiente. La notion de « récupération d'énergie », même sur de petites quantités est à construire. Par ailleurs, la notion de réinjection de gaz dans des réservoirs souterrains n'est pas maîtrisée.

Ce que disent les documents

1 La consommation d'énergie primaire par habitant dépend beaucoup de la zone géographique occupée. C'est un marqueur du niveau de développement d'une nation. La carte montre que les habitants de l'hémisphère Nord sont beaucoup plus gourmands en énergie que ceux de l'hémisphère Sud.

OCDE : Organisation de coopération et de développement économiques. Organisation internationale d'études économiques, compte 37 pays membres, essentiellement des pays développés. Les chiffres sont donnés en tep par an et par personne afin que les élèves puissent se faire une idée de leur consommation individuelle.

Idée de question :

- Faire une recherche du nombre d'habitants de la Chine et du Moyen-Orient afin de déterminer laquelle de ces deux zones géographiques est la plus consommatrice d'énergie primaire.

2 La carte est à double entrée. La taille des ronds permet de représenter l'importance de la consommation totale d'énergie dans une zone géographique donnée. Dans chaque rond, la proportion d'énergie renouvelable est représentée en vert. Cette double représentation permet d'évaluer rapidement l'importance des énergies renouvelable à travers le monde.

Idée de question :
- Quelle zone géographique est la plus vertueuse en proportion ? Est-ce la même qui est vertueuse en quantité ?

3 Un exemple de pays Africain emblématique est la Côte d'Ivoire (25 millions d'habitants). Le texte montre que ses capacités de production d'énergie d'origine électrique actuelles sont faibles ; sa démographie l'amène à devoir amplifier très vite ces capacités. Des solutions locales d'énergie renouvelables exploitent les atouts existants.

Idée de question :
- En 10 ans (de 2020 à 2030) de quel pourcentage la Côte d'Ivoire pense-t-elle augmenter sa capacité de production d'énergie d'origine électrique ?

4 Le document présente une zone géographique où le vent est très important. Comment valoriser cet atout ? Lorsque les éoliennes produisent de l'énergie en période où la consommation est faible, cette énergie peut être stockée sous forme d'énergie potentielle de pesanteur grâce au pompage (de l'eau est amenée en hauteur dans un bassin supérieur). Cette énergie peut ensuite être libérée grâce au turbinage en période de forte consommation.

Dans ces zones où il n'y a pas d'eau douce consommable, les usines de dessalement d'eau de mer sont indispensables, mais grosses consommatrices d'énergie.

Idée de question :
- Faire une représentation symbolique de la conversion d'énergie cinétique de l'air (due au vent) en énergie potentielle de pesanteur (eau en altitude).

5 La créativité scientifique et technologique permet d'envisager des projets innovants. Construit sur le principe des atolls qui se vident et se remplissent avec les marées, ici, cet atoll artificiel se remplit à marée haute, et turbine l'eau de l'atoll à marée basse.

Idée de question :
- Quel peut être l'intérêt de cette construction pour produire de l'énergie ?

6 Une des problématiques majeures de la transition écologique est de diminuer les émissions de dioxyde de carbone. L'autre est de stocker le dioxyde de carbone formé. Ce dioxyde de carbone peut être stocké sous forme carbonée végétale grâce à la photosynthèse. Il peut aussi être stocké dans certaines couches géologiques.

Des idées de questions :
- Quels sont les deux gaz les plus abondants dans l'air ?
- Quel est l'ordre de grandeur de la proportion (en parties par millions) du dioxyde de carbone dans l'air ?

7 Les solutions locales de petite ampleur peuvent être développées. Certaines sont surprenantes et exploitent nos déchets quotidiens, au travers des circulations d'eau usées.

Idée de question :
- Qu'est-ce qu'une pompe à chaleur ?

Les + pour préparer votre séance

- Proposer un QCM de vérification de la bonne compréhension des notions abordées dans cette unité. [→ Annexe 3, page 153]

CORRECTION DE L'UNITÉ (coups de pouce)

1. La plus grande partie des pays de l'OCDE sont en Amérique du Nord et en Europe. Le classement croissant de consommation d'énergie par continent est donc approximatif : Afrique, Amérique du Sud, Asie (dont Moyen-Orient), Europe + Amérique du Nord.
En proportion, les continents les plus avancés en utilisation du renouvelable sont l'Afrique et l'Asie (hors Chine). L'Afrique est autant productrice (48 % de 700 Mtep représente environ 335 Mtep) que la Chine (11 % de 3 000 Mtep représente environ 330 Mtep).
2. Les problématiques évoquées dans les documents sont : la consommation par personne ; la part des énergies renouvelables ; la valorisation des sous-produits de l'agriculture ; le stockage d'énergie, le stockage du dioxyde de carbone ; la valorisation des déchets issus de nos modes de vie ; la problématique de l'intermittence de nombreuses énergies renouvelables.

Correction de la tâche complexe

Introduction de l'article :
Une problématique : les pays émergents consomment peu et ont déjà une part importante d'énergie renouvelable. La croissance de leurs besoins fait émerger des solutions innovantes comme les centrales à biomasse, ou l'utilisation de surfaces lacustres pour la production d'énergie solaire. Dans les pays industrialisés, la stratégie s'oriente vers une combinaison de solutions locales, innovantes et créatives permettant de remédier à l'intermittence de la production de nombreuses énergies renouvelables, et à son augmentation, en particulier en exploitant les plus petites ressources locales.

Les parcours possibles

PARCOURS 1 Interview

1 L'ensemble de la classe établit la liste des problématiques évoquée dans les coups de pouce.
2 Une première moitié de classe joue le rôle de journaliste et prépare des questions pertinentes.
3 Une autre moitié de classe joue le rôle d'un spécialiste apolitique des énergies renouvelables et de leur diversité. Il prépare des réponses aux questions probables du journaliste.
4 Un jeu de questions réponses s'établit. Les journalistes notent les réponses, puis les transmettent aux spécialistes pour relecture et correction avant publication.

PARCOURS 2 Construction d'un tableau

1 Construire un tableau de répartition consommation/production dans le monde, afin de déterminer si toutes les zones géographiques ont *a priori* les mêmes problématiques à traiter.
2 Construire une liste des différentes problématiques de lien entre énergie et environnement.

INDICATEURS DE RÉUSSITE	NIVEAU A	B	C	D
Des calculs élémentaires ont été effectués à partir des données pour établir une classification.				
Une liste d'arguments a été établie à partie de l'exploitation des documents.				
Les arguments présentés reposent sur des faits et non sur une opinion.				
Les problématiques ont été bien identifiées pour poser les bonnes questions.				

Livre de l'élève

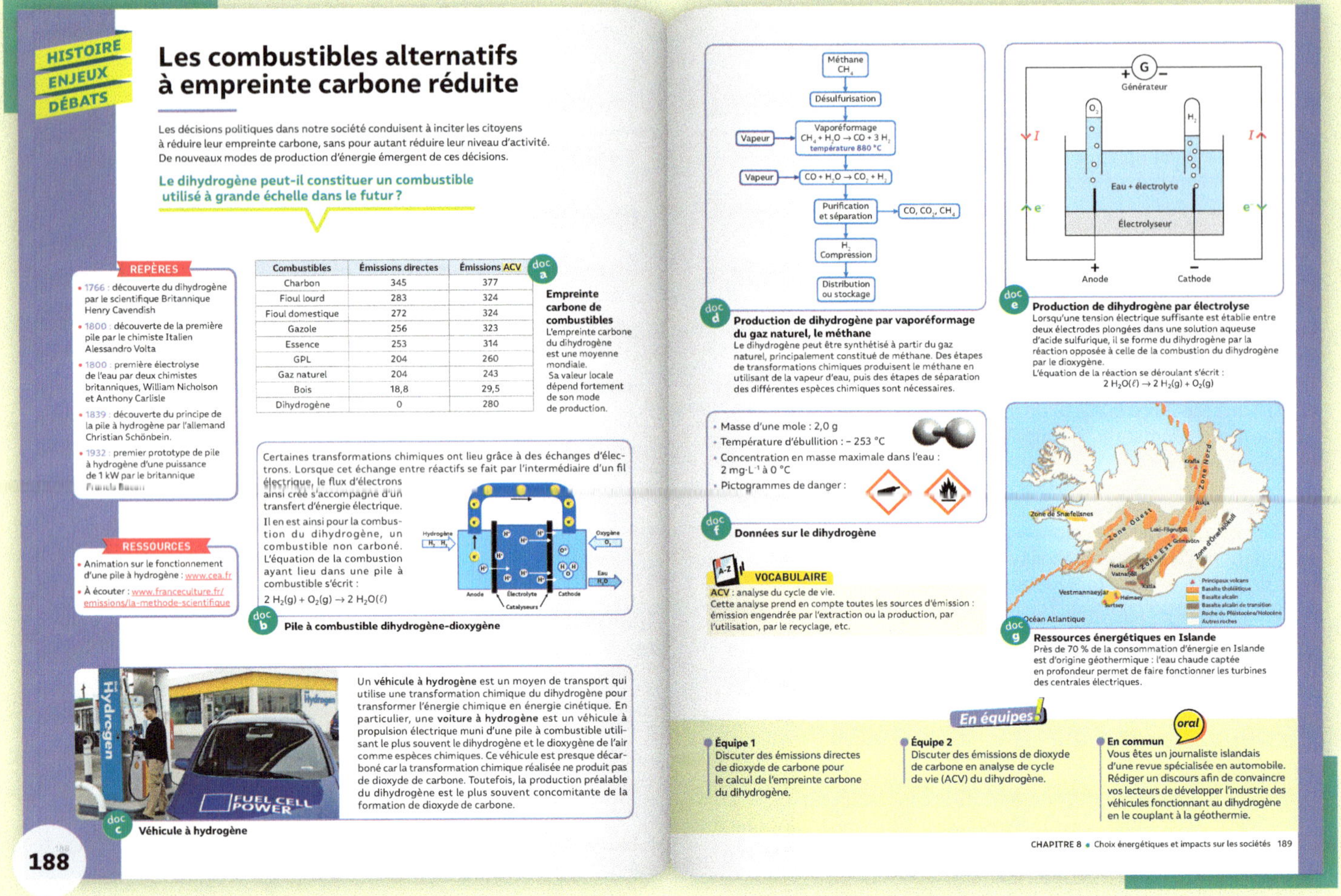
HISTOIRE ENJEUX DÉBATS

Les combustibles alternatifs à empreinte carbone réduite

Les décisions politiques dans notre société conduisent à inciter les citoyens à réduire leur empreinte carbone, sans pour autant réduire leur niveau d'activité. De nouveaux modes de production d'énergie émergent de ces décisions.

Le dihydrogène peut-il constituer un combustible utilisé à grande échelle dans le futur ?

REPÈRES
- 1766 : découverte du dihydrogène par le scientifique Britannique Henry Cavendish
- 1800 : découverte de la première pile par le chimiste Italien Alessandro Volta
- 1800 : première électrolyse de l'eau par deux chimistes britanniques, William Nicholson et Anthony Carlisle
- 1839 : découverte du principe de la pile à hydrogène par l'allemand Christian Schönbein.
- 1932 : premier prototype de pile à hydrogène d'une puissance de 1 kW par le britannique Francis Bacon

RESSOURCES
- Animation sur le fonctionnement d'une pile à hydrogène : www.cea.fr
- À écouter : www.franceculture.fr/emissions/la-methode-scientifique

Combustibles	Émissions directes	Émissions ACV
Charbon	345	377
Fioul lourd	283	324
Fioul domestique	272	324
Gazole	256	323
Essence	253	314
GPL	204	260
Gaz naturel	204	243
Bois	18,8	29,5
Dihydrogène	0	280

doc a **Empreinte carbone de combustibles**
L'empreinte carbone du dihydrogène est une moyenne mondiale. Sa valeur locale dépend fortement de son mode de production.

Certaines transformations chimiques ont lieu grâce à des échanges d'électrons. Lorsque cet échange entre réactifs se fait par l'intermédiaire d'un fil électrique, le flux d'électrons ainsi créé s'accompagne d'un transfert d'énergie électrique. Il en est ainsi pour la combustion du dihydrogène, un combustible non carboné. L'équation de la combustion ayant lieu dans une pile à combustible s'écrit :
$2\ H_2(g) + O_2(g) \rightarrow 2\ H_2O(\ell)$

doc b **Pile à combustible dihydrogène-dioxygène**

Un **véhicule à hydrogène** est un moyen de transport qui utilise une transformation chimique du dihydrogène pour transformer l'énergie chimique en énergie cinétique. En particulier, une **voiture à hydrogène** est un véhicule à propulsion électrique muni d'une pile à combustible utilisant le plus souvent le dihydrogène et le dioxygène de l'air comme espèces chimiques. Ce véhicule est presque décarboné car la transformation chimique réalisée ne produit pas de dioxyde de carbone. Toutefois, la production préalable du dihydrogène est le plus souvent concomitante de la formation de dioxyde de carbone.

doc c **Véhicule à hydrogène**

188

doc d **Production de dihydrogène par vaporéformage du gaz naturel, le méthane**
Le dihydrogène peut être synthétisé à partir du gaz naturel, principalement constitué de méthane. Des étapes de transformations chimiques produisent le méthane en utilisant de la vapeur d'eau, puis des étapes de séparation des différentes espèces chimiques sont nécessaires.

doc e **Production de dihydrogène par électrolyse**
Lorsqu'une tension électrique suffisante est établie entre deux électrodes plongées dans une solution aqueuse d'acide sulfurique, il se forme du dihydrogène par la réaction opposée à celle de la combustion du dihydrogène par le dioxygène.
L'équation de la réaction se déroulant s'écrit :
$2\ H_2O(\ell) \rightarrow 2\ H_2(g) + O_2(g)$

- Masse d'une mole : 2,0 g
- Température d'ébullition : – 253 °C
- Concentration en masse maximale dans l'eau : 2 mg·L⁻¹ à 0 °C
- Pictogrammes de danger :

doc f **Données sur le dihydrogène**

VOCABULAIRE
ACV : analyse du cycle de vie.
Cette analyse prend en compte toutes les sources d'émission : émission engendrée par l'extraction ou la production, par l'utilisation, par le recyclage, etc.

doc g **Ressources énergétiques en Islande**
Près de 70 % de la consommation d'énergie en Islande est d'origine géothermique : l'eau chaude captée en profondeur permet de faire fonctionner les turbines des centrales électriques.

En équipes !

Équipe 1
Discuter des émissions directes de dioxyde de carbone pour le calcul de l'empreinte carbone du dihydrogène.

Équipe 2
Discuter des émissions de dioxyde de carbone en analyse de cycle de vie (ACV) du dihydrogène.

En commun oral
Vous êtes un journaliste islandais d'une revue spécialisée en automobile. Rédiger un discours afin de convaincre vos lecteurs de développer l'industrie des véhicules fonctionnant au dihydrogène en le couplant à la géothermie.

CHAPITRE 8 • Choix énergétiques et impacts sur les sociétés 189

problèmes scientifiques

- Un combustible qui ne contient pas l'élément carbone entraîne-t-il indirectement la formation de dioxyde de carbone lors de son exploitation ?
- L'exploitation du dihydrogène semble prometteuse ; quelle est la source de ce combustible ?

Mobilisation des acquis

- Vu au collège : diverses sources d'énergie.
- Vu au lycée :
  – bilan d'énergie ;
  – transformation chimique ;
  – transport d'électrons modélisant le courant électrique ;
  – quantité de matière et mole.

Les grandes idées à construire

- La plupart des combustibles usuels contiennent l'élément carbone. Leur combustion forme donc du dioxyde de carbone.
- Le seul produit formé par la combustion du dihydrogène est l'eau.
- Le dihydrogène est aujourd'hui essentiellement issu de l'industrie pétrolière, mais il peut aussi être formé par électrolyse de l'eau.

Les compétences travaillées

- **Extraire** des informations.
- **Mettre en relation** les informations extraites des documents avec les connaissances.

Les pages Histoire Enjeux Débats sont inscrites au programme officiel. Toutefois, leur travail en classe n'est pas obligatoire, et est laissé à l'appréciation du professeur, notamment pour réaliser de la différenciation. Cette page est bien adaptée aux élèves qui ont suivi la spécialité physique-chimie de première et dans une moindre mesure la spécialité physique-chimie de terminale. Elle peut aussi être traitée par les élèves qui n'ont pas suivi ces spécialités en leur fournissant des aides supplémentaires, notamment sur le fait que certaines transformations chimiques se font par l'intermédiaire d'échanges d'électrons.

Les représentations de l'élève

- Depuis la classe de seconde, les élèves n'envisagent les transformations chimiques que dans le sens d'écriture de l'équation de la réaction. En classe de Première-spécialité et Terminale-spécialité (physique-chimie) les élèves abordent les réactions qui peuvent avoir lieu dans les deux sens.
- Les combustibles usuels ne sont pas tous directement issus de ressources naturelles. Ils peuvent aussi constituer les sous-produits d'industries lourdes, ou encore être formés moyennant l'exploitation de sources d'énergie renouvelables.

Ce que disent les documents

a Les raisons des émissions de dioxyde de carbone sont parfois évidentes (combustion de matière carbonée), parfois cachées. Ainsi, l'émission directe de dioxyde de carbone lors de la combustion de dihydrogène est de zéro, tandis que l'émission tenant compte de toutes les sources d'émission est du même ordre de grandeur que lors de la combustion de combustibles d'origine fossile.

Idée de question :
- Quel est le combustible le plus vertueux ? le moins vertueux ?

b La notion de pile n'est vue qu'en classe de Terminale-spécialité. Pour les élèves qui n'auraient pas suivi la spécialité, il est possible d'écrire les demi-équations électroniques simples :
$2\,H_2(g) \rightarrow 4\,H^+(g) + 4$ électrons ;
$O_2(g) + 4\,H^+(g) + 4$ électrons $\rightarrow 2\,H_2O(\ell)$.
L'élève peut alors comprendre que l'élément hydrogène libère des électrons qui sont transportés par les fils électriques. Ces électrons sont captés par l'élément oxygène.

Le courant électrique modélise le flux d'électrons dans les fils.

Idée de question :
- Combiner les demi-équations électroniques afin de retrouver l'équation de la réaction de combustion du dihydrogène.

c Ce document permet de poser la problématique de la page : le dihydrogène est-il le combustible miracle pour la décarbonation de nos sociétés ?

Idée de question :
- Selon-vous, sous quelle forme physique (solide, liquide ou gaz) se trouve le dihydrogène dans le réservoir de cette voiture ?

d Le document présente la principale source actuelle de dihydrogène dans le monde : l'industrie pétrolière. Outre le fait que le dihydrogène existe aussi à l'état natif dans les poches pétrolifères, il est aussi formé à partir du méthane. Toutefois, son élaboration nécessite des transformations lourdes et énergivores. D'autre part, le dihydrogène reste gazeux même aux très fortes pressions, ce qui pose des problèmes lors de la distribution et du stockage.

Idée de question :
- Citer deux sous-produits carbonés formés lors de l'élaboration industrielle du dihydrogène.

e Le dihydrogène peut aussi se former grâce... à l'eau ! Le processus d'électrolyse est la processus inverse de celui observé dans la pile à combustible de dihydrogène. Ce processus n'est pas le processus spontané. Il nécessite un apport extérieur d'énergie, ici de l'énergie électrique.

Des idées de questions :
- Écrire les demi-équations électroniques qui se produisent dans chacun des deux compartiments.
- Comparer les équations de réaction écrites dans les **doc. b** et **e**.

f La connaissance des données physico-chimiques sur une espèce est un préalable aux raisonnements scientifiques aussi bien en physique, en chimie qu'en SVT. La masse molaire du dihydrogène est très faible. Pour les élèves les plus aguerris, il est possible de leur faire remarquer que cela est un point crucial pour une pile : à nombre d'électrons échangés égal, la masse de dihydrogène nécessaire est nettement plus faible que la masse d'un métal usuellement utilisé dans une pile (comme par exemple le manganèse).
La concentration en masse maximale dans l'eau (notion vue en classe de seconde) est très faible, ce qui explique que le dihydrogène formé dans l'eau lors de l'électrolyse n'y reste pas dissous, mais se retrouve sous forme de gaz.

Idée de question :
- Le dihydrogène est-il fortement ou faiblement soluble dans l'eau ?

g Pour des raisons géographiques, l'Islande est un cas à part en termes de production et de consommation d'énergie. Le pays dispose d'une source d'énergie renouvelable importante : la géothermie. Cette source fournit de l'énergie en continu. Ainsi, lorsque la demande est faible (par exemple la nuit), cette source d'énergie pourrait permettre de stocker une nouvelle source d'énergie transportable : le dihydrogène, formé par électrolyse de l'eau.

Idée de question :
- La géothermie est-elle une source d'énergie renouvelable ? est-elle intermittente ?

Les + pour préparer votre séance

- Proposer un QCM de vérification de la bonne compréhension des notions abordées dans cette unité. [→ **Annexe 4, page 153**]

Vidéo

- Fonctionnement de la pile à combustible : http://www.cea.fr/multimedia/Pages/animations/energies/fonctionnement-pile-a-combustible.aspx
- Électrolyse de l'eau : http://www.cea.fr/multimedia/Pages/videos/culture-scientifique/energies/fonctionnement-electrolyseur-pile-a-combustible.aspx

LE SAVIEZ-VOUS ?

- Le dihydrogène n'est pas le seul combustible possible des piles à hydrogène. Une pile à combustible désigne une pile dont les réactifs peuvent être apportés en continu. De nombreuses autres espèces chimiques peuvent être apportées en continu, comme le méthanol, déjà utilisé dans des piles à combustible commerciales.
- De 1941 à 1960, l'Islande a produit de grandes quantités de bananes grâce à des serres chauffées par géothermie. Cette production n'étant pas économiquement rentable, elle n'est quasiment plus commercialisée, car le temps de mûrissement était plus long que sous les tropiques. La production n'a cependant pas cessé car ces bananiers indemnes de parasites sont un formidable réservoir de biodiversité. En revanche, la culture de tomates et de concombres sous serre se développe.

CORRECTION DE L'UNITÉ

Étape 1. La production d'énergie entraîne directement ou indirectement la formation de dioxyde de carbone. Dans tous les cas l'ensemble du processus doit être analysé, depuis la construction de la centrale électrique, son exploitation puis son démantèlement.

Étape 2. La combustion du dihydrogène permet de libérer de l'énergie et ne forme pas de dioxyde de carbone par réaction chimique. Toutefois, la production de dihydrogène entraîne la formation de dioxyde de carbone s'il est issu des sources d'énergie fossile. Le dihydrogène peut aussi être produit par l'électrolyse de l'eau en exploitant l'énergie électrique. Si l'énergie électrique est d'origine renouvelable, alors l'industrie de production d'énergie par le dihydrogène peut être vertueuse.

En commun. L'Islande possède une source abondante d'énergie renouvelable : la géothermie. Toutefois, cette source n'est pas transportable. La production d'électricité par géothermie peut permettre de former du dihydrogène qui peut être stocké et transporté, permettant par exemple d'alimenter en énergie une véhicule grâce à une pile à combustible.

INDICATEURS DE RÉUSSITE	NIVEAU			
	A	B	C	D
Le lien entre transformation électrochimique et électricité a bien été établi.				
Une liste d'arguments a été établie à partir de l'exploitation des documents.				
Les arguments présentés reposent sur des faits et non sur une opinion.				

Livre de l'élève

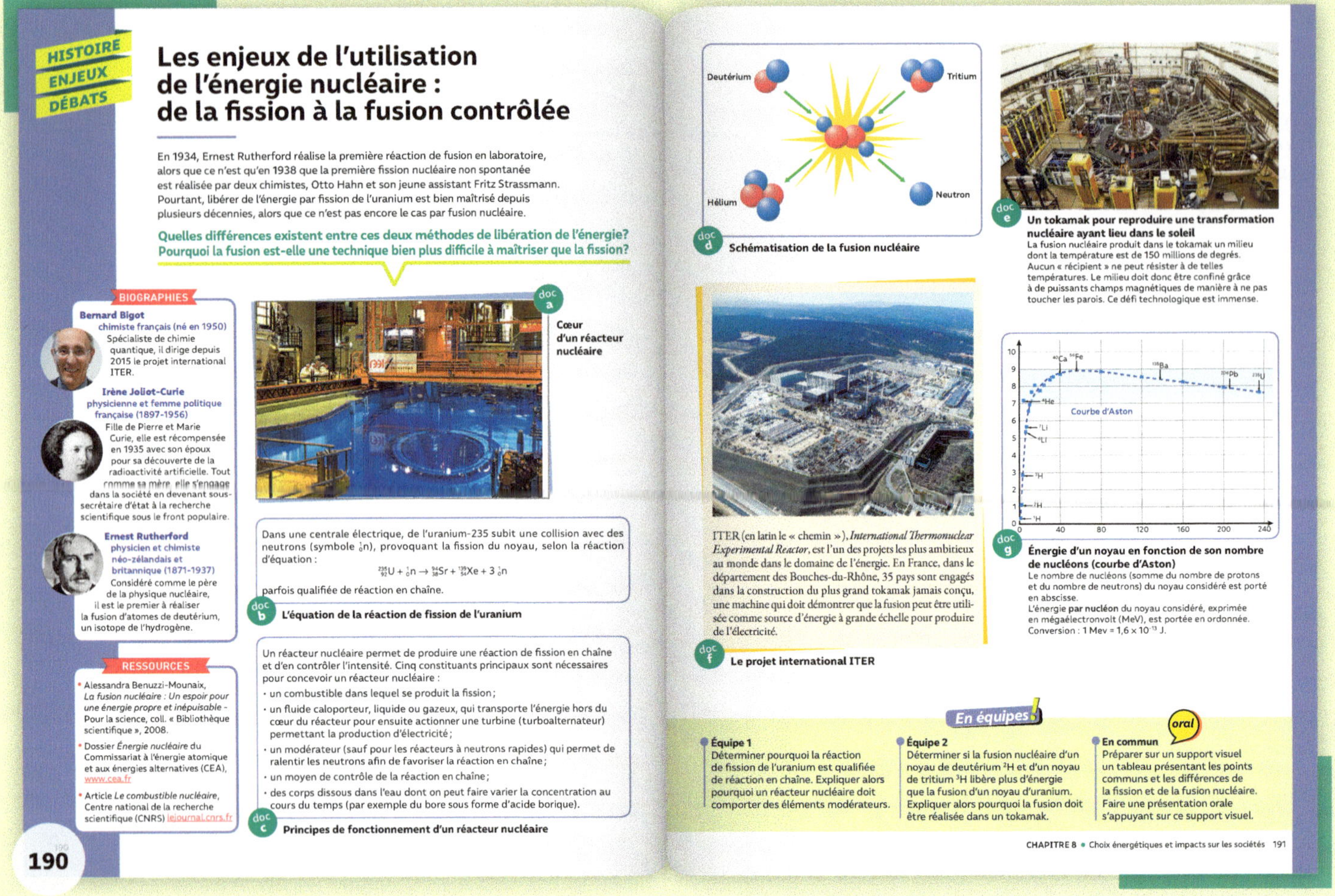

HISTOIRE ENJEUX DÉBATS

Les enjeux de l'utilisation de l'énergie nucléaire : de la fission à la fusion contrôlée

En 1934, Ernest Rutherford réalise la première réaction de fusion en laboratoire, alors que ce n'est qu'en 1938 que la première fission nucléaire non spontanée est réalisée par deux chimistes, Otto Hahn et son jeune assistant Fritz Strassmann. Pourtant, libérer de l'énergie par fission de l'uranium est bien maîtrisé depuis plusieurs décennies, alors que ce n'est pas encore le cas par fusion nucléaire.

Quelles différences existent entre ces deux méthodes de libération de l'énergie? Pourquoi la fusion est-elle une technique bien plus difficile à maîtriser que la fission?

BIOGRAPHIES

Bernard Bigot chimiste français (né en 1950)
Spécialiste de chimie quantique, il dirige depuis 2015 le projet international ITER.

Irène Joliot-Curie physicienne et femme politique française (1897-1956)
Fille de Pierre et Marie Curie, elle est récompensée en 1935 avec son époux pour sa découverte de la radioactivité artificielle. Tout comme sa mère, elle s'engage dans la société en devenant sous-secrétaire d'état à la recherche scientifique sous le front populaire.

Ernest Rutherford physicien et chimiste néo-zélandais et britannique (1871-1937)
Considéré comme le père de la physique nucléaire, il est le premier à réaliser la fusion d'atomes de deutérium, un isotope de l'hydrogène.

RESSOURCES

- Alessandra Benuzzi-Mounaix, *La fusion nucléaire : Un espoir pour une énergie propre et inépuisable* - Pour la science, coll. « Bibliothèque scientifique », 2008.
- Dossier *Énergie nucléaire* du Commissariat à l'énergie atomique et aux énergies alternatives (CEA), www.cea.fr
- Article *Le combustible nucléaire*, Centre national de la recherche scientifique (CNRS) lejournal.cnrs.fr

doc a — Cœur d'un réacteur nucléaire

Dans une centrale électrique, de l'uranium-235 subit une collision avec des neutrons (symbole ${}^{1}_{0}n$), provoquant la fission du noyau, selon la réaction d'équation :

$${}^{235}_{92}U + {}^{1}_{0}n \rightarrow {}^{94}_{38}Sr + {}^{139}_{54}Xe + 3\,{}^{1}_{0}n$$

parfois qualifiée de réaction en chaîne.

doc b — **L'équation de la réaction de fission de l'uranium**

Un réacteur nucléaire permet de produire une réaction de fission en chaîne et d'en contrôler l'intensité. Cinq constituants principaux sont nécessaires pour concevoir un réacteur nucléaire :
- un combustible dans lequel se produit la fission ;
- un fluide caloporteur, liquide ou gazeux, qui transporte l'énergie hors du cœur du réacteur pour ensuite actionner une turbine (turboalternateur) permettant la production d'électricité ;
- un modérateur (sauf pour les réacteurs à neutrons rapides) qui permet de ralentir les neutrons afin de favoriser la réaction en chaîne ;
- un moyen de contrôle de la réaction en chaîne ;
- des corps dissous dans l'eau dont on peut faire varier la concentration au cours du temps (par exemple du bore sous forme d'acide borique).

doc c — **Principes de fonctionnement d'un réacteur nucléaire**

190

doc d — **Schématisation de la fusion nucléaire**

doc e — **Un tokamak pour reproduire une transformation nucléaire ayant lieu dans le soleil**
La fusion nucléaire produit dans le tokamak un milieu dont la température est de 150 millions de degrés. Aucun « récipient » ne peut résister à de telles températures. Le milieu doit donc être confiné grâce à de puissants champs magnétiques de manière à ne pas toucher les parois. Ce défi technologique est immense.

ITER (en latin le « chemin »), *International Thermonuclear Experimental Reactor*, est l'un des projets les plus ambitieux au monde dans le domaine de l'énergie. En France, dans le département des Bouches-du-Rhône, 35 pays sont engagés dans la construction du plus grand tokamak jamais conçu, une machine qui doit démontrer que la fusion peut être utilisée comme source d'énergie à grande échelle pour produire de l'électricité.

doc f — **Le projet international ITER**

doc g — **Énergie d'un noyau en fonction de son nombre de nucléons (courbe d'Aston)**
Le nombre de nucléons (somme du nombre de protons et du nombre de neutrons) du noyau considéré est porté en abscisse.
L'énergie **par nucléon** du noyau considéré, exprimée en mégaélectronvolt (MeV), est portée en ordonnée.
Conversion : 1 Mev = $1{,}6 \times 10^{-13}$ J.

En équipes !

Équipe 1
Déterminer pourquoi la réaction de fission de l'uranium est qualifiée de réaction en chaîne. Expliquer alors pourquoi un réacteur nucléaire doit comporter des éléments modérateurs.

Équipe 2
Déterminer si la fusion nucléaire d'un noyau de deutérium ^{2}H et d'un noyau de tritium ^{3}H libère plus d'énergie que la fusion d'un noyau d'uranium. Expliquer alors pourquoi la fusion doit être réalisée dans un tokamak.

En commun (oral)
Préparer sur un support visuel un tableau présentant les points communs et les différences de la fission et de la fusion nucléaire. Faire une présentation orale s'appuyant sur ce support visuel.

CHAPITRE 8 • Choix énergétiques et impacts sur les sociétés 191

problèmes scientifiques

- De la fusion ou de la fission nucléaires, laquelle permet de libérer le plus d'énergie ?
- L'exploitation du dihydrogène semble prometteuse ; quelle est la source de ce combustible ?

Mobilisation des acquis

- Vu au lycée :
  - noyau atomique ;
  - transformation nucléaire.

Les grandes idées à construire

- Deux processus agissant sur le noyau atomique permettent de libérer de l'énergie : la fusion et la fission.
- La fission est aujourd'hui bien maîtrisée, mais elle produit des déchets dont la transformation ou le stockage font débat dans la société.
- La fusion nucléaire n'est pas encore maîtrisée. Son avantage principal est de ne former que peu de déchets.
- Des projets de recherche internationaux d'ampleur et sur le très long terme sont en cours.

Les compétences travaillées

- **Extraire** des informations.
- **Mettre en relation** les informations extraites des documents avec les connaissances.

Les pages Histoire Enjeux Débats sont inscrites au programme officiel. Toutefois, leur travail en classe n'est pas obligatoire, et est laissé à l'appréciation du professeur, notamment pour réaliser de la différenciation. Cette page est bien adaptée aux élèves qui ont suivi la spécialité physique-chimie de première et dans une moindre mesure la spécialité physique-chimie de terminale. Elle peut aussi être traitée par les élèves qui n'ont pas suivi ces spécialités.

Les représentations de l'élève

- Une centrale nucléaire est parfois qualifiée de « centrale nucléaire thermique » car dans la chaîne de conversion d'énergie, une turbine alimentée par la vapeur d'eau intervient, comme dans les centrales charbon par exemple.
- Initier le processus de fusion nucléaire nécessite un apport initial d'énergie.

Ce que disent les documents

a L'eau est un élément nécessaire au fonctionnement des centrales nucléaires. D'abord pour le turbinage, mais aussi comme écran pour se protéger des rayonnements induits par les transformations nucléaires.

b Le processus de fission nucléaire est modélisé par une réaction. Son équation montre des neutrons aussi bien en réactif qu'en produit, ce qui est inhabituel dans les représentations usuelles de l'élève. Il faut ici faire comprendre à l'élève que le processus de fission est engendré par la collision entre un noyau d'uranium et un neutron de grande vitesse. Les produits de cette fission sont deux nouveaux noyaux et trois neutrons. Le bilan global est donc la formation de deux neutrons. Ces deux neutrons, s'ils sont d'énergie cinétique suffisante peuvent à leur tour engendrer la fission de deux autres noyaux, d'où la notion de réaction en chaîne.

? Des idées de questions :

- Combien de neutrons sont formés par la fission d'un noyau d'uranium ? de deux noyaux d'uranium ? de trois noyaux d'uranium ?
- Comment pourrait-on qualifier l'évolution du nombre de neutrons formés par un mot mathématique mais aussi issu du langage courant ?
- De combien de nucléons au total sont formés les réactifs ? de combien de nucléons au total sont formés les produits (en tenant compte des nombres stœchiométriques) ? Commenter.
- Quelle est la charge totale des particules des réactifs ? Quelle est la charge totale des particules des produits ? Commenter.
- Combiner les demi-équations électroniques afin de retrouver l'équation de la réaction de combustion du dihydrogène.

c Ce texte permet d'expliquer quelques aspects du processus de la fission nucléaire. En particulier, une brève explication sur la nécessité de contrôle la réaction en chaîne est proposée.

? Idée de question :

- Sous quelle forme l'énergie est-elle transférée par la matière au cours de la fission nucléaire ?

d Le schéma modélise le processus initial de fusion nucléaire à l'échelle du noyau.

? Des idées de questions :

- Quels sont les noyaux réactifs ? quels sont les noyaux et particules produites ?
- Que peut-on dire en terme de conservation de nucléons lors du processus de fusion nucléaire ?

e Le processus de fusion nucléaire s'initie à une température extrêmement élevée. Il y a donc un énorme coût énergétique initial. La matière à une telle température ne peut pas être en contact avec la matière d'un quelconque « récipient ». Il est donc nécessaire de confiner cette matière par des interactions à distance comme des interactions électromagnétiques.

? Idée de question :

- Où trouve-t-on dans l'univers des températures aussi élevées que celle initiant le processus de fusion nucléaire ?

f Le projet international ITER rassemble un très grand nombre de nations ; son ampleur est telle qu'une seule nation ne pourrait s'y engager seule. Le projet est actuellement dirigé par un scientifique Français (Bernard Bigot).

g La lecture de cette courbe nécessite une bonne lecture de son commentaire. L'énergie présentée est celle rapportée au nombre de nucléons du noyau. Différentes représentations sont trouvées dans la littérature, où la courbe peut apparaître avec un maximum ou un minimum suivant les conventions choisies.

Le fer-56 y apparaît comme celui ayant la plus grande énergie par nucléon : c'est un noyau qui ne subit pas de transformation nucléaire spontanée.

? Idée de question :

- Que représente le nombre en exposant de chaque symbole de noyau ?

Les + pour préparer votre séance

- Proposer un QCM de vérification de la bonne compréhension des notions abordées dans cette unité. En voici un exemple :

1. Le noyau $^{94}_{38}Sr$ est constitué de :
a. 38 protons et 94 neutrons.
b. 38 neutrons et 94 protons.
c. 38 électrons et 94 protons.
d. 38 protons et 94 nucléons.

2. La réaction d'équation $^{2}_{1}H + ^{3}_{1}H \rightarrow ^{4}_{2}He + ^{1}_{0}n$:
a. modélise une transformation physique.
b. modélise une transformation chimique.
c. modélise une transformation nucléaire.
d. ne modélise pas une transformation de la matière.

3. Lors de la fission d'un noyau :
a. de l'énergie nucléaire est directement transformée en énergie électrique.
b. de l'énergie nucléaire est directement transformée en énergie par transfert thermique.
c. de l'énergie thermique est directement transformée en énergie nucléaire.
d. de l'énergie solaire est directement transformée en énergie électrique.

Vidéo

- Maîtrise de la réaction en chaîne : https://www.youtube.com/watch?v=pdCJ6gcKNIo
- Irène Joliot-Curie : https://www.youtube.com/watch?v=soBsacAvmpA
- Le projet Iter : https://www.iter.org/fr/news/videos

CORRECTION DE L'UNITÉ

Équipe 1. À chaque fission d'un noyau d'uranium, deux neutrons sont formés, qui peuvent à leur tour entraîner la fission de deux nouveaux noyaux. La progression du nombre de noyaux qui entrent en fission est exponentielle, donc « explosive ».

Afin de maîtriser ce processus, il nécessaire de disposer de noyaux « modérateurs » (par exemple des noyaux de bore) qui peuvent absorber certains neutrons.

Équipe 2. De manière qualitative, les espèces intervenant dans le processus de fission se répartissent sur la zone de la courbe où la pente est faible, alors que les espèces intervenant dans le processus de fusion se répartissent sur la zone de la courbe où la pente est forte. Ainsi, le processus de fusion entraîne une plus grande variation d'énergie que le processus de fission.
La fusion entraîne une libération d'énergie par transfert thermique très élevée. La température du milieu est extrême et nécessite un confinement sans contact des noyaux, d'où l'utilisation du Tokamak.

En commun. Le support visuel peut se faire par exemple par construction d'un tableau. Parmi les points communs, il est possible de préciser que les deux processus entraînent des transformations des noyaux de la matière. Dans les deux cas, les infrastructures sont lourdes ; l'énergie libérée est à la fin du processus exploitée dans une turbine.
Parmi les différences, il est possible de citer les produits formés, *a priori* peu polluants dans le cas de la fission, plus problématiques pour l'environnement dans le cas de la fusion. Enfin, les élèves peuvent compléter leur analyse par une recherche pour déterminer quelles sont les sources de matière première (vues dans les unités pour la fission).

INDICATEURS DE RÉUSSITE	NIVEAU			
	A	B	C	D
Les équations des transformations nucléaires ont été correctement interprétées.				
Quelques problèmes techniques en jeu dans les deux méthodes de libération d'énergie ont été évoqués.				
Les arguments présentés reposent sur des faits et non sur une opinion.				

Livre de l'élève

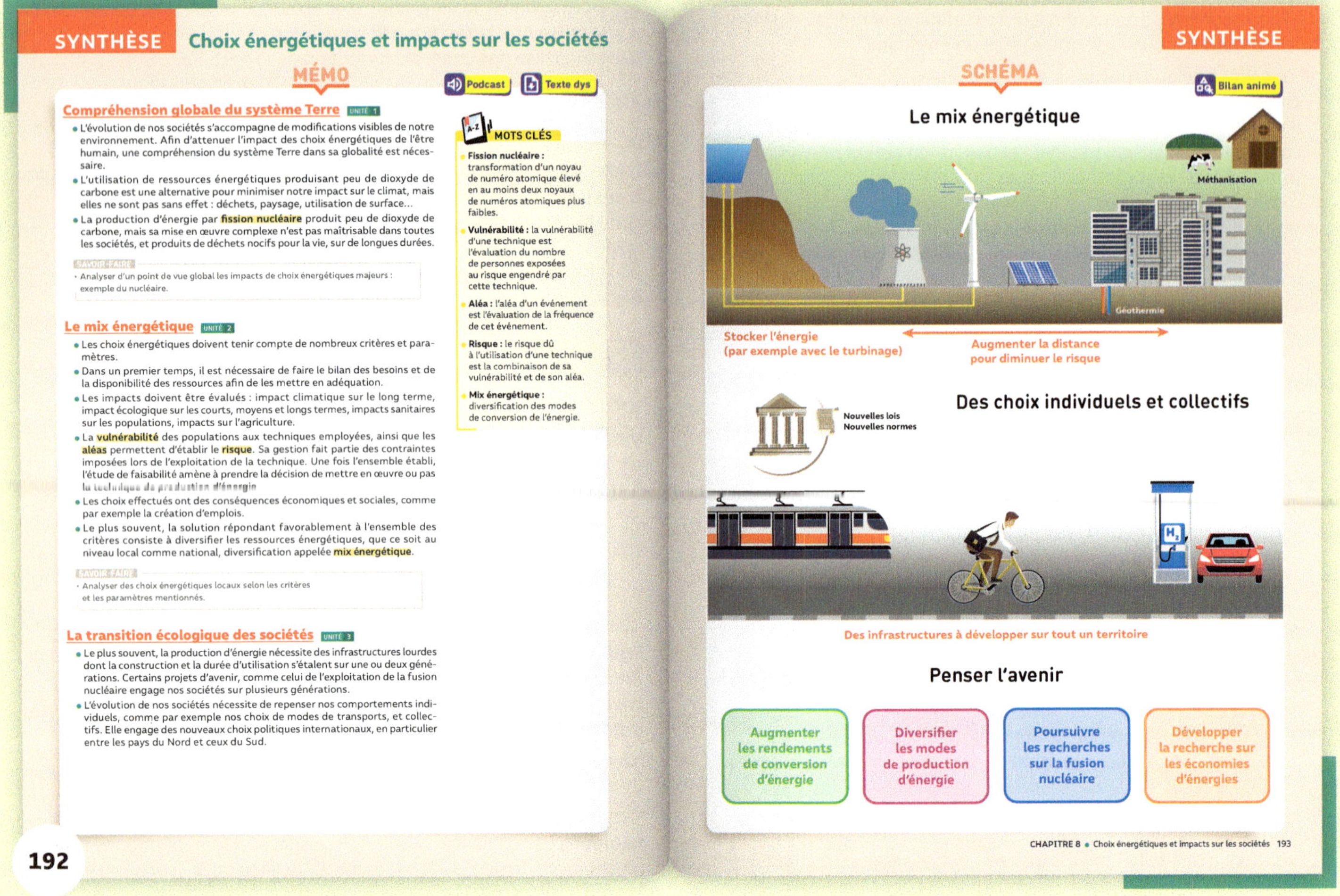

SYNTHÈSE Choix énergétiques et impacts sur les sociétés

MÉMO

Podcast Texte dys

Compréhension globale du système Terre UNITÉ 1

- L'évolution de nos sociétés s'accompagne de modifications visibles de notre environnement. Afin d'attenuer l'impact des choix énergétiques de l'être humain, une compréhension du système Terre dans sa globalité est nécessaire.
- L'utilisation de ressources énergétiques produisant peu de dioxyde de carbone est une alternative pour minimiser notre impact sur le climat, mais elles ne sont pas sans effet : déchets, paysage, utilisation de surface...
- La production d'énergie par **fission nucléaire** produit peu de dioxyde de carbone, mais sa mise en œuvre complexe n'est pas maîtrisable dans toutes les sociétés, et produits de déchets nocifs pour la vie, sur de longues durées.

SAVOIR-FAIRE
- Analyser d'un point de vue global les impacts de choix énergétiques majeurs : exemple du nucléaire.

Le mix énergétique UNITÉ 2

- Les choix énergétiques doivent tenir compte de nombreux critères et paramètres.
- Dans un premier temps, il est nécessaire de faire le bilan des besoins et de la disponibilité des ressources afin de les mettre en adéquation.
- Les impacts doivent être évalués : impact climatique sur le long terme, impact écologique sur les courts, moyens et longs termes, impacts sanitaires sur les populations, impacts sur l'agriculture.
- La **vulnérabilité** des populations aux techniques employées, ainsi que les **aléas** permettent d'établir le **risque**. Sa gestion fait partie des contraintes imposées lors de l'exploitation de la technique. Une fois l'ensemble établi, l'étude de faisabilité amène à prendre la décision de mettre en œuvre ou pas la technique de production d'énergie.
- Les choix effectués ont des conséquences économiques et sociales, comme par exemple la création d'emplois.
- Le plus souvent, la solution répondant favorablement à l'ensemble des critères consiste à diversifier les ressources énergétiques, que ce soit au niveau local comme national, diversification appelée **mix énergétique**.

SAVOIR-FAIRE
- Analyser des choix énergétiques locaux selon les critères et les paramètres mentionnés.

La transition écologique des sociétés UNITÉ 3

- Le plus souvent, la production d'énergie nécessite des infrastructures lourdes dont la construction et la durée d'utilisation s'étalent sur une ou deux générations. Certains projets d'avenir, comme celui de l'exploitation de la fusion nucléaire engage nos sociétés sur plusieurs générations.
- L'évolution de nos sociétés nécessite de repenser nos comportements individuels, comme par exemple nos choix de modes de transports, et collectifs. Elle engage des nouveaux choix politiques internationaux, en particulier entre les pays du Nord et ceux du Sud.

MOTS CLÉS

- **Fission nucléaire :** transformation d'un noyau de numéro atomique élevé en au moins deux noyaux de numéros atomiques plus faibles.
- **Vulnérabilité :** la vulnérabilité d'une technique est l'évaluation du nombre de personnes exposées au risque engendré par cette technique.
- **Aléa :** l'aléa d'un événement est l'évaluation de la fréquence de cet événement.
- **Risque :** le risque dû à l'utilisation d'une technique est la combinaison de sa vulnérabilité et de son aléa.
- **Mix énergétique :** diversification des modes de conversion de l'énergie.

192

SYNTHÈSE

SCHÉMA

Bilan animé

CHAPITRE 8 • Choix énergétiques et impacts sur les sociétés 193

SYNTHÈSE

- Peu de connaissances nouvelles sont apportées dans ce chapitre, vu comme un chapitre de conclusion des thèmes 1 et 2 du programme. L'ensemble des notions sont ré-exploitées.
- Dans un premier temps, le schéma de synthèse est l'occasion de présenter différents modes de conversion de l'énergie. Ces conversions sont réalisées par des centrales de grande ampleur pour couvrir des besoins à l'échelle régionale, mais aussi par des centrales exploitant des caractéristiques locales, comme par exemple la géothermie, la méthanisation, etc.
- Lorsque la consommation est faible, l'énergie peut être provisoirement stockée, comme par exemple avec le pompage-turbinage.
- Dans un deuxième temps, le schéma de synthèse évoque la transition énergétique. Elle nécessite à la fois de réaliser des choix collectifs, par exemple en développant des modes de transports collectifs plus vertueux, mais aussi des choix individuels : chacun, par son vote, ou par ses décisions personnelles peut agir pour engager nos sociétés dans une évolution plus respectueuse de la Terre.
- De nouveaux combustibles peuvent être exploités, comme par exemple le dihydrogène.
- Enfin dans un troisième temps, le schéma propose quelques pistes de travail pour agir à la fois sur l'existant, mais aussi sur les technologies du futur.

CORRIGÉS DES EXERCICES

2 APPLICATION

La puissance électrique produite en France le 1er janvier 2020 est plus faible entre 3 h et 15 h (environ 60 000 MW) qu'à partir de 15 h (en moyenne environ 65 000 MW). La production due à la filière nucléaire reste relativement constante (à environ 50 000 W) tandis que celles dues au gaz et à l'hydraulique augmentent à partir de 15 h. Par exemple, la production d'énergie à partir de gaz passe d'environ 3 000 MW à 15 h à environ 8 000 MW à 18 h.

RÉPONSES DU QUIZ

3 a 4 c 5 b 6 d

7 CONSTRUIRE UNE CARTE MENTALE

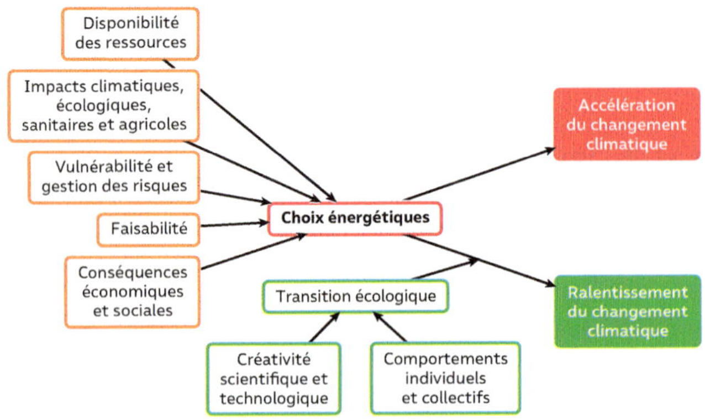

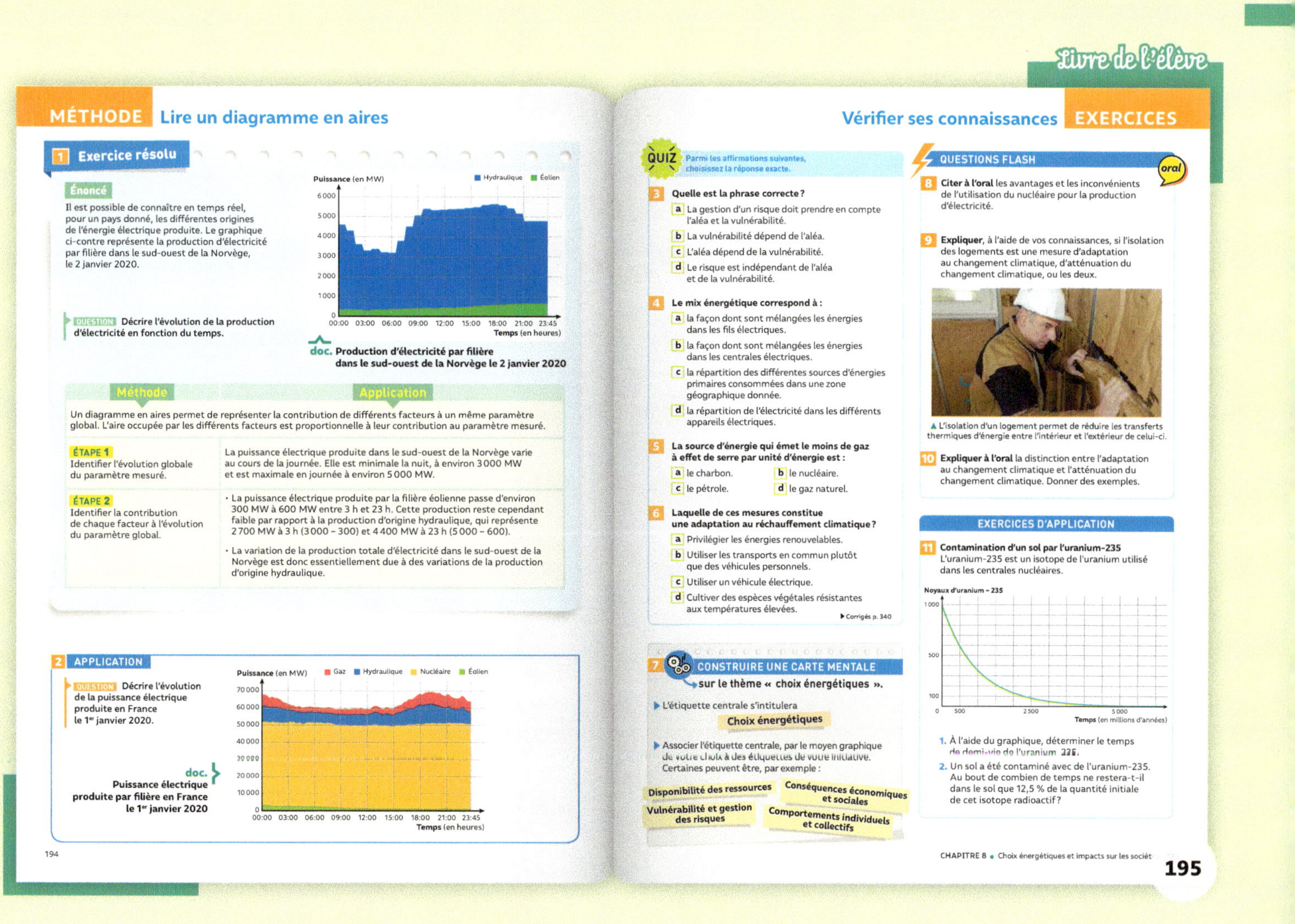

8 L'énergie nucléaire présente l'avantage de produire peu de dioxyde de carbone (par rapport aux combustibles fossiles) et de permettre une production continue d'électricité (par rapport à l'énergie éolienne ou solaire par exemple). Par contre, la durée de construction des centrales est longue et le fonctionnement de celles-ci produit des déchets radioactifs.

9 L'isolation des logements réduit les transferts thermiques entre l'intérieur et l'extérieur de ceux-ci. Ainsi, le système de chauffage est moins sollicité en hiver de même que pour l'éventuel système de climatisation en été. Or ces systèmes utilisent soit directement des combustibles fossiles (chaudière au gaz ou au fioul), soit de l'électricité produite elle-même à partir d'une part variable de combustibles fossiles (selon le mix énergétique du pays considéré). Un logement bien isolé est donc responsable, directement ou indirectement, d'une plus faible émission de gaz à effet de serre qu'un logement mal isolé. Sachant que les gaz à effet de serre contribuent au réchauffement climatique, l'isolation des logements est donc une mesure d'atténuation du changement climatique. Par ailleurs, en offrant en été une température intérieure plus faible que celle de logements mal isolés, et en permettant donc au corps humain de moins souffrir de la chaleur, l'isolation constitue également une adaptation face à des températures en moyenne plus élevées.

10 L'adaptation est la démarche d'ajustement au climat actuel ou attendu, ainsi qu'à ses conséquences. Il s'agit de diminuer la vulnérabilité des écosystèmes et des systèmes humains aux effets du réchauffement climatique. Cela passe par exemple par la mise en place de systèmes d'alerte pour prévenir des événements extrêmes (vagues de chaleur, ouragans…) ou par une meilleure préservation des ressources en eau (par exemple pour l'agriculture).

L'atténuation correspond à l'intervention humaine visant à réduire les sources ou à renforcer les puits de gaz à effet de serre. Cela peut se faire par exemple en reboisant ou en diminuant la part des combustibles fossiles dans le mix énergétique.

11 **1.** Le temps de demi-vie correspond au temps qu'il faut pour diviser par deux la quantité d'élément d'uranium-235. Par exemple, le graphique montre que pour passer de 1 000 noyaux à 500, il faut environ 700 millions d'années. Le temps de demi-vie de l'uranium-235 est donc de 700 millions d'années.

2. Il faut l'équivalent de trois temps de demi-vie pour qu'il ne reste que 12,5 % de la quantité initiale d'un isotope radioactif. En effet, au bout d'un temps de demi-vie, il ne reste plus que 50 % de la quantité initiale, au bout de deux temps, 25 % et au bout de trois temps, 12,5 %. Il faut donc 2,1 milliards d'années pour qu'un sol contaminé par de l'uranium-235 ne contienne plus que 12,5 % de la quantité initiale de cet isotope radioactif.

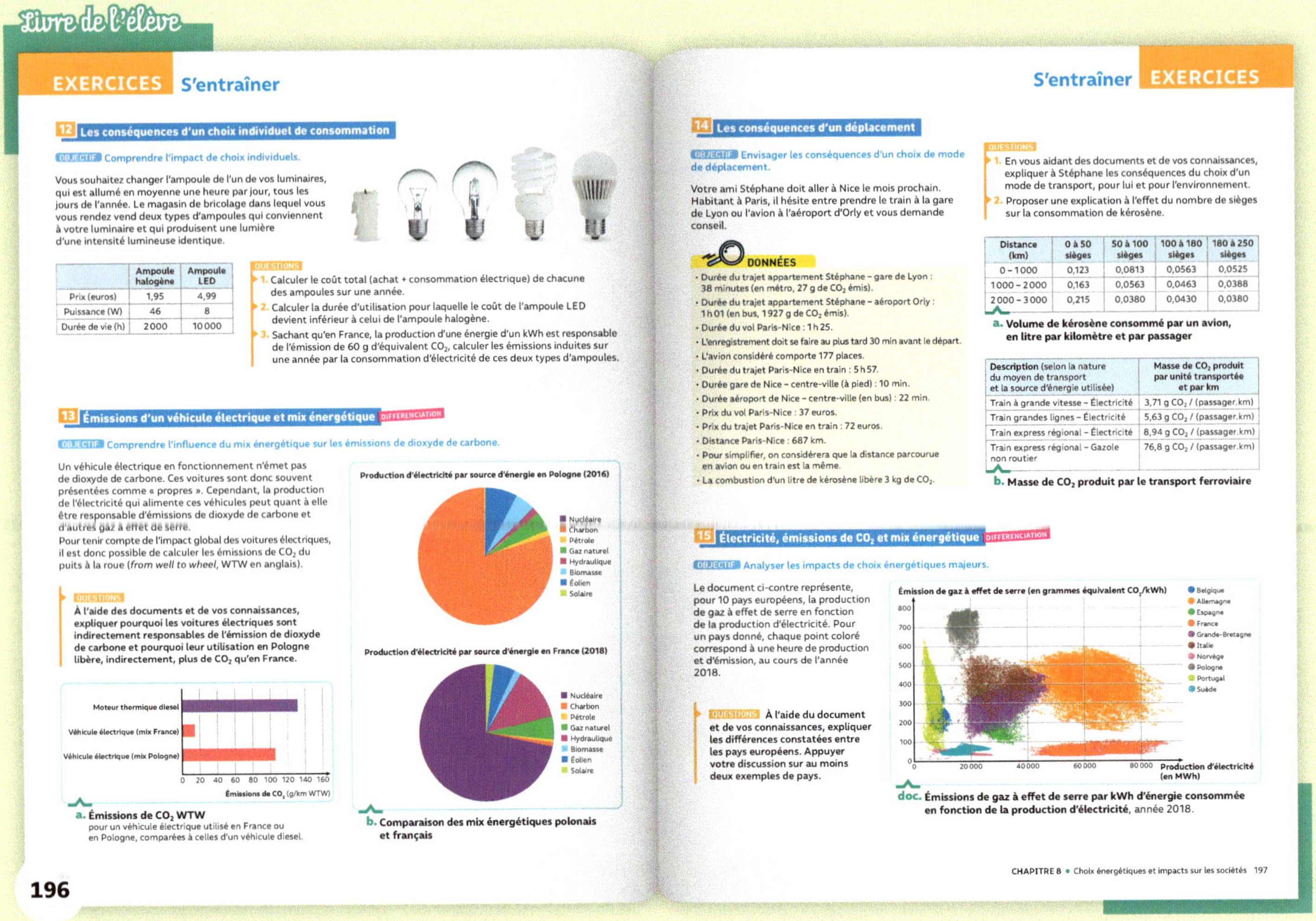

Livre de l'élève

EXERCICES S'entraîner

12 Les conséquences d'un choix individuel de consommation

OBJECTIF Comprendre l'impact de choix individuels.

Vous souhaitez changer l'ampoule de l'un de vos luminaires, qui est allumé en moyenne une heure par jour, tous les jours de l'année. Le magasin de bricolage dans lequel vous vous rendez vend deux types d'ampoules qui conviennent à votre luminaire et qui produisent une lumière d'une intensité lumineuse identique.

	Ampoule halogène	Ampoule LED
Prix (euros)	1,95	4,99
Puissance (W)	46	8
Durée de vie (h)	2000	10000

QUESTIONS

1. Calculer le coût total (achat + consommation électrique) de chacune des ampoules sur une année.
2. Calculer la durée d'utilisation pour laquelle le coût de l'ampoule LED devient inférieur à celui de l'ampoule halogène.
3. Sachant qu'en France, la production d'une énergie d'un kWh est responsable de l'émission de 60 g d'équivalent CO_2, calculer les émissions induites sur une année par la consommation d'électricité de ces deux types d'ampoules.

13 Émissions d'un véhicule électrique et mix énergétique DIFFÉRENCIATION

OBJECTIF Comprendre l'influence du mix énergétique sur les émissions de dioxyde de carbone.

Un véhicule électrique en fonctionnement n'émet pas de dioxyde de carbone. Ces voitures sont donc souvent présentées comme « propres ». Cependant, la production de l'électricité qui alimente ces véhicules peut quant à elle être responsable d'émissions de dioxyde de carbone et d'autres gaz à effet de serre.
Pour tenir compte de l'impact global des voitures électriques, il est donc possible de calculer les émissions de CO_2 du puits à la roue (*from well to wheel*, WTW en anglais).

QUESTIONS
À l'aide des documents et de vos connaissances, expliquer pourquoi les voitures électriques sont indirectement responsables de l'émission de dioxyde de carbone et pourquoi leur utilisation en Pologne libère, indirectement, plus de CO_2 qu'en France.

Moteur thermique diesel
Véhicule électrique (mix France)
Véhicule électrique (mix Pologne)
0 20 40 60 80 100 120 140 160
Émissions de CO_2 (g/km WTW)

a. Émissions de CO_2 WTW pour un véhicule électrique utilisé en France ou en Pologne, comparées à celles d'un véhicule diesel.

Production d'électricité par source d'énergie en Pologne (2016)
Production d'électricité par source d'énergie en France (2018)
Nucléaire, Charbon, Pétrole, Gaz naturel, Hydraulique, Biomasse, Éolien, Solaire

b. Comparaison des mix énergétiques polonais et français

196

S'entraîner **EXERCICES**

14 Les conséquences d'un déplacement

OBJECTIF Envisager les conséquences d'un choix de mode de déplacement.

Votre ami Stéphane doit aller à Nice le mois prochain. Habitant à Paris, il hésite entre prendre le train à la gare de Lyon ou l'avion à l'aéroport d'Orly et vous demande conseil.

DONNÉES
- Durée du trajet appartement Stéphane – gare de Lyon : 38 minutes (en métro, 27 g de CO_2 émis).
- Durée du trajet appartement Stéphane – aéroport Orly : 1 h 01 (en bus, 1927 g de CO_2 émis).
- Durée du vol Paris-Nice : 1 h 25.
- L'enregistrement doit se faire au plus tard 30 min avant le départ.
- L'avion considéré comporte 177 places.
- Durée du trajet Paris-Nice en train : 5 h 57.
- Durée gare de Nice – centre-ville (à pied) : 10 min.
- Durée aéroport de Nice – centre-ville (en bus) : 22 min.
- Prix du vol Paris-Nice : 37 euros.
- Prix du trajet Paris-Nice en train : 72 euros.
- Distance Paris-Nice : 687 km.
- Pour simplifier, on considérera que la distance parcourue en avion ou en train est la même.
- La combustion d'un litre de kérosène libère 3 kg de CO_2.

QUESTIONS
1. En vous aidant des documents et de vos connaissances, expliquer à Stéphane les conséquences du choix d'un mode de transport, pour lui et pour l'environnement.
2. Proposer une explication à l'effet du nombre de sièges sur la consommation de kérosène.

Distance (km)	0 à 50 sièges	50 à 100 sièges	100 à 180 sièges	180 à 250 sièges
0 – 1000	0,123	0,0813	0,0563	0,0525
1000 – 2000	0,163	0,0563	0,0463	0,0388
2000 – 3000	0,215	0,0380	0,0430	0,0380

a. Volume de kérosène consommé par un avion, en litre par kilomètre et par passager

Description (selon la nature du moyen de transport et la source d'énergie utilisée)	Masse de CO_2 produit par unité transportée et par km
Train à grande vitesse – Électricité	3,71 g CO_2 / (passager.km)
Train grandes lignes – Électricité	5,63 g CO_2 / (passager.km)
Train express régional – Électricité	8,94 g CO_2 / (passager.km)
Train express régional – Gazole non routier	76,8 g CO_2 / (passager.km)

b. Masse de CO_2 produit par le transport ferroviaire

15 Électricité, émissions de CO_2 et mix énergétique DIFFÉRENCIATION

OBJECTIF Analyser les impacts de choix énergétiques majeurs.

Le document ci-contre représente, pour 10 pays européens, la production de gaz à effet de serre en fonction de la production d'électricité. Pour un pays donné, chaque point coloré correspond à une heure de production et d'émission, au cours de l'année 2018.

QUESTIONS À l'aide du document et de vos connaissances, expliquer les différences constatées entre les pays européens. Appuyer votre discussion sur au moins deux exemples de pays.

Émission de gaz à effet de serre (en grammes équivalent CO_2/kWh)
0 100 200 300 400 500 600 700 800
0 20000 40000 60000 80000 Production d'électricité (en MWh)
Belgique, Allemagne, Espagne, France, Grande-Bretagne, Italie, Norvège, Pologne, Portugal, Suède

doc. Émissions de gaz à effet de serre par kWh d'énergie consommée en fonction de la production d'électricité, année 2018.

CHAPITRE 8 • Choix énergétiques et impacts sur les sociétés 197

CORRIGÉS DES EXERCICES

12 **1.** On considère un prix du kWh de 0,108 euros/kWh.
Coût ampoule = prix achat de l'ampoule + puissance × prix du kWh × durée journalière d'utilisation × nombre de jours dans l'année.
Coût halogène $= 1{,}95 + 46 \times 10^{-3} \times 0{,}108 \times 1 \times 365 = 3{,}76$ euros
Coût LED $= 4{,}99 + 8 \times 10^{-3} \times 0{,}108 \times 1 \times 365 = 5{,}31$ euros
Sur une année, le coût total de l'ampoule halogène est de 3,76 euros, contre 5,31 euros pour l'ampoule LED.

2. Notons $C_{\text{halogène}}(t)$ le coût de l'ampoule halogène en fonction du temps et $C_{\text{LED}}(t)$ celui de l'ampoule LED. On cherche t tel que $C_{\text{halogène}}(t) > C_{\text{LED}}(t)$.
$1{,}95 + 46 \times 10^{-3} \times 0{,}108 \times t > 4{,}99 + 8 \times 10^{-3} \times 0{,}108 \times t$
$46 \times 10^{-3} \times 0{,}108 \times t - 8 \times 10^{-3} \times 0{,}108 \times t > 4{,}99 - 1{,}95$
$38 \times 10^{-3} \times 0{,}108 \times t > 3{,}04$
$$t > \frac{3{,}04}{38 \times 10^{-3} \times 0{,}108}$$
$t > 741$
Le coût de l'ampoule LED devient inférieur à celui de l'ampoule halogène à partir de 741 heures d'utilisation.

3. Notons P la production de gaz à effet de serre liée à l'utilisation des ampoules.
$P_{\text{halogène}}$ = consommation électrique sur un an × émission de CO_2 par kWh
$= 46 \times 10^{-3} \times 1 \times 365 \times 60$
$= 1\,007{,}4$
De même, $P_{\text{LED}} = 8 \times 10^{-3} \times 1 \times 365 \times 60 = 175{,}2$
La consommation d'électricité de l'ampoule halogène induit l'émission de 1007,4 g d'équivalent CO_2 tandis que celle de l'ampoule LED induit l'émission de 175,2 g d'équivalent CO_2.

13 En France, près de 75 % de l'électricité est produite dans des centrales nucléaires, qui émettent peu de CO_2 par rapport aux centrales thermiques (utilisant des combustibles fossiles). Un véhicule électrique utilisé en France est donc responsable d'émissions de CO_2 faibles (moins de 20 g/km WTW). Par contre, en Pologne, la plupart de l'électricité est produite à partir de combustibles fossiles (charbon essentiellement, mais également pétrole et gaz naturel). C'est pourquoi l'utilisation d'un véhicule électrique en Pologne est responsable d'émissions de CO_2 élevées (environ 105 g/km WTW), proches de celles d'un véhicule thermique diesel.

14 **1.** Le fait de choisir un transport en train ou en avion a des conséquences sur le temps de trajet, le coût du voyage, et les émissions de CO_2.

	Train	Avion
Durée du trajet	$T = 38 + 357 + 10$ $T = 405$ min $T = 6$ h 45	$T = 61 + 30 + 85 + 22$ $T = 198$ min $T = 3$ h 18
Coût	$C = 72$ euros	$C = 37$ euros
Émissions de CO_2	$E = 27 + 3{,}71 \times 687$ $E = 2\,576$ g CO_2	$E = 1927 + 0{,}0563 \times 3\,000 \times 687$ $E = 117\,961$ g CO_2

D'un point de vue individuel, il est plus avantageux pour Stéphane de prendre l'avion. Il mettra deux fois moins de temps qu'en train (3 h 18 contre 6 h 45) et le trajet sera deux fois moins cher (37 euros contre 72 euros).
Par contre d'un point de vue environnemental, il vaut mieux privilégier le trajet en train, qui émet 46 fois moins de CO_2, un gaz à effet de serre.

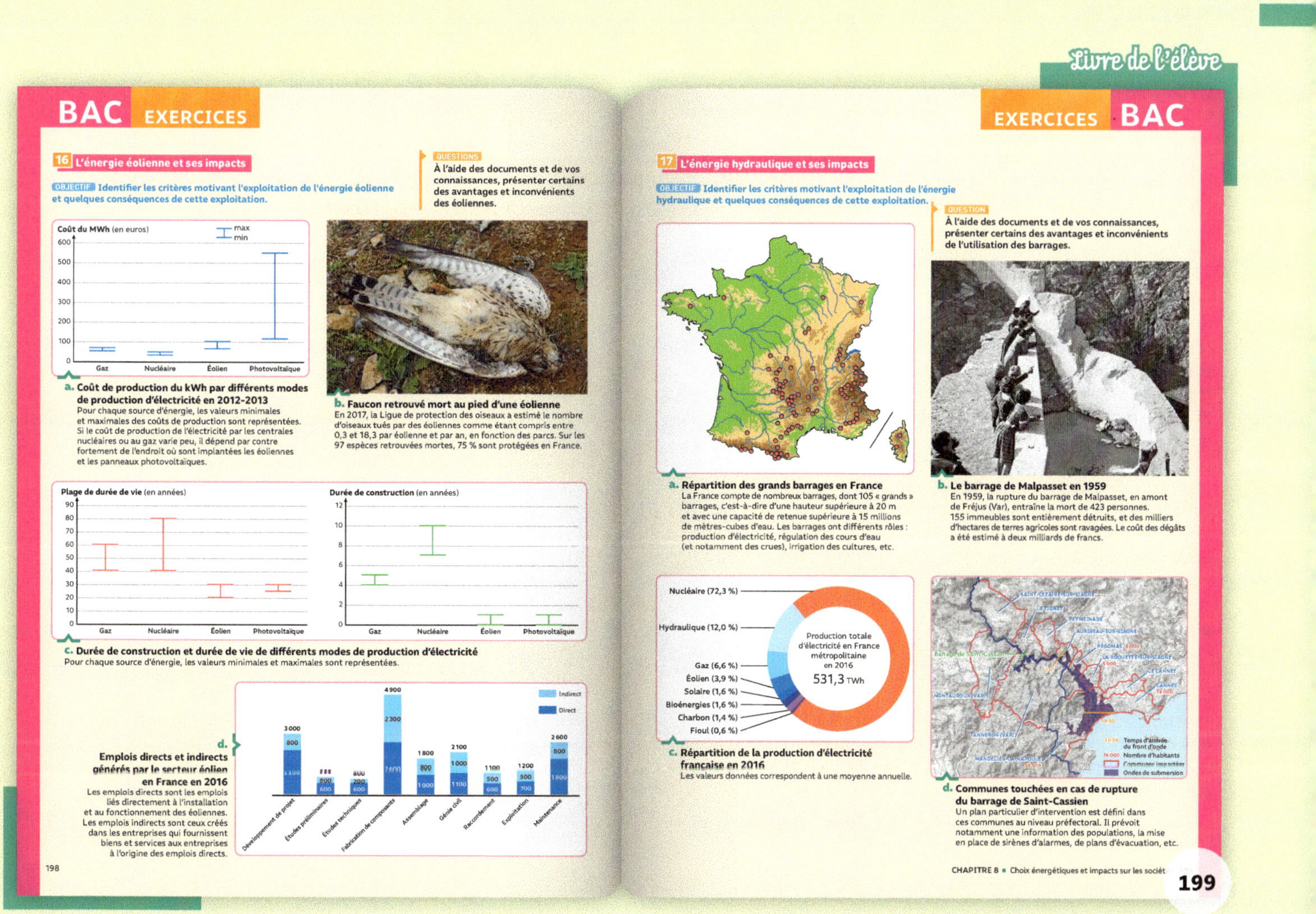

NB : Cet exercice est construit avec des données réelles, en considérant la réservation du billet un mois avant la date de départ. Bien entendu, le coût, le temps de trajet et les émissions de CO_2 peuvent varier en fonction de nombreux paramètres (date de réservation du billet, aéroport de départ, taille de l'avion…). Les temps de trajet ne tiennent pas compte des temps d'attente, notamment pour l'avion.

2. Le **doc. a** montre que plus le nombre de sièges est élevé et plus la consommation de kérosène par kilomètre et par passager diminue. Cela vient du fait que lorsque l'on passe d'un petit avion (par exemple de 50 sièges) à un avion de taille importante (par exemple 250 sièges), la masse de l'avion n'augmente pas proportionnellement au nombre de sièges, mais d'un facteur moindre.

15 L'axe des abscisses nous renseigne sur la production d'électricité. On constate que les pays européens les plus peuplés ont les productions les plus élevées afin de pouvoir assurer les besoins de la population. Par exemple la production journalière de la France, pays peuplé de près de 68 millions d'habitants, oscille entre 40 000 et 85 000 MWh. Par contre, pour la Suède, peuplée de 10 millions d'habitants, la production est plus faible, entre 10 000 et 25 000 MWh.
Pour un pays donné, la dispersion des points selon l'axe des abscisses traduit les variations de production d'électricité quotidienne, à relier à la consommation variable. Ainsi les points situés vers la gauche correspondent à des situations de faible consommation, et donc à la période estivale, tandis que les points situés vers la droite correspondent à des situations de forte consommation, en hiver.

L'axe des ordonnées renseigne sur la production de gaz à effet de serre par kWh d'énergie consommée. Des valeurs faibles indique une production d'électricité à partir d'énergie nucléaire ou d'énergies renouvelables. C'est ainsi que la France, qui produit l'essentiel de son électricité via des centrales nucléaires, émet entre 30 et 100 g d'équivalent CO_2 par kWh consommé. Par contre, la Pologne, qui produit l'essentiel de son électricité à partir de combustibles fossiles (voir également l'exercice 13), affiche des émissions de CO_2 élevées par kWh consommé (entre 500 et 800 g d'équivalent CO_2).
Pour un pays donné, la dispersion des points le long de l'axe des ordonnées traduit la diversité des sources d'énergies employées pour produire de l'électricité au cours de l'année. Par exemple, on voit que la dispersion des points est très faible pour la France, qui produit tout au long de l'année l'essentiel de son électricité par le nucléaire. Par contre au Portugal la dispersion est forte car une part importante de l'électricité est produite par des éoliennes (21 % de la production d'électricité en 2018). Les émissions de gaz à effet de serre du Portugal peuvent donc varier fortement d'un jour à l'autre en fonction du vent. Quand la production d'électricité d'origine éolienne est faible, le pays compense grâce à ses centrales thermiques.

16 Les éoliennes produisent de l'électricité en transformant l'énergie du vent en énergie électrique. Un inconvénient des éoliennes est par conséquent qu'il n'est pas possible d'en installer partout : il faut les implanter dans des régions où il y a suffisamment de vent. Par ailleurs, la production d'électricité par les éoliennes dépend fortement des conditions météorologiques. Il est ainsi impossible de connaître à l'avance (par exemple sur une période d'un an) la production d'électricité que va pouvoir générer un parc éolien.

Cette imprévisibilité a également des conséquences sur le coût de production d'un MWh d'électricité d'origine éolienne : celui-ci varie entre 60 et 100 euros/MWh. Ainsi, l'électricité d'origine éolienne est plus chère à produire que celle d'origine fossile ou nucléaire. Par contre, elle est moins coûteuse que celle produite à partir du Soleil.
Enfin, un dernier inconvénient des éoliennes est de provoquer la mort d'oiseaux. Or ceux-ci ont un rôle important dans le fonctionnement des écosystèmes (notamment en tant que prédateurs). Par ailleurs, le document b souligne que la mortalité concerne en particulier des espèces protégées, c'est-à-dire des espèces dont les effectifs sont déjà bas.
Un avantage des éoliennes est qu'elles sont très rapides à construire (un an au maximum) quand les centrales nucléaires ou thermiques demandent au minimum 7 ou 4 ans de construction respectivement. Par contre leur durée de vie est plus limitée : entre 20 et 30 ans, contre 40 à 60 ans pour une centrale thermique au gaz par exemple.
Enfin, la production d'énergie à partir d'éoliennes est génératrice d'emplois. Certains (plus de 10 000 en France en 2016) sont directs, c'est-à-dire liés à la construction et à la mise en service des éoliennes tandis que d'autres (près de 8 000) sont indirects. Au total, le secteur éolien a donc fourni du travail à environ 18 000 personnes en France en 2016. Il serait intéressant de pouvoir comparer ce nombre à celui généré par les autres filières de production d'électricité.
Pour conclure, les éoliennes ont pour avantage de présenter une durée de construction courte et de créer des emplois. Par contre, l'imprévisibilité du vent et le caractère discontinu de celui-ci font qu'elles ne fonctionnent pas en permanence et que le coût du kilowatt-heure produit est donc dépendant des conditions météorologiques. Par ailleurs elles sont responsables de la mort d'oiseaux.

17 L'énergie hydraulique est exploitable en construisant des barrages. C'est une énergie renouvelable qui a l'avantage de pouvoir être exploitée indéfiniment.
La France possédant un vaste réseau hydrographique, il a été possible d'y installer de nombreux barrages, dont 105 grands barrages implantés essentiellement dans des zones montagneuses (Alpes, Pyrénées, Massif Central). C'est ainsi que l'énergie hydraulique a permis la production de 12 % de l'électricité consommée en France en 2016, en faisant, de loin, l'énergie renouvelable la plus exploitée dans ce pays.
Un autre avantage des barrages est que leur production d'électricité est associée à une faible émission de gaz à effet de serre. En plus de permettre la production d'électricité, les barrages peuvent également être utilisés pour moduler le débit des cours d'eau et donc maîtriser les crues.
La rupture d'un barrage peut avoir des conséquences graves. Ainsi, la rupture du barrage de Saint-Cassien toucherait neufs communes et potentiellement des milliers d'habitants. Des accidents ont eu lieu dans le passé comme la rupture du barrage de Malpasset.
En plus des pertes humaines, les dégâts matériels peuvent être considérables.
Un autre inconvénient des barrages est qu'ils modifient profondément les écosystèmes dans lesquels ils sont implantés. Ils peuvent par exemple interférer avec la reproduction de certaines espèces de poissons.
Pour conclure, les barrages permettent de produire de l'électricité grâce à l'énergie hydraulique, renouvelable. Cette production d'électricité est associée à de faibles émissions de gaz à effet de serre. Les barrages constituent donc un mode de production d'électricité intéressant pour les pays au réseau hydrographique développé. Ils offrent également d'autres services, notamment de régulation des crues. Par contre ils modifient l'écosystème dans lequel ils sont installés et peuvent, en cas de rupture, causer la mort de nombreuses personnes et des dégâts matériels importants.

ANNEXE 1 Unité 1 [→ page 139]

- QCM de remobilisation des acquis.

1. Le noyau $^{235}_{92}U$ est constitué de :
a. 92 protons et 235 neutrons.
b. 92 neutrons et 235 protons.
c. 92 électrons et 235 protons.
d. 92 protons et 235 nucléons.

2. Le temps de demi-vie d'un échantillon de noyaux radioactifs identiques est :
a. la durée nécessaire pour que le noyau radioactif se casse en deux parties.
b. la durée pour que la population de noyaux radioactifs soit divisée par deux.
c. la durée pour que la population de noyaux radioactifs soit multipliée par deux.
d. le temps pour que la masse de l'échantillon radioactif soit divisée par deux.

3. Quelle type de centrale électrique effectue une transformation chimique pour convertir de l'énergie ?
a. la centrale hydraulique.
b. la centrale nucléaire.
c. la centrale à charbon.
d. la centrale solaire photonique.

ANNEXE 2 Unité 2 [→ page 141]

- QCM de remobilisation des acquis.

1. L'énergie potentielle de pesanteur d'un kilogramme d'eau est :
a. plus grande à un altitude de 1 500 m par rapport à une altitude de 1 350 m.
b. plus petite à un altitude de 1 500 m par rapport à une altitude de 1 350 m.
c. égale à un altitude de 1 500 m par rapport à une altitude de 1 350 m.
d. indépendante de l'altitude.

2. Des cellules photovoltaïques permettent une conversion d'énergie :
a. solaire par transfert thermique.
b. lumineuse par transfert électrique.
c. thermique par transfert thermique.
d. chimique par transfert thermique.

3. Le « biogaz » est un gaz :
a. non polluant.
b. issu de l'industrie pétrolière.
c. constitué uniquement de carbone.
d. essentiellement constitué de méthane.

ANNEXE 3 Unité 3 [→ page 143]

- QCM de vérification de la bonne compréhension des notions abordées dans l'unité 3.

1. La tonne équivalent pétrole (tep) est une unité :
a. de masse.
b. de force.
c. de puissance.
d. d'énergie.

2. L'ordre de grandeur de la puissance électrique délivrée par une tranche de centrale nucléaire est :
a. 1 mégajoule.
b. 1 gigawattheure.
c. 1 gigawatt.
d. 1 mégawatt.

3. 10 % de la production d'énergie d'un département est d'origine renouvelable, pour une puissance de 2,0 MW. La production totale d'énergie du département se fait avec une puissance de :
a. 2,0 MW.
b. 20 MW.
c. 10 MW.
d. 18 MW.

Vidéo

- Centrale à biomasse de cacao en côte d'ivoire :
https://www.qwant.com/?q=centrale%20biomasse%20cacao%20cote%20d%27ivoire&t=videos&o=0:1ba80806d32033cdc607a1ac11b67a2d
- La captation du dioxyde de carbone :
https://www.qwant.com/?q=capture%20de%20CO2&t=videos&o=0:3363025ea0b1cb4654c082142bc2e9d1

LE SAVIEZ-VOUS ?

- Le dioxyde de carbone est une espèce chimique où l'élément carbone est dans son état oxydé le plus élevé possible (nombre d'oxydation +IV). Lors des combustions de matière carbonée en présence de dioxygène, c'est donc la formation de dioxyde de carbone qui permet de libérer le plus d'énergie chimique.
- À partir du dioxyde de carbone, il est possible de « revenir en arrière » et de former du méthane par une réaction de réduction. Cette réaction est le plus souvent endothermique (cela dépend du choix du réducteur). Pour qu'elle devienne favorable d'un point de vue thermodynamique, il faut que la réaction soit couplée avec une autre réaction exothermique.
- En France, un projet pilote d'enfouissement de gaz produit par des industries a été réalisé à Lacq dans les Pyrénées Atlantiques. Utilisant les anciens réservoirs souterrains de gaz naturel, les infrastructures ont été inversées pour enfouir du dioxyde de carbone.

ANNEXE 4 Unité « Histoire, Enjeux, Débats » [→ page 145]

- QCM de vérification de la bonne compréhension des notions abordées dans l'unité « Histoire, Enjeux, Débats ».

1. Quelle est l'équation de la réaction de combustion du dihydrogène ?
a. $H_2(g) + O_2(g) \rightarrow H_2O(\ell)$
b. $2\,H_2(g) + O_2(g) \rightarrow 2\,H_2O(\ell)$
c. $2\,H_2(g) + CO_2(g) \rightarrow CH_4(g) + O_2(g)$
d. $H_2(g) + CO_2(g) \rightarrow CH_4(g) + O_2(g)$

2. Quelle(s) particule(s) permet(tent) de compléter l'équation $H_2(g) \rightarrow 2\,H^+(g) + \dots$?
a. un proton
b. un neutron
c. un électron
d. deux électrons

3. L'équation de la réaction modélisant l'électrolyse de l'eau s'écrit $2\,H_2O(\ell) \rightarrow 2\,H_2(g) + O_2(g)$. Lors de cette transformation, il se forme (en quantité de matière) :
a. autant de dioxygène qu'il y avait d'eau au départ.
b. autant de dihydrogène que de dioxygène.
c. deux fois plus de dihydrogène que de dioxygène.
d. deux fois moins de dihydrogène que de dioxygène.

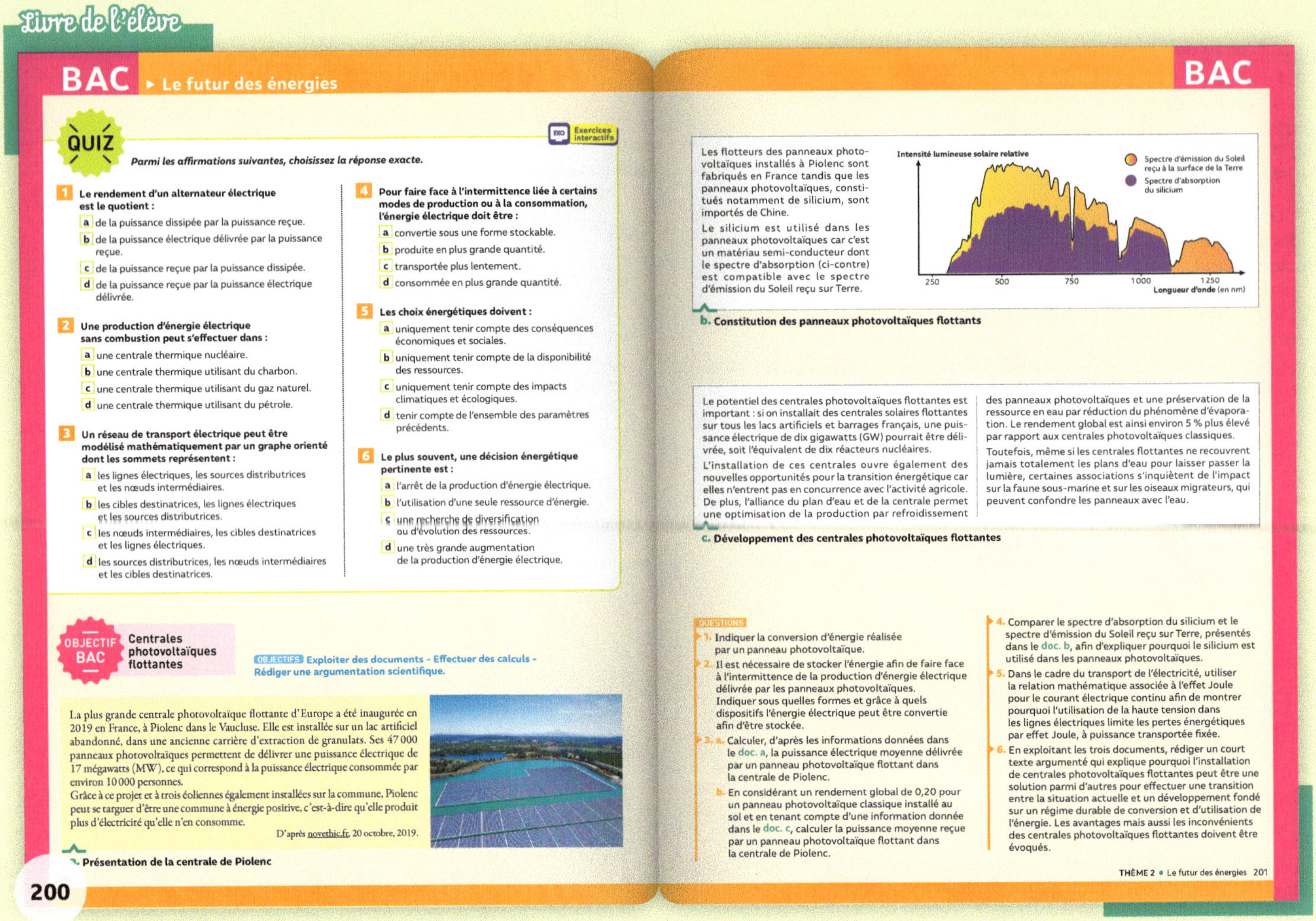

Livre de l'élève

BAC ▸ Le futur des énergies

QUIZ — Exercices interactifs

Parmi les affirmations suivantes, choisissez la réponse exacte.

1 Le rendement d'un alternateur électrique est le quotient :
- a de la puissance dissipée par la puissance reçue.
- b de la puissance électrique délivrée par la puissance reçue.
- c de la puissance reçue par la puissance dissipée.
- d de la puissance reçue par la puissance électrique délivrée.

2 Une production d'énergie électrique sans combustion peut s'effectuer dans :
- a une centrale thermique nucléaire.
- b une centrale thermique utilisant du charbon.
- c une centrale thermique utilisant du gaz naturel.
- d une centrale thermique utilisant du pétrole.

3 Un réseau de transport électrique peut être modélisé mathématiquement par un graphe orienté dont les sommets représentent :
- a les lignes électriques, les sources distributrices et les nœuds intermédiaires.
- b les cibles destinatrices, les lignes électriques et les sources distributrices.
- c les nœuds intermédiaires, les cibles destinatrices et les lignes électriques.
- d les sources distributrices, les nœuds intermédiaires et les cibles destinatrices.

4 Pour faire face à l'intermittence liée à certains modes de production ou à la consommation, l'énergie électrique doit être :
- a convertie sous une forme stockable.
- b produite en plus grande quantité.
- c transportée plus lentement.
- d consommée en plus grande quantité.

5 Les choix énergétiques doivent :
- a uniquement tenir compte des conséquences économiques et sociales.
- b uniquement tenir compte de la disponibilité des ressources.
- c uniquement tenir compte des impacts climatiques et écologiques.
- d tenir compte de l'ensemble des paramètres précédents.

6 Le plus souvent, une décision énergétique pertinente est :
- a l'arrêt de la production d'énergie électrique.
- b l'utilisation d'une seule ressource d'énergie.
- c une recherche de diversification ou d'évolution des ressources.
- d une très grande augmentation de la production d'énergie électrique.

OBJECTIF BAC — Centrales photovoltaïques flottantes

OBJECTIFS Exploiter des documents - Effectuer des calculs - Rédiger une argumentation scientifique.

La plus grande centrale photovoltaïque flottante d'Europe a été inaugurée en 2019 en France, à Piolenc dans le Vaucluse. Elle est installée sur un lac artificiel abandonné, dans une ancienne carrière d'extraction de granulats. Ses 47 000 panneaux photovoltaïques permettent de délivrer une puissance électrique de 17 mégawatts (MW), ce qui correspond à la puissance électrique consommée par environ 10 000 personnes.
Grâce à ce projet et à trois éoliennes également installées sur la commune, Piolenc peut se targuer d'être une commune à énergie positive, c'est-à-dire qu'elle produit plus d'électricité qu'elle n'en consomme.

D'après novethic.fr, 20 octobre, 2019.

a. Présentation de la centrale de Piolenc

BAC

Les flotteurs des panneaux photovoltaïques installés à Piolenc sont fabriqués en France tandis que les panneaux photovoltaïques, constitués notamment de silicium, sont importés de Chine.

Le silicium est utilisé dans les panneaux photovoltaïques car c'est un matériau semi-conducteur dont le spectre d'absorption (ci-contre) est compatible avec le spectre d'émission du Soleil reçu sur Terre.

b. Constitution des panneaux photovoltaïques flottants

Le potentiel des centrales photovoltaïques flottantes est important : si on installait des centrales solaires flottantes sur tous les lacs artificiels et barrages français, une puissance électrique de dix gigawatts (GW) pourrait être délivrée, soit l'équivalent de dix réacteurs nucléaires.

L'installation de ces centrales ouvre également des nouvelles opportunités pour la transition énergétique car elles n'entrent pas en concurrence avec l'activité agricole. De plus, l'alliance du plan d'eau et de la centrale permet une optimisation de la production par refroidissement des panneaux photovoltaïques et une préservation de la ressource en eau par réduction du phénomène d'évaporation. Le rendement global est ainsi environ 5 % plus élevé par rapport aux centrales photovoltaïques classiques.

Toutefois, même si les centrales flottantes ne recouvrent jamais totalement les plans d'eau pour laisser passer la lumière, certaines associations s'inquiètent de l'impact sur la faune sous-marine et sur les oiseaux migrateurs, qui peuvent confondre les panneaux avec l'eau.

c. Développement des centrales photovoltaïques flottantes

QUESTIONS

1. Indiquer la conversion d'énergie réalisée par un panneau photovoltaïque.
2. Il est nécessaire de stocker l'énergie afin de faire face à l'intermittence de la production d'énergie électrique délivrée par les panneaux photovoltaïques. Indiquer sous quelles formes et grâce à quels dispositifs l'énergie électrique peut être convertie afin d'être stockée.
3. a. Calculer, d'après les informations données dans le doc. a, la puissance électrique moyenne délivrée par un panneau photovoltaïque flottant dans la centrale de Piolenc.
   b. En considérant un rendement global de 0,20 pour un panneau photovoltaïque classique installé au sol et en tenant compte d'une information donnée dans le doc. c, calculer la puissance moyenne reçue par un panneau photovoltaïque flottant dans la centrale de Piolenc.
4. Comparer le spectre d'absorption du silicium et le spectre d'émission du Soleil reçu sur Terre, présentés dans le doc. b, afin d'expliquer pourquoi le silicium est utilisé dans les panneaux photovoltaïques.
5. Dans le cadre du transport de l'électricité, utiliser la relation mathématique associée à l'effet Joule pour le courant électrique continu afin de montrer pourquoi l'utilisation de la haute tension dans les lignes électriques limite les pertes énergétiques par effet Joule, à puissance transportée fixée.
6. En exploitant les trois documents, rédiger un court texte argumenté qui explique pourquoi l'installation de centrales photovoltaïques flottantes peut être une solution parmi d'autres pour effectuer une transition entre la situation actuelle et un développement fondé sur un régime durable de conversion et d'utilisation de l'énergie. Les avantages mais aussi les inconvénients des centrales photovoltaïques flottantes doivent être évoqués.

RÉPONSES DU QUIZ

1 b 2 a 3 d 4 a 5 d 6 c

CORRIGÉ DE L'EXERCICE

1. Un panneau photovoltaïque convertit de l'énergie radiative émise par le Soleil en énergie électrique.

2. Pour stocker l'énergie, des accumulateurs électrochimiques convertissent de l'énergie électrique en énergie chimique, des barrages convertissent de l'énergie électrique en énergie potentielle et des supercondensateurs convertissent de l'énergie électrique en énergie électromagnétique.

3. a. D'après le **doc. a**, les 47 000 panneaux photovoltaïques flottants de la centrale photovoltaïque de Piolenc permettent de délivrer une puissance électrique de 17 MW = 17×10^6 W. La puissance électrique moyenne délivrée par un panneau photovoltaïque de cette centrale est donc égale à : $\mathcal{P} = \frac{17 \times 10^6 \text{ W}}{47\,000} = 3{,}6 \times 10^2$ W, soit environ 360 W.

b. On considère un rendement global de 0,20 (20 %) pour un panneau photovoltaïque classique installé au sol. De plus, d'après le **doc. c**, le rendement global est environ 5 % plus élevé pour les panneaux flottants, ce qui peut correspondre à un rendement de 25 %, soit 0,25. Comme le rendement global η d'un panneau photovoltaïque est égal à : $\eta = \frac{\mathcal{P}_{\text{utile}}}{\mathcal{P}_{\text{reçue}}} = \frac{\mathcal{P}_{\text{électrique}}}{\mathcal{P}_{\text{reçue}}}$, la puissance moyenne reçue par un panneau photovoltaïque flottant dans la centrale de Piolenc est égale à : $\mathcal{P}_{\text{reçue}} = \frac{\mathcal{P}_{\text{électrique}}}{\eta}$.

Application numérique : $\mathcal{P}_{\text{reçue}} = \frac{3{,}6 \times 10^2 \text{ W}}{0{,}25} = 1{,}4 \times 10^3$ W.

4. Le silicium est un matériau semi-conducteur dont le spectre d'absorption est compatible avec le spectre d'émission du Soleil reçu sur Terre. Les rayonnements émis par le Soleil et reçus sur Terre peuvent donc être absorbés par le silicium.

5. Si on modélise le courant électrique transporté dans les lignes électriques par un courant continu, la puissance dissipée par effet Joule dans une ligne électrique a pour expression : $\mathcal{P}_J = r \times I^2 = \frac{r \times \mathcal{P}_t^2}{U^2}$.
Ainsi, pour une même puissance électrique transportée $\mathcal{P}_t$ et pour une même résistance r, la puissance $\mathcal{P}_J$ dissipée par effet Joule dans une ligne électrique à haute ou très haute tension (U = 400 kV par exemple) est plus faible que la puissance $\mathcal{P}_J$ dissipée par effet Joule dans une ligne électrique à basse tension (U = 230 V par exemple).

6. D'après le **doc. a**, Piolenc est une commune à énergie positive. D'après le **doc. c**, si on installait des centrales solaires flottantes sur tous les lacs artificiels et barrages français, une puissance électrique de dix gigawatts (GW) pourrait être délivrée sans que cela entre en concurrence avec l'activité agricole. Cependant, d'après le **doc. b**, les panneaux photovoltaïques, constitués notamment de silicium, sont importés de Chine, ce qui pose des problèmes en termes de développement durable si on prend en compte le coût énergétique dû au transport de ces panneaux. De plus, l'extraction du silicium est très polluante, et, d'après le **doc. c**, certaines associations s'inquiètent de l'impact des centrales flottantes sur la faune sous-marine et sur les oiseaux migrateurs. Ainsi, l'installation de centrales photovoltaïques flottantes peut être une solution pour effectuer une transition entre la situation actuelle et un développement fondé sur un régime durable de conversion et d'utilisation de l'énergie mais cela ne peut pas être la seule solution. La meilleure solution sera toujours de limiter au maximum la consommation énergétique car, quels que soient les modes de production, plus l'énergie électrique produite est importante, plus les risques environnementaux sont grands.

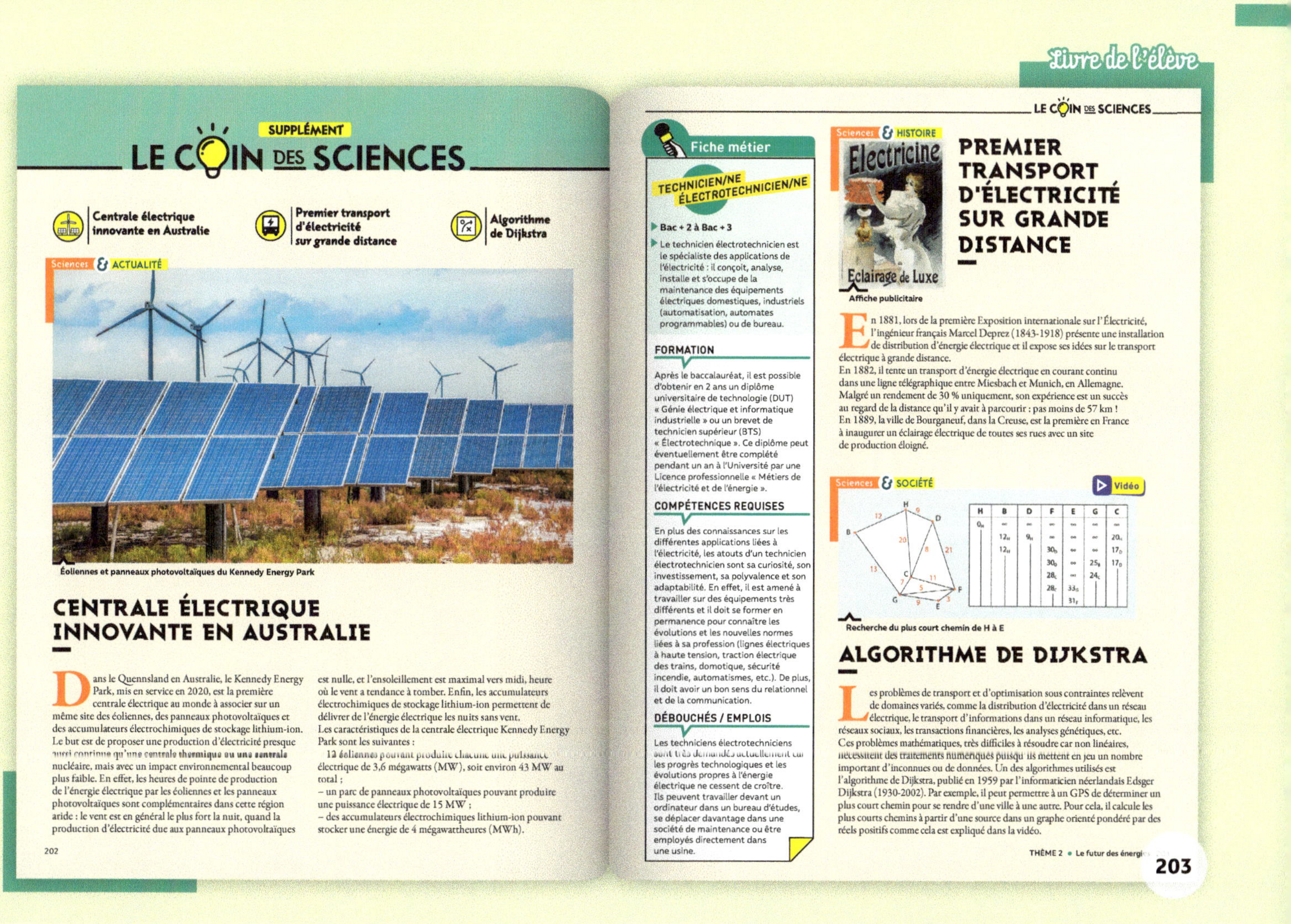

H	B	D	F	E	G	C
0_H	∞	∞	∞	∞	∞	∞
	12_H	9_H	∞	∞	∞	20_H
	12_H		30_D	∞	∞	17_D
			30_D	∞	25_B	17_D
			28_C	∞	24_C	
			28_C	33_G		
				31_F		

ARTICLE EN +

L'avancée chinoise dans le domaine de l'ultra-haute tension en continu (CCUHT, courant continu à ultra-haute tension [en anglais *Ultra-High-Voltage Direct Current* ou UHVDC]) répond d'abord au problème posé par la géographie du pays. Au nord, à l'ouest et au centre, les grands barrages et les régions ensoleillées sont propices aux énergies renouvelables, alors que l'essentiel de la population réside sur les côtes, à l'est et au sud du pays. Entre les deux, plusieurs milliers de kilomètres. La technologie CCUHT s'est rapidement imposée pour les mégaprojets chinois puisque ces lignes sont susceptibles de transporter l'électricité sur 2 000 km de distance avec simplement 7 % de pertes. Ainsi, 40 000 km de lignes à ultra-haute tension sont déjà installées en Chine, transportant 160 GW d'électricité. Fort de son expérience, l'empire du Milieu cible des horizons plus lointains et ambitionne de bâtir un « super réseau électrique mondial » (« *strong smart grid* » en anglais). C'est une des composantes des « nouvelles routes de la soie », qui cherche à construire un réseau de communication reliant l'Europe et la Chine à travers l'immense plaque eurasiatique. Si l'électricité devient, comme le charbon ou le pétrole, une énergie exportable, pourquoi ne pas mailler l'infrastructure de lignes à ultra-haute tension ?
Un barrage chinois produisant 1 kWh à 3 centimes d'euros serait capable d'acheminer de l'électricité en Europe grâce à des lignes CCUHT pour un prix de revient de 6 à 7 centimes. À titre de comparaison, le coût moyen du kWh en France, pour les particuliers, est de 15 centimes d'euros.
Si cette ambition était mise en œuvre, la géopolitique mondiale en serait donc bouleversée.

D'après Alex Menu, « Un super-réseau électrique mondial, une des composantes des "nouvelles routes de la soie" », *Le Monde.fr*, 31 mai 2019. https://www.lemonde.fr/idees/article/2019/05/31/un-super-reseau-electrique-mondial-une-des-composantes-des-nouvelles-routes-de-la-soie_5469930_3232.html

Pour aller + loin

- EDF, *Les grandes dates de l'électricité*, 2020, https://www.edf.fr/groupe-edf/espaces-dedies/l-energie-de-a-a-z/les-grandes-dates-de-l-electricite
- Valérie Sauvant-Moynot, François Orsini et Anthony Juto, « État de l'art et perspectives des batteries de voitures électriques », *ENS-DGESCO Culture Sciences de l'Ingénieur*, 2020, https://eduscol.education.fr/sti/si-ens-paris-saclay/ressources_pedagogiques/etat-de-lart-et-perspectives-des-batteries-de-voitures-electriques#description
- Hélène Horsin Molinaro et Bernard Multon, « Énergies renouvelables et véhicules électriques à batteries ou à pile à combustible et hydrogène », *ENS-DGESCO Culture Sciences de l'Ingénieur*, 2018, https://eduscol.education.fr/sti/si-ens-paris-saclay/ressources_pedagogiques/energies-renouvelables-vehicules-electriques-a-batteries-ou-a-pile-a-combustible-et-hydrogene#description
- Hélène Horsin Molinaro et Bernard Multon, « Ressources énergétiques et énergie électrique », *ENS-DGESCO Culture Sciences de l'Ingénieur*, 2018, https://eduscol.education.fr/sti/si-ens-paris-saclay/ressources_pedagogiques/ressources-energetiques-et-energie-electrique#description
- Georges Delorme et Georges Asch, « Phénomènes fondamentaux de l'électricité », *Culture Sciences Physique*, 2013, http://culturesciencesphysique.ens-lyon.fr/ressource/electricite-Delorme.xml
- Géo, *Les enjeux de la transition énergétique*, https://www.geo.fr/evenement/transition-energetique
- CANOPE, *L'énergie au fil des temps*, https://www.reseau-canope.fr/docsciences/L-energie-au-fil-des-temps.html

Livre de l'élève

THÈME 3

▶ Ce dernier thème pluridisciplinaire permet de mettre en perspective le concept d'évolution. L'évolution permet d'appréhender la biodiversité actuelle et sa dynamique, mais elle a également une portée explicative de constats anatomiques ou biologiques. L'évolution s'applique à l'espèce humaine, mais dans ce cas, on observe de nouveaux champs des possibles telle la culture ou l'intelligence artificielle. L'évolution n'est pas une simple idée, c'est aussi un concept permettant de construire des modèles mathématiques de dynamique des systèmes vivants.

CHAPITRE 9

▶ Ce chapitre permet d'aborder l'évolution de la biodiversité, en se plaçant au niveau populationnel, qui est le niveau sur lequel l'évolution est modélisable mathématiquement. On peut ainsi étudier les mécanismes évolutifs impliqués, les tester. En cela ce chapitre illustre la dimension expérimentale concrète du concept d'évolution, qui n'est donc pas une simple idée, mais peut être testé.

CHAPITRE 10

▶ L'évolution a une dimension explicative, en particulier vis-à-vis de structures anatomiques. À travers des exemples précis, les notions de variation, de sélection, d'adaptation, de convergence, de contingence sont abordées. Ceci permet d'appréhender l'évolution comme un processus aléatoire et de compromis qui ne peut pas s'exonérer du passé et qui doit même « faire avec ». Les conséquences sont visibles jusque dans nos pratiques médicales et agricoles.

CHAPITRE 11

▶ Au prisme de l'évolution, l'espèce humaine est une espèce animale comme les autres. Son histoire évolutive, lue au travers des fossiles et de la phylogénie, en témoigne. Pour autant certains caractères sont transmis de manière non génétique, comme les langues, l'utilisation d'outils, la technique. On peut ainsi construire un récit scientifique de l'origine de l'espèce humaine à partir de données scientifiques.

CHAPITRE 12

▶ Ce chapitre sur les modèles démographiques permet d'aborder des notions mathématiques, mais également d'approfondir la notion de modélisation mathématique d'un phénomène, dans une perspective de relation fait/idée. L'angle historique permet de voir comment s'affine un modèle et comment le contexte scientifique et social de l'époque peut influencer le processus. Outre l'aspect purement démographique, en lien avec l'histoire du vivant et ses contraintes, c'est aussi l'influence qu'a eu Malthus sur Darwin qui replace ce chapitre dans une perspective évolutionniste. Ce chapitre sur les modèles démographiques plus simple d'abord pour les élèves peut faire écho au modèle climatique envisagé dans le chapitre 3.

CHAPITRE 13

▶ Envisagée comme une extériorisation, ou une prolongation de l'intelligence humaine, l'intelligence artificielle est le fruit du mode de pensée algorithmique. Conçue par l'humain, l'intelligence artificielle se place donc dans la continuité de l'histoire du vivant. Ce chapitre est construit pour comprendre les processus de l'intelligence artificielle, au-delà de la technologie.

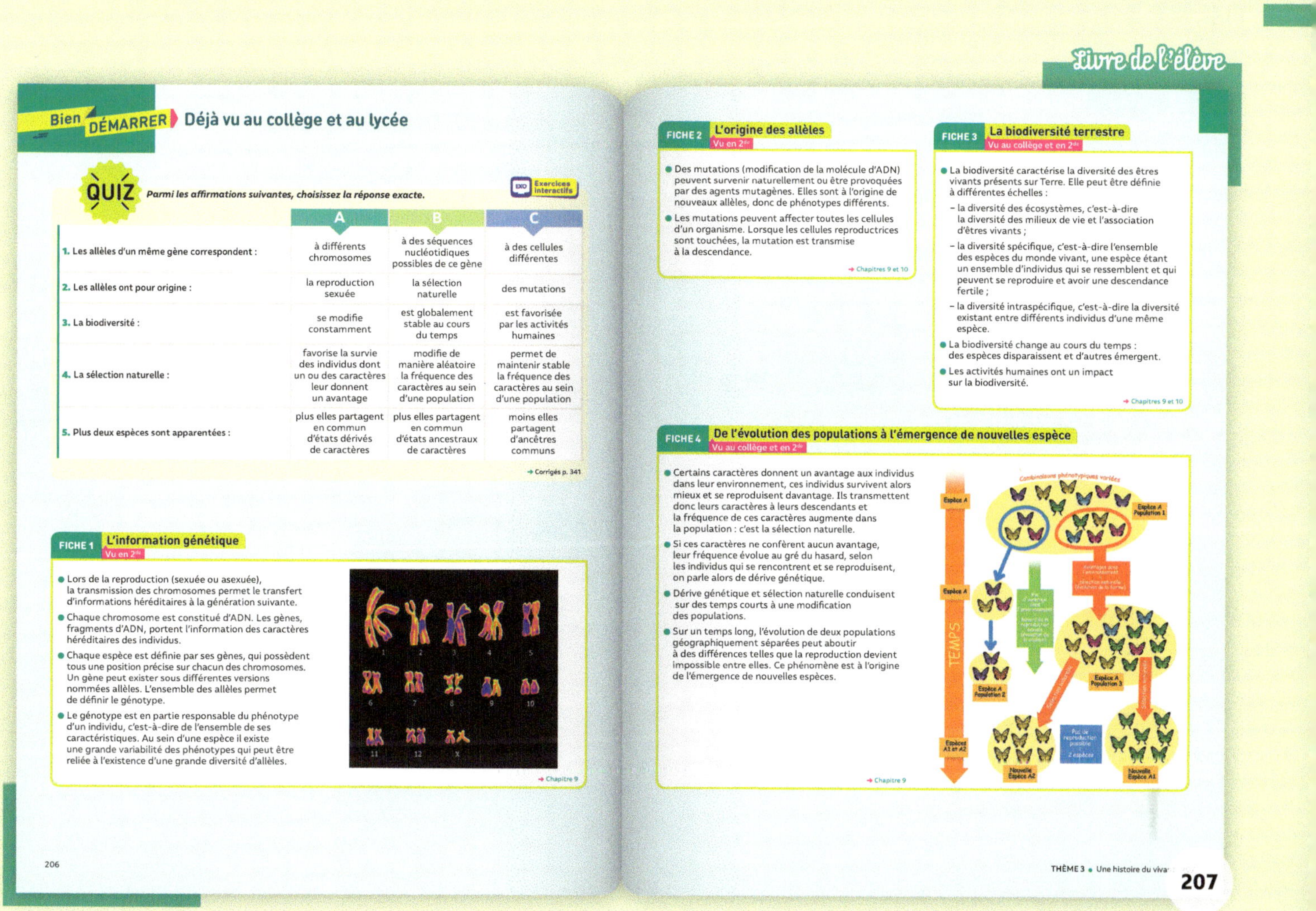

Livre de l'élève

Bien DÉMARRER Déjà vu au collège et au lycée

QUIZ *Parmi les affirmations suivantes, choisissez la réponse exacte.* Exercices interactifs

	A	B	C
1. Les allèles d'un même gène correspondent :	à différents chromosomes	à des séquences nucléotidiques possibles de ce gène	à des cellules différentes
2. Les allèles ont pour origine :	la reproduction sexuée	la sélection naturelle	des mutations
3. La biodiversité :	se modifie constamment	est globalement stable au cours du temps	est favorisée par les activités humaines
4. La sélection naturelle :	favorise la survie des individus dont un ou des caractères leur donnent un avantage	modifie de manière aléatoire la fréquence des caractères au sein d'une population	permet de maintenir stable la fréquence des caractères au sein d'une population
5. Plus deux espèces sont apparentées :	plus elles partagent en commun d'états dérivés de caractères	plus elles partagent en commun d'états ancestraux de caractères	moins elles partagent d'ancêtres communs

→ Corrigés p. 341

FICHE 1 L'information génétique Vu en 2de

- Lors de la reproduction (sexuée ou asexuée), la transmission des chromosomes permet le transfert d'informations héréditaires à la génération suivante.
- Chaque chromosome est constitué d'ADN. Les gènes, fragments d'ADN, portent l'information des caractères héréditaires des individus.
- Chaque espèce est définie par ses gènes, qui possèdent tous une position précise sur chacun des chromosomes. Un gène peut exister sous différentes versions nommées allèles. L'ensemble des allèles permet de définir le génotype.
- Le génotype est en partie responsable du phénotype d'un individu, c'est-à-dire de l'ensemble de ses caractéristiques. Au sein d'une espèce il existe une grande variabilité des phénotypes qui peut être reliée à l'existence d'une grande diversité d'allèles.

→ Chapitre 9

FICHE 2 L'origine des allèles Vu en 2de

- Des mutations (modification de la molécule d'ADN) peuvent survenir naturellement ou être provoquées par des agents mutagènes. Elles sont à l'origine de nouveaux allèles, donc de phénotypes différents.
- Les mutations peuvent affecter toutes les cellules d'un organisme. Lorsque les cellules reproductrices sont touchées, la mutation est transmise à la descendance.

→ Chapitres 9 et 10

FICHE 3 La biodiversité terrestre Vu au collège et en 2de

- La biodiversité caractérise la diversité des êtres vivants présents sur Terre. Elle peut être définie à différentes échelles :
  - la diversité des écosystèmes, c'est-à-dire la diversité des milieux de vie et l'association d'êtres vivants ;
  - la diversité spécifique, c'est-à-dire l'ensemble des espèces du monde vivant, une espèce étant un ensemble d'individus qui se ressemblent et qui peuvent se reproduire et avoir une descendance fertile ;
  - la diversité intraspécifique, c'est-à-dire la diversité existant entre différents individus d'une même espèce.
- La biodiversité change au cours du temps : des espèces disparaissent et d'autres émergent.
- Les activités humaines ont un impact sur la biodiversité.

→ Chapitres 9 et 10

FICHE 4 De l'évolution des populations à l'émergence de nouvelles espèce Vu au collège et en 2de

- Certains caractères donnent un avantage aux individus dans leur environnement, ces individus survivent alors mieux et se reproduisent davantage. Ils transmettent donc leurs caractères à leurs descendants et la fréquence de ces caractères augmente dans la population : c'est la sélection naturelle.
- Si ces caractères ne confèrent aucun avantage, leur fréquence évolue au gré du hasard, selon les individus qui se rencontrent et se reproduisent, on parle alors de dérive génétique.
- Dérive génétique et sélection naturelle conduisent sur des temps courts à une modification des populations.
- Sur un temps long, l'évolution de deux populations géographiquement séparées peut aboutir à des différences telles que la reproduction devient impossible entre elles. Ce phénomène est à l'origine de l'émergence de nouvelles espèces.

→ Chapitre 9

RÉPONSES AU QUIZ

	A	B	C
1. Les allèles d'un même gène correspondent :	☐	☒	☐
2. Les allèles ont pour origine :	☐	☐	☒
3. La biodiversité :	☒	☐	☐
4. La sélection naturelle :	☒	☐	☐
5. Plus deux espèces sont apparentées :	☒	☐	☐

Organiser une visite de musée

La Grande Galerie de l'Évolution présentée en ouverture du thème 3 : une incitation à visiter les musées d'Histoire naturelle

La visite d'un musée, peut être une excellente entrée en matière pour aborder la thématique : une histoire du vivant.

▶ À Paris

- La Grande Galerie de l'Évolution – Musée de l'Homme – Galerie de Paléontologie et d'Anatomie comparée.

▶ En province

- Muséum d'Histoire naturelle d'Aix-en-Provence, d'Angers, de Bordeaux, de Grenoble, La Rochelle, Lille, Marseille, Nantes, Rennes, Saint-Denis (La Réunion), Toulouse.

N'oubliez pas qu'en cas de voyage à l'étranger, une visite de muséum est toujours un moment fort, pensez-y !

▶ Visites virtuelles 3D

- Galerie d'Anatomie comparée : vue 3D – Paris
https://www.mnhn.fr/fr/collections/actualites/galerie-anatomie-comparee-paleontologie-3d
- Muséum des sciences naturelles : petite visite guidé à 360° – Bruxelles
https://artsandculture.google.com/exhibit/petite-visite-guid%C3%A9e-%C3%A0-360%C2%B0/iALS5ogqdyqGJg
- National Museum of Natural History: Virtual Tours – Washington
https://naturalhistory.si.edu/visit/virtual-tour

avant la terminale

▶ Les notions de génétique, nécessaires à la compréhension de la transmission des caractères au fil des générations, sont regroupées dans les **fiches 1** et **2**. Elles permettent de fixer le vocabulaire et particulièrement de poser les définitions de « gène », « allèle », « phénotype », « génotype », « mutation », dont la dernière activation a été faite en classe de seconde en SVT.

▶ Depuis le cycle 3, et particulièrement la classe de 6e, la notion de biodiversité s'enrichit progressivement. D'un simple constat descriptif d'une diversité d'espèces en un lieu, la biodiversité a été définie en seconde comme une notion identifiable à différentes échelles, qui change au cours du temps, entre autre à cause des activités humaines. La **fiche 3**, permet de réactiver cette notion qui se limite souvent chez les élèves à la diversité des espèces, or nous aurons besoin ici du niveau intraspécifique afin d'étudier les phénomènes évolutifs au niveau des populations.

Livre de l'élève

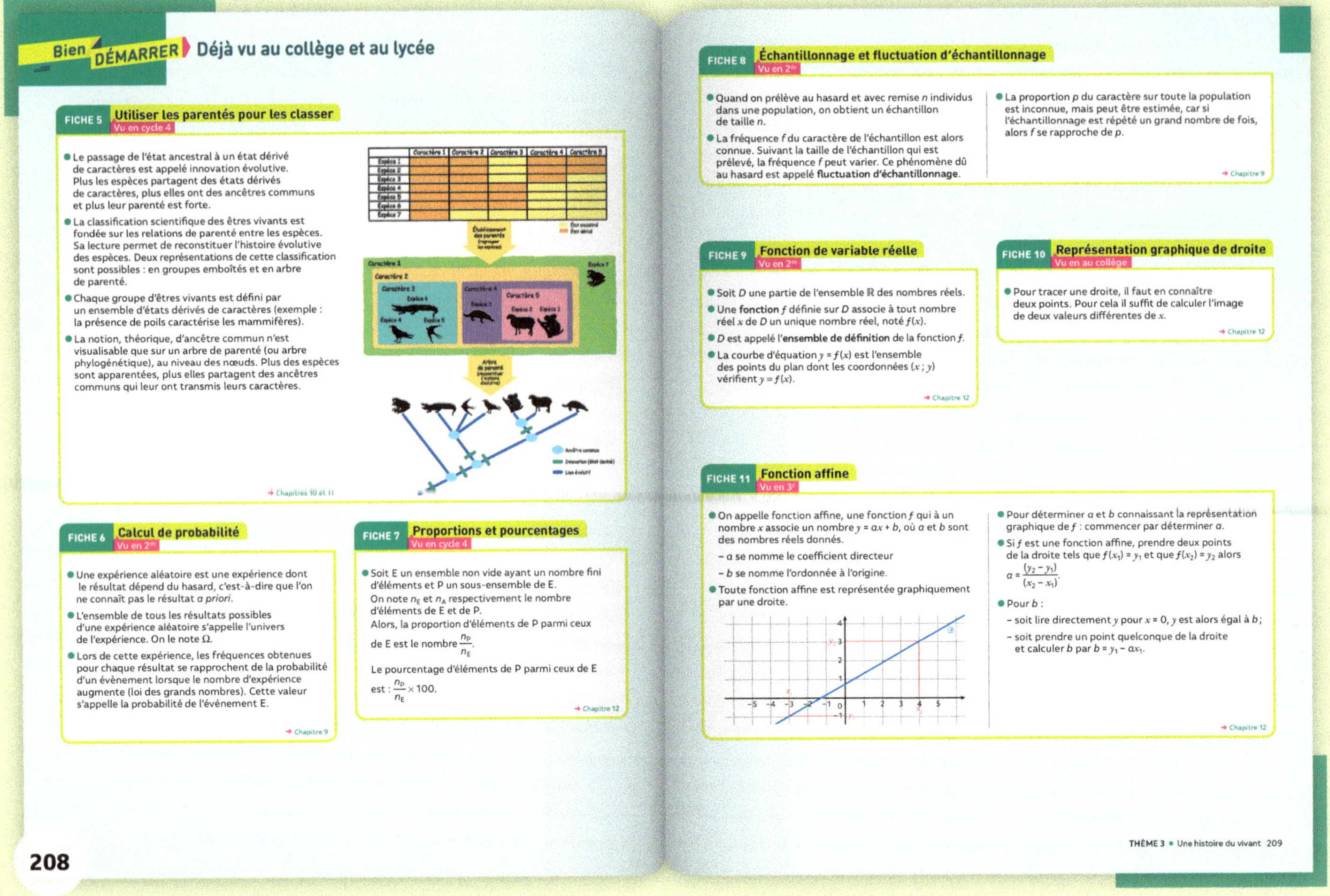

Bien DÉMARRER Déjà vu au collège et au lycée

FICHE 5 Utiliser les parentés pour les classer
Vu en cycle 4

- Le passage de l'état ancestral à un état dérivé de caractères est appelé innovation évolutive. Plus les espèces partagent des états dérivés de caractères, plus elles ont des ancêtres communs et plus leur parenté est forte.
- La classification scientifique des êtres vivants est fondée sur les relations de parenté entre les espèces. Sa lecture permet de reconstituer l'histoire évolutive des espèces. Deux représentations de cette classification sont possibles : en groupes emboîtés et en arbre de parenté.
- Chaque groupe d'êtres vivants est défini par un ensemble d'états dérivés de caractères (exemple : la présence de poils caractérise les mammifères).
- La notion, théorique, d'ancêtre commun n'est visualisable que sur un arbre de parenté (ou arbre phylogénétique), au niveau des nœuds. Plus des espèces sont apparentées, plus elles partagent des ancêtres communs qui leur ont transmis leurs caractères.

→ Chapitres 10 et 11

FICHE 6 Calcul de probabilité
Vu en 2de

- Une expérience aléatoire est une expérience dont le résultat dépend du hasard, c'est-à-dire que l'on ne connaît pas le résultat *a priori*.
- L'ensemble de tous les résultats possibles d'une expérience aléatoire s'appelle l'univers de l'expérience. On le note Ω.
- Lors de cette expérience, les fréquences obtenues pour chaque résultat se rapprochent de la probabilité d'un évènement lorsque le nombre d'expérience augmente (loi des grands nombres). Cette valeur s'appelle la probabilité de l'événement E.

→ Chapitre 9

FICHE 7 Proportions et pourcentages
Vu en cycle 4

- Soit E un ensemble non vide ayant un nombre fini d'éléments et P un sous-ensemble de E. On note n_E et n_A respectivement le nombre d'éléments de E et de P. Alors, la proportion d'éléments de P parmi ceux de E est le nombre $\frac{n_P}{n_E}$. Le pourcentage d'éléments de P parmi ceux de E est : $\frac{n_P}{n_E} \times 100$.

→ Chapitre 12

FICHE 8 Échantillonnage et fluctuation d'échantillonnage
Vu en 2de

- Quand on prélève au hasard et avec remise n individus dans une population, on obtient un échantillon de taille n.
- La fréquence f du caractère de l'échantillon est alors connue. Suivant la taille de l'échantillon qui est prélevé, la fréquence f peut varier. Ce phénomène dû au hasard est appelé **fluctuation d'échantillonnage**.
- La proportion p du caractère sur toute la population est inconnue, mais peut être estimée, car si l'échantillonnage est répété un grand nombre de fois, alors f se rapproche de p.

→ Chapitre 9

FICHE 9 Fonction de variable réelle
Vu en 2de

- Soit D une partie de l'ensemble ℝ des nombres réels.
- Une **fonction** f définie sur D associe à tout nombre réel x de D un unique nombre réel, noté $f(x)$.
- D est appelé l'**ensemble de définition** de la fonction f.
- La courbe d'équation $y = f(x)$ est l'ensemble des points du plan dont les coordonnées $(x\,;y)$ vérifient $y = f(x)$.

→ Chapitre 12

FICHE 10 Représentation graphique de droite
Vu en au collège

- Pour tracer une droite, il faut en connaître deux points. Pour cela il suffit de calculer l'image de deux valeurs différentes de x.

→ Chapitre 12

FICHE 11 Fonction affine
Vu en 3e

- On appelle fonction affine, une fonction f qui à un nombre x associe un nombre $y = ax + b$, où a et b sont des nombres réels donnés.
  - a se nomme le coefficient directeur
  - b se nomme l'ordonnée à l'origine.
- Toute fonction affine est représentée graphiquement par une droite.
- Pour déterminer a et b connaissant la représentation graphique de f : commencer par déterminer a.
- Si f est une fonction affine, prendre deux points de la droite tels que $f(x_1) = y_1$ et que $f(x_2) = y_2$ alors $a = \frac{(y_2 - y_1)}{(x_2 - x_1)}$.
- Pour b :
  - soit lire directement y pour $x = 0$, y est alors égal à b ;
  - soit prendre un point quelconque de la droite et calculer b par $b = y_1 - ax_1$.

→ Chapitre 12

208

THÈME 3 • Une histoire du vivant 209

▶ Le concept d'évolution des espèces et les notions associées, c'est-à-dire la sélection naturelle, la dérive génétique, et autre force évolutive, ont été abordés en classe de seconde, avec une première approche d'évolution des populations envisagée sous un angle plutôt qualitatif, même si des modèles numériques ont pu être manipulés (logiciel NetBioDyn). Outre le vocabulaire qui est redéfini dans la **fiche 4**, le schéma bilan du chapitre de seconde est ici indiqué afin de présenter un aspect visuel et dynamique du concept d'évolution d'une population, car ce schéma se place bien au niveau de l'évolution intraspécifique.

▶ Les notions de parenté et classification phylogénétique du vivant sont réactivées dans la **fiche 5**. Le schéma présenté correspond au schéma bilan du chapitre « Relations de parenté et classification » du cycle 4. Depuis le collège, ces notions n'ont pas été explicitement et formellement réactivées. Il sera probablement nécessaire de revenir sur les concepts d'ancêtre commun et d'innovation (état dérivé) qui sont très utilisés dans les chapitres 10 et 11.

▶ Dans les chapitres 9 et 12, différentes notions mathématiques associées aux fonctions sont remobilisées. Essentiellement envisagées en classe de seconde, il s'agit des notions de fonctions affines et de représentations graphiques de ces fonctions, présentées dans les **fiches 9**, **10** et **11**, où sont rappelées les définitions mais aussi les méthodes pour tracer une droite, ainsi que pour déterminer le coefficient directeur et l'ordonnée à l'origine.

▶ Les notions de calcul de probabilité (**fiche 6**), de proportions (**fiche 7**) et d'échantillonnage (**fiche 8**), déjà envisagées en classe de seconde, sont ici réactivées par le rappel des définitions, mais aussi des procédés calculatoires. Elles seront utilisées dans les chapitres 9 et 12, ainsi que dans le chapitre 13 où les probabilités sont assimilées à des fréquences.

Livre de l'élève

CHAPITRE 9 La biodiversité et son évolution

La biodiversité actuelle correspond à la diversité qui existe aujourd'hui dans le monde vivant. Elle varie au cours du temps et est issue d'une longue histoire, celle de la vie. Ses variations peuvent être décrites et analysées avec des modèles mathématiques.

a. Les expéditions de la goélette *Tara* font partie des grandes explorations scientifiques actuelles. Ce bateau parcourt les mers du globe à la découverte du monde planctonique et récolte des données pour les scientifiques du monde entier.

▶ Comment échantillonner et faire l'inventaire de la biodiversité d'un écosystème ? UNITÉ 1

210

b. L'écosystème de la montagne Pelée en Martinique regroupe des espèces particulières, où chacune a un effectif qui lui est propre.

▶ Comment estimer l'effectif d'une espèce ? UNITÉ 2

c. Les guppy sont des petits poissons d'eau douce très colorés. Au sein d'une même espèce, les individus sont différents.

▶ Quels paramètres font varier la composition génétique d'une population au cours du temps ? UNITÉS 3 et 4

Vidéo

d. La vie des oiseaux dans la forêt équatoriale fragmentée de Guyane.

▶ Quelle est l'influence des humains sur la biodiversité ? UNITÉ 5

Notions du chapitre	Unités	Exercices
Pour bien démarrer ce chapitre, consulter les fiches 1, 2, 3, 4, 6 et 8, pages 206 à 209		
Exploiter des données obtenues au cours d'une sortie de terrain ou d'explorations scientifiques pour estimer la biodiversité et quantifier l'effectif d'une population ou d'un taxon plus vaste à partir de résultats d'échantillonnage.	1, 2	8, 9, 10, 13, 14, 18, 19
Pour la transmission de deux allèles dans le cadre du modèle de Hardy-Weinberg, établir les relations entre les probabilités des génotypes d'une génération et celles de la génération précédente.	3, 4	12, 16, 18
À partir d'un logiciel de simulation, montrer l'impact d'un faible effectif de population sur la dérive génétique et l'évolution rapide des fréquences alléliques. Identifier des critères de gestion durable d'un écosystème. Envisager des solutions pour un environnement proche.	5	11, 15, 17, 18, 19

CHAPITRE 9 • La biodiversité et son évolution 211

▶ Les grandes idées à construire

- La diversité des espèces ainsi que leurs caractéristiques génétiques constituent la biodiversité. Recenser la biodiversité à différentes échelles spatiales et temporelles représente un enjeu majeur actuel. Certaines espèces sont aisément observables mais elles ne reflètent pas la biodiversité d'un écosystème. Différentes méthodes (identification directe, analyse d'ADN) permettent de caractériser la biodiversité d'un milieu en estimant la richesse spécifique mais aussi l'abondance des individus.
- L'estimation de l'effectif d'une population peut se faire par différentes méthodes dont aucune ne correspond à un comptage de la totalité des individus mais dont la plupart reposent sur des échantillonnages. Il est donc important de relier l'effectif évalué à un intervalle de confiance et d'estimer les fluctuations liées à l'échantillonnage.
- La biodiversité correspond également aux paramètres génétiques. Le modèle de Hardy-Weinberg permet de modéliser les variations de la composition génétique d'une population au cours du temps. Ce modèle prédit une stabilité des fréquences alléliques dans certaines conditions. Il est souvent intéressant d'analyser les écarts entre le modèle et la réalité qui s'expliquent notamment par les effets des forces évolutives.
- Les activités humaines à une échelle locale (pollution, destruction des écosystèmes, combustions) ou à une échelle globale (impacts climatiques, surexploitation d'espèces, etc.) ont des conséquences sur la biodiversité et conduisent à l'extinction d'espèces. On peut faire le lien entre la connaissance d'un écosystème, sa gestion et la préservation de la biodiversité.

▶ Ce que disent les documents

a Étudier la biodiversité repose sur l'observation directe mais également sur l'analyse d'échantillons. Les grandes explorations scientifiques passées ou actuelles permettent d'obtenir une grande quantité de données exploitables. L'expédition Tara, qui s'étend sur de nombreuses années, permet de récolter et d'exploiter de nombreuses données qui constituent une ressource inestimable. On peut également comprendre que de telles expéditions parcourent toutes les mers du globe et apportent des informations sur des espèces peu observables directement.

b L'image d'un écosystème terrestre comme celui de la montagne Pelée permet de s'interroger sur ce qui constitue la biodiversité d'un écosystème. Le recensement des espèces est un des aspects mais l'effectif de chaque population dans l'écosystème en est un autre. On pourra se demander comment estimer un effectif. Quelles marges d'erreur sont liées à l'échantillonnage et quels outils mathématiques permettent d'estimer l'effectif d'une population.

c Si l'on s'intéresse maintenant aux individus qui composent une espèce, l'effectif est un paramètre intéressant mais on constate également que les individus sont tous différents et donc que les composantes génétiques d'une population sont également des aspects de la biodiversité.

d La fragmentation est un des aspects importants de l'action humaine. Les conséquences de l'activité humaine sur les paramètres de la biodiversité qui viennent d'être abordés pourront ainsi permettre de s'interroger.

Livre de l'élève

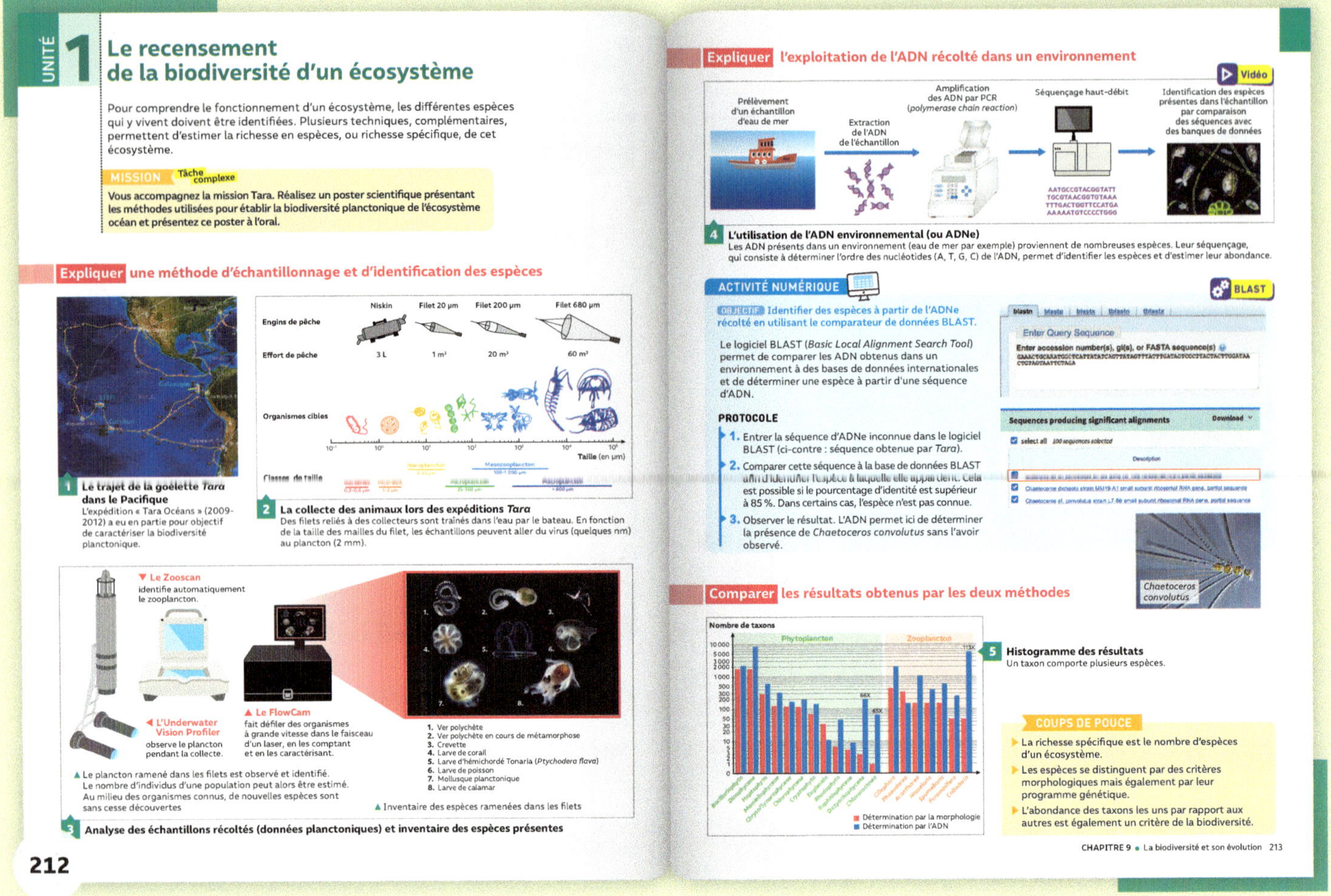

problème scientifique

- Comment échantillonner et faire l'inventaire de la biodiversité d'un écosystème ?

Mobilisation des acquis

- Vu en seconde (SVT) : la biodiversité est le résultat et une étape de l'évolution. La biodiversité actuelle et passée (diversité des écosystèmes, des espèces et des individus) est envisagée à différentes échelles. Une sortie sur le terrain doit permettre d'identifier, de quantifier et de comparer la biodiversité interindividuelle, spécifique et écosystémique.
- Vu en première spécialité SVT : l'espèce humaine est un élément parmi d'autres de tous les écosystèmes qu'elle a colonisés. Beaucoup d'écosystèmes mondiaux sont impactés par ses activités, avec une perte mondiale de biodiversité.

Les grandes idées à construire

- La biodiversité d'un écosystème peut être évaluée à partir d'un échantillonnage des êtres vivants qui s'y trouvent. Cet échantillonnage permet de prélever des spécimens que l'on peut identifier grâce à leurs caractères morphologiques. Le nombre d'espèces qui existent dans un écosystème constitue la richesse spécifique de celui-ci.
- On peut également prélever de l'ADN et identifier une espèce *via* celui-ci sans observation directe ce qui enrichit la connaissance de la richesse spécifique du milieu.
- Les taxons sont des groupes de la classification. On peut, à partir des prélèvements, déterminer et comparer l'abondance relative des taxons qui appartiennent à l'écosystème.

Les compétences travaillées

- **Extraire et organiser** des informations.
- **Interpréter** des résultats.
- **Utiliser** des outils numériques.

Les représentations de l'élève

- Quel que soit l'écosystème, de nombreuses espèces sont directement observables mais seule une faible proportion de la biodiversité est effectivement connue. La biodiversité ne se limite pas à ce qui est directement accessible à l'observation.

Ce que disent les documents

1 à **3** *Tara* est une goélette (→ page 210 du manuel) qui sillonne les mers du globe au cours de différentes expéditions (doc. 1). La biodiversité marine, et notamment planctonique, est peu observable à l'œil nu. Afin de recenser la biodiversité planctonique des écosystèmes océaniques traversés, *Tara* dispose de filets collecteurs dont les mailles sont de tailles différentes (doc. 2). Ces filets collecteurs, traînés par le bateau, permettent d'échantillonner. Chaque filet retient des échantillons qui se distinguent donc par leur taille. L'observation directe (doc. 3) permet de reconnaître les espèces et montre la nécessité d'outils de reconnaissance. Parmi les outils dont dispose l'expédition, le FlowCam fait défiler les organismes dans le faisceau d'un laser, les compte et les caractérise.

Des idées de questions :
– Quels écosystèmes étudie l'expédition *Tara* ?
– Quel est l'intérêt d'utiliser des filets avec différentes mailles et non pas un filet unique ?

4 L'environnement contient également de l'ADN appelé ADN environnemental (ou ADNe). Après extraction, l'ADN est amplifié par PCR (*polymerase chain reaction*) permettant ainsi d'obtenir de très nombreux échantillons même si l'ADN est initialement très dilué. Les méthodes de séquençage haut débit permettent d'obtenir très rapidement les séquences des ADNe. Ces dernières peuvent être comparées à des bases de données internationales et, sachant que le patrimoine génétique est propre à chaque espèce, les espèces présentes peuvent ainsi être identifiées, sans observation directe.

Idée de question :
– Quel est l'intérêt d'étudier l'ADN pour recenser la biodiversité ?

Activité numérique La détermination d'une espèce par son ADN implique de comparer les séquences d'ADN obtenues à des banques de données internationales. Le logiciel BLAST permet cette analyse. À partir d'une séquence précise, le logiciel propose par comparaison avec la base de données, les espèces pour lesquelles il existe un degré de similitude plus ou moins fort.

Des idées de questions :
– Comment définir une base de données internationale comme BLAST ?
– Pourquoi le logiciel présente-t-il plusieurs résultats ? Quel est l'intérêt d'avoir un pourcentage de ressemblances ?

5 Il est possible de comparer le nombre de taxons identifiés par les deux types de méthodes (observation directe ou ADN). On constate que le nombre d'espèces déterminées grâce à l'ADN est toujours supérieur à celui déterminé par observation directe. Cependant, les différences sont plus ou moins importantes selon les taxons. On peut constater que les taxons sont plus ou moins abondants. Certains groupes présentent un très grand nombre d'espèces (jusqu'à 8 000 dans cette étude) alors que d'autres taxons comprennent nettement moins d'espèces.

Idée de question :
– Comparer le nombre d'espèces déterminées par les deux méthodes pour les différents taxons.

Les + pour préparer votre séance

- Proposer un QCM de remobilisation des acquis de seconde et première en début de séance. En voici un exemple :

1. La biodiversité actuelle :
a. est le résultat de l'évolution.
b. n'évolue plus.
c. est majoritairement connue.
d. nécessite uniquement des échantillonnages d'espèces d'un écosystème pour être entièrement connue.

2. Les espèces peuvent être identifiées :
a. uniquement par des critères morphologiques.
b. uniquement par leur programme génétique.
c. uniquement si ces deux types de critères sont utilisés.
d. par des critères morphologiques ou par leur programme génétique.

3. L'ADN environnemental :
a. est extrait de cellules prélevées sur des échantillons.
b. est directement séquencé puis amplifié.
c. nécessite une banque de données pour déterminer une espèce.
d. permet d'identifier moins d'espèces d'un écosystème que le prélèvement direct.

4. La richesse spécifique :
a. est la même pour tous les écosystèmes.
b. est le nombre d'espèces de la planète.
c. varie d'un écosystème à l'autre.
d. ne varie pas pour un écosystème au cours du temps.

- Les missions réalisées par *Tara* permettent d'avoir un très grand nombre de données. Le site « Tara expédition » propose également des kits d'exploitation des données accessibles en ligne :
https://oceans.taraexpeditions.org/rp/kit-de-donnees-diversite-genetique-du-plancton/
https://oceans.taraexpeditions.org/rp/kit-de-donnee-biogeographie-du-plancton/
- Les expéditions scientifiques actuelles et plus anciennes sont présentées par le Muséum national d'Histoire naturelle qui propose également de nombreux films utilisables :
http://edu.mnhn.fr/mod/page/view.php?id=1308
- Les nouvelles technologies de séquençage haut débit permettent d'identifier les espèces d'un écosystème sans observation directe. La biodiversité peut ainsi être inventoriée à partir d'échantillons d'eau ou de sol par exemple. Depuis 2010, des séquenceurs d'ADN rapides, portables et peu onéreux apparaissent sur le marché et permettent de travailler directement dans certains écosystèmes en pleine mer ou en forêt amazonienne où des millions d'espèces sont encore à identifier. Le barcoding permet de déterminer à quelle espèce appartient un échantillon d'ADN. On se base sur une séquence présente chez tous les organismes et quasiment identique pour tous les individus d'une même espèce (en général la cytochrome oxydase, ou COI, qui est une protéine de la chaîne respiratoire). De nombreux barcodes ADN ont déjà été séquencés pour de nombreux organismes dans le cadre de projets « barcoding of life », lancés en 2003 par P. Hebert et son équipe. Le métabarcoding permet grâce à de nouvelles technologies d'identifier en une fois toutes les espèces présentes dans un échantillon même si l'ADN est partiellement dégradé.

Article en ligne

- Joyard J. (2019), « Qu'est-ce que la biodiversité ? », Encyclopédie de l'Environnement.
https://www.encyclopedie-environnement.org/vivant/quest-ce-que-la-biodiversite/
- Site sur le barcoding
https://www.sfecologie.org/regard/r50-barcoding-adn-decaens-et-al/
https://lejournal.cnrs.fr/articles/la-revolution-metagenomique

Vidéo

- « Pourquoi et comment mesurer la biodiversité », Extraits d'une conférence de Anne-Caroline Prévot-Julliard, 2010.
http://edu.mnhn.fr/mod/page/view.php?id=1303

Les parcours possibles

PARCOURS 1 Initiation

1 Écrire le problème scientifique traité.
2 Décrire chacune des méthodes dans un cadre (matériel, méthode, résultats) et analyser les résultats obtenus.
3 Comparer les deux méthodes.
4 Faire une présentation orale de quelques minutes du poster réalisé.

PARCOURS 2 Confirmé

1 Réaliser un poster scientifique en s'appuyant sur la fiche méthode [→ **site compagnon : enseignement-scientifique.nathan.fr**].
2 Faire une présentation orale de quelques minutes du poster réalisé.

INDICATEURS DE RÉUSSITE	NIVEAU A	B	C	D
L'introduction pose le problème scientifique lié au recensement de la biodiversité.				
Chaque cadre développe une méthode utilisée pour établir la biodiversité planctonique.				
Le poster est illustré de résultats des expéditions Tara.				
Le poster est soigné et lisible.				

Livre de l'élève

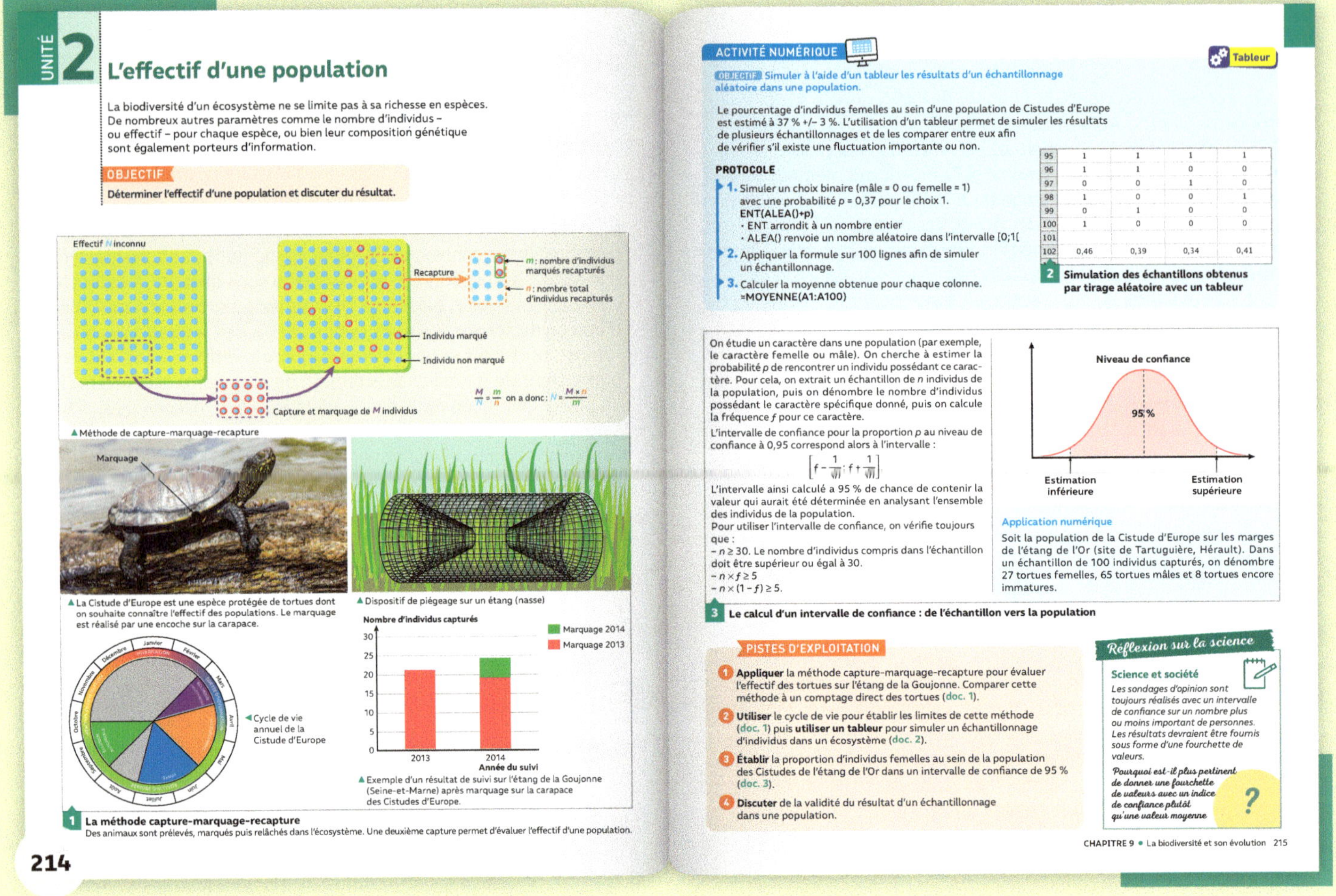
UNITÉ 2

L'effectif d'une population

La biodiversité d'un écosystème ne se limite pas à sa richesse en espèces. De nombreux autres paramètres comme le nombre d'individus – ou effectif – pour chaque espèce, ou bien leur composition génétique sont également porteurs d'information.

OBJECTIF

Déterminer l'effectif d'une population et discuter du résultat.

▲ Méthode de capture-marquage-recapture

▲ La Cistude d'Europe est une espèce protégée de tortues dont on souhaite connaître l'effectif des populations. Le marquage est réalisé par une encoche sur la carapace.

▲ Dispositif de piégeage sur un étang (nasse)

◀ Cycle de vie annuel de la Cistude d'Europe

▲ Exemple d'un résultat de suivi sur l'étang de la Goujonne (Seine-et-Marne) après marquage sur la carapace des Cistudes d'Europe.

1 La méthode capture-marquage-recapture
Des animaux sont prélevés, marqués puis relâchés dans l'écosystème. Une deuxième capture permet d'évaluer l'effectif d'une population.

214

ACTIVITÉ NUMÉRIQUE — Tableur

OBJECTIF Simuler à l'aide d'un tableur les résultats d'un échantillonnage aléatoire dans une population.

Le pourcentage d'individus femelles au sein d'une population de Cistudes d'Europe est estimé à 37 % +/– 3 %. L'utilisation d'un tableur permet de simuler les résultats de plusieurs échantillonnages et de les comparer entre eux afin de vérifier s'il existe une fluctuation importante ou non.

PROTOCOLE

1. Simuler un choix binaire (mâle = 0 ou femelle = 1) avec une probabilité p = 0,37 pour le choix 1.
ENT(ALEA()+p)
• ENT arrondit à un nombre entier
• ALEA() renvoie un nombre aléatoire dans l'intervalle [0;1[
2. Appliquer la formule sur 100 lignes afin de simuler un échantillonnage.
3. Calculer la moyenne obtenue pour chaque colonne.
=MOYENNE(A1:A100)

95	1	1	1	1
96	1	1	0	0
97	0	0	1	0
98	1	0	0	1
99	0	1	0	0
100	1	0	0	0
101				
102	0,46	0,39	0,34	0,41

2 Simulation des échantillons obtenus par tirage aléatoire avec un tableur

On étudie un caractère dans une population (par exemple, le caractère femelle ou mâle). On cherche à estimer la probabilité p de rencontrer un individu possédant ce caractère. Pour cela, on extrait un échantillon de n individus de la population, puis on dénombre le nombre d'individus possédant le caractère spécifique donné, puis on calcule la fréquence f pour ce caractère.

L'intervalle de confiance pour la proportion p au niveau de confiance à 0,95 correspond alors à l'intervalle :

$$\left[f-\frac{1}{\sqrt{n}} ; f+\frac{1}{\sqrt{n}}\right]$$

L'intervalle ainsi calculé a 95 % de chance de contenir la valeur qui aurait été déterminée en analysant l'ensemble des individus de la population.
Pour utiliser l'intervalle de confiance, on vérifie toujours que :
– $n \geq 30$. Le nombre d'individus compris dans l'échantillon doit être supérieur ou égal à 30.
– $n \times f \geq 5$
– $n \times (1 - f) \geq 5$.

Application numérique

Soit la population de la Cistude d'Europe sur les marges de l'étang de l'Or (site de Tartuguière, Hérault). Dans un échantillon de 100 individus capturés, on dénombre 27 tortues femelles, 65 tortues mâles et 8 tortues encore immatures.

3 Le calcul d'un intervalle de confiance : de l'échantillon vers la population

PISTES D'EXPLOITATION

1. **Appliquer** la méthode capture-marquage-recapture pour évaluer l'effectif des tortues sur l'étang de la Goujonne. Comparer cette méthode à un comptage direct des tortues (doc. 1).
2. **Utiliser** le cycle de vie pour établir les limites de cette méthode (doc. 1) puis **utiliser un tableur** pour simuler un échantillonnage d'individus dans un écosystème (doc. 2).
3. **Établir** la proportion d'individus femelles au sein de la population des Cistudes de l'étang de l'Or dans un intervalle de confiance de 95 % (doc. 3).
4. **Discuter** de la validité du résultat d'un échantillonnage dans une population.

Réflexion sur la science

Science et société

Les sondages d'opinion sont toujours réalisés avec un intervalle de confiance sur un nombre plus ou moins important de personnes. Les résultats devraient être fournis sous forme d'une fourchette de valeurs.

Pourquoi est-il plus pertinent de donner une fourchette de valeurs avec un indice de confiance plutôt qu'une valeur moyenne ?

CHAPITRE 9 • La biodiversité et son évolution 215

problèmes scientifiques

- Comment déterminer l'effectif d'une population ?
- Quelle est la validité du résultat obtenu ?

Mobilisation des acquis

- Vu en seconde (SVT) : identification, quantification et comparaison de la biodiversité interindividuelle, spécifique et écosystémique (au cours d'une sortie de terrain) ; mise en œuvre de protocoles d'échantillonnage statistiques permettant des descriptions rigoureuses concernant la biodiversité.

Les grandes idées à construire

- L'effectif d'une population peut être estimé à partir de différentes méthodes.
- La méthode de « capture-marquage-recapture » est une des méthodes utilisées pour évaluer un effectif. Un certain nombre d'individus sont marqués puis remis dans l'écosystème ; une deuxième capture est ensuite réalisée contenant une certaine proportion d'individus marqués. Si on suppose que les proportions d'individus marqués sont identiques dans l'échantillon de recapture et dans la population totale, on peut ainsi calculer l'effectif total par le calcul d'une quatrième proportionnelle.
- Lorsqu'on échantillonne, des individus sont prélevés aléatoirement dans un milieu. Des outils numériques comme les tableurs permettent de simuler des échantillonnages aléatoires et de comprendre qu'ils ne donnent pas toujours les mêmes résultats. Si on utilise cette idée à propos des effectifs calculés, on comprend que l'effectif estimé doit être assorti d'un niveau de confiance inférieur à 100 %. Un intervalle de confiance peut ainsi être calculé.

Les compétences travaillées

- **Extraire et organiser** des informations.
- **Interpréter** des résultats.
- **Utiliser** des outils numériques.

Les représentations de l'élève

- Il est important de bien faire comprendre à l'élève que la richesse spécifique n'est pas le seul paramètre qui détermine la biodiversité. Le nombre d'individus est également une donnée importante. Par ailleurs, l'effectif déterminé par une méthode quelconque n'est jamais un comptage de l'ensemble des individus d'un écosystème et n'est donc pas une valeur réelle mais une valeur estimée.

Ce que disent les documents

1 La méthode de « capture-marquage-recapture », ou CMR, peut être appliquée à des tortues Cistudes. Leur capture s'effectue par des nasses dans lesquelles est placé du foie de porc ou de la nourriture pour animaux. La nasse contient un flotteur ce qui permet aux tortues de respirer. Une campagne de piégeage dure environ quatre jours et plusieurs nasses sont utilisées. Elle peut être répétée plusieurs années. Le marquage est une encoche de la carapace effectuée par une lime. Il est donc permanent et ne modifie pas le comportement des tortues (ce marquage est aussi utilisé pour reconnaître les tortues d'une année sur l'autre). Les probabilités de capture et de recapture pour un individu sont considérées comme constantes.

Ces probabilités varient en fonction de l'activité des tortues (activité, hivernation) et les CMR ont lieu à la même période.

Des idées de questions :
- Quel est l'intérêt de réaliser un marquage sous forme d'encoche dans la carapace ?
- Comment varie l'activité des Cistudes au cours de l'année ?

Activité numérique À l'aide d'un tableau, des échantillons de même effectif peuvent être simulés afin de visualiser la fluctuation d'échantillonnage en s'intéressant par exemple au pourcentage d'individus femelles par échantillon de 100 individus (**doc. 2**). Dans un tableur, la fonction ALEA.ENTRE.BORNES (1;100) permet d'obtenir un nombre aléatoire entre 1 et 100. Dans la colonne B, on construit un échantillon de résultat : on applique donc la même formule sur une centaine de lignes B2:B102. Dans la cellule B102 on indique (simulation) la fréquence de capture d'un individu femelle dans la population. 100 échantillons sont ainsi obtenus, chacun possédant sa propre fréquence de capture d'individus femelles. Les résultats obtenus varient en fonction des échantillons : c'est ce qu'on appelle la *fluctuation d'échantillonnage*. Les effets de la fluctuation d'échantillonnage peuvent être minimisés grâce à l'intervalle de confiance.

3 Le calcul d'un intervalle de confiance avec un niveau de confiance à 95 % signifie que dans 95 cas sur 100, on affirme que la valeur obtenue appartient à l'intervalle de confiance.

Des idées de questions :
- Quel est l'intérêt d'établir un intervalle de confiance ?
- Le nombre d'individus de l'échantillonnage influence-t-il les valeurs de la fourchette de valeurs ?

Les + pour préparer votre séance

- Proposer un QCM de vérification de la bonne compréhension des notions abordées dans cette unité. En voici un exemple :

1. La méthode de comptage par capture-marquage-recapture :
a. peut se faire avec n'importe quelle espèce.
b. repose sur des calculs effectués sur le prélèvement de la première capture.
c. permet d'estimer l'effectif d'une population par le calcul d'une quatrième de proportionnelle.
d. donne l'effectif total exact d'une population.

2. Le niveau de confiance du résultat obtenu par CMR :
a. peut être de 100 %.
b. est toujours inférieur à 100 %.
c. n'est pas indispensable car il y a fluctuation d'échantillonnage.
d. est plus faible si la taille de l'échantillon est grande.

3. Un échantillonnage :
a. consiste à marquer des individus d'un milieu puis à les relâcher.
b. peut se faire par comptage direct ou par prélèvement d'individus.
c. doit être répété car il existe une fluctuation des résultats liée à l'échantillonnage lui-même.
d. doit être répété pour pouvoir calculer un intervalle de confiance.

4. Un intervalle de confiance :
a. est identique quel que soit le niveau de confiance attendu.
b. permet de calculer une valeur moyenne du paramètre étudié.
c. est fixe pour un échantillonnage donné.
d. est une fourchette de valeurs reliée à un indice de confiance.

- **Exercice complémentaire :** on souhaite estimer le nombre de poissons d'un lac. Pour cela, on capture 200 poissons que l'on marque et que l'on relâche. Quelques jours plus tard, on capture 500 poissons, l'un après l'autre, que l'on relâche immédiatement. Parmi les 500 poissons pêchés, 178 sont marqués. Déterminer un encadrement du nombre total de poissons dans le lac avec un niveau de confiance de 95 %.
- « Intervalle de confiance » : comment estimer une proportion à partir d'une fréquence, 2016.
https://www.youtube.com/watch?v=DgRglJrd7UQ

LE SAVIEZ-VOUS ?

- L'évaluation absolue par comptage direct n'est que rarement réalisable et concerne le plus souvent des populations de grands mammifères ou d'oiseaux que l'on peut suivre en direct.
- Outre l'effectif, différents paramètres permettent de caractériser une population : la densité, la natalité, la mortalité, la fécondité, le sex-ratio (nombre de mâles/nombre de femelles) et la répartition selon les âges.

CORRECTION DE L'UNITÉ

1. Lors de la campagne de 2013, 21 tortues sont marquées. Lors de la campagne de 2014, 18 tortues sur les 24 tortues capturées sont marquées. On peut écrire $21/N = 18/24$ et déduire que $N = 28$. Les tortues vivent dans des étangs et notamment sur les berges dans les roseaux (là où sont déposées les nasses), leur comptage direct peut donc s'avérer difficile.

2. Le cycle de vie montre des variations importantes de l'activité des tortues au cours de l'année. Il est donc important de répéter les mesures à la même période hors de la période d'hivernation. Les captures doivent être réalisées entre mars et août.

3. La proportion p d'individus femelles dans la population des Cistudes de l'étang de l'Or dans un intervalle de confiance de 95 % est :
$\left[f - \frac{1}{\sqrt{n}} ; f + \frac{1}{\sqrt{n}}\right]$ soit : $\left[0{,}27 - \frac{1}{\sqrt{100}} ; 0{,}27 + \frac{1}{\sqrt{100}}\right] = [0{,}17 ; 0{,}37]$.

4. Un échantillonnage donne une valeur unique qui peut être différente de la valeur réelle qu'on ne peut pas déterminer avec certitude. En revanche, on peut encadrer avec un niveau de confiance de 95 % la valeur obtenue. La fourchette de valeurs ainsi obtenue est d'autant plus précise que l'échantillon est de grande taille.

Les parcours possibles

PARCOURS 1 Initiation

1. Calculer l'effectif de tortues Cistudes et discuter de la validité du résultat.
2. À l'aide d'un tableur, simuler des échantillons d'un tirage aléatoire dans une population pour estimer le nombre de femelles.
3. Estimer l'intervalle de confiance de l'exemple proposé pour un niveau de confiance de 95 %.
4. Présenter oralement l'estimation de l'effectif d'une population par la méthode de CMR et expliquer l'intérêt d'assortir cette valeur d'un intervalle de confiance.

PARCOURS 2 Confirmé

1. Expliquer en quoi la méthode CMR repose sur le principe de la proportionnalité et estimer l'effectif de tortues Cistudes de l'écosystème étudié.
2. À l'aide du tableur, simuler des échantillons d'un tirage aléatoire à deux issues.
3. Montrer, en s'appuyant sur des calculs, que l'intervalle de confiance dépend de la taille de l'échantillon et du niveau de confiance.
4. Présenter oralement l'estimation de l'effectif d'une population par la méthode de CMR et expliquer l'intérêt d'assortir cette valeur d'un intervalle de confiance.

INDICATEURS DE RÉUSSITE	NIVEAU A	B	C	D
L'effectif de tortues Cistudes estimé par CMR est correct.				
Le tableur est correctement paramétré et permet de simuler les résultats d'un échantillonnage pour un caractère avec deux possibilités.				
L'intervalle de confiance est correctement estimé.				
L'intervalle de confiance est assorti d'un niveau de confiance (95 %)				

Livre de l'élève

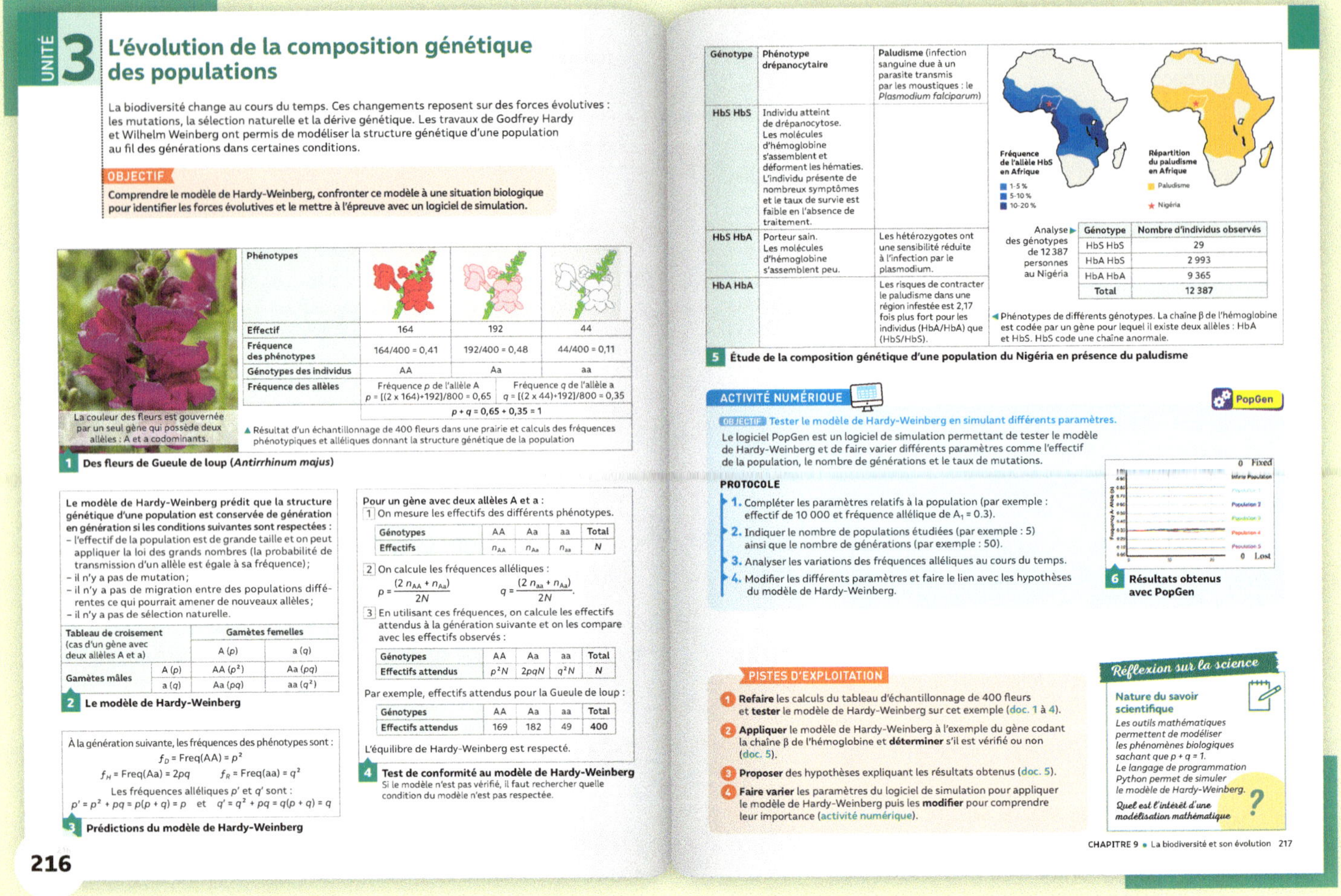

UNITÉ 3 L'évolution de la composition génétique des populations

La biodiversité change au cours du temps. Ces changements reposent sur des forces évolutives : les mutations, la sélection naturelle et la dérive génétique. Les travaux de Godfrey Hardy et Wilhelm Weinberg ont permis de modéliser la structure génétique d'une population au fil des générations dans certaines conditions.

OBJECTIF

Comprendre le modèle de Hardy-Weinberg, confronter ce modèle à une situation biologique pour identifier les forces évolutives et le mettre à l'épreuve avec un logiciel de simulation.

Phénotypes			
Effectif	164	192	44
Fréquence des phénotypes	164/400 = 0,41	192/400 = 0,48	44/400 = 0,11
Génotypes des individus	AA	Aa	aa
Fréquence des allèles	Fréquence p de l'allèle A p = [(2 x 164)+192]/800 = 0,65		Fréquence q de l'allèle a q = [(2 x 44)+192]/800 = 0,35
	$p + q$ = 0,65 + 0,35 = 1		

La couleur des fleurs est gouvernée par un seul gène qui possède deux allèles : A et a codominants.

▲ Résultat d'un échantillonnage de 400 fleurs dans une prairie et calculs des fréquences phénotypiques et alléliques donnant la structure génétique de la population

1 Des fleurs de Gueule de loup (*Antirrhinum majus*)

Le modèle de Hardy-Weinberg prédit que la structure génétique d'une population est conservée de génération en génération si les conditions suivantes sont respectées :
- l'effectif de la population est de grande taille et on peut appliquer la loi des grands nombres (la probabilité de transmission d'un allèle est égale à sa fréquence) ;
- il n'y a pas de mutation ;
- il n'y a pas de migration entre des populations différentes ce qui pourrait amener de nouveaux allèles ;
- il n'y a pas de sélection naturelle.

Tableau de croisement (cas d'un gène avec deux allèles A et a)		Gamètes femelles	
		A (p)	a (q)
Gamètes mâles	A (p)	AA (p^2)	Aa (pq)
	a (q)	Aa (pq)	aa (q^2)

2 Le modèle de Hardy-Weinberg

À la génération suivante, les fréquences des phénotypes sont :

f_D = Freq(AA) = p^2

f_H = Freq(Aa) = $2pq$ f_R = Freq(aa) = q^2

Les fréquences alléliques p' et q' sont :

$p' = p^2 + pq = p(p + q) = p$ et $q' = q^2 + pq = q(p + q) = q$

3 Prédictions du modèle de Hardy-Weinberg

Pour un gène avec deux allèles A et a :

1 On mesure les effectifs des différents phénotypes.

Génotypes	AA	Aa	aa	Total
Effectifs	n_{AA}	n_{Aa}	n_{aa}	N

2 On calcule les fréquences alléliques :

$p = \frac{(2\,n_{AA} + n_{Aa})}{2N}$ $q = \frac{(2\,n_{aa} + n_{Aa})}{2N}$

3 En utilisant ces fréquences, on calcule les effectifs attendus à la génération suivante et on les compare avec les effectifs observés :

Génotypes	AA	Aa	aa	Total
Effectifs attendus	p^2N	$2pqN$	q^2N	N

Par exemple, effectifs attendus pour la Gueule de loup :

Génotypes	AA	Aa	aa	Total
Effectifs attendus	169	182	49	400

L'équilibre de Hardy-Weinberg est respecté.

4 Test de conformité au modèle de Hardy-Weinberg

Si le modèle n'est pas vérifié, il faut rechercher quelle condition du modèle n'est pas respectée.

216

Génotype	Phénotype drépanocytaire	Paludisme (infection sanguine due à un parasite transmis par les moustiques : le *Plasmodium falciparum*)
HbS HbS	Individu atteint de drépanocytose. Les molécules d'hémoglobine s'assemblent et déforment les hématies. L'individu présente de nombreux symptômes et le taux de survie est faible en l'absence de traitement.	
HbS HbA	Porteur sain. Les molécules d'hémoglobine s'assemblent peu.	Les hétérozygotes ont une sensibilité réduite à l'infection par le plasmodium.
HbA HbA		Les risques de contracter le paludisme dans une région infestée est 2,17 fois plus fort pour les individus (HbA/HbA) que (HbS/HbS).

Analyse des génotypes de 12 387 personnes au Nigéria ▶

Génotype	Nombre d'individus observés
HbS HbS	29
HbA HbS	2 993
HbA HbA	9 365
Total	12 387

◀ Phénotypes de différents génotypes. La chaîne β de l'hémoglobine est codée par un gène pour lequel il existe deux allèles : HbA et HbS. HbS code une chaîne anormale.

5 Étude de la composition génétique d'une population du Nigéria en présence du paludisme

ACTIVITÉ NUMÉRIQUE

PopGen

OBJECTIF Tester le modèle de Hardy-Weinberg en simulant différents paramètres.

Le logiciel PopGen est un logiciel de simulation permettant de tester le modèle de Hardy-Weinberg et de faire varier différents paramètres comme l'effectif de la population, le nombre de générations et le taux de mutations.

PROTOCOLE

1. Compléter les paramètres relatifs à la population (par exemple : effectif de 10 000 et fréquence allélique de A_1 = 0.3).
2. Indiquer le nombre de populations étudiées (par exemple : 5) ainsi que le nombre de générations (par exemple : 50).
3. Analyser les variations des fréquences alléliques au cours du temps.
4. Modifier les différents paramètres et faire le lien avec les hypothèses du modèle de Hardy-Weinberg.

6 Résultats obtenus avec PopGen

PISTES D'EXPLOITATION

1 **Refaire** les calculs du tableau d'échantillonnage de 400 fleurs et **tester** le modèle de Hardy-Weinberg sur cet exemple (doc. 1 à 4).

2 **Appliquer** le modèle de Hardy-Weinberg à l'exemple du gène codant la chaîne β de l'hémoglobine et **déterminer** s'il est vérifié ou non (doc. 5).

3 **Proposer** des hypothèses expliquant les résultats obtenus (doc. 5).

4 **Faire varier** les paramètres du logiciel de simulation pour appliquer le modèle de Hardy-Weinberg puis les **modifier** pour comprendre leur importance (activité numérique).

Réflexion sur la science

Nature du savoir scientifique

Les outils mathématiques permettent de modéliser les phénomènes biologiques sachant que $p + q = 1$. Le langage de programmation Python permet de simuler le modèle de Hardy-Weinberg.

Quel est l'intérêt d'une modélisation mathématique ?

CHAPITRE 9 • La biodiversité et son évolution 217

problèmes scientifiques

- Comment utiliser un modèle mathématique pour comprendre l'évolution de la composition génétique d'une population au cours du temps ?
- Quels paramètres font varier la composition génétique d'une population au cours du temps ?

Mobilisation des acquis

- Vu en cycle 4 : la diversité génétique des individus. La biodiversité est reliée à la diversité génétique en lien avec l'ADN, les mutations, les brassages et la méiose. On explique sur quoi reposent la diversité et la stabilité génétique des individus.
- Vu en seconde (SVT) : la variabilité allélique au sein d'une espèce. L'évolution de la biodiversité au cours du temps s'explique par des forces évolutives s'exerçant au niveau des populations.

Les grandes idées à construire

- Le modèle de Hardy-Weinberg est un modèle mathématique qui prédit que la structure génétique d'une population, et donc les fréquences des allèles et des génotypes, sont conservées d'une génération à l'autre si certaines conditions sont respectées : absence de migration, de mutation et de sélection.
- Il peut exister des écarts entre les fréquences calculées et les fréquences observées, expliqués le plus souvent par les effets des forces évolutives (mutation, sélection naturelle, dérive, etc.).
- Des logiciels de simulation, comme PopGen et PopG, permettent de faire varier différents paramètres et de tester ce modèle mathématique.

Les compétences travaillées

- **Extraire et organiser** des informations.
- **Exploiter** des documents.
- **Communiquer**.
- **Utiliser** un logiciel de simulation.

Les représentations de l'élève

- L'élève a déjà vu les forces évolutives et sait que la composition génétique des populations change au cours du temps. Le modèle de Hardy-Weinberg montre, au contraire, une stabilité des probabilités des génotypes au cours du temps. Mais il s'agit d'un modèle mathématique qui repose sur des conditions. Il faut donc confronter ce modèle aux résultats obtenus afin de déterminer ce qui est à l'origine des variations de fréquence observées.
- Les élèves ont tendance à segmenter les apprentissages. Or les mathématiques et les SVT coopèrent dans la compréhension de phénomènes biologiques et il est important de décloisonner les connaissances.

Ce que disent les documents

1 à **4** L'objectif est de bien comprendre l'application du modèle de Hardy-Weinberg sur un exemple concret pour un gène avec deux allèles. On utilise la Gueule de loup dont la couleur des fleurs est gouvernée par un gène pour lequel deux allèles sont connus et codominants. Ainsi les génotypes peuvent être directement déduits de l'observation des phénotypes (**doc. 1**).

Le calcul des fréquences des allèles A et a est réalisé pour le nombre total d'allèles dans la population, soit 800, puisque chacun des 400 individus possède deux allèles. Un homozygote (phénotype rouge ou phénotype blanc) possède deux allèles identiques. Les fréquences des génotypes à la génération suivante sont données dans le **doc. 3**.

Afin de vérifier le modèle de Hardy-Weinberg (**doc. 2**), on peut procéder de deux manières : en calculant les fréquences génotypiques à partir des fréquences alléliques et en vérifiant que ces fréquences sont identiques à celles de la génération étudiée ; en calculant les effectifs attendus pour les différents génotypes avec les fréquences alléliques et en les comparant aux effectifs réels (ce qui peut être plus concret pour un élève) (**doc. 4**).

Des idées de questions :
- Quel est l'intérêt de travailler sur des Gueules de loup pour déterminer le génotype des individus concernant le gène étudié ?
- Quelles sont les hypothèses retenues pour le modèle de Hardy-Weinberg ? Donner des exemples pour lesquels une de ces hypothèses n'est pas vérifiée.

5 L'exemple de la drépanocytose permet de travailler sur un exemple d'influence de l'environnement et de la sélection naturelle.

Des idées de questions :
- La drépanocytose est-elle une maladie génétique ? Le paludisme est-il une maladie génétique ?
- Quel est l'avantage sélectif des hétérozygotes dans un pays touché par le paludisme ?
- Que pouvez-vous dire des régions touchées par le paludisme par rapport à celles où la fréquence de l'allèle HbS est la plus forte ?

Activité numérique L'utilisation d'un logiciel de simulation comme PopGen permet de faire varier les paramètres du modèle de Hardy-Weinberg (**doc. 6**). Faire varier un paramètre à la fois permet de mesurer son importance dans le maintien des fréquences alléliques au cours des générations.

Idée de question :
- Les paramètres posés dans le modèle de Hardy-Weinberg influencent-ils les variations des fréquences alléliques au cours des générations ?

Les + pour préparer votre séance

- Proposer un QCM de vérification de la bonne compréhension des notions abordées dans cette unité. [→ **Annexe 1, page 177**]
- **La démarche de modélisation mathématique** comporte plusieurs étapes : identification du type de modèle le mieux adapté pour traduire la réalité, détermination des paramètres du modèle, confrontation des résultats du modèle à des observations pouvant conduire à limiter son domaine de validité ou à le modifier.
- **Le modèle de Hardy-Weinberg et le logiciel PopGen** [→ **Annexe 2, page 177**]

Article en ligne

- L'anémie falciforme et le paludisme
http://genet.univ-tours.fr/gen001700_fichiers/htm/ch8b/gen12ch8bec7.htm
- La dérive génétique, *Planet-vie*
https://planet-vie.ens.fr/content/la-derive-genetique

CORRECTION DE L'UNITÉ

1. Le calcul des fréquences génotypiques nous donne : $f(AA) = 0{,}65^2 = 0{,}42$; $f(aa) = 0{,}35^2 = 0{,}12$ et $f(Aa)$ $(2 \times 0{,}65 \times 0{,}35) = 0{,}46$.
Si on évalue les effectifs attendus avec ces fréquences, on obtient pour une population de 400 fleurs :

Génotypes	AA	Aa	aa	**Total**
Effectifs attendus	p^2N	$2pqN$	q^2N	***N***
	169	182	49	**400**

Le modèle de Hardy-Weinberg est vérifié.

2. On calcule :

$$p = \text{fréquence de l'allèle HbA} = \frac{2\,993 + (9\,365 \times 2)}{2 \times 12\,387} = 0{,}88$$

$$q = \text{fréquence de l'allèle HbS} = \frac{2\,993 + (29 \times 2)}{2 \times 12\,387} = 0{,}12$$

On peut ainsi calculer les effectifs attendus :

Génotypes	(HbA/HbA)	(HbA/HbS)	(HbS/HbS)
Effectifs attendus	$0{,}88^2 \times 12\,387 = 9\,593$	$2 \times 0{,}88 \times 0{,}12 \times 12\,387 = 2\,616$	$0{,}12^2 \times 12\,387 = 178$

Cette population ne vérifie pas l'équilibre de Hardy-Weinberg.

3. Les individus (HbS/HbS) sont atteints de drépanocytose et le taux de survie est faible en l'absence de traitement ce qui peut expliquer que la fréquence observée pour ce phénotype soit inférieure à la fréquence calculée. Pour le génotype (HbA/HbS), l'effectif calculé est inférieur à l'effectif observé. Les individus atteints de drépanocytose sont mieux protégés contre le paludisme ce qui augmente leur survie dans cette région très touchée (→ **carte**). Cette population est soumise à la sélection naturelle et un facteur de l'environnement agit de façon différentielle sur les différents phénotypes. On peut noter qu'on ne dispose pas d'informations sur la panmixie.

4. La variation des paramètres du modèle montre que l'effectif (en particulier les faibles effectifs) est le paramètre le plus déterminant sur la variabilité des résultats.

Les parcours possibles

PARCOURS 1 Initiation

1. Appliquer le modèle mathématique de Hardy-Weinberg à l'exemple des Gueules de Loup et montrer que les fréquences alléliques et génotypiques sont maintenues au cours des générations.
2. Appliquer le modèle mathématique de Hardy-Weinberg à l'exemple du phénotype drépanocytaire en calculant les effectifs attendus et rechercher quelle condition du modèle n'est pas respectée.
3. Utiliser le logiciel PopGen afin de faire varier les différents paramètres du modèle de Hardy-Weinberg dans une population fictive.
4. Présenter oralement en 5 minutes le modèle de Hardy-Weinberg et son intérêt.

PARCOURS 2 Confirmé

1. Après avoir analysé le modèle de Hardy-Weinberg (**doc. 1** à **4**), appliquer ce modèle à l'exemple de la drépanocytose et formuler une hypothèse pour expliquer les résultats observés.
2. Tester le modèle de Hardy-Weinberg avec le logiciel PopGen.
3. Présenter oralement en 5 minutes le modèle de Hardy-Weinberg et son intérêt.

INDICATEURS DE RÉUSSITE	NIVEAU A	B	C	D
Le modèle mathématique de Hardy-Weinberg est correctement utilisé pour calculer les effectifs attendus.				
Lorsque les effectifs réels diffèrent des effectifs calculés, une hypothèse cohérente (reprenant une des conditions du modèle) est formulée.				
Les paramètres de variation du logiciel PopGen sont mis en relation avec le modèle de Hardy-Weinberg.				

CHAPITRE 9

Livre de l'élève

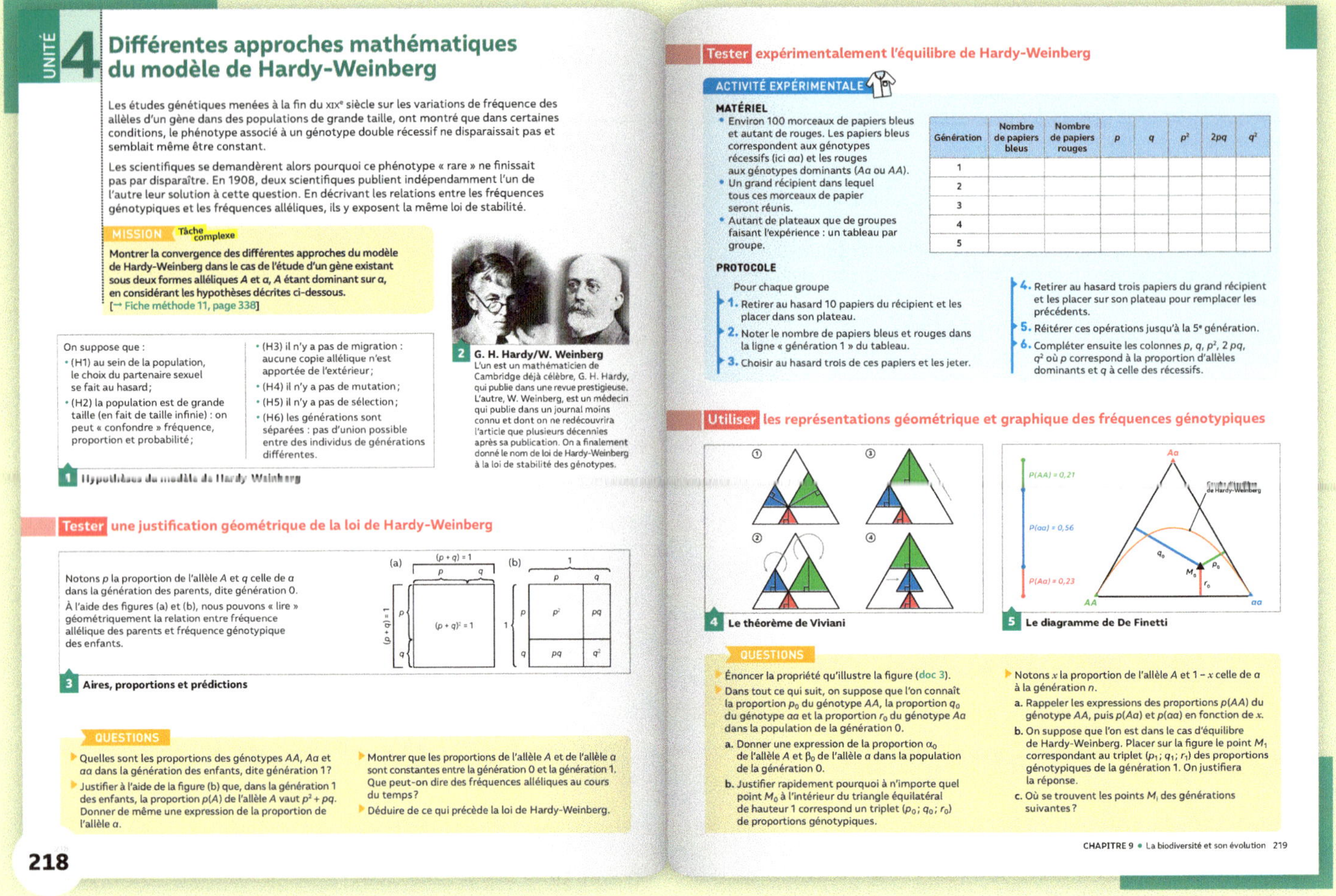
UNITÉ 4 Différentes approches mathématiques du modèle de Hardy-Weinberg

Les études génétiques menées à la fin du XIXe siècle sur les variations de fréquence des allèles d'un gène dans des populations de grande taille, ont montré que dans certaines conditions, le phénotype associé à un génotype double récessif ne disparaissait pas et semblait même être constant.

Les scientifiques se demandèrent alors pourquoi ce phénotype « rare » ne finissait pas par disparaître. En 1908, deux scientifiques publient indépendamment l'un de l'autre leur solution à cette question. En décrivant les relations entre les fréquences génotypiques et les fréquences alléliques, ils y exposent la même loi de stabilité.

MISSION Tâche complexe

Montrer la convergence des différentes approches du modèle de Hardy-Weinberg dans le cas de l'étude d'un gène existant sous deux formes alléliques A et a, A étant dominant sur a, en considérant les hypothèses décrites ci-dessous.

[→ Fiche méthode 11, page 338]

On suppose que :
- (H1) au sein de la population, le choix du partenaire sexuel se fait au hasard ;
- (H2) la population est de grande taille (en fait de taille infinie) : on peut « confondre » fréquence, proportion et probabilité ;
- (H3) il n'y a pas de migration : aucune copie allélique n'est apportée de l'extérieur ;
- (H4) il n'y a pas de mutation ;
- (H5) il n'y a pas de sélection ;
- (H6) les générations sont séparées : pas d'union possible entre des individus de générations différentes.

1 Hypothèses du modèle de Hardy-Weinberg

2 G. H. Hardy/W. Weinberg
L'un est un mathématicien de Cambridge déjà célèbre, G. H. Hardy, qui publie dans une revue prestigieuse. L'autre, W. Weinberg, est un médecin qui publie dans un journal moins connu et dont on ne redécouvrira l'article que plusieurs décennies après sa publication. On a finalement donné le nom de loi de Hardy-Weinberg à la loi de stabilité des génotypes.

Tester une justification géométrique de la loi de Hardy-Weinberg

Notons p la proportion de l'allèle A et q celle de a dans la génération des parents, dite génération 0.
À l'aide des figures (a) et (b), nous pouvons « lire » géométriquement la relation entre fréquence allélique des parents et fréquence génotypique des enfants.

3 Aires, proportions et prédictions

QUESTIONS
- Quelles sont les proportions des génotypes AA, Aa et aa dans la génération des enfants, dite génération 1 ?
- Justifier à l'aide de la figure (b) que, dans la génération 1 des enfants, la proportion $p(A)$ de l'allèle A vaut $p^2 + pq$. Donner de même une expression de la proportion de l'allèle a.
- Montrer que les proportions de l'allèle A et de l'allèle a sont constantes entre la génération 0 et la génération 1. Que peut-on dire des fréquences alléliques au cours du temps ?
- Déduire de ce qui précède la loi de Hardy-Weinberg.

218

Tester expérimentalement l'équilibre de Hardy-Weinberg

ACTIVITÉ EXPÉRIMENTALE

MATÉRIEL
- Environ 100 morceaux de papiers bleus et autant de rouges. Les papiers bleus correspondent aux génotypes récessifs (ici aa) et les rouges aux génotypes dominants (Aa ou AA).
- Un grand récipient dans lequel tous ces morceaux de papier seront réunis.
- Autant de plateaux que de groupes faisant l'expérience : un tableau par groupe.

Génération	Nombre de papiers bleus	Nombre de papiers rouges	p	q	p^2	$2pq$	q^2
1							
2							
3							
4							
5							

PROTOCOLE

Pour chaque groupe
1. Retirer au hasard 10 papiers du récipient et les placer dans son plateau.
2. Noter le nombre de papiers bleus et rouges dans la ligne « génération 1 » du tableau.
3. Choisir au hasard trois de ces papiers et les jeter.
4. Retirer au hasard trois papiers du grand récipient et les placer sur son plateau pour remplacer les précédents.
5. Réitérer ces opérations jusqu'à la 5e génération.
6. Compléter ensuite les colonnes p, q, p^2, $2pq$, q^2 où p correspond à la proportion d'allèles dominants et q à celle des récessifs.

Utiliser les représentations géométrique et graphique des fréquences génotypiques

4 Le théorème de Viviani

5 Le diagramme de De Finetti

QUESTIONS
- Énoncer la propriété qu'illustre la figure (doc 3).
- Dans tout ce qui suit, on suppose que l'on connaît la proportion p_0 du génotype AA, la proportion q_0 du génotype aa et la proportion r_0 du génotype Aa dans la population de la génération 0.
  a. Donner une expression de la proportion α_0 de l'allèle A et β_0 de l'allèle a dans la population de la génération 0.
  b. Justifier rapidement pourquoi à n'importe quel point M_0 à l'intérieur du triangle équilatéral de hauteur 1 correspond un triplet (p_0 ; q_0 ; r_0) de proportions génotypiques.
- Notons x la proportion de l'allèle A et $1 - x$ celle de a à la génération n.
  a. Rappeler les expressions des proportions $p(AA)$ du génotype AA, puis $p(Aa)$ et $p(aa)$ en fonction de x.
  b. On suppose que l'on est dans le cas d'équilibre de Hardy-Weinberg. Placer sur la figure le point M_1 correspondant au triplet (p_1 ; q_1 ; r_1) des proportions génotypiques de la génération 1. On justifiera la réponse.
  c. Où se trouvent les points M_i des générations suivantes ?

CHAPITRE 9 • La biodiversité et son évolution 219

Cette unité, bien que construite dans l'esprit des autres unités de ce chapitre, est une unité dont l'objet principal est mathématique. Ainsi, nous parlons ici d'« hypothèses » au modèle de Hardy-Weinberg et non de « conditions » comme fait à l'**unité 3**. Et, pour établir le modèle mathématique, nous supposons que :
- (H1) au sein de la population, le choix du partenaire sexuel se fait au hasard ;
- (H2) la population est de grande taille (en fait de taille infinie) : on peut « confondre » fréquence, proportion et probabilité ;
- (H3) il n'y a pas de migration : aucune copie allélique n'est apportée de l'extérieur ;
- (H4) il n'y a pas de mutation ;
- (H5) il n'y a pas de sélection ;
- (H6) les générations sont séparées : pas d'union possible entre des individus de générations différentes.

Ainsi, à la différence de l'**unité 3**, en mathématiques on formalise explicitement les hypothèses (ou conditions) (H1) et (H6) :
(H1) justifiera ici l'équiprobabilité et (H6) le fait que les calculs pour la génération $n + 1$ ne dépendent que des données de la génération n.

problèmes scientifiques

- **Comment utiliser un modèle mathématique pour comprendre l'évolution de la composition génétique d'une population au cours du temps ?**
- **Comment justifier et représenter graphiquement la loi de Hardy-Weinberg ?**

Mobilisation des acquis

Au programme de mathématiques, concernant les probabilités, thème central de cette unité :
- Vu en cycle 4 : dans le thème B « Organisation et gestion de données, fonctions », les élèves ont travaillé sur les notions élémentaires de probabilité : expérience aléatoire, issue, événement, probabilité. Ils ont construit leur intuition sur des situations concrètes fondées sur l'équiprobabilité, puis en simulant la répétition d'épreuves identiques et indépendantes pour observer la stabilisation des fréquences. Ils sont capables de calculer des probabilités dans des contextes faisant intervenir une ou deux épreuves.
- Vu en seconde : formalisation de la notion de loi (ou distribution) de probabilité dans le cas fini en s'appuyant sur le langage des ensembles et précision des premiers éléments de calcul des probabilités. On insiste sur le fait qu'une loi de probabilité (par exemple une équiprobabilité) est une hypothèse du modèle choisi et ne se démontre pas.

Les grandes idées à construire

L'**unité 3** illustre en quoi le modèle de Hardy-Weinberg est un modèle mathématique qui prédit que la structure génétique d'une population, et donc les fréquences des allèles et des génotypes, sont conservées d'une génération à l'autre si certaines conditions sont respectées parmi lesquelles l'absence de migration, de mutation et de sélection. Dans cette unité, cette relation entre générations est précisée :

– les fréquences alléliques peuvent toujours se déduire des fréquences génotypiques d'une même génération mais la réciproque est fausse ;

– dans le cadre des hypothèses (H1)-(H6), c'est-à-dire dans le cas d'un équilibre de Hardy-Weinberg, les fréquences génotypiques de la génération courante ou de la suivante peuvent se déduire des fréquences alléliques de la génération courante.

Cette unité illustre aussi le fait que l'utilisation d'un support graphique pour représenter des données constitue souvent une étape importante pour illustrer un raisonnement: ainsi, les diagrammes de De Finetti constituent un outil utilisé dans des recherches récentes en génétique.

Les compétences travaillées

Nous nous appuyons ici sur les compétences du programme de mathématiques de la classe de seconde qui reprend celles du cycle 4. Les compétences travaillées dans cette unité sont alors:

- **Faire une simulation.**
- **Représenter**, choisir un cadre (numérique, algébrique, géométrique...), changer de registre.
- **Raisonner**, trouver des résultats partiels et les mettre en perspective.
- **Communiquer** un résultat par oral ou par écrit, expliquer une démarche.

Les représentations de l'élève

- Comme mentionné dans l'**unité 3**, l'élève sait que la composition génétique des populations change au cours du temps. Le modèle de Hardy-Weinberg montre, au contraire une stabilité des probabilités des génotypes au cours du temps. Mais il s'agit d'un modèle mathématique qui repose sur des conditions (terme choisi en SVT) ou hypothèses (terme choisi en mathématiques). Il faut donc confronter ce modèle aux résultats obtenus afin de déterminer ce qui est à l'origine des variations de fréquence observées.
- Comme indiqué dans l'**unité 3**, les mathématiques et les SVT coopèrent dans la compréhension de phénomènes biologiques. Mais ici, différents domaines des mathématiques sont simultanément sollicités pour résoudre un problème complexe lié au vivant: des surfaces pour illustrer des probabilités, des recueils de données statistiques pour illustrer la différence entre modèle et réalité... Les mathématiques, en permettant la formalisation de modèles, aident à mieux comprendre le vivant.

Ce que disent les documents

Le document Eduscol dédié au traitement mathématique de ce sous-thème du programme d'enseignement scientifique (https://cache.media.eduscol.education.fr/file/les_mathematiques_de_l_ES/82/3/RA20_Lycee_G_T_ES_sous-theme-3-1-Hardy-Weinberg_1241823.pdf) identifie les mots « fréquences, probabilités, allèles et génotypes » comme mots-clés. Ce document, en s'appuyant sur le programme officiel, rappelle que les populations évoluent au cours du temps et que des modèles mathématiques probabilistes et des outils statistiques permettent d'étudier les mécanismes évolutifs impliqués. En particulier, le modèle mathématique de Hardy-Weinberg utilise la théorie des probabilités pour décrire le phénomène que l'on suppose aléatoire de transmission des allèles dans une population. En faisant l'hypothèse que l'on peut assimiler les probabilités à des fréquences pour des effectifs de grande taille (loi des grands nombres), le modèle prédit que la structure génétique d'une population de grand effectif est stable d'une génération à l'autre sous certaines conditions (absence de migration, de mutation et de sélection). Cette stabilité théorique est connue sous le nom d'équilibre de Hardy-Weinberg.

Parmi les savoir-faire exploités dans cette unité, on trouve: pour la transmission de deux allèles dans le cadre du modèle de Hardy-Weinberg, établir les relations entre les probabilités des génotypes d'une génération et celles de la génération précédente; produire une démonstration mathématique ou un calcul sur tableur pour prouver ou constater que les probabilités des génotypes sont constantes à partir de la seconde génération (modèle de Hardy-Weinberg).

Enfin, les notions mathématiques travaillées dans cette unité sont: les suites, les relations de récurrence, des calculs de fréquences et de probabilités, le principe de l'estimation d'une probabilité ou d'une proportion dans une population par une fréquence observée sur un échantillon, la notion de fonction polynôme du second degré.

Les + pour préparer votre séance

Article en ligne

- « Loi et équilibre de Hardy-Weinberg », *médecine/sciences*, 14: 1301-4, 1998.
http://www.ipubli.inserm.fr/bitstream/handle/10608/964/MS_1998_11_1301.pdf?sequence=1&isAllowed=y

Vidéo

- Une vidéo qui détaille comment aborder un problème simple dans le cadre de Hardy-Weinberg (en anglais): https://www.youtube.com/watch?v=7S4WMwesMts
- Une vidéo d'application de Hardy-Weinberg (en anglais): https://www.youtube.com/watch?v=D5NVlAaT-0A
- Une vidéo sur De Finetti (en espagnol, sous-titrée en anglais): https://www.youtube.com/watch?v=Ge-PKp2Y_3M

LE SAVIEZ-VOUS ?

- L'expression « diagramme de De Finetti » apparaît dans l'article *Natural selection and the de Finetti diagram* de Cannings et Edwards en 1968 (*Ann Hum Genet.* 1968; 31(4): 421-428). Ces auteurs rappellent en introduction de leur article que l'utilisation du triangle équilatéral par De Finetti date de 1926 et qu'il retrouve la loi de stabilité de Hardy-Weinberg:

  « Using a continuous-time model de Finetti showed that in the absence of any form of selection or migration a population tends to a stable distribution of genotypes characterized by the relation $v^2 = 4uw$, where u, v and w are the proportions of genotypes AA, Aa and aa respectively. We now know this as Hardy-Weinberg equilibrium, and de Finetti pointed out that the relation $v^2 = 4uw$ defined a parabola on which populations in Hardy-Weinberg equilibrium lie. He also observed that, in the absence of selection, populations would approach their equilibrium positions along vertical lines, indicating that the gene frequency was unchanging. »

- Dans cette unité nous essayons de combiner une approche de Hardy-Weinberg traditionnelle pour établir la stabilité des fréquences alléliques dès la génération 0 à celle de De Finetti pour visualiser la stabilité des fréquences génotypiques à partir de la génération 1.

  Les diagrammes de De Finetti constituent toujours un outil mathématique graphique utilisé dans les articles de recherche.

- Il y a deux conséquences conceptuelles inattendues à la loi de Hardy-Weinberg. Tout d'abord, cette loi montre que même si des individus homozygotes ou hétérozygotes peuvent avoir une descendance variée au grès des croisements, il n'y a pas de variation des fréquences alléliques au sein d'une population, si on respecte les conditions d'application du modèle. En conséquence, si évolution des espèces il y a, elle se réalise en lien avec le non-respect des conditions du modèle, mais surtout, elle ne se fait pas au niveau des individus, mais bien au niveau des populations. La population est donc le niveau biologique d'application de l'évolution.

  Par ailleurs, la théorie eugéniste d'éradication des caractères désignés comme « tares » génétiques, par élimination des individus porteurs, se heurte au fait qu'en cas de caractère récessif, avec une fréquence faible (q), les individus qui expriment ce caractère sont extrêmement peu nombreux dans la population (fréquence = q^2), et leur élimination ou leur non-reproduction n'aura quasiment aucun impact, car les hétérozygotes (fréquence pq) seront toujours beaucoup plus nombreux et auront une descendance qui sera constituée pour 1/4 d'individus exprimant ce caractère. Cette théorie n'est donc pas en adéquation avec l'évolution des populations, ce n'est donc pas une théorie scientifique mais bien idéologique.

CORRECTION DE L'UNITÉ [→ Annexe 3, page 177]

Livre de l'élève

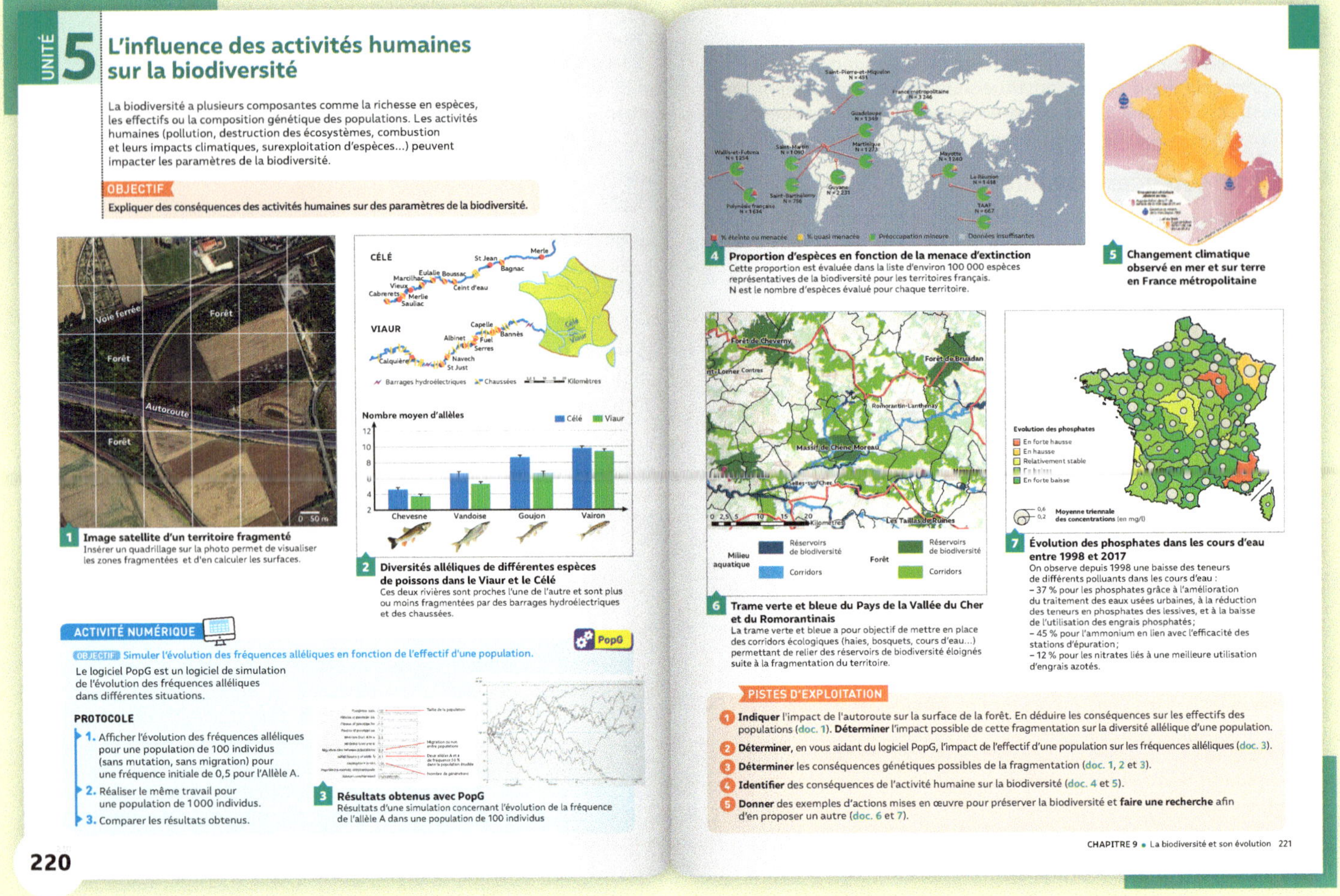

UNITÉ 5

L'influence des activités humaines sur la biodiversité

La biodiversité a plusieurs composantes comme la richesse en espèces, les effectifs ou la composition génétique des populations. Les activités humaines (pollution, destruction des écosystèmes, combustion et leurs impacts climatiques, surexploitation d'espèces...) peuvent impacter les paramètres de la biodiversité.

OBJECTIF

Expliquer des conséquences des activités humaines sur des paramètres de la biodiversité.

1 Image satellite d'un territoire fragmenté
Insérer un quadrillage sur la photo permet de visualiser les zones fragmentées et d'en calculer les surfaces.

2 Diversités alléliques de différentes espèces de poissons dans le Viaur et le Célé
Ces deux rivières sont proches l'une de l'autre et sont plus ou moins fragmentées par des barrages hydroélectriques et des chaussées.

ACTIVITÉ NUMÉRIQUE

PopG

OBJECTIF Simuler l'évolution des fréquences alléliques en fonction de l'effectif d'une population.

Le logiciel PopG est un logiciel de simulation de l'évolution des fréquences alléliques dans différentes situations.

PROTOCOLE

1. Afficher l'évolution des fréquences alléliques pour une population de 100 individus (sans mutation, sans migration) pour une fréquence initiale de 0,5 pour l'Allèle A.
2. Réaliser le même travail pour une population de 1000 individus.
3. Comparer les résultats obtenus.

3 Résultats obtenus avec PopG
Résultats d'une simulation concernant l'évolution de la fréquence de l'allèle A dans une population de 100 individus

220

4 Proportion d'espèces en fonction de la menace d'extinction
Cette proportion est évaluée dans la liste d'environ 100 000 espèces représentatives de la biodiversité pour les territoires français.
N est le nombre d'espèces évalué pour chaque territoire.

5 Changement climatique observé en mer et sur terre en France métropolitaine

6 Trame verte et bleue du Pays de la Vallée du Cher et du Romorantinais
La trame verte et bleue a pour objectif de mettre en place des corridors écologiques (haies, bosquets, cours d'eau...) permettant de relier des réservoirs de biodiversité éloignés suite à la fragmentation du territoire.

7 Évolution des phosphates dans les cours d'eau entre 1998 et 2017
On observe depuis 1998 une baisse des teneurs de différents polluants dans les cours d'eau :
- 37 % pour les phosphates grâce à l'amélioration du traitement des eaux usées urbaines, à la réduction des teneurs en phosphates des lessives, et à la baisse de l'utilisation des engrais phosphatés ;
- 45 % pour l'ammonium en lien avec l'efficacité des stations d'épuration ;
- 12 % pour les nitrates liés à une meilleure utilisation d'engrais azotés.

PISTES D'EXPLOITATION

1. **Indiquer** l'impact de l'autoroute sur la surface de la forêt. En déduire les conséquences sur les effectifs des populations (doc. 1). **Déterminer** l'impact possible de cette fragmentation sur la diversité allélique d'une population.
2. **Déterminer**, en vous aidant du logiciel PopG, l'impact de l'effectif d'une population sur les fréquences alléliques (doc. 3).
3. **Déterminer** les conséquences génétiques possibles de la fragmentation (doc. 1, 2 et 3).
4. **Identifier** des conséquences de l'activité humaine sur la biodiversité (doc. 4 et 5).
5. **Donner** des exemples d'actions mises en œuvre pour préserver la biodiversité et **faire une recherche** afin d'en proposer un autre (doc. 6 et 7).

CHAPITRE 9 • La biodiversité et son évolution 221

problème scientifique

▶ Quelles sont les actions pour limiter l'influence de l'activité humaine sur la biodiversité ?

▶ Mobilisation des acquis

- Vu en cycle 4 : les responsabilités individuelle et collective en matière de préservation des ressources de la planète comme la biodiversité. Les impacts des activités humaines à l'échelle mondiale (modifications liées au changement climatique et à la mondialisation). Notion d'espèce invasive.
- Vu en seconde (SVT) : l'évolution permanente de la biodiversité due à de nombreux facteurs dont l'activité humaine.
- Vu en première SVT (spécialité) : politiques de préservation de la biodiversité en crise. L'espèce humaine comme un élément des écosystèmes, en interdépendance avec son environnement.

▶ Les grandes idées à construire

- Les activités humaines ont des conséquences nombreuses sur les écosystèmes : à l'échelle de l'écosystème (pollution, destruction de l'écosystème), à une échelle beaucoup plus globale (changement climatique, surexploitation d'espèces).
- La fragmentation d'une population en sous-populations séparées géographiquement a des conséquences en lien avec la dérive génétique qui est beaucoup plus forte dans une population de faible effectif. La diversité allélique diminue.
- La connaissance des écosystèmes et leur gestion permettent de mieux préserver la biodiversité.

▶ Les compétences travaillées

- **Extraire et organiser** des informations.
- **Exploiter** des documents.
- **Communiquer**.

▶ Les représentations de l'élève

- Le thème de la biodiversité est souvent abordé dans les médias. Certaines modifications des écosystèmes ont un impact direct et observable sur la biodiversité. Cependant, des modifications très visibles comme des routes, des voies de chemin de fer semblent moins affecter la biodiversité : la fragmentation du territoire qu'elles provoquent ne diminue pas forcément les effectifs (qui sont simplement « coupés » en deux ou plus). Cependant, le lien avec la dérive génétique déjà connue des élèves, permet de comprendre que, de façon moins visible mais prévisible, la fragmentation diminue la diversité génétique.
- Des modifications à une échelle plus globale, comme le changement climatique, affectent également la biodiversité. Il sera sans doute plus difficile pour un élève de faire le lien entre une modification globale et une biodiversité à une échelle plus restreinte, celle de l'écosystème.

▶ Ce que disent les documents

1 Cette image satellite permet de constater que les écosystèmes naturels ou non (forêt, champ, etc.) peuvent être découpés, c'est-à-dire fragmentés, par des constructions humaines. L'insertion d'un quadrillage permet d'évaluer la surface totale de l'écosystème forêt par exemple mais également d'estimer la surface de chacune des parcelles.

❓ **Des idées de questions :**
- Quels sont les écosystèmes observables sur cette image ?
- Quelle est la surface de l'écosystème forêt observable et quelle est l'influence des constructions humaines sur cet écosystème ?

2 On s'intéresse ici à l'écosystème rivière. Les deux rivières étudiées sont proches l'une de l'autre et possèdent donc peu de différences de biotope. En revanche, elles sont plus ou moins fragmentées, c'est-à-dire coupées par des barrages hydroélectriques. Si on étudie le nombre moyen d'allèles pour différentes espèces de poissons, on constate que celui-ci est toujours plus faible pour les espèces de la Viaur, rivière pour laquelle la fragmentation est la plus forte.

❓ **Des idées de questions :**
- Quel est l'intérêt d'étudier deux rivières proches géographiquement ?
- Pourquoi peut-on parler de rivière fragmentée ?

Activité numérique Le logiciel PopG permet de simuler l'évolution des fréquences alléliques en fonction de l'effectif d'une population (doc. 3) et de constater que, pour un gène avec deux allèles, les individus sont rapidement tous homozygotes et qu'un allèle est rapidement perdu. C'est le phénomène de dérive génétique qui est d'autant plus rapide que l'effectif est faible. Le modèle de Hardy-Weinberg étudié précédemment repose sur la loi des grands nombres, avec des effectifs de grande taille.

❓ **Des idées de questions :**
- Comment évoluent les fréquences alléliques au cours du temps ?
- Quelle est la différence entre une population d'effectif réduit et une population d'effectif de grande taille ?

4 et **5** Ces deux documents permettent d'envisager des conséquences de l'activité humaine sur la biodiversité. De nombreuses espèces sont menacées d'extinction et il n'existe pas de territoire français dans lequel aucune espèce n'est menacée d'extinction (portions rouges ou jaunes sur le doc. 4). Si on analyse les paramètres du milieu (température de l'air ou de l'eau, niveau de la mer doc. 5), des modifications importantes sont constatées. L'homme agit directement sur les espèces mais aussi en modifiant de façon importante leur environnement.

❓ **Idée de question :**
- Quelle est la proportion d'espèces éteintes ou menacées d'extinction en France métropolitaine ? En Polynésie ?

6 et **7** L'impact de la fragmentation sur la diversité génétique des populations a été compris dans les doc. 1 à 3. Il peut être limité par la création de corridors écologiques permettant de relier entre eux les parcelles de forêt (trame verte) ou les cours d'eau (trame bleue) (doc. 6). Si les populations sont connectées, l'effectif à prendre en compte pour la dérive génétique est plus important et celle-ci est donc moins forte.

L'homme, également responsable de la pollution (exemple de la pollution des cours d'eau par les phosphates), prend aussi des mesures de prévention afin de limiter cette pollution et de restauration d'un écosystème non pollué (doc. 7).

❓ **Idée de question :**
- Quelles sont les conséquences possibles de l'action de l'homme sur un écosystème ?

Les ➕ pour préparer votre séance

- Proposer en début de séance un QCM de remobilisation des acquis de seconde et de première. [→ Annexe 4, page 178]
- La fragmentation de l'habitat a des conséquences différentes selon les espèces, en fonction de leur sensibilité à la lisière instaurée. Certaines espèces franchissent la lisière (ex. : oiseaux) et sont simplement affectées par la réduction de surface. D'autres en sont incapables (ex. : vers de terre) et la présence d'une lisère entraîne la formation de deux sous-populations isolées génétiquement.

Article en ligne Observatoire national de la biodiversité
http://indicateurs-biodiversite.naturefrance.fr/fr/indicateurs/tous

- La liste rouge des espèces menacées, UICN
https://uicn.fr/liste-rouge-france/

LE SAVIEZ-VOUS ?

- La surface des milieux semi-naturels en France diminue. Elle représentait, en pourcentage de la surface actuelle, 53 % en 1990, 52,7 % en 2006 et elle est de 51,4 % actuellement.
- De nombreux indicateurs montrent actuellement une diminution de certains paramètres de la pollution en France (ammonium, orthophosphates, nitrates).

CORRECTION DE L'UNITÉ

1. La présence d'une autoroute diminue peu la surface de la forêt mais fragmente celle-ci. L'effectif de la population globale peut varier relativement peu mais il est réparti en plusieurs sous-populations. La dérive génétique dépend de l'effectif d'une population. Elle est d'autant plus forte que l'effectif est faible et on peut supposer que la fragmentation est responsable de la diminution de la diversité allélique observée sur les rivières Viaur et Célé (doc. 2).
2. La dérive génétique est d'autant plus forte que l'effectif est faible.
3. En séparant des populations en sous-populations, la fragmentation augmente la dérive génétique et la perte d'allèles, donc la diversité génétique.
4. L'activité humaine diminue la biodiversité (importance du nombre d'espèces en voie d'extinction) mais modifie également les paramètres climatiques à une échelle globale et donc les milieux de vie. Par l'instauration de certaines mesures (corridors écologiques, amélioration de l'utilisation de polluants comme les nitrates ou les phosphates, etc.), l'activité humaine peut également permettre de lutter contre les conséquences envisagées précédemment.
5. Des mesures de prévention peuvent être mises en œuvre ainsi que des mesures compensatoires et des mesures de restauration.

Les parcours possibles

PARCOURS 1 Initiation

1 Calculer la surface totale de la forêt (hors autoroute et voie ferrée) ainsi que la longueur des rivières et déterminer l'influence de la fragmentation sur ces paramètres.
2 Utiliser le logiciel PopG pour faire le lien entre effectif et diversité génétique d'une population.
3 Analyser les actions humaines diminuant la biodiversité et celles permettant de la préserver.
4 Réaliser une carte mentale de l'influence des humains sur la biodiversité et en faire une présentation orale à un autre groupe.

PARCOURS 2 Confirmé

1 En utilisant PopG, expliquer les résultats observés dans le doc. 2 et déterminer l'influence de la fragmentation sur la diversité génétique.
2 Analyser les actions des humains sur la biodiversité.
3 Réaliser une carte mentale de l'influence des humains sur la biodiversité et en faire une présentation orale à un autre groupe.

INDICATEURS DE RÉUSSITE	NIVEAU			
	A	B	C	D
Le lien entre l'effectif et la diminution de la diversité génétique est établi.				
La fragmentation est mise en lien avec une diminution de la diversité génétique due à une augmentation de la dérive génétique.				
L'action humaine sur la biodiversité est comprise à une échelle globale.				
L'action humaine est mise en relation avec des actions de préservation de la biodiversité.				

Livre de l'élève

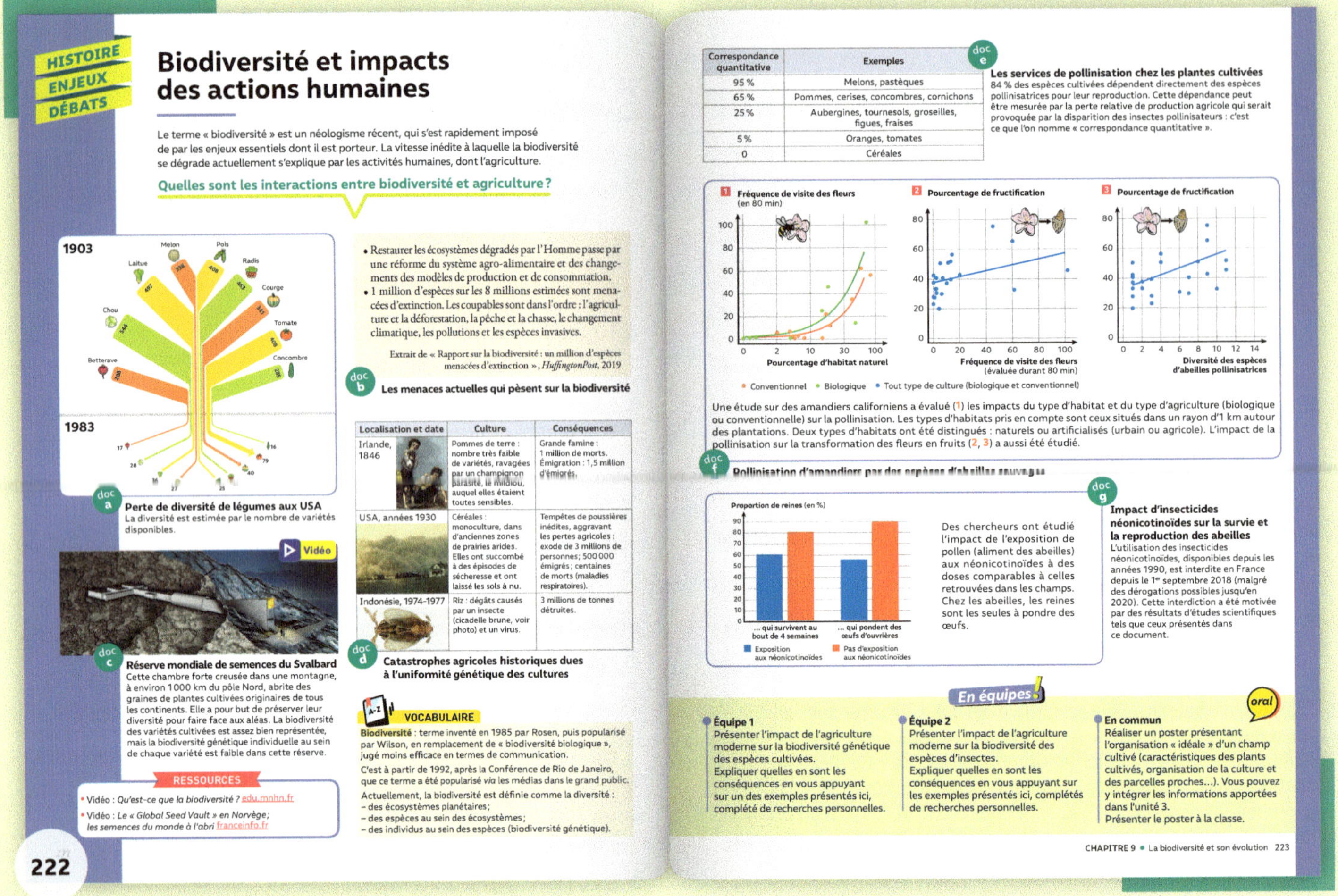

problèmes scientifiques

- Quels sont les impacts des activités agricoles sur la biodiversité ?
- En quoi une grande biodiversité favorise-t-elle les activités agricoles ?

Mobilisation des acquis

- Vu en cycle 3 (Sciences et technologie) : identifier quelques impacts humains dans un environnement. Relier l'exploitation des ressources naturelles et les impacts à prévoir et gérer.
- Vu en cycle 4 (SVT) : expliquer comment une activité humaine peut modifier l'organisation et le fonctionnement des écosystèmes. Quelques exemples d'interactions humain-biodiversité ont été étudiés.
- Vu en seconde (SVT) : l'activité humaine provoque des modifications de la biodiversité. Des modèles d'agrosystèmes ont pu être étudiés pour comprendre leurs intérêts et leurs impacts environnementaux.
- Vu en première SVT (spécialité) : l'espèce humaine affecte le fonctionnement de la plupart des écosystèmes, avec une perte mondiale de biodiversité et des conséquences néfastes pour les activités humaines (diminution de la production, pollution des eaux, etc.).

Les grandes idées à construire

- L'exemple des activités agricoles permet de montrer qu'il existe des influences réciproques entre biodiversité et activités humaines :
  – les pratiques agricoles influencent la biodiversité des espèces cultivées et sauvages, à différentes échelles (écosystème, spécifique, génétique) ;
  – la richesse de la biodiversité a un impact positif sur la productivité agricole.

Les compétences travaillées

- **Coopérer et collaborer.**
- **Interpréter** les résultats d'une expérience.
- **Conduire une recherche d'informations** sur internet pour répondre à une question.

Les représentations de l'élève

- Si l'impact des humains sur la biodiversité est souvent cité, l'importance de la biodiversité pour les activités humaines est plus difficile à faire émerger. L'exemple choisi (importance de la biodiversité pour les activités agricoles) s'appuie sur des connaissances des élèves ; il peut également être traité dans le cadre du **chapitre 10**.
- Pour ce qui est des impacts des humains sur la biodiversité, il est souvent question des effets à l'échelle spécifique. Les **doc. a**, **c** et **d** doivent permettre de faire comprendre que les activités humaines ont également un effet à l'échelle de la diversité génétique, et réciproquement.
- Les élèves pensent souvent que la pollinisation repose exclusivement sur les abeilles, et parmi elles sur les abeilles domestiques. Cette étude peut être l'occasion de rappeler la diversité des pollinisateurs dans les écosystèmes, particulièrement agricoles, et de souligner qu'il existe une grande diversité d'abeilles sauvages (plus de 1 000 espèces en France, 20 000 dans le monde !).

Ce que disent les documents

a Au cours du xxe siècle, aux USA, une forte réduction des variétés des végétaux cultivés (donc de la diversité génétique) est observée. Plus de 90 % de cette diversité a été perdue en moins d'un siècle.

Idée de question :
– Comment a évolué la diversité génétique des espèces cultivées ?

b Cet extrait d'article de journal rapporte des éléments issus du rapport de l'IPBES (*Intergovernmental Science-Policy Platform on Biodiversity and Ecosystem Services*), groupe d'experts fondé en 2012 sous l'égide de l'ONU. Il rappelle l'ampleur de la crise actuelle, ainsi que les principales causes. Il souligne notamment la nécessité de réforme du système agro-alimentaire.

Idée de question :
– Quelle est l'ampleur de la crise de la biodiversité actuelle ? Quelles en sont les principales causes ?

c Ce document décrit une action menée par l'espèce humaine en faveur de la préservation de la biodiversité des espèces cultivées. Cette action souligne pourtant plusieurs paradoxes :
– l'existence même de cette « banque » de graines est le signe que les efforts menés pour la préservation de la biodiversité dans les espaces agricoles sont encore très restreints ;
– les capacités de germination des graines conservées dans le froid sont limitées ;
– la faible diversité génétique intravariétale risque de compliquer les possibilités de cultures à partir de ces graines ;
– la mise « sous cloche » de la biodiversité est intrigante tant la biodiversité est, par essence, dynamique !

Idée de question :
– Quels sont les intérêts/limites de la réserve de semences ?

d Quelques catastrophes agricoles dues, au moins en partie, à la monoculture, donc à la faible biodiversité génétique, sont présentées. Les catastrophes en Irlande et Indonésie illustrent le fait que les cultures peu diverses sont plus sensibles au parasitisme et à la prédation ; au contraire, le maintien d'une diversité interindividuelle importante permet d'assurer la survie de certains individus moins sensibles. Ce document permet de faire un lien avec les notions abordées dans le **chapitre 10**.

Idée de question :
– Quel est le point commun entre toutes ces catastrophes agricoles ?

e Les espèces pollinisatrices rendent un service écologique en agriculture, en participant à la pollinisation de nombreuses espèces cultivées. Leur importance dépend de la biologie des espèces : les espèces anémogames, comme les céréales, ne dépendent pas des pollinisateurs pour leur reproduction.

Idée de question :
– Quel rôle peut jouer la biodiversité dans les cultures ?

f Ces graphiques présentent le résultat d'une étude sur les services de pollinisation dans les cultures d'amandiers en Californie. Ils montrent que :
– le maintien d'habitats naturels à proximité des cultures favorise la pollinisation (1) en offrant un habitat aux espèces pollinisatrices ;
– le mode d'agriculture biologique est plus favorable à la pollinisation (1) ;
– la fructification est dépendante du taux de pollinisation (2) mais aussi de la diversité des espèces pollinisatrices (3).

En résumé, la préservation des habitats naturels autour des cultures et le mode d'agriculture biologique favorisent la fructification, paramètre fondamental du rendement agricole, en préservant les espèces pollinisatrices (mais aussi probablement en favorisant la diversité spécifique des espèces pollinisatrices).

Idée de question :
– Quels sont les paramètres qui influencent la production agricole ?

g Les insecticides néonicotinoïdes favorisent la mortalité des reines et réduisent leur fécondité. En affectant la reproduction des abeilles, ils réduisent la biodiversité des espèces pollinisatrices et pourraient donc avoir un effet indirect sur la productivité des cultures.

Idée de question :
– Quel est l'impact des insecticides néonicotinoïdes sur les abeilles ?

Les + pour préparer votre séance

- Proposer un QCM de vérification de la bonne compréhension des notions abordées dans cette unité. [→ **Annexe 5, page 178**]

Article en ligne

- Communiqué de l'IPBES sur son rapport sur le déclin de la biodiversité, 2019
https://ipbes.net/news/Media-Release-Global-Assessment-Fr
- Les effets de la monoculture (en anglais)
https://theconversation.com/single-crop-farming-is-leaving-wildlife-with-no-room-to-turn-38991
- Dossier « Sagascience » (CNRS) sur la biodiversité
http://sagascience.cnrs.fr/dosbiodiv/index.php?pid=credits

Vidéo

- Présentation du terme biodiversité par Robert Barbault
http://edu.mnhn.fr/pluginfile.php/5403/mod_page/content/8/Videos/Chapitre_2_Biodiversite_concept_recent/La_definition_de_la_biodiversite_par/Barbault_Se_mobiliser_pour_la_biodiversite.flv
- Idées reçues sur la biodiversité par Pierre-Henri Gouyon, 2015.
https://youtu.be/0sCvXGAqvAA

LE SAVIEZ-VOUS ?

- La réserve de semences du Svalbard renferme plus d'un million de graines. Elle a été mise à contribution pour la première fois en 2015, suite à la destruction de la banque de gènes de la ville d'Alep pendant la guerre en Syrie.
- Les USA et certains états européens ont étudié la possibilité d'utiliser *Phytophthora infestans*, l'agent du mildiou de la pomme de Terre, comme arme biologique.

CORRECTION DE L'UNITÉ

Équipe 1. L'agriculture moderne tend à réduire la biodiversité génétique des espèces cultivées (**doc. a**). L'uniformité génétique rend les cultures plus sensibles aux catastrophes agricoles, dont celles causées par des parasites ou des prédateurs (**doc. d**). Par exemple, la grande famine qui a eu lieu en Irlande en 1846 est due à la culture d'une unique variété de pommes de terre, dont les plants ont été obtenus par clonage, très peu variables génétiquement. La quasi-totalité des plants ont été détruits par le mildiou.

Équipe 2. La pollinisation par les insectes est essentielle à la culture de certaines plantes (**doc. f**). Elle permet d'assurer la production de fruits (au sens botanique). L'efficacité de la pollinisation est favorisée par la diversité des espèces pollinisatrices, la présence d'habitats naturels à proximité des cultures, et par l'utilisation limitée des pesticides (**doc. g**). En pénalisant la reproduction des espèces pollinisatrices, certains insecticides pourraient réduire la productivité agricole.

En commun. Organisation à privilégier pour les parcelles agricoles :
– cultiver plusieurs espèces au lieu d'une ;
– au sein de chaque espèce cultivée, éviter la culture de « clones », privilégier la diversité génétique en cultivant différentes variétés ;
– limiter les intrants (pesticides, fertilisants) ;
– si des pesticides sont utilisés, maintenir des zones refuges qui en sont dépourvues pour limiter la résistance ;
– autour des parcelles, maintenir des habitats naturels afin de favoriser la diversité des espèces pollinisatrices ; etc.

INDICATEURS DE RÉUSSITE	NIVEAU			
	A	B	C	D
Les informations sur la perte de biodiversité liée aux pratiques agricoles modernes sont relevées.				
Les conséquences de la perte de biodiversité sur les rendements agricoles sont listées.				

Livre de l'élève

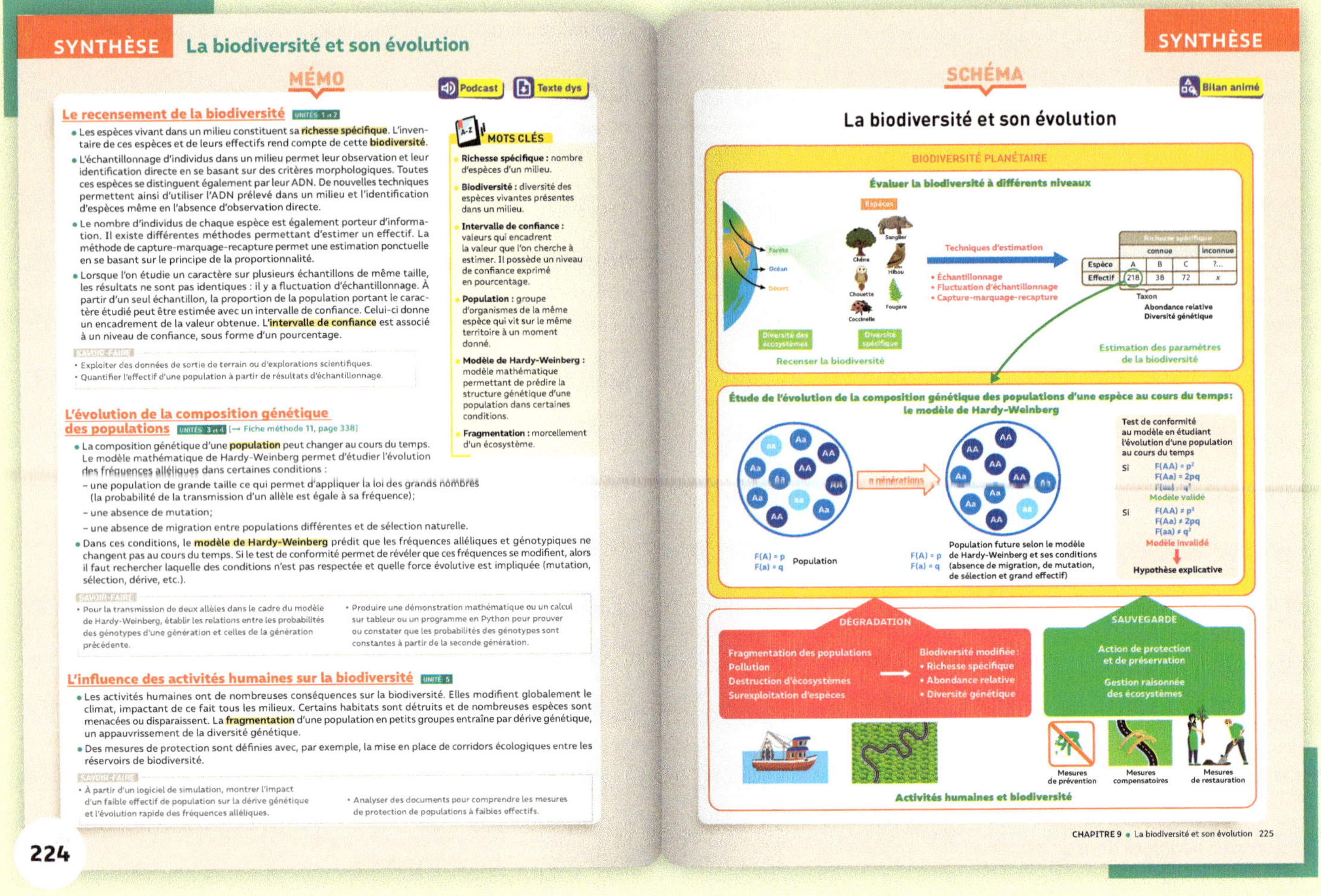
SYNTHÈSE La biodiversité et son évolution

MÉMO

Le recensement de la biodiversité

• Les espèces vivant dans un milieu constituent sa richesse spécifique. L'inventaire de ces espèces et de leurs effectifs rend compte de cette biodiversité.

• L'échantillonnage d'individus dans un milieu permet leur observation et leur identification directe en se basant sur des critères morphologiques. Toutes ces espèces se distinguent également par leur ADN. De nouvelles techniques permettent ainsi d'utiliser l'ADN prélevé dans un milieu et l'identification d'espèces même en l'absence d'observation directe.

• Le nombre d'individus de chaque espèce est également porteur d'information. Il existe différentes méthodes permettant d'estimer un effectif. La méthode de capture-marquage-recapture permet une estimation ponctuelle en se basant sur le principe de la proportionnalité.

• Lorsque l'on étudie un caractère sur plusieurs échantillons de même taille, les résultats ne sont pas identiques : il y a fluctuation d'échantillonnage. À partir d'un seul échantillon, la proportion de la population portant le caractère étudié peut être estimée avec un intervalle de confiance. Celui-ci donne un encadrement de la valeur obtenue. L'intervalle de confiance est associé à un niveau de confiance, sous forme d'un pourcentage.

L'évolution de la composition génétique des populations

• La composition génétique d'une population peut changer au cours du temps. Le modèle mathématique de Hardy-Weinberg permet d'étudier l'évolution des fréquences alléliques dans certaines conditions :
– une population de grande taille ce qui permet d'appliquer la loi des grands nombres (la probabilité de la transmission d'un allèle est égale à sa fréquence);
– une absence de mutation;
– une absence de migration entre populations différentes et de sélection naturelle.

• Dans ces conditions, le modèle de Hardy-Weinberg prédit que les fréquences alléliques et génotypiques ne changent pas au cours du temps. Si le test de conformité permet de révéler que ces fréquences se modifient, alors il faut rechercher laquelle des conditions n'est pas respectée et quelle force évolutive est impliquée (mutation, sélection, dérive, etc.).

L'influence des activités humaines sur la biodiversité

• Les activités humaines ont de nombreuses conséquences sur la biodiversité. Elles modifient globalement le climat, impactant de ce fait tous les milieux. Certains habitats sont détruits et de nombreuses espèces sont menacées ou disparaissent. La fragmentation d'une population en petits groupes entraîne par dérive génétique, un appauvrissement de la diversité génétique.

• Des mesures de protection sont définies avec, par exemple, la mise en place de corridors écologiques entre les réservoirs de biodiversité.

SCHÉMA

La biodiversité et son évolution

SYNTHÈSE

Le schéma bilan permet une lecture en trois bandeaux horizontaux correspondant aux trois idées clés qui apparaissent dans la synthèse page 224 du manuel.

- **Le recensement de la biodiversité.** La lecture de gauche à droite du premier cadre permet de passer de la diversité des écosystèmes à la richesse spécifique qu'ils contiennent puis aux techniques d'estimation du nombre d'espèces (A, B, C, etc.), de leurs effectifs (218, 38, etc.) et du lien taxon/espèces. La flèche verte permet alors de passer à la seconde idée.
- **L'évolution de la composition génétique des populations.** Les populations sont figurées par des cercles bleus et les individus par leurs génotypes concernant un seul gène avec deux allèles (A et a). Le modèle de Hardy-Weinberg permet de rechercher ce qui peut expliquer une variation au cours des générations.
- **Les activités humaines et la biodiversité.** Ce troisième cadre est relié par les flèches rouge et verte au cadre supérieur afin de montrer l'importance de l'humain sur les points précédents. Il comporte en rouge les dégradations de la biodiversité et en vert ce qui correspond à sa sauvegarde.

CORRIGÉS DES EXERCICES

2 APPLICATION

- Les fréquences alléliques sont :

$$f(\text{M}) = \frac{(1100 \times 2) + 1520}{2 \times (1100 + 1520 + 480)} = 0{,}6 = p$$

$$f(\text{N}) = \frac{1520 + (480 \times 2)}{2 \times (1100 + 1520 + 480)} = 0{,}4 = q$$

- Les effectifs attendus avec le modèle de Hardy-Weinberg sont :
– groupe MM : $p^2N = 0{,}6^2 \times 3100 = 1116$
– groupe MN : $2pqN = 2 \times 0{,}6 \times 0{,}4 \times 3100 = 1488$
– groupe NN : $q^2N = 0{,}4^2N = 496$.

- Les effectifs attendus et les effectifs observés sont semblables : la population étudiée suit bien la loi de Hardy-Weinberg.

RÉPONSES DU QUIZ

3 b 4 c 5 c 6 b

7 CONSTRUIRE UNE CARTE MENTALE

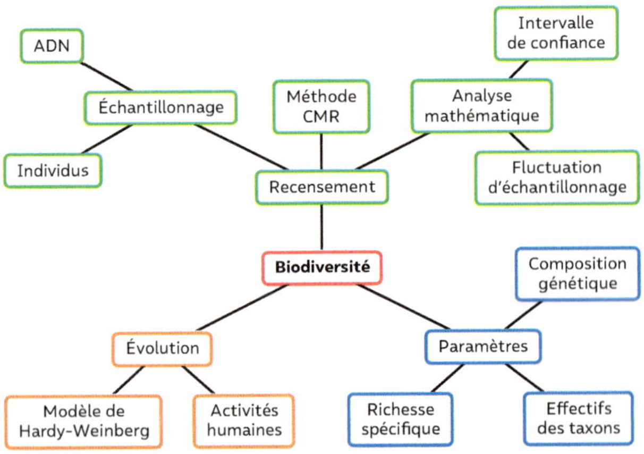

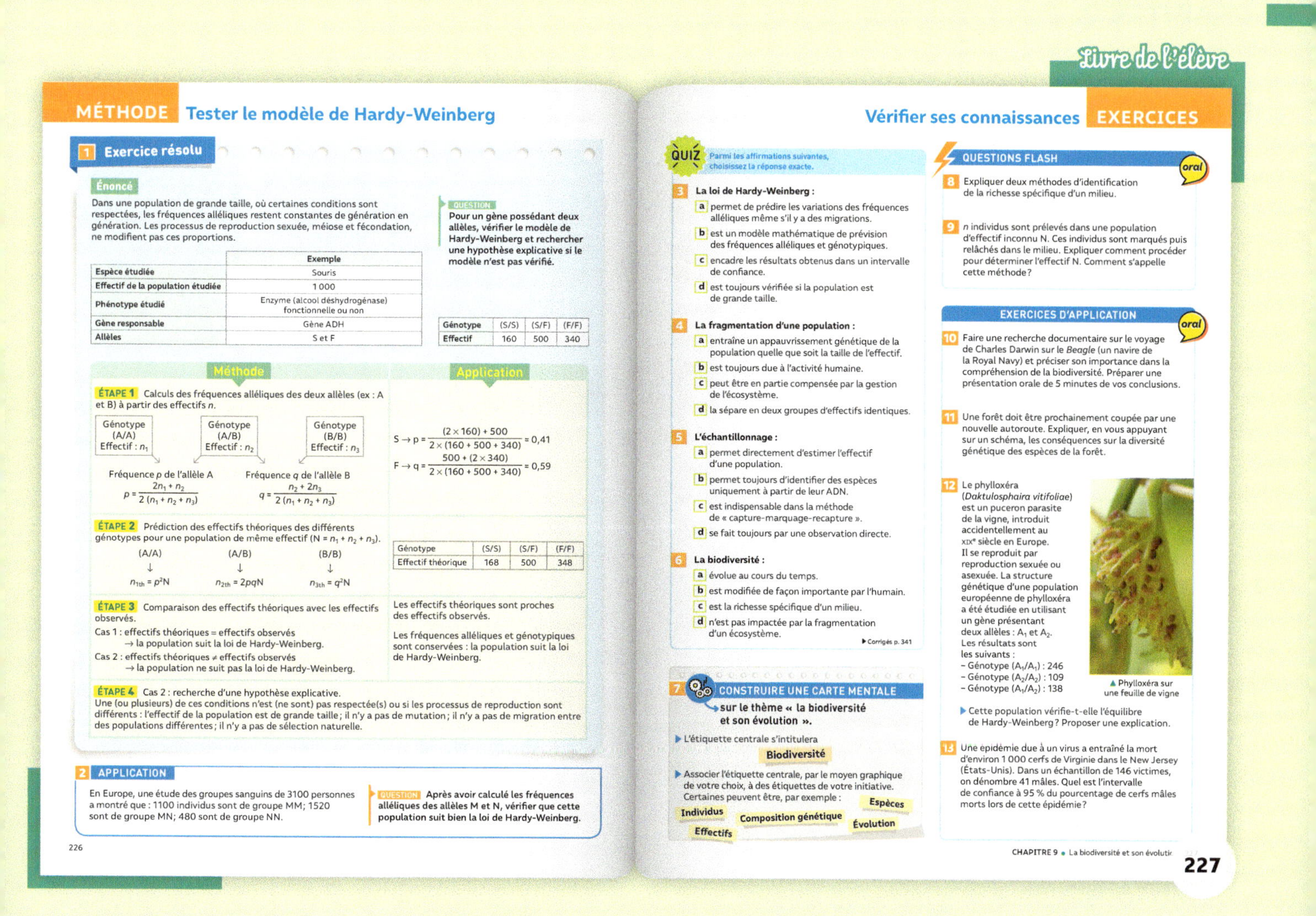

Livre de l'élève

MÉTHODE Tester le modèle de Hardy-Weinberg

1 Exercice résolu

Énoncé

Dans une population de grande taille, où certaines conditions sont respectées, les fréquences alléliques restent constantes de génération en génération. Les processus de reproduction sexuée, méiose et fécondation, ne modifient pas ces proportions.

	Exemple
Espèce étudiée	Souris
Effectif de la population étudiée	1 000
Phénotype étudié	Enzyme (alcool déshydrogénase) fonctionnelle ou non
Gène responsable	Gène ADH
Allèles	S et F

QUESTION : Pour un gène possédant deux allèles, vérifier le modèle de Hardy-Weinberg et rechercher une hypothèse explicative si le modèle n'est pas vérifié.

Génotype	(S/S)	(S/F)	(F/F)
Effectif	160	500	340

Méthode / Application

ÉTAPE 1 Calculs des fréquences alléliques des deux allèles (ex : A et B) à partir des effectifs *n*.

Génotype (A/A) Effectif : n_1 ; Génotype (A/B) Effectif : n_2 ; Génotype (B/B) Effectif : n_3

Fréquence *p* de l'allèle A : $p = \frac{2n_1 + n_2}{2(n_1 + n_2 + n_3)}$

Fréquence *q* de l'allèle B : $q = \frac{n_2 + 2n_3}{2(n_1 + n_2 + n_3)}$

$S \rightarrow p = \frac{(2 \times 160) + 500}{2 \times (160 + 500 + 340)} = 0{,}41$

$F \rightarrow q = \frac{500 + (2 \times 340)}{2 \times (160 + 500 + 340)} = 0{,}59$

ÉTAPE 2 Prédiction des effectifs théoriques des différents génotypes pour une population de même effectif ($N = n_1 + n_2 + n_3$).

(A/A) → $n_{1th} = p^2N$; (A/B) → $n_{2th} = 2pqN$; (B/B) → $n_{3th} = q^2N$

Génotype	(S/S)	(S/F)	(F/F)
Effectif théorique	168	500	348

ÉTAPE 3 Comparaison des effectifs théoriques avec les effectifs observés.

Cas 1 : effectifs théoriques = effectifs observés → la population suit la loi de Hardy-Weinberg.

Cas 2 : effectifs théoriques ≠ effectifs observés → la population ne suit pas la loi de Hardy-Weinberg.

Les effectifs théoriques sont proches des effectifs observés.

Les fréquences alléliques et génotypiques sont conservées : la population suit la loi de Hardy-Weinberg.

ÉTAPE 4 Cas 2 : recherche d'une hypothèse explicative.

Une (ou plusieurs) de ces conditions n'est (ne sont) pas respectée(s) ou si les processus de reproduction sont différents : l'effectif de la population est de grande taille ; il n'y a pas de mutation ; il n'y a pas de migration entre des populations différentes ; il n'y a pas de sélection naturelle.

2 APPLICATION

En Europe, une étude des groupes sanguins de 3100 personnes a montré que : 1100 individus sont de groupe MM; 1520 sont de groupe MN; 480 sont de groupe NN.

QUESTION Après avoir calculé les fréquences alléliques des allèles M et N, vérifier que cette population suit bien la loi de Hardy-Weinberg.

226

Vérifier ses connaissances EXERCICES

QUIZ Parmi les affirmations suivantes, choisissez la réponse exacte.

3 La loi de Hardy-Weinberg :
- a permet de prédire les variations des fréquences alléliques même s'il y a des migrations.
- b est un modèle mathématique de prévision des fréquences alléliques et génotypiques.
- c encadre les résultats obtenus dans un intervalle de confiance.
- d est toujours vérifiée si la population est de grande taille.

4 La fragmentation d'une population :
- a entraîne un appauvrissement génétique de la population quelle que soit la taille de l'effectif.
- b est toujours due à l'activité humaine.
- c peut être en partie compensée par la gestion de l'écosystème.
- d la sépare en deux groupes d'effectifs identiques.

5 L'échantillonnage :
- a permet directement d'estimer l'effectif d'une population.
- b permet toujours d'identifier des espèces uniquement à partir de leur ADN.
- c est indispensable dans la méthode de « capture-marquage-recapture ».
- d se fait toujours par une observation directe.

6 La biodiversité :
- a évolue au cours du temps.
- b est modifiée de façon importante par l'humain.
- c est la richesse spécifique d'un milieu.
- d n'est pas impactée par la fragmentation d'un écosystème.

▶ Corrigés p. 341

7 CONSTRUIRE UNE CARTE MENTALE sur le thème « la biodiversité et son évolution ».

▶ L'étiquette centrale s'intitulera Biodiversité

▶ Associer l'étiquette centrale, par le moyen graphique de votre choix, à des étiquettes de votre initiative. Certaines peuvent être, par exemple : Individus, Composition génétique, Espèces, Évolution, Effectifs

QUESTIONS FLASH oral

8 Expliquer deux méthodes d'identification de la richesse spécifique d'un milieu.

9 *n* individus sont prélevés dans une population d'effectif inconnu N. Ces individus sont marqués puis relâchés dans le milieu. Expliquer comment procéder pour déterminer l'effectif N. Comment s'appelle cette méthode ?

EXERCICES D'APPLICATION oral

10 Faire une recherche documentaire sur le voyage de Charles Darwin sur le *Beagle* (un navire de la Royal Navy) et préciser son importance dans la compréhension de la biodiversité. Préparer une présentation orale de 5 minutes de vos conclusions.

11 Une forêt doit être prochainement coupée par une nouvelle autoroute. Expliquer, en vous appuyant sur un schéma, les conséquences sur la diversité génétique des espèces de la forêt.

12 Le phylloxéra (*Daktulosphaira vitifoliae*) est un puceron parasite de la vigne, introduit accidentellement au XIXe siècle en Europe. Il se reproduit par reproduction sexuée ou asexuée. La structure génétique d'une population européenne de phylloxéra a été étudiée en utilisant un gène présentant deux allèles : A_1 et A_2. Les résultats sont les suivants :
- Génotype (A_1/A_1) : 246
- Génotype (A_2/A_2) : 109
- Génotype (A_1/A_2) : 138

▲ Phylloxéra sur une feuille de vigne

▶ Cette population vérifie-t-elle l'équilibre de Hardy-Weinberg ? Proposer une explication.

13 Une épidémie due à un virus a entraîné la mort d'environ 1 000 cerfs de Virginie dans le New Jersey (États-Unis). Dans un échantillon de 146 victimes, on dénombre 41 mâles. Quel est l'intervalle de confiance à 95 % du pourcentage de cerfs mâles morts lors de cette épidémie ?

CHAPITRE 9 • La biodiversité et son évolution 227

8 La richesse spécifique d'un milieu est le nombre d'espèces qu'il contient. Les espèces se distinguent par leurs caractéristiques morphologiques mais également par leur patrimoine génétique. Dans un milieu, il est possible d'échantillonner des individus et de déterminer les espèces auxquelles ils appartiennent à partir de leurs caractéristiques morphologiques. Il est également possible de réaliser des prélèvements d'ADN. Les molécules échantillonnées sont ensuite multipliées par PCR puis séquencées. La comparaison avec des bases de données internationales permettent de faire le lien entre des séquences d'ADN et des espèces, sans identification morphologique.

9 On note *M* le nombre d'individus marqués puis relâchés. On prélève ensuite un nouvel échantillon : le pourcentage d'individus marqués lors de la première capture et le pourcentage d'individus marqués lors de la recapture sont considérés équivalents.
Si on note :
- *N* : l'effectif total de la population ;
- *M* : le nombre d'individus marqués lors de la capture ;
- *M2* : le nombre d'individus marqués recapturés ;
- *N2* : le nombre total d'individus recapturés,

alors, on a : $\frac{M}{N} = \frac{M2}{N2}$.

On peut déterminer *N* par la formule suivante : $N = \frac{M \times N2}{M2}$.

C'est la méthode de capture-marquage-recapture.

10 Les élèves pourront se reporter au site suivant :
http://acces.ens-lyon.fr/santo/pedagogie/histoire/le-voyage-de-charles-darwin-sur-le-beagle-un-exemple-d2019expedition-scientifique-qui-a-marque-l2019histoire-des-sciences-1

11 La surface est réduite pour chacune des nouvelles parcelles issues de la création de l'autoroute : on parle de fragmentation du territoire. Cette autoroute peut rester perméable pour certaines espèces comme les oiseaux par exemple, qui peuvent se reproduire et échanger des allèles. En revanche, elle empêche les individus de certaines espèces de se croiser entre eux (ex. : hérisson). De ce fait, la diversité allélique peut diminuer dans certaines parcelles. Cette diminution augmente la dérive génétique ce qui entraîne une perte d'allèles au fur et à mesure des générations.

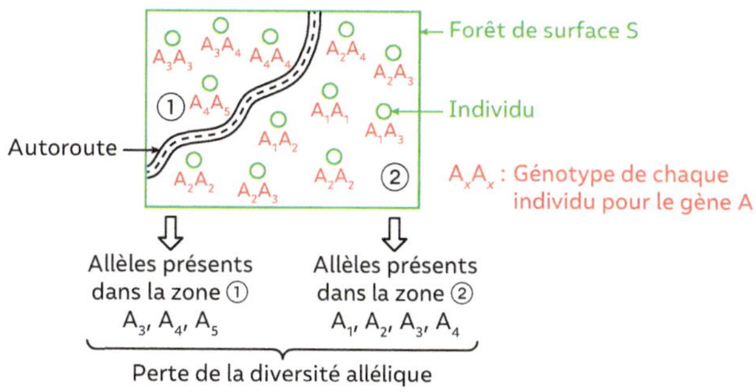

12 On peut calculer les fréquences alléliques et les fréquences génotypiques (données par les phénotypes).
On a $N = 246 + 109 + 138 = 493$.

Fréquences alléliques :

$$f(A_1) = \frac{(246 \times 2) + 138}{2 \times (246 + 138 + 109)} = 0{,}64 = p$$

$$f(A_2) = \frac{138 + (2 \times 109)}{2 \times (246 + 138 + 109)} = 0{,}36 = q$$

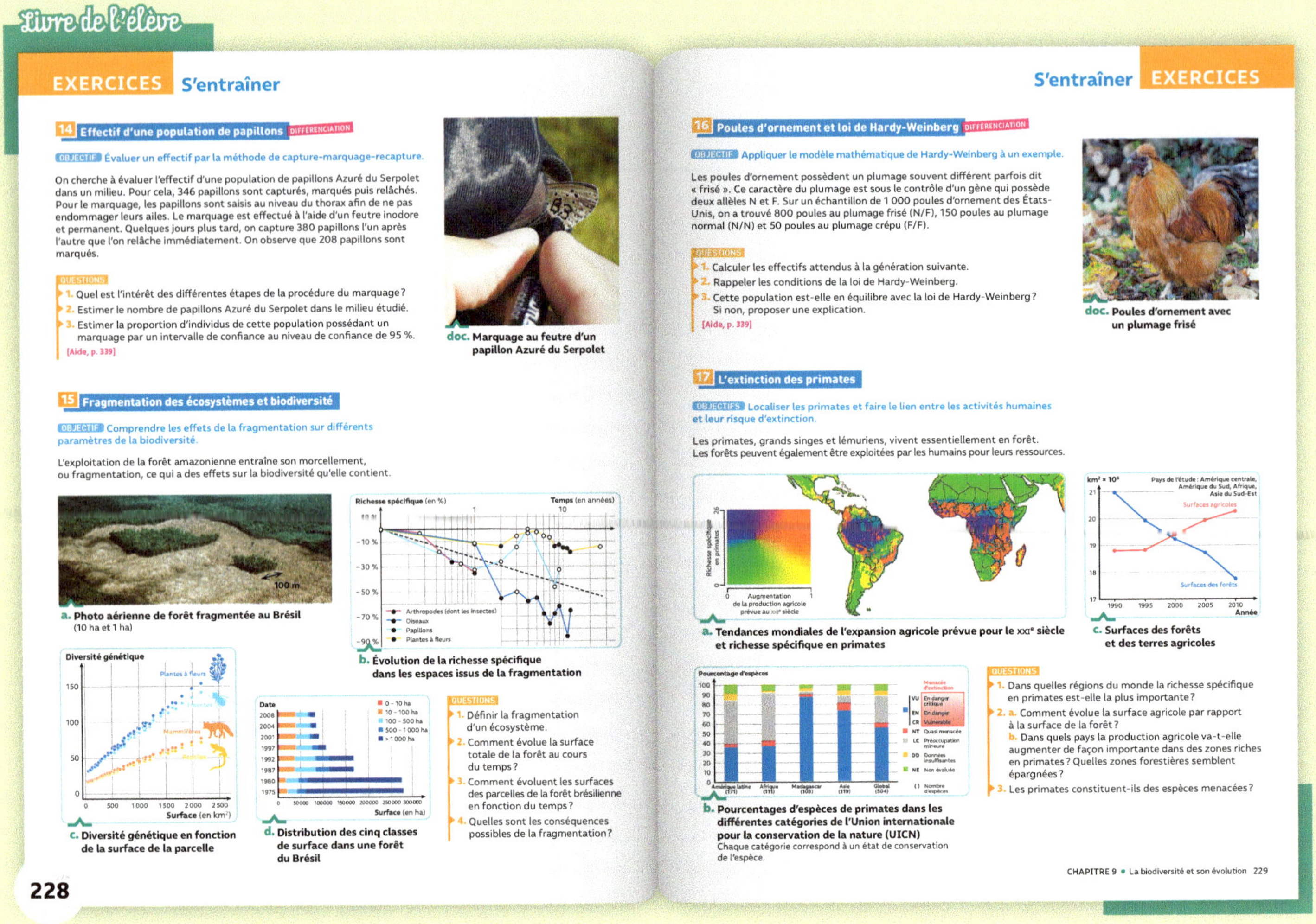

Livre de l'élève

EXERCICES S'entraîner

14 Effectif d'une population de papillons DIFFÉRENCIATION

OBJECTIF Évaluer un effectif par la méthode de capture-marquage-recapture.

On cherche à évaluer l'effectif d'une population de papillons Azuré du Serpolet dans un milieu. Pour cela, 346 papillons sont capturés, marqués puis relâchés. Pour le marquage, les papillons sont saisis au niveau du thorax afin de ne pas endommager leurs ailes. Le marquage est effectué à l'aide d'un feutre inodore et permanent. Quelques jours plus tard, on capture 380 papillons l'un après l'autre que l'on relâche immédiatement. On observe que 208 papillons sont marqués.

QUESTIONS
1. Quel est l'intérêt des différentes étapes de la procédure du marquage ?
2. Estimer le nombre de papillons Azuré du Serpolet dans le milieu étudié.
3. Estimer la proportion d'individus de cette population possédant un marquage par un intervalle de confiance au niveau de confiance de 95 %.

[Aide, p. 339]

doc. Marquage au feutre d'un papillon Azuré du Serpolet

15 Fragmentation des écosystèmes et biodiversité

OBJECTIF Comprendre les effets de la fragmentation sur différents paramètres de la biodiversité.

L'exploitation de la forêt amazonienne entraîne son morcellement, ou fragmentation, ce qui a des effets sur la biodiversité qu'elle contient.

a. Photo aérienne de forêt fragmentée au Brésil (10 ha et 1 ha)

b. Évolution de la richesse spécifique dans les espaces issus de la fragmentation

c. Diversité génétique en fonction de la surface de la parcelle

d. Distribution des cinq classes de surface dans une forêt du Brésil

QUESTIONS
1. Définir la fragmentation d'un écosystème.
2. Comment évolue la surface totale de la forêt au cours du temps ?
3. Comment évoluent les surfaces des parcelles de la forêt brésilienne en fonction du temps ?
4. Quelles sont les conséquences possibles de la fragmentation ?

228

16 Poules d'ornement et loi de Hardy-Weinberg DIFFÉRENCIATION

OBJECTIF Appliquer le modèle mathématique de Hardy-Weinberg à un exemple.

Les poules d'ornement possèdent un plumage souvent différent parfois dit « frisé ». Ce caractère du plumage est sous le contrôle d'un gène qui possède deux allèles N et F. Sur un échantillon de 1 000 poules d'ornement des États-Unis, on a trouvé 800 poules au plumage frisé (N/F), 150 poules au plumage normal (N/N) et 50 poules au plumage crépu (F/F).

QUESTIONS
1. Calculer les effectifs attendus à la génération suivante.
2. Rappeler les conditions de la loi de Hardy-Weinberg.
3. Cette population est-elle en équilibre avec la loi de Hardy-Weinberg ? Si non, proposer une explication.

[Aide, p. 339]

doc. Poules d'ornement avec un plumage frisé

17 L'extinction des primates

OBJECTIFS Localiser les primates et faire le lien entre les activités humaines et leur risque d'extinction.

Les primates, grands singes et lémuriens, vivent essentiellement en forêt. Les forêts peuvent également être exploitées par les humains pour leurs ressources.

a. Tendances mondiales de l'expansion agricole prévue pour le XXIe siècle et richesse spécifique en primates

c. Surfaces des forêts et des terres agricoles

b. Pourcentages d'espèces de primates dans les différentes catégories de l'Union internationale pour la conservation de la nature (UICN)
Chaque catégorie correspond à un état de conservation de l'espèce.

QUESTIONS
1. Dans quelles régions du monde la richesse spécifique en primates est-elle la plus importante ?
2. a. Comment évolue la surface agricole par rapport à la surface de la forêt ?
b. Dans quels pays la production agricole va-t-elle augmenter de façon importante dans des zones riches en primates ? Quelles zones forestières semblent épargnées ?
3. Les primates constituent-ils des espèces menacées ?

CHAPITRE 9 • La biodiversité et son évolution 229

Fréquences génotypiques :

$f(A_1/A_1) = \dfrac{246}{246 + 109 + 138} = 0{,}5$

$f(A_2/A_2) = \dfrac{109}{246 + 109 + 138} = 0{,}2$

$f(A_1/A_2) = \dfrac{138}{246 + 109 + 138} = 0{,}3.$

On peut calculer les effectifs attendus en utilisant les fréquences alléliques :
– Génotype (A_1/A_1) : $p^2N = 0{,}64^2 \times 493 = 202$
– Génotype (A_2/A_2) : $q^2N = 0{,}36^2 \times 493 = 63$
– Génotype (A_1/A_2) : $2pqN = 2 \times 0{,}64 \times 0{,}36 \times 493 = 227.$

On constate que les effectifs attendus sont différents des effectifs observés, on en déduit donc qu'il n'y a pas équilibre de Hardy-Weinberg. Ce puceron se reproduit par reproduction sexuée et asexuée ce qui peut expliquer les résultats observés.

Remarque : on pourrait également calculer les fréquences génotypiques attendues à partir des fréquences alléliques et les comparer aux fréquences observées. On aurait ici :
$f(A_1/A_1) = p^2 = 0{,}41$
$f(A_2/A_2) = q^2 = 0{,}13$
$f(A_1/A_2) = 2pq = 0{,}46.$
On constate également que les fréquences génotypiques calculées diffèrent des fréquences génotypiques observées et qu'il n'y a pas équilibre de Hardy-Weinberg.

13 L'intervalle de confiance pour la proportion p au niveau de confiance 0,95 correspond à l'intervalle : $\left[f - \dfrac{1}{\sqrt{n}} ; f + \dfrac{1}{\sqrt{n}}\right].$

Sachant que $f = \dfrac{41}{146} = 0{,}281$ et que $n = 146$, on peut dire que le pourcentage de cerfs mâles morts lors de cette épidémie est compris entre 19,8 % et 37,1 % avec un indice de confiance de 95 %.
$\left[\left(\dfrac{41}{146}\right) - \dfrac{1}{\sqrt{146}} ; \left(\dfrac{41}{146}\right) + \dfrac{1}{\sqrt{146}}\right]$

14 Effectif d'une population de papillons

1. Les différentes étapes dans la procédure de marquage présentent un intérêt dans la méthode de capture-marquage-recapture :
– la saisie du papillon au niveau du thorax permet de ne pas endommager les ailes, les papillons ainsi marqués se comportent comme les papillons non marqués ;
– le marquage est fait avec un feutre inodore afin de ne pas modifier le comportement des papillons (mortalité, vol, recherche de nourriture, etc.) ;
– le marquage est permanent afin de rester apparent même si la capture est décalée dans le temps.
Avec ces précautions, les papillons marqués pourront ainsi être recapturés de façon identique aux papillons non marqués.

2. Si on note :
– N : l'effectif total de la population ;
– $M = 346$: le nombre d'individus marqués lors de la capture ;
– $M_2 = 208$: le nombre d'individus marqués recapturés ;
– $N_2 = 380$: le nombre total d'individus recapturés,
alors, on a : $\dfrac{M}{N} = \dfrac{M2}{N2} \leftrightarrow \dfrac{346}{N} = \dfrac{208}{380}.$

On peut déterminer N par la formule suivante : $N = \dfrac{M \times N2}{M2}.$

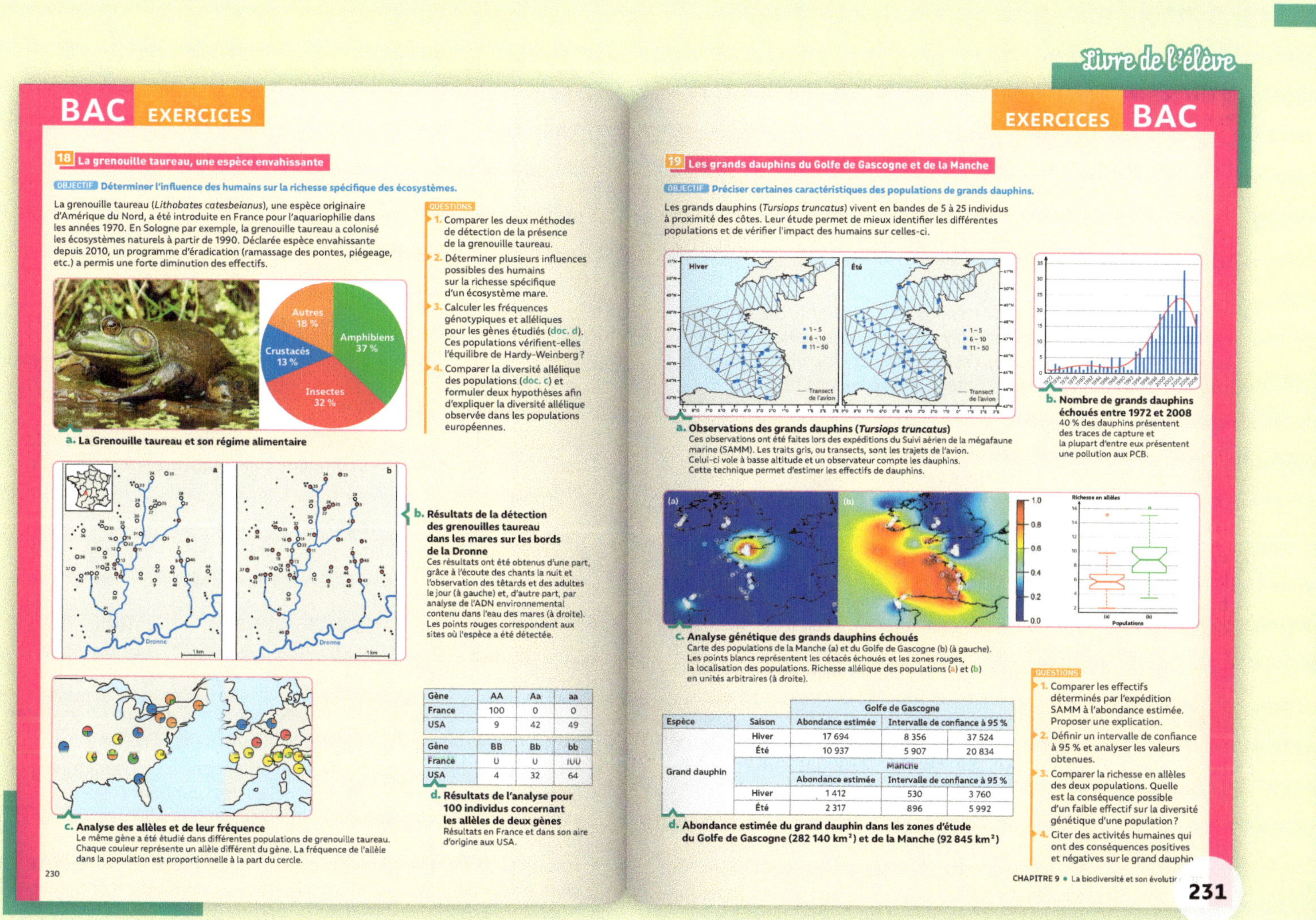
Livre de l'élève

BAC EXERCICES

18 La grenouille taureau, une espèce envahissante

OBJECTIF Déterminer l'influence des humains sur la richesse spécifique des écosystèmes.

La grenouille taureau (*Lithobates catesbeianus*), une espèce originaire d'Amérique du Nord, a été introduite en France pour l'aquariophilie dans les années 1970. En Sologne par exemple, la grenouille taureau a colonisé les écosystèmes naturels à partir de 1990. Déclarée espèce envahissante depuis 2010, un programme d'éradication (ramassage des pontes, piégeage, etc.) a permis une forte diminution des effectifs.

a. La Grenouille taureau et son régime alimentaire

b. Résultats de la détection des grenouilles taureau dans les mares sur les bords de la Dronne
Ces résultats ont été obtenus d'une part, grâce à l'écoute des chants la nuit et l'observation des têtards et des adultes le jour (à gauche) et, d'autre part, par analyse de l'ADN environnemental contenu dans l'eau des mares (à droite). Les points rouges correspondent aux sites où l'espèce a été détectée.

c. Analyse des allèles et de leur fréquence
Le même gène a été étudié dans différentes populations de grenouille taureau. Chaque couleur représente un allèle différent du gène. La fréquence de l'allèle dans la population est proportionnelle à la part du cercle.

Gène	AA	Aa	aa
France	100	0	0
USA	9	42	49

Gène	BB	Bb	bb
France	0	0	100
USA	4	32	64

d. Résultats de l'analyse pour 100 individus concernant les allèles de deux gènes
Résultats en France et dans son aire d'origine aux USA.

QUESTIONS
1. Comparer les deux méthodes de détection de la présence de la grenouille taureau.
2. Déterminer plusieurs influences possibles des humains sur la richesse spécifique d'un écosystème mare.
3. Calculer les fréquences génotypiques et alléliques pour les gènes étudiés (doc. d). Ces populations vérifient-elles l'équilibre de Hardy-Weinberg ?
4. Comparer la diversité allélique des populations (doc. c) et formuler deux hypothèses afin d'expliquer la diversité allélique observée dans les populations européennes.

230

EXERCICES BAC

19 Les grands dauphins du Golfe de Gascogne et de la Manche

OBJECTIF Préciser certaines caractéristiques des populations de grands dauphins.

Les grands dauphins (*Tursiops truncatus*) vivent en bandes de 5 à 25 individus à proximité des côtes. Leur étude permet de mieux identifier les différentes populations et de vérifier l'impact des humains sur celles-ci.

a. Observations des grands dauphins (*Tursiops truncatus*)
Ces observations ont été faites lors des expéditions du Suivi aérien de la mégafaune marine (SAMM). Les traits gris, ou transects, sont les trajets de l'avion. Celui-ci vole à basse altitude et un observateur compte les dauphins. Cette technique permet d'estimer les effectifs de dauphins.

b. Nombre de grands dauphins échoués entre 1972 et 2008
40 % des dauphins présentent des traces de capture et la plupart d'entre eux présentent une pollution aux PCB.

c. Analyse génétique des grands dauphins échoués
Carte des populations de la Manche (a) et du Golfe de Gascogne (b) (à gauche). Les points blancs représentent les cétacés échoués et les zones rouges, la localisation des populations. Richesse allélique des populations (a) et (b) en unités arbitraires (à droite).

Espèce	Saison	Golfe de Gascogne		
		Abondance estimée	Intervalle de confiance à 95 %	
Grand dauphin	Hiver	17 694	8 356	37 524
	Été	10 937	5 907	20 834
		Manche		
		Abondance estimée	Intervalle de confiance à 95 %	
	Hiver	1 412	530	3 760
	Été	2 317	896	5 992

d. Abondance estimée du grand dauphin dans les zones d'étude du Golfe de Gascogne (282 140 km²) et de la Manche (92 845 km²)

QUESTIONS
1. Comparer les effectifs déterminés par l'expédition SAMM à l'abondance estimée. Proposer une explication.
2. Définir un intervalle de confiance à 95 % et analyser les valeurs obtenues.
3. Comparer la richesse en allèles des deux populations. Quelle est la conséquence possible d'un faible effectif sur la diversité génétique d'une population ?
4. Citer des activités humaines qui ont des conséquences positives et négatives sur le grand dauphin

CHAPITRE 9 • La biodiversité et son évolution

231

On a donc : $N = \dfrac{346 \times 380}{208} = 632$ papillons dans la population.

3. L'intervalle de confiance pour la proportion p au niveau de confiance 0,95 correspond à l'intervalle : $\left[f - \dfrac{1}{\sqrt{n}} ; f + \dfrac{1}{\sqrt{n}}\right]$.

Sachant que $f = \dfrac{346}{632} = 0{,}547$ et que $n = 380$, l'intervalle de confiance est : $\left[0{,}547 - \dfrac{1}{\sqrt{380}} ; 0{,}547 + \dfrac{1}{\sqrt{380}}\right]$ soit $[0{,}418 ; 0{,}598]$.

La proportion d'individus possédant un marquage est comprise entre 41,8 % et 59,8 % avec un niveau de confiance de 95 %.

15 Fragmentation des écosystèmes et biodiversité

1. La fragmentation d'un écosystème est le morcellement de cet écosystème en surfaces de plus petite taille.

2. On constate que la surface totale de forêt passe de 280 000 ha en 1975 à 75 000 en 2008. La surface de forêt diminue au cours du temps.

3. Alors qu'en 1975 et en 1980, la majorité des surfaces est supérieure à 1 000 ha, on constate qu'à partir de 2001, la majorité des surfaces est comprise entre 10 et 100 ha. La proportion de grandes surfaces (couleurs bleues) diminue alors que la proportion de surfaces de petite taille (couleurs rouge et orange) augmente.

4. D'après le **doc. b**, la richesse spécifique, c'est-à-dire le nombre d'espèces différentes, diminue lorsqu'il y a fragmentation de l'écosystème. Cette diminution varie selon les taxons considérés : elle est comprise entre 20 % en 10 ans pour les plantes à fleurs et plus de 70 % en 10 ans pour les oiseaux.

Un autre aspect de la biodiversité est la richesse génétique d'une population, c'est-à-dire la diversité allélique. On constate également (**doc. c**) que la diversité génétique est inversement proportionnelle à la surface des parcelles : elle est d'autant plus faible que la parcelle est de petite taille.
Ainsi la fragmentation peut entraîner une perte de diversité des espèces mais également de leur diversité génétique.

16 Poules d'ornement et loi de Hardy-Weinberg

1. À partir de l'effectif de 1 000 individus, on peut calculer les fréquences alléliques et les fréquences génotypiques (données par les phénotypes).

Fréquences alléliques :

– $f(\text{N}) = \dfrac{(150 \times 2) + 800}{2\,000} = 0{,}55 = p$

– $f(\text{F}) = \dfrac{800 + (2 \times 50)}{2\,000} = 0{,}45 = q$

Fréquences génotypiques :

– $f(\text{N/N}) = \dfrac{150}{1\,000} = 0{,}15$

– $f(\text{F/F}) = \dfrac{50}{1\,000} = 0{,}05$

– $f(\text{N/F}) = \dfrac{800}{1\,000} = 0{,}8.$

On peut calculer les effectifs attendus en utilisant les fréquences alléliques :
– plumage normal → Génotype (N/N) : $p^2N = 0{,}55^2 \times 1\,000 = 302.$
– plumage crépu → Génotype (F/F) : $q^2N = 0{,}45^2 \times 1\,000 = 202$
– plumage frisé → Génotype (N/F) : $2pqN = 2 \times 0{,}55 \times 0{,}45 \times 1\,000 = 495.$

2. Le modèle de Hardy-Weinberg prédit que la structure génétique d'une population est conservée de génération en génération si les conditions suivantes sont respectées :
– l'effectif de la population est de grande taille et on peut appliquer la loi des grands nombres (la probabilité de transmission d'un allèle est égale à sa fréquence) ;
– il n'y a pas de mutation ;
– il n'y a pas de migration entre des populations différentes ce qui pourrait amener de nouveaux allèles ;
– il n'y a pas de sélection naturelle.

3. On constate que les effectifs attendus sont différents des effectifs observés, on en déduit donc qu'il n'y a pas équilibre de Hardy-Weinberg. La reproduction de ces poules est maîtrisée et les croisements sont choisis par les éleveurs afin d'obtenir des plumages frisés.

17 L'extinction des primates

1. D'après le **doc. a**, la richesse spécifique est la plus importante lorsque les teintes sont comprises entre le violet et le rouge. Ainsi, on peut observer sur la carte que ces teintes apparaissent dans les pays de la ceinture équatoriale (Kenya, Madagascar, Brésil, par exemple).

2. **a.** Les surfaces agricoles augmentent au cours du temps alors que les surfaces couvertes de forêts diminuent (**doc. c**).
b. Lorsque la couleur est rouge, cela signifie que la production agricole prévue au XXIe siècle va augmenter de façon très importante sur des surfaces riches en primates. On peut supposer que l'habitat forestier des primates est détruit et converti en surfaces agricoles. On constate que ces zones rouges sont très nombreuses à Madagascar mais également en Afrique et en Amazonie.
Seules les zones forestières colorées en violet sont épargnées par l'extension des surfaces agricoles. Elles couvrent des surfaces moins importantes.

3. D'après le **doc. b**, ce sont au minimum 40 % des espèces de primates qui sont menacées (Amérique latine et Afrique). Ce pourcentage peut atteindre 90 % à Madagascar. Ces forts pourcentages sont tout à fait cohérents avec les données précédentes. La conversion de forêt en surfaces agricoles détruit l'habitat des espèces de primates les menaçant d'extinction.

18 La grenouille taureau, une espèce envahissante

1. La détection de la grenouille taureau peut être réalisée par observation directe (observation des têtards et des adultes le jour) ou par observation indirecte (écoute des chants la nuit). Ces deux méthodes permettent ainsi de détecter la présence de grenouille taureau dans sept mares sur les bords de la Dronne.
On peut également détecter la grenouille par l'analyse de l'ADN environnemental contenu dans l'eau des mares. On constate alors que la présence de la grenouille taureau est confirmée dans les sept mares où la grenouille a été observée ou entendue mais que sa présence est également détectée dans plus de 30 mares supplémentaires où les adultes n'avaient pas été observés ni entendus. Ainsi, l'identification de cette espèce dans son écosystème par son ADN permet sa détection alors que les adultes sont trop peu nombreux pour être observés ou entendus ou que les individus sont encore des têtards moins visibles.

2. Les humains peuvent modifier la richesse spécifique, c'est-à-dire le nombre d'espèces d'un milieu de plusieurs manières :
– en introduisant une nouvelle espèce qui peut devenir envahissante comme la grenouille taureau ;
– en modifiant les espèces présentes car l'espèce introduite s'en nourrit. La grenouille taureau se nourrit d'amphibiens par exemple et peut entraîner la disparition d'espèces de l'écosystème ;
– en supprimant certaines espèces : la grenouille taureau est en cours d'éradication par ramassage des pontes, piégeage, etc.

3. Les fréquences alléliques sont :

Gène A	France	USA
$f(A)$	1	$\frac{(2 \times 9) + 42}{200} = 0{,}3$
$f(a)$	0	$\frac{42 + (49 \times 2)}{200} = 0{,}7$

Gène B	France	USA
$f(B)$	0	$\frac{(2 \times 4) + 32}{200} = 0{,}2$
$f(b)$	1	$\frac{32 + (64 \times 2)}{200} = 0{,}8$

Les fréquences génotypiques sont :

	AA	Aa	aa
France	1	0	0
USA	0,09	0,42	0,49

	BB	Bb	bb
France	0	0	1
USA	0,04	0,32	0,64

On peut calculer les fréquences génotypiques attendues à partir des fréquences alléliques et les comparer aux fréquences observées. On obtient :

Gène A	$f(A/A)$	$f(A/a)$	$f(a/a)$
France	$p^2 = 1$	$2pq = 0$	$q^2 = 0$
USA	$p^2 = 0{,}09$	$2pq = 0{,}42$	$q^2 = 0{,}49$

Gène B	$f(B/B)$	$f(B/b)$	$f(b/b)$
France	$p^2 = 0$	$2pq = 0$	$q^2 = 1$
USA	$p^2 = 0{,}04$	$2pq = 0{,}32$	$q^2 = 0{,}64$

Les fréquences génotypiques calculées sont identiques aux fréquences génotypiques observées : il y a équilibre de Hardy-Weinberg.

4. On constate que la diversité allélique diffère entre les populations de grenouille taureau de France et celles des USA dont l'espèce est originaire. Pour chaque population des USA étudiée, il existe plusieurs allèles et les allèles diffèrent entre les populations. En Europe, sauf exception, chaque population ne présente qu'un allèle pour le gène étudié. Chacun des allèles observés dans les populations françaises existe au moins dans une population aux USA.
Sachant qu'il s'agit d'une espèce importée et envahissante, on peut supposer que chaque population française provient d'un petit nombre d'individus. Soit ces individus possédaient le même allèle, soit le petit effectif initial a entraîné une très forte dérive génétique aboutissant au maintien d'un seul allèle dans la population. Comme les populations européennes ne présentent aucune diversité génétique mais diffèrent entre elles, cela peut être dû à une dérive génétique différente ou bien à une importation à partir de lieux différents des USA.

19 Les grands dauphins du Golfe de Gascogne et de la Manche

1. Les effectifs déterminés par suivi aérien, donc par observation directe des grands dauphins, sont de quelques centaines de dauphins environ dans le Golfe de Gascogne. Les trajets de l'avion et la reconnaissance directe par un observateur laissent supposer que seule une partie de la population a pu être observée. L'abondance estimée donne un effectif beaucoup plus important (entre 10 937 en été et 17 694 en hiver) pour cette population de grands dauphins.
De même, les expéditions de SAMM ont permis de recenser entre 100 et 200 dauphins dans la Manche alors que les effectifs estimés sont compris entre 1 412 en hiver et 2 317 en été.
Bien que les avions quadrillent la zone, les trajets (ou transects) sont espacés de plusieurs dizaines de kilomètres (il y a 12 points de départ des transects sur la côte atlantique). Il apparaît donc normal que le nombre de dauphins observés soit nettement inférieur au nombre réel de dauphins. L'abondance est une valeur estimée puisqu'elle ne résulte pas d'un comptage direct.

2. Un intervalle de confiance est un ensemble de deux valeurs qui encadrent une valeur réelle que l'on cherche à estimer. Le niveau de confiance de 95 % donne la probabilité que l'encadrement précédent contienne la valeur recherchée. Les valeurs des intervalles de confiance sont des valeurs assez éloignées comme par exemple [8 356 ; 37 524] pour la population de grands dauphins en hiver dans le Golfe de Gascogne ou [896 ; 5 992] pour celle d'été dans la Manche. L'importance de l'amplitude de la fourchette de valeurs traduit l'incertitude élevée de l'estimation.

3. La richesse en allèles est supérieure pour la population (b) du Golfe de Gascogne, que pour la population (a) de la Manche. Ces deux populations diffèrent par leurs effectifs : l'effectif de la population du Golfe de Gascogne est nettement plus important que celui de la population de la Manche. Ainsi, on peut supposer que si la reproduction s'effectue entre individus d'une même population, la dérive génétique est beaucoup plus forte dans la population de grands dauphins de la Manche et, de ce fait, la diversité allélique est plus faible.

4. Le suivi aérien des grands dauphins permet d'estimer les effectifs des populations et de les suivre. Cela constitue un indicateur. Le nombre de grands dauphins échoués depuis 1972 a augmenté jusqu'en 2004 puis a diminué. 40 % de ces dauphins présentent des traces de capture liées à la pêche : cette activité humaine a donc des conséquences négatives sur ces animaux. (Remarque : rien ne permet de dire si la diminution du nombre de dauphins échoués depuis 2004 est due à la diminution de l'effectif global de la population ou à la régulation des activités de pêche). Comme la plupart des dauphins présentent des traces de PCB, les activités humaines ont également des conséquences indirectes sur les populations de grands dauphins en polluant leur environnement.

ANNEXE 1 Unité 3 [→ page 165]

- QCM de vérification de la bonne compréhension des notions abordées dans l'unité 3.

1. Les forces évolutives :
a. sont uniquement les mutations.
b. permettent de maintenir constantes les fréquences alléliques et génotypiques d'une population.
c. sont les mutations, la sélection naturelle, les migrations et la dérive génétique.
d. ne sont pas envisagées dans le modèle de Hardy-Weinberg.

2. L'équilibre de Hardy-Weinberg :
a. prédit que la structure génétique d'une population varie d'une génération à l'autre.
b. est un modèle mathématique qui repose sur certaines conditions comme la présence de mutations par exemple.
c. prédit que les fréquences alléliques et génotypiques sont conservées d'une génération à l'autre dans une population si certaines conditions sont vérifiées.
d. n'est jamais vérifié quelle que soit la situation.

3. Un modèle mathématique :
a. permet de prédire la réalité.
b. est une théorie scientifique comme la « théorie de l'évolution » par exemple.
c. a été établi par Hardy et Weinberg pour analyser la diversité des espèces d'un milieu.
d. permet d'analyser des données expérimentales.

4. Les fréquences alléliques dans une population :
a. n'évoluent jamais au cours du temps comme permet de le montrer l'équilibre de Hardy-Weinberg.
b. peuvent rester stables au cours du temps dans certaines conditions.
c. sont identiques aux autres populations de la même espèce.
d. sont identiques aux fréquences phénotypiques.

ANNEXE 2 Unité 3 [→ page 165]

- **Le modèle de Hardy-Weinberg et le logiciel PopGen**

Le modèle de Hardy-Weinberg porte sur les variations des fréquences alléliques et génotypiques au cours des générations pour une population, si certains critères sont respectés (population de grande taille, panmixie, absence de forces évolutives telles que la mutation, la migration ou la sélection naturelle). Dans ces conditions, pour un gène possédant deux allèles différents, les allèles A et a, de fréquences p et q, les fréquences des génotypes homozygotes AA, aa et hétérozygotes Aa peuvent être calculées ainsi :
$f(AA) = p^2$
$f(Aa) = 2pq$
$f(aa) = q^2$

Le modèle de Hardy-Weinberg prédit que les fréquences alléliques p et q et génotypiques (p^2, $2pq$ et q^2) restent constantes au cours des générations.
Dans une population, différents facteurs empêchent le maintien théorique des fréquences génotypiques prédit par le modèle de Hardy-Weinberg : l'existence de mutations, la taille limitée d'une population (dérive génétique), les migrations et la sélection.

Le logiciel PopGen (en ligne) permet de simuler les évolutions des fréquences des deux allèles A_1 et A_2 d'un hypothétique gène A. Le temps est en abscisse et le nombre de générations en ordonnée. On suit la fréquence de l'allèle A_1, ou celle de l'allèle A_2 (qui peut se déduire facilement de celle de A_1 puisque $p + q = 1$). On peut ainsi faire varier des paramètres supposés constants dans le modèle de Hardy-Weinberg (mutation, migration, etc.) et analyser les conséquences.

PopGen

- Le logiciel PopGen est disponible à l'adresse suivante : https://www.radford.edu/~rsheehy/Gen_flash/popgen/

ANNEXE 3 Correction de l'unité 4 [→ page 167]

Tester une justification géométrique de la loi de Hardy-Weinberg

Les élèves n'ont pas vu en seconde la notion probabiliste d'indépendance. De même, ils n'ont pas la notion de preuve par récurrence. L'objet n'est donc pas ici de proposer une démonstration comme en cours de mathématiques et que vous trouverez dans le complément sur Hardy-Weinberg (→ **fiche méthode 11**, page 338 du manuel). L'objectif est ici de donner à voir, de proposer un support géométrique afin de construire le résultat de Hardy-Weinberg.

1. Notons p la proportion de l'allèle A et q celle de l'allèle a dans la génération 0. Le carré de la figure b est d'aire 1 (unité d'aire). La proportion du génotype AA dans la génération 1 correspond à la proportion que représente le carré de côtés p dans le grand carré, donc ici p^2. De même, la proportion du génotype aa est q^2. Enfin, celle du génotype Aa est le reste, à savoir $2pq$ (ou encore $1 - p^2 - q^2$, avec $p + q = 1$).

2. L'allèle A dans la génération 1 provient du génotype AA et, pour moitié, du génotype Aa, donc, en proportion, $p^2 + \frac{2pq}{2} = p^2 + pq$.
On peut lire ceci géométriquement avec la figure suivante où la zone grisée correspond à « la » zone occupée par les A.

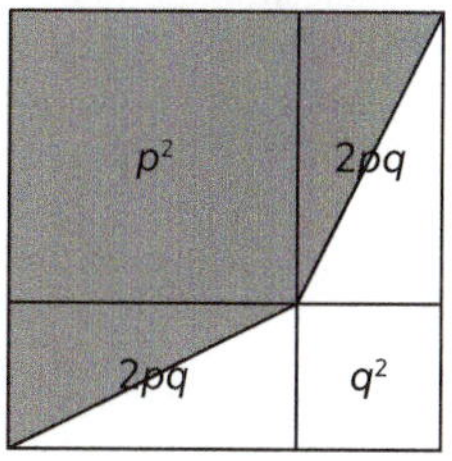

De même, la proportion de l'allèle a à la génération 1 est $q^2 + pq$.

3. On a $p^2 + pq = p(p + q) = p \times 1 = p$: ainsi la proportion de l'allèle A est la même pour la génération 0 ou la génération 1. Comme l'allèle est A ou a, la proportion de l'allèle a est également constante entre la génération 0 et la génération 1. Le passage de la génération 1 à la génération 2 ne change « donc » rien aux proportions. Ainsi, dans le cadre des hypothèses d'Hardy-Weinberg, les fréquences alléliques sont constantes au cours du temps, dès la génération 0.

4. Si les conditions (H1)-(H6) sont vérifiées, alors :
– les fréquences alléliques restent constantes ;
– après reproduction, les fréquences génotypiques se déduisent directement des fréquences alléliques et restent également constantes au cours du temps.

Activité expérimentale : autour de l'équilibre de Hardy-Weinberg

Cette activité est adaptée de l'article :
https://www.carolina.com/teacher-resources/Interactive/teaching-hardy-weinberg-in-the-classroom/tr10630.tr.

On pourra enrichir cette activité expérimentale en modifiant les hypothèses de Hardy-Weinberg et en proposant le déroulement suivant, identique à l'activité du manuel sauf pour l'étape 3 au cours de laquelle le groupe sélectionne 3 papiers bleus et les jette (si le groupe n'a pas assez de papiers bleus, échanger un papier bleu et un papier orange du grand récipient).

Utiliser les représentations géométrique et graphique

1. Le théorème de Viviani dit que la somme des distances d'un point à l'intérieur d'un triangle équilatéral aux côtés du triangle est constante (indépendante de la position du point intérieur), égale à la hauteur du triangle. Par Pythagore, on montre que cette longueur vaut $\frac{\sqrt{3}}{2}AC$ où AC est la longueur d'un des côtés du triangle équilatéral. La « preuve » sans mot proposée ici date de 2005 et est due à Kawasaki : https://www.maa.org/sites/default/files/3004415840629.pdf.bannered.pdf.
Une ressource geogebra associée à cette preuve se trouve ici : https://www.geogebra.org/m/awmkrwus

Un autre lien qui détaille et illustre la preuve de Kawasaki : https://www.cut-the-knot.org/Curriculum/Geometry/VivianiPWW.shtml

Une preuve, souvent vue au collège, repose sur un calcul d'aire des trois triangles définis à l'aide du point intérieur (https://fr.wikipedia.org/wiki/Théorème_de_Viviani) :

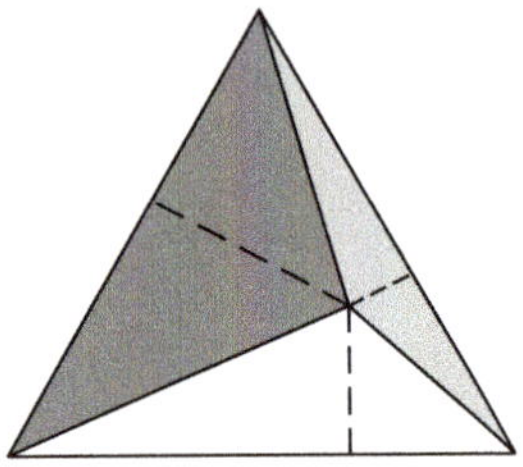

Le théorème de Viviani peut se généraliser ainsi : dans un polygone régulier convexe à n côtés, la somme des distances d'un point O intérieur au polygone aux côtés du polygone est indépendante de la position du point O.

2. a. On a $\alpha_0 = p_0 + \frac{r_0}{2}$: en effet, s'il y a N génotypes et donc $2N$ allèles au total, il y a $\frac{2Np_0 + Nr_0}{2N}$ allèles de type A. De même, $\beta_0 = q_0 + \frac{r_0}{2}$. On aurait aussi pu écrire que $\beta_0 = 1 - \alpha_0 = 1 - p_0 - \frac{r_0}{2} = p_0 + q_0 + r_0 - \frac{r_0}{2} = q_0 - \frac{r_0}{2}$.

b. Comme $p_0 + q_0 + r_0 = 1$, d'après le théorème de Viviani, pour tout point intérieur d'un triangle équilatéral de hauteur 1, la somme des distances de ce point aux côtés du triangle est constante, égale à 1. Donc à n'importe quel point M_0 à l'intérieur d'un triangle équilatéral de hauteur 1, on associe les trois distances de ce point aux côtés du triangle au triplet (p_0, q_0, r_0).

3. À la génération 0, la proportion de l'allèle A vaut x et celle de l'allèle a vaut $1 - x$.

a. Avec les notations $p(AA)$ pour la proportion du génotype AA à la génération 1, $p(Aa)$ pour le génotype Aa et $p(aa)$ pour le génotype aa et d'après ce que l'on a vu précédemment, on a :

$$p(AA) = x^2, \quad p(Aa) = 2x(1 - x) \quad \text{et} \quad p(aa) = (1 - x)^2.$$

La représentation suivante est extraite du document d'accompagnement Eduscol :

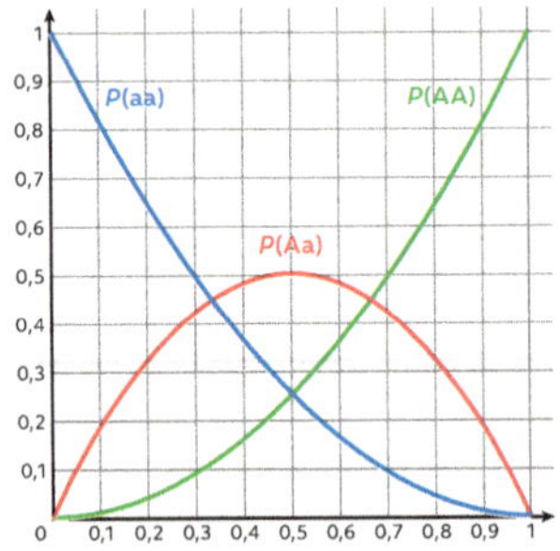

b. La courbe représentée dans le diagramme de De Finetti du **doc. 5** correspond à la proportion $p(Aa)$ « mise à l'échelle », la longueur du côté du triangle étant ici $2/\sqrt{3}$ et non 1.
Ainsi, il y a une unique valeur de x (et donc une proportion allélique) associée au point M_0. Or, on a vu que la fréquence allélique est constante dès la première génération. Donc, le point M_1 correspondant à la génération suivante, aura la même fréquence allélique : il sera situé sur la droite perpendiculaire à l'axe des abscisses (*i.e.* la droite passant par AA et aa) et passant par M_0. D'après la question précédente, on sait que la proportion $p(Aa)$ de la génération 1, se situe sur la courbe tracée dans le triangle de De Finetti. Le point M_1 est donc le point d'intersection de cette perpendiculaire et de la courbe tracée.

c. On voit alors que tous les points M_i suivants ($i \geq 2$) sont confondus avec M_1 : les fréquences génotypiques sont donc constantes à partir de la génération 1.

ANNEXE 4 Unité 5 [→ page 169]

• QCM de remobilisation des acquis de seconde et de première.

1. La dérive génétique :
a. est une force évolutive.
b. est d'autant plus forte que l'effectif est important.
c. n'est pas modifiée par la fragmentation d'un écosystème.
d. augmente la diversité allélique dans une population.

2. Les actions humaines :
a. ne sont pas responsables de la pollution d'un milieu par des phosphates par exemple.
b. peuvent faire diminuer la teneur en phosphates d'un milieu.
c. restaurent des corridors écologiques afin de lutter contre la dispersion des polluants.
d. ne peuvent pas modifier des paramètres à l'échelle de la planète.

3. La fragmentation d'un territoire :
a. diminue obligatoirement les effectifs d'une population.
b. a des conséquences sur la diversité génétique des populations car la dérive génétique diminue.
c. n'est jamais due à l'homme.
d. peut être limitée par la mise en place de corridors écologiques comme la trame verte et bleue par exemple.

4. Les activités humaines :
a. n'ont aucune conséquence sur la biodiversité.
b. peuvent modifier la diversité génétique d'une espèce sans modifier les effectifs.
c. comme la fragmentation, diminuent la dérive génétique.
d. diminuent les effectifs de toutes les espèces.

ANNEXE 5 Unité « Histoire, Enjeux, Débats » [→ page 171]

• QCM de vérification de la bonne compréhension des notions abordées dans l'unité « Histoire, Enjeux, Débats ».

1. La biodiversité correspond à :
a. la diversité des écosystèmes.
b. la diversité des espèces.
c. la diversité génétique des individus d'une espèce.
d. l'ensemble des propositions précédentes.

2. Les pratiques agricoles durables :
a. incluent l'épandage massif de fertilisants.
b. incluent l'épandage massif de pesticides.
c. cherchent à limiter les impacts négatifs sur la biodiversité.
d. sont responsables de la dégradation des sols.

3. La dégradation actuelle de la biodiversité est :
a. liée à l'action des humains.
b. majoritairement due au changement climatique.
c. liée à de violentes éruptions volcaniques.
d. la première crise de la biodiversité depuis le début de la vie sur Terre.

4. La diversité génétique des espèces :
a. est favorisée par l'action des humains.
b. n'influence pas leur évolution.
c. se réduit lors de l'apparition de mutations.
d. correspond à la diversité des allèles des gènes.

Livre de l'élève

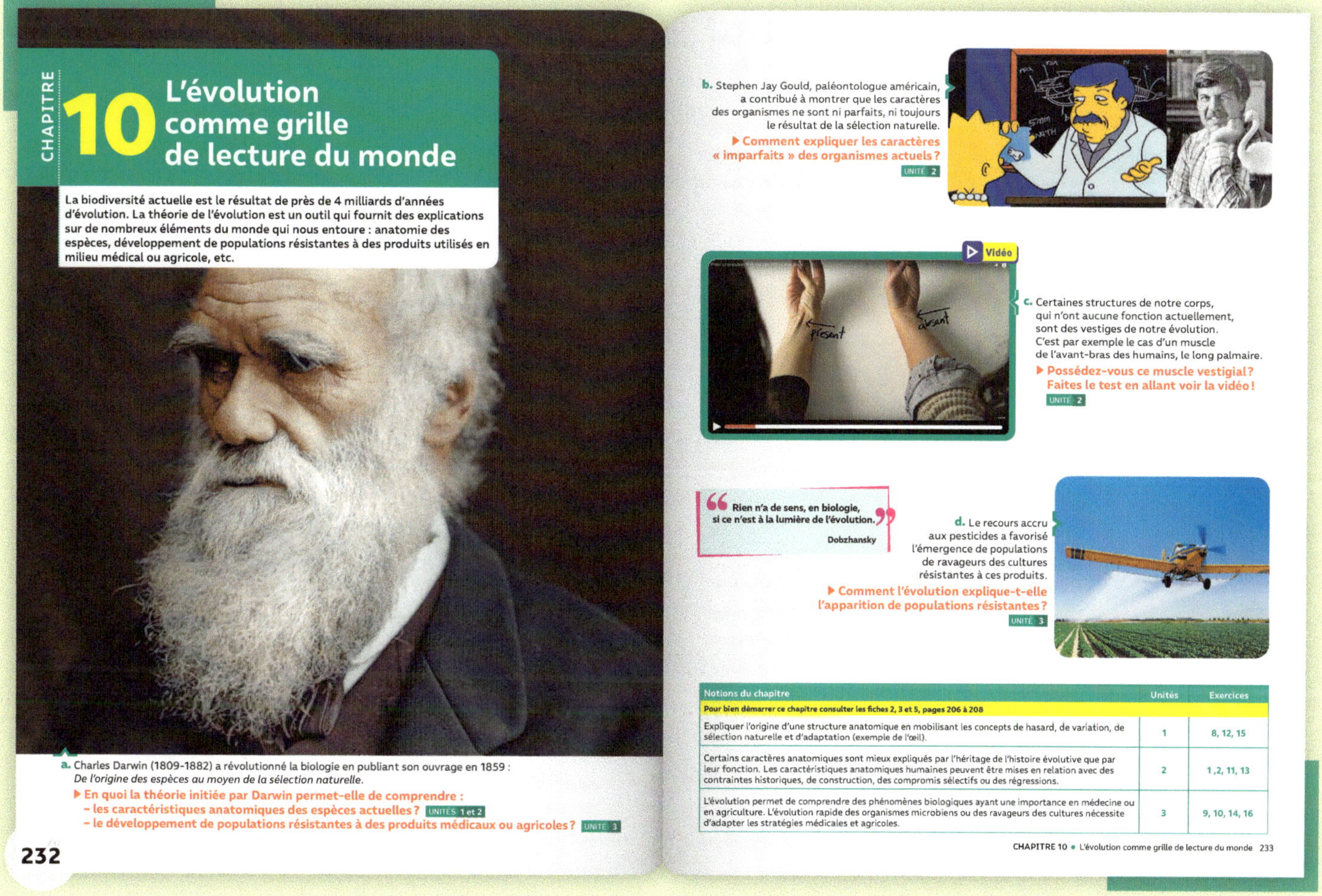

CHAPITRE 10 L'évolution comme grille de lecture du monde

La biodiversité actuelle est le résultat de près de 4 milliards d'années d'évolution. La théorie de l'évolution est un outil qui fournit des explications sur de nombreux éléments du monde qui nous entoure : anatomie des espèces, développement de populations résistantes à des produits utilisés en milieu médical ou agricole, etc.

a. Charles Darwin (1809-1882) a révolutionné la biologie en publiant son ouvrage en 1859 : *De l'origine des espèces au moyen de la sélection naturelle.*

▶ **En quoi la théorie initiée par Darwin permet-elle de comprendre :**
– les caractéristiques anatomiques des espèces actuelles ? UNITÉS 1 et 2
– le développement de populations résistantes à des produits médicaux ou agricoles ? UNITÉ 3

232

b. Stephen Jay Gould, paléontologue américain, a contribué à montrer que les caractères des organismes ne sont ni parfaits, ni toujours le résultat de la sélection naturelle.

▶ **Comment expliquer les caractères « imparfaits » des organismes actuels ?** UNITÉ 2

Vidéo

c. Certaines structures de notre corps, qui n'ont aucune fonction actuellement, sont des vestiges de notre évolution. C'est par exemple le cas d'un muscle de l'avant-bras des humains, le long palmaire.

▶ **Possédez-vous ce muscle vestigial ? Faites le test en allant voir la vidéo !** UNITÉ 2

« **Rien n'a de sens, en biologie, si ce n'est à la lumière de l'évolution.** »
Dobzhansky

d. Le recours accru aux pesticides a favorisé l'émergence de populations de ravageurs des cultures résistantes à ces produits.

▶ **Comment l'évolution explique-t-elle l'apparition de populations résistantes ?** UNITÉ 3

Notions du chapitre	Unités	Exercices
Pour bien démarrer ce chapitre consulter les fiches 2, 3 et 5, pages 206 à 208		
Expliquer l'origine d'une structure anatomique en mobilisant les concepts de hasard, de variation, de sélection naturelle et d'adaptation (exemple de l'œil).	1	8, 12, 15
Certains caractères anatomiques sont mieux expliqués par l'héritage de l'histoire évolutive que par leur fonction. Les caractéristiques anatomiques humaines peuvent être mises en relation avec des contraintes historiques, de construction, des compromis sélectifs ou des régressions.	2	1 ,2, 11, 13
L'évolution permet de comprendre des phénomènes biologiques ayant une importance en médecine ou en agriculture. L'évolution rapide des organismes microbiens ou des ravageurs des cultures nécessite d'adapter les stratégies médicales et agricoles.	3	9, 10, 14, 16

CHAPITRE 10 • L'évolution comme grille de lecture du monde 233

▶ Les grandes idées à construire

- Ce chapitre vise à faire prendre conscience aux élèves du cadre structurant qu'offre la théorie de l'évolution dans la biologie actuelle, et de son puissant pouvoir explicatif. Cet objectif est atteint en s'appuyant sur des exemples variés souvent rattachés à l'être humain : l'étude des structures anatomiques humaines, mais aussi celle des conséquences des pratiques humaines ne prennent du sens que lorsqu'elles sont éclairées à la lumière de l'évolution.
- L'anatomie humaine est le résultat d'un long processus évolutif, au cours duquel la sélection naturelle a contribué à façonner des organes d'une grande complexité, comme l'œil.
- Mais l'évolution ne mène pas à des structures « parfaites », pour plusieurs raisons :
  – l'histoire évolutive est faite de contingences historiques qui limitent les possibilités de variation des structures (et les « chemins » évolutifs possibles). Elle peut aussi mener à conserver des structures qui n'ont plus de fonction ;
  – des pressions de sélection opposées peuvent s'exercer sur un même caractère et mener à des compromis sélectifs ;
  – un changement de mode de vie (alimentation) peut mener à la présence temporaire de structures mal adaptées.
- Les microorganismes et les ravageurs des cultures évoluent face aux changements d'environnements auxquels l'être humain les confronte (antibiotiques, vaccination d'une partie de la population, épandage de produits phytosanitaires, monoculture). Ces évolutions rendent nécessaire l'adaptation des pratiques humaines.

▶ Ce que disent les documents

a Darwin est considéré comme le père de la théorie de l'évolution. On peut néanmoins souligner qu'à la même époque, un de ses compatriotes, Alfred R. Wallace, est arrivé aux mêmes conclusions que lui, de façon indépendante, sur le processus de sélection naturelle comme moteur de l'évolution. Darwin et Wallace ont d'ailleurs échangé régulièrement sur leurs théories avant et après la publication de Darwin de 1859.

b Paléontologue américain, Gould a participé à rénover la pensée évolutionniste par sa contribution à certaines théories (équilibres ponctués) ou champs disciplinaires (évo-dévo). Il était également un excellent vulgarisateur, apprécié du grand public, ce qui est illustré par sa participation aux Simpson. Dans ce chapitre, c'est pour sa contribution au rejet d'une pensée exclusivement « adaptationniste » qu'il est présent *(tous les caractères des organismes seraient forcément le résultat d'une adaptation à des pressions de sélection particulières).*

c Cette vidéo permet une entrée dans le chapitre de manière ludique au moyen d'un test facilement réalisable : la détection de la présence d'un muscle, le long palmaire, absent sur un des deux bras chez 10-15 % de la population. Elle présente également d'autres organes vestigiaux.

d L'épandage aérien de pesticides illustre l'utilisation industrielle de ces produits. Bien que ce mode d'épandage soit interdit en France depuis 2015, la vente des pesticides n'a pas faibli dans notre pays : elle a progressé de 25 % entre 2008 et 2018.

Livre de l'élève

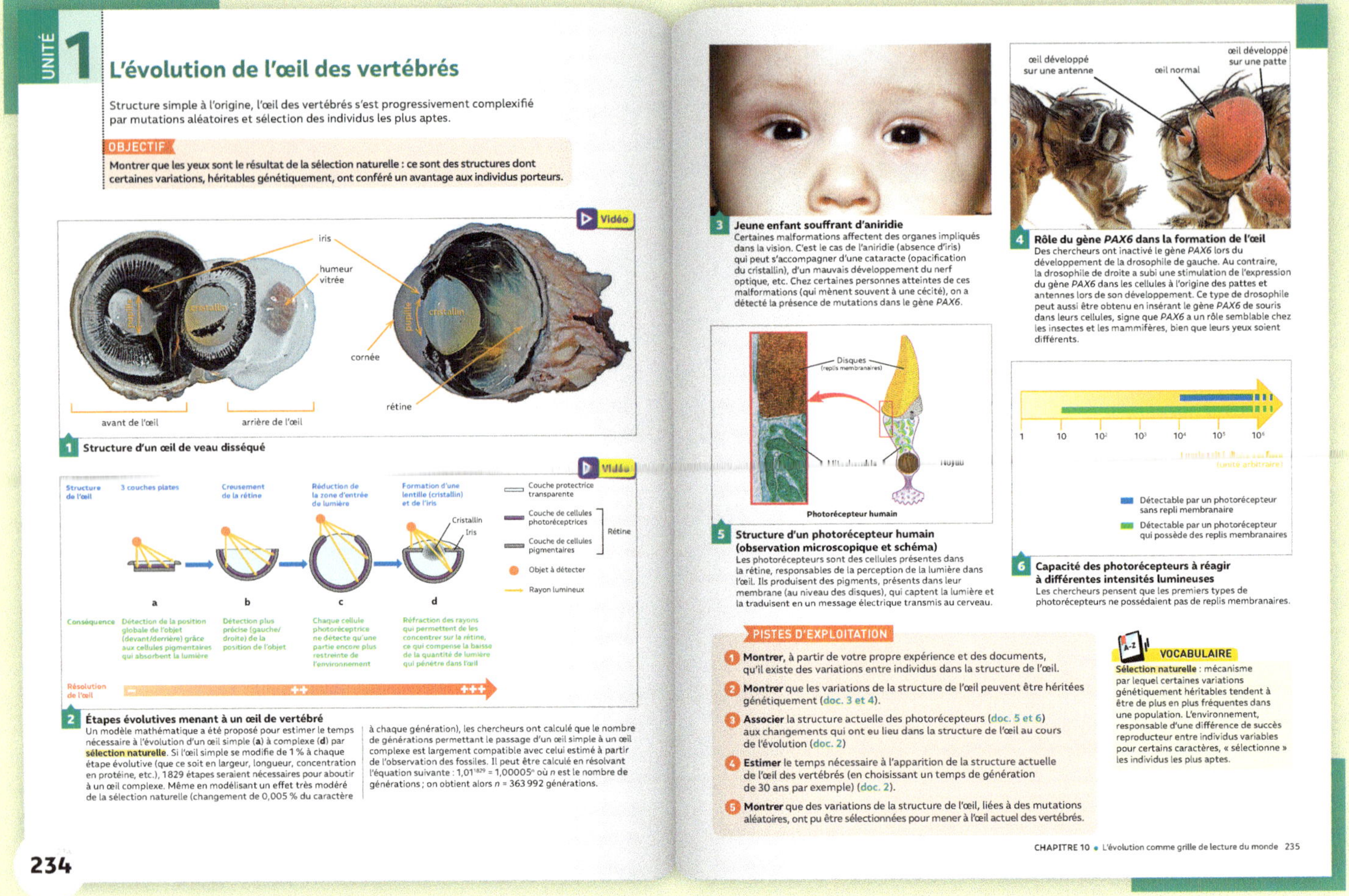

UNITÉ 1

L'évolution de l'œil des vertébrés

Structure simple à l'origine, l'œil des vertébrés s'est progressivement complexifié par mutations aléatoires et sélection des individus les plus aptes.

OBJECTIF

Montrer que les yeux sont le résultat de la sélection naturelle : ce sont des structures dont certaines variations, héritables génétiquement, ont conféré un avantage aux individus porteurs.

1 Structure d'un œil de veau disséqué

2 Étapes évolutives menant à un œil de vertébré

Un modèle mathématique a été proposé pour estimer le temps nécessaire à l'évolution d'un œil simple (**a**) à complexe (**d**) par **sélection naturelle**. Si l'œil simple se modifie de 1 % à chaque étape évolutive (que ce soit en largeur, longueur, concentration en protéine, etc.), 1829 étapes seraient nécessaires pour aboutir à un œil complexe. Même en modélisant un effet très modéré de la sélection naturelle (changement de 0,005 % du caractère à chaque génération), les chercheurs ont calculé que le nombre de générations permettant le passage d'un œil simple à un œil complexe est largement compatible avec celui estimé à partir de l'observation des fossiles. Il peut être calculé en résolvant l'équation suivante : $1{,}01^{1829} = 1{,}00005^{n}$ où n est le nombre de générations ; on obtient alors n = 363 992 générations.

234

3 Jeune enfant souffrant d'aniridie

Certaines malformations affectent des organes impliqués dans la vision. C'est le cas de l'aniridie (absence d'iris) qui peut s'accompagner d'une cataracte (opacification du cristallin), d'un mauvais développement du nerf optique, etc. Chez certaines personnes atteintes de ces malformations (qui mènent souvent à une cécité), on a détecté la présence de mutations dans le gène *PAX6*.

4 Rôle du gène *PAX6* dans la formation de l'œil

Des chercheurs ont inactivé le gène *PAX6* lors du développement de la drosophile de gauche. Au contraire, la drosophile de droite a subi une stimulation de l'expression du gène *PAX6* dans les cellules à l'origine des pattes et antennes lors de son développement. Ce type de drosophile peut aussi être obtenu en insérant le gène *PAX6* de souris dans leurs cellules, signe que *PAX6* a un rôle semblable chez les insectes et les mammifères, bien que leurs yeux soient différents.

5 Structure d'un photorécepteur humain (observation microscopique et schéma)

Les photorécepteurs sont des cellules présentes dans la rétine, responsables de la perception de la lumière dans l'œil. Ils produisent des pigments, présents dans leur membrane (au niveau des disques), qui captent la lumière et la traduisent en un message électrique transmis au cerveau.

6 Capacité des photorécepteurs à réagir à différentes intensités lumineuses

Les chercheurs pensent que les premiers types de photorécepteurs ne possédaient pas de replis membranaires.

PISTES D'EXPLOITATION

1. **Montrer**, à partir de votre propre expérience et des documents, qu'il existe des variations entre individus dans la structure de l'œil.
2. **Montrer** que les variations de la structure de l'œil peuvent être héritées génétiquement (doc. 3 et 4).
3. **Associer** la structure actuelle des photorécepteurs (doc. 5 et 6) aux changements qui ont eu lieu dans la structure de l'œil au cours de l'évolution (doc. 2)
4. **Estimer** le temps nécessaire à l'apparition de la structure actuelle de l'œil des vertébrés (en choisissant un temps de génération de 30 ans par exemple) (doc. 2).
5. **Montrer** que des variations de la structure de l'œil, liées à des mutations aléatoires, ont pu être sélectionnées pour mener à l'œil actuel des vertébrés.

VOCABULAIRE

Sélection naturelle : mécanisme par lequel certaines variations génétiquement héritables tendent à être de plus en plus fréquentes dans une population. L'environnement, responsable d'une différence de succès reproducteur entre individus variables pour certains caractères, « sélectionne » les individus les plus aptes.

CHAPITRE 10 • L'évolution comme grille de lecture du monde 235

problèmes scientifiques

- Quelles sont les étapes qui ont mené à la formation de l'œil des vertébrés ?
- En quoi les structures de l'œil ont elles conféré un avantage aux individus chez qui elles sont apparues ?

Mobilisation des acquis

- Vu en cycle 4 (SVT) : le concept de sélection naturelle a été présenté comme mécanisme évolutif, et la place du hasard en évolution a été introduite.
- Vu en seconde (SVT) : la sélection naturelle conduit au fait que certains individus ont plus de descendants que les autres. L'évolution est également liée au hasard. La sélection sexuelle est une forme de sélection naturelle.
- Vu en 1re spé (SVT) : des exemples de sélection naturelle appliquée à l'être humain ont été abordés : tolérance au lactose, résistance à la haute altitude, à la peste…

Les grandes idées à construire

- De nombreuses structures anatomiques sont le résultat d'une **adaptation** à un environnement donné.
- Il s'agit d'un processus évolutif au cours duquel des variants sont formés par **mutations** aléatoires, dont certains sont **sélectionnés** pour l'avantage qui leur est conféré dans un milieu donné (en termes de survie et/ou de reproduction).
- Ces processus ont mené à la formation d'organes complexes comme l'œil.

Les compétences travaillées

- **Observer** le réel (œil disséqué, structure d'un photorécepteur).
- **Comprendre** le lien entre phénomènes naturels et langage mathématique.
- **Confronter** le résultat d'une modélisation numérique aux données paléontologiques.
- **Interpréter** les résultats d'une expérience.

Les représentations de l'élève

- Une difficulté est de comprendre comment les actions combinées de mutations aléatoires et de la sélection naturelle peuvent mener à des organes aussi complexes. Un obstacle vient de la difficulté à appréhender quelle est la part d'aléatoire dans le processus adaptatif. Si l'œil n'est bien sûr pas apparu « par hasard », les variations (qui ont par la suite été sélectionnées) l'ont bien été. Ce sont les mutations qui sont aléatoires, mais pas la sélection naturelle, qui effectue un « tri » orienté, en fonction de la valeur sélective des individus porteurs de ces variations.
- De plus, l'idée que des mutations aléatoires puissent mener à des structures si complexes peut être difficilement envisagé par les élèves, et constitue un argument souvent exploité par les opposants à la théorie de l'évolution. Il est donc important de comprendre que l'évolution a procédé par « petits pas » pour la plus grande part des étapes évolutives qui ont mené à l'œil actuel. La modélisation présentée dans le **doc. 2** propose d'ailleurs qu'un nombre de 1829 étapes évolutives pourrait suffire à aboutir à la structure actuelle.
- Il peut être aussi difficile de concevoir que les étapes intermédiaires qui ont mené à l'œil actuel correspondaient à des structures

fonctionnelles, sélectivement avantageuses. Pourtant, il est possible de trouver, dans la diversité animale, des yeux correspondant à chacune des étapes évolutives présentées dans le **doc. c** (ainsi que d'autres étapes intermédiaires non représentées).

- Enfin, la pensée sous-jacente à l'idée qu'un organe si complexe ne pourrait pas apparaître par les mécanismes évolutifs cités ci-dessus est que l'œil serait un organe « parfait ». Or, c'est loin d'être le cas ! (Voir exercice 15 pour un exemple).

Ce que disent les documents

1 La structure générale de l'œil est présentée à partir de l'observation d'un œil disséqué. La fonction des différents composants ne peut être comprise par les élèves qu'avec le **doc. 2**.

Idée de question :
– Quelles sont les principales structures de l'œil ? Identifiez-les sur un schéma.

2 Les étapes possibles de l'évolution de l'œil présentées sont celles qui permettent l'augmentation de son pouvoir de résolution. Elles ont été déduites de l'observation de fossiles et de la diversité des yeux des animaux actuels. Ce document montre qu'à l'origine, l'œil devait être simplement constitué d'une cellule pigmentaire et d'une cellule photoréceptrice ; une rétine primitive en somme. Cette structure simple permettait de détecter la direction des rayons lumineux. Par la suite, la résolution s'est affinée grâce à l'incurvation de la rétine, la formation de l'iris limitant la quantité de rayons lumineux entrant dans l'œil, et la formation d'un cristallin focalisant sur la rétine les plus rares rayons lumineux entrants. Chacune des étapes présentées augmente le pouvoir de résolution de l'œil, ce qui confère un avantage sélectif aux individus porteurs (meilleure détection des proies, des prédateurs, des partenaires sexuels, etc.)

Idée de question :
– Quels sont les avantages adaptatifs conférés par les différentes structures de l'œil ?

3 La photographie montre une absence d'iris chez une personne atteinte d'aniridie. Le lien avec le **doc. 2** permet de comprendre l'impact que peut avoir cette modification sur sa vision. Cette malformation semble d'origine génétique (mutation de *PAX6*), donc héritable.

Idée de question :
– Quel impact peut avoir l'aniridie sur l'individu (en termes de sélection naturelle) ?

4 Les résultats des expériences permettent de confirmer le rôle essentiel de *PAX6* dans le développement des structures constitutives de l'œil : l'inactivation de *PAX6* mène à une absence de développement de l'œil, l'activation de ce même gène dans des organes où il est normalement inactif mène au développement ectopique des yeux (antennes, pattes).
Enfin, le fait qu'un gène de souris puisse provoquer les mêmes effets que celui de drosophile indique que la séquence de ce gène doit être très conservée, et qu'il a dû être hérité de l'ancêtre commun aux arthropodes et vertébrés.

Idée de question :
– Quel rôle du gène *PAX6* peut-il être déduit de ces expériences ?

5 Les photorécepteurs présentent de nombreux replis membranaires, renfermant les pigments responsables de la perception de la lumière.

Idée de question :
– Quelle est la structure d'un photorécepteur ? Quel est son rôle dans la vision ?

6 L'apparition de replis membranaires permet aux photorécepteurs d'être sensibles à de plus faibles luminosités d'une surface.

Idée de question :
– Comment expliquer la différence de capacité de perception des deux types de photorécepteurs présentés ?

Les + pour préparer votre séance

- Proposer un QCM de remobilisation des acquis en début de séance. [→ **Annexe 1, page 196**]

Vidéo

- Modélisation analogique de l'évolution de l'œil par un des chercheurs qui a proposé le modèle mathématique présenté dans le **doc. 2**. Certaines parties du modèle sont réalisables en classe.
https://www.pbslearningmedia.org/resource/tdc02.sci.life.evo.nilssoneye/evolution-of-the-eye/
- TED-Ed présente une vidéo pédagogique récapitulant les différentes étapes de l'évolution de l'œil, ainsi que les organismes actuels qui présentent des yeux correspondant à certaines des étapes intermédiaires présentées dans le **doc. 2**.
https://www.youtube.com/watch?v=qrKZBh8BL_U

LE SAVIEZ-VOUS ?

La plupart des opsines actuelles ont un maximum d'absorption pour des longueurs d'ondes proches de 500 nm. Cela peut s'expliquer par le fait que l'ancêtre commun aux animaux était aquatique ; or, le rayonnement solaire est majoritairement absorbé par la couche d'eau située entre 0 et 20 m, mis à part les longueurs d'ondes bleues (480 nm) qui peuvent pénétrer jusqu'à 400 m de profondeur.

CORRECTION DE L'UNITÉ

1. Les différences dans la vue des individus (emmétropes, myopes, hypermétropes, etc.) ainsi que le **doc. 3** montrent qu'il existe des variations dans la structure de l'œil ; or les variations sont nécessaires à la possibilité d'évolution par sélection naturelle.
2. Certaines des variations sont héritables génétiquement : en effet le gène *PAX6* est impliqué dans le développement de plusieurs structures de l'œil, dont l'iris et le cristallin. Certaines des variations dont il était question précédemment peuvent donc être transmises à la descendance.
3. Les nombreux replis membranaires des photorécepteurs, abritant les pigments photosensibles, permettent de détecter des objets sous condition de faible luminosité. Cette caractéristique a dû être avantageuse car au cours de l'évolution de l'œil, l'augmentation de la résolution s'est faite au détriment de la quantité de lumière pénétrant dans l'œil (incurvation de la rétine, apparition de l'iris, etc.)
4. 30 ans × 363 992 générations = 11 Ma. Les premiers fossiles possédant des yeux datent de plus de 550 Ma. Bien que très surestimé (nos ancêtres lointains devaient avoir un temps de génération bien inférieur), le temps nécessaire à l'évolution d'un œil simple à complexe est par mutations/sélection naturelle aurait donc pu se faire relativement « rapidement » (à l'échelle de l'évolution).
5. Les variations dans la structure de l'œil existent actuellement, tout comme elles ont dû exister chez nos ancêtres. Elles ont des bases génétiques, puisque certains gènes comme *PAX6* sont indispensables au bon développement de l'œil.
Certains individus ayant subi des mutations aléatoires qui leur ont permis une meilleure perception visuelle (formation de l'iris, d'un cristallin, replis membranaires des photorécepteurs, etc.) ont mieux perçu leur environnement. Ils ont mieux survécu, et ont laissé plus de descendants que les autres. L'œil a donc pu se complexifier progressivement par mutations/sélection au cours de l'évolution.

INDICATEURS DE RÉUSSITE	NIVEAU A	B	C	D
Des variations de la structure de l'œil ont été reliées à des avantages en termes de survie.				
Les bases génétiques de ces variations sont identifiées.				
Les rôles du hasard et de la sélection naturelle ont été distingués.				

Livre de l'élève

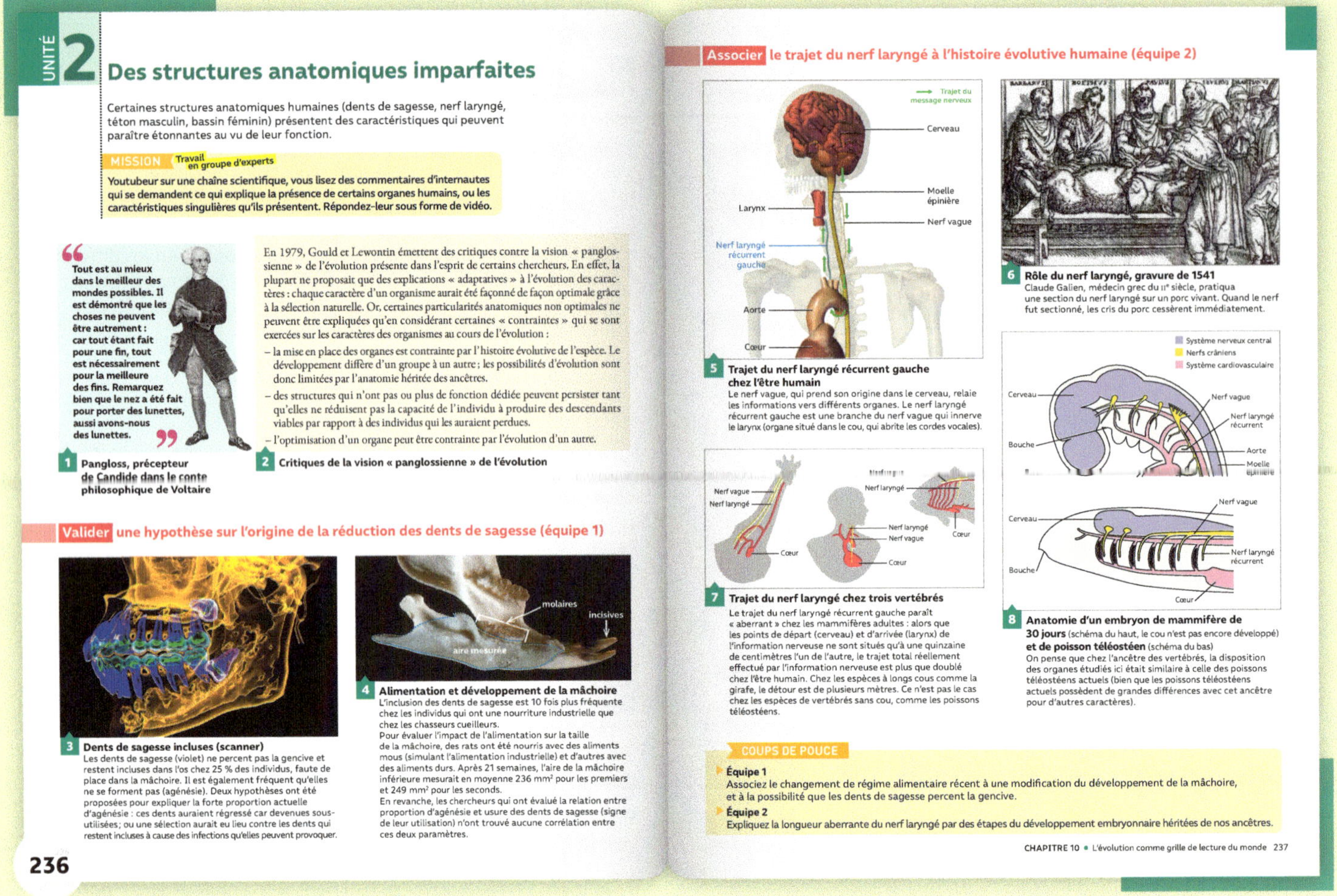

UNITÉ 2

Des structures anatomiques imparfaites

Certaines structures anatomiques humaines (dents de sagesse, nerf laryngé, téton masculin, bassin féminin) présentent des caractéristiques qui peuvent paraître étonnantes au vu de leur fonction.

MISSION Travail en groupe d'experts

Youtubeur sur une chaîne scientifique, vous lisez des commentaires d'internautes qui se demandent ce qui explique la présence de certains organes humains, ou les caractéristiques singulières qu'ils présentent. Répondez-leur sous forme de vidéo.

« Tout est au mieux dans le meilleur des mondes possibles. Il est démontré que les choses ne peuvent être autrement : car tout étant fait pour une fin, tout est nécessairement pour la meilleure des fins. Remarquez bien que le nez a été fait pour porter des lunettes, aussi avons-nous des lunettes. »

1 Pangloss, précepteur de Candide dans le conte philosophique de Voltaire

En 1979, Gould et Lewontin émettent des critiques contre la vision « panglossienne » de l'évolution présente dans l'esprit de certains chercheurs. En effet, la plupart ne proposait que des explications « adaptatives » à l'évolution des caractères : chaque caractère d'un organisme aurait été façonné de façon optimale grâce à la sélection naturelle. Or, certaines particularités anatomiques non optimales ne peuvent être expliquées qu'en considérant certaines « contraintes » qui se sont exercées sur les caractères des organismes au cours de l'évolution :

– la mise en place des organes est contrainte par l'histoire évolutive de l'espèce. Le développement diffère d'un groupe à un autre ; les possibilités d'évolution sont donc limitées par l'anatomie héritée des ancêtres.
– des structures qui n'ont pas ou plus de fonction dédiée peuvent persister tant qu'elles ne réduisent pas la capacité de l'individu à produire des descendants viables par rapport à des individus qui les auraient perdues.
– l'optimisation d'un organe peut être contrainte par l'évolution d'un autre.

2 Critiques de la vision « panglossienne » de l'évolution

Valider une hypothèse sur l'origine de la réduction des dents de sagesse (équipe 1)

3 Dents de sagesse incluses (scanner)
Les dents de sagesse (violet) ne percent pas la gencive et restent incluses dans l'os chez 25 % des individus, faute de place dans la mâchoire. Il est également fréquent qu'elles ne se forment pas (agénésie). Deux hypothèses ont été proposées pour expliquer la forte proportion actuelle d'agénésie : ces dents auraient régressé car devenues sous-utilisées ; ou une sélection aurait eu lieu contre les dents qui restent incluses à cause des infections qu'elles peuvent provoquer.

4 Alimentation et développement de la mâchoire
L'inclusion des dents de sagesse est 10 fois plus fréquente chez les individus qui ont une nourriture industrielle que chez les chasseurs cueilleurs.
Pour évaluer l'impact de l'alimentation sur la taille de la mâchoire, des rats ont été nourris avec des aliments mous (simulant l'alimentation industrielle) et d'autres avec des aliments durs. Après 21 semaines, l'aire de la mâchoire inférieure mesurait en moyenne 236 mm^2 pour les premiers et 249 mm^2 pour les seconds.
En revanche, les chercheurs qui ont évalué la relation entre proportion d'agénésie et usure des dents de sagesse (signe de leur utilisation) n'ont trouvé aucune corrélation entre ces deux paramètres.

236

Associer le trajet du nerf laryngé à l'histoire évolutive humaine (équipe 2)

5 Trajet du nerf laryngé récurrent gauche chez l'être humain
Le nerf vague, qui prend son origine dans le cerveau, relaie les informations vers différents organes. Le nerf laryngé récurrent gauche est une branche du nerf vague qui innerve le larynx (organe situé dans le cou, qui abrite les cordes vocales).

6 Rôle du nerf laryngé, gravure de 1541
Claude Galien, médecin grec du IIe siècle, pratiqua une section du nerf laryngé sur un porc vivant. Quand le nerf fut sectionné, les cris du porc cessèrent immédiatement.

7 Trajet du nerf laryngé chez trois vertébrés
Le trajet du nerf laryngé récurrent gauche paraît « aberrant » chez les mammifères adultes : alors que les points de départ (cerveau) et d'arrivée (larynx) de l'information nerveuse ne sont situés qu'à une quinzaine de centimètres l'un de l'autre, le trajet total réellement effectué par l'information nerveuse est plus que doublé chez l'être humain. Chez les espèces à longs cous comme la girafe, le détour est de plusieurs mètres. Ce n'est pas le cas chez les espèces de vertébrés sans cou, comme les poissons téléostéens.

8 Anatomie d'un embryon de mammifère de 30 jours (schéma du haut, le cou n'est pas encore développé) **et de poisson téléostéen** (schéma du bas)
On pense que chez l'ancêtre des vertébrés, la disposition des organes étudiés ici était similaire à celle des poissons téléostéens actuels (bien que les poissons téléostéens actuels possèdent de grandes différences avec cet ancêtre pour d'autres caractères).

COUPS DE POUCE

Équipe 1
Associez le changement de régime alimentaire récent à une modification du développement de la mâchoire, et à la possibilité que les dents de sagesse percent la gencive.

Équipe 2
Expliquez la longueur aberrante du nerf laryngé par des étapes du développement embryonnaire héritées de nos ancêtres.

CHAPITRE 10 • L'évolution comme grille de lecture du monde 237

problème scientifique

Comment expliquer l'existence de structures anatomiques « imparfaites » ?

Mobilisation des acquis

- Vu en cycles 3 et 4 (SVT) : l'idée d'histoire évolutive des espèces a été introduite à travers la classification des espèces, qui doit rendre compte des degrés d'apparentement.
- Vu en seconde (SVT) : la sélection naturelle maintient les formes aptes à se reproduire, mais ce n'est pas le seul moteur de l'évolution : les mutations et la dérive génétique sont d'autres processus moteurs.

Les grandes idées à construire

- L'évolution ne mène pas à des structures parfaites. La prise en compte de contraintes évolutives permet de comprendre l'existence de certaines particularités anatomiques.
- L'évolution par sélection naturelle ne façonne pas les structures à la manière d'un ingénieur : elle n'a pas de but, et procède à partir d'un matériau existant, résultat de l'histoire évolutive passée. Les possibilités de variations sont limitées par cette histoire, qui est contingente. Cela explique « l'imperfection » de certaines structures au vu de leur fonction actuelle.
- Le trajet indirect de certains organes (ex. : nerf laryngé) peut s'expliquer par des patrons de développement hérités des ancêtres dont la morphologie adulte était différente des espèces actuelles.
- Certains organes (ex. : bassin féminin) peuvent avoir différentes fonctions (accouchement, locomotion, maintien des viscères) soumises à des pressions qui ont tendance à sélectionner des formes opposées (bassin large *vs.* étroit). Ils sont le résultat d'un compromis sélectif.
- Des organes qui semblent actuellement sans fonction (ex. : téton masculin) ne régressent pas forcément, s'ils n'occasionnent pas de désavantage sélectif.
- Des changements récents d'environnement (ex. : alimentation) peuvent expliquer la présence d'organes (ex. : dents de sagesse) qui semblent aujourd'hui maladaptés. Leur régression n'est pas assurée si ces maladaptations n'ont pas d'impact sur le nombre de descendants des individus.

Les compétences travaillées

- **Coopérer et collaborer.**
- **Communiquer** sur ses démarches, ses résultats et ses choix, en argumentant à l'oral, dans un langage approprié.
- **Recenser, extraire, organiser et exploiter** des informations à partir de documents en citant ses sources, à des fins de connaissance et pas seulement d'information.
- **Interpréter** les résultats d'une expérience.
- **Utiliser** un logiciel de visualisation 3D.

Les représentations de l'élève

- La pensée finaliste est encore très répandue chez les élèves : c'est l'idée qu'une structure aurait évolué pour répondre à un besoin, à une fonction particulière. Cette pensée soulève deux problèmes conceptuels.
- Un premier problème, contre lequel les professeurs ont « lutté » dans les classes antérieures : l'idée que « la nécessité d'une fonction biologique serait la cause de l'apparition d'une structure ». En

d'autres termes, que la structure apparaîtrait en réponse à un besoin de l'organisme : la fonction précèderait la structure. L'explicitation du mécanisme de sélection naturelle en cycle 4 et 2de, rappelé dans l'**unité 1**, devrait avoir permis de contrecarrer cette vision.

- Un deuxième problème sous-tendu par cette vision est l'idée que « toute structure présente dans un organisme possèderait nécessairement une fonction ; que toute caractéristique d'un organe, toute propriété d'une molécule biologique, serait forcément utile à l'organisme, serait présente "pour une bonne raison" ». L'occasion de déconstruire cette idée a peu été donnée par les programmes des niveaux précédents. Le programme de Terminale offre la possibilité de critiquer cette vision panglossienne de l'évolution. On montrera que toute structure n'est pas forcément le résultat de la sélection naturelle ; et pour celles qui en sont le résultat, qu'elles ne sont pas pour autant idéales au vu des fonctions qu'elles assurent, du fait des contraintes évolutives qui sont étudiées dans cette unité.

Ce que disent les documents

1 Cette citation résume la pensée de Pangloss, contre laquelle Gould et Lewontin nous mettent en garde dans le cadre de la biologie de l'évolution (**doc. 2**). Traduite biologiquement, sa pensée serait que les organismes sont une association harmonieuse de leurs différentes composantes, chacune ayant un rôle dédié, indispensable au bon fonctionnement de l'ensemble. Si l'on écarte la vision panglossienne des créationnistes, et que l'on reste dans le cadre de la théorie de l'évolution, le propos de Pangloss serait le suivant : les structures des organismes sont « optimales » ; elles ne peuvent être dues qu'à la sélection naturelle, qui mène à des caractères si « adaptés » biologiquement. Chacune de ces structures devrait donc être le résultat d'une adaptation.

Idée de question :
- Comment traduire la pensée de Pangloss en termes biologiques ?

2 Ce document (associé au **doc. 1**) est un document de référence. Il explicite les critiques de Gould et Lewontin contre « l'adaptationnisme ». L'idée est que les élèves de chacun des quatre groupes s'y réfère pour identifier le type de contrainte qui expliquerait la particularité de la structure anatomique humaine qu'il étudie.

Idée de question :
- Laquelle des contraintes présentées peut-elle expliquer la particularité anatomique étudiée ?

3 Cette image obtenue par scanner montre les dents de sagesse gauches d'un individu (en violet). Elles sont restées incluses dans l'os, faute de place dans la mâchoire. Deux hypothèses explicatives de l'augmentation de la proportion d'individus atteints d'agénésie dentaire sont présentées.

Idée de question :
- Quelles sont les explications possibles à l'augmentation récente de l'agénésie des dents de sagesse ?

4 Se nourrir à parti d'aliments mous limite le développement de la mâchoire. La nourriture industrielle a donc dû favoriser le sous-développement de la mâchoire, rendant l'inclusion des dents de sagesse plus fréquente ; l'augmentation de l'inclusion dentaire a dû accroître les risques d'infections associés. Par contre, il ne semble pas y avoir de relation entre l'usage (ou le non usage) des dents de sagesse et la fréquence de leur agénésie.

Idée de question :
- Quelle hypothèse explicative de l'augmentation de l'agénésie dentaire est-elle confortée par ces résultats ?

5 À l'âge adulte, le nerf laryngé récurrent gauche a un trajet indirect : il contourne l'aorte avant de remonter vers le larynx qu'il innerve. Le message nerveux en provenance du cerveau et en direction du larynx effectue donc un « détour » qui ne peut être compris qu'en prenant en considération l'héritage évolutif de notre espèce.

Idée de question :
- Quelle est la disposition du nerf laryngé chez l'adulte par rapport à l'aorte ?

6 Le nerf laryngé est impliqué dans la production des sons.

7 Chez les espèces qui possèdent un cou développé (girafe, être humain), la position du nerf laryngé, postérieure à la crosse aortique thoracique, contraint à un détour du message nerveux. Le détour est particulièrement important chez les espèces à long cou (girafe). Chez les espèces sans cou (poissons téléostéens) ce nerf a un trajet direct.

Idée de question :
- Quelles différences peut-on observer dans le trajet du nerf laryngé des trois espèces présentées ?

8 Le trajet du nerf laryngé des ancêtres des vertébrés devait être direct, comme chez les téléostéens actuels qui n'ont pas de cou. C'est une disposition comparable qui est observée chez les mammifères en début de développement embryonnaire, avant que le cou ne soit formé.
Cette disposition précoce, postérieure à la crosse aortique, a dû être héritée des ancêtres. Dans la suite du développement embryonnaire, larynx et aorte devenant plus distants à mesure que le cou se forme, le nerf laryngé est contraint à un allongement important. C'est un exemple flagrant du fait que l'évolution fait du neuf (transformations liées à l'apparition du cou) avec du vieux (disposition préalable du nerf laryngé par rapport à l'aorte), sans qu'il n'y ait de « plan » préconçu.

Des idées de questions :
- Quel est le trajet du nerf laryngé récurrent gauche au début de la phase embryonnaire ?
- Quelle est sa disposition par rapport à l'aorte ?
- Comment expliquer son trajet chez les mammifères adultes ?

Les + pour préparer votre séance

Équipe 2 : on peut fournir une traduction anglaise des organes qui peuvent être mis en évidence dans zygotebody. Par exemple : *recurrent laryngeal nerve, vagus nerve, larynx, aortic arch.*

Article en ligne

- Article (en anglais) d'une chercheuse en évolution sur l'origine des dents de sagesse : https://theconversation.com/bad-molars-the-origins-of-wisdom-teeth-104835
- Thèse de 2016 (en anglais) sur l'évolution de l'agénésie des dents de sagesse et de l'impaction : https://dash.harvard.edu/handle/1/33493544

Vidéo

- Vidéo de Richard Dawkins mettant en évidence le trajet du nerf laryngé récurrent gauche sur une girafe qu'il dissèque. https://www.youtube.com/watch?v=o2WCe4wlOfc

LE SAVIEZ-VOUS ?

Les plus longs cous des animaux qui aient existé étaient ceux des sauropodes (ex. : Diplodocus). Ils pouvaient atteindre 14 m, et les neurones du nerf laryngé jusqu'à 28 m de long !
Chez les girafes, l'augmentation de la longueur du trajet du message nerveux transitant par le nerf laryngé gauche est en partie compensée par une plus grande largeur et une plus forte myélinisation des fibres nerveuses qui le constituent, permettant une plus grande rapidité du message.

Livre de l'élève

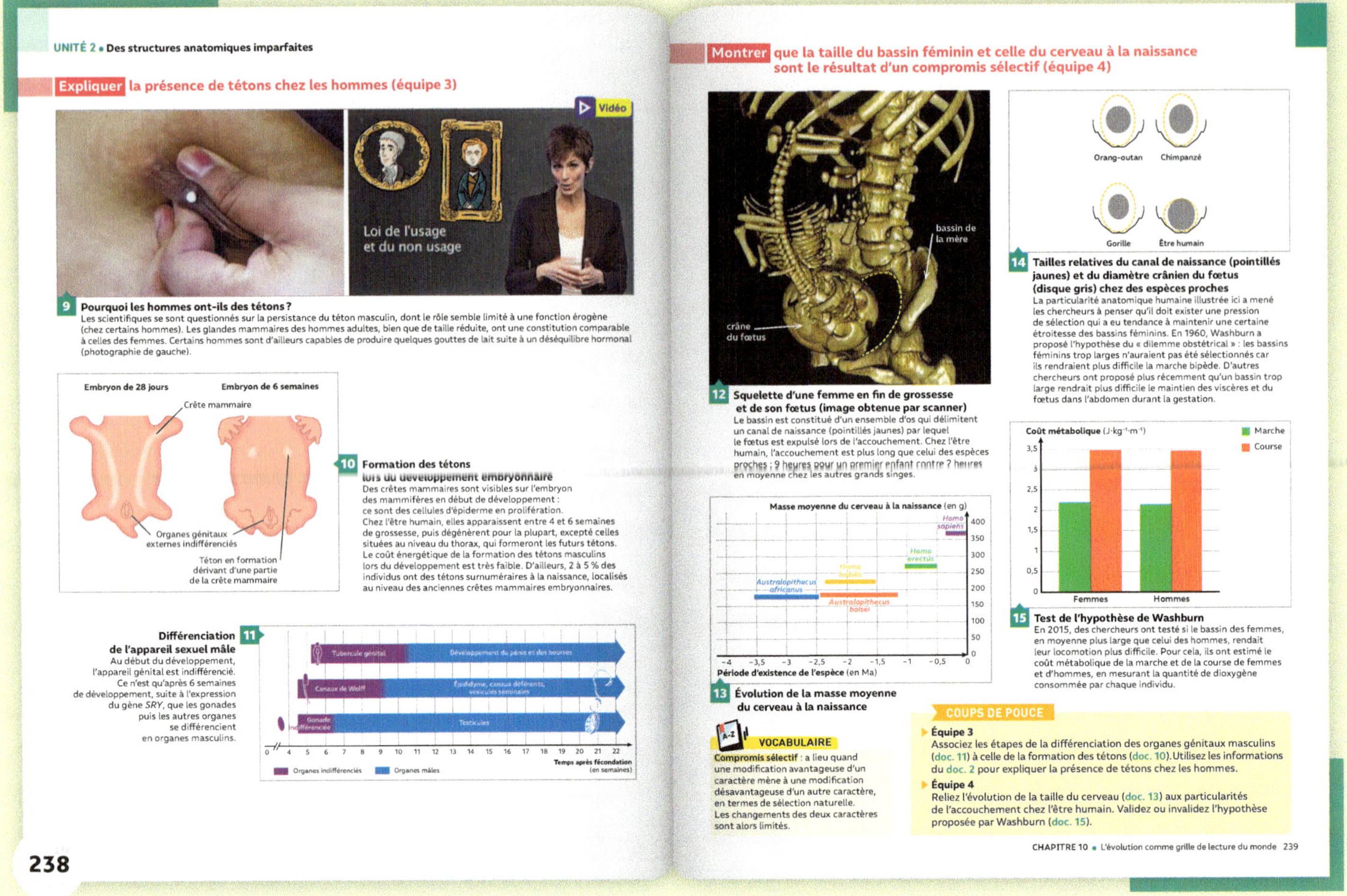
UNITÉ 2 • Des structures anatomiques imparfaites

Expliquer la présence de tétons chez les hommes (équipe 3)

9 Pourquoi les hommes ont-ils des tétons ?
Les scientifiques se sont questionnés sur la persistance du téton masculin, dont le rôle semble limité à une fonction érogène (chez certains hommes). Les glandes mammaires des hommes adultes, bien que de taille réduite, ont une constitution comparable à celles des femmes. Certains hommes sont d'ailleurs capables de produire quelques gouttes de lait suite à un déséquilibre hormonal (photographie de gauche).

10 Formation des tétons lors du développement embryonnaire
Des crêtes mammaires sont visibles sur l'embryon des mammifères en début de développement : ce sont des cellules d'épiderme en prolifération. Chez l'être humain, elles apparaissent entre 4 et 6 semaines de grossesse, puis dégénèrent pour la plupart, excepté celles situées au niveau du thorax, qui formeront les futurs tétons. Le coût énergétique de la formation des tétons masculins lors du développement est très faible. D'ailleurs, 2 à 5 % des individus ont des tétons surnuméraires à la naissance, localisés au niveau des anciennes crêtes mammaires embryonnaires.

11 Différenciation de l'appareil sexuel mâle
Au début du développement, l'appareil génital est indifférencié. Ce n'est qu'après 6 semaines de développement, suite à l'expression du gène *SRY*, que les gonades puis les autres organes se différencient en organes masculins.

Montrer que la taille du bassin féminin et celle du cerveau à la naissance sont le résultat d'un compromis sélectif (équipe 4)

12 Squelette d'une femme en fin de grossesse et de son fœtus (image obtenue par scanner)
Le bassin est constitué d'un ensemble d'os qui délimitent un canal de naissance (pointillés jaunes) par lequel le fœtus est expulsé lors de l'accouchement. Chez l'être humain, l'accouchement est plus long que celui des espèces proches : 9 heures pour un premier enfant contre 2 heures en moyenne chez les autres grands singes.

14 Tailles relatives du canal de naissance (pointillés jaunes) et du diamètre crânien du fœtus (disque gris) chez des espèces proches
La particularité anatomique humaine illustrée ici a mené les chercheurs à penser qu'il doit exister une pression de sélection qui a eu tendance à maintenir une certaine étroitesse des bassins féminins. En 1960, Washburn a proposé l'hypothèse du « dilemme obstétrical » : les bassins féminins trop larges n'auraient pas été sélectionnés car ils rendraient plus difficile la marche bipède. D'autres chercheurs ont proposé plus récemment qu'un bassin trop large rendrait plus difficile le maintien des viscères et du fœtus dans l'abdomen durant la gestation.

13 Évolution de la masse moyenne du cerveau à la naissance

15 Test de l'hypothèse de Washburn
En 2015, des chercheurs ont testé si le bassin des femmes, en moyenne plus large que celui des hommes, rendait leur locomotion plus difficile. Pour cela, ils ont estimé le coût métabolique de la marche et de la course de femmes et d'hommes, en mesurant la quantité de dioxygène consommée par chaque individu.

VOCABULAIRE
Compromis sélectif : a lieu quand une modification avantageuse d'un caractère mène à une modification désavantageuse d'un autre caractère, en termes de sélection naturelle. Les changements des deux caractères sont alors limités.

COUPS DE POUCE
Équipe 3
Associez les étapes de la différenciation des organes génitaux masculins (doc. 11) à celle de la formation des tétons (doc. 10). Utilisez les informations du doc. 2 pour expliquer la présence de tétons chez les hommes.
Équipe 4
Reliez l'évolution de la taille du cerveau (doc. 13) aux particularités de l'accouchement chez l'être humain. Validez ou invalidez l'hypothèse proposée par Washburn (doc. 15).

▶ Ce que disent les documents

9 Les tétons masculins n'ont pas de rôle dans l'allaitement, bien que les glandes mammaires semblent fonctionnelles. Ils n'ont pas de fonction avérée, à l'exception d'une fonction érogène chez certains. Comme dans le doc. 2, il est rappelé dans la vidéo que la « loi de l'usage et du non usage » ne s'applique pas en biologie : des organes sans fonction ne disparaissent pas forcément.

10 Les tétons se forment à partir de crêtes mammaires qui apparaissent entre 4 à 6 semaines de grossesse. Le faible coût énergétique nécessaire à leur développement et le fait que la présence de tétons surnuméraires est observable chez une partie non négligeable de la population (2 à 5 %) suggèrent que leur formation ne pénalise pas les individus porteurs, malgré leur absence de fonction apparente.

Idée de question :

– Quelle est la période à laquelle se forment les tétons ?

11 Les organes sexuels masculins se différencient à partir d'organes indifférenciés. La différenciation est initiée par l'expression du gène *SRY*, qui active la transformation des gonades en testicules après 6 semaines de développement embryonnaire, alors que les tétons sont déjà formés.

Idée de question :

– Quelle est la chronologie du développement des organes sexuels masculins par rapport à celui des tétons ?

12 Ce document permet de visualiser les proportions du crâne fœtal relativement à celles du canal de naissance. Il signale que l'accouchement est aujourd'hui significativement plus long chez l'espèce humaine que chez les espèces les plus proches (grands singes).

13 Au cours des 3,5 derniers millions d'années, la masse moyenne du cerveau à la naissance a quasiment doublé chez les espèces de la lignée humaine. L'augmentation de cette masse reflète une augmentation du volume du cerveau à la naissance, et donc du diamètre crânien du fœtus.

Idée de question :

– Comment a évolué le diamètre crânien du fœtus à la naissance au cours de l'évolution humaine ?

14 Le diamètre du crâne d'un nouveau-né, relativement à celui du canal de naissance, est bien plus important chez l'espèce humaine que chez les espèces les plus proches (orang-outan, chimpanzé, gorille). Le diamètre du crâne a une taille proche de celui du canal de naissance, ce qui pourrait expliquer la plus longue durée de l'accouchement chez notre espèce.
L'hypothèse explicative de Washburn, majoritairement acceptée durant 50 ans, est présentée. Selon lui, la faible marge entre le canal de naissance et le diamètre crânien du fœtus serait le résultat d'un compromis sélectif entre :
– facilité de l'accouchement chez une espèce à cerveau volumineux (qui aurait tendance à sélectionner des bassins larges) ;
– efficacité de la locomotion bipède (qui aurait tendance à sélectionner des bassins étroits).

❓ **Des idées de questions :**
- Comment pourrait-on expliquer la plus grande durée d'accouchement chez l'espèce humaine ?

15 Les résultats d'une expérimentation réalisée pour tester l'hypothèse de Washburn sont présentés. Elle consiste à vérifier s'il existe un lien entre largeur du bassin et capacités locomotrices. Pour cela, des chercheurs ont étudié le coût métabolique de la marche et de la course chez des femmes, qu'ils ont comparé à celui d'hommes, dont le bassin est en moyenne plus étroit. Aucune différence significative n'a été trouvée entre ces deux groupes, ce qui tendrait à montrer qu'un bassin plus large n'est pas pénalisant pour la locomotion bipède. Les résultats de cette expérience tendent donc à infirmer l'hypothèse de Washburn (bien que les interprétations que l'on peut en faire soient limitées : la mesure du coût métabolique est-elle un bon indicateur des capacités locomotrices ?).

❓ **Idée de question :**
- Les résultats de l'expérience tendent-ils à valider ou invalider l'hypothèse de Washburn ?

Les + pour préparer votre séance

- **Équipes 1 et 3 :** on peut revenir sur la « loi de l'usage et du non usage » formulée par Lamarck. Selon cette théorie, la sous-utilisation d'un organe par un individu mènerait à sa régression, et cette modification serait transmissible au cours des générations. En termes darwiniens, l'idée serait la suivante : un organe devenu non utilisé n'est plus soumis aux pressions de sélection ; les mutations qui affectent les gènes qui contrôlent son développement s'accumulent, puisqu'elles sont sans conséquence sur la valeur sélective de l'individu ; une certaine fraction de ces mutations inactivent ces gènes, menant inéluctablement à l'atrophie de l'organe en question. Cette vision, qu'elle soit lamarckienne ou darwinienne, n'est pas soutenue par les faits.
- **Équipe 4 :** le doc. 12 peut être complété par une modélisation 3D d'un accouchement (voir lien vidéo), voire par des maquettes de squelettes de bassin humain et de crâne de nouveau-né. Il faudra être vigilant à ne pas dramatiser cet événement, et préciser que les mouvements du fœtus (rotations, flexions) facilitent son passage dans le canal de naissance.
- **Équipe 4 :** le fait qu'il existe un compromis sélectif entre taille du bassin et du crâne fœtal à la naissance ne signifie pas qu'il y a une maladaptation entre ces deux caractères. Des caractéristiques ont été sélectionnées pour faciliter le passage du fœtus dans le canal de naissance étroit (accouchement à un stade de développement « précoce » du fœtus en comparaison avec d'autres espèces, mouvements singuliers du fœtus humain lors de l'accouchement…)
- **Vidéos et « Le saviez-vous ? »** [→ Annexe 2, page 196]

LE SAVIEZ-VOUS ?

▶ Outre les résultats de l'étude présentée dans le doc. 15, plusieurs autres ont contribué à remettre en question l'hypothèse de Washburn depuis quelques années. Parmi elles, certaines suggèrent :
– que la taille du canal de naissance est un trait très variable dans les populations humaines, contrairement à ce qui serait attendu dans le cadre de l'hypothèse de Washburn. On a d'ailleurs remarqué que les femmes à grand diamètre crânien ont tendance à avoir un canal de naissance plus large ;
– que la taille du fœtus s'adapterait au phénotype maternel (dont la taille du bassin) durant la grossesse, et n'aurait donc pas un déterminisme principalement génétique ;
– que la médicalisation de l'accouchement, mais aussi les changements alimentaires du dernier siècle pourraient expliquer une grande partie des difficultés d'accouchement actuelles (en favorisant la croissance du fœtus, l'obésité maternelle, etc.) ;
– que la « précocité » de l'accouchement de notre espèce ne serait pas liée à l'anatomie locomotrice maternelle, mais au métabolisme maternel devenu incapable de supporter une gestation plus longue d'un fœtus dont les besoins énergétiques croissent rapidement à mesure que son cerveau grandit.

CORRECTION DES PARCOURS

Équipe 1. Si la régression des dents de sagesse était liée à leur sous-utilisation (doc. 3), on devrait observer une proportion d'agénésie plus importante dans les populations qui les utilisent peu (et inversement), ce qui n'est pas le cas (doc. 4). En revanche, l'expérience menée sur les rats suggère que le changement d'alimentation (alimentation industrielle) a dû la favoriser réduction de la taille de la mâchoire humaine, qui est un facteur explicatif des difficultés de sortie des dents de sagesse. Si ces difficultés se sont accompagnées d'infections plus fréquentes, elles ont pu être une pression de sélection en faveur d'individus ne développant pas de dents de sagesse (agénésie).
En revanche, si les problèmes liés à la sortie des dents de sagesse n'affectent ni la survie actuelle (grâce à la chirurgie) ni la reproduction des individus, il n'y a pas de raison que la régression se poursuive (doc. 2).

Équipe 2. Le nerf laryngé récurrent gauche, impliqué dans l'émission de sons (doc. 6), a un trajet indirect chez les espèces qui ont un cou, comme l'espèce humaine (doc. 7). Le fait que l'ancêtre des vertébrés, sans cou ait eu un nerf laryngé disposé postérieurement par rapport à l'aorte, a contraint le développement du nerf laryngé chez ses descendants, dont ceux qui possèdent un cou. En effet, la disposition ancestrale est retrouvée en début de développement embryonnaire ; et le développement du cou qui suit éloigne progressivement l'aorte, thoracique, du larynx. Cela a « contraint » à un allongement du nerf laryngé chez ces espèces. Cette disposition, non optimale, est donc liée à une contrainte historique (doc. 2).

Équipe 3. Les tétons sont des organes qui se développent entre 4 à 6 semaines (doc. 10) de développement, avant la masculinisation de l'appareil reproducteur (doc. 11). Étant donné qu'ils sont peu coûteux à produire, et qu'ils ne pénalisent pas les hommes qui les portent (malgré leur absence apparente de fonction), ils ne sont pas contre-sélectionnés et ne devraient donc pas régresser (doc. 2 et 9).
En revanche, si leur fonction érogène (doc. 9) est importante dans la reproduction, la sélection naturelle a pu contribuer à leur maintien.

Équipe 4. La longue durée de l'accouchement humain comparativement aux espèces proches (doc. 12), peut être liée à la grande taille du crâne fœtal relativement au canal de naissance (doc. 14). La taille du crâne a fortement crû au cours de l'évolution humaine, en lien avec l'augmentation de la taille du cerveau (doc. 13). La taille du crâne à la naissance a donc dû être une pression de sélection pour un bassin maternel plus large. Mais vu l'étroitesse du passage, d'autres pressions de sélection ont dû s'exercer pour maintenir un bassin étroit : la taille du bassin féminin doit être le résultat d'un compromis sélectif. Washburn a proposé que c'est la locomotion bipède qui a été une pression de sélection pour un bassin étroit (doc. 14), mais cette hypothèse est actuellement contestée (doc. 15) ; des hypothèses alternatives ont été proposées.

INDICATEURS DE RÉUSSITE	NIVEAU			
	A	B	C	D
Les informations de chaque équipe ont été mises en relation avec les informations des documents ressources 1 et 2.				
La vidéo produite est dynamique, le langage employé est simple mais juste.				
Des illustrations ont été ajoutées à la vidéo pour appuyer l'argumentation.				

Livre de l'élève

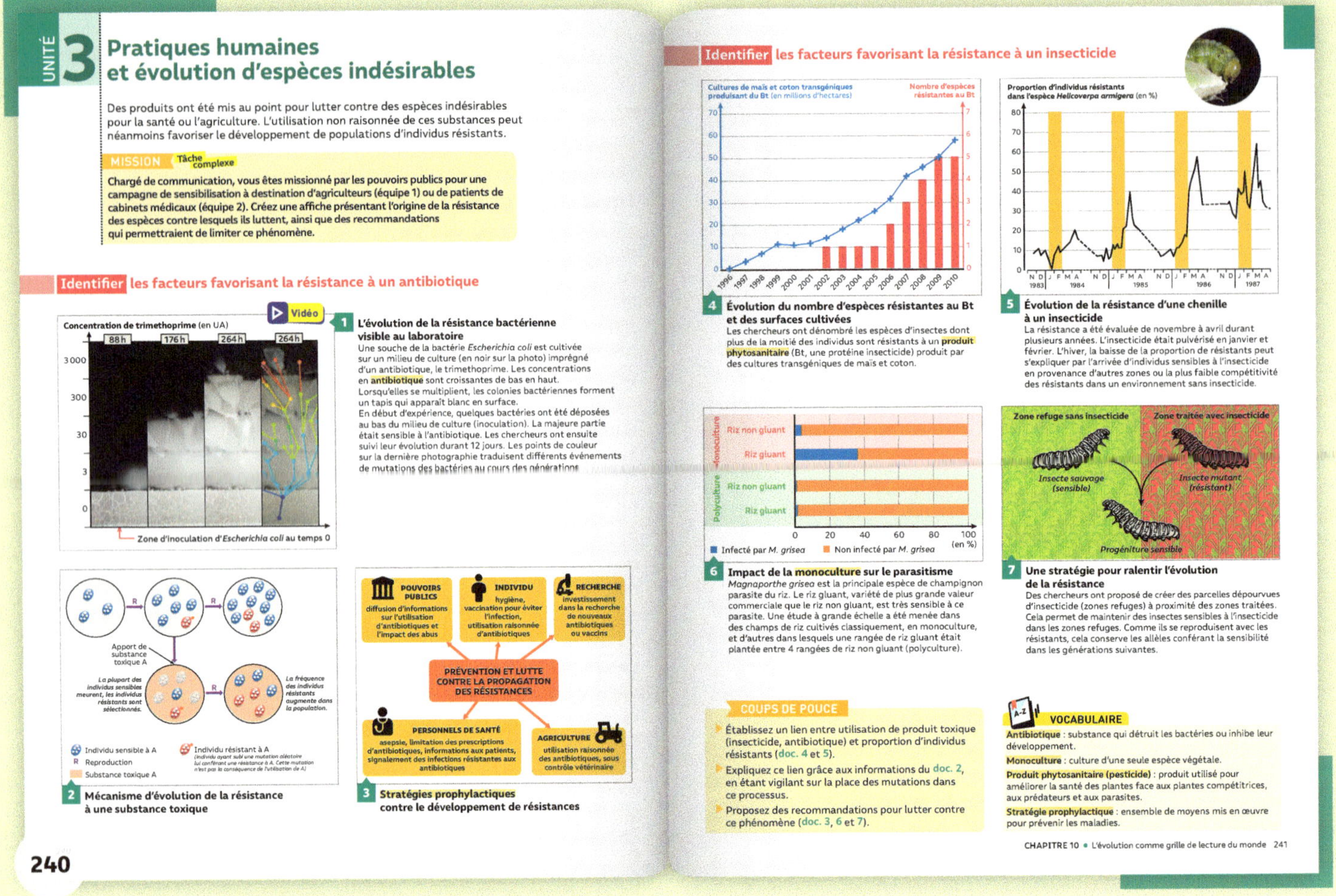

problèmes scientifiques

- En quoi les pratiques humaines (utilisation d'antibiotiques, de pesticides) influencent-elles l'évolution d'autres espèces ?
- Comment lutter contre la résistance des espèces nuisibles à ces substances ?
- Quel est l'impact de la monoculture sur la biodiversité ?

Mobilisation des acquis

- Vu en cycle 3 (Sciences et technologie) : identifier quelques impacts humains dans un environnement. Relier les besoins de l'être humain, l'exploitation des ressources naturelles et les impacts à prévoir et gérer.
- Vu en cycle 4 (SVT) : Expliquer comment une activité humaine peut modifier l'organisation et le fonctionnement des écosystèmes. Action des antibiotiques.
- Vu en seconde (SVT) : L'évolution de la biodiversité est observable sur de courtes échelles de temps. L'activité humaine provoque des modifications de la biodiversité. Les impacts environnementaux de certains systèmes ont pu être étudiés.
- Vu en 1re spécialité (SVT) : Parmi les mutations qui se produisent aléatoirement dans les populations de bactéries, certaines confèrent des résistances aux antibiotiques. Les antibiotiques sélectionnent les mutants résistants. Cela constitue un problème de santé publique car le nombre de familles d'antibiotiques disponibles est limité. De nouvelles pratiques plus responsables doivent être recherchées.

Les grandes idées à construire

- L'utilisation massive d'antibiotiques ou de pesticides favorise l'émergence de populations résistantes à ces produits.
- Les mutations à l'origine de la résistance à ces substances sont aléatoires, et indépendantes de leur utilisation. Dans un environnement où ces produits sont massivement utilisés, les individus résistants sont sélectionnés et leur fréquence augmente dans la population au cours des générations.
- L'évolution de la résistance nécessite d'adapter les pratiques médicales et agricoles.
- D'autres pratiques agricoles, comme la monoculture, ont aussi un impact sur la biodiversité.

Les compétences travaillées

- **Coopérer et collaborer.**
- **Comprendre** les responsabilités individuelle et collective en matière de préservation des ressources de la planète (biodiversité) et de santé.
- **Interpréter** les résultats d'une expérience.

Les représentations de l'élève

- Certains élèves pensent que c'est l'utilisation de la substance (antibiotique, pesticide) qui provoque les mutations de résistance. Il faudra donc bien insister sur l'aspect aléatoire des mutations conférant une résistance, donc sur le fait que la résistance préexiste à l'utilisation de ces substances, ce qui n'est pas intuitif.

Ce que disent les documents

1 Les bactéries, majoritairement sensibles au triméthoprime en début d'expérience, arrivent progressivement à coloniser des « milieux » de plus en plus concentrés en cet antibiotique. Il y a donc une évolution de la population bactérienne.
On observe que la colonisation d'un milieu 10 fois plus riche en antibiotique s'effectue non pas de manière diffuse sur toute la surface de contact entre milieu peu et très concentré, mais à partir de colonies distinctes. Cela signifie que seules quelques bactéries sont à l'origine de l'ensemble du tapis bactérien qui finit par coloniser chaque « milieu » ; les autres, trop sensibles, ne peuvent s'y développer. Il est suggéré dans la légende que chacune des bactéries résistantes à une concentration donnée de triméthoprime diffère génétiquement des autres suite à la survenue des mutations. Ce document permet ainsi de suivre l'évolution de la résistance d'une population bactérienne en quelques dizaines d'heures seulement.

Idée de question :
- En quoi l'expérience présentée montre qu'il y a évolution d'une population de bactéries ?

2 Ce document présente le mécanisme à l'origine de l'évolution de la résistance. Il souligne la place des mutations dans ce processus : aléatoires, leur apparition n'est pas influencée par l'utilisation du produit toxique. Il montre que les individus résistants sont sélectionnés, ce qui permet une augmentation de la proportion de ces phénotypes au cours des générations dans les environnements où ces substances sont appliquées.
Il permet d'expliquer les résultats observables dans les doc. 1, 4 et 5.

Idée de question :
- L'utilisation des substances toxiques favorise-t-elle l'apparition de mutations de résistance ?

3 Ce document présente les différents leviers d'actions possibles pour limiter le développement de résistances. C'est un élément qui montre que la réponse à apporter à ces défis passe par des comportements individuels et des actions collectives.

4 Le document montre que le nombre d'espèces résistantes au Bt a crû à la suite de l'augmentation des cultures transgéniques productrices de Bt. Bien qu'il ne s'agisse que d'une corrélation, l'exploitation du doc. 2 permet de penser que c'est l'utilisation croissante du Bt qui favorise la résistance à ce produit : le Bt aurait sélectionné les individus résistants.

5 Chaque année, la proportion d'individus résistant augmente fortement à la suite de l'application d'insecticide en janvier-février (il faut noter que c'est bien une proportion d'individus résistants qui est mesurée et non un nombre) : cela s'explique par le fait que la mortalité des individus sensibles augmente suite à l'utilisation de l'insecticide. La sélection des résistants par l'insecticide est donc « visible » ici.

Idée de question :
- Comment peut-on expliquer les variations annuelles de la proportion d'individus résistants ?

6 En monoculture, le riz gluant est bien plus sensible au parasitisme par *M. grisea* que le riz non gluant (36 % de plants parasités contre 4 %). En revanche, lorsque ces deux variétés sont cultivées en polyculture, le parasitisme chute fortement, dans les deux cas (1,5 et 1,1 % de parasitisme).
La polyculture induit une augmentation de l'espacement entre les plants de riz gluant, variété plus susceptible d'être parasitée. Cela complique alors la dispersion des spores de *M. grisea*. Ce serait l'élément explicatif essentiel de la réduction des risques de parasitisme associés à la polyculture.

Idée de question :
- Quelle est l'influence du mode de culture sur le parasitisme du riz ?

7 L'aménagement de « zones refuges » dépourvues d'insecticides permet de maintenir la présence d'individus sensibles à ces produits dans l'agrosystème. S'ils participent à la reproduction, ces individus transmettent leurs allèles de sensibilité qui sont alors conservés au cours des générations.
Le schéma présenté est simplifié : la progéniture ne sera sensible que si la sensibilité est déterminée par l'allèle dominant d'un gène.

Les + pour préparer votre séance

- Proposer un QCM de vérification de la bonne compréhension des notions abordées dans cette unité. [→ Annexe 3, page 196]

CORRECTION DE L'UNITÉ

Équipe 1. Le poster doit faire figurer le mécanisme de développement de résistance aux antibiotiques. Cela peut prendre la forme d'un schéma explicatif des résultats de l'expérience présentée dans le doc. 1 (voir exemple ci-dessous). Pour les recommandations pour limiter la résistance, voir le doc. 3.

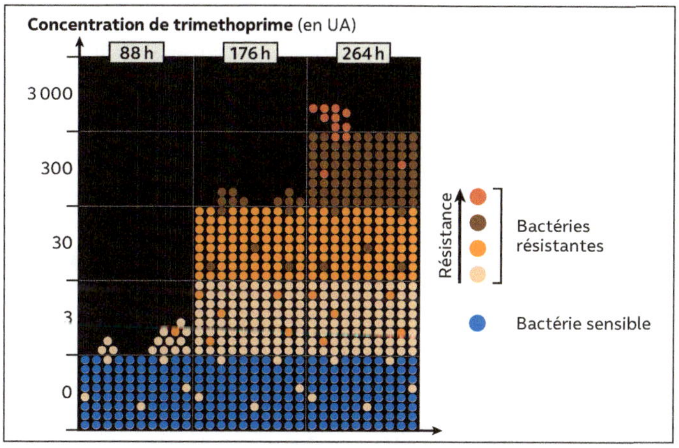

▲ Schéma d'interprétation des résultats de l'expérience présentée dans le doc. 1

Équipe 2. Les doc. 4 et 5 doivent être interprétés à partir des explications présentées dans le doc. 2.
En réduisant la biodiversité des espèces cultivées, les risques de parasitisme sont accrus (doc. 6) : cela encourage donc les agriculteurs à utiliser une quantité plus importante de pesticides, favorisant le développement de résistances. Deux pratiques sont présentées pour limiter ce phénomène : la polyculture et la création de zones refuges.

Les parcours possibles

PARCOURS 1 Initiation

1. Sur la colonne de gauche du poster, expliquer le phénomène de résistance en reprenant la représentation du doc. 2, que vous adapterez à l'exemple qui correspond à votre équipe.
2. Sur la colonne de droite du poster, représenter les différentes recommandations sous forme de schémas, de slogans, ou de dessins humoristiques.
3. Réunir les deux colonnes sous un titre général qui attirera l'attention du lecteur.

PARCOURS 2 Confirmé

Organiser le poster sous la forme de votre choix afin qu'il puisse transmettre les messages de façon simple, originale, mais claire et juste scientifiquement. L'originalité de la forme doit motiver la lecture.

INDICATEURS DE RÉUSSITE	NIVEAU A	B	C	D
L'affiche présente à la fois l'origine de la résistance, et les moyens permettant de la limiter.				
La présentation est attrayante.				
Les informations présentés sont justes, et s'appuient sur l'analyse des documents proposés.				

CHAPITRE 10

Livre de l'élève

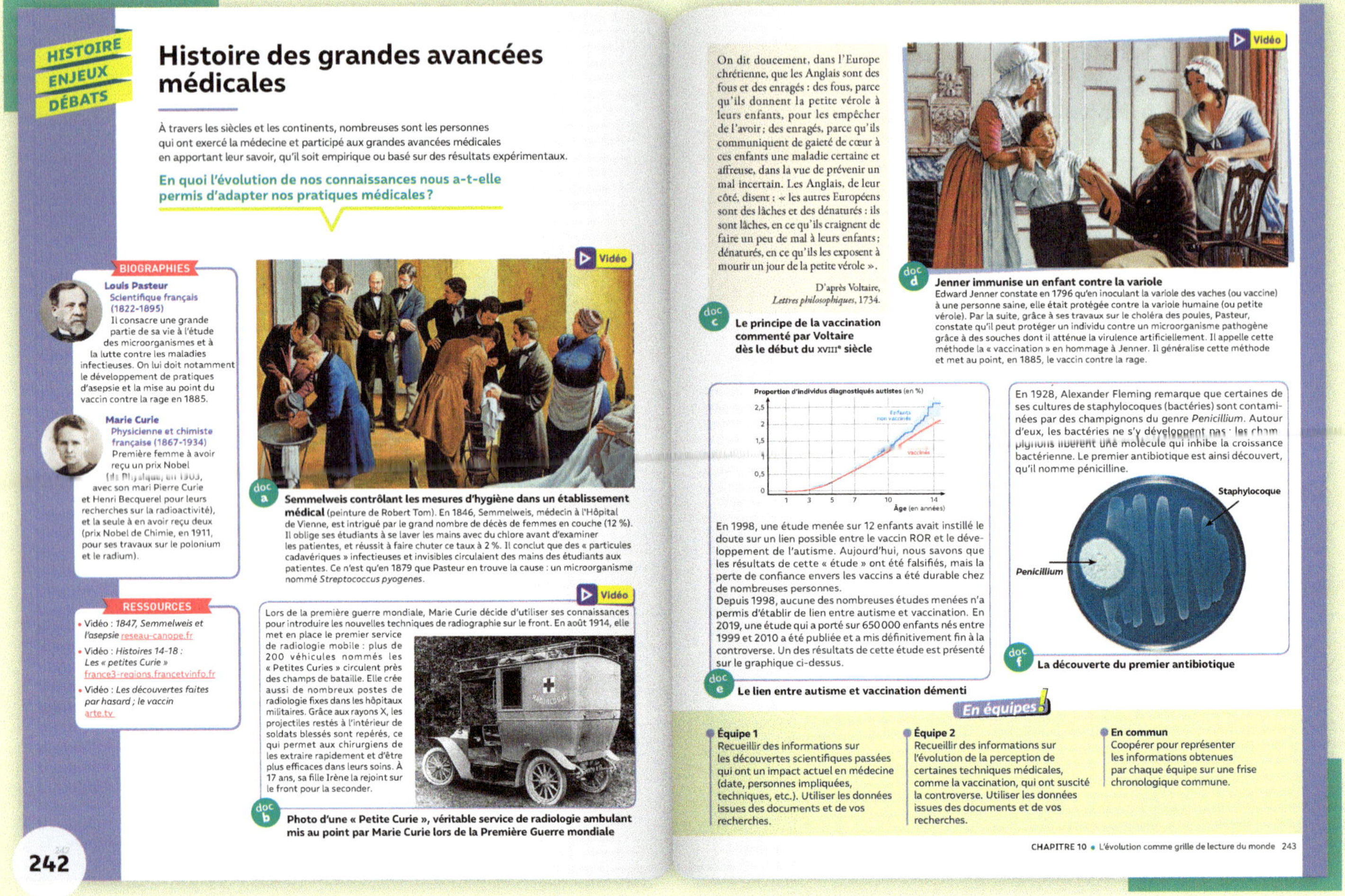

HISTOIRE ENJEUX DÉBATS

Histoire des grandes avancées médicales

À travers les siècles et les continents, nombreuses sont les personnes qui ont exercé la médecine et participé aux grandes avancées médicales en apportant leur savoir, qu'il soit empirique ou basé sur des résultats expérimentaux.

En quoi l'évolution de nos connaissances nous a-t-elle permis d'adapter nos pratiques médicales ?

BIOGRAPHIES

Louis Pasteur Scientifique français (1822-1895) Il consacre une grande partie de sa vie à l'étude des microorganismes et à la lutte contre les maladies infectieuses. On lui doit notamment le développement de pratiques d'asepsie et la mise au point du vaccin contre la rage en 1885.

Marie Curie Physicienne et chimiste française (1867-1934) Première femme à avoir reçu un prix Nobel (de Physique, en 1903, avec son mari Pierre Curie et Henri Becquerel pour leurs recherches sur la radioactivité), et la seule à en avoir reçu deux (prix Nobel de Chimie, en 1911, pour ses travaux sur le polonium et le radium).

RESSOURCES

- Vidéo : *1847, Semmelweis et l'asepsie* reseau-canope.fr
- Vidéo : *Histoires 14-18 : Les « petites Curie »* france3-regions.francetvinfo.fr
- Vidéo : *Les découvertes faites par hasard ; le vaccin* arte.tv

Vidéo

doc a **Semmelweis contrôlant les mesures d'hygiène dans un établissement médical** (peinture de Robert Tom). En 1846, Semmelweis, médecin à l'Hôpital de Vienne, est intrigué par le grand nombre de décès de femmes en couche (12 %). Il oblige ses étudiants à se laver les mains avec du chlore avant d'examiner les patientes, et réussit à faire chuter ce taux à 2 %. Il conclut que des « particules cadavériques » infectieuses et invisibles circulaient des mains des étudiants aux patientes. Ce n'est qu'en 1879 que Pasteur en trouve la cause : un microorganisme nommé *Streptococcus pyogenes*.

Vidéo

Lors de la première guerre mondiale, Marie Curie décide d'utiliser ses connaissances pour introduire les nouvelles techniques de radiographie sur le front. En août 1914, elle met en place le premier service de radiologie mobile : plus de 200 véhicules nommés les « Petites Curies » circulent près des champs de bataille. Elle crée aussi de nombreux postes de radiologie fixes dans les hôpitaux militaires. Grâce aux rayons X, les projectiles restés à l'intérieur de soldats blessés sont repérés, ce qui permet aux chirurgiens de les extraire rapidement et d'être plus efficaces dans leurs soins. À 17 ans, sa fille Irène la rejoint sur le front pour la seconder.

doc b **Photo d'une « Petite Curie », véritable service de radiologie ambulant mis au point par Marie Curie lors de la Première Guerre mondiale**

242

On dit doucement, dans l'Europe chrétienne, que les Anglais sont des fous et des enragés : des fous, parce qu'ils donnent la petite vérole à leurs enfants, pour les empêcher de l'avoir ; des enragés, parce qu'ils communiquent de gaieté de cœur à ces enfants une maladie certaine et affreuse, dans la vue de prévenir un mal incertain. Les Anglais, de leur côté, disent : « les autres Européens sont des lâches et des dénaturés : ils sont lâches, en ce qu'ils craignent de faire un peu de mal à leurs enfants ; dénaturés, en ce qu'ils les exposent à mourir un jour de la petite vérole ».

D'après Voltaire, *Lettres philosophiques*, 1734.

doc c **Le principe de la vaccination commenté par Voltaire dès le début du XVIIIe siècle**

Vidéo

doc d **Jenner immunise un enfant contre la variole**
Edward Jenner constate en 1796 qu'en inoculant la variole des vaches (ou vaccine) à une personne saine, elle était protégée contre la variole humaine (ou petite vérole). Par la suite, grâce à ses travaux sur le choléra des poules, Pasteur, constate qu'il peut protéger un individu contre un microorganisme pathogène grâce à des souches dont il atténue la virulence artificiellement. Il appelle cette méthode la « vaccination » en hommage à Jenner. Il généralise cette méthode et met au point, en 1885, le vaccin contre la rage.

Proportion d'individus diagnostiqués autistes (en %)
2,5 2 1,5 1 0,5 0
Enfants non vaccinés
vaccinés
1 3 5 7 10 14
Âge (en années)

En 1998, une étude menée sur 12 enfants avait instillé le doute sur un lien possible entre le vaccin ROR et le développement de l'autisme. Aujourd'hui, nous savons que les résultats de cette « étude » ont été falsifiés, mais la perte de confiance envers les vaccins a été durable chez de nombreuses personnes.
Depuis 1998, aucune des nombreuses études menées n'a permis d'établir de lien entre autisme et vaccination. En 2019, une étude qui a porté sur 650 000 enfants nés entre 1999 et 2010 a été publiée et a mis définitivement fin à la controverse. Un des résultats de cette étude est présenté sur le graphique ci-dessus.

doc e **Le lien entre autisme et vaccination démenti**

En 1928, Alexander Fleming remarque que certaines de ses cultures de staphylocoques (bactéries) sont contaminées par des champignons du genre *Penicillium*. Autour d'eux, les bactéries ne s'y développent pas : les champignons libèrent une molécule qui inhibe la croissance bactérienne. Le premier antibiotique est ainsi découvert, qu'il nomme pénicilline.

Staphylocoque
Penicillium

doc f **La découverte du premier antibiotique**

En équipes !

Équipe 1 Recueillir des informations sur les découvertes scientifiques passées qui ont un impact actuel en médecine (date, personnes impliquées, techniques, etc.). Utiliser les données issues des documents et de vos recherches.

Équipe 2 Recueillir des informations sur l'évolution de la perception de certaines techniques médicales, comme la vaccination, qui ont suscité la controverse. Utiliser les données issues des documents et de vos recherches.

En commun Coopérer pour représenter les informations obtenues par chaque équipe sur une frise chronologique commune.

CHAPITRE 10 • L'évolution comme grille de lecture du monde 243

problèmes scientifiques

- Quelles ont été les grandes avancées médicales ?
- Au niveau sanitaire, en quoi les découvertes scientifiques passées influencent-elles notre quotidien ?

Mobilisation des acquis

- Vu en cycle 3 (Sciences et technologie) : techniques de limitation de la prolifération des microorganismes (petites expériences pasteuriennes).
- Vu en cycle 4 (SVT) : Lutte contre la contamination et/ou l'infection. Mesures d'hygiène, vaccination, antiseptiques, antibiotiques.
- Vu en seconde (SVT) : Relations entre l'être humain et les microorganismes : bénéfiques de type symbiotique, et relations avec des pathogènes responsables d'épidémies. Comportements individuels et collectifs pour limiter la propagation (gestes de protection, mesures d'hygiène, vaccination, etc.).
- Vu en 1re enseignement scientifique : radioactivité.
- Vu en 1re spécialité (SVT) : chimiothérapie, immunothérapie, vaccination, antibiothérapie, thérapie génique.

Les grandes idées à construire

- Les pratiques médicales actuelles sont le résultat d'une longue histoire de découvertes scientifiques, faites d'observations, d'expérimentations, et plus rarement de hasard.
- Les avancées médicales sont accompagnées de controverses qui sont régulièrement nourries de croyances ou d'opinions plutôt que de faits scientifiques.

Les compétences travaillées

- **Coopérer et collaborer**.
- **Conduire** une recherche d'informations sur Internet pour répondre à une question, en choisissant des mots-clés pertinents, et en évaluant la fiabilité des sources et la validité des résultats.
- **Distinguer** le savoir scientifique d'une croyance ou d'une opinion.

Les représentations de l'élève

- Les élèves n'ont souvent pas conscience que certains gestes d'hygiène effectués quotidiennement, qu'ils ont assimilés dès le plus jeune âge, sont des pratiques relativement récentes. Elles ont été adoptées par la population générale, et de façon plus stricte par les praticiens de santé, suite aux recommandations des pouvoirs publics. Elles se sont fondées sur les découvertes scientifiques sur les microorganismes de la fin du XIXe siècle.
- La défiance envers certaines pratiques médicales, telles que la vaccination, est nourrie par des controverses passées. Décrypter les ressorts de ces controverses doit permettre aux élèves d'identifier l'influence des fausses informations sur les débats actuels.
- Présenter sous forme de débat les polémiques liées à la vaccination peut comporter certains risques pour les élèves, comme relativiser les arguments des « pro » et « anti » vaccins. Si ce choix est fait, il doit être mené avec précaution, et s'appuyer sur une analyse approfondie de la qualité des arguments après le débat.

Ce que disent les documents

a Ce document présente les pratiques d'asepsie, comme le lavage des mains, introduites par Semmelweis dans les maternités. Il a fondé cette pratique sur l'observation d'une mortalité bien plus grande des femmes en couche dans le pavillon où étaient formés les étudiants en médecine (10 %, avec des pics à 40 %) par rapport à celui où étaient formées les sages-femmes (3 %). Ces étudiants alternaient autopsies et accouchements sans appliquer de mesures d'hygiène. Semmelweis introduisit un lavage de mains de 5 minutes au chlorure de chaux.

Des idées de questions :
- Quelle est la pratique initiée par Semmelweis ?
- Quel est l'héritage de ses recommandations dans la médecine actuelle ?

b Cette photographie illustre le développement de la pratique de radiologie lors de la première guerre mondiale, sous l'impulsion de Marie Curie.

Idée de question :
- Quel est le principe de la radiologie ?

c En 1734, soit plus de 60 ans avant les expérimentations de Jenner, Voltaire commente le principe de la vaccination dans des termes qui se rapprochent des arguments avancés actuellement. Il décrit en fait une pratique, la variolisation, qui se base sur l'inoculation du virus humain (et non de vaccine) prélevé dans les vésicules d'un malade. Cette pratique était pratiquée dès le XIe siècle en Chine, puis diffusée le long de la route de la soie jusqu'à être pratiquée en Angleterre au début du XVIIIe siècle.

Idée de question :
- Comment peut-on transcrire la pensée de Voltaire en des termes actuels ?

d Le procédé de vaccination (inoculation d'un élément immunogène mais non pathogène, mais, qui stimule la mémoire immunitaire) et l'origine du terme (vaccine, vacca) sont décrits.

Idée de question :
- En quoi consiste la vaccination ?

e L'origine de la controverse sur le lien entre vaccination ROR et développement de l'autisme est présentée. L'étude de 2019, qui porte sur une cohorte de très grande taille, ne montre pas de différence statistiquement significative entre groupe vacciné et non vacciné sur la proportion d'individus diagnostiqués autistes. Le vaccin ROR n'a donc pas d'influence sur le développement de l'autisme.

N.B. : Les ombres bleues et rouges autour de chaque courbe correspondent aux intervalles de confiance de 95 % : l'intervalle est plus large pour le groupe « non vaccinés » que « vaccinés » du fait du plus faible nombre d'individus dans cet échantillon (31 619 contre 625 842).

Les courbes correspondent à des incidences cumulées, c'est la raison pour laquelle elles augmentent (tous les diagnostics n'ont pas lieu à un âge précoce).

Idée de question :
- En quoi les résultats présentés démentent le lien entre vaccination ROR et autisme ?

f Le document est une photographie du résultat d'une culture de staphylocoque sur boîte de Petri en présence de *Penicillium*, reproduisant les observations de Fleming. Une auréole d'inhibition est présente autour de *Penicillium*, signe qu'une substance produite par le champignon, la pénicilline, empêche le développement des bactéries.

Idée de question :
- Quels sont les éléments de la photographie qui illustrent le rôle des antibiotiques ?

Les + pour préparer votre séance

- Proposer un QCM de vérification de la bonne compréhension des notions abordées dans cette unité. [→ **Annexe 4, page 197**]
- Pour l'origine de la controverse entre vaccin ROR et développement de l'autisme, des articles de journaux relayant l'étude de 1998 peuvent être présentés en accroche.
- Le livre-BD « L'incroyable histoire de la médecine » (Les arènes BD) retrace avec humour les grandes évolutions médicales. Certaines planches peuvent servir de support à cette étude.

Article en ligne

- Article qui revient sur des idées reçues sur les vaccins : https://www.futura-sciences.com/sante/questions-reponses/medecine-vaccins-6-idees-recues-decryptees-10974/
- Article présentant les ressorts de la transmission des croyances et opinions anti-vaccin : https://theconversation.com/pourquoi-les-croyances-et-opinions-des-antivaccins-se-diffusent-elles-si-vite-sur-internet-111874

Vidéo

- Pasteur et Koch, un duel de géants dans le monde des microbes : https://www.youtube.com/watch?v=Bq5oz1Gwf5w
- Louis Pasteur, portrait d'un visionnaire : https://www.youtube.com/watch?v=A-2fCfgolz0
- Docu-fiction « Un cœur qui bat » qui retrace l'histoire de la greffe de cœur, en donnant la parole aux patients et praticiens : https://www.youtube.com/watch?v=_qbNBvsDxCg

CORRECTION DE L'UNITÉ

[→ **Annexe 4, page 197**]

Les parcours possibles

PARCOURS 1 Initiation

Répondre à la consigne en s'appuyant seulement sur les exemples de techniques présentés dans les documents.

PARCOURS 2 Confirmé

Répondre à la consigne en s'appuyant sur les exemples présentés dans les documents ET sur des exemples au choix de l'élève, parmi lesquels :
– équipe 1 : greffes d'organes, chimiothérapie, radiothérapie, thérapies génique et cellulaire, etc.
– équipe 2 : saignées, greffes, interruption médicale et volontaire de grossesse, etc.

INDICATEURS DE RÉUSSITE	NIVEAU			
	A	B	C	D
Les découvertes scientifiques passées sont reliées aux méthodes médicales actuelles.				
Les découvertes ont été placées sur une frise chronologique. Les données comparables ont été organisées de façon claire (date, techniques, personnes impliquées).				
Les causes des réticences envers certaines techniques médicales a été identifiées (comme la vaccination).				
Les faits scientifiques sur les conséquences de certaines techniques médicales ont été distingués des opinions.				

Livre de l'élève

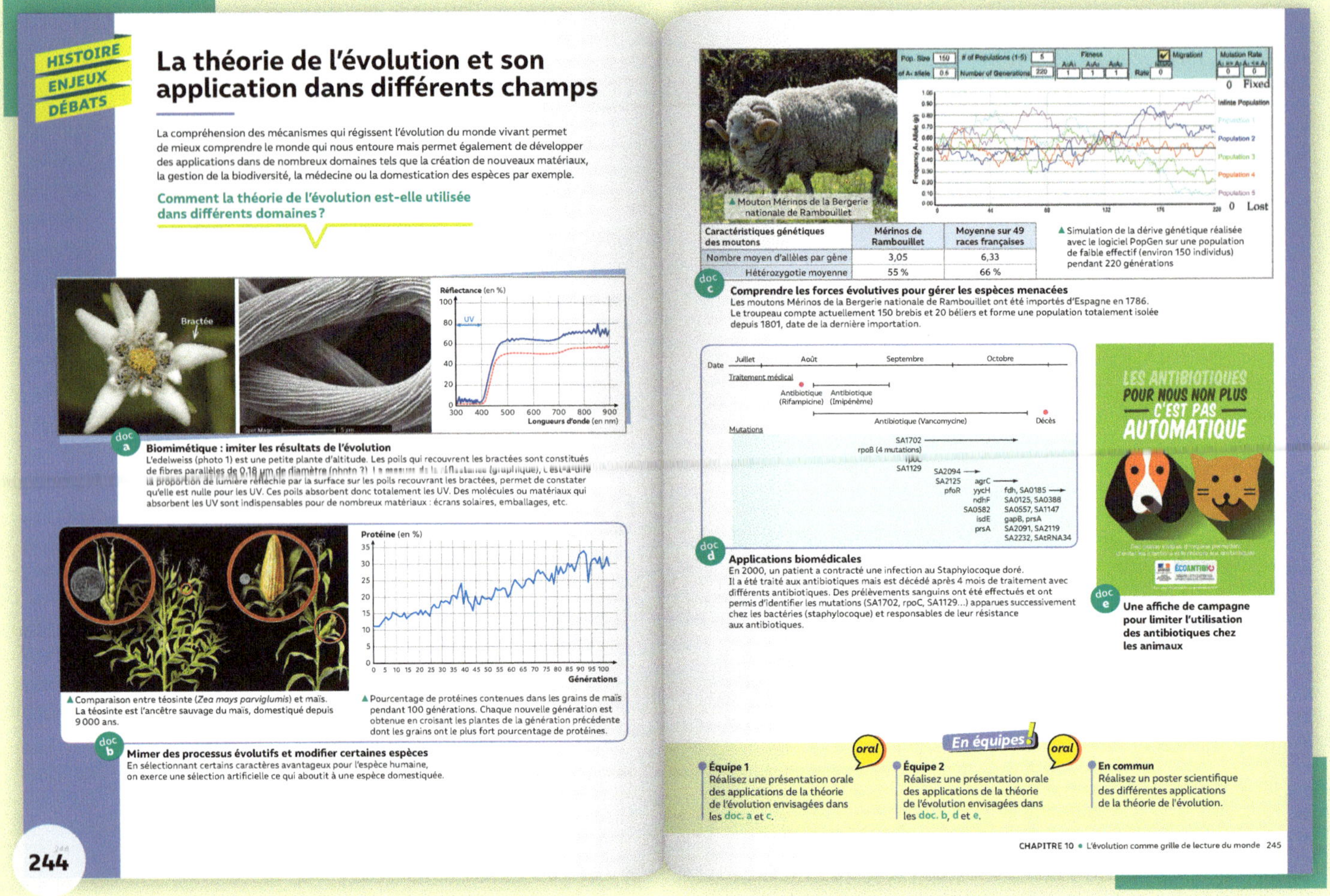
HISTOIRE ENJEUX DÉBATS

La théorie de l'évolution et son application dans différents champs

La compréhension des mécanismes qui régissent l'évolution du monde vivant permet de mieux comprendre le monde qui nous entoure mais permet également de développer des applications dans de nombreux domaines tels que la création de nouveaux matériaux, la gestion de la biodiversité, la médecine ou la domestication des espèces par exemple.

Comment la théorie de l'évolution est-elle utilisée dans différents domaines ?

doc a Biomimétique : imiter les résultats de l'évolution

doc b Mimer des processus évolutifs et modifier certaines espèces
En sélectionnant certains caractères avantageux pour l'espèce humaine, on exerce une sélection artificielle ce qui aboutit à une espèce domestiquée.

Comparaison entre téosinte (*Zea mays parviglumis*) et maïs. La téosinte est l'ancêtre sauvage du maïs, domestiqué depuis 9 000 ans.

Pourcentage de protéines contenues dans les grains de maïs pendant 100 générations. Chaque nouvelle génération est obtenue en croisant les plantes de la génération précédente dont les grains ont le plus fort pourcentage de protéines.

Caractéristiques génétiques des moutons	Mérinos de Rambouillet	Moyenne sur 49 races françaises
Nombre moyen d'allèles par gène	3,05	6,33
Hétérozygotie moyenne	55 %	66 %

Mouton Mérinos de la Bergerie nationale de Rambouillet

Simulation de la dérive génétique réalisée avec le logiciel PopGen sur une population de faible effectif (environ 150 individus) pendant 220 générations

doc c Comprendre les forces évolutives pour gérer les espèces menacées
Les moutons Mérinos de la Bergerie nationale de Rambouillet ont été importés d'Espagne en 1786. Le troupeau compte actuellement 150 brebis et 20 béliers et forme une population totalement isolée depuis 1801, date de la dernière importation.

doc d Applications biomédicales
En 2000, un patient a contracté une infection au Staphylocoque doré. Il a été traité aux antibiotiques mais est décédé après 4 mois de traitement avec différents antibiotiques. Des prélèvements sanguins ont été effectués et ont permis d'identifier les mutations (SA1702, rpoC, SA1129...) apparues successivement chez les bactéries (staphylocoque) et responsables de leur résistance aux antibiotiques.

LES ANTIBIOTIQUES POUR NOUS NON PLUS C'EST PAS AUTOMATIQUE

doc e Une affiche de campagne pour limiter l'utilisation des antibiotiques chez les animaux

En équipes

Équipe 1 Réalisez une présentation orale des applications de la théorie de l'évolution envisagées dans les doc. a et c.

Équipe 2 Réalisez une présentation orale des applications de la théorie de l'évolution envisagées dans les doc. b, d et e.

En commun Réalisez un poster scientifique des différentes applications de la théorie de l'évolution.

244

CHAPITRE 10 • L'évolution comme grille de lecture du monde 245

problème scientifique

▸ Comment les concepts associés à la théorie de l'évolution sont-ils utilisés dans de nombreux domaines ?

Mobilisation des acquis

- Cycle 4 : le vivant et son évolution. Des faits d'évolution des espèces sont mis en évidence et des arguments en faveur de quelques mécanismes de l'évolution sont étudiés.
- Seconde : La biodiversité est le résultat et une étape de l'évolution. L'origine de la diversité des êtres vivants est expliquée par l'étude des mécanismes de l'évolution qui s'exercent à l'échelle d'une population, dont la sélection naturelle et la dérive génétique, ainsi que la spéciation.
- 1re spécialité : lors de l'étude de la variation génétique bactérienne et la résistance aux antibiotiques, l'intérêt de l'application du raisonnement évolutionniste en matière médicale (prendre en compte l'avantage compétitif des résistants) est étudié sur un exemple.
- Les unités de ce chapitre.

Les grandes idées à construire

- L'occasion est de mettre en lien les mécanismes de l'évolution avec différents exemples afin de montrer que les concepts de cette théorie sont utilisés et utilisables dans de nombreux domaines même si le lien n'est pas intuitif. L'Homme, dans la conception de nouvelles technologies, dans la préservation des espèces ou dans leur domestication s'appuie sur la compréhension des mécanismes de l'évolution.

Les compétences travaillées

- **Exploiter** des documents.
- **Rédiger** une argumentation scientifique.
- **Communiquer**.
- **Extraire et organiser** des informations.

Les représentations de l'élève

- Le vivant est souvent bien compris comme le résultat de l'évolution et ce point a été abordé de nombreuses fois mais les concepts de la théorie de l'évolution ne sont pas aisément associés à des objets du quotidien ou aux espèces domestiquées.

Ce que disent les documents

a Les adaptations des espèces à leur environnement sont le résultat des processus évolutifs. Certaines de ces adaptations à des paramètres extrêmes de l'environnement, comme les UV par exemple, peuvent être copiées par l'Homme qui exploite ainsi le résultat de processus évolutifs extrêmement longs qu'il ne peut pas reproduire. Ainsi, les bractées de l'Edelweiss absorbent totalement les UV qui sont des facteurs cancérogènes. Imiter par nos technologies, ce qui assure une telle protection permettra de créer des matériaux anti-UV très performants.

? **Des idées de questions :**
- Quelle est la particularité des poils qui recouvrent les bractées de l'Edelweiss ?
- En quoi est-ce une protection pour l'Edelweiss ?

– Quel lien peut-on faire entre la présence de ces poils particuliers et les mécanismes de l'évolution ?
– Comment cette découverte pourrait-elle être utilisée par l'Homme ?

b Depuis environ 10 000 ans, l'espèce humaine cultive les espèces sauvages qui sont aujourd'hui le résultat de cette domestication. La comparaison entre la téosinte et le maïs actuel permet de constater les différences et de faire le lien avec les apports alimentaires nécessaires à l'espèce humaine. En s'intéressant au pourcentage de protéines, on constate que le processus de sélection artificielle modifie ce pourcentage et l'Homme se comporte comme le facteur de sélection.

Des idées de questions :
– En quoi le maïs actuel diffère-t-il de la téosinte ?
– De quel mécanisme de l'évolution peut-on rapprocher l'action de l'homme sur cette espèce ?

c Comprendre les forces évolutives, et notamment la dérive génétique, permet de mieux gérer la biodiversité. L'exemple des moutons Mérinos de la Bergerie nationale de Rambouillet, permet de remobiliser la notion de dérive génétique, en étudiant la fréquence allélique au cours du temps, ainsi que la notion de perte de diversité génétique, en comparant le nombre moyen par gènes entre les Mérinos de Rambouillet et les autres races françaises.

Des idées de questions :
– Qu'appelle-t-on dérive génétique ?
– En quoi diffère le nombre moyen d'allèles des Mérinos de Rambouillet et des autres races françaises ?
– Quelle application peut-on tirer de cette constatation en lien avec la crise actuelle de la biodiversité ?

d et **e** Ces documents présentent un exemple de sélection par l'Homme en lien avec la résistance aux antibiotiques.

Idée de question :
– Quel lien pouvez-vous faire entre la recommandation « les antibiotiques, c'est pas automatique » et le cas du patient présenté sur le **doc. d** ?

Les + pour préparer votre séance

- Proposer un QCM de vérification de la bonne compréhension des notions abordées dans cette unité. [→ **Annexe 5, page 197**]
- Articles en ligne et vidéo. [→ **Annexe 5, page 197**]

LE SAVIEZ-VOUS ?

▸ Les UV augmentent de 10 % environ tous les 1 000 mètres d'altitude.

De nombreuses innovations technologiques reposent sur l'analyse d'exemples qui sont le résultat de l'évolution avec des paramètres particuliers. D'autres exemples de biomimétisme :
– La nacre de la coquille de l'Ormeau présente une structure 3 000 fois plus résistante que le carbonate de calcium en lien avec l'intercalation de couches protéiques. Ce processus est copié dans la fabrication de certaines céramiques dite « nacre artificielle ». Un dossier très complet et accessible aux élèves est à cette adresse : http://mavoiescientifique.onisep.fr/un-nouveau-materiau-ceramique-dix-fois-plus-resistant-inspire-de-la-nacre/
– un coléoptère, le *cyphochilus* possède une couleur ultra-blanche grâce à ses miniécailles de chitine ; Leur épaisseur de 5 µm est inférieure à toutes les peintures industrielles (Article de *Pour la Science* d'octobre 2019). De nouveaux matériaux basés sur ce principe viennent d'être créés. Un article très complet est disponible : https://www.nature.com/articles/s42004-019-0202-8
– La NASA étudie les pattes du Gecko capable de se déplacer sur des surfaces lisses verticales ou au plafond.

Les processus de domestication des espèces ont été nombreux depuis 10 000 ans lorsque l'espèce humaine est passée du statut de chasseur cueilleur à celui d'agriculteur. Les espèces modifiées sont nombreuses : riz, maïs, tomate, blé, lentille… L'ensemble des forces évolutives (mutations, dérive, sélection mais aussi migrations) est nécessaire pour expliquer les modifications observées. D'autre part, il s'agit également souvent d'un processus de coévolution avec l'espèce humaine (exemple de la tolérance au lactose).

CORRECTION DE L'UNITÉ

Équipe 1
L'espèce edelweiss (**doc. a**), est le résultat de l'évolution. Cette espèce vit en altitude ou les UV, qui sont des agents mutagènes sont plus présents qu'à basse altitude. Elle présente des poils sur les bractées qui absorbent totalement les UV et empêchent ces agents mutagènes d'atteindre les cellules sous-jacentes. Les forces évolutives qui permettent d'expliquer ces observations sont :
– les mutations (en lien avec l'apparition de poils modifiés en surface) ;
– la sélection naturelle (qui augmente le nombre de descendants des plantes mutées moins sensibles aux UV).
→ La biodiversité actuelle, résultat de l'évolution, peut être copiée par l'Homme pour créer de nouveaux matériaux.

Le maïs est le résultat de la domestication d'une espèce sauvage par l'Homme, la téosinte. Cette domestication est en lien avec l'utilisation par l'Homme de processus de sélection qui assurent davantage de descendants aux individus qui possèdent des caractères qui l'intéressent (teneur en protéines par exemple).
→ Lors de la domestication des espèces, l'Homme applique des processus comparables à des forces évolutives dont la sélection.

L'exposé oral doit faire le lien entre les mécanismes de l'évolution, et notamment les forces évolutives, l'exemple étudié et une application par l'Homme.

Équipe 2
Les moutons mérinos de Rambouillet constituent une population de très faible effectif avec 200 individus. Cette population existe depuis plus de deux siècles permettant d'étudier les conséquences sur un grand nombre de générations. On constate un appauvrissement génétique avec une diminution du nombre moyen d'allèles par gènes et une diminution de l'hétérozygotie. La dérive génétique est très importante.
→ La préservation de la biodiversité actuelle doit prendre en compte les effectifs des populations pour limiter l'appauvrissement génétique.

Le patient est décédé d'une infection bactérienne. Des antibiotiques successifs ont été administrés. Pour chaque antibiotique, des bactéries mutantes déjà présentes chez le malade n'étaient pas tuées, ce qui peut être assimilé à une résistance, et ces bactéries proliféraient.
→ Une succession de mutation/sélection permet d'expliquer l'obtention de souches multirésistantes.

L'exposé oral doit faire le lien entre les mécanismes de l'évolution, et notamment les forces évolutives, l'exemple étudié et une application par l'Homme.

En commun
Le message du poster doit montrer le fil conducteur : mise en lien entre la théorie de l'application et différentes applications.

Les cadres sur chacun des exemples doivent clairement identifiés.

Le poster pourrait être enrichi avec la recherche d'exemples comparables à ceux étudiés.

INDICATEURS DE RÉUSSITE	NIVEAU A	B	C	D
Les concepts liés à la théorie de l'évolution sont clairement identifiés.				
Le lien est établi entre la théorie de l'évolution et une application concrète.				
L'exposé oral fait le lien entre l'exemple étudié et la théorie de l'évolution.				

Livre de l'élève

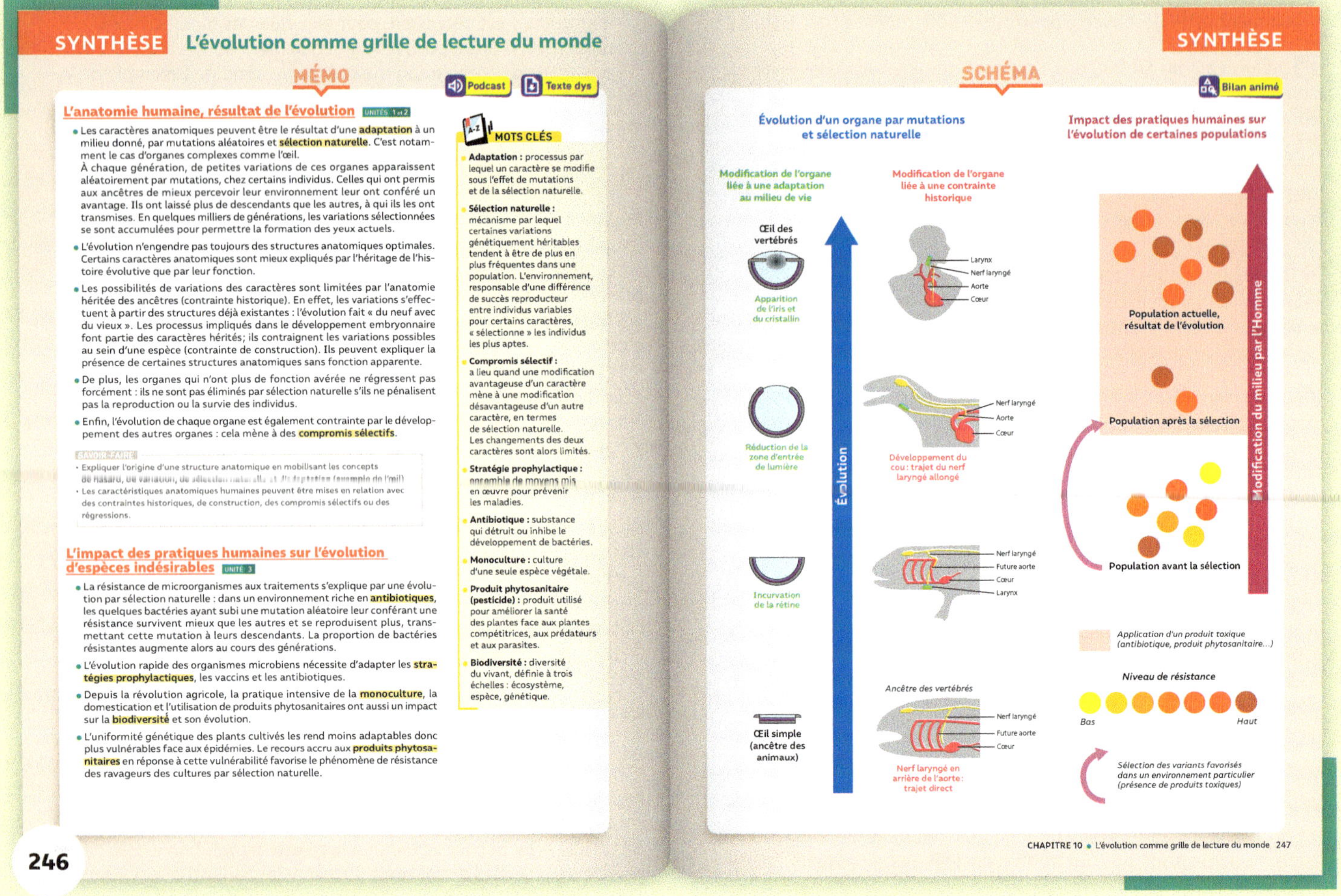

SYNTHÈSE L'évolution comme grille de lecture du monde

MÉMO

Podcast Texte dys

L'anatomie humaine, résultat de l'évolution UNITÉS 1 et 2

- Les caractères anatomiques peuvent être le résultat d'une **adaptation** à un milieu donné, par mutations aléatoires et **sélection naturelle**. C'est notamment le cas d'organes complexes comme l'œil.
  À chaque génération, de petites variations de ces organes apparaissent aléatoirement par mutations, chez certains individus. Celles qui ont permis aux ancêtres de mieux percevoir leur environnement leur ont conféré un avantage. Ils ont laissé plus de descendants que les autres, à qui ils les ont transmises. En quelques milliers de générations, les variations sélectionnées se sont accumulées pour permettre la formation des yeux actuels.
- L'évolution n'engendre pas toujours des structures anatomiques optimales. Certains caractères anatomiques sont mieux expliqués par l'héritage de l'histoire évolutive que par leur fonction.
- Les possibilités de variations des caractères sont limitées par l'anatomie héritée des ancêtres (contrainte historique). En effet, les variations s'effectuent à partir des structures déjà existantes : l'évolution fait « du neuf avec du vieux ». Les processus impliqués dans le développement embryonnaire font partie des caractères hérités; ils contraignent les variations possibles au sein d'une espèce (contrainte de construction). Ils peuvent expliquer la présence de certaines structures anatomiques sans fonction apparente.
- De plus, les organes qui n'ont plus de fonction avérée ne régressent pas forcément : ils ne sont pas éliminés par sélection naturelle s'ils ne pénalisent pas la reproduction ou la survie des individus.
- Enfin, l'évolution de chaque organe est également contrainte par le développement des autres organes : cela mène à des **compromis sélectifs**.

SAVOIR-FAIRE
- Expliquer l'origine d'une structure anatomique en mobilisant les concepts de hasard, de variation, de sélection naturelle et d'adaptation (exemple de l'œil).
- Les caractéristiques anatomiques humaines peuvent être mises en relation avec des contraintes historiques, de construction, des compromis sélectifs ou des régressions.

L'impact des pratiques humaines sur l'évolution d'espèces indésirables UNITÉ 3

- La résistance de microorganismes aux traitements s'explique par une évolution par sélection naturelle : dans un environnement riche en **antibiotiques**, les quelques bactéries ayant subi une mutation aléatoire leur conférant une résistance survivent mieux que les autres et se reproduisent plus, transmettant cette mutation à leurs descendants. La proportion de bactéries résistantes augmente alors au cours des générations.
- L'évolution rapide des organismes microbiens nécessite d'adapter les **stratégies prophylactiques**, les vaccins et les antibiotiques.
- Depuis la révolution agricole, la pratique intensive de la **monoculture**, la domestication et l'utilisation de produits phytosanitaires ont aussi un impact sur la **biodiversité** et son évolution.
- L'uniformité génétique des plants cultivés les rend moins adaptables donc plus vulnérables face aux épidémies. Le recours accru aux **produits phytosanitaires** en réponse à cette vulnérabilité favorise le phénomène de résistance des ravageurs des cultures par sélection naturelle.

MOTS CLÉS
- **Adaptation :** processus par lequel un caractère se modifie sous l'effet de mutations et de la sélection naturelle.
- **Sélection naturelle :** mécanisme par lequel certaines variations génétiquement héritables tendent à être de plus en plus fréquentes dans une population. L'environnement, responsable d'une différence de succès reproducteur entre individus variables pour certains caractères, « sélectionne » les individus les plus aptes.
- **Compromis sélectif :** a lieu quand une modification avantageuse d'un caractère mène à une modification désavantageuse d'un autre caractère, en termes de sélection naturelle. Les changements des deux caractères sont alors limités.
- **Stratégie prophylactique :** ensemble de moyens mis en œuvre pour prévenir les maladies.
- **Antibiotique :** substance qui détruit ou inhibe le développement de bactéries.
- **Monoculture :** culture d'une seule espèce végétale.
- **Produit phytosanitaire (pesticide) :** produit utilisé pour améliorer la santé des plantes face aux plantes compétitrices, aux prédateurs et aux parasites.
- **Biodiversité :** diversité du vivant, définie à trois échelles : écosystème, espèce, génétique.

246

SYNTHÈSE

SCHÉMA

Bilan animé

CHAPITRE 10 • L'évolution comme grille de lecture du monde 247

SYNTHÈSE

Explication du schéma bilan

Le schéma bilan est divisé en trois colonnes : les deux premières concernent l'évolution d'un organe, et la troisième l'évolution de la résistance de populations à des produits toxiques.

- Colonne 1 : les organes complexes, comme l'œil des vertébrés, ont évolué grâce à l'alternance entre mutations aléatoires (qui génèrent des variations de ces organes) et sélection naturelle (qui effectue un « tri » parmi les individus possédant ces variations). La difficulté conceptuelle pour l'élève vient du fait que ce que l'on observe aujourd'hui (organe complexe, qui peut sembler « parfait ») est le résultat de plusieurs centaines de milliers de générations d'évolution. Mais on peut souligner que malgré leur complexité, ces organes ne sont pas parfaits ! (voir exercice 15).
- Colonne 2 : certains organes, comme le nerf laryngé récurrent, ont une forme qui n'est pas optimale. Ces caractéristiques peuvent s'expliquer par l'anatomie héritée des ancêtres, qui limite les types de variations possibles chez les descendants.
- Colonne 3 : les mutations à l'origine de la résistance peuvent préexister à l'utilisation de produits toxiques, puisqu'elles sont aléatoires, indépendantes de l'utilisation de ces substances. Ces produits ne font que sélectionner les individus les plus résistants (ceux qui ont subi ces mutations, qui apparaissent en rouge sur le schéma).

Les limites du schéma

- Colonnes 1 et 2 : la variabilité entre individus d'une même génération n'est pas représentée, c'est pourquoi le processus par lequel agit la sélection naturelle n'est pas visible ; seul le résultat de son action l'est (transformation progressive d'un organe).
- Colonnes 1 et 2 : l'évolution des organes n'est étudiée qu'au sein d'une seule lignée, de telle sorte que l'on peut avoir l'impression qu'elle est linéaire. Or, à partir des formes ancestrales représentées au bas du schéma, une diversité de chacun des organes a été produite dans les différentes lignées qui ont émergé à partir de l'ancêtre commun, ce qui n'est pas visible ici.
- Colonne 3 : seul le phénotype des individus, résultat des mutations sur des gènes de résistance, est représenté. L'origine génétique (donc héritable) de ces phénotypes n'apparaît pas.

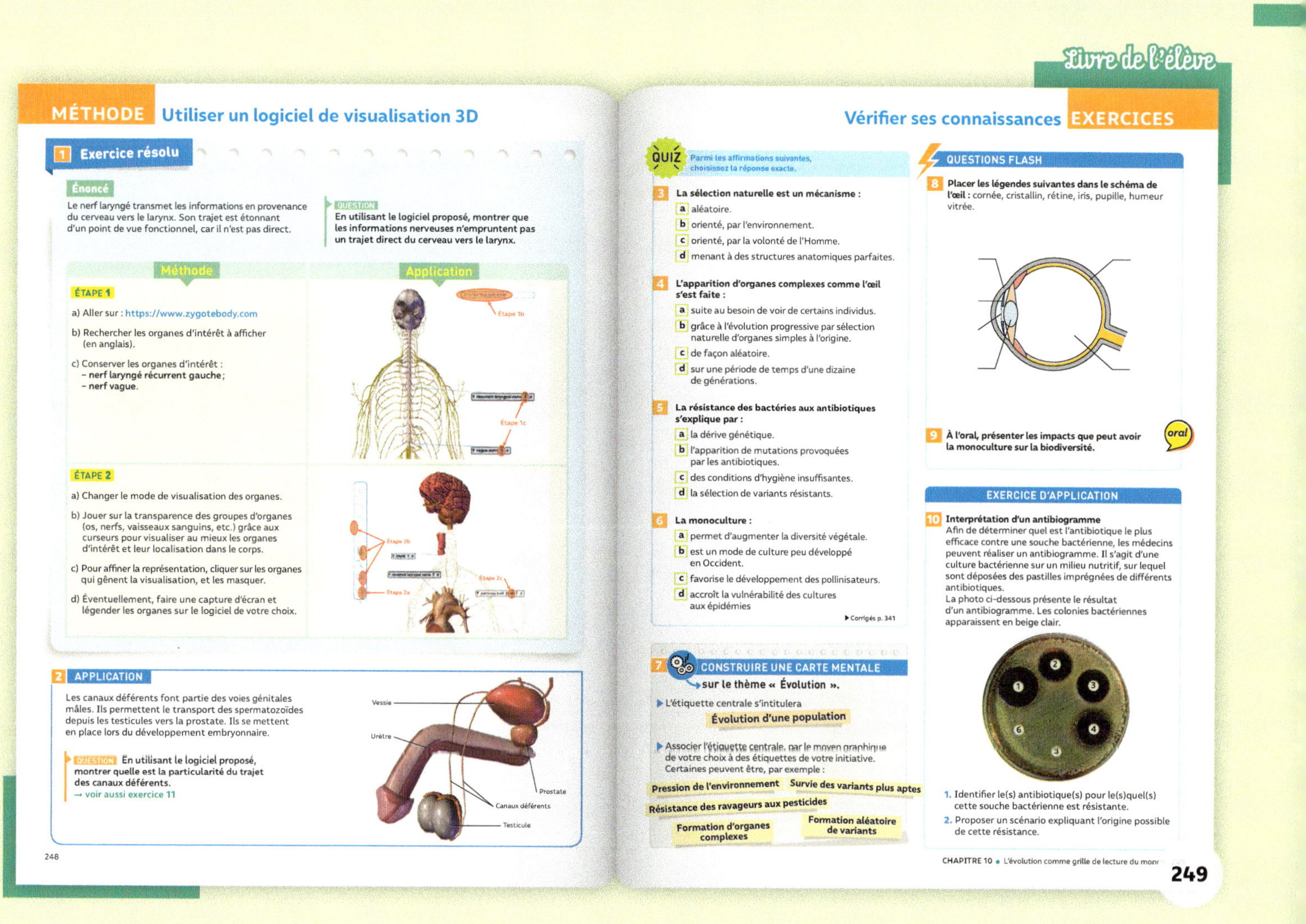

MÉTHODE Utiliser un logiciel de visualisation 3D

1 Exercice résolu

Énoncé

Le nerf laryngé transmet les informations en provenance du cerveau vers le larynx. Son trajet est étonnant d'un point de vue fonctionnel, car il n'est pas direct.

QUESTION En utilisant le logiciel proposé, montrer que les informations nerveuses n'empruntent pas un trajet direct du cerveau vers le larynx.

Méthode	Application
ÉTAPE 1 a) Aller sur : https://www.zygotebody.com b) Rechercher les organes d'intérêt à afficher (en anglais). c) Conserver les organes d'intérêt : – **nerf laryngé récurrent gauche** ; – **nerf vague**.	Étape 1b Étape 1c
ÉTAPE 2 a) Changer le mode de visualisation des organes. b) Jouer sur la transparence des groupes d'organes (os, nerfs, vaisseaux sanguins, etc.) grâce aux curseurs pour visualiser au mieux les organes d'intérêt et leur localisation dans le corps. c) Pour affiner la représentation, cliquer sur les organes qui gênent la visualisation, et les masquer. d) Éventuellement, faire une capture d'écran et légender les organes sur le logiciel de votre choix.	Étape 2b Étape 2c Étape 2a

2 APPLICATION

Les canaux déférents font partie des voies génitales mâles. Ils permettent le transport des spermatozoïdes depuis les testicules vers la prostate. Ils se mettent en place lors du développement embryonnaire.

QUESTION **En utilisant le logiciel proposé, montrer quelle est la particularité du trajet des canaux déférents.**
→ voir aussi exercice 11

Vérifier ses connaissances EXERCICES

QUIZ Parmi les affirmations suivantes, choisissez la réponse exacte.

3 La sélection naturelle est un mécanisme :
- a aléatoire.
- b orienté, par l'environnement.
- c orienté, par la volonté de l'Homme.
- d menant à des structures anatomiques parfaites.

4 L'apparition d'organes complexes comme l'œil s'est faite :
- a suite au besoin de voir de certains individus.
- b grâce à l'évolution progressive par sélection naturelle d'organes simples à l'origine.
- c de façon aléatoire.
- d sur une période de temps d'une dizaine de générations.

5 La résistance des bactéries aux antibiotiques s'explique par :
- a la dérive génétique.
- b l'apparition de mutations provoquées par les antibiotiques.
- c des conditions d'hygiène insuffisantes.
- d la sélection de variants résistants.

6 La monoculture :
- a permet d'augmenter la diversité végétale.
- b est un mode de culture peu développé en Occident.
- c favorise le développement des pollinisateurs.
- d accroît la vulnérabilité des cultures aux épidémies

▶ Corrigés p. 341

7 CONSTRUIRE UNE CARTE MENTALE sur le thème « Évolution ».

▶ L'étiquette centrale s'intitulera **Évolution d'une population**

▶ Associer l'étiquette centrale, par le moyen graphique de votre choix à des étiquettes de votre initiative. Certaines peuvent être, par exemple :

Pression de l'environnement — **Survie des variants plus aptes** — **Résistance des ravageurs aux pesticides** — **Formation d'organes complexes** — **Formation aléatoire de variants**

QUESTIONS FLASH

8 Placer les légendes suivantes dans le schéma de l'œil : cornée, cristallin, rétine, iris, pupille, humeur vitrée.

9 À l'oral, présenter les impacts que peut avoir la monoculture sur la biodiversité. oral

EXERCICE D'APPLICATION

10 Interprétation d'un antibiogramme
Afin de déterminer quel est l'antibiotique le plus efficace contre une souche bactérienne, les médecins peuvent réaliser un antibiogramme. Il s'agit d'une culture bactérienne sur un milieu nutritif, sur lequel sont déposées des pastilles imprégnées de différents antibiotiques.
La photo ci-dessous présente le résultat d'un antibiogramme. Les colonies bactériennes apparaissent en beige clair.

1. Identifier le(s) antibiotique(s) pour le(s)quel(s) cette souche bactérienne est résistante.
2. Proposer un scénario expliquant l'origine possible de cette résistance.

CORRIGÉS DES EXERCICES

2 APPLICATION

→ Voir exercice 11

RÉPONSES DU QUIZ

3 b **4** b **5** d **6** d

7 CONSTRUIRE UNE CARTE MENTALE

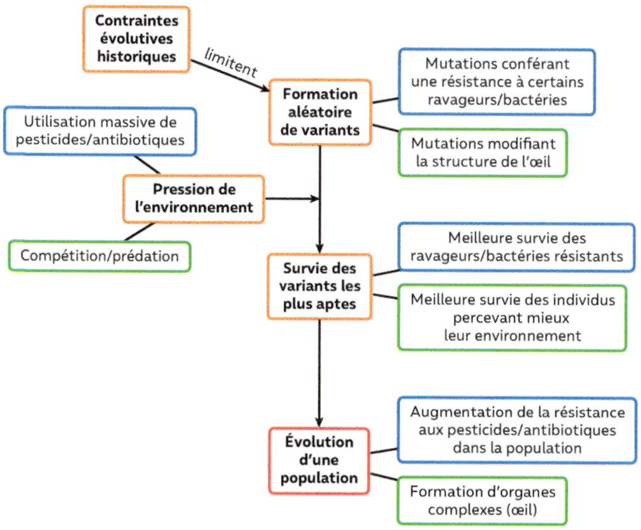

8

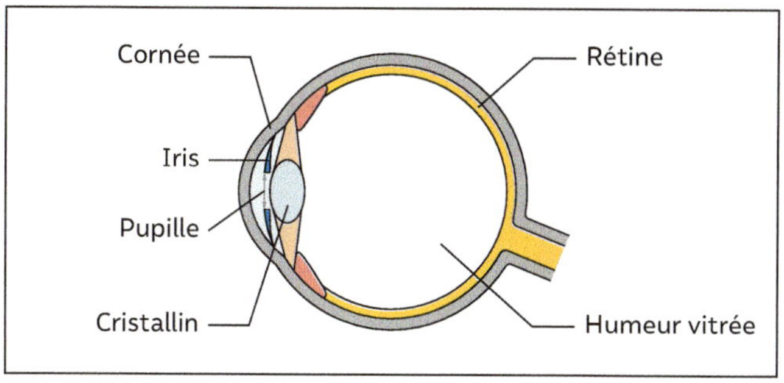

9 Impacts de la monoculture sur la biodiversité : réduction de la biodiversité des espèces auxiliaires des cultures (pollinisateurs, prédateurs des ravageurs, etc.) ; facilitation du développement de parasites, de prédateurs ; effet indirect : nécessité d'apporter une quantité plus importante d'intrants, qui peuvent avoir un impact négatif sur la biodiversité.

10 **1.** Antibiotiques 5 et 6, car les bactéries arrivent à se développer à leur contact.

2. Une ou quelques bactéries de cette souche ont subi des mutations aléatoires sur certains gènes leur conférant une résistance. L'application d'antibiotiques dans leur environnement a sélectionné ces individus au détriment des autres. Leur proportion a alors augmenté dans la population ; en se reproduisant, ils ont transmis les allèles responsables de la résistance à leurs descendants.

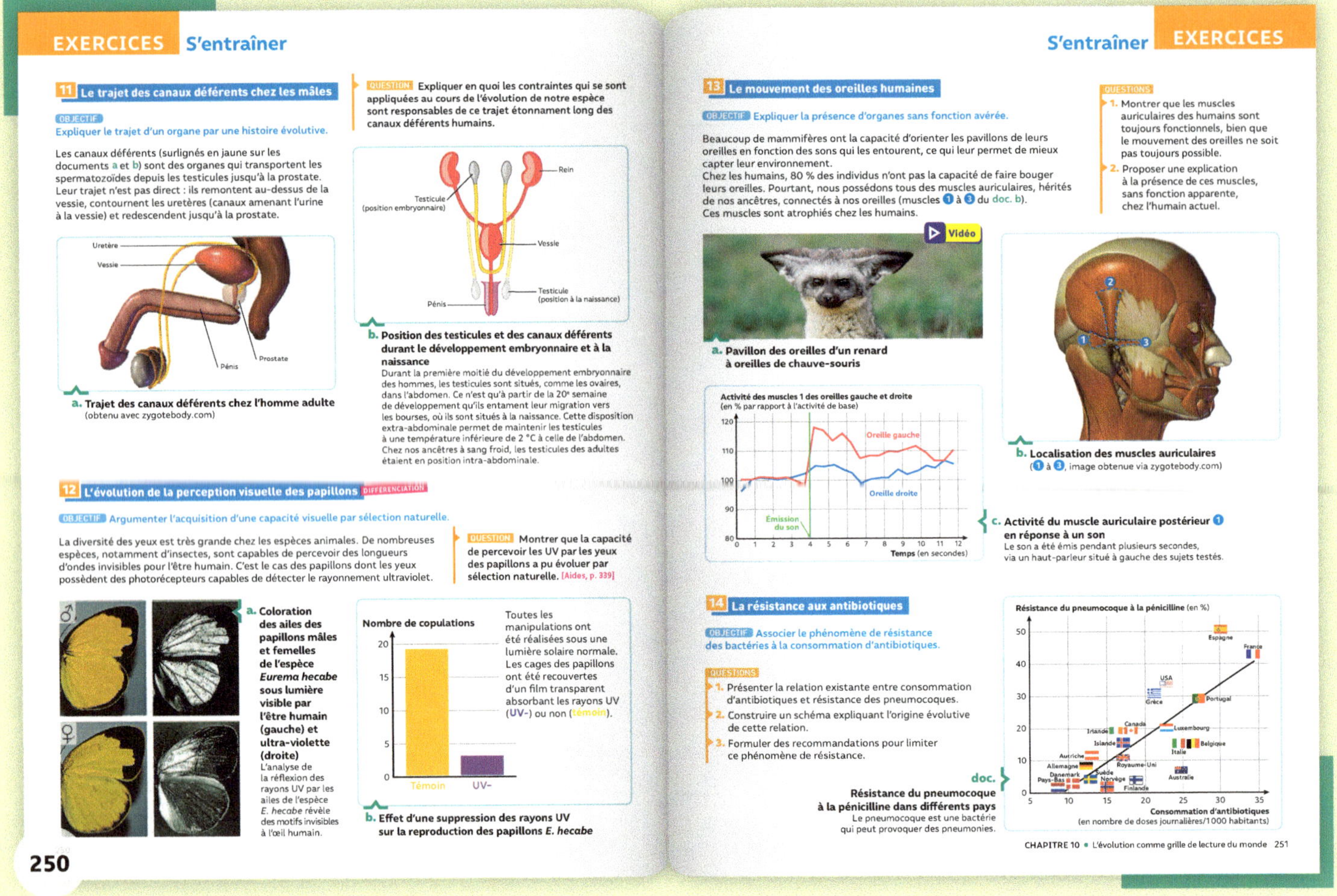
EXERCICES S'entraîner

11 Le trajet des canaux déférents chez les mâles

OBJECTIF Expliquer le trajet d'un organe par une histoire évolutive.

Les canaux déférents (surlignés en jaune sur les documents a et b) sont des organes qui transportent les spermatozoïdes depuis les testicules jusqu'à la prostate. Leur trajet n'est pas direct : ils remontent au-dessus de la vessie, contournent les uretères (canaux amenant l'urine à la vessie) et redescendent jusqu'à la prostate.

a. Trajet des canaux déférents chez l'homme adulte (obtenu avec zygotebody.com)

QUESTION Expliquer en quoi les contraintes qui se sont appliquées au cours de l'évolution de notre espèce sont responsables de ce trajet étonnamment long des canaux déférents humains.

b. Position des testicules et des canaux déférents durant le développement embryonnaire et à la naissance
Durant la première moitié du développement embryonnaire des hommes, les testicules sont situés, comme les ovaires, dans l'abdomen. Ce n'est qu'à partir de la 20e semaine de développement qu'ils entament leur migration vers les bourses, où ils sont situés à la naissance. Cette disposition extra-abdominale permet de maintenir les testicules à une température inférieure de 2 °C à celle de l'abdomen. Chez nos ancêtres à sang froid, les testicules des adultes étaient en position intra-abdominale.

12 L'évolution de la perception visuelle des papillons DIFFÉRENCIATION

OBJECTIF Argumenter l'acquisition d'une capacité visuelle par sélection naturelle.

La diversité des yeux est très grande chez les espèces animales. De nombreuses espèces, notamment d'insectes, sont capables de percevoir des longueurs d'ondes invisibles pour l'être humain. C'est le cas des papillons dont les yeux possèdent des photorécepteurs capables de détecter le rayonnement ultraviolet.

QUESTION Montrer que la capacité de percevoir les UV par les yeux des papillons a pu évoluer par sélection naturelle. [Aides, p. 339]

a. Coloration des ailes des papillons mâles et femelles de l'espèce *Eurema hecabe* sous lumière visible par l'être humain (gauche) et ultra-violette (droite)
L'analyse de la réflexion des rayons UV par les ailes de l'espèce *E. hecabe* révèle des motifs invisibles à l'œil humain.

b. Effet d'une suppression des rayons UV sur la reproduction des papillons *E. hecabe*

250

S'entraîner EXERCICES

13 Le mouvement des oreilles humaines

OBJECTIF Expliquer la présence d'organes sans fonction avérée.

Beaucoup de mammifères ont la capacité d'orienter les pavillons de leurs oreilles en fonction des sons qui les entourent, ce qui leur permet de mieux capter leur environnement.
Chez les humains, 80 % des individus n'ont pas la capacité de faire bouger leurs oreilles. Pourtant, nous possédons tous des muscles auriculaires, hérités de nos ancêtres, connectés à nos oreilles (muscles 1 à 3 du doc. b).
Ces muscles sont atrophiés chez les humains.

QUESTIONS
1. Montrer que les muscles auriculaires des humains sont toujours fonctionnels, bien que le mouvement des oreilles ne soit pas toujours possible.
2. Proposer une explication à la présence de ces muscles, sans fonction apparente, chez l'humain actuel.

Vidéo

a. Pavillon des oreilles d'un renard à oreilles de chauve-souris

b. Localisation des muscles auriculaires (1 à 3, image obtenue via zygotebody.com)

c. Activité du muscle auriculaire postérieur 1 en réponse à un son
Le son a été émis pendant plusieurs secondes, via un haut-parleur situé à gauche des sujets testés.

14 La résistance aux antibiotiques

OBJECTIF Associer le phénomène de résistance des bactéries à la consommation d'antibiotiques.

QUESTIONS
1. Présenter la relation existante entre consommation d'antibiotiques et résistance des pneumocoques.
2. Construire un schéma expliquant l'origine évolutive de cette relation.
3. Formuler des recommandations pour limiter ce phénomène de résistance.

doc. Résistance du pneumocoque à la pénicilline dans différents pays
Le pneumocoque est une bactérie qui peut provoquer des pneumonies.

CHAPITRE 10 • L'évolution comme grille de lecture du monde 251

CORRIGÉS DES EXERCICES

11 Le trajet des canaux déférents chez les mâles

Tout comme chez nos ancêtres à sang froid, les testicules sont en position intra-abdominale en début de développement embryonnaire. Les canaux déférents ont alors un trajet direct depuis l'épididyme jusqu'à l'urètre.
Dans notre espèce, les testicules entament une descente jusqu'aux bourses quelques semaines avant la naissance. Chez nos ancêtres lointains, cette migration n'avait pas lieu : les testicules restaient en position intra-abdominale, même chez les adultes *(la descente des testicules est-elle liée à l'apparition de l'homéothermie ?)*.
Comme les canaux déférents sont déjà formés avant la descente des testicules dans les bourses, la migration secondaire des testicules « oblige » à cet allongement des canaux déférents. Il est donc probable que ce soit la position des testicules en début du développement embryonnaire, héritée de nos ancêtres (contrainte historique), qui ait contraint à cet allongement.

12 L'évolution de la perception visuelle des papillons

Alors que la coloration des ailes des papillons de l'espèce *Eurema hecabe* semble identique pour les deux sexes, les motifs qui apparaissent sous-lumière UV semblent très différents (**doc. a**) : il existe donc un dimorphisme sexuel dans la coloration des ailes, qui n'est visible que sous lumière UV.
Or, cette espèce de papillon est capable de percevoir ces différences, puisque leurs yeux possèdent des photorécepteurs sensibles au rayonnement UV.
De plus, les résultats de la manipulation décrite dans le **doc. b** montrent que le nombre de copulations est fortement réduit lorsque ces papillons sont privés des rayonnements UV dans leur environnement, ce qui suggère que le dimorphisme sexuel décrit précédemment est primordial pour la reconnaissance des partenaires reproducteurs (communication intraspécifique).
On peut donc imaginer que les mutations qui ont mené à une meilleure perception des rayonnements UV ont conféré un avantage dans l'accès aux partenaires sexuels ; ce caractère a donc pu être sélectionné par sélection sexuelle.
N.B. : le scénario proposé n'est qu'hypothétique, rien n'indique que le dimorphisme des ailes préexistait à la capacité de vision dans le rayonnement UV. On peut néanmoins imaginer que la sélection sexuelle a renforcé cette capacité. De plus, certaines fleurs possèdent aussi des motifs uniquement visibles sous UV ; l'alimentation a donc probablement aussi été une pression de sélection en faveur de cette capacité.

13 Le mouvement des oreilles humaines

1. La production d'un son est un stimulus qui mène à l'augmentation de l'activité des muscles auriculaires 1, avec une réaction différentielle en fonction de la localisation du son : le muscle gauche réagit bien plus intensément que le droit à l'émission d'un son du côté gauche. Ces muscles sont donc toujours fonctionnels (bien que leur contraction n'entraîne pas forcément de mouvement visible des pavillons).
2. Scénario possible : ces muscles permettaient les mouvements des pavillons des oreilles de nos ancêtres lointains, chez qui ils ont été conservés par sélection naturelle. Leur fonction est probablement devenue moins fondamentale en termes de survie et de reproduction, et se sont alors atrophiés chez nos ancêtres plus récents. Bien que sans fonction apparente, ces organes n'ont pas totalement régressé : leur développement ne doit pas être coûteux au vu de leur petite taille, et s'ils ne réduisent pas la survie ou les capacités reproductrices des individus, il n'y a pas de raison qu'ils disparaissent dans les prochaines générations.

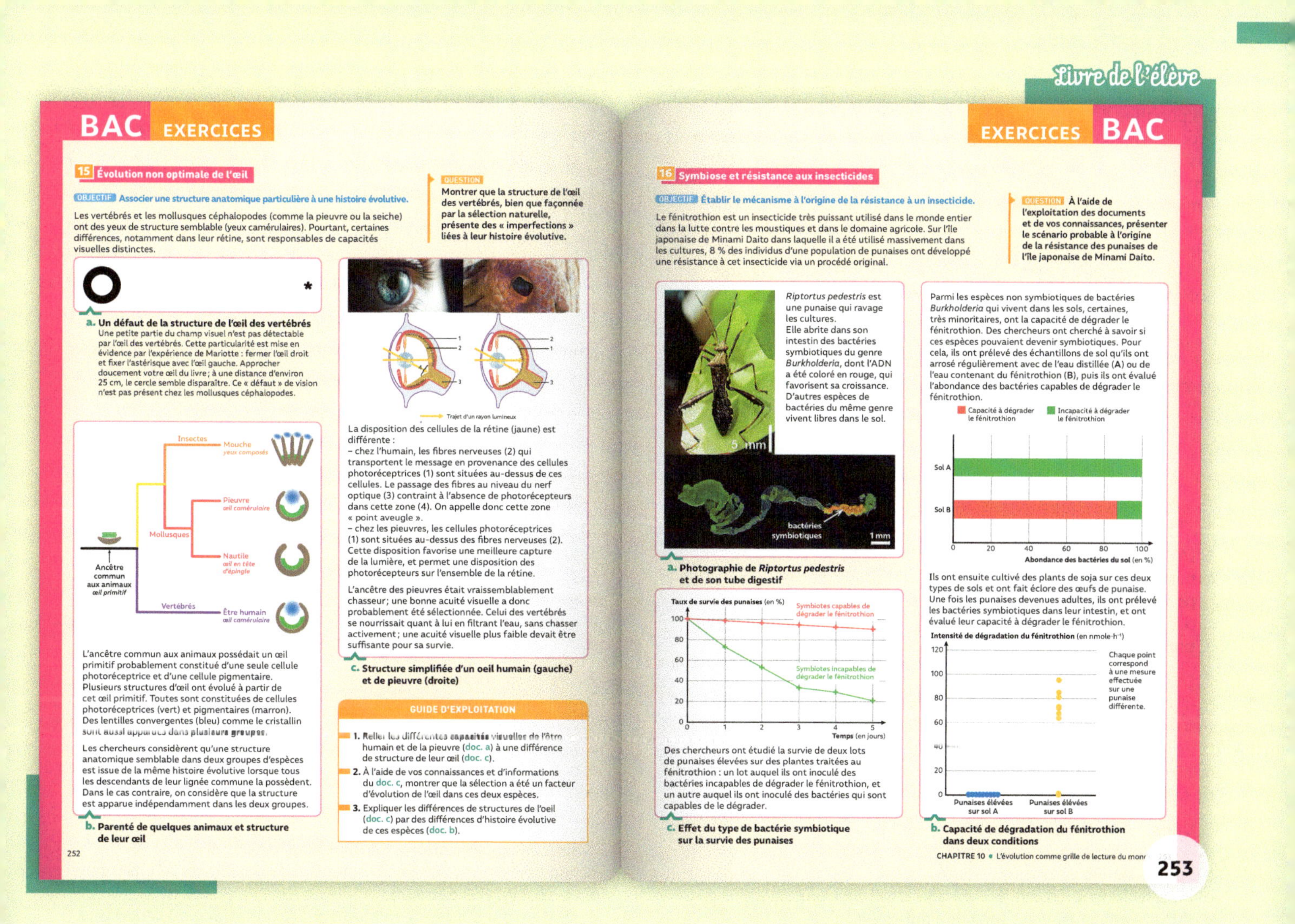

14 La résistance aux antibiotiques

1. Il y a une corrélation positive entre résistance à la pénicilline et consommation d'antibiotiques dans chaque pays : les pays les plus consommateurs d'antibiotiques sont ceux qui présentent la plus grande proportion de pneumocoques résistants.
2. Voir schéma bilan p. 247 ou **doc. 2** p 240.
3. Limiter la consommation d'antibiotiques à des traitements curatifs, provoqués par des infections bactériennes seulement (que ce soit en santé humaine ou animale), accentuer les efforts de recherches de nouveaux antibiotiques et de vaccins, limiter les infections bactériennes en adoptant des gestes d'hygiènes, réaliser des campagnes de sensibilisation aux dangers de la résistance, etc.

15 Évolution non optimale de l'œil

Les yeux de mollusques céphalopodes tels que les pieuvres ou les seiches ont une structure comparable à celui des vertébrés (œil camérulaire). Pourtant, ces deux groupes se distinguent par certaines capacités visuelles différentes.
En effet, la réalisation de l'expérience de Mariotte (**doc. a**) met en évidence l'existence d'un point aveugle chez les vertébrés, qui n'existe pas chez les céphalopodes : sur chaque œil, une partie du champ de vision n'est pas perceptible.
C'est lorsque l'image se forme sur une zone particulière de la rétine, nommée « point aveugle », que les objets du champ de vision ne sont pas détectables. Cette zone n'est constituée que de fibres nerveuses, et dépourvue de photorécepteurs (**doc. c**).
Les céphalopodes, quant à eux, n'ont pas de point aveugle, du fait de la disposition inverse des photorécepteurs sur leur rétine : les fibres nerveuses qui émergent des cellules photoréceptrices sont situées à l'arrière de l'œil, contrairement aux vertébrés. Cette disposition permet la présence de photorécepteurs devant le nerf optique.

Bien que de structure semblable, l'œil des pieuvres et celui des vertébrés ne sont pas hérités d'un même ancêtre commun (ils ne sont pas homologues, **doc. b**) : en effet, les pieuvres sont plus proches parentes d'autres groupes, comme les nautiles (autres céphalopodes) ou les insectes, qui possèdent des yeux de structure différente (yeux composés). Les yeux des pieuvres et des vertébrés ont donc évolué indépendamment, à partir d'ancêtres différents (il s'agit d'une convergence évolutive). Dans ces deux lignées, la complexification à partir d'un œil simple s'est réalisée par mutations aléatoires et sélection naturelle, mais le « chemin évolutif » a été différent pour ces deux groupes. On peut supposer que les pressions de sélection pour un œil très performant ont été plus fortes chez l'ancêtre des pieuvres, prédateur, que chez celui des vertébrés. L'« anomalie » de vision liée à la disposition des photorécepteurs dans les yeux des vertébrés ne devait pas être problématique en terme sélectif chez l'ancêtre des vertébrés, filtreur ; cette disposition particulière, retrouvée chez les vertébrés actuels, est donc issue de l'héritage évolutif. C'est un exemple supplémentaire de « l'imperfection » des organes, même les plus complexes !

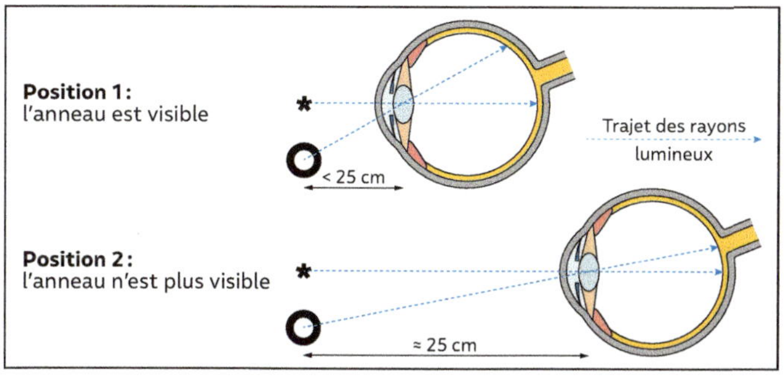

▲ **Schéma explicatif de l'expérience de Mariotte**

16 Symbiose et résistance aux insecticides

Les punaises de l'espèce *Riptortus pedestris* vivent en symbiose avec des bactéries du genre *Burkholderia*, présentes dans la partie postérieure de leur intestin (**doc. a**). Certaines bactéries du même genre, non symbiotiques, vivent dans les sols.
Alors que les bactéries libres sont majoritairement incapables de dégrader le fénitrothion dans le cas témoin (**doc. b**, sol A), on voit que lorsque les sols sont régulièrement exposés à cet insecticide (sol B), une forte proportion des bactéries libres devient capable de le dégrader (elles utilisent les produits de cette dégradation comme source de carbone, information non indiquée dans le **doc**).
On peut donc supposer qu'un environnement riche en fénitrothion sélectionne les quelques (rares) mutants capables de le dégrader, ce qui permet d'augmenter l'abondance de ce type de bactéries dans le sol.

Or, on remarque que les symbiotes des punaises élevées sur des plantes soumises au fénitrothion (sol B) sont capables de le dégrader, au contraire des symbiotes des punaises témoin élevées sur le sol A. Il y a donc eu un transfert des bactéries depuis le sol B vers les intestins des punaises. Ce transfert leur a permis d'avoir un taux de survie bien supérieur à celui des punaises témoins dans un milieu riche en fénitrothion (au bout de 5 jours, 90 % survivent contre 20 %, **doc. c**).
En résumé, la résistance au fénitrothion des punaises de l'espèce *Riptortus pedestris* a pu se mettre en place grâce au transfert de certaines bactéries du sol, capables de dégrader cet insecticide, vers les intestins des punaises, dans lequel elles sont abritées.
Cette symbiose permet aux punaises d'être moins affectées par le fénitrothion dégradé par leurs symbiotes. Ces punaises sont alors sélectionnées.

ANNEXE 1 Unité 1 [→ page 181]

- QCM de remobilisation des acquis.

1. L'évolution des espèces s'effectue :
a. par mutations.
b. par sélection naturelle.
c. par dérive génétique.
d. par tous les mécanismes cités précédemment.

2. La sélection naturelle correspond :
a. à l'apparition aléatoire de variations pour certains caractères.
b. à un mécanisme formulé par le scientifique français Lamarck.
c. au « tri » d'individus effectué par l'être humain.
d. au « tri » des individus les plus aptes à laisser un grand nombre de descendants, effectué par l'environnement.

3. Dans l'évolution, le hasard intervient peu :
a. dans l'apparition des mutations.
b. dans la dérive génétique.
c. dans le déclenchement des grandes crises biologiques.
d. dans le mécanisme de sélection naturelle.

4. Les caractères qui peuvent être sélectionnés par l'environnement :
a. sont multiples.
b. sont anatomiques uniquement.
c. sont physiologiques uniquement.
d. sont comportementaux uniquement.

ANNEXE 2 Unité 2 [→ page 185]

Vidéo

- Vidéo d'un homme produisant du lait suite à un déséquilibre hormonal : https://www.youtube.com/watch?v=EdbqvY7IKzM
- Reconstitution 3D d'un accouchement : https://www.youtube.com/watch?v=duPxBXN4qMg

LE SAVIEZ-VOUS ?

- Chez 5 % des nourrissons, garçon ou fille, du lait s'écoule de leur sein depuis la naissance et jusqu'à 2 mois. Il est qualifié de *lait de sorcière* !
- Les tétons surnuméraires peuvent avoir l'aspect d'un grain de beauté et passer inaperçus. Chez certaines femmes, ils sont découverts tardivement, au cours d'une grossesse durant laquelle les glandes mammaires sous-jacentes grossissent.
- Les mâles de certaines espèces de mammifères sont dépourvus de tétons (cheval, rat, souris). Chez les souris mâles, la production embryonnaire de testostérone a lieu avant la formation des glandes mammaires ; elle inhibe leur développement.
- Entre 0,1 et 6 % des mères ont un bébé dont la tête est trop volumineuse pour passer dans le canal de naissance, ce qui nécessite une césarienne lorsque cette technique est disponible.

ANNEXE 3 Unité 3 [→ page 187]

- QCM de remobilisation des acquis.

1. Les antibiotiques :
a. sont des substances destinées à tuer des virus.
b. sont des produits utilisés lors de la vaccination.
c. permettent de tuer ou d'inhiber le développement de bactéries.
d. ont été découverts au début du XXIe siècle.

2. Les êtres humains :
a. n'ont pas d'impact sur la biodiversité.
b. contribuent, par leurs pratiques, à l'évolution de la biodiversité.
c. font partie d'une espèce qui n'a pas été soumise à l'évolution.
d. ont une durée de vie trop courte pour pouvoir observer l'évolution de populations.

3. Les mutations :
a. sont des modifications aléatoires des protéines.
b. apparaissent dès qu'un changement se produit dans l'environnement.
c. ne sont pas héréditaires.
d. sont responsables de la biodiversité génétique au sein d'une espèce.

4. Une production agricole durable :
a. implique une utilisation modérée des intrants.
b. nécessite l'emploi de pesticides.
c. est responsable de la dégradation des sols.
d. ne peut pas être rentable économiquement.

- Pour faciliter la production des élèves, on peut leur fournir une fiche méthode sur la réalisation de posters (voir Terminale spécialité SVT de la collection Nathan).
- Pour l'organisation de la classe, éviter de choisir des élèves qui ont suivi l'enseignement de spécialité SVT en 1re pour constituer l'équipe 1, ils ont déjà traité cet exemple.

LE SAVIEZ-VOUS ?

- L'université Claude Bernard de Lyon et le laboratoire d'excellence ECOFECT se sont associés pour proposer le premier Diplôme Universitaire européen de « Biologie de l'évolution et médecine », au sein de la Faculté de médecine de Lyon. C'est la première fois qu'un enseignement de biologie de l'évolution est intégré dans le cursus des études médicales. Sur leur site internet, on peut lire « qu'intégrer le raisonnement évolutionniste dans la formation initiale et continue des médecins, chercheurs, praticiens et cliniciens en santé humaine ou animale, devrait conduire à ouvrir de nouvelles voies de prévention, de diagnostic et de traitements. » https://bem-univ.fr

ANNEXE 4 Unité « Histoire, Enjeux, Débats » [→ page 189]

- QCM de remobilisation des acquis.

1. L'asepsie est une technique qui :
a. consiste à éliminer l'infection au sein d'un patient.
b. est utilisée en milieu médical exclusivement.
c. consiste à empêcher la contamination d'un individu en éliminant préventivement les microorganismes des surfaces et instruments utilisés.
d. est une forme de vaccination.

2. Les vaccins préventifs :
a. n'ont pas permis d'éradiquer totalement des maladies sur Terre.
b. sont toujours constitués d'organismes vivants.
c. contiennent une substance non pathogène permettant de stimuler la mémoire immunitaire.
d. sont des produits médicaux pour lesquels nous avons peu de recul actuellement.

3. Les microorganismes :
a. peuvent être éliminés en utilisant un produit antiseptique.
b. sont tous pathogènes.
c. correspondent au groupe des bactéries uniquement.
d. ne peuvent vivre qu'à l'intérieur d'un autre être vivant.

4. Les mesures prises pour préserver la santé d'une population :
a. sont l'affaire des individus seulement.
b. sont uniquement l'affaire de la collectivité.
c. sont régulièrement contredites par les avancées scientifiques récentes.
d. incluent des précautions d'hygiène, d'utilisation raisonnée d'antibiotiques, de vaccination.

LE SAVIEZ-VOUS ?

- La première salle d'opération « aseptique » en France a été élaborée par Antonin Poncet à l'Hôtel Dieu de Lyon, en 1888 : les vêtements de ville sont abandonnés avant d'y entrer, des lavabos distribuant de l'eau stérile sont installés, les instruments utilisés sont stérilisés. Les murs sont tapissés de plaques de verre soudées entre elles, le sol cimenté est lavé à grande eau après chaque opération.
- En 2019, l'OMS a inscrit « l'hésitation vaccinale » parmi les 10 menaces sanitaires mondiales.

CORRECTION DE L'UNITÉ

Équipe 1

Impact sur la médecine actuelle	Éradication de la variole, vaccination	Stérilisation du matériel, hygienne du personnel pour limiter les contaminations avant chaque intervention	Développement de greffes d'autres organes	Vaccination d'une grande partie de la population diminution du risque de mortalité infantile…	Radiographie, amélioration des diagnostics médicaux, scanner, traitement contre les cancers…		Réduction de la mortalité due à de nombreuses infections bactériennes, augmentation de l'espérance de vie	Traitement contre certains cancers
Date	1796	1846	1869	1885	1895	1914	1928	1942
Technique	Vaccination (variole)	Méthode d'aseptisation	Greffe de la peau	Mise au point du vaccin contre la rage	Rayon X et radiographie	Radioactivité, radiographie mobile et radiothérapie	Antibiotique (pénicilline)	Chimiothérapie
Personne impliquée	Edward Jenner	Ignace Philippe Semmelweis	Jacques Louis Reverdin	Louis Pasteur	Wilhelm Röntgen	Marie Curie	Alexander Fleming	Louis Goodman Alfred Gilman

Équipe 2

D'autres controverses que celles associées à la vaccination peuvent être étudiées (greffe de cœur et définition légale de la mort, pratique de saignées, etc.)

Début du XVIIIe	1796	1853	1885	1925	1977	1998	2013	2015	2019
La variolisation est importée d'Orient vers l'Angleterre. 1res controverses sur l'innocuité du procédé	Découverte de la vaccination contre la variole par **Edward Jenner**. Jusque là, la variole était responsable de la mort d'environ 10 % de la population.	L'Angleterre est le premier pays à rendre obligatoire la vaccination (contre la variole). L'opposition s'accroît avec des arguments comme les « dangers » d'injecter des substances animales, et les atteintes aux libertés.	Mise au point du vaccin contre la rage par **Louis Pasteur**	1res adjuvants utilisés pour augmenter l'efficacité des vaccins	Dernier cas recensé de variole, maladie déclarée comme éradiquée	Étude falsifiée affirmant un lien entre vaccin ROR et autisme	Médiatisation de la plainte d'une patiente contre le Gardasil (vaccin anti-HPV) qui pense qu'il est à l'origine de sa sclérose en palque	Plainte classée sans suite, après des études épidémiologiques ne montrant aucun lien entre Gardasil et développement de la sclérose en palque	Étude sur 650 000 enfants confirmant l'absence de lien entre vaccin ROR et autisme

ANNEXE 5 Unité « Histoire, Enjeux, Débats » [→ page 191]

- QCM de remobilisation des acquis.

1. L'évolution de la biodiversité :
a. se fait uniquement sur des millions d'années.
b. s'explique par les forces évolutives s'exerçant au niveau des populations.
c. est terminée.
d. repose uniquement sur la sélection naturelle.

2. La dérive génétique :
a. est une force évolutive.
b. est une modification aléatoire de la fréquence des gènes.
c. est plus lente lorsque l'effectif de la population est faible.
d. est une modification de la fréquence des allèles due à la sélection naturelle.

3. La sélection naturelle :
a. résulte uniquement de la pression du milieu.
b. conduit au fait que certains individus ont une descendance plus nombreuse dans certaines conditions.
c. est la seule force évolutive.
d. permet d'expliquer la crise actuelle de la biodiversité.

4. Les forces évolutives :
a. ne s'exercent que sur des temps longs.
b. sont responsables de l'évolution des individus.
c. sont dues à l'Homme.
d. comportent les mutations, la dérive génétique et la sélection naturelle.

Article en ligne

- Article complet sur les bractées de l'Edelweiss :
https://www.ncbi.nlm.nih.gov/pubmed/15697629
- Thèse sur la dépression de consanguinité du Mérinos de Rambouillet :
http://theses.vet-alfort.fr/telecharger.php?id=2245
- Des données sur la téosinte et le maïs :
http://acces.ens-lyon.fr/acces/thematiques/evolution/accompagnement-pedagogique/accompagnement-au-lycee/terminale-2012/la-plante-domestiquee/le-mais

Vidéo

- Émission sur la Bergerie nationale de Rambouillet (jusqu'à 9 minutes) :
https://www.youtube.com/watch?v=PEXq_TJiNX0

Livre de l'élève

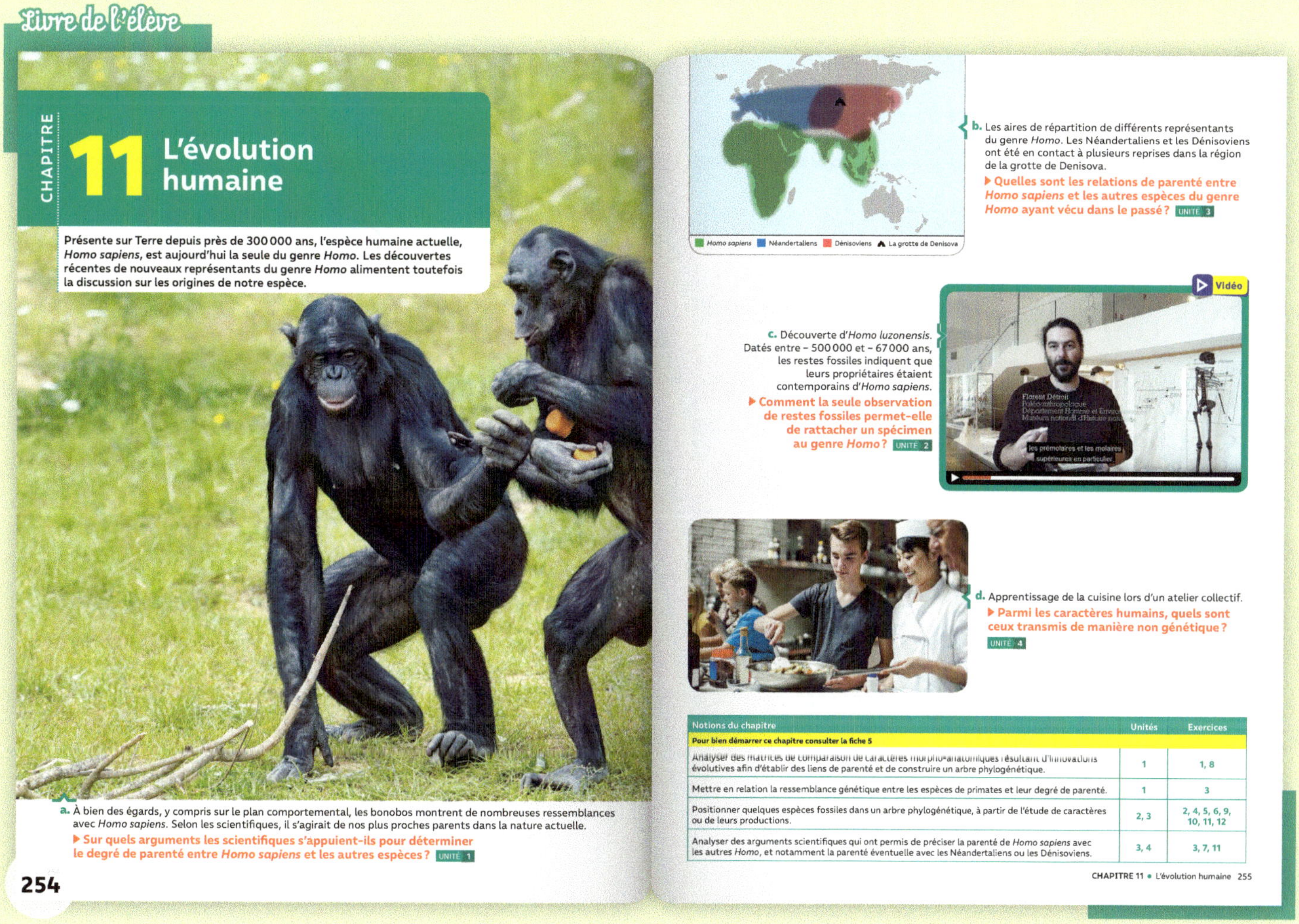

CHAPITRE 11 L'évolution humaine

Présente sur Terre depuis près de 300 000 ans, l'espèce humaine actuelle, *Homo sapiens*, est aujourd'hui la seule du genre *Homo*. Les découvertes récentes de nouveaux représentants du genre *Homo* alimentent toutefois la discussion sur les origines de notre espèce.

a. À bien des égards, y compris sur le plan comportemental, les bonobos montrent de nombreuses ressemblances avec *Homo sapiens*. Selon les scientifiques, il s'agirait de nos plus proches parents dans la nature actuelle.
▶ Sur quels arguments les scientifiques s'appuient-ils pour déterminer le degré de parenté entre *Homo sapiens* et les autres espèces ? UNITÉ 1

254

b. Les aires de répartition de différents représentants du genre *Homo*. Les Néandertaliens et les Dénisoviens ont été en contact à plusieurs reprises dans la région de la grotte de Denisova.
▶ Quelles sont les relations de parenté entre *Homo sapiens* et les autres espèces du genre *Homo* ayant vécu dans le passé ? UNITÉ 3

Vidéo

c. Découverte d'*Homo luzonensis*. Datés entre – 500 000 et – 67 000 ans, les restes fossiles indiquent que leurs propriétaires étaient contemporains d'*Homo sapiens*.
▶ Comment la seule observation de restes fossiles permet-elle de rattacher un spécimen au genre *Homo* ? UNITÉ 2

d. Apprentissage de la cuisine lors d'un atelier collectif.
▶ Parmi les caractères humains, quels sont ceux transmis de manière non génétique ? UNITÉ 4

Notions du chapitre	Unités	Exercices
Pour bien démarrer ce chapitre consulter la fiche 5		
Analyser des matrices de comparaison de caractères morpho-anatomiques résultant d'innovations évolutives afin d'établir des liens de parenté et de construire un arbre phylogénétique.	1	1, 8
Mettre en relation la ressemblance génétique entre les espèces de primates et leur degré de parenté.	1	3
Positionner quelques espèces fossiles dans un arbre phylogénétique, à partir de l'étude de caractères ou de leurs productions.	2, 3	2, 4, 5, 6, 9, 10, 11, 12
Analyser des arguments scientifiques qui ont permis de préciser la parenté de *Homo sapiens* avec les autres *Homo*, et notamment la parenté éventuelle avec les Néandertaliens ou les Dénisoviens.	3, 4	3, 7, 11

CHAPITRE 11 • L'évolution humaine 255

▶ Les grandes idées à construire

- L'espèce humaine actuelle, *Homo sapiens*, fait partie du groupe des primates et plus particulièrement de celui des grands singes, avec lequel elle partage des caractères morpho-anatomiques et des similitudes génétiques. C'est avec le chimpanzé qu'*Homo sapiens* partage l'ancêtre commun le plus récent.
- Les espèces du genre *Homo* se distinguent par des innovations évolutives qui leur sont propres : capacité crânienne développée, mandibule parabolique et bipédie prolongée. Le genre humain, représenté par plusieurs espèces qui ont cohabité dans le passé, est aujourd'hui restreint à une seule espèce : *Homo sapiens*.
- Certains caractères de l'espèce humaine sont transmis de manière non génétique. Il s'agit des comportements appris, comme l'utilisation d'outils, l'apprentissage du langage articulé ou celui d'une langue étrangère. Il s'agit aussi des habitudes alimentaires ainsi que de notre microbiote.

▶ Ce que disent les documents

a Le bonobo est une espèce de grand singe qui interpelle par certaines ressemblances, y compris comportementales, avec l'espèce humaine.

b Ce schéma, représentant la carte du monde, indique par différentes zones colorées la diversité des espèces du genre *Homo* présentes sur Terre dans le passé. Certaines d'entre elles, comme les Dénisoviens (zone rouge) et les Néandertaliens (zone bleue), ont cohabité dans un même lieu notamment dans la région de la grotte de Denisova située dans les montagnes de l'Altaï en Sibérie.

c Lorsque les scientifiques découvrent des restes fossiles supposés appartenir à un nouveau représentant du genre *Homo*, ils mettent en œuvre une démarche rigoureuse pour s'en assurer. Dans cette vidéo, Florent Détroit, paléoanthropologue et maître de conférences au Muséum national d'Histoire naturelle de Paris, présente *Homo luzonensis*, la nouvelle espèce humaine découverte dans le cadre des fouilles qu'il a codirigées sur l'île de Luzon (grotte de Callao) au nord des Philippines entre 2007 et 2015.

d Les caractères d'une espèce ne dépendent pas en totalité d'un déterminisme génétique. Certains caractères, notamment ceux comportementaux, sont appris au contact des congénères. C'est ce qu'illustre cette photo présentant un cours collectif de cuisine.

Livre de l'élève

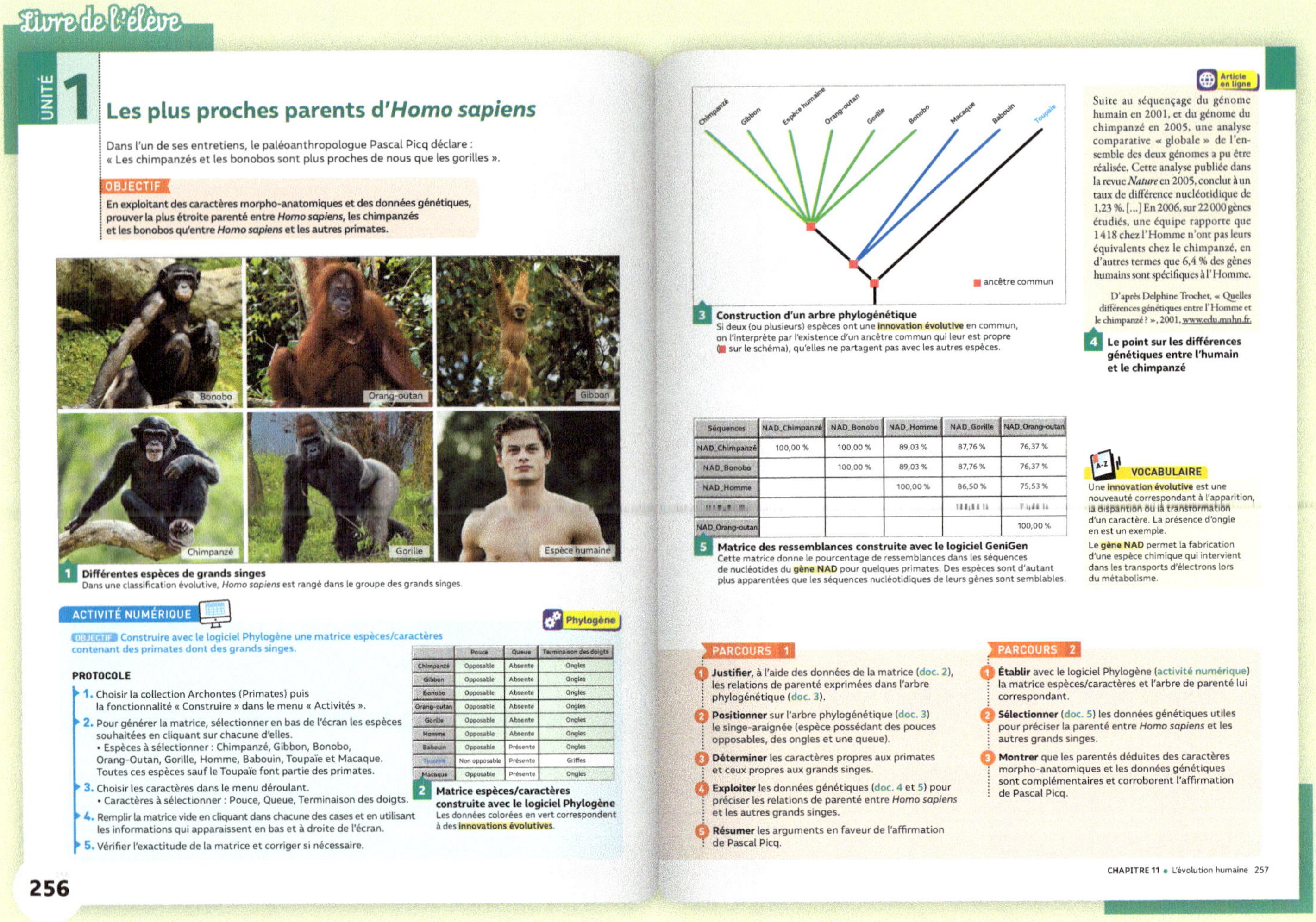
UNITÉ 1

Les plus proches parents d'*Homo sapiens*

Dans l'un de ses entretiens, le paléoanthropologue Pascal Picq déclare :
« Les chimpanzés et les bonobos sont plus proches de nous que les gorilles ».

OBJECTIF

En exploitant des caractères morpho-anatomiques et des données génétiques, prouver la plus étroite parenté entre *Homo sapiens*, les chimpanzés et les bonobos qu'entre *Homo sapiens* et les autres primates.

1 Différentes espèces de grands singes
Dans une classification évolutive, *Homo sapiens* est rangé dans le groupe des grands singes.

ACTIVITÉ NUMÉRIQUE

Phylogène

OBJECTIF Construire avec le logiciel Phylogène une matrice espèces/caractères contenant des primates dont des grands singes.

PROTOCOLE

1. Choisir la collection Archontes (Primates) puis la fonctionnalité « Construire » dans le menu « Activités ».
2. Pour générer la matrice, sélectionner en bas de l'écran les espèces souhaitées en cliquant sur chacune d'elles.
   • Espèces à sélectionner : Chimpanzé, Gibbon, Bonobo, Orang-Outan, Gorille, Homme, Babouin, Toupaïe et Macaque. Toutes ces espèces sauf le Toupaïe font partie des primates.
3. Choisir les caractères dans le menu déroulant.
   • Caractères à sélectionner : Pouce, Queue, Terminaison des doigts.
4. Remplir la matrice vide en cliquant dans chacune des cases et en utilisant les informations qui apparaissent en bas et à droite de l'écran.
5. Vérifier l'exactitude de la matrice et corriger si nécessaire.

	Pouce	Queue	Terminaison des doigts
Chimpanzé	Opposable	Absente	Ongles
Gibbon	Opposable	Absente	Ongles
Bonobo	Opposable	Absente	Ongles
Orang-outan	Opposable	Absente	Ongles
Gorille	Opposable	Absente	Ongles
Homme	Opposable	Absente	Ongles
Babouin	Opposable	Présente	Ongles
Toupaïe	Non opposable	Présente	Griffes
Macaque	Opposable	Présente	Ongles

2 Matrice espèces/caractères construite avec le logiciel Phylogène
Les données colorées en vert correspondent à des **innovations évolutives**.

256

3 Construction d'un arbre phylogénétique
Si deux (ou plusieurs) espèces ont une **innovation évolutive** en commun, on l'interprète par l'existence d'un ancêtre commun qui leur est propre (■ sur le schéma), qu'elles ne partagent pas avec les autres espèces.

Article en ligne

Suite au séquençage du génome humain en 2001, et du génome du chimpanzé en 2005, une analyse comparative « globale » de l'ensemble des deux génomes a pu être réalisée. Cette analyse publiée dans la revue *Nature* en 2005, conclut à un taux de différence nucléotidique de 1,23 %. [...] En 2006, sur 22 000 gènes étudiés, une équipe rapporte que 1418 chez l'Homme n'ont pas leurs équivalents chez le chimpanzé, en d'autres termes que 6,4 % des gènes humains sont spécifiques à l'Homme.

D'après Delphine Trochet, « Quelles différences génétiques entre l'Homme et le chimpanzé ? », 2001, www.edu.mnhn.fr.

4 Le point sur les différences génétiques entre l'humain et le chimpanzé

Séquences	NAD_Chimpanzé	NAD_Bonobo	NAD_Homme	NAD_Gorille	NAD_Orang-outan
NAD_Chimpanzé	100,00 %	100,00 %	89,03 %	87,76 %	76,37 %
NAD_Bonobo		100,00 %	89,03 %	87,76 %	76,37 %
NAD_Homme			100,00 %	86,50 %	75,53 %
[illegible]				[illegible]	[illegible]
NAD_Orang-outan					100,00 %

5 Matrice des ressemblances construite avec le logiciel GeniGen
Cette matrice donne le pourcentage de ressemblances dans les séquences de nucléotides du **gène NAD** pour quelques primates. Des espèces sont d'autant plus apparentées que les séquences nucléotidiques de leurs gènes sont semblables.

VOCABULAIRE

Une **innovation évolutive** est une nouveauté correspondant à l'apparition, la disparition ou la transformation d'un caractère. La présence d'ongle en est un exemple.

Le **gène NAD** permet la fabrication d'une espèce chimique qui intervient dans les transports d'électrons lors du métabolisme.

PARCOURS 1

1. **Justifier**, à l'aide des données de la matrice (doc. 2), les relations de parenté exprimées dans l'arbre phylogénétique (doc. 3).
2. **Positionner** sur l'arbre phylogénétique (doc. 3) le singe-araignée (espèce possédant des pouces opposables, des ongles et une queue).
3. **Déterminer** les caractères propres aux primates et ceux propres aux grands singes.
4. **Exploiter** les données génétiques (doc. 4 et 5) pour préciser les relations de parenté entre *Homo sapiens* et les autres grands singes.
5. **Résumer** les arguments en faveur de l'affirmation de Pascal Picq.

PARCOURS 2

1. **Établir** avec le logiciel Phylogène (activité numérique) la matrice espèces/caractères et l'arbre de parenté lui correspondant.
2. **Sélectionner** (doc. 5) les données génétiques utiles pour préciser la parenté entre *Homo sapiens* et les autres grands singes.
3. **Montrer** que les parentés déduites des caractères morpho-anatomiques et les données génétiques sont complémentaires et corroborent l'affirmation de Pascal Picq.

CHAPITRE 11 • L'évolution humaine 257

problèmes scientifiques

- **Avec quelle(s) espèce(s) *Homo sapiens* est-il le plus étroitement apparenté ?**
- **Quels sont les arguments scientifiques utilisés pour identifier le(s) plus proche(s) parent(s) d'*Homo sapiens* dans la nature actuelle ?**

Mobilisation des acquis

- Vu en cycle 4 (SVT) dans la partie « Le vivant et son évolution » : les caractères partagés par des espèces sont utilisés pour la classification des êtres vivants. Les grands groupes d'êtres vivants ont été abordés, dont *Homo sapiens*, avec l'idée de parenté et d'évolution.

Les grandes idées à construire

- L'espèce humaine actuelle, *Homo sapiens*, fait partie du groupe des primates.
- Au sein des primates, *Homo sapiens* appartient plus particulièrement au groupe des grands singes, avec lequel il partage des caractères morpho-anatomiques et des similitudes génétiques.
- Parmi les grands singes, c'est avec le chimpanzé qu'*Homo sapiens* partage l'ancêtre commun le plus récent.

Les compétences travaillées

- **Extraire et organiser** des informations.
- **Communiquer**.
- **Utiliser** un logiciel de traitement de données.

Les représentations de l'élève

- « L'Homme descend du singe » est la représentation qu'il faut continuer à faire tomber : on ne peut pas descendre de soi-même. Il est important de faire comprendre aux élèves que l'on travaille ici sur une cohorte d'espèces actuelles. On ne recherche donc pas qui descend de qui, mais qui est plus proche de qui. Il serait aussi intéressant d'insister sur le fait que dans un arbre phylogénétique, un axe vertical peut matérialiser le temps. Au bout des branches, les espèces actuelles sont figurées. Les nœuds sont des ancêtres communs hypothétiques.
- Il est également important d'insister sur la complémentarité des méthodes utilisées pour établir les parentés entre *Homo sapiens* et les autres espèces de primates. Au lycée, peu de caractères morpho-anatomiques sont identifiables en tant qu'innovations évolutives pour préciser la parenté de *Homo sapiens* avec les autres espèces de grands singes. On exploitera donc des données génétiques variées (comparaison de séquences nucléotidiques de différents gènes, comparaison du nombre de gènes communs) pour préciser les parentés.

Ce que disent les documents

1 Ce document permet de faire connaissance avec les différents représentants actuels des grands singes et de mettre déjà en valeur les similitudes morphologiques.

Des idées de questions :
- Peut-on imaginer une parenté entre tous ces grands singes ?
- Existe-il des grands singes fossiles ?

2 La matrice espèces/caractères met en relief les caractères partagés par les différentes espèces de primates, qui ont toutes des pouces opposables et des doigts terminés par des ongles. On voit que certaines espèces de primates sont dépourvues de queue. Ce sont les grands singes observés dans le premier document.

Idée de question :
- Quels sont les caractères partagés par tous les primates justifiant d'en faire un groupe à part entière ?

3 Ce document propose une construction d'arbre phylogénétique. Celui-ci a été construit en prenant en compte les caractères morpho-anatomiques partagés. Tous les *primates* ont en commun un ancêtre qui leur est propre, qu'ils ne partagent pas avec le toupaïe. Toutes les espèces de *grands singes* ont en commun un ancêtre qui leur est propre, qu'ils ne partagent pas avec le macaque ni avec le babouin.

Des idées de questions :
- Qui, du macaque ou du gorille, est plus étroitement apparenté à *Homo sapiens* ?
- Quel(s) est(sont) d'après cet arbre phylogénétique, le(s) plus proche(s) parent(s) de l'espèce humaine actuelle ?

4 Cet extrait d'article fait le point sur les différences génétiques que l'on peut observer entre l'humain et le chimpanzé. Il est en effet possible de comparer la totalité du génome de l'espèce humaine avec celui du chimpanzé selon différents critères : le nombre de gènes non partagés et le taux global de différences nucléotidiques. Les résultats mettent en relief un faible taux de différences de séquences et un faible taux de gènes non partagés, montrant de ce fait une grande proximité génétique entre les deux espèces.

Des idées de questions :
- Comment les chercheurs ont-ils calculé que « 6,4 % des gènes humains sont spécifiques à l'Homme » ?
- Quelle est la relation de parenté renforcée par cette comparaison globale des deux génomes ?

5 Ce tableau donne les pourcentages de ressemblances entre les séquences nucléotidiques du même gène (NAD), chez les espèces de grands singes, comparées deux à deux. On peut observer que le gène NAD de l'espèce humaine ressemble davantage à celui du chimpanzé et du bonobo qu'à celui des autres grands singes. Ces données indiquent donc que l'espèce humaine est plus étroitement apparentée au bonobo et au chimpanzé qu'aux autres grands singes.

Idée de question :
- Quel(s) est(sont) d'après cette comparaison de séquences, le(s) plus proche(s) parent(s) de l'espèce humaine actuelle ?

Les + pour préparer votre séance

- Préparer un QCM de remobilisation des acquis de cycle 4 en début de séance. [→ **Annexe 1, page 214**]

LE SAVIEZ-VOUS ?

La place de l'espèce humaine dans la classification du vivant a longtemps fait l'objet de débats dans la communauté scientifique. Voici deux liens vers des articles témoignant de ces débats et évoquant différentes classifications possibles ayant été successivement discutées :

Article en ligne

- Véronique Barriel « Hominoïdes, Hominidés, Homininés et les autres… », *Planet-Vie*, ENS, 2007
https://planet-vie.ens.fr/thematiques/evolution/hominoides-hominides-homines-et-les-autres
- Véronique Barriel « Hominoïdes, Hominidés, Homininés… Qui est qui ? », *Museum Moodle*, MNHN, 2018
http://edu.mnhn.fr/mod/page/view.php?id=366

CORRECTION DE L'UNITÉ

Parcours 1

1. Les données de la matrice indiquent la présence d'ongles au bout des doigts et des pouces opposables pour toutes les espèces sauf le toupaïe. Cela justifie l'une des relations de parenté visible sur l'arbre : le chimpanzé, le gibbon, l'espèce humaine, l'orang-outan, le gorille, le bonobo, le macaque et le babouin ont en commun un ancêtre qu'ils ne partagent pas avec le toupaïe. Par ailleurs, les données de la matrice indiquent l'absence de queue chez le chimpanzé, le gibbon, l'espèce humaine, l'orang-outan, le gorille et le bonobo. Ces six espèces ont donc en commun un ancêtre qu'ils ne partagent pas avec le macaque ni avec le babouin, qui, eux, possèdent une queue.
2. Le singe-araignée possède exactement les mêmes innovations évolutives que le macaque et le babouin. Il faut donc ancrer la branche « singe-araignée » au niveau du même ancêtre commun, qui est aussi partagé avec les grands singes (branches bleues sur le schéma).
3. Les caractères propres aux primates sont les pouces opposables et les doigts terminés par des ongles. Le caractère propre aux grands singes est l'absence de queue.
4. D'après le **doc. 4**, l'espèce humaine et le chimpanzé ont des génomes très semblables. On observe seulement 1,23 % de différences dans les séquences nucléotidiques et seuls 1 418 gènes sur les 22 000 gènes du génome humain sont propres à l'espèce humaine. Cette grande proximité génétique indique que parmi les grands singes, le plus proche parent de l'espèce humaine est le chimpanzé.

Parcours 2

1. La collection à utiliser est Archontes (Primates). Un tutoriel du logiciel Phylogène [→ **enseignement-scientifique.nathan.fr**] explique comment construire et remplir une matrice espèces/caractères puis comment, après validation de cette dernière, construire pas à pas l'arbre. Le point de vigilance, pour chaque caractère étudié, consiste à ne manipuler avec le logiciel que les branches jaunes (correspondant à des innovations évolutives).
2. Repérer, aux intersections entre la ligne ou colonne « Homme » et celles des autres espèces, la plus forte valeur. Cela permet d'identifier l'espèce dont le gène NAD ressemble le plus au gène NAD de l'espèce humaine. Dans cet exemple, il s'agit du bonobo et du chimpanzé.
3. **Dans la question finale de chaque parcours**, il est attendu que l'élève exprime dans un premier temps, que seules les données morpho-anatomiques permettent de rechercher les plus proches parents d'*Homo sapiens* parmi les primates dont il fait partie, puis parmi les grands singes dont il fait aussi partie. Puis, dans un deuxième temps, que parmi les grands singes, il est possible, à l'aide des données génétiques, d'établir une parenté plus étroite entre *Homo sapiens*, le chimpanzé et le bonobo.

INDICATEURS DE RÉUSSITE	NIVEAU A	B	C	D
Les relations de parenté lisibles sur l'arbre sont argumentées à partir des informations de la matrice.				
L'(les) espèce(s) la(les) plus proche(s) d'*Homo sapiens* est(sont) identifiée(s) avec les données génétiques.				
La complémentarité des deux jeux de données est utilisée pour justifier l'affirmation de Pascal Picq.				

Livre de l'élève

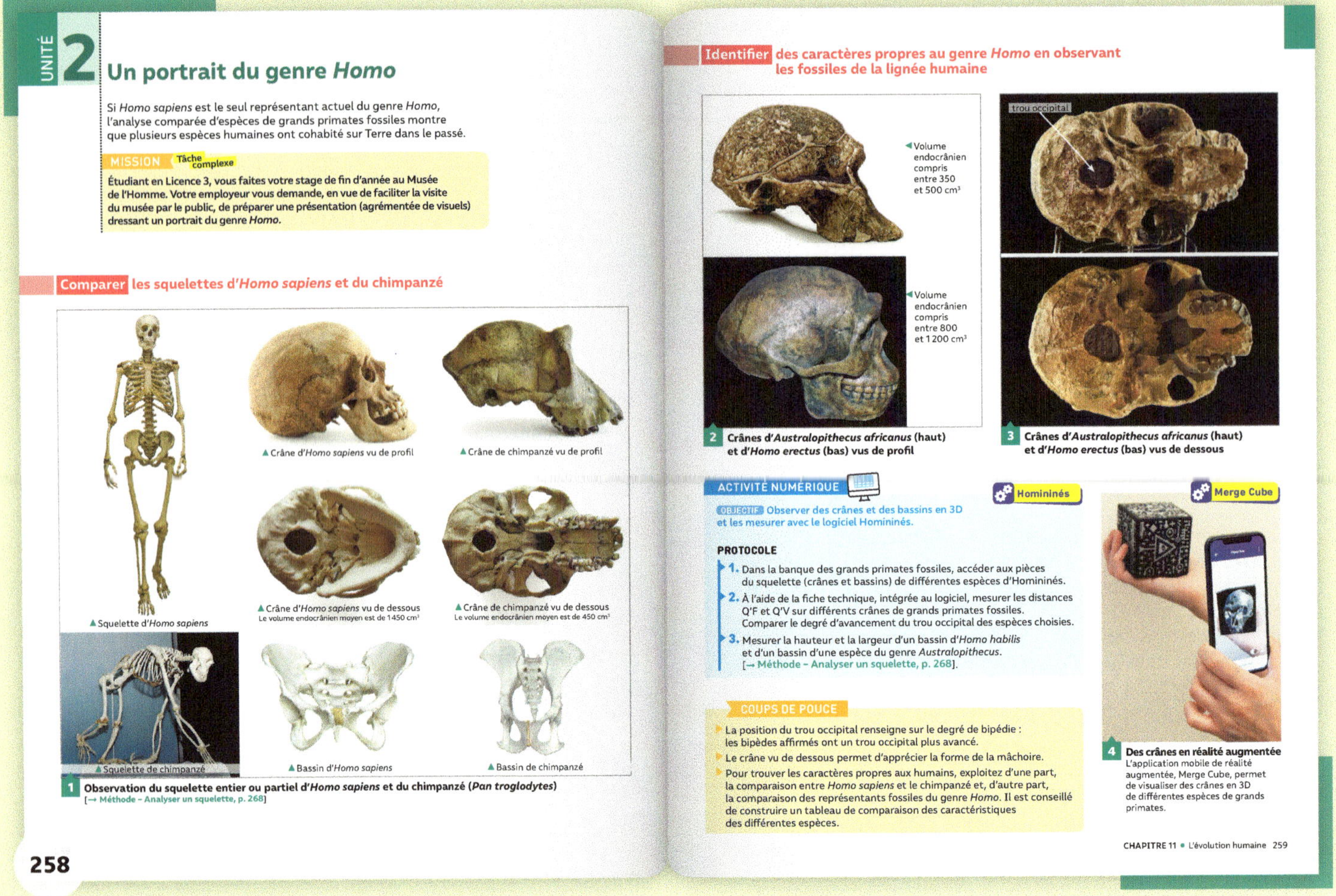
UNITÉ 2

Un portrait du genre *Homo*

Si *Homo sapiens* est le seul représentant actuel du genre *Homo*, l'analyse comparée d'espèces de grands primates fossiles montre que plusieurs espèces humaines ont cohabité sur Terre dans le passé.

MISSION Tâche complexe

Étudiant en Licence 3, vous faites votre stage de fin d'année au Musée de l'Homme. Votre employeur vous demande, en vue de faciliter la visite du musée par le public, de préparer une présentation (agrémentée de visuels) dressant un portrait du genre *Homo*.

Comparer les squelettes d'*Homo sapiens* et du chimpanzé

1 Observation du squelette entier ou partiel d'*Homo sapiens* et du chimpanzé (*Pan troglodytes*)
[→ Méthode – Analyser un squelette, p. 268]

258

Identifier des caractères propres au genre *Homo* en observant les fossiles de la lignée humaine

2 Crânes d'*Australopithecus africanus* (haut) et d'*Homo erectus* (bas) vus de profil

3 Crânes d'*Australopithecus africanus* (haut) et d'*Homo erectus* (bas) vus de dessous

ACTIVITÉ NUMÉRIQUE — Homininés

OBJECTIF Observer des crânes et des bassins en 3D et les mesurer avec le logiciel Homininés.

PROTOCOLE

1. Dans la banque des grands primates fossiles, accéder aux pièces du squelette (crânes et bassins) de différentes espèces d'Homininés.
2. À l'aide de la fiche technique, intégrée au logiciel, mesurer les distances Q'F et Q'V sur différents crânes de grands primates fossiles. Comparer le degré d'avancement du trou occipital des espèces choisies.
3. Mesurer la hauteur et la largeur d'un bassin d'*Homo habilis* et d'un bassin d'une espèce du genre *Australopithecus*. [→ Méthode – Analyser un squelette, p. 268].

COUPS DE POUCE

- La position du trou occipital renseigne sur le degré de bipédie : les bipèdes affirmés ont un trou occipital plus avancé.
- Le crâne vu de dessous permet d'apprécier la forme de la mâchoire.
- Pour trouver les caractères propres aux humains, exploitez d'une part, la comparaison entre *Homo sapiens* et le chimpanzé et, d'autre part, la comparaison des représentants fossiles du genre *Homo*. Il est conseillé de construire un tableau de comparaison des caractéristiques des différentes espèces.

Merge Cube

4 Des crânes en réalité augmentée
L'application mobile de réalité augmentée, Merge Cube, permet de visualiser des crânes en 3D de différentes espèces de grands primates.

CHAPITRE 11 • L'évolution humaine 259

problèmes scientifiques

- Quels sont les caractères propres au genre *Homo* ?
- Quelles méthodes utilise-t-on pour dresser le portrait du genre *Homo* ?

Mobilisation des acquis

- Vu en cycle 4 (SVT) : les grands groupes d'êtres vivants ont été abordés, dont *Homo sapiens*, avec l'idée de parenté et d'évolution. Selon les choix pédagogiques opérés par leur professeur du moment, les élèves auront pu, ou non, avoir eu l'occasion d'observer des représentants de la lignée humaine, sans qu'aucune connaissance ne soit exigible sur ce point.

Les grandes idées à construire

- Bien que proches parents, *Homo sapiens* et le chimpanzé montrent des différences anatomiques (crâne et squelette) pouvant contribuer à établir le portrait du genre *Homo*.
- À la différence du chimpanzé, *Homo sapiens* a une capacité crânienne développée, une mandibule parabolique, une bipédie prolongée marquée par un trou occipital avancé, un bassin large et de longues jambes.
- La comparaison des représentants fossiles du genre *Homo* est indispensable pour établir ce portrait. En particulier, les espèces du genre *Homo* montrent toutes une bipédie affirmée.

Les compétences travaillées

- **Observer** le réel.
- **Mettre en relation** des informations pour répondre à un problème.
- **Communiquer** scientifiquement à l'oral.
- **Utiliser** un logiciel de traitement de données.

Les représentations de l'élève

- Les élèves pourraient penser qu'il faut détenir un squelette entier, et en particulier les bassins et les membres inférieurs, pour expertiser le degré de bipédie d'un spécimen. Ils auront donc l'occasion de découvrir dans cette unité, que certains caractères crâniens livrent des indices sur le degré de bipédie. C'est le cas de la position du trou occipital.
- Les élèves pourraient également avoir une vision linéaire de l'évolution humaine et penser, par exemple, que les Australopithèques sont nos ancêtres directs. La mise en œuvre d'un raisonnement sur le partage d'un plus ou moins grand nombre d'innovations évolutives permettra de rejeter cette représentation, bien que cela ne soit pas la finalité de cette unité.

Ce que disent les documents

1 Ce premier document permet d'observer de manière détaillée les caractéristiques du squelette entier et partiel d'*Homo sapiens* et du chimpanzé (aussi appelé *Pan troglodytes*).
– La face d'*Homo sapiens* est verticale (plate) alors que celle du chimpanzé est prognathe (projection des mâchoires vers l'avant).

– Le crâne vu de dessous montre la position du trou occipital, qui est avancé chez *Homo sapiens* (c'est un trait de bipède affirmé) et reculé chez le chimpanzé.
– Le volume endocrânien d'*Homo sapiens* (1 450 cm³ en moyenne) est très supérieur à celui du chimpanzé (450 cm³ en moyenne).
– La comparaison des squelettes entiers permet de distinguer des membres supérieurs plus courts que les membres inférieurs chez *Homo sapiens* (longues jambes) à l'inverse du chimpanzé.
– La comparaison des bassins montre un bassin court et large chez *Homo sapiens* alors qu'il est long et étroit chez le chimpanzé. Cela offre chez *Homo sapiens* une plus grande surface pour l'insertion des muscles fessiers, et ce, en relation avec sa bipédie affirmée.

Des idées de questions :
- Quelles sont les différences entre le crâne humain et celui du chimpanzé ? Quelles sont les différences entre leurs bassins ?
- Quelles sont les différences entre les proportions relatives des membres supérieurs et inférieurs chez les deux espèces ?

2 **3** et **Activité numérique** Ces documents présentent des fossiles de la lignée humaine à travers des crânes d'*Australopithecus africanus* et d'*Homo erectus* vus de profil (**doc. 2**) et de dessous (**doc. 3**). La comparaison des restes squelettiques montre bien :
– au niveau du trou occipital, un trou plus avancé chez les espèces du genre *Homo* (bipédie affirmée) que chez les espèces du genre *Australopithecus* (bipédie imparfaite) ;
– une capacité crânienne plus grande chez les espèces du genre *Homo* (volume endocrânien compris entre 800 et 1 200 cm³) que chez les espèces du genre *Australopithecus* (volume endocrânien compris entre 350 et 500 cm³).
Le troisième point du protocole de l'**activité numérique** demande de mesurer à l'aide du logiciel « Homininés » la hauteur et la largeur du bassin d'*Homo habilis* et d'une espèce du genre *Australopithecus*.
Ces mesures permettent l'analyse suivante :
– au niveau du bassin, un rapport largeur/longueur est plus grand chez les espèces du genre *Homo* (bipédie affirmée) que chez les espèces du genre *Australopithecus* (bipédie imparfaite).

Des idées de questions :
- Quelles différences peut-on observer entre le crâne des espèces du genre *Homo* et celui des Australopithèques ?
- Quel degré de bipédie peut-on supposer chez les espèces du genre *Homo* par rapport aux Australopithèques ?

Les + pour préparer votre séance

Utilisation du logiciel Homininés

- Dans l'objectif de comparer deux crânes en parallèle, il est conseillé d'ouvrir deux fois le logiciel. Il est également important que les élèves réalisent eux-mêmes leurs propres mesures afin de les faire travailler sur la position du trou occipital.
- Les crânes présentés dans la banque des grands primates fossiles sont bien entendu des crânes réels qui ont été numérisés. Le logiciel propose une méthode de mesure de la position du trou occipital grâce au rapport Q'F/Q'V. Il s'agit alors d'estimer la position relative du trou occipital (position F = *foramen magnum*, grand trou percé dans l'os occipital) par sa position par rapport au point V (extrémité des os du palais) et au point Q' (projection verticale du point Q (occiput) sur un plan contenant le trou occipital et représentant la base du crâne.

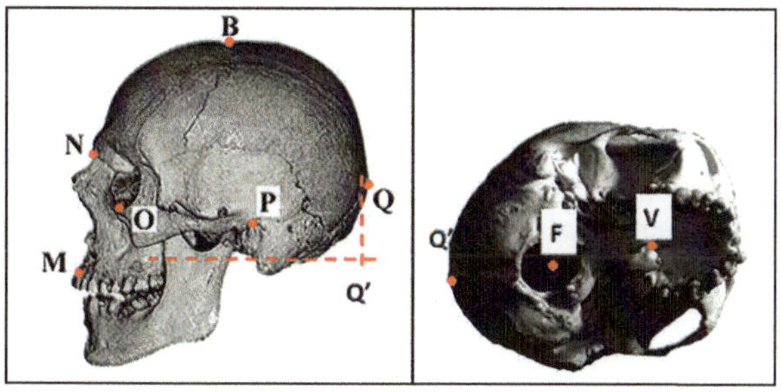

Source : logiciel Homininés

- Voici un exemple de tableau que les élèves pourraient construire et compléter à l'aide des données et de l'outil de mesure offert par le logiciel Homininés :

Espèce \ Mesure	Distance Q'F (cm)	Distance Q'V (cm)	Position du trou occipital = rapport Q'F/Q'V
Chimpanzé (*Pan troglodytes*)	2,0	8,2	0,24
Australopithecus africanus	3,3	9,5	0,34
Homo habilis (Turkana)	6,7	14,5	0,46
Homo erectus (sinanthropus)	6,3	13,2	0,47
Homo neanderthalensis (Homme de Tautavel)	5,7	13,9	0,41
Homo sapiens (Cro-Magnon)	5,8	11,7	0,48

▲ **Résultats de mesures effectuées sur des crânes de différents grands primates**

- Il peut être intéressant de répartir les élèves en deux équipes :
– équipe 1 : observations et mesures sur des crânes ;
– équipe 2 : observations et mesures sur des bassins.
Enfin, ne pas oublier que les outils numériques proposés sont libres de droit : un travail de répétition ou de remobilisation des acquis à travers un nouvel exemple peut être réalisé à la maison.

LE SAVIEZ-VOUS ?

▶ On propose conventionnellement la mesure de 600 cm³ comme « Rubicon cérébral » certifiant l'appartenance au genre *Homo*. Quelques espèces, pourtant rangées dans le genre *Homo*, font toutefois exception à cette règle. C'est le cas par exemple de l'Homme de Flores, découvert en 2004 sur l'île de Florès en Indonésie, dans la grotte de Liang Bua. Le volume crânien du fossile découvert est d'environ 400 cm³. Concrètement, il suffit qu'une espèce possède au moins un état dérivé de caractère propre au genre *Homo* pour qu'elle puisse être rattachée à ce genre.

CORRECTION DE L'UNITÉ

- L'objectif de l'unité 2 est d'élaborer un portrait du genre *Homo*.
Les élèves pourraient donc, une fois terminée la comparaison entre *Homo sapiens* et le chimpanzé, construire un tableau de comparaison des caractéristiques des différentes espèces d'homininés fossiles.
Les ressources documentaires et numériques qui leur sont proposées permettent d'établir le tableau [→ **Annexe 2, page 214**].

Les parcours possibles

PARCOURS 1 **Initiation**

1 Comparer les caractères crâniens de l'espèce humaine et du chimpanzé, puis leurs bassins et membres.
2 Déduire de la comparaison précédente une liste d'innovations évolutives propres au genre *Homo*.
3 Observer les restes fossiles des représentants de la lignée humaine pour justifier le fait qu'ils aient été ou non placés dans le genre *Homo*.

PARCOURS 2 **Confirmé**

1 Construire à l'aide du **doc. 1** un tableau comparatif espèce humaine/chimpanzé qui servira de document de référence.
2 Expertiser les restes fossiles des représentants de la lignée humaine afin d'établir le portrait du genre *Homo*.

INDICATEURS DE RÉUSSITE	NIVEAU A	B	C	D
Les différences entre le squelette d'*Homo sapiens* et celui du chimpanzé sont établies.				
Les spécificités du genre *Homo* sont répertoriées.				
Le positionnement ou non des représentants fossiles de la lignée humaine dans le genre *Homo* est justifié.				

Livre de l'élève

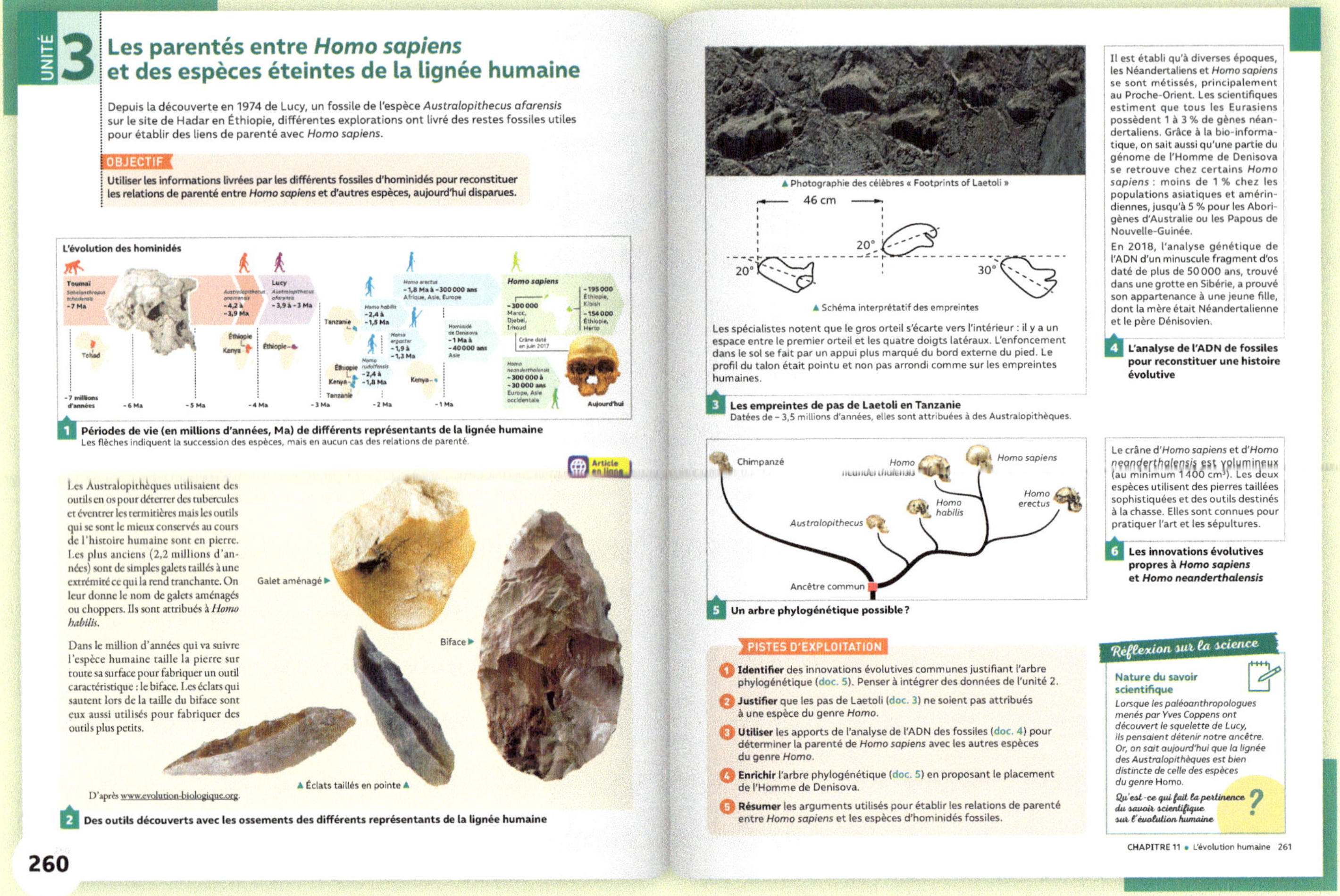

problèmes scientifiques

- Comment détermine-t-on les relations de parenté entre *Homo sapiens* et les autres espèces du genre *Homo*, aujourd'hui disparues ?
- Qui sont les plus proches parents d'*Homo sapiens* dans le registre fossile ?

Mobilisation des acquis

- Vu en cycle 4 (SVT) et dans l'unité 1 de ce chapitre : des espèces sont d'autant plus apparentées qu'elles partagent un plus grand nombre d'innovations évolutives.
- Vu dans l'unité 2 de ce chapitre : des fossiles de différentes espèces appartenant au genre *Homo* ont été mis au jour. Ces espèces montrent des traits communs qui permettent de définir le genre *Homo*.

Les grandes idées à construire

- Le genre humain, représenté par plusieurs espèces dans le passé, est aujourd'hui restreint à une seule espèce : *Homo sapiens*.
- Des fossiles de la lignée humaine datés de – 3 à – 7 millions d'années montrent des innovations caractéristiques de la lignée humaine et renseignent sur l'histoire de nos origines.
- L'analyse de l'ADN des homininés ayant vécu dans le dernier million d'années (Dénisoviens, Néandertaliens et *Homo sapiens*) indique une certaine proximité génétique et suggère qu'ils aient pu s'hybrider.

Les compétences travaillées

- **Extraire et organiser** des informations.
- **Communiquer**.
- **Rédiger** une argumentation scientifique.
- **Exploiter** des documents.

Les représentations de l'élève

- Il s'agit de ne pas avoir ici une vision linéaire de l'évolution. Les différentes espèces du genre *Homo* ne descendent pas directement les unes des autres. Elles entretiennent des relations de parenté. *L'évolution humaine est buissonnante.*
- Puisque les espèces du genre *Homo* sont identifiées et nommées, les élèves pourraient être tentés d'appliquer strictement la définition de l'espèce. Le travail sur l'analyse de l'ADN des récents Homininés mettra fin à cette représentation en montrant que des espèces différentes ont pu s'hybrider.

Ce que disent les documents

1 La frise présente les périodes de vie de différents représentants de la lignée humaine. On observe que le genre *Homo*, très diversifié dans le passé, est aujourd'hui réduit à une seule espèce : *Homo sapiens*. Un chevauchement des périodes de vie des Homininés, permet d'envisager que des hybridations aient pu avoir lieu entre certaines espèces.

Des idées de questions :
- Quelles espèces du genre *Homo* ont cohabité ?
- Quelles sont les espèces les plus récentes du genre *Homo* ?

2 Lors des fouilles réalisées par les paléoanthropologues, des outils associés aux ossements sont mis au jour. Ces découvertes renseignent sur les pratiques culturelles des Homininés. Si l'outillage était déjà réalisé chez les Australopithèques (outils en os), on note chez les espèces du genre *Homo*, l'utilisation de la pierre pour la confection d'outils plus ou moins perfectionnés.

? Idée de question :
- Quelles différences observe-t-on entre les outils des Australopithèques et ceux d'*Homo habilis* ?

3 Ce document présente les célèbres empreintes de pas de Laetoli, attribuées à des Australopithèques, datées de – 3,5 millions d'années et découvertes en Tanzanie. Le schéma détaille les traces de pas et permet d'observer un écartement du gros orteil vers l'intérieur. On remarquera que chez *Homo sapiens* le gros orteil est parallèle aux autres doigts. La bipédie des Australopithèques était donc moins affirmée que celle d'*Homo sapiens*.

? Idée de question :
- Que peut-on supposer à propos du répertoire locomoteur des Australopithèques ?

4 L'essor de la bioinformatique permet de connaître des représentants du genre *Homo* davantage par leur ADN que par leurs ossements. C'est le cas de l'Homme de Denisova. Les scientifiques exploitent l'ADN des homininés fossiles et le comparent à celui d'*Homo sapiens* pour proposer des scénarios d'hybridation entre les espèces récentes du genre *Homo*.

? Idée de question :
- En quoi les résultats de l'analyse de l'ADN nuancent-ils la définition de l'espèce ?

5 Cet arbre propose des relations de parenté entre les représentants les plus connus des hominidés fossiles. Il s'agira, au cours de l'unité, d'apporter des arguments en faveur de cette phylogénie.

6 Ce texte précise des caractéristiques utiles pour établir la plus étroite parenté entre *Homo sapiens* et *Homo neanderthalensis*, qu'il s'agisse de caractéristiques anatomiques (volume cérébral supérieur à celui des autres espèces du genre *Homo*) ou comportementales (chasse, outillage, sépultures, art).

? Idée de question :
- Dans le registre fossile, quel(s) est(sont) d'après cet arbre le(s) plus proche(s) parent(s) d'*Homo sapiens* ?

▶ Les + pour préparer votre séance

Article en ligne

- Nathalie Mayer, « Denisova : une phalange le rapproche de l'Homme moderne et sème le trouble », *Futura Planète*, 2019
https://www.futura-sciences.com/planete/actualites/paleontologie-denisova-phalange-rapproche-homme-moderne-seme-trouble-50382/

Vidéo

- « Les Dénisoviens, groupe frère des Néandertaliens », conférence par le paléoanthropologue Jean-Jacques Hublin, 2018
https://www.youtube.com/watch?v=GOnyegD7dvw
- « L'émergence de notre espèce, la rencontre avec Neandertal », conférence par Évelyne Heyner, professeur en anthropologie génétique
https://www.canal-u.tv/video/mnhn/l_emergence_de_notre_espece_la_rencontre_avec_neandertal.17634

LE SAVIEZ-VOUS ?

▶ Une étude publiée en 2013 dans la revue *Current Biology* relate la présence, dans le génome d'*Homo sapiens*, de virus qui étaient également présents dans l'ADN de l'Homme de Neandertal et de Denisova. Il s'agit de rétrovirus endogènes qui se transmettent de génération en génération.

CORRECTION DE L'UNITÉ

1. On peut justifier les parentés en plaçant directement les innovations évolutives « partagées » sur l'arbre :

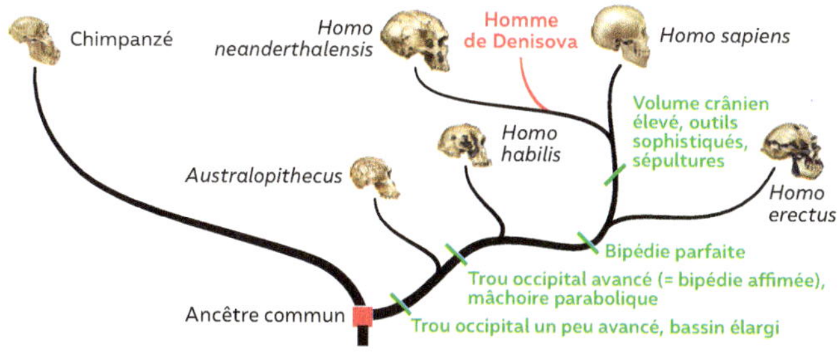

2. Les empreintes de Laetoli révèlent un gros orteil écarté des autres doigts, donc capable de préhension. Chez les espèces du genre *Homo*, le gros orteil est parallèle aux autres doigts, ce qui lui confère un rôle propulseur lors de la marche ou lors de la course à pied. Le « propriétaire » des pas de Laetoli n'avait donc pas une bipédie affirmée, ne permettant pas d'attribuer ces pas à une espèce du genre *Homo*.

3. D'après l'analyse de l'ADN des fossiles, on peut dire que les Néandertaliens et *Homo sapiens* sont de proches parents puisqu'ils se sont hybridés. Par ailleurs, l'analyse de l'ADN d'une jeune fille trouvée en 2018 a montré que sa mère était Néandertalienne et son père Dénisovien. Ces données révèlent donc une grande proximité génétique entre les Néandertaliens et les Dénisoviens.

4. D'après la réponse précédente, on peut proposer un placement de l'Homme de Denisova de la manière suivante (réponse indiquée en rose sur le schéma de la réponse 1).

5. Les arguments utilisés sont les suivants :
– *Homo sapiens* est plus proche des autres espèces du genre *Homo* que des Australopithèques car il partage avec eux les innovations évolutives propres au genre *Homo* : bipédie prolongée, mâchoire parabolique. Il est plus proche des Néandertaliens que des autres espèces du genre *Homo* car il partage avec eux des innovations évolutives particulières : volume cérébral important, outils sophistiqués ;
– L'analyse de l'ADN des fossiles a montré une proximité génétique significative entre *Homo sapiens*, les Dénisoviens et Néandertaliens.

▶ Les parcours possibles

PARCOURS 1 Initiation

1. Exprimer les relations de parenté contenues dans l'arbre phylogénétique (**doc. 5**).
2. Justifier deux relations de parenté, au choix, à l'aide de données morpho-anatomiques.
3. Justifier (**doc. 4**) l'étroite parenté entre les Dénisoviens, les Néandertaliens et *Homo sapiens*.

PARCOURS 2 Confirmé

1. Rechercher dans les documents appropriés l'(les) espèce(s) avec laquelle(lesquelles) *Homo sapiens* partage le plus d'innovations évolutives.
2. Rechercher dans les documents appropriés l'(les) espèce(s) avec laquelle(lesquelles) *Homo sapiens* a une proximité génétique.
3. Justifier l'arbre phylogénétique (**doc. 5**).

INDICATEURS DE RÉUSSITE	NIVEAU A	B	C	D
La parenté entre *Homo sapiens* et les autres espèces du genre *Homo* est attestée.				
Le(s) plus proche(s) parent(s) d'*Homo sapiens* est(sont) identifié(s) et justifié(s).				
Les données sur l'ADN sont prises en compte dans l'argumentation des relations de parenté entre *Homo sapiens* et les autres espèces.				

Livre de l'élève

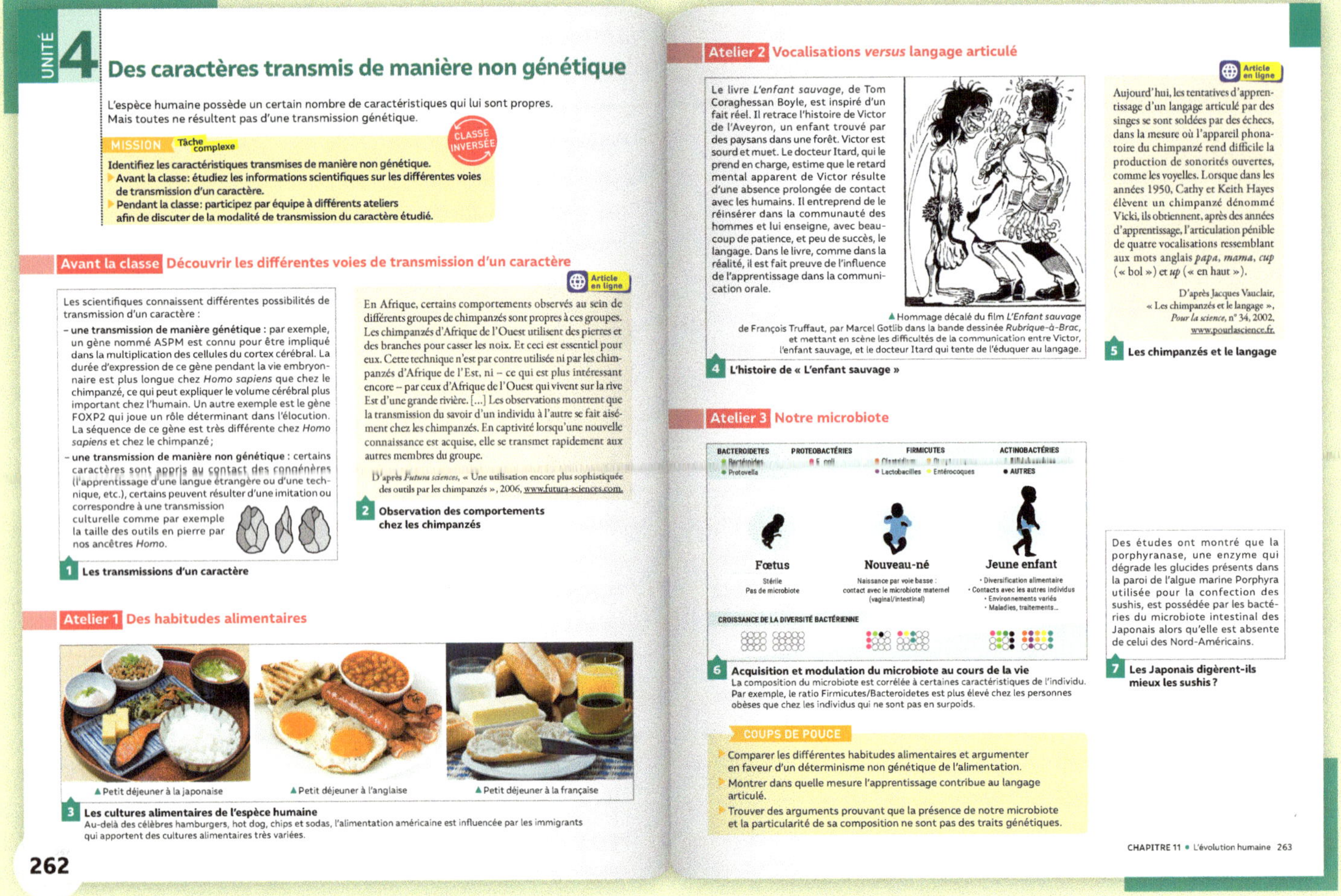

UNITÉ 4

Des caractères transmis de manière non génétique

L'espèce humaine possède un certain nombre de caractéristiques qui lui sont propres. Mais toutes ne résultent pas d'une transmission génétique.

MISSION Tâche complexe — CLASSE INVERSÉE

Identifiez les caractéristiques transmises de manière non génétique.
- **Avant la classe: étudiez les informations scientifiques sur les différentes voies de transmission d'un caractère.**
- **Pendant la classe: participez par équipe à différents ateliers afin de discuter de la modalité de transmission du caractère étudié.**

Avant la classe Découvrir les différentes voies de transmission d'un caractère

Les scientifiques connaissent différentes possibilités de transmission d'un caractère :
- **une transmission de manière génétique** : par exemple, un gène nommé ASPM est connu pour être impliqué dans la multiplication des cellules du cortex cérébral. La durée d'expression de ce gène pendant la vie embryonnaire est plus longue chez *Homo sapiens* que chez le chimpanzé, ce qui peut expliquer le volume cérébral plus important chez l'humain. Un autre exemple est le gène FOXP2 qui joue un rôle déterminant dans l'élocution. La séquence de ce gène est très différente chez *Homo sapiens* et chez le chimpanzé ;
- **une transmission de manière non génétique** : certains caractères sont appris au contact des congénères (l'apprentissage d'une langue étrangère ou d'une technique, etc.), certains peuvent résulter d'une imitation ou correspondre à une transmission culturelle comme par exemple la taille des outils en pierre par nos ancêtres *Homo*.

1 Les transmissions d'un caractère

Article en ligne

En Afrique, certains comportements observés au sein de différents groupes de chimpanzés sont propres à ces groupes. Les chimpanzés d'Afrique de l'Ouest utilisent des pierres et des branches pour casser les noix. Et ceci est essentiel pour eux. Cette technique n'est par contre utilisée ni par les chimpanzés d'Afrique de l'Est, ni – ce qui est plus intéressant encore – par ceux d'Afrique de l'Ouest qui vivent sur la rive Est d'une grande rivière. [...] Les observations montrent que la transmission du savoir d'un individu à l'autre se fait aisément chez les chimpanzés. En captivité lorsqu'une nouvelle connaissance est acquise, elle se transmet rapidement aux autres membres du groupe.

D'après *Futura sciences*, « Une utilisation encore plus sophistiquée des outils par les chimpanzés », 2006, www.futura-sciences.com.

2 Observation des comportements chez les chimpanzés

Atelier 1 Des habitudes alimentaires

▲ Petit déjeuner à la japonaise
▲ Petit déjeuner à l'anglaise
▲ Petit déjeuner à la française

3 Les cultures alimentaires de l'espèce humaine
Au-delà des célèbres hamburgers, hot dog, chips et sodas, l'alimentation américaine est influencée par les immigrants qui apportent des cultures alimentaires très variées.

262

Atelier 2 Vocalisations *versus* langage articulé

Le livre *L'enfant sauvage*, de Tom Coraghessan Boyle, est inspiré d'un fait réel. Il retrace l'histoire de Victor de l'Aveyron, un enfant trouvé par des paysans dans une forêt. Victor est sourd et muet. Le docteur Itard, qui le prend en charge, estime que le retard mental apparent de Victor résulte d'une absence prolongée de contact avec les humains. Il entreprend de le réinsérer dans la communauté des hommes et lui enseigne, avec beaucoup de patience, et peu de succès, le langage. Dans le livre, comme dans la réalité, il est fait preuve de l'influence de l'apprentissage dans la communication orale.

▲ Hommage décalé du film *L'Enfant sauvage* de François Truffaut, par Marcel Gotlib dans la bande dessinée *Rubrique-à-Brac*, et mettant en scène les difficultés de la communication entre Victor, l'enfant sauvage, et le docteur Itard qui tente de l'éduquer au langage.

4 L'histoire de « L'enfant sauvage »

Article en ligne

Aujourd'hui, les tentatives d'apprentissage d'un langage articulé par des singes se sont soldées par des échecs, dans la mesure où l'appareil phonatoire du chimpanzé rend difficile la production de sonorités ouvertes, comme les voyelles. Lorsque dans les années 1950, Cathy et Keith Hayes élèvent un chimpanzé dénommé Vicki, ils obtiennent, après des années d'apprentissage, l'articulation pénible de quatre vocalisations ressemblant aux mots anglais *papa*, *mama*, *cup* (« bol ») et *up* (« en haut »).

D'après Jacques Vauclair, « Les chimpanzés et le langage », *Pour la science*, n° 34, 2002, www.pourlascience.fr.

5 Les chimpanzés et le langage

Atelier 3 Notre microbiote

6 Acquisition et modulation du microbiote au cours de la vie
La composition du microbiote est corrélée à certaines caractéristiques de l'individu. Par exemple, le ratio Firmicutes/Bacteroidetes est plus élevé chez les personnes obèses que chez les individus qui ne sont pas en surpoids.

Des études ont montré que la porphyranase, une enzyme qui dégrade les glucides présents dans la paroi de l'algue marine Porphyra utilisée pour la confection des sushis, est possédée par les bactéries du microbiote intestinal des Japonais alors qu'elle est absente de celui des Nord-Américains.

7 Les Japonais digèrent-ils mieux les sushis ?

COUPS DE POUCE
- Comparer les différentes habitudes alimentaires et argumenter en faveur d'un déterminisme non génétique de l'alimentation.
- Montrer dans quelle mesure l'apprentissage contribue au langage articulé.
- Trouver des arguments prouvant que la présence de notre microbiote et la particularité de sa composition ne sont pas des traits génétiques.

CHAPITRE 11 • L'évolution humaine 263

problèmes scientifiques

- Quels sont les caractères humains qui ne résultent pas d'un héritage génétique ?
- Comment reconnaît-on qu'un comportement est appris ?

Mobilisation des acquis

- Vu en cycle 4 et seconde (SVT) : le microbiote humain. Les élèves savent que le microbiote intestinal est absent avant la naissance et acquis au moment de l'accouchement et/ou de l'allaitement. La notion de caractère transmis autrement que par un héritage génétique est donc déjà suggérée, même si ce n'était pas un objectif notionnel en seconde.

Les grandes idées à construire

- Parmi les caractères que possède *Homo sapiens*, certains lui ont été transmis de manière génétique. D'autres sont des caractères transmis d'une autre façon.
- Les habitudes alimentaires, l'utilisation d'outils, l'apprentissage d'une langue étrangère et le fait de savoir parler sont des caractères appris chez *Homo sapiens*.
- Notre microbiote est un autre exemple de caractère qui ne provient pas d'une transmission génétique.

Les compétences travaillées

- **Extraire et organiser** des informations.
- **Communiquer**.

Les représentations de l'élève

- Pour les élèves, un caractère correspond souvent à une caractéristique physique, directement observable. La notion de caractère est ici prise au sens large du terme puisqu'on y inclut des propriétés physiologiques (composition du microbiote) et des comportements (langage, habitudes alimentaires, fabrication d'outils).

Ce que disent les documents

1 Ce premier document établit la distinction entre la transmission d'un caractère par voie génétique et celle qui emprunte une autre voie. Les exemples sont intentionnellement pris chez des grands singes dont *Homo sapiens*, pour faciliter le travail ultérieur lors des ateliers.

Des idées de questions :
- Quels caractères sont transmis par voie génétique chez *Homo sapiens* ? Citer deux exemples.
- Quels caractères ne sont pas transmis par voie génétique chez *Homo sapiens* ? Citer deux exemples.

2 Ce deuxième document sert à renforcer l'idée de comportement appris au contact de congénères. Selon qu'ils vivent à l'ouest ou à l'est de l'Afrique, les chimpanzés utilisent des techniques différentes d'outillage. Dans les deux cas, la technique utilisée se transmet rapidement aux autres membres du groupe.

Idée de question :
- Selon quelle modalité le comportement consistant à utiliser des pierres comme percuteurs pour casser des noix a-t-il été transmis ?

3 Ces trois photos présentent trois habitudes alimentaires de l'espèce humaine dans des pays différents comme le Japon, l'Angleterre ou la France. Elles peuvent d'ailleurs être influencées par les migrations : c'est le cas de l'Amérique.

Idée de question :
- Comparer les cultures alimentaires au Japon, en France et en Angleterre. Comment les variations des cultures alimentaires au sein d'un même pays peuvent-elles être décrites ?

4 « L'Enfant sauvage » de Tom Coraghessan Boyle, est un ouvrage emblématique traitant de l'importance du contact avec les congénères pour l'apprentissage du langage articulé. L'apprentissage de Victor, après sa découverte dans une forêt, a été rendu difficile par son isolement et son absence de contact avec les humains pendant de nombreuses années.

Des idées de questions :
- Est-il possible, chez les humains, d'apprendre seul à parler ?
- En quoi l'histoire de Victor montre-t-elle l'importance de l'apprentissage ?

5 À de rares vocalisations près, il est impossible, même après des années d'apprentissage, d'apprendre à des chimpanzés le langage articulé.

Idée de question :
- Les chimpanzés peuvent-il parler ?

6 et **7** Absent chez le fœtus, le microbiote est acquis par contact maternel (accouchement, allaitement) à la naissance ou peu après. Sa composition évolue au cours de la vie. Chez certaines populations, par exemple les japonais, une composition particulière du microbiote favorise la digestion de certains aliments comme les sushis.

Des idées de questions :
- Le microbiote est-il le même tout au long de la vie ? Est-il le même d'un pays à l'autre ?
- Pourquoi les japonais digèrent-ils mieux les sushis que les nord-américains ?

Les + pour préparer votre séance

- Cette unité étant présentée sous forme de classe inversée, il est possible de proposer un QCM de vérification de la compréhension de ce qui était à lire avant la classe. En voici un exemple :

1. Les caractères possédés par une espèce :
a. lui ont tous été transmis par voie génétique.
b. lui ont tous été transmis par voie non génétique.
c. résultent pour certains d'un apprentissage.
d. résultent tous d'une transmission culturelle.

2. Le volume cérébral important d'*Homo sapiens* :
a. est un exemple de caractère acquis au contact des congénères.
b. est un exemple de caractère commandé par un gène.
c. correspond à une imitation.
d. correspond à une transmission culturelle.

3. La technique utilisée par les chimpanzés pour casser des noix :
a. est la même partout en Afrique.
b. se transmet par un apprentissage.
c. se transmet génétiquement.
d. ne se transmet pas.

4. Le gène FOXP2 impliqué dans l'élocution :
a. est identique chez *Homo sapiens* et chez le chimpanzé.
b. prouve une possible transmission génétique d'un caractère.
c. est inexistant chez *Homo sapiens*.
d. est le seul gène déterminant un caractère humain.

Document en ligne

- Affiche sur l'évolution du microbiote intestinal au cours de la vie
https://www.gutmicrobiotaforhealth.com/wp-content/uploads/2015/11/%C3%89volution-du-microbiote-intestinal_FR.jpg

Vidéo

- Zoom sur les nouvelles habitudes alimentaires dans le monde
https://www.francetvinfo.fr/culture/cuisine-et-gastronomie/video-zoom-sur-les-nouvelles-habitudes-alimentaires-dans-le-monde_730725.html
- Comment mange la planète ?, par le photographe Peter Menzel
https://www.youtube.com/watch?v=XmAkCt70TDk

CORRECTION DES ATELIERS

ATELIER 1

Le contenu de l'assiette est significativement différent d'un pays à un autre. En Amérique, l'alimentation est influencée par les cultures alimentaires des immigrants. Cette perméabilité des pratiques alimentaires sous l'influence des uns et des autres plaide en faveur d'un déterminisme non génétique de l'alimentation.

ATELIER 2

D'après les documents à lire avant la classe, il existe un gène FOXP2 jouant un rôle déterminant dans l'élocution. On pourrait donc penser qu'il existe un déterminisme génétique strict du langage articulé et que ce gène FOXP2, dont la séquence est très différente chez *Homo sapiens* et chez le chimpanzé, explique l'impossibilité pour les chimpanzés d'apprendre à parler (**doc. 5**). Mais l'histoire de Victor, l'enfant sauvage (**doc. 4**) montre l'influence et l'importance de l'apprentissage. Isolé des années dans une forêt sans aucun contact avec les humains, Victor est récupéré sourd et muet. Par la suite, grâce aux leçons données par le professeur Itard, il montre quelques capacités de communication orale. On est bien en présence d'un exemple montrant que l'apprentissage, associé au rôle joué par le gène FOXP2, contribue à la possibilité de langage articulé.

ATELIER 3

L'absence de microbiote chez le fœtus indique déjà que la présence et la composition du microbiote ne peuvent pas être des traits génétiquement déterminés. Les documents indiquent ensuite que la composition du microbiote évolue au gré de différentes influences dont celles liées à l'environnement, y compris l'alimentation. On a donc au moins deux arguments plaidant en faveur d'un déterminisme non génétique du microbiote.

INDICATEURS DE RÉUSSITE	NIVEAU A	B	C	D
Un argumentaire est proposé pour prouver que les habitudes alimentaires ne résultent pas d'une transmission par voie génétique.				
La contribution conjointe des gènes et de l'apprentissage dans la pratique du langage articulé est démontrée.				
Au moins deux arguments prouvent la transmission et l'évolution du microbiote par voie non génétique.				

CHAPITRE 11

Livre de l'élève

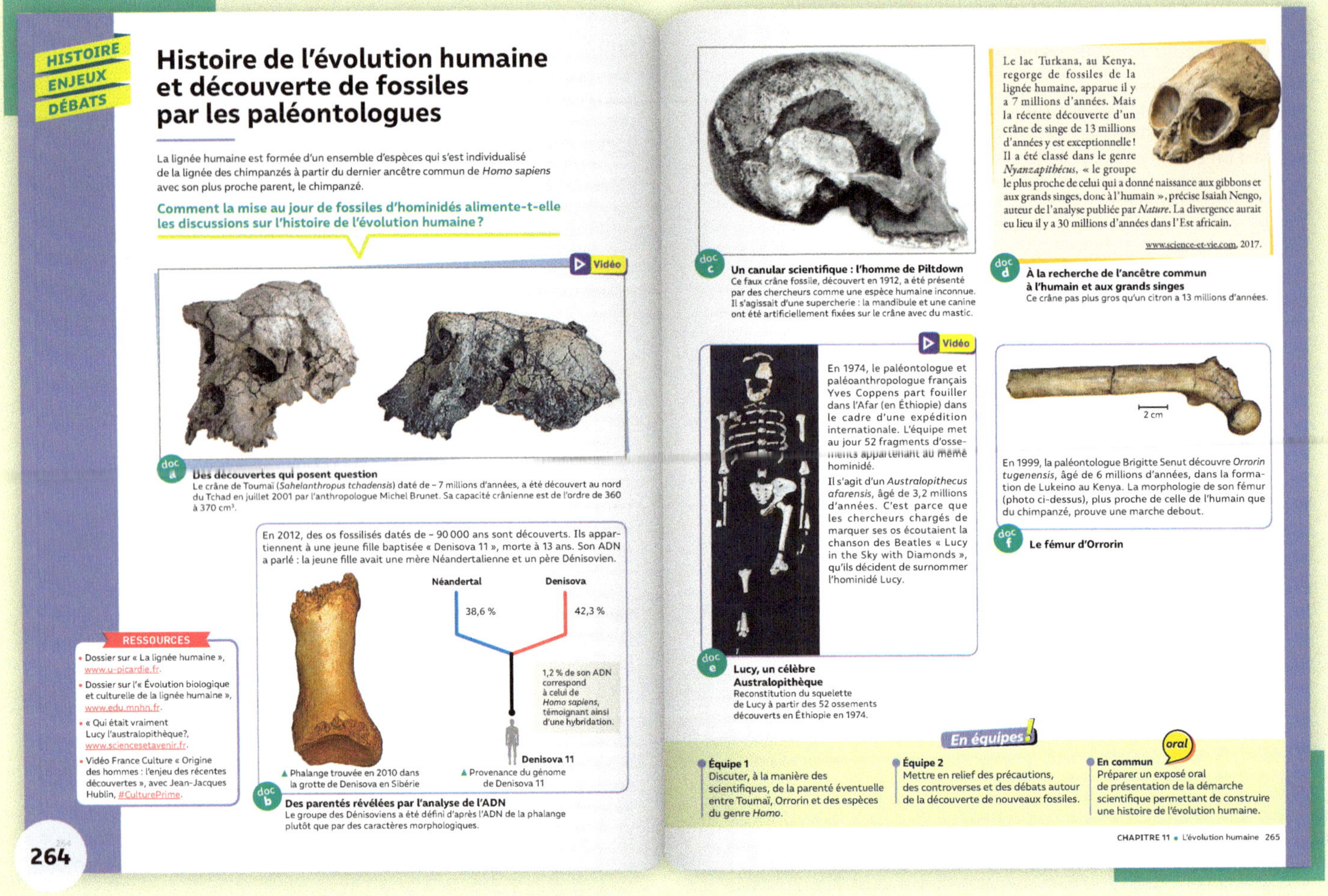

HISTOIRE ENJEUX DÉBATS

Histoire de l'évolution humaine et découverte de fossiles par les paléontologues

La lignée humaine est formée d'un ensemble d'espèces qui s'est individualisé de la lignée des chimpanzés à partir du dernier ancêtre commun de *Homo sapiens* avec son plus proche parent, le chimpanzé.

Comment la mise au jour de fossiles d'hominidés alimente-t-elle les discussions sur l'histoire de l'évolution humaine ?

Vidéo

doc a Des découvertes qui posent question
Le crâne de Toumaï (*Sahelanthropus tchadensis*) daté de – 7 millions d'années, a été découvert au nord du Tchad en juillet 2001 par l'anthropologue Michel Brunet. Sa capacité crânienne est de l'ordre de 360 à 370 cm^3.

En 2012, des os fossilisés datés de – 90 000 ans sont découverts. Ils appartiennent à une jeune fille baptisée « Denisova 11 », morte à 13 ans. Son ADN a parlé : la jeune fille avait une mère Néandertalienne et un père Dénisovien.

▲ Phalange trouvée en 2010 dans la grotte de Denisova en Sibérie

▲ Provenance du génome de Denisova 11

doc b Des parentés révélées par l'analyse de l'ADN
Le groupe des Dénisoviens a été défini d'après l'ADN de la phalange plutôt que par des caractères morphologiques.

RESSOURCES
- Dossier sur « La lignée humaine », www.u-picardie.fr.
- Dossier sur l'« Évolution biologique et culturelle de la lignée humaine », www.edu.mnhn.fr.
- « Qui était vraiment Lucy l'australopithèque?, www.sciencesetavenir.fr.
- Vidéo France Culture « Origine des hommes : l'enjeu des récentes découvertes », avec Jean-Jacques Hublin, #CulturePrime.

264

doc c Un canular scientifique : l'homme de Piltdown
Ce faux crâne fossile, découvert en 1912, a été présenté par des chercheurs comme une espèce humaine inconnue. Il s'agissait d'une supercherie : la mandibule et une canine ont été artificiellement fixées sur le crâne avec du mastic.

Le lac Turkana, au Kenya, regorge de fossiles de la lignée humaine, apparue il y a 7 millions d'années. Mais la récente découverte d'un crâne de singe de 13 millions d'années y est exceptionnelle ! Il a été classé dans le genre *Nyanzapithécus*, « le groupe le plus proche de celui qui a donné naissance aux gibbons et aux grands singes, donc à l'humain », précise Isaiah Nengo, auteur de l'analyse publiée par *Nature*. La divergence aurait eu lieu il y a 30 millions d'années dans l'Est africain.

www.science-et-vie.com, 2017.

doc d À la recherche de l'ancêtre commun à l'humain et aux grands singes
Ce crâne pas plus gros qu'un citron a 13 millions d'années.

Vidéo

En 1974, le paléontologue et paléoanthropologue français Yves Coppens part fouiller dans l'Afar (en Éthiopie) dans le cadre d'une expédition internationale. L'équipe met au jour 52 fragments d'ossements appartenant au même hominidé.

Il s'agit d'un *Australopithecus afarensis*, âgé de 3,2 millions d'années. C'est parce que les chercheurs chargés de marquer ses os écoutaient la chanson des Beatles « Lucy in the Sky with Diamonds », qu'ils décident de surnommer l'hominidé Lucy.

doc e Lucy, un célèbre Australopithèque
Reconstitution du squelette de Lucy à partir des 52 ossements découverts en Éthiopie en 1974.

En 1999, la paléontologue Brigitte Senut découvre *Orrorin tugenensis*, âgé de 6 millions d'années, dans la formation de Lukeino au Kenya. La morphologie de son fémur (photo ci-dessus), plus proche de celle de l'humain que du chimpanzé, prouve une marche debout.

doc f Le fémur d'Orrorin

En équipes !

Équipe 1
Discuter, à la manière des scientifiques, de la parenté éventuelle entre Toumaï, Orrorin et des espèces du genre *Homo*.

Équipe 2
Mettre en relief des précautions, des controverses et des débats autour de la découverte de nouveaux fossiles.

En commun (oral)
Préparer un exposé oral de présentation de la démarche scientifique permettant de construire une histoire de l'évolution humaine.

CHAPITRE 11 • L'évolution humaine 265

problèmes scientifiques

- Quels débats animent la communauté scientifique à propos de l'évolution humaine ?
- Comment une même découverte peut-elle susciter des interprétations différentes ?

Mobilisation des acquis

- Unité 2 de ce chapitre : le genre humain (= genre *Homo*), représenté par plusieurs espèces ayant cohabité dans le passé, est aujourd'hui restreint à une seule espèce : *Homo sapiens*. Le genre *Homo* contient toutes les espèces ayant une capacité crânienne développée, une mandibule parabolique, une bipédie prolongée marquée par un trou occipital avancé, un bassin large et de longues jambes. Des espèces de la lignée humaine rangées en dehors du genre *Homo* ont également existé (par exemple les Australopithèques).
- Unité 3 de ce chapitre : des fossiles de la lignée humaine datés de – 3 à – 7 millions d'années montrent des innovations caractéristiques de la lignée humaine et renseignent sur l'histoire de nos origines. L'analyse de l'ADN des Homininés ayant vécu dans le dernier million d'années (Dénisoviens, Néandertaliens et *Homo sapiens*) indique une certaine proximité génétique et suggère qu'ils aient pu s'hybrider.

Les grandes idées à construire

- L'occasion est ici donnée de débattre autour des idées de l'évolution humaine et d'envisager quelques éléments historiques en rapport avec cette thématique.

Les compétences travaillées

- **Exploiter** des documents.
- **Rédiger** une argumentation scientifique.
- **Extraire et organiser** des informations.
- **Communiquer** à l'oral.

Les représentations de l'élève

- Certains élèves pourraient penser que la science est figée et qu'une nouvelle découverte ne remet pas en cause les interprétations des découvertes précédentes. Les découvertes des paléoanthropologues, riches en rebondissements et relatées dans les documents, sont donc l'occasion de montrer comment se construit et évolue un savoir scientifique.

Ce que disent les documents

a Le crâne de Toumaï, découvert en 2001 au Tchad, possède des caractéristiques qui l'éloignent du genre *Homo* : sa face est prognathe, son volume cérébral est peu important (370 cm^3). Il faudrait connaître la position de son trou occipital pour pouvoir discuter de son degré de bipédie.

Des idées de questions :
- En quoi Toumaï est-il différent des espèces déjà connues de la lignée humaine au moment de sa découverte ?
- Pourquoi peut-on affirmer que Toumaï n'appartient pas au genre *Homo* ?

b L'analyse de l'ADN de fossiles a permis aux scientifiques de définir le groupe des Dénisoviens, pour lequel les restes fossiles ne permettent pas de retracer de morphologie précise. Cette analyse de l'ADN a également permis de renseigner la part d'ADN dénisovien et néandertalien que l'on retrouve dans le génome d'*Homo sapiens*.

Des idées de questions :
- En quoi le groupe des Dénisoviens est-il original ?
- Quels intérêts peuvent trouver les paléoanthropologues à analyser de l'ADN des spécimens fossiles ? À partir de l'exemple des Dénisoviens, proposer deux intérêts possibles.

c L'Homme de Piltdown est un bel exemple de canular scientifique. En réassociant différents ossements, les « faussaires » ont fabriqué le crâne de ce qu'ils ont fait passer pour un nouveau représentant du genre *Homo*.

Des idées de questions :
- Quel peut être l'intérêt d'être le découvreur d'un nouveau représentant du genre *Homo* ?
- Quelles sont les caractéristiques du crâne factice qui permettaient de l'apparenter à une espèce du genre *Homo* ?

d Si la recherche de l'ancêtre de la lignée humaine est souvent mise en avant, on entend moins souvent parler de l'ancêtre commun à l'humain et aux autres grands singes. C'est chose faite avec le crâne de *Nyanzapithécus*, considéré très proche de la lignée qui a autrefois donné naissance aux gibbons et aux autres grands singes dont *Homo sapiens*.

Idée de question :
- Qu'apporte la découverte de crânes de singes très anciens à la connaissance de l'histoire évolutive humaine ?

e Ce document relate le contexte de la découverte des 52 ossements de Lucy, la plus célèbre des Australopithèques.

Des idées de questions :
- Pourquoi Lucy est-elle si célèbre ?
- Pourquoi peut-on affirmer, en examinant son squelette, que Lucy possédait de la bipédie dans son répertoire locomoteur ?

f Le fémur d'Orrorin fait partie des célébrités de la paléoanthropologie humaine. Son propriétaire est âgé de 6 millions d'années. La forme du fémur, selon les spécialistes, témoigne d'une certaine bipédie.

Idée de question :
- Peut-on considérer Orrorin comme un ancêtre potentiel du genre *Homo* ?

Les + pour préparer votre séance

- Préparer un QCM de remobilisation des acquis de cycle 4 en début de séance. [→ **Annexe 3, page 214**]

LE SAVIEZ-VOUS ?

Toumaï *versus* Orrorin

▶ **Toumaï** mesurait environ un mètre et pesait près de 35 kg.
- Pour les chercheurs, les forts bourrelets sus-orbitaires de son crâne indiquent qu'il s'agissait d'un mâle.
- Toumaï signifie « espoir de vie » : certains paléoanthropologues considèrent Toumaï comme l'une des premières espèces de la lignée humaine, probablement très proche de la divergence entre les chimpanzés et le genre *Homo*.
- D'autres anthropologues contestent la bipédie de Toumaï : la morphologie de son crâne ne permettrait pas à l'individu de garder la tête droite. À ce titre, il ne serait pas un représentant de la lignée humaine.

▶ ***Orrorin tugenensis*** a été défini à partir de treize restes fossiles correspondant à au moins cinq individus distincts et incluant un humérus, trois fémurs, une phalange, deux mandibules et six dents. D'après la taille des os disponibles et surtout des fémurs, on estime qu'Orrorin pouvait mesurer 1,40 m pour un poids de 50 kg.
- Ses découvreurs estiment que c'est « le plus vieux, mais également le seul ancêtre viable du genre *Homo*, les Australopithèques n'étant alors plus qu'une branche latérale et éteinte ».
- Ces conclusions ne sont pas consensuelles dans la communauté scientifique, compte tenu du petit nombre d'os trouvés et de leur caractère fragmentaire.

CORRECTION DE L'UNITÉ

ÉQUIPE 1

▶ Pour mener la discussion, les ossements disponibles (crâne de Toumaï et fémur d'Orrorin) doivent être examinés pour rechercher d'éventuelles ressemblances avec des espèces du genre *Homo*.

▶ La seule ressemblance trouvée est le fait que la morphologie du fémur d'Orrorin est plus proche de celle de l'humain que du chimpanzé et prouve une marche debout.

▶ Comme on ne voit pas dans le crâne de Toumaï de preuve formelle de bipédie, on peut simplement supposer qu'Orrorin est plus proche des espèces du genre *Homo* que ne l'est Toumaï.

ÉQUIPE 2

▶ Les précautions sont illustrées par :
– le **doc. c** (Homme de Piltdown) : avant d'analyser un crâne avec des arrière-pensées évolutives, les scientifiques doivent s'assurer qu'il s'agit d'un crâne réel et non d'une supercherie ;
– le **doc. f** (Orrorin) : il arrive que le nombre de restes fossiles des spécimens d'une espèce soit insuffisant pour rattacher avec certitude cette espèce à un endroit précis de l'histoire évolutive humaine.

▶ Les controverses et débats sont illustrés par le **doc. a** (Toumaï) : le crâne trouvé n'a, selon certains chercheurs, rien de très humain : sa face est prognathe, son volume cérébral est inférieur à celui d'un Australopithèque et on ne détecte pas de signe de bipédie. Pour d'autres, dont ses découvreurs, il s'agit du plus ancien représentant du genre *Homo*.

EN COMMUN

▶ Il s'agit ici de montrer que la paléoanthropologie construit un récit scientifique de nos origines à partir des archives fossiles. Pour cela les scientifiques s'appuient sur :
– des restes fossiles (ossements et outils) de représentants de la lignée humaine. À partir de leur comparaison (crânes et bassins), les scientifiques décrivent des espèces aujourd'hui disparues et dressent le portrait du genre *Homo* et d'autres espèces d'hominidés ;
– l'analyse de l'ADN, qui permet de préciser les parentés entre les espèces.

▶ Bien entendu, comme lors de la construction de tout savoir scientifique, les savoirs se perfectionnent par la confrontation à des faits nouvellement connus, en l'occurrence la découverte de nouveaux fossiles de la lignée humaine.

INDICATEURS DE RÉUSSITE	NIVEAU A	B	C	D
La place de Toumaï et d'Orrorin dans la lignée humaine est précisée et argumentée.				
Tous les débats, controverses et précautions sont repérés dans les documents.				
La réponse à l'exposé oral montre la pratique d'une démarche scientifique.				

Livre de l'élève

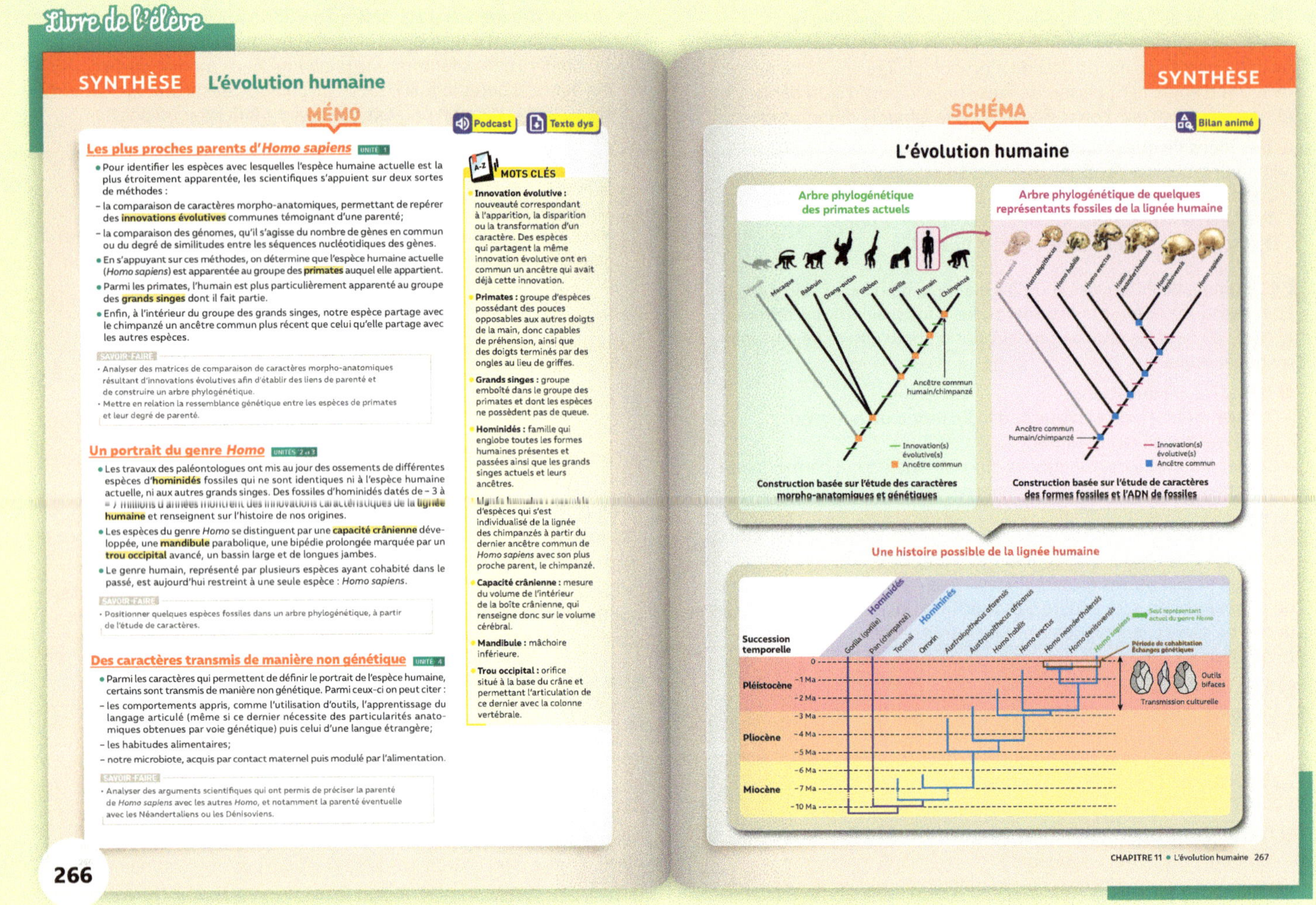

SYNTHÈSE L'évolution humaine

MÉMO

Podcast Texte dys

Les plus proches parents d'*Homo sapiens* UNITÉ 1

- Pour identifier les espèces avec lesquelles l'espèce humaine actuelle est la plus étroitement apparentée, les scientifiques s'appuient sur deux sortes de méthodes :
  - la comparaison de caractères morpho-anatomiques, permettant de repérer des **innovations évolutives** communes témoignant d'une parenté;
  - la comparaison des génomes, qu'il s'agisse du nombre de gènes en commun ou du degré de similitudes entre les séquences nucléotidiques des gènes.
- En s'appuyant sur ces méthodes, on détermine que l'espèce humaine actuelle (*Homo sapiens*) est apparentée au groupe des **primates** auquel elle appartient.
- Parmi les primates, l'humain est plus particulièrement apparenté au groupe des **grands singes** dont il fait partie.
- Enfin, à l'intérieur du groupe des grands singes, notre espèce partage avec le chimpanzé un ancêtre commun plus récent que celui qu'elle partage avec les autres espèces.

SAVOIR-FAIRE
- Analyser des matrices de comparaison de caractères morpho-anatomiques résultant d'innovations évolutives afin d'établir des liens de parenté et de construire un arbre phylogénétique.
- Mettre en relation la ressemblance génétique entre les espèces de primates et leur degré de parenté.

Un portrait du genre *Homo* UNITÉS 2 et 3

- Les travaux des paléontologues ont mis au jour des ossements de différentes espèces d'**hominidés** fossiles qui ne sont identiques ni à l'espèce humaine actuelle, ni aux autres grands singes. Des fossiles d'hominidés datés de – 3 à – 7 millions d'années montrent des innovations caractéristiques de la **lignée humaine** et renseignent sur l'histoire de nos origines.
- Les espèces du genre *Homo* se distinguent par une **capacité crânienne** développée, une **mandibule** parabolique, une bipédie prolongée marquée par un **trou occipital** avancé, un bassin large et de longues jambes.
- Le genre humain, représenté par plusieurs espèces ayant cohabité dans le passé, est aujourd'hui restreint à une seule espèce : *Homo sapiens*.

SAVOIR-FAIRE
- Positionner quelques espèces fossiles dans un arbre phylogénétique, à partir de l'étude de caractères.

Des caractères transmis de manière non génétique UNITÉ 4

- Parmi les caractères qui permettent de définir le portrait de l'espèce humaine, certains sont transmis de manière non génétique. Parmi ceux-ci on peut citer :
  - les comportements appris, comme l'utilisation d'outils, l'apprentissage du langage articulé (même si ce dernier nécessite des particularités anatomiques obtenues par voie génétique) puis celui d'une langue étrangère;
  - les habitudes alimentaires;
  - notre microbiote, acquis par contact maternel puis modulé par l'alimentation.

SAVOIR-FAIRE
- Analyser des arguments scientifiques qui ont permis de préciser la parenté de *Homo sapiens* avec les autres *Homo*, et notamment la parenté éventuelle avec les Néandertaliens ou les Dénisoviens.

MOTS CLÉS
- **Innovation évolutive :** nouveauté correspondant à l'apparition, la disparition ou la transformation d'un caractère. Des espèces qui partagent la même innovation évolutive ont en commun un ancêtre qui avait déjà cette innovation.
- **Primates :** groupe d'espèces possédant des pouces opposables aux autres doigts de la main, donc capables de préhension, ainsi que des doigts terminés par des ongles au lieu de griffes.
- **Grands singes :** groupe emboîté dans le groupe des primates et dont les espèces ne possèdent pas de queue.
- **Hominidés :** famille qui englobe toutes les formes humaines présentes et passées ainsi que les grands singes actuels et leurs ancêtres.
- **Lignée humaine :** ensemble d'espèces qui s'est individualisé de la lignée des chimpanzés à partir du dernier ancêtre commun de *Homo sapiens* avec son plus proche parent, le chimpanzé.
- **Capacité crânienne :** mesure du volume de l'intérieur de la boîte crânienne, qui renseigne donc sur le volume cérébral.
- **Mandibule :** mâchoire inférieure.
- **Trou occipital :** orifice situé à la base du crâne et permettant l'articulation de ce dernier avec la colonne vertébrale.

266

SYNTHÈSE

SCHÉMA

Bilan animé

CHAPITRE 11 • L'évolution humaine 267

SYNTHÈSE

L'essentiel

- De nos jours, *Homo sapiens* est le seul représentant du genre *Homo*. Dans la nature actuelle, son plus proche parent est le chimpanzé. Le genre *Homo* a été autrefois diversifié et plusieurs espèces de ce genre ont pu cohabiter dans le passé. Les caractères des fossiles retrouvés et l'étude de leur ADN permettent de proposer une histoire évolutive.
- Sur le schéma bilan, les deux arbres phylogénétiques du haut de page, replacent d'une part, la parenté entre *Homo sapiens* et les primates actuels (plus étroite parenté avec le chimpanzé) et, d'autre part, la parenté entre *Homo sapiens* et des espèces de grands singes fossiles (plus étroite parenté avec *Homo neanderthalensis* et *Homo denisovensis*).
- Le schéma du bas de page sur l'histoire possible de la lignée humaine ajoute des espèces emblématiques (Orrorin, Toumaï) et fournit un cadre temporel à la divergence entre des espèces à partir de leurs ancêtres communs.
- Les dates de divergence ne sont pas établies avec certitude. En outre, certaines espèces du genre *Homo* (*Homo floresiensis*, *Homo naledi*) ne figurent pas sur les schémas. À l'exception de l'idée de transmission de comportements (confection d'outils), les caractères humains non transmis génétiquement (microbiote, apprentissage d'une langue étrangère, apprentissage du langage articulé) ne sont pas mentionnés.

Quelle lecture du schéma proposer à l'élève ?

- Il serait souhaitable de proposer à l'élève une clé de lecture des arbres phylogénétiques sous l'angle des relations de parenté, tout en leur faisant profiter, grâce aux crânes vus de profil, d'un récapitulatif des caractères crâniens propres au genre *Homo* (face faiblement prognathe, volume cérébral important).
- Le schéma « Une histoire possible de la lignée humaine » a plutôt vocation à montrer le chevauchement des périodes de vie des différents hominidés et donc l'idée d'évolution buissonnante, et non linéaire.

CORRIGÉS DES EXERCICES

2 APPLICATION

- Pour préciser la place d'*Homo sapiens* parmi les espèces actuelles de primates, il faut trouver avec quelle(s) espèce(s) il est le plus étroitement apparenté. Pour cela, des données morpho-anatomiques sont utilisées, qui indiquent que parmi les primates, *Homo sapiens* appartient au groupe des grands singes, caractérisé par l'absence de queue. Des données génétiques (nombre de gènes en commun et/ou du degré de similitudes entre les séquences nucléotidiques des gènes) sont elles aussi utilisées, et montrent qu'à l'intérieur du groupe des grands singes, notre espèce partage avec le chimpanzé un ancêtre commun plus récent que celui qu'elle partage avec les autres espèces.
- Pour déterminer le degré de parenté d'*Homo sapiens* avec les espèces d'hominidés ayant autrefois existé, il faut se pencher sur les représentants fossiles du genre *Homo*. Toutes les espèces de ce genre partagent avec *Homo sapiens* les innovations évolutives suivantes : une capacité crânienne développée, une mandibule

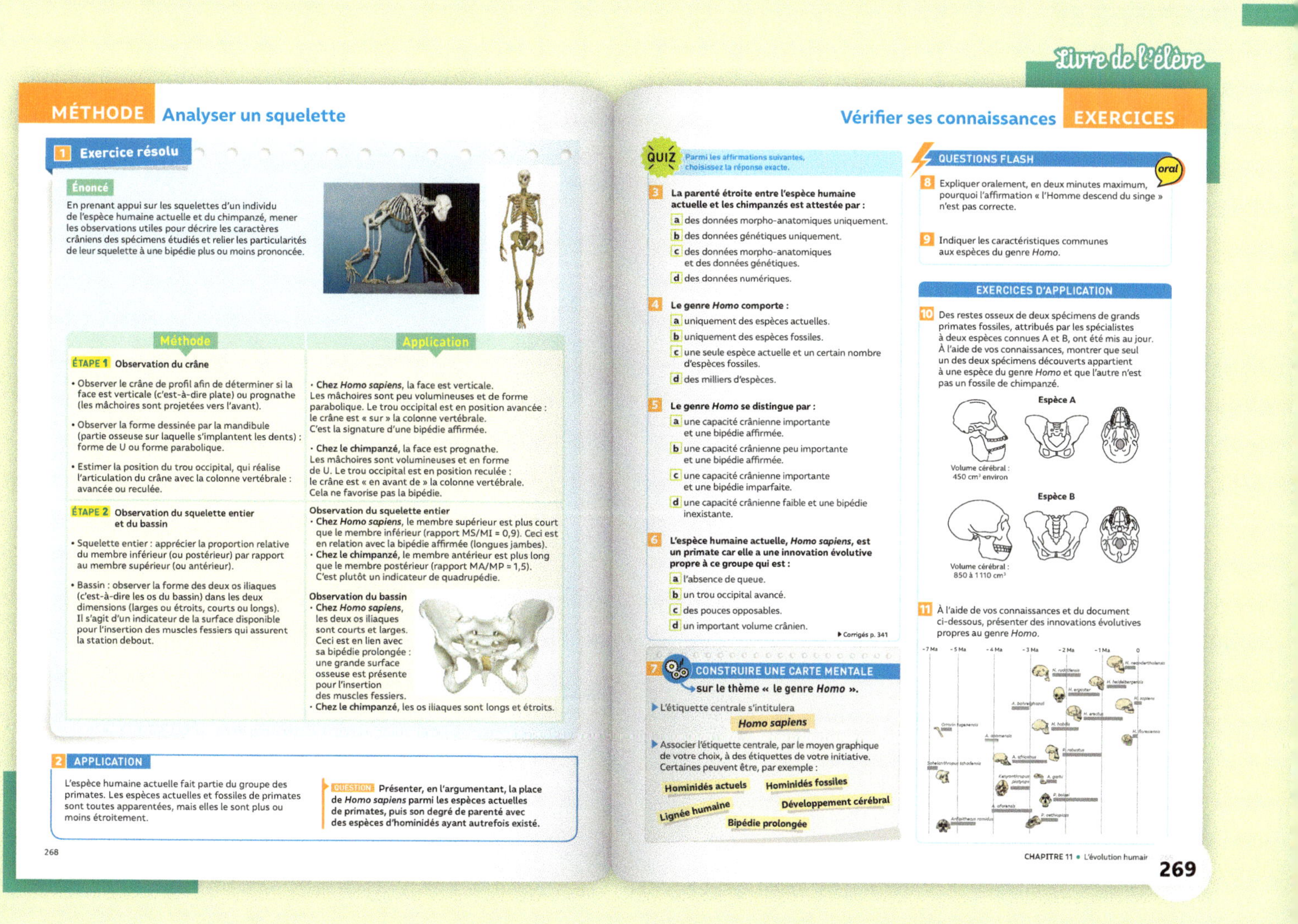
Livre de l'élève

MÉTHODE Analyser un squelette

1 Exercice résolu

Énoncé

En prenant appui sur les squelettes d'un individu de l'espèce humaine actuelle et du chimpanzé, mener les observations utiles pour décrire les caractères crâniens des spécimens étudiés et relier les particularités de leur squelette à une bipédie plus ou moins prononcée.

Méthode	Application
ÉTAPE 1 Observation du crâne • Observer le crâne de profil afin de déterminer si la face est verticale (c'est-à-dire plate) ou prognathe (les mâchoires sont projetées vers l'avant). • Observer la forme dessinée par la mandibule (partie osseuse sur laquelle s'implantent les dents) : forme de U ou forme parabolique. • Estimer la position du trou occipital, qui réalise l'articulation du crâne avec la colonne vertébrale : avancée ou reculée.	· **Chez *Homo sapiens***, la face est verticale. Les mâchoires sont peu volumineuses et de forme parabolique. Le trou occipital est en position avancée : le crâne est « sur » la colonne vertébrale. C'est la signature d'une bipédie affirmée. · **Chez le chimpanzé**, la face est prognathe. Les mâchoires sont volumineuses et en forme de U. Le trou occipital est en position reculée : le crâne est « en avant de » la colonne vertébrale. Cela ne favorise pas la bipédie.
ÉTAPE 2 Observation du squelette entier et du bassin • Squelette entier : apprécier la proportion relative du membre inférieur (ou postérieur) par rapport au membre supérieur (ou antérieur). • Bassin : observer la forme des deux os iliaques (c'est-à-dire les os du bassin) dans les deux dimensions (larges ou étroits, courts ou longs). Il s'agit d'un indicateur de la surface disponible pour l'insertion des muscles fessiers qui assurent la station debout.	**Observation du squelette entier** · **Chez *Homo sapiens***, le membre supérieur est plus court que le membre inférieur (rapport MS/MI = 0,9). Ceci est en relation avec la bipédie affirmée (longues jambes). · **Chez le chimpanzé**, le membre antérieur est plus long que le membre postérieur (rapport MA/MP = 1,5). C'est plutôt un indicateur de quadrupédie. **Observation du bassin** · **Chez *Homo sapiens***, les deux os iliaques sont courts et larges. Ceci est en lien avec sa bipédie prolongée : une grande surface osseuse est présente pour l'insertion des muscles fessiers. · **Chez le chimpanzé**, les os iliaques sont longs et étroits.

2 APPLICATION

L'espèce humaine actuelle fait partie du groupe des primates. Les espèces actuelles et fossiles de primates sont toutes apparentées, mais elles le sont plus ou moins étroitement.

QUESTION **Présenter, en l'argumentant, la place de *Homo sapiens* parmi les espèces actuelles de primates, puis son degré de parenté avec des espèces d'hominidés ayant autrefois existé.**

268

Vérifier ses connaissances EXERCICES

QUIZ Parmi les affirmations suivantes, choisissez la réponse exacte.

3 **La parenté étroite entre l'espèce humaine actuelle et les chimpanzés est attestée par :**
a des données morpho-anatomiques uniquement.
b des données génétiques uniquement.
c des données morpho-anatomiques et des données génétiques.
d des données numériques.

4 **Le genre *Homo* comporte :**
a uniquement des espèces actuelles.
b uniquement des espèces fossiles.
c une seule espèce actuelle et un certain nombre d'espèces fossiles.
d des milliers d'espèces.

5 **Le genre *Homo* se distingue par :**
a une capacité crânienne importante et une bipédie affirmée.
b une capacité crânienne peu importante et une bipédie affirmée.
c une capacité crânienne importante et une bipédie imparfaite.
d une capacité crânienne faible et une bipédie inexistante.

6 **L'espèce humaine actuelle, *Homo sapiens*, est un primate car elle a une innovation évolutive propre à ce groupe qui est :**
a l'absence de queue.
b un trou occipital avancé.
c des pouces opposables.
d un important volume crânien.

▸ Corrigés p. 341

7 CONSTRUIRE UNE CARTE MENTALE sur le thème « le genre *Homo* ».

▸ L'étiquette centrale s'intitulera *Homo sapiens*

▸ Associer l'étiquette centrale, par le moyen graphique de votre choix, à des étiquettes de votre initiative. Certaines peuvent être, par exemple :
Hominidés actuels — Hominidés fossiles — Lignée humaine — Développement cérébral — Bipédie prolongée

QUESTIONS FLASH oral

8 Expliquer oralement, en deux minutes maximum, pourquoi l'affirmation « l'Homme descend du singe » n'est pas correcte.

9 Indiquer les caractéristiques communes aux espèces du genre *Homo*.

EXERCICES D'APPLICATION

10 Des restes osseux de deux spécimens de grands primates fossiles, attribués par les spécialistes à deux espèces connues A et B, ont été mis au jour. À l'aide de vos connaissances, montrer que seul un des deux spécimens découverts appartient à une espèce du genre *Homo* et que l'autre n'est pas un fossile de chimpanzé.

Espèce A — Volume cérébral : 450 cm³ environ
Espèce B — Volume cérébral : 850 à 1110 cm³

11 À l'aide de vos connaissances et du document ci-dessous, présenter des innovations évolutives propres au genre *Homo*.

- 7 Ma, - 5 Ma, - 4 Ma, - 3 Ma, - 2 Ma, - 1 Ma, 0

CHAPITRE 11 • L'évolution humaine 269

parabolique, une bipédie prolongée marquée par un trou occipital avancé, un bassin large et de longues jambes. Parmi les espèces fossiles, les Néandertaliens montrent des innovations évolutives qu'ils partagent avec *Homo sapiens* mais qui ne sont pas possédées par les autres espèces du genre *Homo*. Il s'agit du volume cérébral très important, des outils sophistiqués et de la pratique de rites funéraires. *Homo sapiens* est donc plus étroitement apparenté à *Homo néanderthalensis* qu'aux autres espèces.

RÉPONSES DU QUIZ

3 c 4 c 5 a 6 c

7 CONSTRUIRE UNE CARTE MENTALE

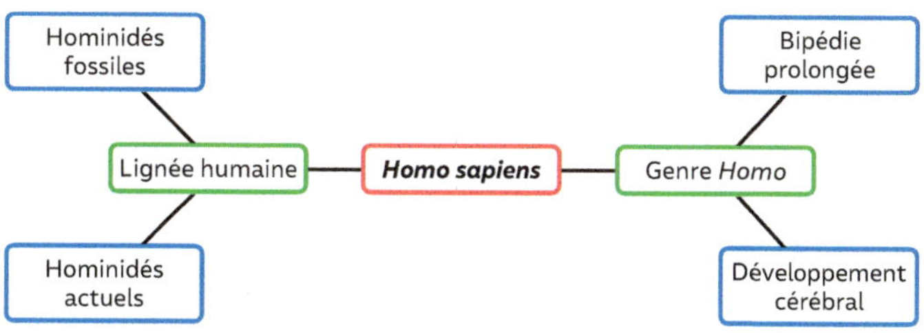

8 Dans la classification évolutive des êtres vivants, les espèces sont regroupées sur la base de caractères partagés. *Homo sapiens* fait ainsi partie des grands singes, un groupe se distinguant des autres primates par l'absence de queue. L'homme ne descend donc pas du singe : il est plus rigoureux de dire qu'il est étroitement apparenté aux autres grands singes, car on ne peut pas descendre de soi-même !

9 Les espèces du genre *Homo*, qui regroupent *Homo sapiens* et un certain nombre d'espèces fossiles, se distinguent par une capacité crânienne développée, une mandibule parabolique, une bipédie prolongée marquée par un trou occipital avancé, un bassin large et de longues jambes.

10 • On applique les critères d'appartenance au genre *Homo* pour identifier celui des deux spécimens faisant partie de ce genre. On observe alors que le spécimen **B** a une capacité crânienne relativement élevée et une face plus plate que l'espèce **A**. On peut donc affirmer que l'espèce **B** est un *Homo* et que l'espèce **A** n'en est pas un.
• Il reste à montrer que le spécimen **A** n'est pas un fossile de chimpanzé. Cela est bien visible si l'on observe son bassin, qui n'est pas long et étroit comme celui des chimpanzés. On peut donc supposer que le spécimen **B** est un Australopithèque.

11 Le visuel proposé fait ressortir des innovations évolutives propres au genre *Homo*, qui sont identifiables en comparant les crânes. On remarque que les espèces du genre *Homo* (repérables par le « H » dans leur nom) se distinguent par des propriétés crâniennes particulières : leur face est plus verticale que celle des autres espèces et leur volume endocrânien est plus important.

Livre de l'élève

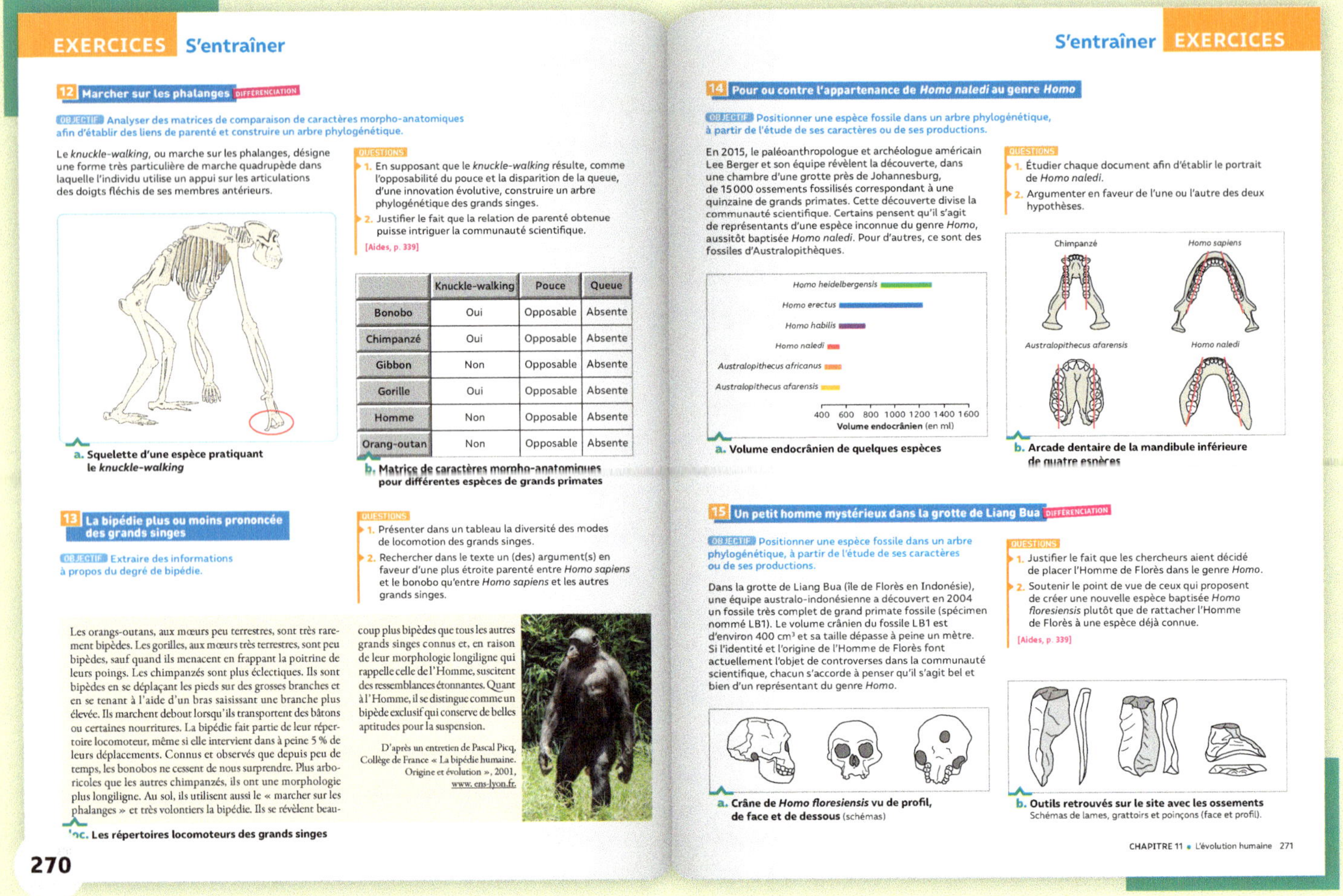
EXERCICES S'entraîner

12 Marcher sur les phalanges DIFFÉRENCIATION

OBJECTIF Analyser des matrices de comparaison de caractères morpho-anatomiques afin d'établir des liens de parenté et construire un arbre phylogénétique.

Le *knuckle-walking*, ou marche sur les phalanges, désigne une forme très particulière de marche quadrupède dans laquelle l'individu utilise un appui sur les articulations des doigts fléchis de ses membres antérieurs.

QUESTIONS

1. En supposant que le *knuckle-walking* résulte, comme l'opposabilité du pouce et la disparition de la queue, d'une innovation évolutive, construire un arbre phylogénétique des grands singes.
2. Justifier le fait que la relation de parenté obtenue puisse intriguer la communauté scientifique.

[Aides, p. 339]

a. Squelette d'une espèce pratiquant le *knuckle-walking*

	Knuckle-walking	Pouce	Queue
Bonobo	Oui	Opposable	Absente
Chimpanzé	Oui	Opposable	Absente
Gibbon	Non	Opposable	Absente
Gorille	Oui	Opposable	Absente
Homme	Non	Opposable	Absente
Orang-outan	Non	Opposable	Absente

b. Matrice de caractères morpho-anatomiques pour différentes espèces de grands primates

13 La bipédie plus ou moins prononcée des grands singes

OBJECTIF Extraire des informations à propos du degré de bipédie.

QUESTIONS

1. Présenter dans un tableau la diversité des modes de locomotion des grands singes.
2. Rechercher dans le texte un (des) argument(s) en faveur d'une plus étroite parenté entre *Homo sapiens* et le bonobo qu'entre *Homo sapiens* et les autres grands singes.

Les orangs-outans, aux mœurs peu terrestres, sont très rarement bipèdes. Les gorilles, aux mœurs très terrestres, sont peu bipèdes, sauf quand ils menacent en frappant la poitrine de leurs poings. Les chimpanzés sont plus éclectiques. Ils sont bipèdes en se déplaçant les pieds sur des grosses branches et en se tenant à l'aide d'un bras saisissant une branche plus élevée. Ils marchent debout lorsqu'ils transportent des bâtons ou certaines nourritures. La bipédie fait partie de leur répertoire locomoteur, même si elle intervient dans à peine 5 % de leurs déplacements. Connus et observés que depuis peu de temps, les bonobos ne cessent de nous surprendre. Plus arboricoles que les autres chimpanzés, ils ont une morphologie plus longiligne. Au sol, ils utilisent aussi le « marcher sur les phalanges » et très volontiers la bipédie. Ils se révèlent beaucoup plus bipèdes que tous les autres grands singes connus et, en raison de leur morphologie longiligne qui rappelle celle de l'Homme, suscitent des ressemblances étonnantes. Quant à l'Homme, il se distingue comme un bipède exclusif qui conserve de belles aptitudes pour la suspension.

D'après un entretien de Pascal Picq, Collège de France « La bipédie humaine. Origine et évolution », 2001, www.ens-lyon.fr.

c. Les répertoires locomoteurs des grands singes

270

S'entraîner EXERCICES

14 Pour ou contre l'appartenance de *Homo naledi* au genre *Homo*

OBJECTIF Positionner une espèce fossile dans un arbre phylogénétique, à partir de l'étude de ses caractères ou de ses productions.

En 2015, le paléoanthropologue et archéologue américain Lee Berger et son équipe révèlent la découverte, dans une chambre d'une grotte près de Johannesburg, de 15 000 ossements fossilisés correspondant à une quinzaine de grands primates. Cette découverte divise la communauté scientifique. Certains pensent qu'il s'agit de représentants d'une espèce inconnue du genre *Homo*, aussitôt baptisée *Homo naledi*. Pour d'autres, ce sont des fossiles d'Australopithèques.

QUESTIONS

1. Étudier chaque document afin d'établir le portrait de *Homo naledi*.
2. Argumenter en faveur de l'une ou l'autre des deux hypothèses.

a. Volume endocrânien de quelques espèces

b. Arcade dentaire de la mandibule inférieure de quatre espèces

15 Un petit homme mystérieux dans la grotte de Liang Bua DIFFÉRENCIATION

OBJECTIF Positionner une espèce fossile dans un arbre phylogénétique, à partir de l'étude de ses caractères ou de ses productions.

Dans la grotte de Liang Bua (île de Florès en Indonésie), une équipe australo-indonésienne a découvert en 2004 un fossile très complet de grand primate fossile (spécimen nommé LB1). Le volume crânien du fossile LB1 est d'environ 400 cm^3 et sa taille dépasse à peine un mètre. Si l'identité et l'origine de l'Homme de Florès font actuellement l'objet de controverses dans la communauté scientifique, chacun s'accorde à penser qu'il s'agit bel et bien d'un représentant du genre *Homo*.

QUESTIONS

1. Justifier le fait que les chercheurs aient décidé de placer l'Homme de Florès dans le genre *Homo*.
2. Soutenir le point de vue de ceux qui proposent de créer une nouvelle espèce baptisée *Homo floresiensis* plutôt que de rattacher l'Homme de Florès à une espèce déjà connue.

[Aides, p. 339]

a. Crâne de *Homo floresiensis* vu de profil, de face et de dessous (schémas)

b. Outils retrouvés sur le site avec les ossements
Schémas de lames, grattoirs et poinçons (face et profil).

CHAPITRE 11 • L'évolution humaine 271

CORRIGÉS DES EXERCICES

12 Marcher sur les phalanges

1. Afin de construire un arbre phylogénétique des grands singes, on applique la méthode d'établissement de relations de parenté à partir de caractères morpho-anatomiques. Si deux (ou plusieurs) espèces ont une innovation évolutive en commun, on l'interprète par l'existence d'un ancêtre commun qui leur est propre, qu'elles ne partagent pas avec les autres espèces. Selon ce principe, l'arbre phylogénétique suivant est obtenu :

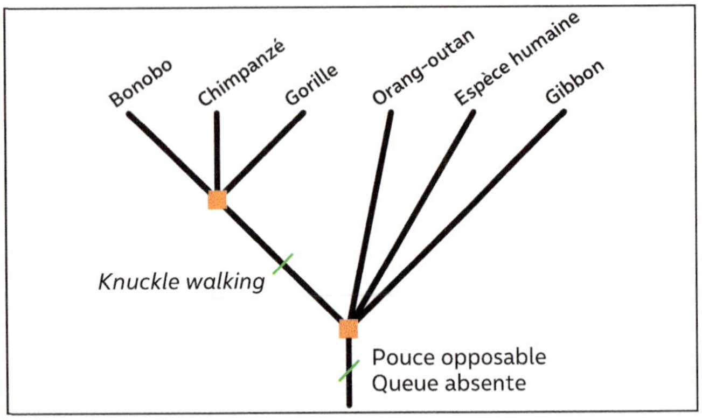

▲ **Arbre phylogénétique des six espèces de grands primates, établi à l'aide de comparaisons morpho-anatomiques**

2. Cet arbre indique que le bonobo, le chimpanzé et le gorille ont un ancêtre commun qui leur est propre et qui pratiquait déjà le *knuckle-walking*. Autrement dit, la parenté est plus étroite entre les chimpanzés et le gorille qu'entre les chimpanzés et *Homo sapiens*. La relation de parenté obtenue intrigue la communauté scientifique puisqu'on détermine habituellement que les plus proches parents d'*Homo sapiens* sont les chimpanzés.

13 La bipédie plus ou moins prononcée des grands singes

1. Le tableau présentant la diversité des modes de locomotion des grands singes pourrait être le suivant :

Espèce	Mode de locomotion
Orang-outan	▶ Mœurs peu terrestres. ▶ Très rarement bipèdes.
Gorille	▶ Mœurs très terrestres. ▶ Peu bipèdes sauf pour menacer.
Chimpanzé	▶ Bipédie représentant 5 % du répertoire locomoteur : déplacement sur des branches, transport de bâtons ou de nourriture.
Bonobo	▶ Volontiers arboricoles. ▶ Utilisent au sol le « marcher sur les phalanges ». ▶ Très volontiers bipèdes.
Homo sapiens	▶ Bipèdes exclusifs (avec aptitudes pour la suspension).

2. On sait que le partage d'innovations évolutives témoigne d'une parenté. Comme les bonobos et *Homo sapiens* ont une bipédie plus prononcée que celle des autres grands singes, on peut en déduire qu'*Homo sapiens* est plus étroitement apparenté aux bonobos qu'aux autres grands singes.

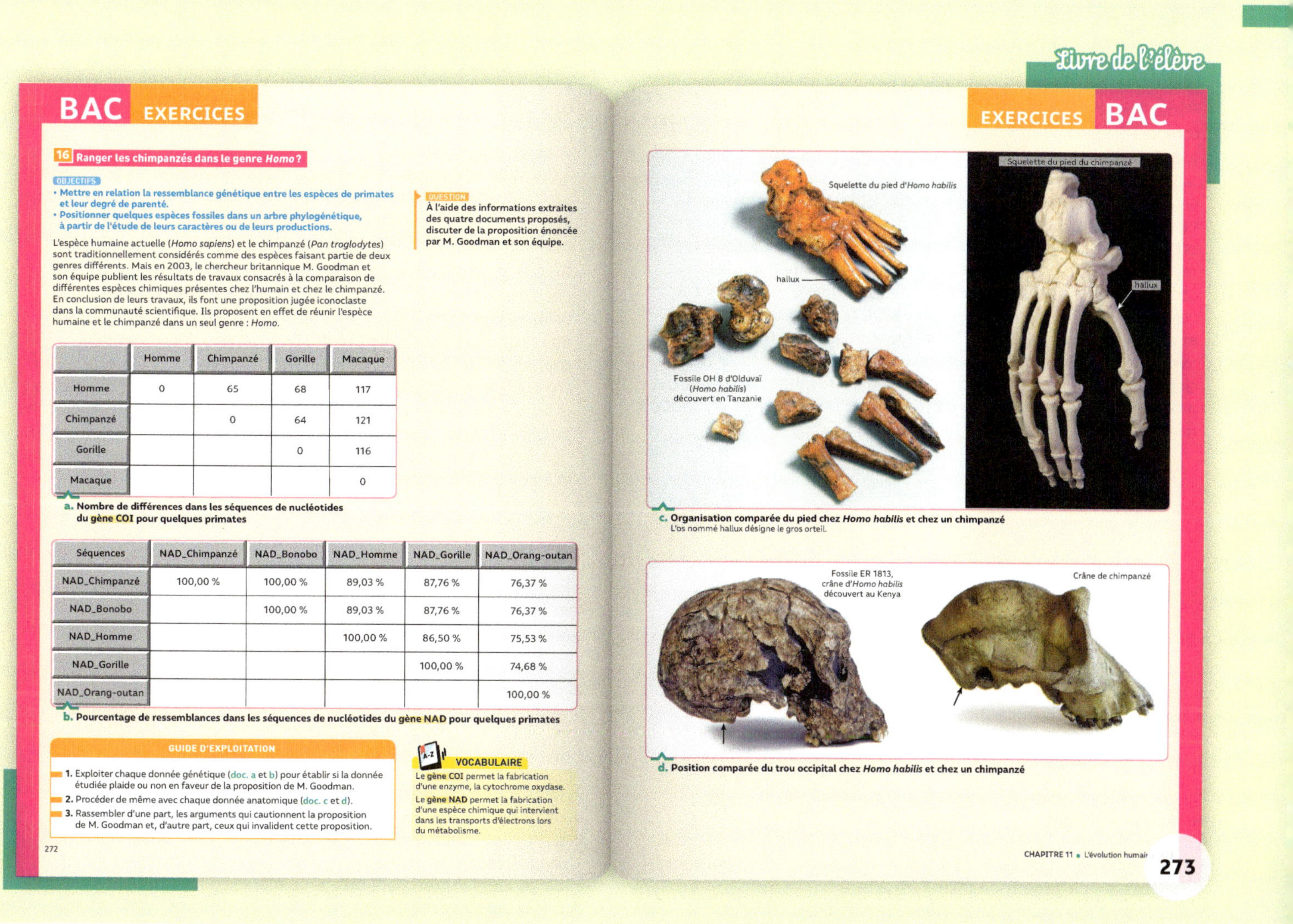

	Homme	Chimpanzé	Gorille	Macaque
Homme	0	65	68	117
Chimpanzé		0	64	121
Gorille			0	116
Macaque				0

a. Nombre de différences dans les séquences de nucléotides du gène COI pour quelques primates

Séquences	NAD_Chimpanzé	NAD_Bonobo	NAD_Homme	NAD_Gorille	NAD_Orang-outan
NAD_Chimpanzé	100,00 %	100,00 %	89,03 %	87,76 %	76,37 %
NAD_Bonobo		100,00 %	89,03 %	87,76 %	76,37 %
NAD_Homme			100,00 %	86,50 %	75,53 %
NAD_Gorille				100,00 %	74,68 %
NAD_Orang-outan					100,00 %

b. Pourcentage de ressemblances dans les séquences de nucléotides du gène NAD pour quelques primates

14 Pour ou contre l'appartenance de *Homo naledi* au genre *Homo*

1. D'après le **doc. a** qui porte sur les volumes endocrâniens, *Homo naledi* a un volume cérébral modeste (moins de 600 cm^3), inférieur à celui des autres espèces du genre *Homo*. D'après le **doc. b** qui porte sur la structure de la mandibule de quatre espèces, *Homo naledi* possède, comme *Homo sapiens*, une mandibule parabolique alors que celle du chimpanzé et d'*Australopithecus afarensis* sont en forme de U.
2. L'hypothèse de l'appartenance d'*Homo naledi* au genre *Homo* est confirmée par le fait qu'il possède une innovation évolutive propre au genre *Homo* : sa mandibule parabolique. L'hypothèse de l'appartenance d'*Homo naledi* aux Australopithèques est certainement liée à son petit volume cérébral. Néanmoins, il faut bien garder en tête qu'on ne devrait utiliser que des innovations évolutives pour apparenter des espèces. Or un faible volume endocrânien n'est pas une innovation évolutive !

15 Un petit homme mystérieux dans la grotte de Liang Bua

1. Pour être placé dans le genre *Homo*, l'Homme de Florès doit posséder au moins une innovation évolutive propre à ce genre. On note que l'Homme de Florès possède un trou occipital relativement avancé, sa mandibule est parabolique et ses restes osseux sont associés à des outils assez perfectionnés. C'est donc bien un membre du genre *Homo*.
2. Les spécimens découverts dans la grotte de Liang Bua sur l'île de Florès sont de petite taille (à peine un mètre) et leur volume crânien est petit : environ 400 cm^3. Par ces deux caractères, ils se démarquent des autres représentants du genre *Homo*. Pour cette raison, certains proposent de créer une nouvelle espèce baptisée *Homo floresiensis* plutôt que de rattacher l'Homme de Florès à une espèce déjà connue.

16 Ranger les chimpanzés dans le genre *Homo* ?

Il est demandé de discuter de la pertinence de la proposition de M. Goodman, qui souhaite réunir l'espèce humaine et le chimpanzé dans un même genre : le genre *Homo*. Il s'agit donc d'étudier dans quelle mesure les données génétiques et les données anatomiques vont dans le sens de cette proposition.

- Dans un premier temps, les données génétiques sont exploitées.
  – Le **doc. a** donne les résultats de la comparaison des séquences de nucléotides du gène COI qui permet la fabrication d'une enzyme, la cytochrome oxydase. On observe que le plus petit nombre de différences se situe entre le gène COI du gorille et celui du chimpanzé : 64 nucléotides différents, contre 65 dans le cas de la comparaison Homme/Chimpanzé. Ce résultat montre une plus étroite parenté entre le chimpanzé et le gorille qu'entre le chimpanzé et l'espèce humaine. Il n'y a donc pas de raison de regrouper l'espèce humaine et le chimpanzé dans le genre *Homo* (à moins d'y mettre aussi le gorille !).
  – Le **doc. b** donne les pourcentages de ressemblances dans les séquences de nucléotides du gène NAD pour quelques primates. On observe que les séquences de nucléotides du gène NAD du chimpanzé, du bonobo et de l'Homme sont parfaitement identiques, tandis qu'elles montrent des différences avec celles du gorille et de l'orang-outan. On sait que des espèces sont d'autant plus apparentées que les séquences de leurs molécules homologues sont semblables. Ces résultats indiquent donc une plus étroite parenté entre les chimpanzés et l'Homme qu'entre les chimpanzés et les autres primates, ce qui justifierait de ranger le chimpanzé et l'Homme dans un même genre, et d'exclure de ce genre les autres primates comme le macaque ou le gorille.

- Dans un deuxième temps, on se penche sur les données anatomiques chez le chimpanzé et chez des grands primates fossiles du genre *Homo*. Les photographies de squelettes du **doc. c** permettent de comparer le pied d'*Homo habilis* et celui du chimpanzé. On observe chez *Homo habilis* un gros orteil (hallux) court et parallèle aux autres orteils. Il s'agit d'une innovation évolutive (gros orteil propulseur favorisant la bipédie et même la course à pied) propre au genre *Homo*. En revanche, le pied du chimpanzé montre un gros orteil opposable aux autres doigts, donc à fonction préhensile, ne favorisant pas la bipédie. Avec le **doc. d**, la position du trou occipital (orifice qui réalise l'articulation du crâne avec la colonne vertébrale) peut être observée chez *Homo habilis* (fossile ER 1813) et chez le chimpanzé. Il apparaît que le trou occipital est en position avancée chez *Homo habilis* alors qu'il est en position reculée chez le chimpanzé. On vient donc d'identifier une autre innovation évolutive propre au genre *Homo* et non partagée avec le chimpanzé, en relation avec une bipédie affirmée.
- On sait que l'établissement de relations de parenté repose sur le partage d'innovations évolutives : les espèces qui partagent un même caractère dérivé ont un ancêtre commun qui leur est propre et qui possédait déjà ce caractère. Comme le chimpanzé ne partage pas avec les espèces du genre *Homo* les innovations évolutives associées à une bipédie affirmée, on en déduit que les espèces du genre *Homo* sont plus étroitement apparentées entre elles qu'elles ne le sont avec le chimpanzé. Par conséquent, selon ces données, le chimpanzé n'a pas sa place dans le genre *Homo*.
- Une seule des deux données moléculaires plaide en faveur du positionnement du chimpanzé avec l'Homme dans le genre *Homo*. En revanche, l'autre donnée moléculaire ainsi que la comparaison des squelettes s'accordent plutôt avec un positionnement du chimpanzé en dehors du genre *Homo*. Finalement, les molécules du chimpanzé ressemblent plus ou moins à celles de l'espèce humaine et le squelette du chimpanzé n'a pas les innovations évolutives propres au genre *Homo*. Avec toutes ces données, on ne peut pas retenir avec certitude la proposition de M. Goodman. C'est un débat de plus dans la communauté scientifique !

ANNEXE 1 Unité 1 [→ page 201]

- QCM de remobilisation des acquis de cycle 4.

1. Sur un arbre de parenté, il est possible de voir :
a. les innovations évolutives.
b. les noms des grands groupes de la classification.
c. les fonctions des organes.
d. les espèces qui vont disparaître.

2. Pour lire les relations de parenté exprimées dans un arbre de parenté, on doit :
a. lire les noms des espèces au bout de toutes les branches de l'arbre.
b. repérer un nœud correspondant à l'ancêtre commun à plusieurs espèces qui partagent un même caractère.
c. dessiner obligatoirement des groupes emboîtés.
d. rechercher les caractères non partagés par des espèces.

3. L'espèce humaine actuelle, *Homo sapiens* :
a. descend d'un singe, le chimpanzé.
b. descend d'un singe, le gorille.
c. ne fait pas partie des singes.
d. est issue de l'évolution d'autres espèces humaines qui se sont succédées au cours du temps.

4. La classification des êtres vivants :
a. est dite évolutive car elle se fonde sur l'étude des caractères partagés par les espèces.
b. est dite involutive car elle se fonde sur l'étude des caractères partagés par les espèces.
c. n'a rien à voir avec les arbres de parenté.
d. n'a rien à voir avec les groupes emboîtés.

ANNEXE 3 Unité « Histoire, Enjeux, Débats » [→ page 209]

- QCM de remobilisation des acquis de cycle 4.

1. Le genre *Homo* :
a. de tout temps, n'a été représenté que par *Homo sapiens*.
b. comporte plusieurs espèces dont certaines se sont hybridées.
c. a disparu il y a 300 000 ans.
d. est apparu il y a 300 000 ans.

2. Les espèces du genre *Homo* :
a. n'ont aucun lien de parenté entre elles.
b. sont apparentées puisqu'elles ont en commun des innovations évolutives.
c. descendent les unes des autres de manière linéaire.
d. ont toutes disparu.

3. Les Australopithèques :
a. sont les ancêtres directs des *Homo*.
b. sont plus proches d'*Homo sapiens* que ne l'est le chimpanzé.
c. étaient des bipèdes parfaits.
d. avaient un fort volume cérébral, comme *Homo sapiens*.

4. *Homo erectus* :
a. ne confectionnait pas d'outils.
b. avait un volume endocrânien identique à celui d'*Homo sapiens*.
c. était un bipède affirmé.
d. existe encore de nos jours.

ANNEXE 2 Unité 2 [→ page 203]

Tableau de comparaison des caractéristiques des différentes espèces

Caractères \ Genre ou espèce		*Australopithecus*	genre humain = genre *Homo*			
			Homo habilis	*Homo erectus*	*Homo neanderthalensis*	*Homo sapiens* fossile
« CRÂNIEN »	Volume endocrânien	350-500 cm³	environ 700 cm³	800 à 1 200 cm³	environ 1 600 cm³	environ 1 500 cm³
	Face	prognathe	faiblement prognathe	pratiquement verticale	verticale	verticale
	Position du trou occipital	un peu avancée	avancée	avancée	avancée	avancée
	Forme de la mandibule	en U	parabolique	parabolique	parabolique	parabolique
« POST-CRANIEN »		bassin légèrement élargi	bassin élargi	bassin élargi	bassin élargi	bassin élargi

Livre de l'élève

CHAPITRE **12** Les modèles démographiques

Les populations d'individus composant une espèce (animale, végétale, bactérienne, mais aussi espèce humaine) sont en constante évolution.
Très tôt, la nécessité de connaître l'évolution démographique des populations a amené des scientifiques à élaborer des modèles mathématiques permettant de prédire ces variations, en tenant compte des contraintes du milieu.
Parmi ceux-ci, Thomas Malthus est connu pour avoir été le pionnier dans ce domaine, et être l'inspirateur d'une théorie : le malthusianisme.

a. Vue aérienne de la circulation autour du marché de la ville de Lagos au Nigéria, où la population est passée de 200 000 à 20 millions d'habitants en 57 ans.
Cette progression phénoménale n'est pas sans poser de problème dans le développement de la ville.
Comment décrire l'évolution passée, et prédire l'évolution future de la démographie de Lagos ? UNITÉ 2

274

b. Les teintes vives de *Grand Prismatic Spring* sont dues à la présence de millions de microorganismes, des thermophiles, qui prolifèrent dans les eaux de températures extrêmes.
Comment peut-on prédire l'évolution de populations naturelles dans leur milieu ? UNITÉ 4

c. Parmi les modèles permettant de décrire des évolutions démographiques, on trouve le modèle dit à croissance linéaire, dans lequel on ajuste le nuage de points à l'aide d'une droite.
Comment ajuster par une droite un nuage de points, en utilisant une calculatrice ou un tableur ? UNITÉ 1

d. Thomas Malthus fut l'un des premiers scientifiques à formaliser le problème de la croissance démographique des populations. La publication en 1798 de son ouvrage *An Essay on the Principle of Population* a eu un retentissement mondial avec des implications dans les domaines de la biologie, de la géographie et de l'économie. Néanmoins, ce modèle ne s'applique pas à toutes les situations.
Quelles sont les limites du modèle de Malthus ? UNITÉS 3 et 4

Notions du chapitre	Unités	Exercices
Pour bien démarrer ce chapitre consulter les fiches 6 à 11, pages 208-209		
Exprimer $u(n)$ en fonction de $u(0)$ et n. Produire et interpréter des graphiques statistiques traduisant l'évolution d'effectif d'une population ou de ressources, notamment sous forme de nuages de points. À l'aide d'une calculatrice ou d'un tableur, ajuster un nuage de points par une droite et utiliser ce modèle linéaire pour effectuer des prévisions.	1	10, 12, 13, 14, 16, 18
À partir de données démographiques, calculer le taux de variation d'une population entre deux dates. Calculer l'effectif final d'une population à partir de son effectif initial, de son taux de natalité et de son taux de mortalité. Selon le modèle de Malthus, prédire l'effectif d'une population au bout de n années.	2	11, 16 , 17, 18
À l'aide d'un tableur, d'une calculatrice ou d'une représentation graphique, calculer le temps de doublement d'une population sous l'hypothèse de croissance exponentielle.	3	14, 15, 18
À partir de documents fournis, proposer un modèle de croissance de ressources alimentaires (par exemple la production mondiale de blé ou de riz) et la comparer à une croissance exponentielle. Comparer les valeurs fournies par un modèle à des données réelles afin de tester sa validité.	4	16, 18

CHAPITRE 12 • Les modèles démographiques 275

Les grandes idées à construire

- La première grande idée concerne la notion de modèle : un modèle n'est qu'une représentation partielle, imparfaite de la réalité. Il ne fournit que des indications sur ce qui pourrait être et ne traduit pas de manière certaine ce qui se passera réellement. Ainsi, l'objectif est bien de faire comprendre aux élèves qu'un modèle est une « idée », une manière de mimer la réalité. La démographie est un « fait ». Le modèle doit mimer les faits passés et présents, il a une valeur prédictive pour l'avenir.
- L'étude de l'évolution de la population est une nécessité écologique et sociale pour prévenir les éventuels problèmes liés à l'alimentation ou aux phénomènes climatiques extrêmes.
- Un modèle démographique n'est pertinent que sur une durée plus ou moins courte/longue. On ne peut que difficilement utiliser un modèle pour prédire l'évolution d'une population sur un temps « long ».
- Deux modèles de dynamique des populations sont essentiels : le modèle linéaire pour lequel la croissance (en valeur absolue) de la population est constante, indépendante de la population existante et le modèle exponentiel pour lequel la croissance (en valeur absolue) de la population est proportionnelle à la population existante.

Ce que disent les documents

a Ce document est une vue aérienne de la ville de Lagos, capitale du Nigéria dont on étudie la population dans l'**unité 2**. On y devine une infrastructure urbaine saturée par la population.

b Ce document souligne l'impact d'une population sur son environnement. On pense par exemple aux espèces dites invasives dont l'étude de l'évolution de la population autant que l'étude de la reproduction afin d'endiguer l'explosion en nombre sont importantes. L'**unité 4** propose des modélisations mathématiques de phénomènes tels que la reproduction des lapins, l'un des premiers fléaux écologiques en Australie, et propose une construction élémentaire du modèle de Verhulst.

c Ce document est un lien vers une vidéo du site de l'INED, l'Institut National d'Études Démographiques. L'illustration pose deux questions : quelle est la vitesse d'augmentation de la population mondiale et combien serons-nous dans le futur (à préciser bien-sûr) ? L'**unité 1** fournit les premiers éléments de réponse avec le modèle de croissance linéaire. Cette unité permet d'introduire les notions statistiques et mathématiques essentielles au chapitre.

d Le **doc. d** permet d'introduire une perspective historique, et d'initier la notion de limite au modèle. La HED page 284 du manuel élève présente le contexte de la controverse autour du malthusianisme.

Nous avons fait le choix de ne pas parler de régression linéaire (ou ajustement affine) dans les documents de ces unités. Nous souhaitons que les élèves se familiarisent progressivement avec la notion de suite (ou grandeur discrète), de représentation graphique de cette grandeur, d'interprétation du graphique obtenu pour enfin élaborer une proposition de modèle. La droite des moindres carrés, proposée par les tableurs comme droite d'ajustement à un nuage de points, fait l'objet de la page méthode et sera abondamment abordée au cours des exercices. Cette notion de régression linéaire assistée par ordinateur (comme avec un ajustement suivant la méthode des moindres carrés) est également traitée dans l'**unité 6** du chapitre suivant sur l'Intelligence Artificielle.

CHAPITRE 12

Livre de l'élève

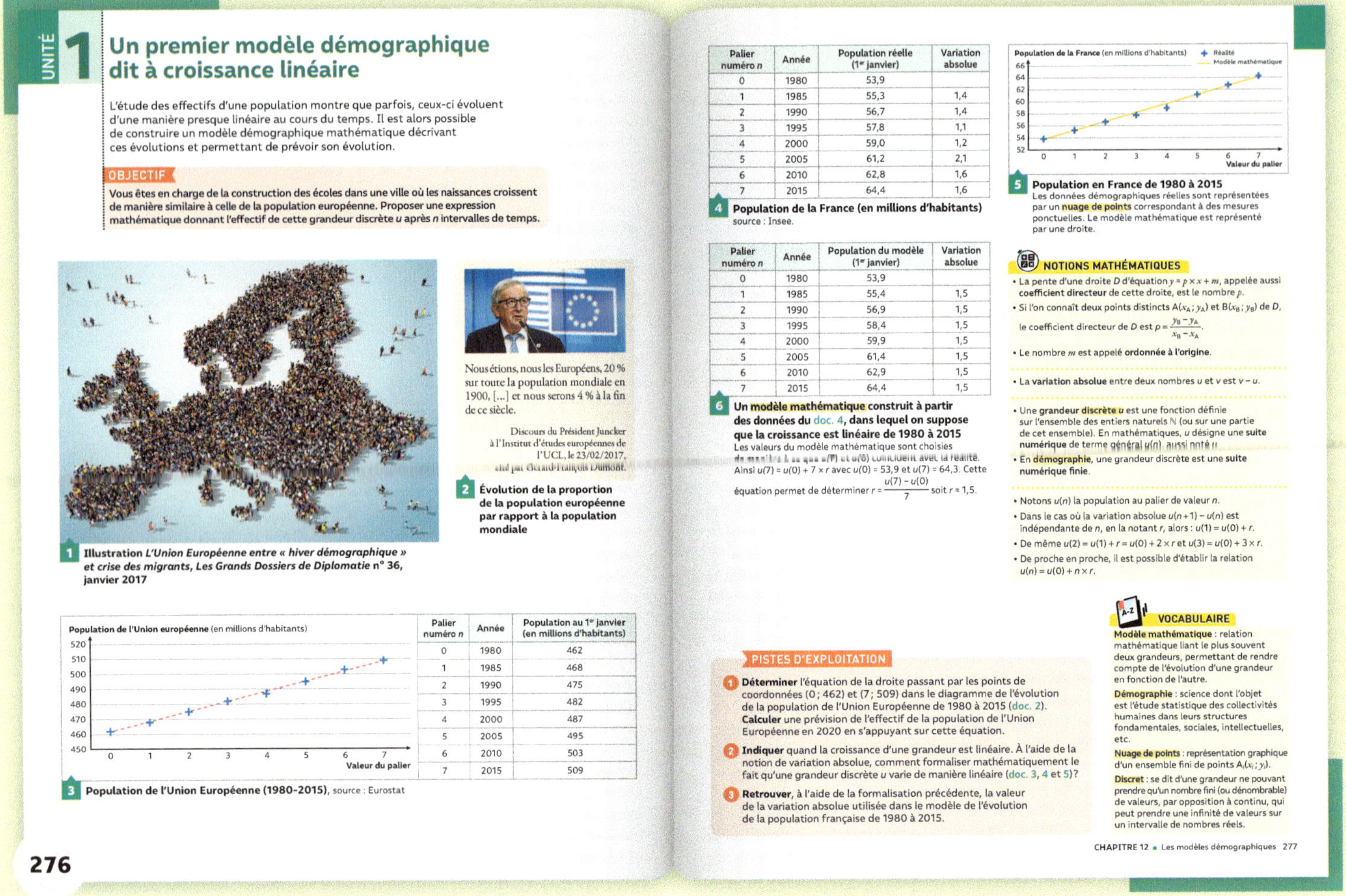

UNITÉ 1

Un premier modèle démographique dit à croissance linéaire

L'étude des effectifs d'une population montre que parfois, ceux-ci évoluent d'une manière presque linéaire au cours du temps. Il est alors possible de construire un modèle démographique mathématique décrivant ces évolutions et permettant de prévoir son évolution.

OBJECTIF

Vous êtes en charge de la construction des écoles dans une ville où les naissances croissent de manière similaire à celle de la population européenne. Proposer une expression mathématique donnant l'effectif de cette grandeur discrète *u* après *n* intervalles de temps.

1 **Illustration *L'Union Européenne entre « hiver démographique » et crise des migrants, Les Grands Dossiers de Diplomatie* n° 36, janvier 2017**

Nous étions, nous les Européens, 20 % sur toute la population mondiale en 1900, [...] et nous serons 4 % à la fin de ce siècle.

Discours du Président Juncker à l'Institut d'études européennes de l'UCL, le 23/02/2017, cité par Gérard-François Dumont.

2 **Évolution de la proportion de la population européenne par rapport à la population mondiale**

Palier numéro *n*	Année	Population au 1er janvier (en millions d'habitants)
0	1980	462
1	1985	468
2	1990	475
3	1995	482
4	2000	487
5	2005	495
6	2010	503
7	2015	509

3 **Population de l'Union Européenne (1980-2015)**, source : Eurostat

276

Palier numéro *n*	Année	Population réelle (1er janvier)	Variation absolue
0	1980	53,9	
1	1985	55,3	1,4
2	1990	56,7	1,4
3	1995	57,8	1,1
4	2000	59,0	1,2
5	2005	61,2	2,1
6	2010	62,8	1,6
7	2015	64,4	1,6

4 **Population de la France (en millions d'habitants)**
source : Insee.

5 **Population en France de 1980 à 2015**
Les données démographiques réelles sont représentées par un **nuage de points** correspondant à des mesures ponctuelles. Le modèle mathématique est représenté par une droite.

Palier numéro *n*	Année	Population du modèle (1er janvier)	Variation absolue
0	1980	53,9	
1	1985	55,4	1,5
2	1990	56,9	1,5
3	1995	58,4	1,5
4	2000	59,9	1,5
5	2005	61,4	1,5
6	2010	62,9	1,5
7	2015	64,4	1,5

6 **Un modèle mathématique construit à partir des données du doc. 4, dans lequel on suppose que la croissance est linéaire de 1980 à 2015**
Les valeurs du modèle mathématique sont choisies de manière à ce que $u(7)$ et $u(0)$ coïncident avec la réalité. Ainsi $u(7) = u(0) + 7 \times r$ avec $u(0) = 53{,}9$ et $u(7) = 64{,}3$. Cette équation permet de déterminer $r = \frac{u(7) - u(0)}{7}$ soit $r \approx 1{,}5$.

NOTIONS MATHÉMATIQUES

- La pente d'une droite *D* d'équation $y = p \times x + m$, appelée aussi **coefficient directeur** de cette droite, est le nombre p.
- Si l'on connaît deux points distincts $A(x_A\,;y_A)$ et $B(x_B\,;y_B)$ de *D*, le coefficient directeur de *D* est $p = \frac{y_B - y_A}{x_B - x_A}$.
- Le nombre m est appelé **ordonnée à l'origine**.

- La **variation absolue** entre deux nombres *u* et *v* est $v - u$.

- Une **grandeur discrète *u*** est une fonction définie sur l'ensemble des entiers naturels ℕ (ou sur une partie de cet ensemble). En mathématiques, *u* désigne une **suite numérique** de terme général $u(n)$, aussi noté u
- En **démographie**, une grandeur discrète est une **suite numérique finie**.

- Notons $u(n)$ la population au palier de valeur *n*.
- Dans le cas où la variation absolue $u(n+1) - u(n)$ est indépendante de *n*, en la notant *r*, alors : $u(1) = u(0) + r$.
- De même $u(2) = u(1) + r = u(0) + 2 \times r$ et $u(3) = u(0) + 3 \times r$.
- De proche en proche, il est possible d'établir la relation $u(n) = u(0) + n \times r$.

PISTES D'EXPLOITATION

1. **Déterminer** l'équation de la droite passant par les points de coordonnées (0 ; 462) et (7 ; 509) dans le diagramme de l'évolution de la population de l'Union Européenne de 1980 à 2015 (doc. 2). **Calculer** une prévision de l'effectif de la population de l'Union Européenne en 2020 en s'appuyant sur cette équation.
2. **Indiquer** quand la croissance d'une grandeur est linéaire. À l'aide de la notion de variation absolue, comment formaliser mathématiquement le fait qu'une grandeur discrète *u* varie de manière linéaire (doc. 3, 4 et 5) ?
3. **Retrouver**, à l'aide de la formalisation précédente, la valeur de la variation absolue utilisée dans le modèle de l'évolution de la population française de 1980 à 2015.

VOCABULAIRE

Modèle mathématique : relation mathématique liant le plus souvent deux grandeurs, permettant de rendre compte de l'évolution d'une grandeur en fonction de l'autre.

Démographie : science dont l'objet est l'étude statistique des collectivités humaines dans leurs structures fondamentales, sociales, intellectuelles, etc.

Nuage de points : représentation graphique d'un ensemble fini de points $A_i(x_i\,;y_i)$.

Discret : se dit d'une grandeur ne pouvant prendre qu'un nombre fini (ou dénombrable) de valeurs, par opposition à continu, qui peut prendre une infinité de valeurs sur un intervalle de nombres réels.

CHAPITRE 12 • Les modèles démographiques 277

problèmes scientifiques

- Quels sont les outils mathématiques pertinents pour étudier l'évolution d'une population au cours d'une période donnée ?
- Comment caractériser le fait qu'une croissance soit linéaire ? Si on modélise une population à l'aide d'une grandeur discrète, quelle condition doit remplir cette grandeur pour être en croissance linéaire ?

Mobilisation des acquis

- À l'issue du cycle 4, parmi les attendus du thème « Organisation et gestion de données, fonctions » on trouve : interpréter, représenter et traiter des données ; résoudre des problèmes de proportionnalité ; comprendre et utiliser la notion de fonction. En particulier, les fonctions linéaires et affines sont des connaissances et parmi les compétences associées on trouve : représenter graphiquement une fonction linéaire, une fonction affine ; modéliser un phénomène continu par une fonction ; modéliser une situation de proportionnalité à l'aide d'une fonction linéaire. Le taux d'évolution est introduit au cours du cycle 4, en lien avec la proportionnalité.
- Au cycle 4, les élèves ont rencontré les équations de droite pour représenter les fonctions affines. En seconde, ils étendent l'étude à la forme générale des équations de droite. En particulier : pente (ou coefficient directeur) d'une droite non parallèle à l'axe des ordonnées. En seconde ils ont également appris à interpréter le coefficient directeur d'une fonction affine comme un taux d'accroissement (variations selon son signe). Ainsi, en matière d'information chiffrée, les élèves ont travaillé au cycle 4 effectifs, fréquences, proportions, pourcentages, coefficient de proportionnalité, taux d'évolution, coefficient multiplicateur. L'objectif est de consolider et de prolonger ce travail par l'étude de situations multiplicatives : proportion de proportion, évolutions successives ou réciproques. Les élèves doivent distinguer si un pourcentage exprime une proportion ou une évolution. Ils savent calculer le taux d'évolution global à partir des taux d'évolution successifs.
- Dans l'enseignement scientifique de Première, la notion de suite a été introduite pour décrire l'évolution du nombre moyen de noyaux restants au cours d'une désintégration radioactive dans le cas de durées discrètes, multiples entiers de la demi-vie. Il est précisé qu'aucun formalisme sur la notion de suite n'est exigible. La notion de suite est donnée en définition d'une gamme musicale : une gamme est une suite finie de notes réparties sur une octave.

Les grandes idées à construire

- Pour étudier l'évolution d'une population, la représentation graphique est un premier outil d'analyse statistique.
- La notion de suite est l'objet mathématique qui permet de formaliser l'évolution d'un phénomène discret, dont le temps est mesuré par paliers.
- Lorsque les points associés à la suite semblent alignés, on peut étudier les variations absolues successives. Si ces variations sont égales (ou « presque » égales), la progression est dite linéaire et la suite qui modélise l'évolution est dite arithmétique.
- Un modèle n'est qu'une représentation de la réalité. Il ne peut se substituer à la réalité : le modèle ne donne pas des valeurs numériques exactes, il ne fournit que des estimations, des valeurs approchées de ce qui pourrait être dans la réalité, si les conditions du modèle sont vérifiées. On pense ici au modèle d'évolution de Hardy-Weiberg. Un modèle repose donc sur des choix et doit être utilisé avec prudence.

Les compétences travaillées

- **Exprimer** $u(n)$ en fonction de $u(0)$ et n.
- **Interpréter** des graphiques statistiques.
- **Ajuster** un nuage de points par une droite, **utiliser** un modèle linéaire pour effectuer des prévisions.

Les représentations de l'élève

- Les élèves ne distinguent généralement pas la différence entre un graphique de données statistiques (des faits), et un graphique représentant une fonction. On peut justement attirer leur attention sur le fait que les graphiques statistiques ne donnent que des données présentes ou passées.

Ce que disent les documents

1 et **2** Ces documents soulèvent deux phénomènes démographiques européens : l'évolution de la population européenne par rapport à la population mondiale et l'évolution de la population des migrants en Europe. Que prédisent les modèles ? Quels sont les impacts sociétaux, économiques dus à ces changements ?

3 Ce document introduit l'outil graphique associé à une population, ici la population européenne. Le tableau permet d'introduire le mot palier qui servira d'abscisse dans la plupart des graphiques et des calculs. On devine ici que l'évolution de la population de l'Union Européenne entre 1980 et 2015 est en progression linéaire.

4 **5** et **6** On propose ici une modélisation de l'évolution de la population de la France à l'aide d'une suite arithmétique. On constate que la progression semble linéaire (**doc. 5**) et (**doc. 4**) que les variations absolues sont relativement constantes (on note peut-être un effet du pic de l'an 2000 avec la variation absolue de 2,1). On propose alors de calculer une variation absolue moyenne (**doc. 6**) en écrivant explicitement les hypothèses du modèle lorsque l'on écrit que la croissance est supposée linéaire. Le **doc. 5** contient la droite construite en reliant les points du modèles (non représentés par souci de simplicité et de clarté).

Les + pour préparer votre séance

- Pour introduire la notion de suite, on pourra utiliser les exemples suivants et demander une règle qui permet de passer d'un nombre au suivant :
  - 3 ; 5 ; 7 ; 9 ; ??? ; ???.
  - 0 ; 10 ; 20 ; 30 ; ??? ; ???.
  - 5 ; 2 ; –1 ; –4 ; ??? ; ???.
  - 1 ; 3 ; 9 ; 27 ; ??? ; ???.
  - 32 ; 16 ; 8 ; 4 ; ??? ; ???.

Vidéo

- La vidéo suivante de l'INED explique comment sont collectées les données (enquête quantitative et qualitative) et la nécessité de mener des travaux scientifiques pour exploiter ces données collectées : https://www.ined.fr/fr/tout-savoir-population/videos/donnees-de-population/
- Une courte vidéo présentant les questions auxquelles essaie de répondre la démographie en tant que science : https://www.ined.fr/fr/tout-savoir-population/videos/qu-est-ce-que-demographie/

Article en ligne

- Le Census Bureau propose des documents pédagogiques complets et en anglais. Voici celui concernant la croissance linéaire de 5 états américains : https://www2.census.gov/programs-surveys/sis/activities/math/mm-15_teacher.pdf
- L'article de G.-F. Dumont, Professeur à la Sorbonne, éclaire les **doc. 1** et **2**. Voici un lien vers l'article : https://www.researchgate.net/profile/Gerard-Francois_DUMONT/publication/316700503_L%27UNION_EUROPEENNE_ENTRE_HIVER_DEMOGRAPHIQUE_ET_CRISE_DES_MIGRANTS_The_European_Union_between_demographic_winter_and_the_crisis_of_migrants/links/590dab83aca2722d185e8c8f/LUNION-EUROPEENNE-ENTRE-HIVER-DEMOGRAPHIQUE-ET-CRISE-DES-MIGRANTS-The-European-Union-between-demographic-winter-and-the-crisis-of-migrants.pdf
- Une discussion sur la croissance linéaire de la population mondiale : https://blog.ucsusa.org/doug-boucher/world-population-growth-exponential
- Cette page en anglais, qui contient de plus une courte vidéo propose de revenir sur l'impact de la malnutrition au cours le croissance linéaire de l'enfant. On y lit l'importance des caractéristiques mesurées pour construire le modèle qui permet de proposer une nouvelle étude du phénomène.
https://www.ifpri.org/blog/once-stunted-always-stunted-whats-catch-growth
- Quelques liens de bases de données utiles pour tout ce chapitre :
https://www.census.gov/data/tables/time-series/demo/international-programs/historicalest-worldpop.html
https://population.un.org/wpp/
https://ourworldindata.org/world-population-growth
https://www.ined.fr/fr/tout-savoir-population/graphiques-cartes/population-cartes-interactives/
https://www.ined.fr/fr/tout-savoir-population/chiffres/tous-les-pays-du-monde/
https://www.insee.fr/fr/statistiques?theme=0

LE SAVIEZ-VOUS ?

Les modèles de croissance linéaire permettent aussi d'étudier l'évolution des populations de bactéries ou de cellules :

- Pour décrire l'évolution de la croissance des tumeurs on utilise aussi le modèle linéaire, pour certaines phases de leur développement : https://www.researchgate.net/profile/Miguel_Sanjuan/publication/304030902_Decay_Dynamics_of_Tumors/links/57655a6908ae421c4489d0fb/Decay-Dynamics-of-Tumors.pdf
- Dans un article de 1949 intitulé *The growth of bacterial cultures*, J. Monod montre l'existence d'une phase de croissance linéaire de certaines bactéries (E. Coli) et sous certaines conditions. Il précise en introduction : « *The study of the growth of bacterial cultures does not constitute a specialized subject or branch of research: it is the basic method of Microbiology.* » Cet article a donné lieu à plusieurs publications dans les années 1950 associées à cette phase de croissance linéaire des bactéries.

CORRECTION DE L'UNITÉ

1. On cherche une équation de droite, donc du type $y = a \times x + b$. a est la pente et vaut $a = \frac{509 - 412}{7 - 0} \approx 6{,}7$ et b, l'ordonnée à l'origine, vaut $b = 462$. Ainsi la droite a pour équation $y = 6{,}7 \times x + 462$ où x désigne ici le palier : 0, 1, 2…

En 2020, le palier associé est $x = 8$ et une estimation de la population est donc donnée à l'aide du modèle affine : $y = 67 \times 8 + 462 \approx 515{,}7$ millions d'habitants. Nous venons de réaliser notre première prévision démographique.

2. La croissance d'une grandeur u est linéaire lorsque :
– les points de coordonnées $(n ; u(n))$ sont alignés ;
– la variation absolue $u(n + 1) - u(n)$ est toujours la même, constante indépendante de n (notée ci-dessous Δ) ;
– il existe une constante Δ telle que, pour tout n, $u(n) = u(0) + n \times \Delta$.

Ainsi, u suit une croissance linéaire lorsqu'il existe une constante Δ telle que, pour tout palier n, $u(n + 1) = u(n) + \Delta$.

3. En supposant que la croissance est linéaire, on a $u(7) = u(0) + 7 \times \Delta$ où Δ est la variation absolue. Donc : $\Delta = \frac{u(7) - u(0)}{7} \approx 1{,}5$.

Livre de l'élève

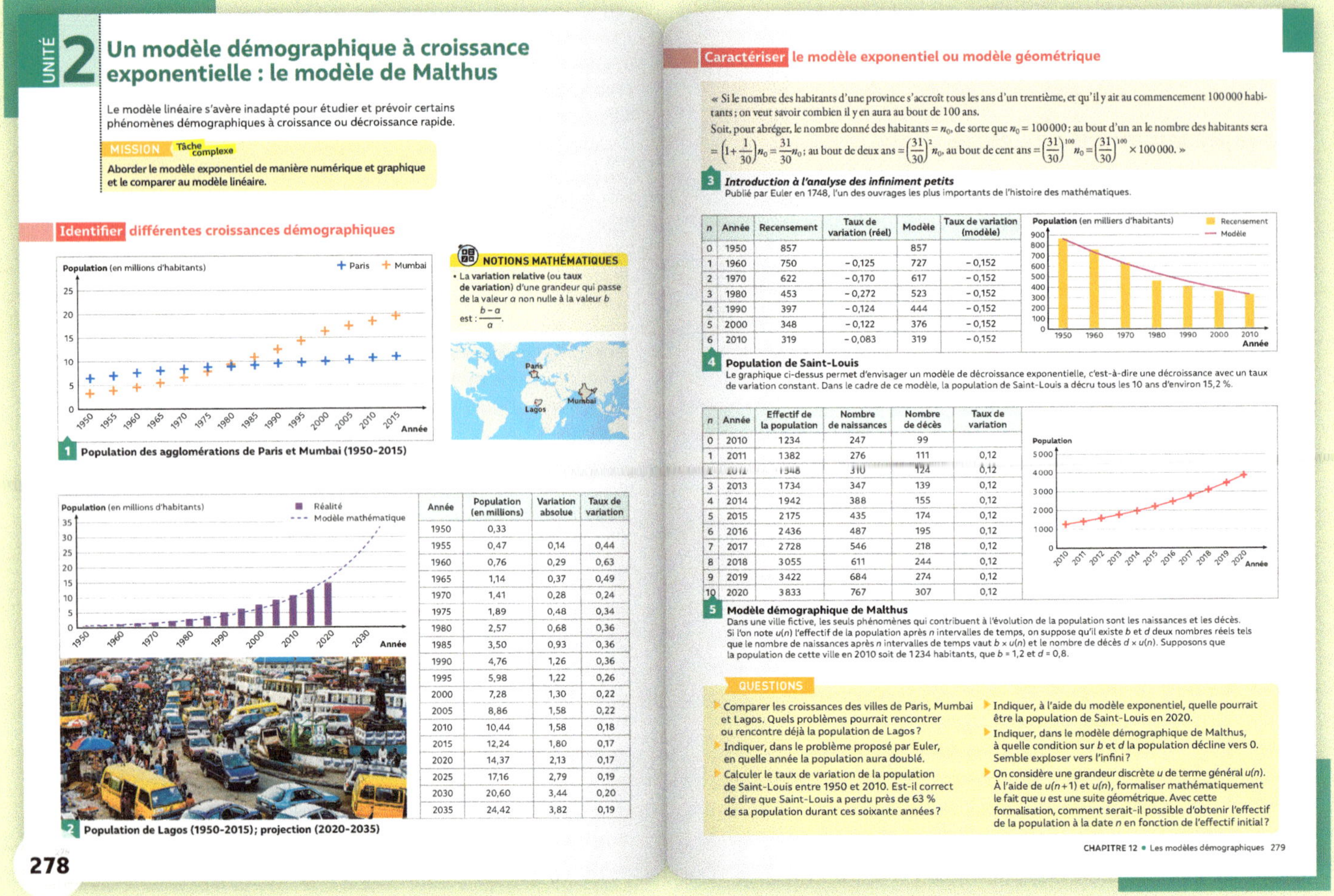

UNITÉ 2 Un modèle démographique à croissance exponentielle : le modèle de Malthus

Le modèle linéaire s'avère inadapté pour étudier et prévoir certains phénomènes démographiques à croissance ou décroissance rapide.

MISSION Tâche complexe

Aborder le modèle exponentiel de manière numérique et graphique et le comparer au modèle linéaire.

Identifier différentes croissances démographiques

1 Population des agglomérations de Paris et Mumbai (1950-2015)

NOTIONS MATHÉMATIQUES

- La **variation relative** (ou **taux de variation**) d'une grandeur qui passe de la valeur a non nulle à la valeur b est : $\frac{b-a}{a}$.

Année	Population (en millions)	Variation absolue	Taux de variation
1950	0,33		
1955	0,47	0,14	0,44
1960	0,76	0,29	0,63
1965	1,14	0,37	0,49
1970	1,41	0,28	0,24
1975	1,89	0,48	0,34
1980	2,57	0,68	0,36
1985	3,50	0,93	0,36
1990	4,76	1,26	0,36
1995	5,98	1,22	0,26
2000	7,28	1,30	0,22
2005	8,86	1,58	0,22
2010	10,44	1,58	0,18
2015	12,24	1,80	0,17
2020	14,37	2,13	0,17
2025	17,16	2,79	0,19
2030	20,60	3,44	0,20
2035	24,42	3,82	0,19

2 Population de Lagos (1950-2015); projection (2020-2035)

278

Caractériser le modèle exponentiel ou modèle géométrique

« Si le nombre des habitants d'une province s'accroît tous les ans d'un trentième, et qu'il y ait au commencement 100 000 habitants ; on veut savoir combien il y en aura au bout de 100 ans.
Soit, pour abréger, le nombre donné des habitants $= n_0$, de sorte que $n_0 = 100000$; au bout d'un an le nombre des habitants sera $= \left(1+\frac{1}{30}\right)n_0 = \frac{31}{30}n_0$; au bout de deux ans $= \left(\frac{31}{30}\right)^2 n_0$, au bout de cent ans $= \left(\frac{31}{30}\right)^{100} n_0 = \left(\frac{31}{30}\right)^{100} \times 100000$. »

3 *Introduction à l'analyse des infiniment petits*
Publié par Euler en 1748, l'un des ouvrages les plus importants de l'histoire des mathématiques.

n	Année	Recensement	Taux de variation (réel)	Modèle	Taux de variation (modèle)
0	1950	857		857	
1	1960	750	− 0,125	727	− 0,152
2	1970	622	− 0,170	617	− 0,152
3	1980	453	− 0,272	523	− 0,152
4	1990	397	− 0,124	444	− 0,152
5	2000	348	− 0,122	376	− 0,152
6	2010	319	− 0,083	319	− 0,152

4 Population de Saint-Louis
Le graphique ci-dessus permet d'envisager un modèle de décroissance exponentielle, c'est-à-dire une décroissance avec un taux de variation constant. Dans le cadre de ce modèle, la population de Saint-Louis a décru tous les 10 ans d'environ 15,2 %.

n	Année	Effectif de la population	Nombre de naissances	Nombre de décès	Taux de variation
0	2010	1234	247	99	
1	2011	1382	276	111	0,12
2	2012	1548	310	124	0,12
3	2013	1734	347	139	0,12
4	2014	1942	388	155	0,12
5	2015	2175	435	174	0,12
6	2016	2436	487	195	0,12
7	2017	2728	546	218	0,12
8	2018	3055	611	244	0,12
9	2019	3422	684	274	0,12
10	2020	3833	767	307	0,12

5 Modèle démographique de Malthus
Dans une ville fictive, les seuls phénomènes qui contribuent à l'évolution de la population sont les naissances et les décès. Si l'on note $u(n)$ l'effectif de la population après n intervalles de temps, on suppose qu'il existe b et d deux nombres réels tels que le nombre de naissances après n intervalles de temps vaut $b \times u(n)$ et le nombre de décès $d \times u(n)$. Supposons que la population de cette ville en 2010 soit de 1 234 habitants, que $b = 1,2$ et $d = 0,8$.

QUESTIONS

- Comparer les croissances des villes de Paris, Mumbai et Lagos. Quels problèmes pourrait rencontrer ou rencontre déjà la population de Lagos ?
- Indiquer, dans le problème proposé par Euler, en quelle année la population aura doublé.
- Calculer le taux de variation de la population de Saint-Louis entre 1950 et 2010. Est-il correct de dire que Saint-Louis a perdu près de 63 % de sa population durant ces soixante années ?
- Indiquer, à l'aide du modèle exponentiel, quelle pourrait être la population de Saint-Louis en 2020.
- Indiquer, dans le modèle démographique de Malthus, à quelle condition sur b et d la population décline vers 0. Semble exploser vers l'infini ?
- On considère une grandeur discrète u de terme général $u(n)$. À l'aide de $u(n+1)$ et $u(n)$, formaliser mathématiquement le fait que u est une suite géométrique. Avec cette formalisation, comment serait-il possible d'obtenir l'effectif de la population à la date n en fonction de l'effectif initial ?

CHAPITRE 12 • Les modèles démographiques 279

problèmes scientifiques

- Le modèle linéaire permet-il de comprendre l'évolution des populations partout dans le monde ?
- Quelles sont les limites du modèle linéaire ? Que pourrait-on modifier pour corriger cette limitation du modèle linéaire ?

Mobilisation des acquis

- Bien que n'étant pas une connaissance attendue, la fonction exponentielle (ou la touche exp de la calculatrice) aura pu être introduite en enseignement scientifique de première.
- Les calculs de puissances ont été vus en mathématiques en seconde : ainsi, en calcul littéral, les élèves ont été confrontés aux règles de calcul sur les puissances entières relatives, sur les racines carrées. Ils ont aussi vu comment déterminer la première puissance d'un nombre positif donné supérieure ou inférieure à une valeur donnée.

Les grandes idées à construire

- Une grandeur en progression linéaire a une variation absolue constante, indépendante donc de la population au temps de palier n. Ceci semble peu réaliste. On peut donc imaginer que l'évolution, ici le taux de variation, dépend de la population $u(n)$. Et la façon la plus simple est d'envisager que ce taux de variation soit proportionnel à $u(n)$. De manière caricaturale, si la croissance est proportionnelle à la population, on est en situation de croissance exponentielle.
- On parle de croissance, mais il existe aussi des cas où la population diminue, où il y a décroissance. Il est donc important de pouvoir modéliser cette évolution. Concernant les humains, il s'agit de question sociales liées au territoire. Mais on peut aussi penser à la protection environnementale et l'étude de populations d'êtres vivants en danger d'extinction.
- Les populations à forte croissance se trouvent fréquemment dans des pays en développement. On retrouve ici la problématique de l'**unité 1** avec l'évolution de la proportion de migrants dans la population de l'union européenne et on retrouve également la problématique soulevée par Malthus qui compare l'évolution des ressources à celle de la population.

Les compétences travaillées

- **Exprimer** $u(n)$ en fonction de $u(0)$ et n.
- **Déterminer** une relation entre $u(n+1)$ et $u(n)$.
- À partir de données démographiques, **calculer** le taux de variation d'une population entre deux dates.
- **Calculer** l'effectif final d'une population à partir de son effectif initial, de son taux de natalité et de son taux de mortalité.
- Selon le modèle de Malthus, **prédire** l'effectif d'une population au bout de n années.

Les représentations de l'élève

- La notion commune de « variation exponentielle » est très largement utilisée dans les médias. Elle l'a d'ailleurs été très largement durant la pandémie de covid 19 pour caractériser l'augmentation des cas. Ce peut être une bonne voie d'entrée dans le sujet.

● Un exemple sur France info :
https://www.francetvinfo.fr/sante/maladie/coronavirus/coronavirus-la-situation-est-exponentielle-en-guyane-selon-un-infectiologue-de-l-hopital-de-cayenne_4019415.html

● ou *Science et avenir* :
https://www.sciencesetavenir.fr/fondamental/mathematiques/covid-19-une-croissance-exponentielle_142539

Ce que disent les documents

1 Ce document illustre deux croissances différentes et souligne les limites du modèle linéaire. La ville de Mumbai a connu jusqu'en 2000 environ une croissance que le modèle linéaire ne permet pas de décrire avec justesse. On peut aussi noter la courbe en « S » de la ville de Mumbai, avec un ralentissement de la croissance. Même si ce n'est pas l'objectif de cette unité, on devine dès ce document les limites du modèle exponentiel : le modèle de Verhulst, que l'on construit à l'**unité 4**, permet d'expliquer et de « retrouver » cette courbe en « S ».

2 Ce document revient sur l'évolution de la population de Lagos, de 1950 à 2020 et propose une estimation pour les années à venir. On s'appuie sur les limites de la notion de variation absolue pour calculer le taux de variation entre paliers, avec des valeurs proches de 1955 à 1990 environ, qui justifient l'émergence du modèle exponentiel.

3 Ce document traduit le premier modèle exponentiel de l'histoire, proposé par Euler dès 1748. Euler s'appuie sur le recensement de Berlin effectué en 1747 et d'après lequel la ville allemande comptait 107 224 habitants. Pour notre activité, il contient de manière explicite toutes les mathématiques nécessaires.

4 Ce document montre qu'une population humaine peut aussi décroître voire disparaître comme ce fut le cas pour les habitants l'île de Pâques. La modélisation n'a pas ici pour but d'expliquer ou de comprendre les raisons du déclin ou au contraire de l'explosion démographiques mais simplement de quantifier cette évolution. Nous nous appuyons ici sur un cas étudié aux États-Unis : Saint-Louis, Missouri. Ce document et son graphe associé permettent d'introduire le modèle mathématique exponentiel comme nous l'avons établi dans l'**unité 1** pour le cas linaire.

5 Ce document introduit le modèle démographique de Malthus : de manière simplifiée, c'est un modèle exponentiel dont le taux de variation dépend des naissances et des décès, où le nombre des naissances et des décès sont ici proportionnels à la population. On peut éventuellement envisager de généraliser ce modèle en y ajoutant un nombre d'immigrants et d'émigrants.

Les + pour préparer votre séance

● Concernant les quartiers de Lagos :
https://www.metropolitiques.eu/Quel-avenir-pour-les-quartiers.html

LE SAVIEZ-VOUS ?

▶ Euler, né en 1707 à Bâle en Suisse, est considéré par beaucoup comme le plus grand mathématicien de tous les temps ; il est certainement le plus prolifique : il a publié plus de 800 publications scientifiques, envoyé près de 3000 lettres et rédigé près de 40 000 pages de notes.
Voici quelques liens de présentation :
– une courte vidéo (moins de 5') de présentation par E. Ghys : https://www.sciencesetavenir.fr/videos/mathematiques-leonhard-euler-par-etienne-ghys_vpv3vz
– https://www.letemps.ch/culture/leonhard-euler-matheux-romanesque
– http://www.breves-de-maths.fr/leonhard-euler-plus-grand-mathematicien-de-tous-les-temps/

▶ En lien avec la dynamique des populations, Euler publie en 1748 l'un des ouvrages majeurs de l'analyse mathématique : *Introduction à l'analyse des infiniment petits*. L'architecture de l'ouvrage est encore d'actualité dans les livres d'analyse mathématique de l'enseignement supérieur. Dans ce livre, Euler aborde la croissance géométrique des populations comme l'illustre le **doc. 3** de cette unité. Ce **doc. 3** est le premier de quatre problèmes qu'Euler traite complètement dans son ouvrage. Dans le second exercice de dynamique des populations que contient cet ouvrage, Euler obtient une croissance de population qui lui fait écrire : « Ce nombre d'habitants est si considérable, que toute la Terre n'eût pas suffi pour les nourrir ». En 1760, en s'appuyant sur les tables de mortalité existantes (en particulier celle de Halley) et sur son modèle de croissance géométrique, Euler traite la question suivante : connaissant le nombre des naissances et celui des décès qui ont lieu au cours d'une année, déterminer le nombre de vivants et leur augmentation annuelle, pour une hypothèse de mortalité donnée. Ces travaux sur la démographie seront repris au XXe siècle par Lotka en particulier. En 1761 Euler participe à la rédaction d'un chapitre d'un ouvrage de Süssmilch intitulé « Du rythme de l'accroissement et de la durée du doublement de la population ». Il y expose l'étude d'un modèle proche de celui de Fibonacci et y devine un comportement asymptotique équivalent à celui d'une progression géométrique.

CORRECTION DES PARCOURS

1. La population de Lagos croît beaucoup plus vite que celle de Paris. Elle croît de manière non linéaire. Les problèmes que peuvent rencontrer les habitants de Lagos sont liés à ceux d'une surpopulation : manque de logements, difficultés de traitement des eaux, pénurie de nourriture, en cas d'épidémie explosion du nombre de malades, risque augmenté face aux effets du changement climatiques…

2. Notons n le palier : avec $n = 0$, nous sommes en 1748, et au palier n nous sommes en $1748 + n$. On cherche n, le plus petit possible, tel que $u(n) \geq 200\,000$. Plusieurs méthodes :
– au tableur ou à la calculatrice, on écrit la formule donnant $u(n+1)$ en fonction de $u(n)$ et on s'arrête lorsque le premier nombre supérieur à 200 000 apparaît ;
– à l'aide d'une boucle while en python.

On trouve $n = 22$, soit en 1780.

3. Le taux de variation est $\dfrac{319 - 857}{857} \approx -0{,}628$. Ainsi, Saint-Louis a perdu environ 63 % de sa population entre 1950 et 2010.

Pour vérifier : $63 \times \dfrac{857}{100} \approx 539{,}9$ et $857 - 539{,}9 \approx 317$

4. En 2020, la population de Saint-Louis, suivant le modèle exponentiel, pourrait être : $319 - 1{,}152 \times 319 \approx 270{,}5$ milliers d'habitants.

5. Suivant le modèle de Malthus,
– si le nombre de décès est supérieur à celui des naissances, la population décline pour, asymptotiquement, tendre vers 0 ;
– inversement, si le nombre de décès est inférieur à celui des naissances, la population augmente sans cesse pour tendre vers l'infini.

6. Une suite géométrique modélise une grandeur discrète dont la croissance est exponentielle. Ainsi, le taux de variation est constant : autrement dit, il existe une constante τ telle que, pour tout entier n, $\dfrac{u(n+1) - u(n)}{u(n)} = \tau$, soit $u(n+1) = q \times u(n)$ où $q = 1 + \tau$.
En s'inspirant de l'**unité 1**, on établit de proche en proche que $u(n) = q^n \times u(0)$.

CHAPITRE 12

Livre de l'élève

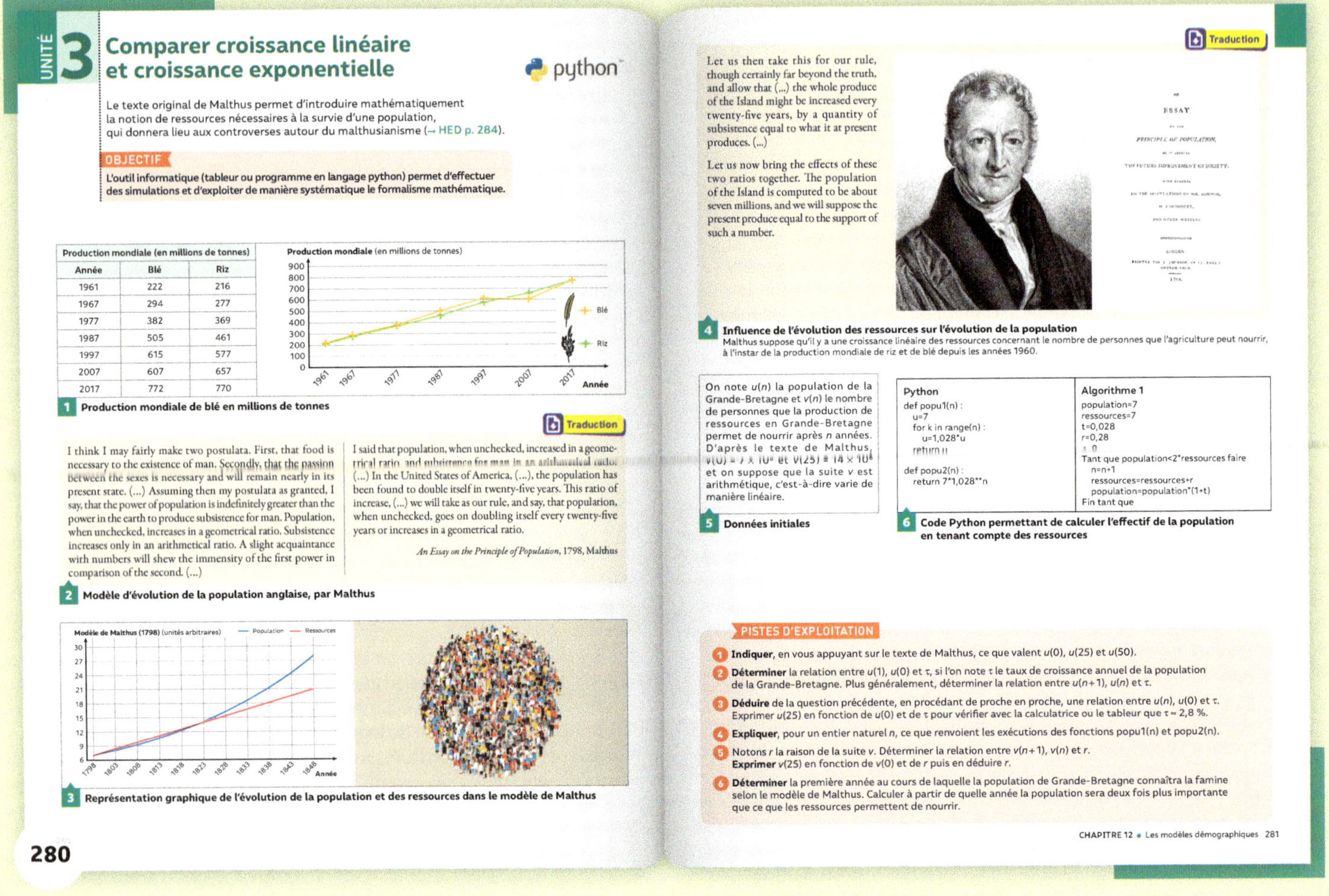

UNITÉ 3 **Comparer croissance linéaire et croissance exponentielle**

python

Le texte original de Malthus permet d'introduire mathématiquement la notion de ressources nécessaires à la survie d'une population, qui donnera lieu aux controverses autour du malthusianisme (→ HED p. 284).

OBJECTIF

L'outil informatique (tableur ou programme en langage python) permet d'effectuer des simulations et d'exploiter de manière systématique le formalisme mathématique.

Production mondiale (en millions de tonnes)		
Année	Blé	Riz
1961	222	216
1967	294	277
1977	382	369
1987	505	461
1997	615	577
2007	607	657
2017	772	770

1 Production mondiale de blé en millions de tonnes

Traduction

I think I may fairly make two postulata. First, that food is necessary to the existence of man. Secondly, that the passion between the sexes is necessary and will remain nearly in its present state. (...) Assuming then my postulata as granted, I say, that the power of population is indefinitely greater than the power in the earth to produce subsistence for man. Population, when unchecked, increases in a geometrical ratio. Subsistence increases only in an arithmetical ratio. A slight acquaintance with numbers will shew the immensity of the first power in comparison of the second. (...)

I said that population, when unchecked, increased in a geometrical ratio, and subsistence for man in an arithmetical ratio. (...) In the United States of America, (...), the population has been found to double itself in twenty-five years. This ratio of increase, (...) we will take as our rule, and say, that population, when unchecked, goes on doubling itself every twenty-five years or increases in a geometrical ratio.

An Essay on the Principle of Population, 1798, Malthus

2 Modèle d'évolution de la population anglaise, par Malthus

3 Représentation graphique de l'évolution de la population et des ressources dans le modèle de Malthus

280

Traduction

Let us then take this for our rule, though certainly far beyond the truth, and allow that (...) the whole produce of the Island might be increased every twenty-five years, by a quantity of subsistence equal to what it at present produces. (...)

Let us now bring the effects of these two ratios together. The population of the Island is computed to be about seven millions, and we will suppose the present produce equal to the support of such a number.

4 Influence de l'évolution des ressources sur l'évolution de la population

Malthus suppose qu'il y a une croissance linéaire des ressources concernant le nombre de personnes que l'agriculture peut nourrir, à l'instar de la production mondiale de riz et de blé depuis les années 1960.

On note $u(n)$ la population de la Grande-Bretagne et $v(n)$ le nombre de personnes que la production de ressources en Grande-Bretagne permet de nourrir après n années. D'après le texte de Malthus, $v(0) = 7 \times 10^6$ et $v(25) = 14 \times 10^6$ et on suppose que la suite v est arithmétique, c'est-à-dire varie de manière linéaire.

5 Données initiales

Python
```
def popu1(n) :
    u=7
    for k in range(n) :
        u=1,028*u
    return u

def popu2(n) :
    return 7*1,028**n
```

Algorithme 1
```
population=7
ressources=7
t=0,028
r=0,28
n=0
Tant que population<2*ressources faire
    n=n+1
    ressources=ressources+r
    population=population*(1+t)
Fin tant que
```

6 Code Python permettant de calculer l'effectif de la population en tenant compte des ressources

PISTES D'EXPLOITATION

1. **Indiquer**, en vous appuyant sur le texte de Malthus, ce que valent $u(0)$, $u(25)$ et $u(50)$.
2. **Déterminer** la relation entre $u(1)$, $u(0)$ et τ, si l'on note τ le taux de croissance annuel de la population de la Grande-Bretagne. Plus généralement, déterminer la relation entre $u(n+1)$, $u(n)$ et τ.
3. **Déduire** de la question précédente, en procédant de proche en proche, une relation entre $u(n)$, $u(0)$ et τ. Exprimer $u(25)$ en fonction de $u(0)$ et de τ pour vérifier avec la calculatrice ou le tableur que $\tau \approx 2,8$ %.
4. **Expliquer**, pour un entier naturel n, ce que renvoient les exécutions des fonctions popu1(n) et popu2(n).
5. Notons r la raison de la suite v. Déterminer la relation entre $v(n+1)$, $v(n)$ et r. **Exprimer** $v(25)$ en fonction de $v(0)$ et de r puis en déduire r.
6. **Déterminer** la première année au cours de laquelle la population de Grande-Bretagne connaîtra la famine selon le modèle de Malthus. Calculer à partir de quelle année la population sera deux fois plus importante que ce que les ressources permettent de nourrir.

CHAPITRE 12 • Les modèles démographiques 281

problèmes scientifiques

- En supposant que le population humaine soit croissante, peut-on être certain que chaque être humain puisse se nourrir correctement ?
- Quelles sont les limites des modèles précédents, à savoir le modèle à croissance linéaire et le modèle à croissance exponentielle ?

Mobilisation des acquis

- Cette unité se place dans la continuité des deux précédentes, elle s'appuie donc sur les notions de croissance exponentielle et croissance linéaire.

Les grandes idées à construire

- Les modèles vus dans les unités précédentes s'avèrent pertinents pour étudier d'autres phénomènes. C'est le cas ici avec les productions de riz et de blé qui semblent suivre une progression linéaire.
- Tous les modèles d'évolution, en particulier ceux concernant la croissance d'une population, sont valables pour des durées plus ou moins longues. On ne peut donc pas tirer de conclusions économiques et politiques hâtives à partir de résultats forcément partiels.
- L'outil mathématique permet d'interroger les hypothèses, les implicites d'une situation (cf ici le modèle d'Hardy-Weinberg et les remarques attenantes). En particulier, les hypothèses de Malthus se sont révélées fausses : à la fois celle sur la reproduction et celle sur la nourriture.
- Un modèle d'évolution de population devrait tenir compte à la fois des propriétés « intrinsèques » de la population (reproduction, migration...) et du milieu dans lequel cette population évolue, en particulier des limites de ce milieu (limites spatiales comme à Lagos, limites en terme de nourriture...).

Les compétences travaillées

- À l'aide d'un tableur, d'une calculatrice ou d'une représentation graphique, **calculer** le temps de doublement d'une population sous l'hypothèse de croissance exponentielle.
- À partir de documents fournis, **proposer** un modèle de croissance de ressources alimentaires (par exemple la production mondiale de blé ou de riz) et la **comparer** à une croissance exponentielle.

Les représentations de l'élève

- Le point d'entrée de cette activité peut s'appuyer sur le concept de facteur limitant dont les élèves ont une approche empirique. On peut aussi envisager l'approche par la notion de contrainte du milieu qui a été abordée dans le chapitre sur l'évolution et qui constitue une représentation généralement acquise par l'élève.

Ce que disent les documents

1 Ce document revient sur le modèle linéaire, appliqué ici non pas à une population mais à une production (riz, blé). On souligne la puissance de l'outil mathématique et de la modélisation adapté pour isoler dans des situations différentes en apparence des similitudes. Un unique modèle permet donc des situations très diverses.

2 Traduction proposée : « Je pense que je peux envisager honnêtement deux hypothèses. Tout d'abord, que la nourriture est nécessaire à la survie de l'homme. Puis que l'attraction entre les deux sexes est nécessaire et restera telle qu'elle l'est actuellement. (...) En supposant mes hypothèses vérifiées, la croissance de la population humaine est infiniment plus rapide que celle de ce que la terre peut fournir comme nourriture. Lorsqu'elle n'est confrontée à aucun obstacle, la population croît de manière géométrique. La production de nourriture croît de manière linéaire. Une connaissance élémentaire des nombres suffit pour comprendre la puissance de la première par rapport à la seconde. J'ai dit que, sans obstacles, la population croît de manière géométrique et la production de nourriture de manière arithmétique. Aux États-Unis, la population double tous les 25 ans. Prenons ce taux de variation comme règle et, écrivons que toute population humaine croît de manière géométrique en étant multipliée par 2 tous les 25 ans. » Il s'agit là d'un extrait de la première édition de l'ouvrage de Malthus que vous pouvez trouver ici :
http://www.esp.org/books/malthus/population/malthus.pdf

3 Ce document illustre une question qui se pose de nos jours à nouveau : celle du développement durable, en lien avec la population maximale que la Terre peut soutenir. Le graphe, en se basant sur les hypothèses de Malthus, montre le problème que cet auteur soulève : celui d'une famine quasi inéluctable si la population croît de manière exponentielle. Le graphe illustre aussi les deux modèles : le linéaire et l'exponentiel.

4 Traduction proposée : « Bien que ce soit loin de la réalité, supposons que la production agricole de la Grande-Bretagne augmente tous les 25 ans d'une quantité constante égale à ce qu'elle produit actuellement. Regardons ces deux évolutions conjointement. Supposons que la population de la Grande-Bretagne soit d'environ 7 millions d'habitants et que sa production actuelle soit celle qui lui permet de nourrir cette population. » Ici, nous exposons les valeurs données par Malthus pour illustrer son propos.

5 Ce document n'est là que pour formaliser les grandeurs mathématiques en jeu et pour fixer celle concernant les ressources produites par la Grande-Bretagne.

6 Les deux fonctions python codent la même chose : le nombre d'habitants de la Grande-Bretagne après n paliers, ici n années. L'algorithme 1 détermine l'année à partir de laquelle la population aura dépassé 2 fois ce que la Grande-Bretagne peut fournir comme ressources pour vivre. Il se base sur une approche de l'évolution de la population telle que codée avec la fonction popu1. Comme on dispose du n en entrée de boucle, on aurait aussi pu utiliser la fonction popu2.

▶ Les + pour préparer votre séance

Article en ligne

- La page suivante d'une publication de l'APMEP de 2017 (https://apmeplorraine.fr/IMG/pdf/ac_lycee_pv129.pdf) contient des activités destinées à travailler sur plusieurs modèles de croissance de population, dont le linéaire et l'exponentiel. Les activités sont au niveau de classe de première de série générale ou de série technologique STI2D ainsi qu'au niveau de terminale STMG ou ST2S.

Vidéo

- Concernant le modèle de Malthus et son actualité, voici une discussion en anglais : https://economics.stackexchange.com/questions/8635/is-malthusian-theory-of-population-growth-being-realized
- La page suivante propose un bilan des trois modèles démographiques, le modèle linéaire, le modèle à croissance exponentielle et le modèle logistique ou de Verhulst abordé dans l'**unité 4** de ce chapitre : https://www.lec.edu/facstaff/vieira/BI100popeco.htm
- L'INED propose plusieurs vidéos dont : https://www.ined.fr/fr/tout-savoir-population/videos/prevision-et-projection-demographiques/ sur les prévisions démographiques au cours de laquelle on revient sur les objectifs et les hypothèses d'un modèle démographique.
- P. Aghion a consacré un cours au Collège de France à Malthus. Il se propose de répondre aux questions suivantes : Pourquoi revenir sur le modèle « extrême » de Malthus, fondé sur l'« abstinence » ? Pourquoi théorie malthusienne, développement durable et politique de croissance peuvent être liés ? Que pouvons-nous apprendre de l'évolution démographique, sur le temps long et à partir de la révolution industrielle ? Le lien : https://www.college-de-france.fr/site/philippe-aghion/course-2015-11-03-14h00.htm

LE SAVIEZ-VOUS ?

- ▶ Les travaux de Malthus ont eu un fort retentissement et sont à l'origine d'une controverse, objet de la HED de ce chapitre. Darwin et Wallace écrivent tous deux l'influence qu'a eu l'ouvrage de Malthus sur leur conception de la théorie de l'évolution. Ainsi, dans *L'Origine des espèces* publié en 1859, Darwin décrit sa doctrine de la « lutte pour l'existence » : « c'est la doctrine de Malthus appliquée au règne animal et végétal, agissant avec toute sa puissance ».
- ▶ Pour une discussion détaillée de l'épistémologie du darwinisme en lien avec le malthusianisme, nous renvoyons à : https://www.cairn.info/revue-bulletin-d-histoire-et-d-epistemologie-des-sciences-de-la-vie-2013-2-page-171.htm.
- ▶ Pour une critique de la « science bourgeoise » de Darwin, car inspirée du malthusianisme, critique formulée par Lyssenko en 1948, nous renvoyons à https://www.persee.fr/doc/thlou_0080-2654_2009_num_40_4_3793. En complément, pour une brève histoire de la théorie de l'évolution, de Darwin à nos jours : https://www.scienceshumaines.com/charles-darwin-aux-origines-d-une-idee_fr_23318.html

CORRECTION DE L'UNITÉ

1. D'après Malthus, $u(0) = 7$ (en millions d'habitants), $u(25) = 14$ et $u(50) = 28$.

2. Comme Malthus suppose que la croissance de la population est géométrique, on a : $u(1) = (1 + \tau) \times u(0)$ et plus généralement, $u(n + 1) = (1 + \tau) \times u(n)$.

3. De proche en proche, comme pour le cas arithmétique de l'**unité 1** ou le cas géométrique de l'**unité 2** avec Euler, on a : $u(n) = (1 + \tau)^n \times u(0)$. Ainsi $u(25) = (1 + \tau)^{25} \times u(0)$. En effectuant les calculs avec la machine ou le tableur (ou python), on trouve $\tau \approx 0{,}028$.

4. Avec la question précédente, on comprend que les deux programmes python renvoient la population au palier n, donc à l'année $1748 + n$.

5. v est arithmétique d'après Malthus. Donc, $v(n + 1) = v(n) + r$. Ainsi, $v(25) = v(0) + 25 \times r$. Donc : $r = \dfrac{v(25) - v(0)}{25} = \dfrac{14 - 7}{857} = 0{,}28$.

6. Il y a famine quand la nourriture ne suffit plus à nourrir la population. On le lit sur le graphe du **doc. 3**, mais un simple raisonnement suffit pour conclure : la population double tous les 25 ans et les ressources suivent une croissance linéaire en ayant doublant lors des 25 premières années, donc la famine interviendra après 26 ans, soit en 1774.

Il suffit de coder l'algorithme en python ou d'écrire un tableur. Voici des codes qui permettent de conclure :

```
def u_lineaire(init,taux,n):
return init+taux*n
def u_geometrique(init,taux,n):
    return init*(1+taux)**n
def doublement(init,taux):
    n=0
    while u_geometrique(init,taux,n)<2*u_lineaire(init,taux,n):
        n+=1
    return n
```

Le programme renvoie 30.

Livre de l'élève

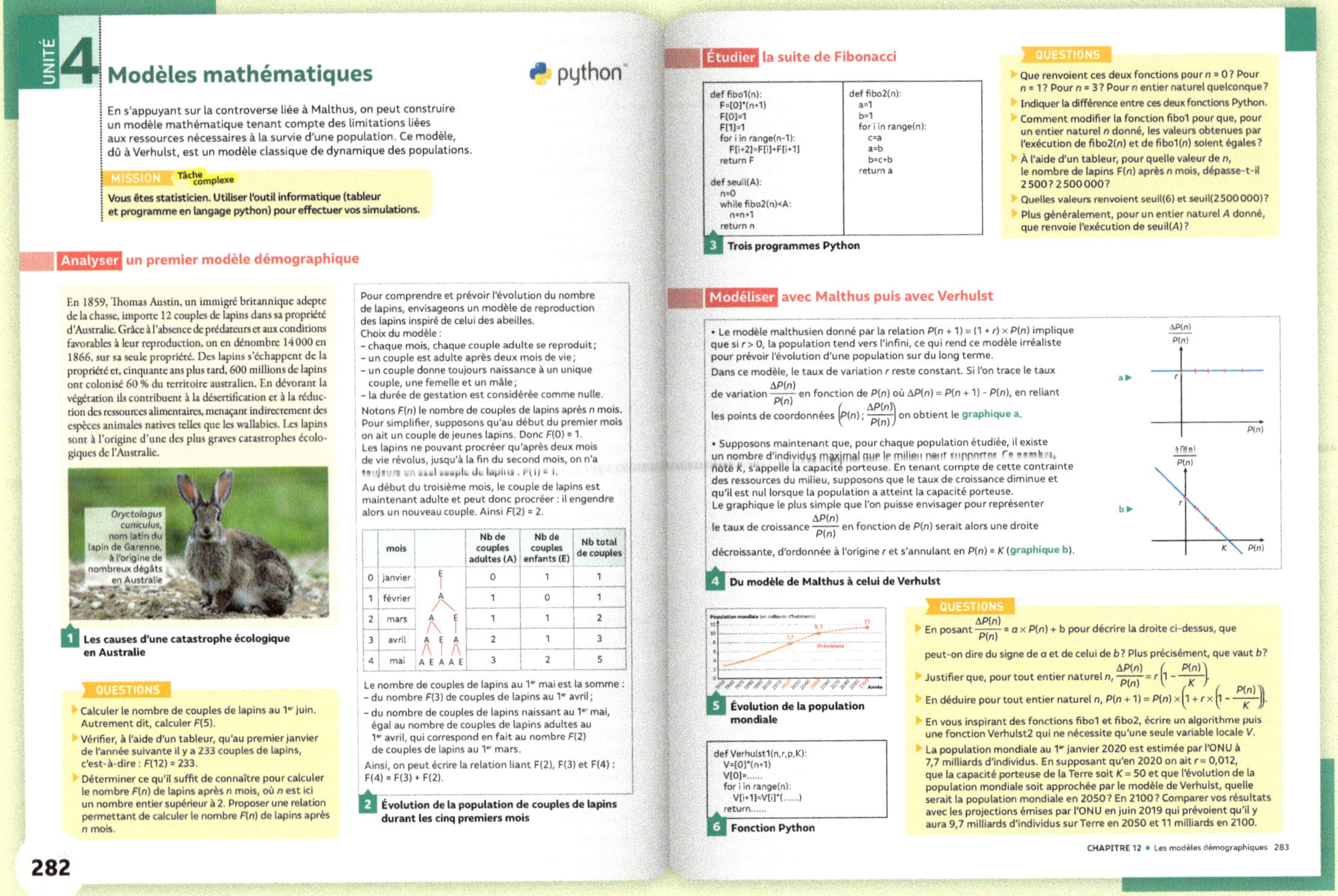
UNITÉ 4

Modèles mathématiques

python

En s'appuyant sur la controverse liée à Malthus, on peut construire un modèle mathématique tenant compte des limitations liées aux ressources nécessaires à la survie d'une population. Ce modèle, dû à Verhulst, est un modèle classique de dynamique des populations.

MISSION Tâche complexe

Vous êtes statisticien. Utiliser l'outil informatique (tableur et programme en langage python) pour effectuer vos simulations.

Analyser un premier modèle démographique

En 1859, Thomas Austin, un immigré britannique adepte de la chasse, importe 12 couples de lapins dans sa propriété d'Australie. Grâce à l'absence de prédateurs et aux conditions favorables à leur reproduction, on en dénombre 14000 en 1866, sur sa seule propriété. Des lapins s'échappent de la propriété et, cinquante ans plus tard, 600 millions de lapins ont colonisé 60 % du territoire australien. En dévorant la végétation ils contribuent à la désertification et à la réduction des ressources alimentaires, menaçant indirectement des espèces animales natives telles que les wallabies. Les lapins sont à l'origine d'une des plus graves catastrophes écologiques de l'Australie.

1 Les causes d'une catastrophe écologique en Australie

QUESTIONS

- Calculer le nombre de couples de lapins au 1er juin. Autrement dit, calculer $F(5)$.
- Vérifier, à l'aide d'un tableur, qu'au premier janvier de l'année suivante il y a 233 couples de lapins, c'est-à-dire : $F(12) = 233$.
- Déterminer ce qu'il suffit de connaître pour calculer le nombre $F(n)$ de lapins après n mois, où n est ici un nombre entier supérieur à 2. Proposer une relation permettant de calculer le nombre $F(n)$ de lapins après n mois.

Pour comprendre et prévoir l'évolution du nombre de lapins, envisageons un modèle de reproduction des lapins inspiré de celui des abeilles.
Choix du modèle :
- chaque mois, chaque couple adulte se reproduit ;
- un couple est adulte après deux mois de vie ;
- un couple donne toujours naissance à un unique couple, une femelle et un mâle ;
- la durée de gestation est considérée comme nulle.

Notons $F(n)$ le nombre de couples de lapins après n mois. Pour simplifier, supposons qu'au début du premier mois on ait un couple de jeunes lapins. Donc $F(0) = 1$.
Les lapins ne pouvant procréer qu'après deux mois de vie révolus, jusqu'à la fin du second mois, on n'a toujours un seul couple de lapins : $F(1) = 1$.
Au début du troisième mois, le couple de lapins est maintenant adulte et peut donc procréer : il engendre alors un nouveau couple. Ainsi $F(2) = 2$.

	mois		Nb de couples adultes (A)	Nb de couples enfants (E)	Nb total de couples
0	janvier	E	0	1	1
1	février	A	1	0	1
2	mars	A E	1	1	2
3	avril	A E A	2	1	3
4	mai	A E A A E	3	2	5

Le nombre de couples de lapins au 1er mai est la somme :
- du nombre $F(3)$ de couples de lapins au 1er avril ;
- du nombre de couples de lapins naissant au 1er mai, égal au nombre de couples de lapins adultes au 1er avril, qui correspond en fait au nombre $F(2)$ de couples de lapins au 1er mars.

Ainsi, on peut écrire la relation liant F(2), F(3) et F(4) :
F(4) = F(3) + F(2).

2 Évolution de la population de couples de lapins durant les cinq premiers mois

282

Étudier la suite de Fibonacci

```
def fibo1(n):
   F=[0]*(n+1)
   F[0]=1
   F[1]=1
   for i in range(n-1):
      F[i+2]=F[i]+F[i+1]
   return F

def seuil(A):
   n=0
   while fibo2(n)<A:
      n=n+1
   return n
```

```
def fibo2(n):
   a=1
   b=1
   for i in range(n):
      c=a
      a=b
      b=c+b
   return a
```

3 Trois programmes Python

QUESTIONS

- Que renvoient ces deux fonctions pour $n = 0$? Pour $n = 1$? Pour $n = 3$? Pour n entier naturel quelconque ?
- Indiquer la différence entre ces deux fonctions Python.
- Comment modifier la fonction fibo1 pour que, pour un entier naturel n donné, les valeurs obtenues par l'exécution de fibo2(n) et de fibo1(n) soient égales ?
- À l'aide d'un tableur, pour quelle valeur de n, le nombre de lapins F(n) après n mois, dépasse-t-il 2500 ? 2500000 ?
- Quelles valeurs renvoient seuil(6) et seuil(2500000) ?
- Plus généralement, pour un entier naturel A donné, que renvoie l'exécution de seuil(A) ?

Modéliser avec Malthus puis avec Verhulst

• Le modèle malthusien donné par la relation $P(n+1) = (1+r) \times P(n)$ implique que si $r > 0$, la population tend vers l'infini, ce qui rend ce modèle irréaliste pour prévoir l'évolution d'une population sur du long terme.
Dans ce modèle, le taux de variation r reste constant. Si l'on trace le taux de variation $\frac{\Delta P(n)}{P(n)}$ en fonction de $P(n)$ où $\Delta P(n) = P(n+1) - P(n)$, en reliant les points de coordonnées $\left(P(n) ; \frac{\Delta P(n)}{P(n)}\right)$ on obtient le **graphique a**.

• Supposons maintenant que, pour chaque population étudiée, il existe un nombre d'individus maximal que le milieu peut supporter. Ce nombre, noté K, s'appelle la capacité porteuse. En tenant compte de cette contrainte des ressources du milieu, supposons que le taux de croissance diminue et qu'il est nul lorsque la population a atteint la capacité porteuse.
Le graphique le plus simple que l'on puisse envisager pour représenter le taux de croissance $\frac{\Delta P(n)}{P(n)}$ en fonction de $P(n)$ serait alors une droite décroissante, d'ordonnée à l'origine r et s'annulant en $P(n) = K$ (**graphique b**).

4 Du modèle de Malthus à celui de Verhulst

5 Évolution de la population mondiale

```
def Verhulst1(n,r,p,K):
   V=[0]*(n+1)
   V[0]=......
   for i in range(n):
      V[i+1]=V[i]*(......)
   return......
```

6 Fonction Python

QUESTIONS

- En posant $\frac{\Delta P(n)}{P(n)} = a \times P(n) + b$ pour décrire la droite ci-dessus, que peut-on dire du signe de a et de celui de b ? Plus précisément, que vaut b ?
- Justifier que, pour tout entier naturel n, $\frac{\Delta P(n)}{P(n)} = r\left(1 - \frac{P(n)}{K}\right)$.
- En déduire pour tout entier naturel n, $P(n+1) = P(n) \times \left(1 + r \times \left(1 - \frac{P(n)}{K}\right)\right)$.
- En vous inspirant des fonctions fibo1 et fibo2, écrire un algorithme puis une fonction Verhulst2 qui ne nécessite qu'une seule variable locale V.
- La population mondiale au 1er janvier 2020 est estimée par l'ONU à 7,7 milliards d'individus. En supposant qu'en 2020 on ait $r = 0{,}012$, que la capacité porteuse de la Terre soit $K = 50$ et que l'évolution de la population mondiale soit approchée par le modèle de Verhulst, quelle serait la population mondiale en 2050 ? En 2100 ? Comparer vos résultats avec les projections émises par l'ONU en juin 2019 qui prévoient qu'il y aura 9,7 milliards d'individus sur Terre en 2050 et 11 milliards en 2100.

CHAPITRE 12 • Les modèles démographiques 283

problèmes scientifiques

- **Que peut-on dire mathématiquement de la suite 1, 1, 2, 3, 5, 8, 13, 21… ?**
- **Quel modèle « simple » peut-on créer qui dépasse les limites du modèle malthusien, c'est-à-dire qui tienne compte des limites du milieu porteur de la population et des effets sur l'évolution de sa population ?**

Mobilisation des acquis

- Les acquis viennent ici des **unités 1**, **2** et **3**, ainsi que de la notion de modèle climatique développée dans la partie 1 du programme. Cette unité est donc un approfondissement mathématique des notions envisagées précédemment.

Les grandes idées à construire

- Le modèle de population de Fibonacci n'est pas pertinent pour étudier les populations de lapins : absence de mortalité, taux de fécondité inférieur à la réalité… Malgré ces limites, la suite de Fibonacci issue de ce modèle est d'un grand intérêt en mathématiques, en informatique et en sciences.
- Le modèle de Verhulst, qui donne lieu à la notion de suite logistique, bien que « facile » à construire, est un modèle toujours utilisé pour l'étude de dynamiques de populations. La courbe en « S » obtenue par ce modèle rappelle que plus la population se rapproche de la limite de ce que le milieu peut soutenir, plus la croissance de cette population ralentit.
- Les modèles utilisés par l'ONU et les organismes de recherche pour prédire le nombre d'humains sur Terre ne sont ni linéaires ni exponentiels : aucun de ces deux modèles ne prédit une population humaine de 10 milliards en 2050 et de 11 milliards en 2100.

Les compétences travaillées

- **Déterminer** une relation entre $u(n+1)$ et la ou les grandeurs précédentes.
- À l'aide d'un tableur, d'une calculatrice ou d'une représentation graphique, **calculer** le temps de doublement d'une population sous différentes hypothèses.
- **Modéliser, écrire** un algorithme.

Ce que disent les documents

1 Ce document montre un gentil lapin qui seul peut paraître inoffensif, mais en bande… se trouve être à l'origine d'une des plus grands catastrophes écologique en Australie (avant les incendies de 2019).

2 Ce document constitue une tentative pour rendre simple et explicite la construction récursive d'une suite de Fibonacci, en respectant l'énoncé original. On y note des hypothèses irréalistes mais nécessaires à la modélisation.
Les questions associées à ces deux documents ont pour objectif de permettre aux étudiants de mettre en place la relation de récurrence liant le nombre $F(n)$ aux deux précédents $F(n-1)$ et $F(n-2)$, en s'appuyant notamment sur l'outil tableur.

3 Ce document propose trois fonctions python. Les deux premières codent de deux façons différentes la suite de Fibonacci. fibo1 renvoie toute la liste des $n + 1$ premiers nombres de Fibonacci alors que fibo2 ne renvoie que le dernier. On peut ici mener une discussion sur la notion de complexité en espace d'un programme informatique : le premier a besoin de stocker toute la liste alors que pour le second, on se contente des deux derniers éléments calculés : on n'utilise donc ici que trois variables là où fibo1 semble nécessiter $n + 1$ variables, les $n + 1$ éléments de la liste.

4 et **5** Le **doc. 4**, en s'appuyant sur des considérations aussi simples que possible, se fixe pour objectif de « construire » le modèle de Verhulst. Il suppose que le taux de croissance d'une population est une fonction décroissante dont on connait deux valeurs : une valeur initiale et une valeur finale. On considère alors la fonction la plus simple possible : une fonction affine reliant ces deux points. Ce modèle est dû à Verhulst, mathématicien belge. Il publie son modèle en 1838. Le **doc. 5** est une illustration d'une courbe en « S », courbe d'une fonction suivant un modèle de Verhulst.

6 Ce document est une fonction python à compléter en s'appuyant sur les réponses données dans les questions de la page. On note que l'on a ici fait le choix d'écrire une fonction à l'aide d'une liste, comme dans le fonction fibo1. On pourra donc éventuellement demander de créer une fonction `verhulst2` sur le modèle de fibo2.

Les + pour préparer votre séance

- Des vidéos de l'INED :
  – une première courte vidéo qui revient sur les projections démographiques à long terme : https://www.ined.fr/fr/tout-savoir-population/jeux/la-population-mondiale/
  – une vidéo plus longue (environ 13′) extraite d'un séminaire de G. Pison expliquant l'origine et l'histoire de l'estimation de 10 milliards d'individus sur Terre : https://www.ined.fr/fr/tout-savoir-population/videos/vers-10-milliards-hommes/
- Une vidéo d'une conférence de D. Perrin autour de l'étude d'une suite logistique (c'est-à-dire d'un modèle de Verhulst) particulière : https://video.irem.univ-paris-diderot.fr/videos/watch/1d0383d8-d11f-416e-9bff-08b0d5501bab
- Une vidéo revenant sur l'évolution du nombre de malades du Covid-19 en 2020 à travers différents modèles vus au cours des unités précédentes : https://www.youtube.com/watch?v=Kas0tlxDvrg

LE SAVIEZ-VOUS ?

- En 1835, Quetelet remarque que les populations ne peuvent pas croître de manière exponentielle sur des durées de temps longues. Les limitations du milieu qui apparaissent implicitement dans les travaux de Malthus constituent selon Quetelet une « résistance » à cette croissance sans limite. Par analogie à la mécanique du solide, il postule que la croissance d'une population est proportionnelle « au carré de la vitesse avec laquelle la population tend à croître. » En s'inspirant des travaux de Quetelet, Verhulst est le premier en 1838 à prévoir que, contrairement à la doctrine de Malthus, l'accroissement de la population diminue graduellement et que le mouvement de la population tend vers un état stationnaire, une certaine limite numérique ne pouvant être dépassée. Verhulst réalise que l'analogie avec la mécanique envisagée par Quetelet ne modélise pas convenablement l'évolution d'une population et propose l'équation suivante, équation à laquelle il attribue le qualificatif d'arbitraire : $\frac{dP}{dt} = rP\left(1 - \frac{P}{K}\right)$. Verhulst écrit d'ailleurs : « Ainsi, quand une population peut se développer librement et sans obstacles, elle croît selon une progression géométrique ; si le développement a lieu au milieu d'obstacles de toute espèce qui tendent à l'arrêter, et qui agissent d'une manière uniforme, c'est-à-dire si l'état social ne change point, la population [...] tend de plus en plus à devenir stationnaire. Il en résulte donc que la population trouve, dans sa tendance même à croître, les causes qui doivent prévenir les funestes catastrophes qu'on pourrait craindre par un trop-plein, si je puis m'exprimer ainsi, amené d'une manière brusque, et devant lequel toute la prudence humaine viendrait échouer. L'expérience même de notre vieille Europe prouve très bien que les populations arrivent à leur état d'équilibre, ou croissent ou rétrogradent en suivant généralement une loi de continuité. »
- Verhulst revient aussi en 1845 sur l'hypothèse de Malthus de progression géométrique de la population et sur l'exemple des États-Unis : « Nous n'insisterons pas d'avantage sur l'hypothèse de la progression géométrique, attendu qu'elle ne se réalise que dans des circonstances tout à fait exceptionnelles ; par exemple, quand un territoire fertile et d'une étendue en quelque sorte illimitée se trouve habité par un peuple d'une civilisation très avancée, comme celle des premiers colons des États-Unis ».

Plus de détails ici : https://journals.openedition.org/msh/pdf/2893 et dans le livre de N. Bacaër *Histoires de mathématiques et de populations* publié en 2008 chez Cassini.

CORRECTION DE L'UNITÉ

Sur Fibonacci et le tableur :

1. On a $F(5) = 5 + 3 = 8$.
2. Il suffit d'écrire la formule et de « tirer » la cellule en question. Ainsi, dans le tableur ci- dessous, la cellule D2 contient l'expression : « =B2+C2 ». Puis « on a tiré la croix vers la droite » :

```
    n= 0 1 2 3 4 5  6  7  8  9 10  11  12
 F(n)= 1 1 2 3 5 8 13 21 34 55 89 144 233
```

3. Pour calculer $F(n)$ il suffit de connaître $F(n - 1)$ et $F(n - 2)$. Et on a $F(n) = F(n - 1) + F(n - 2)$.

Sur Fibonacci et python :

1. Pour $n = 0$, elles renvoient 1, pour $n - 1$ elles renvoient 1 et pour $n = 3$ elles renvoient 3.
2. La première fonction renvoie une liste de $n + 1$ éléments calculés avec le procédé de Fibonacci. La seconde fonction fibo2 renvoie le nombre de Fibonacci associé à l'entier naturel donné en paramètre.
3. Pour que les deux fonctions renvoient exactement le même objet, il suffit d'écrire `return F[-1]` ou `return F[n]` à la fin du programme fibo1 et à la place de la ligne `return F`.
4. En utilisant le tableur précédent, on trouve que $F(16) = 1597$ et $F(17) = 2584$ et que $F(31) = 2178309$ et $F(32) = 3524578$.
5. `seuil(6)` renvoie 5 : cela signifie que $F(5) > 6$ et que $F(4) \leq 6$. `seuil_fibo(2500000)` renvoie 32 comme attendu d'après la question précédente.
6. `seuil(A)` renvoie le plus petit entier n tel que $F(n) > A$ et $F(n - 1) \leq A$.

Concernant le modèle de Verhulst :

1. Comme il y a décroissance stricte, $a < 0$. Comme dans le modèle de Verhulst proposé ici, on suppose que le taux de croissance diminue pour valoir 0 lorsque la population atteint la capacité porteuse du milieu. Donc $b > 0$. En $n = 0$, on a $b = r$ le taux de variation initiale.
2. On cherche une équation du type $y = a \times x + b$ où $b = r$ est le taux de variation à l'origine et lorsque $x = K$, on devrait avoir $y = 0$, d'où $a = -\frac{r}{K}$. r s'appelle parfois le taux de croissance intrinsèque de la population, celui qu'il y aurait si le milieu ne constituait pas un obstacle à la reproduction.
3. On a $\frac{\Delta P(n)}{P(n)} = r\left(1 - \frac{P(n)}{K}\right)$ donc $P(n + 1) = r\,P(n)\left(1 - \frac{P(n)}{K}\right) + P(n) = P(n)\left[1 + r\left(1 - \frac{P(n)}{K}\right)\right]$.
4. On utilise et on complète la fonction python donnée.

```python
def Verhulst(n,r,p,K):
    V=[0]*(n+1)
    V[0]=p
    for i in range(n):
        V[i+1]=V[i]*(1+r*(1-V[i]/K))
    return V[-1]
```

On exécute `Verhulst(30,0.012,7.7,50)` et on obtient environ 10 milliards d'habitants. On exécute `Verhulst(80,0.012,7.7,50)` et on obtient environ 16 milliards d'habitants en 2100.

Livre de l'élève

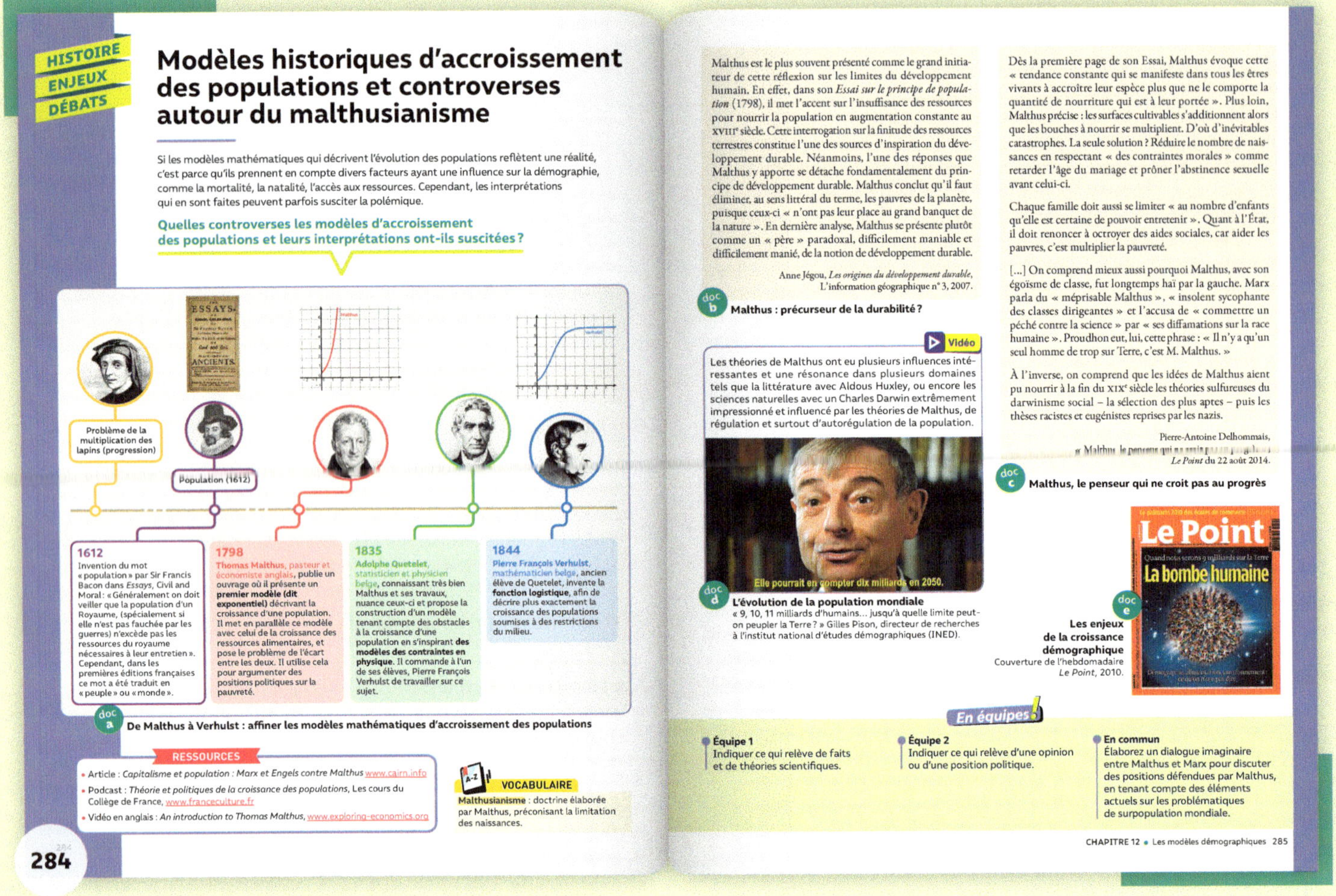
HISTOIRE ENJEUX DÉBATS

Modèles historiques d'accroissement des populations et controverses autour du malthusianisme

Si les modèles mathématiques qui décrivent l'évolution des populations reflètent une réalité, c'est parce qu'ils prennent en compte divers facteurs ayant une influence sur la démographie, comme la mortalité, la natalité, l'accès aux ressources. Cependant, les interprétations qui en sont faites peuvent parfois susciter la polémique.

Quelles controverses les modèles d'accroissement des populations et leurs interprétations ont-ils suscitées ?

1612 Invention du mot « population » par Sir Francis Bacon dans *Essays*, Civil and Moral : « Généralement on doit veiller que la population d'un Royaume, (spécialement si elle n'est pas fauchée par les guerres) n'excède pas les ressources du royaume nécessaires à leur entretien ». Cependant, dans les premières éditions françaises ce mot a été traduit en « peuple » ou « monde ».

1798 Thomas Malthus, pasteur et économiste anglais, publie un ouvrage où il présente un **premier modèle (dit exponentiel)** décrivant la croissance d'une population. Il met en parallèle ce modèle avec celui de la croissance des ressources alimentaires, et pose le problème de l'écart entre les deux. Il utilise cela pour argumenter des positions politiques sur la pauvreté.

1835 Adolphe Quetelet, statisticien et physicien belge, connaissant très bien Malthus et ses travaux, nuance ceux-ci et propose la construction d'un modèle tenant compte des obstacles à la croissance d'une population en s'inspirant **des modèles des contraintes en physique**. Il commande à l'un de ses élèves, Pierre François Verhulst de travailler sur ce sujet.

1844 Pierre François Verhulst, mathématicien belge, ancien élève de Quetelet, invente la **fonction logistique**, afin de décrire plus exactement la croissance des populations soumises à des restrictions du milieu.

doc a **De Malthus à Verhulst : affiner les modèles mathématiques d'accroissement des populations**

RESSOURCES
- Article : *Capitalisme et population : Marx et Engels contre Malthus* www.cairn.info
- Podcast : *Théorie et politiques de la croissance des populations*, Les cours du Collège de France, www.franceculture.fr
- Vidéo en anglais : *An introduction to Thomas Malthus*, www.exploring-economics.org

VOCABULAIRE
Malthusianisme : doctrine élaborée par Malthus, préconisant la limitation des naissances.

284

Malthus est le plus souvent présenté comme le grand initiateur de cette réflexion sur les limites du développement humain. En effet, dans son *Essai sur le principe de population* (1798), il met l'accent sur l'insuffisance des ressources pour nourrir la population en augmentation constante au XVIIIe siècle. Cette interrogation sur la finitude des ressources terrestres constitue l'une des sources d'inspiration du développement durable. Néanmoins, l'une des réponses que Malthus y apporte se détache fondamentalement du principe de développement durable. Malthus conclut qu'il faut éliminer, au sens littéral du terme, les pauvres de la planète, puisque ceux-ci « n'ont pas leur place au grand banquet de la nature ». En dernière analyse, Malthus se présente plutôt comme un « père » paradoxal, difficilement maniable et difficilement manié, de la notion de développement durable.

Anne Jégou, *Les origines du développement durable*, L'information géographique n° 3, 2007.

doc b **Malthus : précurseur de la durabilité ?**

Vidéo

Les théories de Malthus ont eu plusieurs influences intéressantes et une résonance dans plusieurs domaines tels que la littérature avec Aldous Huxley, ou encore les sciences naturelles avec un Charles Darwin extrêmement impressionné et influencé par les théories de Malthus, de régulation et surtout d'autorégulation de la population.

doc d **L'évolution de la population mondiale**
« 9, 10, 11 milliards d'humains... jusqu'à quelle limite peut-on peupler la Terre ? » Gilles Pison, directeur de recherches à l'institut national d'études démographiques (INED).

Dès la première page de son Essai, Malthus évoque cette « tendance constante qui se manifeste dans tous les êtres vivants à accroître leur espèce plus que ne le comporte la quantité de nourriture qui est à leur portée ». Plus loin, Malthus précise : les surfaces cultivables s'additionnent alors que les bouches à nourrir se multiplient. D'où d'inévitables catastrophes. La seule solution ? Réduire le nombre de naissances en respectant « des contraintes morales » comme retarder l'âge du mariage et prôner l'abstinence sexuelle avant celui-ci.

Chaque famille doit aussi se limiter « au nombre d'enfants qu'elle est certaine de pouvoir entretenir ». Quant à l'État, il doit renoncer à octroyer des aides sociales, car aider les pauvres, c'est multiplier la pauvreté.

[...] On comprend mieux aussi pourquoi Malthus, avec son égoïsme de classe, fut longtemps haï par la gauche. Marx parla du « méprisable Malthus », « insolent sycophante des classes dirigeantes » et l'accusa de « commettre un péché contre la science » par « ses diffamations sur la race humaine ». Proudhon eut, lui, cette phrase : « Il n'y a qu'un seul homme de trop sur Terre, c'est M. Malthus. »

À l'inverse, on comprend que les idées de Malthus aient pu nourrir à la fin du XIXe siècle les théories sulfureuses du darwinisme social – la sélection des plus aptes – puis les thèses racistes et eugénistes reprises par les nazis.

Pierre-Antoine Delhommais, « Malthus, le penseur qui ne croit pas au progrès », *Le Point* du 22 août 2014.

doc c **Malthus, le penseur qui ne croit pas au progrès**

doc e **Les enjeux de la croissance démographique**
Couverture de l'hebdomadaire *Le Point*, 2010.

En équipes
- **Équipe 1** Indiquer ce qui relève de faits et de théories scientifiques.
- **Équipe 2** Indiquer ce qui relève d'une opinion ou d'une position politique.
- **En commun** Élaborez un dialogue imaginaire entre Malthus et Marx pour discuter des positions défendues par Malthus, en tenant compte des éléments actuels sur les problématiques de surpopulation mondiale.

CHAPITRE 12 • Les modèles démographiques 285

problèmes scientifiques

- En quoi les modèles mathématiques peuvent-ils susciter les débats ?
- Quels sont les conséquences de ces débats dans les sociétés ?

Mobilisation des acquis

- Les élèves ont maintenant connaissance de la notion de modèles mathématiques, et du fait que ceux-ci sont généralement construits sur des hypothèses initiales (cas des modèles climatiques, du modèle de Hardy-Weinberg, et des modèles de Malthus et Verhulst. Il s'agit donc ici de revenir sur ces notions d'hypothèses qui conditionnent les résultats et la validité des modèles, tels qu'ils ont déjà pu être envisagés dans les chapitres 3 et 9.

Les compétences travaillées

- **Exploiter** des documents.
- **Rédiger** une argumentation scientifique.
- **Communiquer**.
- **Extraire et organiser** des informations.

Ce que disent les documents

a Cette frise chronologique permet de replacer les idées et les principaux protagonistes intervenant dans les modèles d'accroissement de population.

b Ce texte met clairement en évidence, la différence entre un fait, « la finitude des ressources », et une idée : « l'élimination des pauvres ». Ceci permet aussi de revenir sur le concept de développement durable.

c Ce texte présente les positions politiques de Malthus, et les oppositions qu'elles suscitent à l'époque. Les textes complémentaires ci-contre viennent enrichir cet aspect du débat.

d Cette vidéo présent les conséquences des théories de Malthus dans différents champs disciplinaires comme la littérature, l'évolution ou l'économie.

CORRECTION DE L'UNITÉ

Équipe 1. Les données, populationnelles, ressources alimentaires, surfaces cultivables, pauvreté, sont des faits. Ils aboutissent à des théories scientifiques basées sur différents modèles qui prédisent suivant des hypothèses, une population dans le futur.

Équipe 2. ce qui relève d'une opinion ou d'une position politique. Le choix d'une modèle préférentiel plus qu'un autre en absence de données permettant d'étayer ce choix. La formulation de conséquences et de prédictions/solutions non basées directement sur les modèles : élimination des pauvres, eugénisme, etc.

TEXTES COMPLÉMENTAIRES

La déclaration de guerre la plus brutale que la bourgeoisie ait lancée contre le prolétariat, c'est la théorie de la population de Malthus et la

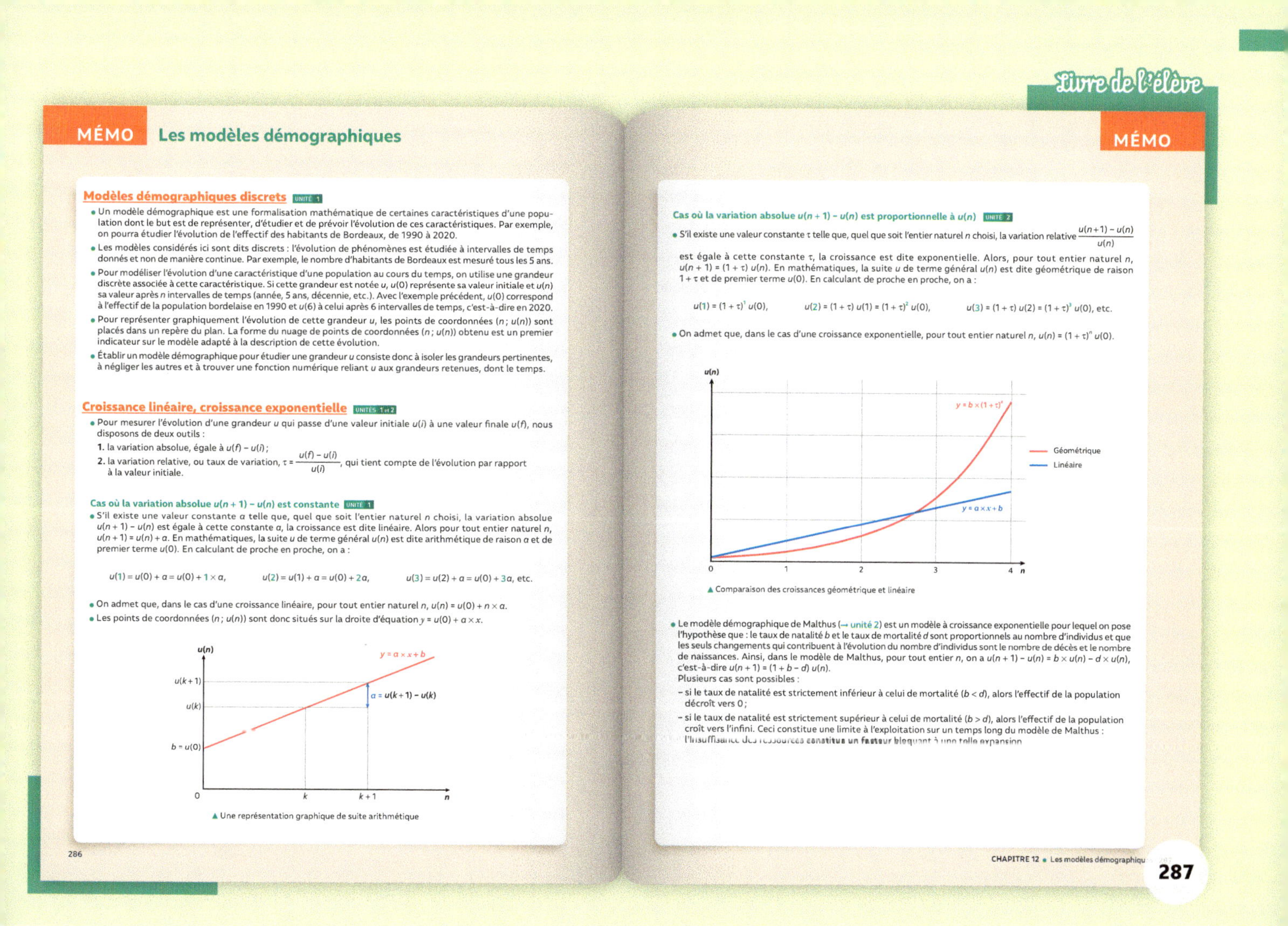

Livre de l'élève

MÉMO **Les modèles démographiques**

Modèles démographiques discrets UNITÉ 1

- Un modèle démographique est une formalisation mathématique de certaines caractéristiques d'une population dont le but est de représenter, d'étudier et de prévoir l'évolution de ces caractéristiques. Par exemple, on pourra étudier l'évolution de l'effectif des habitants de Bordeaux, de 1990 à 2020.
- Les modèles considérés ici sont dits discrets : l'évolution de phénomènes est étudiée à intervalles de temps donnés et non de manière continue. Par exemple, le nombre d'habitants de Bordeaux est mesuré tous les 5 ans.
- Pour modéliser l'évolution d'une caractéristique d'une population au cours du temps, on utilise une grandeur discrète associée à cette caractéristique. Si cette grandeur est notée u, $u(0)$ représente sa valeur initiale et $u(n)$ sa valeur après n intervalles de temps (année, 5 ans, décennie, etc.). Avec l'exemple précédent, $u(0)$ correspond à l'effectif de la population bordelaise en 1990 et $u(6)$ à celui après 6 intervalles de temps, c'est-à-dire en 2020.
- Pour représenter graphiquement l'évolution de cette grandeur u, les points de coordonnées $(n\,;u(n))$ sont placés dans un repère du plan. La forme du nuage de points de coordonnées $(n\,;u(n))$ obtenu est un premier indicateur sur le modèle adapté à la description de cette évolution.
- Établir un modèle démographique pour étudier une grandeur u consiste donc à isoler les grandeurs pertinentes, à négliger les autres et à trouver une fonction numérique reliant u aux grandeurs retenues, dont le temps.

Croissance linéaire, croissance exponentielle UNITÉS 1 et 2

- Pour mesurer l'évolution d'une grandeur u qui passe d'une valeur initiale $u(i)$ à une valeur finale $u(f)$, nous disposons de deux outils :
  1. la variation absolue, égale à $u(f) - u(i)$;
  2. la variation relative, ou taux de variation, $\tau = \frac{u(f) - u(i)}{u(i)}$, qui tient compte de l'évolution par rapport à la valeur initiale.

Cas où la variation absolue $u(n+1) - u(n)$ est constante UNITÉ 1

- S'il existe une valeur constante a telle que, quel que soit l'entier naturel n choisi, la variation absolue $u(n+1) - u(n)$ est égale à cette constante a, la croissance est dite linéaire. Alors pour tout entier naturel n, $u(n+1) = u(n) + a$. En mathématiques, la suite u de terme général $u(n)$ est dite arithmétique de raison a et de premier terme $u(0)$. En calculant de proche en proche, on a :

$u(1) = u(0) + a = u(0) + 1 \times a$, $u(2) = u(1) + a = u(0) + 2a$, $u(3) = u(2) + a = u(0) + 3a$, etc.

- On admet que, dans le cas d'une croissance linéaire, pour tout entier naturel n, $u(n) = u(0) + n \times a$.
- Les points de coordonnées $(n\,;u(n))$ sont donc situés sur la droite d'équation $y = u(0) + a \times x$.

▲ Une représentation graphique de suite arithmétique

286

MÉMO

Cas où la variation absolue $u(n+1) - u(n)$ est proportionnelle à $u(n)$ UNITÉ 2

- S'il existe une valeur constante τ telle que, quel que soit l'entier naturel n choisi, la variation relative $\frac{u(n+1) - u(n)}{u(n)}$ est égale à cette constante τ, la croissance est dite exponentielle. Alors, pour tout entier naturel n, $u(n+1) = (1+\tau)\,u(n)$. En mathématiques, la suite u de terme général $u(n)$ est dite géométrique de raison $1+\tau$ et de premier terme $u(0)$. En calculant de proche en proche, on a :

$u(1) = (1+\tau)^1\,u(0)$, $u(2) = (1+\tau)\,u(1) = (1+\tau)^2\,u(0)$, $u(3) = (1+\tau)\,u(2) = (1+\tau)^3\,u(0)$, etc.

- On admet que, dans le cas d'une croissance exponentielle, pour tout entier naturel n, $u(n) = (1+\tau)^n\,u(0)$.

▲ Comparaison des croissances géométrique et linéaire

- Le modèle démographique de Malthus (→ unité 2) est un modèle à croissance exponentielle pour lequel on pose l'hypothèse que : le taux de natalité b et le taux de mortalité d sont proportionnels au nombre d'individus et que les seuls changements qui contribuent à l'évolution du nombre d'individus sont le nombre de décès et le nombre de naissances. Ainsi, dans le modèle de Malthus, pour tout entier n, on a $u(n+1) - u(n) = b \times u(n) - d \times u(n)$, c'est-à-dire $u(n+1) = (1+b-d)\,u(n)$.
  Plusieurs cas sont possibles :
  - si le taux de natalité est strictement inférieur à celui de mortalité ($b < d$), alors l'effectif de la population décroît vers 0 ;
  - si le taux de natalité est strictement supérieur à celui de mortalité ($b > d$), alors l'effectif de la population croît vers l'infini. Ceci constitue une limite à l'exploitation sur un temps long du modèle de Malthus : l'insuffisance des ressources constitue un facteur bloquant à une telle expansion

CHAPITRE 12 • Les modèles démographiques

287

nouvelle loi des pauvres qu'elle a inspirée. Nous avons déjà fait allusion en de multiples occasions à la théorie de Malthus. Nous rappellerons simplement ici ses principales conclusions : la terre est perpétuellement surpeuplée, de sorte que la pauvreté, la misère, la disette et l'immoralité doivent toujours dominer ; que c'est le sort de l'humanité d'être éternellement condamnée à exister en trop grand nombre, donc en classes diverses, dont certaines sont plus ou moins riches, cultivées et morales, et les autres plus ou moins pauvres, misérables, ignorantes et immorales. Il s'ensuit dans la pratique – et Malthus lui-même tire ces conclusions – que la charité et les caisses de pauvres sont à proprement parler une absurdité, puisqu'elles ne servent qu'à maintenir en vie et à faire se multiplier la population en excédent, dont la concurrence ne fait que peser sur les salaires […] ; qu'il ne s'agit donc pas de nourrir la population en surnombre, mais de la limiter autant que possible, d'une façon ou d'une autre.

Extrait de *La situation de la classe laborieuse en Angleterre*, écrit en 1845 par Engels.

« Un homme qui est né dans un monde déjà possédé, s'il ne lui est pas possible d'obtenir de ses parents les subsistances qu'il peut justement leur demander, et si la société n'a nul besoin de son travail, n'a aucun droit de réclamer la moindre part de nourriture, et, en réalité, il est de trop. Au grand banquet de la nature, il n'y a point de couvert vacant pour lui ; elle lui ordonne de s'en aller, et elle ne tardera pas elle-même à mettre son ordre à exécution, s'il ne peut recourir à la compassion de quelques convives du banquet. Si ceux-ci se serrent pour lui faire place, d'autres intrus se présentent aussitôt, réclamant les mêmes faveurs. La nouvelle qu'il y a des aliments pour tous ceux qui arrivent remplit la salle de nombreux postulants. L'ordre et l'harmonie du festin sont troublés, l'abondance qui régnait précédemment se change en disette, et la joie des convives est anéantie par le spectacle de la misère et de la pénurie qui sévissent a dans toutes les parties de la salle, et par les clameurs importunes de ceux qui sont, à juste titre, furieux de ne pas trouver les aliments qu'on leur avait fait espérer. »

Extrait de la version de 1798 de : *Essai sur le principe de la population en tant qu'il influe sur le progrès futur de la société avec des remarques sur les théories de M. Godwin, de M.Condorcet et d'autres auteurs*.

Pour aller plus loin

Malthus propose l'un des premiers modèles démographiques réel, le premier étant souvent attribué à Fibonacci. La modélisation proposée par Malthus n'est mathématiquement pas une modélisation nouvelle. La nouveauté réside dans le fait que des modélisations mathématiques des ressources et de la population sont confrontées et servent de base à une discussion sur les choix politiques. D'ailleurs, Malthus publie cette modélisation dans un livre anonyme, *An Essay on the Principle of Population*, en 1798 en réaction à une loi de 1796 qui offrait aux familles nombreuses une aide financière, permettant ainsi d'améliorer les conditions de vie des plus démunis. Dans cet essai, Malthus montre qu'avec cette loi la population augmentera plus vite que la production de nourriture aboutissant à une famine et donc un effet opposé à celui escompté.

Pages MÉMO

Ces pages mémo ont été conçues pour proposer une formulation mathématique plus opérationnalisée aux élèves. Elles constituent un complément pour les élèves qui retrouvent ainsi une formalisation à laquelle ils sont habitués. Cette formalisation est complémentaire des pages synthèse.

Livre de l'élève

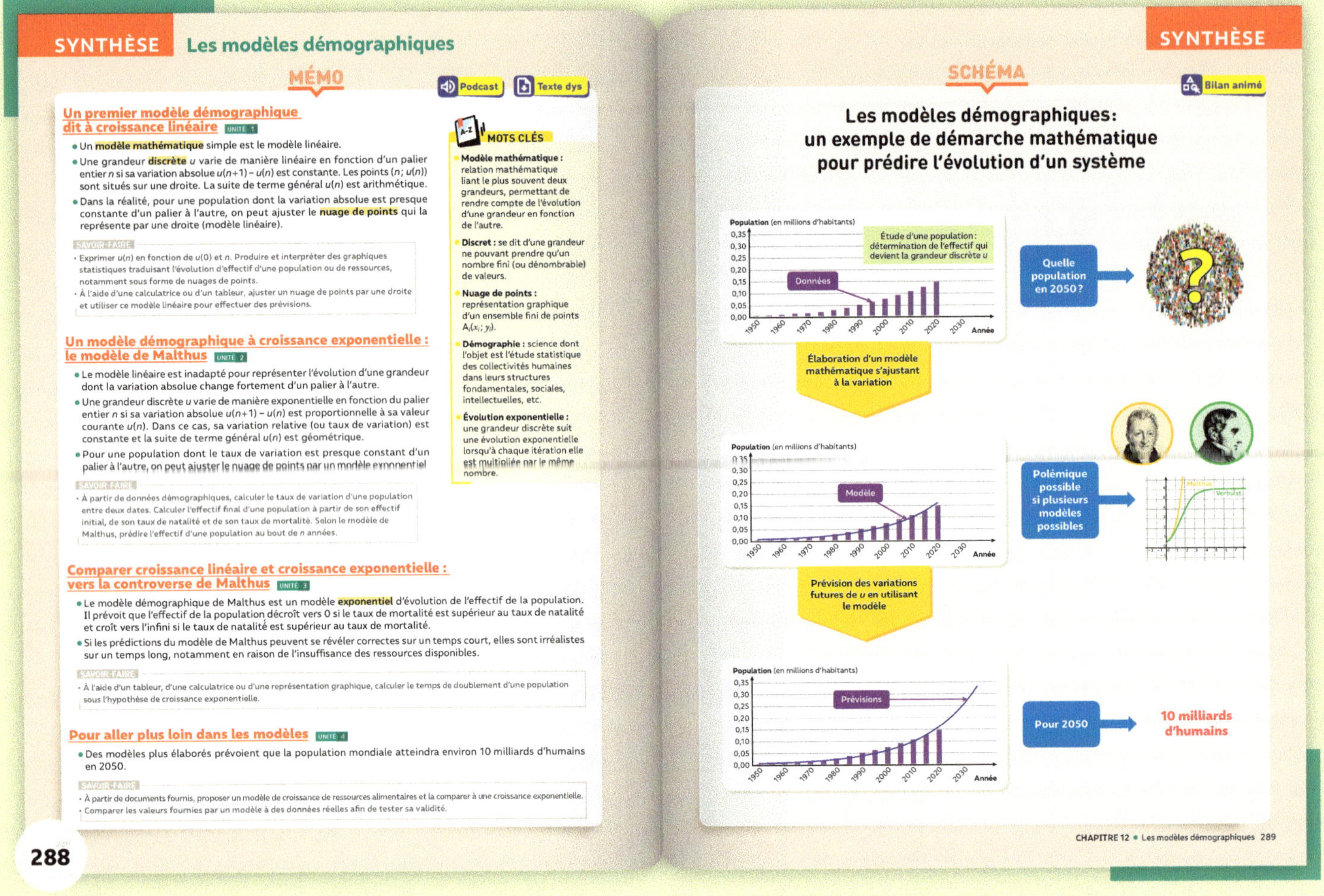

SYNTHÈSE Les modèles démographiques

MÉMO

Podcast Texte dys

Un premier modèle démographique dit à croissance linéaire UNITÉ 1

- Un **modèle mathématique** simple est le modèle linéaire.
- Une grandeur **discrète** u varie de manière linéaire en fonction d'un palier entier n si sa variation absolue $u(n+1) - u(n)$ est constante. Les points $(n ; u(n))$ sont situés sur une droite. La suite de terme général $u(n)$ est arithmétique.
- Dans la réalité, pour une population dont la variation absolue est presque constante d'un palier à l'autre, on peut ajuster le **nuage de points** qui la représente par une droite (modèle linéaire).

SAVOIR-FAIRE
- Exprimer $u(n)$ en fonction de $u(0)$ et n. Produire et interpréter des graphiques statistiques traduisant l'évolution d'effectif d'une population ou de ressources, notamment sous forme de nuages de points.
- À l'aide d'une calculatrice ou d'un tableur, ajuster un nuage de points par une droite et utiliser ce modèle linéaire pour effectuer des prévisions.

Un modèle démographique à croissance exponentielle : le modèle de Malthus UNITÉ 2

- Le modèle linéaire est inadapté pour représenter l'évolution d'une grandeur dont la variation absolue change fortement d'un palier à l'autre.
- Une grandeur discrète u varie de manière exponentielle en fonction du palier entier n si sa variation absolue $u(n+1) - u(n)$ est proportionnelle à sa valeur courante $u(n)$. Dans ce cas, sa variation relative (ou taux de variation) est constante et la suite de terme général $u(n)$ est géométrique.
- Pour une population dont le taux de variation est presque constant d'un palier à l'autre, on peut ajuster le nuage de points par un modèle exponentiel

SAVOIR-FAIRE
- À partir de données démographiques, calculer le taux de variation d'une population entre deux dates. Calculer l'effectif final d'une population à partir de son effectif initial, de son taux de natalité et de son taux de mortalité. Selon le modèle de Malthus, prédire l'effectif d'une population au bout de n années.

Comparer croissance linéaire et croissance exponentielle : vers la controverse de Malthus UNITÉ 3

- Le modèle démographique de Malthus est un modèle **exponentiel** d'évolution de l'effectif de la population. Il prévoit que l'effectif de la population décroît vers 0 si le taux de mortalité est supérieur au taux de natalité et croît vers l'infini si le taux de natalité est supérieur au taux de mortalité.
- Si les prédictions du modèle de Malthus peuvent se révéler correctes sur un temps court, elles sont irréalistes sur un temps long, notamment en raison de l'insuffisance des ressources disponibles.

SAVOIR-FAIRE
- À l'aide d'un tableur, d'une calculatrice ou d'une représentation graphique, calculer le temps de doublement d'une population sous l'hypothèse de croissance exponentielle.

Pour aller plus loin dans les modèles UNITÉ 4

- Des modèles plus élaborés prévoient que la population mondiale atteindra environ 10 milliards d'humains en 2050.

SAVOIR-FAIRE
- À partir de documents fournis, proposer un modèle de croissance de ressources alimentaires et la comparer à une croissance exponentielle.
- Comparer les valeurs fournies par un modèle à des données réelles afin de tester sa validité.

MOTS CLÉS
- **Modèle mathématique :** relation mathématique liant le plus souvent deux grandeurs, permettant de rendre compte de l'évolution d'une grandeur en fonction de l'autre.
- **Discret :** se dit d'une grandeur ne pouvant prendre qu'un nombre fini (ou dénombrable) de valeurs.
- **Nuage de points :** représentation graphique d'un ensemble fini de points $A_i(x_i ; y_i)$.
- **Démographie :** science dont l'objet est l'étude statistique des collectivités humaines dans leurs structures fondamentales, sociales, intellectuelles, etc.
- **Évolution exponentielle :** une grandeur discrète suit une évolution exponentielle lorsqu'à chaque itération elle est multipliée par le même nombre.

288

SYNTHÈSE

SCHÉMA

Bilan animé

CHAPITRE 12 • Les modèles démographiques 289

SYNTHÈSE

Explication du schéma bilan

- L'objectif de ce schéma bilan est de montrer le processus intellectuel sous-jacent à la notion de modèle, et le va et vient intellectuel entre fait et idée.
- Sur la colonne de gauche, il est important de repérer les étiquettes violettes : données, modèle, prévision. Ces étiquettes sont associées à des éléments du graphique. Les données à l'histogramme, le modèle à la courbe associée à l'intervalle de l'histogramme, les prévisions, à la courbe en dehors de l'intervalle de l'histogramme.
Les flèches jaunes indiquent le processus de passage des données au modèle, puis du modèle aux prévision. On suit donc bien le processus fait → idée.
- La colonne de droite interroge le processus.
Les données démographiques posent le problème de l'évolution future, et donc la nécessité de construire un modèle.
L'existence de plusieurs modèles posent la question des hypothèse associées, et du choix du modèle à privilégier, d'où les polémiques qui peuvent émerger.
- Ceci débouche sur une prévision, et donc une nouvelle donnée hypothétique. Cette donnée pourra être associée à un fait au temps de réalisation du modèle. Il sera alors possible de relancer un cycle fait → idée en validant ou invalidant le modèle.
- On peut alors proposer aux élèves de compléter ce schéma en indiquant ce qui arrivera si en 2050, le chiffre de la population mondiale ne concorde pas avec la prévision.

CORRIGÉS DES EXERCICES

2 APPLICATION

Les équations de droite d'ajustement sont :
– pour la Gironde $y = 0{,}11 \times x + 9{,}85$ où x désigne le palier de temps ;
– pour les Landes $y = 0{,}034 \times x + 5{,}074$;
– pour les Pyrénées-Atlantiques $y = 0{,}026 \times x + 2{,}655$.

La vitesse de croissance est donnée par le coefficient directeur de la droite : c'est donc la Gironde qui est le département dont la population croît le plus rapidement.

Pour distinguer les vitesses de croissance entre les Landes et les Pyrénées-Atlantiques, si on se contente d'une droite dont les coefficients sont arrondis au centième, on ne peut pas conclure. En arrondissant au millième, nous voyons, avec les équations ci-dessus, que la population des Landes croît plus vite que celle des Pyrénées-Atlantiques.

Remarque : on aurait aussi pu regarder les taux de variation entre 1968 et 2013. Pour les Landes, on trouve 0,43 et pour les Pyrénées-Atlantiques 0,30.

RÉPONSES DU QUIZ

3 a 4 c 5 b 6 c

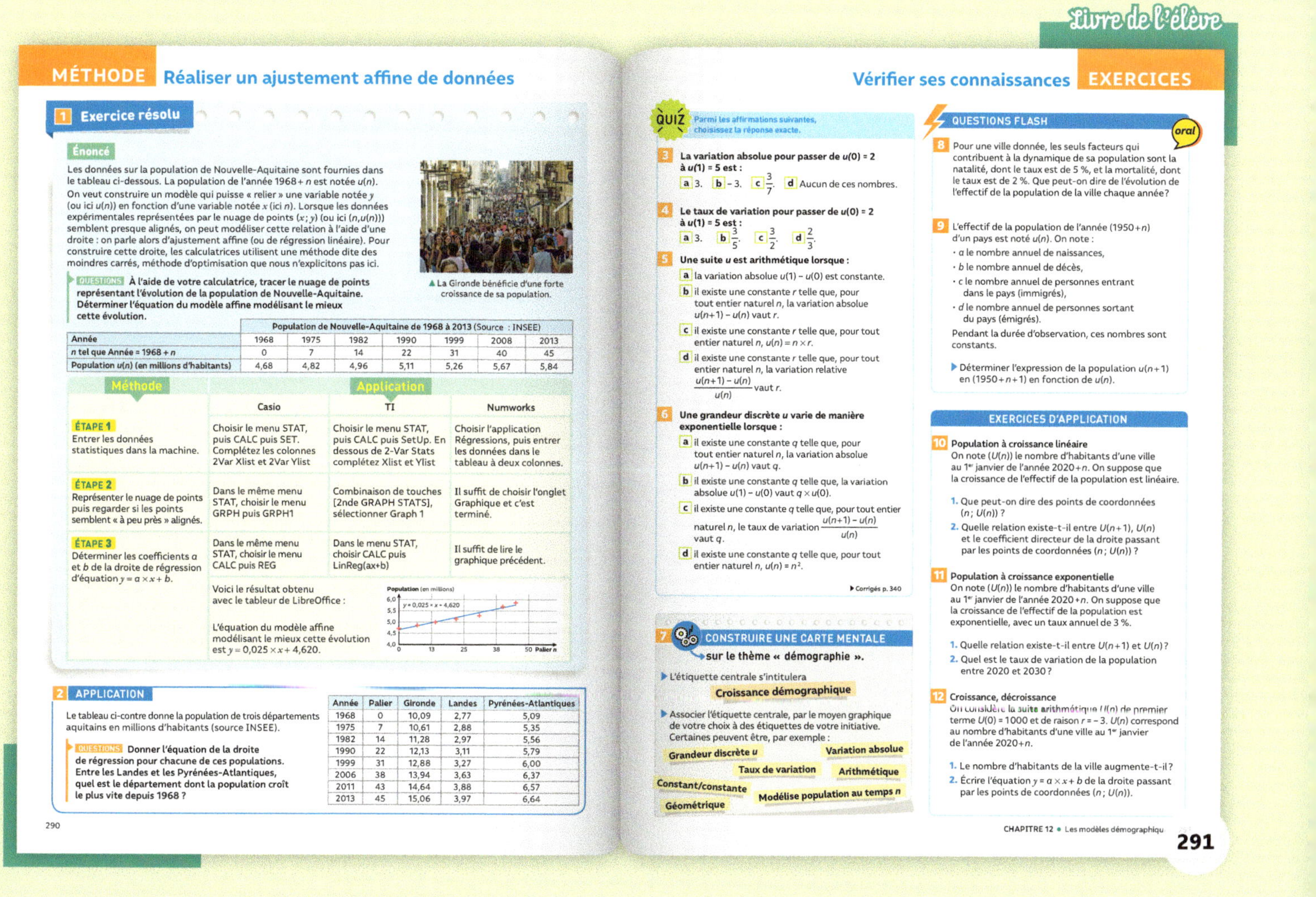

Livre de l'élève

MÉTHODE Réaliser un ajustement affine de données

1 Exercice résolu

Énoncé

Les données sur la population de Nouvelle-Aquitaine sont fournies dans le tableau ci-dessous. La population de l'année 1968 + n est notée $u(n)$.
On veut construire un modèle qui puisse « relier » une variable notée y (ou ici $u(n)$) en fonction d'une variable notée x (ici n). Lorsque les données expérimentales représentées par le nuage de points $(x ; y)$ (ou ici $(n, u(n))$) semblent presque alignés, on peut modéliser cette relation à l'aide d'une droite : on parle alors d'ajustement affine (ou de régression linéaire). Pour construire cette droite, les calculatrices utilisent une méthode dite des moindres carrés, méthode d'optimisation que nous n'explicitons pas ici.

▲ La Gironde bénéficie d'une forte croissance de sa population.

QUESTIONS **À l'aide de votre calculatrice, tracer le nuage de points représentant l'évolution de la population de Nouvelle-Aquitaine. Déterminer l'équation du modèle affine modélisant le mieux cette évolution.**

	Population de Nouvelle-Aquitaine de 1968 à 2013 (Source : INSEE)						
Année	1968	1975	1982	1990	1999	2008	2013
n tel que Année = 1968 + n	0	7	14	22	31	40	45
Population $u(n)$ (en millions d'habitants)	4,68	4,82	4,96	5,11	5,26	5,67	5,84

Méthode	Application : Casio	TI	Numworks
ÉTAPE 1 Entrer les données statistiques dans la machine.	Choisir le menu STAT, puis CALC puis SET. Complétez les colonnes 2Var Xlist et 2Var Ylist	Choisir le menu STAT, puis CALC puis SetUp. En dessous de 2-Var Stats complétez Xlist et Ylist	Choisir l'application Régressions, puis entrer les données dans le tableau à deux colonnes.
ÉTAPE 2 Représenter le nuage de points puis regarder si les points semblent « à peu près » alignés.	Dans le même menu STAT, choisir le menu GRPH puis GRPH1	Combinaison de touches [2nde GRAPH STATS], sélectionner Graph 1	Il suffit de choisir l'onglet Graphique et c'est terminé.
ÉTAPE 3 Déterminer les coefficients a et b de la droite de régression d'équation $y = a \times x + b$.	Dans le même menu STAT, choisir le menu CALC puis REG	Dans le menu STAT, choisir CALC puis LinReg(ax+b)	Il suffit de lire le graphique précédent.

Voici le résultat obtenu avec le tableur de LibreOffice :

L'équation du modèle affine modélisant le mieux cette évolution est $y = 0{,}025 \times x + 4{,}620$.

Population (en millions)
$y = 0{,}025 \times x + 4{,}620$
6,0
5,5
5,0
4,5
4,0
0
13
25
38
50
Palier n

2 APPLICATION

Le tableau ci-contre donne la population de trois départements aquitains en millions d'habitants (source INSEE).

QUESTIONS **Donner l'équation de la droite de régression pour chacune de ces populations. Entre les Landes et les Pyrénées-Atlantiques, quel est le département dont la population croît le plus vite depuis 1968 ?**

Année	Palier	Gironde	Landes	Pyrénées-Atlantiques
1968	0	10,09	2,77	5,09
1975	7	10,61	2,88	5,35
1982	14	11,28	2,97	5,56
1990	22	12,13	3,11	5,79
1999	31	12,88	3,27	6,00
2006	38	13,94	3,63	6,37
2011	43	14,64	3,88	6,57
2013	45	15,06	3,97	6,64

290

Vérifier ses connaissances EXERCICES

QUIZ Parmi les affirmations suivantes, choisissez la réponse exacte.

3 **La variation absolue pour passer de $u(0) = 2$ à $u(1) = 5$ est :**
a 3. b – 3. c $\frac{3}{7}$. d Aucun de ces nombres.

4 **Le taux de variation pour passer de $u(0) = 2$ à $u(1) = 5$ est :**
a 3. b $\frac{3}{5}$. c $\frac{3}{2}$. d $\frac{2}{3}$.

5 **Une suite u est arithmétique lorsque :**
a la variation absolue $u(1) - u(0)$ est constante.
b il existe une constante r telle que, pour tout entier naturel n, la variation absolue $u(n+1) - u(n)$ vaut r.
c il existe une constante r telle que, pour tout entier naturel n, $u(n) = n \times r$.
d il existe une constante r telle que, pour tout entier naturel n, la variation relative $\frac{u(n+1) - u(n)}{u(n)}$ vaut r.

6 **Une grandeur discrète u varie de manière exponentielle lorsque :**
a il existe une constante q telle que, pour tout entier naturel n, la variation absolue $u(n+1) - u(n)$ vaut q.
b il existe une constante q telle que, la variation absolue $u(1) - u(0)$ vaut $q \times u(0)$.
c il existe une constante q telle que, pour tout entier naturel n, le taux de variation $\frac{u(n+1) - u(n)}{u(n)}$ vaut q.
d il existe une constante q telle que, pour tout entier naturel n, $u(n) = n^2$.

▶ Corrigés p. 340

7 **CONSTRUIRE UNE CARTE MENTALE sur le thème « démographie ».**

▶ L'étiquette centrale s'intitulera
Croissance démographique

▶ Associer l'étiquette centrale, par le moyen graphique de votre choix à des étiquettes de votre initiative. Certaines peuvent être, par exemple :
Grandeur discrète u – Variation absolue – Taux de variation – Arithmétique – Constant/constante – Modélise population au temps n – Géométrique

QUESTIONS FLASH oral

8 Pour une ville donnée, les seuls facteurs qui contribuent à la dynamique de sa population sont la natalité, dont le taux est de 5 %, et la mortalité, dont le taux est de 2 %. Que peut-on dire de l'évolution de l'effectif de la population de la ville chaque année ?

9 L'effectif de la population de l'année (1950 + n) d'un pays est noté $u(n)$. On note :
- a le nombre annuel de naissances,
- b le nombre annuel de décès,
- c le nombre annuel de personnes entrant dans le pays (immigrés),
- d le nombre annuel de personnes sortant du pays (émigrés).

Pendant la durée d'observation, ces nombres sont constants.

▶ Déterminer l'expression de la population $u(n+1)$ en (1950 + n + 1) en fonction de $u(n)$.

EXERCICES D'APPLICATION

10 **Population à croissance linéaire**
On note $(U(n))$ le nombre d'habitants d'une ville au 1er janvier de l'année 2020 + n. On suppose que la croissance de l'effectif de la population est linéaire.
1. Que peut-on dire des points de coordonnées $(n ; U(n))$?
2. Quelle relation existe-t-il entre $U(n+1)$, $U(n)$ et le coefficient directeur de la droite passant par les points de coordonnées $(n ; U(n))$?

11 **Population à croissance exponentielle**
On note $(U(n))$ le nombre d'habitants d'une ville au 1er janvier de l'année 2020 + n. On suppose que la croissance de l'effectif de la population est exponentielle, avec un taux annuel de 3 %.
1. Quelle relation existe-t-il entre $U(n+1)$ et $U(n)$?
2. Quel est le taux de variation de la population entre 2020 et 2030 ?

12 **Croissance, décroissance**
On considère la suite arithmétique $U(n)$ de premier terme $U(0) = 1000$ et de raison $r = -3$. $U(n)$ correspond au nombre d'habitants d'une ville au 1er janvier de l'année 2020 + n.
1. Le nombre d'habitants de la ville augmente-t-il ?
2. Écrire l'équation $y = a \times x + b$ de la droite passant par les points de coordonnées $(n ; U(n))$.

CHAPITRE 12 • Les modèles démographiqu

291

7 CONSTRUIRE UNE CARTE MENTALE

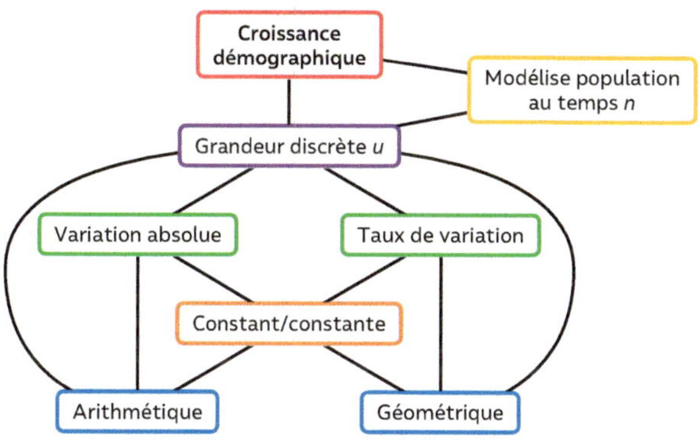

8 Le taux de natalité est supérieur au taux de mortalité et ce sont les seuls facteurs démographiques : la population de la ville croît chaque année. Peut-on quantifier cette croissance ? Notons $u(n)$ la population au palier de temps n.

On a $u(n+1) = u(n) + \frac{5}{100} \times u(n) - \frac{2}{100} \times u(n) = 1{,}03 \times u(n)$.

La suite u est géométrique de raison 1,03.

9 On a $u(n+1) = u(n) + a - b + c - d$. La suite u est arithmétique de raison $a - b + c - d$.

10 D'après le cours, les points de coordonnées ; $(n ; U(n))$ sont alignés. Nous rédigeons une solution à cette question sans faire appel au schéma (vu en seconde également) du cours liant coefficient directeur et variation absolue. Si la droite passant par les points de coordonnées $(n ; U(n))$ a pour équation $y = a \times x + b$, alors :

$$u(n+1) = a \times (n+1) + b \text{ et } u(n) = a \times n + b :$$

Donc : $u(n+1) - u(n) = a$.

11 **1.** Deux façons de rédiger :

• la première, très proche de la définition de croissance exponentielle :

$$\frac{u(n+1) - u(n)}{u(n)} = 0{,}03$$

donc : $u(n+1) = 1{,}03 \times u(n)$

• la seconde repose sur le fait que le population augment de 3 % par an, donc

$$u(n+1) = u(n) + 0{,}03 \times u(n) = 1{,}03 \times u(n)$$

2. Deux rédactions envisageables :

On cherche $\frac{u(10) - u(0)}{u(0)}$. On sait que $u(10) = 1{,}03^{10} \times u(0)$.

Donc $\frac{u(10) - u(0)}{u(0)} = \frac{u(10) \times (1{,}03^{10} - 1)}{u(0)} = 1{,}03^{10} - 1$.

• On trouve environ : 0,344. Donc le taux de variation au cours de ces 10 ans est d'environ 34,4 %. Autrement dit, la population a augmenté de 34,4 % entre 2020 et 2030.

• On cherche τ tel que : $u(10) = (1 + \tau) \times u(0)$.
Or on sait que $u(10) = 1{,}03^{10} \times u(0)$. D'où $\tau = 1{,}03^{10} - 1$

12 **1.** On a $U(n+1) = U(n) - 3$: donc le nombre d'habitants diminue chaque année (de 3 individus).

2. On a $U(0) = a \times 0 + b$, donc $b = 1\,000$. Et $a = -3$. Donc l'équation de la droite est $y = -3 \times x + 1\,000$.

Livre de l'élève

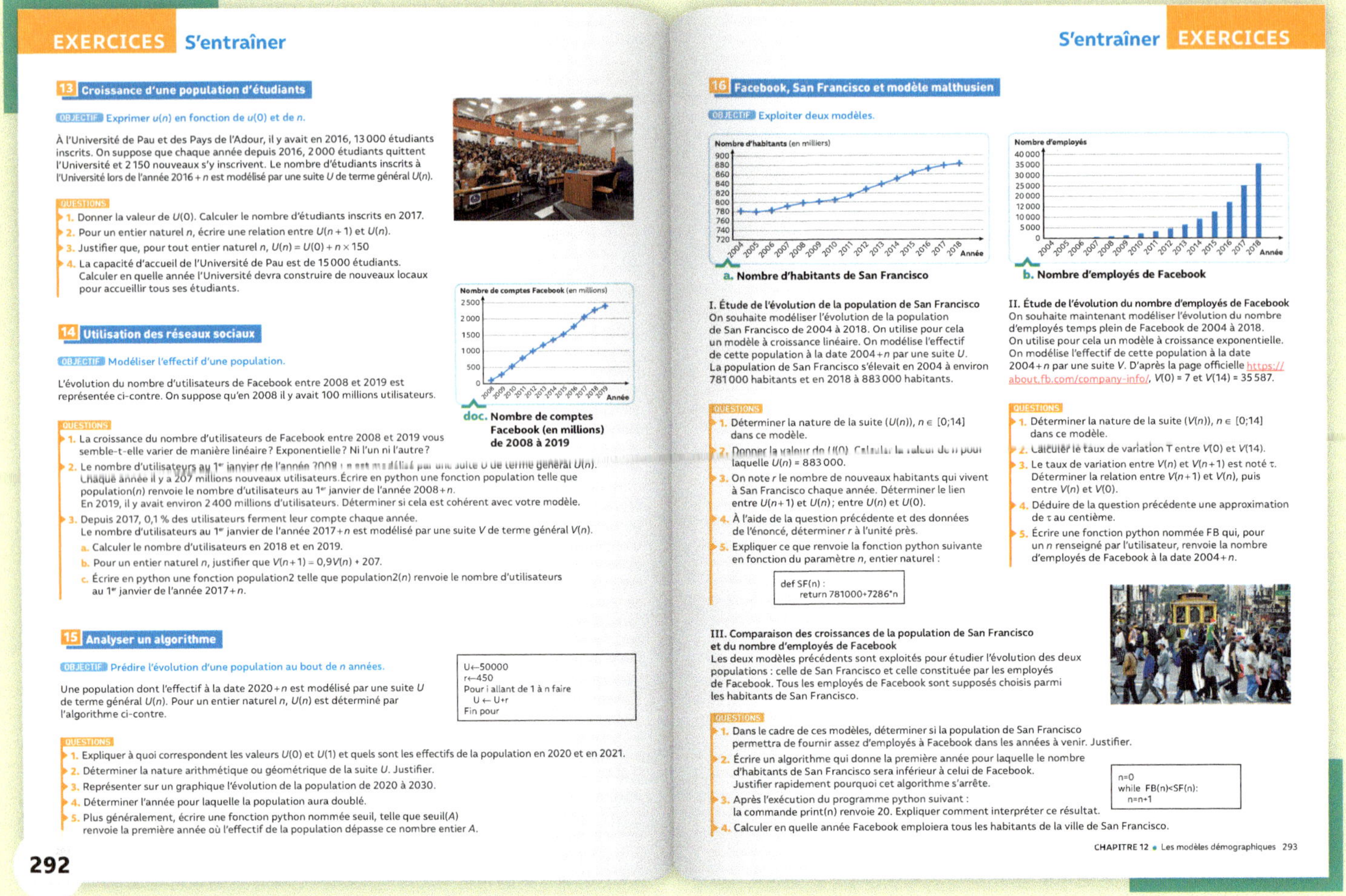

EXERCICES S'entraîner

13 Croissance d'une population d'étudiants

OBJECTIF Exprimer $u(n)$ en fonction de $u(0)$ et de n.

À l'Université de Pau et des Pays de l'Adour, il y avait en 2016, 13 000 étudiants inscrits. On suppose que chaque année depuis 2016, 2 000 étudiants quittent l'Université et 2 150 nouveaux s'y inscrivent. Le nombre d'étudiants inscrits à l'Université lors de l'année $2016+n$ est modélisé par une suite U de terme général $U(n)$.

QUESTIONS
1. Donner la valeur de $U(0)$. Calculer le nombre d'étudiants inscrits en 2017.
2. Pour un entier naturel n, écrire une relation entre $U(n+1)$ et $U(n)$.
3. Justifier que, pour tout entier naturel n, $U(n) = U(0) + n \times 150$
4. La capacité d'accueil de l'Université de Pau est de 15 000 étudiants. Calculer en quelle année l'Université devra construire de nouveaux locaux pour accueillir tous ses étudiants.

14 Utilisation des réseaux sociaux

OBJECTIF Modéliser l'effectif d'une population.

L'évolution du nombre d'utilisateurs de Facebook entre 2008 et 2019 est représentée ci-contre. On suppose qu'en 2008 il y avait 100 millions utilisateurs.

doc. Nombre de comptes Facebook (en millions) de 2008 à 2019

QUESTIONS
1. La croissance du nombre d'utilisateurs de Facebook entre 2008 et 2019 vous semble-t-elle varier de manière linéaire ? Exponentielle ? Ni l'un ni l'autre ?
2. Le nombre d'utilisateurs au 1er janvier de l'année 2008 + n est modélisé par une suite U de terme général $U(n)$. Chaque année il y a 207 millions nouveaux utilisateurs. Écrire en python une fonction population telle que population(n) renvoie le nombre d'utilisateurs au 1er janvier de l'année $2008+n$.
En 2019, il y avait environ 2 400 millions d'utilisateurs. Déterminer si cela est cohérent avec votre modèle.
3. Depuis 2017, 0,1 % des utilisateurs ferment leur compte chaque année.
Le nombre d'utilisateurs au 1er janvier de l'année $2017+n$ est modélisé par une suite V de terme général $V(n)$.
   a. Calculer le nombre d'utilisateurs en 2018 et en 2019.
   b. Pour un entier naturel n, justifier que $V(n+1) = 0{,}9V(n) + 207$.
   c. Écrire en python une fonction population2 telle que population2(n) renvoie le nombre d'utilisateurs au 1er janvier de l'année $2017+n$.

15 Analyser un algorithme

OBJECTIF Prédire l'évolution d'une population au bout de n années.

Une population dont l'effectif à la date $2020+n$ est modélisé par une suite U de terme général $U(n)$. Pour un entier naturel n, $U(n)$ est déterminé par l'algorithme ci-contre.

```
U←50000
r←450
Pour i allant de 1 à n faire
  U ← U+r
Fin pour
```

QUESTIONS
1. Expliquer à quoi correspondent les valeurs $U(0)$ et $U(1)$ et quels sont les effectifs de la population en 2020 et en 2021.
2. Déterminer la nature arithmétique ou géométrique de la suite U. Justifier.
3. Représenter sur un graphique l'évolution de la population de 2020 à 2030.
4. Déterminer l'année pour laquelle la population aura doublé.
5. Plus généralement, écrire une fonction python nommée seuil, telle que seuil(A) renvoie la première année où l'effectif de la population dépasse ce nombre entier A.

292

S'entraîner EXERCICES

16 Facebook, San Francisco et modèle malthusien

OBJECTIF Exploiter deux modèles.

a. Nombre d'habitants de San Francisco

b. Nombre d'employés de Facebook

I. Étude de l'évolution de la population de San Francisco
On souhaite modéliser l'évolution de la population de San Francisco de 2004 à 2018. On utilise pour cela un modèle à croissance linéaire. On modélise l'effectif de cette population à la date $2004+n$ par une suite U.
La population de San Francisco s'élevait en 2004 à environ 781 000 habitants et en 2018 à 883 000 habitants.

QUESTIONS
1. Déterminer la nature de la suite $(U(n))$, $n \in [0;14]$ dans ce modèle.
2. Donner la valeur de $U(0)$. Calculer la valeur de n pour laquelle $U(n) = 883\,000$.
3. On note r le nombre de nouveaux habitants qui vivent à San Francisco chaque année. Déterminer le lien entre $U(n+1)$ et $U(n)$; entre $U(n)$ et $U(0)$.
4. À l'aide de la question précédente et des données de l'énoncé, déterminer r à l'unité près.
5. Expliquer ce que renvoie la fonction python suivante en fonction du paramètre n, entier naturel :

```
def SF(n) :
    return 781000+7286*n
```

II. Étude de l'évolution du nombre d'employés de Facebook
On souhaite maintenant modéliser l'évolution du nombre d'employés temps plein de Facebook de 2004 à 2018.
On utilise pour cela un modèle à croissance exponentielle.
On modélise l'effectif de cette population à la date $2004+n$ par une suite V. D'après la page officielle https://about.fb.com/company-info/, $V(0) = 7$ et $V(14) = 35\,587$.

QUESTIONS
1. Déterminer la nature de la suite $(V(n))$, $n \in [0;14]$ dans ce modèle.
2. Calculer le taux de variation T entre $V(0)$ et $V(14)$.
3. Le taux de variation entre $V(n)$ et $V(n+1)$ est noté τ. Déterminer la relation entre $V(n+1)$ et $V(n)$, puis entre $V(n)$ et $V(0)$.
4. Déduire de la question précédente une approximation de τ au centième.
5. Écrire une fonction python nommée FB qui, pour un n renseigné par l'utilisateur, renvoie la nombre d'employés de Facebook à la date $2004+n$.

III. Comparaison des croissances de la population de San Francisco et du nombre d'employés de Facebook
Les deux modèles précédents sont exploités pour étudier l'évolution des deux populations : celle de San Francisco et celle constituée par les employés de Facebook. Tous les employés de Facebook sont supposés choisis parmi les habitants de San Francisco.

QUESTIONS
1. Dans le cadre de ces modèles, déterminer si la population de San Francisco permettra de fournir assez d'employés à Facebook dans les années à venir. Justifier.
2. Écrire un algorithme qui donne la première année pour laquelle le nombre d'habitants de San Francisco sera inférieur à celui de Facebook. Justifier rapidement pourquoi cet algorithme s'arrête.
3. Après l'exécution du programme python suivant : la commande print(n) renvoie 20. Expliquer comment interpréter ce résultat.

```
n=0
while  FB(n)<SF(n):
  n=n+1
```

4. Calculer en quelle année Facebook emploiera tous les habitants de la ville de San Francisco.

CHAPITRE 12 • Les modèles démographiques 293

CORRIGÉS DES EXERCICES

13 **1.** On a $U(0) = 13\,000$ et $U(1) = U(0) + 2\,150 - 2\,000 = 13\,150$

2. $U(n+1) = U(n) + 2\,150 - 2\,000 = U(n) + 150$

3. On applique la formule du cours obtenue de proche en proche en rappelant que la suite U est arithmétique de premier terme $U(0) = 13\,000$ et de raison 150.

4. On cherche n, le plus petit entier tel que $U(n) > 15\,000$.
Avec la formule de la question précédente, on cherche n tel que $13\,000 + 150 \times n > 15\,000$. On trouve $n > 13{,}33$. Donc $n = 14$ convient. Ainsi, l'Université de Pau devra construire de nouveaux locaux pour qu'en $2016 + 14 = 2030$ elle puisse accueillir tous ses étudiants.

14 **1.** D'après le graphe, un modèle linéaire semble adapté pour décrire l'évolution du nombre d'utilisateurs de Facebook entre 2008 et 2019.

2. Un code possible est

```
def population(n):
    U=100
    for i in range(n):
        U=U+207     # on peut aussi écrire U+=207
    return U
```

population(11) renvoie 2 377 soit environ 2,4 milliards d'utilisateurs en 2019. C'est donc cohérent avec le modèle.

On change ici de suite pour décrire l'évolution de la population. Le nombre d'utilisateurs de Facebook en 2017 était de 2 130 millions (le modèle linéaire donne 1 963 millions).

a. En 2018 $V(1) = V(0) + 207 - \dfrac{0{,}1}{100} \times V(0) = 0{,}9 \times V(0) + 207 = 2124$

En 2019 $V(2) = 0{,}9 \times V(1) + 207 \approx 2119$

b. La formule est une généralisation de ce que l'on vient d'écrire

$$V(n+1) = V(n) + 207 - \frac{0{,}1}{100} \times V(n) = 0{,}9 \times V(n) + 207$$

c.

```
def population2(n):
    U=2130
    for i in range(n):
        U=0.9*U+207
    return U
```

15 **1.** $U(0)$ est l'effectif de la population en 2020 et $U(1)$ celui en 2021. D'après l'algorithme, $U(0) = 50\,000$ et $U(1) = 50\,450$.

2. La suite U vérifie : $U(n+1) = U(n) + 450$. Elle est donc arithmétique, de raison 450 (et de premier terme $U(0) = 50\,000$)

3.

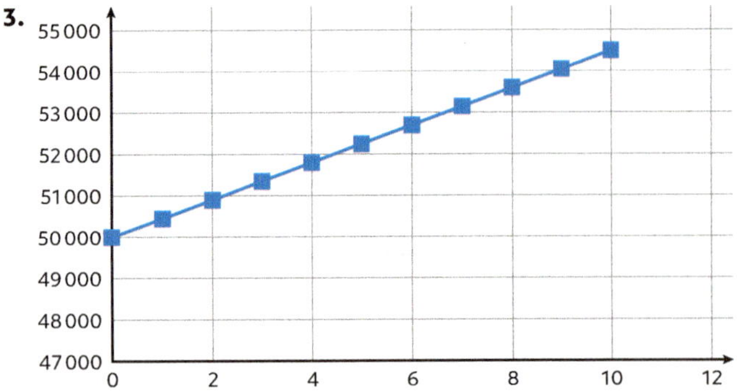

4. On cherche n, le plus petit entier naturel tel que $U(n) > 2 \times 50\,000 = 100\,000$. On cherche donc n tel que

$$U(n) = U(0) + 450 \times n = 50\,000 + 450 \times n > 100\,000$$

On trouve $n > 111{,}1$ soit $n = 112$. La population aura doublé en $2020 + 112 = 2132$.

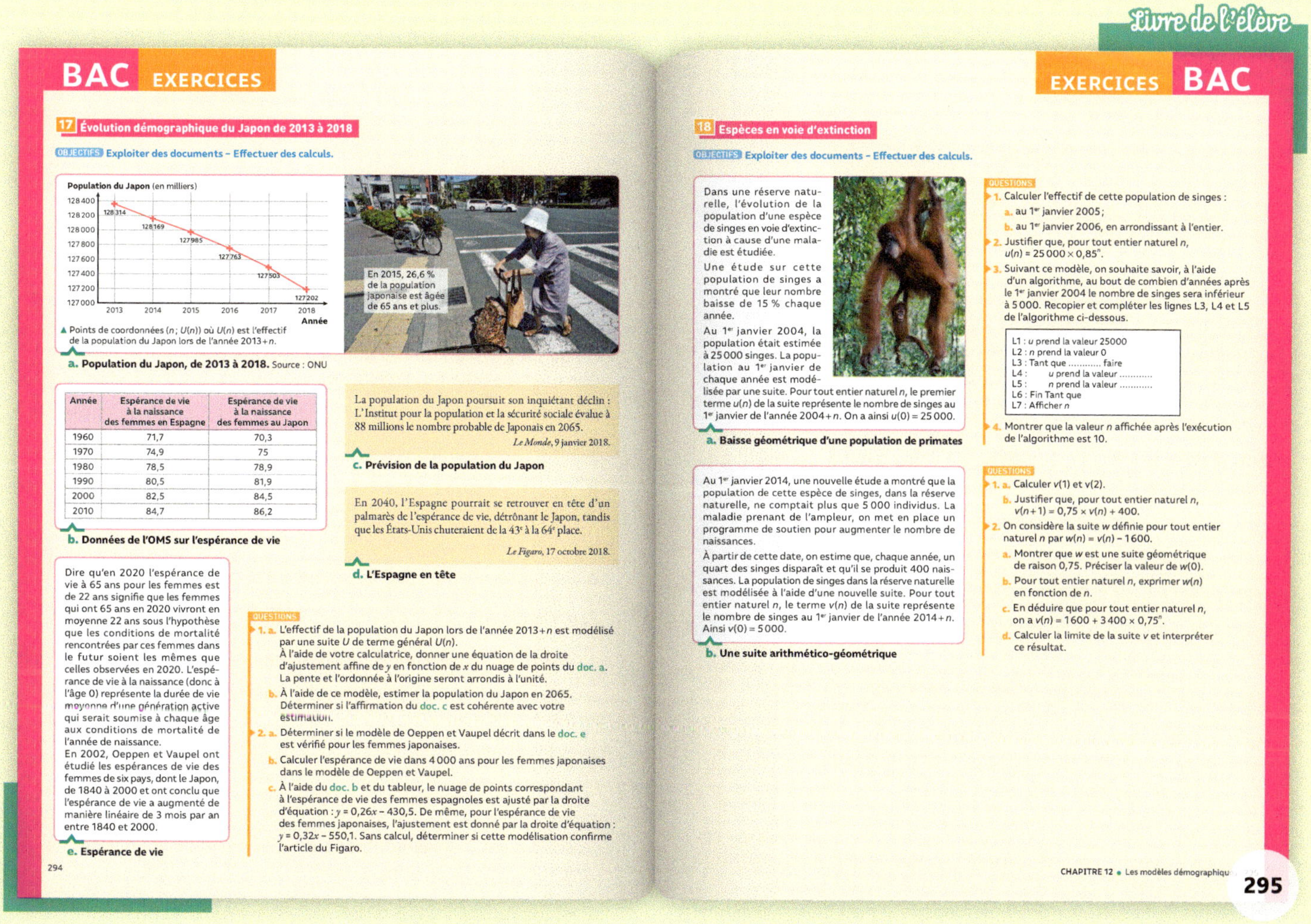

Livre de l'élève

BAC EXERCICES

17 Évolution démographique du Japon de 2013 à 2018

OBJECTIFS Exploiter des documents – Effectuer des calculs.

▲ Points de coordonnées $(n\,;\,U(n))$ où $U(n)$ est l'effectif de la population du Japon lors de l'année $2013+n$.

a. Population du Japon, de 2013 à 2018. Source : ONU

Année	Espérance de vie à la naissance des femmes en Espagne	Espérance de vie à la naissance des femmes au Japon
1960	71,7	70,3
1970	74,9	75
1980	78,5	78,9
1990	80,5	81,9
2000	82,5	84,5
2010	84,7	86,2

b. Données de l'OMS sur l'espérance de vie

La population du Japon poursuit son inquiétant déclin : L'Institut pour la population et la sécurité sociale évalue à 88 millions le nombre probable de Japonais en 2065.

Le Monde, 9 janvier 2018.

c. Prévision de la population du Japon

En 2040, l'Espagne pourrait se retrouver en tête d'un palmarès de l'espérance de vie, détrônant le Japon, tandis que les États-Unis chuteraient de la 43ᵉ à la 64ᵉ place.

Le Figaro, 17 octobre 2018.

d. L'Espagne en tête

Dire qu'en 2020 l'espérance de vie à 65 ans pour les femmes est de 22 ans signifie que les femmes qui ont 65 ans en 2020 vivront en moyenne 22 ans sous l'hypothèse que les conditions de mortalité rencontrées par ces femmes dans le futur soient les mêmes que celles observées en 2020. L'espérance de vie à la naissance (donc à l'âge 0) représente la durée de vie moyenne d'une génération active qui serait soumise à chaque âge aux conditions de mortalité de l'année de naissance.
En 2002, Oeppen et Vaupel ont étudié les espérances de vie des femmes de six pays, dont le Japon, de 1840 à 2000 et ont conclu que l'espérance de vie a augmenté de manière linéaire de 3 mois par an entre 1840 et 2000.

e. Espérance de vie

QUESTIONS

1. a. L'effectif de la population du Japon lors de l'année $2013+n$ est modélisé par une suite U de terme général $U(n)$.
À l'aide de votre calculatrice, donner une équation de la droite d'ajustement affine de y en fonction de x du nuage de points du doc. a. La pente et l'ordonnée à l'origine seront arrondis à l'unité.
b. À l'aide de ce modèle, estimer la population du Japon en 2065. Déterminer si l'affirmation du doc. c est cohérente avec votre estimation.
2. a. Déterminer si le modèle de Oeppen et Vaupel décrit dans le doc. e est vérifié pour les femmes japonaises.
b. Calculer l'espérance de vie dans 4 000 ans pour les femmes japonaises dans le modèle de Oeppen et Vaupel.
c. À l'aide du doc. b et du tableur, le nuage de points correspondant à l'espérance de vie des femmes espagnoles est ajusté par la droite d'équation : $y = 0{,}26x - 430{,}5$. De même, pour l'espérance de vie des femmes japonaises, l'ajustement est donné par la droite d'équation : $y = 0{,}32x - 550{,}1$. Sans calcul, déterminer si cette modélisation confirme l'article du Figaro.

294

EXERCICES BAC

18 Espèces en voie d'extinction

OBJECTIFS Exploiter des documents – Effectuer des calculs.

Dans une réserve naturelle, l'évolution de la population d'une espèce de singes en voie d'extinction à cause d'une maladie est étudiée.

Une étude sur cette population de singes a montré que leur nombre baisse de 15 % chaque année.

Au 1ᵉʳ janvier 2004, la population était estimée à 25 000 singes. La population au 1ᵉʳ janvier de chaque année est modélisée par une suite. Pour tout entier naturel n, le premier terme $u(n)$ de la suite représente le nombre de singes au 1ᵉʳ janvier de l'année $2004+n$. On a ainsi $u(0) = 25\,000$.

a. Baisse géométrique d'une population de primates

QUESTIONS

1. Calculer l'effectif de cette population de singes :
a. au 1ᵉʳ janvier 2005 ;
b. au 1ᵉʳ janvier 2006, en arrondissant à l'entier.
2. Justifier que, pour tout entier naturel n, $u(n) = 25\,000 \times 0{,}85^n$.
3. Suivant ce modèle, on souhaite savoir, à l'aide d'un algorithme, au bout de combien d'années après le 1ᵉʳ janvier 2004 le nombre de singes sera inférieur à 5 000. Recopier et compléter les lignes L3, L4 et L5 de l'algorithme ci-dessous.

```
L1 : u prend la valeur 25000
L2 : n prend la valeur 0
L3 : Tant que ........... faire
L4 :       u prend la valeur ...........
L5 :       n prend la valeur ...........
L6 : Fin Tant que
L7 : Afficher n
```

4. Montrer que la valeur n affichée après l'exécution de l'algorithme est 10.

Au 1ᵉʳ janvier 2014, une nouvelle étude a montré que la population de cette espèce de singes, dans la réserve naturelle, ne comptait plus que 5 000 individus. La maladie prenant de l'ampleur, on met en place un programme de soutien pour augmenter le nombre de naissances.

À partir de cette date, on estime que, chaque année, un quart des singes disparaît et qu'il se produit 400 naissances. La population de singes dans la réserve naturelle est modélisée à l'aide d'une nouvelle suite. Pour tout entier naturel n, le terme $v(n)$ de la suite représente le nombre de singes au 1ᵉʳ janvier de l'année $2014+n$. Ainsi $v(0) = 5000$.

b. Une suite arithmético-géométrique

QUESTIONS

1. a. Calculer $v(1)$ et $v(2)$.
b. Justifier que, pour tout entier naturel n, $v(n+1) = 0{,}75 \times v(n) + 400$.
2. On considère la suite w définie pour tout entier naturel n par $w(n) = v(n) - 1600$.
a. Montrer que w est une suite géométrique de raison 0,75. Préciser la valeur de $w(0)$.
b. Pour tout entier naturel n, exprimer $w(n)$ en fonction de n.
c. En déduire que pour tout entier naturel n, on a $v(n) = 1600 + 3400 \times 0{,}75^n$.
d. Calculer la limite de la suite v et interpréter ce résultat.

CHAPITRE 12 • Les modèles démographiques 295

5. On propose deux méthodes distinctes :

• on utilise la formule $U(n) = 50\,000 + 450 \times n$ et on cherche, le plus petit entier tel que $n > \dfrac{A - 50\,000}{450}$. $n = \left\lfloor \dfrac{A - 50\,000}{450} \right\rfloor + 1$ convient.

La fonction partie entière n'est pas définie en python mais l'est avec numpy. Une méthode consiste à prendre le quotient entier « // »

```
def seuil1(A):
    return (A-50000)//450+1
```

• on écrit une boucle `while`. On peut ici aussi envisager deux programmes :

```
def seuil2(A):
    U=50000
    n=0
    while U<A:
        n+=1
        U+=450
    return n
```

ou

```
def seuil2(A):
    n=0
    while population(n)<A:
        n+=1
    return n
```

16 **I. 1.** Le modèle de la croissance de la population étant linéaire, la suite U est arithmétique.

2. On a $U(0) = 781\,000$ et $U(n) = 883\,000$ a lieu pour $n = 14$.

3. La suite U étant arithmétique, $U(n+1) = U(n)$ + nombre de nouveaux habitants $= U(n) + r$. Et d'après le cours $U(n) = U(0) + n \times r$.

4. On a $U(14) = U(0) + 14 \times r$,

donc $r = \dfrac{U(14) - U(0)}{14} = \dfrac{883\,000 - 781\,000}{14} \approx 7\,286$ (on peut décider d'arrondir à l'unité car on compte des humains et non des hobbits)

5. La fonction renvoie une estimation de la population de San-Francisco en supposant qu'on utilise un modèle linéaire.

II. 1. D'après le modèle exponentiel choisi, la suite V est géométrique.

2. On a $T = \dfrac{V(14) - V(0)}{14} = \dfrac{35\,587 - 7}{7} \approx 5\,083$.

3. Deux rédactions possibles :

• On sait que si τ est le taux d'accroissement alors $1 + \tau$ est la raison de la suite V et donc $V(n+1) = (1+\tau) \times V(n)$.

• On redémontre la relation précédente en choisissant d'exploiter ce qu'est un taux de variation. On a $V(n+1) = V(n) + \tau \times V(n)$ ou encore $\dfrac{V(n+1) - V(n)}{V(n)} = \tau$ et donc $V(n+1) = V(n) + \tau \times V(n)$.

La conclusion s'obtient par factorisation.

4. On a de proche en proche : $V(n) = (1+\tau)^n \times V(0)$ et donc en particulier : $V(14) = (1+\tau)^{14} \times V(0)$. Comme $V(14) = (1+T) \times V(0)$ on a $(1+\tau)^{14} = 1 + T$. Avec la calculatrice, on obtient $\tau = (1+T)^{1/14} - 1 \approx 0{,}89$ soit environ 89 %.

Remarque : sans calculatrice, on peut écrire une fonction python pour trouver la valeur de τ.

```
def trouve_taux(T):
    t=0
    while (1+t)**14<1+T:
        t+=0.01      #ici on approxime au centième
                     (par défaut? par excès?)
    return t
```

5.
```
def FB(n):
    return 1,89**n*7
```

III. 1. La croissance du nombre d'employés de Facebook est bien plus rapide que celle de la ville de San-Francisco. On peut donc penser qu'à partir d'un certain temps, tous les habitants de San Francisco travailleront pour Facebook.

2. $n = 0$

Tant que Nombre d'habitants de SF au temps n > Nombre d'employés de FB au temps n faire : $n = n + 1$

3. et **4.** On a FB(19) < SF(19) et FB(20) > FB(20) : donc la population de San-Francisco sera constituée exclusivement d'employés de Facebook en 2024.

17 **1. a.** On trouve $y = -222 \times x + 128\,378$.

b. On a $2065 - 2013 = 52$ et $222 \times 52 + 128\,378 = 116\,834$.

Le modèle que nous venons d'étudier ne permet pas de retrouver une valeur approchée de 88 millions. Une raison possible est que notre modèle se base sur 5 ans et notre prévision est pour dans plus de 50 ans.

2. a. Si on note $E(n)$ l'espérance de vie d'une femme japonaise, en supposant que E suive la loi de Oeppen et Vaupel, on aurait :

$E(n) = E(n-1) + \frac{3}{12}$ où $E(n)$ est exprimée en année. On remarque que E est une suite arithmétique de raison $\frac{3}{12}$ et de premier terme l'espérance en 1960, $E(0) = 70{,}3$. Ainsi, en 1970, on devrait avoir suivant le modèle de Oeppen et Vaupel : $E(10) = E(0) + 10 \times \frac{3}{12} = 72{,}8$ et en 2010 $E(50) = E(0) + 50 \times \frac{3}{12} = 82{,}8$. Le modèle sous-estime légèrement l'espérance de vie des femmes japonaises.

b. En supposant le modèle donnant $E(n)$ valable tout le temps, dans 4 000 ans, l'espérance de vie d'une femme au Japon, sera

$E(3\,940) = 70{,}3 + 3\,940 \times \frac{3}{4} \approx 1\,055$ ans !!!

c. Le coefficient directeur de la droite modélisant l'espérance de vie des femmes japonaises est supérieur à celui modélisant l'espérance de vie des femmes espagnoles. Avec notre modélisation, la croissance de l'espérance de vie des japonaises est donc supérieure à celle des espagnoles. Comme en 1970 l'espérance de vie des japonaises était supérieure à celle des espagnoles, notre modèle ne permet pas de confirmer les propos du *Figaro*.

18 Cet exercice est un sujet de Bac ES (2015, Amérique du Nord).

I. 1. a. De 2004 à 2005, la population de singes a diminué de 15 %.

Ainsi $u(1) = 25\,000 \times \left(1 - \frac{15}{100}\right) = 21\,250$.

b. De même $u = 21\,250 \times \left(1 - \frac{15}{100}\right) \approx 18\,063$ en arrondissant à l'entier.

2. La relation liant $u(n+1)$ et $u(n)$ est :

$u(n+1) = \left(1 - \frac{15}{100}\right) \times u(n) = 0{,}85 \times u(n)$. u est donc une suite géométrique de raison 0,85 et de premier terme $u(0) = 25\,000$.

Ainsi, $u(n) = 0{,}85^n \times u(0) = 0{,}85^n \times 25\,000$.

3. L1 : u prend la valeur 25 000
L2 : n prend la valeur 0
L3 : Tant que $u > 5\,000$ faire
L4 : u prend la valeur $0{,}85 \times u$
L5 : n prend la valeur $n + 1$
L6 : Fin Tant que
L7 : Afficher n

4. On a $u(9) \approx 5\,790$ et $u(10) \approx 4\,922$. Comme la population de singes suivant notre modèle diminue, on sait qu'avant $n = 9$ elle était supérieure à $u(9)$ et qu'après $n = 10$ elle sera inférieur à $u(10)$. L'algorithme calcule le premier palier de temps à partir duquel la population de singes sera inférieure à 5 000 individus. On vient de montrer que cela a lieu pour $n = 10$, c'est à dire après 10 ans.

On aurait aussi pu utiliser la machine à calculer en cherchant n tel que $u(n) \leq 5\,000$. En remplaçant, on obtient : $0{,}85^n \times 25\,000 \leq 5\,000$ soit $0{,}85^n \leq \frac{5}{25} = 0{,}2$. On effectue un calcul des premiers termes de la suite $(0{,}85^n)_n$ par exemple.

II. 1. a. On a $v(1) = v(0) - \frac{1}{4} \times v(0) + 400 = \frac{3}{4} \times v(0) + 400 = 4\,150$.

De même $v(2) = \frac{3}{4} \times v(0) + 400 \approx 3\,513$

b. On applique ce qui précède au palier n.

2. a. On a $w(n+1) = v(n+1) - 1\,600 = \frac{3}{4} \times v(n) + 400 - 1\,600$
$= \frac{3}{4} \times v(n) - 1\,200$. Comme on veut montrer que w est géométrique, on cherche à trouver une valeur d'une constante q telle $w(n+1) = q \times w(n)$ c'est-à-dire $w(n+1) = q \times v(n) - q \times 1\,600$.

Avec le calcul précédent le (seul) candidat possible est $q = \frac{3}{4}$. Et :

$$\frac{3}{4} \times w(n) = \frac{3}{4} \times v(n) - \frac{3}{4} \times 1\,600 = \frac{3}{4} \times v(n) - 1\,200 = w(n+1)$$

La suite w est bien géométrique de raison $\frac{3}{4}$ et de premier terme $w(0) = v(0) - 1\,600 = 3\,400$.

b. D'après le cours $w(n) = \left(\frac{3}{4}\right)^n \times w(0) = \left(\frac{3}{4}\right)^n \times 3\,400$

c. Comme $w(n) = v(n) - 1\,600$, on a $v(n) = w(n) + 1\,600$
$= \left(\frac{3}{4}\right)^n \times 3\,400 + 1\,600$.

d. Ici, on est hors programme. Mais on peut faire sentir que, comme $0 < \frac{3}{4} < 1$, la suite $\left(\left(\frac{3}{4}\right)^n\right)$ est de plus en plus petite pour tendre vers 0 (comme dans le modèle de Malthus). Ainsi, à la limite,la suite v tend vers 1 600.

Livre de l'élève

CHAPITRE

13 L'intelligence artificielle

Par la richesse et la diversité de son intelligence, l'être humain a construit des outils et des machines augmentant sa possibilité d'action sur le monde physique qui l'entoure. Au fil des siècles, il a élaboré un mode de pensée algorithmique qu'il a réussi à coder à l'aide de langages dits informatiques. Ces langages permettent de nos jours de commander les actions des machines. Parmi ces outils, l'Intelligence Artificielle (IA) intervient dans l'accomplissement de tâches et la résolution de problèmes jusqu'ici réservés aux humains. L'IA s'appuie sur deux piliers : les données et les algorithmes.

a. En mai 2017, l'algorithme AlphaGo créé par la société Google DeepMind, bat le champion mondial de Go. Cet algorithme est capable d'autoapprentissage en jouant contre lui-même. Il s'agit là d'une des applications de l'intelligence artificielle.
Qu'est-ce que l'intelligence artificielle ? UNITÉS 4 à 6

296

b. Dans les années 1990, apparaissent les premiers appareils photo numériques grand public. Au départ simples enregistreurs de données, les processus de numérisation se sont complexifiés, intégrant aujourd'hui des systèmes de reconnaissance, comme la forme des visages ou les caractères.
Comment la numérisation se déroule-t-elle ? UNITÉ 2

Vidéo

c. Ada Lovelace, première codeuse informatique. Elle est l'une des scientifiques majeures de l'histoire de l'informatique.
Quel a été l'apport d'Ada Lovelace à l'informatique ? UNITÉ 1

d. Le terme *bug* est entré dans le vocabulaire courant. Ce mot a été francisé en « bogue ». Il est maintenant synonyme d'erreur.
Qu'est-ce qu'un *bug* informatique ? UNITÉ 3

Notions du chapitre	Unités	Exercices
Analyser des documents historiques relatifs au traitement de l'information et à son automatisation. Recenser les différentes situations de la vie courante où sont utilisés les ordinateurs, identifier lesquels sont programmables et par qui.	1	13
Savoir distinguer les fichiers exécutables des autres fichiers sous un système d'exploitation donné. Connaître l'ordre de grandeur de la taille d'un fichier image, son, vidéo.	2	9, 12
Étant donné un programme très simple, proposer des jeux de données d'entrée permettant d'en tester toutes les lignes. Corriger un algorithme ou un programme bogué simple.	3	10, 14, 17
Analyser des documents relatifs à une application de l'intelligence artificielle.	4	14, 15, 16, 17, 18, 19
Utiliser une courbe de tendance pour estimer une valeur inconnue à partir de données d'entraînement. Analyser un exemple d'utilisation de l'intelligence artificielle. Sur des exemples réels, reconnaître les possibles biais dans les données. À partir de données, produire un tableau de contingence afin de calculer des fréquences de faux positifs, faux négatifs, vrais positifs, vrais négatifs.	5, 6	15, 16, 18, 19

CHAPITRE 13 • L'intelligence artificielle 297

Les grandes idées à construire

Si l'on ne devait construire qu'une seule idée, ce serait que tout lycéen doit pouvoir être impliqué dans une réflexion sur l'I.A. afin d'éviter notamment toute exclusion sociale. On peut penser utile et nécessaire l'existence et l'enseignement d'une culture littéraire et scientifique pour tous. Il est alors nécessaire d'y inclure une réflexion sur la culture numérique et informatique dont fait partie l'I.A. Le programme du B.O. semble distinguer deux moments pour mener un tel enseignement :

1. Un premier moment autour du traitement de l'information, à la fois par ses aspects techniques et historiques :

- Il nous semble important de souligner le fait que les progrès technologiques se sont toujours appuyés sur les machines existantes ou sur les travaux précédents.
- Un autre point important de l'informatique moderne en tant que traitement de l'information nous semble être le fait qu'un programme peut être vu de deux façons : comme des données ou dont l'exécution fournit des données. De plus en plus, les machines parlent aux machines avec peu d'intervention humaine lors de l'exécution.
- Enfin, le fait que des questions d'ordre théorique, mathématique soient à l'origine de l'informatique moderne nous permet d'insister sur la nécessité d'une réflexion débranchée avant toute programmation informatique, à l'instar d'Ada Lovelace et de son programme.

2. Un second moment autour de l'IA :

- La première idée est qu'il n'existe pas vraiment de définition stabilisée de l'IA. De manière imprécise, on peut dire que l'I.A. consiste à faire faire à des machines des tâches que l'on considérerait comme intelligentes si un humain devait les réaliser.
- Les outils mathématiques et statistiques sont centraux pour le traitement de données, pour la sécurité des données…
- En I.A., les données sont au moins aussi importantes que les algorithmes. Schématiquement, une I.A. ne fonctionne qu'en s'appuyant sur des lois statistiques en estimant que ce qui est vrai sur un échantillon représentatif l'est aussi pour tout le monde, à une marge d'erreur près. L'intelligence n'est pas dans la machine mais dans les outils utilisés (données, algorithmes) pour construire la machine.
- Enfin, les 5 grands champs de l'IA que sont : l'éthique, la perception et la captation de données, leur représentation et leur structuration, l'apprentissage et le raisonnement à partir de ces données et l'interaction situationnelle de l'agent ou machine.

Ce que disent les documents [→ Annexe 1, page 254]

Livre de l'élève

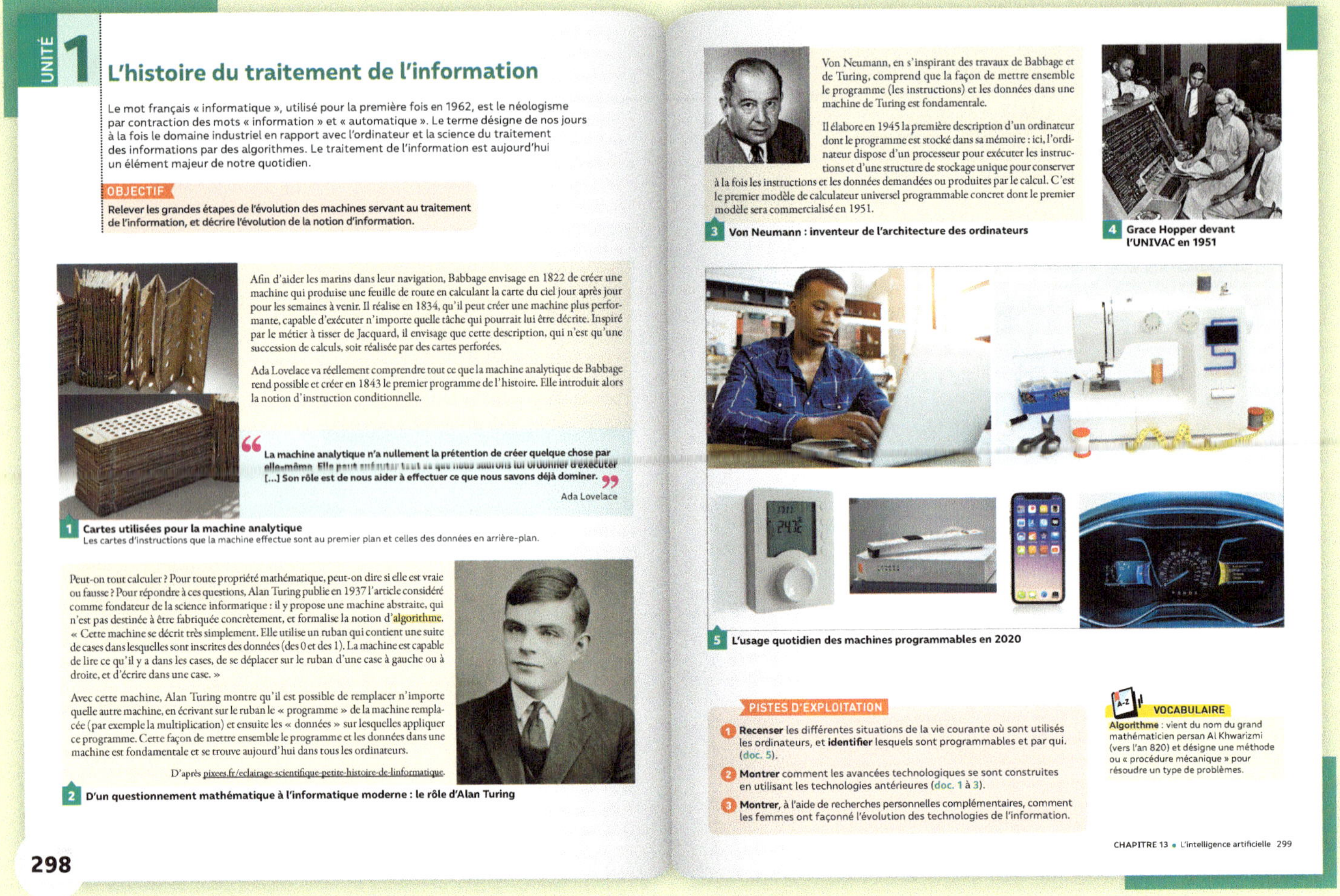

UNITÉ 1

L'histoire du traitement de l'information

Le mot français « informatique », utilisé pour la première fois en 1962, est le néologisme par contraction des mots « information » et « automatique ». Le terme désigne de nos jours à la fois le domaine industriel en rapport avec l'ordinateur et la science du traitement des informations par des algorithmes. Le traitement de l'information est aujourd'hui un élément majeur de notre quotidien.

OBJECTIF

Relever les grandes étapes de l'évolution des machines servant au traitement de l'information, et décrire l'évolution de la notion d'information.

Afin d'aider les marins dans leur navigation, Babbage envisage en 1822 de créer une machine qui produise une feuille de route en calculant la carte du ciel jour après jour pour les semaines à venir. Il réalise en 1834, qu'il peut créer une machine plus performante, capable d'exécuter n'importe quelle tâche qui pourrait lui être décrite. Inspiré par le métier à tisser de Jacquard, il envisage que cette description, qui n'est qu'une succession de calculs, soit réalisée par des cartes perforées.

Ada Lovelace va réellement comprendre tout ce que la machine analytique de Babbage rend possible et créer en 1843 le premier programme de l'histoire. Elle introduit alors la notion d'instruction conditionnelle.

« **La machine analytique n'a nullement la prétention de créer quelque chose par elle-même. Elle peut exécuter tout ce que nous saurons lui ordonner d'exécuter [...] Son rôle est de nous aider à effectuer ce que nous savons déjà dominer.** »

Ada Lovelace

1 Cartes utilisées pour la machine analytique
Les cartes d'instructions que la machine effectue sont au premier plan et celles des données en arrière-plan.

Peut-on tout calculer ? Pour toute propriété mathématique, peut-on dire si elle est vraie ou fausse ? Pour répondre à ces questions, Alan Turing publie en 1937 l'article considéré comme fondateur de la science informatique : il y propose une machine abstraite, qui n'est pas destinée à être fabriquée concrètement, et formalise la notion d'algorithme. « Cette machine se décrit très simplement. Elle utilise un ruban qui contient une suite de cases dans lesquelles sont inscrites des données (des 0 et des 1). La machine est capable de lire ce qu'il y a dans les cases, de se déplacer sur le ruban d'une case à gauche ou à droite, et d'écrire dans une case. »

Avec cette machine, Alan Turing montre qu'il est possible de remplacer n'importe quelle autre machine, en écrivant sur le ruban le « programme » de la machine remplacée (par exemple la multiplication) et ensuite les « données » sur lesquelles appliquer ce programme. Cette façon de mettre ensemble le programme et les données dans une machine est fondamentale et se trouve aujourd'hui dans tous les ordinateurs.

D'après pixees.fr/eclairage-scientifique-petite-histoire-de-linformatique.

2 D'un questionnement mathématique à l'informatique moderne : le rôle d'Alan Turing

298

Von Neumann, en s'inspirant des travaux de Babbage et de Turing, comprend que la façon de mettre ensemble le programme (les instructions) et les données dans une machine de Turing est fondamentale.

Il élabore en 1945 la première description d'un ordinateur dont le programme est stocké dans sa mémoire : ici, l'ordinateur dispose d'un processeur pour exécuter les instructions et d'une structure de stockage unique pour conserver à la fois les instructions et les données demandées ou produites par le calcul. C'est le premier modèle de calculateur universel programmable concret dont le premier modèle sera commercialisé en 1951.

3 Von Neumann : inventeur de l'architecture des ordinateurs

4 Grace Hopper devant l'UNIVAC en 1951

5 L'usage quotidien des machines programmables en 2020

PISTES D'EXPLOITATION

1. **Recenser** les différentes situations de la vie courante où sont utilisés les ordinateurs, et **identifier** lesquels sont programmables et par qui. (doc. 5).
2. **Montrer** comment les avancées technologiques se sont construites en utilisant les technologies antérieures (doc. 1 à 3).
3. **Montrer**, à l'aide de recherches personnelles complémentaires, comment les femmes ont façonné l'évolution des technologies de l'information.

VOCABULAIRE

Algorithme : vient du nom du grand mathématicien persan Al Khwarizmi (vers l'an 820) et désigne une méthode ou « procédure mécanique » pour résoudre un type de problèmes.

CHAPITRE 13 • L'intelligence artificielle 299

problèmes scientifiques

- **Où et depuis quand a lieu le traitement « automatisé » de l'information ?**
- **Comment se sont construites les innovations technologiques du traitement de l'information jusqu'à l'apparition de l'ordinateur ?**

Mobilisation des acquis

- La notion d'algorithme apparaît dans le programme de mathématiques du cycle 4 dans le thème « algorithmique et programmation » : « Le programme définit comme attendu de fin de cycle : "Écrire, mettre au point et exécuter un programme simple." Il met l'accent sur l'analyse d'un problème en vue de concevoir un algorithme, mais aussi sur la phase de programmation effective, indissociable d'une étape de mise au point. »
- Les notions d'information et d'architecture numériques sont des attendus du programme de technologie de cycle 4.
- La notion de système embarqué vue en SNT en classe de seconde.

Les grandes idées à construire

- L'idée principale de cette unité est l'aspect cumulatif de la technologie informatique. Les progrès ont lieu en s'appuyant et en s'inspirant de ce qui précède.
- Une autre idée importante est en lien avec ce qui apparaît dans l'unité suivante à propos des données et l'architecture des machines de Von Neumann. Les cartes de la machine analytique, bien que construites sur un support semblable, sont de deux types : elles peuvent être des cartes d'instructions ou des cartes de données.
- La présence de Grace Hopper et d'Ada Lovelace rappelle, entre autres, le rôle des femmes dans l'émergence de la science informatique.
- Enfin, cette unité montre également, si besoin est, à quel point les processeurs et donc l'informatique sont présents dans notre quotidien.

Les compétences travaillées

- **Extraire et organiser** des informations.
- **Conduire** une recherche d'information.
- **Communiquer**.

Les représentations de l'élève

- Peu d'élèves connaissent l'histoire de l'invention de l'informatique et/ou associent le terme informatique à une science qui concerne le traitement automatique de l'information.
- On peut aussi « croire », que les élèves, en pensant à l'Apple I, l'un des tout premiers micro-ordinateurs individuels, effectivement conçu par Wozniak, Jobs et Wayne au fond d'un garage, la plupart des inventions informatiques ont été réalisées au fond de garages ou d'ateliers, qui plus est par des inventeurs de génie qui crient Eureka dès que « Hello World » apparaît.
- Les cours de technologie ont certainement sensibilisé les élèves à la présence des ordinateurs dans notre quotidien.

Ce que disent les documents

1 Ce document rappelle que le projet de Babbage répond à une exigence technique, ici maritime : le calcul *a priori* de routes maritimes. Il montre aussi l'importance de technologies *a priori* sans lien avec le problème que doit permettre de résoudre la machine de Babbage, comme la machine à tisser de Jacquard. Ce document montre aussi l'intérêt de l'algorithmique et de la réflexion informatique dite débranchée : Lovelace comprend vraiment les possibilités de ce que pourrait faire la machine de Babbage, qui ne verra jamais le jour de son vivant. Enfin, la distinction entre données et instructions, stockées cependant sur un même support, ici une carte perforée, introduit une idée qui sera essentielle : les instructions et leurs résultats sont des données. Cela donnera lieu ensuite au fait qu'un programme, ou son résultat, est exploité par un autre programme : de manière caricaturale, on peut dire que les machines parlent aux machines.

2 Ce document revient sur le rôle de la réflexion a priori, théorique et débranchée qui est sous-jacente dans le **doc. 1** avec la fameuse « note G » d'Ada Lovelace, note de lecture contenant la première boucle conditionnelle. L'informatique moderne naît avec des recherches de Turing pour résoudre des problèmes mathématiques théoriques émis au début du XXe siècle. Ce document souligne aussi l'importance du fait de mettre ensemble données et instructions, ce qui était implicite dans le **doc. 1**.

3 et **4** Ces documents montrent une réalisation d'un ordinateur électronique et non mécanique. Ils insistent, si besoin était, sur l'aspect cumulatif du progrès informatique et sur le fait qu'une invention *a priori* théorique comme la machine abstraite de Turing, trouvait tôt ou tard une application concrète : ici, l'architecture et l'invention des premiers ordinateurs.

5 Ce document présente quelques photos d'objets du quotidien contenant chacun un processeur. Ainsi, on peut lire sur la page wikipedia https://fr.wikipedia.org/wiki/Unit%C3%A9_de_contr%C3%B4le, que « les types de points des machines à coudre ont longtemps été réalisés par des séquenceurs câblés. Dans les machines modernes, ils sont généralement réalisés en logiciel. Ce logiciel fonctionne sur un microprocesseur ou un microcontrôleur. »

Les + pour préparer votre séance

Podcast

- Un podcast qui couvre les thèmes abordés dans cette unité, et plus encore :
https://www.franceculture.fr/emissions/la-methode-scientifique/ada-lovelace-la-grande-ordinatrice

Vidéo

- Une vidéo sur Babbage et Lovelace (en anglais) :
https://youtu.be/9QSkDzdQAms
- Une vidéo du *Computer History Museum* sur la machine de Babbage (en anglais) :
https://www.youtube.com/watch?v=XSkGY6LchJs
- Les vidéos du très riche site Pixees sur l'histoire de l'informatique, avec la série de vidéos « Un condensé d'histoire de l'informatique ». La première vidéo :
https://www.youtube.com/watch?v=xQHk4zQf_aY
- Une histoire illustrée sur G. Hopper :
http://www.stanleycolors.com/2014/12/story-grace-hopper-aka-amazing-grace/
- Une vidéo de 16' sur G. Hopper :
https://vimeo.com/118556349

LE SAVIEZ-VOUS ?

- Sur l'évolution de la présence féminine et de la diversité du genre dans l'informatique :
https://usbeketrica.com/article/computer-grrrls-hommage-femmes-informatique
- L'indentation en python rappelle celle de Cobol et de Fortran. La raison originale qui explique la nécessité de l'indentation de ces deux langages de programmation est liée aux cartes perforées qui contenaient alors une trace du code. Des détails se trouvent ici :
https://fr.wikipedia.org/wiki/Carte_perforée
https://fr.wikipedia.org/wiki/Codage_des_caractères_sur_carte_perforée
https://stackoverflow.com/questions/8959489/why-does-cobol-have-to-be-indented
Le langage Python hérite en quelque sorte de cette tradition d'indentation de blocs d'instructions.

CORRECTION DE L'UNITÉ

1. Certaine situations sont décrites ici avec les photos. Peu de processeurs sont effectivement programmables par l'utilisateur : on ne modifie ou programme pas vraiment une machine à coudre mais on utilise les programmes déjà préenregistrés, de même pour l'ordinateur d'une voiture, une box internet…
En fait, la question est ambiguë et permet une discussion. Qu'est-ce qu'être programmable ? Quand on pilote la température d'une maison, qu'on modifie les paramètres d'une Box, quand on choisit le type de points d'une machine à coudre, n'est-on pas en train de programmer ? On peut dire de manière caricaturale qu'une machine est programmable lorsqu'elle dispose d'un environnement qui permet d'exécuter et développer des logiciels tiers, non développés par le fabriquant de la machine. Pour cela, il faut que la machine dispose d'un système d'exploitation ou OS (https://fr.wikipedia.org/wiki/Syst%C3%A8me_d%27exploitation) qui est une couche logicielle qui permet à des logiciels applicatifs d'avoir accès aux ressources matérielles de la machine (mémoire, CPU…). Le système d'exploitation permet d'exploiter la machine. Cependant, dans une voiture, il y a plusieurs systèmes d'exploitation associés aux équipements (ABS, ESP, phares, essuie-glaces…). On les appelle systèmes d'exploitation embarqués mais ces systèmes, qui communiquent avec un système central, ne sont pas programmables au sens que l'on vient de donner. De même, toute box internet dispose d'un système d'exploitation mais n'est pas programmable par l'utilisateur. On dit qu'un ordinateur type PC ou un smartphone sont des systèmes ouverts (https://fr.wikipedia.org/wiki/Syst%C3%A8me_ouvert_(informatique)) et aussi, plus complet https://www.pcmag.com/encyclopedia/term/open-system)

2. La machine à tisser modifiée par Jacquard donne à Babbage l'idée d'utiliser des cartes perforées pour entrer instructions et données dans ses machines. Von Neumann s'appuie sur les travaux de Turing et de Babbage pour inventer son architecture et ensuite le premier ordinateur moderne. L'indentation de Python est d'ailleurs liée à l'histoire des langages de programmation, dont Cobol inventé en partie par G. Hopper, dont les programmes devaient alors être stockés sur des cartes perforées.

3. La page wikipedia https://fr.wikipedia.org/wiki/Femmes_dans_l%27informatique contient beaucoup d'informations et de liens pour répondre à cette question. Également https://usbeketrica.com/article/computer-grrrls-hommage-femmes-informatique qui revient sur une exposition à Paris proposant une lecture plus féministe de l'histoire de l'informatique. On pourra lire aussi la chronique du mathématicien E. Ghys sur les programmeuses oubliées qui ont permis des découvertes scientifiques majeures :
https://www.lemonde.fr/sciences/article/2019/06/05/ces-femmes-qui-ont-compte-dans-l-ombre_5471924_1650684.html
Deux noms sont essentiels : Ada Lovelace et Grace Hopper.
La première pour l'algorithmique et la seconde pour sa vision « démocratique » de l'informatique avec la création du langage Cobol proche de la langue anglaise.

Livre de l'élève

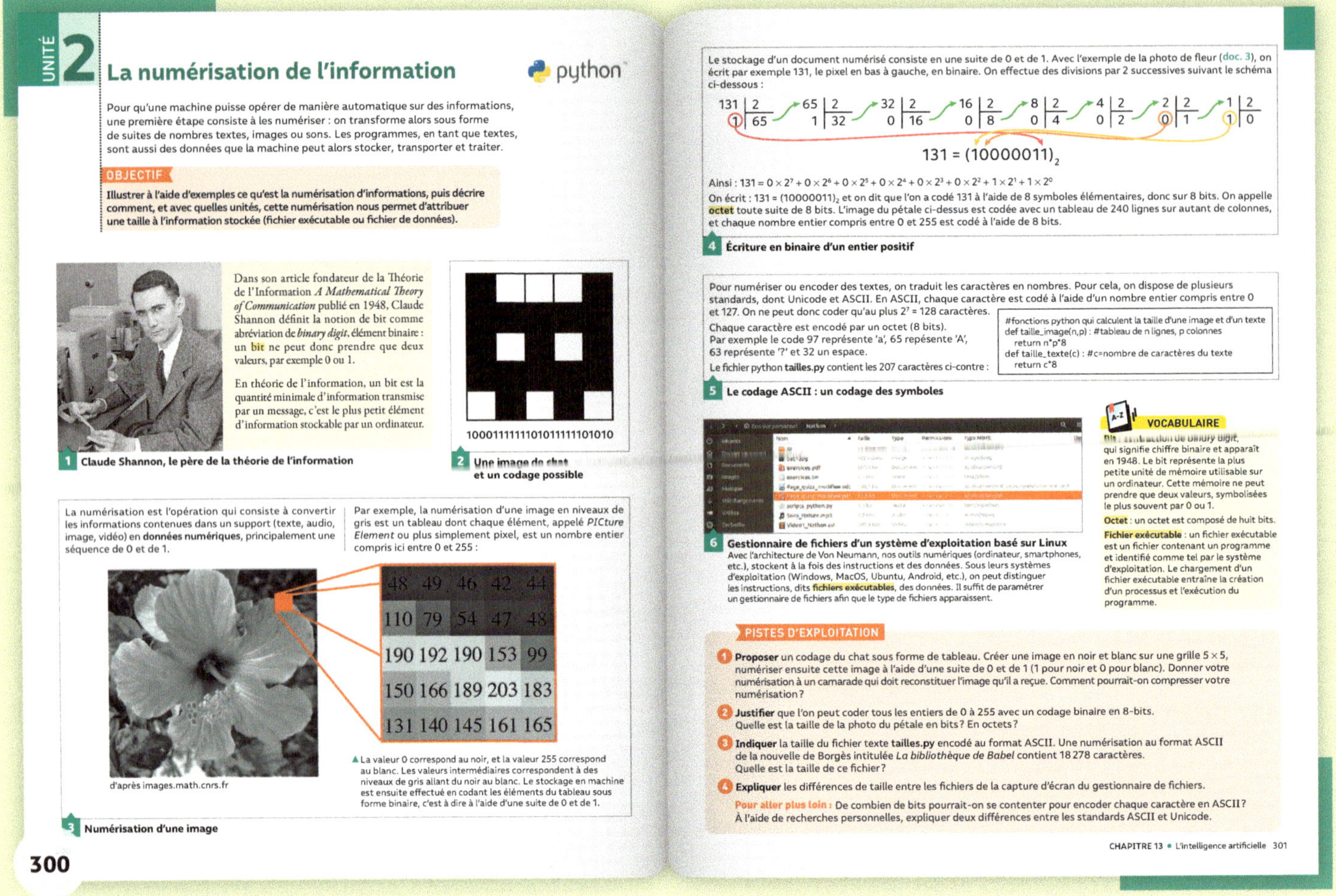

UNITÉ 2

La numérisation de l'information

python

Pour qu'une machine puisse opérer de manière automatique sur des informations, une première étape consiste à les numériser : on transforme alors sous forme de suites de nombres textes, images ou sons. Les programmes, en tant que textes, sont aussi des données que la machine peut alors stocker, transporter et traiter.

OBJECTIF

Illustrer à l'aide d'exemples ce qu'est la numérisation d'informations, puis décrire comment, et avec quelles unités, cette numérisation nous permet d'attribuer une taille à l'information stockée (fichier exécutable ou fichier de données).

Dans son article fondateur de la Théorie de l'Information *A Mathematical Theory of Communication* publié en 1948, Claude Shannon définit la notion de bit comme abréviation de *binary digit*, élément binaire : un bit ne peut donc prendre que deux valeurs, par exemple 0 ou 1.

En théorie de l'information, un bit est la quantité minimale d'information transmise par un message, c'est le plus petit élément d'information stockable par un ordinateur.

1 Claude Shannon, le père de la théorie de l'information

1000111111010111111101010

2 Une image de chat et un codage possible

La numérisation est l'opération qui consiste à convertir les informations contenues dans un support (texte, audio, image, vidéo) en **données numériques**, principalement une séquence de 0 et de 1.

Par exemple, la numérisation d'une image en niveaux de gris est un tableau dont chaque élément, appelé *PICture Element* ou plus simplement pixel, est un nombre entier compris ici entre 0 et 255 :

48	49	46	42	44
110	79	54	47	48
190	192	190	153	99
150	166	189	203	183
131	140	145	161	165

d'après images.math.cnrs.fr

▲ La valeur 0 correspond au noir, et la valeur 255 correspond au blanc. Les valeurs intermédiaires correspondent à des niveaux de gris allant du noir au blanc. Le stockage en machine est ensuite effectué en codant les éléments du tableau sous forme binaire, c'est à dire à l'aide d'une suite de 0 et de 1.

3 Numérisation d'une image

300

Le stockage d'un document numérisé consiste en une suite de 0 et de 1. Avec l'exemple de la photo de fleur (doc. 3), on écrit par exemple 131, le pixel en bas à gauche, en binaire. On effectue des divisions par 2 successives suivant le schéma ci-dessous :

131 | 2 → 1 | 65 ; 65 | 2 → 1 | 32 ; 32 | 2 → 0 | 16 ; 16 | 2 → 0 | 8 ; 8 | 2 → 0 | 4 ; 4 | 2 → 0 | 2 ; 2 | 2 → 0 | 1 ; 1 | 2 → 1 | 0

$$131 = (10000011)_2$$

Ainsi : $131 = 0 \times 2^7 + 0 \times 2^6 + 0 \times 2^5 + 0 \times 2^4 + 0 \times 2^3 + 0 \times 2^2 + 1 \times 2^1 + 1 \times 2^0$

On écrit : $131 = (10000011)_2$ et on dit que l'on a codé 131 à l'aide de 8 symboles élémentaires, donc sur 8 bits. On appelle octet toute suite de 8 bits. L'image du pétale ci-dessus est codée avec un tableau de 240 lignes sur autant de colonnes, et chaque nombre entier compris entre 0 et 255 est codé à l'aide de 8 bits.

4 Écriture en binaire d'un entier positif

Pour numériser ou encoder des textes, on traduit les caractères en nombres. Pour cela, on dispose de plusieurs standards, dont Unicode et ASCII. En ASCII, chaque caractère est codé à l'aide d'un nombre entier compris entre 0 et 127. On ne peut donc coder qu'au plus $2^7 = 128$ caractères.

Chaque caractère est encodé par un octet (8 bits).
Par exemple le code 97 représente 'a', 65 repésente 'A', 63 représente '?' et 32 un espace.

Le fichier python **tailles.py** contient les 207 caractères ci-contre :

```
#fonctions python qui calculent la taille d'une image et d'un texte
def taille_image(n,p) : #tableau de n lignes, p colonnes
   return n*p*8
def taille_texte(c) : #c=nombre de caractères du texte
   return c*8
```

5 Le codage ASCII : un codage des symboles

6 Gestionnaire de fichiers d'un système d'exploitation basé sur Linux
Avec l'architecture de Von Neumann, nos outils numériques (ordinateur, smartphones, etc.), stockent à la fois des instructions et des données. Sous leurs systèmes d'exploitation (Windows, MacOS, Ubuntu, Android, etc.), on peut distinguer les instructions, dits **fichiers exécutables**, des données. Il suffit de paramétrer un gestionnaire de fichiers afin que le type de fichiers apparaissent.

VOCABULAIRE

Bit : abréviation de *binary digit*, qui signifie chiffre binaire et apparaît en 1948. Le bit représente la plus petite unité de mémoire utilisable sur un ordinateur. Cette mémoire ne peut prendre que deux valeurs, symbolisées le plus souvent par 0 ou 1.

Octet : un octet est composé de huit bits.

Fichier exécutable : un fichier exécutable est un fichier contenant un programme et identifié comme tel par le système d'exploitation. Le chargement d'un fichier exécutable entraîne la création d'un processus et l'exécution du programme.

PISTES D'EXPLOITATION

1. **Proposer** un codage du chat sous forme de tableau. Créer une image en noir et blanc sur une grille 5 × 5, numériser ensuite cette image à l'aide d'une suite de 0 et de 1 (1 pour noir et 0 pour blanc). Donner votre numérisation à un camarade qui doit reconstituer l'image qu'il a reçue. Comment pourrait-on compresser votre numérisation ?
2. **Justifier** que l'on peut coder tous les entiers de 0 à 255 avec un codage binaire en 8-bits. Quelle est la taille de la photo du pétale en bits ? En octets ?
3. **Indiquer** la taille du fichier texte **tailles.py** encodé au format ASCII. Une numérisation au format ASCII de la nouvelle de Borgès intitulée *La bibliothèque de Babel* contient 18 278 caractères. Quelle est la taille de ce fichier ?
4. **Expliquer** les différences de taille entre les fichiers de la capture d'écran du gestionnaire de fichiers.

Pour aller plus loin : De combien de bits pourrait-on se contenter pour encoder chaque caractère en ASCII ? À l'aide de recherches personnelles, expliquer deux différences entre les standards ASCII et Unicode.

CHAPITRE 13 • L'intelligence artificielle 301

problèmes scientifiques

- Comment stocker des données afin qu'une machine puisse les utiliser ?
- Si tout est écrit à l'aide de « 0 » et de « 1 », comment coder réellement l'information ?

Mobilisation des acquis

- La division euclidienne, introduite en cycle 3 et mobilisée en cycle 4.
- Les systèmes d'exploitation vus en technologie au cycle 3 et en SNT en seconde, notamment les systèmes embarqués.
- La notion de donnée telle que définie en SNT en seconde : « Une donnée est une valeur décrivant un objet, une personne, un événement digne d'intérêt pour celui qui choisit de la conserver. Par exemple, le numéro de téléphone d'un contact est une donnée. Plusieurs descripteurs peuvent être utiles pour décrire un même objet (par exemple des descripteurs permettant de caractériser un contact : nom, prénom, adresse et numéro de téléphone). »
- La photographie numérique, liant données et information, au programme de SNT de seconde.

Les grandes idées à construire

- La numérisation des données est une conversion d'informations d'un support en données numériques. Depuis C. Shannon, on numérise à l'aide de « 0 » et de « 1 ».
- L'ordinateur n'étant qu'une grosse machine à calculer qui ne sait manipuler que des nombres, il est incapable de comprendre les symboles d'un texte. Il faut donc choisir par quel nombre représenter la lettre 'A' par exemple ? L'encodage d'un texte dépend donc d'un choix d'une norme ou d'un standard : ici, on suit le programme officiel en présentant la norme ASCII mais on aurait aussi pu évoquer le standard Unicode avec sa réalisation UTF-8 par exemple, utilisé par 93,1 % des sites web en février 2019 (https://fr.wikipedia.org/wiki/UTF-8).
- Un ordinateur stocke des données sous différents formats, où un format de données est une convention utilisée pour représenter des données (des informations représentant un texte, une page, une image, un son, un fichier exécutable, etc.). Lorsque ces données sont stockées dans un fichier, on parle de format de fichier. Ainsi, un fichier son pourra être au format mp3, flac, ogg... Un fichier exécutable est un simple fichier contenant un programme et identifié comme tel par le système d'exploitation. Ainsi, pour Windows, l'extension définit l'aspect exécutable du fichier, ce qui n'est pas le cas sous les systèmes basés sur Unix ou Linux.

Les compétences travaillées

- **Modéliser.**
- **Extraire et organiser** des informations.
- **Utiliser** des outils numériques.

Les représentations de l'élève

Si les élèves connaissent l'action de la numérisation, et la notion de fichier et de taille de fichier, le processus permettant de convertir une information analogique en format numérique, voire le format de l'information numérique lui-même, est très inégalement connu. Les termes de conversion ou de traduction peuvent être préférables dans une première approche, pour bien signifier le changement de « langue ».

Ce que disent les documents

1 Ce document montre le visage de C. Shannon, dont le rôle en théorie de l'information, mais aussi en intelligence artificielle, est fondamental. On introduit la notion de bit, abréviation de binary digit. Le choix d'associer 0 et 1 à un bit est ici aussi arbitraire. Cela pourrait être *False* et *True*, A et B ou encore · et –. Notons qu'en morse l'espace est fondamental : on dispose donc de trois symboles, que l'on peut écrire eux-mêmes avec deux symboles. La page internet suivante détaille ce point : https://cs.stackexchange.com/questions/39920/is-morse-code-binary-ternary-or-quinary.

2 Ce schéma est adapté d'un document édité par pixees.fr : https://pixees.fr/wp-content/uploads/2019/12/CoderDecoder.pdf. L'idée est de proposer plusieurs codages possibles voire d'arriver à la notion de code correcteur d'erreur si vous souhaitez aller plus loin que ce propose l'unité. Cette notion de code correcteur d'erreurs est centrale en théorie de l'information binaire ou quantique. Voici un lien qui présente une exploitation de cette activité en classe de cycle 3 : https://pixees.fr/jouer-a-transmettre-des-images/ et aussi : https://pixees.fr/comment-encoder-une-image-en-noir-et-blanc/.

3 Alors que dans le **doc. 2**, l'image est encodée en noir et blanc, donc avec des 0 et des 1, on se propose ici de montrer un encodage d'une partie d'une photo en nuances de gris. On introduit la mot pixel en tant qu'abréviation de *Picture Element*. Ce document est adapté de l'article : https://images.math.cnrs.fr/Le-traitement-numerique-des-images.html.

4 Ce document montre de manière visuelle comment écrire un nombre en binaire. En s'appuyant sur les notions de bit et d'octet, introduites dans ce document, on peut en profiter pour montrer la capacité a priori limitée d'une machine pour stocker ne serait-ce que des nombres entiers. On retrouvera cette limitation comme source fréquente de *bugs* dans l'**unité 3** consacrée aux *bugs*. L'activité suivante, extraite de Class Code, permet de calculer en binaire : https://pixees.fr/compter-en-binaire-2/.

5 Ce document présente un standard anglo-saxon d'encodage des caractères : le code ASCII. On utilise l'artifice du codage ASCII pour rappeler que tout fichier est une donnée, même un script python.

6 Ce document illustre la partie du programme dédiée aux fichiers exécutables. On a ici fait le choix de montrer un explorateur de fichiers associé à Linux. On a configuré ce navigateur, en l'occurrence Nautilus, pour qu'il affiche en colonnes des attributs des fichiers comme le nom, la taille, le type, les permissions d'accès (lecture, écriture, exécution du fichier) et le type MIME. Sur le document, on aurait pu ajouter un fichier nommé toto.sh ; le type aurait alors été « Application ». Comme dit plus haut, sous windows, le fait que le fichier soit exécutable se lit avec l'extension, par exemple : toto.exe ou toto.bat. Sous Unix et Linux, l'extension est un des critères pour que le système d'exploitation détermine s'il s'agit d'un fichier exécutable.

Les + pour préparer votre séance

Article en ligne

- Un article de vulgarisation sur le papier fondamental de théorie de l'information écrit par C. Shannon : https://theconversation.com/les-mathematiques-en-partage-claude-shannon-et-la-theorie-de-linformation-57588

Vidéo

- Des vidéos sur Shannon : https://www.youtube.com/watch?v=2e1Aba5TQC0
- Une vidéo plus technique de la BNF : https://www.bnf.fr/fr/mediatheque/claude-shannon-et-lavenement-de-lere-numerique
- Plus de vidéos [→ **Annexe 2, page 255**]

LE SAVIEZ-VOUS ?

Au delà de l'intérêt de l'informatique quantique pour son efficacité algorithmique, comme le montre l'algorithme de Shor, il semblerait qu'elle présente un autre immense avantage sur l'informatique classique : être beaucoup moins gourmande en énergie. Voici un lien vers un article d'introduction : https://www.rtl.fr/actu/futur/pourquoi-la-france-veut-accelerer-dans-l-informatique-quantique-7799859740 et une discussion technique à ce sujet : https://quantumcomputing.stackexchange.com/questions/1486/how-power-efficient-are-quantum-computers?rq=1.

- Un dossier accessible : https://www.zdnet.fr/pratique/tout-comprendre-a-l-informatique-quantique-39891035.htm
- Présentation en moins de 2′ de l'ordinateur et la programmation quantique : https://www.youtube.com/watch?v=4TR7zloJSDc
- Une présentation plus fouillée (et plus longue) sur la chaîne de ScienceEtonnante : https://www.youtube.com/watch?v=bayTbt_8aNc
- Une présentation de moins de 6′, un peu plus technique, due au CEA : https://www.youtube.com/watch?v=rNdWOXQ8V4A

CORRECTION DE L'UNITÉ

1. On peut proposer le codage suivant, sous forme de liste de listes (en python) :
[[1, 0, 0, 0, 1], [1, 1, 1, 1, 1], [1, 0, 1, 0, 1], [1, 1, 1, 1, 1], [0, 1, 0, 1, 0]]
Pour compresser l'image, on peut compter les 0 et 1 successifs et l'écrire, ce qui donne avec le codage en ligne :
130710106101010

2. Le plus grand entier naturel que l'on puisse coder en utilisant 8 symboles est $(11111111)_2 = 1 \times 2^7 + 1 \times 2^6 + 1 \times 2^5 + 1 \times 2^4 + \ldots + 1 \times 2^1 + 1 \times 2^0 = \dfrac{1-2^8}{1-2} = 255$ (ici le calcul repose sur une somme géométrique de raison 2, au programme en spécialité mathématiques de 1re). La numérisation de l'image est effectuée avec 240 × 240 = 57 600 pixels. Chaque pixel est codé avec 8 bits, donc la taille de la numérisation et donc du fichier de la photo est : 240 × 240 × 8 = 460 800 bits, soit, en divisant par 8 : 57,6 ko (où ko signifie kilo-octets).

3. Le fichier taille.py contient 207 caractères où chaque caractère est codé en ASCII par un octet. Donc le fichier pèse 207 × 8 = 1 656 octets soit environ 1,7 ko ou encore 1656 × 8 = 13 248 bits. La nouvelle de Borgès pèse à peine 18 278 × 8 = 146 224 octets soit environ 146 ko.

4. Les encodages de différents types de données donnent lieu à des fichiers de taille plus ou moins importantes : les fichiers vidéos, souvent avec 24 ou plus images par secondes, contiennent donc 24 images de plusieurs milliers de pixels par seconde et pèsent lourds en mémoire machine. Les fichiers sons peuvent également, suivant la compression et donc la perte d'informations, peser plus ou moins lourd. Les fichiers textes, scripts comme ici le script python sont souvent légers.

Pour aller plus loin : d'après wikipedia « L'ASCII définit 128 caractères numérotés de 0 à 127 et codés en binaire de 0000000 à 1111111. Sept bits suffisent donc. Toutefois, les ordinateurs travaillant presque tous sur un multiple de huit bits (un octet) depuis les années 1970, chaque caractère d'un texte en ASCII est souvent stocké dans un octet dont le 8e bit est 0. Aujourd'hui encore, certains systèmes de messagerie électronique et de SMS fonctionnent avec des *bytes* ou multiplets composés de seulement sept bits » (https://fr.wiki-pedia.org/wiki/American_Standard_Code_for_Information_Interchange). On pourrait donc se contenter de 7 bits.

Nous avons déjà évoqué la différence entre Unicode et ASCII : l'unicode permet d'englober beaucoup plus de caractères et de symboles de langues orientales par exemple. Quelques liens supplémentaires :

- http://sebsauvage.net/comprendre/ascii/
- https://pixees.fr/informatiquelycee/n_site/nsi_prem_texte.html

CHAPITRE 13

Livre de l'élève

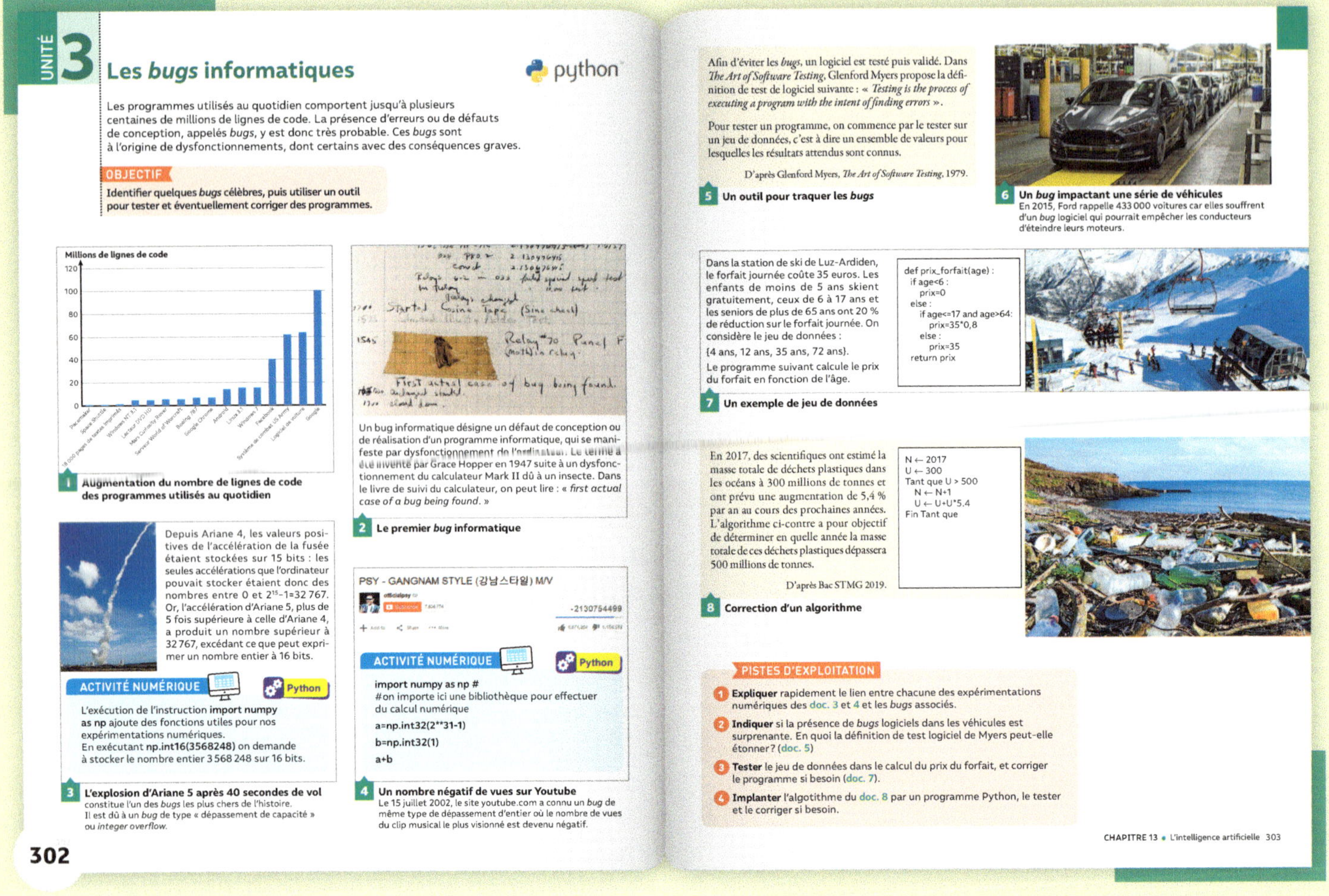

UNITÉ 3 Les *bugs* informatiques

python

Les programmes utilisés au quotidien comportent jusqu'à plusieurs centaines de millions de lignes de code. La présence d'erreurs ou de défauts de conception, appelés *bugs*, y est donc très probable. Ces *bugs* sont à l'origine de dysfonctionnements, dont certains avec des conséquences graves.

OBJECTIF

Identifier quelques *bugs* célèbres, puis utiliser un outil pour tester et éventuellement corriger des programmes.

1 Augmentation du nombre de lignes de code des programmes utilisés au quotidien

Un bug informatique désigne un défaut de conception ou de réalisation d'un programme informatique, qui se manifeste par dysfonctionnement de l'ordinateur. Le terme a été inventé par Grace Hopper en 1947 suite à un dysfonctionnement du calculateur Mark II dû à un insecte. Dans le livre de suivi du calculateur, on peut lire : « *first actual case of a bug being found.* »

2 Le premier *bug* informatique

Depuis Ariane 4, les valeurs positives de l'accélération de la fusée étaient stockées sur 15 bits : les seules accélérations que l'ordinateur pouvait stocker étaient donc des nombres entre 0 et $2^{15}-1=32\,767$. Or, l'accélération d'Ariane 5, plus de 5 fois supérieure à celle d'Ariane 4, a produit un nombre supérieur à 32 767, excédant ce que peut exprimer un nombre entier à 16 bits.

ACTIVITÉ NUMÉRIQUE Python

L'exécution de l'instruction **import numpy as np** ajoute des fonctions utiles pour nos expérimentations numériques.
En exécutant **np.int16(3568248)** on demande à stocker le nombre entier 3 568 248 sur 16 bits.

3 L'explosion d'Ariane 5 après 40 secondes de vol constitue l'un des *bugs* les plus chers de l'histoire. Il est dû à un *bug* de type « dépassement de capacité » ou *integer overflow*.

PSY - GANGNAM STYLE (강남스타일) M/V

-2130754499

ACTIVITÉ NUMÉRIQUE Python

```
import numpy as np #
#on importe ici une bibliothèque pour effectuer du calcul numérique
a=np.int32(2**31-1)
b=np.int32(1)
a+b
```

4 Un nombre négatif de vues sur Youtube
Le 15 juillet 2002, le site youtube.com a connu un *bug* de même type de dépassement d'entier où le nombre de vues du clip musical le plus visionné est devenu négatif.

302

Afin d'éviter les *bugs*, un logiciel est testé puis validé. Dans *The Art of Software Testing*, Glenford Myers propose la définition de test de logiciel suivante : « *Testing is the process of executing a program with the intent of finding errors* ».

Pour tester un programme, on commence par le tester sur un jeu de données, c'est à dire un ensemble de valeurs pour lesquelles les résultats attendus sont connus.

D'après Glenford Myers, *The Art of Software Testing*, 1979.

5 Un outil pour traquer les *bugs*

6 Un *bug* impactant une série de véhicules
En 2015, Ford rappelle 433 000 voitures car elles souffrent d'un *bug* logiciel qui pourrait empêcher les conducteurs d'éteindre leurs moteurs.

Dans la station de ski de Luz-Ardiden, le forfait journée coûte 35 euros. Les enfants de moins de 5 ans skient gratuitement, ceux de 6 à 17 ans et les seniors de plus de 65 ans ont 20 % de réduction sur le forfait journée. On considère le jeu de données :
{4 ans, 12 ans, 35 ans, 72 ans}.
Le programme suivant calcule le prix du forfait en fonction de l'âge.

```
def prix_forfait(age) :
  if age<6 :
    prix=0
  else :
    if age<=17 and age>64:
      prix=35*0,8
    else :
      prix=35
  return prix
```

7 Un exemple de jeu de données

En 2017, des scientifiques ont estimé la masse totale de déchets plastiques dans les océans à 300 millions de tonnes et ont prévu une augmentation de 5,4 % par an au cours des prochaines années. L'algorithme ci-contre a pour objectif de déterminer en quelle année la masse totale de ces déchets plastiques dépassera 500 millions de tonnes.

D'après Bac STMG 2019.

```
N ← 2017
U ← 300
Tant que U > 500
  N ← N+1
  U ← U+U*5.4
Fin Tant que
```

8 Correction d'un algorithme

PISTES D'EXPLOITATION

1 **Expliquer** rapidement le lien entre chacune des expérimentations numériques des doc. 3 et 4 et les *bugs* associés.
2 **Indiquer** si la présence de *bugs* logiciels dans les véhicules est surprenante. En quoi la définition de test logiciel de Myers peut-elle étonner ? (doc. 5)
3 **Tester** le jeu de données dans le calcul du prix du forfait, et corriger le programme si besoin (doc. 7).
4 **Implanter** l'algorithme du doc. 8 par un programme Python, le tester et le corriger si besoin.

CHAPITRE 13 • L'intelligence artificielle 303

problèmes scientifiques

- Les *bugs* sont-ils inéluctables ?
- Afin que l'on puisse utiliser une voiture sans avoir peur que l'accélérateur ne se bloque, peut-on trouver un protocole afin de tester et vérifier un programme ?

Mobilisation des acquis

La notion de *bug* n'a pas été envisagée pour elle-même précédemment, mais elle a pu être abordée indirectement en SNT en seconde, voire en technologie en 6ᵉ.

Les grandes idées à construire

- Face à un programme informatique, on peut poser trois grandes questions :
  – est-ce que le programme se termine ? (on parle de terminaison)
  – s'il se termine, est-ce que le résultat est correct, conforme à ce que l'on attend ? (on parle de correction)
  – s'il se termine et que le résultat est correct, est-il coûteux en temps ? en espace ?(on parle ici de complexité)
  Caricaturalement, un *bug* fait qu'un programme ne s'arrête pas ou ne renvoie pas un résultat correct.
- Devant l'explosion du nombre de lignes des programmes du quotidien (voiture, moteur de recherche, système d'exploitation comme android, Windows...), les *bugs* sont inévitables.
- Il existe néanmoins des protocoles de test et de validation de programme ou logiciel. Un test informatique n'a pas pour but de prouver qu'un programme se termine et est correct. Un test est mené afin de trouver des erreurs, ce qui peut paraître contre-intuitif. La notion de jeu de données est un des outils qui permet de tester un programme (et non de le valider).

Les compétences travaillées

- **Modéliser**.
- **Extraire et organiser** des informations.
- **Utiliser** des outils numériques.
- **Corriger** un algorithme ou un programme bogué simple.

Les représentations de l'élève

Entré dans le langage commun, les élèves ont tendance à utiliser le mot « *bug* » comme synonyme de problème, d'incident de fonctionnement.

Ce que disent les documents

1 Ce document a été conçu à partir des données collectées ici : https://docs.google.com/spreadsheets/d/1s9u0uprmuJvwR2fkRqxJ4W5Wfomimmk9pwGTK4Dn_UI/edit?usp=drive_web#gid=5.
Une illustration plus complète de ces données se trouve ici : https://informationisbeautiful.net/visualizations/million-lines-of-code/.
Ce graphique montre l'explosion du nombre de lignes de codes qui régissent les « objets » numériques du quotidien, expliquant la présence quasi certaine de *bugs*, que l'on espère pour la plupart sans grave conséquence.

2 Ce document est une photo montrant le premier *bug* informatique que l'on attribue à G. Hopper. Il semblerait néanmoins que le terme « *bugs* » ait été utilisé par Edison dès la fin du XIXe siècle : https://spectrum.ieee.org/the-institute/ieee-history/did-you-know-edison-coined-the-term-bug.

3 et **4** Ces documents présentent deux *bugs* célèbres : le premier est peut-être l'un des *bugs* les plus coûteux de l'informatique. Le second, du même type, reste beaucoup plus léger. Les expérimentations numériques associées ont pour but de montrer les problèmes de stockage à l'origine de ces *bugs*. On utilise des exemples très simples en python. Un article récent précise que la plupart des *bugs* de sécurité d'un navigateur tel que chrome sont liés à une mauvaise gestion de la mémoire, un peu comme dans nos exemples numériques. L'article est ici : https://www.zdnet.com/article/chrome-70-of-all-security-bugs-are-memory-safety-issues/.

5 et **6** Le **doc. 6** montre l'impact que peuvent avoir les *bugs* de nos jours sur la sécurité, comme avec l'exemple de l'automobile. Le **doc. 5** propose une approche de test informatique qui peut sembler *a priori* contre-intuitive. Pour Myers et d'autres, l'idée d'un test n'est donc pas de montrer qu'un programme ou un logiciel fonctionnent comme ils devraient le faire, comme ce pour quoi ils ont été développés. En corollaire, on n'arrête « jamais » d'effectuer des tests. Vous trouverez une discussion plus complète de test informatique ici : https://www.coleyconsulting.co.uk/testing_principles.htm et ici : https://condor.depaul.edu/sjost/hci430/documents/testing/software-testing.htm

En complément, et pour information, une définition standardisée de « *software testing* » est : « *… the process of exercising or evaluating a system or system component by manual or automated means to verify that it satisfies specified requirements or to identify differences between expected and actual results…* » (ANSI/IEEE Standard 729, 1983).

7 et **8** Ces documents abordent la terminaison et la correction d'un programme python ou d'un algorithme. La notion de jeux de données introduite dans le **doc. 5** est exploitée ici. Le **doc. 7**. porte uniquement sur des branchements conditionnels avec un jeu de données complet.

Les + pour préparer votre séance

- Le *bug* Heartbleed est apparu au sein d'un correctif pour d'autres *bugs* : en voulant corriger des *bugs*, on a donc créé un nouveau *bug*. Ce *bug* pouvait permettre à un utilisateur d'accéder à des identifiants et mots de passe stockés sur un serveur : https://fr.wikipedia.org/wiki/Heartbleed. Le BD suivante, en anglais, illustre ce *bug* : https://xkcd.com/1354/
- Certains modèles du lecteur de musique Zune, lancé par Microsoft, a connu un *bug* le 31 décembre 2008 à 00 h 01. Le code incriminé est le suivant :

```
year:=1980;
while(days>365)
  if(IsLeapYear(year))
    if(days>366) days:=days–366; year:=year+ 1;
  else days:=days–365; year:=year+ 1;
```

où *IsLeapYearce(year)* renvoie *True* si *year* est bissextile, *False* sinon. Le programme peut s'écrire en python :

```
annee=1980
while(jours>365):
    if Est_Annee_Bissextile(annee):
        if jours>366:
            jours=jours-366
            annee=annee+1
    else:
        jours=jours-365
        annee=annee+1
```

On peut demander pourquoi, le 31 décembre 2008, le 10 593e jour depuis le 1er janvier 1980, Zune s'est figé. On peut aussi demander pourquoi il ne s'est pas figé avant. Des explications et détails supplémentaires (avec correctifs envisagés et discutés) se trouvent ici : http://bit-player.org/2009/the-zune-bug.

- Cette unité permet aussi de revenir sur le codage d'une image comme au **doc. 2 de l'unité 3**, avec la notion essentielle de code correcteur d'erreurs : est-on certain que l'image encodée ne contienne pas d'erreur ou que le décodage n'en génère pas à son tour ? Nous renvoyons au lien cité dans l'**unité 3** pour plus de détails.
- Le saviez-vous ? [→ **Annexe 3, page 255**]

CORRECTION DE L'UNITÉ

1. La commande np.int16(568248) demande à python de stocker l'entier 568 248 sur 16 bits, donc dans un tableau de 16 cellules (correspondant à 1 bit). Son exécution renvoie le nombre entier –21 576. En effet, le plus grand nombre que l'on peut écrire avec 16 bits est celui dont chaque cellule contient un 1, soit :

$$(11...1)_2 = 1 \times 2^{15} + 1 \times 2^{14} + ... + 1 \times 2^1 + 1 \times 2^0 = \frac{2^{16}-1}{2-1} = 65\,535.$$

On a ainsi demandé à la machine de stocker un nombre 568248 que sa mémoire ne peut stocker correctement. Techniquement, on dit que le *bug* d'Ariane est dû à dépassement d'entier dans les registres mémoire des calculateurs. Dans ce cas, le programme ne s'est pas « planté » au sens courant du terme avec un arrêt de la machine. Il a continué à tourner mais avec des valeurs aberrantes jusqu'à l'auto-destruction de la fusée.
Le *bug* de Youtube est lié lui aussi associé à un dépassement d'entier. En codant le nombre $2^{31} - 1$ sur 32 bits, on écrit en fait le plus grand nombre que la mémoire de 32 bits puisse stocker. En lui ajoutant le nombre 1, on demande donc à la machine d'effectuer un calcul arithmétique très simple (le résultat vaut 2^{31}) mais au delà de sa capacité de mémoire. En exécutant la commande a+b, l'interpréteur Python renvoie la ligne explicite :

```
__main__:1: RuntimeWarning: overflow encountered in int_scalars
Out[11]: -2147483648
```

C'est ce qui s'est passé avec le nombre de vues sur Youtube. Les développeurs n'avaient pas anticipé que l'on puisse atteindre un tel nombre de vues pour une seule vidéo, ce qui fut atteint le 15 juillet 2002. Google stocke maintenant le nombre de vues des vidéos youtube sur 64 bits.

2. Le nombre de lignes de codes pour faire « tourner » une voiture est de l'ordre de 60 millions de lignes de code. Il est donc plus que probable qu'il y ait un *bug* encore caché quelque part dans ces nombreuses lignes. Ce qui est contre-intuitif dans cette définition de test, c'est qu'elle ne cherche pas à montrer qu'il n'y a pas d'erreur mais au contraire cherche à en exhiber. La notion de programme qui prouve la terminaison et la correction d'un autre programme est un champ de recherche très actif.

3. Les exécutions de prix-forfait(12), prix-forfait(35), et prix-forfait(72) renvoient toutes 35. Le souci est dans le « and ». Notez qu'il y a aussi un autre souci mais qui ne constitue pas un *bug*, simplement une difficulté à déceler éventuellement les *bugs* : la cohérence dans le choix des inégalités qui sont parfois strictes et parfois larges. Ce serait mieux de choisir : ou elles sont toutes strictes ou elles sont toutes larges. Voici donc un programme corrigé :

```
def prix_forfait(age):
    if age<6:
        prix=0
    else:
        if age<16 or age>64:
            prix=35*0,8
        else:
            prix=35
    return prix
```

4. Si on exécute l'algorithme, comme $U = 300$, le test $U > 500$ est faux et donc on n'exécute pas les instructions de la boucle tant que. Ainsi, U reste à 300 : rien ne se passe en fait. Un programme corrigé pourrait être :

```
N=2017
U=300
while U<500:
    N=N+1 #ou N+=1
    U=U+U*5.4
```

Livre de l'élève

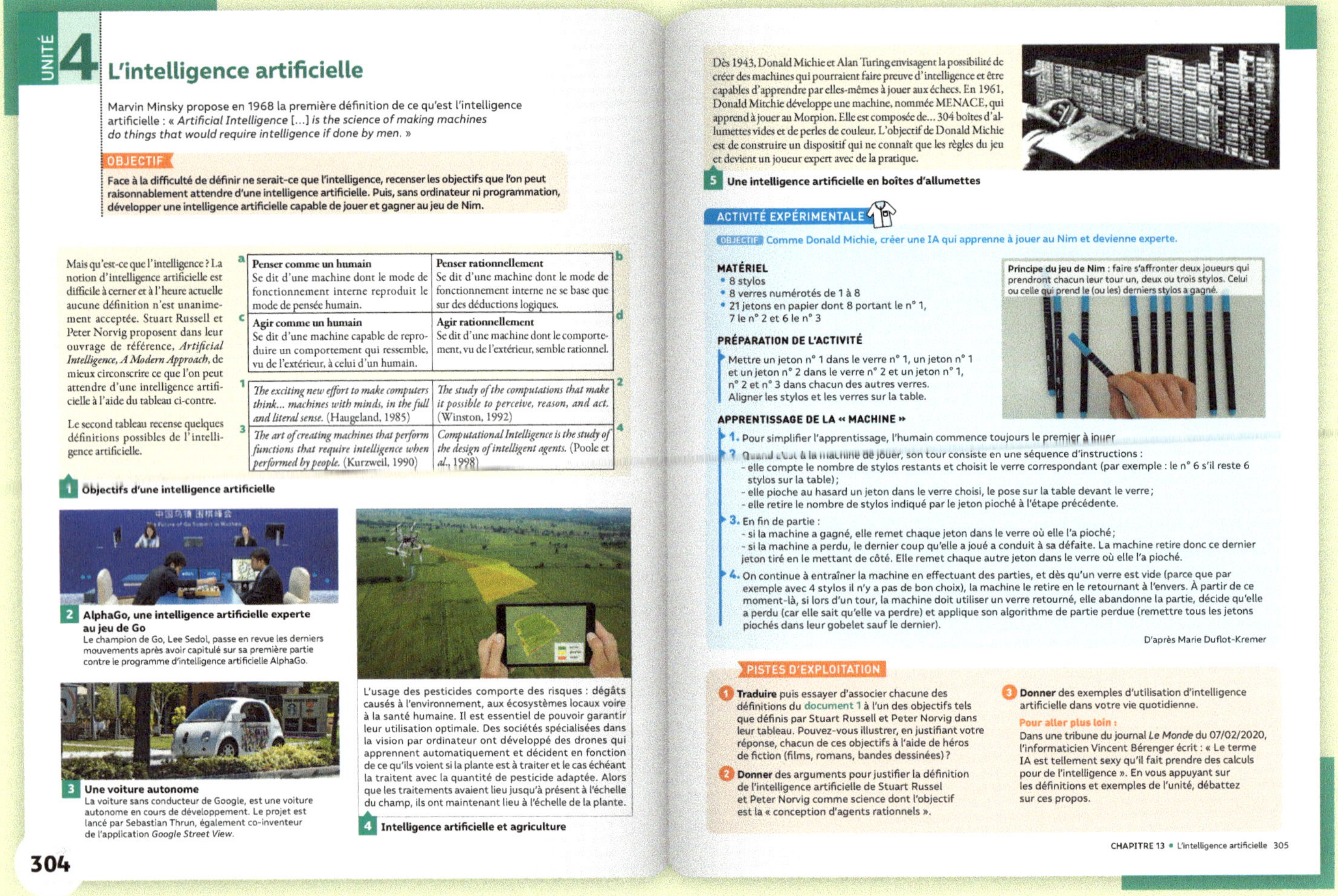

UNITÉ 4

L'intelligence artificielle

Marvin Minsky propose en 1968 la première définition de ce qu'est l'intelligence artificielle : « *Artificial Intelligence* [...] *is the science of making machines do things that would require intelligence if done by men.* »

OBJECTIF

Face à la difficulté de définir ne serait-ce que l'intelligence, recenser les objectifs que l'on peut raisonnablement attendre d'une intelligence artificielle. Puis, sans ordinateur ni programmation, développer une intelligence artificielle capable de jouer et gagner au jeu de Nim.

Mais qu'est-ce que l'intelligence ? La notion d'intelligence artificielle est difficile à cerner et à l'heure actuelle aucune définition n'est unanimement acceptée. Stuart Russell et Peter Norvig proposent dans leur ouvrage de référence, *Artificial Intelligence, A Modern Approach*, de mieux circonscrire ce que l'on peut attendre d'une intelligence artificielle à l'aide du tableau ci-contre.

Le second tableau recense quelques définitions possibles de l'intelligence artificielle.

a	**Penser comme un humain** Se dit d'une machine dont le mode de fonctionnement interne reproduit le mode de pensée humain.	**Penser rationnellement** Se dit d'une machine dont le mode de fonctionnement interne ne se base que sur des déductions logiques.	b
c	**Agir comme un humain** Se dit d'une machine capable de reproduire un comportement qui ressemble, vu de l'extérieur, à celui d'un humain.	**Agir rationnellement** Se dit d'une machine dont le comportement, vu de l'extérieur, semble rationnel.	d

1	*The exciting new effort to make computers think... machines with minds, in the full and literal sense.* (Haugeland, 1985)	*The study of the computations that make it possible to perceive, reason, and act.* (Winston, 1992)	2
3	*The art of creating machines that perform functions that require intelligence when performed by people.* (Kurzweil, 1990)	*Computational Intelligence is the study of the design of intelligent agents.* (Poole et al., 1998)	4

1 Objectifs d'une intelligence artificielle

2 AlphaGo, une intelligence artificielle experte au jeu de Go
Le champion de Go, Lee Sedol, passe en revue les derniers mouvements après avoir capitulé sur sa première partie contre le programme d'intelligence artificielle AlphaGo.

3 Une voiture autonome
La voiture sans conducteur de Google, est une voiture autonome en cours de développement. Le projet est lancé par Sebastian Thrun, également co-inventeur de l'application *Google Street View*.

L'usage des pesticides comporte des risques : dégâts causés à l'environnement, aux écosystèmes locaux voire à la santé humaine. Il est essentiel de pouvoir garantir leur utilisation optimale. Des sociétés spécialisées dans la vision par ordinateur ont développé des drones qui apprennent automatiquement et décident en fonction de ce qu'ils voient si la plante est à traiter et le cas échéant la traitent avec la quantité de pesticide adaptée. Alors que les traitements avaient lieu jusqu'à présent à l'échelle du champ, ils ont maintenant lieu à l'échelle de la plante.

4 Intelligence artificielle et agriculture

304

Dès 1943, Donald Michie et Alan Turing envisagent la possibilité de créer des machines qui pourraient faire preuve d'intelligence et être capables d'apprendre par elles-mêmes à jouer aux échecs. En 1961, Donald Mitchie développe une machine, nommée MENACE, qui apprend à jouer au Morpion. Elle est composée de... 304 boîtes d'allumettes vides et de perles de couleur. L'objectif de Donald Michie est de construire un dispositif qui ne connaît que les règles du jeu et devient un joueur expert avec de la pratique.

5 Une intelligence artificielle en boîtes d'allumettes

ACTIVITÉ EXPÉRIMENTALE

OBJECTIF Comme Donald Michie, créer une IA qui apprenne à jouer au Nim et devienne experte.

MATÉRIEL
- 8 stylos
- 8 verres numérotés de 1 à 8
- 21 jetons en papier dont 8 portant le n° 1, 7 le n° 2 et 6 le n° 3

Principe du jeu de Nim : faire s'affronter deux joueurs qui prendront chacun leur tour un, deux ou trois stylos. Celui ou celle qui prend le (ou les) derniers stylos a gagné.

PRÉPARATION DE L'ACTIVITÉ

Mettre un jeton n° 1 dans le verre n° 1, un jeton n° 1 et un jeton n° 2 dans le verre n° 2 et un jeton n° 1, n° 2 et n° 3 dans chacun des autres verres. Aligner les stylos et les verres sur la table.

APPRENTISSAGE DE LA « MACHINE »

1. Pour simplifier l'apprentissage, l'humain commence toujours le premier à jouer.
2. Quand c'est à la machine de jouer, son tour consiste en une séquence d'instructions :
   - elle compte le nombre de stylos restants et choisit le verre correspondant (par exemple : le n° 6 s'il reste 6 stylos sur la table) ;
   - elle pioche au hasard un jeton dans le verre choisi, le pose sur la table devant le verre ;
   - elle retire le nombre de stylos indiqué par le jeton pioché à l'étape précédente.
3. En fin de partie :
   - si la machine a gagné, elle remet chaque jeton dans le verre où elle l'a pioché ;
   - si la machine a perdu, le dernier coup qu'elle a joué a conduit à sa défaite. La machine retire donc ce dernier jeton tiré en le mettant de côté. Elle remet chaque autre jeton dans le verre où elle l'a pioché.
4. On continue à entraîner la machine en effectuant des parties, et dès qu'un verre est vide (parce que par exemple avec 4 stylos il n'y a pas de bon choix), la machine le retire en le retournant à l'envers. À partir de ce moment-là, si lors d'un tour, la machine doit utiliser un verre retourné, elle abandonne la partie, décide qu'elle a perdu (car elle sait qu'elle va perdre) et applique son algorithme de partie perdue (remettre tous les jetons piochés dans leur gobelet sauf le dernier).

D'après Marie Duflot-Kremer

PISTES D'EXPLOITATION

1. **Traduire** puis essayer d'associer chacune des définitions du document 1 à l'un des objectifs tels que définis par Stuart Russell et Peter Norvig dans leur tableau. Pouvez-vous illustrer, en justifiant votre réponse, chacun de ces objectifs à l'aide de héros de fiction (films, romans, bandes dessinées) ?
2. **Donner** des arguments pour justifier la définition de l'intelligence artificielle de Stuart Russel et Peter Norvig comme science dont l'objectif est la « conception d'agents rationnels ».
3. **Donner** des exemples d'utilisation d'intelligence artificielle dans votre vie quotidienne.

Pour aller plus loin :
Dans une tribune du journal *Le Monde* du 07/02/2020, l'informaticien Vincent Bérenger écrit : « Le terme IA est tellement sexy qu'il fait prendre des calculs pour de l'intelligence ». En vous appuyant sur les définitions et exemples de l'unité, débattez sur ces propos.

CHAPITRE 13 • L'intelligence artificielle 305

problèmes scientifiques

- Comment caractériser une Intelligence Artificielle ?
- À l'instar de la théorie des jeux en mathématiques, qui trouve des applications nombreuses en économie, dans les sciences sociales, les sciences politiques, dans l'analyse stratégique comme en relations internationales ou en théorie des organisations, en biologie évolutionniste... l'étude de certains jeux a été un moteur au développement de l'I.A.

Mobilisation des acquis

- En SNT 2de : Informatique embarquée et objets connectés, les algorithmes et les programmes. Les machines.
- Les grandes idées des **unités 1**, **2** et **3** de ce chapitre.

Les grandes idées à construire

- On ne sait pas définir précisément ce qu'est une I.A. Au mieux, peut-on préciser ce que l'on pourrait attendre d'une I.A. Alan Turing, avec son test, a d'ailleurs rejeté la question « Est-ce qu'une machine peut penser ? » en précisant le comportement, les caractéristiques que l'on peut attendre d'une I.A.
- L'I.A. est maintenant partout, dans tous les domaines de la vie économique et de notre quotidien.
- Avec la notion d'I.A. développée pour devenir expert à certains jeux, on retrouve encore cette réflexion « débranchée », avec le combo gagnant « papier/stylo », réflexion qui précède toute mise en œuvre pratique, technologique comme ce fut le cas pour la programmation avec la notion d'algorithme et pour l'ordinateur avec celle de machine universelle de Turing.
- L'I.A. permet de résoudre informatiquement des problèmes pour lesquels une solution algorithmique classique peut s'avérer difficile.

Les compétences travaillées

- **Extraire et organiser** des informations.
- **Modéliser**.

Les représentations de l'élève

Les élèves pourraient n'associer l'I.A. qu'aux représentations cinématographiques courantes c'est-à-dire celles de robots humanoïdes. L'I.A. fait pourtant déjà partie de notre quotidien sans que les élèves ne s'en rendent véritablement compte.

Ce que disent les documents

1 Ce document est extrait et traduit d'un des livres de référence du domaine. Il a simplement pour but d'isoler les 4 interprétations possibles de ce que peut être une I.A. et afin de mieux comprendre, des citations sont proposées qui obligent à réfléchir aux 4 caractérisations envisagées.

2 **3** et **4** Ces documents montrent des usages de l'I.A. dans notre quotidien : pour les jeux et autres outils numériques (on pense aux propositions musicales sur les plateformes), dans l'automobile et même l'agriculture...

5 Ce document insiste sur l'aspect « débranché » de l'informatique, ici en application avec des jeux. Un peu comme avec le programme proposé par Ada Lovelace, ces boîtes d'allumettes permettent de créer, d'inventer des objets que la technologie ne sait pas encore créer. L'activité expérimentale qui suit est adaptée de https://members.loria.fr/MDuflot/files/med/IAnim.html. Ce document et l'expérimentation associée permettent de questionner l'un des intérêts de l'I.A., comme le développement d'AlphaGo l'a montré, à savoir : résoudre informatiquement des problèmes pour lesquels une solution algorithmique classique peut s'avérer difficile.

Les + pour préparer votre séance

- Activités et vidéos [→ **Annexe 4, page 255**]

LE SAVIEZ-VOUS ?

- Le test de Turing, proposé par Alan Turing en 1950, a été conçu afin de proposer une définition opérationnelle satisfaisante de l'I.A.

  Pour réussir un test de Turing, Norvig et Russell résument ce qu'une machine doit posséder comme fonctionnalités. Elle doit :
  1. pouvoir effectuer un traitement du langage naturel ;
  2. disposer d'une représentation des connaissances ;
  3. pouvoir raisonner de manière automatisée ;
  4. être capable d'auto-apprentissage.

  Mais pour réussir un test de Turing complet, la machine doit en plus :
  5. être douée d'une vision informatique pour percevoir des objets ;
  6. posséder des capacités robotiques pour manipuler des objets et interagir avec l'environnement.

  Ces six composantes constituent l'essentiel des fonctionnalités dont toute I.A. doit être équipée. Le schéma de synthèse propose une articulation de ces composantes en y ajoutant une dimension éthique.

- On distingue souvent deux types d'I.A. : une I.A. « *narrow* » ou étroite est une I.A. qui effectue une tâche très spécifique, alors qu'une I.A. « *strong* », forte, doit pouvoir agir comme un humain, i.e. pouvoir s'adapter à différents contextes.

  Norvig et Russel écrivent « *Philosophers use the term weak AI for the hypothesis that machines could possibly behave intelligently, and strong AI for the hypothesis that such machines would count as having actual minds (as opposed to simulated minds).* »

  De manière encore plus fine, certains distinguent I.A. faible, étroite, forte et générale.

  Une I.A. faible est une I.A., un système, qui semble se comporter intelligemment, mais qui n'a aucune conscience de ce qu'il fait. Par exemple, tout *chatbot* d'aide sur les sites commerciaux n'a aucune conscience de ce qu'il fait.

  Une I.A. étroite est une I.A. faible dont les capacités sont limitées à une seule tâche ou à un ensemble de tâches définies. Par exemple, les capacités du super-ordinateur Deep Blue d'IBM se limitaient au jeu d'échecs. Il aurait été incapable de gagner à un quelconque autre jeu.

  Une I.A. générale est une I.A. qui peut effectuer un grand nombre de tâches, dans des domaines variés. Google DeepMind a développé une I.A. capable d'apprendre un ensemble de jeux différents, faisant appel à différentes aptitudes. Cette I.A. a atteint des niveaux de performance similaires à ceux des humains dans 29 grands classiques des jeux vidéo Atari, avec pour seule entrée de données les pixels affichés à l'écran.

  Une I.A. forte serait une I.A. consciente d'elle-même, capable d'un comportement intelligent, d'une réflexion similaire à celle des humains, assortis d'un esprit conscient et subjectif.

  Quelques liens :
  https://pixees.fr/le-jeu-de-nim/
  https://pixees.fr/jouer-au-jeu-des-allumettes-contre-une-machine/
  https://pixees.fr/le-jeu-de-nim-comme-algorithme/

CORRECTION DE L'UNITÉ

1. Citation de Haugeland : « Cette démarche nouvelle et enthousiasmante de faire penser les ordinateurs… des machines dotés d'esprit, au sens premier et propre du terme. »

Citation de Winston : « L'étude des calculs qui permettent la perception, le raisonnement et l'action. »

Citation de Kurzweil : « L'art d'inventer des machines qui effectuent des tâches nécessitant une certaine intelligence lorsqu'elles sont accomplies par des humains. »

Citation de Poole et *al.* : « L'intelligence computationnelle consiste à étudier la conception d'agents intelligents. »

On peut donc associer **a.** à **1**, **b.** à **2**, **c.** à **3** et **d.** à **4**.

Voici des propositions de héros du cinéma, toutes discutables :
– Penser rationnellement (approche liée aux lois logiques de la pensée, à une modélisation logique du raisonnement) : HAL dans *2001: a Space Odyssey* ;
– Agir rationnellement (approche liée à celle d'agent rationnel détaillée ci-dessous) : C3-PO, si il n'y avait pas le fantaisiste R2-D2 ;
– Penser comme un humain (approche liée aux sciences cognitives) : Wall-E, R2-D2 si on l'assimile à un nourrisson ;
– Agir comme un humain (approche liée au test de Turing) : *Terminator*, les Réplicants dans *Blade Runner*.

2. On peut constater avec Norvig et Russel, que :
- l'approche « Penser rationnellement » de l'I.A. s'appuie sur des inférences logiquement correctes, ce qui limite les possibilités et ne correspond pas au comportement humain (https://en.wikipedia.org/wiki/Predictably_Irrational, https://fr.wikipedia.org/wiki/Logique_non_monotone) ;
- l'approche cognitiviste, « Penser comme un humain », nécessite de savoir comment pensent les humains, ce qui est loin d'être le cas ;
- l'approche liée au test de Turing, « Agir comme un humain », bien que décrivant les 6 domaines présents dans l'I.A., et ayant permis de créer un test toujours d'actualité 70 ans après sa création, est irréaliste. Comme l'illustrent Norvig et Russel, on ne demande pas à un ingénieur aéronautique de faire voler un avion comme un pigeon, qui puisse faire croire aux autres pigeons que c'est un pigeon.

Comme le rappellent les auteurs, le premier vol artificiel, n'a eu lieu que lorsque les ingénieurs et inventeurs, dont les frères Wright, ont réfléchi à ce qui sous-tendait le vol et arrêtèrent d'imiter les oiseaux.

Un agent est ici une machine qui agit. Un agent rationnel est un agent qui optimise son action afin d'obtenir le meilleur résultat possible. Cette approche de l'I.A. dont l'objectif serait la conception d'agents rationnels a deux avantages : elle est plus générale que celle reposant sur la logique des inférences correctes et permet une réflexion et un développement scientifique plus souple et plus circonscrite que celle reposant sur la connaissance de la réflexion et l'action des humains.

3. Quelques exemples en plus de ceux décrits ici : la justice (décider si une personne est susceptible de récidive), la musique (les propositions de deezer, spotify…), la reconnaissance d'objets par la vision par ordinateur (*google lens* par exemple…), la traduction instantanée, les nouvelles qui s'affichent sur votre smartphone en fonction de vos pages visitées précédemment, etc.

Pour aller plus loin : certains affirment que DeepBlue n'était qu'un gros calculateur à la différence d'AlphaGo par exemple. On peut peut-être nuancer ceci en disant que l'I.A. permet de résoudre des problèmes que l'on a du mal ou que l'on ne peut pas résoudre avec le calcul classique parce que notamment, il est difficile de décrire un algorithme de résolution du problème avec de la programmation traditionnelle.

CHAPITRE 13

Livre de l'élève

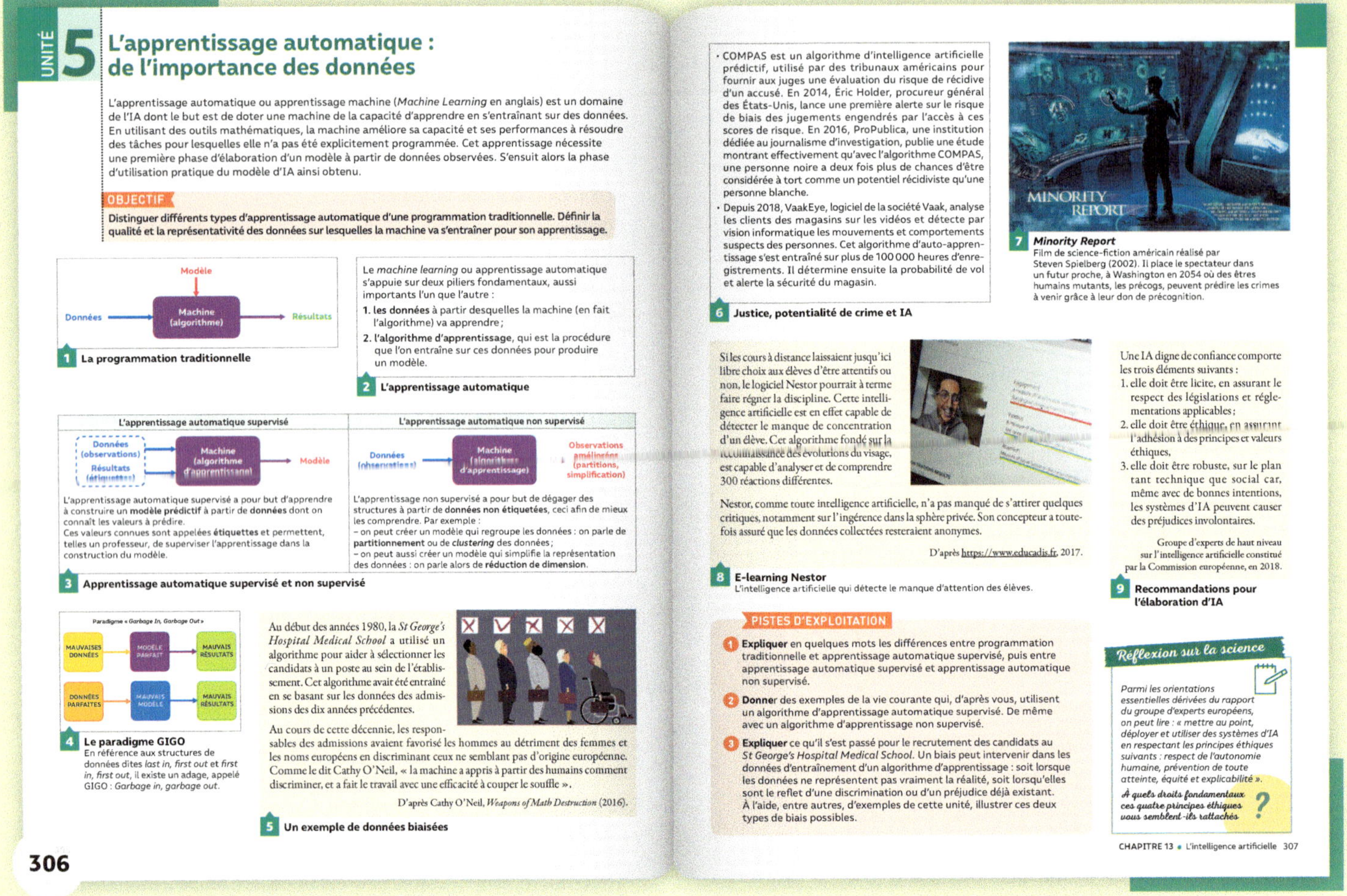

UNITÉ 5

L'apprentissage automatique : de l'importance des données

L'apprentissage automatique ou apprentissage machine (*Machine Learning* en anglais) est un domaine de l'IA dont le but est de doter une machine de la capacité d'apprendre en s'entraînant sur des données. En utilisant des outils mathématiques, la machine améliore sa capacité et ses performances à résoudre des tâches pour lesquelles elle n'a pas été explicitement programmée. Cet apprentissage nécessite une première phase d'élaboration d'un modèle à partir de données observées. S'ensuit alors la phase d'utilisation pratique du modèle d'IA ainsi obtenu.

OBJECTIF

Distinguer différents types d'apprentissage automatique d'une programmation traditionnelle. Définir la qualité et la représentativité des données sur lesquelles la machine va s'entraîner pour son apprentissage.

1 La programmation traditionnelle

Le *machine learning* ou apprentissage automatique s'appuie sur deux piliers fondamentaux, aussi importants l'un que l'autre :

1. **les données** à partir desquelles la machine (en fait l'algorithme) va apprendre ;
2. **l'algorithme d'apprentissage**, qui est la procédure que l'on entraîne sur ces données pour produire un modèle.

2 L'apprentissage automatique

L'apprentissage automatique supervisé	L'apprentissage automatique non supervisé
Données (observations) / Résultats (étiquettes) → Machine (algorithme d'apprentissage) → Modèle	Données (observations) → Machine (algorithme d'apprentissage) → Observations améliorées (partitions, simplification)
L'apprentissage automatique supervisé a pour but d'apprendre à construire un **modèle prédictif** à partir de **données** dont on connaît les valeurs à prédire. Ces valeurs connues sont appelées **étiquettes** et permettent, telles un professeur, de superviser l'apprentissage dans la construction du modèle.	L'apprentissage non supervisé a pour but de dégager des structures à partir de **données non étiquetées**, ceci afin de mieux les comprendre. Par exemple : – on peut créer un modèle qui regroupe les données : on parle de **partitionnement** ou de *clustering* des données ; – on peut aussi créer un modèle qui simplifie la représentation des données : on parle alors de **réduction de dimension**.

3 Apprentissage automatique supervisé et non supervisé

4 Le paradigme GIGO
En référence aux structures de données dites *last in, first out* et *first in, first out*, il existe un adage, appelé GIGO : *Garbage in, garbage out*.

Au début des années 1980, la *St George's Hospital Medical School* a utilisé un algorithme pour aider à sélectionner les candidats à un poste au sein de l'établissement. Cet algorithme avait été entraîné en se basant sur les données des admissions des dix années précédentes.

Au cours de cette décennie, les responsables des admissions avaient favorisé les hommes au détriment des femmes et les noms européens en discriminant ceux ne semblant pas d'origine européenne. Comme le dit Cathy O'Neil, « la machine a appris à partir des humains comment discriminer, et a fait le travail avec une efficacité à couper le souffle ».

D'après Cathy O'Neil, *Weapons of Math Destruction* (2016).

5 Un exemple de données biaisées

306

- COMPAS est un algorithme d'intelligence artificielle prédictif, utilisé par des tribunaux américains pour fournir aux juges une évaluation du risque de récidive d'un accusé. En 2014, Éric Holder, procureur général des États-Unis, lance une première alerte sur le risque de biais des jugements engendrés par l'accès à ces scores de risque. En 2016, ProPublica, une institution dédiée au journalisme d'investigation, publie une étude montrant effectivement qu'avec l'algorithme COMPAS, une personne noire a deux fois plus de chances d'être considérée à tort comme un potentiel récidiviste qu'une personne blanche.
- Depuis 2018, VaakEye, logiciel de la société Vaak, analyse les clients des magasins sur les vidéos et détecte par vision informatique les mouvements et comportements suspects des personnes. Cet algorithme d'auto-apprentissage s'est entraîné sur plus de 100 000 heures d'enregistrements. Il détermine ensuite la probabilité de vol et alerte la sécurité du magasin.

6 Justice, potentialité de crime et IA

7 *Minority Report*
Film de science-fiction américain réalisé par Steven Spielberg (2002). Il place le spectateur dans un futur proche, à Washington en 2054 où des êtres humains mutants, les précogs, peuvent prédire les crimes à venir grâce à leur don de précognition.

Si les cours à distance laissaient jusqu'ici libre choix aux élèves d'être attentifs ou non, le logiciel Nestor pourrait à terme faire régner la discipline. Cette intelligence artificielle est en effet capable de détecter le manque de concentration d'un élève. Cet algorithme fondé sur la reconnaissance des évolutions du visage, est capable d'analyser et de comprendre 300 réactions différentes.

Nestor, comme toute intelligence artificielle, n'a pas manqué de s'attirer quelques critiques, notamment sur l'ingérence dans la sphère privée. Son concepteur a toutefois assuré que les données collectées resteraient anonymes.

D'après https://www.educadis.fr, 2017.

8 E-learning Nestor
L'intelligence artificielle qui détecte le manque d'attention des élèves.

Une IA digne de confiance comporte les trois éléments suivants :

1. elle doit être licite, en assurant le respect des législations et réglementations applicables ;
2. elle doit être éthique, en assurant l'adhésion à des principes et valeurs éthiques,
3. elle doit être robuste, sur le plan tant technique que social car, même avec de bonnes intentions, les systèmes d'IA peuvent causer des préjudices involontaires.

Groupe d'experts de haut niveau sur l'intelligence artificielle constitué par la Commission européenne, en 2018.

9 Recommandations pour l'élaboration d'IA

PISTES D'EXPLOITATION

1. **Expliquer** en quelques mots les différences entre programmation traditionnelle et apprentissage automatique supervisé, puis entre apprentissage automatique supervisé et apprentissage automatique non supervisé.
2. **Donner** des exemples de la vie courante qui, d'après vous, utilisent un algorithme d'apprentissage automatique supervisé. De même avec un algorithme d'apprentissage non supervisé.
3. **Expliquer** ce qu'il s'est passé pour le recrutement des candidats au *St George's Hospital Medical School*. Un biais peut intervenir dans les données d'entraînement d'un algorithme d'apprentissage : soit lorsque les données ne représentent pas vraiment la réalité, soit lorsqu'elles sont le reflet d'une discrimination ou d'un préjudice déjà existant. À l'aide, entre autres, d'exemples de cette unité, illustrer ces deux types de biais possibles.

Réflexion sur la science

Parmi les orientations essentielles dérivées du rapport du groupe d'experts européens, on peut lire : « mettre au point, déployer et utiliser des systèmes d'IA en respectant les principes éthiques suivants : respect de l'autonomie humaine, prévention de toute atteinte, équité et explicabilité ».

À quels droits fondamentaux ces quatre principes éthiques vous semblent-ils rattachés ?

CHAPITRE 13 • L'intelligence artificielle 307

problèmes scientifiques

- **Comment faire pour qu'une machine apprenne toute seule à partir de données ?**
- **Quelles recommandations, quelles règles techniques mais aussi éthiques, doit-on suivre pour élaborer une I.A. ?**

Mobilisation des acquis

- En SNT 2de : Informatique embarquée et objets connectés, les algorithmes et les programmes. Les machines.
- Les grandes idées des **unités 1, 2, 3** et **4** de ce chapitre.

Les grandes idées à construire

- Cette unité, dans le cadre de l'apprentissage automatique, permet de revenir et d'illustrer ce qui a été abordé dans l'unité précédente entre autres : une I.A. permet de résoudre des problèmes difficilement modélisables avec l'algorithmique classique, comme le jeu de Go.

Ainsi, alors que la programmation traditionnelle repose sur un modèle préalable de la situation, l'I.A. avec l'apprentissage automatique ne repose que sur les données, étiquetées ou non, et propose un modèle ou une amélioration des observations données.

- L'apprentissage automatique et l'I.A. en général s'appuient sur deux piliers : les données et les algorithmes.
- Pour qu'une machine puisse apprendre, elle s'entraîne sur un immense jeu de données, à la différence d'un être humain, comme le rappelle Stanislas Dehaene. Ces données sont construites à partir d'existants et peuvent contenir des biais. L'I.A. amplifie ces biais et les donne alors à voir. Le paradigme GIGO résume le fait que de mauvaises données ne donnent rien d'autre que de mauvais modèles.
- Une I.A. se doit donc de répondre à quelques exigences et c'est ce qu'a proposé le Parlement Européen, précurseur en la matière. Une I.A. se doit d'être licite, éthique et socialement et techniquement robuste.

Les compétences travaillées

- **Extraire et organiser** des informations.
- **Communiquer**.

▶ Ce que disent les documents

1 et **3** Ces documents illustrent à l'aide de schémas une différence entre une programmation traditionnelle, dans laquelle le modèle est connu à l'avance, autrement dit pour laquelle la modélisation a été possible, d'une programmation par apprentissage automatique, pour laquelle nous ne disposons pas de modèle algorithmiquement « simple ». Le **doc. 3** propose deux schémas afin de mieux comprendre la différence entre apprentissage automatique supervisé et non supervisé.

2 Ce document permet d'insister sur cette « grande idée » : L'apprentissage automatique et l'I.A. en général s'appuient sur deux piliers : les données et les algorithmes.

4 Ce document illustre un des paradigmes des *data scientists* et permet d'insister sur la notion de biais. Il est important de dire qu'*a priori* une I.A. ne crée pas de biais mais révèle, en en amplifiant les effets, des biais déjà existants dans la société. A. Gelman écrit : « *The most important aspect of a statistical analysis is not what you do with the data, it's what data you use* ».

5 **6** **7** et **8** Ces documents donnent des exemples d'I.A. utilisés aujourd'hui. Le **doc. 7**, où des humains sont reliés entre eux pour qu'une machine puisse en extraire la possibilité d'un crime, fait écho à la notion d'exosquelette pour courir deux fois plus vite (https://www.futura-sciences.com/tech/actualites/smartmotion-cet-exosquelette-permet-courir-deux-fois-plus-vite-81085/) et à celle de transhumanisme (https://lejournal.cnrs.fr/billets/transhumanisme-de-lillusion-a-limposture).

9 Ce document, extrait d'un rapport européen, constitue la première initiative pour réguler la création d'I.A. Avec ce document et tous ceux qui précèdent, nous avons tous les éléments et toutes les questions pour circonscrire ce que l'on attend d'une I.A. (tel que schématisé p. 315).

▶ Les + pour préparer votre séance

Vous pouvez faire tester l'intelligence d'un *chatbot* :

- Un premier protocole possible :
  1. Préparer 5 à 10 questions à poser à un *chatbot* pour tester son « intelligence » selon les critères du test de Turing.
  2. Se connecter le site https://www.existor.com/, choisir un *bot* et mettre en œuvre le test pour engager une conversation et poser les questions.
  3. Faire une copie d'écran de la conversation et repérer les caractéristiques qui ne relèvent pas d'une conversation humaine.
  4. Recommencer ensuite le même test en vous connectant sur un site qui propose les services d'un *chatbot*.
  5. Comparer les résultats obtenus et dire quel *chatbot* vous parait le plus « intelligent ».
- Un second protocole, créé pour apprendre l'anglais, est détaillé en anglais sur ce site : https://www.teachingenglish.org.uk/article/turing-test

LE SAVIEZ-VOUS ?

▶ *Tay*, acronyme de « *thinking about you* », est un *chatbot*, ou robot conversationnel, lancé par Microsoft le 23 mars 2016. Ce robot avait pour objectif de discuter avec de jeunes adultes de 18 à 24 ans, en imitant les codes langagiers d'une jeune fille de 19 ans. Après 16 heures de fonctionnement et donc d'échanges sur Twitter, Microsoft a éteint son robot. En effet, en jouant à « *Repeat after me* », le robot a émis des propos racistes et tenus des propos diffamatoires.

Parmi les nombreux liens relatant ce fait, en voici deux : https://www.theguardian.com/technology/2016/mar/24/tay-microsofts-ai-chatbot-gets-a-crash-course-in-racism-from-twitter et https://www.lemonde.fr/pixels/article/2016/03/24/a-peine-lancee-une-intelligence-artificielle-de-microsoft-derape-sur-twitter_4889661_4408996.html

▶ Pour aborder les problèmes de biais et d'éthique et leur traitement informatique, l'article suivant apporte des éléments de réponse : https://blogrecherche.wp.imt.fr/2019/03/18/contraindre-algorithmes-pouvoir-discriminant/

▶ À titre d'information plus transversale, l'Unesco a publié un rapport sur l'I.A. et l'éducation : https://unesdoc.unesco.org/ark:/48223/pf0000366994

▶ Un site qui explique la différence entre classification (apprentissage automatique supervisé) et partitionnement (apprentissage automatique non supervisé) : https://techdifferences.com/difference-between-classification-and-clustering.html

CORRECTION DE L'UNITÉ

1. En programmation traditionnelle, le modèle a été établi au préalable et implanté en machine. En fonction de données, la machine sort des résultats. Par exemple, un test pour connaître le tarif d'un forfait comme dans l'**unité 3**. Avec l'I.A., on ne dispose pas de modèle a priori, on ne dispose que de données, éventuellement étiquetées. L'I.A. renvoie soit un modèle soit des observations améliorées.
2. Exemples d'apprentissage automatique supervisé : le calcul d'itinéraire routier (https://www.guru99.com/supervised-machine-learning.html#1 traite cet exemple-là), le calcul du prix d'une maison à l'aide d'une régression…
   Exemples d'apprentissage automatique non-supervisé : l'apprentissage de formes comme dans l'unité suivante avec un réseau de neurones (https://www.guru99.com/unsupervised-machine-learning.html), le regroupement de consommateurs suivant leur comportement consumériste…
3. La machine a exclu toutes les candidatures féminines et celles de personnes ne portant pas un nom « européen ».
   On retrouve ce genre de biais beaucoup plus récemment (en 2014) avec le recrutement chez Amazon. Les femmes étaient alors sous-représentées pour les jobs et l'I.A. a exclu toutes les candidatures féminines : https://www.lefigaro.fr/social/2018/10/11/20011-20181011ARTFIG00096-le-logiciel-de-recrutement-d-amazon-n-aimait-pas-les-femmes.php
   Concernant un exemple de données mal conçues, des recherches très récentes ont essayé de déterminer le genre d'une personne en fonction d'une vision par ordinateur de son iris. Les méthodes de classification associées à l'iris s'appuient sur sa texture, son apparence. Mais comme les données sur lesquelles se basait l'I.A. testée contenait des photos avec ou sans eyeliner, on n'a pas su si le choix fait par l'I.A. reposait sur la présence ou non d'eyeliner : https://www.logically.co.uk/blog/machines-arent-born-biased-they-are-taught-it/

Réflexion sur la science : « Le respect de l'autonomie humaine est fortement associé au droit à la dignité humaine et à la liberté (reflété aux articles 1 et 6 de la charte). La prévention de toute atteinte est fortement liée à la protection de l'intégrité physique ou mentale (reflétée à l'article 3). L'équité est étroitement liée aux droits à la non-discrimination, à la solidarité et à la justice (reflétés aux articles 21 et suivants). L'explicabilité et la responsabilité sont étroitement liées aux droits relatifs à la justice (tels que reflétés à l'article 47). »
(*cf.* : https://op.europa.eu/fr/publication-detail/-/publication/d3988569-0434-11ea-8c1f-01aa75ed71a1/prodSystem-cellar/language-fr/format-PDF)

Livre de l'élève

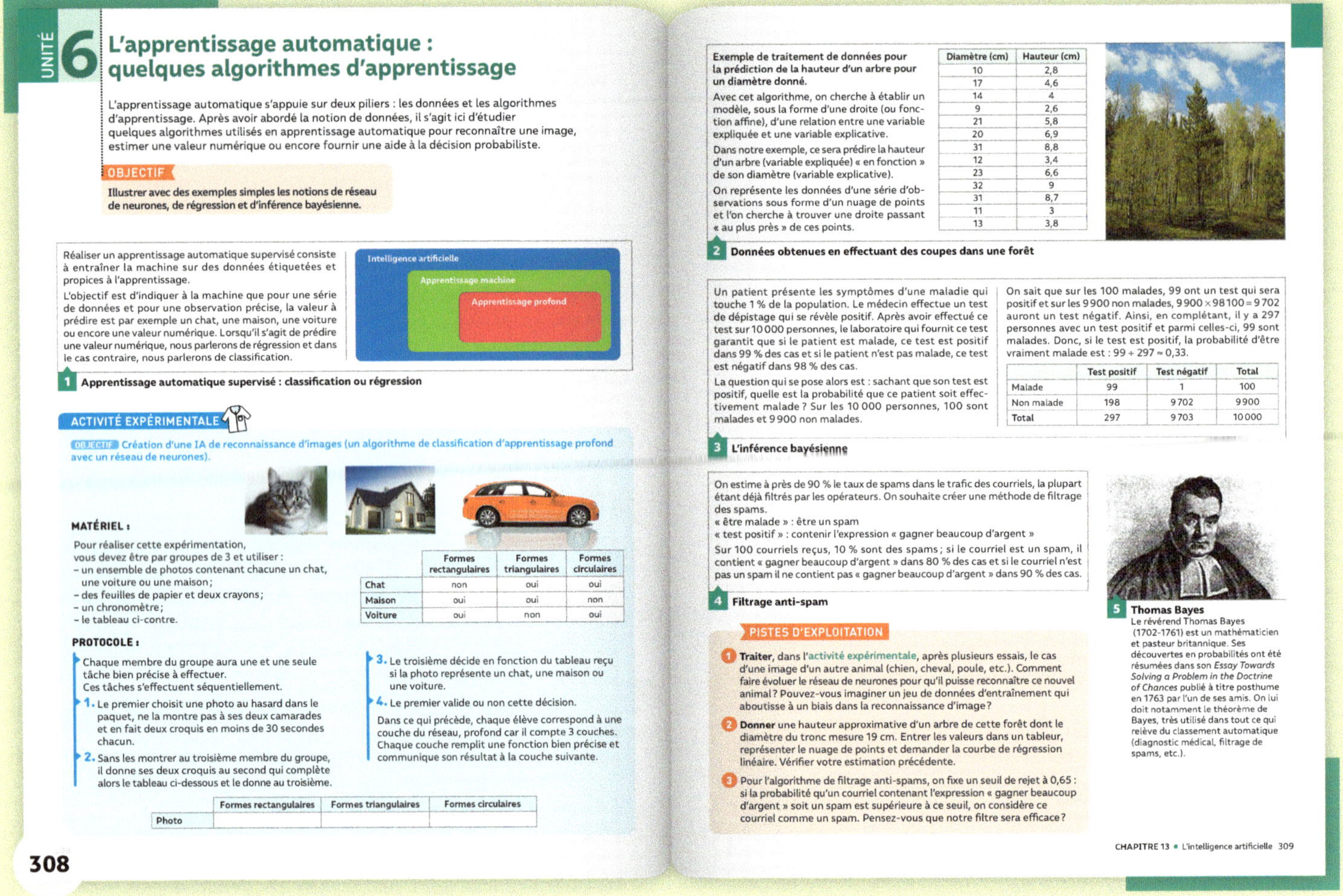

UNITÉ 6

L'apprentissage automatique : quelques algorithmes d'apprentissage

L'apprentissage automatique s'appuie sur deux piliers : les données et les algorithmes d'apprentissage. Après avoir abordé la notion de données, il s'agit ici d'étudier quelques algorithmes utilisés en apprentissage automatique pour reconnaître une image, estimer une valeur numérique ou encore fournir une aide à la décision probabiliste.

OBJECTIF

Illustrer avec des exemples simples les notions de réseau de neurones, de régression et d'inférence bayésienne.

Réaliser un apprentissage automatique supervisé consiste à entraîner la machine sur des données étiquetées et propices à l'apprentissage.

L'objectif est d'indiquer à la machine que pour une série de données et pour une observation précise, la valeur à prédire est par exemple un chat, une maison, une voiture ou encore une valeur numérique. Lorsqu'il s'agit de prédire une valeur numérique, nous parlerons de régression et dans le cas contraire, nous parlerons de classification.

Intelligence artificielle
Apprentissage machine
Apprentissage profond

1 Apprentissage automatique supervisé : classification ou régression

ACTIVITÉ EXPÉRIMENTALE

OBJECTIF Création d'une IA de reconnaissance d'images (un algorithme de classification d'apprentissage profond avec un réseau de neurones).

MATÉRIEL :

Pour réaliser cette expérimentation, vous devez être par groupes de 3 et utiliser :
- un ensemble de photos contenant chacune un chat, une voiture ou une maison ;
- des feuilles de papier et deux crayons ;
- un chronomètre ;
- le tableau ci-contre.

	Formes rectangulaires	Formes triangulaires	Formes circulaires
Chat	non	oui	oui
Maison	oui	oui	non
Voiture	oui	non	oui

PROTOCOLE :

Chaque membre du groupe aura une et une seule tâche bien précise à effectuer. Ces tâches s'effectuent séquentiellement.

1. Le premier choisit une photo au hasard dans le paquet, ne la montre pas à ses deux camarades et en fait deux croquis en moins de 30 secondes chacun.
2. Sans les montrer au troisième membre du groupe, il donne ses deux croquis au second qui complète alors le tableau ci-dessous et le donne au troisième.
3. Le troisième décide en fonction du tableau reçu si la photo représente un chat, une maison ou une voiture.
4. Le premier valide ou non cette décision.

Dans ce qui précède, chaque élève correspond à une couche du réseau, profond car il compte 3 couches. Chaque couche remplit une fonction bien précise et communique son résultat à la couche suivante.

	Formes rectangulaires	Formes triangulaires	Formes circulaires
Photo			

308

Exemple de traitement de données pour la prédiction de la hauteur d'un arbre pour un diamètre donné.

Avec cet algorithme, on cherche à établir un modèle, sous la forme d'une droite (ou fonction affine), d'une relation entre une variable expliquée et une variable explicative.

Dans notre exemple, ce sera prédire la hauteur d'un arbre (variable expliquée) « en fonction » de son diamètre (variable explicative).

On représente les données d'une série d'observations sous forme d'un nuage de points et l'on cherche à trouver une droite passant « au plus près » de ces points.

Diamètre (cm)	Hauteur (cm)
10	2,8
17	4,6
14	4
9	2,6
21	5,8
20	6,9
31	8,8
12	3,4
23	6,6
32	9
31	8,7
11	3
13	3,8

2 Données obtenues en effectuant des coupes dans une forêt

Un patient présente les symptômes d'une maladie qui touche 1 % de la population. Le médecin effectue un test de dépistage qui se révèle positif. Après avoir effectué ce test sur 10 000 personnes, le laboratoire qui fournit ce test garantit que si le patient est malade, ce test est positif dans 99 % des cas et si le patient n'est pas malade, ce test est négatif dans 98 % des cas.

La question qui se pose alors est : sachant que son test est positif, quelle est la probabilité que ce patient soit effectivement malade ? Sur les 10 000 personnes, 100 sont malades et 9 900 non malades.

On sait que sur les 100 malades, 99 ont un test qui sera positif et sur les 9 900 non malades, $9\,900 \times 98\,100 = 9\,702$ auront un test négatif. Ainsi, en complétant, il y a 297 personnes avec un test positif et parmi celles-ci, 99 sont malades. Donc, si le test est positif, la probabilité d'être vraiment malade est : $99 \div 297 \approx 0,33$.

	Test positif	Test négatif	Total
Malade	99	1	100
Non malade	198	9 702	9 900
Total	297	9 703	10 000

3 L'inférence bayésienne

On estime à près de 90 % le taux de spams dans le trafic des courriels, la plupart étant déjà filtrés par les opérateurs. On souhaite créer une méthode de filtrage des spams.
« être malade » : être un spam
« test positif » : contenir l'expression « gagner beaucoup d'argent »

Sur 100 courriels reçus, 10 % sont des spams ; si le courriel est un spam, il contient « gagner beaucoup d'argent » dans 80 % des cas et si le courriel n'est pas un spam il ne contient pas « gagner beaucoup d'argent » dans 90 % des cas.

4 Filtrage anti-spam

5 Thomas Bayes
Le révérend Thomas Bayes (1702-1761) est un mathématicien et pasteur britannique. Ses découvertes en probabilités ont été résumées dans son *Essay Towards Solving a Problem in the Doctrine of Chances* publié à titre posthume en 1763 par l'un de ses amis. On lui doit notamment le théorème de Bayes, très utilisé dans tout ce qui relève du classement automatique (diagnostic médical, filtrage de spams, etc.).

PISTES D'EXPLOITATION

1. **Traiter**, dans l'activité expérimentale, après plusieurs essais, le cas d'une image d'un autre animal (chien, cheval, poule, etc.). Comment faire évoluer le réseau de neurones pour qu'il puisse reconnaître ce nouvel animal ? Pouvez-vous imaginer un jeu de données d'entraînement qui aboutisse à un biais dans la reconnaissance d'image ?
2. **Donner** une hauteur approximative d'un arbre de cette forêt dont le diamètre du tronc mesure 19 cm. Entrer les valeurs dans un tableur, représenter le nuage de points et demander la courbe de régression linéaire. Vérifier votre estimation précédente.
3. Pour l'algorithme de filtrage anti-spams, on fixe un seuil de rejet à 0,65 : si la probabilité qu'un courriel contenant l'expression « gagner beaucoup d'argent » soit un spam est supérieure à ce seuil, on considère ce courriel comme un spam. Pensez-vous que notre filtre sera efficace ?

CHAPITRE 13 • L'intelligence artificielle 309

problèmes scientifiques

- Comment peut-on procéder pour permettre à une machine d'apprendre seule à partir de données étiquetées ?
- De quels outils mathématiques dispose-t-on afin de « valider » une sortie proposée par une machine en apprentissage automatique ?

Mobilisation des acquis

- En SNT 2de : Informatique embarquée et objets connectés, les algorithmes et les programmes. Les machines.
- Les grandes idées des unités 4 et 5 de ce chapitre.

Les grandes idées à construire

- L'apprentissage profond n'est qu'une des méthodes de l'apprentissage automatique. Certaines méthodes d'apprentissage automatique sont relativement simples à appréhender.
- En apprentissage automatique, on distingue les problèmes de régression des problèmes de classification. Les problèmes de prédiction d'une variable quantitative sont des problèmes dits de régression alors que les problèmes de prédiction d'une variable qualitative sont des problèmes dits de classification. La régression linéaire (au sens des moindres carrés) est une des méthodes de régression utilisées en apprentissage automatique et est adaptée dans le cas de données étiquetées dont le nuage de points semble distribué autour d'une droite.
- L'inférence bayésienne, introduite au XVIIIe siècle, est un outil utilisé pour les tests médicaux mais aussi pour l'I.A. afin de filtrer de l'information (antispam, détection de fake news…).

Les compétences travaillées

- **Extraire et organiser** des informations.
- **Mettre en œuvre** un protocole.
- **Modéliser.**
- **Utiliser** des logiciels d'acquisition, de simulation et de traitement de données.

Ce que disent les documents

1 Ce document n'est là que pour préciser les liens entre I.A., apprentissage machine et apprentissage profond et ce que sont des méthodes de régression et de classification.

Activité expérimentale Cette expérience, tirée de https://aiunplugged.org, lien avec lequel vous trouverez tous les détails et compléments d'information, modélise de manière « débranchée » un réseau de neurones afin de classifier des images entre trois catégories. On verra dans la rubrique « Les + pour préparer votre séance » comment on peut exploiter cette activité pour questionner la notion de biais comme avec l'exemple d'eyeliner donné pour l'unité précédente.

2 Ce document propose une exploitation d'une régression, en l'occurence d'une régression linéaire d'une variable en fonction d'une autre. Pour répondre à la question, aucune indication n'est offerte. On pourra utiliser le tableur, la calculatrice ou Python avec la fonction linregress du module scipy.stats.

3 Ce document, très mathématique, propose un survol explicatif d'une inférence bayésienne statistique. C'est cette approche, adaptée aux élèves n'ayant pas suivi le cours de probabilité de la spécialité mathématique de première, que nous avons choisi de présenter dans le Mémo page 317 du manuel élève. Il propose un lien, que l'on espère élémentaire, avec les probabilités.

4 Ce document constitue une première application de cette méthode de Bayes, que l'on présente en **doc 5**. Le filtrage bayésien est une des méthodes utilisées pour le filtrage anti-spam : https://fr.wikipedia.org/wiki/Lutte_anti-spam#Filtrage_bay%C3%A9sien. Des détails se trouvent ici par exemple : https://fr.wikipedia.org/wiki/Filtrage_bay%C3%A9sien_du_spam

Les + pour préparer votre séance

- Pour illustrer la notion de biais en lien avec l'activité expérimentale, on pourrait demander comment fournir des données qui ne permettent pas de répondre à une problématique posée. Par exemple, si l'on veut qu'une machine apprenne à reconnaître des 0 et des 1 sur des images et que, dans nos données, les 0 sont toujours bleus et les 1 rouges? Que se passe-t-il ? En fait, comme avec l'eyeliner dans l'**unité 5**, cela introduit un biais et si on présente un 1 bleu à la machine elle pourrait croire que c'est un 0.
- L'outil de régression linéaire est un outil vu au **chapitre 12** avec lequel il est donc possible de faire un lien. Attention cependant au vocabulaire : dans le **chapitre 12**, on parle d'ajustement affine, ici on parle plus généralement de régression et de régression linéaire dans le cas d'une droite. On rappelle qu'effectuer une régression entre deux variables quantitatives, est d'établir une relation numérique entre l'une de ces variables, appelée variable expliquée, que l'on considère comme dépendante de l'autre, appelée variable explicative.
- Pour les réseaux de neurones :
  Un lien vers une vidéo sur les réseaux de neurones de la chaine youtube Science4all :
  https://www.youtube.com/watch?v=8qL2lSQd9L8
- Pour Bayes, ces pages sont intéressantes :
  – une introduction à Bayes : https://sciencetonnante.wordpress.com/2012/10/08/les-probabilites-conditionnelles-bayes-level-1/
  – pour aller plus loin avec l'inférence bayésienne : https://sciencetonnante.wordpress.com/2012/10/15/linference-bayesienne-bayes-level-2/
  – cette vidéo, à nouveau sur la chaîne youtube science4all : https://www.youtube.com/watch?v=ZEukm18lMkw
- Concernant Bayes et les tests médicaux, en plus du document Eduscol https://eduscol.education.fr/cid143130/enseignement-scientifique-bac-2021.html qui rappelle en page 4 les caractéristiques d'un test médical, le podcast de France Culture est très éclairant sur les choix des termes sensibilité et spécificité : https://www.franceculture.fr/emissions/radiographies-du-coronavirus/le-casse-tete-des-tests-serologiques.

LE SAVIEZ-VOUS ?

- Le procès d'OJ Simpson aux États-Unis en 1995 est un procès dont le verdict s'appuie sur des probabilités, en particulier sur le théorème de Bayes et sur la capacité du jury à comprendre ces probabilités.
  L'article en anglais *Compounding Evidence from Multiple DNA-Tests* écrit par Saunders, Leyer et Wu et destiné aux lycéens et enseignants de mathématiques revient de manière accessible sur les mathématiques utiles au procès.
  https://www.maa.org/sites/default/files/269131203022.pdf
- L'inférence bayésienne est un outil important en théorie de l'apprentissage et en neurosciences. S. Dehaene y a consacré sa série de cours du Collège de France en 2012 :
  https://www.college-de-france.fr/site/stanislas-dehaene/p1346267510661_content.htm
- Enfin, concernant l'intuition en statistiques déjà mise à mal avec l'application du théorème de Bayes, il existe un paradoxe dû à Simpson pour lequel nous proposons deux liens de présentation :
  https://www.youtube.com/watch?v=vs_Zzf_vL2I
  https://sciencetonnante.wordpress.com/2013/04/29/le-paradoxe-de-simpson/

CORRECTION DE L'UNITÉ

1. La première chose est de considérer une nouvelle catégorie de sortie associée à l'animal chat par exemple. L'ensemble des caractéristiques du réseau ne suffit probablement plus à distinguer ces 4 catégories. On peut envisager au moins deux possibilités : on crée une ou plusieurs nouvelles caractéristiques qui vont permettre de distinguer les différentes catégories ; ou alors, on crée un « motif » en combinant plusieurs caractéristiques : des angles, des formes géométriques particulières… Pour exploiter ce nouveau type d'informations, il peut être nécessaire de rajouter une couche au réseau.

2. En supposant qu'il y a proportionnalité entre diamètre et hauteur, comme à 17 cm de diamètre un arbre mesure 4,6 m de hauteur et à 21 cm de diamètre, il mesure 5,8 m de haut, on peut estimer qu'à 19 cm de diamètre il mesure $\frac{4{,}6 + 5{,}8}{2} = 5{,}2$ m de haut.

Avec la droite de régression d'équation $y = 0{,}28 \times x + 0{,}06$, on trouve $0{,}28 \times 19 + 0{,}06 = 5{,}38$ m.

3. Nous proposons ici une solution probabiliste, avec probabilités conditionnelles et non avec les fréquences comme dans le **doc. 3**. Notons S l'événement « être un spam », T_+ l'événement « contenir l'expression "gagner beaucoup d'argent" » et $T_- = \overline{T_+}$ l'événement « ne pas contenir l'expression "gagner beaucoup d'argent" ». On a :

$$P(S) = 0{,}1 \qquad P_S(T_+) = P(T_+|S) = 0{,}8 \qquad P_{\overline{S}}(T_-) = 0{,}9.$$

On cherche $P_{T_+}(S)$. On a :

$$P_{T_+}(S) = \frac{P_S(T_+)P(S)}{P_S(T_+)P(S) + P_{\overline{S}}(T_+)P(\overline{S})}$$

$$= \frac{P_S(T_+)P(S)}{P_S(T_+)P(S) + (1 - P_{\overline{S}}(T_-))(1 - P(S))} = 0{,}47.$$

Comme $0{,}47 < 0{,}65$, aucun mail ne contenant l'expression ne sera considéré comme un spam.

Livre de l'élève

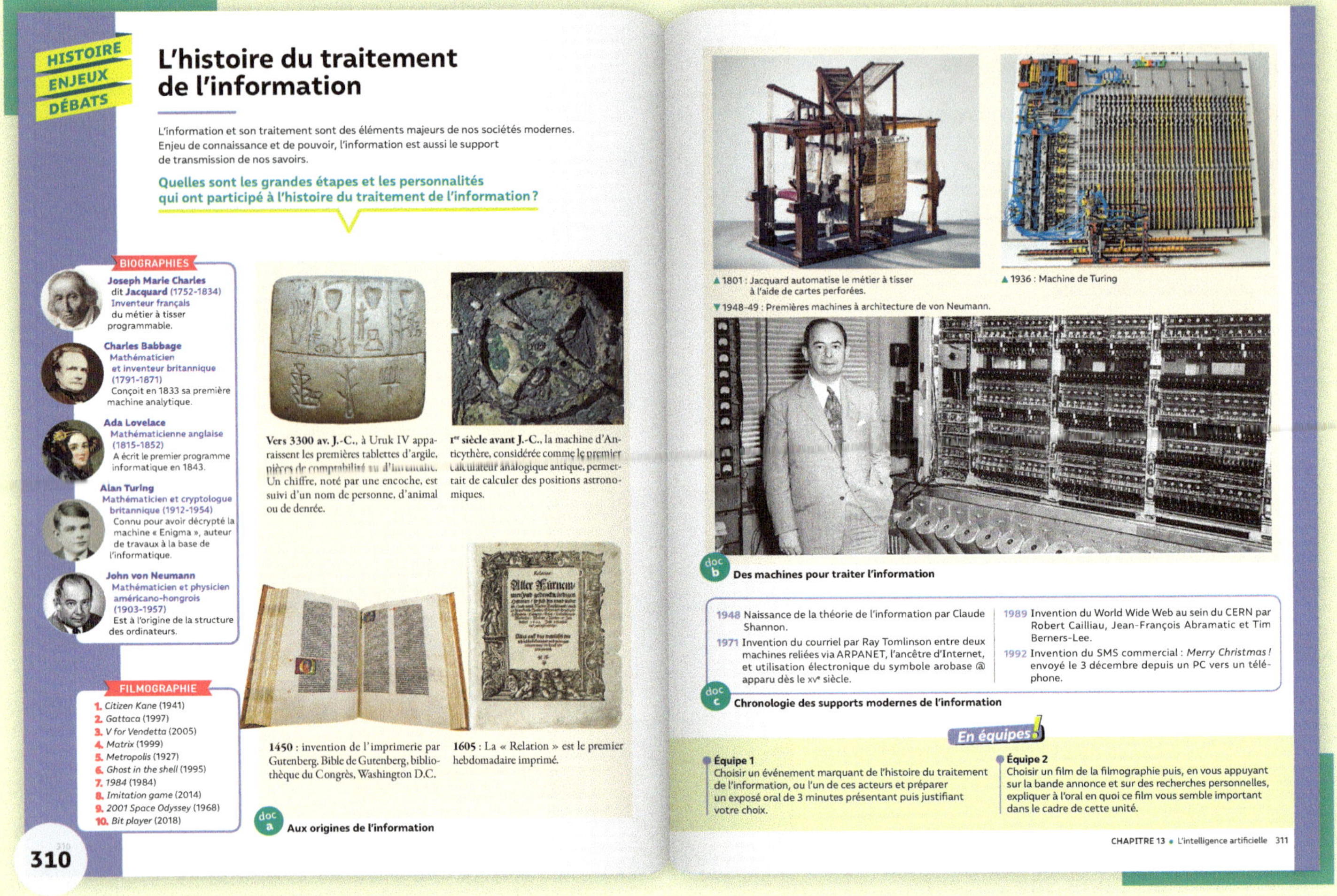

HISTOIRE ENJEUX DÉBATS

L'histoire du traitement de l'information

L'information et son traitement sont des éléments majeurs de nos sociétés modernes. Enjeu de connaissance et de pouvoir, l'information est aussi le support de transmission de nos savoirs.

Quelles sont les grandes étapes et les personnalités qui ont participé à l'histoire du traitement de l'information ?

BIOGRAPHIES

Joseph Marie Charles dit Jacquard (1752-1834) Inventeur français du métier à tisser programmable.

Charles Babbage Mathématicien et inventeur britannique (1791-1871) Conçoit en 1833 sa première machine analytique.

Ada Lovelace Mathématicienne anglaise (1815-1852) A écrit le premier programme informatique en 1843.

Alan Turing Mathématicien et cryptologue britannique (1912-1954) Connu pour avoir décrypté la machine « Enigma », auteur de travaux à la base de l'informatique.

John von Neumann Mathématicien et physicien américano-hongrois (1903-1957) Est à l'origine de la structure des ordinateurs.

FILMOGRAPHIE

1. *Citizen Kane* (1941)
2. *Gattaca* (1997)
3. *V for Vendetta* (2005)
4. *Matrix* (1999)
5. *Metropolis* (1927)
6. *Ghost in the shell* (1995)
7. *1984* (1984)
8. *Imitation game* (2014)
9. *2001 Space Odyssey* (1968)
10. *Bit player* (2018)

Vers 3300 av. J.-C., à Uruk IV apparaissent les premières tablettes d'argile, pièces de comptabilité ou d'inventaire. Un chiffre, noté par une encoche, est suivi d'un nom de personne, d'animal ou de denrée.

Ier siècle avant J.-C., la machine d'Anticythère, considérée comme le premier calculateur analogique antique, permettait de calculer des positions astronomiques.

1450 : invention de l'imprimerie par Gutenberg. Bible de Gutenberg, bibliothèque du Congrès, Washington D.C.

1605 : La « Relation » est le premier hebdomadaire imprimé.

doc a **Aux origines de l'information**

310

▲ 1801 : Jacquard automatise le métier à tisser à l'aide de cartes perforées.

▲ 1936 : Machine de Turing

▼ 1948-49 : Premières machines à architecture de von Neumann.

doc b **Des machines pour traiter l'information**

1948 Naissance de la théorie de l'information par Claude Shannon.

1971 Invention du courriel par Ray Tomlinson entre deux machines reliées via ARPANET, l'ancêtre d'Internet, et utilisation électronique du symbole arobase @ apparu dès le XVe siècle.

1989 Invention du World Wide Web au sein du CERN par Robert Cailliau, Jean-François Abramatic et Tim Berners-Lee.

1992 Invention du SMS commercial : *Merry Christmas !* envoyé le 3 décembre depuis un PC vers un téléphone.

doc c **Chronologie des supports modernes de l'information**

En équipes !

Équipe 1
Choisir un événement marquant de l'histoire du traitement de l'information, ou l'un de ces acteurs et préparer un exposé oral de 3 minutes présentant puis justifiant votre choix.

Équipe 2
Choisir un film de la filmographie puis, en vous appuyant sur la bande annonce et sur des recherches personnelles, expliquer à l'oral en quoi ce film vous semble important dans le cadre de cette unité.

CHAPITRE 13 • L'intelligence artificielle 311

Cette HED permet d'envisager une réflexion historique, éventuellement sociologique et philosophique, en lien avec les **unités 1** et **2** de ce chapitre.

problèmes scientifiques

- Quand, comment, pourquoi apparaissent les premiers traitements d'information ?
- Comment et avec qui évoluent-ils ?

Les grandes idées à construire

- Pour chacune des étapes de son évolution, le traitement de l'information distingue deux moments : le codage de l'information puis le stockage, l'archivage de cette information.
- Alors que le premier traitement de l'information naît il y a plus de 5 000 ans, la numérisation de l'information et l'automatisation électronique de son traitement ont un peu plus de 60 ans.
- L'explosion de la quantité d'informations disponible et, surtout, traitée, ce que l'on appelle le Big Data, pousse à mener une réflexion d'ordre social, sociétal et qui relève aussi de l'intime : qui crée cette information, qui traite cette information (non, ce ne sont pas les robots, ou pas que…) ? (Pour aller plus loin dans cette réflexion, deux ouvrages : *En attendant les robots* d'Antonio Casilli et Contre *le colonialisme numérique : Manifeste pour continuer à lire* de Roberto Casati.

Ce que disent les documents

Les biographies reprennent certains des personnages historiques déjà présents dans l'ouvrage et dont les noms sont dans le programme du B.O. Les liens données dans les **unités 1** et **2**, en particulier les liens podcast de France Culture (https://www.franceculture.fr/emissions/la-methode-scientifique/ada-lovelace-la-grande-ordinatrice et https://www.franceculture.fr/conferences/culturegnum/une-breve-histoire-de-linformatique-de-1945-a-nos-jours). La vidéo suivante, un peu longue (environ 50′) et aride pour les lycéens, pose très clairement des questions d'ordre historique à propos de l'évolution de l'informatique depuis 1945 : https://www.canal-u.tv/video/culture_g_num/une_breve_histoire_de_l_informa-tique_de_1945_a_nos_jours.45159.

La filmographie n'est là qu'à titre indicatif : elle contient des films pour lesquels le traitement de l'information joue un rôle central voire centralisé. *Imitation Game* est un film sur une partie de la vie de Turing et *Bit Player* un film-documentaire sur celle de Shannon. Voici une liste de liens vers les trailers en V.O. le plus souvent :

– *Citizen Kane* (1941) : https://www.youtube.com/watch?v=8dxh3lwdOFw

– *Gattaca* (1997) : https://www.youtube.com/watch?v=DO_x-po_Nsc

– *V for Vendetta* (2005) : https://www.youtube.com/watch?v=ISA7mAHolAw

– *Matrix* (1999) : https://www.youtube.com/watch?v=m8e-FF8MsqU

– *Metropolis* (1927) : https://www.youtube.com/watch?v=GrFBId1b8U0

– *Ghost in the shell* (1995) : https://youtu.be/Tu713Zwigmo
– *1984* (1984) : https://youtu.be/RkkiqrJL2v8
– *Imitation game* (2014) :
https://www.youtube.com/watch?v=nuPZUUED5uk
– *2001: A Space Odyssey* (1968) :
https://www.youtube.com/watch?v=oR_e9y-bka0
– *Bit player* (2018) :
https://www.youtube.com/watch?v=E3OldEtfBrE

a Ce document insiste, comme l'ouvrage de Casati cité plus haut, sur l'importance de l'écriture et de la lecture. L'invention de l'imprimerie participe, avec l'expansion des Universités en Europe, à la diffusion du savoir. On devine un lien avec l'explosion d'internet, dont le **doc. c.** nous dit que l'invention date de 1971.

b Ce document montre quelques machines importantes : le métier à tisser, une machine de Turing et une machine avec architecture de Von Neumann, représenté d'ailleurs en photo.

c Ce document insiste à la fois sur l'aspect récent des inventions associées au traitement numérique et automatique de l'information, tout en relevant finalement des surprises : la présence du symbole @ dans les écrits du Moyen Âge et repris avec le premier mail, en 1971.

Les + pour préparer votre séance

- Pour l'aspect historique, quelques liens iconographiques avec des frises :
https://medium.com/@bankai_ux/history-of-ux-timeline-infographic-4a2035b5014a
https://www.infogrades.com/technology-infographics/brief-history-of-computers/
https://pixees.fr/eclairage-scientifique-petite-histoire-de-linformatique/
https://www.conferencecallsunlimited.com/history-of-communication-technology/
- Pour construire un bilan sur ce qu'est l'informatique :
https://www.fondation-lamap.org/node/34534
- Concernant les captchas, sur l'aspect I.A. et social :
https://www.ajcact.org/2019/06/21/les-travailleurs-du-clic-et-lintelligence-artificielle/
https://www.zdnet.fr/actualites/un-nouvel-algorithme-d-apprentissage-automatique-contourne-les-captcha-39878219.htm
https://www.developpez.com/actu/236877/IA-un-nouvel-algorithme-est-capable-de-resoudre-les-tests-CAPTCHA-en-moins-de-0-05-seconde-selon-une-recherche/

LE SAVIEZ-VOUS ?

Quelques compléments pour la construction d'une frise historique :

- **–43000** Les peintures rupestres de Sulawesi :
« Pendant longtemps, les plus anciens exemples d'art figuratif (par opposition aux représentations abstraites, plus anciennes) et de dessins de créatures imaginaires connus étaient européens et dataient de moins de 40 000 ans. Toutefois, depuis quelques années, les chercheurs ont découvert des exemples plus anciens d'art figuratif en Asie du Sud-Est. [...] [Une] œuvre – une peinture rupestre – montre plusieurs figures humanoïdes mythologiques en train de chasser un animal. Cette découverte est le plus ancien témoignage de l'art de raconter une histoire en images et de pensée surnaturelle. »
Pour la science, 16 décembre 2019
- **–20000** L'os d'Ishango : l'invention des mathématiques
« **Les os incisés d'Ishango font naître la numération en Afrique**
Deux fragments osseux, trouvés au Congo, datant de 20 000 ans et portant des séries d'encoches, pourraient constituer le plus ancien système mathématique. (...) Depuis leur découverte, ces ossements, conservés à l'Institut royal des sciences naturelles de Belgique,(...) où seul le premier était jusqu'ici exposé, le second dormant dans les collections du musée, excitent la curiosité – et l'imagination – des archéologues et des préhistoriens. Car ils pourraient constituer le plus ancien témoignage des capacités mathématiques de l'humanité, quinze millénaires avant l'apparition de la numération, en même temps que de l'écriture, chez les Mésopotamiens (Irak actuel). »
Le Monde, 28/02/2007
- **–3200** Tablettes archaïques d'Uruk : l'invention de l'écriture
« C'est à Uruk IV, vers 3300 av. J.-C., qu'apparaissent les premières tablettes d'argile qui sont pour la plupart des pièces de comptabilité ou d'inventaire. Sur ces documents un chiffre, noté par une encoche, est suivi d'un nom de personne, d'animal ou de denrée désigné par un dessin ou un pictogramme. Ce système d'écriture graphique puis cunéiforme fut, pendant près de trois mille ans, la caractéristique fondamentale et le facteur d'unité de la civilisation mésopotamienne. »
https://www.louvre.fr/oeuvre-notices/tablettes-archaiques
- **–1300** Le papyrus d'Ani : l'invention du livre
Le papyrus d'Ani date de la XVIIIe dynastie. Il fut découvert dans une tombe à Thèbes en 1887. Sa longueur était de 23 mètres, sa largeur 39 centimètres. De par ses textes complets, ses illustrations intactes, il va devenir l'exemple type d'un concept célèbre inventé par les savants d'Europe au XIXe siècle : **le livre des morts**.
- **VIe siècle avant J.-C.** Premier service postal : l'invention de la transmission étatique de l'information
L'un des plus anciens service postal d'État avec courriers et relais de poste est mis en place par Cyrus Le Grand (559-529 av. J.-C.), fondateur de l'Empire Perse. À l'aide de son administration, il met en place l'un des premiers systèmes étatiques de transmission des informations, réservé aux correspondances de l'État.
- **Ier siècle avant J.-C.** César chiffre ses messages militaires : un cryptage des données
- **Ier siècle avant J.-C.** La machine d'Anticythère, considérée comme le premier calculateur analogique antique, permettait de calculer des positions astronomiques.
- **IXe siècle** Al-Khwârizmî : premiers algorithmes
- **1450** Gutenberg : invention de l'imprimerie
- **1605** La « Relation » est le premier hebdomadaire imprimé.
- **1801** Jacquard automatise le métier à tisser à l'aide de cartes perforées.
- **1833** Babbage conçoit sa première machine analytique en s'inspirant notamment des cartes perforées utilisées par Jacquard.
- **1838** Invention du Morse, un langage ternaire, l'espace ayant un rôle important, par Samuel Morse
- **1843** Ada Lovelace écrit ce qui est considéré comme le premier programme informatique
- **1876** Invention du téléphone par G. Bell
- **1936** Machine de Turing
- **1941** Premier ordinateur construit Zuse 3, à relais électromécaniques
- **1948** Théorie mathématique de l'information : naissance de la théorie de l'information avec C. Shannon
- **1948-49** Premières machines à architecture de von Neumann
- **1971** Invention de l'e-mail par Ray Tomlinson entre deux machines situées côte à côte mais uniquement reliées *via* ARPANET, l'ancètre d'Internet, et utilisation électronique du symbole arobase @ apparu dès le XVe siècle :
https://www.actualitte.com/article/monde-edition/ray-tomlinson-l-inventeur-de-l-e-mail-et-de-l-arobase-est-mort/63846
et https://www.arobase.org/culture/arobase-contributions.htm
- **1977** Émergence de la « Trinité » : Trois machines, l'Apple II, le PET 2001 et le TRS-80 se vendent à des millions d'exemplaires.
- **1989** Invention du World Wide Web au sein du CERN
- **1992** Invention du SMS commercial : Merry Christmas! envoyé le 3 décembre 1992 depuis un PC vers un téléphone

Livre de l'élève

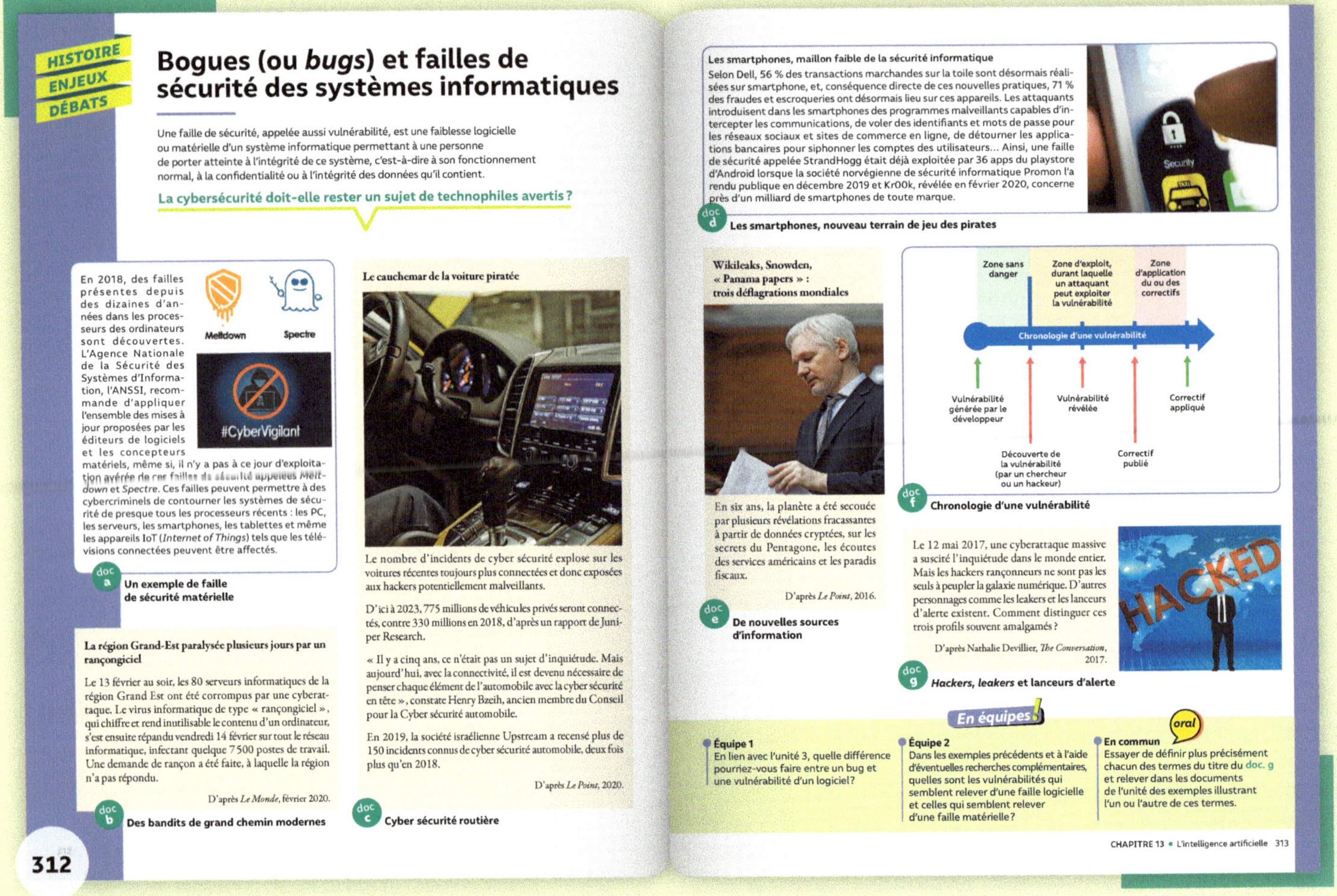

HISTOIRE ENJEUX DÉBATS

Bogues (ou *bugs*) et failles de sécurité des systèmes informatiques

Une faille de sécurité, appelée aussi vulnérabilité, est une faiblesse logicielle ou matérielle d'un système informatique permettant à une personne de porter atteinte à l'intégrité de ce système, c'est-à-dire à son fonctionnement normal, à la confidentialité ou à l'intégrité des données qu'il contient.

La cybersécurité doit-elle rester un sujet de technophiles avertis ?

En 2018, des failles présentes depuis des dizaines d'années dans les processeurs des ordinateurs sont découvertes. L'Agence Nationale de la Sécurité des Systèmes d'Information, l'ANSSI, recommande d'appliquer l'ensemble des mises à jour proposées par les éditeurs de logiciels et les concepteurs matériels, même si, il n'y a pas à ce jour d'exploitation avérée de ces failles de sécurité appelées *Meltdown* et *Spectre*. Ces failles peuvent permettre à des cybercriminels de contourner les systèmes de sécurité de presque tous les processeurs récents : les PC, les serveurs, les smartphones, les tablettes et même les appareils IoT (*Internet of Things*) tels que les télévisions connectées peuvent être affectés.

doc a Un exemple de faille de sécurité matérielle

La région Grand-Est paralysée plusieurs jours par un rançongiciel

Le 13 février au soir, les 80 serveurs informatiques de la région Grand Est ont été corrompus par une cyberattaque. Le virus informatique de type « rançongiciel », qui chiffre et rend inutilisable le contenu d'un ordinateur, s'est ensuite répandu vendredi 14 février sur tout le réseau informatique, infectant quelque 7 500 postes de travail. Une demande de rançon a été faite, à laquelle la région n'a pas répondu.

D'après *Le Monde*, février 2020.

doc b Des bandits de grand chemin modernes

Le cauchemar de la voiture piratée

Le nombre d'incidents de cyber sécurité explose sur les voitures récentes toujours plus connectées et donc exposées aux hackers potentiellement malveillants.

D'ici à 2023, 775 millions de véhicules privés seront connectés, contre 330 millions en 2018, d'après un rapport de Juniper Research.

« Il y a cinq ans, ce n'était pas un sujet d'inquiétude. Mais aujourd'hui, avec la connectivité, il est devenu nécessaire de penser chaque élément de l'automobile avec la cyber sécurité en tête », constate Henry Bzeih, ancien membre du Conseil pour la Cyber sécurité automobile.

En 2019, la société israélienne Upstream a recensé plus de 150 incidents connus de cyber sécurité automobile, deux fois plus qu'en 2018.

D'après *Le Point*, 2020.

doc c Cyber sécurité routière

312

Les smartphones, maillon faible de la sécurité informatique

Selon Dell, 56 % des transactions marchandes sur la toile sont désormais réalisées sur smartphone, et, conséquence directe de ces nouvelles pratiques, 71 % des fraudes et escroqueries ont désormais lieu sur ces appareils. Les attaquants introduisent dans les smartphones des programmes malveillants capables d'intercepter les communications, de voler des identifiants et mots de passe pour les réseaux sociaux et sites de commerce en ligne, de détourner les applications bancaires pour siphonner les comptes des utilisateurs... Ainsi, une faille de sécurité appelée StrandHogg était déjà exploitée par 36 apps du playstore d'Android lorsque la société norvégienne de sécurité informatique Promon l'a rendu publique en décembre 2019 et Kr00k, révélée en février 2020, concerne près d'un milliard de smartphones de toute marque.

doc d Les smartphones, nouveau terrain de jeu des pirates

Wikileaks, Snowden, « Panama papers » : trois déflagrations mondiales

En six ans, la planète a été secouée par plusieurs révélations fracassantes à partir de données cryptées, sur les secrets du Pentagone, les écoutes des services américains et les paradis fiscaux.

D'après *Le Point*, 2016.

doc e De nouvelles sources d'information

doc f Chronologie d'une vulnérabilité

Le 12 mai 2017, une cyberattaque massive a suscité l'inquiétude dans le monde entier. Mais les hackers rançonneurs ne sont pas les seuls à peupler la galaxie numérique. D'autres personnages comme les leakers et les lanceurs d'alerte existent. Comment distinguer ces trois profils souvent amalgamés ?

D'après Nathalie Devillier, *The Conversation*, 2017.

doc g *Hackers, leakers* et lanceurs d'alerte

En équipes !

Équipe 1
En lien avec l'unité 3, quelle différence pourriez-vous faire entre un bug et une vulnérabilité d'un logiciel ?

Équipe 2
Dans les exemples précédents et à l'aide d'éventuelles recherches complémentaires, quelles sont les vulnérabilités qui semblent relever d'une faille logicielle et celles qui semblent relever d'une faille matérielle ?

En commun (oral)
Essayer de définir plus précisément chacun des termes du titre du doc. g et relever dans les documents de l'unité des exemples illustrant l'un ou l'autre de ces termes.

CHAPITRE 13 • L'intelligence artificielle 313

problèmes scientifiques

- Quels sont les impacts des *bugs* et des vulnérabilités informatiques dans notre vie quotidienne et dans le traitement de l'information ?
- Quels sont les comportements envisageables de la part de personnes qui identifient des failles de sécurité ?

Les grandes idées à construire

- Il ne faut pas confondre *bug* et faille de sécurité : grossièrement, un *bug* est lié à une erreur de programmation et n'implique pas forcément une faille de sécurité de la machine sur laquelle s'exécute le programme ; une faille de sécurité est la conséquence de faiblesses dans la conception, la mise en œuvre ou l'utilisation d'un composant matériel ou logiciel du système. Fréquemment, les vulnérabilités s'expliquent par des anomalies logicielles liées à des erreurs de programmation ou à des pratiques « légères ».
- La cybersécurité est l'affaire de tous, un peu comme l'hygiène dentaire : chacun peut faire en sorte de préserver son capital numérique (ou dentaire) en sachant qu'il y aura forcément des attaques extérieures. Notre capital numérique est constitué de nos données numérisées.
- Le terme « pirate informatique » est trop vague. Ainsi les termes « pirate informatique », « hacker », « cracker », « leaker », lanceur d'alerte ne sont pas synonymes. Ainsi, un hacker est un spécialiste en informatique qui utilise ses connaissances de la sécurité informatique pour en rechercher et en exploiter les faiblesses. Il n'est pas forcément un cybercriminel. En France, le terme « cracker » désigne plutôt un pirate informatique mal intentionné. Un « leaker » est un informaticien qui rend possible une fuite d'information alors qu'un lanceur d'alerte est une personne ayant accès à ces informations et les révélant au grand public.

Ce que disent les documents

a Ce document aborde un sujet d'actualité et auquel on ne pense pas forcément : les failles dans les processeurs eux-mêmes et non dans des logiciels d'un système d'exploitation. Ce document permet aussi d'insister sur la présence de failles dans les smartphones et en fait, possiblement, dans tous les périphériques connectés.

b Ce document introduit le mot « rançongiciel » (https://www.ssi.gouv.fr/entreprise/principales-menaces/cybercriminalite/rancongiciel/) et illustre un type d'attaque de plus en plus fréquent à cette échelle-là : on n'attaque plus un individu isolé (comme avec le phishing) mais un système informatique d'une administration ou d'une société. On pourra écouter ce podcast de 4' en complément : https://www.franceinter.fr/emissions/le-zoom-de-la-redaction/le-zoom-de-la-redaction-06-fevrier-2020

c Ce document revient sur le piratage des machines connectées abordé avec le doc. a. Ici, on évoque non plus une cybersécurité qui peut paraître abstraite, virtuelle, mais une sécurité bien physique, à laquelle on est sensible au quotidien : la sécurité routière.

d En ciblant les smartphones, ce document permet de répondre à la question posée : nous devons tous être vigilants sur la sécurité de nos appareils connectés et sur le traitement de nos données personnelles voire intimes.

e Le document revient sur des phénomènes associés à des lanceurs d'alerte avec une illustration de l'un des plus médiatisés, Julian Assange. Avec ce document, on peut aborder les notions de légalité, de droit voire d'éthique dans le piratage, un seul mot pour de multiples comportements. On peut faire un lien avec l'affaire du watergate : https://fr.wikipedia.org/wiki/Scandale_du_Watergate

f Le document illustre, de manière simplifiée, une chaîne de traitement d'une vulnérabilité de sa découverte au déploiement de son correctif. Le terme « exploit », formé à partir du mot anglais exploit, est maintenant passé dans le langage courant en informatique français :
https://fr.wikipedia.org/wiki/Exploit_(informatique)

g Enfin, le **doc. g** permet de revenir sur ce qu'aborde le **doc. e** : la légalité de certaines actions et la précision du terme pirate informatique.

▶ Les ✚ pour préparer votre séance

Nous proposons quelques liens d'articles qui abordent, sans exhaustivité bien entendu, des questions sociétales liées à la cybersécurité.
[→ **Annexe 5, page 255**]

LE SAVIEZ-VOUS ?

▶ Peut-être n'avez-vous pas entendu parler des *bug bounties* et de faille 0-day.

Un *bug bounty* est un programme proposé par des entreprises utilisant l'informatiques comme Apple, Facebook, Google, Fiat-Chrysler par exemple ou par des sociétés spécialisées telles que Yes We Hack, ou Bugcrowd. Ces sociétés proposent aux chercheurs, hackers et spécialistes de la cybersécurité du monde entier de découvrir des vulnérabilités sur leurs logiciels en offrant des récompenses monétaires en fonction de la criticité de la vulnérabilité trouvée.

On attribue traditionnellement le premier *bug bounty* à la société Netscape Communications, pionnière du web, qui lance son premier programme de recherche de vulnérabilités en 1995 (https://fr.wikipedia.org/wiki/Bug_bounty_(chasse_aux_bugs)). Mais la revue TechCrunch cite l'existence d'un *bug bounty* organisé dès 1983 par la société Hunter & Ready pour rechercher des vulnérabilités dans de systèmes d'exploitation. La compensation monétaire était alors une Volkswagen Beetles et le slogan du *bug bounty* : « *Get a bug if you find a bug* ». (https://orangecyberdefense.com/fr/insights/blog/gestion_des_vulnerabilites/zero-day-2-3-les-bug-bounty/).
Ce type de *bug bounties* est utilisé actuellement par Tesla par exemple pour mettre à l'épreuve du piratage ses véhicules.
Mais Fiat-Chrysler l'utilise aussi :
https://www.lesechos.fr/2016/07/fiatchrysler-recompense-les-hackers-qui-trouvent-des-bugs-sur-ses-voitures-214979. Certains hackers peuvent en vivre : en septembre 2015, Mark Litchfield a annoncé avoir gagné plus de 300 000 $ grâce aux *bugs bounties* (https://korben.info/longform/le-business-du-bug-bounty.html).

Les *bug bounties* ont pour objectif de dénicher des vulnérabilités dites « 0-day ». Une vulnérabilité 0-day est une faille de sécurité n'ayant pas été reportée à des éditeurs de logiciel ou aux fabricants de matériels informatiques. Une telle faille ne fait donc l'objet d'aucune publication ni d'aucun correctif, à l'inverse d'une vulnérabilité découverte et déclarée dans un processus éthique. Ces failles se vendent très cher, jusqu'à 2 millions de dollar la faille comme ce fut le cas pour une faille des IOS (https://orangecyberdefense.com/fr/insights/blog/gestion_des_vulnerabilites/zero-day-3-3-un-marche-lucratif/).
Les *bug bounties* sont donc très prisés par les experts et les organismes privés ou publics, les deux parties ayant à cœur de rendre les systèmes d'information, les logiciels et le web plus sûrs.

CORRECTION DE L'UNITÉ

1. Une réponse simple :

- un *bug* est un défaut dans un produit, pour nous informatique, mais l'utilisation du terme s'est élargie.
- une vulnérabilité est un *bug* dont l'effet est de créer une faille de sécurité permettant à un utilisateur malicieux de contourner et modifier l'usage du système, d'« exploiter » cette faille.

D'un point de vue de programmation, on pourrait dire que *bug* et vulnérabilité sont synonymes mais dans une perspective de sécurité, une vulnérabilité est un type de *bug*, exploitable par une personne malicieuse. Ainsi, un *bug* se produit lorsque le logiciel ne se comporte pas comme attendu mais ne met pas forcément en danger l'intégrité du système ou de la machine sur laquelle s'exécute le logiciel. Par ailleurs, « faille », « vulnérabilité » et « brèche » sont de véritables synonymes. On parle parfois de « trou de sécurité ».
Il existe une règle : il n'existe pas de système infaillible, autrement dit il existe presque toujours un ou plusieurs moyens de détourner le fonctionnement « normal » d'une application. Le fait de se servir d'une faille pour parvenir à détourner un système de son fonctionnement normal s'appelle un « exploit » : le pirate « exploite » la vulnérabilité. Ainsi, une « faille » peut être présente dans les systèmes d'exploitation, les applications ou le matériel informatique. La façon dont on configure ses applications, son matériel informatique, ou même sa messagerie en ligne et ses comptes sur les réseaux sociaux, peut engendrer des failles.

2. Les exemples de cette unité sont tous des *bugs* impliquant des problèmes de sécurité informatique. On voit ici la différence entre un *bug* comme celui de Zune qui ne fait que bloquer la machine durant une journée, un *bug* de comptage d'un nombre de vues sur Youtube ou même un *bug* comme celui d'Ariane ou celui sur la chaîne de montage autos qui présentent un danger réel mais ne constituent pas une faille de sécurité informatique. Alors que les *bugs* comme ceux sur les automobiles présentés dans le **doc. c** par exemple, constituent une faille informatique exploitable et présentent donc un danger réel pour l'utilisateur.

3. Comme nous l'avons dit dans la rubrique « Les grandes idées à construire », un hacker est un spécialiste en informatique qui utilise ses connaissances de la sécurité informatique pour en rechercher et en exploiter les faiblesses. Il n'est pas forcément un cybercriminel. En France, le terme « *cracker* » désigne plutôt un pirate informatique mal intentionné. Un « *leaker* » est un informaticien qui rend possible une fuite d'information alors qu'un lanceur d'alerte est une personne ayant accès à ces informations et les révélant au grand public.

Livre de l'élève

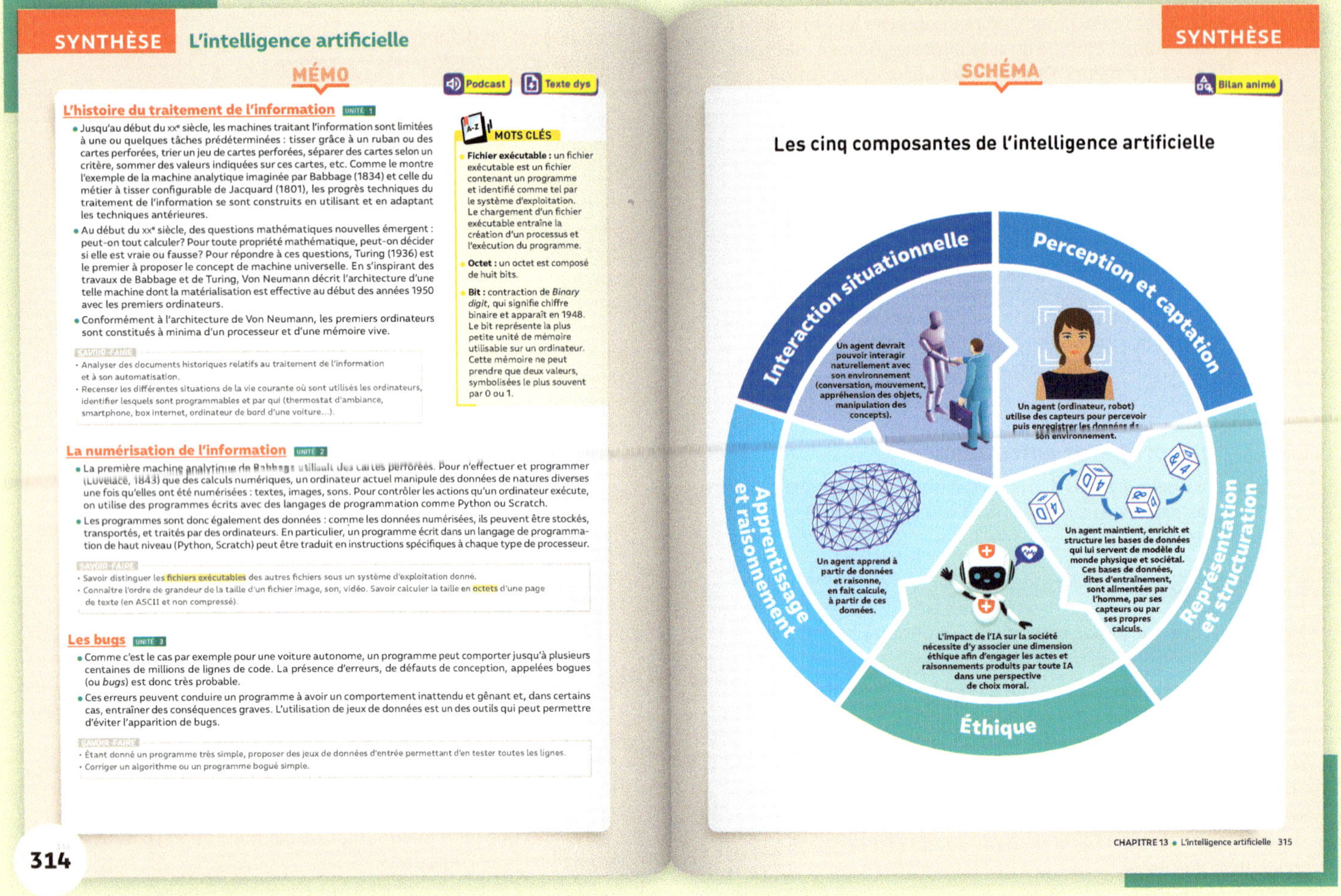

SYNTHÈSE L'intelligence artificielle

MÉMO

Podcast | Texte dys

L'histoire du traitement de l'information UNITÉ 1

- Jusqu'au début du xxe siècle, les machines traitant l'information sont limitées à une ou quelques tâches prédéterminées : tisser grâce à un ruban ou des cartes perforées, trier un jeu de cartes perforées, séparer des cartes selon un critère, sommer des valeurs indiquées sur ces cartes, etc. Comme le montre l'exemple de la machine analytique imaginée par Babbage (1834) et celle du métier à tisser configurable de Jacquard (1801), les progrès techniques du traitement de l'information se sont construits en utilisant et en adaptant les techniques antérieures.
- Au début du xxe siècle, des questions mathématiques nouvelles émergent : peut-on tout calculer? Pour toute propriété mathématique, peut-on décider si elle est vraie ou fausse? Pour répondre à ces questions, Turing (1936) est le premier à proposer le concept de machine universelle. En s'inspirant des travaux de Babbage et de Turing, Von Neumann décrit l'architecture d'une telle machine dont la matérialisation est effective au début des années 1950 avec les premiers ordinateurs.
- Conformément à l'architecture de Von Neumann, les premiers ordinateurs sont constitués à minima d'un processeur et d'une mémoire vive.

SAVOIR-FAIRE
- Analyser des documents historiques relatifs au traitement de l'information et à son automatisation.
- Recenser les différentes situations de la vie courante où sont utilisés les ordinateurs, identifier lesquels sont programmables et par qui (thermostat d'ambiance, smartphone, box internet, ordinateur de bord d'une voiture…).

MOTS CLÉS
- **Fichier exécutable :** un fichier exécutable est un fichier contenant un programme et identifié comme tel par le système d'exploitation. Le chargement d'un fichier exécutable entraîne la création d'un processus et l'exécution du programme.
- **Octet :** un octet est composé de huit bits.
- **Bit :** contraction de *Binary digit*, qui signifie chiffre binaire et apparaît en 1948. Le bit représente la plus petite unité de mémoire utilisable sur un ordinateur. Cette mémoire ne peut prendre que deux valeurs, symbolisées le plus souvent par 0 ou 1.

La numérisation de l'information UNITÉ 2

- La première machine analytique de Babbage utilisait des cartes perforées. Pour n'effectuer et programmer (Lovelace, 1843) que des calculs numériques, un ordinateur actuel manipule des données de natures diverses une fois qu'elles ont été numérisées : textes, images, sons. Pour contrôler les actions qu'un ordinateur exécute, on utilise des programmes écrits avec des langages de programmation comme Python ou Scratch.
- Les programmes sont donc également des données : comme les données numérisées, ils peuvent être stockés, transportés, et traités par des ordinateurs. En particulier, un programme écrit dans un langage de programmation de haut niveau (Python, Scratch) peut être traduit en instructions spécifiques à chaque type de processeur.

SAVOIR-FAIRE
- Savoir distinguer les fichiers exécutables des autres fichiers sous un système d'exploitation donné.
- Connaître l'ordre de grandeur de la taille d'un fichier image, son, vidéo. Savoir calculer la taille en octets d'une page de texte (en ASCII et non compressé).

Les bugs UNITÉ 3

- Comme c'est le cas par exemple pour une voiture autonome, un programme peut comporter jusqu'à plusieurs centaines de millions de lignes de code. La présence d'erreurs, de défauts de conception, appelées bogues (ou *bugs*) est donc très probable.
- Ces erreurs peuvent conduire un programme à avoir un comportement inattendu et gênant et, dans certains cas, entraîner des conséquences graves. L'utilisation de jeux de données est un des outils qui peut permettre d'éviter l'apparition de bugs.

SAVOIR-FAIRE
- Étant donné un programme très simple, proposer des jeux de données d'entrée permettant d'en tester toutes les lignes.
- Corriger un algorithme ou un programme bogué simple.

314

SYNTHÈSE

SCHÉMA

Bilan animé

Les cinq composantes de l'intelligence artificielle

CHAPITRE 13 • L'intelligence artificielle 315

SYNTHÈSE

La synthèse de ce chapitre se décompose en deux parties : une partie Mémo, qui finit par une page sur Bayes destinée à ceux qui souhaiteraient aller plus loin en mathématiques. Même si l'approche choisie repose sur la notion de fréquence et de proportion, les notations et la généralisation fait référence au cours de Spécialité Maths de 1re.

Le schéma ne repose quant à lui sur aucune notion technique et invite à prendre du recul par rapport à un regard purement techniciste de l'I.A.

Explication du schéma

Il souligne cinq notions qui permettent de mieux appréhender ce qu'est l'I.A. et qui, nous l'espérons, auront pu être dégagées au cours de ce chapitre :

1. la notion de « sensors » (capteurs) pour récupérer « de » l'information ;
2. la notion de données, pour lesquelles on rappelle le rôle social joué par l'être humain : il participe à les alimenter (on parle en sociologie de petites mains du numérique) et aide à les structurer ;
3. la notion d'apprentissage, en lien avec celle d'algorithmes, qui, avec les données, constitue les deux piliers du codage de l'I.A. ;
4. la notion d'interaction, concrétisation des étapes précédentes, et dont le test de Turing constitue l'une des évaluations possibles ;
5. la notion d'éthique, dont l'Union Européenne a rappelé la centralité essentielle.

Les limites du schéma

Le schéma n'étant pas technique, il n'aborde l'I.A. « que » d'un point de vue qualitatif et sous un angle plus sociétal. Ainsi, nous espérons qu'il s'adresse à tous, quelles que soient les spécialités choisies. Il n'a pas vocation à faire comprendre ou apprendre les différentes méthodes et algorithmes aussi « simples » soient-ils (régression linéaire…) ou plutôt puissent-ils paraître… Son objectif principal est de mettre l'élève au centre d'une réflexion sur l'I.A., sans qu'il puisse se sentir exclu.

L'essentiel : être capable d'isoler les cinq composantes et de les relier aux unités du chapitre.

Quelle lecture du schéma proposer à l'élève

La structure du schéma n'est pas fortuite : à la base se trouve l'éthique, entourée des deux piliers de l'I.A. : données et algorithmes. Puis, au-dessus, en appui sur les trois notions citées, le lien entre I.A. et environnement, pour la captation et pour l'interaction.
À la différence du schéma dont nous nous sommes inspirés (https://github.com/touretzkyds/ai4k12/raw/master/documents/AI4K12_Five_Big_Ideas_Poster.pdf) il nous semblait qu'en offrant à la réflexion éthique le même statut de composant de l'I.A., on pouvait l'aborder avec une même méthodologie scientifique que les quatre autres composantes.

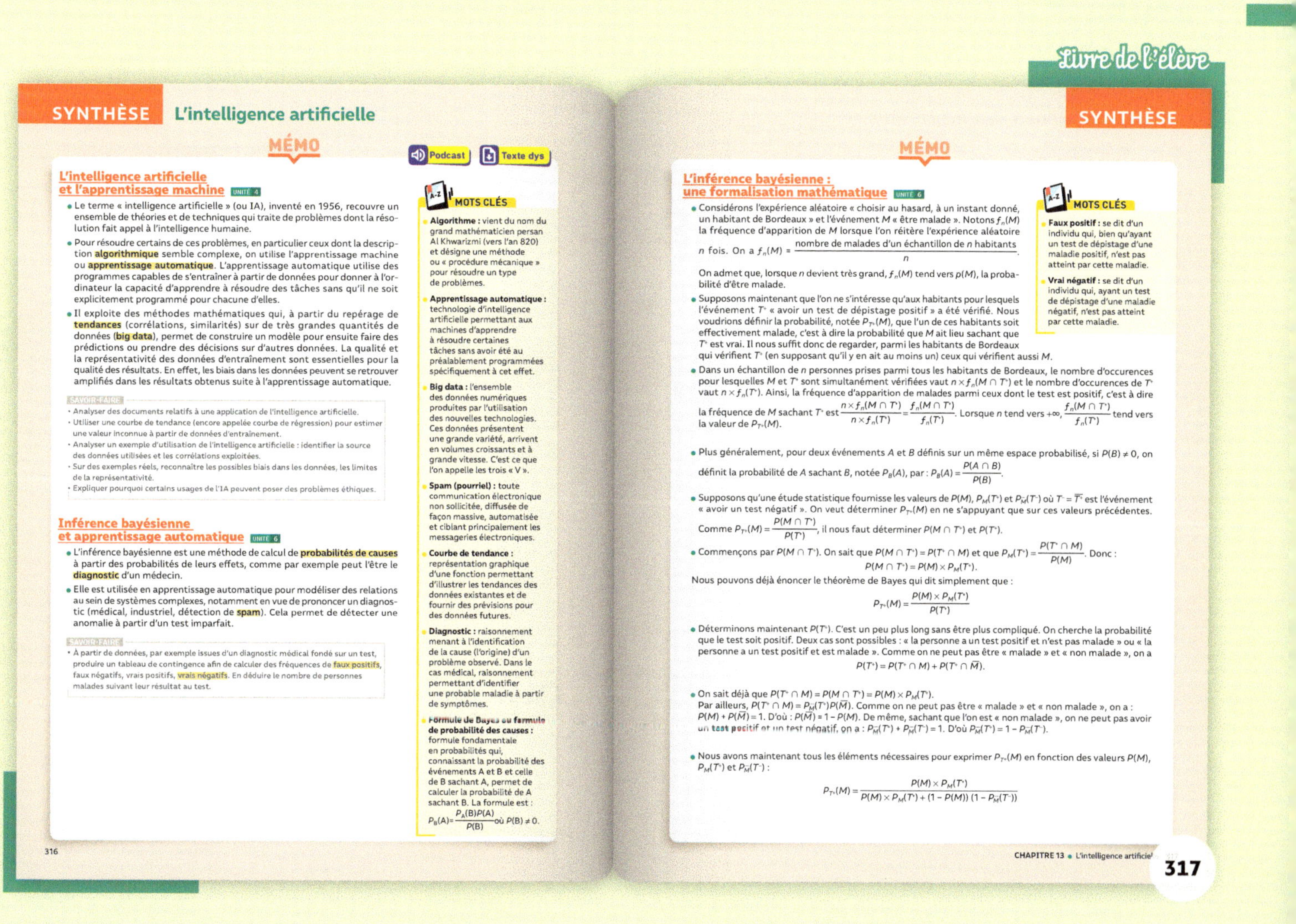
Livre de l'élève

SYNTHÈSE **L'intelligence artificielle**

MÉMO

Podcast | Texte dys

L'intelligence artificielle et l'apprentissage machine UNITÉ 4

- Le terme « intelligence artificielle » (ou IA), inventé en 1956, recouvre un ensemble de théories et de techniques qui traite de problèmes dont la résolution fait appel à l'intelligence humaine.
- Pour résoudre certains de ces problèmes, en particulier ceux dont la description **algorithmique** semble complexe, on utilise l'apprentissage machine ou **apprentissage automatique**. L'apprentissage automatique utilise des programmes capables de s'entraîner à partir de données pour donner à l'ordinateur la capacité d'apprendre à résoudre des tâches sans qu'il ne soit explicitement programmé pour chacune d'elles.
- Il exploite des méthodes mathématiques qui, à partir du repérage de **tendances** (corrélations, similarités) sur de très grandes quantités de données (**big data**), permet de construire un modèle pour ensuite faire des prédictions ou prendre des décisions sur d'autres données. La qualité et la représentativité des données d'entraînement sont essentielles pour la qualité des résultats. En effet, les biais dans les données peuvent se retrouver amplifiés dans les résultats obtenus suite à l'apprentissage automatique.

SAVOIR-FAIRE
- Analyser des documents relatifs à une application de l'intelligence artificielle.
- Utiliser une courbe de tendance (encore appelée courbe de régression) pour estimer une valeur inconnue à partir de données d'entraînement.
- Analyser un exemple d'utilisation de l'intelligence artificielle : identifier la source des données utilisées et les corrélations exploitées.
- Sur des exemples réels, reconnaître les possibles biais dans les données, les limites de la représentativité.
- Expliquer pourquoi certains usages de l'IA peuvent poser des problèmes éthiques.

Inférence bayésienne et apprentissage automatique UNITÉ 6

- L'inférence bayésienne est une méthode de calcul de **probabilités de causes** à partir des probabilités de leurs effets, comme par exemple peut l'être le **diagnostic** d'un médecin.
- Elle est utilisée en apprentissage automatique pour modéliser des relations au sein de systèmes complexes, notamment en vue de prononcer un diagnostic (médical, industriel, détection de **spam**). Cela permet de détecter une anomalie à partir d'un test imparfait.

SAVOIR-FAIRE
- À partir de données, par exemple issues d'un diagnostic médical fondé sur un test, produire un tableau de contingence afin de calculer des fréquences de faux positifs, faux négatifs, vrais positifs, vrais négatifs. En déduire le nombre de personnes malades suivant leur résultat au test.

MOTS CLÉS

- **Algorithme :** vient du nom du grand mathématicien persan Al Khwarizmi (vers l'an 820) et désigne une méthode ou « procédure mécanique » pour résoudre un type de problèmes.
- **Apprentissage automatique :** technologie d'intelligence artificielle permettant aux machines d'apprendre à résoudre certaines tâches sans avoir été au préalablement programmées spécifiquement à cet effet.
- **Big data :** l'ensemble des données numériques produites par l'utilisation des nouvelles technologies. Ces données présentent une grande variété, arrivent en volumes croissants et à grande vitesse. C'est ce que l'on appelle les trois « V ».
- **Spam (pourriel) :** toute communication électronique non sollicitée, diffusée de façon massive, automatisée et ciblant principalement les messageries électroniques.
- **Courbe de tendance :** représentation graphique d'une fonction permettant d'illustrer les tendances des données existantes et de fournir des prévisions pour des données futures.
- **Diagnostic :** raisonnement menant à l'identification de la cause (l'origine) d'un problème observé. Dans le cas médical, raisonnement permettant d'identifier une probable maladie à partir de symptômes.
- **Formule de Bayes ou formule de probabilité des causes :** formule fondamentale en probabilités qui, connaissant la probabilité des événements A et B et celle de B sachant A, permet de calculer la probabilité de A sachant B. La formule est : $P_B(A) = \frac{P_A(B)P(A)}{P(B)}$ où $P(B) \neq 0$.

316

SYNTHÈSE

MÉMO

L'inférence bayésienne : une formalisation mathématique UNITÉ 6

- Considérons l'expérience aléatoire « choisir au hasard, à un instant donné, un habitant de Bordeaux » et l'événement M « être malade ». Notons $f_n(M)$ la fréquence d'apparition de M lorsque l'on réitère l'expérience aléatoire n fois. On a $f_n(M) = \frac{\text{nombre de malades d'un échantillon de } n \text{ habitants}}{n}$.
  On admet que, lorsque n devient très grand, $f_n(M)$ tend vers $p(M)$, la probabilité d'être malade.
- Supposons maintenant que l'on ne s'intéresse qu'aux habitants pour lesquels l'événement T^+ « avoir un test de dépistage positif » a été vérifié. Nous voudrions définir la probabilité, notée $P_{T^+}(M)$, que l'un de ces habitants soit effectivement malade, c'est à dire la probabilité que M ait lieu sachant que T^+ est vrai. Il nous suffit donc de regarder, parmi les habitants de Bordeaux qui vérifient T^+ (en supposant qu'il y en ait au moins un) ceux qui vérifient aussi M.
- Dans un échantillon de n personnes prises parmi tous les habitants de Bordeaux, le nombre d'occurences pour lesquelles M et T^+ sont simultanément vérifiées vaut $n \times f_n(M \cap T^+)$ et le nombre d'occurences de T^+ vaut $n \times f_n(T^+)$. Ainsi, la fréquence d'apparition de malades parmi ceux dont le test est positif, c'est à dire la fréquence de M sachant T^+ est $\frac{n \times f_n(M \cap T^+)}{n \times f_n(T^+)} = \frac{f_n(M \cap T^+)}{f_n(T^+)}$. Lorsque n tend vers $+\infty$, $\frac{f_n(M \cap T^+)}{f_n(T^+)}$ tend vers la valeur de $P_{T^+}(M)$.
- Plus généralement, pour deux événements A et B définis sur un même espace probabilisé, si $P(B) \neq 0$, on définit la probabilité de A sachant B, notée $P_B(A)$, par : $P_B(A) = \frac{P(A \cap B)}{P(B)}$.
- Supposons qu'une étude statistique fournisse les valeurs de $P(M)$, $P_M(T^+)$ et $P_{\overline{M}}(T^-)$ où $T^- = \overline{T^+}$ est l'événement « avoir un test négatif ». On veut déterminer $P_{T^+}(M)$ en ne s'appuyant que sur ces valeurs précédentes. Comme $P_{T^+}(M) = \frac{P(M \cap T^+)}{P(T^+)}$, il nous faut déterminer $P(M \cap T^+)$ et $P(T^+)$.
- Commençons par $P(M \cap T^+)$. On sait que $P(M \cap T^+) = P(T^+ \cap M)$ et que $P_M(T^+) = \frac{P(T^+ \cap M)}{P(M)}$. Donc :
$$P(M \cap T^+) = P(M) \times P_M(T^+).$$
Nous pouvons déjà énoncer le théorème de Bayes qui dit simplement que :
$$P_{T^+}(M) = \frac{P(M) \times P_M(T^+)}{P(T^+)}$$
- Déterminons maintenant $P(T^+)$. C'est un peu plus long sans être plus compliqué. On cherche la probabilité que le test soit positif. Deux cas sont possibles : « la personne a un test positif et n'est pas malade » ou « la personne a un test positif et est malade ». Comme on ne peut pas être « malade » et « non malade », on a
$$P(T^+) = P(T^+ \cap M) + P(T^+ \cap \overline{M}).$$
- On sait déjà que $P(T^+ \cap M) = P(M \cap T^+) = P(M) \times P_M(T^+)$.
  Par ailleurs, $P(T^+ \cap M) = P_{\overline{M}}(T^+)P(\overline{M})$. Comme on ne peut pas être « malade » et « non malade », on a : $P(M) + P(\overline{M}) = 1$. D'où : $P(\overline{M}) = 1 - P(M)$. De même, sachant que l'on est « non malade », on ne peut pas avoir un test positif et un test négatif, on a : $P_{\overline{M}}(T^+) + P_{\overline{M}}(T^-) = 1$. D'où $P_{\overline{M}}(T^+) = 1 - P_{\overline{M}}(T^-)$.
- Nous avons maintenant tous les éléments nécessaires pour exprimer $P_{T^+}(M)$ en fonction des valeurs $P(M)$, $P_M(T^+)$ et $P_{\overline{M}}(T^-)$:
$$P_{T^+}(M) = \frac{P(M) \times P_M(T^+)}{P(M) \times P_M(T^+) + (1 - P(M))\,(1 - P_{\overline{M}}(T^-))}$$

CHAPITRE 13 • L'intelligence artificielle

317

- Proposer un QCM en fin de séance pour valider la bonne compréhension du cours. En voici un exemple :

1. Les premiers ordinateurs comportaient *a minima* :
a. un clavier et une souris.
b. un microprocesseur et une mémoire.
c. un disque dur.
d. un écran.

2 La numérisation de l'information correspond à :
a. la réalisation d'un index.
b. la transformation d'une information analogique en données numériques.
c. le stockage de fichiers sur un disque dur.
d. le compactage de l'information.

3 Un fichier exécutable :
a. ne contient pas de données.
b. se termine par .exe.
c. contient un programme.
d. contient obligatoirement une adresse internet.

4 Concernant l'I.A. :
a. Quelles que soient les données, l'apprentissage automatique est toujours bon.
b. Les algorithmes d'apprentissage sont bien plus importants que les données d'entraînement.
c. Données et algorithmes sont les piliers de l'I.A.
d. Par une inférence bayésienne, une I.A. peut affirmer si un patient est malade ou sain.

Livre de l'élève

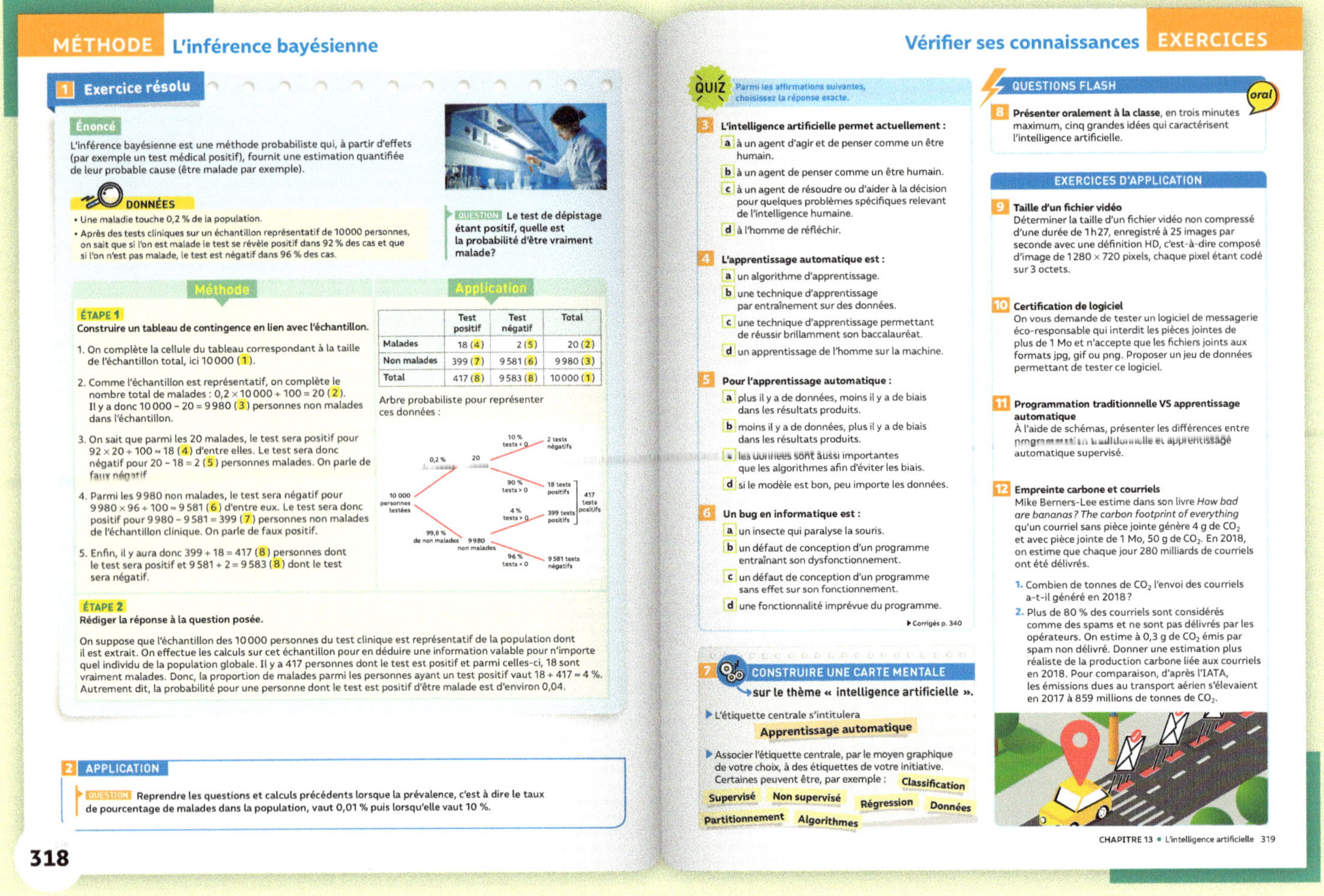

MÉTHODE L'inférence bayésienne

1 Exercice résolu

Énoncé

L'inférence bayésienne est une méthode probabiliste qui, à partir d'effets (par exemple un test médical positif), fournit une estimation quantifiée de leur probable cause (être malade par exemple).

DONNÉES
- Une maladie touche 0,2 % de la population.
- Après des tests cliniques sur un échantillon représentatif de 10000 personnes, on sait que si l'on est malade le test se révèle positif dans 92 % des cas et que si l'on n'est pas malade, le test est négatif dans 96 % des cas.

QUESTION Le test de dépistage étant positif, quelle est la probabilité d'être vraiment malade?

Méthode

ÉTAPE 1
Construire un tableau de contingence en lien avec l'échantillon.

1. On complète la cellule du tableau correspondant à la taille de l'échantillon total, ici 10 000 (1).
2. Comme l'échantillon est représentatif, on complète le nombre total de malades : 0,2 × 10 000 ÷ 100 = 20 (2). Il y a donc 10 000 − 20 = 9 980 (3) personnes non malades dans l'échantillon.
3. On sait que parmi les 20 malades, le test sera positif pour 92 × 20 ÷ 100 ≈ 18 (4) d'entre elles. Le test sera donc négatif pour 20 − 18 = 2 (5) personnes malades. On parle de faux négatif.
4. Parmi les 9 980 non malades, le test sera négatif pour 9 980 × 96 ÷ 100 ≈ 9 581 (6) d'entre eux. Le test sera donc positif pour 9 980 − 9 581 = 399 (7) personnes non malades de l'échantillon clinique. On parle de faux positif.
5. Enfin, il y aura donc 399 + 18 = 417 (8) personnes dont le test sera positif et 9 581 + 2 = 9 583 (8) dont le test sera négatif.

Application

	Test positif	Test négatif	Total
Malades	18 (4)	2 (5)	20 (2)
Non malades	399 (7)	9 581 (6)	9 980 (3)
Total	417 (8)	9 583 (8)	10 000 (1)

Arbre probabiliste pour représenter ces données :

ÉTAPE 2
Rédiger la réponse à la question posée.

On suppose que l'échantillon des 10 000 personnes du test clinique est représentatif de la population dont il est extrait. On effectue les calculs sur cet échantillon pour en déduire une information valable pour n'importe quel individu de la population globale. Il y a 417 personnes dont le test est positif et parmi celles-ci, 18 sont vraiment malades. Donc, la proportion de malades parmi les personnes ayant un test positif vaut 18 ÷ 417 ≈ 4 %. Autrement dit, la probabilité pour une personne dont le test est positif d'être malade est d'environ 0,04.

2 APPLICATION

QUESTION Reprendre les questions et calculs précédents lorsque la prévalence, c'est à dire le taux de pourcentage de malades dans la population, vaut 0,01 % puis lorsqu'elle vaut 10 %.

318

Vérifier ses connaissances EXERCICES

QUIZ Parmi les affirmations suivantes, choisissez la réponse exacte.

3 L'intelligence artificielle permet actuellement :
a à un agent d'agir et de penser comme un être humain.
b à un agent de penser comme un être humain.
c à un agent de résoudre ou d'aider à la décision pour quelques problèmes spécifiques relevant de l'intelligence humaine.
d à l'homme de réfléchir.

4 L'apprentissage automatique est :
a un algorithme d'apprentissage.
b une technique d'apprentissage par entraînement sur des données.
c une technique d'apprentissage permettant de réussir brillamment son baccalauréat.
d un apprentissage de l'homme sur la machine.

5 Pour l'apprentissage automatique :
a plus il y a de données, moins il y a de biais dans les résultats produits.
b moins il y a de données, plus il y a de biais dans les résultats produits.
c les données sont aussi importantes que les algorithmes afin d'éviter les biais.
d si le modèle est bon, peu importe les données.

6 Un bug en informatique est :
a un insecte qui paralyse la souris.
b un défaut de conception d'un programme entraînant son dysfonctionnement.
c un défaut de conception d'un programme sans effet sur son fonctionnement.
d une fonctionnalité imprévue du programme.

Corrigés p. 340

7 CONSTRUIRE UNE CARTE MENTALE sur le thème « intelligence artificielle ».
- L'étiquette centrale s'intitulera Apprentissage automatique
- Associer l'étiquette centrale, par le moyen graphique de votre choix, à des étiquettes de votre initiative. Certaines peuvent être, par exemple : Classification, Supervisé, Non supervisé, Régression, Données, Partitionnement, Algorithmes

QUESTIONS FLASH

8 Présenter oralement à la classe, en trois minutes maximum, cinq grandes idées qui caractérisent l'intelligence artificielle. (oral)

EXERCICES D'APPLICATION

9 Taille d'un fichier vidéo
Déterminer la taille d'un fichier non compressé d'une durée de 1h27, enregistré à 25 images par seconde avec une définition HD, c'est-à-dire composé d'image de 1280 × 720 pixels, chaque pixel étant codé sur 3 octets.

10 Certification de logiciel
On vous demande de tester un logiciel de messagerie éco-responsable qui interdit les pièces jointes de plus de 1 Mo et n'accepte que les fichiers joints aux formats jpg, gif ou png. Proposer un jeu de données permettant de tester ce logiciel.

11 Programmation traditionnelle VS apprentissage automatique
À l'aide de schémas, présenter les différences entre programmation traditionnelle et apprentissage automatique supervisé.

12 Empreinte carbone et courriels
Mike Berners-Lee estime dans son livre *How bad are bananas? The carbon footprint of everything* qu'un courriel sans pièce jointe génère 4 g de CO_2 et avec pièce jointe de 1 Mo, 50 g de CO_2. En 2018, on estime que chaque jour 280 milliards de courriels ont été délivrés.
1. Combien de tonnes de CO_2 l'envoi des courriels a-t-il généré en 2018 ?
2. Plus de 80 % des courriels sont considérés comme des spams et ne sont pas délivrés par les opérateurs. On estime à 0,3 g de CO_2 émis par spam non délivré. Donner une estimation plus réaliste de la production carbone liée aux courriels en 2018. Pour comparaison, d'après l'IATA, les émissions dues au transport aérien s'élevaient en 2017 à 859 millions de tonnes de CO_2.

CHAPITRE 13 • L'intelligence artificielle 319

CORRIGÉS DES EXERCICES

2 APPLICATION

Cas où la prévalence vaut 0,01 % :

On complète le tableau comme dans la page méthode :

	Test positif	Test négatif	Total
Malades	1	0	1
Non malades	400	9 599	9 999
Total	401	9 599	10 000

Et la probabilité d'être malade sachant que le test est positif est :

$\frac{1}{401} \approx 0{,}002$

Autre rédaction probabiliste :

On a $P(M) = 0{,}01$, $P_M(T_+) = 0{,}92$ et $P_{\overline{M}}(T_-) = 0{,}96$. On a

$$P_{T_+}(M) = \frac{P(T_+ \cap M)}{P(T_+)} = \frac{P(M) \times P_M(T_+)}{P(M) \times P_M(T_+) + P(M) \times (1 - P_{\overline{M}}(T_-))} \approx 0{,}002$$

Cas où la prévalence vaut 10 % :

On complète le tableau comme dans la page méthode :

	Test positif	Test négatif	Total
Malades	920	80	1 000
Non malades	360	8 640	9 000
Total	1 280	8 720	10 000

Et la probabilité d'être malade sachant que le test est positif est :

$\frac{920}{1\,280} \approx 0{,}72$

On mesure avec ces exemples l'importance de la prévalence. Nous renvoyons au document publié sur Eduscol et référencé plus haut pour une discussion sur l'évolution des valeurs prédicitives positives et négatives en fonction de la prévalence.

RÉPONSES DU QUIZ

3 c **4** b **5** c **6** b

7 CONSTRUIRE UNE CARTE MENTALE

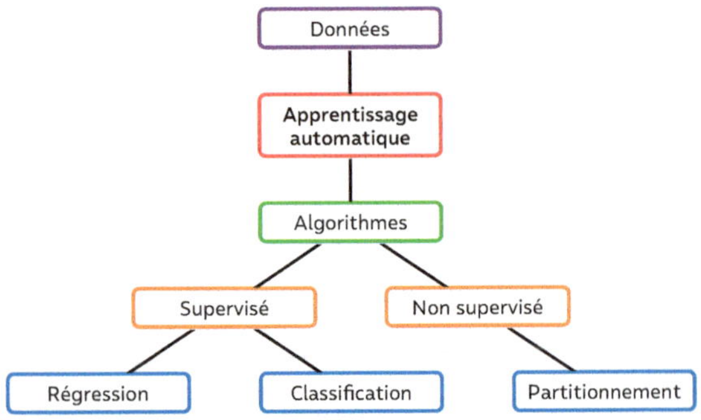

8 Présentation orale

Pour cette intervention orale, on peut attendre comme grandes idées les composantes que nous avons isolées dans la page schéma : une éthique en amont et en aval de la conception d'une I.A., la perception et la captation de données, la représentation et la structuration de données, l'apprentissage et le raisonnement *via* les algorithmes et, *in fine*, l'interaction situationnelle.

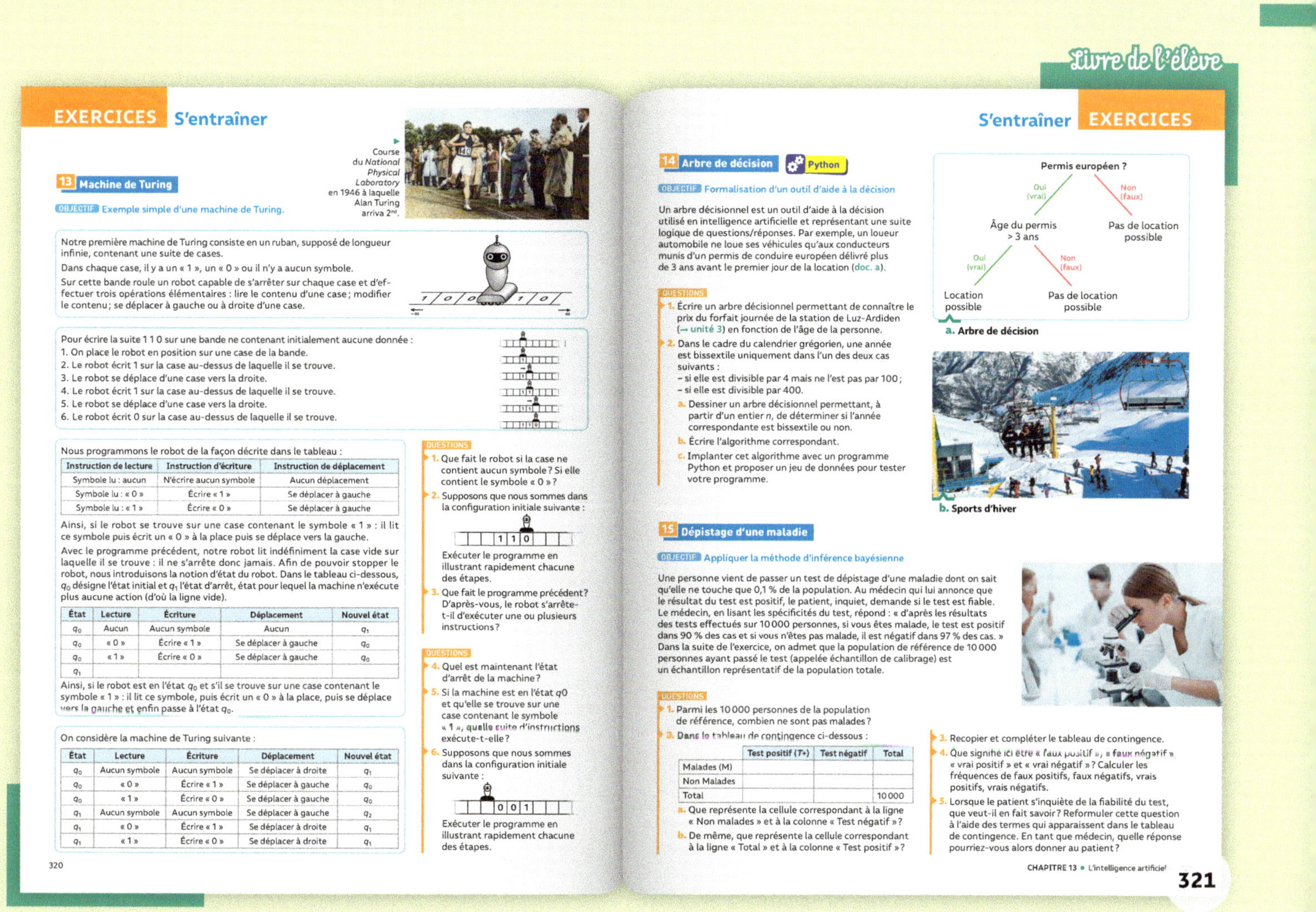
Livre de l'élève

EXERCICES S'entraîner

13 Machine de Turing

OBJECTIF Exemple simple d'une machine de Turing.

Course du *National Physical Laboratory* en 1946 à laquelle Alan Turing arriva 2e.

Notre première machine de Turing consiste en un ruban, supposé de longueur infinie, contenant une suite de cases.
Dans chaque case, il y a un « 1 », un « 0 » ou il n'y a aucun symbole.
Sur cette bande roule un robot capable de s'arrêter sur chaque case et d'effectuer trois opérations élémentaires : lire le contenu d'une case ; modifier le contenu ; se déplacer à gauche ou à droite d'une case.

Pour écrire la suite 1 1 0 sur une bande ne contenant initialement aucune donnée :
1. On place le robot en position sur une case de la bande.
2. Le robot écrit 1 sur la case au-dessus de laquelle il se trouve.
3. Le robot se déplace d'une case vers la droite.
4. Le robot écrit 1 sur la case au-dessus de laquelle il se trouve.
5. Le robot se déplace d'une case vers la droite.
6. Le robot écrit 0 sur la case au-dessus de laquelle il se trouve.

Nous programmons le robot de la façon décrite dans le tableau :

Instruction de lecture	Instruction d'écriture	Instruction de déplacement
Symbole lu : aucun	N'écrire aucun symbole	Aucun déplacement
Symbole lu : « 0 »	Écrire « 1 »	Se déplacer à gauche
Symbole lu : « 1 »	Écrire « 0 »	Se déplacer à gauche

Ainsi, si le robot se trouve sur une case contenant le symbole « 1 » : il lit ce symbole puis écrit un « 0 » à la place puis se déplace vers la gauche.
Avec le programme précédent, notre robot lit indéfiniment la case vide sur laquelle il se trouve : il ne s'arrête donc jamais. Afin de pouvoir stopper le robot, nous introduisons la notion d'état du robot. Dans le tableau ci-dessous, q_0 désigne l'état initial et q_1 l'état d'arrêt, état pour lequel la machine n'exécute plus aucune action (d'où la ligne vide).

État	Lecture	Écriture	Déplacement	Nouvel état
q_0	Aucun	Aucun symbole	Aucun	q_1
q_0	« 0 »	Écrire « 1 »	Se déplacer à gauche	q_0
q_0	« 1 »	Écrire « 0 »	Se déplacer à gauche	q_0
q_1				

Ainsi, si le robot est en l'état q_0 et s'il se trouve sur une case contenant le symbole « 1 » : il lit ce symbole, puis écrit un « 0 » à la place, puis se déplace vers la gauche et enfin passe à l'état q_0.

On considère la machine de Turing suivante :

État	Lecture	Écriture	Déplacement	Nouvel état
q_0	Aucun symbole	Aucun symbole	Se déplacer à droite	q_1
q_0	« 0 »	Écrire « 1 »	Se déplacer à gauche	q_0
q_0	« 1 »	Écrire « 0 »	Se déplacer à gauche	q_0
q_1	Aucun symbole	Aucun symbole	Se déplacer à gauche	q_2
q_1	« 0 »	Écrire « 1 »	Se déplacer à droite	q_1
q_1	« 1 »	Écrire « 0 »	Se déplacer à droite	q_1

QUESTIONS
1. Que fait le robot si la case ne contient aucun symbole ? Si elle contient le symbole « 0 » ?
2. Supposons que nous sommes dans la configuration initiale suivante :
Exécuter le programme en illustrant rapidement chacune des étapes.
3. Que fait le programme précédent ? D'après-vous, le robot s'arrête-t-il d'exécuter une ou plusieurs instructions ?

QUESTIONS
4. Quel est maintenant l'état d'arrêt de la machine ?
5. Si la machine est en l'état q0 et qu'elle se trouve sur une case contenant le symbole « 1 », quelle suite d'instructions exécute-t-elle ?
6. Supposons que nous sommes dans la configuration initiale suivante :
Exécuter le programme en illustrant rapidement chacune des étapes.

320

S'entraîner EXERCICES

14 Arbre de décision Python

OBJECTIF Formalisation d'un outil d'aide à la décision

Un arbre décisionnel est un outil d'aide à la décision utilisé en intelligence artificielle et représentant une suite logique de questions/réponses. Par exemple, un loueur automobile ne loue ses véhicules qu'aux conducteurs munis d'un permis de conduire européen délivré plus de 3 ans avant le premier jour de la location (doc. a).

QUESTIONS
1. Écrire un arbre décisionnel permettant de connaître le prix du forfait journée de la station de Luz-Ardiden (→ unité 3) en fonction de l'âge de la personne.
2. Dans le cadre du calendrier grégorien, une année est bissextile uniquement dans l'un des deux cas suivants :
– si elle est divisible par 4 mais ne l'est pas par 100 ;
– si elle est divisible par 400.
a. Dessiner un arbre décisionnel permettant, à partir d'un entier *n*, de déterminer si l'année correspondante est bissextile ou non.
b. Écrire l'algorithme correspondant.
c. Implanter cet algorithme avec un programme Python et proposer un jeu de données pour tester votre programme.

Permis européen ?
Oui (vrai) — Âge du permis > 3 ans
Non (faux) — Pas de location possible
Oui (vrai) — Location possible
Non (faux) — Pas de location possible

a. Arbre de décision

b. Sports d'hiver

15 Dépistage d'une maladie

OBJECTIF Appliquer la méthode d'inférence bayésienne

Une personne vient de passer un test de dépistage d'une maladie dont on sait qu'elle ne touche que 0,1 % de la population. Au médecin qui lui annonce que le résultat du test est positif, le patient, inquiet, demande si le test est fiable. Le médecin, en lisant les spécificités du test, répond : « d'après les résultats des tests effectués sur 10 000 personnes, si vous êtes malade, le test est positif dans 90 % des cas et si vous n'êtes pas malade, il est négatif dans 97 % des cas. » Dans la suite de l'exercice, on admet que la population de référence de 10 000 personnes ayant passé le test (appelée échantillon de calibrage) est un échantillon représentatif de la population totale.

QUESTIONS
1. Parmi les 10 000 personnes de la population de référence, combien ne sont pas malades ?
2. Dans le tableau de contingence ci-dessous :

	Test positif (T+)	Test négatif	Total
Malades (M)			
Non Malades			
Total			10 000

a. Que représente la cellule correspondant à la ligne « Non malades » et à la colonne « Test négatif » ?
b. De même, que représente la cellule correspondant à la ligne « Total » et à la colonne « Test positif » ?
3. Recopier et compléter le tableau de contingence.
4. Que signifie ici être « faux positif », « faux négatif », « vrai positif » et « vrai négatif » ? Calculer les fréquences de faux positifs, faux négatifs, vrais positifs, vrais négatifs.
5. Lorsque le patient s'inquiète de la fiabilité du test, que veut-il en fait savoir ? Reformuler cette question à l'aide des termes qui apparaissent dans le tableau de contingence. En tant que médecin, quelle réponse pourriez-vous alors donner au patient ?

CHAPITRE 13 • L'intelligence artificielle 321

9 Taille d'un fichier vidéo

La taille est 87 × 60 × 25 × 1 280 × 720 × 3 = 360 806 400 000 octets = 360 806,4 Mo = 361 Go

10 Certification de logiciel

Un jeu de données pourrait contenir : un fichier de plus de 1 Mo, un fichier de moins de 1 Mo à chacun des formats acceptés (jpg, png ou gif) et des fichiers de moins de 1 Mo avec des formats différents (pdf, avi, mp3, ogg, exe…).

11 Programmation traditionnelle vs apprentissage automatique

Il suffit ici de recopier les schéma données p. 306 : l'idée est ici d'insister sur le fait que le modèle est connu a priori (et est « passé » en donnée) en programmation traditionnelle alors qu'il est le résultat d'un apprentissage automatique.

12 Empreinte carbone et courriel

1. Le nombre de tonnes de CO_2 émis en 2018 par l'envoi de courriels est compris entre 365 × 4 × 280 × 109 g = 408,8 × 1 012 g = 410 millions de tonnes et 5,1 milliards de tonnes de CO_2.
2. Les 280 milliards de courriels délivrés ne représentent que 20 % des mails envoyés. En considérant que les pourriels ne contiennent pas de pièce jointe de taille supérieure à 1 Mo, ils fournissent donc environ 365 × 4 × 280 × 0,3 × 109 = 123 millions de tonnes de CO_2. En fait, la seule contribution des e-mails égale à peu près celle du transport aérien. Sachant que des applications comme WhatsApp génèrent beaucoup plus de messages électroniques souvent accompagnés de pièces jointes, on peut penser qu'une réflexion sur une écologie numérique est nécessaire.

13 Machine de Turing

1. Si la case ne contient aucun symbole, le robot ne fait rien. Si la case contient le symbole « 0 », le robot écrit « 1 » dans la case puis se déplace à gauche d'une case.
2. Les étapes successives sont :
   - [1, 1, 1] et le robot est au dessus de la case du milieu ;
   - [1, 0, 1] et le robot est au dessus de la case de gauche ;
   - [0, 0, 1] et le robot est à gauche de la case de gauche ;
   - Indéfiniment, le robot lit la case vide et ne fait rien tout en le faisant…
3. Le robot effectue une opération appelée « inversion » : il change les « 0 » en « 1 » et inversement. Mais il n'a aucune instruction lui demandant de s'arrêter. Il manque donc quelque chose à notre machine pour que le robot s'arrête : c'est ce que l'on introduit ensuite avec la notion d'état du robot.
4. L'état d'arrêt de la machine est q_2.
5. Si la machine est en l'état q_0 et qu'elle se trouve sur une case contenant le symbole « 1 », elle écrit « 0 », se déplace à gauche et se met (reste) dans l'état q_0.
6. Les étapes successives sont :
   - [0, 0, 1] le robot au dessus de la case de gauche dans l'état q_1 ;
   - [1, 0, 1] le robot au dessus de la case du milieu dans l'état q_1 ;
   - [1, 1, 1] le robot au dessus de la case de droite dans l'état q_1 ;
   - [1, 1, 0] le robot à droite de la case de droite dans l'état q_1 ;
   - [1, 1, 0] le robot à droite de la case de droite dans l'état q_2 : arrêt de la machine.

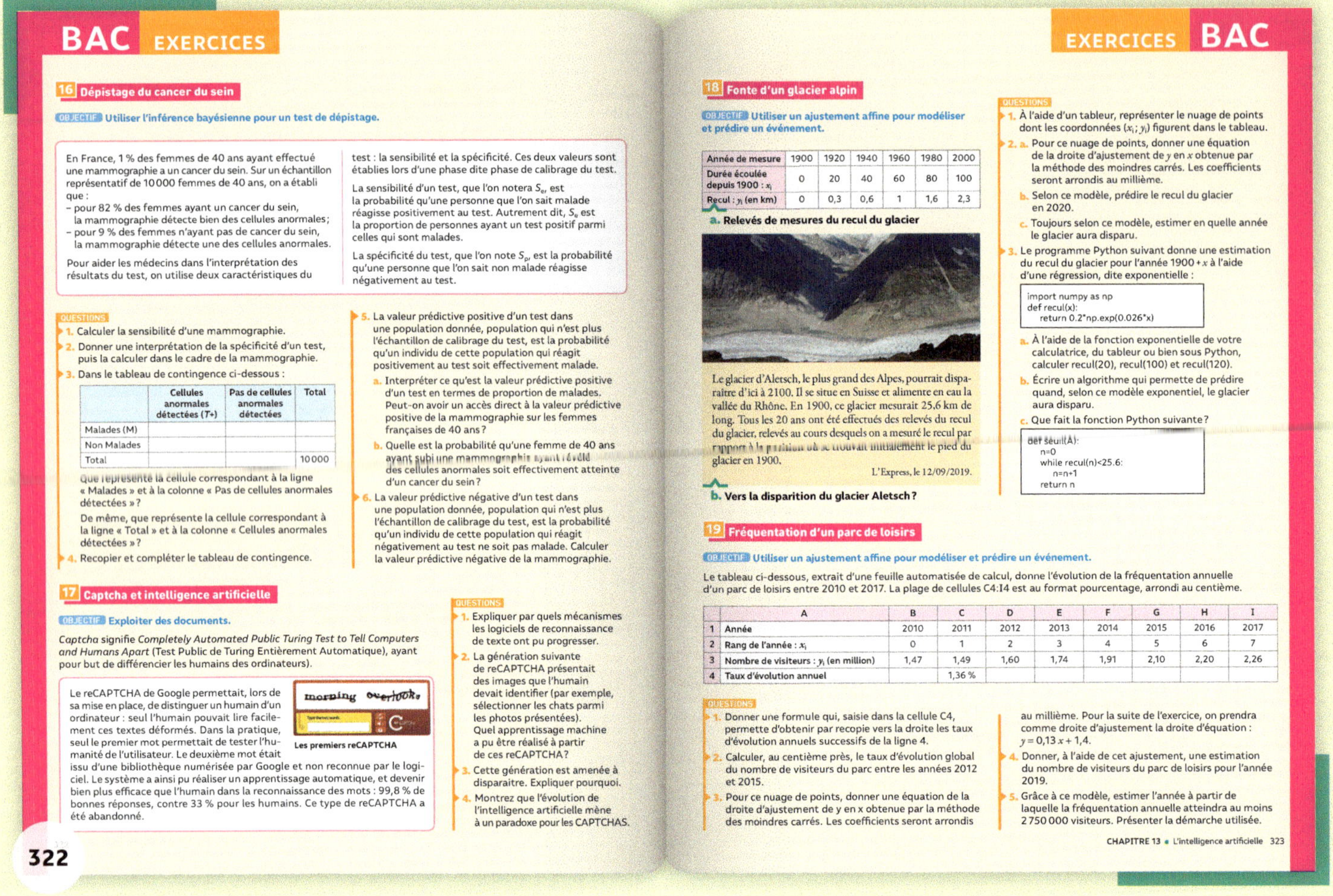

BAC EXERCICES

16 Dépistage du cancer du sein

OBJECTIF Utiliser l'inférence bayésienne pour un test de dépistage.

En France, 1 % des femmes de 40 ans ayant effectué une mammographie a un cancer du sein. Sur un échantillon représentatif de 10 000 femmes de 40 ans, on a établi que :
- pour 82 % des femmes ayant un cancer du sein, la mammographie détecte bien des cellules anormales ;
- pour 9 % des femmes n'ayant pas de cancer du sein, la mammographie détecte une des cellules anormales.

Pour aider les médecins dans l'interprétation des résultats du test, on utilise deux caractéristiques du test : la sensibilité et la spécificité. Ces deux valeurs sont établies lors d'une phase dite phase de calibrage du test.

La sensibilité d'un test, que l'on notera S_e, est la probabilité qu'une personne que l'on sait malade réagisse positivement au test. Autrement dit, S_e est la proportion de personnes ayant un test positif parmi celles qui sont malades.

La spécificité du test, que l'on note S_p, est la probabilité qu'une personne que l'on sait non malade réagisse négativement au test.

QUESTIONS
1. Calculer la sensibilité d'une mammographie.
2. Donner une interprétation de la spécificité d'un test, puis la calculer dans le cadre de la mammographie.
3. Dans le tableau de contingence ci-dessous :

	Cellules anormales détectées (T+)	Pas de cellules anormales détectées	Total
Malades (M)			
Non Malades			
Total			10 000

Que représente la cellule correspondant à la ligne « Malades » et à la colonne « Pas de cellules anormales détectées » ?
De même, que représente la cellule correspondant à la ligne « Total » et à la colonne « Cellules anormales détectées » ?
4. Recopier et compléter le tableau de contingence.
5. La valeur prédictive positive d'un test dans une population donnée, population qui n'est plus l'échantillon de calibrage du test, est la probabilité qu'un individu de cette population qui réagit positivement au test soit effectivement malade.
a. Interpréter ce qu'est la valeur prédictive positive d'un test en termes de proportion de malades. Peut-on avoir un accès direct à la valeur prédictive positive de la mammographie sur les femmes françaises de 40 ans ?
b. Quelle est la probabilité qu'une femme de 40 ans ayant subi une mammographie ayant révélé des cellules anormales soit effectivement atteinte d'un cancer du sein ?
6. La valeur prédictive négative d'un test dans une population donnée, population qui n'est plus l'échantillon de calibrage du test, est la probabilité qu'un individu de cette population qui réagit négativement au test ne soit pas malade. Calculer la valeur prédictive négative de la mammographie.

17 Captcha et intelligence artificielle

OBJECTIF Exploiter des documents.

Captcha signifie *Completely Automated Public Turing Test to Tell Computers and Humans Apart* (Test Public de Turing Entièrement Automatique), ayant pour but de différencier les humains des ordinateurs).

Le reCAPTCHA de Google permettait, lors de sa mise en place, de distinguer un humain d'un ordinateur : seul l'humain pouvait lire facilement ces textes déformés. Dans la pratique, seul le premier mot permettait de tester l'humanité de l'utilisateur. Le deuxième mot était issu d'une bibliothèque numérisée par Google et non reconnue par le logiciel. Le système a ainsi pu réaliser un apprentissage automatique, et devenir bien plus efficace que l'humain dans la reconnaissance des mots : 99,8 % de bonnes réponses, contre 33 % pour les humains. Ce type de reCAPTCHA a été abandonné.

morning overlooks

Les premiers reCAPTCHA

QUESTIONS
1. Expliquer par quels mécanismes les logiciels de reconnaissance de texte ont pu progresser.
2. La génération suivante de reCAPTCHA présentait des images que l'humain devait identifier (par exemple, sélectionner les chats parmi les photos présentées). Quel apprentissage machine a pu être réalisé à partir de ces reCAPTCHA ?
3. Cette génération est amenée à disparaître. Expliquer pourquoi.
4. Montrez que l'évolution de l'intelligence artificielle mène à un paradoxe pour les CAPTCHAS.

322

EXERCICES BAC

18 Fonte d'un glacier alpin

OBJECTIF Utiliser un ajustement affine pour modéliser et prédire un événement.

Année de mesure	1900	1920	1940	1960	1980	2000
Durée écoulée depuis 1900 : x_i	0	20	40	60	80	100
Recul : y_i (en km)	0	0,3	0,6	1	1,6	2,3

a. Relevés de mesures du recul du glacier

Le glacier d'Aletsch, le plus grand des Alpes, pourrait disparaître d'ici à 2100. Il se situe en Suisse et alimente en eau la vallée du Rhône. En 1900, ce glacier mesurait 25,6 km de long. Tous les 20 ans ont été effectués des relevés du recul du glacier, relevés au cours desquels on a mesuré le recul par rapport à la position où se trouvait initialement le pied du glacier en 1900.

L'Express, le 12/09/2019.

b. Vers la disparition du glacier Aletsch ?

QUESTIONS
1. À l'aide d'un tableur, représenter le nuage de points dont les coordonnées $(x_i ; y_i)$ figurent dans le tableau.
2. a. Pour ce nuage de points, donner une équation de la droite d'ajustement de y en x obtenue par la méthode des moindres carrés. Les coefficients seront arrondis au millième.
b. Selon ce modèle, prédire le recul du glacier en 2020.
c. Toujours selon ce modèle, estimer en quelle année le glacier aura disparu.
3. Le programme Python suivant donne une estimation du recul du glacier pour l'année 1900 + x à l'aide d'une régression, dite exponentielle :

```
import numpy as np
def recul(x):
    return 0.2*np.exp(0.026*x)
```

a. À l'aide de la fonction exponentielle de votre calculatrice, du tableur ou bien sous Python, calculer recul(20), recul(100) et recul(120).
b. Écrire un algorithme qui permette de prédire quand, selon ce modèle exponentiel, le glacier aura disparu.
c. Que fait la fonction Python suivante ?

```
def seuil(A):
    n=0
    while recul(n)<25.6:
        n=n+1
    return n
```

19 Fréquentation d'un parc de loisirs

OBJECTIF Utiliser un ajustement affine pour modéliser et prédire un événement.

Le tableau ci-dessous, extrait d'une feuille automatisée de calcul, donne l'évolution de la fréquentation annuelle d'un parc de loisirs entre 2010 et 2017. La plage de cellules C4:I4 est au format pourcentage, arrondi au centième.

	A	B	C	D	E	F	G	H	I
1	Année	2010	2011	2012	2013	2014	2015	2016	2017
2	Rang de l'année : x_i	0	1	2	3	4	5	6	7
3	Nombre de visiteurs : y_i (en million)	1,47	1,49	1,60	1,74	1,91	2,10	2,20	2,26
4	Taux d'évolution annuel		1,36 %						

QUESTIONS
1. Donner une formule qui, saisie dans la cellule C4, permette d'obtenir par recopie vers la droite les taux d'évolution annuels successifs de la ligne 4.
2. Calculer, au centième près, le taux d'évolution global du nombre de visiteurs du parc entre les années 2012 et 2015.
3. Pour ce nuage de points, donner une équation de la droite d'ajustement de y en x obtenue par la méthode des moindres carrés. Les coefficients seront arrondis au millième. Pour la suite de l'exercice, on prendra comme droite d'ajustement la droite d'équation : $y = 0{,}13x + 1{,}4$.
4. Donner, à l'aide de cet ajustement, une estimation du nombre de visiteurs du parc de loisirs pour l'année 2019.
5. Grâce à ce modèle, estimer l'année à partir de laquelle la fréquentation annuelle atteindra au moins 2 750 000 visiteurs. Présenter la démarche utilisée.

CHAPITRE 13 • L'intelligence artificielle 323

14 Arbre de décision

1.

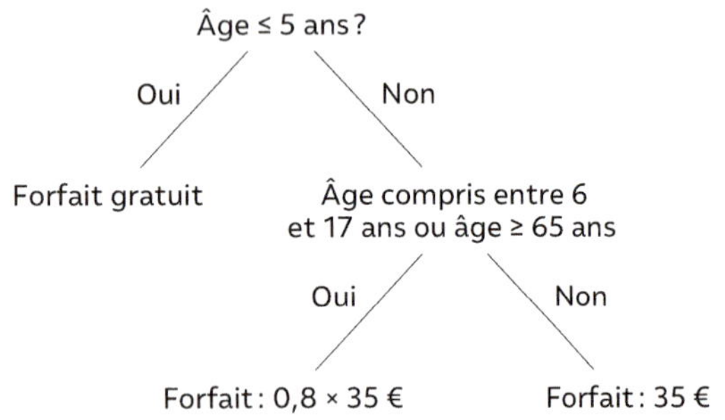

2. a.

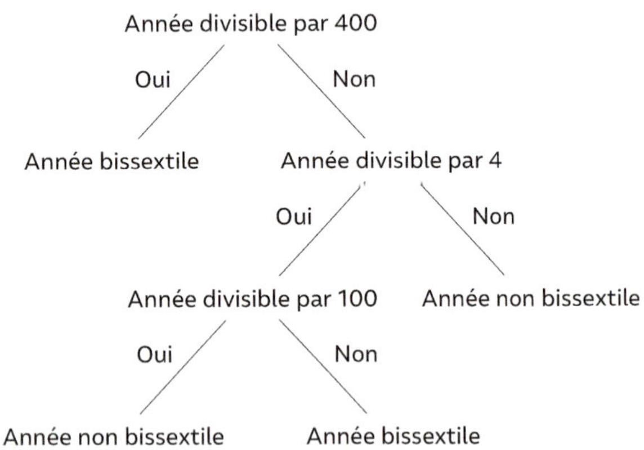

2. b. Voici trois programmes python possibles (parmi d'autres)

```
def estbissextile(n):
    if n%400==0:
        return True
    elif n%4==0:
        if n%100==0:
            return False
        else:
            return True
    else:
        return False
```

ou peut-être plus simplement

```
def estbissextile(n):
    if n%400==0: return True
    if n%4==0:
        if n%100==0:
            return False
        else:
            return True
    return False
```

voire

```
def estbissextile(n):
    if n%400==0: return True
    if n%4==0 and n%100!=0:
        return True
    else:
        return False
```

15 Dépistage d'une maladie

Cet exercice est adapté du document Eduscol.

On a $p(M) = 0{,}001$, $P_M(T_+) = 0{,}9$ et $P_{\overline{M}}(T_-) = 0{,}97$.

1. Il y a $0{,}1 \times 10\,000/100 = 10$ malades, donc 9 990 non malades.

2. a. Il s'agit du nombre de personnes ayant un test négatif et qui sont non malades.

b. Il s'agit du nombre de personnes ayant un test positif (qu'elles soient malades ou non).

3. On a :

	Test positif (T_+)	Test négatif	Total
Malades (M)	9	1	10
Non malades	300	9 690	9 990
Total	309	9 691	10 000

4. Ces définitions sont rappelées et formellement définies dans le document déjà cité Eduscol sur l'inférence bayésienne. On appelle :

- faux positif : test positif alors que non malade i.e. l'événement $(T_+ \cap \overline{M})$
- faux négatif : test négatif alors que malade i.e. l'événement $(T_- \cap M)$

La fréquence des faux positifs est $\dfrac{\text{nombre de } T_+ \cap \overline{M}}{\text{nombre total}} = \dfrac{300}{10\,000} \approx 3\ \%$

La fréquence des faux négatifs est $\dfrac{\text{nombre de } T_- \cap M}{\text{nombre total}} = \dfrac{1}{10\,000} \approx 0{,}01\ \%$

La fréquence des vrais positifs est $\dfrac{\text{nombre de } T_- \cap M}{\text{nombre total}} = \dfrac{9}{10\,000} \approx 0{,}09\ \%$

La fréquence des vrais négatifs est $\dfrac{\text{nombre de } T_+ \cap \overline{M}}{\text{nombre total}} = \dfrac{9\,691}{10\,000} \approx 97\ \%$

5. On peut penser que lorsque le patient s'inquiète de la fiabilité du test, il veut en fait en connaître la valeur prédictive, i.e. savoir si il est vraiment malade sachant que son test est positif (et on parle de valeur prédictive positive) ou savoir si il est sain sachant que son test est négatif (et on parle ici de valeur prédictive négative). En notant *VPP* la valeur prédictive positive et *VPN* la négative, le patient veut donc connaître :

$$VPP = p_{T_+}(M) \quad \text{et} \quad VPN = p_{T_-}(\overline{M}).$$

On a :

$$VPP = \frac{p(T_+ \cap M)}{p(T_+)} = \frac{9}{309} \approx 3\ \% \quad \text{et} \quad VPN = \frac{p(T_- \cap \overline{M})}{p(T_-)} = \frac{9\,690}{9\,691} \approx 99{,}9\ \%$$

16 Dépistage d'un cancer du sein

Cet exercice est adapté du document Eduscol dans lequel il est proposé comme activité. D'après l'énoncé, on a :

$$p(M) = 0{,}01, \quad p_M(T_+) = 0{,}82 \quad \text{et} \quad p_{\overline{M}}(T_+) = 0{,}09$$

1. La sensibilité d'un test est $p_M(T_+) = 0{,}82$.

2. La spécificité d'un test est $p_{\overline{M}}(T_-) = 1 - p_{\overline{M}}(T_+) = 0{,}91$.

3. Ligne « malade » et colonne « pas de cellules anormales détectées » : nombre de femmes atteintes d'un cancer du sein ayant un test négatif (faux négatif).

Ligne « Total » et colonne « cellules anormales détectées » : nombre total de personnes dont le test est positif (sur l'échantillon des 10 000 personnes).

4.

	Cellules anormales détectées (T_+)	Pas de cellules anormales détectées	Total
Malades (M)	82 (3)	18 (8)	100 (1)
Non malades	891 (4)	9 009 (7)	9 900 (2)
Total	973 (5)	9 027 (6)	10 000

5. a. $VPP = \dfrac{p(T_+ \cap M)}{p(T_+)} = \dfrac{\text{nombre de personnes malades ayant un test positif}}{\text{nombre de personnes ayant un test positif}}$

$= \dfrac{82}{973} \approx 0{,}08\ \%$. On le « lit » dans le tableau précédent.

b. On cherche $p_{T_+}(M)$, mais qui n'est rien d'autre que la *VPP* calculée ci-dessus.

6. $VPN = \dfrac{p(T_- \cap \overline{M})}{p(T_-)} = \dfrac{\text{nombre de personnes non malades ayant un test négatif}}{\text{nombre de personnes ayant un test négatif}}$

$= \dfrac{9\,009}{9\,027} \approx 0{,}998\ \%$.

17 Captcha

1. Les problèmes de reconnaissance de caractères sont importants pour la numérisation de document et leur traitement : on pense à la ROC (ou OCR en anglais), la reconnaissance automatique de caractères mais aussi à l'identification des plaques minéralogiques pour les radars automatiques (https://fr.wikipedia.org/wiki/Syst%C3%A8me_de_reconnaissance_automatique_des_plaques_min%C3%A9ralogiques#Controverses)... Les algorithmes reposent grossièrement sur une identification de formes ou de zones « noires » puis sur la comparaison de la forme obtenue à une base de données de formes. Les pro-grès reposent sur la technique des capteurs, plus précis et plus rapides par exemple pour les plaques minéralogiques, ainsi que sur les progrès mathématiques et algorithmiques en traitement du signal.

2. Les données sont constituées de caractères que les humains ont labellisés : on est donc dans un apprentissage machine, supervisé pour la constitution des données puis profond, comme pour la reconnaissance d'images et tel que décrit dans les liens cités dans la rubrique Le savez-vous

3. et **4.** Un captcha est un type de test de Turing appliqué à l'humain : vous réussissez ce test lorsque vous recopiez quelques mots à partir d'images déformées ou floues sur Internet pour avoir accès à une page ou un service. Ces tests visent à éviter qu'un programme informatique accède à une base de données de manière systématique pour faire de l'exploration de données sans autorisation. En réussissant un tel test, vous confirmez que vous n'êtes pas un robot, ou une intelligence artificielle. Toutefois, grâce notamment à l'apprentissage profond, des machines déjouent de plus en plus facilement de tels tests ce qui rend les captchas inadaptés. Une alternative pourrait être de considérer que seuls les agents qui commettent des erreurs en proportion importante soient assimilés par le test à des êtres humains...

18 Fonte d'un glacier

Cet exercice est adapté d'une activité proposée dans le document Eduscol sur l'I.A. où l'on envisage un ajustement non linéaire.

1. Avec Libreoffice

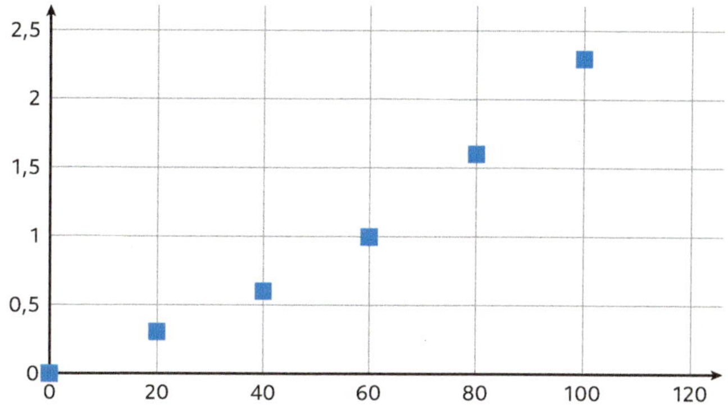

2. a. On trouve avec le tableur $y = 0{,}023x - 0{,}162$

b. Le recul sera de 2,598 km.

c. Le glacier aura disparu quand le recul aura atteint 25,6 km, la longueur initiale en 1900. On résout donc : $0{,}023x - 0{,}162 = 25{,}6$ et on trouve environ 1120. Suivant ce modèle, le glacier aura disparu en 1900 + 1120 = 3020.

3. a. Avec Python, on trouve, en arrondissant au millième, recul(20) ≈ 0,336, recul(100) ≈ 2,693 et recul(120) ≈ 4,529.

b. et **c.** La fonction python code l'algorithme demandé dans le cas plus général d'une valeur de seuil A quelconque. Ainsi, seuil(25.6) renvoie, suivant le modèle exponentiel envisagé, la date à laquelle le glacier aura disparu : on trouve 187. Suivant le modèle exponentiel, le glacier aura disparu en 2087.

19 Fréquentation d'un parc

Il s'agit d'un exercice adapté du sujet de BAC STMG 2019, centres étrangers.

1. Dans la cellule C4, comme les cellules sont au format pourcentage, on tape la formule « =(C3–B3)/B3 ».

2. Le taux d'évolution global T est égal à $\frac{\text{valeur finale} - \text{valeur initiale}}{\text{valeur initiale}}$.

Ici, $T = \frac{2{,}1 - 1{,}6}{1{,}6} = 0{,}3125 = 31{,}25\ \%$

3. On a

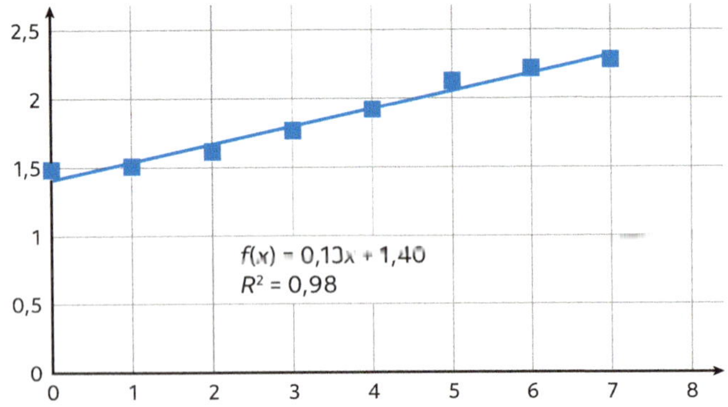

4. On calcule $y = 0{,}13 \times 9 + 1{,}4 = 2{,}57$. Suivant ce modèle, il y aura environ 2,57 millions de visiteurs en 2019.

5. On cherche x tel que $y = 0{,}13 \times x + 1{,}4 \geq 2{,}75$. On résout l'inéquation, et on obtient environ 10,38. Donc, suivant ce modèle, la fréquentation dépassera 2,75 millions de visiteurs en 2021.

ANNEXE 1 **Ouverture de chapitre** [→ page 231]

Ce que disent les documents

a Les jeux constituent l'un des thèmes de prédilection du développement de l'I.A. Ainsi, dès 1943, Turing et Michie envisagent de créer une machine qui puisse jouer aux échecs. C'est Shannon qui, en 1949, publie l'article fondateur des échecs en informatique *Programming a Computer for Playing Chess*. Il y précise que les échecs constituent un problème algorithmiquement intéressant et un test décisif des capacités de systèmes de traitement de l'information. Voir : https://fr.wikipedia.org/wiki/Programming_a_Computer_for_Playing_Chess#cite_ref-thesignalandthenoise_8-0

À partir de 1949, Shannon va même construire un automate qui peut jouer aux échecs. L'article suivant traite de ce sujet : https://www.chess.com/article/view/the-man-who-built-the-chess-machine.

En 1950, Shannon construit ce que l'on considère souvent comme la première machine capable d'apprentissage : il s'agit d'une souris électronique, nommée Theseus, qui apprend à sortir d'un labyrinthe. Le lien suivant détaille cette aventure et contient une courte vidéo sur Theseus expliquée par Shannon en personne. https://www.technologyreview.com/2018/12/19/138508/mighty-mouse/

Il est intéressant de noter que la résolution d'un labyrinthe est un outil de mesure d'intelligence chez les animaux voire chez les plantes : https://www.lemonde.fr/culture/article/2020/05/14/le-genie-des-arbres-des-vegetaux-auxfacultes-etonnantes_6039691_3246.html

Pour les informaticiens, les jeux et les échecs en particulier constituaient un mètre étalon de l'intelligence artificielle. La machine DeepBlue avec sa victoire contre Kasparov en 1997 a contribué à l'expansion du domaine de la recherche en I.A. (https://www.scientificamerican.com/article/20-years-after-deep-blue-how-ai-has-advanced-since-conquering-chess/).

Enfin, le jeu de Go a constitué un challenge très important en algorithmique. Le jeu de Go étant bien plus complexe à programmer que le jeu d'échecs, les techniques « classiques » développées par Shannon et ses suiveurs avec DeepBlue s'avèrent insuffisantes pour battre un champion humain. Ce ne sont que les dernières techniques d'apprentissage machine qui ont permis à une machine auto-apprenante de battre le champion du monde de Go.

Dans les **unités 4** à **6**, nous essaierons de définir, disons de mieux circonscrire, ce que l'on peut appeler I.A., nous créerons, sans machine, une I.A. capable de jouer au Nim, nous expérimenterons un apprentissage machine de reconnaissance d'images par réseau de neurones et nous réfléchirons à l'aspect éthique de l'I.A.

b Dans le traitement de l'information, l'un des deux grands thèmes de ce chapitre avec l'I.A., la numérisation est une étape importante. Cette illustration d'un appareil photo montre l'évolution technologique des smartphones actuels, dont les capteurs dépassent allègrement les 1.3 MegaPixels de l'appareil présenté dans ce document. Mais au-delà de l'aspect technologique, ce document soulève aussi la question de la technique algorithmique et des progrès mathématiques dans la numérisation d'images par exemple. Les derniers progrès en imagerie médicale sont l'illustration des progrès mathématiques et informatiques : http://www.breves-de-maths.fr/limagerie-medicale. Comme le rappelle François Lavallou dans son article *Imagerie médicale : les maux en images*, contenu dans le numéro H.S. de la revue *Tangente* publié en février 2016 : « La spectaculaire progression de l'imagerie médicale de ces dernières années résulte du couplage de l'intelligence mathématique et de la puissance informatique alliées à des théories conçues bien avant d'être l'objet d'applications pratiques » (présentation de l'article : http://tangente-mag.com/article.php?id=2327). Dans l'**unité 3**, nous expliquerons entre autres la numérisation d'une image et nous illustrerons simplement la notion de codage numérique de l'information.

c Ada Lovelace est la première programmeuse de l'histoire, avec une note de lecture, appelée « Note G », qui constitue le premier algorithme de l'histoire contenant une boucle conditionnelle. Cette illustration permet d'introduire deux notions importantes :

- les femmes ont joué un rôle important en informatique, avec Ada Lovelace, Grace Hopper… La page wikipedia https://fr.wikipedia.org/wiki/Femmes_dans_l%27informatique est dédiée à cette question ;
- en programmation et plus généralement en informatique, la réflexion « sur papier », déconnectée ou débranchée dirait-on maintenant, précède l'implantation concrète, physique du programme ou de la machine. On le voit avec le programme de Lovelace qu'elle n'a jamais pu effectivement programmer sur la machine de Babbage, mais on le voit aussi avec la notion de machine de Turing, développée théoriquement par Turing avant que Von Neumann s'en inspire pour créer le premier ordinateur moderne. Plus récemment, Shor a publié en 1994 un algorithme quantique qui factorise un nombre entier en temps polynomial, complexité bien inférieure à celle nécessaire à notre sécurité numérique. La première implantation physique de cet algorithme a eu lieu en 2001 avec la factorisation de 15 = 3 × 5… Mais cet algorithme a probablement contribué à favoriser la recherche en programmation quantique.

Le podcast suivant, en lien avec l'**unité 1**, est très complet sur Lovelace et Babbage : https://www.franceculture.fr/emissions/la-methode-scientifique/ada-lovelace-la-grande-ordinatrice.

Dans l'**unité 1**, nous aborderons donc le traitement de l'information, du métier à tisser aux ordinateurs contemporains.

d La notion de *bug* est omniprésente dans notre quotidien : le smartphone ou l'ordinateur qui plantent sont des événements fréquents. On associe la notion de *bug* à un problème dans un programme et donc à une erreur humaine. C'est le raccourci adopté dans l'**unité 3**. Mais un *bug* peut aussi être lié à un souci de numérisation de l'information, et donc à un défaut d'encodage de l'information. Cette notion d'encodage de l'information fait l'objet d'un document de l'**unité 3**. On pourra compléter avec la lecture de l'article suivant : http://images.math.cnrs.fr/Dis-papa-ou-maman-comment-arrivent-les-bugs-dans-le-monde-numerique.

Dans l'**unité 3**, nous rappellerons quelques *bugs* célèbres, nous expérimenterons plusieurs types de *bugs* et illustrerons une méthode de vérification de programme.

ANNEXE 2 Unité 2 [→ page 235]

Vidéo

- Le cours Class Code (https://pixees.fr/classcode-v2/) contient beaucoup de références utiles : document pdf, vidéos... Par exemple : https://pixees.fr/algorithme-et-codage-les-notions-essentielles/
- Pixees propose aussi un MOOC pour L'ICN (https://pixees.fr/mooc-icn-de-linformatique-de-la-creation-du-numerique-des-le-20-fevrier/) dont une vidéo utile pour mieux comprendre cette unité est : https://www.youtube.com/watch?v=fFnIwfGH-Aw
- L'ensemble des courtes vidéos est ici : https://www.youtube.com/playlist?list=PLWvGM-qXvyJAMNWRvODUB5Ry3licACdaa0
- Un MOOC pour SNT : https://pixees.fr/que-nous-offre-ce-mooc/ dont on peut trouver une vidéo qui introduit ce MOOC et utile pour cette unité ici : https://www.lemonde.fr/blog/binaire/2019/03/
- La page https://pixees.fr/comment-sont-entrees-mes-images-textes-donnees-dans-la-machine/

ANNEXE 3 Unité 3 [→ page 237]

LE SAVIEZ-VOUS ?

▶ Dans les versions Windows XP, Vista, 7 et Windows 8, la calculatrice de Windows contenait un *bug*. En tapant 4, puis en prenant sa racine carrée et enfin en soustrayant 2, on n'obtenait pas 0. De même pour $\sqrt{9} - 3$. Microsoft a corrigé ce *bug* avec la version de la calculatrice fournie avec Windows 10. C'est en fait lié à la façon dont les nombres flottants sont stockés dans la machine.
De manière plus tragique, en 1991, durant la guerre d'Irak, un antimissile Patriot n'a pas réussi à intercepter le missile irakien qui visait une base militaire américaine, faisant 28 morts. Cet échec est dû aux erreurs d'arrondi cumulées par l'ordinateur qui dirigeait l'antimissile.
L'expérimentation numérique suivante, réalisée avec Python permet de deviner de « gros » soucis d'arithmétique : dans la console Python, en exécutant les instructions suivantes :

```
a=0.1
b=0.2
a+b==0.3
```

on obtient *False*. En admettant que la représentation binaire de 1/10 est le nombre périodique infini suivant : 0.00011001100 1100110011001..., on réalise qu'un ordinateur ne peut donc stocker qu'une valeur approchée de 0.1. La commande print('{:.53f}'.format(0.1)) qui permet de connaître la vraie valeur décimale de l'approximation binaire stockée pour 0.1, ici avec 53 décimales après la virgule renvoie : 0.1000000000000000055 5111512312578270211815834045410156.

Pour aller un peu plus loin, la page de documentation python à ce sujet est ici : https://docs.python.org/3/tutorial/floatingpoint.html

ANNEXE 4 Unité 4 [→ page 239]

- Concernant le jeu de Nim : Des variantes d'I.A. et autres liens se trouvent ici :
  https://pixees.fr/la-machine-qui-apprend-a-bien-jouer-toute-seule/
  https://pixees.fr/le-jeu-de-nim/
  https://pixees.fr/jouer-au-jeu-des-allumettes-contre-une-machine/
  https://pixees.fr/le-jeu-de-nim-comme-algorithme/
- Vous pouvez faire simuler en classe un test de Turing. Nous reprenons cette idée dans la même rubrique du guide de l'unité suivante avec un test de Turing sur des *chatbots* (robots conversationnels). Voici un lien vers une activité (en anglais) détaillant toutes les étapes : https://classic.csunplugged.org/the-turing-test/
  Plus généralement, cette approche « débranchée » est reprise aussi par M. Duflot-Kremer (https://pixees.fr/dans-la-famille-activites-debranchees-je-demande-les-tutos-videos-de-marie-duflot/) et sur le site Pixees (https://pixees.fr/category/support-pedagogique/activite/activite-debranchee/ et https://pixees.fr/activites-debranchees/) par exemple. Une référence dans le domaine de l'informatique débranchée est : https://classic.csunplugged.org/
- La chaîne youtube ScienceEtonnnante propose une vidéo (environ 20') sur la créativité, l'I.A. et sur le traitement informatique des jeux d'échecs et de Go :
  https://www.youtube.com/watch?v=xuBzQ38DNhE&pbjreload=10

ANNEXE 5 Unité « Histoire, Enjeux, Débats » [→ page 247]

Article en ligne

- La cybersécurité s'attaque aux systèmes informatiques et aux données qu'ils contiennent. À ce sujet, Kaspersky, un éditeur de solutions logicielles de cybersécurité, affirme que les données médicales valent maintenant plus chères que les données bancaires : https://www.clubic.com/antivirus-securite-informatique/actualite-882145-kaspersky-donnees-medicales-valent-cher-donnees-bancaires-coatpont.html
- La sécurité et les attaques ne sont pas forcément dues à des pirates isolés et peuvent constituer une menace pour déstabiliser des états par exemple : https://www.lemonde.fr/pixels/article/2020/01/27/piratagedu-telephone-de-jeff-bezos-quels-sont-les-risques-pour-les-utilisateurs-non-milliardaires_6027387_4408996.html
  https://www.lemonde.fr/pixels/article/2020/02/20/la-russie-accusee-par-les-etatsunis-et-le-royaume-uni-d-une-cyber-attaque-en-georgie_6030258_4408996.html
- Concernant la cybersécurité et l'automobile :
  https://www.lemonde.fr/automobile/article/2015/07/15/un-bug-affecte-des-voitureshybrides-de-toyota_4683783_1654940.html
  https://www.bfmtv.com/auto/un-bug-informatique-oblige-subaru-a-mettre-293-voitures-neuves-a-la-casse_AN-201809250043.html
  https://www.lepoint.fr/automobile/securite/le-cauchemar-de-la-voiture-piratee-10-01-2020-2357114_657.php
- À propos de spectre et *meltdown*, un lien présentant les failles puis un lien les expliquant de manière illustrée (en anglais) :
  https://www.lefigaro.fr/secteur/high-tech/2018/01/04/32001-20180104ARTFIG00082-qui-sont-spectre-et-meltdown-les-failles-de-securite-qui-font-trembler-le-monde-de-l-informatique.php
  https://berthub.eu/articles/posts/spectre-meltdown/
- Concernant les réseaux sociaux :
  https://www.zdnet.fr/actualites/whatsapp-une-faille-de-securite-decouverte-parcheck-point-39888965.htm
  https://www.leparisien.fr/high-tech/facebook-les-donnees-de-540-millions-d-utilisateurs-accessibles-au-piratage-05-04-2019-8046912.php

THÈME 3

Livre de l'élève

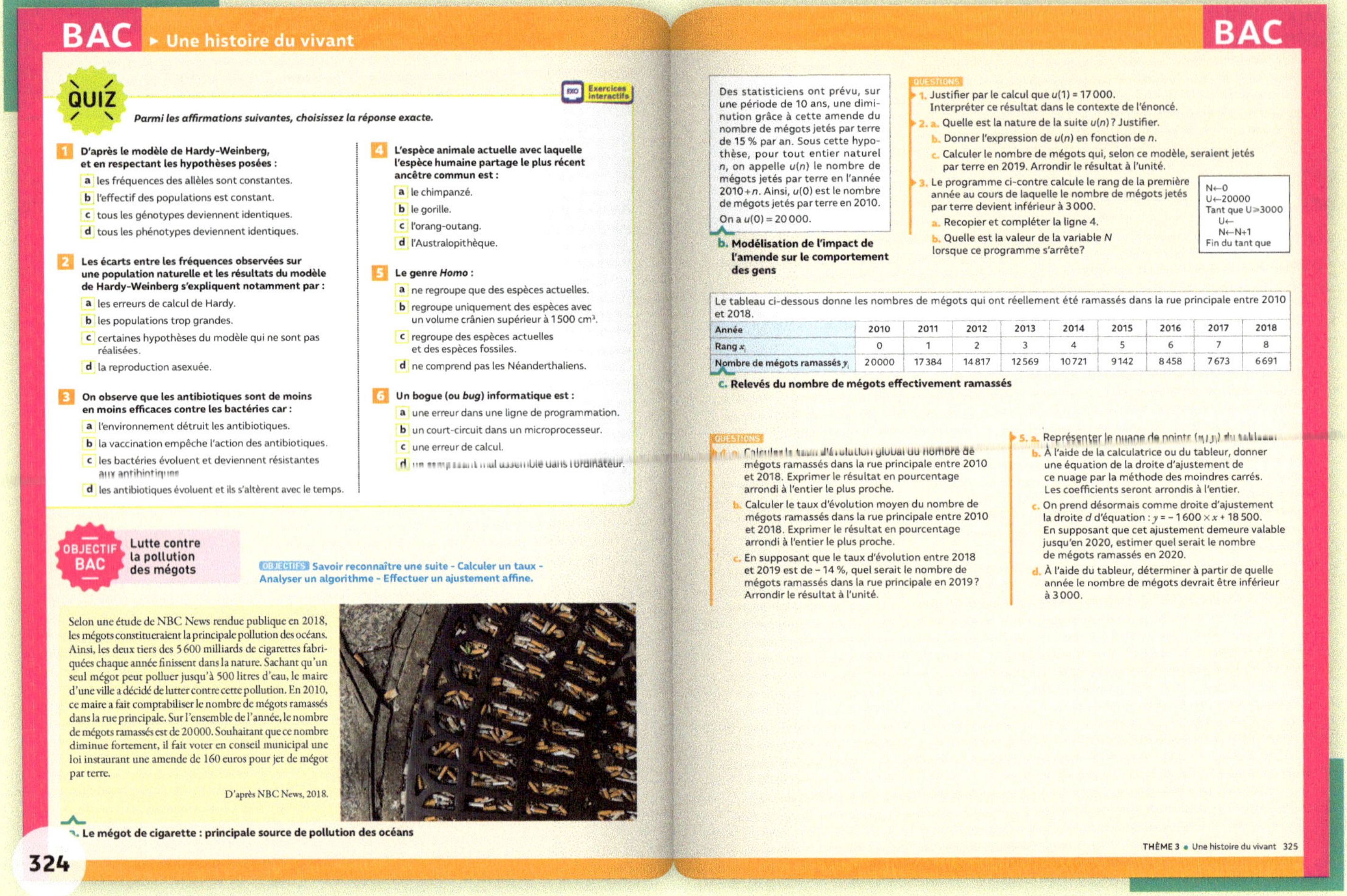

BAC ▸ Une histoire du vivant

QUIZ

Exercices interactifs

Parmi les affirmations suivantes, choisissez la réponse exacte.

1 D'après le modèle de Hardy-Weinberg, et en respectant les hypothèses posées :
- a les fréquences des allèles sont constantes.
- b l'effectif des populations est constant.
- c tous les génotypes deviennent identiques.
- d tous les phénotypes deviennent identiques.

2 Les écarts entre les fréquences observées sur une population naturelle et les résultats du modèle de Hardy-Weinberg s'expliquent notamment par :
- a les erreurs de calcul de Hardy.
- b les populations trop grandes.
- c certaines hypothèses du modèle qui ne sont pas réalisées.
- d la reproduction asexuée.

3 On observe que les antibiotiques sont de moins en moins efficaces contre les bactéries car :
- a l'environnement détruit les antibiotiques.
- b la vaccination empêche l'action des antibiotiques.
- c les bactéries évoluent et deviennent résistantes aux antibiotiques.
- d les antibiotiques évoluent et ils s'altèrent avec le temps.

4 L'espèce animale actuelle avec laquelle l'espèce humaine partage le plus récent ancêtre commun est :
- a le chimpanzé.
- b le gorille.
- c l'orang-outang.
- d l'Australopithèque.

5 Le genre *Homo* :
- a ne regroupe que des espèces actuelles.
- b regroupe uniquement des espèces avec un volume crânien supérieur à 1 500 cm³.
- c regroupe des espèces actuelles et des espèces fossiles.
- d ne comprend pas les Néanderthaliens.

6 Un bogue (ou *bug*) informatique est :
- a une erreur dans une ligne de programmation.
- b un court-circuit dans un microprocesseur.
- c une erreur de calcul.
- d un composant mal assemblé dans l'ordinateur.

OBJECTIF BAC — Lutte contre la pollution des mégots

OBJECTIFS Savoir reconnaître une suite - Calculer un taux - Analyser un algorithme - Effectuer un ajustement affine.

Selon une étude de NBC News rendue publique en 2018, les mégots constitueraient la principale pollution des océans. Ainsi, les deux tiers des 5 600 milliards de cigarettes fabriquées chaque année finissent dans la nature. Sachant qu'un seul mégot peut polluer jusqu'à 500 litres d'eau, le maire d'une ville a décidé de lutter contre cette pollution. En 2010, ce maire a fait comptabiliser le nombre de mégots ramassés dans la rue principale. Sur l'ensemble de l'année, le nombre de mégots ramassés est de 20000. Souhaitant que ce nombre diminue fortement, il fait voter en conseil municipal une loi instaurant une amende de 160 euros pour jet de mégot par terre.

D'après NBC News, 2018.

a. Le mégot de cigarette : principale source de pollution des océans

324

BAC

Des statisticiens ont prévu, sur une période de 10 ans, une diminution grâce à cette amende du nombre de mégots jetés par terre de 15 % par an. Sous cette hypothèse, pour tout entier naturel n, on appelle $u(n)$ le nombre de mégots jetés par terre en l'année $2010+n$. Ainsi, $u(0)$ est le nombre de mégots jetés par terre en 2010. On a $u(0) = 20\,000$.

b. Modélisation de l'impact de l'amende sur le comportement des gens

QUESTIONS

1. Justifier par le calcul que $u(1) = 17\,000$. Interpréter ce résultat dans le contexte de l'énoncé.
2. a. Quelle est la nature de la suite $u(n)$? Justifier.
   b. Donner l'expression de $u(n)$ en fonction de n.
   c. Calculer le nombre de mégots qui, selon ce modèle, seraient jetés par terre en 2019. Arrondir le résultat à l'unité.
3. Le programme ci-contre calcule le rang de la première année au cours de laquelle le nombre de mégots jetés par terre devient inférieur à 3 000.
   a. Recopier et compléter la ligne 4.
   b. Quelle est la valeur de la variable N lorsque ce programme s'arrête ?

```
N←0
U←20000
Tant que U⩾3000
    U←
    N←N+1
Fin du tant que
```

Le tableau ci-dessous donne les nombres de mégots qui ont réellement été ramassés dans la rue principale entre 2010 et 2018.

Année	2010	2011	2012	2013	2014	2015	2016	2017	2018
Rang x_i	0	1	2	3	4	5	6	7	8
Nombre de mégots ramassés y_i	20000	17 384	14 817	12 569	10 721	9 142	8 458	7 673	6 691

c. Relevés du nombre de mégots effectivement ramassés

QUESTIONS

4. a. Calculer le taux d'évolution global du nombre de mégots ramassés dans la rue principale entre 2010 et 2018. Exprimer le résultat en pourcentage arrondi à l'entier le plus proche.
   b. Calculer le taux d'évolution moyen du nombre de mégots ramassés dans la rue principale entre 2010 et 2018. Exprimer le résultat en pourcentage arrondi à l'entier le plus proche.
   c. En supposant que le taux d'évolution entre 2018 et 2019 est de – 14 %, quel serait le nombre de mégots ramassés dans la rue principale en 2019 ? Arrondir le résultat à l'unité.
5. a. Représenter le nuage de points $(x_i ; y_i)$ du tableau.
   b. À l'aide de la calculatrice ou du tableur, donner une équation de la droite d'ajustement de ce nuage par la méthode des moindres carrés. Les coefficients seront arrondis à l'entier.
   c. On prend désormais comme droite d'ajustement la droite d d'équation : $y = -1600 \times x + 18\,500$. En supposant que cet ajustement demeure valable jusqu'en 2020, estimer quel serait le nombre de mégots ramassés en 2020.
   d. À l'aide du tableur, déterminer à partir de quelle année le nombre de mégots devrait être inférieur à 3 000.

THÈME 3 • Une histoire du vivant 325

RÉPONSES DU QUIZ

1 a 2 c 3 c 4 a 5 c 6 a

CORRIGÉ DE L'EXERCICE

1. On a $u(0) = 20\,000$ et $u(1) = u(0) - 0{,}15 \times u(0) = 0{,}85 \times u(0) = 17\,000$.

L'année 2011, 17 000 mégots auront été ramassés.

2. a. En reprenant le même raisonnement qu'à la question précédente, on admet que, pour tout n, on a $u(n+1) = 0{,}85 \times u(n)$. La suite u est géométrique de raison 0,85.

b. Pour tout n, $u(n) = 0{,}85^n \times u(0) = 20\,000 \times 0{,}85^n$.

c. On cherche $u(9)$. Or $u(9) = 20\,000 \times 0{,}85^9 \approx 4\,632$. Suivant ce modèle, le nombre de mégots jetés par terre (ou ramassés) en 2019 sera de 4 632.

3. a. On a :

```
N←0
U←20000
Tant que U≥3000
    U←0,85*U
    N←N+1
Fin du tant que
```

b. En implantant l'algorithme en Python (ou à l'aide d'un tableur ou d'une calculatrice), on trouve $N = 12$. En fait pour $N = 11$, $U < 3\,000$ et pour $N = 12$, $U > 3\,000$. Ainsi, c'est en 2022 que le nombre de mégots jetés sera pour la première fois inférieur à 3 000.

4. a. Le taux d'évolution est défini par $\dfrac{\text{valeur finale} - \text{valeur initiale}}{\text{valeur initiale}}$, soit ici $(6\,691 - 20\,000) \div 20\,000 \approx -0{,}67$, c'est-à-dire environ –67 %.

b. On sait que, si l'on note t_m le taux d'évolution moyen, on a : $6\,691 = (1 + t_m)^8 \times 20\,000$.

Avec la calculatrice, on trouve $t_m \approx -0{,}13$ soit –13 %.

c. On aurait $6\,691 \times \left(1 - \dfrac{14}{100}\right) \approx 5\,754$ mégots ramassés en 2019.

5. a. On peut utiliser un tableur ou la machine à calculer.

b. La machine trouve $y = -1\,642 \times x + 18\,507$.

c. On trouve avec ce modèle linéaire 2 500 mégots ramassés en 2020.

d. À l'aide du tableur ou du graphique, voire des deux, suivant ce modèle, le nombre de mégots devrait être inférieur à 3 000 dès 2020.

ARTICLE EN +

La situation des baleines et des gorilles des montagnes, autrefois en grave danger, s'est améliorée grâce aux mesures de protection mises en place.

Auparavant considéré comme une espèce « *en danger* », le rorqual commun, plus grand animal au monde après la baleine bleue, est

Livre de l'élève

SUPPLÉMENT

LE COIN DES SCIENCES

Les yeux de chien battu, sélectionnés par l'être humain ?

Quand la démographie joue la sinusoïde

L'intelligence artificielle plus forte que le coronavirus

Sciences & DÉCOUVERTE

Regard de « chien battu » chez un jeune chien

Comparaison des muscles de la face du chien et du loup. Les différences anatomiques sont surlignées en rouge.

LES YEUX DE CHIEN BATTU, SÉLECTIONNÉS PAR L'ÊTRE HUMAIN ?

Le « regard de chien battu » rappelle certaines expressions faciales des jeunes enfants humains.

Chez les chiens, il est principalement contrôlé par deux muscles : le muscle élévateur de l'angle médial de l'œil (MEAMO) et le muscle rétracteur de l'angle latéral de l'œil (MRALO). Ces muscles sont impliqués dans le mouvement des sourcils et des paupières.
Des chercheurs ayant comparé la musculature faciale de chiens et loups ont découvert deux différences principales :
- le MEAMO, présent chez tous les chiens analysés sauf un husky, n'a pas été détecté chez les loups étudiés. À cet endroit, seul un tendon accolé à un autre muscle était présent chez eux ;
- le MRALO, bien que présent chez la plupart des loups, a un diamètre plus réduit que celui des chiens.

L'hypothèse avancée par les chercheurs pour expliquer cette différence serait que les êtres humains auraient été plus sensibles aux chiens présentant cette expression caractéristique, et auraient favorisé leur reproduction (de façon consciente ou non). Ces muscles se seraient donc développés en réponse à une sélection par l'être humain, depuis seulement environ 33 000 ans.
D'ailleurs, d'autres chercheurs ont montré que lorsqu'un chien et un être humain croisent leur regard, cela provoque la libération d'une hormone impliquée dans l'attachement, l'ocytocine, chez ces deux espèces. Cette hormone est primordiale dans les comportements maternels et les relations mère/enfant.
Le « regard de chien battu » est donc dû au développement de muscles qui distinguent les chiens de leurs plus proches parents ; ce comportement aurait donc rapidement évolué par sélection artificielle (sélection liée à l'être humain).

326

LE COIN DES SCIENCES

Fiche métier

TECHNICIEN/NE DE MAINTENANCE INFORMATIQUE

- Bac + 2 à Bac + 3
- Ce technicien est en charge du bon fonctionnement des réseaux et des logiciels. Il assure une veille technologique pour maintenir constant le niveau de sécurité des matériels, en particulier contre les attaques malveillantes par internet.

FORMATION

Après le bac, s'orienter vers un DUT ou un BTS « Service informatique aux organisations», ou DUT «Réseaux et communication». Puis continuer éventuellement avec une licence professionnelle « Métiers des réseaux informatiques et télécommunication ».

COMPÉTENCES REQUISES

Bien que très technique, ce métier nécessite de bonnes qualités relationnelles pour comprendre les attentes des utilisateurs et adapter les postes de travail et les niveaux de sécurité souhaités. Les techniciens réseaux peuvent, par exemple, travailler au sein des hôpitaux pour gérer le réseau médical, mais aussi administratif, tout en assurant un excellent niveau de sécurité.

DÉBOUCHÉS / EMPLOIS

Les débouchés sont importants mais, travaillant au sein d'un service informatique, un technicien de maintenance informatique peut être amené à travailler sur des horaires décalés et avoir des périodes d'astreinte.

Sciences & HISTOIRE

Le lynx, prédateur des lièvres

QUAND LA DÉMOGRAPHIE JOUE LA SINUSOÏDE

Parmi les données démographiques indirectes étonnantes, celles collectées par la compagnie de la baie d'Hudson au Canada entre 1845 et 1936 fut à l'origine du premier modèle mathématique de la relation proie/prédateur. En effet, à l'époque, cette compagnie collectait les peaux de lapin et de lynx. Or si on considère que les prises des trappeurs étaient proportionnelles aux populations animales, le graphe ci-dessus était une bonne évaluation des variations d'effectifs de ces deux populations. Le lynx étant l'un des prédateurs du lapis, on peut donc en conclure que plus il y a de lapin, plus il y a de lynx, mais plus il y a de lynx, moins il y a de lapin, donc moins il y a de lynx ...
Deux mathématiciens : Alfred Lotka et Vito Volterra proposèrent le premier modèle mathématique pour décrire l'interaction entre une population de proies et de prédateurs. Ce modèle porte aujourd'hui leur nom : le modèle de Lotka-Volterra.

Sciences & ACTUALITÉ

Électronographie de coronavirus

L'INTELLIGENCE ARTIFICIELLE PLUS FORTE QUE LE CORONAVIRUS

Dès le 31 décembre 2019, la société canadienne BlueDot a lancé une alerte sur le risque de dissémination du coronavirus.
Utilisant un algorithme d'intelligence artificielle capable de repérer des informations liées à l'épidémiologie virale, BlueDot a pu mettre en évidence la naissance d'un foyer d'infection. Mais de plus, grâce à l'utilisation de bases de données sur le transport aérien, ils ont pu prédire que l'infection allait se propager dans différentes villes de l'Asie du Sud-Est, ainsi que dans le reste du monde.
L'algorithme de BlueDot est capable d'analyser des milliers d'articles de presse dans 65 langues, et de repérer plus de 150 types de pathologies, et ce en un temps record. C'est ainsi qu'avec une semaine d'avance BlueDot lança l'alerte sur le coronavirus, sans être entendu.

THÈME 3 • Une histoire du vivant

327

désormais classé comme «*vulnérable*», la population mondiale de l'espèce ayant presque doublé depuis les années 1970 grâce notamment aux interdictions de chasse à la baleine. La protection presque complète du rorqual commun, a ainsi permis à la population mondiale d'atteindre environ 100 000 individus. Le statut des baleines grises s'est également amélioré, passant de la catégorie «*en danger critique*» à «*en danger*».

La mise à jour de la liste rouge des espèces en danger apporte également un espoir aux gorilles des montagnes, dont le statut de conservation est passé de «*en danger critique*» à «*en danger*». Estimés à environ 680 individus en 2008, ils ont dépassé les 1 000 individus en 2018, chiffre le plus élevé jamais enregistré. L'habitat des gorilles des montagnes est limité à des aires protégées couvrant 792 km^2 dans deux régions de la République démocratique du Congo, du Rwanda et de l'Ouganda : le massif des Virunga et la région de Bwindi-Sarambwe, deux sites entourés de terres intensivement exploitées par l'agriculture pour une population humaine en pleine croissance.

Cette dernière mise à jour de la liste rouge, qui couvre 96 951 espèces dont 26 840 sont menacées d'extinction, révèle que les menaces sur la biodiversité sont toujours présentes et pèsent sur la sécurité alimentaire.

Ainsi, la surpêche provoque un déclin des espèces de poissons dans certaines parties du monde en voie de développement, avec par exemple 13 % des espèces mondiales de mérous et 9 % des poissons du lac Malawi, troisième plus grand lac d'Afrique, menacés d'extinction.

D'après «Biodiversité : hausse de la population de baleines et de gorilles», *Le Monde avec AFP*, 14 novembre 2018.
https://www.lemonde.fr/biodiversite/article/2018/11/14/biodiversite-hausse-de-la-population-de-baleines-et-de-gorilles_5383608_1652692.html

Pour aller + loin

L'apprentissage automatique

- «L'apprentissage automatique : pas à pas !», *Binaire*, lemonde.fr, 2015, https://www.lemonde.fr/blog/binaire/2015/06/23/pasapas/
- Francis Bach «Intelligence artificielle par apprentissage automatique», video du CNRS, http://video.math.cnrs.fr/intelligence-artificielle-par-apprentissage-automatique/

La démographie mondiale

- Séverine Maublanc, «L'évolution de la démographie mondiale en 4 graphiques», lefigaro.fr, 2019, https://www.lefigaro.fr/international/l-evolution-de-la-demographie-mondiale-en-4-graphiques-20190711
- Vincent Vallès «Une croissance démographique marquée dans les espaces peu denses», *INSEE Focus*, n° 177, 2019, https://www.insee.fr/fr/statistiques/4267787
- «Démographie en France : plus de monde dans les grandes villes, moins de monde à Paris», *Le Monde avec AFP*, 2018, https://www.lemonde.fr/societe/article/2018/12/27/demographie-francaise-plus-de-monde-dans-les-grandes-villes-la-population-en-baisse-a-paris_5402826_3224.html

L'évolution humaine

- Hervé Morin, «Au Tibet, un ado dénisovien vieux d'au moins 160 000 ans», *lemonde.fr*, 2019, https://www.lemonde.fr/sciences/article/2019/05/01/au-tibet-un-ado-denisovien-vieux-d-au-moins-160-000-ans_5457113_1650684.html

NOTES

NOTES

NOTES

NOTES

NOTES

Un certain nombre de pages du manuel élève Enseignement scientifique terminale sont reproduites dans ce Guide pédagogique, leurs crédits sont indiqués ci-dessous, les nos de pages correspondant à ceux du manuel élève.

Couverture : **htd** REUTERS ; **g** ADOBE STOCK PHOTO ; **m** Biosphoto/Reinhard Dirscherl ; **bm** SIPA PRESS/Collection YLI ; **htg** Droits Réservés ; **mg** Nemos Great Uncle ; **d** HEMIS/Philippe Bourseiller ; **htm** GETTY IMAGES France/Nasa/Digital copyright Science faction ; **b** ADOBE STOCK PHOTO ; **bd** Naturimages/Jerome Obiols

6 COSMOS/SPL/Andrzej Wojcicki ; **8 ht** BIS / Ph. Coll. Archives Larbor ; **8 m** SIGNATURES/Didier Goupy ; **9 m** ISTOCK ; **9 htg** BIS / Ph. Charmet © Archives Larbor ; **9 bas d** AURIMAGES/Ulf Andersen ; **9 bas g** DOCPIX/Docs Anciens ; **9 htd** GAMMA RAPHO ; **18** GETTY IMAGES France/Corbis/Patrick Robert ; **23 bas** Wikipédia/Tormod Sandtorv ; **24** Nasa ; **25 ht** AKG-Images/SPL ; **25 m m** SHUTTERSTOCK ; **25 m d** COSMOS/SPL/Sinclair Stammers ; **26 g** GETTY IMAGES France/Ludovic Debono ; **26 d** Nasa ; **26 m g** PHOTO12.COM / ALAMY ; **27 bas** Abigail Allwood ; **27 m bas** J. William Schopf ; **27 m ht** POL Didier/BMédia, 1998-2004 ; **28 ht g** Biosphoto/Mint Image/Frans Lanting ; **28 ht d** J. William Schopf ; **28 bas g** HANOTEAU Frederic ; **28 bas d** COSMOS/SINCLAIR STAMMERS/SPL ; **29** VISUM Foto GmbH/Nicolas van Ryk ; **30** Nasa Ozone Watch ; **32** ADOBE STOCK PHOTO ; **34 d** Nasa Ozone Watch ; **34 g** SIPA PRESS/Karl Schoendorfer / Rex/REX ; **35** Nasa/Goddard Space Flight Center ; **40** ADOBE STOCK PHOTO ; **41 ht** M. Sweet et al. 2012, Plos One ; **41 m** Nasa ; **42** Nasa GSFC ; **44** COSMOS/SPL/Chris Butler ; **45 ht** CAGLE CARTOONS, INC ; **46 ht g** PHOTO12.COM / ALAMY ; **46 ht d** Hans Lucas/François Lepage ; **46 m hd** Nasa ; **46 m hg** NATURIMAGES/Monique MORIN ; **46 bas** REA/Lydie LECARPENTIER ; **48 ht g** Wikimédia/Pymouss ; **48 m bas** BSIP/Kallista Images/Visuals Unlimited ; **48 bas g** Conseil départemental de la Creuse-Unité Patrimoine et Paysage ; **48 ht d** PHOTO12.COM / ALAMY ; **50 g** Divergence/LOUAPRE Thomas ; **50 d** Nasa ; **57 ht** SHUTTERSTOCK ; **58 ht** COSMOS/SPL/CDC ; **58 bas** AFP/Lionel Chamoiseau ; **59 ht** NOAA MESA Project ; **59 bas** Wikimédia/Toby Hudson ; **61 ht** World Meteorological organisation ; **61 bas** GETTY IMAGES France/STEPHANIE KEITH ; **67** ANDIA/Fonline ; **69 ht** GETTY IMAGES France/SPL/Mark Garlick ; **69 bas** HANOTEAU Frederic ; **71 ht** PHOTO12.COM / ALAMY ; **72** HEMIS/Jean-françois ; **73 ht** COSMOS/SPL/Morgan Hank ; **73 bas** ISTOCK ; **74 g** Laurent Fairhead, CNRS ; **74 d** AFP/Ludovic Marin ; **75** AFP/Georges Gobet ; **79** Global Carbon Project 2016 ; **81** GEC 2013 ; **83** Le Monde/GIEC ; **84 ht g** AKG-Images/Science Source ; **84 m bg** GETTY IMAGES France/Dan MacMedan ; **84 m** COSMOS/SPL/NOAA/Pmel Vents Program ; **84 bas** Fondation TARA/Pete West / Bioquest Studios ; **84 ht d** CHRISTOPHE L COLLECTION ; **84 m hd** Musée du Scaphandre, Espalion/Robert Feuilloy ; **84 m hg** Leemage/Selva ; **84 m bg** AFP/Patrick hertzog ; **84 m hg** ROGER-VIOLLET/Henri Manuel ; **85 b** Nautilus Minerals ; **85 ht** COURRIER INTERNATIONAL 2018 ; **91 g** BRIDGEMAN IMAGES/Purix verlag Volker ; **91 d** Biosphoto/Claudius Thirlet ; **94** ADOBE STOCK PHOTO ; **95 ht** WORLDMAPPER LIMITED ; **95 m** AFP/Johannes Eisele ; **99 ht** Nasa ; **99 bas** http://solidarité-sant.gouv.fr ; **103 g** ADOBE STOCK PHOTO ; **103 d** La Provence/Valérie Farine ; **104 ht** Ministère de la Transition écologique et solidaire ; **104 ht d** AFP/BelgaMag/Virginie Lefour ; **104 ht g** Droits Réservés ; **110** ADOBE STOCK PHOTO ; **111** Bugatti ; **112** Green Design/Sanskriti farms/Shree Krishna Dhital ; **113 d** Droits Réservés ; **113 g** LIBERATION/Textes Aurélie Delmas, Production C. Dealberto, J. Guillot, S. de Rivet, Publié le 26 septembre 2018 ; **116 m g** George Anderson/WMO International Cloud Atlas ; **116 bas g** June Gronseth/WMO International Cloud Atlas ; **116 m g** Wikimédia Commons ; **116 bas d** ISTOCK ; **117 m** D.R./RegenVillages ; 117 ht Droits Réservés ; **118** ISTOCK ; **121** REUTERS/Tyrone Siu ; **124** BRIDGEMAN IMAGES ; **125 m** ADOBE STOCK PHOTO ; **125 bas** ADOBE STOCK PHOTO ; **126 ht** GETTY IMAGES France/Andreau Errington ; **126 bas** HANOTEAU Frederic ; **128** Droits Réservés ; **129 ht** REUTERS/Jean-Paul pelissier ; **130 ht** Victron Energy/D.R. ; **131** ADOBE STOCK PHOTO ; **132 ht g** ADOBE STOCK PHOTO ; **132 bas g** ADOBE STOCK PHOTO ; **132 m g** BIS / Ph. Coll. Archives Nathan ; **133 ht** Leemage ; **133 bas** BNF ; **135** Akuo Energy ; **141 d** Wikimédia/Gormé ; **143** ADOBE STOCK PHOTO ; **144** ADOBE STOCK PHOTO ; **145 m** COSMOS/SPL/Dirk Wiersma ; **145 bas** ISTOCK ; **145 ht** PHOTO12.COM / ALAMY ; **146 ht** HANOTEAU Frederic ; **146 bas** REA/Lydie Lecarpentier ; **147 ht** REA/ROPI/Featurechina/Lu Jian ; **148** ANDIA/Fourmy ; **149 ht** IAEA/Greg Webb ; **149 bas** Areva/Jezequel Sidney ; **149 m** Groupe Orano ; **150** ADOBE STOCK PHOTO ; **151** AFP/Pablo Cozzaglio ; **152 ht g** Droits Réservés ; **152 bas d** Rue des Archives/Tallandier ; **152 ht d** ADOBE STOCK PHOTO ; **152 bas g** SIPA PRESS/AP/Kazuki Wakagusi ; **152 mg** ANDIA/ABC/DPA/Gollnow Sebastian ; **153 d** ADOBE STOCK PHOTO ; **156 ht** BURNOD EVENT/Jean-louis Burnod ; **156 bas** ADOBE STOCK PHOTO ; **157 ht** SHUTTERSTOCK ; **157 bas** Venturi automobiles ; **158** ANDIA/J. Sevrette ; **160** COSMOS/SPL/Volker Steger ; **161 ht** John Cancalosi ; **161 m** Age Fotostock/Lighthouse/UIG ; **162** GETTY IMAGES France/William Yu ; **163 ht** RTE ; **164** HANOTEAU Frederic ; **168 g** ROGER-VIOLLET ; **168 d** KHARBINE-TAPABOR ; **169 ht** Leemage ; **174** ADOBE STOCK PHOTO ; **175** Sean Gallup / Guetty images / AFP ; **179** PHOTO12.COM / ALAMY ; **180** GETTY IMAGES France/Peter Dazeley ; **181 ht** DREAMSTIME ; **181 bas** ISTOCK ; **182 m** ADOBE STOCK PHOTO ; **182 d** ADOBE STOCK PHOTO ; **184** HEMIS/Pierre Jacques ; **185 ht** Droits Réservés ; **185 bas** EDF ; **186** ADOBE STOCK PHOTO ; **187 ht d** Green power island ; **188** GETTY IMAGES France/Brooks Kraft ; **190 d** EDF-Gabriel Liesse ; **190 bas g** ROGER-VIOLLET/Jacques Boyer ; **190** GAMMA RAPHO/Keystone France ; **190 ht g** AFP/Boris Horvat ; **191 g** Droits Réservés ; **191 d** Elle Starkman/PPPL Office of Communications ; **195** ADOBE STOCK PHOTO ; **196** ADOBE STOCK PHOTO ; **198** ADOBE STOCK PHOTO; **199 ht d** GAMMA RAPHO/Keystone france ; **202** Droits Réservés ; **203** Leemage ; **204** HEMIS/Christian Guy ; **206** LOOK AT SCIENCES ; **210** Fondation Tara/Francis Latreille ; **211 ht** GETTY IMAGES France/Gamma-Rapho/Ariel Fuchs ; **211 m** Biosphoto/Aqua Press ; **212 m d** Fondation TARA ; **212 ht g** Expédition TARA ; **213 ht g** Fondation TARA ; **213 bas** Phytoplankton Encyclopedia Project ; **214 g** ANDIA/Wildlife/G. Delpho ; **216** BIOSPHOTO/Frederic Tournay ; **218 g** COSMOS/SPL/American Philosophical Society ; **218 d** COSMOS/SPL ; **220 m** Biosphoto/Buiten-beeld/Jelger herder ; **220 d** Biosphoto/Bruno mathieu ; **220 m d** Biosphoto/bruno mathieu ; **220 m g** biosphoto/Bruno mathieu ; **220 ht g** Biosphoto/Minden pictures/Silvia Reiche ; **222 g** Global Crop Diversity Trust ; **222 m bas** Wikimédia/Natasha Wright ; **222 m m** GETTY IMAGES France/tribune news Service ; **227** NATURIMAGES/Jean-William & Rachel ; **228 ht** Poitou Charente nature ; **228 bas** Bierregaard, 2016 ; **229 ht** ANDIA/Lhote ; **230 ht** GETTY IMAGES France/Joe McDonald ; **231** GECC, 2013 ; **232** CHRISTOPHE L COLLECTIONheritage Images/The Print Collector ; **233 ht g** CHRISTOPHE L COLLECTION ; **233 bas** AGE FOTOSTOCK/Tony Hertz ; **233 ht d** GETTY IMAGES France/Richard Howard ; **234** Bluegrass Community and Technical College ; **235 d** Martin Oeggerli/Micronaut ; **235 g** PHOTO12.COM / ALAMY ; **236 ht** SIPA PRESS/Mary Evans ; **236 bas d** Droits Réservés ; **236 bas g** COSMOS/SPL/K.H. Fung ; **237 ht d** AKG-Images/Science Source ; **239** Droits Réservés ; **240** Droits Réservés ; **241** COSMOS/SPL/UK Crown Couresy of Fera ; **242 ht** Collection of the Michigan medecine, University of Michigan ; **242 bas g** LEEMAGE ; **242 ht g** AKG-Images ; **242 bas** BNF ; **243 ht** Collection of the Michigan medecine, University of Michigan ; **243 bas** CASE Christine L. ; **244 ht g** Biosphoto/Minden pictures/Silvia Reiche ; **244 bas** Droits Réservés ; **244 ht d** www.sac-cas.ch ; **245 ht** Biosphoto/Régis Cavignaux ; **245 m** agriculture.gouv.fr ; **249** PHANIE/SPL ; **250** Darrell J. Kemp, 2008 ; **251 g** Biosphoto/Auscape/Frtz Polking ; **252 g** ADOBE STOCK PHOTO ; **252 d** COSMOS/SPL/Visual unlimited/Reinhard Dirscherl ; **253** Y. Kikuchi et al., Pnas ; **254** ADOBE STOCK PHOTO ; **255 bas** ISTOCK ; **256 ht g** GETTY IMAGES France/Jeff McCurry ; **256 bas d** BSIP ; **256 bas m** SHUTTERSTOCK ; **256 bas g** ADOBE STOCK PHOTO ; **256 ht d** Biosphoto/BIA/Martin Grimm ; **256 ht m** COSMOS/TONY CAMACHO/SPL ; **258 ht m** GETTY IMAGES France/Kurt Drubbel ; **258 ht g** ADOBE STOCK PHOTO ; **258 bas d** Bone Clones, Inc ; **258 bas g** PHOTO12.COM / ALAMY ; **258 m & m d** Vincent GUILI ; **258 ht d** Vincent GUILI ; **259 ht g** COSMOS/NATURAL HISTORY MUSEUM, LONDON/SPL ; **259 bas g** CHRISTOPHE L COLLECTION/Heritage images/CM Dixon ; **259 d** MHN/CRDP de versailles ; **260 ht** SIPA PRESS/AP ; **260 bas** RMN/MNP Les Eyzies/Philippe Jugie ; **261 ht** AKG-Images/SPL ; **262** SHUTTERSTOCK ; **263 ht** Gotlib © DARGAUD, 2020 ; **264 ht** SIPA PRESS/AP ; **264 bas** Bence Viola, Max Planck Institute for Evolutionary Anthropology ; **265 ht d** PHOTO12.COM / ALAMY ; **265 ht g** CHRISTOPHE L COLLECTION ; **265 bas d** Droits réservés ; **265 bas g** BIS / Ph. © by courtesy Dept of Library Services, American Museum of Natural History, New-York - Archives Larbor ; **270** AFP/DPA Picture-Alliance/Kate Bartlett ; **273 ht g** AKG-Images/SPL ; **273 bas g** COSMOS/SPL/NHM ; **273 ht d** GETTY IMAGES France/Chicago Tribune ; **274** HEMIS/Yann Arthus bertrand ; **275 ht** HEMIS/Patrick Frilet ; **275 bas** CHRISTOPHE L COLLECTION/The granger Collection ; **276 g** SHUTTERSTOCK ; **276 d** AFP/Anadolu Agency/Dursun Aydemir ; **278** ISTOCK ; 280 Droits Réservés ; **282** NATURAGENCY/Dominique Delfino ; **284 ht** CHRISTOPHE L COLLECTION ; **284 g** AKG-Images ; **284 d** PHOTO12.COM / ALAMY ; **284 m d** AKG-Images ; **284 m g** D.R. ; **285** Le Point ; **290** Wikimédia/Schlappal ; **292** FIGARO PHOTO/Jean-Christophe Marmara ; **293** AFP/Jullian Sullivan ; **294** AFP/Only World/Serge Attal ; **295** NPL/Suzi Eszterhas ; **296** ADOBE STOCK PHOTO ; **297 ht** GETTY IMAGES France/jfmdesign ; **297 bas** ADOBE STOCK PHOTO ; **297 m** BRIDGEMAN IMAGES ; **298 ht g** GETTY IMAGES France/Science & Society Picture library ; **298 bas** BRIDGEMAN IMAGES ; **298 m g** GETTY IMAGES France/SSpl ; **299 ht g** PHOTO12.COM / ALAMY ; **299 m** ADOBE STOCK PHOTO ; **299 ht d** Wikimedia/Smithsonian Institution ; **300 ht g** GETTY IMAGES France/Time Life Pictures ; **300 bas** Droits Réservés ; **302 ht** PHOTO12.COM / ALAMY ; **302 bas** GETTY IMAGES France/Gamma-Rapho/Patrick Aventurier ; **303 bas** PHANIE/SPL ; **303 ht** AFP/Saul Loeb ; **303 m; 304 bas g** AFP/DPA-Alliance/Andrej Sokolow ; **304 m g** Droits Réservés ; **304 d** SHUTTERSTOCK ; **305 ht** Droits Réservés ; **306** ADOBE STOCK PHOTO ; **307 ht** CHRISTOPHE L COLLECTION ; **307 g** Nestot/D.R ; **308** ADOBE STOCK PHOTO ; **309 ht** ISTOCK ; **309 bas** Droits Réservés ; **310 m hg** Leemage ; **310 ht g** ADOC-PHOTOS ; **310 ht d** GETTY IMAGES France/Heritage Images ; **310 bas d** Wikimédia/University Library of Heidelberg, germany ; **310 bas m** AFP/DPA Picture-Alliance/Axel heimken ; **310 ht d** AFP/AURIMAGES/Aglileo Collection ; **311 ht g** COSMOS/SSPL/Science museum ; **311 bas** Droits Réservés ; **311 ht d** Droits Réservés ; **312** SHUTTERSTOCK ; **312** Angèle Domenech ; **313 ht** ISTOCK ; **313 g** STKI ; **313 m** BESTIMAGE/Camera Press/Heathcliff O'Malley ; **318** ISTOCK ; **320** CHRISTOPHE L COLLECTION/The granger Collection/Sarin Images ; **321 ht** Andia ; **321 bas** ADOBE STOCK PHOTO ; **323** REUTERS/Catherine Muzolf ; **324** Benjamin Girette ; **326** ADOBE STOCK PHOTO ; **327 ht** ANDIA/© Hager/RHPL ; **327 bas** COSMOS/SPL/NIAID-RML/N.I.H.

Édition : Caroline Edenhoffer et Laurence Sourdillon
Conception graphique : Julie Lannes et Clémentine Largant
Composition et schémas : Dominique Papon
Fabrication : Kevin Magar

MIXTE
Papier issu de sources responsables
FSC® C022030
FSC www.fsc.org

Nathan est un éditeur qui s'engage pour la préservation de son environnement et qui utilise du papier composé de fibres naturelles, renouvelables, fabriquées à partir de bois provenant de forêts gérées de manière responsable et contrôlée.

Imprimé en France par EPAC Technologies
N° d'impression : 4550414321720
Dépôt légal : juillet 2020